디지털 영상 편집 툴의 세계 표준

Premiere Pro CS4

최원 지음

노하우
도서출판

ADOBE CS4 MASTER COLLECTION

ADOBE PERMIERE PRO CS4

초판 발행 2009년 3월 5일
재판 발행 2009년 7월 30일

지은이 최원

펴낸곳 도서출판 노하우
기획 노하우
진행 노하우
표지디자인 황이순
본문편집 버츄디자인

주소 서울시 관악구 행운동 100-339
전화 02)888-0991
팩스 02)871-0995

등록번호 제320-2008-6호
홈페이지 hyuneum.com

ISBN 978-89-960714-6-4

값 29,000원

ⓒ 최원 2009

어떤 분야에서든 최고의 달인들은 그저 매일 했을 뿐이라고 말한다!

생활의 달인이라는 TV 방송을 보면, "어떻게 그렇게 잘 할 수 있죠?"라는 PD의 질문에 출연자들 모두 "10~20년을 매일 같이 하다 보니까……"라는 공통된 대답을 하며 미소를 띄웁니다. 어떤 분야에서 어떤 일을 하든, 최고가 되기 위해서는 무조건 반복, 반복하는 방법 외에는 없다는 것을 의미하는 부분입니다.

영상 편집에 관심이 있다면, 캠코더 수준의 영상을 핸드폰으로 촬영하고, 자신만의 UCC를 만들어 커뮤니케이션을 형성하는 요즘에 세계 디지털 편집 프로그램의 표준으로 사용되고 있는 Adobe Premiere Pro CS4를 모르는 사용자는 없을 것입니다. 그러나 프리미어 프로 CS4를 능숙하게 다루는 사용자는 많지 않습니다.

이미 프리미어 프로의 기능을 설명하고 있는 매뉴얼 서적이나 다양한 실습 방법을 소개하고 있는 활용서를 몇 권씩 섭렵했을지도 모릅니다. 그런데도 막상 TV나 영화에서 마음에 드는 Shot을 연출해보려고 하면, 도저히 답이 나오질 않아 포기하고, 혹시 다른 프로그램을 이용하는 것은 아닌가 하는 의구심에 인터넷을 뒤져 정보를 캐며, 이것이 좋다고 하면, 이것을 공부하고, 저것이 좋다고 하면, 저것을 공부하면서 시간을 허비하는 독자도 있을 것이라고 생각됩니다.

자신이 촬영한 영상을 컴퓨터로 가져와 자르고 붙이는 등의 편집 작업을 할 수 있는 프로그램의 종류는 상당히 많으며, 각 프로그램마다 장, 단점이 있는 것은 사실입니다. 하지만, 이것 저것 학습을 하는 것은 시간 낭비뿐만 아니라 그 어떤 프로그램도 정확하게 다룰 수 없는 치명적인 결과를 만듭니다.

본서는 영상 캡처에서부터 DVD 타이틀까지 비디오 편집/제작에 필요한 Adobe Premiere Pro CS4, OnLocation CS4, Encore CS4 등의 모든 기능을 하나도 빠짐없이 자연스럽게 익힐 수 있도록 구성하였고, 본서를 통해서 영상 편집 학습을 처음 시작하는 독자도 모든 실습 과정을 무리 없이 완성할 수 있도록 전 과정을 따라하기 방식으로 설명하고 있습니다. 결국, 프리미어 프로 CS4의 기능을 학습하기 위한 매뉴얼 서적과 실무 테크닉을 익히기 위한 활용서를 구분하여 학습할 필요 없이 단 한 권으로 모든 것을 마스터 할 수 있다는 의미입니다. 그리고 사운드 및 컴퓨터 음악 분야의 최고 권위자인 최이진씨의 참여로 본서의 사운드 부문을 보완하고, Adobe Soundbooth CS4를 부록으로 수록할 수 있게 되어 보다 효과적인 학습이 가능하도록 하였습니다.

10~20년을 매일 같이 반복하다 보니까 잘하게 되었다는 생활의 달인들처럼 본서에서 소개하고 있는 실습들은 책을 보지 않고도 완성할 수 있을 때까지 반복 학습하길 바라며, 개인 UCC에서부터 영화 제작을 꿈꾸는 독자에 이르기까지 이 한 권의 서적이 길잡이로서의 훌륭한 역할이 되기를 진심을 기원합니다.

뭔가 이루어질 것 같다는 희망을 품게 하는 2009년 3월

최원 | hyuneum.com

이 책의 구성

본서는 촬영하는 영상을 캡처 작업 없이 컴퓨터 하드 디스크에 담을 수 있는 OnLocation CS4와 디지털 영상 편집의 세계 표준인 Premiere Pro CS4는 물론이고, 상업용 DVD 타이틀을 손쉽게 제작할 수 있는 Adobe Encore CS4 등, 영상 제작 과정에 필요한 모든 솔루션을 다루고 있습니다.

PART 1 프리미어 프로 CS4 탐험하기

프리미어 프로 CS4의 기본적인 내용과 간단한 영상을 만들어보면서 영상 제작 과정을 이해하는 시간을 가져봅니다. 입문자에게는 다소 무리가 있을 수 있는 실습이 포함되어 있지만, 앞으로의 학습을 이해하는데 꼭 필요한 내용입니다.

PART 2 기본 패널 익히기

프리미어 프로 CS4는 영상 편집 작업에 사용하는 다양한 패널을 제공합니다. 그 중에서 가장 기본이 되는 프로젝트 패널, 소스 패널, 타임라인 패널, 프로그램 패널의 4가지와 트림 패널의 기능을 살펴봅니다.

PART 3 캡처, 컷 편집, 그리고 출력의 모든 것

캠코더 영상을 프로젝트 패널로 가져오는 캡처 작업, 영상 편집의 핵심이 되는 컷 편집, 작업이 끝난 영상을 DVD 및 파일로 제작하는 출력의 모든 것을 살펴봅니다. 그리고 모바일 영상 제작을 위한 Device Central CS4도 살펴봅니다. 프리미어 프로 CS4 학습의 가장 핵심적인 부분이므로, 반복적인 학습이 필요합니다.

PART 4 특별한 영상을 만드는 트랜지션의 모든 것

화면이 점점 어두워지거나 책장이 넘어가듯 장면이 바뀌는 등의 효과를 만드는 트랜지션의 모든 것을 살펴봅니다. 특히, 프리미어 프로 CS4에서 제공하는 트랜지션을 사전 형식으로 제공하고 있어 언제든 필요할 때 찾아볼 수 있습니다.

PART 5 꽃 보다 아름다운 이펙트의 모든 것

영상을 합성하거나 색상을 보정하는 등, 화면을 화려하게 만드는 역할에 사용되는 이펙트의 모든 것을 살펴봅니다. 특히, 프리미어 프로 CS4에서 제공하는 모든 이펙트를 사전 형식으로 소개하고 있어 필요로 할 때, 빠르게 찾아볼 수 있습니다.

PART 6 자막이 있는 영상 만들기

영상의 정확한 정보를 전달하는 목적 외에도 지루함을 감소시키거나 재미를 유발하는 등의 다양한 목적으로 사용될 수 있는 자막 작업에 관한 모든 것을 살펴보고, 이펙트를 사용하여 다양한 결과를 만드는 매트 기법도 실습으로 익혀봅니다.

PART 7 영상을 완성하는 사운드

프리미어 프로 CS4는 녹음 스튜디오에서 사용하는 하드웨어 믹서와 각종 이펙트 장비를 그대로 구현하고 있으며, VST 지원으로 무한대에 가까운 확장이 가능합니다. 전문 포스트 프로덕션에서나 가능한 오디오 작업을 해낼 수 있는 프리미어 프로 CS4의 오디오 기능을 살펴보겠습니다.

PART 8 DVD 제작 툴 Encore CS4

Adobe Premiere Pro CS4와 함께 설치되는 Adobe Encore CS4는 상업용 DVD 타이틀을 가정에서 제작할 수 있는 전문 툴입니다. 프리미어 프로 CS4 의 마지막 학습으로 5.1 채널의 DVD는 물론이고, 블루레이 디스크와 플래시 영상을 만들 수 있는 Adobe Encore CS4에 관한 모든 것을 살펴봅니다.

Chapter
실습할 내용을 소개합니다

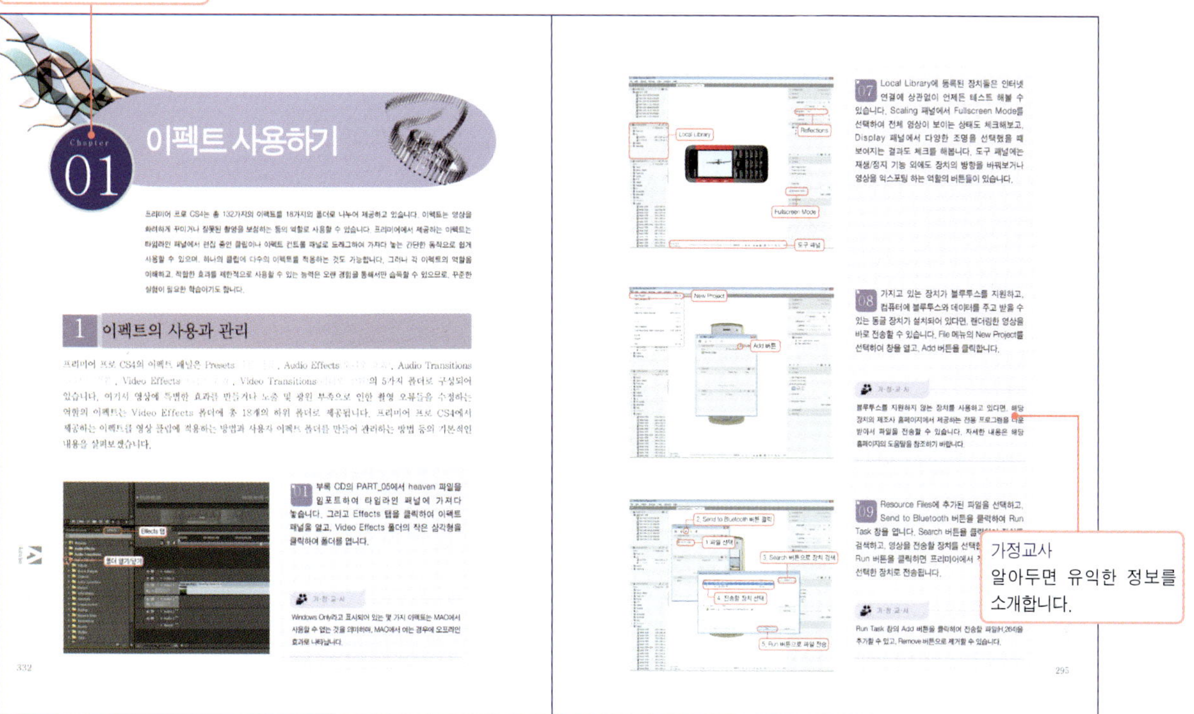

이펙트 사용하기

Chapter 01

프리미어 프로 CS4는 총 132가지의 이펙트를 16가지의 폴더로 나누어 제공하고 있습니다. 이펙트는 영상을 화려하게 꾸미거나 창물된 현장을 보정하는 등의 역할로 사용할 수 있습니다. 프리미어에서 제공하는 이펙트는 타임라인 패널에서 편집 중인 클립이나 이펙트 컨트롤 패널로 드래그하여 가져다 놓는 간단한 동작으로 쉽게 사용할 수 있으며, 하나의 클립에 다수의 이펙트를 적용하는 것도 가능합니다. 그러니 각 이펙트의 역할을 이해하고 적절한 효과를 제작적으로 사용할 수 있는 능력은 오랜 경험을 통해서만 습득할 수 있으므로 꾸준한 실험이 필요한 학습이기도 합니다.

1 이펙트의 사용과 관리

프리미어 프로 CS4의 이펙트 패널은 Presets, Audio Effects, Audio Transitions, Video Effects, Video Transitions의 5가지 폴더로 구성되어 있습니다. 여기서 영상에 특별한 효과를 만드거나 노출 및 컬러 부족으로 인한 촬영 오류들을 수정하는 여러의 이펙트는 Video Effects 폴더에 총 18개의 하위 폴더로 제공됩니다. 프리미어 프로 CS4에서 제공하는 이펙트를 영상 클립에 적용하는 방법과 사용자 이펙트 폴더를 만들어 관리하는 방법 등의 기본적인 내용을 살펴보겠습니다.

부록 CD의 PART_05에서 heaven 파일을 임포트하여 타임라인 패널에 가져다 놓습니다. 그리고 Effects 탭을 클릭하여 이펙트 패널을 열고, Video Effects 폴더의 작은 삼각형을 클릭하여 폴더를 엽니다.

07 Local Library에 등록된 장치는 인터넷 연결에 상관없이 언제든 테스트 해볼 수 있습니다. Scaling 패널에서 Fullscreen Mode를 선택하여 전체 영상이 보이는 상태도 체크해보고, Display 패널에서 다양한 조명을 선택했을 때 보여지는 결과도 체크해 봅니다. 도구 패널에는 재생/정지 기능 외에도 장치의 방향을 바꿔보거나 영상을 익스포팅 하는 역할의 버튼이 있습니다.

08 가지고 있는 장치가 블루투스를 지원하고, 컴퓨터에 블루투스와 데이터를 주고 받을 수 있는 동글 장치가 설치되어 있다면, 랜더링한 영상을 바로 전송할 수 있습니다. File 메뉴의 New Project를 선택하여 창을 열고, Add 버튼을 클릭합니다.

블루투스를 지원하지 않는 장치를 사용하고 있다면, 해당 장치의 제조사 홈페이지에서 제공하는 전용 프로그램을 받아서 파일을 전송할 수 있습니다. 자세한 내용은 해당 플레이어의 도움말을 참조하기 바랍니다.

09 Resource Files에 추가된 파일을 선택하고, Send to Bluetooth 버튼을 클릭하여 Run Task 창을 엽니다. Search 버튼을 클릭하여 검색하고, 영상을 전송할 장치를 선택해 Run 버튼을 클릭하면 프리미어에서 선택한 장치로 전송합니다.

Run Task 창의 Add 버튼을 클릭해서 전송할 파일을 추가할 수 있고, Remove 버튼으로 제거할 수 있습니다.

가정교사
알아두면 유익한 정보를
소개합니다.

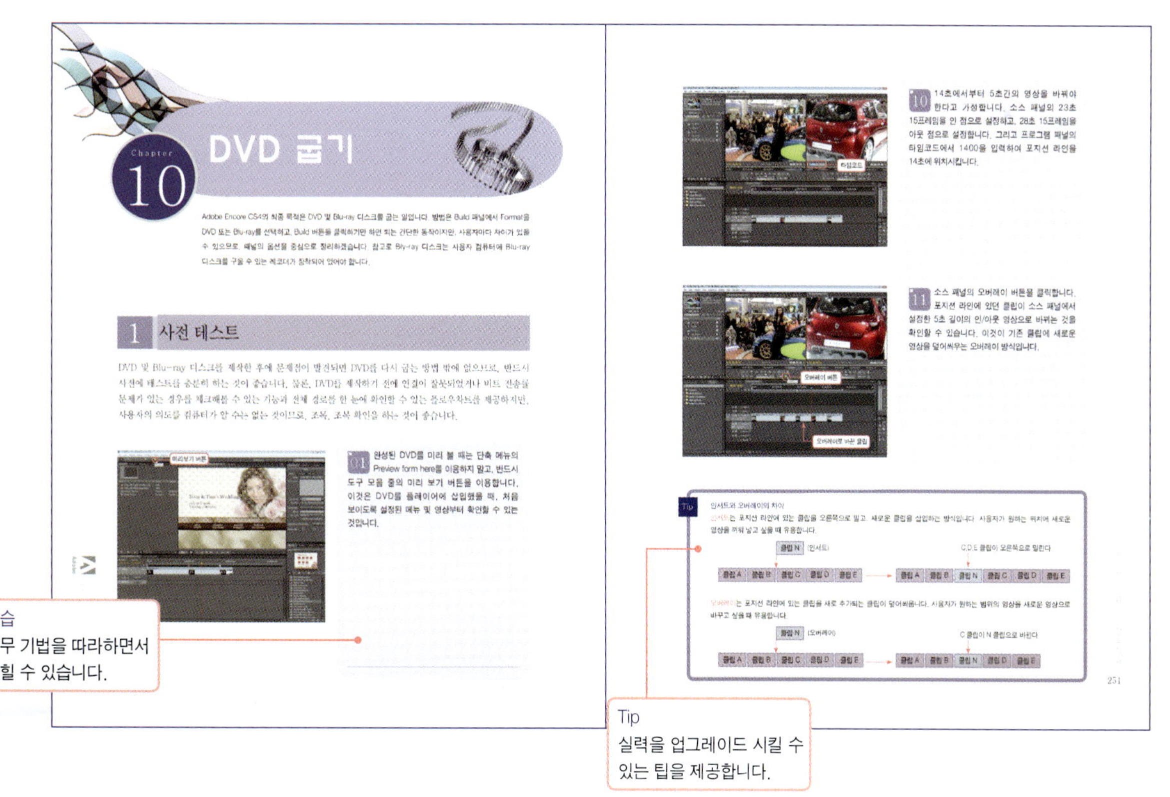

DVD 굽기

Chapter 10

Adobe Encore CS4의 최종 목적은 DVD 및 Blu-ray 디스크를 굽는 일입니다. 방법은 Build 패널에서 Format을 DVD 또는 Blu-ray를 선택하고, Build 버튼을 클릭하기만 하면 되는 간단한 동작이지만, 사용자마다 차이가 있을 수 있으므로, 패널의 옵션을 중심으로 정리하였습니다. 참고로 Blu-ray 디스크는 사용자 컴퓨터에 Blu-ray 디스크를 구울 수 있는 레코더가 장착되어 있어야 합니다.

1 사전 테스트

DVD 및 Blu-ray 디스크를 제작한 후에 문제점이 발생되면 DVD를 다시 굽는 방법 밖에 없으므로, 반드시 사전에 테스트를 순련히 하는 것이 좋습니다. 물론, DVD를 제작하기 전에 견고이 잘못되었거나 비트 전송에 문제가 있는 경우를 체크해줄 수 있는 기능과 전체 정보를 한 눈에 확인할 수 있는 플로우차트를 제공하지만, 사용자의 의도를 컴퓨터가 알 수는 없는 것이므로, 오류, 오복 확인을 하는 것이 좋습니다.

01 완성된 DVD를 미리 볼 때는 단축 메뉴의 Preview form here를 이용하지 말고, 도구 모음 중의 미리 보기 버튼을 이용합니다. 이것은 DVD를 플레이어에 삽입했을 때, 처음 보이도록 설정된 메뉴 및 영상부터 확인할 수 있는 것입니다.

10 14초에서부터 5초간의 영상을 바꿔야 한다고 가정합니다. 소스 패널의 23초 15프레임을 인 점으로 설정하고, 28초 15프레임을 아웃 점으로 설정합니다. 그리고 프로그램 패널의 타임코드에 1400을 입력하여 포지션 라인을 14초에 위치시킵니다.

11 소스 패널의 오버레이 버튼을 클릭합니다. 포지션 라인에 있던 클립이 소스 패널에서 설정한 5초 길이의 인/아웃 영상으로 바뀌는 것을 확인할 수 있습니다. 이것이 기존 클립에 새로운 영상을 덮어씌우는 오버레이 방식입니다.

인서트와 오버레이의 차이

인서트는 포지션 라인에 있는 클립을 오른쪽으로 밀고, 새로운 클립을 삽입하는 방식입니다. 사용자가 원하는 위치에 새로운 영상을 끼워넣고 싶을 때 유용합니다.

오버레이는 포지션 라인에 있는 클립을 새로 추가하는 클립이 덮어씌웁니다. 사용자가 원하는 범위의 영상을 새로운 영상으로 바꾸고 싶을 때 유용합니다.

실습
실무 기법을 따라하면서
익힐 수 있습니다.

Tip
실력을 업그레이드 시킬 수
있는 팁을 제공합니다.

부록 CD

1. 샘플 소스

프리미어는 자신이 직접 촬영한 영상을 가지고 학습을 하는 것이 좋습니다. 부록 CD에는 촬영이 어려운 입문자를 위한 샘플 파일을 PART 단위로 구분하여 제공하고 있습니다. 샘플을 CD에서 불러올 경우에 에러가 발생할 수 있으므로, 사용자 컴퓨터에 복사해서 사용하기 바랍니다.

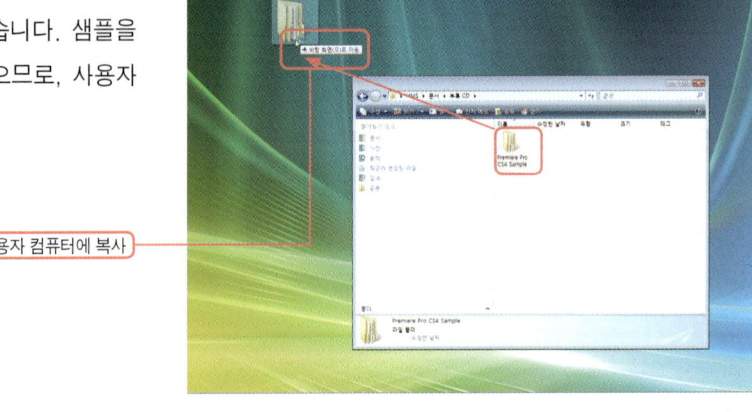

2. 시험 버전

부록 CD에는 프리미어 시험 버전이 담겨 있지 않습니다. Adobe사는 30일 동안 사용해볼 수 있는 시험 버전을 자사 홈페이지에서 제공하고 있으므로, 필요한 사용자는 adobe.com/kr/downloads를 방문하여 다운 받기 바랍니다. 다운 및 설치에 관한 자세한 내용은 본문을 참조하기 바랍니다.

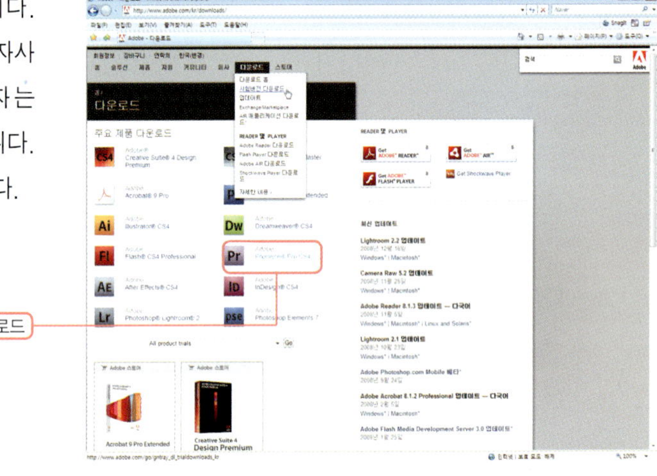

3. 서브 플러그-인

프리미어는 윈도우에서 사용되는 대부분의 영상을 편집하거나 제작할 수 있습니다. 그러나 DivX, MOV와 같은 영상을 제작하기 위해서는 별도의 코덱을 설치할 필요가 있습니다. DivX 영상 제작을 위한 코덱는 dvix.com에서 다운 받을 수 있고, MOV 파일 제작을 위한 QuickTime은 apple.com/kr에서 다운 받을 수 있습니다. 그 외 다양한 서브 플러그-인들은 학습을 진행하면서 살펴보겠습니다.

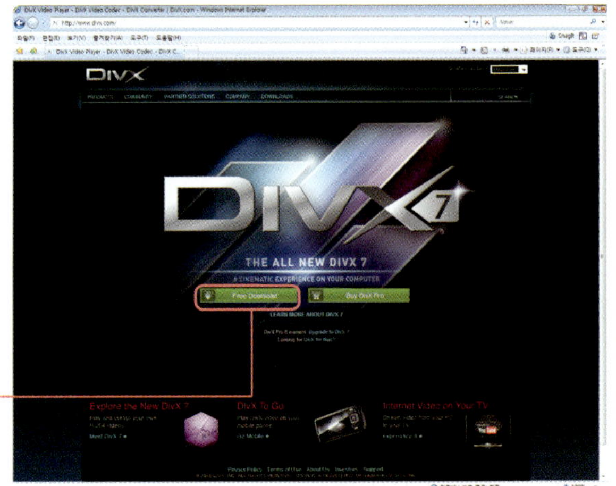

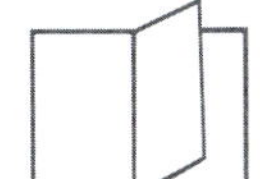

언어 선택

1. 한글 버전 사용자를 위한 안내

본서는 소수의 한글 버전 사용자도 무리 없이 학습할 수 있게 한글 메뉴를 보라색 괄호 안에 표시하고 있습니다. 즉, 영어 버전 사용자는 괄호 속의 보라색 메뉴를 무시하고, 한글 버전 사용자는 괄호 속의 한글 메뉴로 학습을 진행하면 됩니다. 단, 프리미어(Premiere)와 같이 영어를 그대로 표시하는 경우에는 생략합니다.

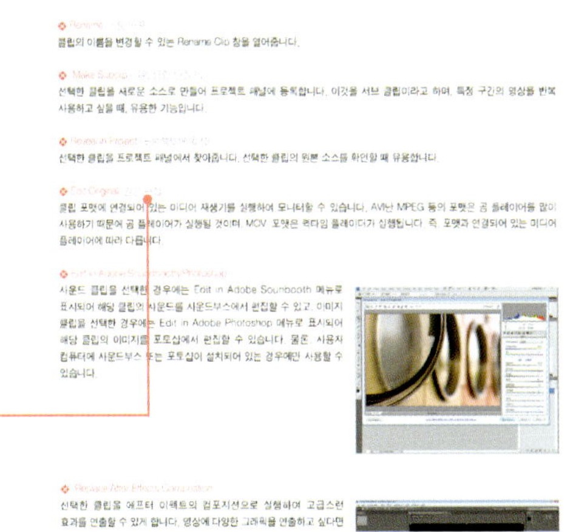

보라색 괄호는 한글 버전
사용자를 위한 메뉴입니다

2. 언어 바꾸기

프리미어 프로 CS4를 포함한 Adobe CS4 제품들은 설치 언어에 상관없이 사용자가 원하는 언어로 사용할 수 있습니다. 제품이 기본적으로 설치되는 C:\Program Files\Adobe에서 언어를 변경하고자 하는 프로그램 폴더를 엽니다. 계속해서 Support Files 폴더를 엽니다. 그리고 AMTLanguages 폴더를 열고, 텍스트 파일의 이름을 en_US(영어) 또는 ko_KR(한글)로 바꿔줍니다.

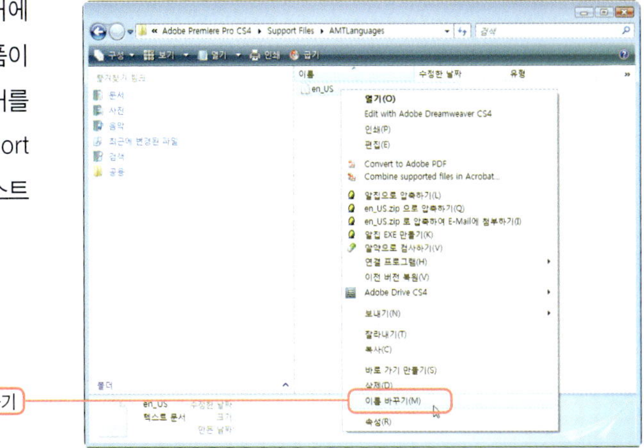

이름 바꾸기

Support 및 AMTLanguages 폴더와 텍스트 파일이 없다면, 마우스 오른쪽 버튼을 클릭하여 단축 메뉴를 열고, 새로 만들기 메뉴에서 폴더 및 텍스트 문서를 선택하여 Supprt 및 AMT Languages 폴더와 en_US 또는 ko_KR 이라는 이름의 텍스트 파일을 만들어도 좋습니다. 단, 언어 팩이 정상적으로 설치되어 있지 않은 경우에는 문제가 발생할 수 있습니다. 이 경우에는 텍스트 파일을 원래의 이름으로 되돌립니다.

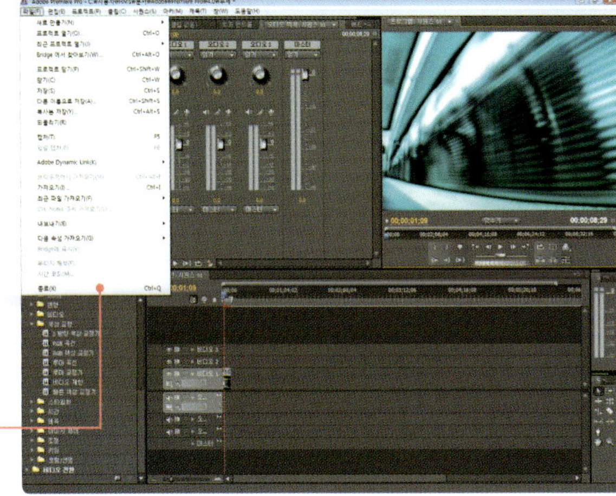

텍 스 트   파 일 을
ko_KR로 변경한 경우

Contents

PART 1   프리미어 프로 CS4 탐험하기

Chapter 01 | 반갑다! 프리미어 프로 CS4

Chapter 02 | 작업 과정을 이해하기 위한 첫 번째 실습

Chapter 03 | 프로젝트 이해하기

PART 2　기본 패널 익히기

Chapter 01 ｜ 프로젝트 패널 익히기

PART 3 | 캡처, 컷 편집, 그리고 출력의 모든 것

PART 5 ｜ 꽃 보다 아름다운 이펙트의 모든 것

PART 6　자막이 있는 영상 만들기

Chapter 01 | 타이틀 디자이너

PART 7　영상을 완성하는 사운드

PART 8   DVD 타이틀 제작 툴 Encore CS4

별책부록　ADOBE SOUNDBOOTH CS4

프리미어 프로 CS4는 물론이고, 플래시 CS4, 에프터 이펙트 CS4 등 Adobe Creative Suite 사용자가 사운드를 편집하기 위해서 반드시 알고 있어야 할 툴은 사운드부스 CS4뿐입니다.

여러 장소에서 촬영된 배우의 음성 레벨을 한 번에 일치시키거나 촬영 스태프의 핸드폰 벨 소리, 지나가는 자동차 소음 등을 마술처럼 제거하는 사운드부스의 놀라운 기능을 국내 최고 전문가인 최이진의 설명으로 누구나 쉽게 익힐 수 있습니다.

Premiere Pro CS4

PART 01

프리미어 프로 CS4 탐험하기

디지털 영상 편집 프로그램의 세계 표준으로 사용되고 있는 프리미어 프로 CS4를 설치하고,

간단한 영상을 만들어보면서 프리미어 프로 CS4와 친해치는 시간을 가져봅니다.

입문자에게는 다소 무리가 있을 수 있는 실습이지만, 앞으로의 학습을 이해하는데 꼭 필요한

내용이므로, 반드시 실습을 해보기 바랍니다.

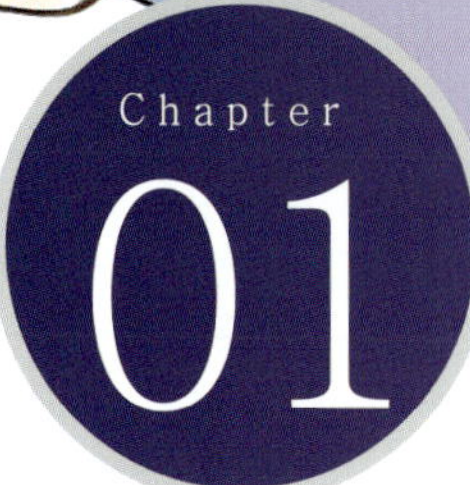

반갑다!
프리미어 프로 CS4

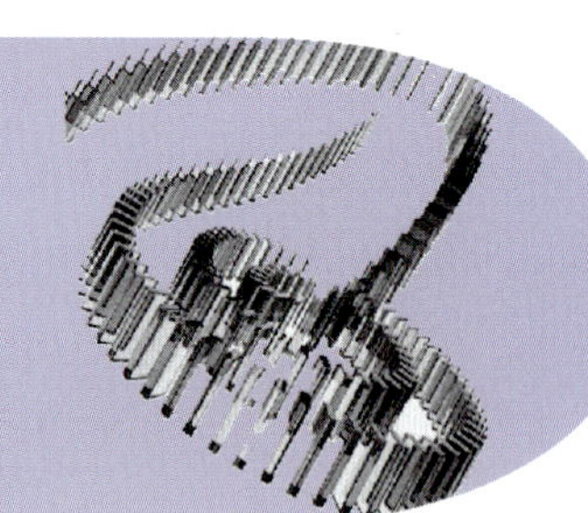

프리미어 프로 CS4를 원활하게 사용할 수 있는 시스템의 구성, 프로그램을 설치하고 실행하는 과정, 영상 편집 작업을 시작하기 위해 새로운 프로젝트를 만드는 과정 등의 형식적인 내용들을 살펴봅니다. 이미 프리미어 프로 CS4가 설치되어 있고, 프로그램을 실행을 하는데 아무런 문제가 없다면, Chapter 2의 작업 과정을 이해하기 위한 첫 번째 실습편으로 넘어가도 좋습니다.

1 기본 워크플로에 따른 학습 계획

프리미어 프로 CS4를 이용한 영상 편집 과정은 사용자마다 조금씩 차이가 있지만, 임포트(Import), 편집(Edit), 익스포트(Export)의 3단계로 나눌 수 있습니다. 영상의 꽃이라고 할 수 있는 영화도 작업의 스케일이나 동원되는 인력에서 차이가 있을 뿐, 개인 영상 작업 과정과 크게 다르지 않습니다. 본서를 이용한 프리미어 프로 CS4의 학습 계획을 세워볼 수 있는 작업 과정을 살펴보겠습니다.

 임포트 및 캡처

프리미어 프로 CS4로 영상을 제작하기 위해서 가장 먼저 해야할 일은 영상, 이미지, 사운드 등, 영상 제작에 필요한 미디어 소스를 프리미어로 가져오는 것입니다. 컴퓨터에 파일로 저장되어 있는 미디어 소스를 가져오는 작업을 임포트(Import)라고 하며, 캠코더로 촬영한 영상을 가져오는 작업을 캡처(Capture)라고 합니다. 캡처 작업은 프리미어 프로 CS4에서 제공하는 캡처 패널을 이용하며, 프리미어 프로 CS4는 촬영하는 영상을 별도의 캡처 과정 없이 컴퓨터로 가져올 수 있는 OnLocation CS4를 제공합니다. 캡처하거나 임포트한 미디어 소스들은 프로젝트 패널에서 관리합니다.

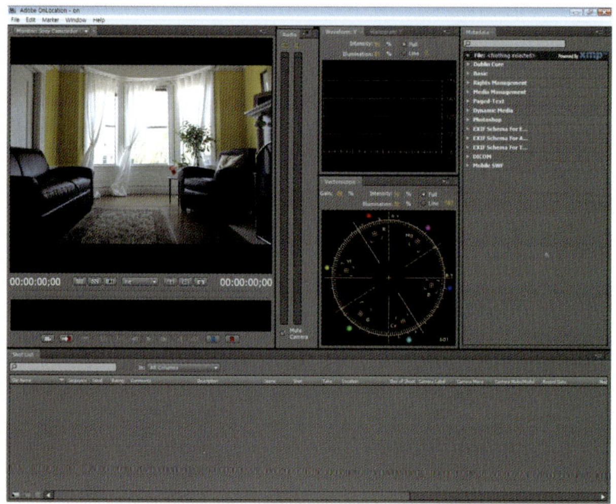

▶ OnLocation CS4는 촬영하는 영상을 캠코더의 테이프가 아닌 컴퓨터 하드 디스크에 기록하는 툴로 별도의 캡처 과정이 필요 없다.
▶ OnLocation CS4 학습 - PART 3 의 Chapter 01

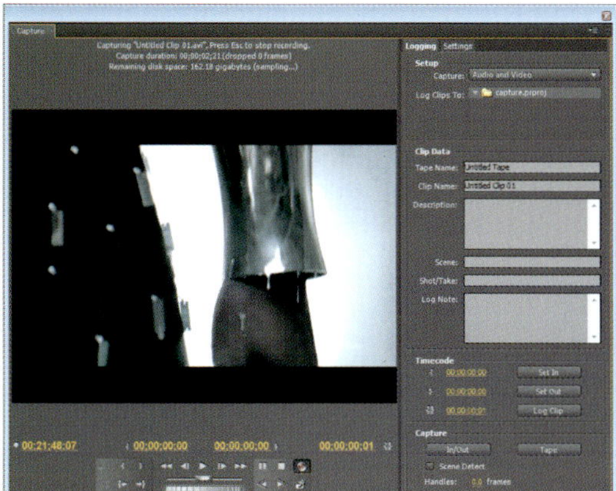

▶ 캠코더로 촬영한 영상을 프리미어로 가져오는 역할의 캡처 패널
▶ 캡처 패널 학습 - PART 3 의 Chapter 01

▶ 캡처 받은 영상이나 임포트한 소스를 관리하는 프로젝트 패널
▶ 프로젝트 패널 학습 - PART 2 의 Chapter 01

 컷 편집

영상 편집의 시작은 캡처받은 영상에서 재미없고, 의미 없는 장면을 잘라내고, 이동, 복사 등의 기능을 이용해서 각각의 장면을 순서대로 배열하는 것에서부터 시작합니다. 순서를 배열한다는 것은 A-B 순서로 촬영한 영상을 스토리 전개상 B-A로 바꾸거나 A-B-A로 분할하는 등의 작업을 말합니다. 편집에 사용될 장면을 골라내는 것은 소스 패널을 이용하며, 영상을 편집하는 작업은 타임라인 패널을 이용합니다. 실제 편집 작업이 이루어지는 타임라인 패널은 프리미어의 핵심이기도 합니다.

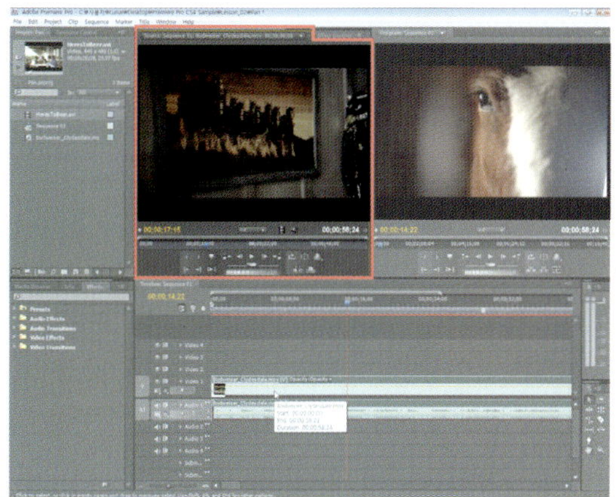

▶ 편집할 장면을 골라내는 역할의 소스 패널
▶ 소스 패널 학습 - PART 2 의 Chapter 02

▶ 프리미어의 실제 편집 작업이 이루어지는 타임라인 패널
▶ 타임라인 패널 및 컷 편집 학습 - PART 2 - 03 및 PART 3 - 02

트림 패널

타임라인 패널에서도 영상의 시작 지점(In Point)과 끝 지점(Out Point)을 편집할 수 있기 때문에 영상 소스가 짧은 경우에는 소스 패널의 필요성을 느끼지 못할 수도 있습니다. 그리고 프리미어는 영상의 In/Out Point를 보다 정밀하게 편집할 수 있는 트림 패널을 제공하고 있는데, 이것 역시 필요성을 느끼지 못할 수 있습니다. 그러나 편집 능력의 향상을 위해서는 두 패널 모두 익숙하게 다룰 수 있어야 합니다.

▶ 트림 패널 학습 - PART 2의 Chapter 04

자막은 사운드와 함께 영상의 완성도를 결정하는 중요한 요소입니다. 특히, 자막은 보다 정확한 정보를 전달해야만 하는 영상은 물론이고, 지루함을 감소시키고, 관심을 증가시키는 효과로도 많이 사용합니다. 프리미어는 외부 프로그램의 도움 없이도 퀄리티 높은 자막을 제작할 수 있는 타이틀 패널을 제공하며, 하나의 소스로 취급되기 때문에 다양한 이펙트를 적용하여 특별한 애니메이션 효과를 연출할 수 있습니다. 그리고 수 백 가지 이상의 템플릿을 제공하고 있기 때문에 자막 디자인에 익숙하지 않은 사용자도 전문가의 손길을 느낄 수 있는 자막을 손쉽게 만들 수 있습니다.

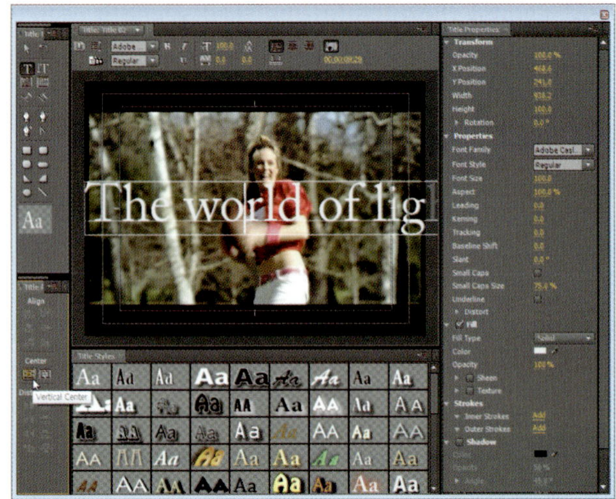

▶ 타이틀 패널 학습 - PART 6

트랜지션은 컷 편집 작업이 끝난 각각의 장면을 자연스럽게 연결하기 위한 기능입니다. 장면이 점점 어두워지면서 사라지고, 다음 장면이 점점 밝아지면서 나타나는 전환 기법을 TV나 영화에서 많이 보았을 것입니다. 이러한 전환 기법을 트랜지션이라고 하며, 프리미어는 기본적으로 76가지의 트랜지션을 제공합니다.

▶ 트랜지션 학습 - PART 4

이펙트는 촬영을 할 때 사용하지 않았던 화려한 조명을 연출하거나 영상을 흔들리게 하여 긴장감을 만드는 등의 인위적인 효과를 만드는 기능입니다. 프리미어는 외부 플러그-인을 사용하지 않고도 독자가 상상하는 모든 효과를 만들어낼 수 있는 132가지의 이펙트를 제공합니다.
트랜지션과 이펙트는 이펙트 패널에서 제공하고 있으며, 속성 편집은 이펙트 컨트롤 패널에서 합니다.

▶ 이펙트 학습 - PART 5

"소리가 생각을 지배한다"라는 광고 카피는 사운드의 중요성을 규명해 놓은 좋은 예입니다. 영상 사운드는 오랜 경험이 있는 편집가도 사운드 엔지니어나 영상 음악 뮤지션 등의 전문가에게 의뢰를 할 만큼 어려운 분야지만, 조금만 관심을 가지면, 프리미어에서도 전문가 못지 않은 영상 사운드 작업이 가능합니다. 프리미어는 사운드 작업이 가능한 오디오 믹서 패널과 다양한 이펙트를 제공하고 있으며, Adobe Soundbooth CS4를 프리미어의 내부 기능처럼 사용할 수 있는 Dynamic Link 기능을 제공합니다. Adobe Soundbooth CS4는 촬영 중에 유입된 핸드폰 벨 소리나 차량 소음 등의 잡음을 골라내어 제어하는 등의 놀라운 기능을 갖추고 있으며, 사용법이 간편하다는 특징 때문에 모든 디지털 사운드 편집 디자이너들을 매료시킬 수 있는 툴입니다. 물론, 사운드를 완성하는 것은 작업자의 몫이므로 평소에 TV나 영화를 볼 때, 사운드를 주의 깊게 모니터하는 습관이 중요합니다.

▶ 오디오 믹서 및 이펙트 학습 - PART 7

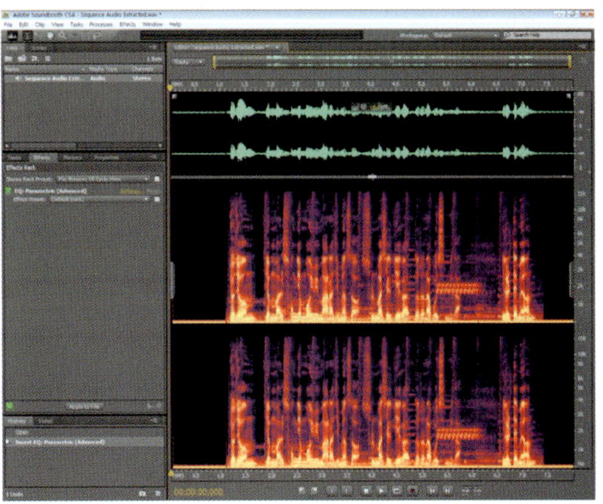

▶ Adobe Soundbooth CS4 학습 - 별책 부록

촬영한 영상을 캡처하고, 다양한 편집 작업을 거쳐서 하나의 완성된 영상을 만들었다면, 최종 목표는 비디오 테이프, DVD 등의 미디어나 AVI, MPEG, WMA 등의 파일을 만드는 것입니다. 이렇게 편집이 끝난 영상을 미디어로 전송하는 작업을 익스포팅이라고 하며, 프리미어는 PC나 MAC에서 사용하는 대부분의 영상 포맷과 테이프, DVD 등의 미디어를 백그라운드로 제작할 수 있는 미디어 엔코더를 제공합니다. 그리고 함께 제공되는 Adobe Encore CS4를 이용하여 DVD 타이틀을 디자인하고, 굽는 일련의 작업들이 가능합니다.

▶ 미디어 엔코더 학습 - PART 3의 Chapter 3

▶ Adobe Encore CS4 학습 - PART 8

홈쇼핑에서 가장 많은 판매율을 기록하고 있는 컴퓨터의 시스템 사양이 프리미어 프로 CS4를 사용하기에 무리가 없나요? 라는 질문을 가장 많이 받습니다. 그래서 기본 패키지에 99,000원을 추가하고, 또 99,000원을 추가한 최고급 패키지가 Adobe사의 시스템 요구 사양을 만족시키고 있는지 확인해보겠습니다. 결론부터 얘기하면, DV급 영상을 편집하는 데는 충분한 사양입니다. 그러나 각각의 부품 별로 체크해보는 시간을 가지면, 자신에게 적합한 시스템을 갖추는데 큰 도움이 될 것입니다.

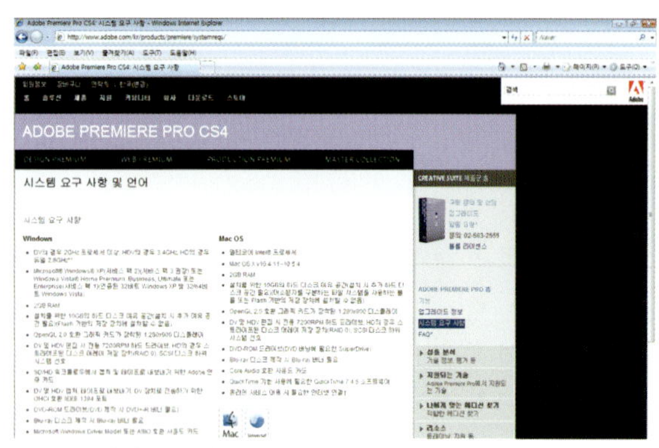

▷ Adobe사에서 요구하는 시스템 사양

▷ 홈쇼핑 판매 1위 상품

 프로세스(CPU)

Adobe사에서 요구하는 CPU	홈쇼핑 판매 1위 제품의 CPU
Intel Pentium 4(DV의 경우 2GHz 프로세서, HDV의 경우 3.4GHz 프로세서), Intel Centrino, Intel Xeon(HD의 경우 2.8GHz 듀오 프로세서) 또는 Intel CoreTM Duo 프로세서; AMD 시스템의 경우 SSE2 지원 프로세서 필요	인텔 펜린 듀얼코어 E5200 - Core Speed: 2.5GHz - CPU Type: LGA775 - 시스템버스: 800MHz - L2 cache: 2MB - 64bit 지원 (EM64T) - 회로구성: 듀얼코어

홈쇼핑에서 판매율 1위 제품의 CPU는 듀얼코어 펜린으로 알려진 인텔 듀얼코어 프로세서 E5200 입니다. 클럭 속도는 2.5GHz이고, L2 캐시는 2MB로 DV급 영상을 다루는 데는 충분한 사양입니다. 그러나 Adobe사의 요구사항을 보면, HD급 영상을 다루기에는 다소 무리가 있음을 알 수 있습니다. 결국, 시스템의 선택 여부는 사용자가 가지고 있는 캠코더가 DV급인지, HD급인지에 따라 결정해야 할 것입니다. 참고로 인텔 코어2듀오 프로세서 이후로 4개의 코어를 내장하여 이론상 코어2듀오의 2배의 성능을 발휘하는 코어2쿼트, 코어2익스트림, 코어i7 이라는 제품들이 출시되어 있으므로, 전문가 급 영상 편집 작업이 필요한 사용자라면, 고려해보기 바랍니다.

Adobe사에서 요구하는 RAM	홈쇼핑 판매 1위 제품의 RAM
DV 사용 시 1GB RAM, HDV 및 HD 사용 시 2GB RAM	DDR2 /1GB (PC5300, 667MHz) - 1GB 2개 장착

홈쇼핑에서 판매율 1위 제품의 RAM 용량은 기본 제품이 1GB이고, 고급 제품이 2GB입니다. Adobe사에서는 DV 사용시 1GB의 RAM을 요구하고 있고, HD 사용시 2GB의 RAM을 요구하고 있으므로, 홈쇼핑 제품으로 충분해 보입니다. 그러나 윈도우 비스타에서 프리미어 프로 CS4를 사용한다면, 1GB의 시스템으로는 영상을 편집하기에 무리가 있을 수 있습니다. 특히, 트랜지션이나 이펙트 등, 다양한 효과를 적용하다 보면, 2GB 시스템에서도 RAM 부족 현상을 실감하게 됩니다. 그러므로, RAM 용량은 2GB를 장착하고 있는 고급 제품을 권장하며, 필요하다면 RAM을 바꿀 계획을 함께 세우는 것이 좋습니다.

홈쇼핑 판매 1위 제품의 메인보드
인텔 G31 칩셋 메인보드 (제조사: Foxconn) - Intel G31 + ICH7 칩셋 - 램 소켓 2개 / 최대 4GB 확장 가능 - 슬롯: PCI Express x16 1개 / PCI Express x1 1개 / PCI 2개 - Serial-ATA 4개 (3.0GB/s)

홈쇼핑 제품의 가격이 저렴한 가장 큰 이유는 메인보드입니다. 홈쇼핑 판매 1위 제품을 보면 알 수 있듯이 RAM을 추가할 수 있는 소켓이 2개 뿐입니다 결국 2GB 이상의 RAM을 추가할 필요가 있는 사용자라면, 메인 보드 또는 RAM을 바꿔야 한다는 것입니다. 컴퓨터 장치 중에서 가장 바꾸기 어려운 것이 메인보드이기 때문에 컴퓨터를 조립해 본 경험이 없다면, 메인 보드를 구입하는 상점에서 교체 비용을 추가 지불하거나 조립 경험이 있는 친구에게 부탁할 필요가 있습니다. 물론 RAM을 2GB 이상 추가할 계획이 없는 사용자라면, 이미 안정성 테스트를 마친 홈쇼핑 제품을 권장합니다. 참고로 홈쇼핑 제품 중에는 그래픽 카드(VGA)가 메인보드에 통합되어 있는 제품을 판매하는 경우가 많은데, 프리미어 사용자는 피하는 것이 좋습니다. 홈쇼핑 제품을 구입할 때는 반드시 그래픽 카드의 유무를 확인하는 것이 좋습니다.

Adobe사에서 요구하는 VGA	홈쇼핑 판매 1위 제품의 VGA
32비트 비디오 카드가 장착된 1,280x1,024 모니터 해상도; GPU 가속 재생을 위한 그래픽 카드 권장	nVidia GeForce 8400GS 256MB 그래픽카드 - 메모리 용량: 256MB - 버스 종류: PCI Express 16배속 - 입/출력 단자: D-Sub(아날로그), S-Video, DVI(디지털) - 듀얼 모니터 지원 / TV-Out 지원 가능

그래픽 카드는 클럭 속도와 메모리의 용량이 중요합니다. 그리고 보다 편리한 영상 작업을 원한다면, 모니터를 두 대 연결할 수 있는 듀얼 기능의 지원 여부도 확인하는 것이 좋습니다. 홈쇼핑 판매 1위 제품의 칩셋은 nVidia GeForce 8400GS, 메모리는 256MB, 입/출력 단자는 아날로그(D-Dub)와 디지털(DVI) 방식의 모니터를 각각 한 대씩 연결할 수 있는 듀얼 모니터를 지원하고 있기 때문에 영상을 편집하는 데는 무리가 없어 보입니다. 참고로 nVidia사의 CX시리즈는 프리미어 프로 CS4의 이펙트를 실시간으로 처리할 수 있는 강력한 GPU 기능을 제공합니다. 그러나 가격이 높다는 단점이 있기 때문에 컴퓨터를 사용하는 목적이 영상 편집이라면, 실시간 영상 편집보드를 추가하는 것이 현명합니다.

Adobe사에서 요구하는 HDD	홈쇼핑 판매 1위 제품의 HDD
10GB의 사용 가능한 하드 디스크 공간(설치 시 추가 여유 공간 필요) DV 및 HDV 편집 시 전용 7,200RPM 하드 드라이브; HD의 경우 스트라이프된 디스크 어레이 저장 장치(RAID 0); SCSI 디스크 하위 시스템 선호	대용량 320GB (S-ATA II, 7200rpm, 버퍼 8M)

홈쇼핑 판매 1위 제품은 300MB/sec의 전송 속도를 지원하는 S-ATA II 방식의 320GB 대용량 하드 디스크가 장착되어 있습니다. 물론 Adobe사에서는 HD급 영상을 편집할 필요가 있다면, 2개 이상의 하드 디스크를 병렬로 연결하여 사용하는 RAID 방식이나 SCSI 방식의 하드 디스크를 권장하고 있습니다. 그러나 SCSI 방식의 하드 디스크는 S-ATA II 방식의 하드 디스크 보다 5~6배 정도 비싸고, 별도의 SCSI 어댑터 카드가 필요하기 때문에 실제로는 7~8배 정도 비용 부담이 있으므로, 일반 사용자에게 권하기에는 무리가 있습니다. 단, 컴퓨터는 잦은 에러와 바이러스 등으로 인해서 하드 디스크를 포맷해야 하는 경우가 있으므로, 작업하는 영상을 따로 저장해 하드 디스크를 하나 더 장착하는 것이 좋습니다.

Adobe사에서 요구하는 DVD-ROM	홈쇼핑 판매 1위 제품의 DVD-ROM
DVD-ROM 드라이브 DVD 제작 시 DVD+-R 레코더 필요 Blu-ray 디스크 제작 시 Blu-ray 레코더 필요	DVD 멀티 레코더 (48배속 CD 레코더 + 18배속 DVD 레코더) - CD와 DVD 모두 읽고 쓸 수 있습니다. - 최대 8.5GB 굽기 가능 (듀얼 레이어 지원)

프리미어 프로 CS4는 DVD로 제공되고 있기 때문에 DVD를 읽을 수 있는 DVD-ROM 드라이브가 필요합니다. 그리고 DVD를 제작할 필요가 있다면, DVD를 구울 수 있는 DVD 레코더가 필요합니다. 홈쇼핑 판매 1위 제품은 DVD를 읽고, 쓸 수 있는 드라이브가 장착되어 있으므로, Adobe사의 요구를 모두 만족시키고 있습니다. 간혹 홈쇼핑 제품 중에는 DVD 콤보라고 해서 DVD를 읽을 수만 있고, 구울 수는 없는 것이 있으므로, 주의하기 바랍니다. 그리고 요즘에는 DVD를 구울 때 표면에 그림이나 글씨를 인쇄할 수 있는 Light Scribe 기능이 포함되어 있는 것도 있으므로, 조립 품을 구입하는 경우에는 이 부분을 체크해보기 바랍니다.

 사운드카드

Adobe사에서 요구하는 사운드카드	홈쇼핑 판매 1위 제품의 사운드카드
Microsoft DirectX 또는 ASIO 호환 사운드 카드	6Ch 사운드 코덱 (M/B 내장) - 5.1채널 사운드를 지원하여 입체감 있는 사운드를 즐길 수 있습니다.

5.1 채널을 지원하는 사운드 카드가 메인 보드에 통합되어 출시되기 시작한 것은 이미 오래되었습니다. 문제는 별도의 사운드 카드를 추가할 것인지의 여부를 선택하는 일입니다. 결론부터 얘기하면, 영상 작업을 하면서 사운드를 다루는 일이 크게 불편하지 않거나 전문적인 사운드 작업이 필요하지 않다면, 굳이 사운드 카드를 추가할 필요는 없습니다. 사운드 카드를 추가할 필요성을 느끼는 이유는 두 가지입니다. 첫 번째는 사용자의 목소리를 녹음할 때, 입력되는 사운드가 잠시 후에 들리는 레이턴시 현상이 거슬리는 경우입니다. 이 경우에는 ASIO 드라이버를 지원하는 사운드 카드를 추가하거나 입력하는 사운드를 뮤트시키는 방법으로 해결할 수 있습니다. 두 번째는 고 품질의 사운드 녹음이 필요한 경우입니다. 이 경우에는 많은 고민을 해야 할 필요가 있습니다. 왜냐하면, 녹음 품질은 일반적인 사운드 카드를 추가한다고 해서 크게 개선되는 것이 아니라 전문가들이 사용하는 오디오 카드와 마이크, 그리고 마이크 프리앰프 등, 컴퓨터보다 비싼 부가적인 장비가 필요하기 때문입니다. 즉, 레이턴시 해결에는 몇 만 원짜리 사운드 카드가 큰 도움이 되겠지만, 녹음 품질이 개선될 것이라는 기대는 하지 않는 것이 좋습니다.

사운드 카드와 오디오 카드의 차이점

외부 아날로그 사운드를 컴퓨터가 인식할 수 있는 디지털 신호로 바꾸어 하드 디스크에 저장하거나 반대로 컴퓨터의 디지털 사운드를
아날로그 신호로 바꾸어 스피커로 재생해주는 역할을 한다는 점은 사운드 카드와 오디오 카드의 역할이 같습니다. 그러나 사운드
카드는 사운드의 입/출력 외에도 GM 또는 XG 모드의 미디 음원이 내장되어 있고, 미디 입/출력이 가능한 미디 인터페이스 기능,
조이스틱을 연결하여 게임을 즐길 수 있는 기능 등의 부가적인 기능이 포함되어 있는 멀티 제품이며, 오디오 카드는 부가적인 기능은
전혀 포함되어 있지 않고, 오직 사운드의 입/출력 기능만을 담당하고 있는 전문 장치로 구분하고 있습니다.

 ## 스피커

홈쇼핑 판매 1위 제품에는 TV 기능을 지원하는 모니터를 제공하고 있기
때문인지, 별도의 스피커를 제공하고 있지 않습니다. 모니터에 내장되어 있는
스피커는 스테레오 사운드를 구현하는 2채널이며, 간혹 스피커를 제공하는
홈쇼핑 제품을 보면 스테레오 채널에 저음 재생용인 우퍼가 포함된
2.1채널입니다. 결국 어떤 제품을 구입하든지 돌비 서라운드 사운드의
5.1채널 시스템을 갖추기 위해서는 별도의 스피커를 추가로 구입할 필요가
있습니다.

 ## 모니터

홈쇼핑 판매 1위 제품의 모니터
24" 와이드 TV LCD - 크기: 61Cm (24") / - 픽셀 피치: 0.270mm / - 최대 해상도: 1,920 * 1,200 (WUXGA) (16:10) - 밝기: 400 cd/㎡ / - 명암 비: 1,000: 1 / - 응답시간: 5ms (Typ.) - TV기능지원 (컴퓨터 연결 없이 TV동작) / 리모컨 포함 / - 스피커 내장형 (5W * 2) - PIP(Picture in Picture) 기능 (화면 창 모드 기능) - PBP(Picture By Picture) 기능 (화면 반분할 기능) - 입출력 단자: 15pin D-Sub, DVI, Audio-in, Audio-out, Component, 안테나 - 지원색상수: 16.7M / - 시아각: 좌/우 160, 상/하 160

홈쇼핑 판매 1위 제품은 기본 패키지, 99,000을 추가한 프리미엄 패키지, 또
다시 99,000원을 추가한 최고급 패키지의 3가지 제품을 판매하고 있으며,
최고급 패키지에서 24인치 TV 모니터를 제공합니다. 모니터는 당연히 큰
것이 좋습니다. 그러나 24인치 한 대를 사용하는 것 보다는 비슷한 가격대의
20인치 두 대를 사용하는 것이 더 효율적입니다. 물론 24인치 두 대를
사용한다면 더욱 좋겠지만, 만만한 가격이 아닙니다. 모니터는 사용자의
경제적인 여건에 따라 선택해야 할 부분이기 때문에 뭐라 할말은 없지만,
홈쇼핑에서 컴퓨터를 구입할 예정이라면, 일단 큰 것을 선택하는 것이
좋습니다. 참고로 비디오 카드에는 아날로그 방식의 D-Sub 단자가 있는
모니터와 디지털 방식의 DIV 단자가 있는 모니터를 각각 한대씩만 연결할 수
있으므로, 모니터를 추가할 때 꼭 확인해야 할 것입니다. 홈쇼핑 제품은 DVI
방식을 지원하고 있으므로, 나중에 모니터를 추가할 때는 DVI보다 가격이
저렴한 D-Sub 방식만 구입하면 됩니다.

Adobe사에서 요구하는 OS	홈쇼핑 판매 1위 제품의 OS
Microsoft Windows XP Professional 또는 Home Edition 서비스 팩 2 또는 Windows Vista™ Home Premium, Business, Ultimate 또는 Enterprise(인증된 32비트 버전)	한글 Windows Vista - Home Premium 기본 탑재 - 복구 DVD 기본 제공

윈도우 비스타는 화려한 인터페이스와 멀티 미디어 및 보안 기능이 뛰어나다는 장점이 있지만, 윈도우 XP에 비해서 높은 시스템 사양을 요구 한다는 단점이 있습니다. 그러나 프리미어 프로 CS4뿐만 아니라 앞으로 출시될 모든 프로그램이 윈도우 비스타에 최적화될 것이므로, 시스템을 업그레이드 해서라도 윈도우 비스타를 사용해야 할 것입니다. 윈도우 비스타는 Home Premium, Business, Ultimate, Enterprise 등 다양한 버전이 출시되어 있으며, 홈쇼핑 판매 1위 제품은 Home Premium이 기본적으로 탑재되어 있습니다. 개인 사용자에게는 가격이 저렴하고, 시스템 자원을 덜 차지하는 Home Premium을 권장합니다.

DV 및 HD 캠코더로 촬영 영상을 컴퓨터에 전송하거나 반대로 프리미어 프로 CS4에서 편집한 영상을 캠코더로 내보내기 위해서는 컴퓨터와 캠코더를 서로 연결할 수 있는 IEEE 1394 카드와 케이블이 필요합니다. IEEE 1394 포트는 메인 보드에 내장되어 있는 경우가 일반적인데, 홈쇼핑 판매 1위 제품에는 IEEE 1394포트가 없습니다. 결국, 이 제품을 구입하는 경우에는 별도의 IEEE 1394 카드를 추가해야 합니다. 참고로 S-Video, Composite 등 아날로그 영상의 입/출력이 필요한 경우에는 전문적인 영상 편집 보드가 필요합니다.

→Tip

실시간 영상 편집보드

영상을 편집하면서 많은 이펙트와 타이틀을 사용하게 되면, 시스템 사양이 아무리 높아도 미리 보기(프로그램 패널) 화면이 버벅거리거나 익스포팅 (Export) 시간이 오래 걸릴 수 밖에 없습니다. 이러한 현상을 해결하기 위해서는 렌더링 작업을 하드웨어로 처리할 수 있는 실시간 영상 편집보드가 필요합니다. 단, 100~200 만원이 넘는 고가의 장치이기 때문에 취미로 영상 편집을 공부하는 학생들은 컴퓨터나 그래픽 카드를 업그레이드 하는 것이 현명할 것입니다. 만일 실시간 영상 편집보드를 구입할 계획에 있다면, 반드시 프리미어 프로 CS4를 지원하는지의 여부를 확인하기 바랍니다.

▶ Matrox사의 실시간 영상 편집보드

3

프리미어 프로 CS4의 설치과정 살펴보기

Adobe Premiere Pro CS4에는 촬영하는 영상을 컴퓨터 디스크에 직접 캡처할 수 있는 Adobe OnLocation CS4와 DVD 타이틀을 제작할 수 있는 Adobe Encore CS4가 포함되어 있습니다. 일반적으로 단일 제품보다는 포토샵이나 에프터 이펙트 등의 제품들이 포함되어 있는 Adobe Creative Suite 4 Production Premium이나 Master Collection과 같은 패키지 제품을 많이 사용하지만, 여기서는 Adobe OnLocation CS4와 Adobe Encore CS4가 포함되어 있는 Adobe Premiere Pro CS4의 설치 과정을 살펴보겠습니다. 정품을 구입하기 전에 30일 동안 사용해볼 수 있는 시험 버전은 adobe.co.k에서 무료로 다운받을 수 있습니다.

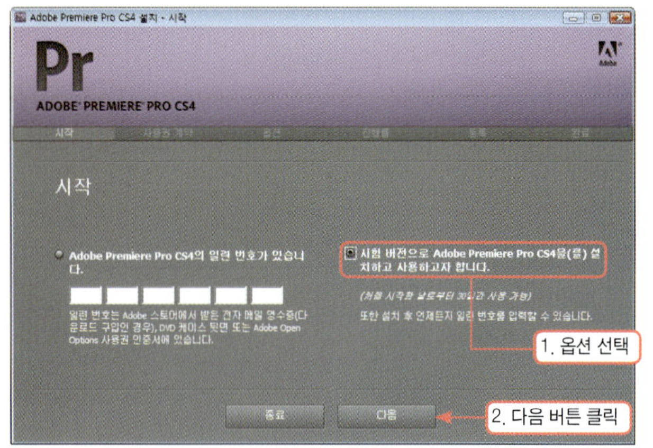

01 adobe.co.kr에서 다운 받은 파일을 더블 클릭하면 압축이 풀리고, 설치 유형을 묻는 시작 창이 열립니다. [시험 버전으로 Adobe Premiere Pro CS4를 설치하고 사용하고자 합니다.]라는 옵션을 선택하고, [다음] 버튼을 클릭합니다.

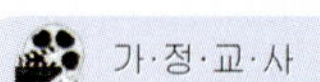

정·정·교·사

정식 버전을 구입한 사용자는 기본 유형에서 제품 번호를 입력하고, 설치를 진행합니다.

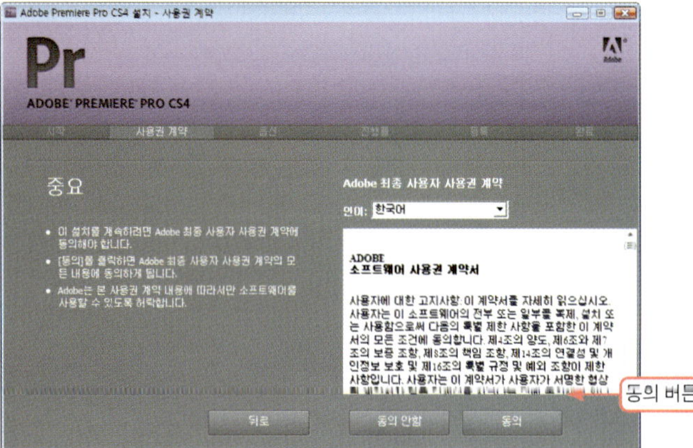

02 Adobe 최종 사용자 사용권 계약서가 열립니다. 동의를 해야만 설치할 수 있으므로, [동의] 버튼을 클릭합니다.

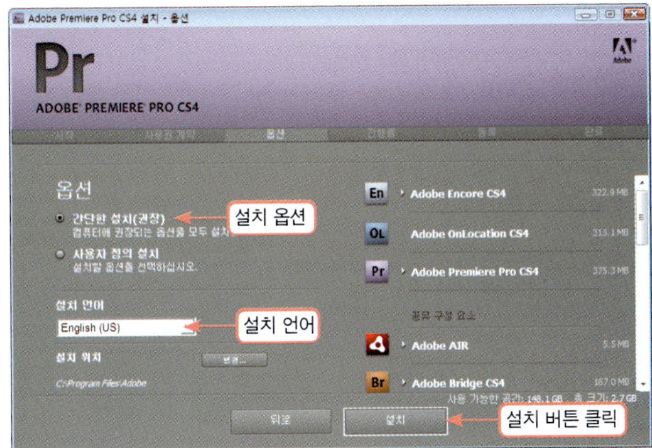

03 설치 옵션을 선택할 수 있는 창이 열립니다. 옵션은 [간단한 설치(권장)], 설치 언어는 [English(US)]가 선택되어 있는 상태로 [설치] 버튼을 클릭합니다.

가·정·교·사

Premiere Pro CS4는 설치 언어에서 [한국어]를 선택하여 한글 버전으로 설치할 수 있습니다. 그러나 현장에서 사용되는 영상 관련 장비나 용어를 영어로 사용되기 때문에 취업을 목적으로 공부하는 학생은 English 버전으로 설치하는 것이 좋습니다. 물론, 남들과의 호환성이 전혀 필요없는 개인 사용자라면 한국어로 설치해도 좋습니다.

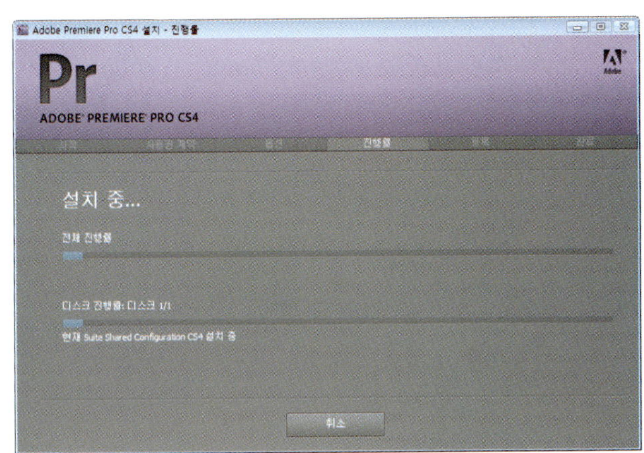

04 설치가 진행되는 과정이 보입니다. 사용자 시스템에 따라 다르지만, 상당한 시간이 걸립니다. 이때 인터넷에 접속하거나 다른 프로그램을 실행하면, 에러가 발생할 수 있으므로, 차분히 기다리는 것이 좋습니다.

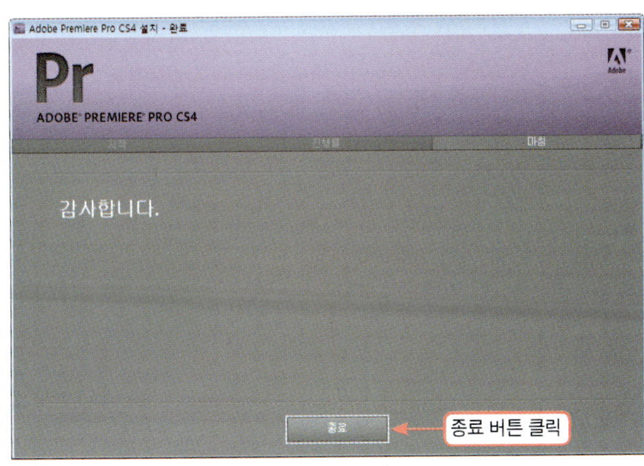

05 설치 완료 창이 열립니다. [종료] 버튼을 클릭하여 Adobe Premiere Pro CS4의 설치를 마칩니다. 설치를 완료한 후에는 다운 받은 시험버전 파일과 압축 해제로 만들어진 바탕화면의 Adobe CS4 폴더를 삭제하여 하드 디스크의 용량을 확보합니다

Adobe Creative Suite 4

Adobe사는 Adobe Premiere Pro CS4, On Location CS4, Encore CS4는 물론이고, Adobe사에서 출시되는 Photoshop CS4 Extended, Illustrator CS4, Flash CS4 Professional, After Effects Cs4, Soundbooth CS4 등과의 완벽한 연동으로 마치 하나의 프로그램을 이용하듯이 완성도 있는 멀티 미디어 작업이 가능합니다. 뿐만 아니라 각각의 프로그램은 공통된 인터페이스와 용어를 사용하기 때문에 하나의 프로그램만 익혀두면, 나머지는 쉽게 사용할 수 있다는 장점을 가지고 있습니다. Adobe 사는 Creative Suite 4라는 이름의 패키지 상품을 판매하고 있으며, 국내에서도 단일 제품보다는 패키지 상품을 이용하는 사용자가 많습니다.

Adobe Creative Sutie 4 제품 비교

    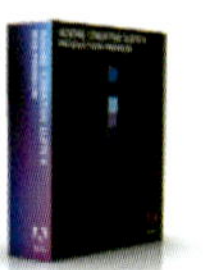 

	Design Premium	Design Standard	Web Premium	Web Standard	Production Premium	Master Collection
구성 요소						
Adobe InDesign CS4	●	●				●
Adobe Photoshop CS4 Extended	●		●		●	●
Adobe Photosho CS4		●				
Adobe Illustrator CS4	●	●	●		●	●
Adobe Acrobat 9 Pro	●	●	●			●
Adobe Flash CS4 Professional	●		●	●	●	●
Adobe Dreamweaver CS4	●		●	●		●
Adobe Fireworks CS4	●		●	●		●
Adobe Contribute CS4			●	●		●
Adobe After Effects CS4					●	●
Adobe Premiere Pro CS4					●	●
Adobe Soundbooth CS4			●		●	●
Adobe OnLocation CS4					●	●
Adobe Encore CS4					●	●
공유 기능, 서비스 및 애플리케이션						
Adobe Bridge CS4	●	●	●	●	●	●
Adobe Device Central CS4	●	●	●	●	●	●
Adobe Dynamic Link					●	●
Adobe Version Cue CS4	●	●	●	●		●

▷ Creative Suite 4 Production Premium 및 Mactor Collection 그리고 Adobe Premiere Pro CS4에는 Adobe OnLocation CS4 과 Encore CS4가 포함되어 있습니다.

4

프리미어 프로 CS4를 실행하고, 화면 구성 살펴보기

새로운 프로젝트를 만들 때는 백업이나 관리를 위해서 작업을 할 때마다 새로운 폴더를 만들어서 저장하는 것이 좋습니다. 처음에는 귀찮을 수 있지만, 작업한 프로젝트가 많아지면, 꼭 후회를 하게 될 것이므로, 처음부터 습관을 들이는 것이 좋습니다. 그리고 실습 진행을 위한 부록 CD의 Premiere Pro CS4 Sample 폴더는 사용자 컴퓨터에 복사해놓고 사용합니다. 물론, 사용자가 직접 촬영한 영상을 가지고 실습을 진행하는 것이 더욱 좋습니다. 프리미어 프로 CS4를 실행하여 새로운 프로젝트를 만드는 과정과 화면의 구성 요소를 간단하게 살펴보겠습니다.

01 본서의 부록으로 제공하는 CD를 컴퓨터 DVD-ROM 드라이브에 삽입하면, 자동 실행 창이 열립니다. 목록에서 [폴더를 열어 파일 보기]를 클릭합니다.

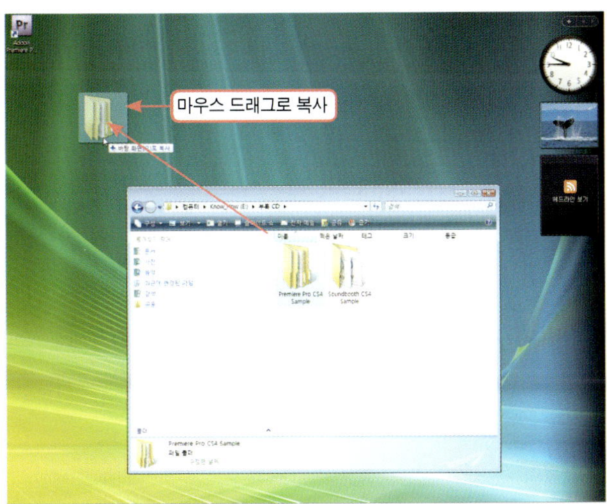

02 부록 CD의 내용이 보입니다. 샘플은 사용자 컴퓨터에 복사해서 사용해야 에러가 발생하지 않으므로, Premiere Pro CS4 Sample 폴더를 바탕화면으로 드래그하여 복사합니다.

🎬 가·정·교·사

별책 부록의 사운드부스 CS4 실습 파일도 동일한 부록 CD의 Soundbooth CS4 Sample 폴더로 제공합니다.

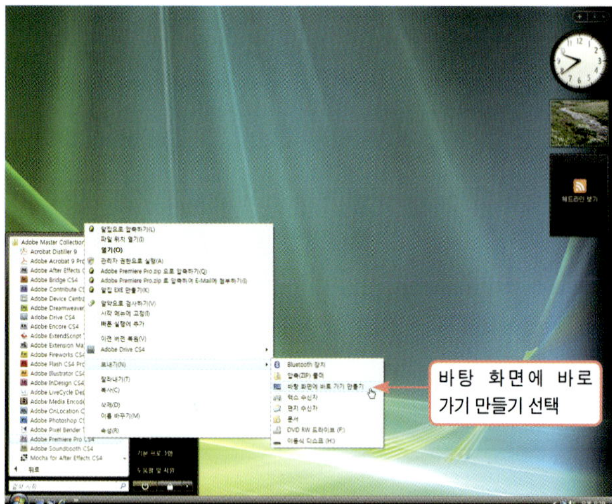

03 윈도우 시작 버튼을 클릭하여 메뉴를 열고, 모든 프로그램 폴더에서 Adobe Premiere Pro CS4를 마우스 오른쪽 버튼으로 클릭하여 단축 메뉴를 엽니다. 그리고 보내기 폴더에서 바탕 화면에 바로 가기 만들기를 선택하여 바탕 화면에 실행 아이콘을 만듭니다.

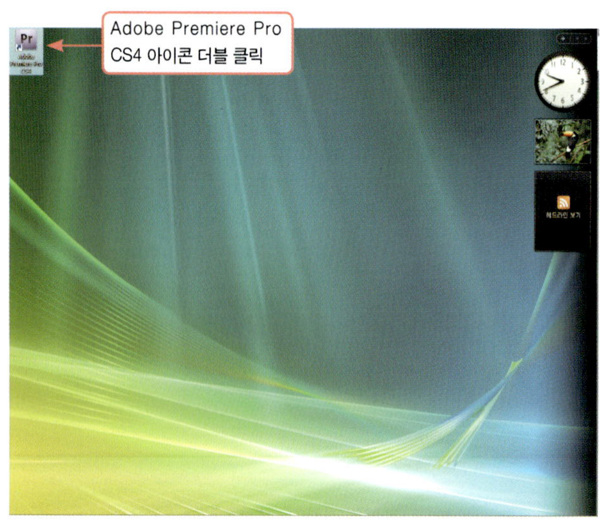

04 바탕 화면에 만들어진 Adobe Premiere Pro CS4 아이콘을 더블 클릭하여 실행합니다. 앞으로도 프리미어 프로 CS4는 바탕 화면의 아이콘을 더블 클릭하여 실행하면 됩니다.

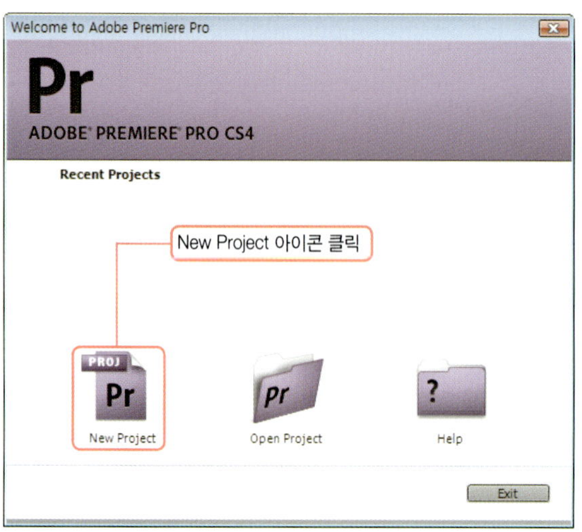

05 작업할 프로젝트를 선택할 수 있는 시작 창이 열립니다. New Project(새 프로젝트) 아이콘을 클릭하여 새로운 프로젝트를 만듭니다.

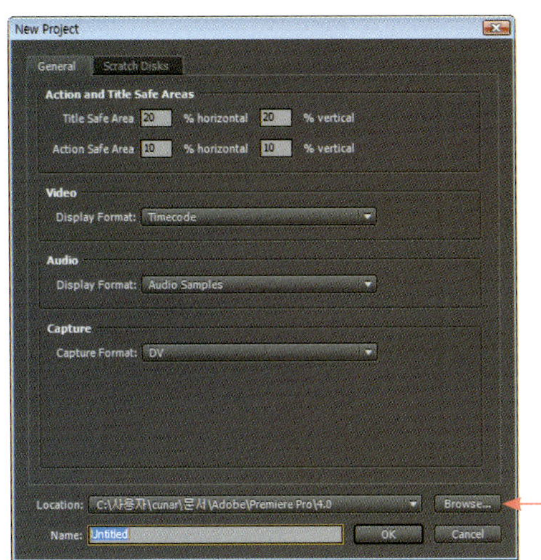

06 프로젝트의 이름과 폴더가 저장될 위치를 선택할 수 있는 New Project 창이 열립니다. 프로젝트는 작업을 할 때마다 새로운 폴더를 만들어서 저장하는 것이 좋습니다. 새로운 폴더를 만들기 위한 Browse(찾아보기) 버튼을 클릭합니다.

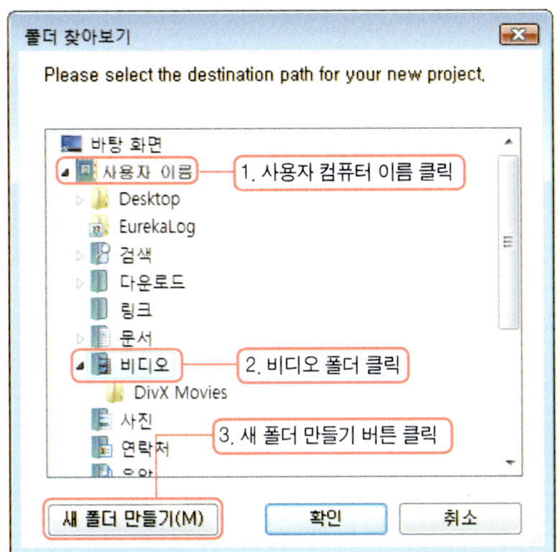

07 프로젝트가 저장될 폴더를 선택할 수 있는 폴더 찾아보기 창이 열립니다. 새로운 폴더를 만들어서 저장하기로 했으므로, 사용자 컴퓨터 이름을 클릭하여 폴더 목록을 열고, 비디오 폴더를 선택합니다. 그리고 [새 폴더 만들기] 버튼을 클릭합니다.

 가·정·교·사

사용자 컴퓨터 이름 폴더는 말 그대로 사용자 컴퓨터의 이름이므로, 개인 마다 다릅니다. 대부분 자신의 이름이나 컴퓨터 판매 업체의 이름으로 표시되어 있습니다.

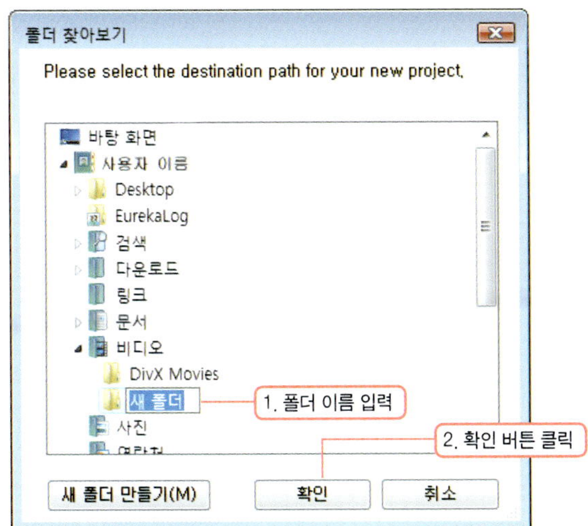

08 비디오 폴더에 새 폴더라는 이름의 폴더가 만들어집니다. 폴더의 이름은 친구의 결혼식이나 영상 공모전과 같이 구분하기 쉽게 만드는 것이 좋습니다. 지금은 Start 정도로 입력하고, [확인] 버튼을 클릭합니다.

 가·정·교·사

프로젝트를 꼭 비디오 폴더에 만들 필요는 없습니다. 하드 디스크를 추가로 장착한 사용자라면, 추가한 하드 디스크에 폴더를 만드는 것이 좋습니다.

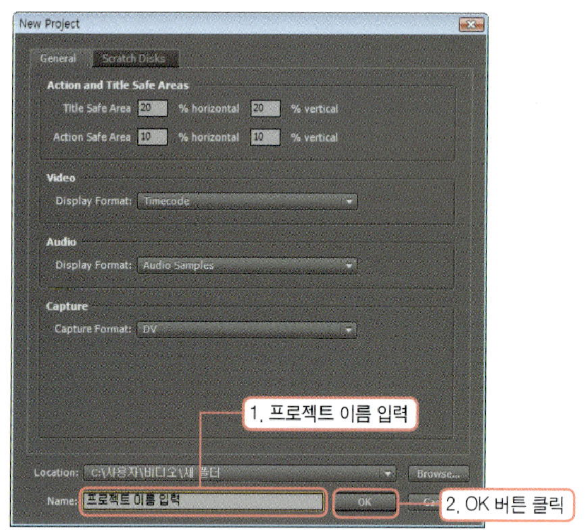

09 New Project 창의 Location(위치) 항목은 앞에서 새로 만든 폴더로 지정 되었습니다. 계속해서 Name(이름) 항목에 프로젝트의 이름을 입력하고, OK(확인) 버튼을 클릭합니다. 프로젝트 이름도 앞에서 새로 만든 폴더와 동일한 이름으로 입력하는 것이 좋습니다.

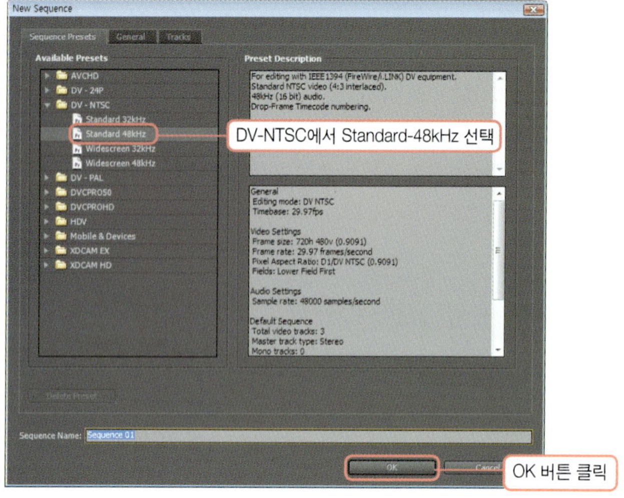

10 New Sequence(새 시퀀스) 창이 열립니다. 시퀀스의 이름은 작업 도중에 변경할 수 있으므로 그대로 두고, Available Preset(사용 가능한 사전 설정) 목록에서 촬영한 영상과 같은 방식의 프리셋을 선택합니다. 일반적으로 DV- NTSC의 Standard-48kHz이나 HDV의 HDV 1080i30(60i)로 촬영할 수 있는 캠코더 사용자가 많습니다. 여기서는 DV-NTSC에서 Standard-48kHz을 선택하고, [OK] 버튼을 클릭하겠습니다.

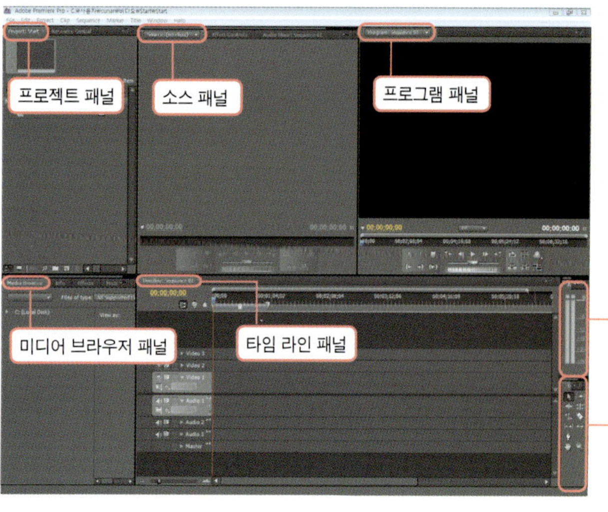

11 프로젝트, 소스 및 프로그램 모니터, 미디어 브라우저, 타임 라인, 오디오 마스터 미터, 타임 라인 도구 등의 패널이 보이는 프리미어 프로 CS4의 메인 화면을 볼 수 있습니다.

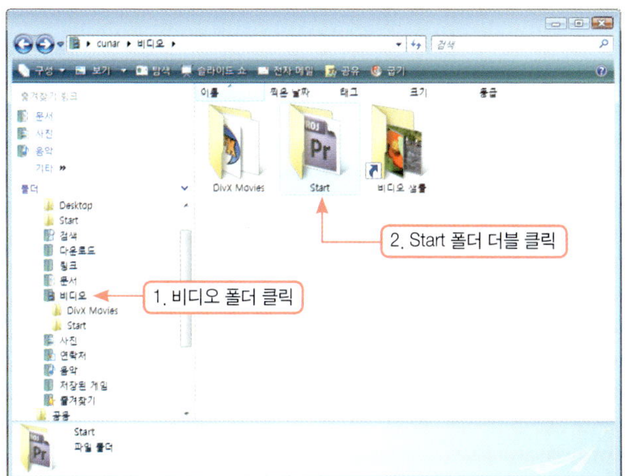

12 ⊞+E 키를 눌러 윈도우 탐색기를 열고, 사용자 컴퓨터 폴더의 비디오 폴더를 열어보면, 사용자가 새로 만든 Start 폴더를 볼 수 있습니다. Start 폴더를 더블 클릭하여 열어봅니다.

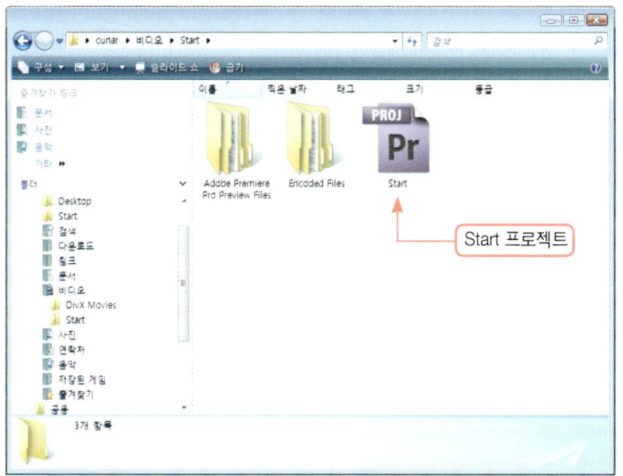

13 Start라는 이름의 프로젝트 파일 외에 Adobe Premiere Pro Preview, Encoded Files등의 폴더가 생성된 것을 확인할 수 있습니다. 작업을 진행하다가 보면, Adobe Premiere Pro Auto-Save 폴더도 생성이 됩니다.

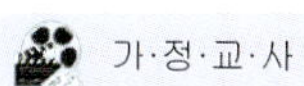

가·정·교·사

영상을 캡처 받으면, 프로젝트가 저장된 폴더로 저장이 되므로, 백업이 필요할 때, 해당(Start)폴더를 복사하면 됩니다. 이것이 프로젝트를 폴더 단위로 만드는 이유입니다.

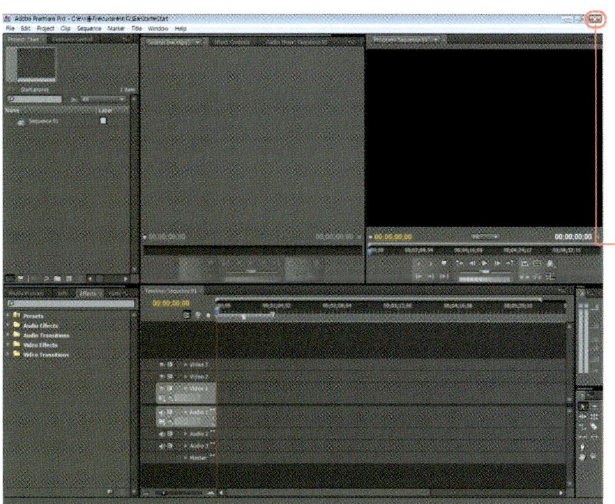

14 프리미어 프로 CS4를 실행해보고, 각 패널의 위치를 확인해 보았습니다. 화면 오른쪽 상단에 있는 종료 버튼을 클릭하여 프리미어 프로 CS4를 종료합니다.

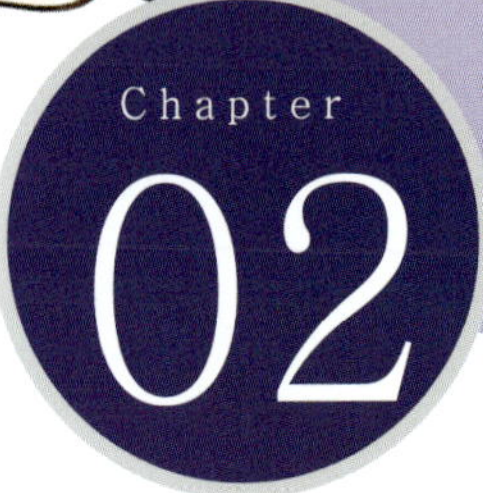

작업 과정을 이해하기 위한 첫 번째 실습

프리미어의 작업 과정은 크게 캡처 및 임포트, 편집, 그리고 DVD나 미디어 파일로 출력하는 3단계로 구분되며, 프리미어를 사용하는 궁극적인 목적의 편집 과정은 컷 편집, 자막, 트랜지션과 이펙트, 오디오 믹싱 등으로 세분화됩니다. 작업 순서는 사용자의 작업 습관이나 목적에 따라서 바뀌거나 추가 및 생략되는 것도 있겠지만, 전체적인 워크플로를 경험해보는 것은 자신에게 필요한 학습 포인트를 파악하는데 있어서 아주 중요한 실습입니다. 입문자의 경우에는 다소 무리가 있을 수 있지만, 천천히 따라 해보기 바랍니다.

1 작업에 사용할 미디어 소스를 프로젝트 패널에 담기

프리미어를 이용한 영상 작업의 첫 번째 단계는 작업할 미디어 소스를 프로젝트 패널에 담아놓는 일입니다. 프로젝트 패널에 담아놓는 미디어 소스는 캠코더나 핸드폰으로 촬영한 영상이 될 수도 있고, 컴퓨터에 저장되어 있는 영상, 이미지, 사운드 등의 미디어 파일이 될 수도 있고, 프리미어에서 제공하는 컬러 바, 타이틀 등의 아이템이 될 수도 있습니다.

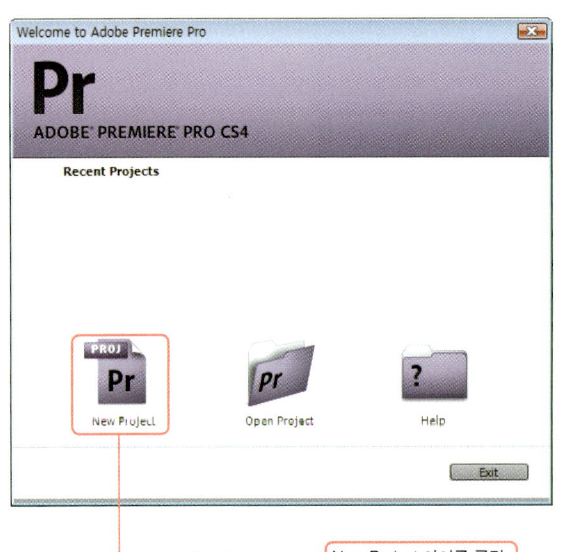

New Project 아이콘 클릭

01 바탕화면의 Adobe Premiere Pro CS4 아이콘을 더블 클릭하여 프리미어를 실행합니다. 기존에 작업하던 프로젝트를 불러올 것인지, 새로운 프로젝트를 만들 것인지를 선택할 수 있는 창이 열립니다. New Project 아이콘을 클릭하여 새로운 프로젝트를 만듭니다.

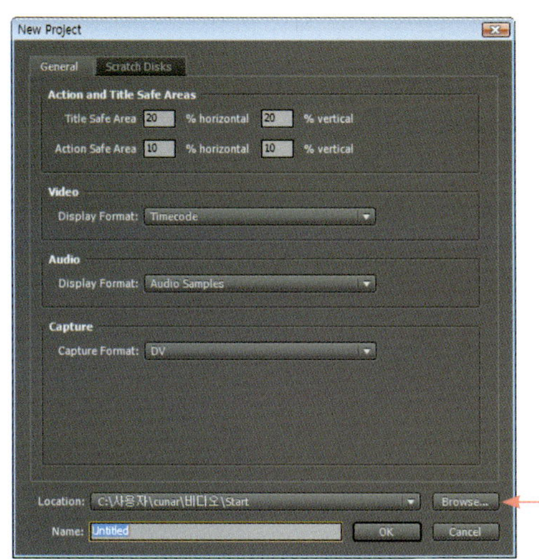

02 프로젝트의 이름과 프로젝트가 저장될 위치를 선택할 수 있는 New Project 창이 열립니다. 프로젝트를 폴더 단위로 만들어 저장하는 것이 좋다고 했으므로, [Browse] 버튼을 클릭합니다.

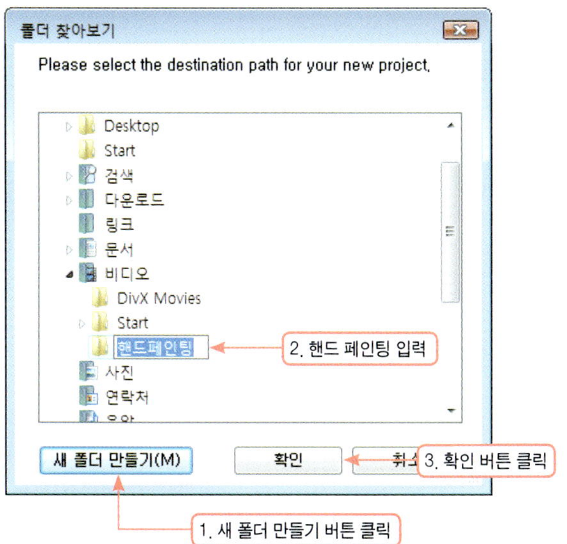

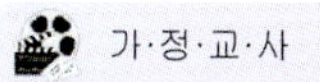

03 폴더의 위치를 선택할 수 있는 폴더 찾아보기 창이 열립니다. 사용자 컴퓨터의 비디오 폴더를 선택하고, [새 폴더 만들기] 버튼을 클릭합니다. 그리고 새 폴더의 이름은 핸드 페인팅 이라고 입력하고, [확인] 버튼을 클릭합니다.

가·정·교·사

실습에서는 비디오 폴더에 새 폴더를 만들고 있지만, 작업용 하드 디스크를 추가한 독자라면, 추가한 하드 디스크에 새 폴더를 만드는 것이 좋습니다.

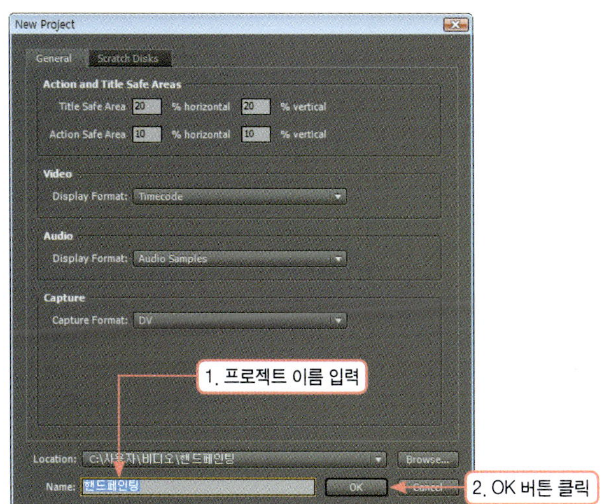

04 프로젝트의 이름은 폴더와 동일하게 만들겠습니다. Name 항목에 핸드 페인팅이라는 프로젝트의 이름을 입력하고, [OK] 버튼을 클릭합니다.

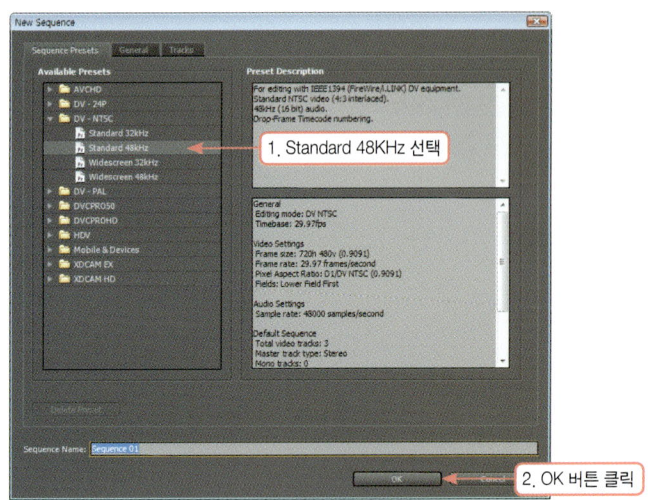

05 프로젝트 환경과 시퀀스의 이름을 입력할 수 있는 New Sequence 창이 열립니다. 시퀀스의 이름은 특별한 목적 없이 바꿀 이유가 없으므로 그대로 두고, 프로젝트는 DV-NTSC폴더의 Standard 48Kz를 선택하겠습니다. [OK] 버튼을 클릭하여 새 프로젝트를 만듭니다.

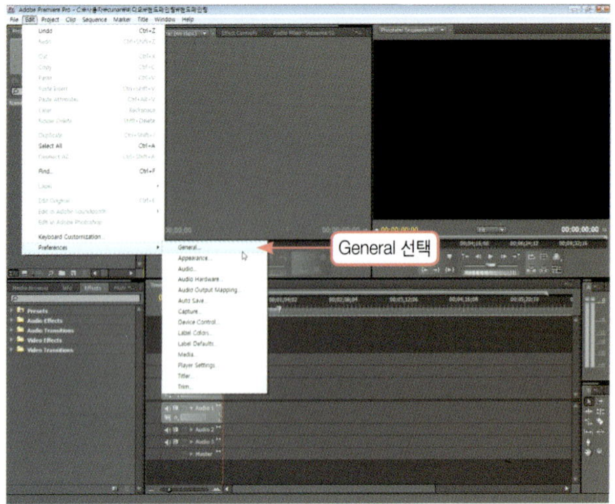

06 실습에서 사용할 미디어 소스의 대부분은 JPG포맷의 이미지 파일입니다. 이미지 파일을 타임라인 패널에 등록할 때의 길이는 기본값이 5초입니다. 이것을 16초가 되게 프로젝트 환경을 변경하겠습니다. Edit(편집) 메뉴의 Preferences(환경설정)에서 General(일반)를 선택합니다.

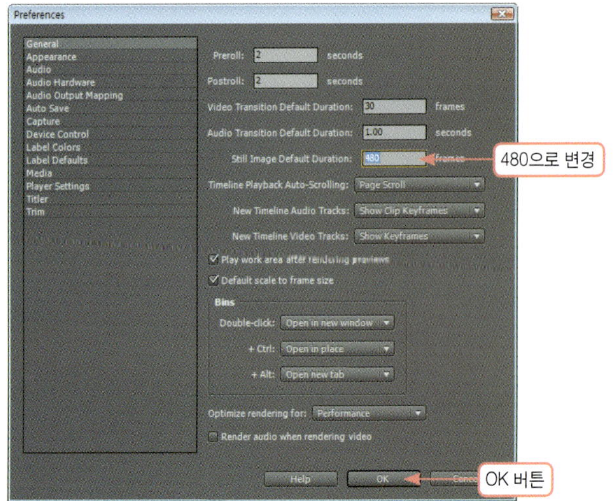

07 프로젝트의 환경을 설정할 수 있는 Preference 창이 열립니다. 여기서 이미지의 길이를 결정하는 Still Image Default Duration(스틸 이미지 기본 지속 시간)을 480으로 변경하고, [OK] 버튼을 클릭합니다.

가·정·교·사

프레임은 1초에 보여지는 이미지의 수를 의미하며, 30프레임늘 1초로 취급합니다. 즉 16초 길이를 만들기 위해서는 30x16의 값이 필요하므로, Still Image Default Duration을 480으로 입력하는 것입니다.

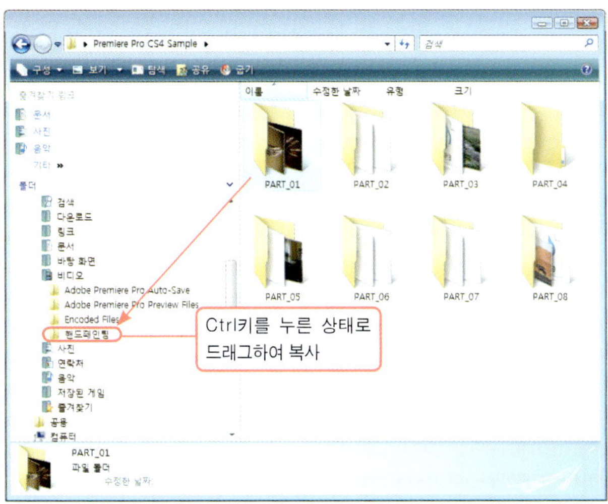

 + E 키를 눌러 윈도우 탐색기를 열고,
바탕화면에 복사해 놓은 부록 CD의
PART_01 폴더를 앞에서 만든 핸드페인팅 폴더로
Ctrl 키를 누른 상태로 드래그하여 복사합니다.

가·정·교·사

캠코더로 촬영한 영상을 캡처받는 경우에는 자동으로
프로젝트가 있는 폴더에 저장이 되지만, 컴퓨터에 저장되어
있는 파일은 자동으로 이동 또는 복사되지 않습니다. 다소
번거로운 작업일 수 있지만, 프로젝트마다 작업에 사용하는
소스를 하나의 폴더로 관리하는 습관을 갖는 것이 좋습니다.

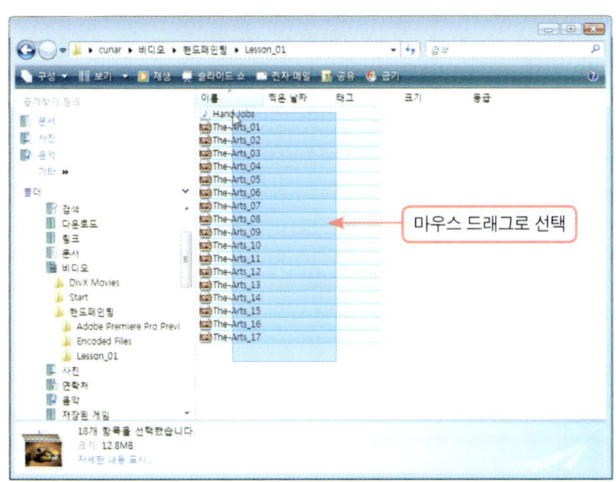

09 핸드 페인팅 폴더에 복사한 PART_01
폴더를 열고, 17장의 이미지 파일과 Hand
Jobs 음악 파일을 마우스 드래그로 모두
선택합니다. 마우스 드래그로 파일을 선택할 때는 빈
공간에서부터 시작해야 한다는 것에 주의하기
바랍니다.

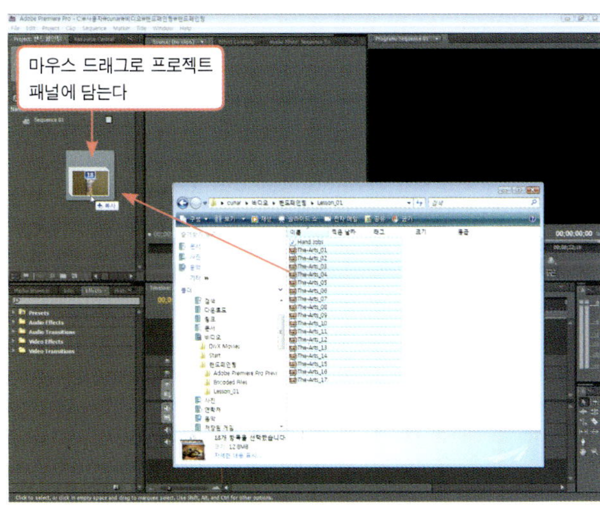

10 선택한 파일을 드래그하여 프로젝트 패널에
담고, 탐색 창은 닫습니다. 프로젝트 패널에
소스를 등록하는 다양한 방법 중에서 가장 흔하게
사용하는 방법을 이용한 것입니다. 프로젝트 패널에
17장의 이미지 파일과 Hand Job.mp3 음악 파일이
등록되는 것을 확인할 수 있습니다.

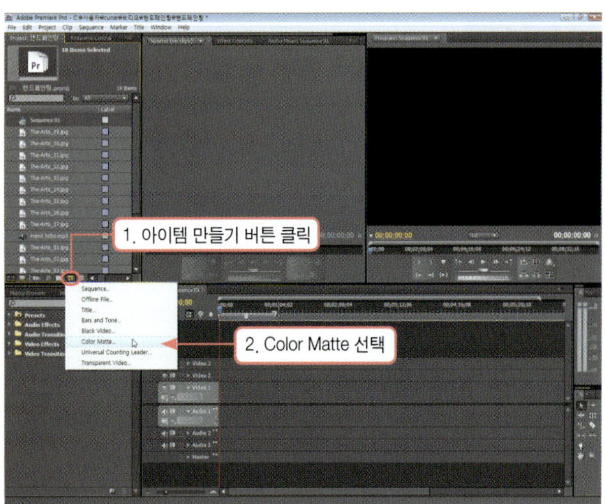

11 프로젝트 패널에 담을 수 있는 미디어 소스는 컴퓨터에 있는 파일 외에 프리미어에서 제공하는 아이템이 있다고 했습니다. 프로젝트 패널의 도구 중에서 New Item(새 항목) 버튼을 클릭하여 메뉴를 열고, Color Matte(색상 매트)를 선택합니다.

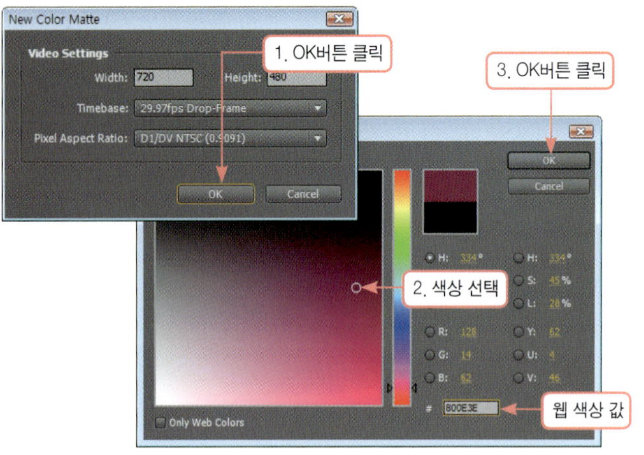

12 비디오 포맷을 선택할 수 있는 창이 열립니다. 프로젝트 환경과 동일하게 기본값 그대로 [OK] 버튼을 클릭하여 닫고, 색상을 선택할 수 있는 Color Picker 창에서 색상 바와 팔레트를 클릭하여 자신이 좋아하는 색상을 만듭니다. 실습에서는 웹 색상(800E3E)의 자주 빛깔을 만들어보았습니다.

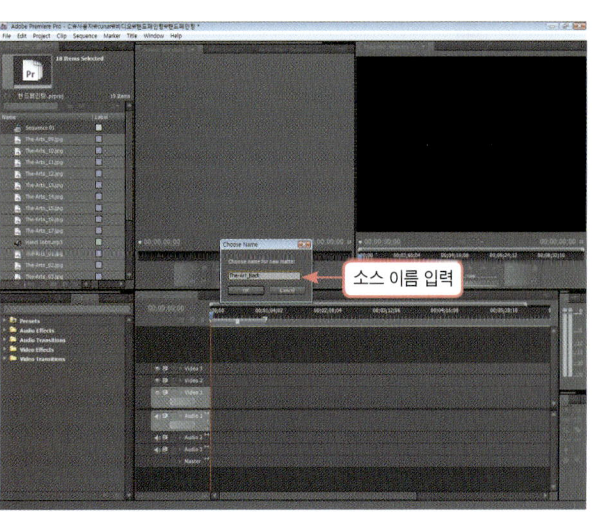

13 소스의 이름을 입력할 수 있는 Choose Name 창이 열립니다. 프로젝트 창에 등록한 이미지 소스의 이름을 따라 The-Art_Back이라고 입력하고, [OK] 버튼을 클릭하겠습니다. 이것으로 작업에 필요한 미디어 소스를 모두 준비한 것입니다.

2 편집할 소스를 타임라인 패널에 등록하기

프로젝트 패널에 등록한 미디어는 작업할 소스들은 담아놓은 역할을 하는 것뿐이며, 실제 편집 작업은 타임라인 패널에서 이루어집니다. 즉, 작업할 소스를 타임라인 패널에 등록해야 하는데, 직접 가져다 놓은 방법과 소스 패널에 등록한 후에 가져다 놓는 두 가지 방법이 있습니다. 일반적으로 소스의 일부분을 편집할 필요가 있을 때는 소스 패널을 거치게 되지만, 이것은 뒤에서 살펴보기로 하고, 이번 실습에서는 바로 가져다 놓은 방법을 이용하겠습니다.

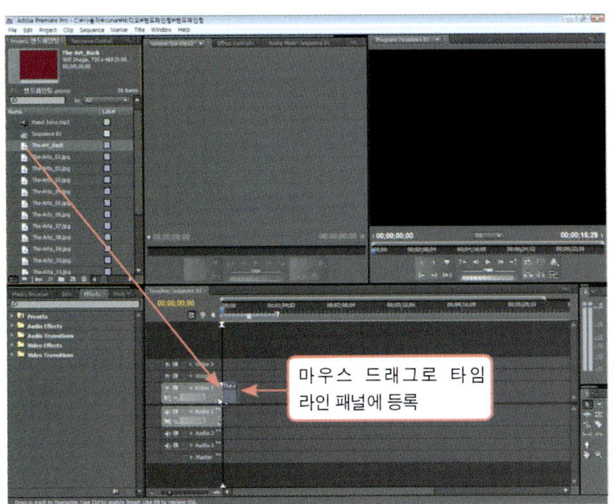

01 The-Art_Back이라는 이름으로 만든 Color Matte 소스를 타임라인 패널의 Video 1번 트랙으로 드래그하여 가져다 놓습니다.

가·정·교·사

타임라인 패널은 기본적으로 영상, 이미지 등의 미디어 소스를 등록할 수 있는 3개의 비디오 트랙(Video 1~Video 3)과 사운드 소스를 등록할 수 있는 3개의 오디오 트랙(Audio 1~Audio 3)이 있습니다. Master 트랙은 전체 사운드의 레벨을 조정하는 역할을 하는 것으로 소스를 등록할 수는 없습니다.

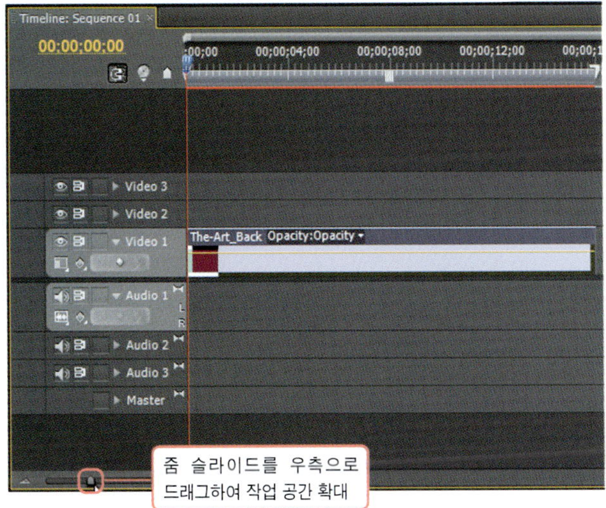

02 Master 트랙 아래쪽에 보이는 줌 슬라이드를 오른쪽으로 드래그하여 타임라인 패널의 작업 공간을 가로로 확대합니다. 왼쪽으로 드래그할 경우에는 작업 공간이 축소됩니다.

가·정·교·사

타임라인 패널의 작업 공간은 작업 상황에 따라 확대/축소할 경우가 빈번합니다. 그러므로 줌 슬라이드 바를 이용하는 방법 외에 키보드 문자열의 [-]와 [=]키를 이용하는 방법과 [Alt] 키를 누른 상태에서 마우스 휠을 돌리는 방법도 있다는 것을 기억해두기 바랍니다.

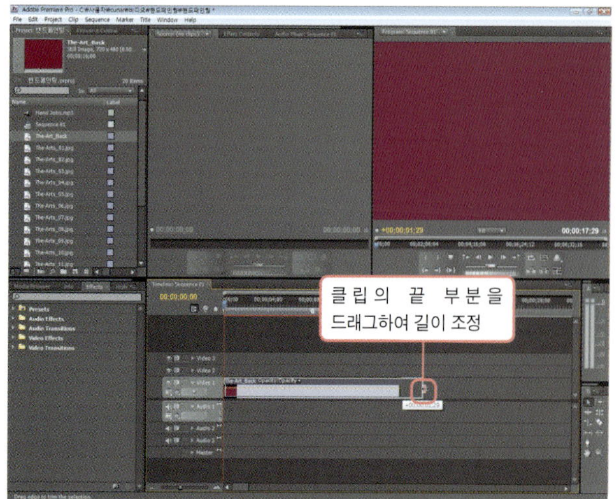

03 Preference 창에서 Still Image Default Duration을 480으로 입력했었기 때문에 The-Art_back 아이템의 길이가 16초로 등록됩니다. 클립의 오른쪽 끝 부분을 +00;00;01;29 정도가 표시되도록 오른쪽으로 드래그합니다. 즉, 클립의 길이를 2초 정도 늘린 것입니다.

가·정·교·사

클립의 길이를 조정할 때 마우스 포인트에 표시되는 00;00;01;29는 '시;분;초;프레임' 단위를 나타냅니다. 여기서 프레임은 1초를 나누는 의미인데, 기본적으로 00~29까지 30프레임으로 나뉩니다.

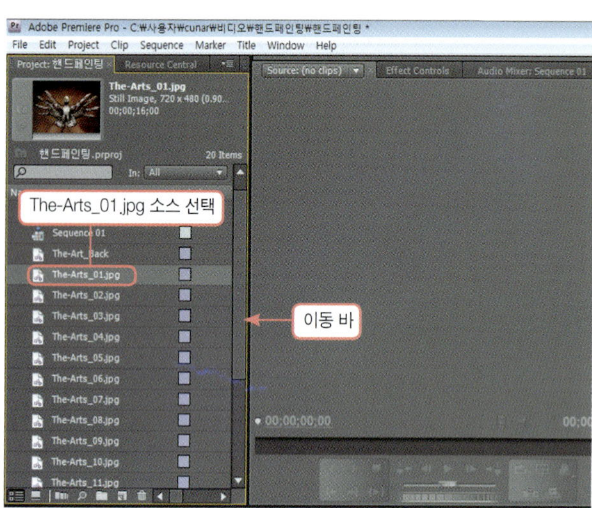

04 The-Art_back 클립 뒤로 The-Art_01.jpg~ The-Art_17.jpg까지의 소스를 한 번에 등록하겠습니다. 프로젝트 패널에 등록한 소스 중에서 The-Arts_01.jpg를 선택합니다. 소스가 위쪽에 가려져 보이지 않는다면, 이동 바를 위쪽으로 드래그합니다.

가·정·교·사

타임라인 패널에 등록한 소스를 클립이라는 용어로 표현하고 있으므로 혼동없길 바랍니다.

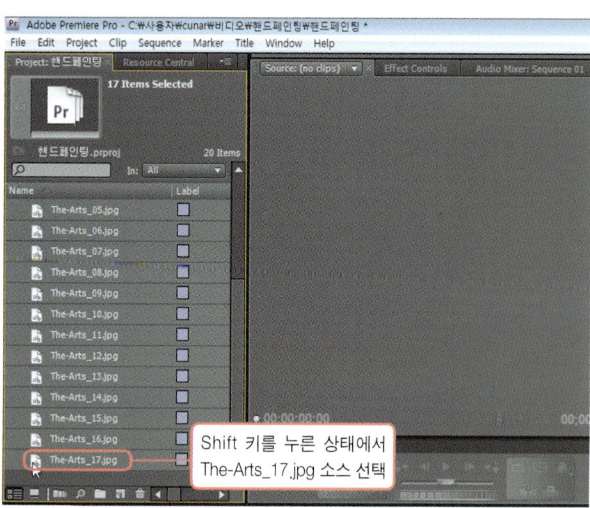

05 이동 바를 아래쪽으로 드래그하여 The-Arts_17.jpg 소스가 보이게 하고, Shift 키를 누른 상태에서 The-Arts_17.jpg를 선택합니다. The-Arts_01.jpg에서 The-Arts_17.jpg까지의 17개 소스를 선택한 것입니다.

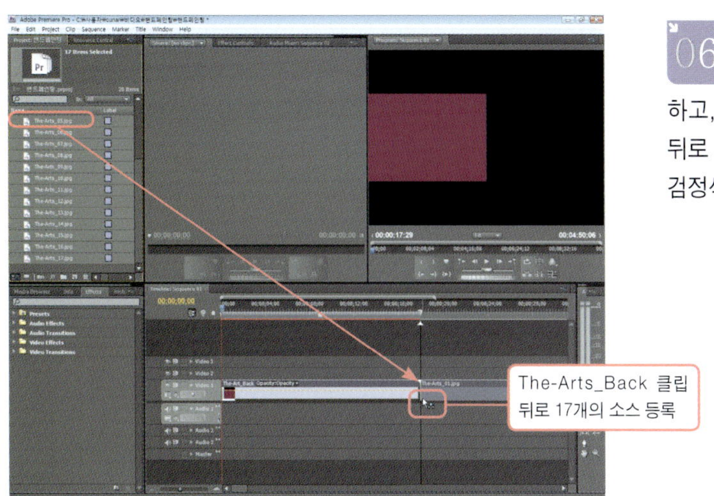

06 줌 슬라이드를 왼쪽으로 드래그하여 타임라인 패널의 작업 공간이 충분히 보이게 하고, 선택한 17개의 소스를 The_Art_Back 클립 뒤로 가져다 놓습니다. The-Art_Back 클립 끝부분에 검정색 라인이 보일 때 마우스를 놓습니다.

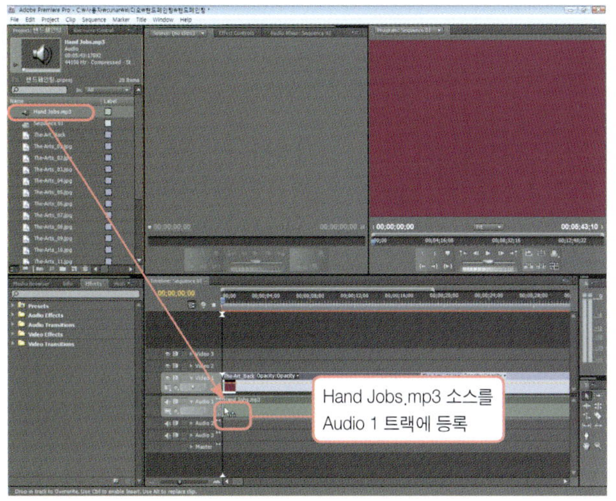

07 프로젝트 패널에서 Hand Jobs.mp3 소스를 타임라인 패널의 Audio 1 트랙에 가져다 놓습니다. Video 1 트랙의 첫 번째 클립인 The-Art_Back과 시작 위치가 맞는지의 여부는 검정색 세로선으로 확인합니다.

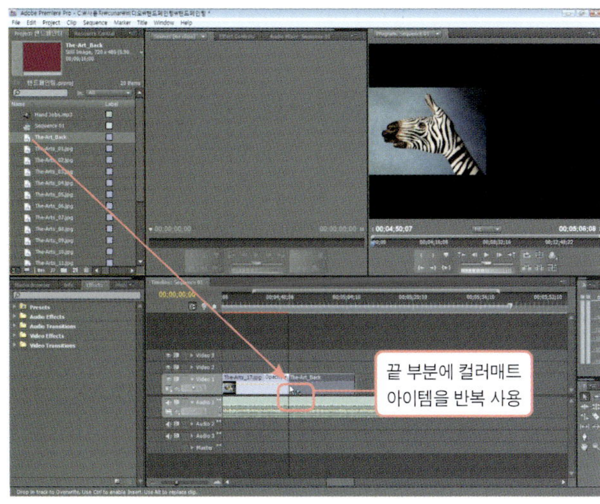

08 이동 바를 오른쪽으로 드래그하여 사운드 크립의 끝 부분이 보이는 위치로 이동합니다. 그리고 The-Art_back 소스를 Video 1 트랙의 마지막 클립인 The-Art_17.jpg 뒤로 가져다 놓습니다. Color Matte 아이템을 영상의 시작과 끝 부분에 두 번 사용하는 것입니다.

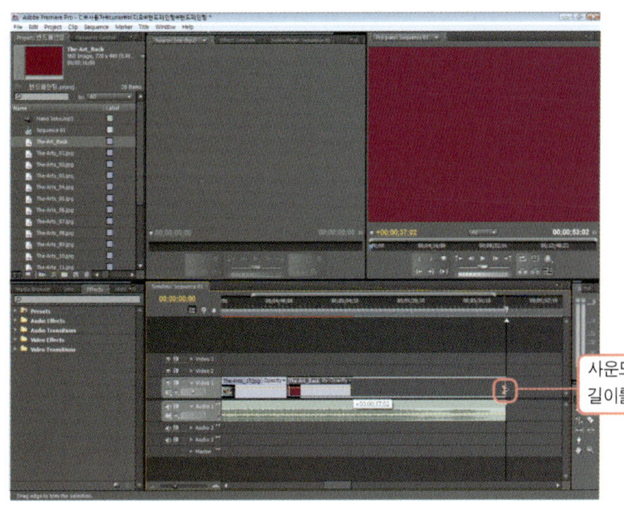

09 Video 1 트랙 마지막에 등록한 The-Art_back 클립의 끝 부분을 오른쪽으로 드래그하여 배경음악으로 사용하는 hand Jobs.mp3 클립과 길이를 맞춥니다. 일치 여부는 검정색 세로선으로 확인할 수 있습니다.

3 모션 및 이펙트 작업하기

타임라인 패널에 등록한 소스를 편집한 후에는 각 클립에 특별한 효과를 부여하는 이펙트 작업과 모션 및 불투명도 등의 작업을 진행합니다. 실제 작업에서는 타임라인의 소스를 편집할 때, 필요 없는 부분을 잘라내거나 재생 순서를 바꾸는 등의 다양한 작업을 하게 되지만, 작업 과정을 이해하기 위한 이번 실습에서는 The-Art_Back 클립의 길이를 조정해보는 간단한 편집만 해보았습니다. 이펙트 작업 역시 실습에서 사용하는 소스가 모두 사진이므로, 움직임을 만들어보는 모션 작업 정도만 해보겠습니다.

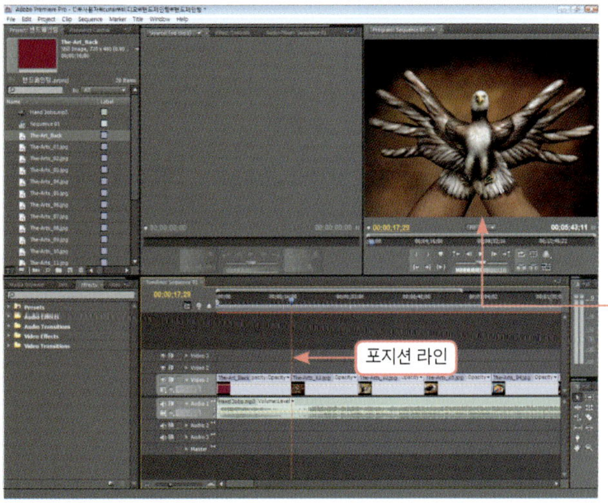

01 모션 및 불투명도 등의 키 값이 삽입될 위치에 포지션 라인을 위치시키기 위해서 PageDown 키를 눌러 포지션 라인을 두 번째 The_Art_01 클립의 시작 위치로 이동합니다. 프로그램 패널에는 포지션 라인이 있는 위치의 영상이 표시됩니다.

포지션 라인 이동 단축키

영상을 편집할 때, 포지션 라인을 이동시킬 일이 많습니다. 일반적으로 타임라인 패널의 룰러 라인을 클릭하는 방법을 많이 이용하지만, 클립 사이를 이동하는 `PageUP` 이나 `PageDown` 키와 같은 몇 가지 단축키는 기억해놓은 것이 좋습니다.

`PageUP` : 포지션 라인이 있는 왼쪽 클립의 시작 위치로 이동합니다.

`PageDown` : 포지션 라인이 있는 오른쪽 클립의 시작 위치로 이동합니다.

`Home` : 포지션 라인을 타임라인 패널의 시작 위치로 이동합니다. `Q` 키를 이용해도 됩니다.

`End` : 포지션 라인을 영상의 끝 부분으로 이동합니다. `W` 키를 이용해도 됩니다.

`→` : 포지션 라인을 오른쪽으로 1 프레임씩 이동합니다.

`Shift` + `→` : 포지션 라인을 오른쪽으로 5 프레임씩 이동합니다.

`←` : 포지션 라인을 왼쪽으로 1 프레임씩 이동합니다.

`Shift` + `←` : 포지션 라인을 왼쪽으로 5 프레임씩 이동합니다.

`J` : 포지션 라인을 왼쪽으로 이동하면서 영상을 거꾸로 재생합니다.

`Shift` + `J` : 영상을 느리게 거꾸로 재생합니다.

`K` : 재생 중인 영상을 정지합니다. `Space bar` 키를 이용해도 됩니다.

`L` : 포지션 라인 위치에서부터 영상을 재생합니다. `Space bar` 키를 이용해도 됩니다.

`Shift` + `K` : 영상을 느리게 재생합니다.

`Shift` + `Space bar` : 포지션 라인 위치에 상관없이 영상을 처음부터 재생합니다.

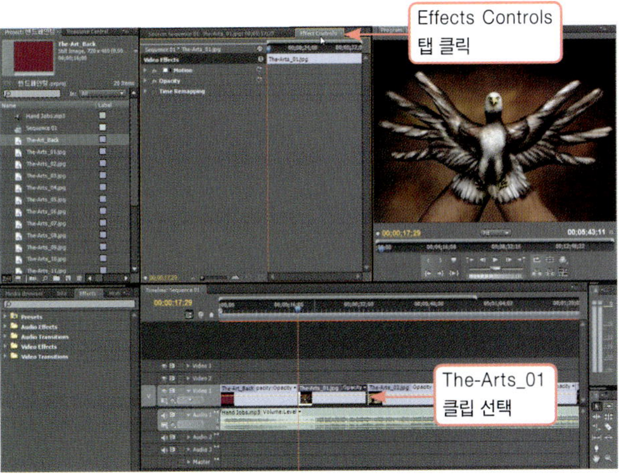

02 The-Art_01 클립을 선택하고, 소스 패널 오른쪽에 보이는 Effects Controls(효과 컨트롤) 탭을 클릭하여 이펙트 컨트롤 패널을 엽니다. 이펙트 컨트롤 패널을 열고, 클립을 선택해도 상관없습니다.

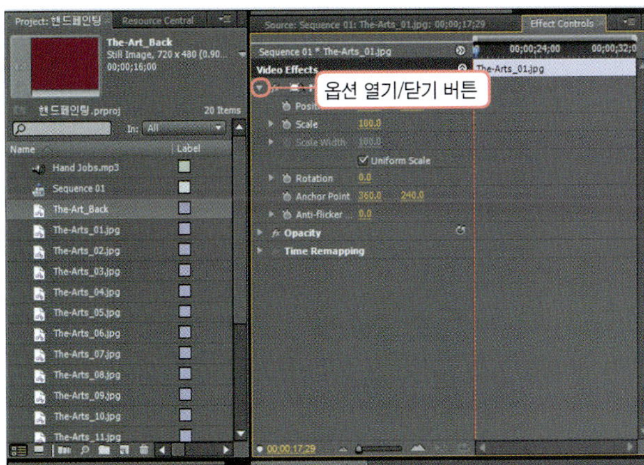

03 Motion(동작), Opacity(불투명도), Time Remapping(시간 다시 매핑) 컨트롤 목록이 보입니다. Motion 이름 왼쪽에 보이는 작은 삼각형을 클릭합니다. 삼각형 방향이 아래쪽으로 바뀌면서 세부 옵션을 설정할 수 있는 목록이 보입니다.

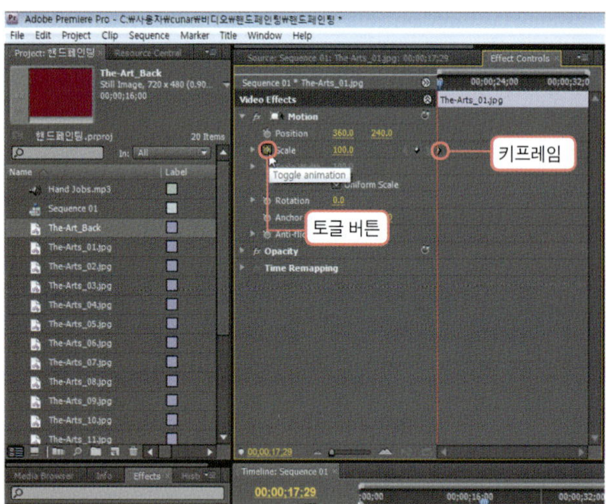

04 크기를 조정해볼 것입니다. Scale(비율 조정) 왼쪽에 보이는 토글 버튼을 클릭합니다. 포지션 라인이 있는 위치, 즉, The-Art_01 클립의 시작 부분에 키프레임이 생성됩니다.

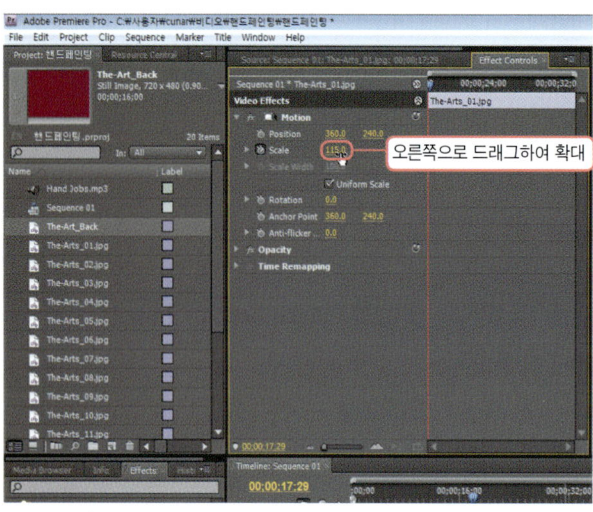

05 Scale 항목의 100이라는 숫자를 오른쪽으로 드래그하여 115정도를 수정합니다. 사진의 크기를 100에서 115로 확대하는 것입니다. 왼쪽으로 드래그하여 숫자를 줄이면, 사진이 축소됩니다.

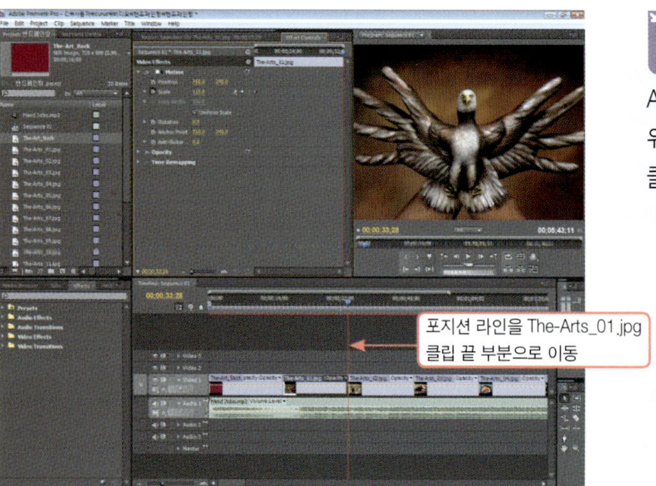

06 키보드에서 PageDown 키를 누르고, ← 키를 한번 누릅니다. PageDown 키를 누르면, The-Art_01 클립 오른쪽에 있는 The-Art_02 클립의 시작 위치로 이동하므로, ← 키를 한 번 눌러 The-Art_01 클립의 끝 부분으로 이동시키는 것입니다.

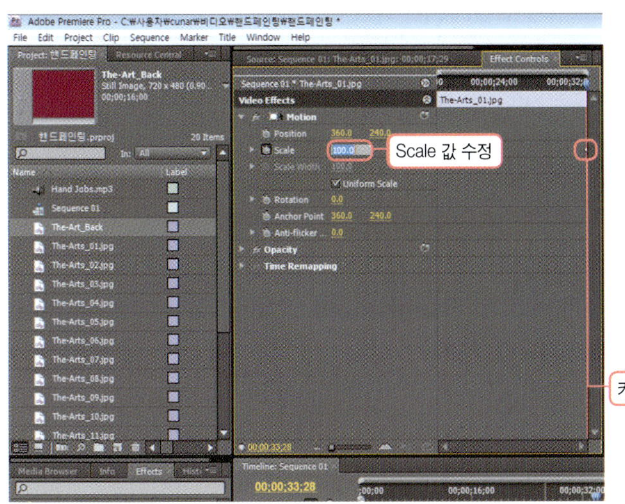

07 이펙트 컨트롤 패널의 Scale 값을 클릭하여 파란색으로 반전시키고, 100을 입력하여 원래의 크기로 수정합니다. 값을 수정하는 순간 포지션 라인 위치에 키프레임이 생성되는 것을 확인할 수 있습니다. 이처럼 토글 버튼이 On으로 되어 있는 경우에는 Motion의 값을 수정할 때, 키프레임이 자동으로 생성됩니다.

→Tip

키프레임

키프레임은 Motion, Opacity, Time Remapping, Effects 등의 값이 기록되어 있는 위치를 표시합니다. 실습에서는 Hand-Art_01 클립의 시작 위치에서 Scale을 115로 설정했고, 끝 위치에서 100으로 설정했습니다, 결과적으로 Hand_art_01 클립의 크기를 시작하는 부분에서 115로 원본(100)보다 15% 크게 보이게 하고, 끝 부분으로 진행하면서 원본 크기인 100으로 점점 작아지는 움직임을 연출하는 것입니다.

앞의 그림에서는 B 키프레임 이후로 다른 키프레임이 없기 때문에 크기는 계속 100으로 유지됩니다. 그러나 Scale 값이 다른 키프레임를 추가하면, 또 다시 영상의 크기는 변하게 됩니다. 키프레임은 Motion의 Scale외에 Opacity, Time Remapping, Effects 등의 모든 컨트롤에서도 같은 원리이며, 키프레임을 만들 수 있는 수는 제한이 없습니다.

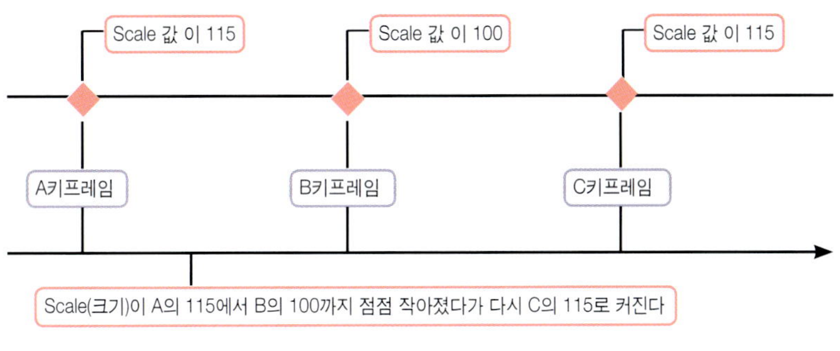

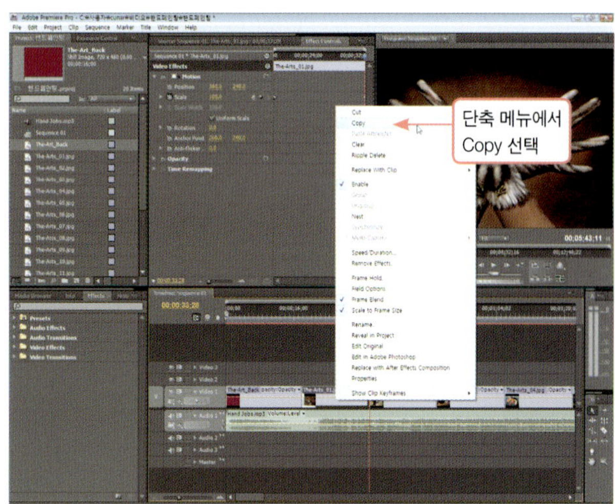

08 나머지 The-Art_02에서 The-Art_17까지의 모든 클립에 The-Art_01과 동일한 크기 변화 모션을 만들 것입니다. 동일한 변화이므로, 각각의 클립마다 앞의 과정을 반복하는 것 보다는 복사 기능을 이용하겠습니다. The-Art_01 클립을 마우스 오른쪽 버튼을 클릭하여 단축 메뉴를 열고, Copy를 선택하여 복사합니다.

가·정·교·사

클립을 복사하는 단축키는 [Ctrl]+[C] 키 입니다.

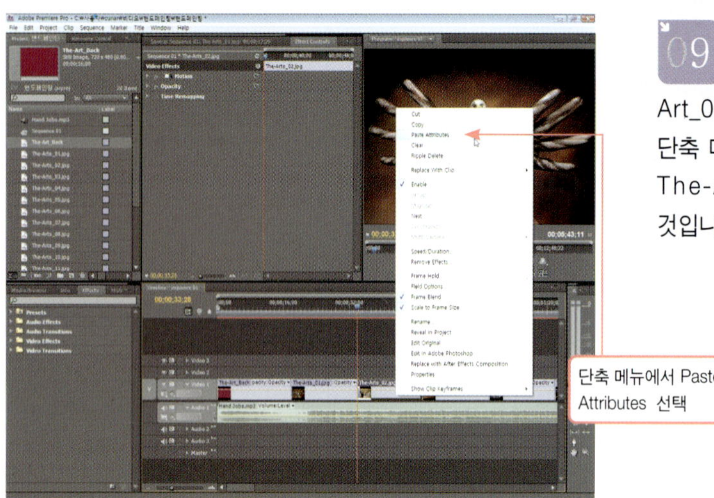

09 화면에는 아무런 변화가 없지만, 선택한 The-Art_01 클립이 복사되었습니다. The-Art_02 클립에서 마우스 오른쪽 버튼을 클릭하여 단축 메뉴를 열고, Paste Attributes를 선택합니다. The-Art_01 클립에서 복사한 속성만 붙이는 것입니다.

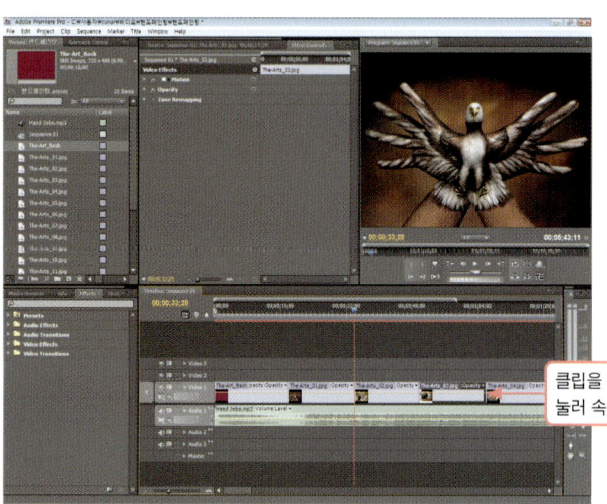

10 Copy 명령을 이용해서 복사한 내용은 다른 클립을 복사하기 전까지 기억을 하고 있습니다. 즉, 나머지 The-Art_03에서 The-Art_17 까지의 클립들은 Paste Attributes 메뉴를 이용해서 속성을 붙이기만 하면 됩니다. 속성을 붙일 때는 클립을 선택하고, Ctrl + Alt + V 키를 눌러도 좋습니다.

4. 장면 전환 효과 사용하기

모션 효과, 불투명도, 이펙트 등의 작업을 마친 후에는 각각의 장면이 바뀔 때, 화면이 어두워 졌다가 밝아지는 페이드 아웃/인이나 책장을 넘기는 것과 같은 필 효과를 만드는 트랜지션(Transitions)을 적용합니다. 물론 작업자마다 트랜지션을 먼저 적용하고, 이펙트 작업을 하는 경우도 있고, 자막 작업까지 마친 후에 트랜지션 작업을 하는 경우도 있습니다. 이것은 작업자의 습관이므로, 꼭 실습 순서로 작업이 진행되는 것이 아니라는 점을 기억하기 바랍니다.

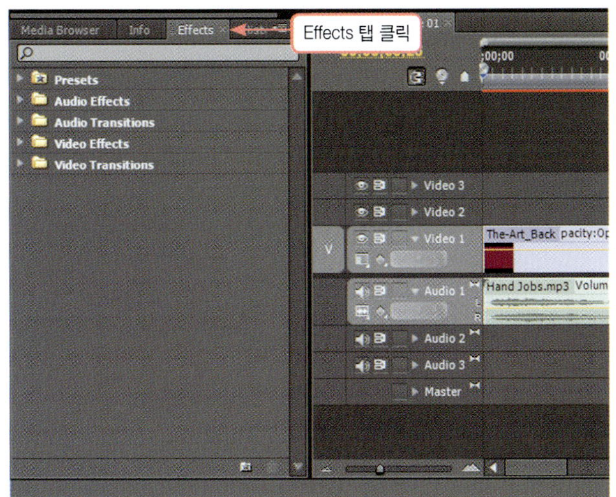

01 트랜지션 효과를 적용하는 방법은 매우 간단합니다. 미디어 브라우저 패널 오른쪽에 보이는 Effects(효과) 탭을 클릭하여 이펙트 패널을 엽니다.

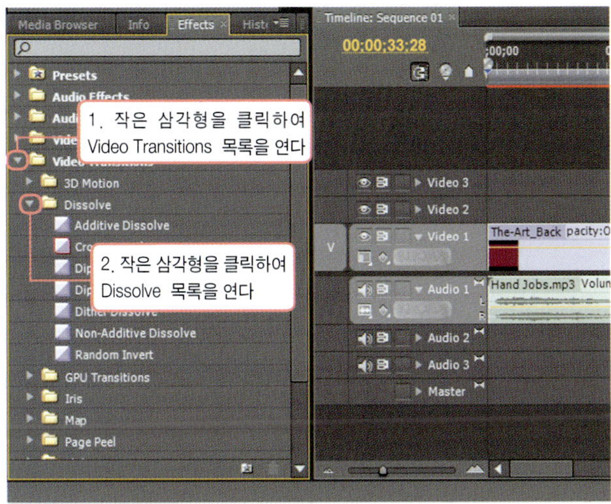

02 이펙트 패널에는 Presets(사전 설정), Audio Effects(오디오 효과), Audio Transitions (오디오 전환), Video Effects(비디오 효과), Video Transitions(비디오 전환)의 5가지 폴더가 있습니다. 비디오 트랙에 있는 클립에 트랜지션 효과를 적용하기로 했으므로, Video Transitions 왼쪽의 작은 삼각형을 클릭하여 폴더를 열고, 같은 방법으로 Dissolve(디졸브) 폴더를 엽니다.

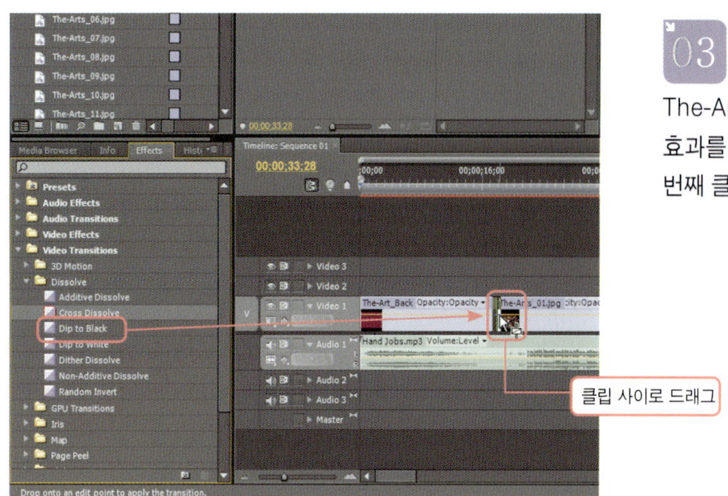

03 첫 번째 클립인 The-Art_back의 끝 부분에서 화면이 점점 어두워 졌다가 두 번째 클립인 The-Art_01로 바뀌면서 점점 밝아지는 장면 전환 효과를 만드는 Dip to Black을 첫 번째 클립과 두 번째 클립 사이로 드래그하여 가져다 놓습니다.

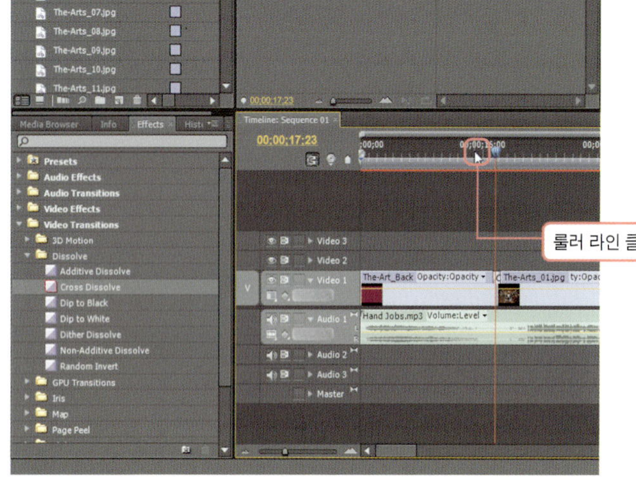

04 이것만으로 트랜지션 효과가 적용된 것입니다. 룰러 라인을 클릭하여 포지션 라인을 트랜지션이 적용된 왼쪽에 위치 시키고, Space bar 키를 눌러 확인해봅니다. 장면 전화 효과의 의미를 이해할 수 있을 것입니다.

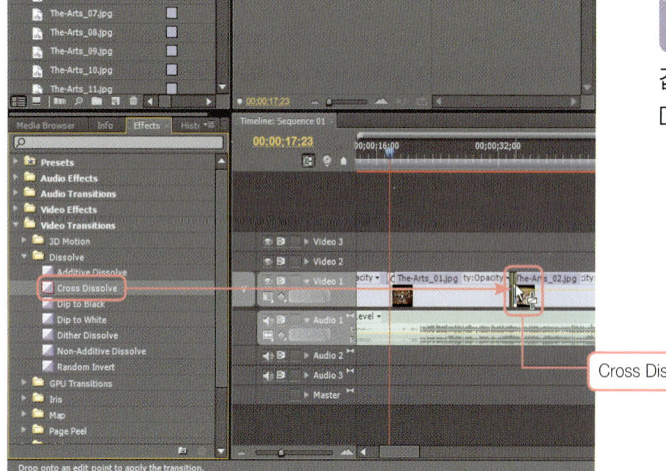

05 두 번째 The-Arts_02 클립과 세 번째 The-Atrs_03 클립 사이에는 프리미어의 기본 값으로 설정되어 있을 만큼 자주 사용하는 Cross Dissolve(교차 디졸브)를 드래그하여 적용합니다.

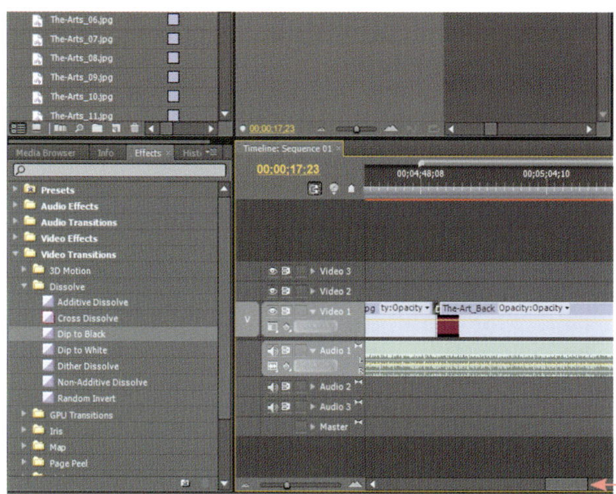

06 타임 라인 패널의 이동 바를 드래그하여 위치를 변경하면서 The-Arts_03에서 The-Arts_17까지는 모두 Cross Dissolve를 적용하고, 마지막의 The-Arts_17과 The_Ats_back 사이에는 처음에 적용해 보았던 Dip to Black를 적용합니다. 물론, 3D Motion, GPU Transitions 등의 폴더에 있는 다양한 트랜지션을 하나씩 적용해 보면서 프리미어에서 제공하는 트랜지션의 종류를 미리 경험해보는 것도 좋습니다.

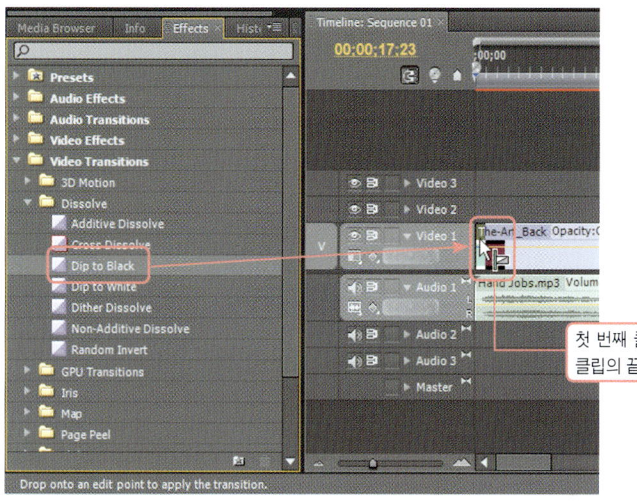

07 영상이 처음 시작될 때, 검정색 화면에서 점점 밝아지고, 끝날 때 점점 어두워지는 일반적인 페이드 인/아웃 효과를 만들기 위해서 첫 번째 클립의 시작 부분과 마지막 클립의 끝 부분에 Dip to Black를 적용합니다.

→Tip

페이드 인 / 이웃 효과

화면이 점점 밝아지거나 사운드가 점점 커지는 효과를 페이드 인(Fade-in)이라고 하며, 화면이 점점 어두워지거나 사운드가 점점 작아지는 효과를 페이드 아웃(Fade-Out)이라고 합니다. 영상을 재생할 때, 화면은 둘째치고, 소리가 갑자기 튀어 나오거나 소리가 뚝 끊어진다면, 실습을 해보지 않더라도 바람직하지 않을 것이라는 것을 짐작할 수 있습니다. 그래서 영상이나 사운드의 페이드 인/아웃 효과는 시작과 끝 부분에서 필수적으로 사용하고 있는 기법입니다. 실습에서는 샘플의 배경 음악이 페이드 인/아웃 처리가 되어 있는 것이기 때문에 영상에만 적용을 한 것이며, 페이드 인/아웃 효과는 일반적으로 불투명도를 조정하는 이펙트 컨트롤 패널의 Opacity를 이용하지만, Dip to Black 트랜지션을 이용해서 같은 효과를 연출한 것입니다.

모션, 이펙트, 트랜지션 등을 이용한 영상 편집 작업을 마쳤습니다. 이제부터는 자막을 입히고, 사운드를 보정하는 마무리 작업을 진행합니다. 간혹 자막과 사운드를 영상의 액세서리쯤으로 여기는 사용자가 있는데, 실무에서는 작업자가 구분되어 있을 만큼 중요한 작업입니다. 평소에 TV나 영화에서 자막과 사운드를 어떻게 처리하고 있는지 관심 있게 보고, 직접 실습을 해보는 것이 가장 효과적인 학습이 될 것입니다. 실습에서는 영상의 시작과 끝 부분에 많이 사용하는 자막 작업을 해보겠습니다.

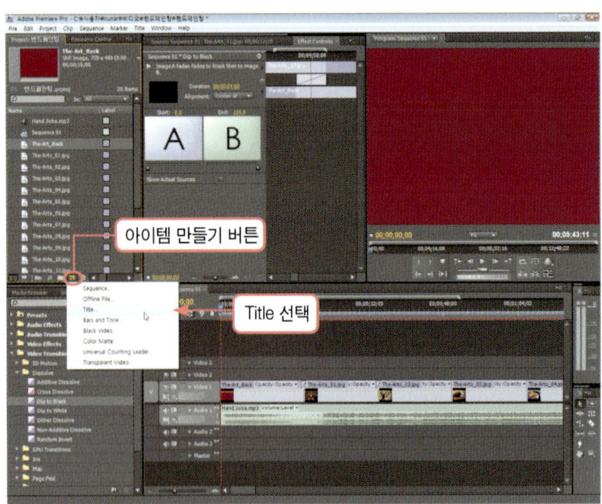

01 자막은 프리미어에서 제공하는 타이틀 패널을 이용해서 제작합니다. 첫 번째 클립이 있는 위치의 룰러 라인을 클릭하여 포지션 라인을 위치시킵니다. 그리고 Ctrl+T 키를 누르거나 프로젝트 패널의 아이템 만들기 버튼을 클릭하여 메뉴를 열고, Title(제목)을 선택합니다.

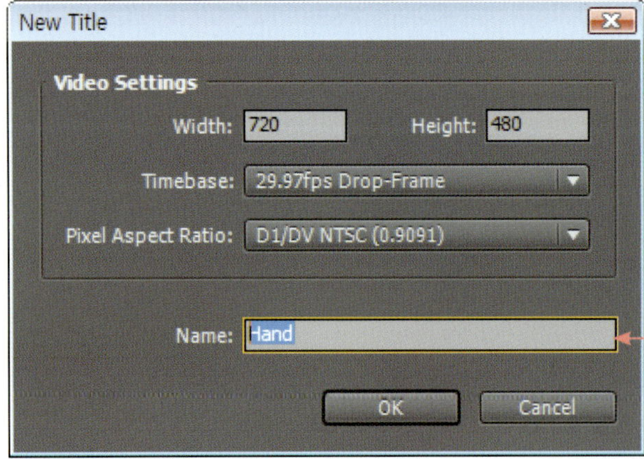

02 새로 만드는 타이틀의 비디오 포맷을 설정할 수 있는 New Title 창이 열립니다. Name 항목에 입력할 자막의 내용을 쉽게 구분할 수 있는 이름을 입력합니다. 실습에서는 Hand jobs the arts의 첫 단어에 해당하는 Hand라는 이름을 입력하고, [OK] 버튼을 클릭하겠습니다.

03 타이틀 패널이 열립니다. T자 표시가 있는 문자 툴을 선택하고, 작업 공간을 클릭합니다. 커서가 깜빡이는 상태에서 Hand Jobs The Arts라는 문자를 입력합니다.

04 아래쪽에 보이는 스타일 목록에서 글자들을 선택해 보면, 입력한 글자의 스타일이 자동으로 바뀌어 쉽게 글자를 꾸밀 수 있습니다. 각각의 스타일을 선택해 보면서 마음에 드는 스타일을 찾아보기 바랍니다.

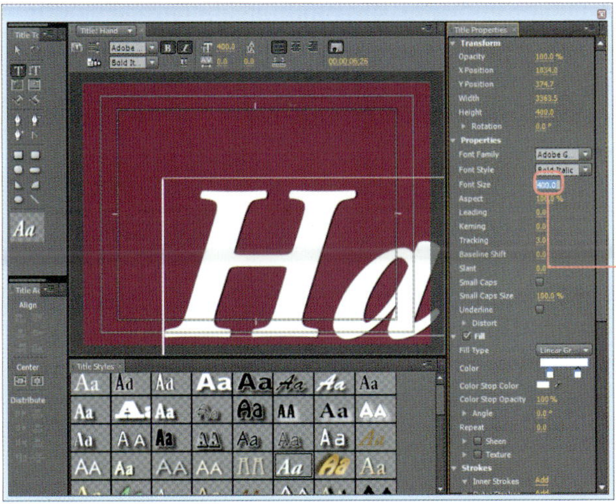

05 글자의 속성을 설정하는 Properties에서 100%로 설정되어 있는 Font Size 값을 오른쪽으로 드래그하여 글자의 크기를 확대합니다. 실습에서는 400으로 조정하여 4배로 확대하고 있습니다.

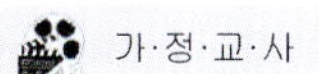 가·정·교·사

Font Size 값을 클릭하여 직접 입력해도 좋습니다.

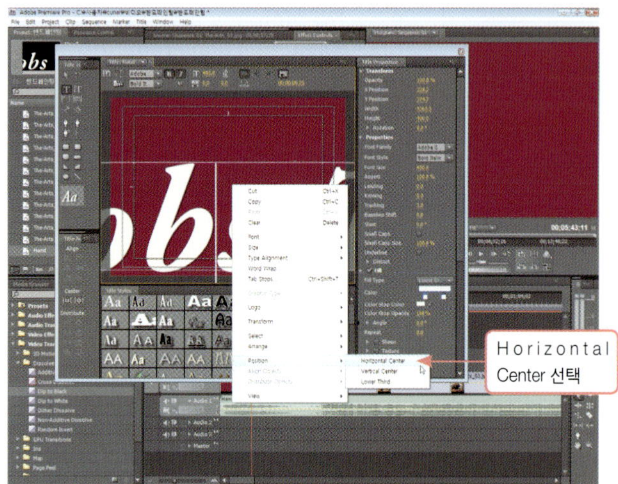

06 입력한 문자를 마우스 오른쪽 버튼으로 클릭하여 단축 메뉴를 열고, Position에서 Horizontal Center을 선택합니다. 입력한 문자가 화면 가운데 위치하도록 정렬하는 것입니다.

07 작업 공간에는 사각형 테두리가 두 개 있는데, 바깥쪽이 영상 안전선이고, 안쪽이 자막 안전선입니다. 도구 모음 줄에서 화살표 모양으로 되어 있는 Selection 툴을 선택합니다. 그리고 입력한 글자의 아래쪽을 자막 안전선에 일치되게 이동시킵니다.

Tip

안전선

컴퓨터에서 작업한 디지털 영상을 아날로그 TV에서 재생을 하면, 화면의 가장자리가 보이지 않습니다. 이러한 현상은 '숨어있는 1인치를 찾았다'라는 광고문구에서도 알 수 있듯이 TV 제품에 따라 다소 차이가 있습니다. 프리미어는 아날로그 TV에서 영상을 재생할 경우에 보이지 않을 수 있는 가장자리를 사각형 테두리로 표시하고 있습니다, 바깥쪽은 보이지 않을 수 있는 영상 테두리를 10%로 예상한 영상 안전선이며, 안쪽은 20%로 예상한 자막 안전선입니다. 즉, 아날로그 TV에서 자막이 잘리는 것을 방지하기 위해서는 자막이 안전선을 벗어나지 않게 하는 것이 좋습니다. 단, 독자가 제작한 영상을 아날로그 TV에서 재생할 경우가 없다면, 바깥쪽의 영상 안전선을 자막 안전선으로 취급하여 작업해도 좋습니다.

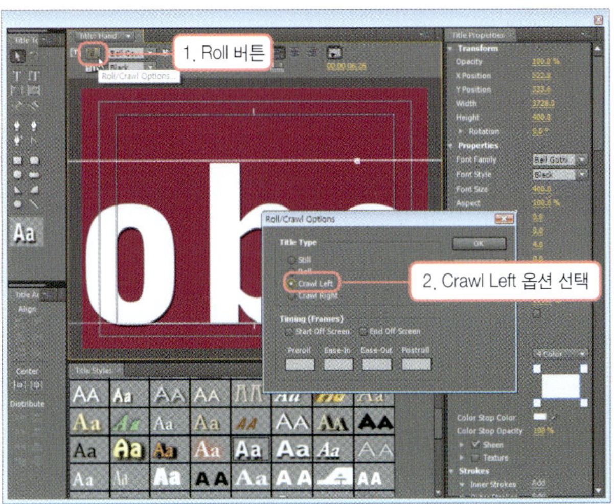

08 메뉴 도구에서 Roll(롤) 버튼을 클릭하여 창을 엽니다. Title Type(제목 유형)에서 Crawl Left(왼쪽크롤)을 선택하고, [OK] 버튼을 클릭합니다. 글자가 왼쪽으로 흐르는 효과를 만드는 것입니다.

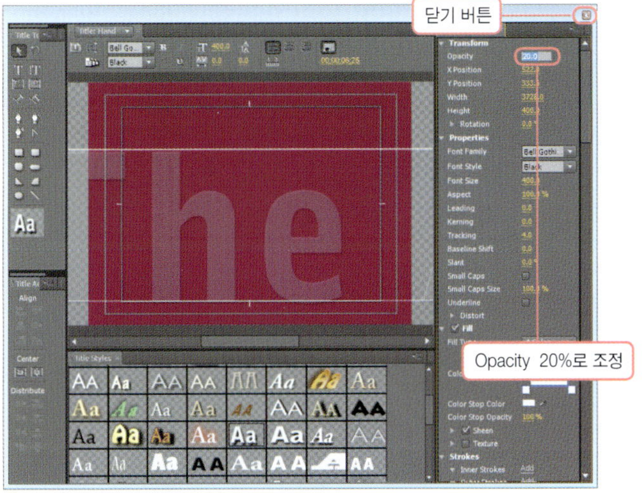

09 Transform(변형)의 Opacity(불투명도) 값을 클릭하여 20으로 변경합니다. 글자의 불투명도를 20%로 조정하여 희미한 글자를 만드는 것입니다. 닫기 버튼을 클릭하여 타이틀 패널을 닫습니다.

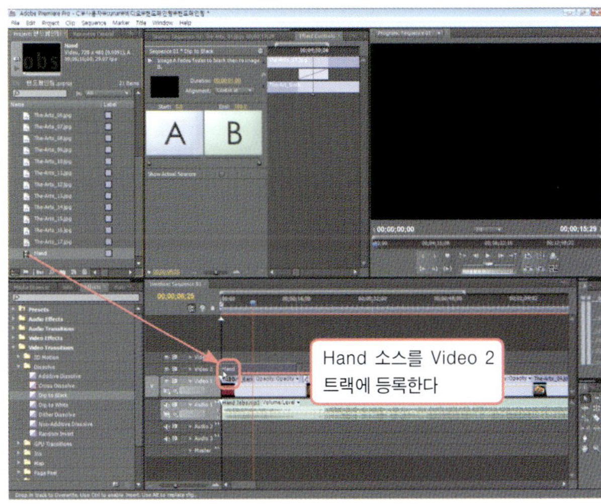

10 앞에서 타이틀 아이템의 이름을 Hand로 만들었습니다. 프로젝트 패널에서 Hand 타이틀 소스를 타임라인의 Video 2 트랙으로 드래그하여 가져다 놓습니다.

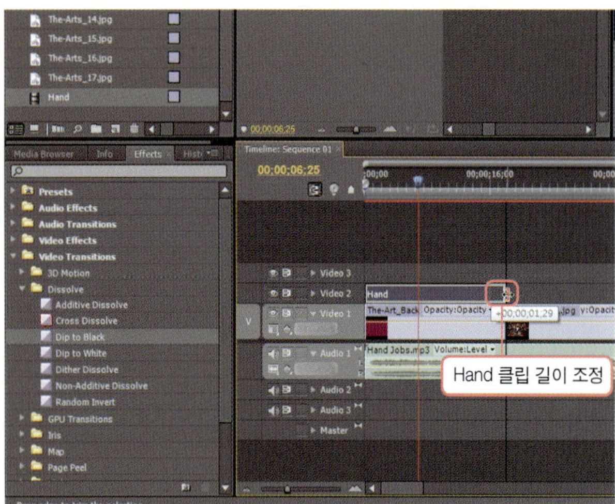

11 작업을 시작하기 전에 Preferences 창의 General 페이지에서 Still Image Default Duration 값을 16초 길이인 480으로 설정했던 것을 기억할 것입니다. 프리미어의 아이템도 이 값에 따라 16초 길이로 등록됩니다. 오른쪽 끝을 드래그하여 Video 1번 트랙의 첫 번째 클립과 길이를 같게 조정합니다.

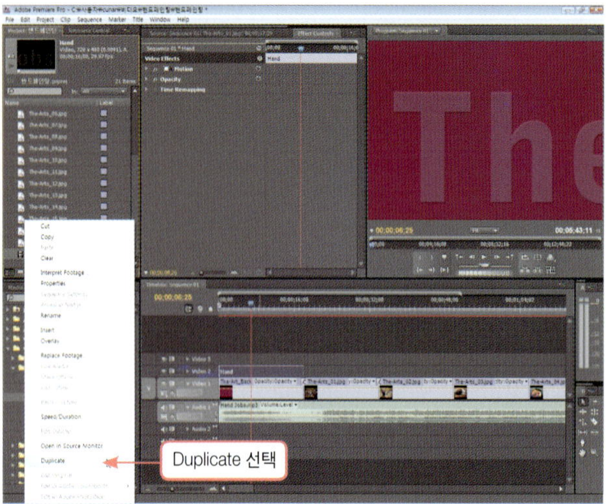

12 계속해서 Hand 타이틀과 글자의 크기와 위치만 다른 타이틀을 만들겠습니다. 이렇게 같은 작업을 반복할 때는 복사 기능을 이용하면 편리합니다. 프로젝트 패널에서 Hand 타이틀 소스를 마우스 오른쪽 버튼으로 클릭하여 단축 메뉴를 열고, Duplicate를 선택합니다.

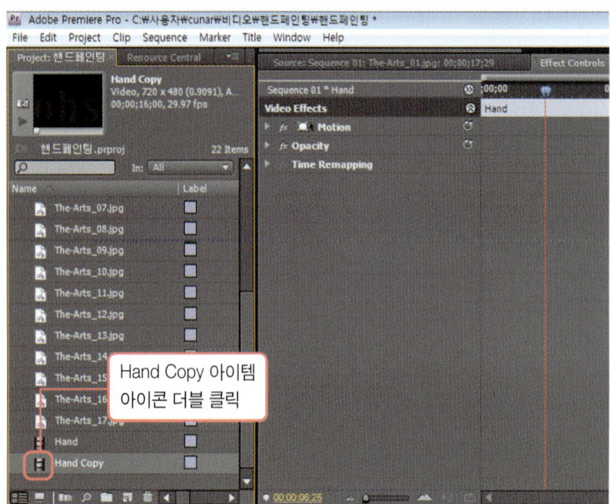

13 Hand Copy라는 이름으로 복사됩니다. 복사된 Hand Copy 소스의 아이콘을 더블 클릭하여 타이틀 패널을 엽니다. 이때 이름을 클릭하면, 이름을 변경할 수 있게 파란색으로 반전되고, 타이틀 패널은 열리지 않으므로, 주의하기 바랍니다.

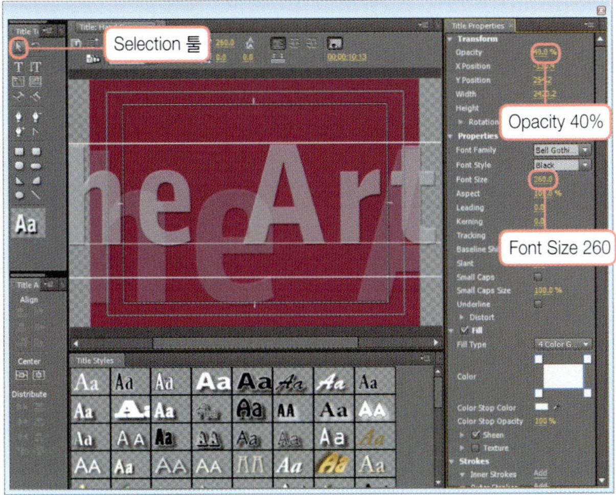

14 화살표 모양의 Selection 툴을 이용해서 글자를 중간 위치로 이동시킵니다. 그리고 Properties 항목의 Font Size를 260정도로 줄이고, Transform 항목의 Opacity를 40정도로 조정하여 글자를 앞에 것 보다 조금 진하게 처리합니다.

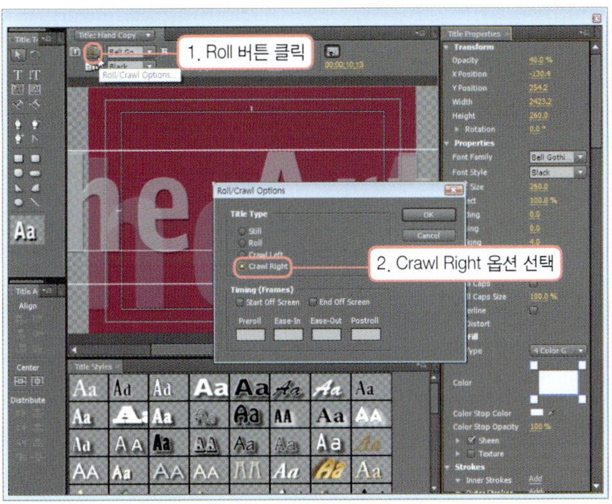

15 Roll 버튼을 클릭하여 창을 열고, Title Type에서 Crawl Right를 선택합니다. 앞에서 입력했던 글자와 반대로 오른쪽으로 흐르는 글자를 연출하는 것입니다. [OK] 버튼을 클릭하여 창을 닫고, 타이틀 패널도 닫습니다.

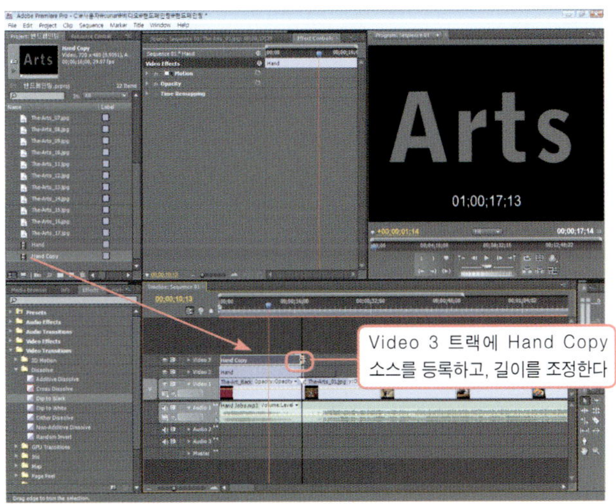

16 Hand Copy 타이틀 아이템을 드래그하여 Video 3 트랙으로 가져다 놓습니다. 그리고 오른쪽 끝을 드래그하여 Video 2 트랙의 Hand 타이틀과 길이를 동일하게 맞춥니다.

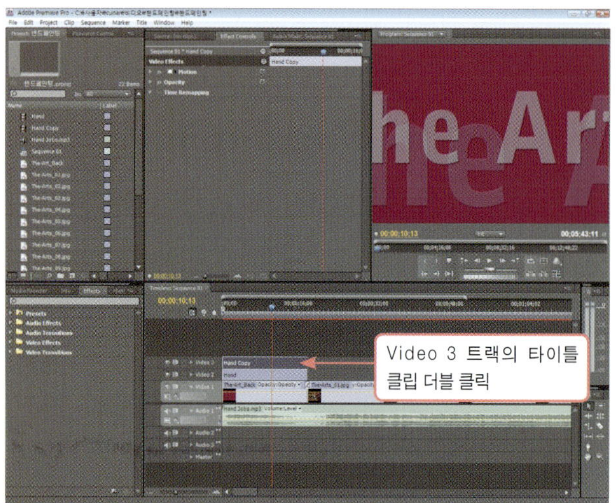

17 이번에는 다른 방법을 이용해서 타이틀을 하나 더 복사하겠습니다. Video 3 트랙에 등록한 Hand copy 클립을 더블 클릭하여 타이틀 패널을 엽니다. 클립을 더블 클릭하면 입력한 글자를 수정할 수 있게 타이틀 패널을 열 수 있다는 것을 기억해두기 바랍니다.

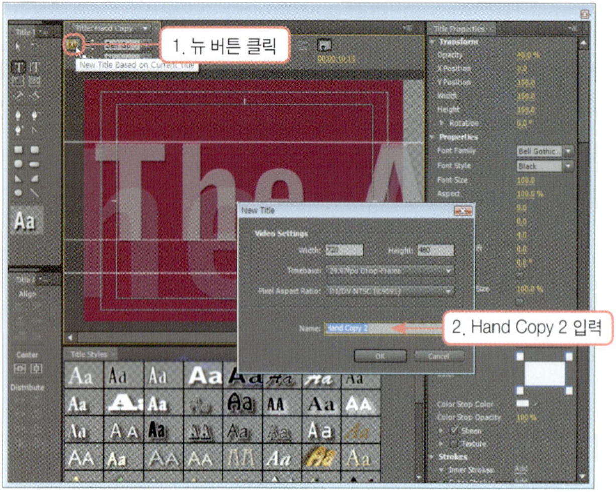

18 메인 도구 모음에서 뉴 버튼을 클릭하여 New Title 창을 엽니다. Name 항목에 hand copy 2라는 이름을 입력하고, [OK] 버튼을 클릭하면, 현재 열어놓은 타이틀이 복사되어 새로운 아이템으로 만들어집니다. 같은 스타일의 자막을 많이 만들 때 유용한 기능입니다.

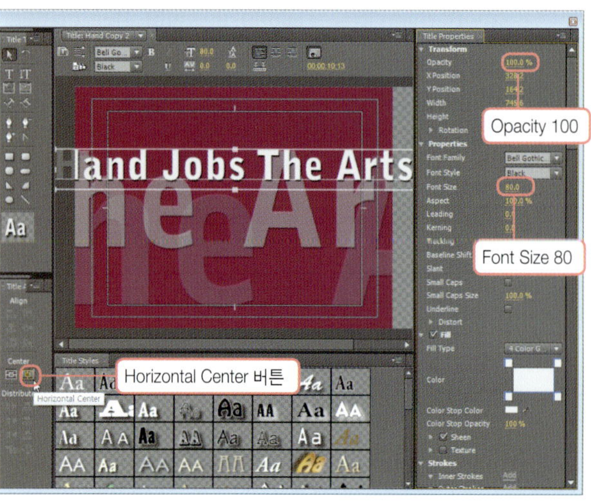

19 화살표 모양의 Selection 툴로 글자를 선택하고, Actions 모음의 Center에서 Horizontal Center 버튼을 클릭하여 글자를 가운데로 정렬합니다. 그리고 Font size(글꼴 크기)를 80으로 조정하고, Opacity(불투명도)를 100으로 조정합니다.

20 글자를 더블 클릭하여 편집이 가능한 상태로 놓고, Jobs 오른쪽을 클릭하여 커서를 위치시킵니다. 그리고 Enter 키를 눌러 줄을 바꿉니다. 계속해서 메인 도구 모음의 Center 버튼을 클릭하여 글자를 가운데로 정렬합니다. 취향에 따라 스타일을 바꿔도 좋습니다.

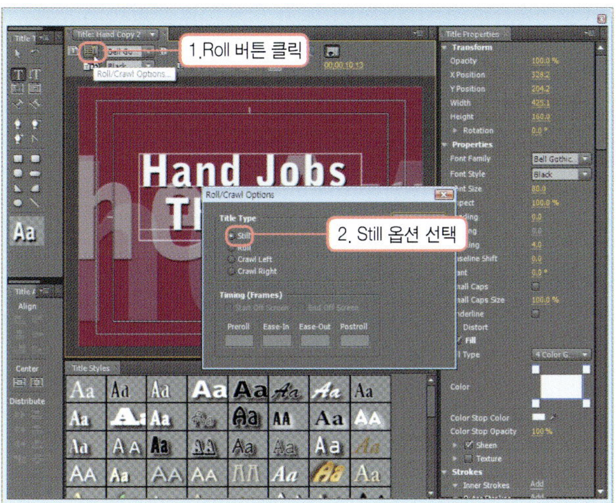

21 Roll 버튼을 클릭하여 창을 열고, Title type을 Still로 선택합니다. 오른쪽으로 흐르는 문자 효과를 적용했던 Hand copy 타이틀을 복사한 것이므로, 옵션을 해제하여 움직이지 않는 문자를 만드는 것입니다. [OK] 버튼을 클릭하여 옵션 창을 닫고, 타이틀 패널도 닫습니다.

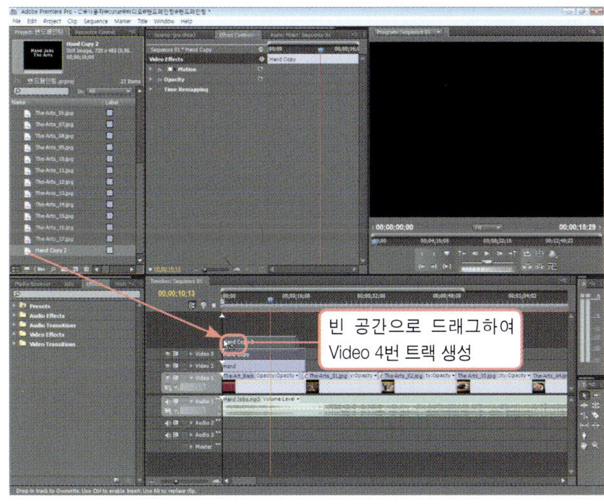

22 새로 만든 Hand copy 2아이템을 Video 3 트랙 위쪽의 빈 공간으로 드래그하여 가져다 놓습니다. 자동으로 Video 4 트랙이 만들어지는 것을 확인할 수 있습니다. 길이 역시 나머지 클립과 동일하게 맞춥니다.

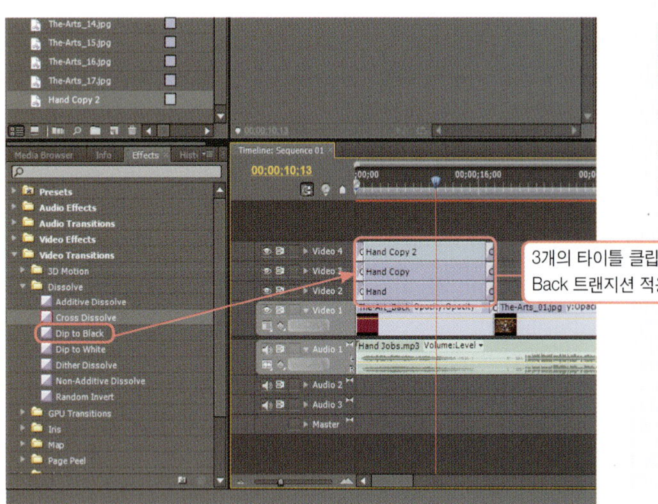

23 영상이 시작되는 부분의 타이틀 작업을 마쳤습니다. 각 타이틀 클립의 시작과 끝 부분에 Dip to Back 트랜지션을 적용하여 마무리합니다. 계속해서 영상이 끝나는 부분의 타이틀 작업을 진행하겠습니다.

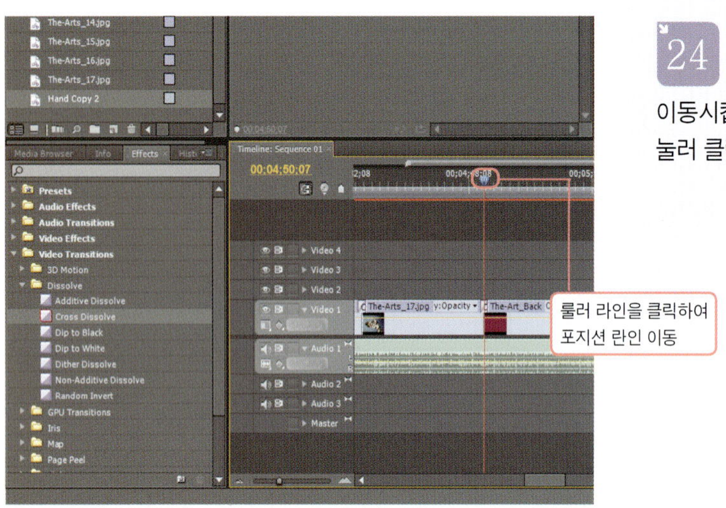

24 룰러 라인을 클릭하여 포지션 라인을 영상의 끝 부분에 있는 The-Art_back 클립의 위치로 이동시킵니다. 그리고 PageUP 또는 PageDown 키를 눌러 클립의 시작 위치에 포지션 라인을 맞춥니다.

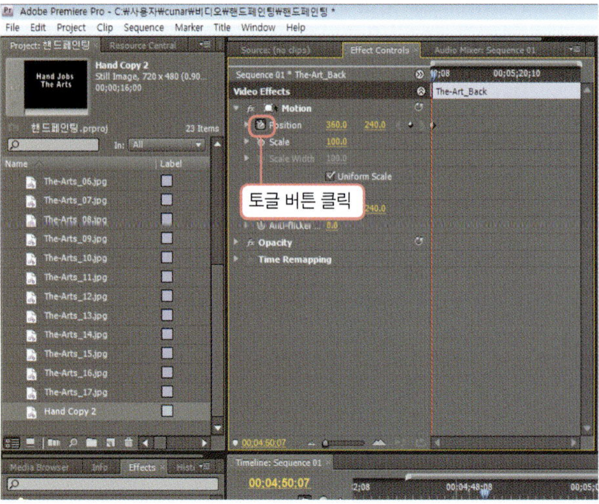

25 The-Art_back 클립을 선택하고, 이펙트 컨트롤 패널을 엽니다. 그리고 Motion 항목의 작은 삼각형을 클릭하여 옵션을 열고, Position 항목의 토글 버튼을 클릭하여 키프레임을 만듭니다.

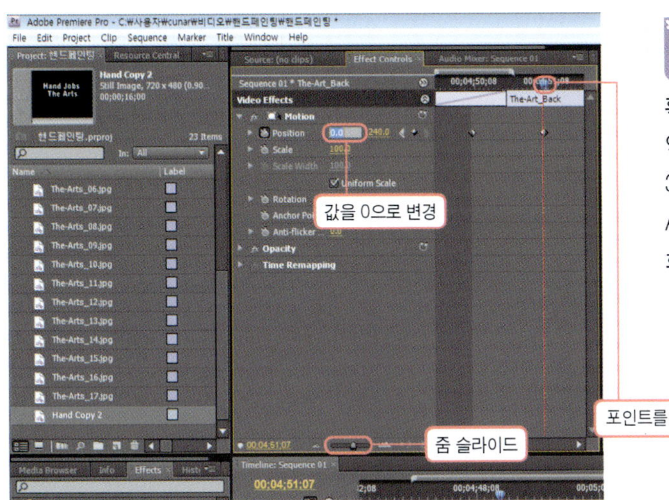

26 이펙트 컨트롤 패널의 줌 슬라이드를 이용해서 룰러 라인이 초 단위로 표시되게 확대하고, 룰러 라인의 포지션 포인트를 드래그하여 약 1초 뒤로 이동시킵니다. 그리고 Position(위치)의 360이라는 값을 클릭하여 0으로 변경합니다. The-Art_back 영상이 약 1초 동안 왼쪽으로 이동하여 화면을 반 분할하는 효과를 만든 것입니다.

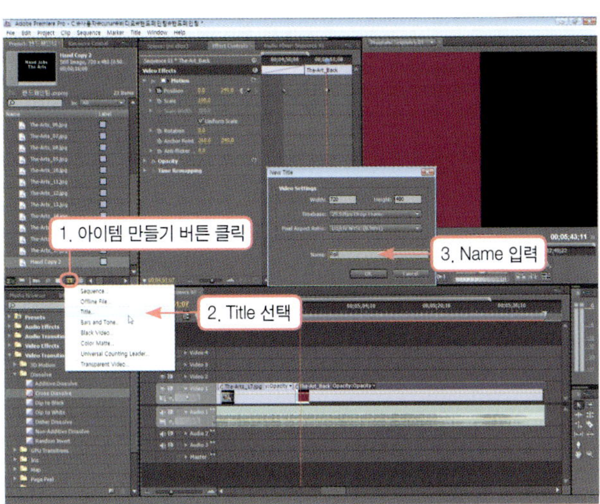

27 프로젝트 패널의 새로운 아이템 만들기 버튼을 클릭하여 메뉴를 열고, Title을 선택합니다. 계속해서 New Title 창의 Name 항목에 Roll이라는 이름을 입력하고, [OK] 버튼을 클릭하여 타이틀 패널을 엽니다.

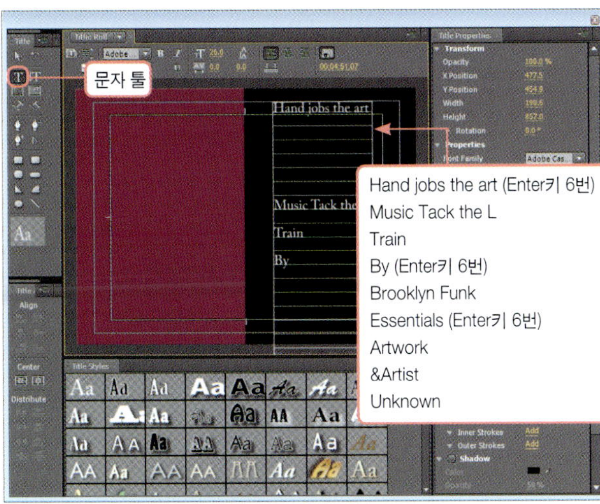

28 T자 모양의 문자 툴을 선택하여 작업 공간을 클릭하고, 예제 글을 입력합니다. Pont Size는 약 26 정도로 조정합니다. 예제 글에서 (Enter키 6번)은 Enter 키를 6번 눌러 간격을 띄우라는 것이고, 나머지는 Enter 키를 한번만 눌러 줄을 바꿉니다

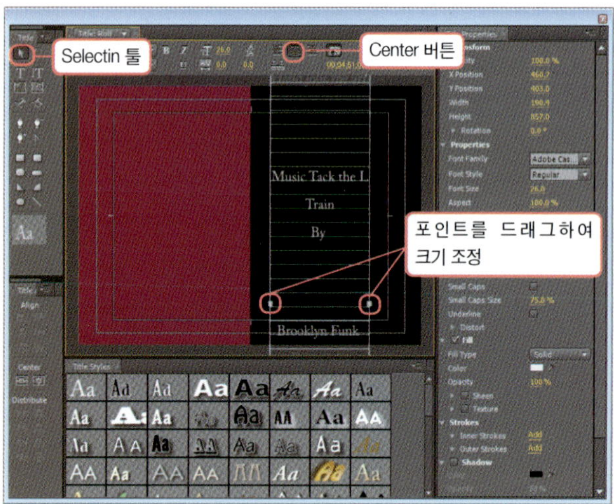

29 글자를 입력하면서 화면이 넘어가 보이지 않을 때는 Selection 툴을 이용해서 위치를 조정해가면서 입력합니다. 그리고 도구의 Center 버튼을 클릭하여 글자를 가운데로 정렬합니다. 참고로 독자가 선택한 스타일에 따라 문자 폭이 넓다면, Selection 툴로 문자 테두리의 흰색 포인트를 드래그하여 조정합니다.

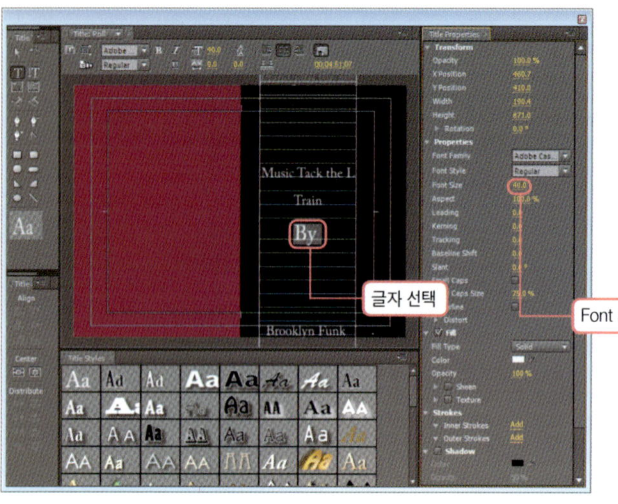

30 문자 툴을 이용해서 By 글자를 드래그하여 선택하고, Font Size를 40정도로 조정합니다. 입력한 글자 중에서 일부분을 선택하여 크기를 조정하는 것입니다. 끝에 입력한 Artwork와 &Artist, 그리고 Unknown 의 크기도 40정도로 조정합니다.

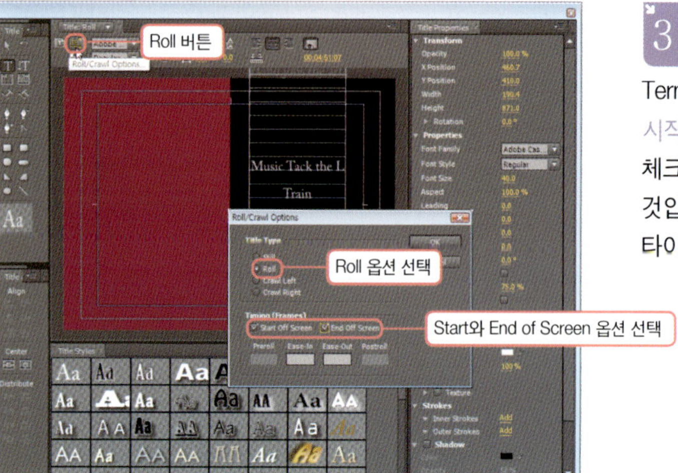

31 Roll 버튼을 클릭하여 창을 열고, Title type에서 Roll을 선택합니다. 그리고 Terming(타이밍)에서는 Start off Screen(화면 밖에서 시작)과 End off Screen(화면 밖에서 종료) 옵션을 체크합니다. 글자가 세로로 움직이는 효과를 만드는 것입니다. [OK] 버튼을 클릭하여 옵션 창을 닫고, 타이틀 패널도 닫습니다.

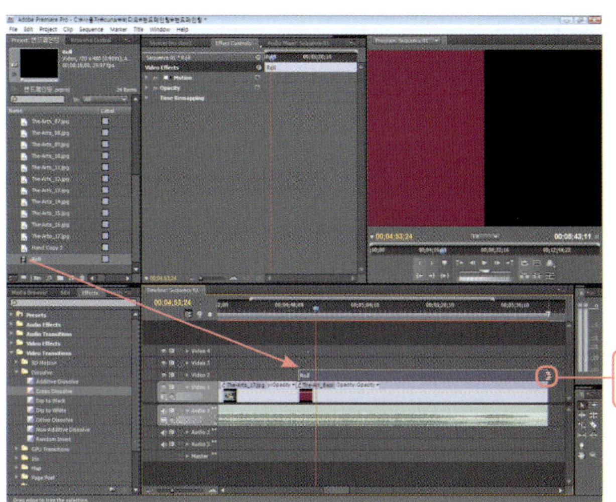

32 Roll 타이틀 아이템을 Video 1 트랙의 마지막에 위치한 The-art_back 클립 위의 Video 2 트랙으로 가져다 놓습니다. 길이는 The-art_back 클립과 동일하게 조정합니다.

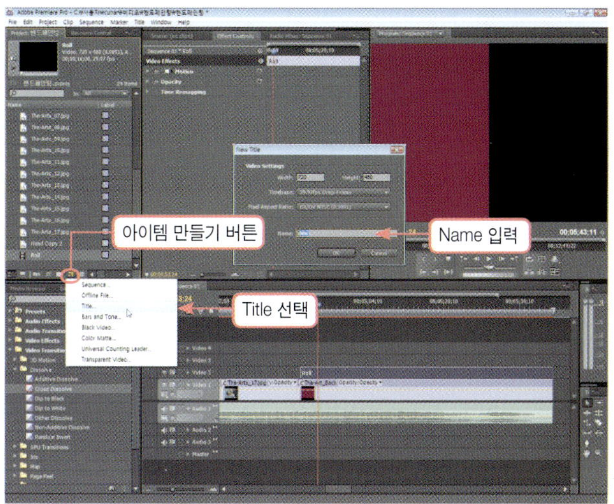

33 마지막으로 타이틀 패널을 이용해서 도형을 만들어보겠습니다. 프로젝트 패널의 아이템 만들기 버튼을 클릭하여 Title를 선택하고, New Title 창의 Name 항목에 View 라는 이름을 입력하여 새로운 타이틀을 만듭니다.

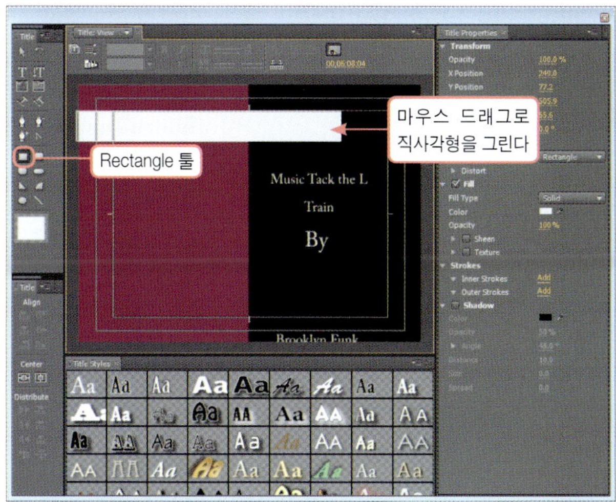

34 타이틀 패널의 도구에서 사각형 모양의 Rectangle 툴을 선택합니다. 그리고 작업 공간에서 드래그하여 직사각형 모양의 도형을 그립니다.

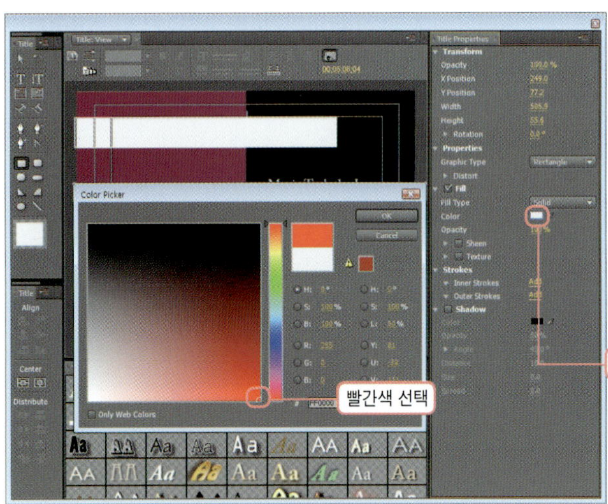

35 Properties(속성)의 Fill(칠)에서 Color(색상) 항목에 있는 컬러 바를 클릭하여 Color Picker 창을 엽니다. 팔레트에서 빨간색 부분을 클릭하여 선택하고, [OK] 버튼을 클릭합니다. 직사각형의 색상이 빨간색으로 변경됩니다.

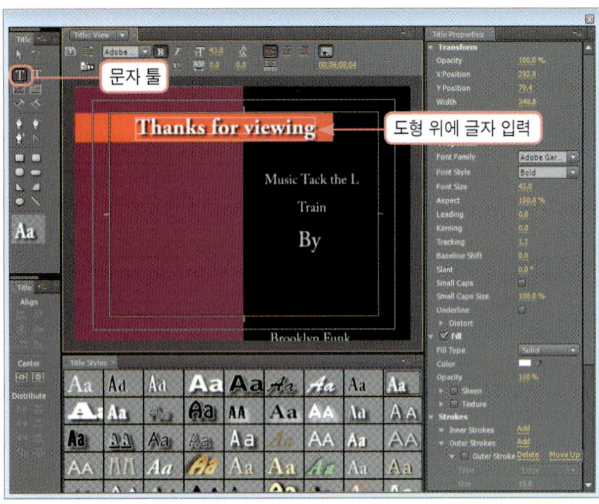

36 직사각형의 크기와 위치는 Selection 툴로 도형 테두리의 흰색 포인트를 드래그하여 조정할 수 있습니다. 계속해서 문자 툴을 선택하여 직사각형에 Thanks for viewing이라는 글자를 입력합니다. 색상이 빨간색으로 입력될 텐데, 스타일에서 흰색 글자를 선택하여 변경하고, 글자 크기와 위치는 테두리의 흰색 포인트를 드래그하여 조정합니다.

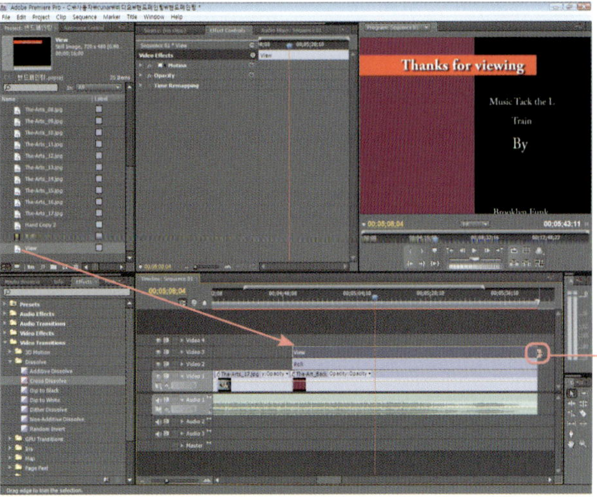

37 타이틀 패널을 닫고, View 타이틀 아이템을 Roll 클립 위의 Video 3번 트랙으로 가져다 놓습니다. 그리고 길이를 Roll 타이틀과 동일하게 조정합니다. Roll과 View 클립의 시작과 끝 부분에 Dip to Black 트랜지션을 적용하여 자막 작업을 마무리합니다.

6 사운드 작업하기

영상에서의 사운드는 새삼스럽게 강조하지 않아도 그 중요성을 잘 알고 있을 것입니다. 영상 편집 과정을 이해하기 위한 첫 번째 실습에서는 이미 완성되어 있는 배경 음악을 사용하고 있기 때문에, 별다른 작업이 필요 없지만, 프리미어에서 사운드를 어떻게 다루는지 이해할 수 있게 Limiter라는 이펙트를 적용하여 다이내믹을 조정해보겠습니다.

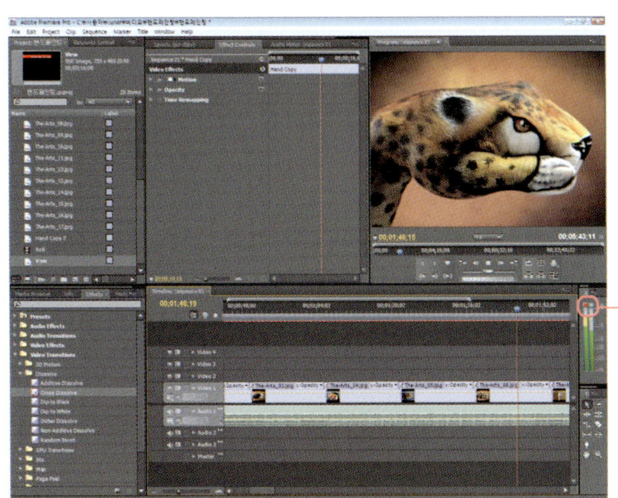

01 Space bar 키를 눌러 완성된 영상을 감상하면서 오디오 마스터 미터 패널을 보면, 빨간색으로 클리핑 경고가 표시되는 것을 확인할 수 있습니다. 볼륨이 너무 커서 사운드가 찌그러지고 있다는 것을 알려주는 것입니다.

02 간단하게 Audio 1 트랙의 볼륨을 줄이면 클립 잡음을 해결할 수 있겠지만, 볼륨을 유지하면서 클리핑 현상을 제거할 수 있는 방법이 있습니다. 이펙트 컨트롤 패널에서 Audio Mixer 탭을 클릭하여 오디오 믹서 패널을 엽니다.

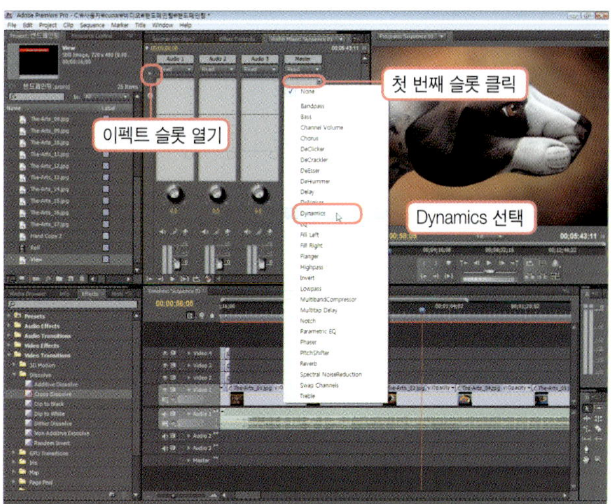

03 오디오 믹서 패널 왼쪽에 보이는 작은 삼각형을 클릭하여 이펙트 슬롯이 보이게 합니다. 그리고 Master 트랙의 첫 번째 슬롯을 클릭하여 메뉴를 열고, Dynamics을 선택합니다.

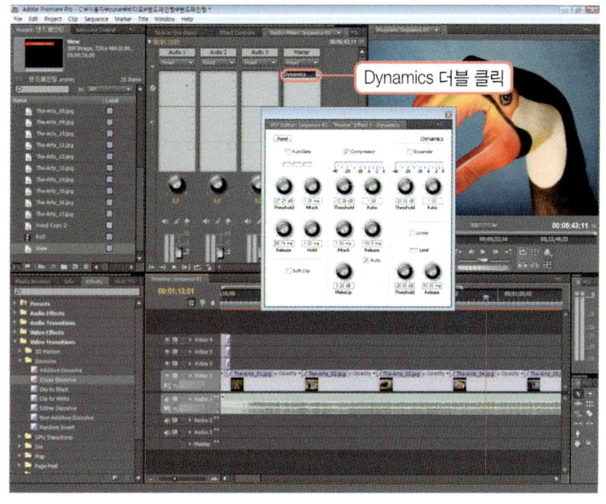

04 사운드의 다이내믹을 조정할 수 있는 Dynamics 이펙트가 첫 번째 슬롯에 장착됩니다. 장착된 Dynamics를 더블 클릭하여 이펙트 패널을 엽니다.

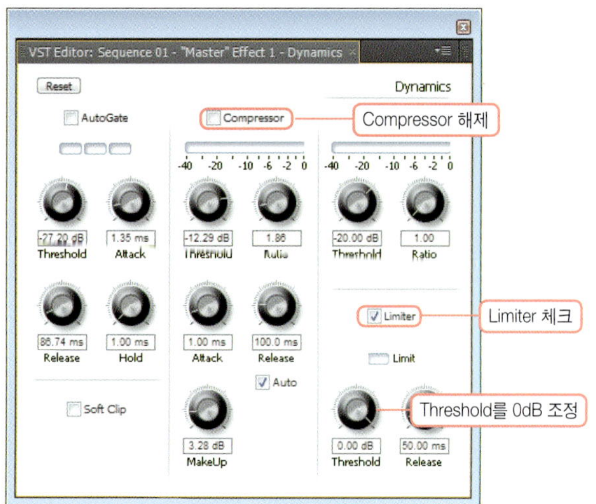

05 기본적으로 다이내믹을 보정하는 Compressor 옵션이 체크되어 있습니다. 클리핑 현상만 제거할 것이므로, Compressor 옵션을 해제하고, Limiter를 체크합니다. 그리고 Threshold 노브를 드래그하여 0.00dB로 조정합니다. 볼륨이 0dB을 넘지 않게 하는 것입니다.

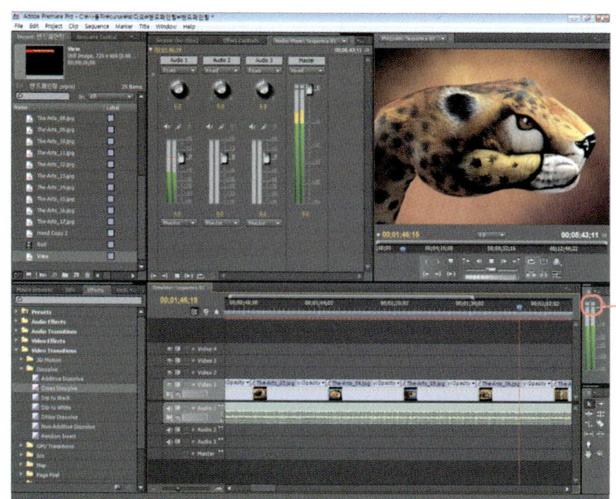

06 Dynamics 패널을 닫습니다. Space bar 키를 눌러 영상을 재생하고, 오디오 마스터 미터를 보면, 클리핑 현상이 제거된 것을 확인할 수 있습니다. 간단한 작업이지만, 클립 현상을 제거하기 위해서 볼륨을 낮추는 방법과 비교해보면, 결과물은 크게 달라집니다.

<table>
<tr><td>7</td><td></td></tr>
</table>

WMV 파일 만들기

작업에 사용할 소스를 프로젝트 패널에 모아놓고, 타임라인 패널에 재생 순서와 길이를 조정하여 등록한 다음에, 이펙트와 트랜지션을 적용하여 영상을 편집하고, 자막과 사운드를 입혀 완성해보는 모든 작업 과정을 실습해 보았습니다. 이제 완성한 영상을 DVD로 제작하거나 UCC 사이트에 올릴 수 있는 WMV, MOV 등의 파일 포맷으로 익스포팅만하면 됩니다. 프리미어는 매우 다양한 포맷의 파일을 제작할 수 있지만, 실습에서는 인터넷 UCC 로 가장 많이 사용하는 WMV 포맷의 파일로 만들어 보겠습니다.

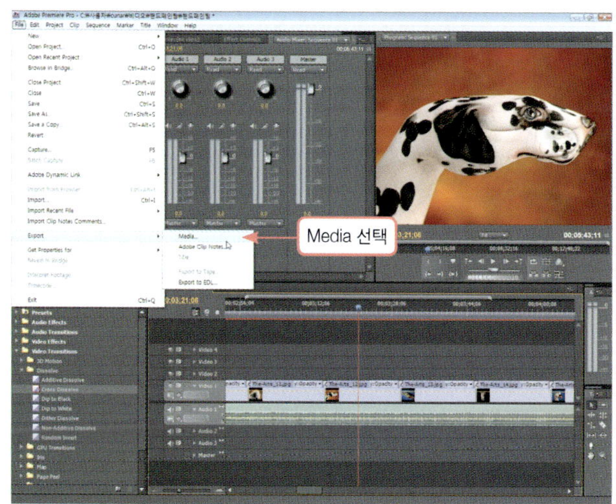

01 타임라인 패널의 작업 공간을 클릭하여 선택하고, File 메뉴의 Export(내보내기)에서 Media(미디어)를 선택합니다. 선택된 패널은 노란색 테두리로 확인할 수 있으며, 오디오 믹서 또는 프로젝트 패널 등과 같은 패널이 선택되어 있는 경우에는 익스포팅 작업을 할 수 없으므로 주의하기 바랍니다.

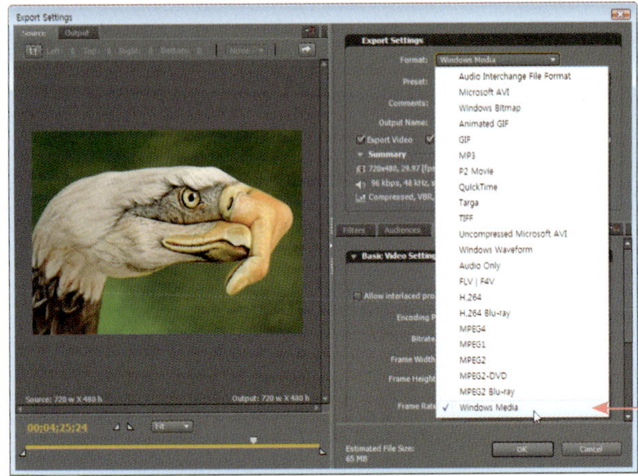

02 Export Settings 창이 열립니다. Format (형식) 목록을 클릭하여 메뉴를 열고, Windows Media를 선택합니다. MPEG1, MPEG2, H.264 등의 포맷으로도 제작 가능하다는 것을 확인할 수 있습니다.

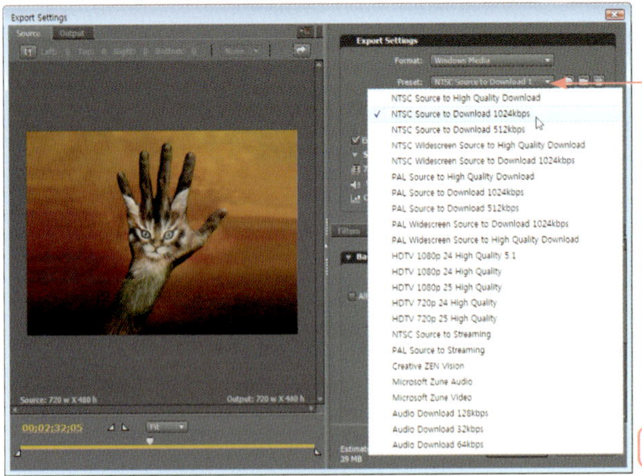

03 Preset(사전 설정)에서 NTSC Source to High Quality download(고 품질 다운로드) 또는 NTSC Source to Download 1024kbps를 선택합니다. 예전에는 NTSC Source to Download 512kbps를 많이 사용했지만, 인터넷 속도가 빨라진 요즘에는 1024kbps도 많이 사용합니다. 물론, 2배 정도의 용량 차이가 나므로, 목적에 따라 적절한 프리셋을 선택하는 것이 좋습니다.

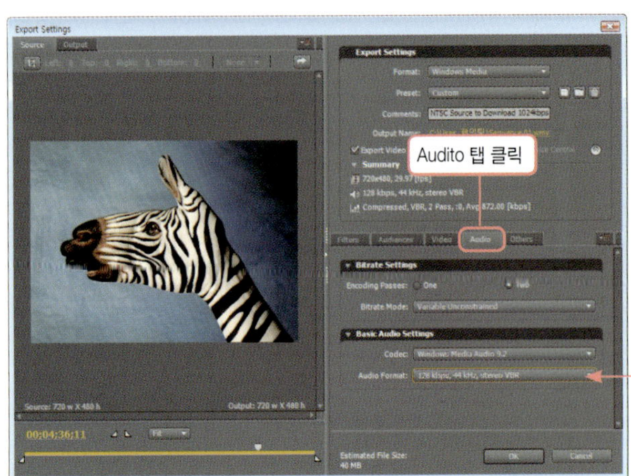

04 NTSC Source to Download 1024kbps 프리셋의 영상 크기는 720x480이고, 사운드는 96Kbps입니다. 사운드가 조금 아쉬우므로, Audio 탭을 클릭하여 열고, Audio Format을 128kbs, 44kHz, Stereo VBR로 변경합니다. 192kbps의 사운드가 더 좋아지지만, 파일 크기가 커지는 만큼의 효과는 없기 때문에 128kbps를 선택한 것입니다.

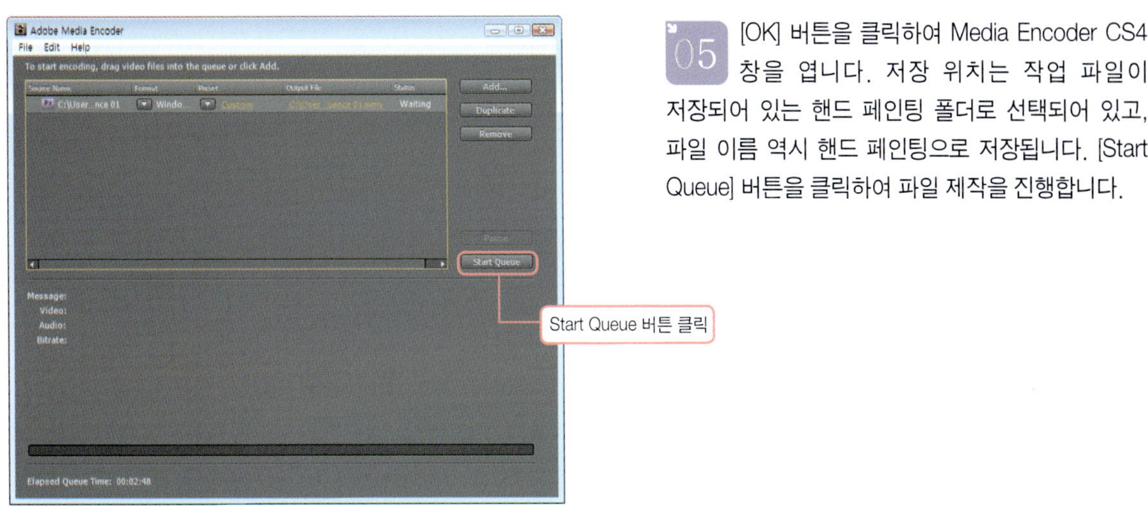

05 [OK] 버튼을 클릭하여 Media Encoder CS4 창을 엽니다. 저장 위치는 작업 파일이 저장되어 있는 핸드 페인팅 폴더로 선택되어 있고, 파일 이름 역시 핸드 페인팅으로 저장됩니다. [Start Queue] 버튼을 클릭하여 파일 제작을 진행합니다.

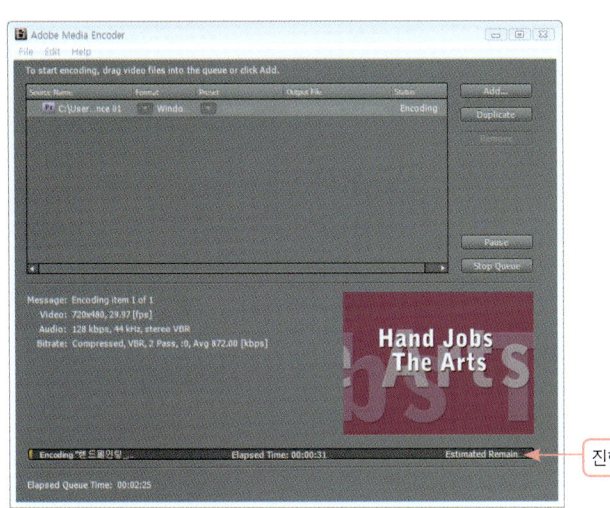

06 엔코딩 진행 과정이 보입니다. 사용자 시스템에 따라 다르지만, 실제 영상 길이의 4~5배에 해당하는 시간이 소요됩니다. 렌더링이 완료될 때까지 커피라도 한잔 하면서 잠시 쉽니다.

07 영상 편집 과정을 이해하기 위한 첫 번째 실습은 모두 끝났습니다. 프리미어를 종료하고, 완성한 파일을 곰 플레이어나 윈도우 미디어 플레이어를 이용해서 확인합니다. 완성된 파일은 부록 CD의 Hand Jobs 파일입니다.

프로젝트 이해하기

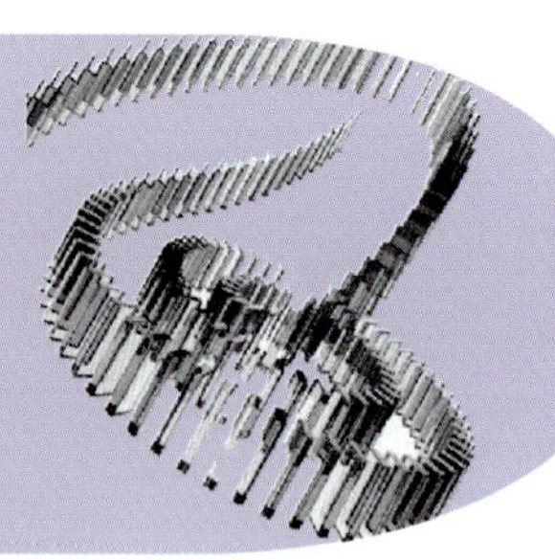

프리미어를 실행할 때 열리는 Welcome to Adobe Premiere Pro 창에서부터 사용자가 원하는 프로젝트 환경을 만들고, 변경하는 방법들을 살펴보겠습니다. 초보자의 경우에는 다소 어려운 부분이 있을 수 있는 학습이므로, 가벼운 마음으로 읽어보고 넘어가도 좋습니다. 본서를 학습해 나가다 보면 자연스럽게 이해가 될 것이며, 자신에게 적합한 환경을 꾸밀 수 있게 됩니다.

1 새로운 프로젝트 만들기

프로미어프로 CS4를 실행하면, 새로운 프로젝트를 만들 것인지, 기존에 작업하던 프로젝트를 불러올 것인지를 묻는 Welcome to Adobe Premiere Pro 창이 열립니다. 창의 역할과 New Project 버튼을 클릭하여 새로운 프로젝트를 만들 때, 프리미어에서 제공하는 프리셋 외에 사용자에게 적합한 프리셋을 만들어보는 과정을 살펴보겠습니다.

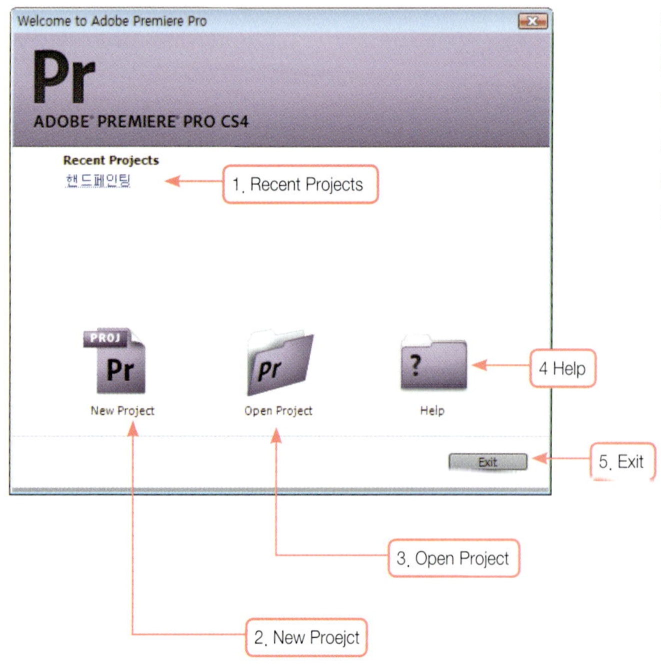

01 프리미어를 실행할 때 열리는 Adobe Premiere Pro 시작 창은 새로운 프로젝트를 만들 수 있는 New Project 버튼과 기존에 작업하던 프로젝트를 불러올 수 있는 Open Project 버튼 등으로 구성되어 있으며, 각각의 역할은 다음과 같습니다.

1. Recent Project(최근 프로젝트)

최근에 작업하던 프로젝트의 목록이 최대 5개까지 나열되며, 프로젝트의 이름을 마우스로 클릭하여 열 수 있습니다. PART1의 실습을 해보았다면, 핸드 페인팅.proproj라는 이름이 보일 것입니다. 이것을 클릭하면 PART1에서 실습한 핸드 페인팅 프로젝트가 열리는 것입니다.

2. New Project(새 프로젝트)

새로운 프로젝트를 만듭니다. 즉, 새로운 작업을 시작하겠다는 의미입니다. 창은 프로젝트가 저장될 위치와 이름을 입력할 수 있는 New Project 창과 프로젝트 환경을 선택할 수 있는 New Sequence 창이 열립니다.

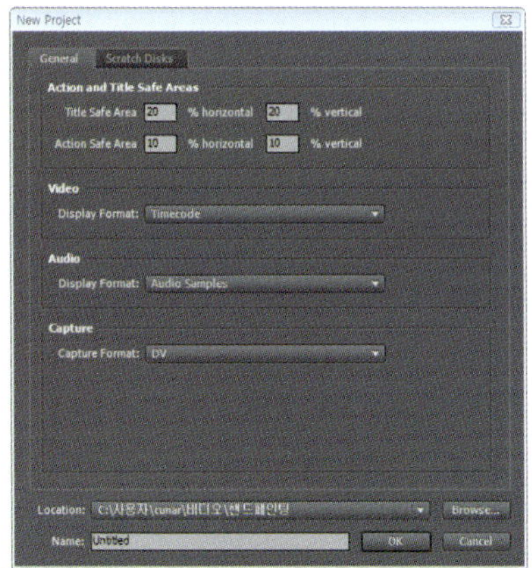

▶ New Project 창

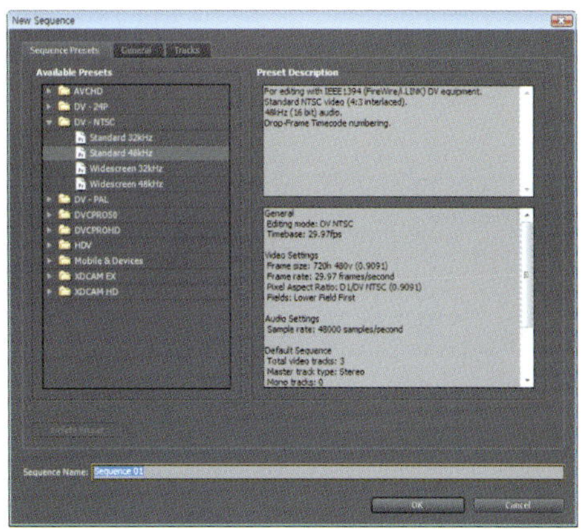

▶ New Sequence 창

3. Open Project(프로젝트 열기)

기존에 작업하던 프로젝트를 불러올 수 있는 Open Project 창을 엽니다. Recent Project 목록은 최근에 작업하던 프로젝트 순서로 최대 5까지만 표시 되기 때문에, 그 전에 작업하던 프로젝트를 불러올 때는 Open Project 버튼을 이용합니다.

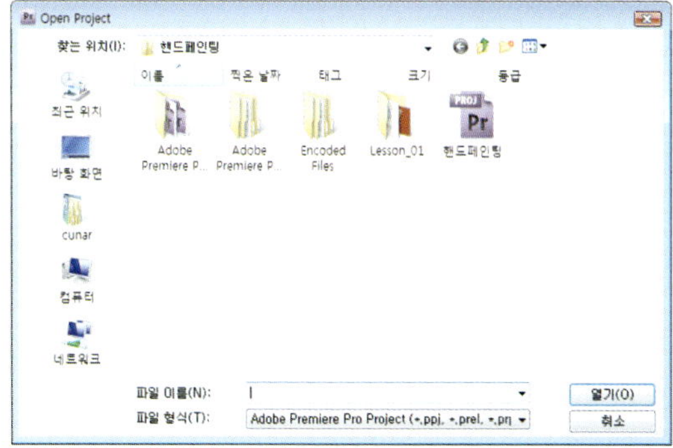

4. Help(도움말)

인터넷이 연결되어 있는 경우에 사용할 수 있으며, 프리미어 프로 CS4의 다양한 도움말을 얻을 수 있습니다. 특히, 원하는 기능을 빠르게 찾아볼 수 있는 Search 기능을 제공하고 있고, 풍부한 해설과 영상 서비스를 갖추고 있기 때문에 많은 도움이 될 것입니다.

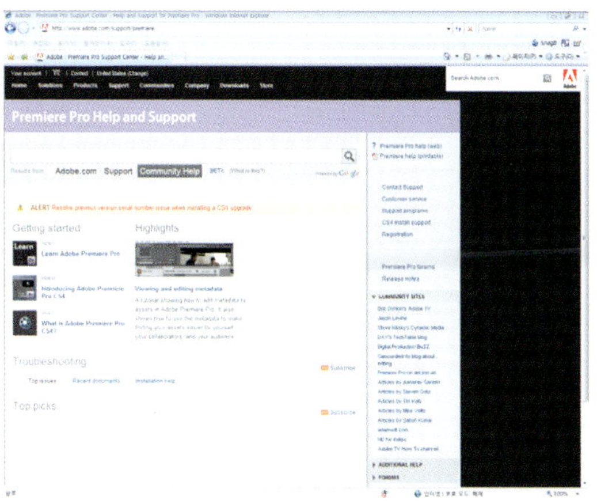

5. Exit(종료)

프리미어를 종료합니다. Adobe사 제품들의 실행 아이콘은 비슷한 모양으로 되어 있기 때문에 포토샵이나 에프터 이펙트를 실행한다는 것이 실수로 프리미어를 실행하는 경우가 있습니다. 이때 Exit 버튼을 클릭하여 프리미어를 종료할 수 있습니다.

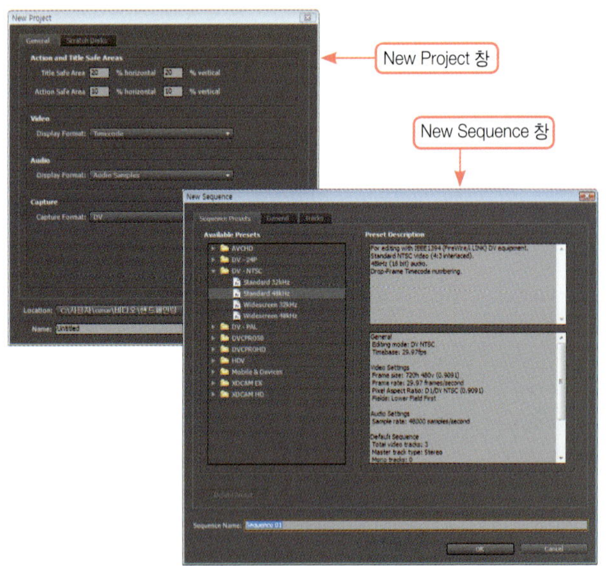

02 새로운 프로젝트를 만들어보기로 했으므로, 시작 창에서 New Project 버튼을 클릭하여 창을 엽니다. 먼저 프로젝트가 저장될 위치와 이름을 입력할 수 있는 New Project 창이 열리며, 계속해서 프로젝트 환경을 선택할 수 있는 New Sequence 창이 열립니다. Sequence Preset(시퀀스 사전 설정) 페이지에는 DV-24P, DV-NTSC, DV-PAL, HDV, Mobile & Devices 등의 폴더가 있으며, 각 폴더 마다 몇 가지 프리셋이 있습니다.

1. AVCHD

새로운 포맷으로 자리잡고 있는 AVCHD는 MPEG-4 AVC(H. 264) 영상 코덱을 사용하며, 예전의 MPEG-2 코덱인 HDV보다 높은 압축률로 MPEG-2와 동일한 품질의 영상을 녹화하면서도 더 작은 용량을 차지한다는 장점을 가지고 있습니다. AVCHD 포맷으로 녹화된 영상은 소니 BDP-S1, 파나소닉 DMP-BD10, 플레이스테이션 3와 같은 블루레이 디스크를 지원하는 플레이어에서 재생할 수 있으며, 프리미어 프로 CS4에서 편집할 수 있습니다.

2. DV-24P

영화 상영을 목적으로 사용되는 24프레임 DV 카메라로 촬영한 영상을 작업할 수 있는 프리셋으로 구성되어 있습니다. 크게 화면 비율이 4:3인 Standard와 16:9인 Widescreen이 있고, 각각의 화면 비율마다 오디오 소스가 32Khz와 48Khz로 구분되어 있습니다. 가정용 캠코더를 사용하는 일반인들에게는 의미 없는 폴더입니다.

3. DV-NTSC

가정용 캠코더를 사용하는 일반인들이 사용할 수 있는 프리셋으로 특별한 경우를 제외하고는 대부분 DV-NTSC 폴더의 프리셋을 사용합니다. 화면 비율이 4:3인 Standard와 16:9인 Widescreen이 있고, 각각의 화면 비율마다 오디오 소스가 32Khz와 48Khz로 구분되어 있습니다. 화면 비율과 오디오 소스는 사용하고 있는 캠코더에서 설정할 수 있으므로, 해당 제품의 설명서를 참조하기 바랍니다.

4. DV-PAL

25프레임의 PAL 방식으로 촬영한 영상 소스를 편집할 때 선택할 수 있는 프리셋으로 구성되어 있습니다. PAL 방식은 국내에서 사용하지 않는 방식이므로, 의미 없는 폴더입니다. 혹시, 유럽 여행 중에 NTSC 방식과 PAL 방식의 차이점을 모르고 구입한 캠코더로 촬영한 영상을 국내 TV로 재생할 필요가 있을 때, 유용한 프리셋이 될 것입니다.

5. DVCPRO 50/HD

프리미어 프로 CS4는 파낙소닉에서 만든 DVCPRO 계열 중에서 방송용 디지털 베타캠과 대등한 품질의 영상을 구현하는 DVCPRO50과 DVCPRO 100으로 불리는 DVCPRO HD를 지원합니다. DVCPRO50은 두 개의 DV 코덱을 병렬로 기록하며, DVCPRO HD는 4개의 병렬 코덱을 사용하여 이론상 2배의 화질을 구현합니다.

6. HDV

1080i의 해상도를 지원하는 HD 급 카메라로 촬영한 영상을 편집할 때 선택할 수 있는 프리셋으로 구성되어 있습니다. HDV 1080i30(60i)는 interlaced 이고, HDV 1080p30과 HDV 720P30은 Progressive 주사 방식을 의미합니다. 나머지 HDV 1080i(50i)과 HDV 1080p25, 그리고 HDV 720p25는 앞에서 언급한 PAL 방식이므로 국내 사용자에게는 해당되지 않습니다. 아직은 고가이지만, 이미 DV에서 HDV로 일반화 되고 있는 추세이므로, 캠코더를 새로 구입할 예정이라면, 고려해보는 것이 좋습니다.

7. Mobile & Devices

핸드폰이나 Apple사의 iPOD 등으로 촬영한 CIF, QCIF, QQCIF, iPOD, QVAG, Sub-QCIF 포맷의 영상을 편집할 수 있는 프리셋으로 구성되어 있습니다. 일반적으로 CIF와 QCIF를 채택하고 있는 핸드폰이 주류를 이루고는 있지만, 사용하고 있는 핸드폰의 설명서를 참조하여 확인해두는 것이 좋습니다.

8. XDCAM EX/HD

XDCAM은 테이프가 없는 전문 비디오 시스템으로 Sony에서 도입한 기술입니다. XDCAM EX는 1920x1080 및 1280x720 HD 기록이 가능한 SxS PRO 메모리 카드를 기록 매체로 사용하며, XDCAM HD는 블루 바이올렛 레이저 기술을 사용하는 23GB 광 디스크인 프로페셔널 디스크(PFD)를 기록 매체로 사용하여 2시간 분량의 1080i HD 영상을 기록할 수 있습니다.

프리미어는 기본적으로 제공하는 프리셋 외에도 사용자가 원하는 프리셋을 만들 수 있는 General과 Track 페이지를 제공합니다. 자신이 촬영한 소스는 DV 또는 HDV 등으로 정확히 알고 있기 때문에 프리미어에서 제공하는 프리셋 만으로도 충분합니다. 그러나 인터넷에서 다운 받은 영상의 규격은 천차만별이기 때문에, 영상 소스에 적합한 환경을 설정할 필요가 있습니다.

파일 정보 보기

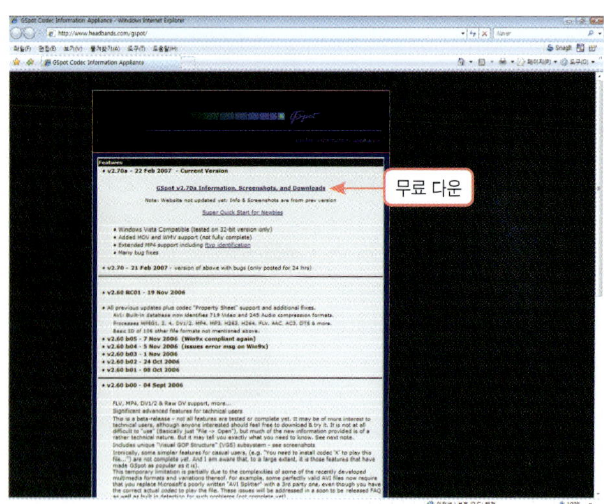

01 영상 파일의 정보를 알 수 있는 프로그램에는 다양한 것들이 있습니다. 그 중에서 많이 사용하는 것이 GSpot 이라는 프로그램입니다. 이것은 인터넷 자료실이나 제작사 홈페이지인 headbands.com/gspot에서 무료로 다운 받을 수 있습니다.

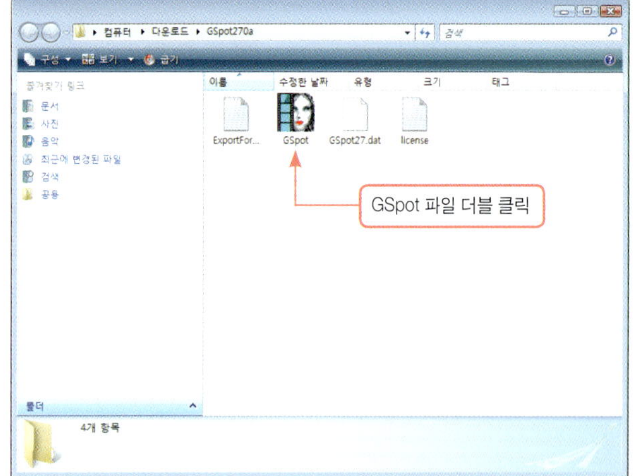

02 다운 받은 파일을 더블 클릭하여 압축을 풀면, GSpot이라는 실행 파일이 있습니다. 이 프로그램은 설치가 필요가 없고, 시스템 자원을 적게 차지 한다는 장점이 있습니다. GSpot 파일을 더블 클릭하여 실행합니다.

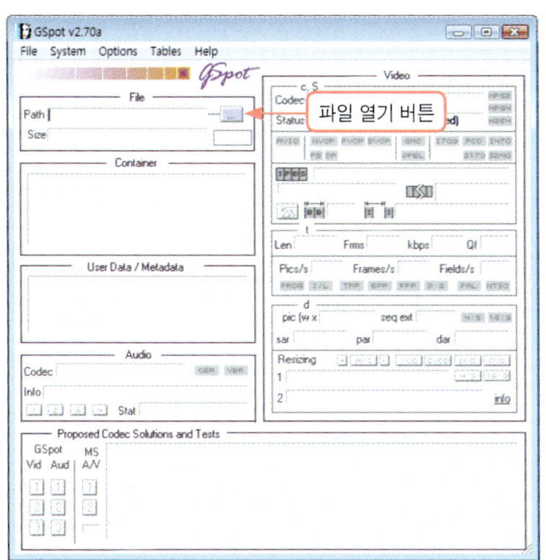

 **03** GSpot이 실행됩니다. Path 항목의 열기 버튼을 클릭하여 영상 파일을 불러오면, 영상과 오디오 코덱, 프레임 크기 등의 파일 정보를 확인할 수 있습니다.

General과 Tracks 탭의 역할

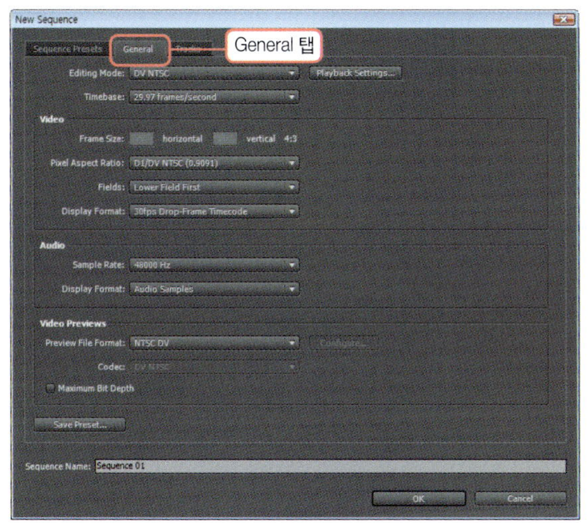

04 New Sequence 창의 Sequence Preset (시퀀스 사전 설정)페이지에서 DV-NTSC 폴더의 Standard 48KHz를 선택하고, General(일반) 탭을 선택합니다. 편집 모드, 프레임 크기 등의 기본 환경을 설정할 수 있는 페이지 입니다. DV-NTSC 방식의 Standard 48KHz 설정 값을 기준으로 사용자 프리셋을 만들겠다는 의미로 각각의 옵션은 다음과 같습니다.

1. Editing Mode(편집 모드)

촬영한 소스에 적합한 편집 모드를 선택합니다. 컴퓨터에 저장되어 있는 영상을 의미하는 Desktop을 비롯해서 DV, HDV, DVCPRO 등의 목록이 있습니다.

2. Timebase(시간 기준)

1초 동안 재생되는 프레임 수를 선택합니다. DV 또는 HDV는 29.97 프레임으로 촬영되므로, 프레임을 변경할 이유는 없고, Desktop 모드는 소스에 따라 10 프레임에서부터 60프레임까지 다양한 타임 베이스를 선택할 수 있습니다.

3. Playback Settings(재생 설정)

Editing Mode(편집 모드) 오른쪽의 Playback Settings(재생 설정) 버튼을 클릭하면, 편집 소스 재생에 관련된 옵션을 설정할 수 있는 창이 열립니다. Playback Settings 창은 Realtime Playback(실시간 재생), Export(내보내기), 24p Conversion Method(24p 변환 방법) 항목으로 구성되어 있으며, 각 옵션의 역할은 다음과 같습니다.

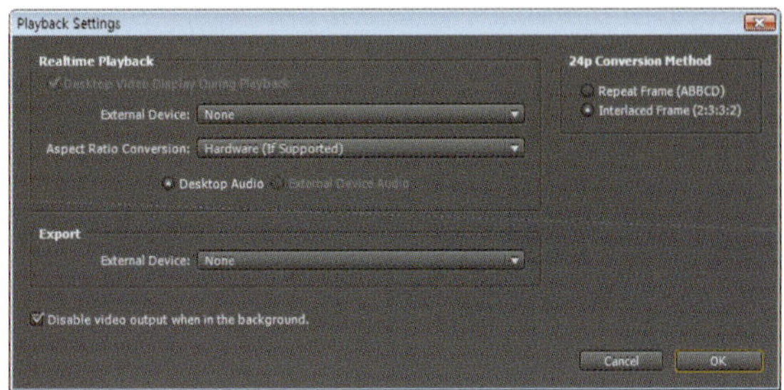

❖ Realtime playback(실시간 재생)

편집 결과물을 컴퓨터에 연결된 외부 시스템으로 모니터 할 수 있게 할 것인지의 여부를 결정합니다. External Device(외부 장치)에서 외부 모니터로 출력할 때의 프레임 비율을 선택합니다. 별도의 장치를 사용하고 있다면 해당 장치의 드라이버 목록이 보입니다. 이때, Desktop Video Display During Playback(재생하는 동안 데스크탑 비디오 표시) 옵션이 활성화되어 프리미어에서도 모니터 할 수 있게 할 것인지의 여부를 선택할 수 있습니다. Aspect Ratio Conversion(종횡비 변환)에서는 변환 비율을 선택합니다. 그리고 Desktop Audio은 프리미어에서 사운드를 들을 수 있게 하고, External Device Audio는 외부 장치 오디오에서도 들을 수 있게 하는 옵션입니다.

❖ Export(내보내기)

External Device(외부 장치)에서 컴퓨터에 연결한 외부 장치로 녹화할 때의 프레임 비율을 선택합니다. 별도의 장치를 사용하고 있다면 해당 장치의 드라이버 목록이 보입니다.

❖ Disable video output when Premiere Pro is in the background(배경에서 비디오 출력을 사용하지 않습니다.)

프리미어를 백그라운드로 실행하고 있을 때, 영상을 출력하지 못하도록 체크되어 있습니다. 옵션을 해제하여 멀티 작업이 가능하도록 하려면, 높은 시스템 사양이 필요합니다.

❖ 24p Conversion Method(24p 변환 방법)

24프레임 영상을 29.97프레임으로 전송할 때의 처리 방법을 결정합니다. Repeat Frame(반복 프레임)은 재생을 유지하는데 필요한 위치의 프레임을 복제하고, Interlaced Frame(인터레이스 프레임)은 텔레시네 같은 스키마로 프레임을 결합합니다.

4. Frame Size(프레임 크기)

프레임 크기를 결정합니다. Desktop 모드를 선택한 경우에만 사용할 수 있습니다. 프레임은 영상의 크기를 의미합니다.

5. Pixel Aspect Ratio(픽셀 종횡비)

픽셀의 비율을 설정합니다. 일반적으로 D1/DV NTSC (0.9)를 사용하고, 와이드로 작업할 경우에는 D1/DV NTSC Widescreen 10.9(1.2)를 사용합니다. 픽셀은 프레임의 최소 단위를 의미합니다. 즉, 720x480의 프레임 크기는 가로 720개, 세로 480개의 픽셀로 구성되어 있다는 것입니다.

6. Fields(필드)

영상의 주사 방식을 선택합니다. 국내에서는 Lower Field First(아래쪽 필드부터) 방식을 사용하므로, 변경할 이유는 없지만, 디지털 포맷의 컴퓨터 영상 파일을 편집할 경우에는 필드 없음의 No Fields (Progressive Scan)을 선택합니다.

7. Display Format(표시 형식)

모니터 패널, 타임 라인 패널 등에 표시되는 타임코드의 단위를 선택합니다. 기본 값은 영상 작업에서 많이 사용하는 시;분;초;프레임 단위이므로, 변경할 이유는 없습니다.

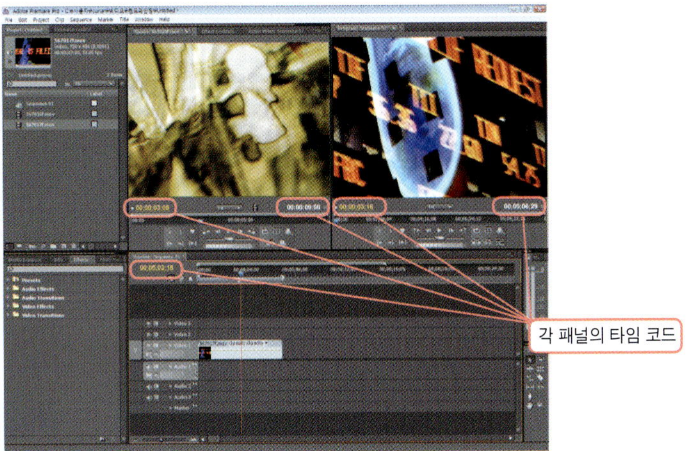

8. Sample Rate(샘플 속도)

오디오의 샘플 레이트를 선택합니다. 영상과 오디오를 따로 작업하는 경우, 샘플 레이트가 다르면, 시간차가 발생하므로 주의하기 바랍니다.

9. Display Format(표시 형식)

오디오 표시 단위를 시;분;초;샘플 (Audio Samples)과 시;분;초;1000분의 1초 단위(Milliseconds) 중에서 선택합니다.

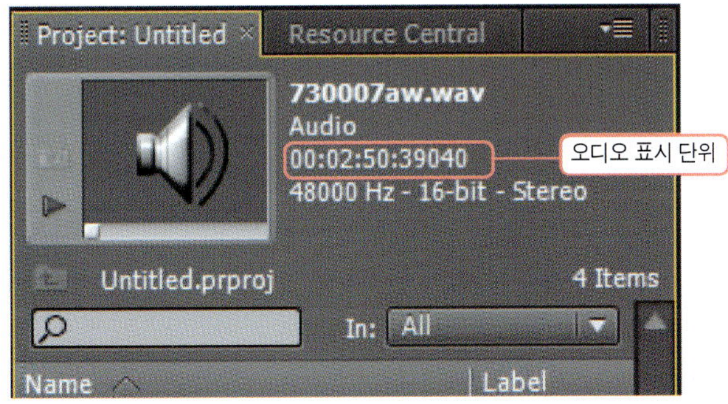

10. Preview File Format(파일 형식 미리 보기)

Editing Mode에 따라 달라지며, Desktop을 선택한 경우에는 압축을 하지 않은 Microsoft AVI 포맷을 선택할 수 있습니다.

11. Codec(코덱)

렌더링 작업에 사용할 코덱을 선택합니다. 코덱의 종류에 따라 Color Depth 옵션에서 컬러 수를 선택할 수 있습니다. Configure (구성) 버튼은 코덱의 정보를 확인하거나 환경을 변경할 수 있는 창을 엽니다.

12. Maximum Bit Depth(최대 비트 심도)

미리 보기 품질의 최대 비트 수 사용 여부를 선택합니다. 시스템이 10비트 이상의 형식을 지원하는 경우에 체크합니다.

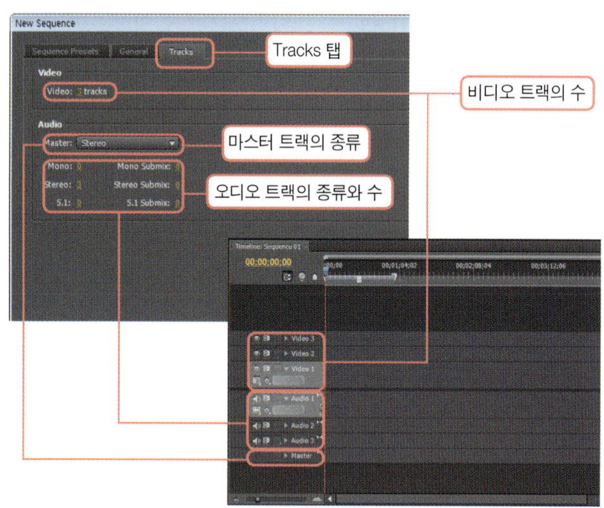

05 Tracks(트랙) 페이지는 시퀀스에 만들어지는 비디오(Video)와 오디오(Audio)트랙의 종류와 수를 설정합니다. 기본적으로 Video 트랙과 Stereo 트랙이 3으로 설정되어 있기 때문에, 비디오와 스테레오 오디오 트랙이 각각 3개씩 만들어지며, Master(마스터) 트랙이 Stereo(스테레오)로 설정되어 있기 때문에, 최종 출력을 담당하는 마스터 트랙이 Stereo 로 만들어지는 것입니다.

1. Video (비디오)

시퀀스에 만들어질 비디오 트랙의 수를 설정합니다.

2. Audio (오디오)

Master 트랙의 종류와 Mono, Stereo, 5.1 채널 별로 시퀀스에 만들어질 오디오 트랙의 수를 설정합니다. 5.1 채널의 영상 작업을 하려면, Master 트랙의 종류를 5.1 채널로 설정해야 합니다.

3. Save Preset (사전 설정 저장)

사용자가 설정한 프로젝트 환경을 자주 사용할 것이라면, 프리셋으로 저장하여 Sequence Preset 목록에 등록시킬 수 있습니다. General 또는 Tracks 페이지의 Save Preset 버튼을 클릭하여 창을 열고, 쉽게 구분할 수 있는 이름으로 저장합니다.

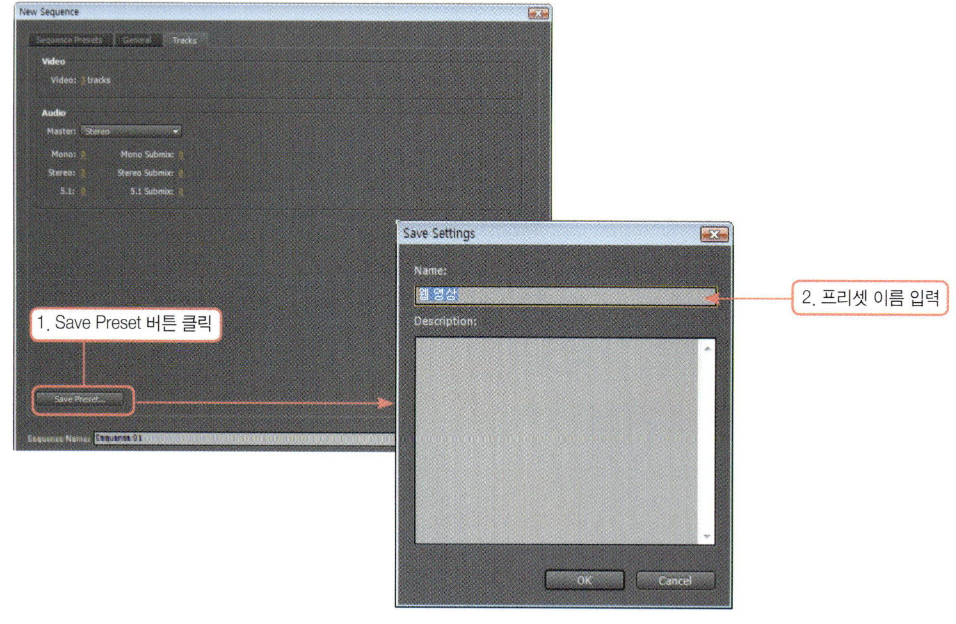

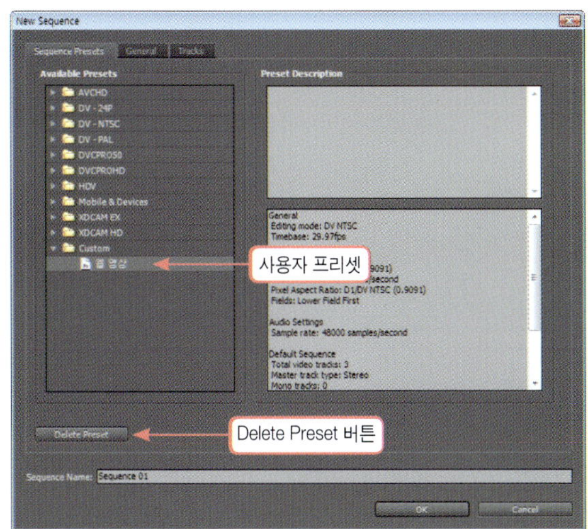

저장한 프리셋은 Sequence Preset의 Custom 폴더에 등록되어 언제든 동일한 환경의 프로젝트를 선택할 수 있습니다. 사용자가 저장한 프리셋은 [Delete Preset] 버튼을 클릭하여 삭제할 수 있습니다.

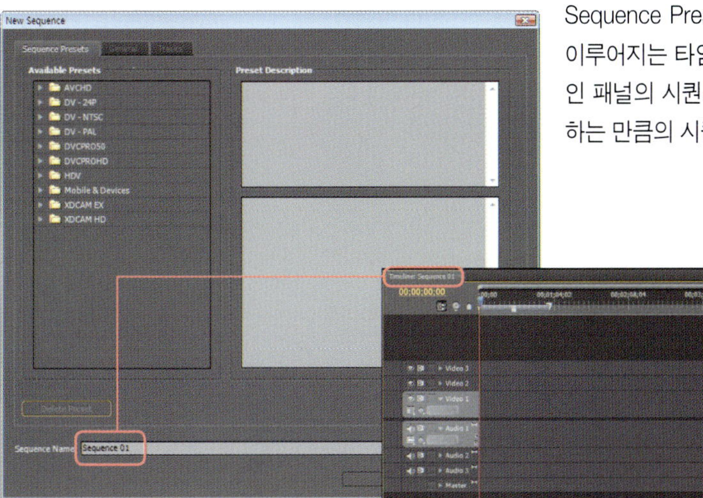

Sequence Preset 창 아래쪽의 Sequence Name은 영상 편집이 이루어지는 타임 라인 패널의 시퀀스 이름을 의미입니다. 타임 라인 패널의 시퀀스 이름은 작업중에 변경이 가능하며, 사용자가 원하는 만큼의 시퀀스를 만들 수 있습니다.

 프로젝트 환경의 변경

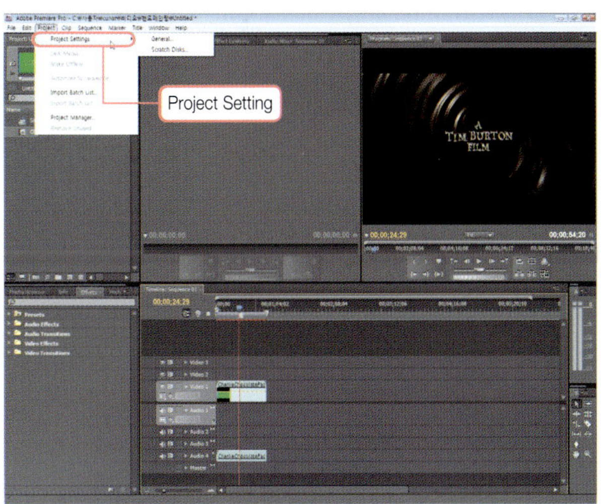

06 작업 중인 프로젝트의 환경은 Project 메뉴의 Project Setting 에서 변경할 수 있습니다. Project Setting 에는 지금까지 살펴본 내용과 동일한 General과 Scratch Disks의 서브 메뉴로 구성되어 있지만, 변경 가능한 것은 편집에 영향을 주지 않는 안전 영역, 캡처 포맷, 렌더링 옵션, 트랙의 수 등으로 제한되어 있습니다.

Part 1 프리미어 프로 CS4 활용하기

프리미어는 기본적으로 왼쪽에 프로젝트 패널과 인포 패널, 오른쪽에 소스 패널과 프로그램 패널, 아래쪽에 타임라인 패널로 구성된 Editing 레이아웃으로 만들어집니다. 이러한 화면 구성은 위치와 크기를 사용자가 원하는 데로 바꿀 수 있으며, 작업 상황에 어울리는 레이아웃을 만들어 저장할 수 있습니다. 프리미어의 레이아웃 관리 방법을 살펴보겠습니다.

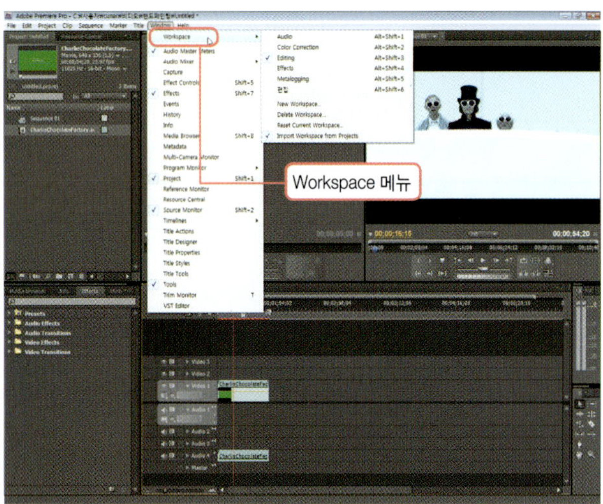

01 프리미어의 기본 프로젝트는 Editing 레이아웃입니다. Window의 Workspace (작업 영역) 메뉴를 보면, Audio, Color Correction, Effects 등의 레이아웃을 제공하고 있다는 것을 알 수 있습니다. 각각의 레이아웃이 어떤 모습을 하고 있는지 선택하여 확인해보기 바랍니다.

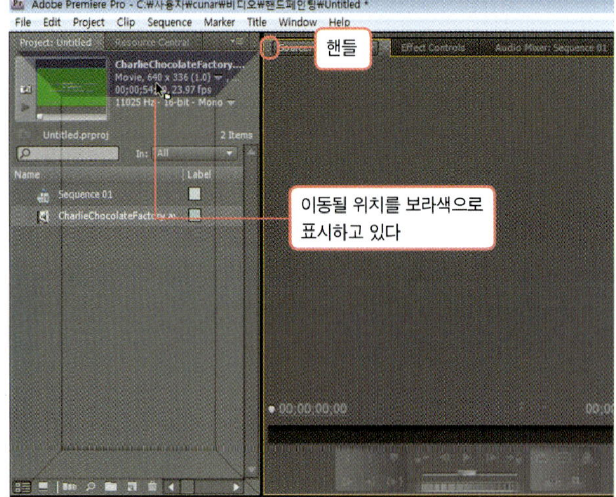

02 프리미어에서 제공하는 각 패널 이름 왼쪽에 10개의 점이 있는 부분을 핸들이라고 하며, 핸들 부분을 드래그하여 사용자가 원하는 위치로 이동시킬 수 있습니다. 핸들을 드래그하여 패널을 이동시키면, 이동될 위치를 표시하는 5개의 면을 볼 수 있습니다.

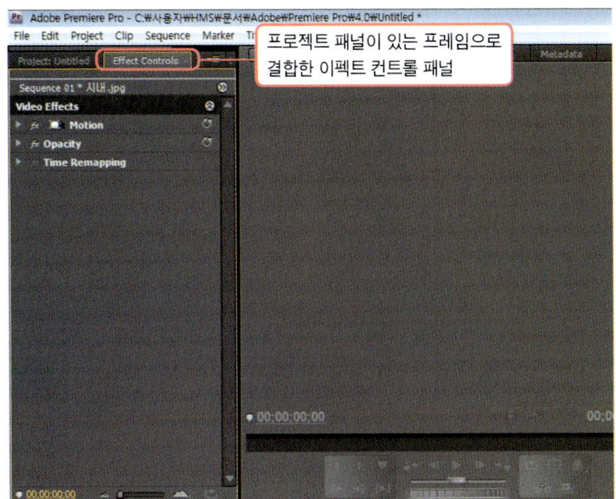

03 각각의 보라색 면은 해당 패널의 위/아래 또는 좌/우로 배치되며, 중앙이나 패널 이름이 있는 곳으로 드래그하면, 해당 패널이 있는 프레임으로 결합됩니다. 그림은 이펙트 컨트롤 패널을 프로젝트 패널이 있는 프레임으로 결합시킨 결과입니다.

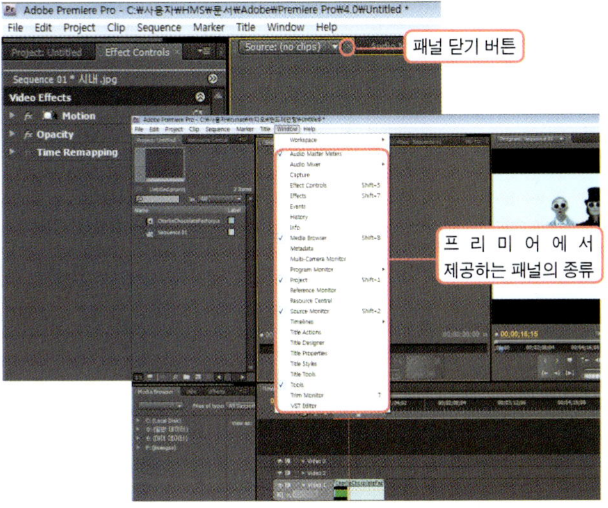

04 자주 사용하지 않는 패널은 닫기 버튼을 클릭하여 보이지 않게 할 수 있으며, 닫은 패널은 Window 메뉴에서 선택하여 열 수 있습니다. Window 메뉴에서 체크 표시가 있는 것이 열려있는 패널입니다.

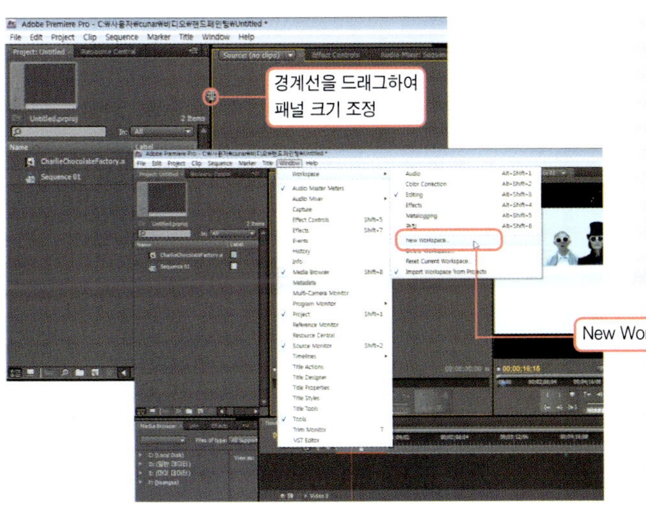

05 각 패널의 크기는 경계선을 드래그하여 조정할 수 있습니다. 사용자가 원하는 구성으로 화면을 배치한 것은 레이아웃으로 저장하여 언제든지 같은 화면으로 작업할 수 있습니다. Window 메뉴의 Workspace에서 New Workspace를 선택합니다.

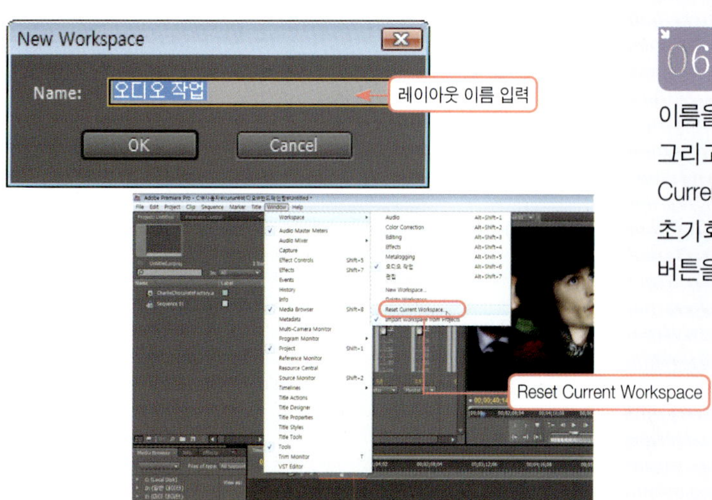

06 레이아웃을 저장할 수 있는 New Workspace 창이 열립니다. 구분하기 쉬운 이름을 입력하고, [OK] 버튼을 클릭하여 저장합니다. 그리고 Window메뉴의 Workspace에서 Reset Current Workspace를 선택하여, 기본 레이아웃으로 초기화 시킵니다. 계속해서 열리는 창은 [Yes] 버튼을 클릭하여 닫습니다.

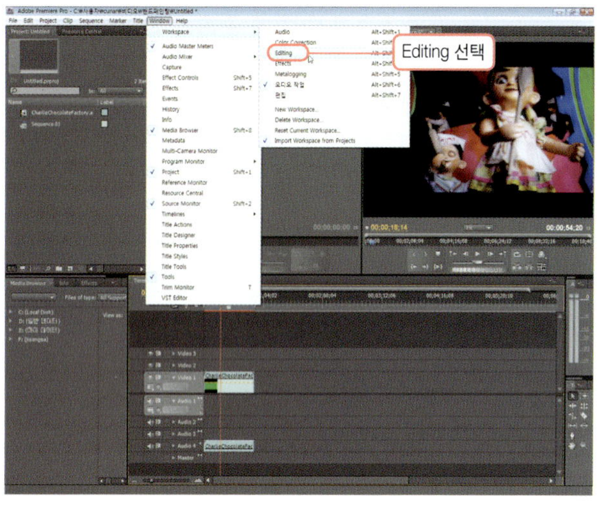

07 Window 메뉴의 Workspace에서 Editing을 선택합니다. 작업공간이 영상 편집에 적합한 화면 구성으로 변경됩니다.

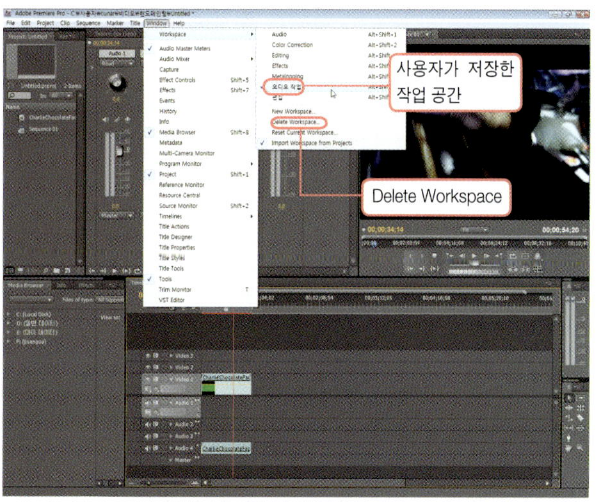

08 Save Workspace로 저장한 작업 공간을 Window메뉴의 Workspace에서 선택합니다. 독자가 꾸민 작업 화면으로 변경되는 것을 확인할 수 있습니다. 저장한 작업 화면은 Delete Workspace로 삭제할 수 있으며, 나머지 Audio, Color Correction, Editing, Effects, Audio, Metalogging, 편집 메뉴는 프리미어에서 제공하는 화면 구성입니다.

프리미어의 작업 환경을 설정할 수 있는 Preferences 창에 관해서 살펴봅니다. 프리미어는 새로운 프로젝트를 만들 때 선택한 프리셋 만으로도 원활한 작업이 가능하기 때문에 굳이 기본 환경을 변경할 필요는 없습니다. 그러나 모든 사용자에게 어울리는 작업 환경은 아니므로, 자신에게 어울리는 작업 환경을 만드는 방법 정도는 알고 있어야 할 것입니다. 입문자는 가볍게 읽어보고, 나중에 필요할 때 사전처럼 이용해도 좋습니다.

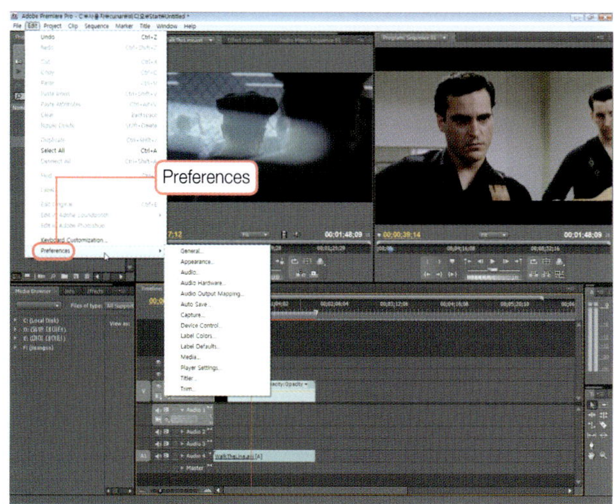

01 Edit(편집) 메뉴의 Preferences(환경 설정)를 선택하면, 프리미어의 작업 환경을 설정할 수 있는 14가지 서브 메뉴가 보입니다. 이중에서 적당한 것을 선택해 봅니다.

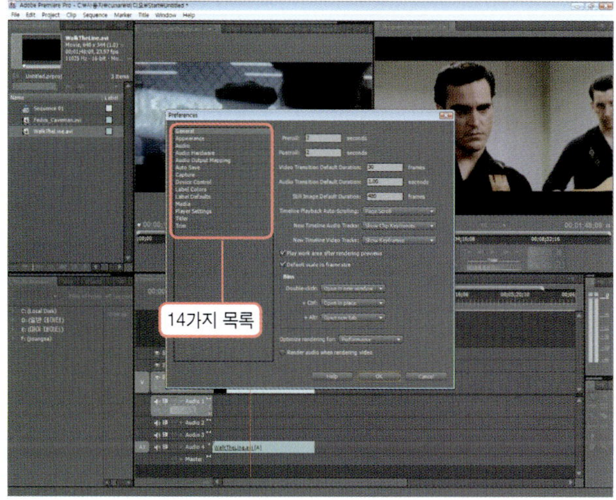

02 Preferences 창이 열립니다. Edit 메뉴의 Preference에서 보았던 14가지 서브 메뉴가 왼쪽 목록에 있는 것을 확인할 수 있습니다. 즉, 메뉴에서 선택하는 것과 목록에서 선택하는 것은 동일한 페이지 입니다. 각 페이지의 옵션을 살펴보겠습니다.

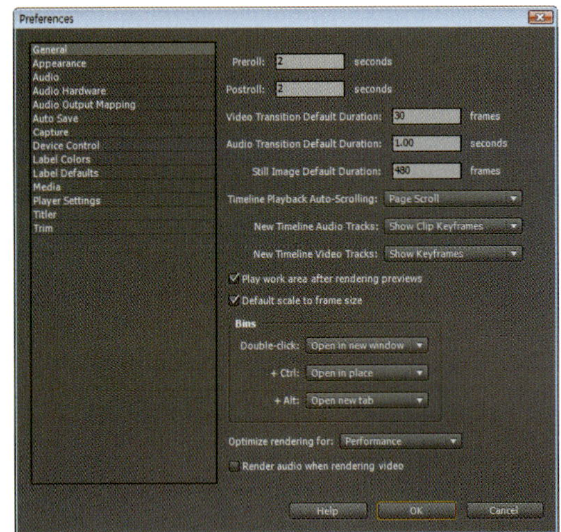

일반 설정 페이지는 비디오와 오디오 트랜지션 효과를 적용할 때의 길이, 이미지를 적용할 때의 길이 등, 프로젝트를 사용하는데 필요한 일반적인 환경을 설정합니다.

❖ Preroll 및 Postroll (프리롤 및 포스트롤)

프로그램 패널에서 인/아웃 구간의 영상을 재생할 때 [Ctrl] 키를 누른 상태에서 재생 버튼을 클릭하면, 여기서 설정한 시간만큼을 더 재생합니다. Preroll은 인 지점 이전의 시간, Postroll은 아웃 지점 이후의 시간입니다. 기본 값은 2초로 설정되어 있습니다.

❖ Video 및 Audio Transition Default Duration (비디오 및 오디오 전환 기본 지속 시간)

비디오 트랜지션 및 오디오 트랜지션 효과를 사용할 때의 기본 시간을 설정합니다. 비디오는 프레임 단위를 사용하며, 오디오는 초 단위를 사용합니다.

❖ Still Image Default Duration (스틸 이미지 기본 지속 시간)

이미지 소스를 타임라인 패널에 등록할 때의 길이를 프레임 단위로 설정합니다. 기본 값은 150 frames로 5초 길이에 해당하는 클립이 만들어집니다. 단, 타임라인 패널에 등록된 이미지는 영향을 받지 않습니다.

❖ Timeline Playback Auto-Scrolling (타임라인 재생 자동 스크롤)

영상을 재생할 때, 타임라인 패널의 표시 방식을 선택합니다. 기본으로 선택되어 있는 Page Scroll(페이지 스크롤)은 화면 단위이며, No Scroll(스크롤 안 함)은 재생 위치에 상관없이 화면을 고정합니다. 그리고 Smooth Scroll(부드럽게 스크롤)은 포지션 라인이 고정된 상태에서 화면이 움직이게 하는 방식입니다.

❖ New Timeline Audio 및 Video Tracks (새 타임라인 오디오 및 비디오 트랙)

타임라인 패널에서 오디오 또는 비디오 트랙을 추가할 때 표시할 키프레임을 선택합니다.

❖ Play work area after rendering previews (미리보기 렌더링 후 작업 영역 재생)

[Enter] 키로 렌더링 작업을 한 후에 영상을 재생할 것인지의 여부를 선택합니다. 렌더링 후 영상을 재생할 필요가 없다면, 옵션을 해제합니다.

❖ Default scale to frame size (프레임 크기로 기본 크기 조정)

타임라인 패널에 소스를 등록할 때 프레임 크기를 프로젝트 환경에 자동으로 맞춥니다. 작업 중인 소스에는 영향을 주지 않으며, 새로운 프로젝트를 만들거나 새로운 소스를 등록할 때부터 적용됩니다.

❖ Bins (저장소)

프로젝트 패널의 Bins 폴더를 더블 클릭할 때와  또는 키를 누른 상태에서 클릭했을 때의 결과를 선택합니다. 새창으로 여는 Open in new window와 프로젝트 패널에서 여는 Open in place, 새로운 탭으로 여는 Open new tab의 3가지가 있습니다.

❖ Optimize rendering for (다음에 대해 렌더링 최적화)

렌더링 작업의 우선권을 선택합니다. 전문 편집 보드를 사용하지 않는 경우에는 Memory(메모리)를 선택하여 속도를 높일 수 있지만, 시스템의 메모리가 충분하지 않은 경우에는 기본값인 Performance(성능)가 안전합니다. 변경한 설정은 프리미어를 재실행할 때 적용됩니다.

❖ Render audio when rednderling video (비디오를 렌더링할 때 오디오 렌더링)

Enter 키를 눌러 렌더링 작업을 진행할 때, 오디오를 함께 렌더링 할 것인지의 여부를 선택합니다.

Appearance

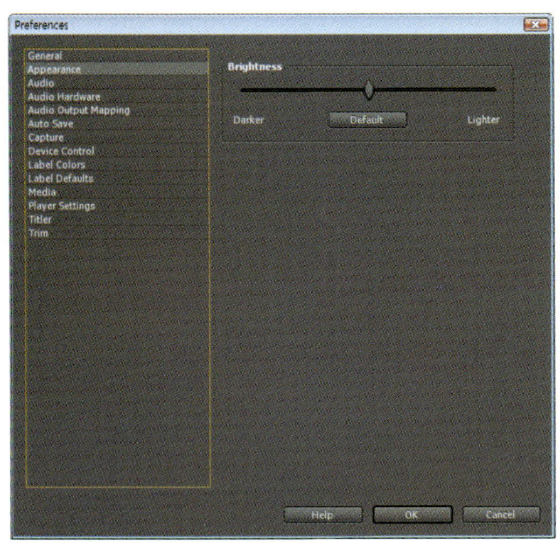

모양설정 페이지는 화면 밝기를 조정합니다. 슬라이더를 왼쪽(Darker) 방향으로 이동하면 어두워지고, 오른쪽(Lighter) 방향으로 이동하면 밝아집니다. 슬라이더 아래쪽의 Default(기본값) 버튼을 클릭하면 기본 밝기로 설정됩니다.

Audio

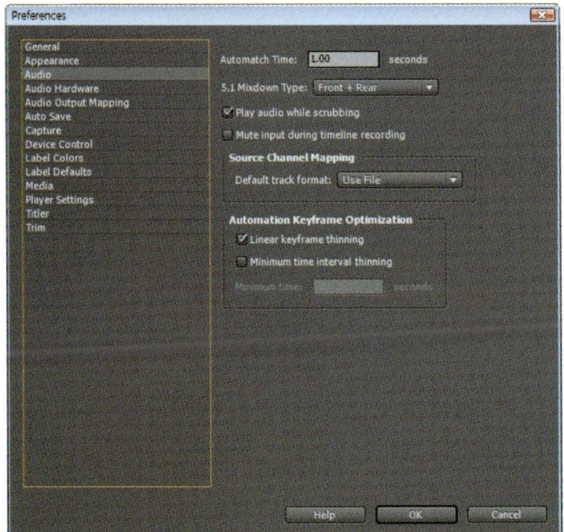

오디오 설정 페이지는 5.1 채널 믹스 다운이나 스크러빙 기능 등의 오디오 관련 환경을 설정합니다.

❖ Automatch Time (자동 일치 시간)

사운드의 오토메이션을 기록하다가 정지할 경우에 초기 값으로 되돌아가는 시간을 초 단위로 설정합니다.

❖ 5.1 Mixdown Type (5.1 믹스다운 유형)

5.1채널로 제작한 사운드를 스테레오 채널로 믹스 다운할 때의 옵션을 설정합니다. 전방(Front), 후방(Rear), 우퍼(LFE) 등의 조합이 가능합니다. 단, 우퍼(LEF) 채널을 포함시키는 것은 권장하지 않습니다.

❖ Play audio while scrubbing (스크러빙 시 오디오 재생)

마우스 드래그로 영상을 미리 볼 수 있는 스크러빙 기능을 이용할 때, 사운드도 함께 모니터 할 수 있게 체크되어 있습니다.

❖ Mute input during timeline recording (타임라인 기록 시 입력 음소거)

사운드를 녹음할 때, 입력 소스의 음원을 뮤트 합니다. In/Out 설정이 개별적으로 가능한 멀티 카드 사용자가 아니라면 옵션이 체크된 기본 값을 사용하는 것이 좋습니다.

❖ Default track format (기본 트랙 형식)

타임라인 패널에 소스를 추가할 때 오디오 채널에 사용되는 유형을 선택합니다. 기본 값인 Use File(파일 사용)은 소스의 채널을 그대로 사용하는 것이며, Mono, Stereo, 5.1 채널 등으로 매핑할 수 있습니다.

❖ Linear keyframe thinning (선형 키프레임 감소)

오토메이션으로 기록하는 시작과 끝 키프레임에 대한 선형 관계가 없는 지점에만 키프레임을 만듭니다. 기본적으로 체크되어 있는 옵션입니다.

❖ Minimum time interval thinning (최소 시간 간격 감소)

오토메이션의 최소 기록 단위를 1000분의 1초 단위로 설정합니다. 옵션을 해제하면, 사용자 조정 속도에 의해서 기록됩니다.

 Audio Hardware

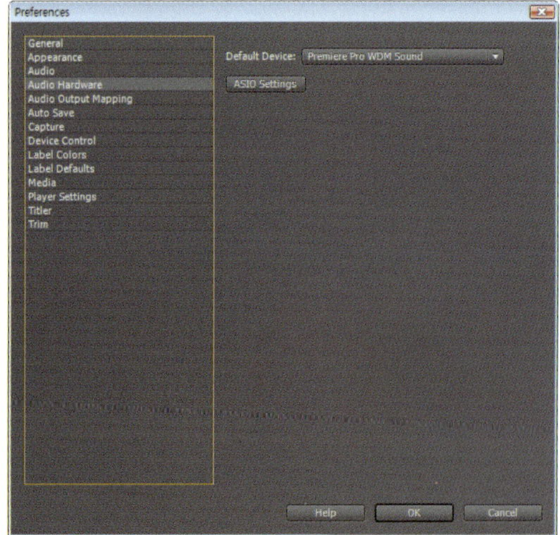

오디오 하드웨어 설정 페이지는 프리미어에서 사용할 사운드 카드를 설정합니다. Default Device(기본 장치) 목록에서 사운드 카드 드라이버를 선택하고, ASIO Settings 버튼을 클릭하여 버퍼 사이즈 및 샘플 비트를 설정합니다. 각 옵션은 사용하고 있는 사운드 카드에 따라 차이가 있으므로, 해당 장치의 설명서를 참고하기 바랍니다.

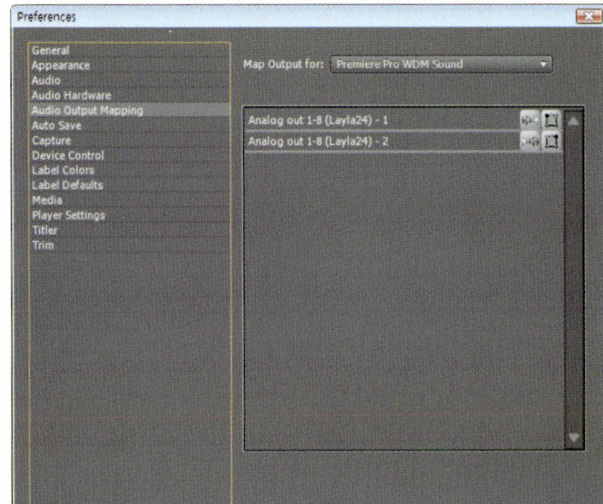

오디오 출력 매핑 페이지는 사운드 카드의 아웃 포트를 채널별로 설정합니다. Map Output for(출력 매핑 대상)에서 사운드 카드를 선택하고, 목록에서 채널을 설정합니다. 스테레오 항목의 스피커 아이콘이나 5.1채널 항목의 채널 표시 아이콘을 원하는 포트로 드래그하여 채널을 설정할 수 있습니다.

Auto Save

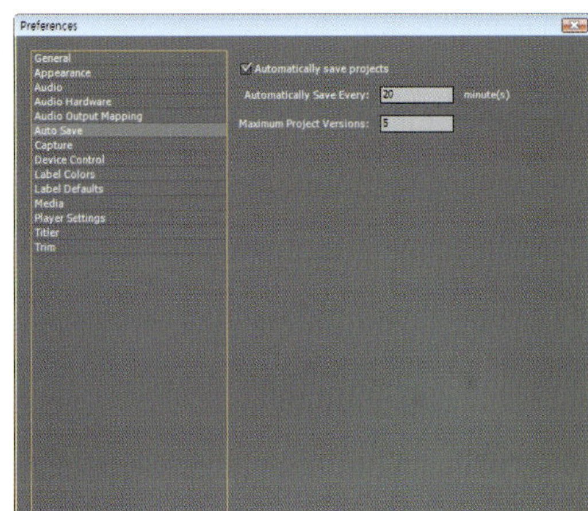

Automatically Save Projects(프로젝트 자동 저장) 옵션을 체크하여 Automatically Save Every(자동 저장 간격)과 Maximum Project Versions(최대 프로젝트 버전) 옵션의 사용 여부를 결정합니다.

❖ Automatically Save Every: 사용자가 Ctrl+S 키를 누르지 않아도 자동으로 저장되게 할 시간 간격을 설정합니다. 기본 값은 20분으로 설정되어 있습니다.

❖ Maximum Project Versions: 프리미어는 자동 저장할 때 Adobe Premiere Pro Auto-Save 폴더에 새로운 프로젝트를 만들어 보관함으로써 이전에 작업했던 프로젝트를 복구 할 수 있도록 하고 있는데, 이때 만들어지는 프로젝트의 최대 수를 설정합니다.

Capture

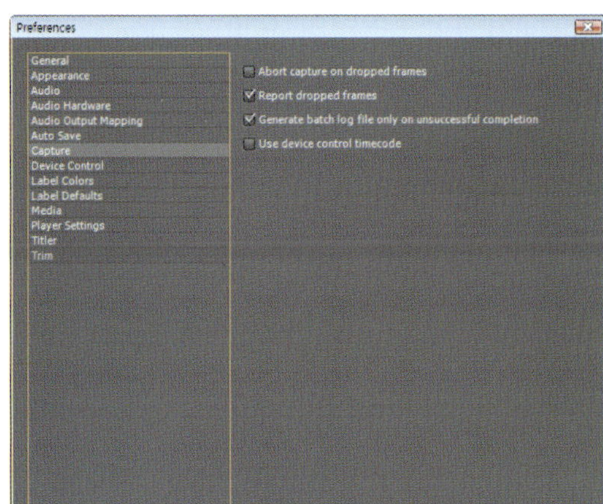

캡처 설정 페이지는 영상을 캡처할 때, 드롭된 프레임의 처리 방법, 캡처 정보 표시 여부 등의 캡처 환경을 설정할 수 있습니다.

❖ Abort capture on dropped frames (드롭된 프레임에서 캡처 중단)

캡처를 할 때 드롭 프레임이 발생하면, 캡처 작업을 자동으로 중단하게 하는 옵션입니다. 기본적으로는 해제되어 있습니다.

❖ Report dropped frames (드롭된 프레임 보고)

캡처 과정에서 발생하는 드롭 프레임의 정보를 캡처 패널 상단의 정보 창에 표시합니다.

❖ Generate batch logfile only on unsuccessful completion (제대로 완료되지 못할 경우에만 일괄 로그 파일 생성)

캡처 작업 정보를 로그 파일로 만들어 저장합니다.

❖ Use device control timecode (장치 컨트롤 시간 코드 사용)

타임 코드를 생성하는 장치 컨트롤러를 사용하는 경우에 옵션을 체크하여 테이프에 녹화된 타임 코드가 컨트롤러의 타임 코드로 바뀌게 합니다.

 Device Control

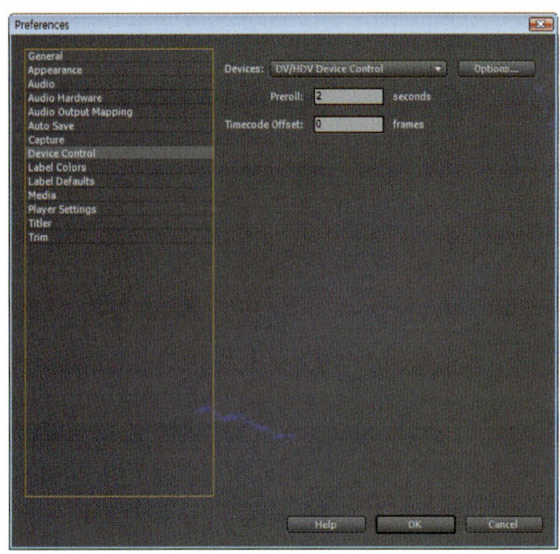

장치 컨트롤은 캠코더의 종류와 디바이스를 설정합니다. 기본적인 Generic을 사용해도 별다른 문제는 없지만, 원활한 캡처 작업을 위해서 정확한 모델을 선택해주는 것이 좋습니다.

❖ Devices (장치)

Devices 목록에는 독자의 시스템에 장착된 캡처보드에 따라 DV/HDV Device Control 외의 것이 있을 수 있습니다. 캠코더를 원활하게 컨트롤하기 위해서는 오른쪽의 Options 버튼을 클릭하여 창을 열고, 사용하는 모델을 선택하면 됩니다.

❖ Preroll (프리롤)

캡처가 시작되는 지점의 여유 시간을 설정합니다. 캠코더의 반응 시간이 느려서 캡처 시작 프레임을 놓치는 경우가 있다면, Preroll 시간을 조정합니다.

❖ Timecode Offset (시간 코드 오프셋)

캡처 신호가 전달되는 시간을 quarter-frames 단위로 설정합니다. 외부 장비와의 동기 작업이 필요 없다면 기본 값을 사용해도 되지만, 여러 대의 장비를 연결한 동기 작업이 필요하다면, 약간의 여유 시간을 두는 것이 좋습니다.

DV/HDV Device Control Options 창

Device Control 페이지의 Options(옵션) 버튼을 클릭했을 때 열리는 창의 역할을 살펴봅니다.

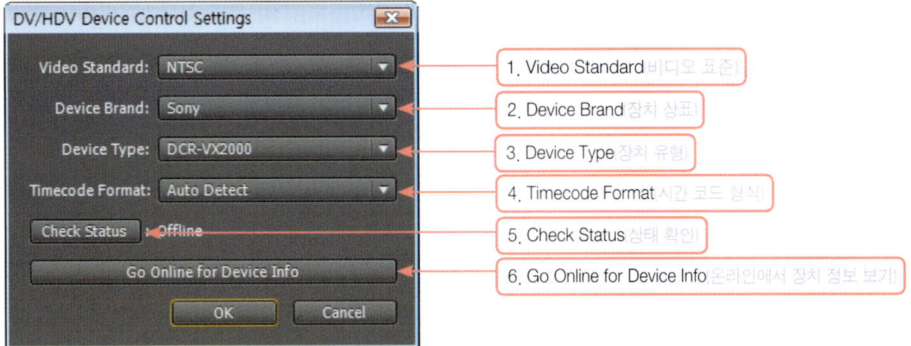

1. Video Standard: 비디오 포맷을 선택합니다. 국내에서는 NTSC 방식을 사용합니다.

2. Device Brand: 캠코더 제작회사를 선택합니다.

3. Device Type: 캠코더 모델을 선택합니다. 제작회사나 모델이 없는 경우에는 기본 값인 Generic과 Standard를 사용해도 됩니다.

4. Timecode Format: 캠코더의 타임코드 형식을 선택합니다. 30프레임으로 촬영한 영상을 NTSC 비디오 표준인 29.97프레임으로 캡처하기 위해서 Drop-Frame을 사용합니다.

5. Check Status: 캠코더가 컴퓨터에 연결되어 있는지를 On/Off line으로 표시합니다.

6. Go Online for Device Info: Adobe에서 테스트한 캠코더의 종류를 확인할 수 있는 웹 페이지로 연결합니다.

 Label Colors

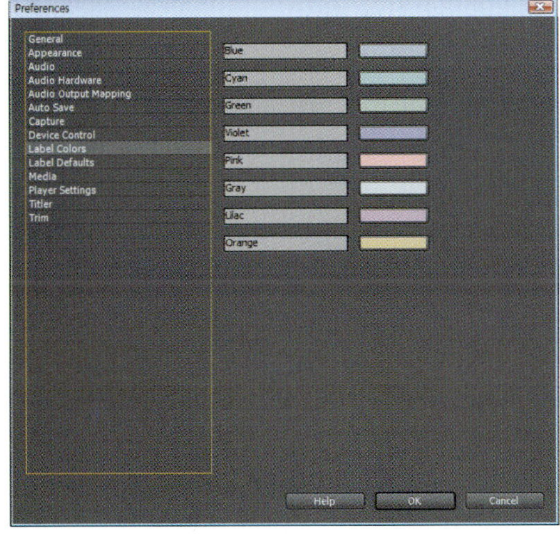

레이블 색상 페이지는 Edit 메뉴의 Label에 표시될 색상을 설정합니다. 프로젝트 패널에 등록되는 레이블 또는 타임 라인 패널에 등록되는 클립의 색상을 자신이 쉽게 구분할 수 있는 것으로 설정해두는 것도 효과적인 편집을 위한 요령입니다.

Label Defaults

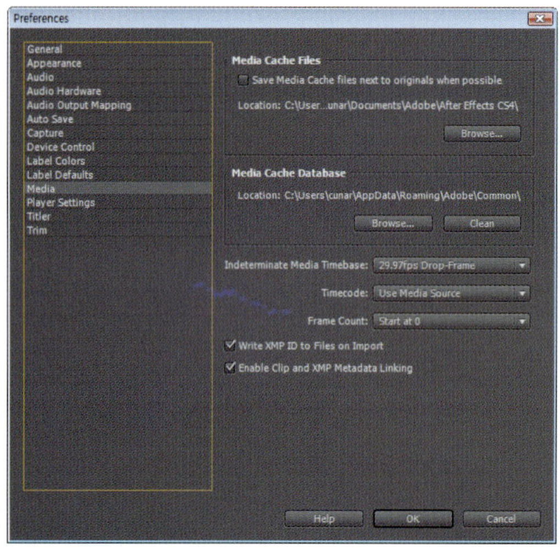

레이블 기본 값 페이지는 프로젝트 패널에 등록하는 소스 및 타임라인 패널에 등록하는 클립의 형식에 따라 기본적으로 표시되게 할 레이블 색상을 설정합니다. Video은 빨간색, Audio는 파란색 등, 독자가 쉽게 구분할 수 있는 색상을 설정해놓는 것이 좋습니다.

Media

미디어 페이지는 프리미어에서 작업하는 미디어 임시 파일이 기록될 폴더의 위치를 설정합니다.

❖ Media Cache files (미디어 캐시 파일)

캐시 파일이 저장될 위치를 표시하며, 옵션을 체크하여 원본 폴더에 저장되게 하거나 [Browse] 버튼을 클릭하여 위치를 변경할 수 있습니다.

❖ Media Cache Database (미디어 캐시 데이터베이스)

캐시 데이터 파일이 저장될 위치를 표시하면 [Browse] 버튼을 클릭하여 위치를 변경하거나 [Clean] 버튼을 클릭하여 삭제할 수 있습니다.

❖ Indeterminate Media Timebase (알 수 없는 미디어 시간 기준)

기본적으로 소스에 기록된 타임 코드를 사용하지만, Timecode 및 Frame Count에서 시작 타임 코드를 고정하거나 프레임 번호를 변경할 수 있습니다.

❖ Write XMP ID to Files on Import (가져올 때 파일에 XMP ID 쓰기)

소스를 인포트할 때 파일에 XMP ID를 삽입하여 Adobe 응용 프로그램에서 추가적인 일치 작업이 필요없게 합니다.

❖ Enable Clip and XMP Metadata Linking (클립 및 XMP 메타데이터 연결 사용)

클립 및 XMP 메타데이터 필드와 연결하여 Adobe 응용 프로그램에서 클립 기반의 메타데이터를 액섹스할 수 있게 합니다.

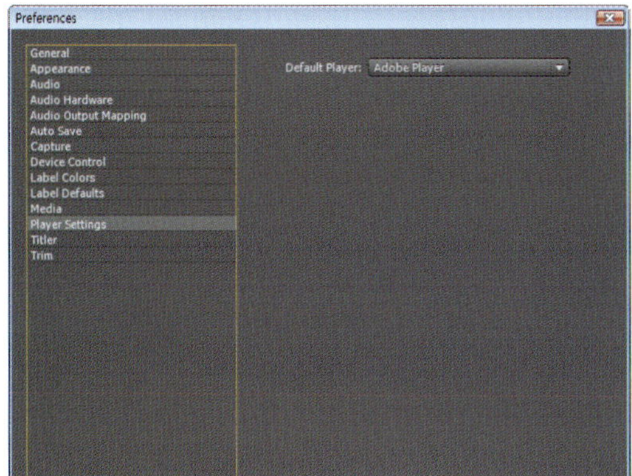

플레이어 설정 페이지는 클립 및 시퀀스의 미디어를 재생할 때
사용하게 될 플레이어를 선택합니다. 기본적으로 Adobe Player
입니다.

Titler

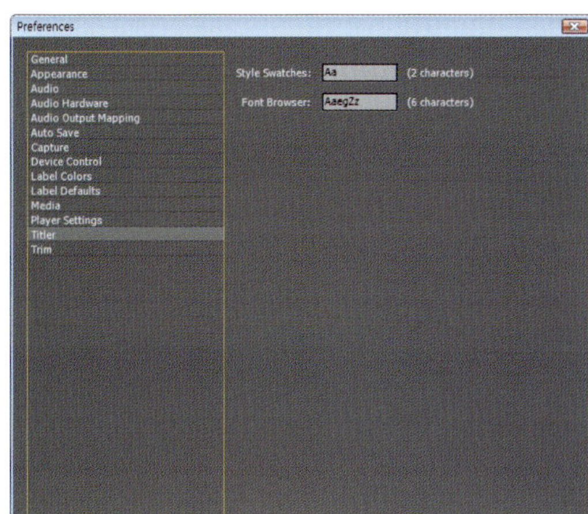

타이틀 디자이너의 스타일 및 폰트 브라우저 항목에 표시할 글자를
입력합니다. Preferences 대부분의 옵션은 기본 값을 그대로
사용해도 무리가 없지만, Tilter 페이지의 Style Swatches(스타일
견본)와 Font Browser(글꼴 브라우저) 만큼은 한글을 포함시키는
것이 편리합니다.

Trim

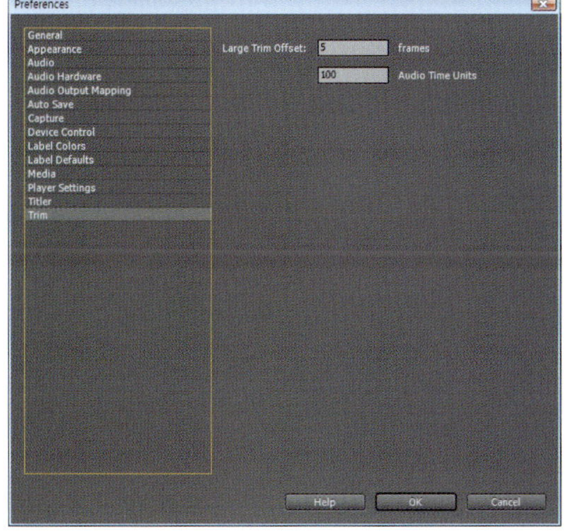

트림 패널의 컨트롤 항목에 있는 이동 버튼의 단위를 프레임과
오디오 단위로 설정합니다.

프리미어에 설정되어 있지 않은 단축키를 설정하거나 이미 설정되어 있는 단축키를 자신이게 익숙한 키로 변경하는 방법을 살펴봅니다. 다양한 프로그램을 사용하고 있기 때문에 서로 다른 단축키로 혼란을 겪고 있다면, 자신에게 익숙한 키로 변경해서 사용하는 것도 요령입니다. 물론, 프리미어를 영상 편집 프로그램로 처음 접하는 것이라면, 기본 단축키를 외우는 것이 좋습니다.

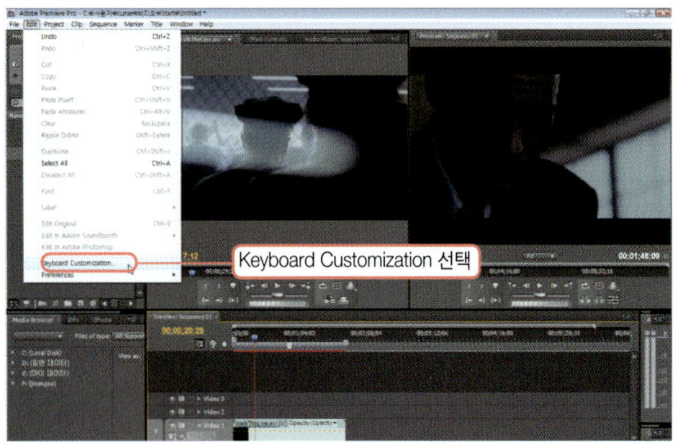

01 File 메뉴의 Revert(되돌리기)를 보면 단축키가 설정되어 있지 않다는 것을 알 수 있습니다. Revert에 단축키를 설정하기 위해서 Edit (편집) 메뉴의 Keyboard Customization(키보드 사용자 정의)을 선택합니다.

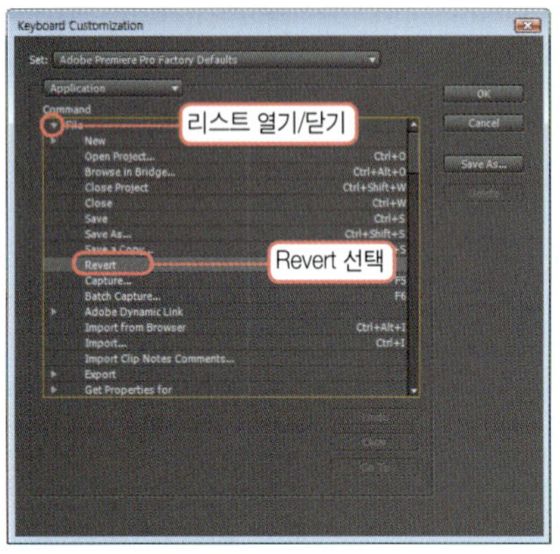

02 단축키를 설정하거나 변경할 수 있는 Keyboard Customization 창이 열립니다. Command(명령) 목록에서 File 항목 왼쪽의 작은 삼각형 모양의 리스트 열기/닫기 버튼을 클릭하여 열고, Revert(되돌리기)를 선택합니다.

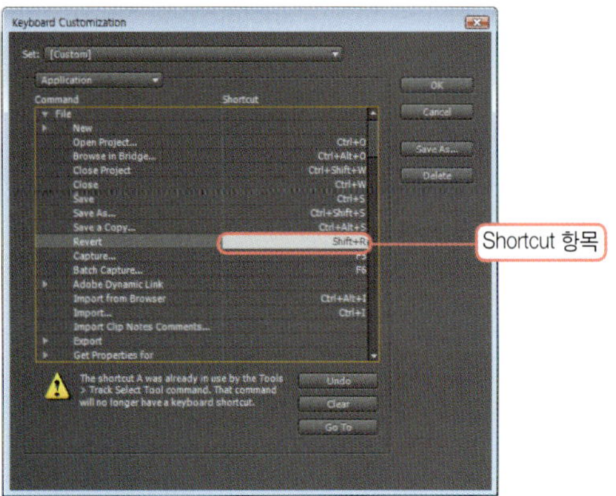

03 오른쪽의 Shortcut(단축키) 항목을 클릭한 후에 단축키로 설정하고자 하는 키를 누릅니다. 실습에서는 Shift + R 키를 눌러 Revert의 단축키를 설정하고 있습니다. 동일한 단축키가 설정되어 있는 키를 선택할 경우에는 창 아래쪽에 경고 메시지가 보입니다.

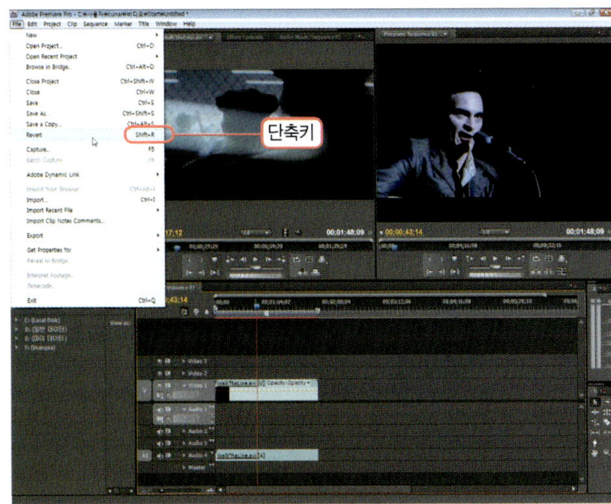

04 [OK] 버튼을 클릭하여 Keyboard Customization 창을 닫고, File 메뉴의 Revert를 보면, 앞에서 설정한 단축키가 지정되어 있는 것을 확인할 수 있습니다. 즉, File 메뉴의 Revert를 선택하지 않아도 Shift + R 키를 누르면, 프로젝트를 저장했던 상태로 되돌릴 수 있는 것입니다.

→Tip

Keyboard Customization 창 살펴보기

간단한 구성으로 이루어진 Keyboard Customization 창을 살펴보겠습니다.

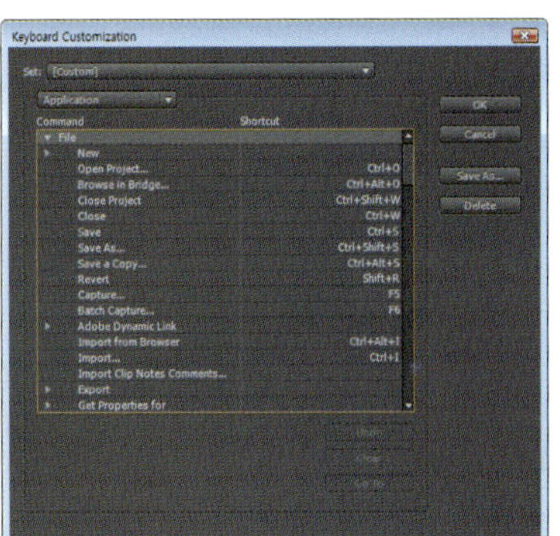

❖ Set(설정): Avid Xpress DV 3.5 또는 Final Cut Pro 4.0 의 영상 편집 프로그램을 사용하다가 프리미어로 전환한 사용자의 경우에는 Set 목록에서 해당 프로그램을 선택하여 프리미어를 사용하기 전에 사용하던 프로그램의 단축키를 그대로 이용할 수 있습니다.

❖ Application(응용 프로그램): Command 목록에 Panels과 Tools과 같은 메뉴 이외의 단축키를 설정할 수 있는 목록을 표시합니다.

❖ Command 및 Shortcut(명령 및 단축키): Command 목록에는 메뉴 및 도구 등의 명령이 표시되며, Shortcut 목록에는 해당 명령에 설정된 단축키를 표시합니다.

❖ Undo 및 Redo(실행 취소 및 다시 실행): 목록 아래쪽의 [Undo] 버튼은 사용자가 설정한 키나 [Clear] 버튼으로 삭제한 키를 취소하여 복구합니다. 이때 취소 전 상태로 복구할 수 있는 [Redo] 버튼으로 이름이 바뀝니다.

❖ Clear(지우기): 기본 설정된 단축키 또는 사용자가 설정한 단축키를 삭제합니다. 모든 값을 초기화 하려면 Set에서 Adobe Premiere Pro Factory Defaults를 선택합니다.

❖ Go To(이동): 이미 단축키가 설정되어 있는 키를 설정할 경우에 경고 메시지와 함께 활성화되는 버튼입니다. 이 버튼을 클릭하면 설정되어 있는 Command 목록으로 이동합니다.

❖ OK 및 Cance(확인 및 취소): [OK] 버튼은 사용자가 설정한 단축키를 적용하면서 Keyboard Customization 창을 닫고, [Cancel] 버튼은 단축키 설정을 적용하지 않고, Keyboard Customization 창을 닫습니다.

❖ Save As 및 Delete(다른 이름으로 저장 및 삭제): [Save As] 버튼은 사용자가 설정한 단축키를 Set 목록에 새로운 이름으로 저장할 수 있으며, 사용자가 저장한 Set을 삭제할 수 있게 [Delete] 버튼이 활성화됩니다.

Premiere Pro CS4

PART 02

기본 패널 익히기

프리미어 프로 CS4는 영상 편집 작업에 사용하는 다양한 패널을 제공합니다.

그 중에서 가장 기본이 되는 패널은 작업할 소스를 담아 놓는 역할의 프로젝트 패널,

편집할 소스를 모니터하는 소스 패널, 실제 작업이 이루어지는 타임라인 패널,

작업 결과를 모니터하는 프로그램 패널의 4가지 압니다. 프리미어 프로 CS4 학습을 시작하는

사용자라면, 4가지 기본 패널의 역할은 정확하게 이해하고 있어야 합니다.

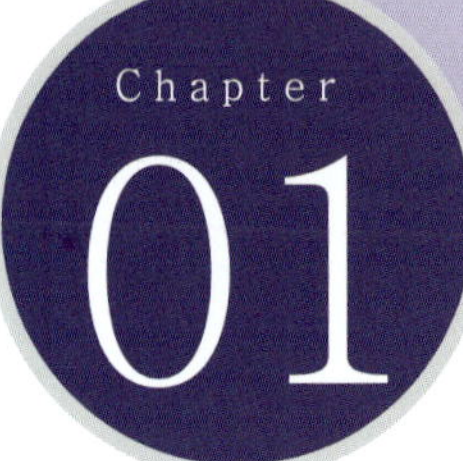

프로젝트 패널 익히기

프리미어 프로 CS4를 이용해서 영상을 편집하기 위해서는 작업에 사용할 재료들을 프로젝트 패널에 담아 놓는 일부터 시작합니다. 여기서 재료는 영상, 사운드, 이미지 등의 미디어 소스를 말합니다. 참고로 윈도우에서 재생되는 영상이라고 해서 무조건 프리미어 프로 CS4로 편집할 수 있는 것은 아니며, 프리미어 프로 CS4에서 지원하는 포맷이라도 해당 코덱이 설치되어 있지 않으면, 영상을 불러올 수 없다는 것을 기억하기 바랍니다. 프리미어 프로 CS4에서 편집할 수 있는 포맷은 Import 창의 파일 형식 목록에서 확인할 수 있습니다.

1 작업할 미디어 소스를 프로젝트 패널에 담는 방법

프로젝트 패널은 정보 표시 창과 아이템 창, 그리고 7개의 도구 버튼으로 구성되어 있으며, 작업에 사용할 영상, 사운드, 이미지 등의 미디어 소스를 준비하고, 관리하는 역할을 합니다. 영상 편집 작업에 사용할 미디어 재료를 담아 놓는 바구니라고 생각해도 좋습니다. 파일이 얼마나 잘 정리되어 있는지에 따라 사용자의 컴퓨터 실력을 짐작할 수 있듯이 작업에 사용할 미디어 소스를 얼마나 체계적으로 관리하는지에 따라 프리미어 프로 CS4의 사용 능력을 엿볼 수 있습니다.

 아이템 창의 빈 공간을 더블 클릭하는 방법

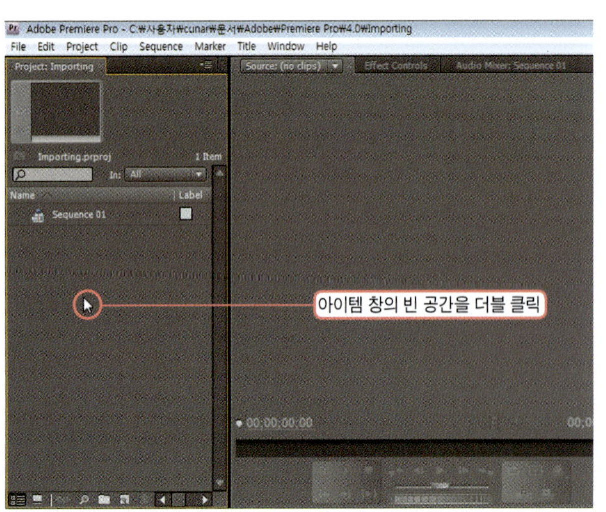

01 작업에 사용할 미디어 소스를 프로젝트 패널에 담아놓는 동작을 임포트 (Import)라고 하며, 미디어 소스가 담겨지는 공간을 아이템 창이라고 부릅니다. 프로젝트 패널에 미디어 소스를 임포트 하는 방법에는 여러 가지가 있지만, 가장 흔하게 사용하는 것이 아이템 창의 빈 공간을 더블 클릭하는 것입니다.

 가·정·교·사

프로젝트 패널에서 관리하는 미디어 소스는 아이템, 클립, 에셋(Asset)이라는 용어로 불리기도 합니다.

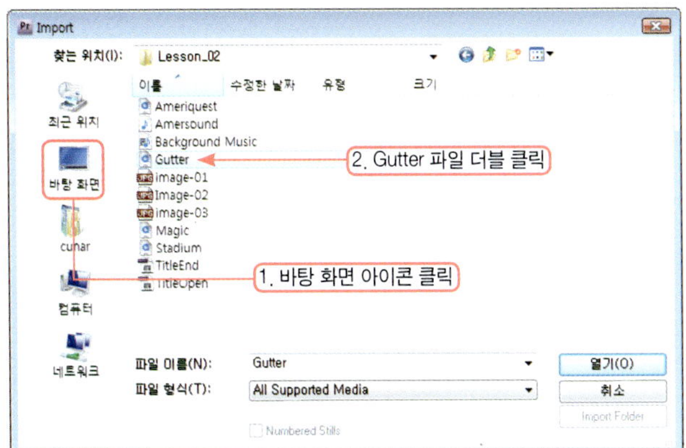

02 아이템 창의 빈 공간을 더블 클릭하면, 미디어의 위치를 찾을 수 있는 Import 창이 열립니다. 왼쪽에서 바탕 화면 아이콘을 클릭하고, 목록에서 바탕 화면에 복사한 부록 CD의 Premiere Pro CS4 Sample 폴더를 더블 클릭합니다. 계속해서 PART_02 폴더를 더블 클릭하여 열고, Gutter 파일을 더블 클릭합니다.

가·정·교·사

부록 CD의 Premiere Pro CS4 Sample 폴더는 사용자 컴퓨터에 복사해서 사용하는 것이 좋습니다.

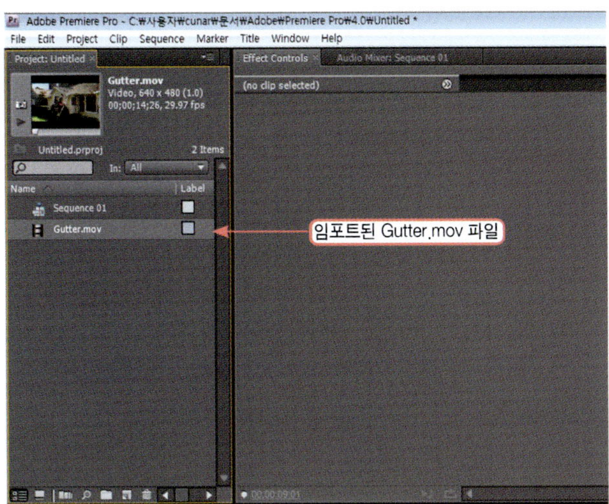

03 프로젝트 패널의 아이템 창에 Gutter.mov 파일이 임포트되는 것을 확인할 수 있습니다. 이렇게 아이템 창의 빈 공간을 더블 클릭하여 미디어 소스를 임포트하는 방법이 가장 흔하게 사용되지만, 이미 많은 미디어를 등록한 경우에는 마우스를 더블 클릭할 수 있는 빈 공간을 찾는 것 보다 메뉴나 단축키를 이용하는 것이 편리합니다.

가·정·교·사

MOV 파일은 사용자 컴퓨터에 퀵타임 플레이어가 설치되어 있어야 임포트 할 수 있으며, apple.co.kr에서 무료로 다운 받을 수 있습니다.

메뉴나 단축키를 이용하는 방법

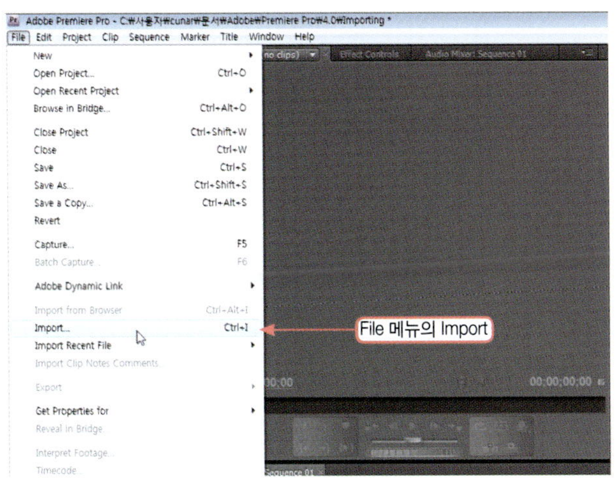

01 아이템 창에 임포트한 미디어 소스가 많아 빈 공간을 찾을 수 없는 경우에는 File 메뉴의 Import를 선택하거나 단축키 Ctrl + I 를 누릅니다. 메뉴를 빠르게 실행할 수 있는 단축키는 Import 메뉴 오른쪽에 보이는 Ctrl+I와 같이 각각의 메뉴에 표시되어 있습니다. 자주 사용하는 메뉴의 단축키는 외워두는 것이 좋습니다.

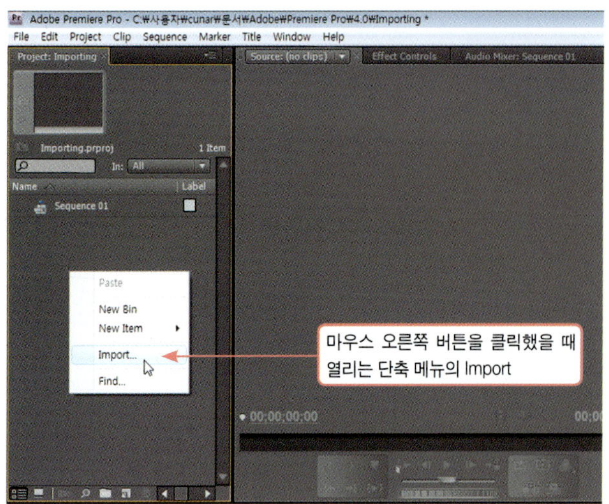

02 마우스로 작업을 하던 도중이라면, 단축키 Ctrl + I 보다 아이템 창의 빈 공간에서 마우스 오른쪽 버튼을 클릭하면 열리는 단축 메뉴에서 Import를 선택하는 것이 효과적입니다. 단축 메뉴는 프리미어 프로 CS4의 메뉴를 빠르게 실행할 수 있는 역할을 하며, 선택하는 대상에 따라 달라집니다.

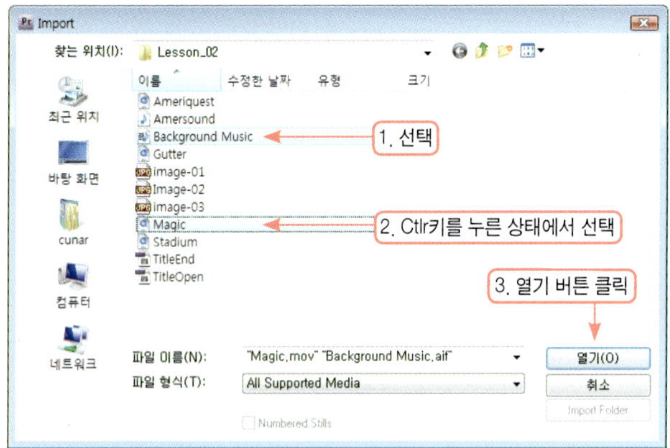

03 File 메뉴의 Import, 단축키 Ctrl + I , 단축 메뉴의 Import 중에서 편리한 것을 이용하면, 빈 공간을 더블 클릭했을 때와 동일한 Import 창이 열립니다. 이번에는 Ctrl 키를 이용해서 두 개 이상의 파일을 동시에 임포트 해보겠습니다. Background Music을 선택하고, Ctrl 키를 누른 상태에서 Magic를 선택합니다. 그리고 [열기] 버튼을 클릭합니다.

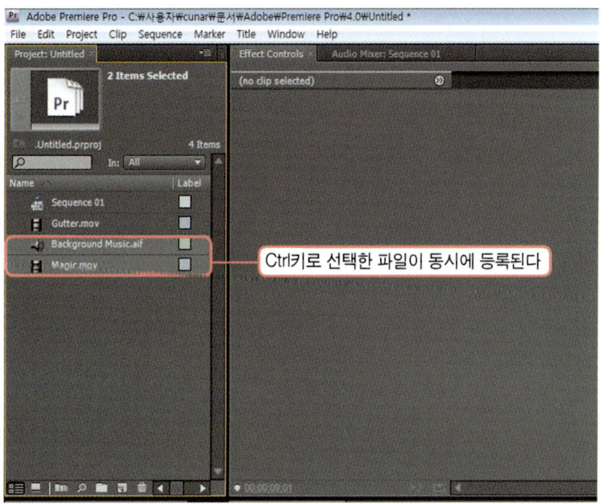

04 Ctrl 키로 선택한 Magic.mov와 Background Music.aif 파일이 동시에 임포트되는 것을 확인할 수 있습니다. 이처럼 Ctrl 키는 여러 개의 파일을 선택하거나 임포트할 때 유용하므로, 꼭 기억해두기 바랍니다. `

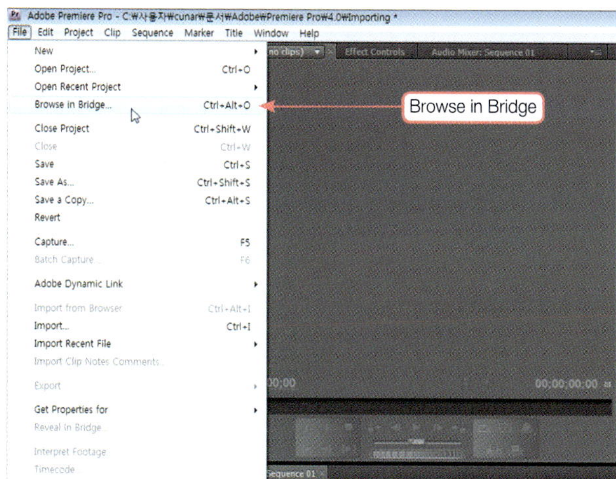

01 Bridge는 윈도우 탐색기와 비슷한 역할을 하지만, 임포트 할 미디어 소스의 자세한 정보를 미리 확인할 수 있다는 장점이 있습니다. File 메뉴의 Browse in Bridge를 선택하거나 단축키 Ctrl +Alt+O를 누릅니다.

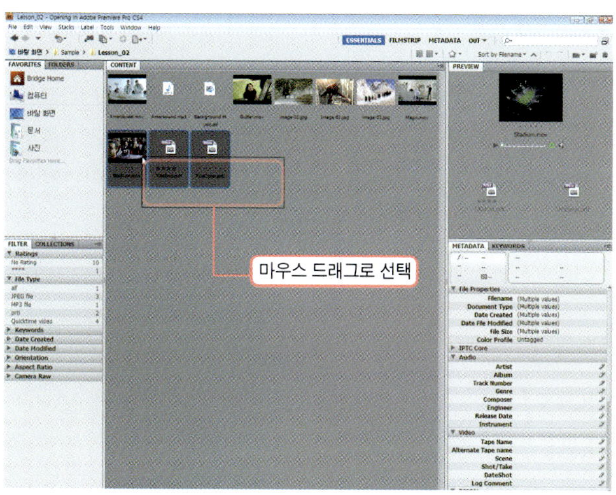

02 윈도우 탐색기와 같은 방식으로 사용할 수 있는 Bridge가 실행됩니다. 이번에는 마우스 드래그로 두 개 이상의 파일을 동시에 임포트 해보겠습니다. TitleEnd.prtl, TitleOpen.prtl, Stadium.mov의 3가지 파일을 마우스 드래그로 선택하고, 선택한 것 중 하나를 더블 클릭 합니다.

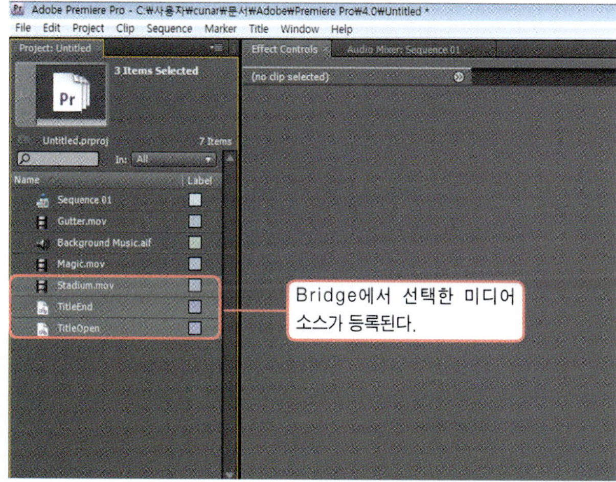

03 마우스 드래그로 선택한 TitleEnd.prtl, TitleOpen.prtl, Stadium.mov의 3가지 파일이 임포트 되는 것을 확인할 수 있습니다. Bridge는 닫기 버튼을 클릭하여 종료합니다.

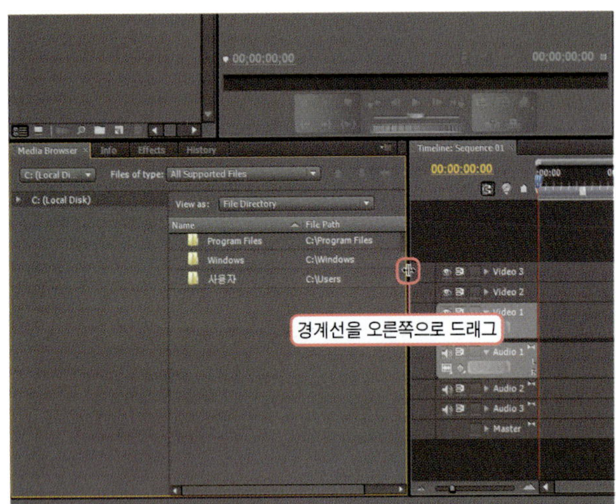

01 프리미어 프로 CS4에서 제공하는 미디어 브라우저 패널은 윈도우 탐색기와 동일한 형식입니다. 브라우저 패널은 프로젝트 패널 아래쪽에 Media Browser라는 이름으로 열려 있습니다. 브라우저 패널의 경계선을 오른쪽으로 드래그하여 패널을 확대합니다.

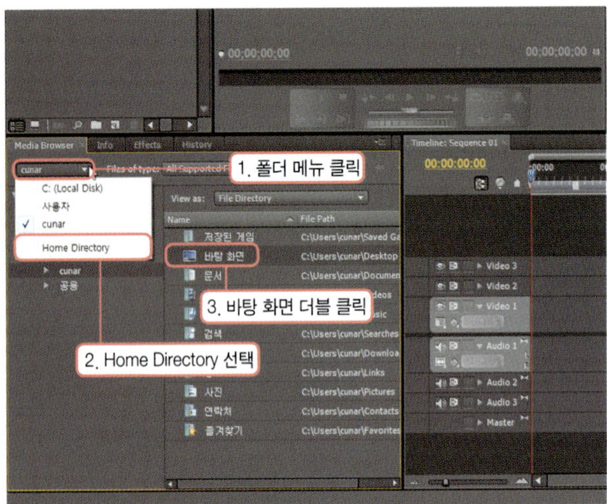

02 윈도우 탐색기와 동일한 구조로 되어 있는 것을 확인할 수 있습니다. 샘플을 복사해둔 바탕화면으로 이동하기 위해서 폴더 메뉴를 클릭하여 열고, Home Directory(홈 디렉토리)를 선택합니다. 그리고 오른쪽 목록에서 바탕 화면을 더블 클릭합니다.

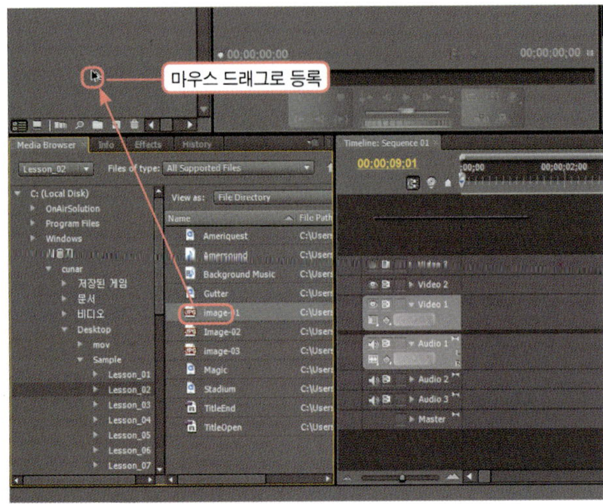

03 바탕화면의 폴더 목록이 표시됩니다. 바탕화면에 복사해둔 Premiere Pro CS4 Sample 폴더의 PART_02 폴더를 더블 클릭으로 열고, image-01파일을 프로젝트 패널의 아이템 창으로 드래그하여 등록합니다.

 가·정·교·사

[Ctrl]키 오른쪽에 있는 [윈도우]키와 [티]키를 눌러 탐색기를 열고, 프로젝트 패널로 드래그하여 임포트할 수 있다는 것도 기억해두면 좋습니다.

프로젝트 패널의 정보 표시 창 살펴보기

프로젝트 패널 상단에는 아이템 창에 임포트한 미디어 소스의 간단한 정보를 확인할 수 있는 정보 표시 창이 있습니다. 특히 영상 소스를 선택한 경우에는 자신이 원하는 장면으로 표시되게 할 수 있는 포스트 프레임 기능이 있어 매우 유용합니다. 프로젝트 패널의 정보 표시 창을 살펴보겠습니다.

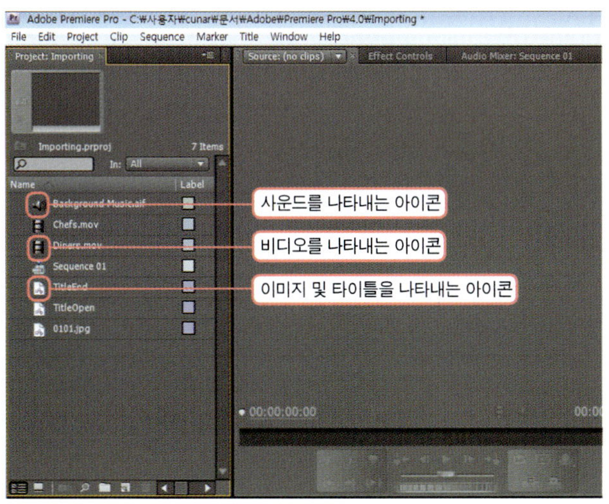

01 프로젝트 패널에 임포트한 미디어 소스 이름 왼쪽에는 각 소스의 형식을 짐작할 수 있는 아이콘이 있습니다. 최소한 영상, 사운드, 이미지 정도는 아이콘만으로도 구분할 수 있어야 합니다.

가·정·교·사

일반적으로 비디오는 영상과 사운드가 포함되어 있습니다. 아이콘 역시 영상을 나타내는 필름 모양과 사운드를 나타내는 스피커 모양이 함께 표시됩니다. 그 밖에 시퀀스, 오프라인, 타이틀 등, 각각의 소스마다 아이콘 모양이 다릅니다.

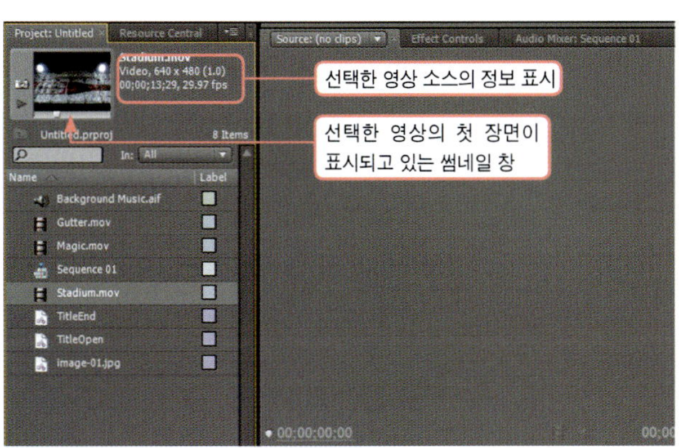

02 앞에서 임포트한 미디어 소스 중에서 영상 파일을 하나 선택해봅니다. 그리고 정보 표시 창을 보면, 선택한 영상의 첫 장면과 영상의 이름, 크기, 길이 등의 정보가 표시되는 것을 확인할 수 있습니다. 여기서 영상의 첫 장면을 표시하는 창을 썸네일(Thumb nail) 창이라고 합니다.

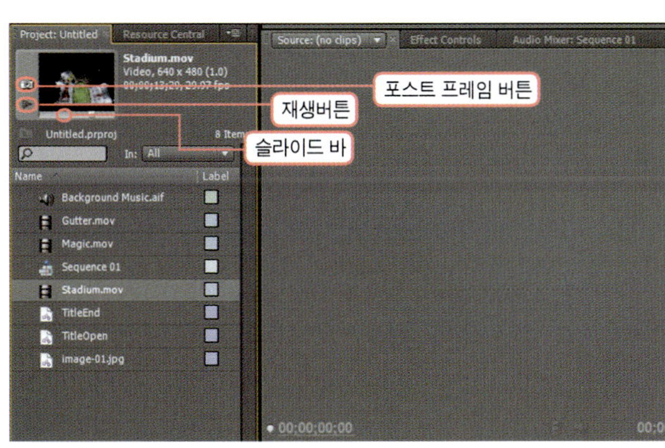

03 썸네일 창 아래쪽에는 영상을 탐색할 수 있는 슬라이드 바가 있고, 왼쪽에는 영상을 재생할 수 있는 재생 버튼이 있습니다. 그리고 재생 버튼 위에는 카메라 모양의 포스트 프레임 버튼이 있습니다.

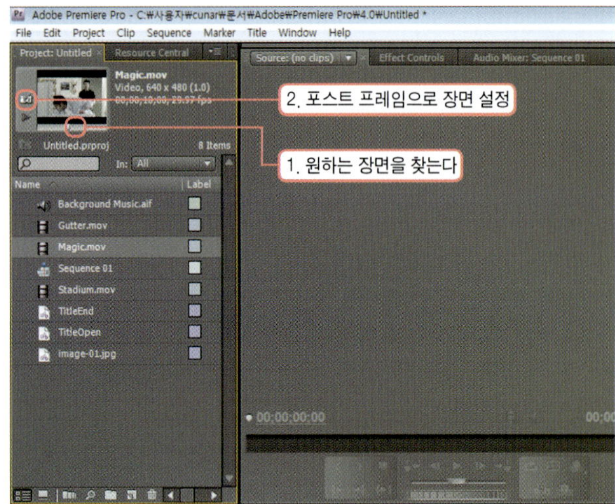

04 첫 장면이 검정색이거나 선택한 소스를 구분하기 어려운 장면이라면, 슬라이드 바를 드래그하거나 재생 버튼을 클릭하여 구분하기 쉬운 장면을 찾습니다. 그리고 포스트 프레임 버튼을 클릭하면, 해당 소스를 선택했을 때, 포스트 프레임을 클릭했던 장면이 표시됩니다.

가·정·교·사

포스트 프레임은 설정했을 때 바로 확인이 되지 않고, 다른 소스를 선택했다가 포스트 프레임을 설정한 소스를 다시 선택할 때 확인할 수 있습니다.

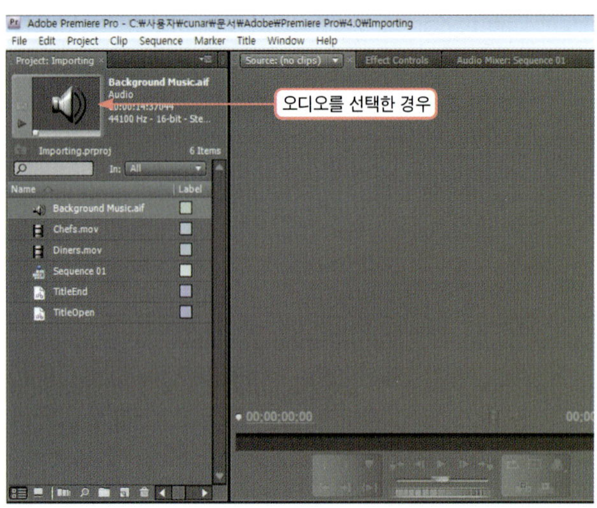

05 이미지 소스를 선택한 경우에는 썸네일 창에서 어떤 그림인지만 확인할 수 있고, 오디오를 선택한 경우에는 사운드를 재생해 볼 수 있는 재생 버튼과 슬라이드 바만 사용할 수 있습니다.

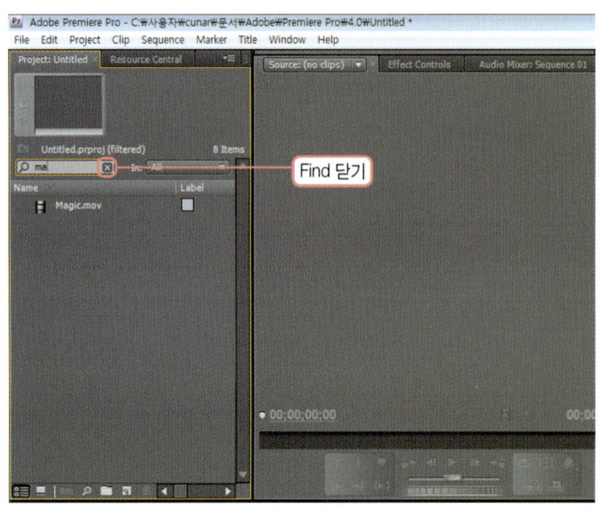

06 정보 표시 창에 돋보기 그림이 있는 Find 항목은 아이템 창에 임포트한 미디어 소스 중에서 사용자가 원하는 소스를 찾는 역할입니다. Find 항목에서 ma이라는 글자를 입력해 보면, 소스 정보에 ma이라는 글자가 포함되어 있는 것들이 표시됩니다. 찾기를 취소하려면, Find 항목의 X 표시를 클릭합니다.

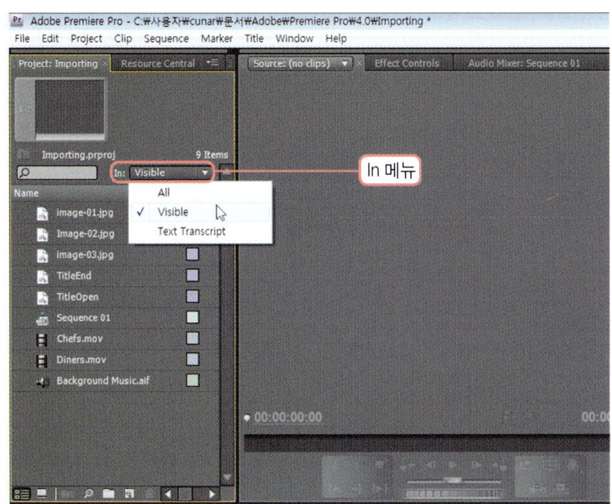

07 Find 오른쪽의 In 메뉴는 소스를 찾을 때의 기준을 선택합니다. 기본적으로 All이 선택되어 있었기 때문에 소스 정보에서 ma가 포함된 것들을 모두 찾은 것입니다. 프로젝트 패널에 표시된 칼럼의 정보만으로 찾고 싶다면, Visible를 선택합니다.

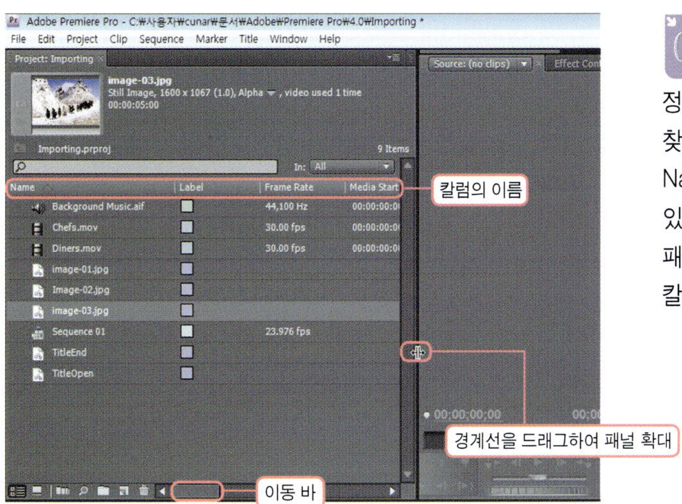

08 In 메뉴에서 Visible를 선택하고, ma를 입력하면, 프로젝트 패널에 표시되어 있는 정보의 Name 칼럼에 ma가 있는 Magic.mov 소스를 찾을 수 있습니다. 기본적으로 표시되는 칼럼은 Name 외에 Label, Frame Rate, Media Start 등이 있으며, 각 칼럼마다 해당 정보가 표시되어 있습니다. 패널의 경계를 드래그하여 확대하고, 이동 바로 칼럼의 종류를 확인해보기 바랍니다.

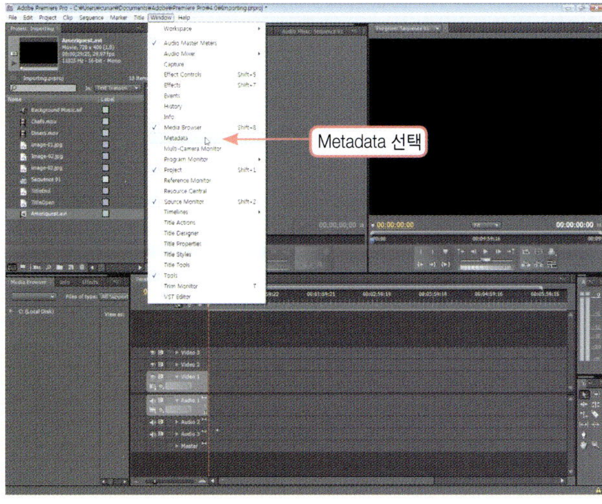

09 In 메뉴의 Text Transcript는 Speech Transcript 정보를 기준으로 검색하는 것입니다. Speech Transcript 정보는 비디오 및 오디오에 녹음되어 있는 음성을 글자로 변경해놓는 프리미어 CS4의 새로운 기술입니다. Speech Transcript 정보를 기록 해보기 위해서 Windows 메뉴의 Metadata를 선택합니다.

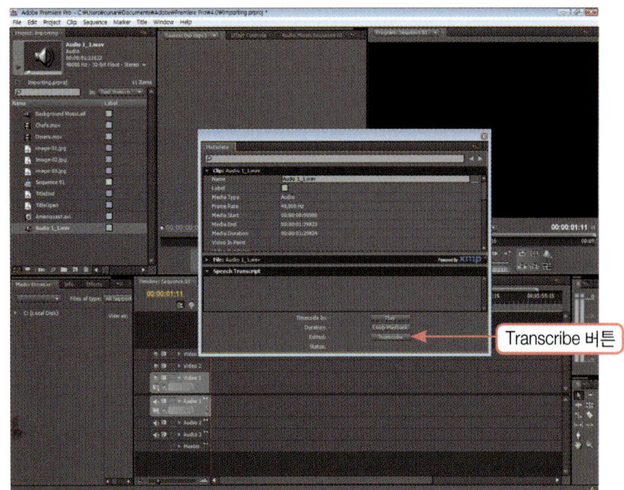

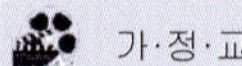

10 소스의 정보를 기록할 수 있는 Metadata 창이 열립니다. Speech Transcript 정보를 기록할 비디오 및 오디오 소스를 선택하고, 창 아래쪽의 Transcribe 버튼을 클릭합니다.

가·정·교·사

미디어 소스는 순수하게 음성만 녹음되어 있는 것을 선택하는 것이 만족할 만한 Text Transcript 정보를 기록할 수 있습니다.

11 언어와 음질을 설정할 수 있는 Speech Transcription Options 창이 열립니다. Language에서 녹음할 언어를 선택하고, Quality에서 음질을 선택합니다. 그리고 [OK] 버튼을 클릭합니다. Adobe사는 모든 언어를 지원하겠다고 밝히고 있지만, 아직은 English만 사용할 수 있으며, 음질은 소스의 음성이 빠르다면 Medium을 선택하고, 보통이라면 High를 선택하면 됩니다.

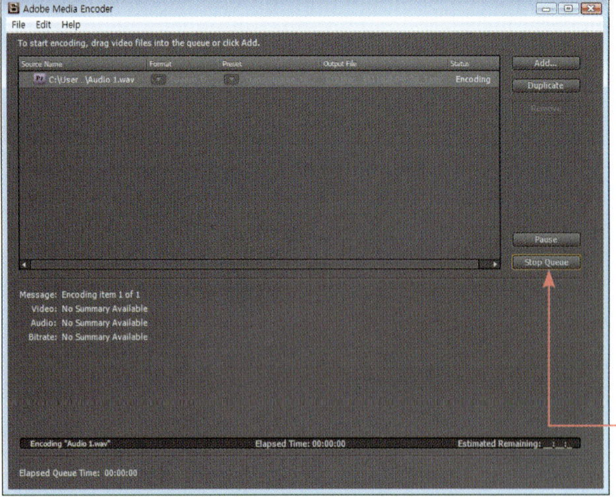

12 프로젝트 패널에서 선택한 소스가 등록되어 있는 Media Encoder CS4가 실행됩니다. [Add] 버튼은 Speech Transcript 정보를 기록할 비디오 및 오디오 파일을 불러오는 기능이며, [Remove] 버튼은 목록을 제거하는 기능입니다. [Start Queue] 버튼을 클릭하여 Speech Transcript 정보를 기록합니다.

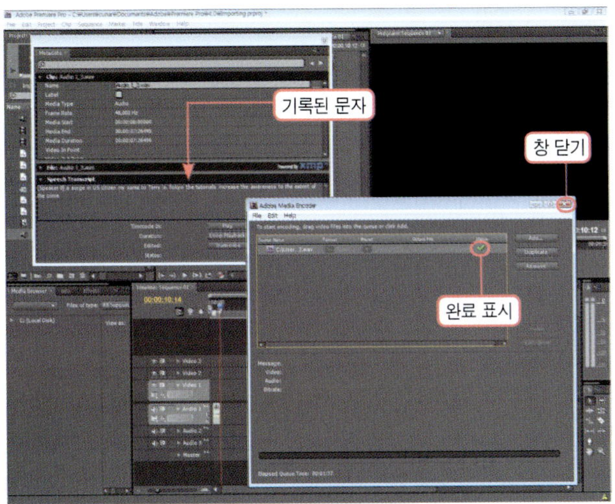

13 선택한 소스의 음성이 문자로 변환되는 과정이 진행되며, 완료가 되면 Status 칼럼에 녹색 체크 표시가 됩니다. 기록된 문자는 Metadata 패널의 Speech Transcript 에서 확인할 수 있습니다. Adobe Media Encoder 창을 닫습니다.

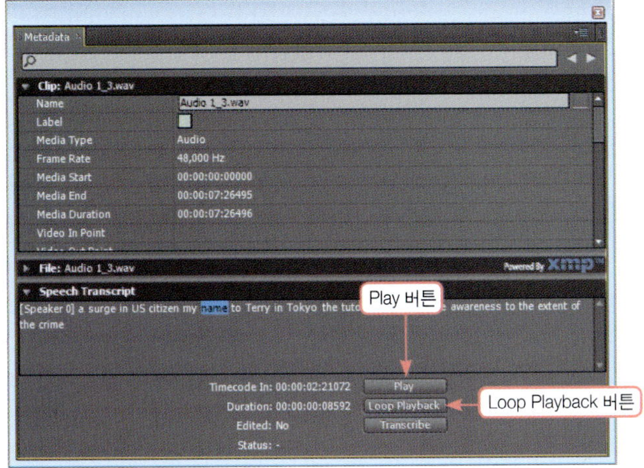

14 기록된 문자는 [Play] 버튼 또는 [Loop Playback] 버튼을 클릭하여 재생시킬 수 있습니다. [Loop Playback] 버튼은 [Stop] 버튼을 클릭하기 전까지 문자를 반복해서 읽는 역할입니다.

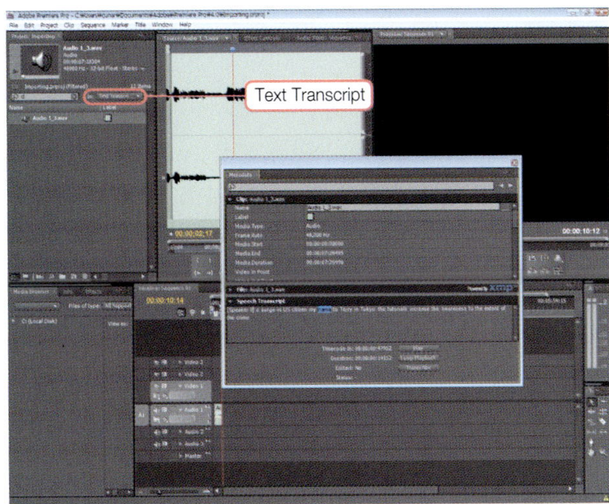

15 이제 프로젝트 패널의 In 메뉴에서 Text Transcript를 선택하면, Speech Transcript에 기록된 문자를 기준으로 소스를 찾을 수 있습니다. 아직 한글이 지원되지 않는다는 아쉬움이 있지만, 촬영한 영상의 음성을 문자로 기록할 수 있는 놀라운 기능입니다.

프로젝트 패널에 이미지 소스를 임포트할 때, 프로젝트 환경에 따라 크기가 달라지게 할 수 있습니다. 기본적으로는 원본 크기 그대로 임포트 되지만, 작업 상황에 따라서 이미지의 크기를 일률적으로 맞출 필요가 있는데, 이것에 관해서 살펴보겠습니다.

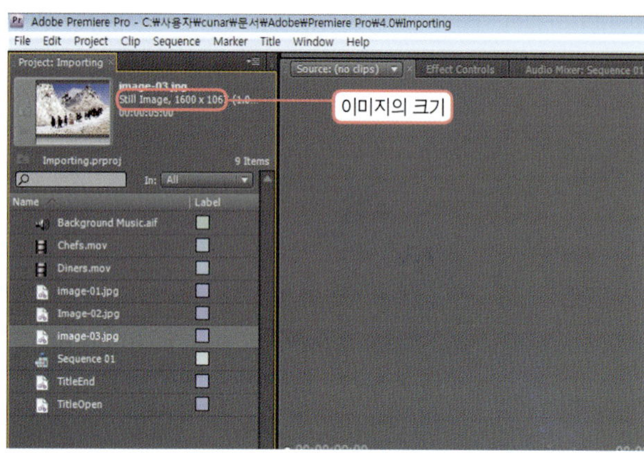

01 아이템 창의 빈 공간을 더블 클릭하여 Import 창을 열고, PART 2 폴더의 image-03 파일을 임포트 합니다. 정보 표시 창을 보면, 이미지의 크기가 1600x1067인 것을 확인할 수 있습니다. 작업 중인 프로젝트의 크기는 720x480입니다.

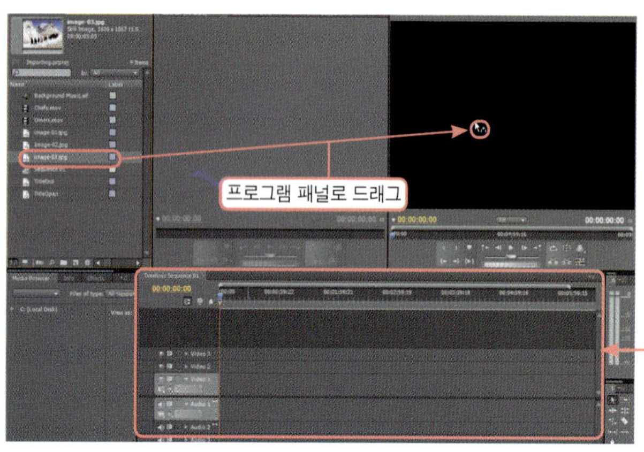

02 임포트한 이미지를 타임라인 패널에 등록해보면서 결과를 확인해 보겠습니다. image-03.jpg 소스를 프로그램 패널로 드래그합니다. 타임라인 패널의 빨간색 세로 줄로 표시되어 있는 포지션 라인 위치에 image-03소스가 등록됩니다.

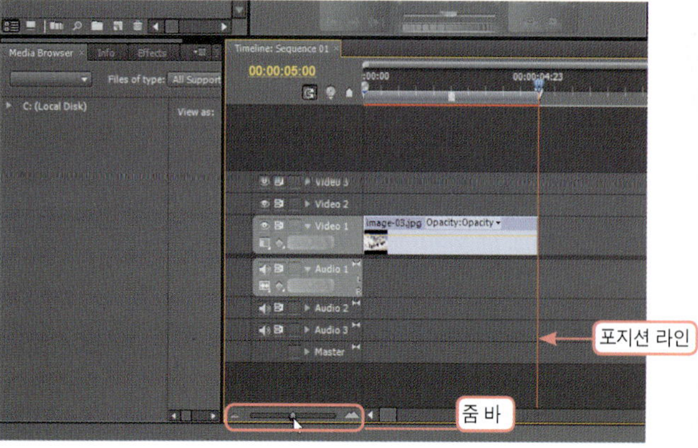

03 타임라인 패널의 줌 바를 우측으로 드래그하거나 Alt 키를 누른 상태에서 마우스 휠을 돌려 타임라인 패널을 확대해보면, image-03.jpg 클립이 등록되어 있고, 포지션 라인이 클립의 끝으로 이동되어 있는 것을 확인할 수 있습니다. Home 키를 눌러 포지션 라인을 시작 부분으로 이동시킵니다.

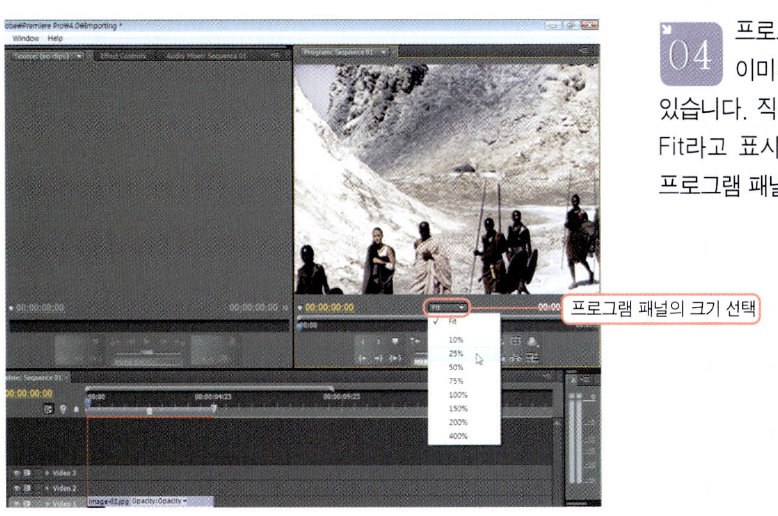

04 프로그램 패널의 결과를 보면, image-03.jpg 이미지의 일부분만 보이는 것을 확인할 수 있습니다. 직접적인 확인을 위해서 프로그램 패널의 Fit라고 표시되어 있는 목록에서 25%을 선택하여 프로그램 패널을 확대합니다.

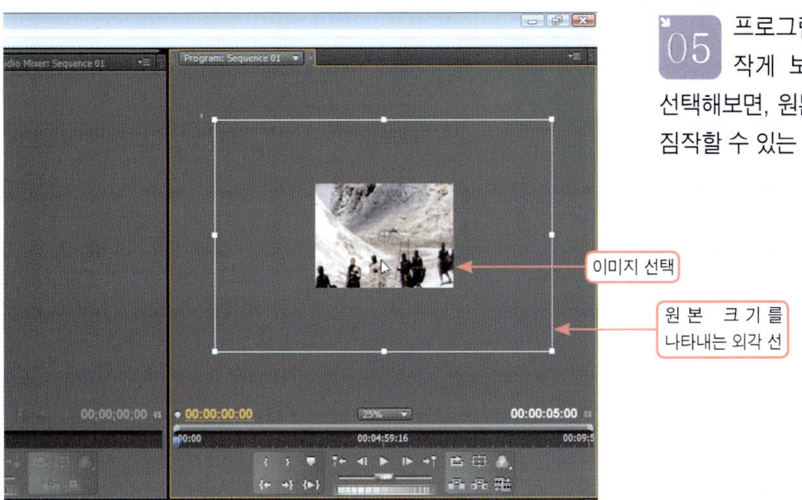

05 프로그램 패널이 확대되어 그림이 25%로 작게 보입니다. 프로그램 패널의 그림을 선택해보면, 원본 이미지의 크기가 어느 정도인지를 짐작할 수 있는 외각 선을 확인할 수 있습니다.

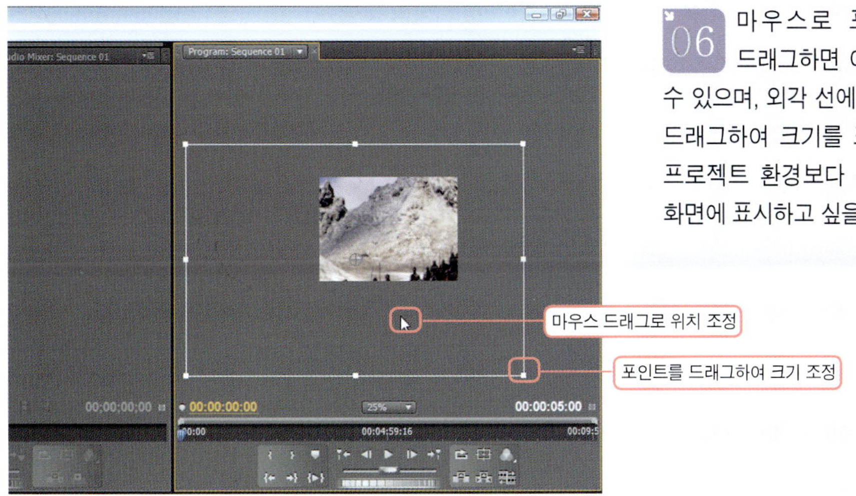

06 마우스로 프로그램 패널의 이미지를 드래그하면 이미지가 보이는 부분을 조정할 수 있으며, 외각 선에 표시되어 있는 8개의 포인트를 드래그하여 크기를 조정할 수 있습니다. 작업중인 프로젝트 환경보다 큰 이미지를 불러와 일부분만 화면에 표시하고 싶을 때 유용한 방법입니다.

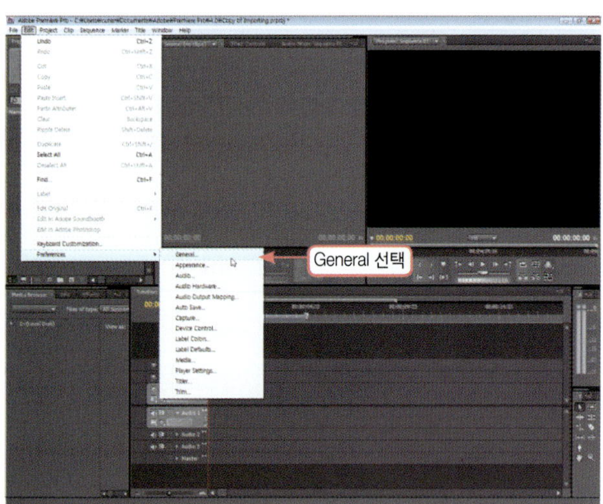

07 이번에는 임포트하는 소스의 크기를 작업 중인 프로젝트 환경에 맞추는 방법을 살펴보겠습니다. 타임라인 패널에 등록한 image-03.jpg 클립을 선택하고, Delete 키를 눌러 삭제합니다. 그리고 Edit 메뉴의 Preferences 에서 General를 선택합니다.

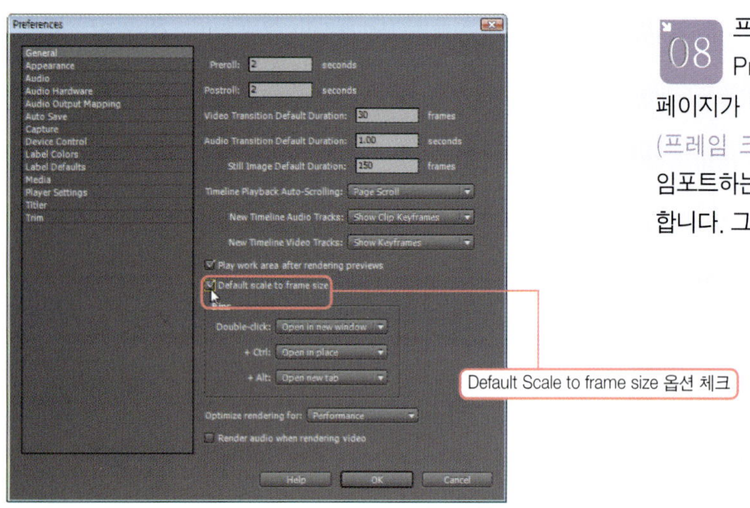

08 프로젝트의 기본 환경을 설정할 수 있는 Preferences(환경설정) 창의 General(일반) 페이지가 열립니다. Default Scale to frame size (프레임 크기로 기본 크기 조정) 옵션을 체크하여 임포트하는 소스의 크기를 프로젝트 환경에 맞추도록 합니다. 그리고 [OK] 버튼을 클릭하여 닫습니다.

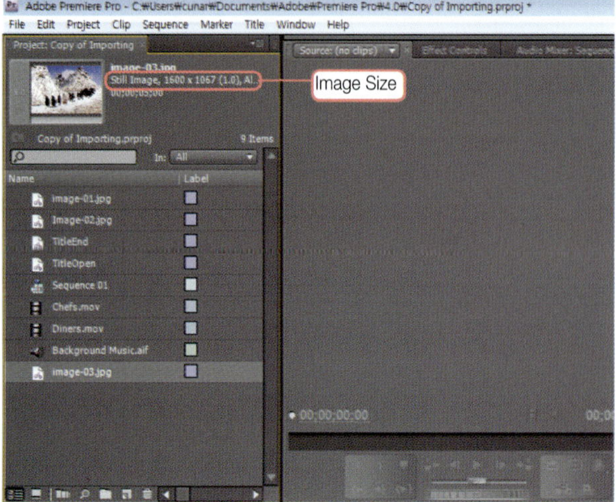

09 변경한 프로젝트 환경은 새로 임포트하는 소스에만 영향을 줍니다. 프로젝트 패널의 빈 공간을 더블 클릭하여 Import 창을 열고, image-03.jpg 파일을 임포트 합니다. 정보 표시 창을 보면, 이미지 사이즈가 1600x1067로 프로젝트 환경인 720x480보다 크다는 것을 알 수 있습니다.

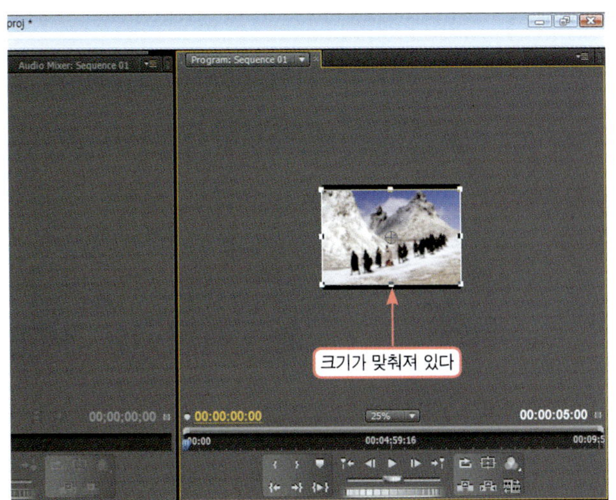

10 image-03.jpg 소스를 프로그램 패널로 드래그하여 타임라인 패널에 등록을 합니다. 그리고 Home 키를 눌러 포지션 라인을 처음 위치로 이동시키고, 클립을 선택한 다음에 프로그램 패널의 이미지를 선택해보면, 크기가 자동으로 맞춰진 것을 확인할 수 있습니다. 무조건 작업 프로젝트에 영상을 맞추고 싶을 때 유용한 방법입니다.

11 Fit 크기를 선택하여 화면 크기를 프로그램 패널에 맞춰서 확인해보면, 위/아래가 조금씩 비어있는 것을 확인할 수 있는데, 이것은 임포트한 이미지의 픽셀(1.0)과 작업 중인 프로젝트의 픽셀(0.9) 비율이 다르기 때문입니다. 상단의 포인트를 드래그하여 크기를 맞추면, 그 만큼 좌/우가 잘립니다.

> **Tip** 필요할 때만 크기를 조정하기
>
> General 페이지의 Default Scale to frame size 옵션을 체크하여 이미지 크기를 자동으로 맞추게 해놓거나 옵션을 해제하여 원본을 그대로 사용할 수 있게 해놓았을 때, 필요한 경우에만 크기를 조정하고 싶다면, 타임라인 패널에 등록한 클립을 마우스 오른쪽 버튼으로 클릭하여 Scale to Frame Size(프레임 크기로 비율 조정) 메뉴를 확인합니다. 옵션이 체크되어 있다면 자동으로 크기를 맞춘 것이고, 해제되어 있다면 원본 크기입니다. 즉, 메뉴의 선택 여부로 필요한 경우에만 크기를 설정할 수 있습니다.

윈도우에서 폴더를 만들면, 새 폴더라는 이름으로 만들어지지만, 프리미어에서는 Bin이라는 이름으로 만들어집니다. 이것은 아날로그 영상 편집 시스템에서 필름을 담아놓은 주머니를 Bin이라고 부르기 때문에 프리미어에서도 Bin이라는 용어를 그대로 사용하고 있는 것입니다. 그러나 컴퓨터 사용자에게는 폴더라는 용어가 더 익숙할 것이므로, 본서에서도 Bin 대신에 폴더라는 용어를 사용하겠습니다.

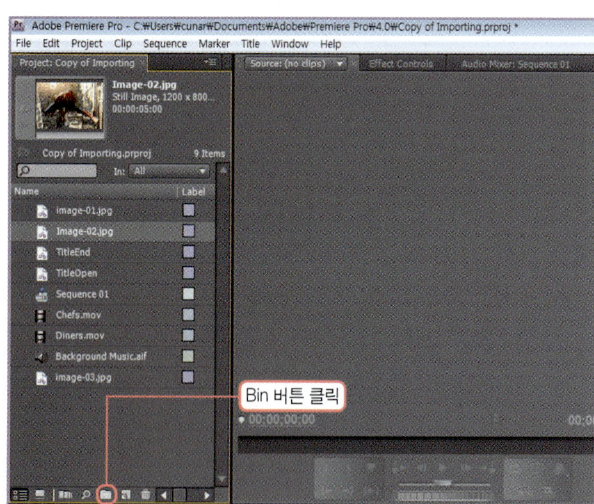

01 폴더는 아이템 창의 빈 공간에서 마우스 오른쪽 버튼을 클릭하여 단축 메뉴를 열고, New Bin을 선택하거나 Ctrl + / 키를 눌러 만들 수 있지만, 프로젝트 패널의 도구 중에서 Bin 버튼을 클릭하는 방법을 많이 사용합니다.

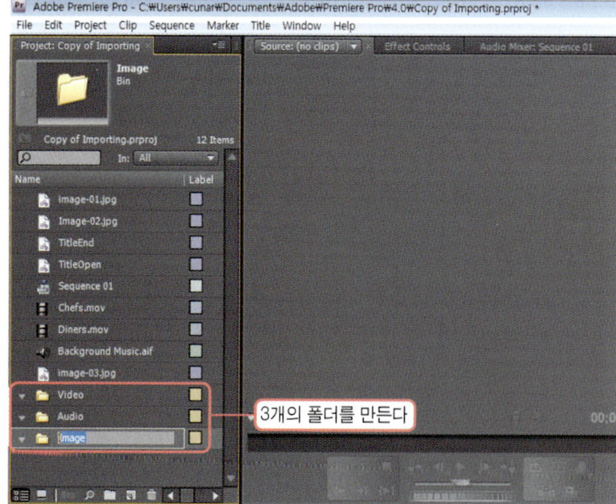

02 Bin 버튼을 클릭하면 아이템 창에 Bin 01이라는 이름의 폴더가 생성됩니다. Video라는 이름을 입력하고, Enter 키를 눌러 Video 폴더를 만듭니다. 같은 방법으로 Audio와 Image 폴더도 만듭니다.

 가·정·교·사

폴더는 아이템 창의 빈 공간을 클릭하여 다른 폴더가 선택되지 않은 상태에서 만들어야 합니다. 폴더가 선택된 상태에서 새로운 폴더를 만들면 선택한 폴더의 하위 폴더로 생성됩니다.

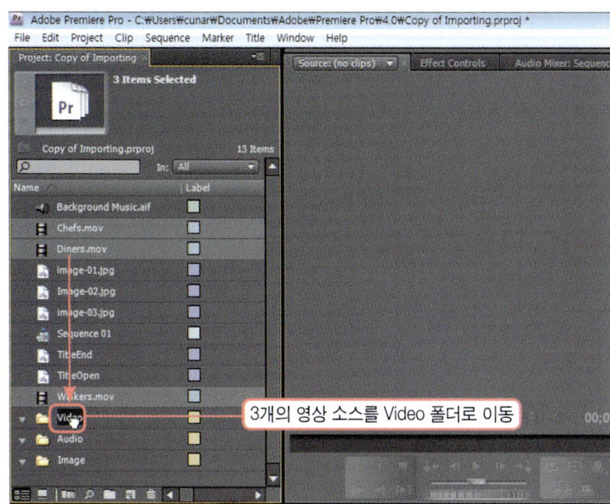

03 Ctrl 키를 누른 상태에서 Gutter.mov, Magic.mov, Stadium.mov 소스를 선택합니다. 그리고 Video 폴더로 드래그하여 이동시킵니다. 임포트한 미디어 중에서 비디오 소스에 해당하는 것들을 Video라는 폴더에 모아 놓는 것입니다.

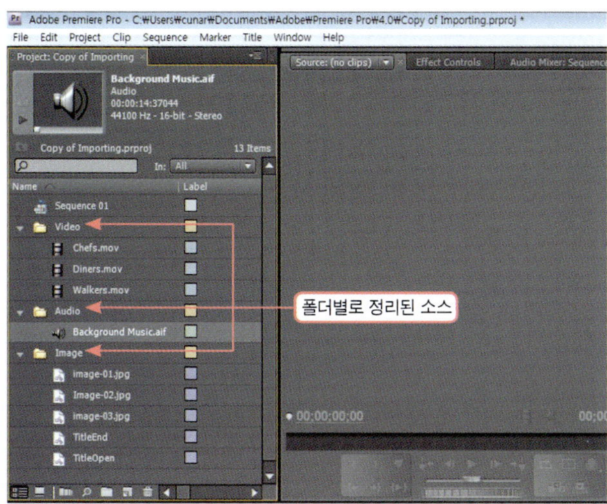

04 Ctrl 키를 누른 상태로 TitleEnd, image-01.jpg 등의 5가지 이미지 소스를 선택하고, Image 폴더로 이동시킵니다. 계속해서 Background Music.aif 소스는 Audio 폴더로 이동시킵니다. 소스의 종류별로 폴더를 만들어 관리하는 것입니다.

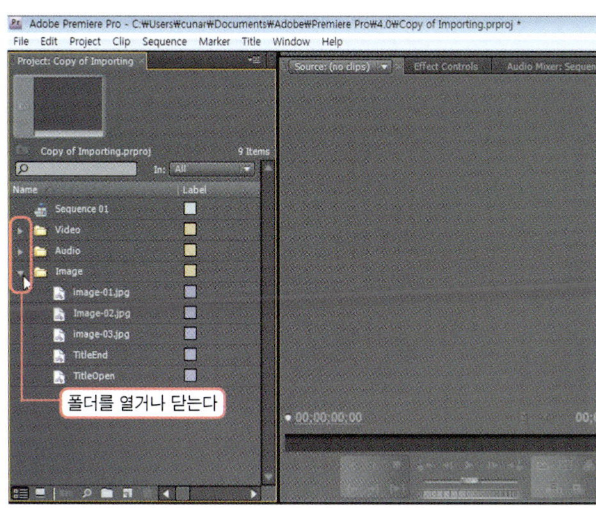

05 이처럼 프로젝트 패널에 많은 미디어 소스를 임포트한 경우에는 비슷한 소스를 폴더 단위로 모아 놓는 것이 관리하기 편합니다. 폴더 아이콘 왼쪽의 작은 삼각형을 클릭하면, 해당 폴더를 열거나 닫을 수 있습니다.

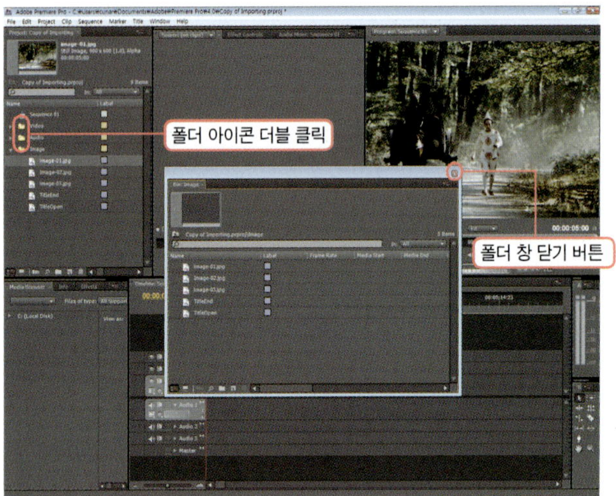

06 각 폴더 아이콘 더블 클릭하면, 해당 폴더의 창이 별도로 열리는 것을 확인할 수 있으며, 폴더 창은 [닫기] 버튼을 클릭하여 닫을 수 있습니다. 참고로 폴더의 이름을 더블 클릭하면, 이름을 변경하는 역할이므로, 마우스를 클릭하는 위치에 주의하기 바랍니다.

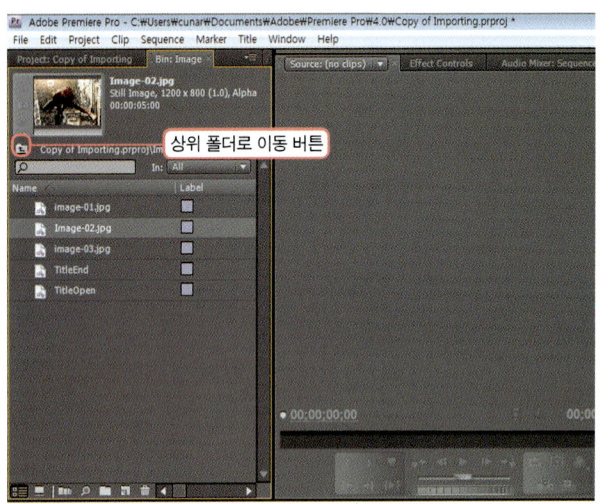

07 폴더 창을 별로도 열지 않고, 프로젝트 패널에서 폴더 목록을 표시하고 싶다면, Alt 키를 누른 상태에서 폴더 아이콘을 더블 클릭합니다. 이때는 정보 표시창의 [상위 폴더로 이동] 버튼이 활성화 되어 이전 화면으로 이동할 수 있습니다.

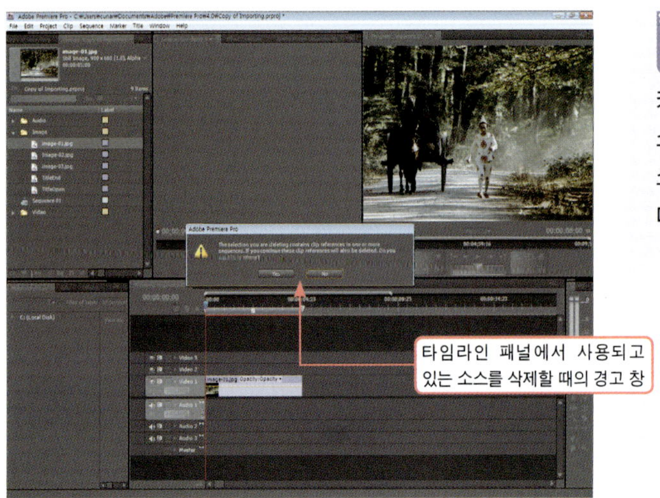

08 폴더 밖으로 꺼내고 싶은 소스는 아이템 창의 빈 공간으로 드래그하면 되고, Delete 키를 눌러 폴더를 삭제하면, 해당 폴더에 담긴 모든 소스가 삭제됩니다. 타임라인 패널에서 작업중인 소스를 삭제할 때는 경고 창이 열리며, 삭제 여부를 다시 한 번 묻습니다.

프로젝트 패널 아래쪽에는 클립을 리스트 형식으로 표시할 것인지 아이콘 형식으로 표시할 것인지를 선택할 수 있는 List와 Icon 버튼을 비롯하여 필요한 기능을 빠르게 수행할 수 있는 7가지 버튼이 있습니다. 버튼의 이름은 왼쪽에서부터 List, Icon, Automate to Sequence, Find, Bin, New Item, Clear 입니다. 각 버튼의 역할을 살펴보겠습니다.

  List 버튼

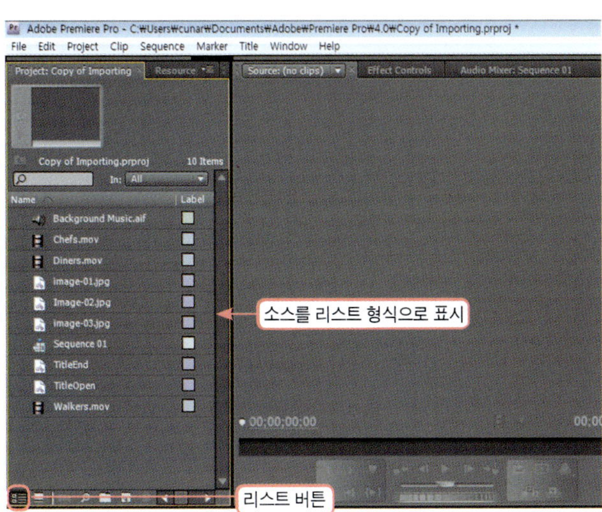

01 기본적으로 선택되어 있는 [List] 버튼은 아이템 창의 소스를 리스트 형식으로 표시합니다. 리스트 보기의 장점은 아이콘 형식보다 많은 수의 소스를 한 화면에 표시할 수 있고, 칼럼을 통해서 각 소스의 세부 정보를 확인할 수 있다는 것입니다.

  Icon 버튼

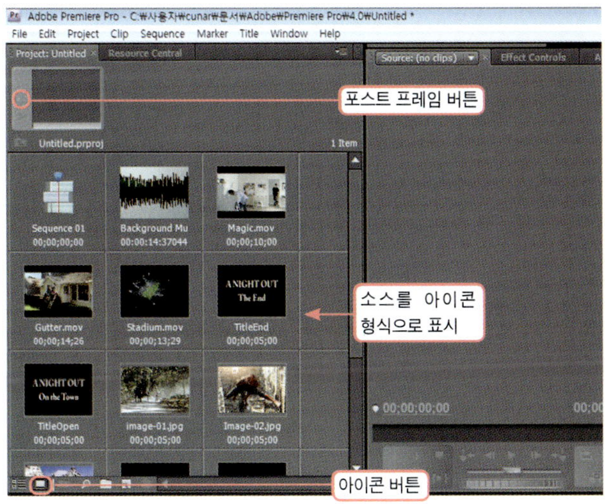

02 아이템 창의 소스를 아이콘 형식으로 표시합니다. 아이콘 보기의 장점은 각 소스의 영상을 한눈에 확인할 수 있고, 순서를 자유롭게 배치할 수 있다는 것입니다. 각 소스에 보여지는 영상은 정보 표시 창의 포스터 프레임 기능을 이용해서 원하는 장면으로 변경할 수 있습니다.

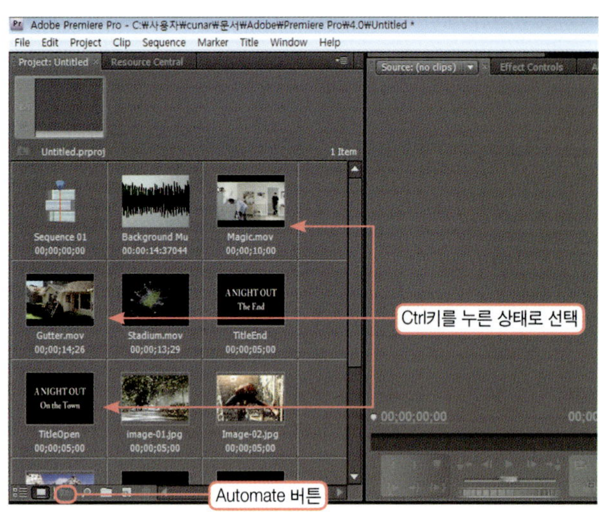

03 선택한 소스를 한꺼번에 타임라인 패널에 배치하는 기능입니다. Ctrl 키를 누른 상태로 앞에서 임포트한 영상 소스를 선택합니다. 이때 선택하는 순서를 기억하기 바랍니다. 그리고 Automate(시퀀스 자동화) 버튼을 클릭합니다.

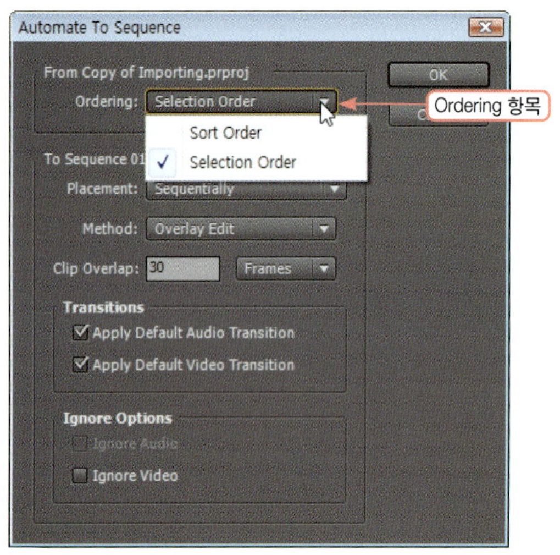

04 선택한 소스를 어떤 방식으로 타임라인 패널에 배치할 것인지를 설정할 수 있는 Automate to Sequence 창이 열립니다. Ordering (순서 지정) 항목에서 Selection Order(선택 순서)를 선택하고, [OK] 버튼을 클릭합니다. Selection Order는 소스를 선택한 순서대로 타임라인에 배치하게 하는 옵션입니다.

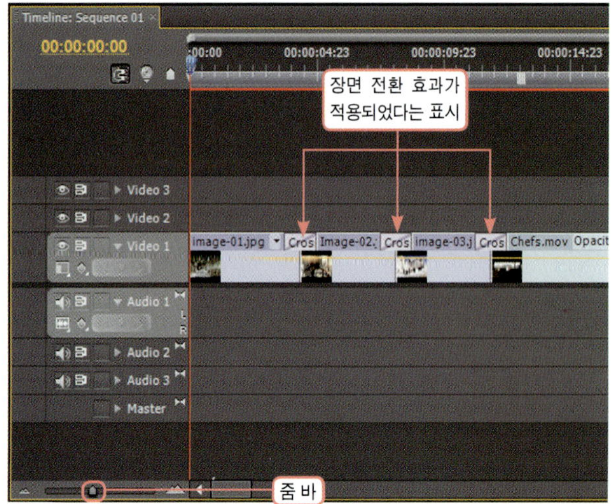

05 프로젝트 패널에서 소스를 선택한 순서대로 타임라인 패널에 배치되는 것을 확인할 수 있습니다. 줌 바를 오른쪽으로 드래그하여 확대해보면, 오토메이트 기능을 이용해서 배치한 클립 사이에는 자동으로 장면 전환 효과가 적용된 것을 확인할 수 있습니다.

Automate to Sequence 창

Automate to Sequence 창은 From Project, To Sequence, Transitions, Ignore Options의 4가지 항목으로 구성되어 있습니다. 각 옵션의
역할을 살펴보겠습니다.

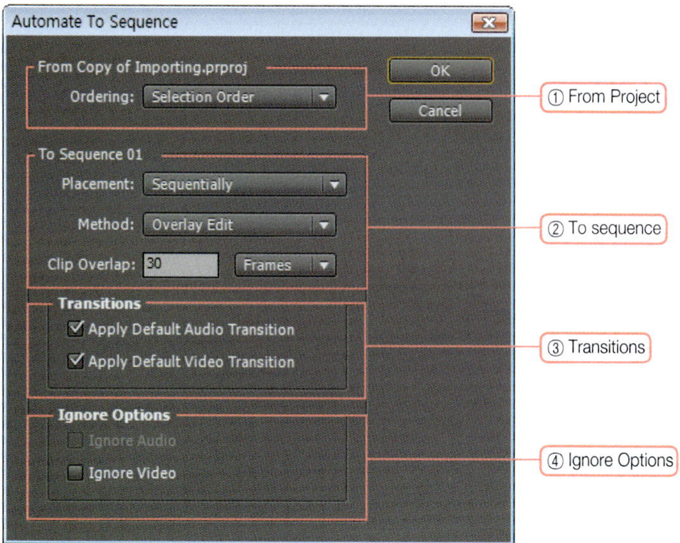

① From Project (프로젝트 이름)

프로젝트 패널에서 선택한 소스를 타임라인 패널에 어떤 순서로 배치할 것인지를 결정하는 Ordering (순서 지정) 옵션이 있습니다. Sort
Order (정렬 순서)는 프로젝트 패널에 나열되어 있는 순서이고, Selection Order (선택 순서)는 소스를 선택한 순서입니다. 즉, 사용자가
프로젝트 패널에서 비디오-01, 03, 02의 3가지 소스를 [Ctrl]키를 누른 상태로 선택했다면, Sort Order 옵션은 선택한 순서에 상관없이 비디오-
01, 02, 03 순서로 배치되지만, Selection Order 옵션은 선택한 순서인 비디오-01, 03, 02의 순서로 배치됩니다.

② To Sequence (시퀀스 이름)

선택한 소스를 타임라인 패널에 배치할 때의 위치와 방법을 설정할 수 있는 Placement, Method, Clip Overlap의 3가지 옵션으로 구성되어
있습니다.

❖ Placement (배치)

클립을 포지션 라인이 있는 위치에 배치하는 Sequentially (차례로) 옵션과 타임라인 패널에 마커가 삽입되어 있을 경우에 클립을 마커 위치에
배치하는 At Unnumbered Markers (번호가 없는 마커에서) 옵션이 있습니다.

❖ Method (방법)

클립이 배치되는 위치에 이미 클립이 존재한다면, 새로 배치되는 클립을 삽입할 것인지 덮어씌울 것인지를 선택할 수 있는 옵션입니다. Insert
Edit (삽입 편집)는 삽입하는 것이고, Overlay Edit (오버레이 편집)는 덮어씌우는 것입니다.

❖ Clip Overlap (클립 오버랩)

타임라인 패널에 클립을 배치할 때, 각 클립의 겹치는 길이를 설정합니다. 겹쳐진 부분에는 기본값의 트랜지션인 Cross Dissolve를
적용합니다.

Clip Overlap 에서 설정한 길이만큼, 클립을 겹쳐서 비디오 또는
오디오 트랜지션 효과를 적용합니다. 트랜지션 효과를 적용하고 싶지
않다면 옵션을 해제합니다. Apply Default Audio Transition(기본
오디오 전환 적용)이 오디오 클립에 적용되는 트랜지션이고, Apply
Default Video Transition(기본 비디오 전환 적용)이 비디오 클립에
적용되는 트랜지션입니다. 이때 적용되는 트랜지션은 이펙트 패널의
Audio Transitions 과 Video Transitions 폴더를 보면 빨간색 테두리가
표시되어 있는 것들이며, 사용자가 원하는 것으로 변경할 수
있습니다.

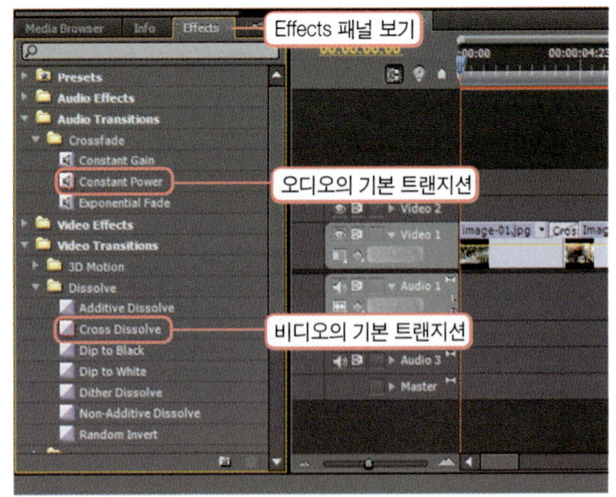

④ Ignore Options (무시 옵션)

Ignore Options은 영상과 오디오가 모두 있는 비디오 소스를 타임라인 패널에 배치할 때, 빼고 싶은 소스를 선택하는 옵션입니다. 대부분의
비디오 클립에는 영상과 오디오가 함께 있는데, 영상만 필요하고 오디오가 필요 없다면 Ignore Audio(오디오 무시) 옵션을 선택하여 오디오를
빼고, 영상만 타임라인 패널에 배치할 수 있습니다.

  Find 버튼

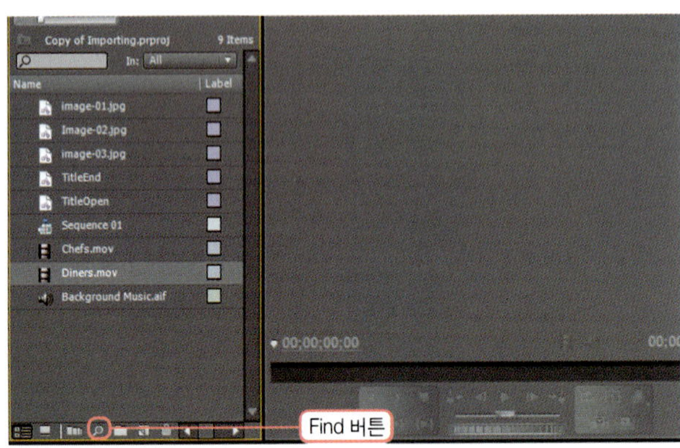

01 한 화면에 보이지 않을 정도로 많은 파일을
임포트 했을 때, 필요한 소스를 찾는 역할을
합니다. 찾고자 하는 소스의 이름을 대충 알고
있다면, 이동 바를 드래그하여 찾는 것 보다는 [Find]
버튼을 클릭하여 창을 엽니다.

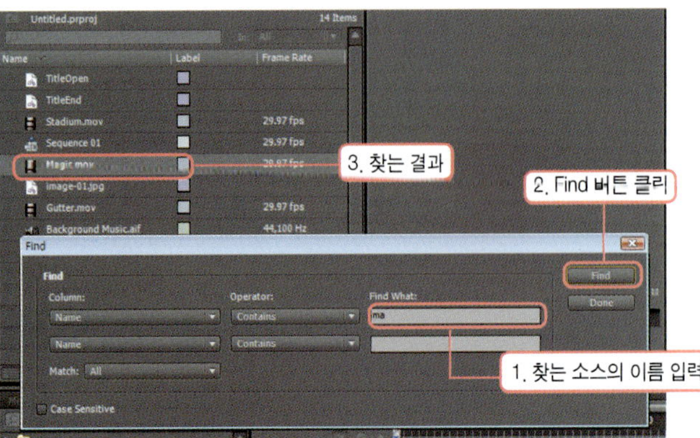

02 Find What 항목에 기억나는 이름의 일부분을
입력하고, [Find] 버튼을 클릭합니다. 그러면
[Find] 버튼을 클릭할 때 마다 입력한 이름을 가진
소스가 선택되는 것을 확인할 수 있습니다. 원하는
소스를 찾았다면, [Done] 버튼을 클릭하여 Find 창을
닫습니다.

Find 창의 옵션

프로젝트 패널의 소스를 손쉽게 찾을 수 있는 Find 창은 찾을 조건을 두 가지로 구분할 수 있게 각 칼럼 마다 두 개의 목록이 있습니다.

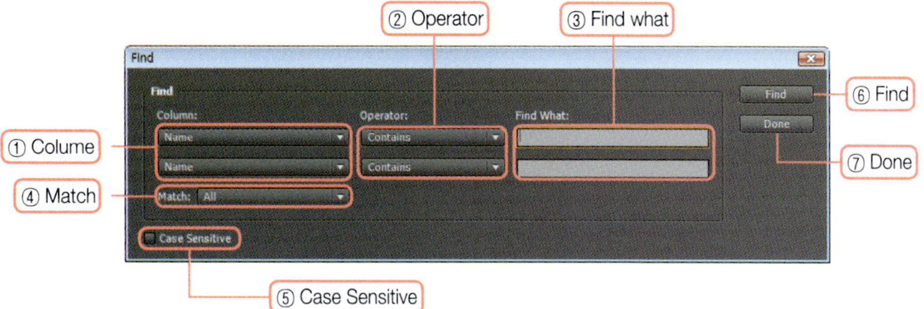

① Column (열)

기본 값이 Name으로 되어 있는 Column 항목에는 아이템 창에 표시되는 칼럼 목록이 있습니다. 여기서 찾을 조건에 해당하는 칼럼을 선택합니다. 예를 들어 이미지 소스를 찾고자 한다면, Column에서 Media Type을 선택하는 것입니다.

② Operator (연산자)

Operator에는 Contains, Start With, Ends With, Matches Exact 의 4가지 목록이 있습니다. 각 목록의 역할은 다음과 같습니다.

❖ Contains(다음을 포함한): 검색어를 포함하는 소스를 찾습니다.

❖ Start With(다음으로 시작함): 소스의 첫 문자와 검색어가 같은 것을 찾습니다.

❖ Ends With(다음으로 끝남): 소스의 끝 문자와 검색어가 같은 것을 찾습니다.

❖ Matches Exact(정확히 일치): 검색어와 동일한 소스를 찾습니다.

③ Find What (찾을 내용)

찾고자 하는 검색어를 입력합니다.

④ Match (일치)

Match 항목에는 All과 Any가 있습니다. All은 두 가지 검색 조건이 모두 일치하는 소스를 찾고, Any는 어느 쪽이든 만족하는 소스를 찾습니다.

⑤ Case Sensitive (대 소문자 구분)

옵션을 체크하면 찾을 내용에 입력한 대 소문자를 구분합니다. 예를 들어 Abcd라는 이름의 소스를 찾을 때 옵션이 해제된 경우에는 ab를 입력을 해도 찾을 수 있지만, 옵션을 체크하면 Ab로 대 소문자를 구분해야 찾을 수 있습니다.

⑥ Find (찾기)

Find 버튼은 실습에서와 같이 조건에 일치하는 소스들을 찾아줍니다. 비슷한 조건의 소스가 많을 경우에 창을 닫지 않고 찾을 수 있어 편리합니다.

⑦ Done (완료)

찾기를 중단하고 Find 창을 닫습니다.

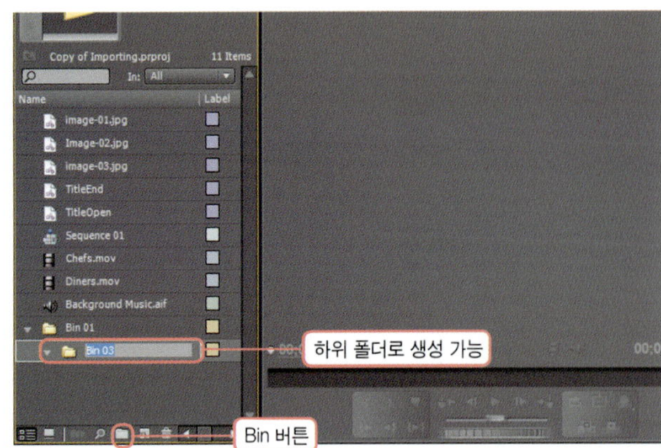

03 Bin이라는 이름의 새 폴더를 만듭니다. 폴더의 이름은 사용자가 구분하기 쉬운 것으로 바꿀 수 있습니다. 폴더가 선택되어 있는 상태에서 새 폴더를 만들면, 선택한 폴더의 하위 폴더로 생성됩니다.

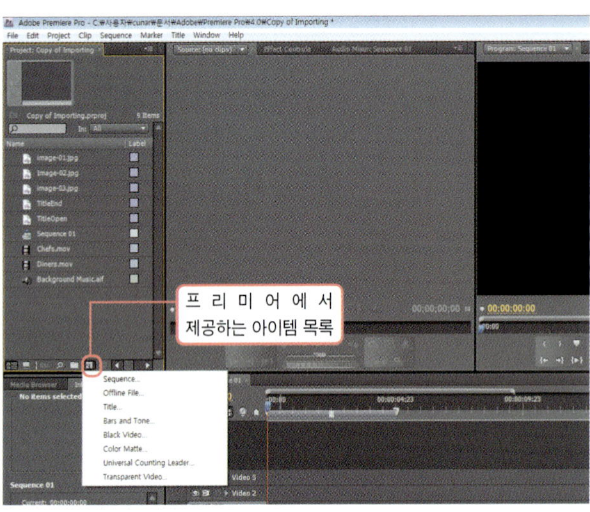

04 프리미어는 화면 조정 영상, 카운트 영상, 자막 등의 8가지 소스를 제공하며, 사용자가 직접 촬영하거나 제작하지 않아도 사용할 수 있는 것입니다. 이렇게 프리미어에서 제공하는 소스를 아이템이라고 하며, New Item(새 항목) 버튼을 이용해서 만듭니다.

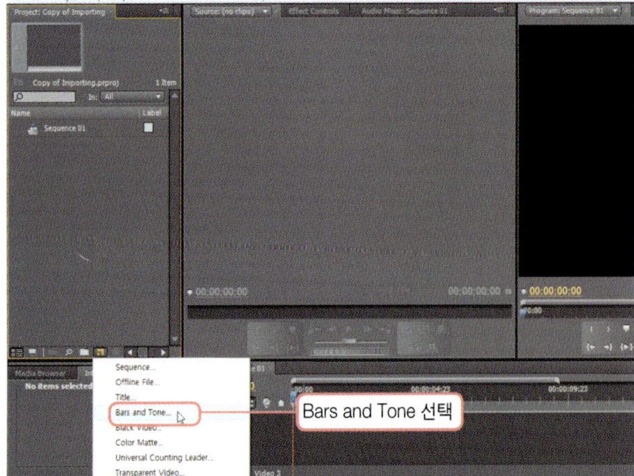

05 아이템 만들기 버튼을 이용해서 간단한 영상을 만들어보겠습니다. 실습을 위해 새로운 프로젝트를 만들고, 아이템 만들기 버튼을 클릭하여 메뉴를 엽니다. 그리고 Bars and Tone(색상 막대 및 톤)을 선택합니다.

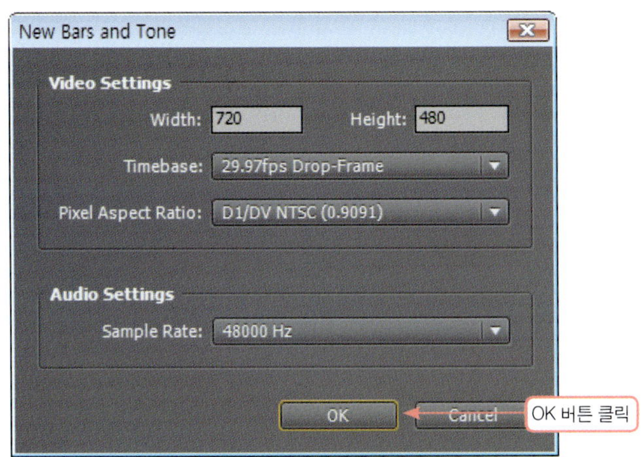

06 비디오 환경을 설정할 수 있는 New Bars and Tine 창이 열립니다. 비디오 환경은 작업 중인 프로젝트 환경과 동일하게 설정되어 있습니다. DV-NTSC 의 Standard 48KHz 프리셋의 기본값 그대로 [OK] 버튼을 클릭하여 Bars and Tone 소스를 만듭니다.

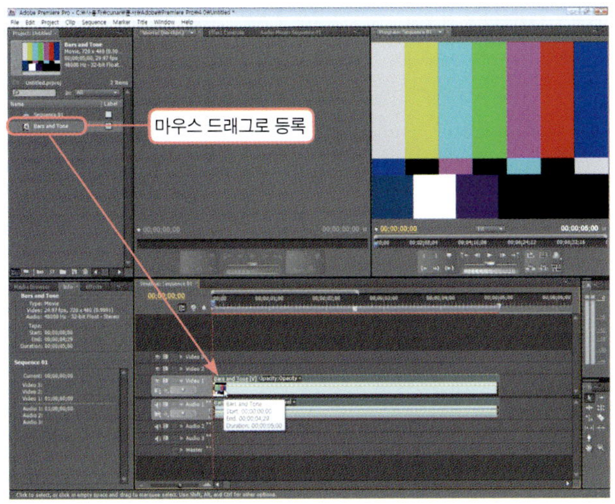

07 Bars and Tone 소스는 화면의 색상과 볼륨을 조정하는 역할을 하는 컬러 바로 흔하게 보았던 비디오입니다. Bars and Tone 소스를 타임라인 패널의 Video 1 트랙에 드래그하여 가져다 놓습니다. 사운드가 있는 비디오이기 때문에 Audio 1 트랙에도 클립이 등록됩니다.

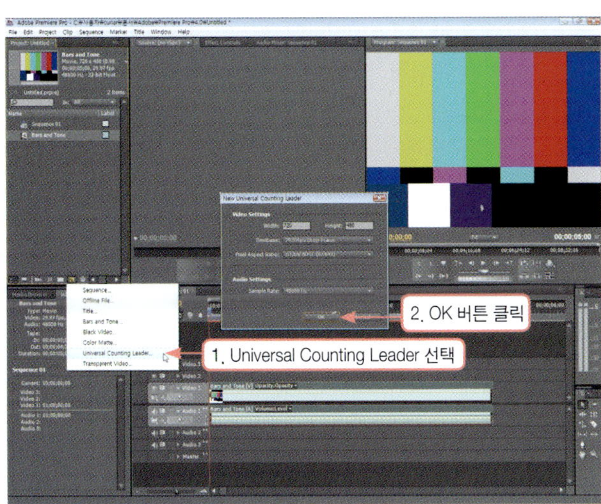

08 아이템 만들기 버튼을 클릭하여 메뉴를 열고, Universal Counting Leader(전역 카운팅 리더)를 선택하여 카운트 소스를 만듭니다. 비디오 환경을 설정하는 New Universal Counting Leader 창은 기본값을 그대로 두고, [OK] 버튼을 클릭합니다.

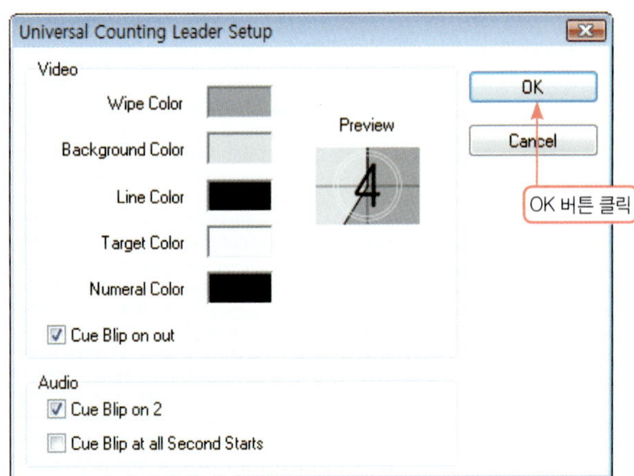

OK 버튼 클릭

09 라인, 배경, 숫자 등의 색상을 설정할 수 있는 Universal Canting Leader Setup 창이 열립니다. 기본 값을 그대로 두고 [OK] 버튼을 클릭하여 Universal Canting Leader 소스를 만듭니다.

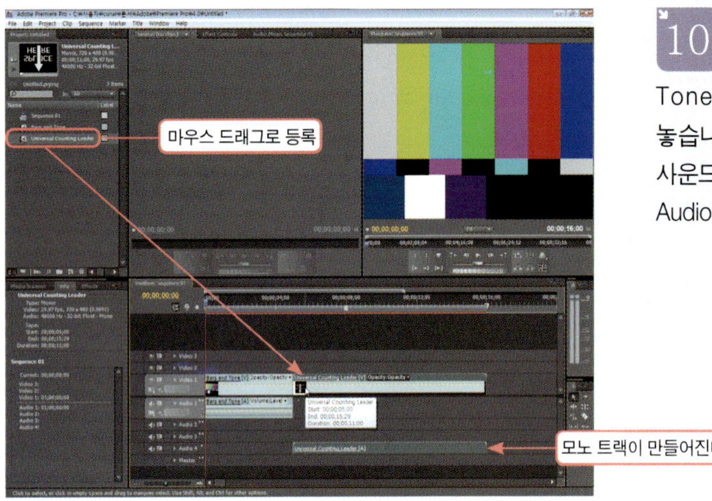

10 프로젝트 패널에 생성된 Universal Counting Leader 소스를 타임라인 패널의 Bars and Tone 클립의 오른쪽 끝으로 드래그하여 가져다 놓습니다. Universal Counting Leader 클립의 사운드는 모노로 제작되어 있기 때문에 모노 채널의 Audio 4 트랙이 생성됩니다.

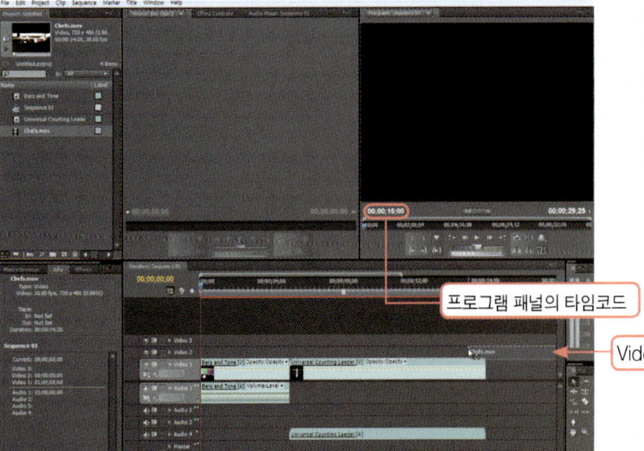

11 부록 CD의 PART_02 폴더에서 Gutter 영상 파일을 임포트 한 후에 Universal Counting Leader 클립과 약 1초 정도 겹치도록 Video 2 트랙이 등록합니다. 앞에서 등록한 2개의 클립 길이가 16초 이므로, 프로그램 패널의 타임코드 항목에서 15초가 표시되는 부분에 놓으면 됩니다.

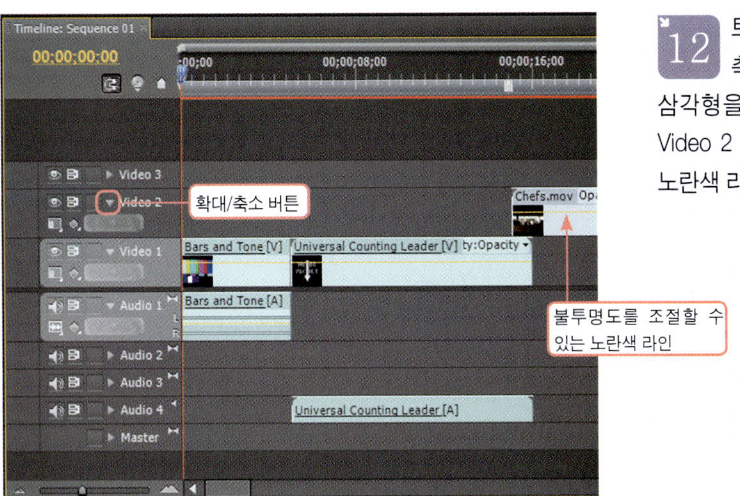

12 트랙 이름 왼쪽을 보면, 트랙을 확대하거나 축소하는 역할의 작은 삼각형이 보입니다. 삼각형을 클릭하여 Video 2 트랙을 확대합니다. Video 2 트랙의 클립에 불투명도를 조정할 수 있는 노란색 라인이 보이는 것을 확인할 수 있습니다.

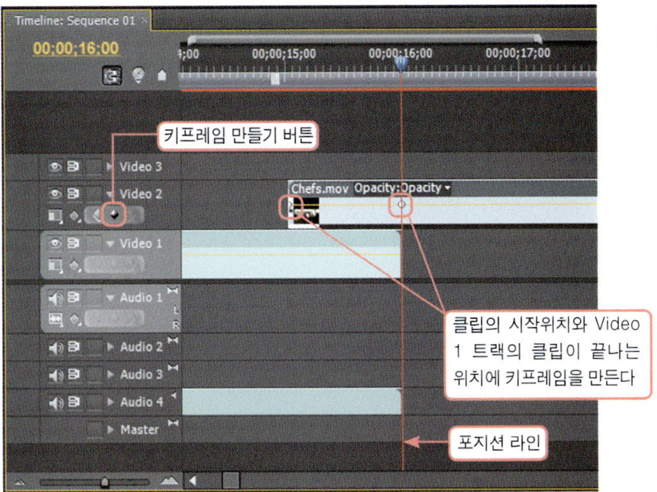

13 PageUP 키를 눌러 포지션 라인을 Video 2 트랙 클립의 시작 위치로 이동시키고, [키프레임 만들기] 버튼을 클릭하여 키프레임을 만듭니다. PageDown 키를 눌러 포지션 라인을 Video 1 트랙의 클립이 끝나는 위치로 이동시키고, 같은 방법으로 키프레임을 만듭니다.

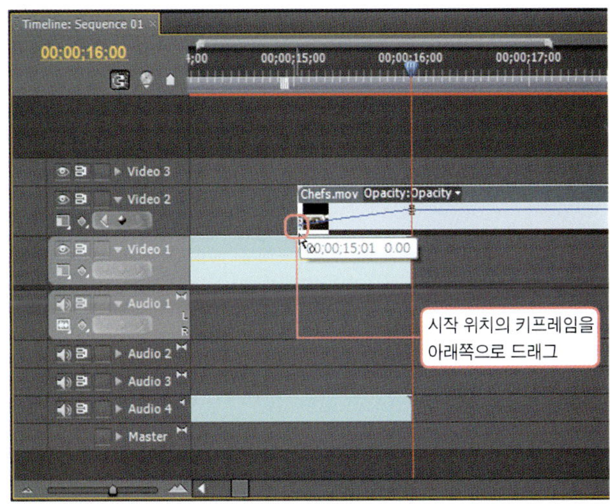

14 Video 2트랙의 클립이 시작하는 위치에 만들어놓은 키프레임을 아래쪽으로 드래그합니다. 이것은 Video 2 트랙 클립의 영상을 투명하게 하여 아래쪽에 있는 Universal Counting Leader 클립의 영상이 보이게 하는 것입니다.

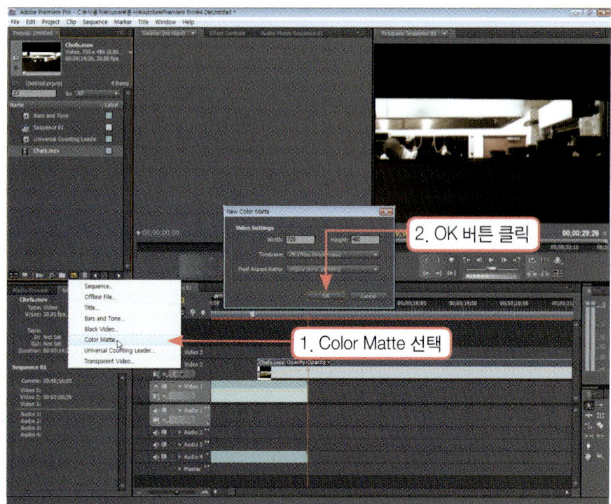

15 프로젝트 패널의 아이템 만들기 버튼을 클릭하여 메뉴를 열고, Color Matte(색상 매트)를 선택합니다. 영상의 속성을 설정할 수 있는 New Color Matte 창은 기본 값 그대로 [OK] 버튼을 클릭하여 닫습니다.

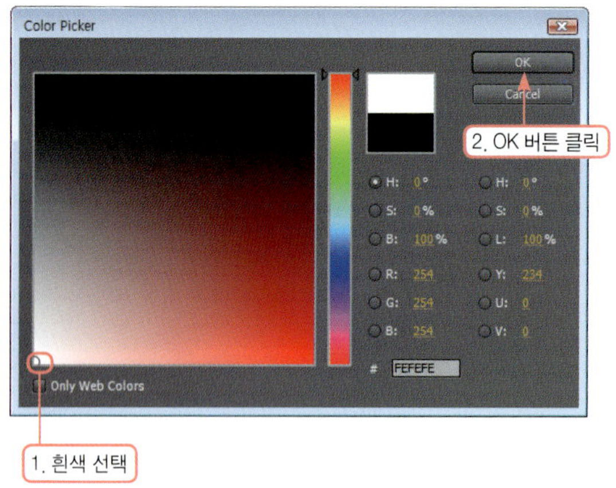

16 색상을 선택할 수 있는 Color Picker 창이 열립니다. 흰색 부분을 클릭하여 선택하고, [OK] 버튼을 눌러 흰색의 영상 소스를 만듭니다.

17 새로 만들어질 소스의 이름을 입력할 수 있는 Choose Name 창이 열립니다. 단순히 흰색 영상만 보이는 소스를 만드는 것이므로, 이름을 구분하기 쉽게 '흰색'이라고 입력하고, [OK] 버튼을 클릭합니다.

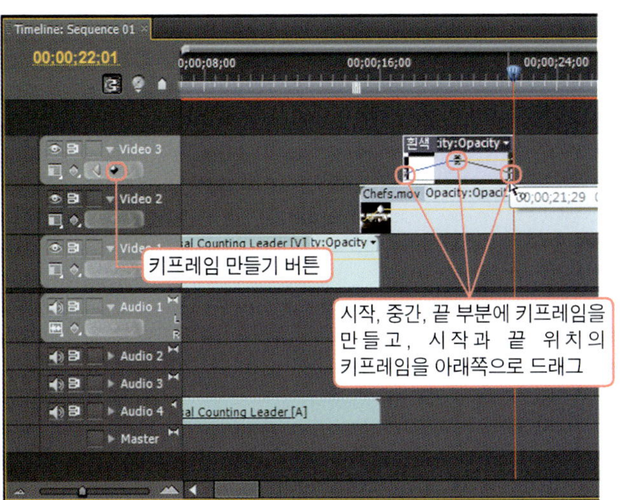

18 흰색이라는 이름의 소스를 타임라인 패널 Video 3 트랙의 17초 위치 정도에 가져다 놓고, 앞에서와 같은 방법으로 시작과 중간, 그리고 끝 위치에 키프레임을 만듭니다. 시작 위치와 끝 위치에 만든 키프레임은 아래쪽으로 드래그합니다.

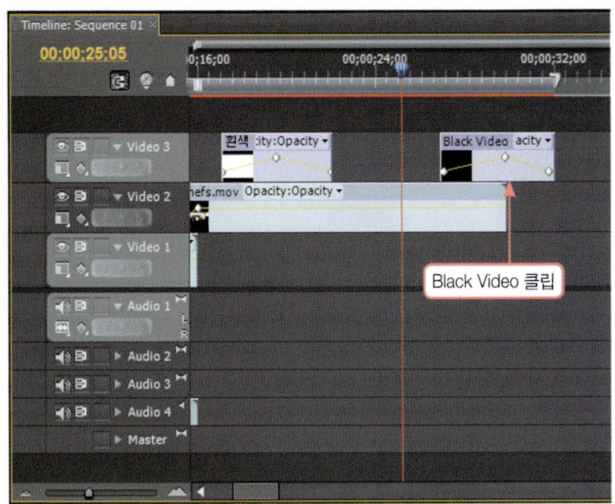

19 프로젝트 패널의 아이템 만들기 버튼을 클릭하여 메뉴를 열고, Black Video(검정 비디오)를 선택하여 검정색 영상 소스를 만듭니다. 새로 만든 Black Video 소스를 Video 3번 트랙의 27초 정도 위치에 가져다 놓고, 시작 위치와 Video 2 클립이 끝나는 위치에 키프레임을 만듭니다. 그리고 시작 위치의 키프레임을 아래쪽으로 드래그합니다.

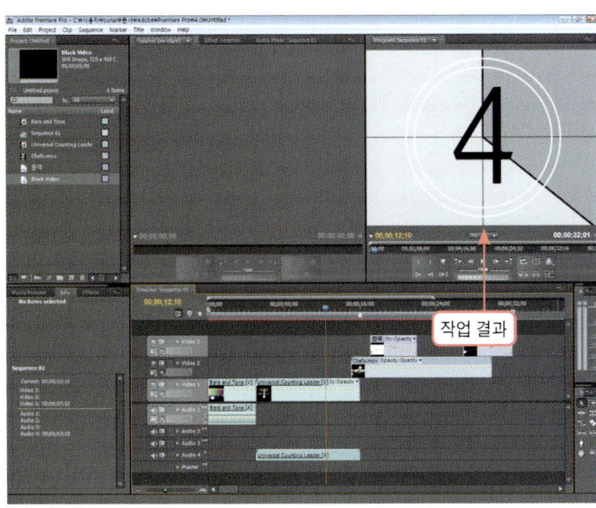

20 [Home] 키를 눌러 포지션 라인을 시작 부분으로 이동시키고, [Space bar] 키를 눌러 프리미어에서 제공하는 몇 가지 아이템들을 이용해서 만들어본 영상을 재생해 봅니다. 실습은 각 아이템을 사용해보기 위한 설정이었을 뿐이므로 고정관념을 가질 필요는 없습니다.

Universal Counting Leader Setup 창의 옵션

아이템 만들기에서 Universal Counting Leader(전역 카운팅 리더)를 선택했을 때 열리는 창의 옵션을 살펴보겠습니다.

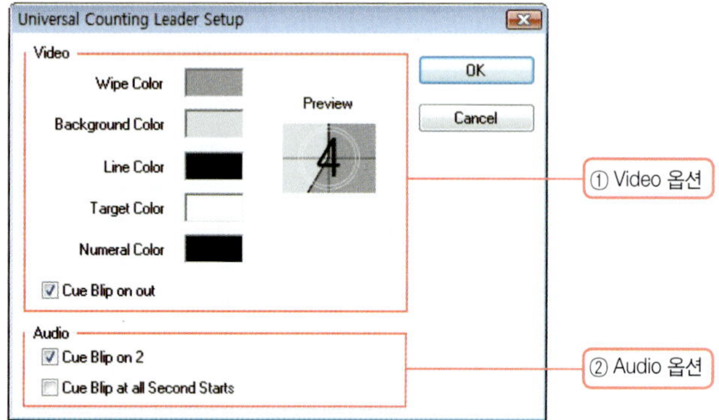

① Video

카운트 클립에 사용되는 색상을 설정합니다. Wipe Color(지우기 색상)은 지나간 자리, Background Color(배경색)은 배경, Line Color(선 색상)은 열 십자로 표시되는 선, Target Color(대상 색상)은 지워지는 자리, Numeral Color(숫자 색상)은 숫자의 색상을 설정합니다. 각 항목에 있는 색상 매트를 클릭하면, 색상을 변경할 수 있는 Color Picker 창이 열리고, 선택한 색상은 오른쪽의 Preview(미리 보기)에서 확인할 수 있습니다.

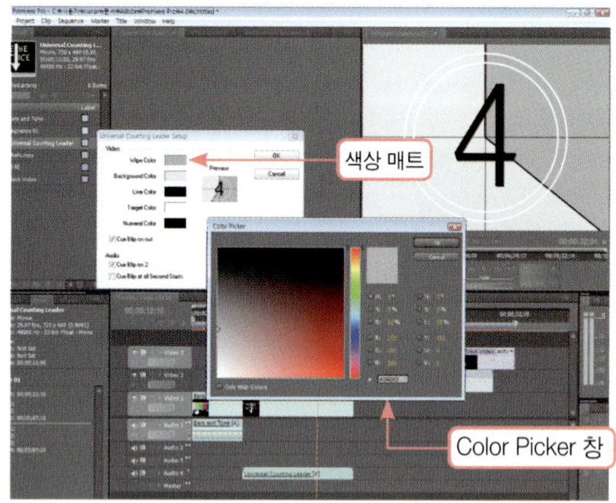

Video 옵션 하단에 있는 Cue Blip on out(카운팅 리더 끝 프레임에 큐 표시)을 체크하면, 카운트 클립이 끝나는 위치를 알려주는 흰색 원을 표시합니다.

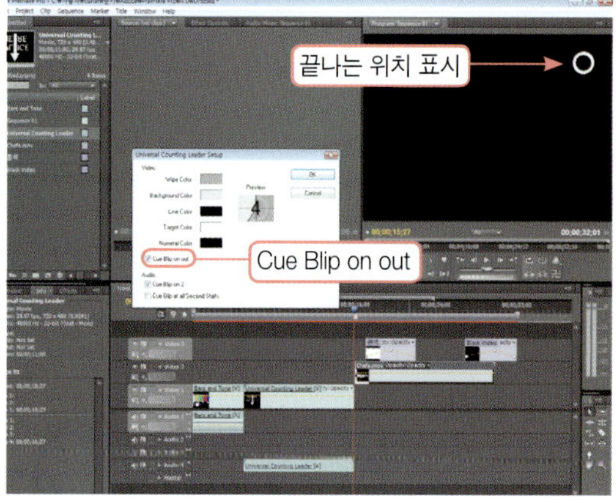

② Audio

Audio 옵션에는 2번 숫자가 나타날 때 비프 음을 내는 Cue Blip on 2(카운트 숫자 2에 신호음 삽입)와 모든 숫자에 비프 음을 내는 Cue Blip at all Second Starts(모든 카운트 숫자에 신호음 삽입) 옵션이 있습니다.

프로젝트 패널 오른쪽 상단의 작은 삼각형은 메뉴를 열어주는 버튼입니다. 프로젝트 패널의 메뉴에는 New Bin, Automate to Sequence, Find 등, 도구 모음의 버튼들과 동일한 기능을 하는 것이 대부분이므로, 도구의 기능을 충분히 이해하고 있다면, 쉽게 짐작할 수 있습니다. 각 메뉴의 역할을 간단히 살펴보면서 프로젝트 패널의 학습을 마치겠습니다.

 Undock Panel

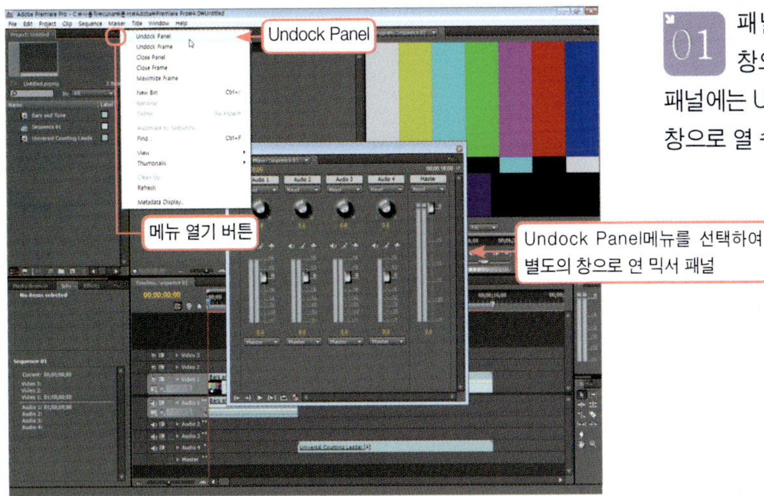

01 패널 분리 메뉴는 해당 패널을 별도의 창으로 엽니다. 프리미어에서 제공하는 모든 패널에는 Undock Panel 메뉴가 있으며, 각각 별도의 창으로 열 수 있습니다.

02 별도의 창으로 열린 패널을 원래대로 프레임에 결합 시키고 싶다면, 메뉴 버튼 오른쪽의 포인트 부분을 드래그하여 이동시킵니다. 패널이 도킹될 위치는 색상 표시로 미리 짐작할 수 있습니다.

Undock Frame

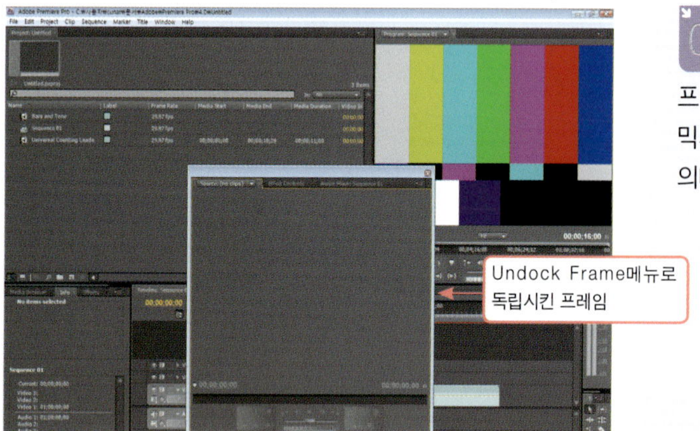

03 프레임 분리 메뉴는 패널이 속해있는 프레임 전체를 독립된 창으로 분리합니다. 여기서 프레임은 소스 패널, 이펙트 컨트롤 패널, 오디오 믹서 패널과 같이 여러 개의 패널이 모여있는 창을 의미합니다.

Close Panel

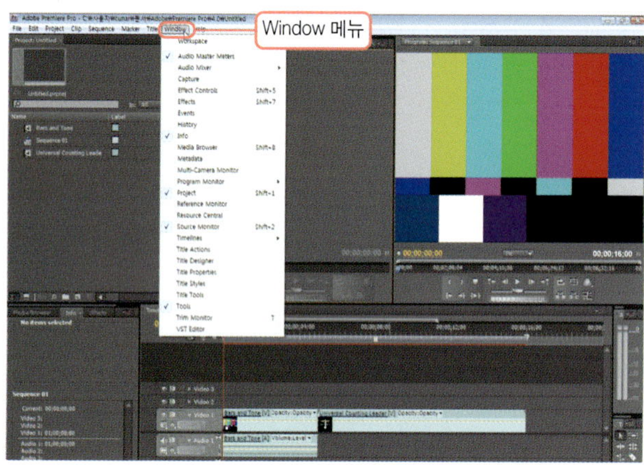

04 패널 닫기 메뉴는 해당 패널을 닫습니다. 닫은 패널은 Window 메뉴를 이용해서 다시 열 수 있습니다. Windows 메뉴에 체크 표시가 있는 것이 열려있는 패널을 의미하는데, 기본적인 패널 외에도 다양한 패널이 제공되고 있다는 것을 확인할 수 있습니다.

Close Frame

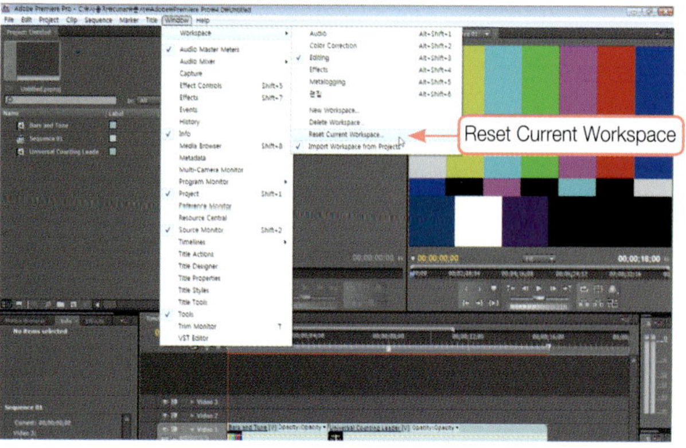

05 프레임 닫기 메뉴는 해당 프레임을 닫습니다. 예를 들어 소스 패널에서 Close Frame 메뉴를 선택하면, 이펙트 컨트롤 패널과 오디오 믹서 패널까지 하나의 프레임이 모두 닫히는 것입니다. 화면을 초기 상태로 복구하고 싶다면, Window 메뉴의 Workspace에서 Reset Current Workspace를 선택하고, 계속해서 열리는 창은 [Yes] 버튼을 클릭하여 닫습니다.

Maximum Frame

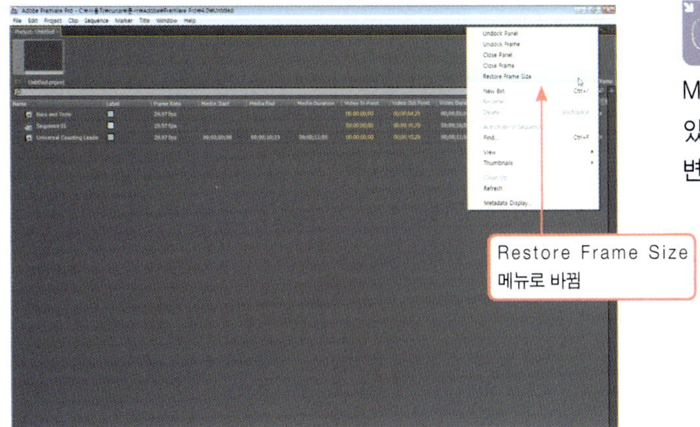

06 프레임 최대화 메뉴는 선택한 패널이 소속된 프레임을 화면 가득 채울 수 있게 확대합니다. Maximum Frame 메뉴는 원래의 크기로 되돌릴 수 있는 Restore Frame Size(프레임 크기 복원)로 변경됩니다.

New Bin

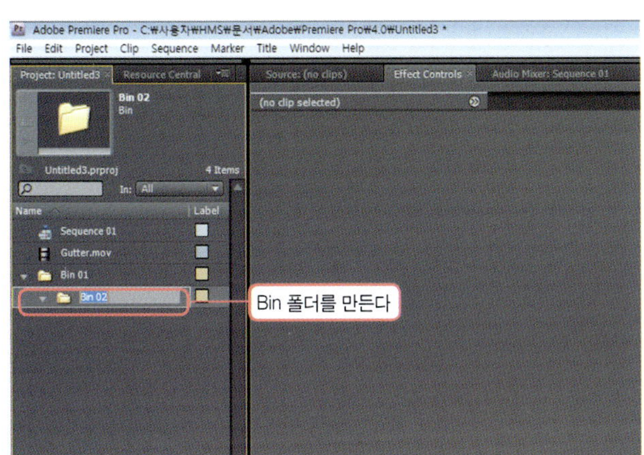

07 도구의 Bin(새 저장소) 버튼과 동일한 역할을 하는 것으로 아이템 창에 Bin이라는 이름의 새로운 폴더를 만듭니다.

Rename

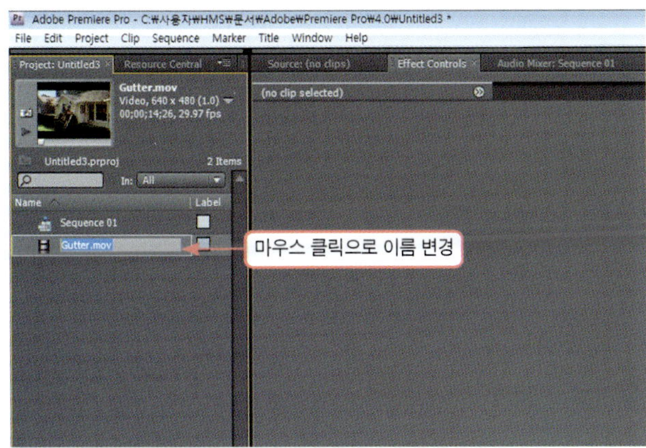

08 선택된 소스를 다시 한번 클릭하면, 이름을 변경할 수 있는데, 메뉴의 Rename(이름 바꾸기)은 이것과 같은 기능입니다. 참고로 소스를 선택하기 위해서는 이름 왼쪽의 아이콘을 클릭해야 합니다.

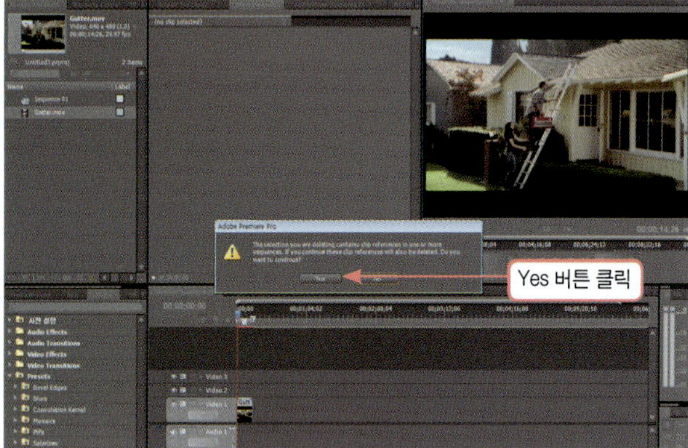

09 도구의 Clear(삭제) 버튼과 동일한 역할을 합니다. 메뉴를 실행하면, 선택한 소스를 정말로 삭제할 것인지를 묻는 창이 열립니다. 창에서 [Yes] 버튼을 클릭하면 선택한 소스가 삭제되고, [No] 버튼을 클릭하면 삭제 명령을 취소합니다. 일반적으로 메뉴 보다는 단축키 Delete 를 많이 사용합니다.

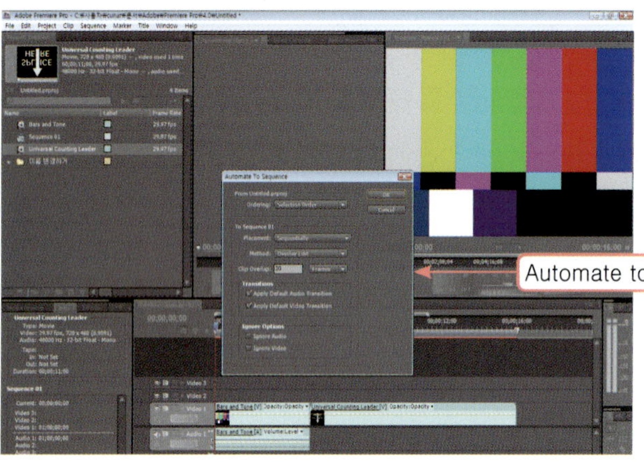

10 도구의 Automate to Sequence(시퀀스 자동화) 버튼과 동일한 역할을 하는 것으로 선택한 소스들을 타임라인 패널에 등록할 때의 옵션을 설정할 수 있는 창이 열립니다. 창의 옵션은 앞에서 살펴보았습니다.

11 도구의 Find(찾기) 버튼과 동일한 역할을 하는 것으로 프로젝트 패널에 임포트한 소스 중에서 원하는 소스를 찾을 수 있는 Find 창을 엽니다.

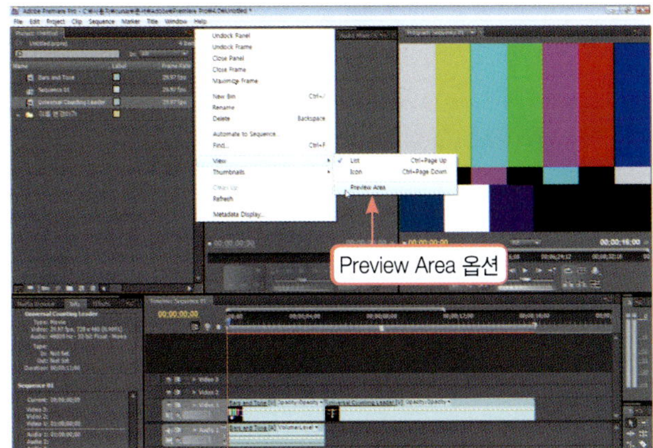

12 도구의 List 와 Icon 버튼과 동일한 역할을 하는 것으로 아이템 창의 소스를 리스트 또는 아이콘 형식으로 표시합니다. View(보기) 메뉴에는 Preview Area 옵션이 하나 더 있는데, 이것은 프로젝트 패널 상단에 있는 정보 표시 창을 보이게 하거나 감추는 역할입니다. 메뉴를 선택하여 체크 표시를 하면 보이고, 해제하면 감춥니다.

Thumbnails

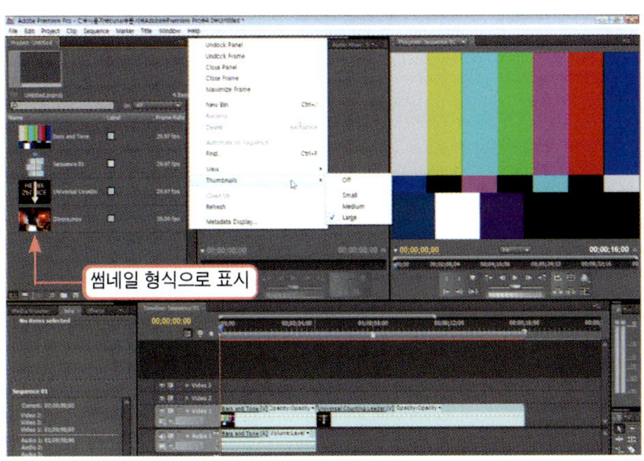

13 기본적으로 Thumbnails(축소판) 메뉴에 Off가 체크되어 있기 때문에 프로젝트 패널에 임포트한 소스를 아이콘으로 표시했지만, Off를 해제하면 리스트 형식에서도 썸네일 창이 표시됩니다. Small(작게), Medium(중간), Large(크게)로 썸네일 창의 크기를 결정합니다.

Clean Up

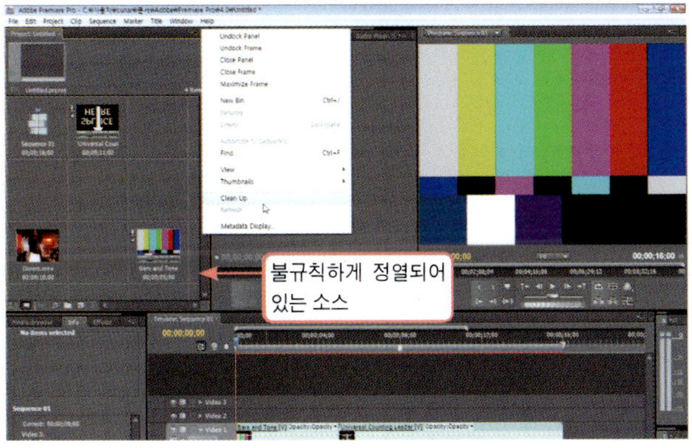

14 정리 메뉴는 아이콘 보기 상태에서 불규칙적으로 정렬된 소스를 정렬하는 메뉴입니다. 아이콘 보기 상태에서는 소스의 위치와 순서를 자유롭게 이동시킬 수 있다는 것을 기억할 것입니다. 소스를 이동시키면서 발생한 공백을 제거하고, 정렬하는 것입니다.

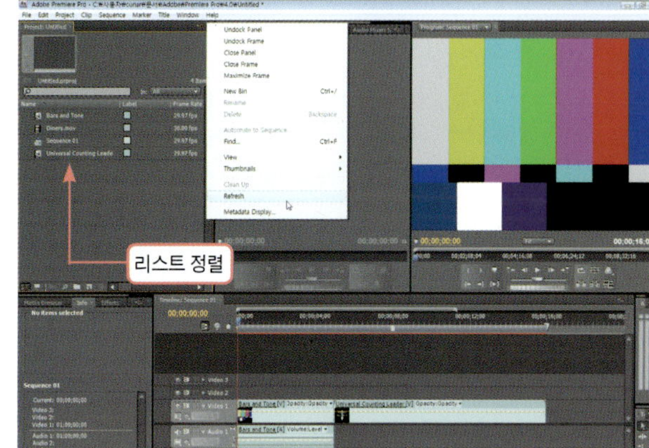

15 새로 고침 메뉴는 리스트 보기 상태에서 소스의 이름을 변경하거나 새로운 소스를 등록하는 등의 작업으로 정렬되지 않은 소스들을 이름 순으로 정렬합니다.

 Metadata Display

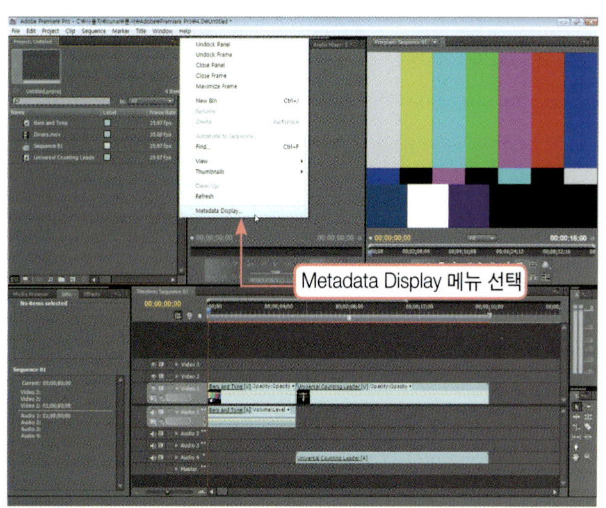

16 프로젝트 패널에 등록한 소스를 리스트 형태로 보면, 소스의 정보를 다양하게 표시하는 칼럼들이 있습니다. Metadata Display (메타 데이터 표시) 메뉴는 사용자가 원하는 칼럼만 보이게 하거나 편집할 수 있는 창을 엽니다.

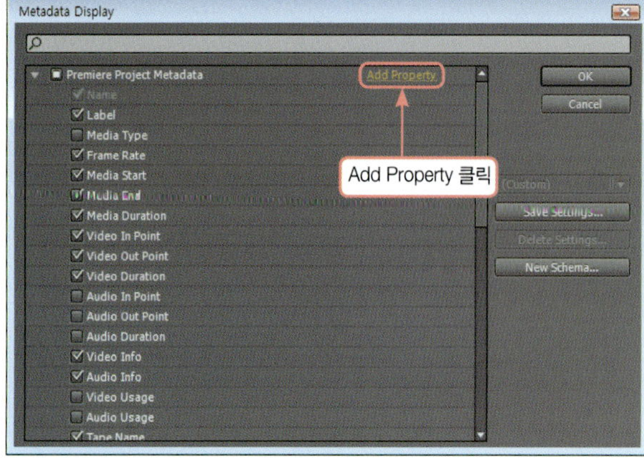

17 Metadata Display 창에는 프로젝트 정보에서부터 Mobile SWF까지 수 십 종류의 정보를 제공하고 있으며, 체크 옵션으로 표시 여부를 결정합니다. Add Property(속성 추가) 는 사용자가 원하는 속성을 추가하는 역할을 합니다.

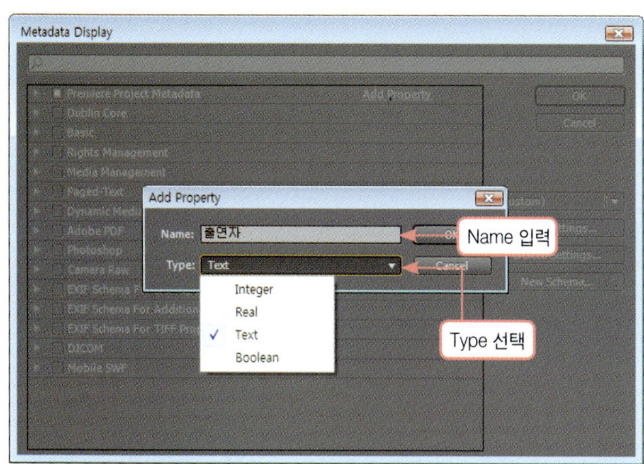

18 Add Property를 클릭하면 속성의 이름과 타입을 결정할 수 있는 창이 열립니다. Name 항목에는 출연자라고 입력을 하고, Type 항목에서는 Text를 선택합니다.

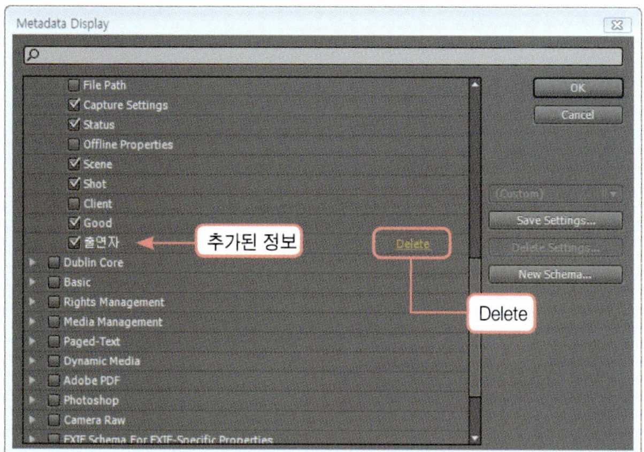

19 출연자라는 이름의 칼럼이 추가된 것을 확인할 수 있으며, 사용자가 추가한 칼럼은 Delete 문자를 클릭하여 삭제할 수 있습니다. [OK] 버튼을 클릭하여 Metadata Display 창을 닫습니다.

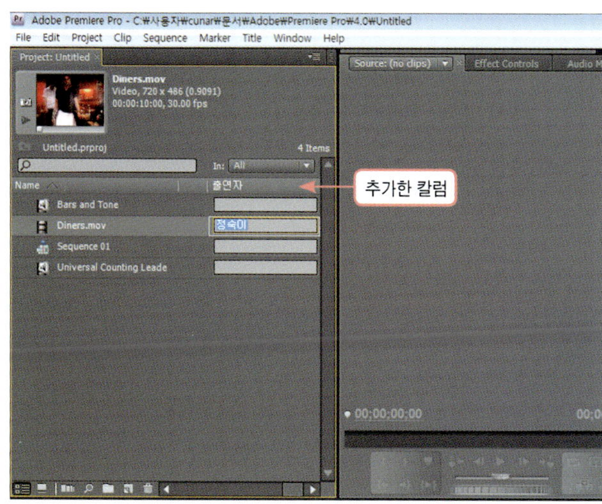

20 프로젝트 패널의 칼럼을 보면, 사용자가 추가한 출연자 칼럼이 있는 것을 확인할 수 있으며, Type을 Text로 설정했으므로, 원하는 문자를 입력할 수 있습니다. 출연자의 정보로 소스를 구분하고 싶을 때, 유용한 칼럼이 될 것입니다.

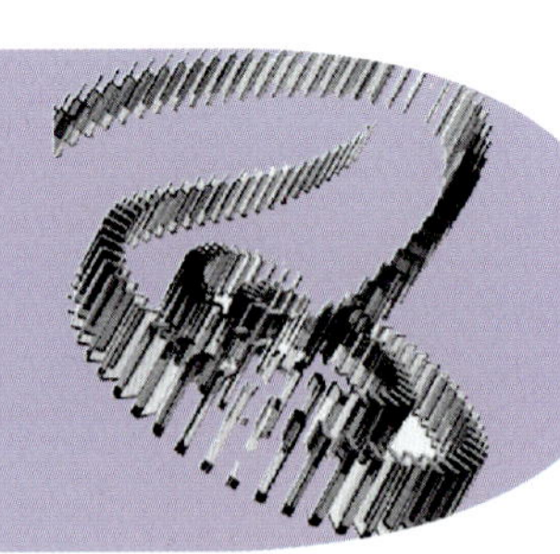

소스 패널 익히기

프로미어 프로 CS4를 이용한 영상 편집 작업의 첫 번째 단계는 작업할 소스를 프로젝트 패널에 준비해 놓는 것이라고 했습니다. 그 다음은 프로젝트 패널에 준비해놓은 소스를 타임라인 패널에 가져다 놓고, 실제적인 편집 작업을 진행하는 것입니다. 하지만, 프로젝트 패널에 준비해놓은 영상의 길이가 1시간짜리이고, 실제 작업에 필요한 영상이 10~20분 정도라면, 타임라인 패널에 1시간짜리를 가져다 놓고, 필요 없는 부분을 찾아서 제거하는 것 보다는 필요한 부분만 골라서 타임라인 패널에 가져다 놓는 것이 편할 것입니다. 이렇게 작업에 필요한 부분을 골라서 타임라인 패널에 등록하는 역할을 하는 것이 소스 패널입니다.

1 소스 패널을 사용할 때의 장점

소스 패널은 프로젝트 패널에 모아놓은 영상, 사운드 등의 미디어 소스를 타임라인 패널에 가져다 놓기 전에 필요한 부분을 골라내는 역할을 합니다. 짧은 길이의 영상을 편집할 때는 소스 패널을 이용해야 할 필요성을 느끼지 못할 수도 있지만, 긴 길이의 영상을 편집할 때는 소스 패널의 편리함을 실감하게 될 것입니다. 작업의 흐름상 프로젝트 패널을 익힌 다음에 타임라인 패널을 익히는 것이 좋겠지만, 그 중간 단계인 소스 패널 역할부터 살펴보겠습니다.

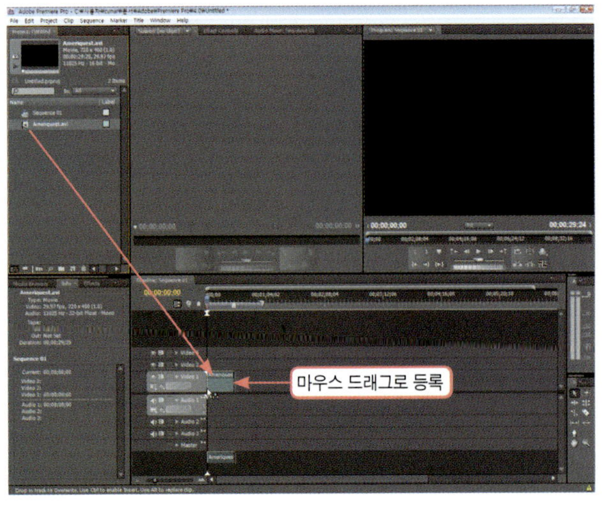

01 새로운 프로젝트를 만들고, 부록 CD의 PART_02 폴더에서 Ameriquest 파일을 임포트 합니다. 이것을 사용자가 편집할 영상이라고 가정하고, 타임라인 패널의 Video 1 트랙으로 드래그하여 가져다 놓습니다. 이것이 일반적이 편집 과정입니다.

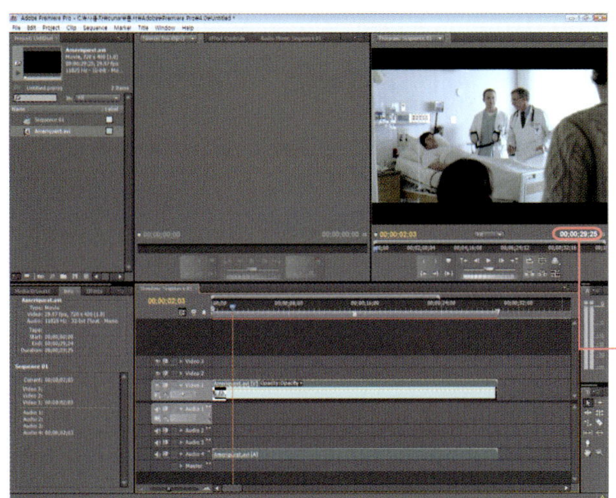

02 프로그램 패널을 보면, 타임라인에 등록한 영상의 길이가 29초 25프레임인 것을 확인할 수 있습니다. 하지만, 실제 작업에 필요한 영상은 중간에 1초 뿐이였다고 가정을 하면, 나머지 28초 정도의 영상은 타임라인 패널로 가져올 필요가 없었던 것입니다. Ctrl + Z 키를 눌러 앞의 작업을 취소합니다.

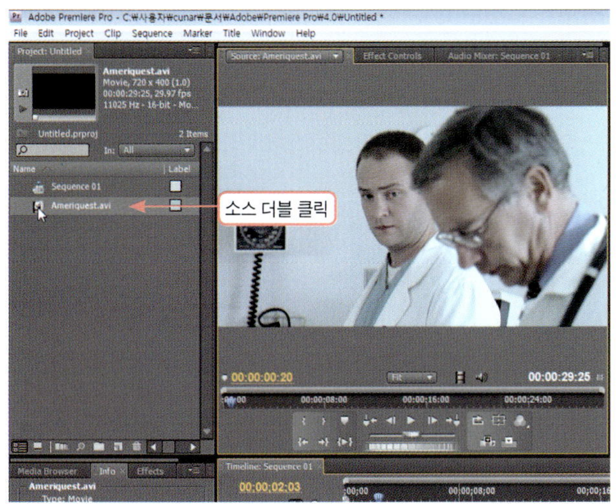

03 이제 프로젝트 패널의 소스를 타임라인 패널에 바로 등록하지 않고, 소스 패널을 거쳐서 필요한 부분만 등록해 보겠습니다. 프로젝트 패널의 ameriquest.mov 소스를 더블 클릭하거나 소스 패널로 드래그 합니다. 그러면 해당 소스가 소스 패널에 등록되는 것을 확인할 수 있습니다.

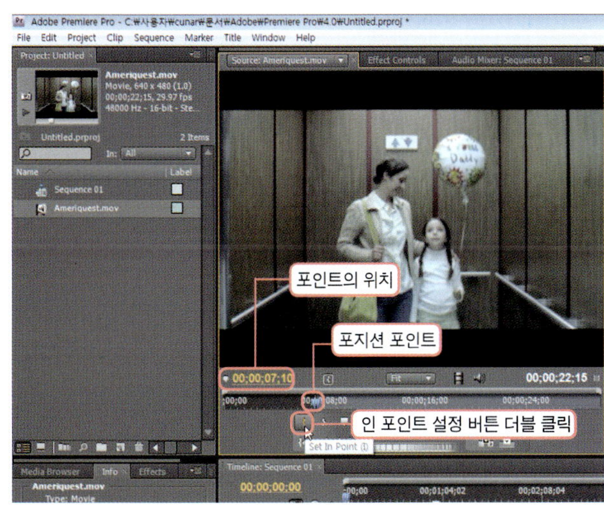

04 소스 패널의 재생 버튼을 클릭하거나 포지션 포인트를 오른쪽으로 드래그하여 필요한 부분의 시작 위치를 찾습니다. 실습에서는 엘리베이터 장면의 시작 지점인 7초 09 프레임 위치를 찾고, 인 포인트 설정 버튼을 클릭합니다.

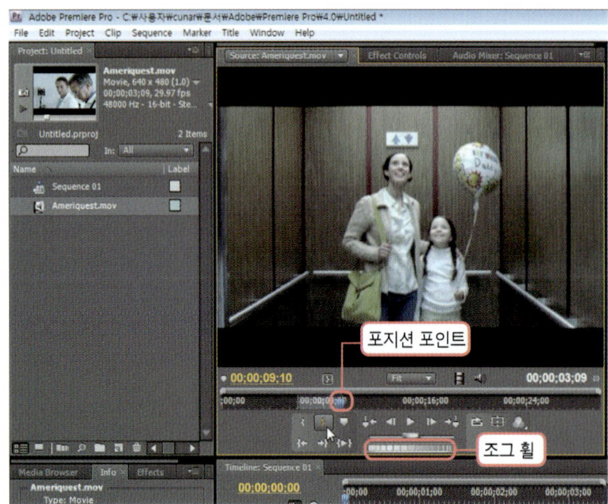

05 계속해서 포지션 포인트를 우측으로 드래그하여 엘리베이터 끝 장면인 9초 10프레임을 찾고, 아웃 포인트 설정 버튼을 클릭합니다. 룰러 라인을 보면 인/아웃 포인트 구간이 회색으로 표시되는 것을 확인할 수 있습니다. 이 구간만 사용하겠다는 것입니다.

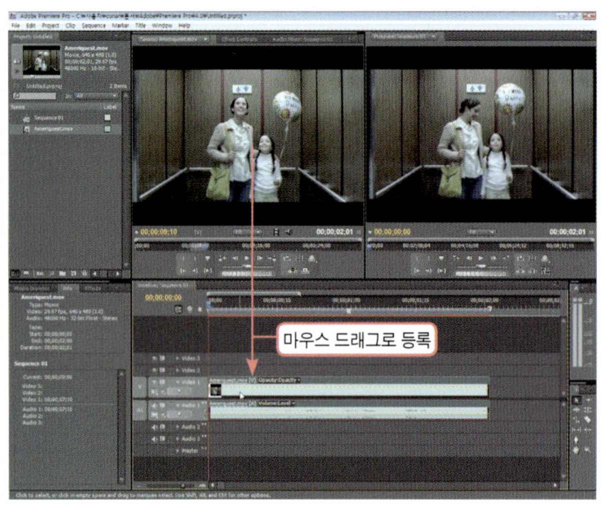

06 소스 패널의 영상을 타임라인 패널로 드래그합니다. Home 키를 눌러 포지션 라인을 처음 위치로 이동시키고, Space bar 키를 눌러 영상을 재생해보면, ameriquest.mov 소스에서 엘리베이터 장면만 등록된 것을 확인할 수 있습니다.

 가·정·교·사

원하는 장면을 미세하게 찾고 싶을 때는 키보드의 왼쪽/오른쪽 방향키 또는 소스 패널의 조그 휠을 이용합니다.

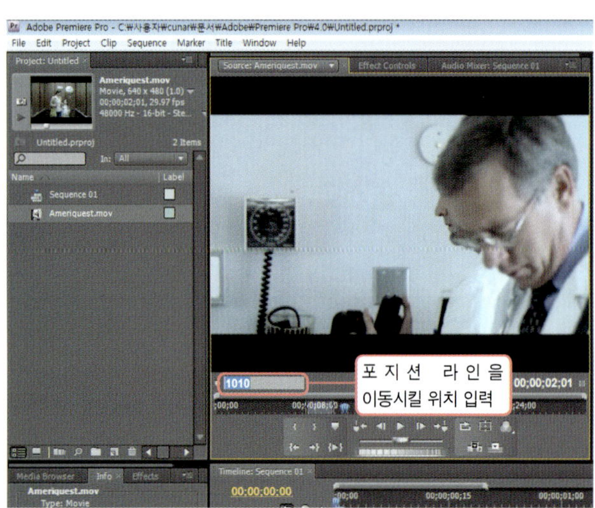

07 소스 패널의 타임코드 항목을 더블 클릭하여 수정 가능한 상태로 놓고, 1010를 입력합니다. 포지션 라인을 의사가 파리를 잡는 장면의 시작 위치인 10초 10프레임으로 이동시키는 것입니다. 인 포인트 설정 버튼을 클릭합니다.

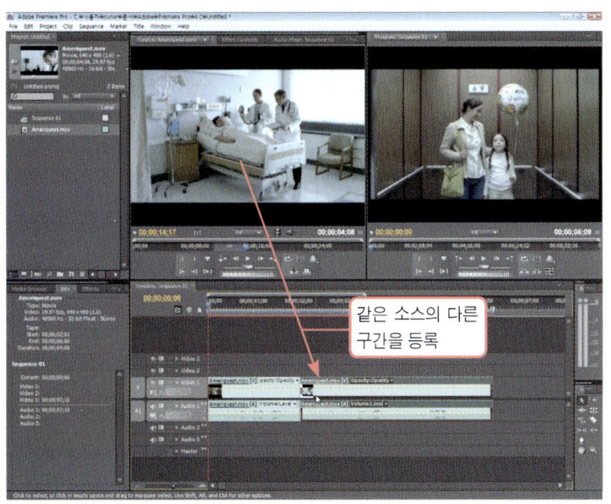

08 같은 방법으로 포지션 라인을 14초 17 프레임으로 이동시키고, 아웃 포인트 설정 버튼을 클릭합니다. 그리고 영상을 드래그하여 엘리베이터 장면의 클립 뒤로 가져다 놓습니다. 하나의 소스에서 사용자가 원하는 범위를 구간별로 가져다 쓸 수 있다는 것을 확인해본 것입니다.

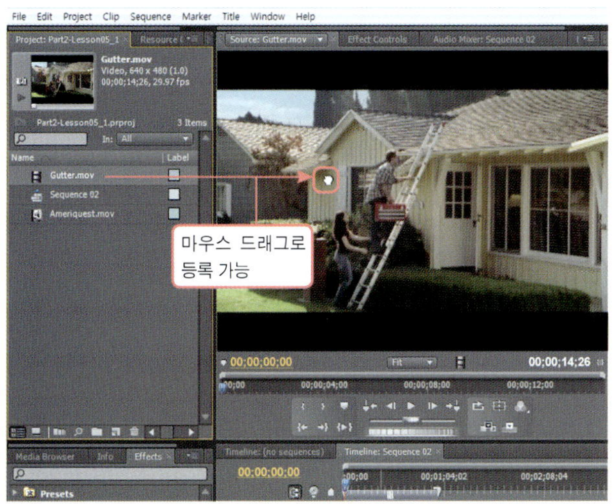

09 소스 패널에는 두 개 이상의 소스를 등록해놓고, 작업에 필요한 구간을 선택할 수 있습니다. 부록 CD의 PART_02 폴더에서 Gutter 파일을 프로젝트 패널에 임포트 시키고, 소스 패널로 드래그하여 등록합니다.

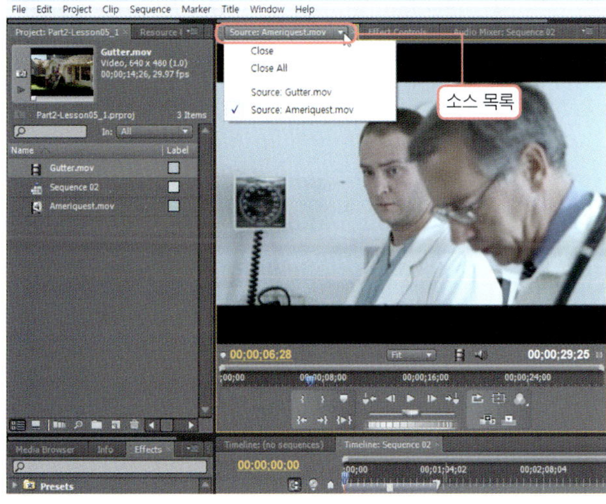

10 소스 패널의 영상은 새로 등록한 Gutter.mov 로 바뀝니다. 그러나 소스 패널의 목록 메뉴를 클릭하여 열어보면, 앞에서 등록시켜놓은 Ameriquest.mov 소스도 그대로 가지고 있으며, 언제든 원하는 소스를 선택하여 사용할 수 있다는 것을 알 수 있습니다.

 가·정·교·사

Close 는 체크 표시가 되어 있는 것을 소스 패널에서 제거하는 것이고, Close All은 모든 소스를 제거하는 메뉴입니다.

2 오디오 소스 다루기

소스 패널은 오디오 소스를 편집할 때 더욱 진가를 발휘합니다. 프리미어 프로 CS4는 영상 편집 프로그램이기 때문에 사운드 편집을 하기 위해서는 별도의 프로그램을 이용해야만 합니다. 물론, Adobe사에서 제작한 Soundbooth CS4를 이용하면, 이러한 불편함이 해결되지만, 추가로 설치해야만 한다는 부담이 있습니다. 하지만, 소스 패널에서 필요한 부분을 미리 편집해서 가져오는 방식을 이용하면, Soundbooth CS4가 설치되어 있지 않은 사용자도 미세한 편집이 가능합니다.

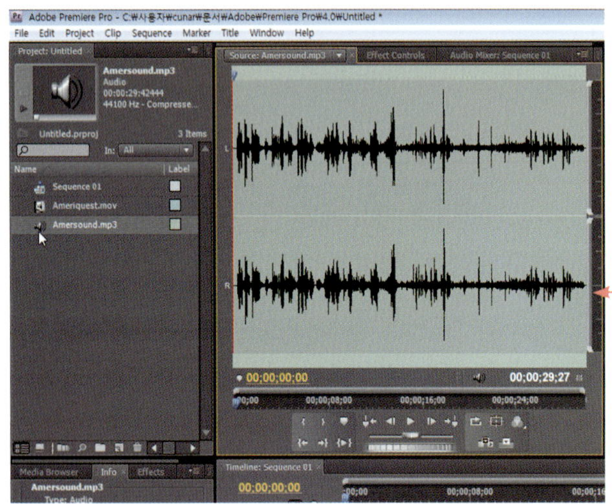

01 앞의 실습에 이어서 부록 CD의 PART_02 폴더에서 Amersound 파일을 임포트합니다. 그리고 임포트한 MP3 파일을 더블 클릭하여 소스 패널에 등록합니다. 사운드 소스 이므로, 파형이 표시됩니다.

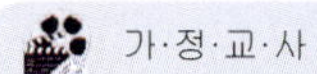

가·정·교·사

오디오 파형의 크기는 레벨을 의미하며, 최고점이 0dB입니다.

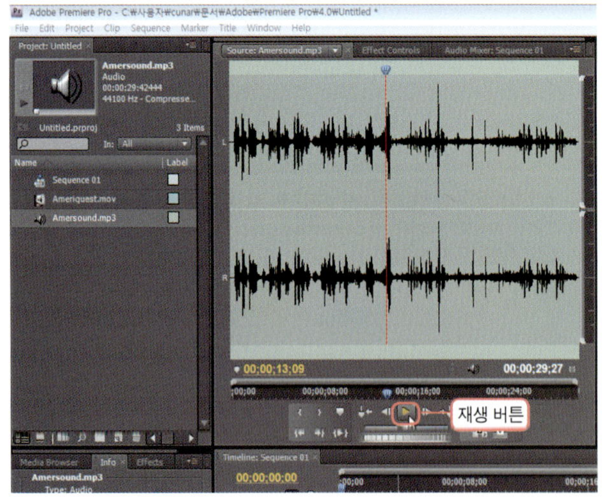

02 재생 버튼을 클릭하여 사운드를 모니터 하면서 파리가 날아다니다가 '탁' 하는 소리가 나는 위치를 찾습니다. 13초 9프레임 위치인데, 사운드 편집이 처음인 경우에는 원하는 위치를 찾기 위해서 전체 사운드를 모니터 하는 수고를 해야 하지만, 익숙해지면, 파형을 보고 사운드를 짐작할 수 있게 됩니다.

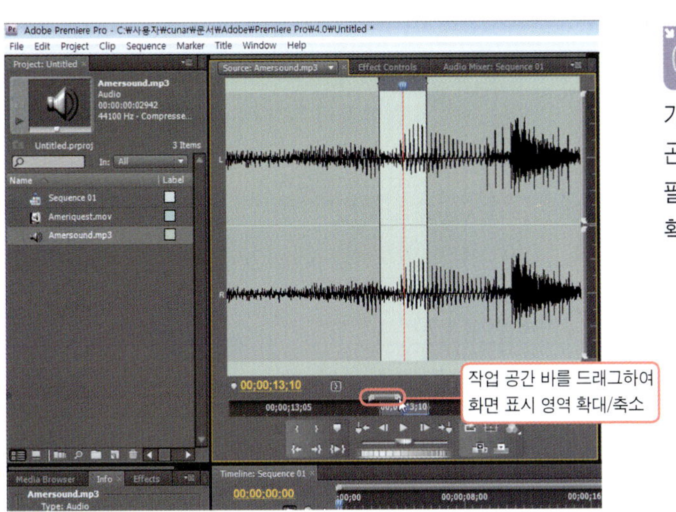

03 '탁'소리를 사용하기 위한 실습인데, 이런 식으로 인/아웃 포인트 잡고, 타임라인에 가져다 놓으면, 정확한 타이밍이 필요한 편집에서 곤란합니다. 결국 좀더 미세한 범위를 선택해야 할 필요가 있는데, 작업 공간 바를 드래그하여 파형을 확대해도 프레임 단위로만 선택이 가능합니다.

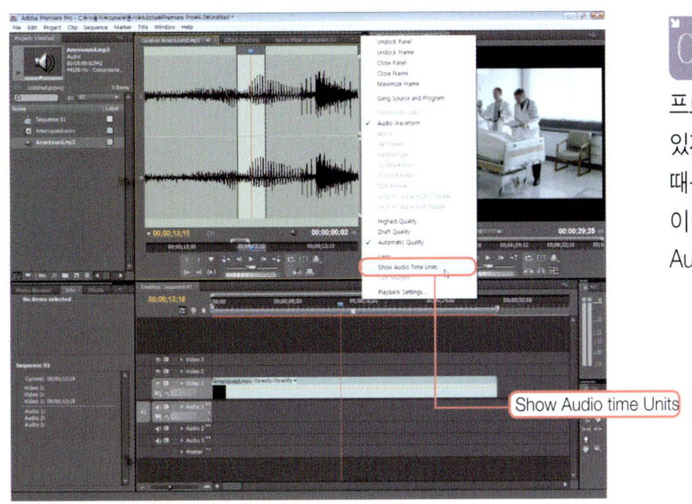

04 프리미어 프로 CS4는 사운드를 샘플 단위로 표시하고 편집할 수 있습니다. 물론, 프로젝트 환경을 처음부터 샘플 단위로 설정할 수도 있지만, 프리미어 프로 CS4의 사용 목적이 영상이기 때문에 필요한 경우에만 On/Off하는 것이 좋습니다. 이런 역할을 하는 것이 소스 패널 메뉴의 Show Audio Time Units(오디오 시간 단위 표시)입니다.

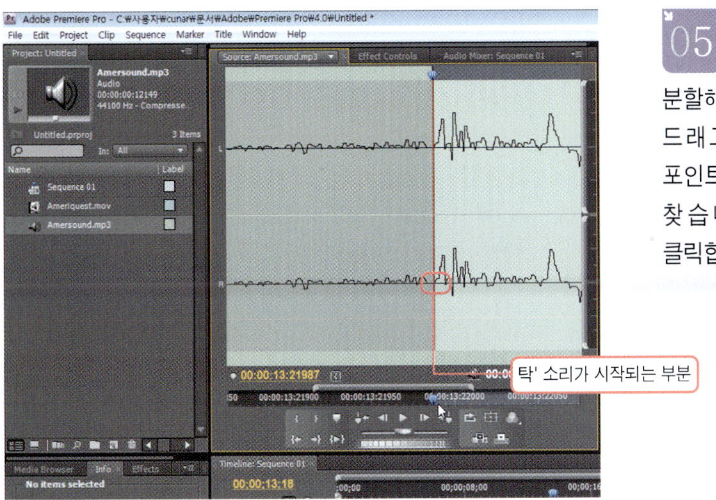

05 Show Audio Time Units 메뉴를 체크하면, 오디오 사운드를 1초에 48000단계로 분할해서 선택할 수 있게 됩니다. 작업 공간 바를 드래그하여 파형을 더욱 확대시키고, 포지션 포인트를 드래그하여 탁' 소리가 시작하는 위치를 찾습니다. 그리고 인 포인트 설정 버튼을 클릭합니다. 실습의 경우 13초 23928 입니다.

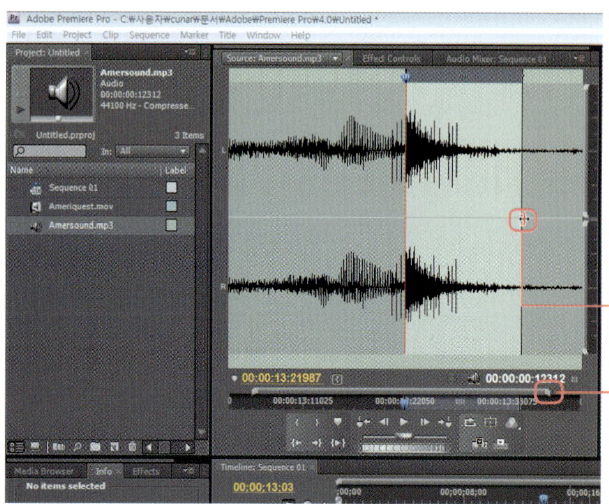

06 작업 공간 바를 드래그하여 파형을 축소시키고, 탁' 소리가 끝 나는 부분을 찾습니다. 파형이 점점 작아지는 것으로 쉽게 짐작할 수 있습니다. 그림에서는 아웃 포인트의 위치를 소스 패널의 아웃 라인을 드래그하여 찾고 있습니다.

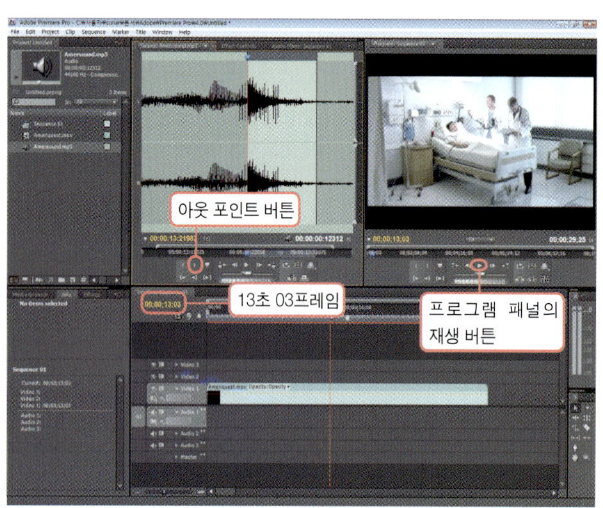

07 위치를 찾았다면, 아웃 포인트 버튼을 클릭하여 정확히 탁'소리가 나는 구간만 선택되게 합니다. 그리고 프로그램 패널의 재생 버튼을 클릭하여 타임라인 패널에 등록한 영상이 재생되게 하고, 의사가 파리를 잡을 때, 불꽃이 뛰는 부분을 찾습니다. 실습에서는 13초 03프레임 입니다.

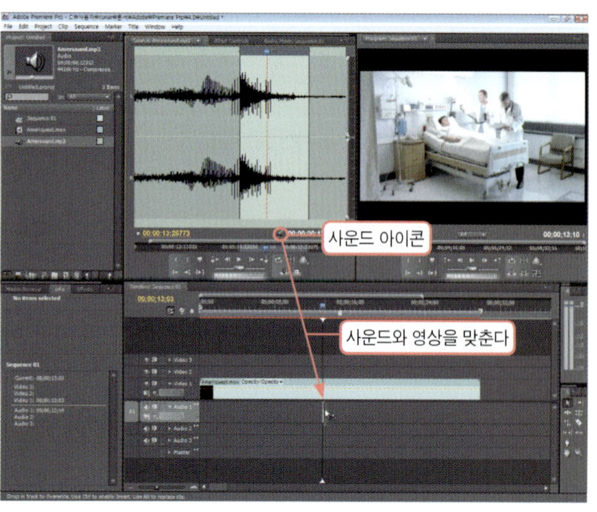

08 소스 패널의 사운드 아이콘을 포지션 라인이 있는 13초 03프레임 위치의 Audio 1 트랙으로 드래그하여 등록합니다. Space bar 키를 눌러 재생을 해보면, 영상과 사운드가 정확히 일치된 것을 확인할 수 있습니다. 사운드 편집이 끝나면, Show Audio Time Units 메뉴의 체크 표시를 해제하여 타임코드를 프레임 단위로 볼 수 있게 합니다.

3 소스 패널의 도구 살펴보기

소스 패널에는 앞의 실습에서 살펴본 인/아웃 포인트 설정 버튼 외에 인/아웃 범위로 설정된 구간을 타임라인 패널에 어떻게 배치시킬 것인지를 결정하는 인서트와 오버레이 등의 다양한 컨트롤 버튼들이 있습니다. 각 버튼의 역할을 살펴보겠습니다.

 타임코드

01 소스 패널에 보여지는 영상의 위치와 인/아웃 포인트의 길이를 나타내는 타임코드가 있습니다. 왼쪽의 노란색 숫자가 영상이 보이는 위치를 표시하는 것이고, 오른쪽의 흰색 숫자가 소스 및 인/아웃 포인트 범위의 길이를 표시하는 것입니다.

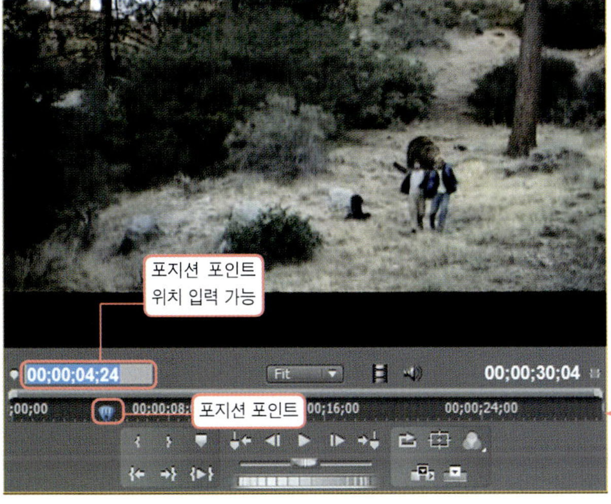

02 소스 패널에 보이는 영상의 위치를 나타내는 포지션 포인트는 룰러 라인에 파란색으로 표시되어 있습니다. 포지션 포인트 또는 타임코드의 숫자를 좌/우로 드래그하여 편집할 위치를 찾을 수 있으며, 타임코드의 숫자를 클릭하여 포지션 포인트를 이동시킬 위치를 입력할 수 있습니다.

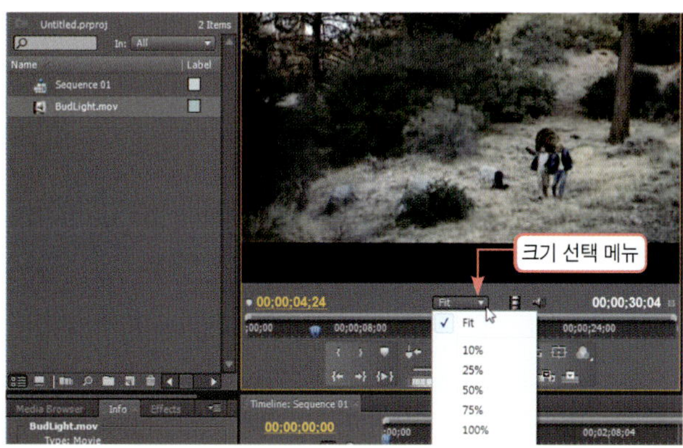

 위치와 길이를 표시하는 타임코드 중앙에
03 Fit라고 표시된 부분을 클릭하면 소스 패널에
보이는 영상의 크기를 퍼센트 단위로 조정할 수 있는
크기 선택 메뉴가 열립니다. 특별한 경우를
제외하고는 소스 패널 크기에 맞추어 자동으로
조정되는 Fit을 사용합니다. 오디오 소스인 경우에는
채널을 선택하는 역할을 합니다.

인 아웃 포인트 설정 버튼

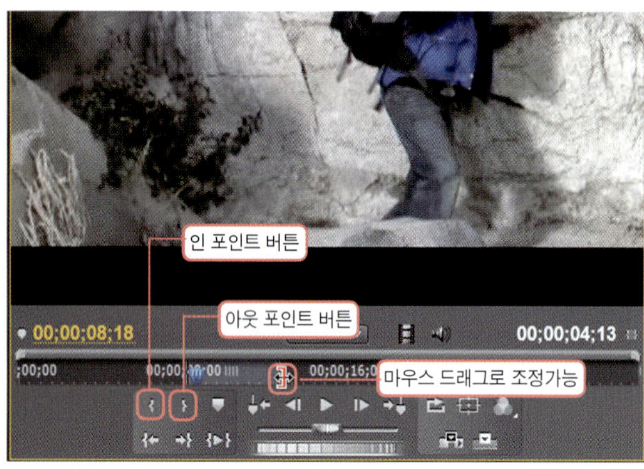

 인 포인트 설정 버튼과 아웃 포인트 설정
04 버튼은 앞의 실습에서 살펴본 것과 같이
타임라인 패널에 등록할 소스의 범위를 설정합니다.
소스 패널의 룰러 라인에서 좌/우측 끝을 드래그하여
인/아웃 포인트의 범위를 조정할 수 있다는 것도
기억해두면 좋습니다.

룰러 라인

포지션 포인트가 있는 룰러 라인은 소스의
05 전체 길이를 나타냅니다. 그리고 짙은
회색으로 표시되는 구간은 인/아웃 포인트로 설정된
구간을 나타냅니다. 룰러 라인 상단에는 단위를
확대하거나 축소할 수 있는 작업공간 바가 있으며,
바의 좌/우측 끝을 드래그하여 단위를 확대/축소할
수 있고, 중간을 드래그 하여 위치를 이동시킬 수
있습니다.

 **마커 버튼**

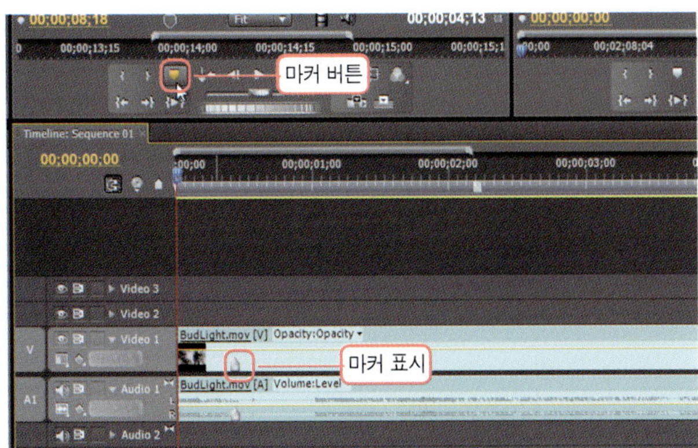

06 마커는 타임라인 패널에 등록 하기전에 편집에 필요한 위치를 표시하는 역할을 합니다. 마커 버튼을 클릭하면 포지션 포인트 위치에 마커가 삽입됩니다. 마커가 삽입된 소스를 타임라인 패널에 등록하면, 클립에 마커가 표시되어 원하는 위치를 쉽게 찾을 수 있습니다.

  **인**  **아웃 포인트 이동 버튼**

07 인 포인트 이동 버튼은 포지션 포인트를 인 포인트의 위치로 이동하고, 아웃 포인트 이동 버튼은 아웃 포인트의 위치로 이동합니다. 인/아웃 포인트가 설정되어 있지 않은 경우에는 소스의 시작 부분과 끝 부분으로 이동합니다.

  **인/아웃 포인트 재생 버튼**

08 인/아웃 포인트 구간을 재생하는 역할의 버튼입니다. 타임라인 패널에 인/아웃 포인트 구간을 등록하기 전에 정확한 범위를 선택했는지의 여부를 확인할 수 있습니다. 재생 중에는 Space bar 키를 눌러 정지시킬 수 있습니다.

09 이전 마커로 이동 버튼은 포지션 포인트가 왼쪽에 위치한 마커의 위치로 이동하고, 다음 마커로 이동 버튼은 오른쪽에 위치한 마커의 위치로 이동합니다. 많은 수의 마커를 입력해 두었다면, 버튼을 누를 때마다 순차적으로 이동합니다.

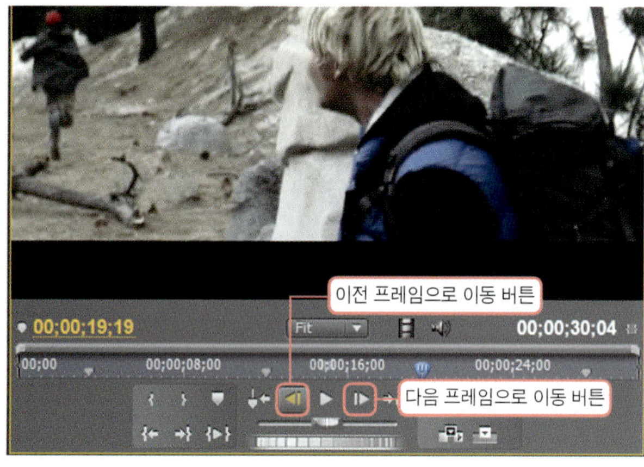

10 이전 프레임으로 이동 버튼과 다음 프레임으로 이동 버튼은 포지션 포인트가 프레임 단위로 이동합니다. 세밀하게 위치를 찾고 싶을 때 사용하는 이 버튼들은 키보드의 ← 또는 → 키를 이용하는 것이 편리할 것입니다. 키보드를 누르고 있으면 재생과 동일한 속도로 탐색할 수 있습니다.

11 재생 버튼은 인/아웃 포인트에 상관없이 영상을 포지션 포인트가 있는 위치에서부터 재생합니다. 재생 중에는 정지 기능을 합니다. 이것의 단축키인 Space bar 키는 타임라인 패널에서 작업 중일 경우에는 프로그램 패널의 재생 버튼이 작동되므로 주의히기 바랍니다.

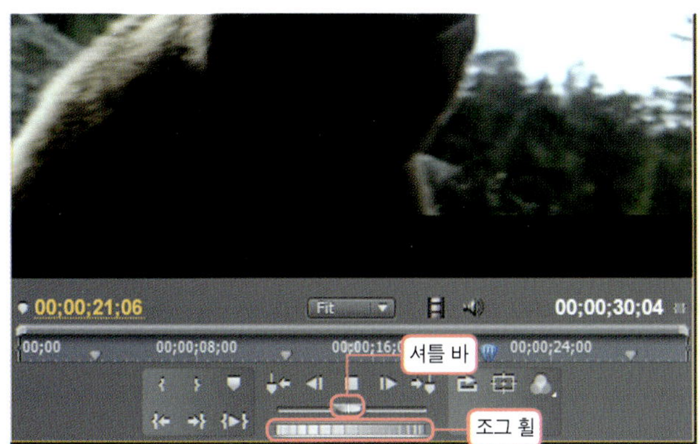

12 셔틀 바와 조그 휠은 마우스를 좌/우로 드래그하여 영상을 탐색할 때 사용합니다. 셔틀 바는 드래그하는 거리에 따라 탐색 속도가 결정되고, 조그 휠은 드래그하는 속도에 따라 결정됩니다. 마우스 보다는 셔틀 바 단축키인 ⬚(역재생), ⬚(정지), ⬚(재생)이나 조그 휠 단축키인 ← 또는 → 키를 이용하는 것이 편리합니다.

13 재생 버튼을 클릭하거나 Space bar 키를 눌러 영상을 모니터 할 때, 루프 버튼이 On으로 되어 있으면, 인/아웃 포인트 구간을 반복해서 재생합니다. 소스 패널에서 백 그라운드로 사용될 음악을 타임라인 패널에 등록할 때 유용합니다. 백 그라운드 음악은 시작과 종료 표시가 나지 않도록 자연스럽게 반복되게 하는 것이 중요하기 때문입니다.

14 컴퓨터 모니터에서 보는 영상을 아날로그 방식의 TV에서 보면, 주변의 영상이 잘립니다. 안전 영역 표시 버튼은 이것을 미리 짐작할 수 있게 표시하는 것으로 소스 패널 보다는 프로그램 패널에서 많이 사용합니다. 안전 영역 바깥쪽은 영상 안전 영역이고, 안쪽은 자막 안전 영역입니다.

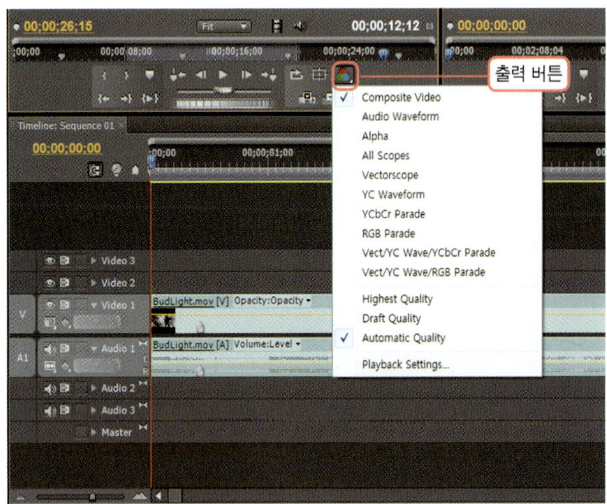

15 출력 버튼은 색상 보정에 관련된 메뉴와 소스 패널에 보이는 영상의 퀼리티를 선택하는 메뉴로 구성되어 있습니다. 색상 보정에 관련한 메뉴는 프로그램 패널에서 살펴보겠습니다. 소스 패널에 보이는 영상의 퀼리티는 Highest Quality(최고 품질), Draft(초안 품질), Automatic Quality(자동 품질)의 3가지 중에서 선택할 수 있으며, 기본 값으로 사용자 시스템을 분석하여 가장 적절한 화질로 보여주는 Automatic Quality로 선택되어 있습니다.

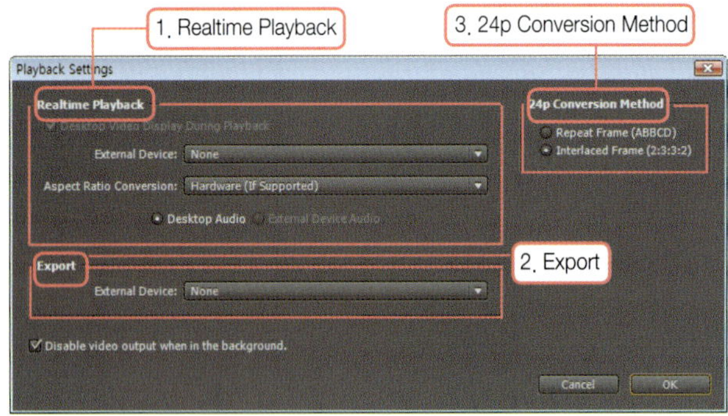

16 출력 버튼의 마지막 메뉴인 Playback Settings(재생 설정)은 영상 재생에 관련된 환경을 설정할 수 있는 창을 열어줍니다. Realtime Playback, Export, 24p Conversion Method 의 3가지 항목으로 구분된 옵션의 역할은 다음과 같습니다.

① Realtime Playback(실시간 재생)

❖ Desktop Video Display During Playbak(재생하는 동안 데스크탑 비디오 표시): 모니터 패널의 영상이 컴퓨터에 연결된 외부 모니터에서 재생되게 할 것인지의 여부를 선택합니다. External Device(외부 장치) 목록에서 외부 모니터를 선택한 경우에 사용할 수 있습니다.

❖ External Device(외부 장치): 외부 모니터의 방식을 선택합니다. 사용자 컴퓨터에 설치되어 있는 드라이버에 따라 다르며, IEEE 1394 포트로 연결된 캠코더의 경우 DV 29.97(720x480)입니다.

❖ Aspect Ratio Conversion(종횡비 변환): 외부 모니터의 지원 방식을 Software 또는 Hardware 중에서 선택합니다.

❖ Desktop Audio(데스크탑 오디오): 사운드를 컴퓨터의 사운드 카드로 재생합니다.

❖ External Device Audio(외부 장치 오디오): 사운드를 External Device에서 선택한 외부 모니터에서 재생합니다.

② Export(내보내기)

❖ External Device(외부 장치): 작업한 영상을 외부 모니터에 녹화할 때의 방식을 선택합니다. 사용자 컴퓨터에 설치되어 있는 드라이버에 따라 다르며, IEEE 1394 포트는 DV 29.97(720x480)입니다.

③ 24p Conversion Method(변환 방법)

24프레임의 영상을 30프레임으로 익스포팅 할 때, 모자라는 6프레임을 임의로 채웁니다. Repeat Frame(반복 프레임)는 프레임을 반복해서 채우고, Interlaced Frame(인터레이스 프레임)은 주사선을 섞어서 채웁니다. 그 외 프리미어를 백그라운드로 사용할 때의 출력 가능 여부를 선택하는 Disable video output when in th background 옵션이 있습니다.

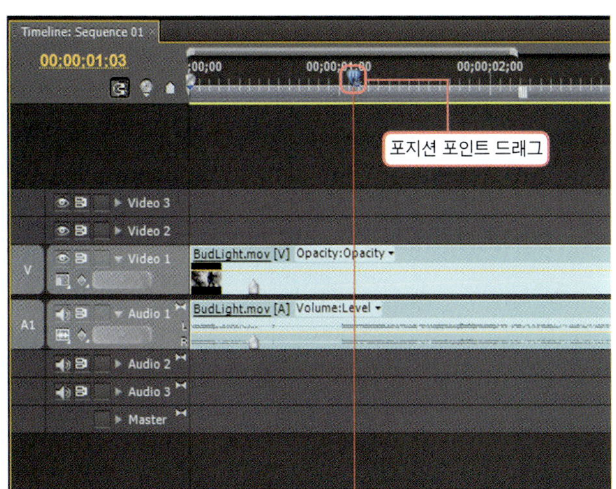

17 인서트 또는 오버레이 버튼을 클릭하여 소스 패널의 클립을 타임라인 패널에 등록할 수 있습니다. 이때, 포지션 라인 위치에 등록이 되는데, 포지션 라인 위치에 이미 클립이 있다면, 인서트는 포지션 라인 위치에 삽입하는 방식이지만, 오버레이는 덮어씌우는 방식입니다. 차이점을 확인해보겠습니다. 타임라인 패널에 클립을 등록하고, 포지션 라인을 중간에 위치시킵니다.

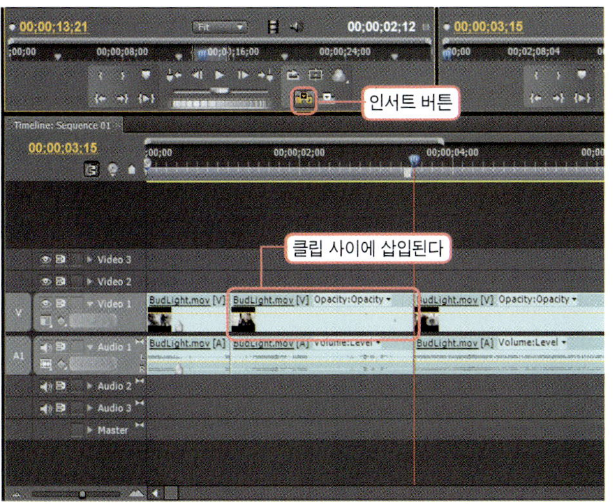

18 인서트 버튼을 클릭하면 포지션 라인 위치에 소스 패널의 클립이 삽입되고, 삽입된 클립의 길이만큼 포지션 라인 우측의 클립이 오른쪽으로 밀려나는 것을 확인할 수 있습니다. Ctrl +Z 키를 눌러 취소합니다.

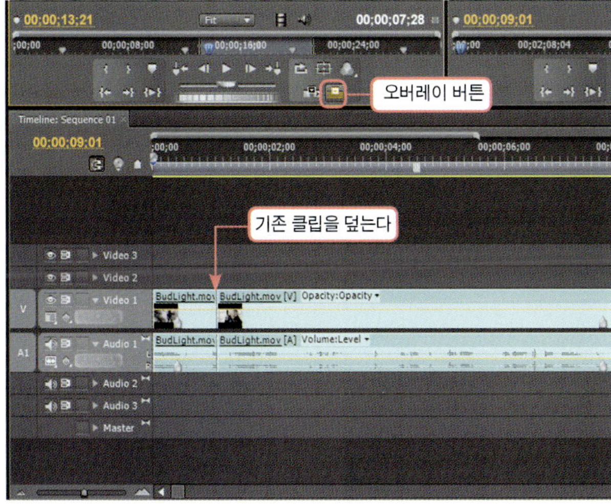

19 이번엔 오버레이 버튼을 클릭해 봅니다. 포지션 라인이 있는 클립 위에 그대로 덮어씌우게 되므로 전체 영상의 길이는 변함이 없다는 것을 확인할 수 있습니다. 참고로 소스 패널에서 마우스 드래그로 클립을 등록하면 포지션 라인 위치에 상관없이 오버레이 방식으로 등록할 수 있고, Ctrl 키를 누른 상태에서 드래그하면 인서트 방식으로 등록할 수 있습니다.

소스 패널의 메뉴에는 프로젝트 패널의 메뉴에서 보았던 Undock Panel, Undock Frame 등, 소스 패널을 독립 창으로 분리할 것인지의 여부를 선택하는 메뉴를 비롯해서 총 26가지의 목록을 볼 수 있습니다. 패널을 독립 창으로 열거나 닫는 Undock Panel, Undock Frame, Close Panel, Close Frame, Maximize Frame의 5가지 메뉴는 프로젝트 패널과 동일하므로 생략하고, Gang Source and Program 메뉴의 역할부터 살펴보겠습니다.

Gang Source and Program

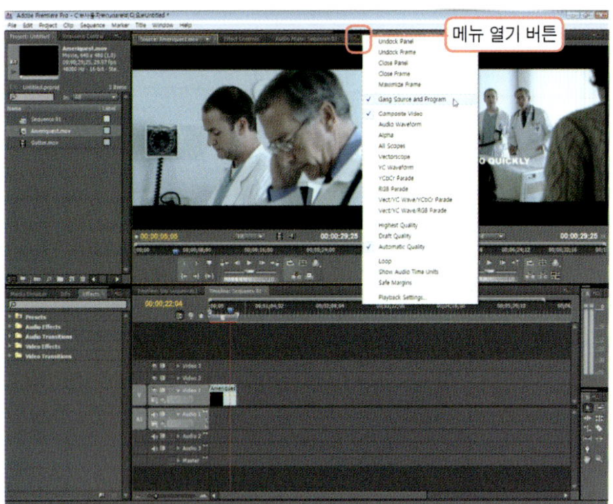

01 소스 패널에서 Gang Source and Program (소스 및 프로그램 연결) 메뉴를 선택하여 체크하면, 소스 패널과 프로그램 패널이 서로 연결되어 어느 한쪽의 컨트롤 버튼으로 두 패널을 함께 동작할 수 있게 합니다. Gang Source and Program 메뉴를 다시 선택하여 체크 표시를 해제하면 개별적으로 컨트롤 할 수 있습니다.

Composite Video

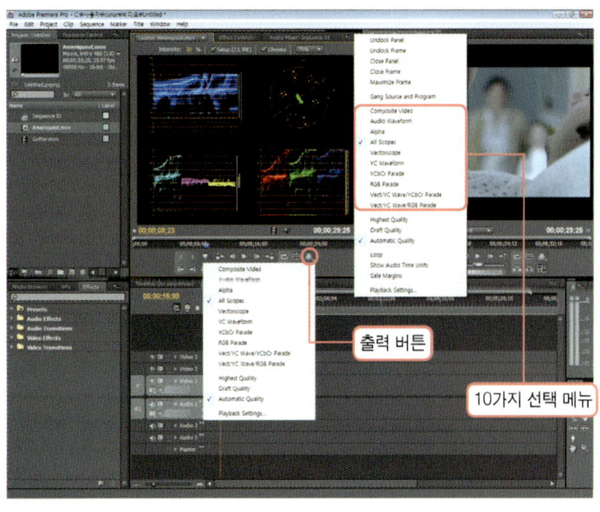

02 컨트롤의 출력 버튼을 클릭했을 때 보았던 10가지 화면 보기 메뉴와 동일한 역할을 합니다. 기본으로 선택되어 있는 Composite Video는 합성 영상, Audio Waveform은 오디오 파형, Alpha는 알파 채널을 보여줍니다. 그 외 All Scopes를 비롯한 7가지는 색상 보정을 위한 화면을 보여줍니다. 색상 보정에 관한 메뉴는 레퍼런스 패널에서 살펴보겠습니다.

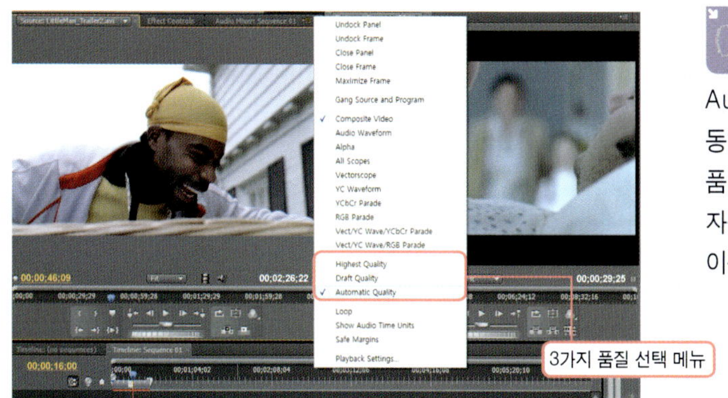

03 출력 버튼을 클릭했을 때 볼 수 있는 Highest Quality(최고 품질), Draft Quality(초안 품질), Automatic Quality(자동 품질)의 3가지 메뉴와 동일한 역할을 합니다. 이것은 패널에 보이는 영상의 품질을 선택하는 것으로 시스템 성능에 따라 자동으로 조정되는 Automatic Quality를 변경할 이유는 없을 것입니다.

04 컨트롤 도구의 루프 버튼을 On/Off하는 역할의 메뉴입니다. 굳이 메뉴를 사용할 필요는 없을 것입니다.

05 시간;분;초;프레임 단위로 표시되는 타임코드와 룰러 라인을 오디오 샘플 단위인 시간;분;초;샘플 단위로 표시합니다. Audio Units를 선택했을 경우에는 클립의 길이를 표시하는 타임코드 왼쪽에 음표 모양이 표시됩니다.

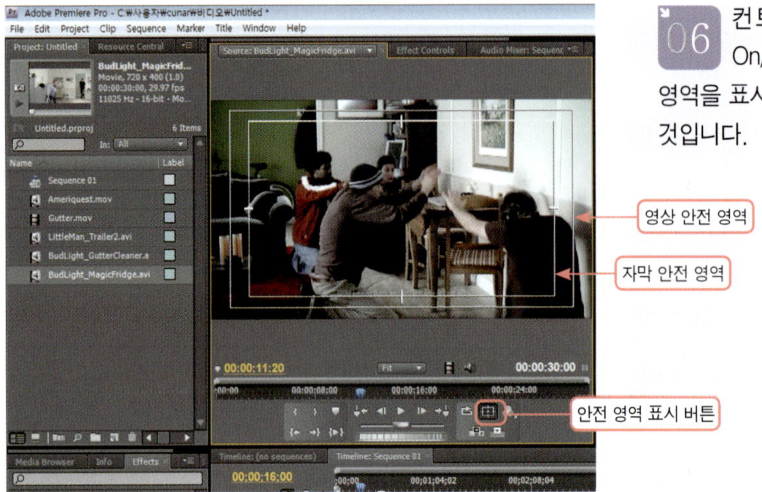

 **06** 컨트롤 도구의 안전 영역 표시 버튼을 On/Off하는 역할의 메뉴입니다. 패널에 안전 영역을 표시하기 위해서 메뉴를 이용할 경우는 없을 것입니다.

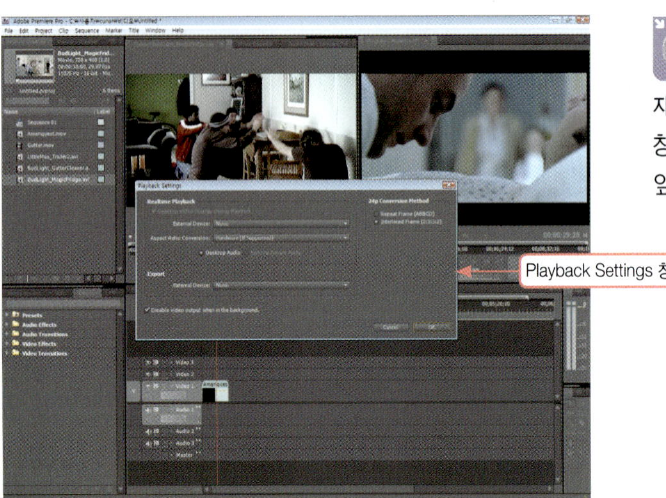

07 컨트롤 도구의 출력 버튼에서 Playback Settings을 선택하는 것과 동일한 것으로 재생 관련 옵션을 설정할 수 있는 Playback Settings 창을 열어줍니다. Playback Settings 창의 옵션은 앞에서 살펴보았습니다.

타임라인 패널 익히기

프리미어 프로 CS4의 작업 경로는 프로젝트 패널, 소스 패널, 타임라인 패널, 프로그램 패널로 구분할 수 있습니다. 이때 소스 패널은 작업자의 성격이나 취향에 따라 사용되지 않을 수 있기 때문에 실제적인 작업 경로는 프로젝트 패널, 타임라인 패널, 프로그램 패널로 단축될 수 있습니다. 여기서는 작업 경로 중간에 해당하는 타임라인 패널에 관해서 살펴보겠습니다. 타임라인 패널은 영상, 오디오, 이미지 등, 프로젝트 패널에 담아 놓은 다양한 소스의 편집 작업이 이루어지는 프리미어 프로 CS4의 핵심 패널입니다.

1 타임라인 패널의 구성과 역할

타임라인 패널은 프리미어 프로 CS4에서 가장 핵심적인 역할을 하기 때문에 각 학습 코너에서 수 차례 반복 사용되어 자연스럽게 익숙해 지겠지만, 타임라인 패널의 구성과 역할 정도는 알아두고 시작하는 것이 좋습니다. 타임라인 패널은 기본적으로 3개의 비디오 트랙, 3개의 오디오 트랙, 1개의 마스터 트랙으로 구성되어 있는 1개의 시퀀스가 있으며, 작업 상황에 따라 추가/삭제할 수 있습니다. 그리고 오른쪽에는 독립적인 창으로 존재하는 도구 모음 패널이 있습니다.

 도구 패널

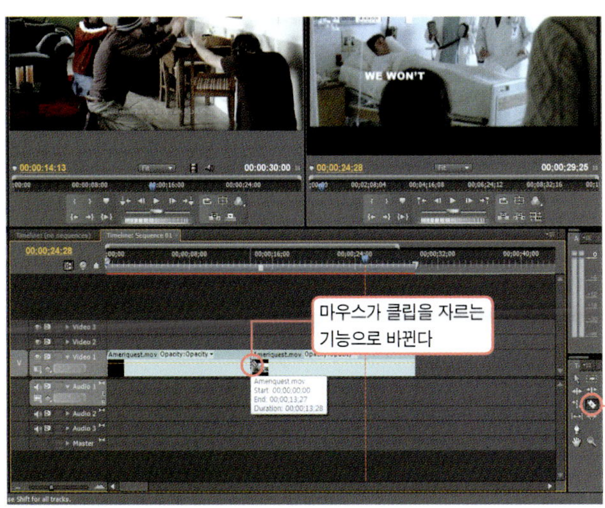

01 타임라인 패널 오른쪽에 있는 도구들은 독립적인 패널로 존재하지만, 타임라인 패널에서 사용하는 것입니다. 예를 들어 기본적으로 화살표 모양의 Selection Tool(선택 도구)이 선택되어 있는데, 면도날 모양의 Razor Tool(자르기 도구)을 선택하면, 마우스의 기능은 타임라인 패널에 등록되어 있는 클립을 자르는 역할을 하는 것입니다.

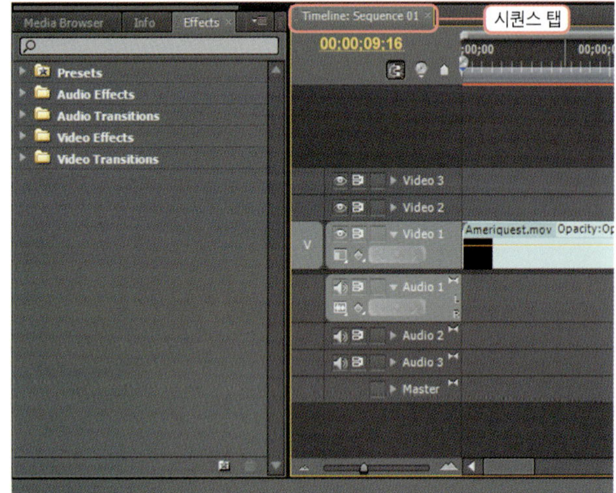

02 프리미어는 다중 시퀀스를 지원합니다. 다중 시퀀스란 여러 개의 프리미어를 사용하는 것과 동일한 효과를 느낄 수 있는 부분으로 영상에 서로 다른 효과를 적용해보거나 하나의 영상을 친구들과 나누어 작업 하는 등, 다양한 형태로 사용할 수 있습니다. 기본적으로 Sequence 01 이라는 이름의 탭을 제공합니다.

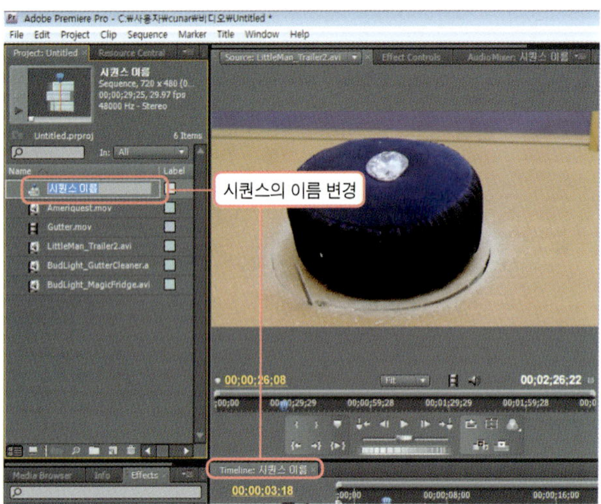

03 시퀀스의 이름은 프로젝트 패널에서 변경할 수 있습니다. Sequence 01이라는 이름의 소스를 클릭을 하면, 이름을 변경할 수 있게 파란색으로 반전됩니다. 이때 원하는 이름을 입력하고, Enter 키를 누르면, 타임라인 패널의 시퀀스 탭 이름이 변경되는 것을 확인할 수 있습니다.

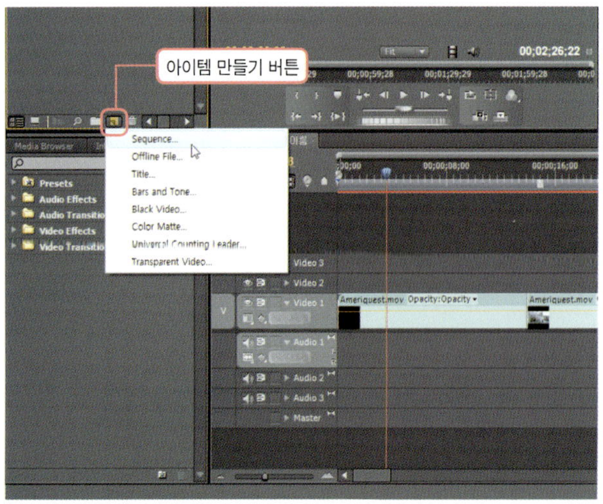

04 다중 시퀀스 작업을 위해 새로운 시퀀스를 추가하는 방법은 프로젝트 패널의 아이템 만들기(새항목) 버튼을 클릭하면 열리는 메뉴에서 Sequence(시퀀스)를 선택하면 됩니다.

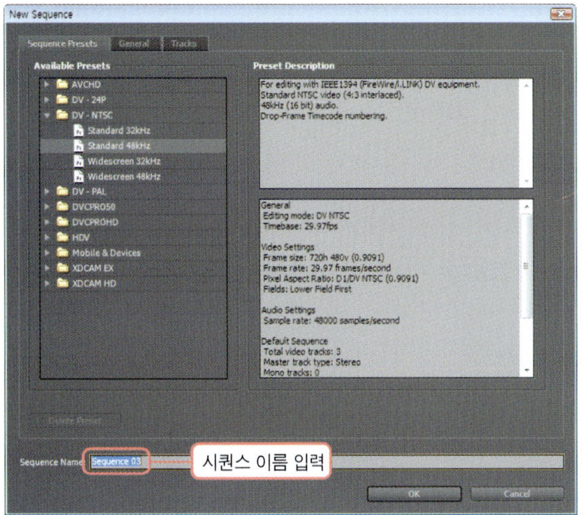

05 시퀀스의 이름과 환경을 설정할 수 있는 New Sequence 창이 열립니다. 환경은 작업 중인 프로젝트와 동일한 것으로 선택하고, Sequence Name에서 작업할 내용을 쉽게 구분할 수 있는 이름을 입력합니다. 그리고 [OK] 버튼을 클릭하면 타임라인 패널에 새로운 시퀀스 탭이 추가되는 것을 확인할 수 있습니다.

06 새롭게 추가한 시퀀스는 또 하나의 타임라인 패널을 사용하듯이 영상 편집 작업을 자유롭게 할 수 있습니다. 시퀀스 탭을 클릭하여 각각의 시퀀스를 이동하면서 동일한 클립에 서로 다른 효과를 적용해보거나 장면 별로 구분하여 작업하는 등의 멀티 작업이 가능한 것입니다.

 룰러 라인

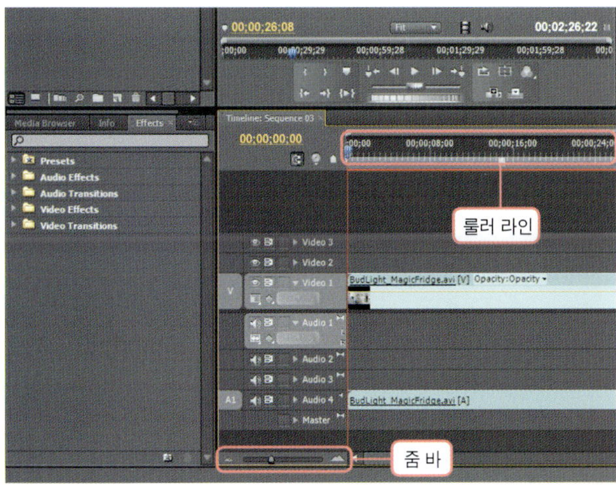

07 시;분;초;프레임 단위의 시간 표시자가 있는 부분을 룰러 라인이라고 합니다. 룰러 라인은 영상의 시간적 위치를 나타내는 것으로 작업 상황에 따라 간격을 조정할 필요가 있습니다. 룰러 라인의 시간 간격은 줌 바를 드래그 하여 조정할 수 있습니다.

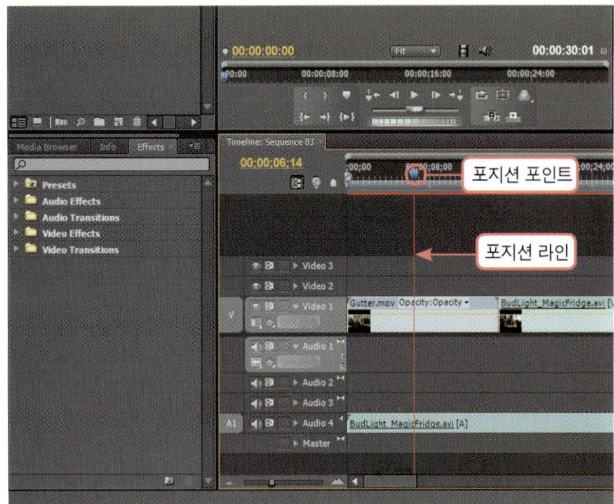

08 포지션 라인은 작업의 기준이 되는 위치를 표시합니다. Space bar 또는 Enter 키를 눌러 작업 결과를 모니터 하거나 클립을 등록할 때의 기준 위치가 되며, 룰러 라인의 포지션 포인트를 드래그하여 위치를 조정할 수 있습니다. 프로그램 패널에는 포지션 라인 위치의 영상이 보이는 것입니다.

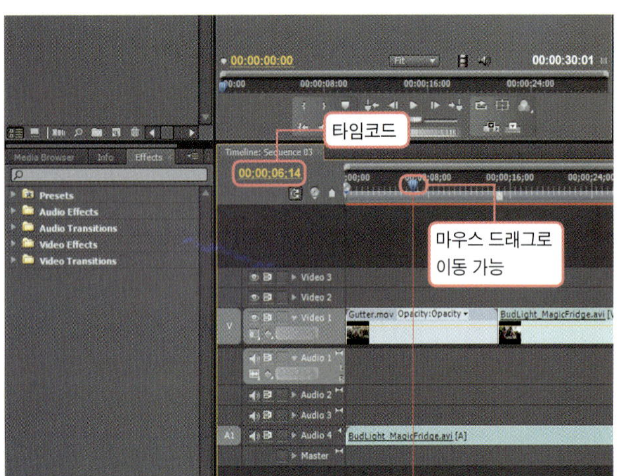

09 타임코드 숫자는 포지션 라인이 있는 위치를 나타냅니다. 마우스로 드래그 하거나 J (역재생), K (정지), L (재생)키를 눌러 포지션 라인을 이동하면, 위치에 따라 타임코드가 변경되는 것을 확인할 수 있습니다.

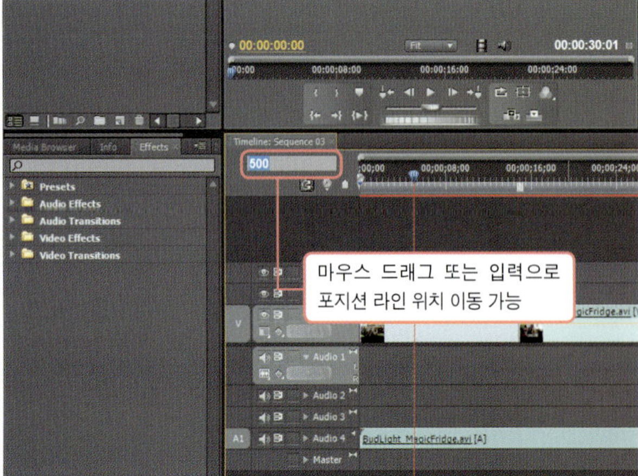

10 타임코드는 숫자 위에서 마우스를 좌/우로 드래그하거나 클릭을 하고, 원하는 위치를 입력하여 변경할 수 있습니다. 입력할 때는 원하는 위치의 시간대만을 입력하는 것이 편리합니다. 예를 들어 5초 위치라면 500을 입력하고, 10초 17프레임 위치라면 1017을 입력합니다.

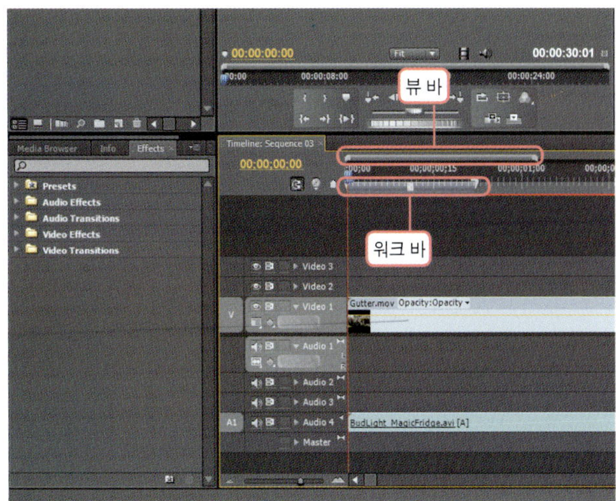

11 룰러 라인 위쪽에는 단위를 확대/축소하거나 표시 위치를 이동할 수 있는 뷰 바가 있고, 룰러 라인 아래쪽에는 작업 범위를 표시하는 워크 바가 있습니다. 각각 끝 부분을 드래그하여 범위를 조정할 수 있고, 중간 부분을 드래그하여 위치를 변경할 수 있습니다.

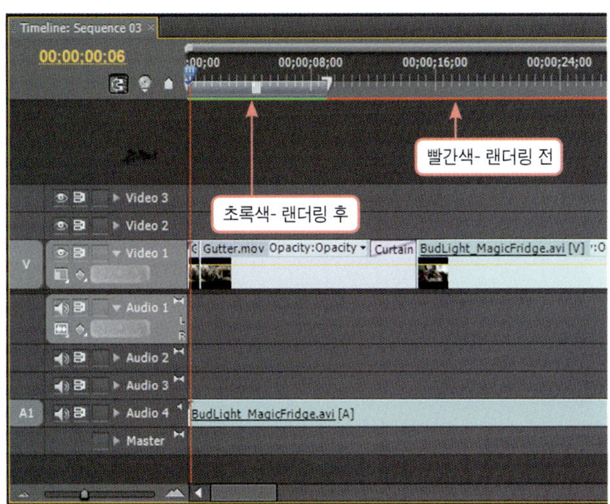

12 워크 바 아래쪽에는 랜더링 여부를 확인할 수 있는 라인이 있습니다. 빨간색은 랜더링을 하지 않은 상태를 표시하고, 초록색은 랜더링이 완료된 상태를 표시합니다. 작업 중에 실시간 보기가 어려울 정도로 시스템이 느려지면, Enter 키를 눌러 랜더링을 하는 것이 좋습니다.

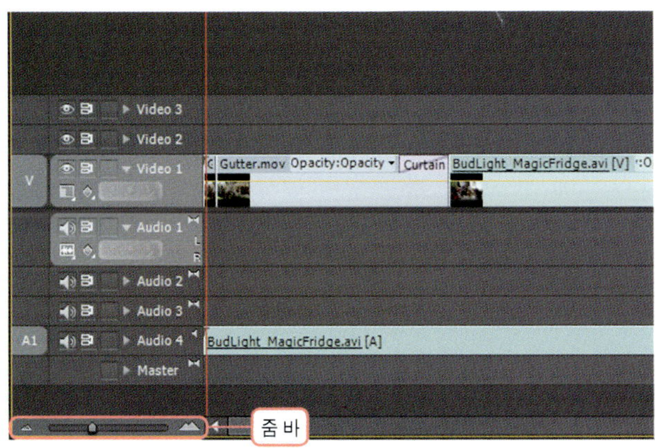

13 작업 공간의 확대/축소는 트랙 리스트 아래쪽에는 있는 줌 바를 이용합니다. 바를 오른쪽으로 이동할수록 작업 공간이 넓어집니다. 편집을 할 때 작업 공간을 확대/축소할 경우가 많기 때문에 Alt 키를 누른 상태에서 마우스 휠을 움직여 확대/축소할 수 있다는 것도 기억해두면 좋습니다.

 스냅 버튼

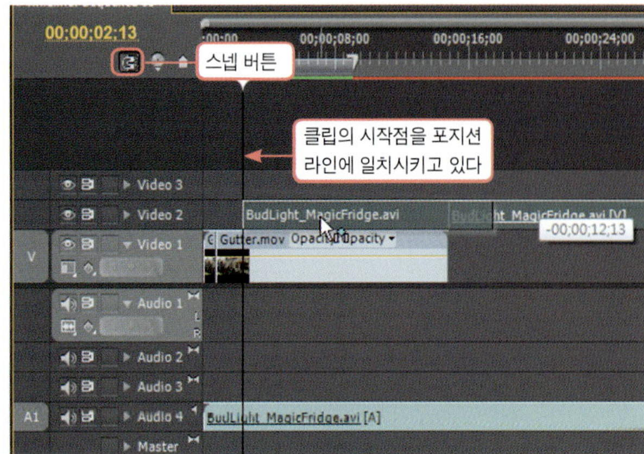

14 타임코드 아래쪽의 스넵 버튼은 ON으로 설정되어 있습니다. 스넵 버튼이 ON인 경우에는 클립을 좌/우로 이동할 때, 다른 클립의 시작점이나 끝점, 포지션 라인, 마커 등의 개체에 달라 붙게 하는 역할을 합니다. 스넵 버튼을 ON/OFF 해보면서 포지션 라인 근처로 클립을 이동시켜 보면 차이점을 느낄 수 있습니다

 Encore 마커 삽입 버튼

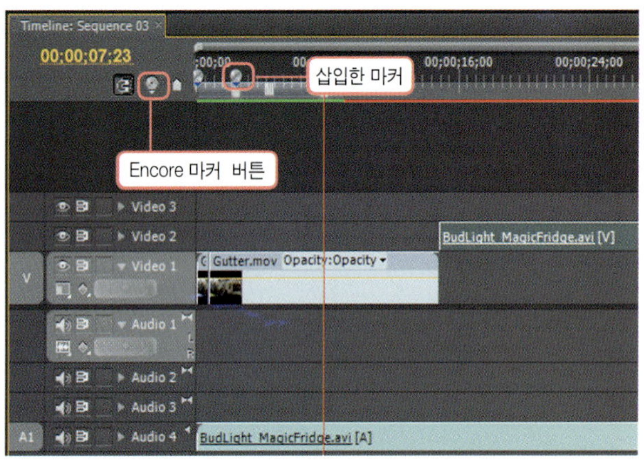

15 스넵 버튼 오른쪽의 Encore 마커 삽입 버튼은 Encore CS4를 이용해서 DVD 타이틀을 제작할 때의 이동 위치인 마커를 삽입합니다. DVD를 시청한 경험이 있다면, Previous 또는 Next 버튼을 이용해서 장면 이동이 가능하다는 것을 알고 있을 것입니다. 이렇게 DVD 플레이어에서 이전/다음 버튼을 이용해서 이동할 위치를 삽입하는 것입니다.

번호가 없는 마커 삽입 버튼

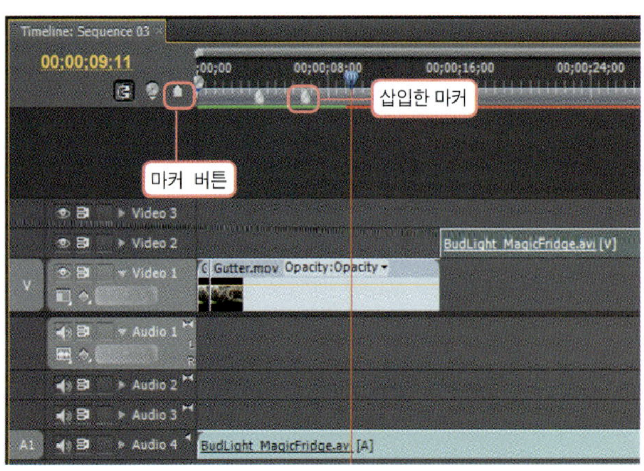

16 번호가 없는 마커 삽입 버튼은 포지션 라인 위치에 번호가 없는 마커를 삽입합니다. 마커는 책갈피와 비슷한 개념으로 편집할 위치를 표시해두는 역할을 하는데, 프리미어는 마커에 번호가 표시되는 것과 번호가 없는 것의 두 종류를 제공합니다. 각 마커의 역할은 동일하지만, 이 버튼을 클릭했을 때 만들어지는 것은 번호가 없는 마커입니다.

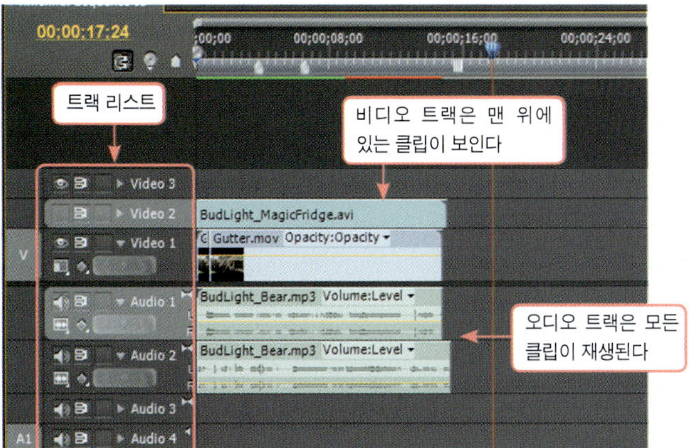

17 타임라인 패널 왼쪽에는 Video 1, Video 2 등의 영상 트랙과 Audio 1, Audio 2 등의 오디오 트랙이 있는 트랙 리스트가 있습니다. 비디오 트랙은 상위 트랙에 있는 클립이 보여지고, 오디오 트랙은 위치에 상관 없이 모두 재생됩니다.

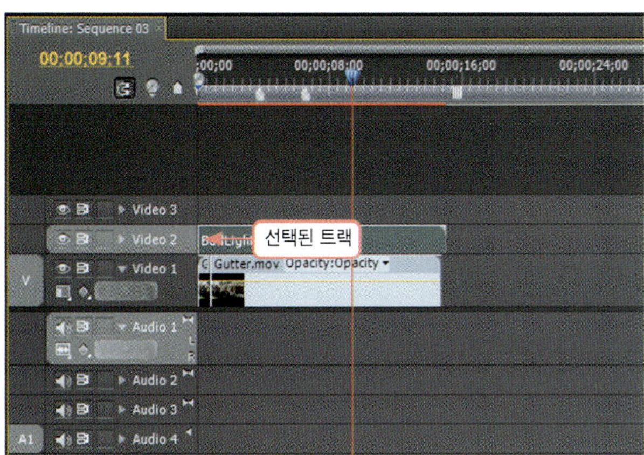

18 편집은 시간 위치인 포지션 라인과 선택된 트랙이 기준입니다. 예를 들어 소스 창에서 인서트 버튼을 클릭하여 클립을 삽입할 때, 선택한 트랙을 기준으로 포지션 라인이 있는 위치에 삽입되는 것입니다. 트랙은 마우스 클릭으로 선택할 수 있습니다.

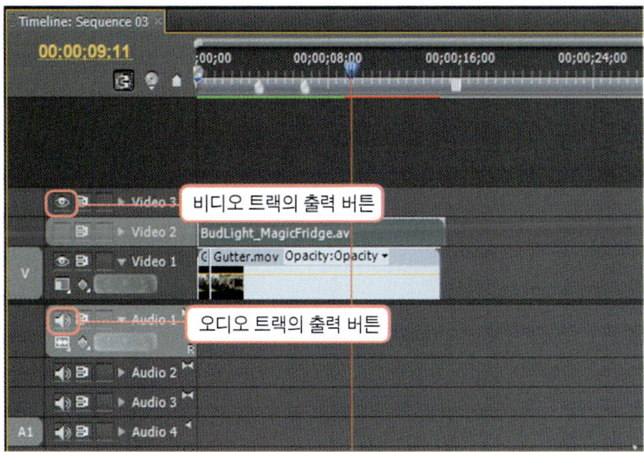

19 비디오 트랙에는 눈 모양으로 표시되어 있고, 오디오 트랙에는 스피커 모양으로 표시되어 있는 트랙 출력 버튼은 해당 트랙의 클립 내용을 보거나 들을 것인지를 결정합니다. 예를 들어 눈 모양의 버튼을 클릭하여 Off하면 해당 트랙의 영상이 보이지 않게 되며, 스피커 모양의 버튼을 Off하면 해당 트랙의 사운드를 재생하지 않습니다.

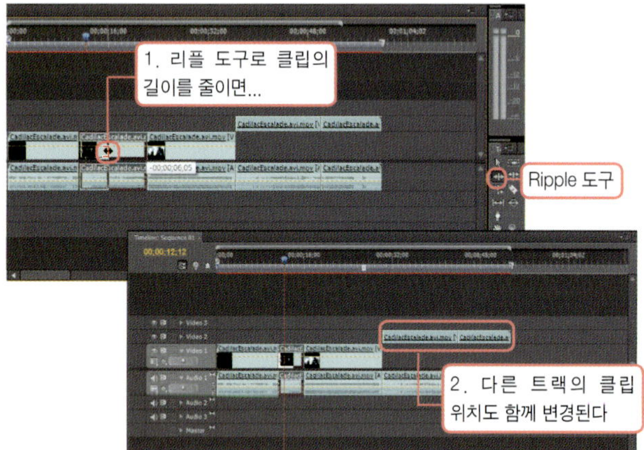

20 동기화 잠금 버튼은 해당 트랙의 클립을 다른 트랙과 동기화 시킬 것인지의 여부를 설정합니다. 기본적으로 모든 트랙의 동기화 잠금 버튼이 On으로 되어 있기 때문에 어떤 트랙에서든 클립을 삽입하거나 Ripple Tool(잔물결 도구) 작업을 할 때, 모든 트랙의 클립 위치가 함께 움직이는 것입니다.

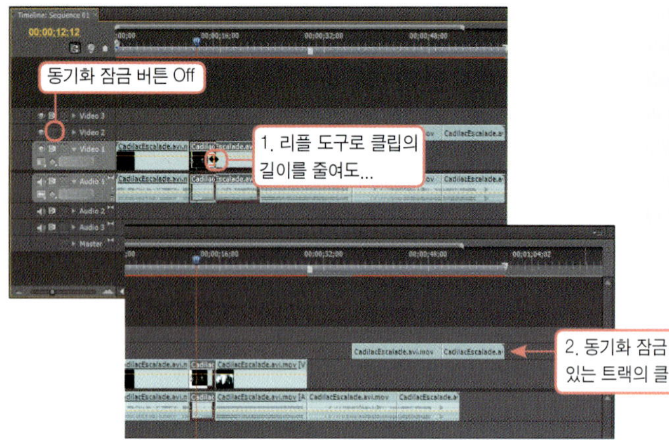

21 작업 상황에 따라 클립의 위치를 고정시켜야 할 필요가 있다면, 해당 트랙의 동기화 잠금 버튼을 Off 시키면 됩니다. 배경 음악이 깔려있는 오디오 트랙에서 유용한 버튼이므로, 기억을 해두기 바랍니다.

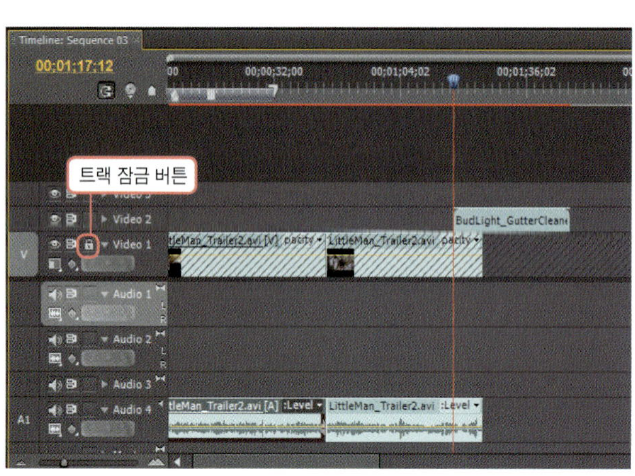

22 트랙 잠금 버튼은 해당 트랙의 클립이 편집되는 것을 방지하는 역할을 합니다. 클립을 편집할 필요가 없거나 편집 작업에서 일시적으로 제외하고 싶은 트랙이 있다면, 트랙 잠금 버튼을 클릭하여 트랙을 보호하는 것이 좋습니다. 잠긴 트랙은 빗금으로 표시됩니다.

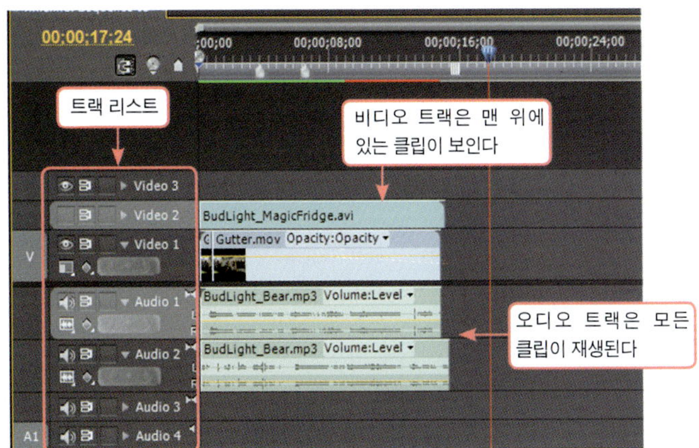

23 트랙 잠금 버튼 오른쪽의 작은 삼각형은 트랙을 확장하거나 축소하는 역할을 합니다. 클립에 불투명도를 조정하거나 키프레임을 만들 필요가 있을 때에는 트랙을 확장하고, 그 외는 트랙을 축소하여 작업 공간을 효과적으로 활용할 수 있습니다.

 트랙의 이름

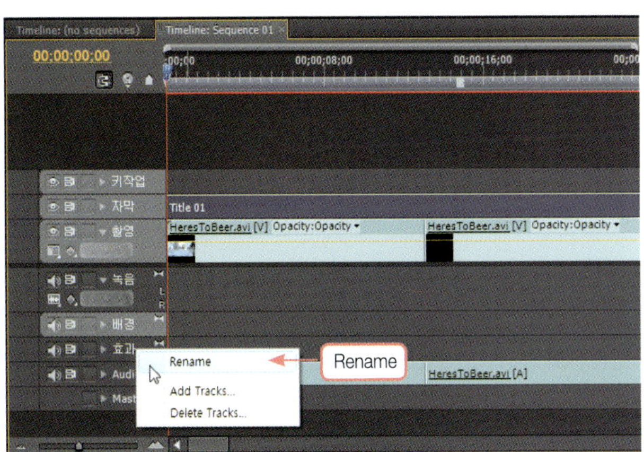

24 기본적으로 표시되어 있는 Video 1, Audio 1 등의 트랙 이름은 사용자가 원하는 것으로 변경할 수 있습니다. 변경하고자 하는 트랙 이름을 마우스 오른쪽 버튼으로 클릭하여 단축 메뉴를 열고, Rename을 선택합니다. 그리고 사용자가 원하는 이름을 입력합니다. 트랙의 이름은 클립의 내용을 짐작할 수 있는 것으로 입력하는 것이 좋습니다.

 표시 스타일 설정 버튼

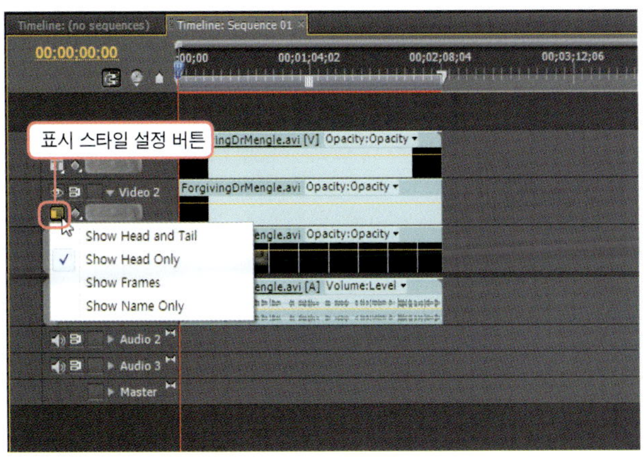

25 트랙을 확대하면 클립의 표시 스타일을 선택할 수 있는 표시 스타일 설정 버튼이 보입니다. 표시 스타일 설정 버튼을 클릭하면 클립의 시작과 끝 부분에 프레임을 표시하는 Show Head and Tail, 시작 부분에만 표시하는 Show Head Only, 모두 표시하는 Show Frames, 이름만 표시하는 Show Name Only의 4가지 메뉴가 있습니다.

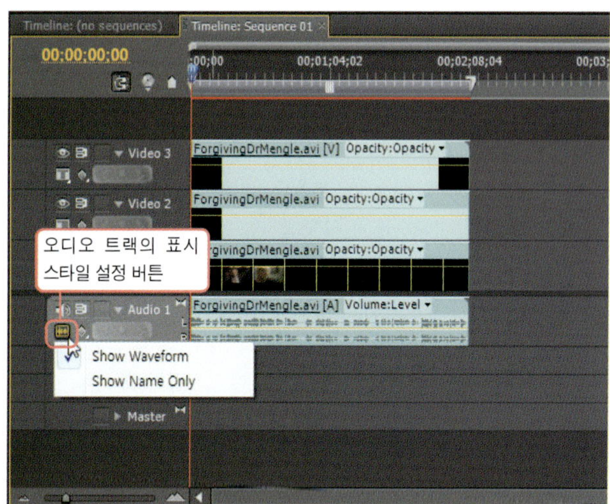

26 오디오 트랙의 표시 스타일 설정 버튼은 웨이브 파형이 보이게 할 것인지의 여부를 선택하는 Show Waveform과 Show Name Only의 2가지 메뉴가 있습니다. 많은 트랙을 사용하면, 필요한 트랙에서만 프레임과 파형이 보이게 하는 것이 시스템을 효과적으로 사용하는 방법입니다.

 키프레임 표시 버튼

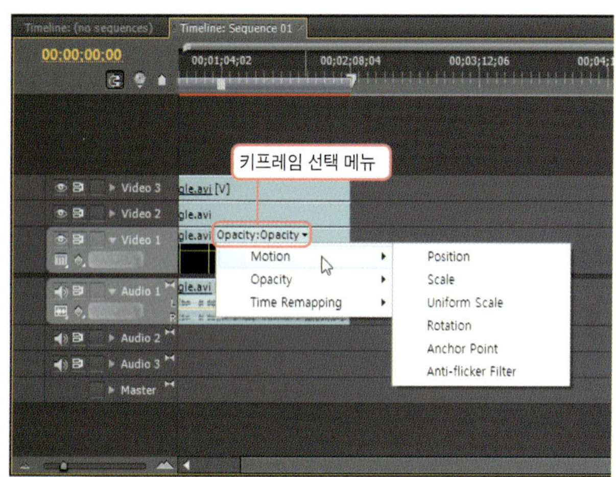

27 타임라인 패널에 등록한 클립에는 프레임의 위치와 크기를 조정할 수 있는 Motion과 불투명도를 조정할 수 있는 Opacity 메뉴가 있습니다. 그리고 선택한 키프레임을 조정할 수 있는 라인이 클립에 표시됩니다. 기본적으로 불투명도를 조정하는 Opacity 입니다.

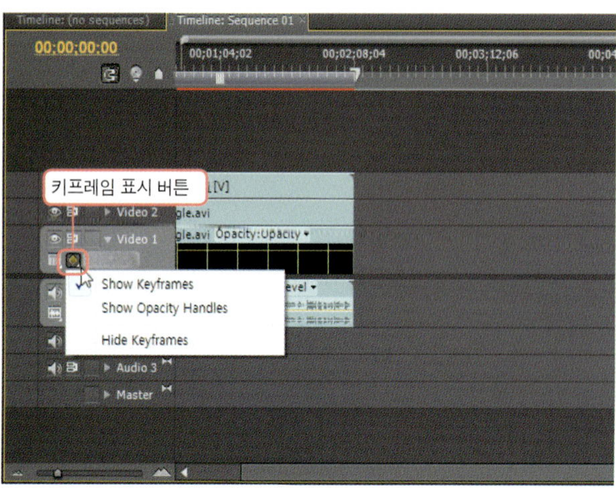

28 표시 스타일 설정 버튼 오른쪽에는 클립에 표시되는 키프레임의 표시 여부를 선택할 수 있는 키프레임 표시 버튼이 있습니다. 키프레임 보기 버튼을 클릭하면 클립에 프레임 메뉴가 보이게 할 것인지를 선택하는 Show Key frames와 라인만 보이게 할 것인지를 선택하는 Show Opacity handles 메뉴가 있습니나. 그리고 모두 보이지 않게 하는 Hide Key frame 메뉴가 있습니다.

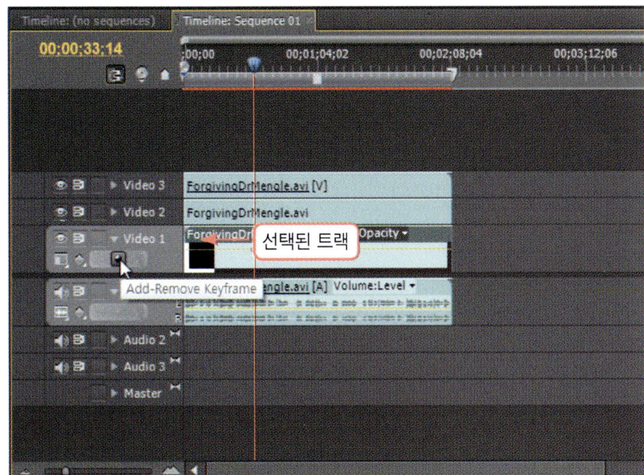

29 키프레임은 키프레임 표시 버튼 오른쪽의 키프레임 추가-제거(Add/Remove keyframe)버튼을 이용해서 만들거나 제거합니다. 키프레임을 만들 위치에 포지션 라인을 위치하고, 키프레임 추가 버튼을 클릭하면 Motion 및 Opacity을 조정할 기점이 되는 키프레임이 만들어집니다.

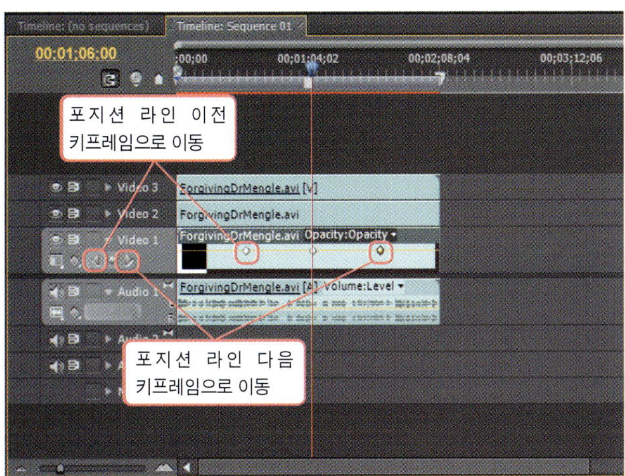

30 키프레임 추가-제거 버튼 좌/우측에 있는 버튼은 포지션 라인을 이전 키프레임 또는 다음 키프레임 위치로 이동시키는 역할을 합니다. 결국, 포지션 라인을 기준으로 이전/이후에 키프레임이 있는 경우에만 사용할 수 있습니다. 포지션 라인이 키프레임 위치에 있을 때는 키프레임 추가-제거 버튼을 클릭하여 제거 할 수 있습니다.

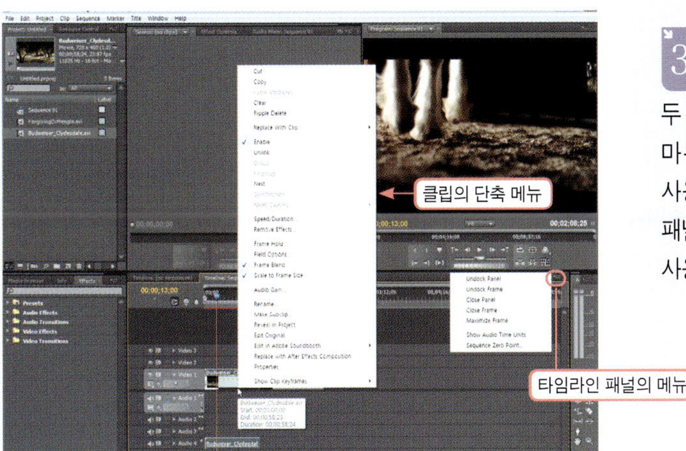

31 타임라인 패널은 패널을 닫거나 여는 것 외에 Audio Units과 Sequence Zero Point의 두 가지 메뉴뿐이지만, 룰러 라인, 클립, 트랙 등에서 마우스 오른쪽 버튼을 클릭하면 해당 영역에서 사용할 수 있는 단축메뉴들이 있습니다. 타임라인 패널이 프리미어의 핵심인 만큼, 단축 메뉴를 자주 사용하게 될 것입니다.

타임라인 패널 오른쪽에 자리잡고 있는 도구 패널은 화살표 모양의 선택 도구를 비롯해서 11가지로 구성되어 있습니다. 도구 패널은 타임라인 패널에 포함되어 있지 않기 때문에 작업 중인 패널에 상관없이 단축키를 이용해서 선택할 수 있고, 필요에 따라서 닫아둘 수 있는 편리함이 있습니다. 각 도구의 기능과 사용법을 실습으로 익혀보겠습니다.

 ▶ 선택 도구

타임라인 패널의 기본적인 도구로 선택되어있는 선택 도구는 클립의 선택, 이동, 길이 조정 등의 편집 역할을 합니다. 타임라인 패널에서 가장 많이 사용하는 도구 이므로, 단축키 V 를 외워두기 바랍니다.

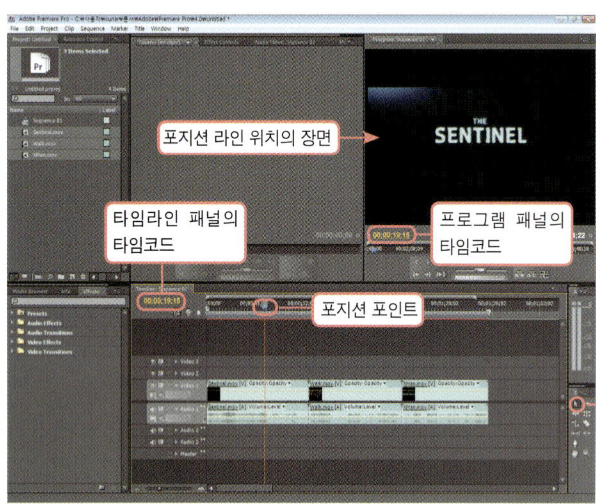

01 부록 CD의 PART_02 폴더에서 영상 파일 3개를 임포트하여 타임라인 패널에 가져다 놓습니다. V 키를 눌러 선택 도구를 선택하고, 룰러 라인의 포지션 포인트를 드래그하여 첫 번째 클립의 중간 위치에 놓습니다. 타임라인 패널의 타임코드와 프로그램 패널의 타임코드는 포지션 라인의 위치를 표시합니다.

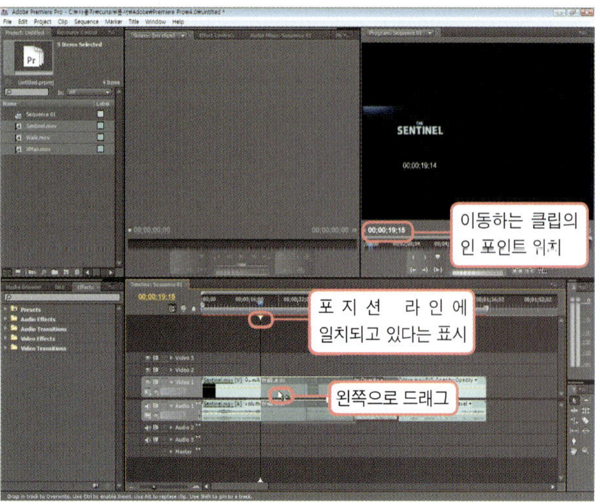

02 가운데 위치한 클립을 포지션 라인이 있는 왼쪽으로 드래그합니다. 포지션 라인에 클립이 일치하게 되면 위/아래로 검정색 삼각형이 표시 됩니다. 이때 타임라인 패널의 타임코드는 포지션 라인을 계속해서 표시하고 있지만, 프로그램 패널의 타임코드는 이동하는 클립의 인 포인트 위치를 표시합니다.

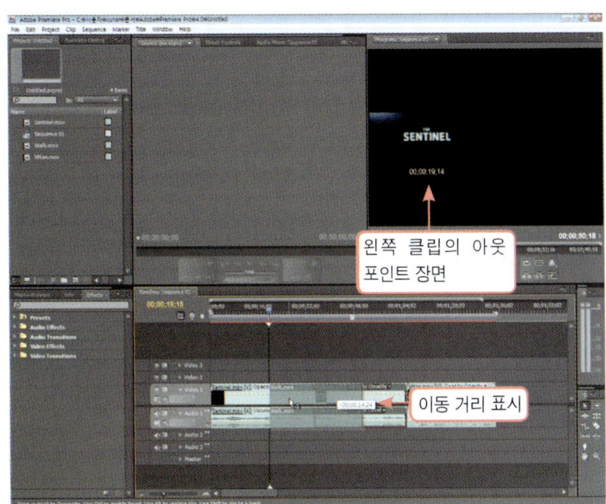

03 마우스 오른쪽에는 이동되는 거리를 표시합니다. 클립을 왼쪽으로 이동하고 있으므로, 마이너스(-) 값으로 표시되지만, 오른쪽으로 이동하면, 플러스(+) 값으로 표시됩니다. 프로그램 패널은 왼쪽 클립의 아웃 포인트 장면을 표시합니다.

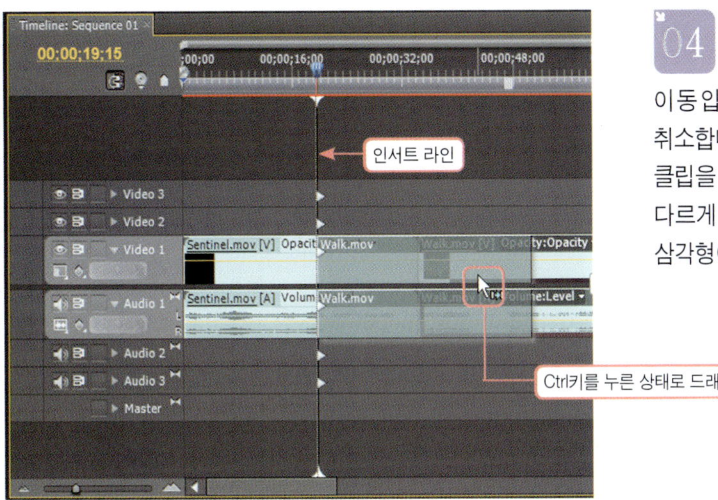

04 지금까지는 클립을 이동한 만큼, 왼쪽 클립의 길이가 줄어드는 오버레이 방식의 이동입니다. Ctrl + Z 키를 눌러 이동 작업을 취소합니다. 이번에는 Ctrl 키를 누른 상태로 가운데 클립을 왼쪽으로 드래그합니다. 오버레이 방식과는 다르게 이동하는 클립의 인 포인트에 6개의 회색 삼각형이 있는 인서트 라인이 표시됩니다.

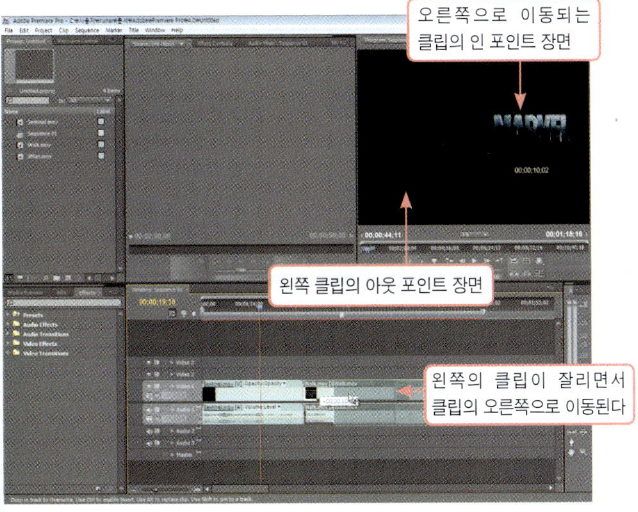

05 오버레이 방식은 클립을 이동한 만큼 왼쪽의 클립이 제거되었지만, 인서트 방식은 클립이 이동한 만큼, 왼쪽의 클립을 잘라서 이동되는 클립의 오른쪽에 옮겨놓는다는 차이가 있습니다. 프로그램 패널은 왼쪽 클립의 아웃 포인트와 잘린 클립의 인 포인트를 동시에 표시합니다.

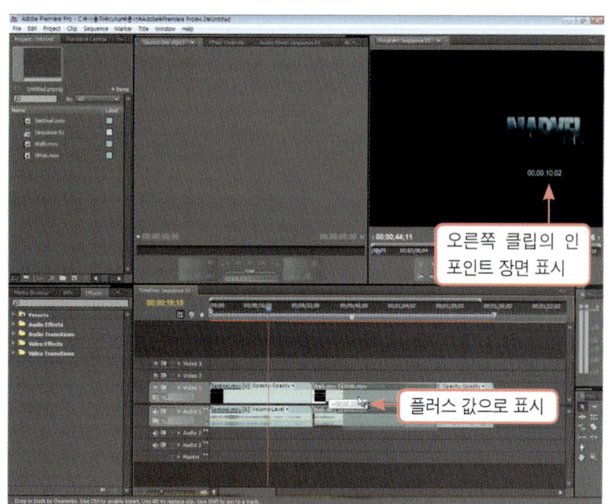

06 클립을 오른쪽으로 이동시킬 때는 오버레이와 인서트 방식 결과가 동일합니다. 이동되는 거리가 플러스 값으로 표시되고, 프로그램 패널에서는 오른쪽 클립의 인 포인트 장면이 표시된다는 것만 다릅니다. Ctrl + Z 키를 눌러 왼쪽으로 이동시킨 작업을 취소하고, 오른쪽으로 이동시켜 오버레이와 인서트를 실습해 보기 바랍니다.

 트랙 선택 도구

선택하는 클립의 오른쪽에 있는 모든 클립을 선택하는 역할로, 특정 시간 이후의 클립을 한번에 이동할 때 사용할 수 있습니다. Shift 키를 누른 상태에서는 모든 트랙에 동일한 기능을 적용합니다. 트랙 선택 도구을 선택하는 단축키는 M 입니다.

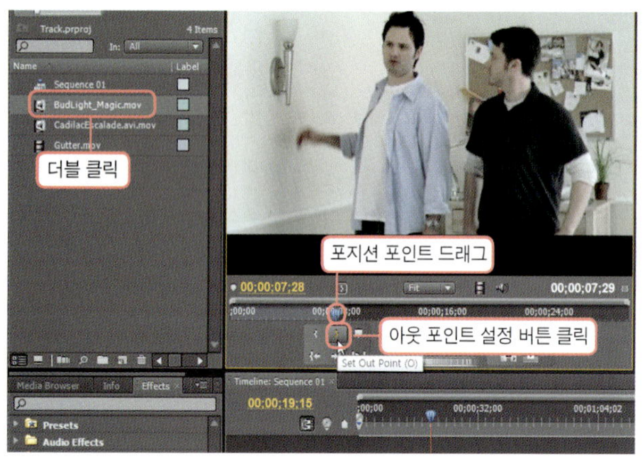

07 부록 CD의 PART_02 폴더에서 3개의 영상 파일을 임포트하고, 그 중 하나의 소스를 더블 클릭하여 소스 패널에 등록합니다. 그리고 포지션 포인트를 영상의 3분 1 지점에 가져다 놓고, 아웃 포인트 버튼을 클릭합니다.

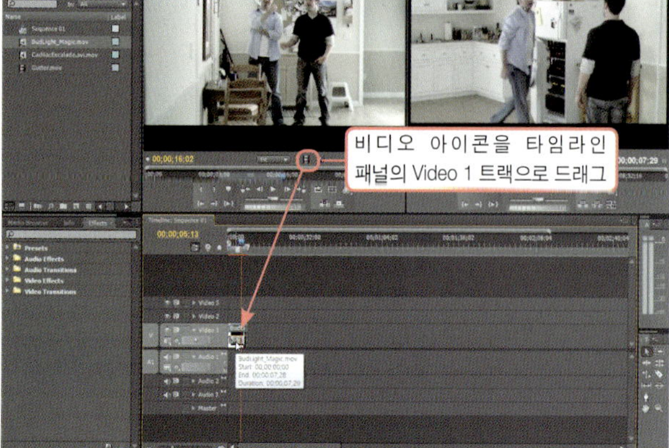

08 비디오 아이콘을 타임라인 패널의 Video 1 트랙으로 드래그하여 가져다 놓습니다. 그리고 인 포인트 설정 버튼을 클릭하고, 포지션 포인트를 3분의 2 지점으로 옮긴 다음에 아웃 포인트 설정 버튼을 클릭합니다. 영상의 중간 부분을 인/아웃으로 설정하는 것입니다.

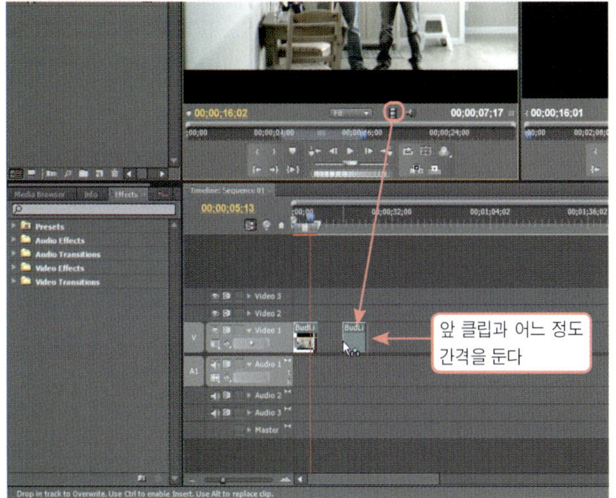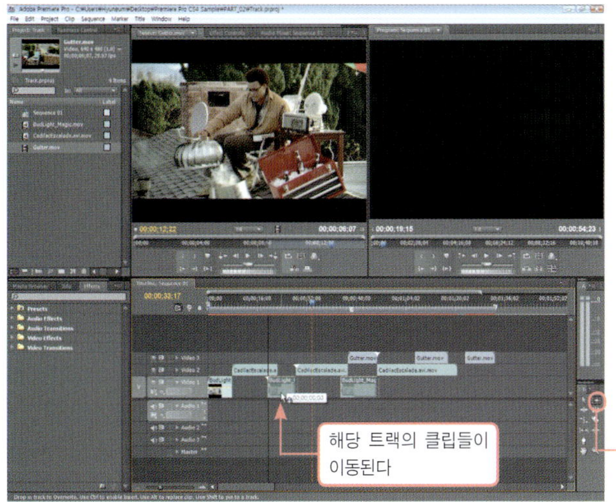

09 앞에서 등록한 클립과 어느 정도 간격을 두고, 비디오 아이콘을 타임라인 패널의 Video 1 트랙으로 드래그하여 가져다 놓습니다. 그리고 소스 패널의 인 포인트 설정 버튼을 클릭하고, 비디오 아이콘을 드래그하여 두 번째 클립과 어느 정도의 간격을 두고 Video 1 트랙에 가져다 놓습니다. 결국, 소스를 3등분 해서 Video 1 트랙에 일정간 간격으로 가져다 놓은 것입니다.

10 지금까지와 같은 방법은 나머지 두 개의 소스를 Video 2번 트랙과 Video 3번 트랙에 일정한 간격으로 가져다 놓습니다. M 키를 눌러 트랙 선택 도구를 선택하고, Video 1 트랙의 두 번째 클립을 좌/우측으로 드래그해봅니다. 해당 클립 우측의 모든 클립이 함께 이동되는 것을 확인할 수 있습니다.

11 이번에는 Shift 키를 누른 상태에서 좌/우측으로 드래그합니다. 트랙 툴에 화살표가 두 개로 표시되고, 선택한 클립 우측에 해당하는 모든 트랙의 클립이 함께 이동되는 것을 확인할 수 있습니다.

Ripple(잔물결 편집) 도구는 클립의 인/아웃 포인트 위치를 조정합니다. 선택 도구에서도 Ctrl 키를 누르면, 리플 도구와 동일한 역할을 하므로, 기억해두면 편리할 것입니다. 리플 도구를 선택하는 단축키는 B 입니다.

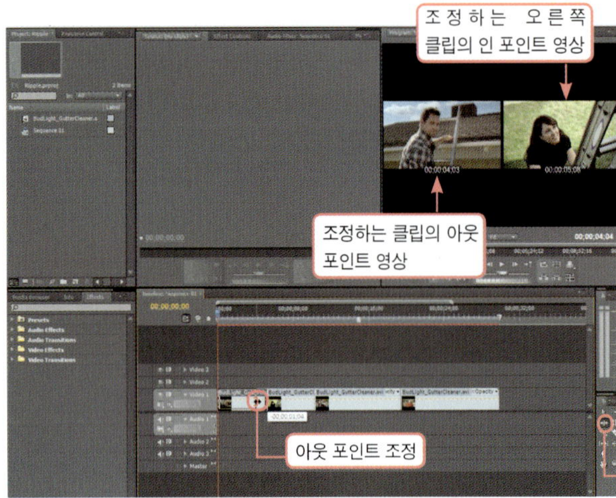

12 부록 CD의 PART_02 폴더에서 3개의 영상 파일을 임포트하여 타임라인 패널에 가져다 놓습니다. B 키를 눌러 리플 도구를 선택하고, 첫 번째 클립의 끝 부분을 좌/우로 드래그하여 아웃 포인트를 조정합니다. 이때 프로그램 패널은 두 개로 분할되어 조정하는 클립의 아웃 포인트와 오른쪽 클립의 인 포인트 화면을 보여줍니다.

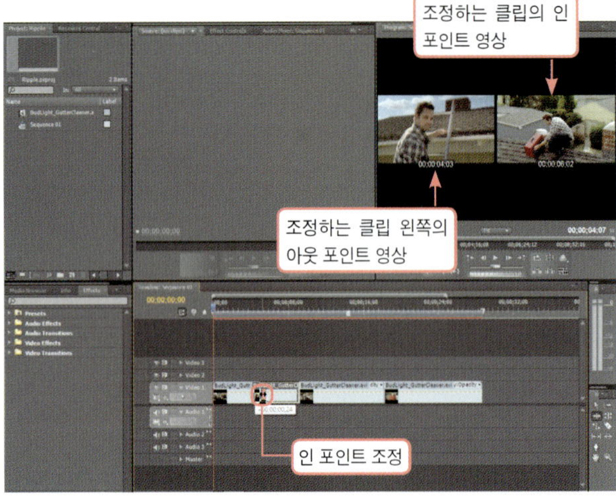

13 이번에는 두 번째 클립의 시작 부분을 드래그하여 인 포인트를 조정해봅니다. 마우스의 빨간색 방향이 인/포인트와 아웃 포인트를 조정할 때 달라진 다는 것을 알 수 있습니다. 그리고 프로그램 패널에 표시되는 화면은 동일하지만, 인 포인트를 조정하고 있기 때문에 오른쪽 화면이 움직이고 있는 것도 관찰하기 바랍니다.

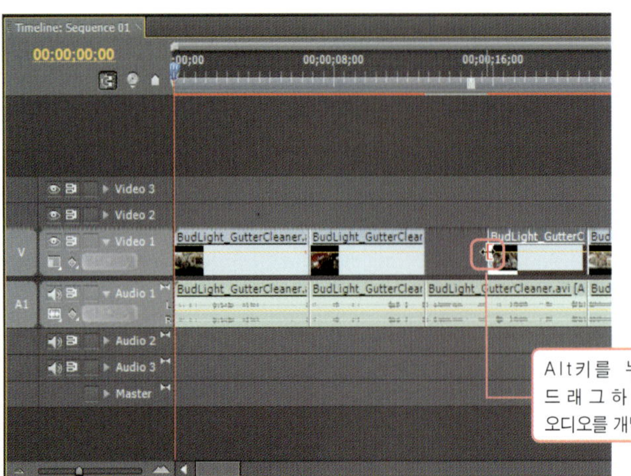

14 리플 도구를 이용해서 인/아웃 포인트를 조정할 때, 영상과 오디오 클립이 동시에 조정됩니다. 만일 영상과 오디오 클립을 개별적으로 조정할 필요가 있다면, Alt 키를 누른 상태로 조정하면 됩니다.

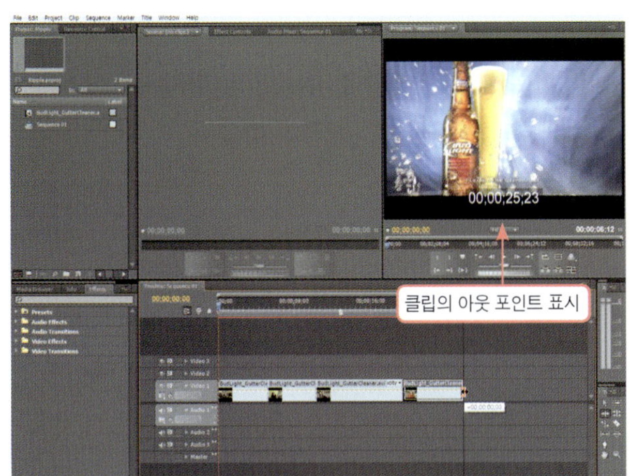

15 마지막 클립의 끝 부분을 좌/우로 드래그하여 아웃 포인트를 조정해 봅니다. 오른쪽에 클립이 없기 때문에 프로그램 패널은 조정하는 클립의 아웃 포인트만을 표시합니다. 첫 번째 클립의 인 포인트를 조정할 때도 같은 이유로 프로그램 패널은 나뉘지 않습니다.

 롤링 편집 편구

롤링 편집 도구는 근접한 클립의 인/아웃 포인트를 동시에 조정하는 역할을 합니다. 리플 편집 도구는 인/아웃 포인트를 개별적으로 조정하여 전체 영상의 길이에 변화가 생기지만, 롤링 편집 도구는 동시에 조정되어 전체 영상의 길이가 유지되는 차이점이 있습니다. 롤링 편집 도구를 선택하는 단축키는 N 입니다.

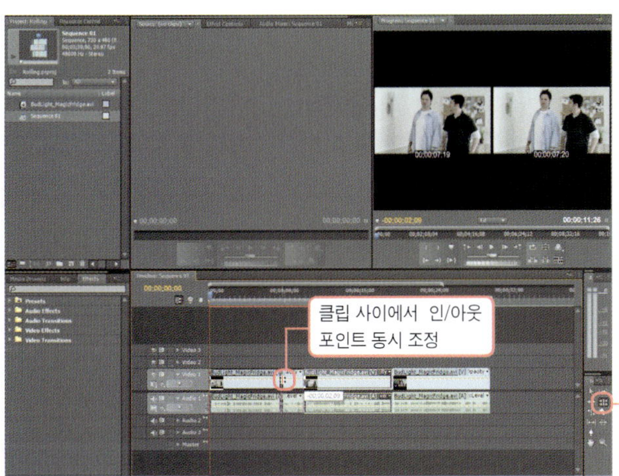

16 부록 CD의 PART_02 폴더에서 영상 파일 3개를 임포트하여 타임라인 패널에 가져다 놓습니다. N 키를 눌러 롤링 편집 도구를 선택하고, 두 클립 사이에 마우스를 위치하여 좌/우로 드래그해봅니다. 왼쪽 클립의 아웃 포인트와 오른쪽 클립의 인 포인트가 동시에 조정되는 것을 확인할 수 있습니다.

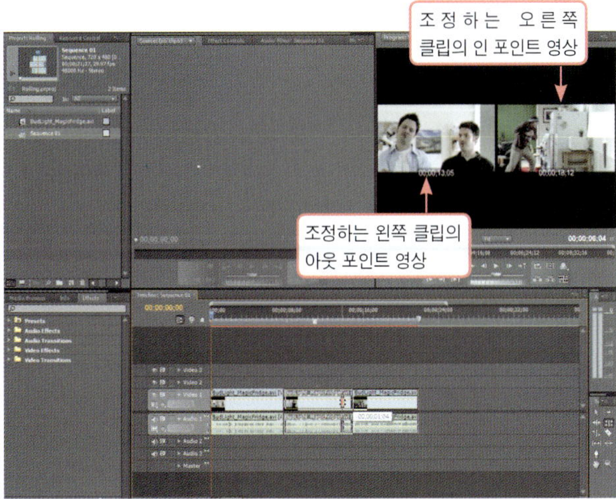

17 프로그램 패널이 양쪽으로 분할되어 왼쪽 클립의 아웃 포인트 화면과 오른쪽 클립의 인 포인트 화면을 표시합니다. 롤링 편집 도구도 리플 편집 도구와 마찬가지로 Alt 키를 눌러 영상 또는 사운드의 클립만 개별적으로 조정할 수 있습니다.

속도 조정 도구는 영상의 속도를 조정합니다. 클립의 길이를 줄이면 영상의 속도가 빨라지고, 늘리면 영상의 속도가 느려지는 것으로 클립 자체의 길이만 조정하는 도구와는 확연한 차이가 있습니다. 속도 조정 도구를 선택하는 단축키는 x 입니다.

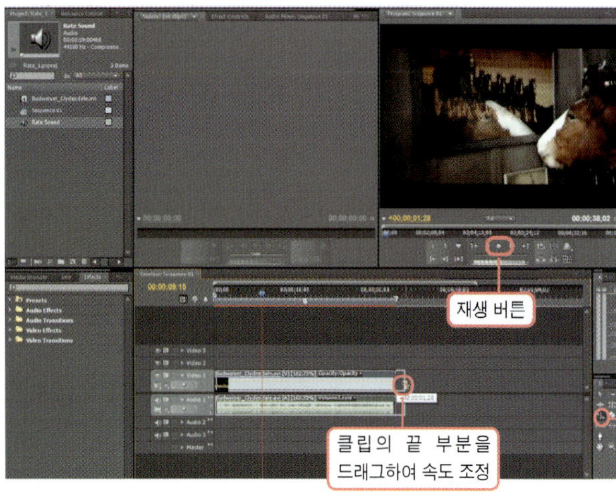

18 부록 CD의 PART_02 폴더에서 영상 파일을 하나 임포트하여 프로그램 패널에 등록하고, Space bar 키를 눌러 영상의 정상 속도를 확인합니다. x 키를 눌러 속도 조정 도구를 선택하고, 클립의 끝 부분을 좌/우로 드래그하여 속도를 조정해봅니다. 그리고 영상을 재생하여 변경된 속도를 확인 합니다.

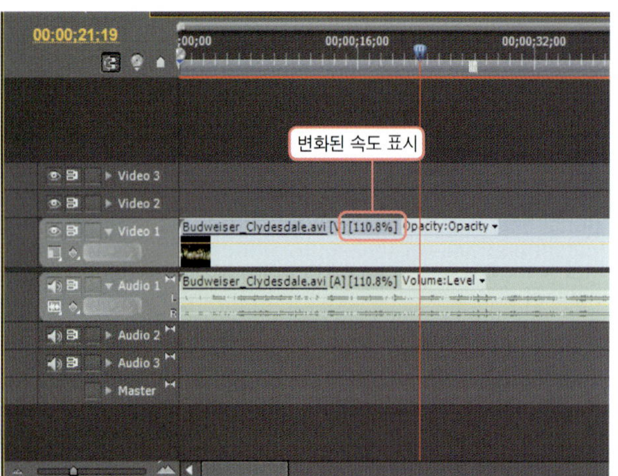

19 클립의 길이를 2배로 늘리면 속도가 2배로 느려지고, 반으로 짧아지면 2배로 빨라지는 것을 확인할 수 있습니다. 변경된 속도는 클립에 퍼센트 단위로 표시되며, 영상 클립의 속도를 조정하면, 사운드 클립이 함께 조정되어 피치가 변한다는 점에 주의하기 바랍니다.

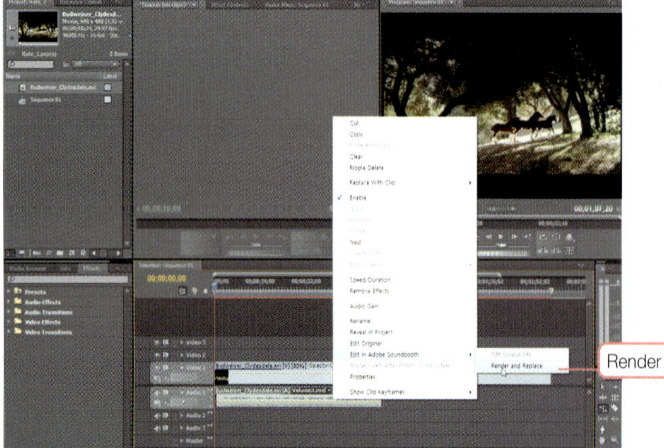

20 Ctrl + z 키를 눌러 작업을 취소하고, Alt 키를 누른 상태로 영상 클립만 그리고 오디오 클립을 마우스 오른쪽 버튼으로 선택 하여 단축 메뉴를 열고, Edit in Adobe sound booth의 Render and Replace를 선택합니다.

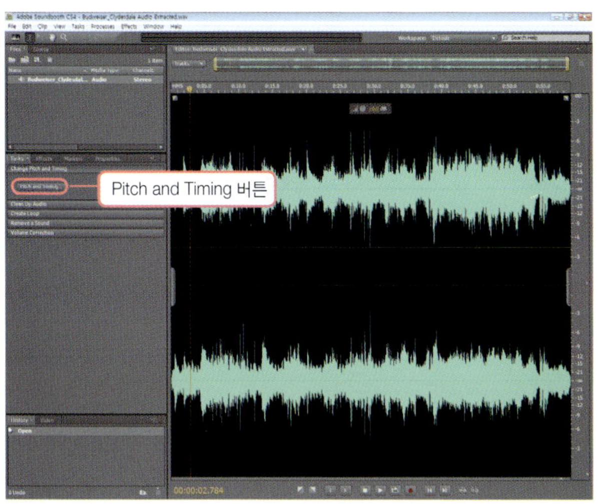

21 새로운 오디오 소스가 만들어지고, Adobe Soundbooth CS4가 실행됩니다. Tasks 패널에서 Change Pitch and Timing을 클릭하여 열고, Pitch and Timing 버튼을 클릭합니다.

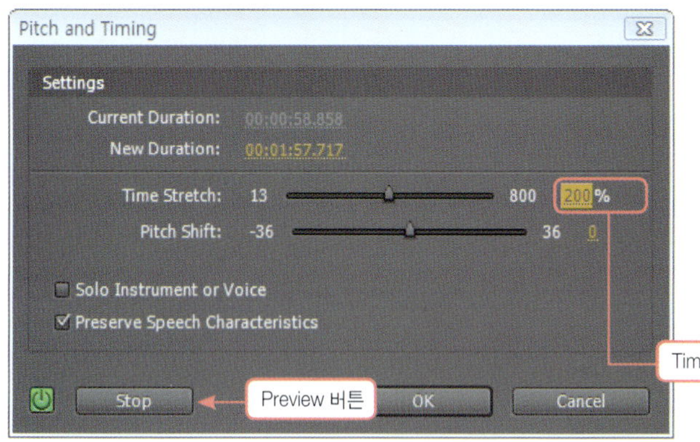

22 사운드의 길이와 피치를 조정할 수 있는 Time Stretch 창이 열립니다. 영상의 길이를 조정했던 것만큼 Time Stretch 값을 조정합니다. 앞에서 영상을 2배(50%)로 늘렸으므로, 사운드도 두 배 길이인 200%로 조정하고 [Preview] 버튼을 클릭하여 결과를 들어봅니다.

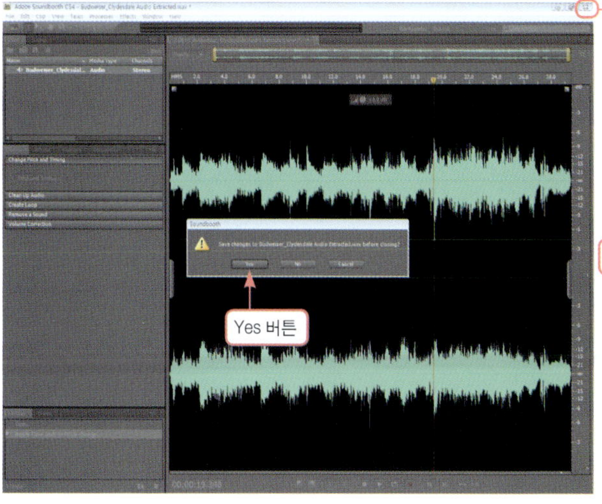

23 결과가 만족스럽다면, [OK] 버튼을 클릭하여 프로세싱을 적용하고, 사운드부스를 종료합니다. 편집된 사운드를 저장할 것인지의 여부를 묻습니다. [Yes] 버튼을 클릭합니다.

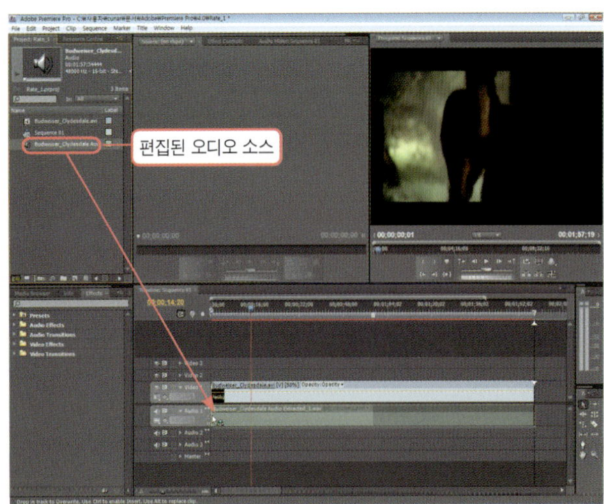

24 프로젝트 패널에 새롭게 만들어진 오디오 소스를 Audio 1 트랙으로 덮어씌웁니다. 속도의 변화 폭이 너무 커서 깔끔한 사운드를 얻지는 못했지만, 사운드부스 CS4를 이용하면 피치 변화 없이 길이를 조정할 수 있다는 것을 확인했습니다.

 자르기 도구

자르기 도구는 말 그대로 클립을 자르는 역할을 합니다. 실수로 원하지 않는 클립을 잘랐을 경우에는 Ctrl + Z 키로 취소할 수 있으므로, 기억해두기 바랍니다. 자르기 도구를 선택하는 단축키는 C 입니다.

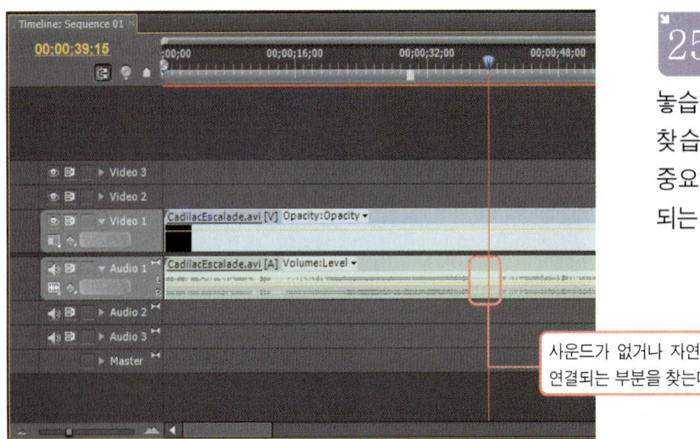

25 부록 CD의 PART_02 폴더에서 하나의 영상 파일을 임포트하여 타임라인에 가져다 놓습니다. 포지션 라인을 드래그하여 자를 부분을 찾습니다. 이때 영상의 장면이 바뀌는 부분도 중요하지만, 사운드가 자연스럽게 페이드 인/아웃 되는 부분을 찾는 것이 더욱 중요 합니다.

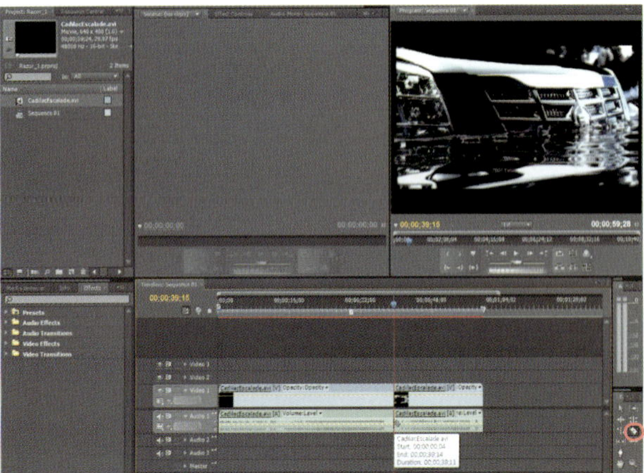

26 Alt 키를 누른 상태에서 마우스 휠을 안쪽으로 돌려 작업 공간을 넓히면, 사운드가 감소하는 부분을 좀 더 쉽게 찾을 수 있습니다. 원하는 위치를 찾았다면, N 키를 눌러 자르기 도구를 선택하고, 포지션 라인 위치를 클릭하여 클립을 자릅니다.

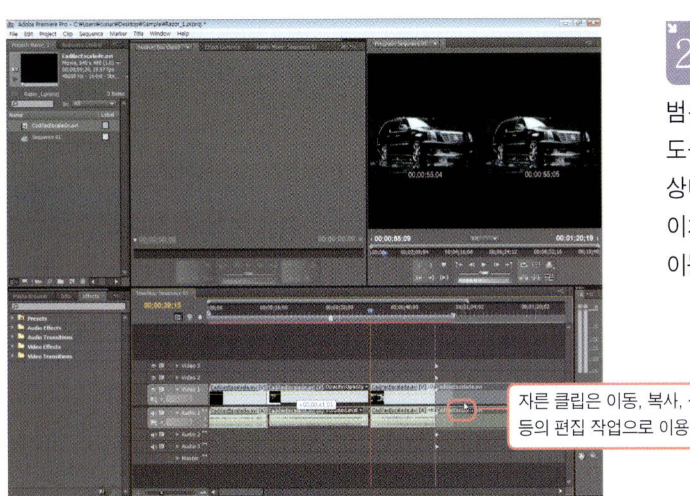

27 [Alt] 키를 누른 상태에서 마우스 휠을 바깥쪽으로 돌려 모든 클립이 보이게 작업 범위를 축소합니다. 그리고 [V] 키를 눌러 선택 도구를 선택하고, 잘려진 클립을 [Ctrl] 키를 누른 상태로 오른쪽 클립의 우측으로 이동 시킵니다. 이처럼 자르기 도구는 클립의 일부분을 잘라내어 이동, 복사, 삭제 등의 편집 작업을 할 때 사용합니다.

 밀어 넣기 도구

밀어 넣기 도구는 선택한 클립의 인/아웃 포인트를 동시에 조정하는 역할을 합니다. 클립과 클립 사이에서 좌/우 클립의 인/아웃 포인트를 조정하는 롤링 편집 도구와 큰 차이가 있으므로 착오 없길 바랍니다. 밀어 넣기 도구를 선택하는 단축키는 [Y] 입니다.

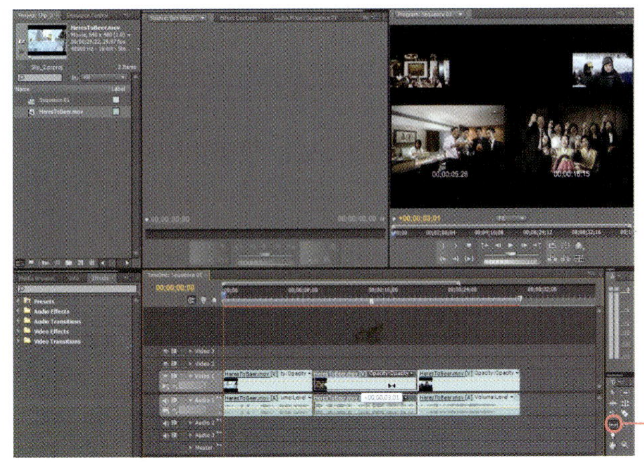

28 부록 CD의 PART_02 폴더에서 3개의 영상 파일을 임포트하여 타임라인 패널에 가져다 놓습니다. 단축키 [Y] 키를 눌러 밀어넣기 도구를 선택 하고, 중간에 있는 클립을 좌/우로 드래그해 봅니다. 이때 프로그램 패널이 4개로 분할되어 표시되는 것을 확인할 수 있습니다.

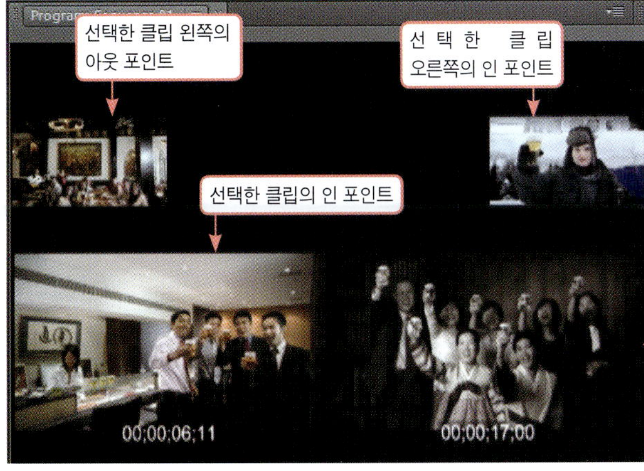

29 왼쪽 상단의 작은 화면이 선택한 클립 왼쪽의 아웃 포인트, 오른쪽 상단의 작은 화면이 선택한 클립 오른쪽의 인 포인트 입니다. 그리고 큰 화면 두 개는 조정하는 클립의 인/아웃 장면을 나타냅니다.

밀기 도구는 밀어 넣기 도구와 반대로 선택한 클립 좌/우에 있는 클립의 인/아웃 포인트를 조정합니다. 밀어 넣기 도구와 확연한 차이가 있으므로, 실습으로 확인하기 바랍니다. 밀기 도구를 선택하는 단축키는 U 입니다.

30 밀어 넣기 도구에서 사용하던 프로젝트를 그대로 사용합니다. U 키를 눌러 Slide(밀기) 도구를 선택하고, 가운데 위치한 클립을 좌/우로 드래그 해봅니다. 밀어 넣기 도구와는 다르게 클립의 위치가 이동됩니다.

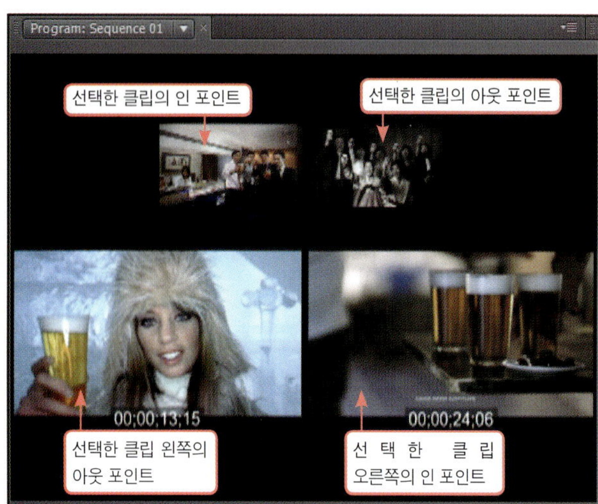

31 프로그램 패널은 4개로 분할되지만, 각 화면이 표시하는 내용은 밀어 넣기 도구와 다릅니다. 상단의 작은 화면 두 개가 선택한 클립의 인/아웃 포인트이고, 좌측 하단의 화면은 왼쪽 클립의 아웃 포인트, 오른쪽 하단의 화면은 우측 클립의 인 포인트 입니다.

펜 도구는 영상의 모션이나 불투명도의 키프레임을 조정합니다. 펜 도구를 사용하기 위해서는 트랙의 Show Keyframes 메뉴를
선택하여 클립에 키프레임이 보이도록 설정해야 합니다. 펜 도구를 선택하는 단축키는 P 입니다.

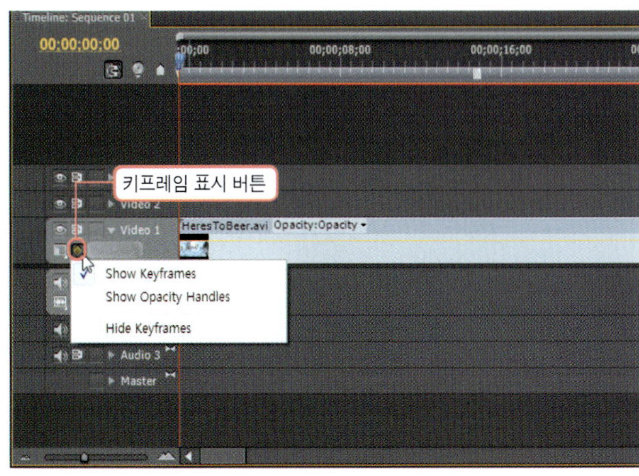

32 부록 CD의 PART_02 폴더에서 하나의 영상
파일을 임포트하여 타임라인 패널에 가져다
놓습니다. 클립의 노란색 라인은 영상의 불투명도를
조정할 수 있는 Opacity 입니다. 클립에 노란색
라인이 보이지 않는다면, 키프레임 표시 버튼을
클릭하여 메뉴를 열고, Show Keyframes을
선택합니다.

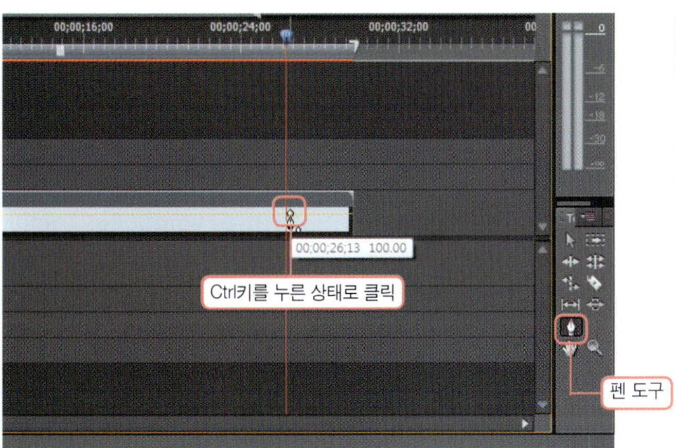

33 포지션 라인을 드래그하여 불투명도를
조정할 위치를 찾습니다. P 키를 눌러 펜
도구를 선택하고, Ctrl 키를 누른 상태에서 노란색
라인을 클릭하여 키프레임을 만듭니다. 실습에서는
클립이 끝나는 2~3초 전에 만들어 보겠습니다.

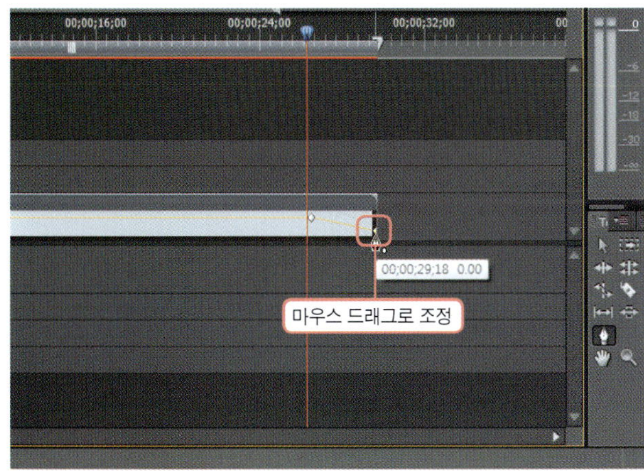

34 동일한 방법으로 클립의 끝 부분에도
만듭니다. 그리고 끝 부분에 만든
키프레임을 아래쪽으로 드래그합니다. 영상이 점점
어두워지는 페이드 아웃 효과를 만들어 본 것입니다.
이처럼 펜 도구는 키프레임을 만들거나 조정하는데
사용합니다.

손 도구는 화면에 표시되는 작업 공간을 이동시킬 때 사용합니다. 작업 공간을 이동할 때는 마우스 휠 이나 이동 바 등을 사용하는 경우가 많기 때문에 자주 사용하지 않는 도구 입니다. 손 도구를 선택하는 단축키는 H 입니다.

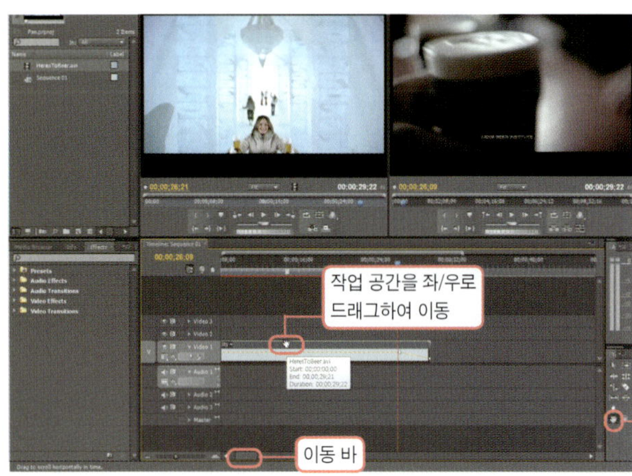

35 작업 공간의 위치를 이동할 때는 이동 표시줄의 이동 바를 이용합니다. 이것은 큰 폭의 이동이 필요한 경우에 자주 사용하는 방법입니다. 그러나 작은 폭으로 이동할 때는 마우스 휠을 이용하거나 손 도구가 편리합니다.

확대/축소 도구는 작업 공간의 가로 폭을 확대/축소하는 역할을 합니다. 이것 역시 마우스 휠이나 단축키 + 와 − 를 이용하는 경우가 많기 때문에 거의 사용하지 않는 도구입니다. 확대/축소 도구를 선택하는 단축키는 Z 입니다.

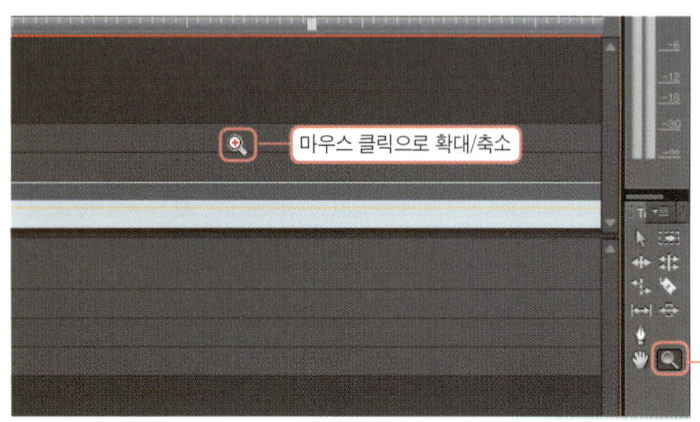

36 Z 키를 눌러 확대/축소 도구를 선택 합니다. 기본적으로 마우스에 플러스 기호를 표시하고, Alt 키를 누르면 마이너스 기호를 표시합니다. 즉, 그냥 클릭하면 작업 공간을 확대하고, Alt 키를 누른 상태에서 클릭하면 작업 공간을 축소합니다.

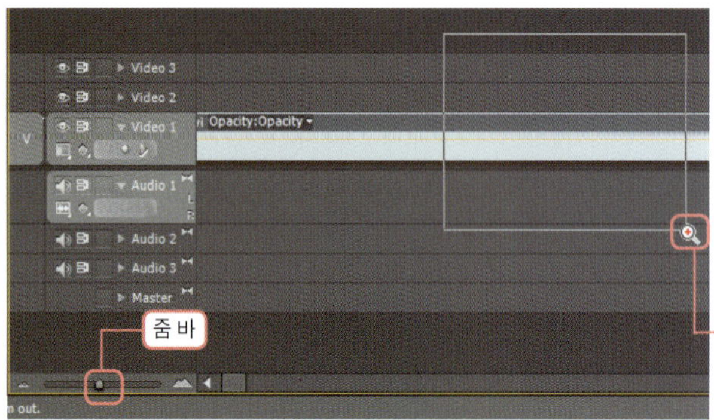

37 작업 공간은 줌 바 또는 단축키 + (확대)와 − (축소)를 이용하는 경우가 더 많습니다. 그러나 확대/축소 도구는 특정 범위를 드래그하여 한꺼번에 확대하거나 축소하고 싶을 때 유용하므로, 역할 정도는 기억해두기 바랍니다.

타임라인 패널은 시;분;초;프레임 단위로 표시되는 룰러 라인을 시:분:초:샘플 단위인 오디오 포맷으로 표시하는 Audio Units(오디오 시간 단위 표시)와 타임라인의 시작 시간을 변경할 수 있는 Sequence Zero Point(시퀀스 원점)의 두 가지 메뉴가 있습니다. 두 가지 모두 외부 장비와의 동기를 목적으로 사용합니다.

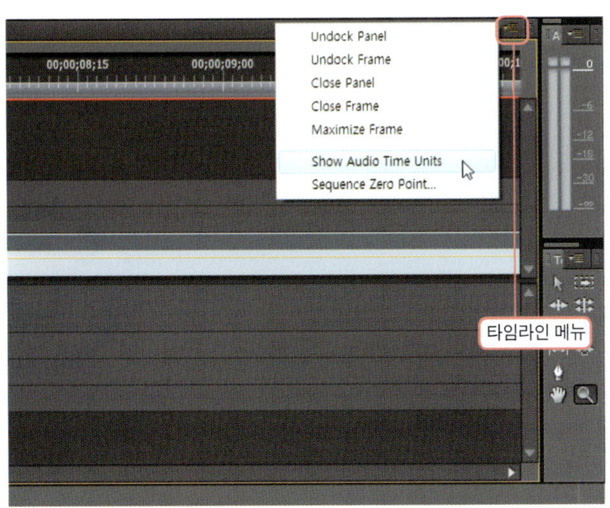

01 단위가 시: 분: 초: 샘플 단위로 표시 되는 외부 오디오 장비와 시간을 일치 시킬 때, 룰러 라인을 Audio Unite로 변경할 필요가 있으며, 시작 타임을 외부 장비와 일치할 필요가 있을 때, Sequence Zero Point를 이용해서 룰러 라인의 시작 타임을 변경할 필요가 있습니다.

02 Audio Unite 메뉴는 선택할 때 마다 룰러 라인을 샘플 단위와 프레임 단위로 바꿔주는 On/Off 역할이고, Sequence Zero Point는 시작 타임을 변경할 수 있는 창을 열어줍니다. 창에서 외부 장비와 동일한 시작 타임을 입력하고 [OK] 버튼을 클릭하면 타임라인 패널의 시작 시간이 변경됩니다.

타임라인 패널의 단축 메뉴는 룰러 라인, 클립, 트랙에서 볼 수 있습니다. 각각 해당 위치에 적합한 메뉴를 제공하는 것으로 영상 편집 작업에서 가장 많이 사용하는 메뉴입니다. 대부분 Clip과 Sequence 메뉴와 겹치는 기능이기 때문에 실제 메뉴 보다는 단축 메뉴를 정확하게 이해할 필요가 있습니다.

 트랙에서의 단축 메뉴

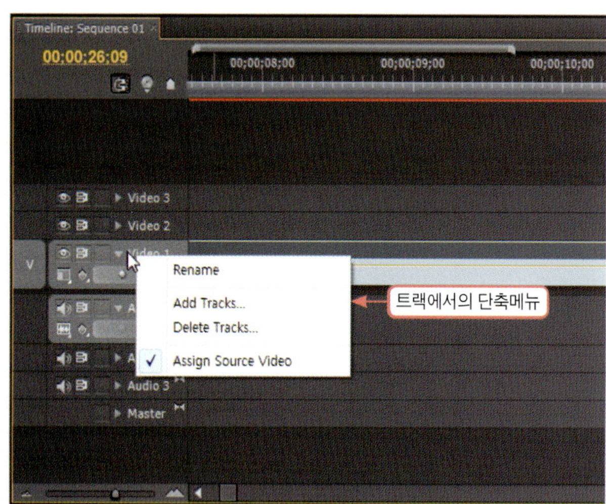

01 트랙에서 마우스 오른쪽 버튼을 클릭하면 트랙의 이름을 바꾸거나 트랙을 추가하는 역할의 단축 메뉴가 열립니다. 각 메뉴의 역할은 다음과 같습니다.

① Rename

트랙의 이름을 변경합니다. Rename 메뉴를 선택하면 이름을 입력할 수 있게 파란색으로 반전되고, 원하는 이름을 입력하여 변경할 수 있습니다. 효과적인 작업을 위해서는 기본적으로 제공하는 Video 1, Audio 1 등의 이름보다 해당 트랙의 클립 내용을 구분하기 쉬운것으로 바꿔놓은 것이 좋습니다.

② Add Tracks

비디오 및 오디오 트랙을 추가할 수 있는 Add Tracks 창이 열립니다. Video Track 또는 Audio Tracks의 Add 항목에서 추가할 트랙 수를 입력하고, Placements 목록에서 트랙이 추가될 위치를 선택합니다. Video 1번 또는 Audio 1번 트랙 이전에 트랙을 추가하는 Befor First Track과 선택한 트랙 다음에 추가하는 After가 있습니다. 즉, After Video 2를 선택하면 Video 2 트랙 다음에 추가됩니다. Audio Submix Tracks는 오디오 서브 트랙을 추가합니다. 오디오 트랙을 그룹으로 묶어서 이펙트를 적용하거나 채널을 구분하는 역할로 사용합니다. 자세한 것은 오디오 믹서편에서 다루겠습니다.

비디오 및 오디오 트랙을 삭제할 수 있는 Delete Tracks 창이
열립니다. Delete Video Tracks, Delete Audio Tracks, Delete
Audio Submix Tracks 중에서 원하는 옵션을 체크하고,
목록에서 삭제할 트랙을 선택하면 됩니다. 목록의 All Empty
Tacks은 클립이 없는 빈 트랙을 모두 삭제하는 것입니다.

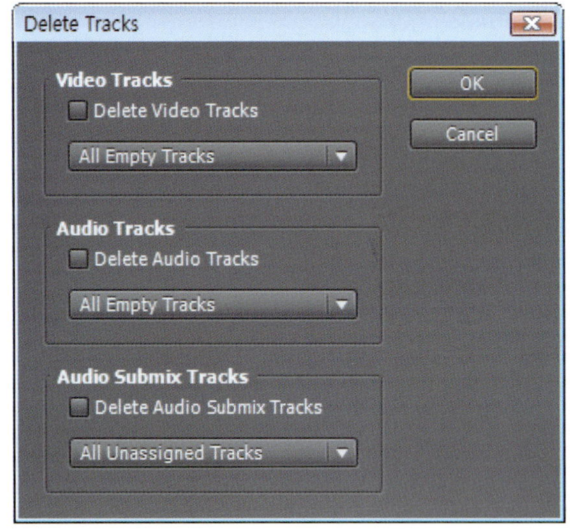

④ Assign Source Video 및 A1

소스 패널에 등록된 클립인지를 표시하며, 타임라인 패널에서
마우스 더블 클릭으로 소스 패널에 등록한 경우에도 볼 수 있는
메뉴입니다. 프로젝트 패널의 소스를 타임라인 패널로 직접
가져왔는데, 인/아웃을 재조정하고 싶다면, 클립을 더블
클릭하여 소스 패널에 올리며, 소스 패널에 등록한 클립은
언제든 클립의 인/아웃을 재 설정 할 수 있습니다.

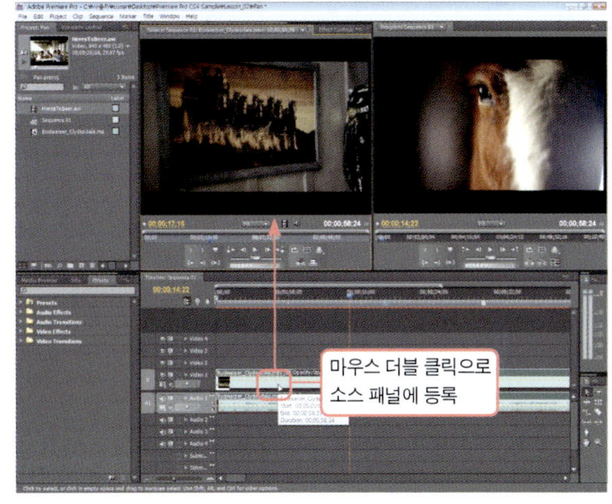

재 설정이 필요없는 경우에는 소스 패널에서 해당 소스를
제거하거나 Assign Source Video 단축 메뉴를 선택하여 체크
옵션을 해제합니다. 소스 패널에 등록된 클립이 있는 트랙은
왼쪽에 V 또는 A 표시로 구분합니다.

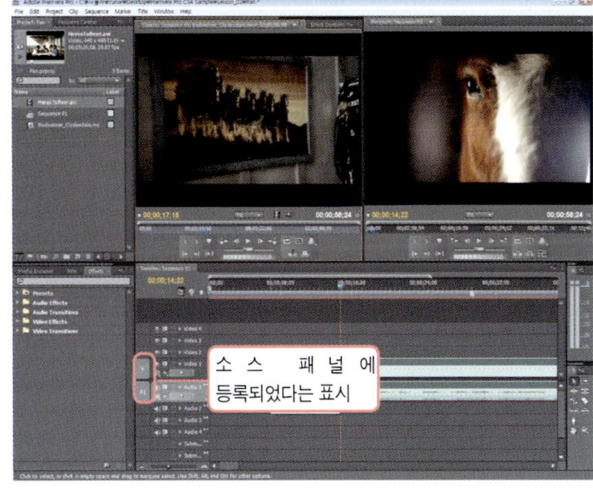

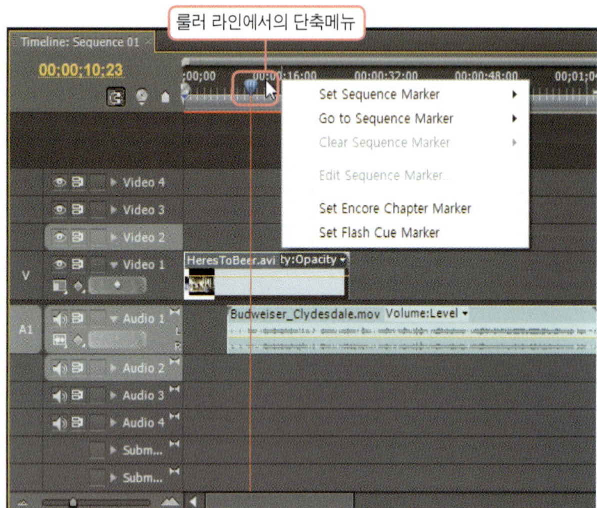

룰러 라인에서 마우스 오른쪽 버튼을 클릭하면 Set Sequence Marker를 비롯해서 마커 설정에 관련된 6가지의 단축 메뉴를 볼 수 있습니다. 각 메뉴의 역할은 다음과 같습니다.

① Set Sequence Marker (시퀀스 마커 설정)

In, Out, In and Out Around Selection, In and Out Around Clip, Unnumbered, Next Available Numbered. Other Numbered의 7가지 서브 메뉴가 있습니다. 각 메뉴의 역할은 다음과 같습니다.

❖ In/Out (시작/종료)

포지션 라인이 있는 위치를 인(In)/아웃(Out) 지점으로 설정합니다.

❖ In and Out around Selection (선택 영역 주변 시작 및 종료)

선택된 클립의 길이만큼 인/아웃 지점으로 설정합니다.

❖ In and Out around Cip (클립 주변 시작 및 종료)

포지션 라인이 있는 위치의 클립 길이만큼 인/아웃 지점으로 설정합니다.

❖ Unnumbered (번호 없음)

포지션 라인이 있는 위치에 마커를 만듭니다.

❖ Next Available Numbered (사용 가능한 다음 번호)

프리미어는 Unnumbered외에도 마커에 숫자가 표시되는 숫자 마커를 만들 수 있습니다.
Next Available Numbered는 순서대로 숫자 마커를 만들어주는 역할을 합니다.

❖ Other Numbered (기타 번호)

숫자를 입력할 수 있는 창이 열리며, 입력한 숫자에 해당하는 숫자 마커를 만듭니다.

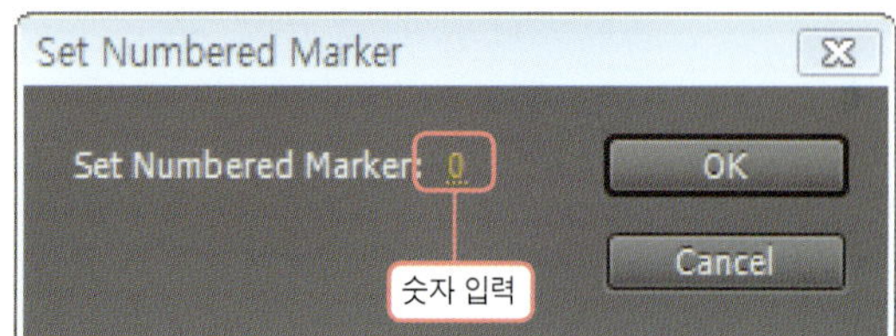

② Go to Sequence Marker (시퀀스 마커로 이동)

Next, Previous, In, Out, Numbered의 5가지 서브 메뉴가 있습니다. 각 메뉴의 역할은 다음과 같습니다.

❖ Next/Previous (다음/이전)

Next와 Previous는 포지션 라인이 있는 위치를 기준으로 왼쪽과 오른쪽에 있는 마커로 포지션 라인을 이동시킵니다.

❖ In/Out (시작/종료)

In과 Out은 포지션 라인을 인/아웃 지점으로 이동하는 역할입니다.

❖ Numbered (번호가 있는 마커)

Numbered는 숫자 마커로 이동할 수 있는 창을 열어줍니다. 창에는 입력되는 있는 마커의 번호와 이름이 나열되어 있으며, 목록을 선택하여 이동할 수 있습니다.

③ Clear Sequence Marker (시퀀스 마커 지우기)

Current Marker, All Markers, In and Out, In, Out, Numbered의 6가지 서브메뉴가 있습니다. 각 메뉴의 역할은 다음과 같습니다.

❖ Current Marker (현재 마커)

Current Marker는 마커가 있는 위치에 포지션 라인을 위치했을 때 사용할 수 있는 것으로 해당 마커를 삭제합니다.

❖ All Markers (모든 마커)

포지션 라인 위치에 상관없이 모든 마커를 삭제합니다.

❖ In and Out (시작 및 종료)

인/아웃 지점을 삭제합니다.

❖ In/Out (시작/종료)

In 또는 Out 지점을 삭제합니다.

❖ Numbered (번호가 있는 마커)

숫자 마커를 삭제할 수 있는 창을 열어줍니다. 삭제할 마커를 선택하고, OK 버튼을 클릭합니다.

④ Edit Sequence Marker (시퀀스 마커 편집)

마커의 이름과 설명 등의 정보를 편집할 수 있는 창이 열립니다. 마커를 더블 클릭해도 되며, Web Link 옵션을 체크하고, URL에 자신의 홈페이지 주소를 입력하면, 자신의 홈페이지로 이동되는 영상을 만들 수 있습니다.

⑤ Set Encore Chapter Marker (Encore 장 마커 설정)

타임라인이 있는 위치에 Encore 마커를 삽입합니다. 트랙 리스트의 Encroe 마커 삽입 버튼과 동일한 기능입니다.

⑥ Set Flash Cue Marker (Flash 큐 마커 설정)

플래시 큐 포인트를 삽입합니다. 영상이 첨부된 플래시 작업이 필요한 사용자에게 유용한 기능입니다.

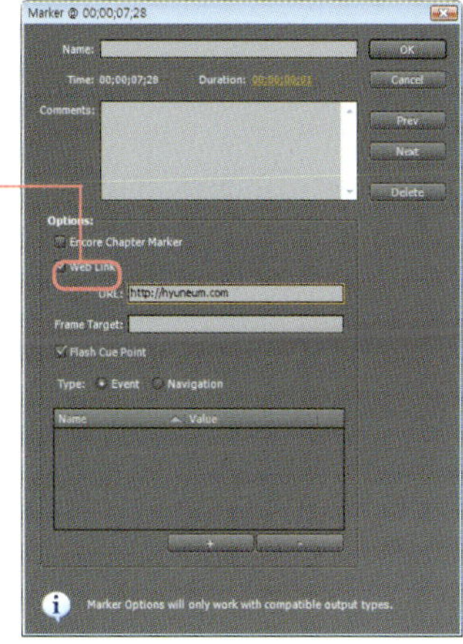

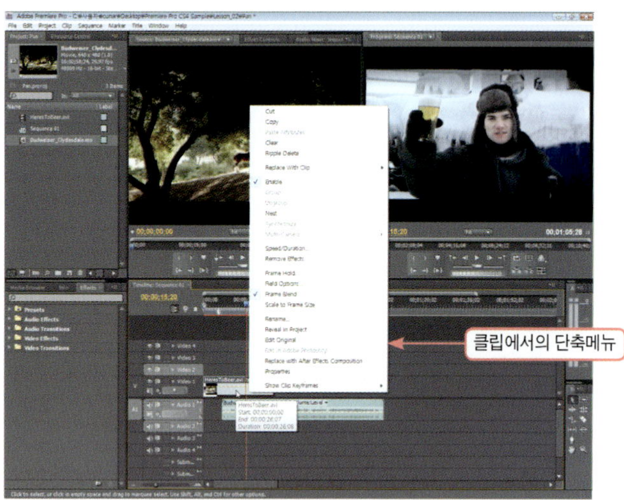

03 클립을 마우스 오른쪽 버튼으로 클릭하면 Cut, Copy, Paste Attributes 등, 클립을 편집하는데 사용하는 단축 메뉴가 열립니다. 타임라인 패널에서 가장 많이 사용하는 메뉴이기 때문에 본서에서도 수 차례 반복 사용될 것입니다. 여기서는 각 메뉴의 역할 정도만 정리하겠습니다.

❖ Cut (잘라내기)

선택한 클립을 잘라냅니다. Paste Attributes 메뉴를 이용해서 잘라낸 클립의 속성을 이동합니다.

❖ Copy (복사)

선택한 클립을 복사합니다. Paste Attributes 메뉴를 이용해서 잘라낸 클립의 속성을 복사합니다.

❖ Paste Attributes (특성 붙여넣기)

Cut 또는 Copy 메뉴로 컴퓨터에 기억시킨 클립의 모션이나 이펙트 등의 속성을 붙입니다.

❖ Clear (지우기)

선택한 클립을 삭제합니다.

❖ Ripple Delete (잔물결 삭제)

선택한 클립을 삭제하고, 오른쪽에 위치한 클립을 삭제한 공간만큼 왼쪽으로 이동시킵니다. 트랙의 빈 공간에서 마우스 오른쪽 버튼을 클릭하면 Ripple Delete 단축 메뉴를 볼 수 있는데, 이것은 마우스를 클릭한 위치의 빈 공간을 제거하고, 오른쪽에 위치한 클립들을 빈 공간만큼 왼쪽으로 이동시킵니다.

❖ Enable (사용)

선택할 때 체크 표시 여부로 On/Off의 기능을 하는 메뉴입니다. 기본적으로 체크표시가 되어 있으며, 메뉴를 선택하여 체크 표시를 해제하면 선택한 클립을 사용하지 않습니다.

❖ Unlink (연결 해제)

영상과 사운드의 연결을 해제하여 독립적으로 편집할 수 있게 합니다. 연결을 해제한 클립은 [Shift] 키를 누른 상태에서 선택하고, 단축 메뉴를 열어 Link 메뉴로 연결할 수 있습니다.

두 개 이상의 클립을 Shift 키를 누른 상태로 선택하여 하나의 그룹으로 묶을 수 있습니다. 그룹으로 설정된 클립은 동시에
편집이 가능합니다.

❖ Ungroup (그룹 해제)

그룹으로 설정된 클립을 해제합니다.

❖ Nest (중첩)

선택한 클립의 시퀀스로 만듭니다. 멀티 시퀀스 작업이 필요할 때 유용한 메뉴입니다.

❖ Synchronize (동기화)

Shift 키를 누른 상태로 두 개 이상의 클립을 선택했을 때, 사용할 수
있는 메뉴로 선택한 클립을 정렬할 수 있는 창을 열어줍니다. Clip
Start와 Clip End는 클립의 시작과 끝 위치를 정렬하는 것이고,
Timecode은 입력한 시간에, Numbered clip Marker은 선택한 숫자
마커에 클립을 정렬합니다.

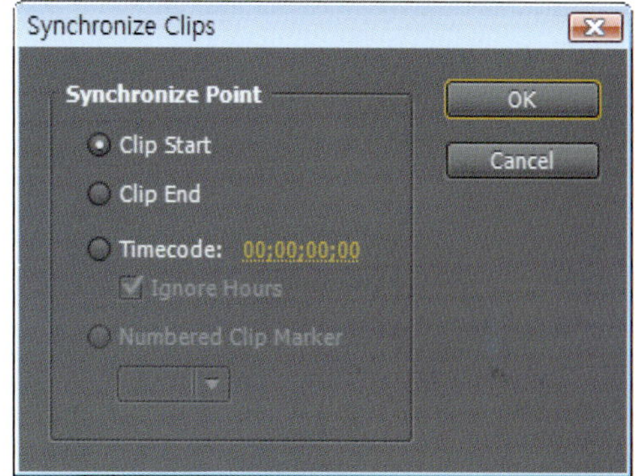

❖ Multi-Camera (멀티 카메라)

멀티 카메라를 사용할 것인지의 여부를 선택할 수 있는 Enable과 출력
클립을 선택할 수 있는 Camera 1~4의 메뉴가 있습니다. 이것은 시퀀스
작업이 설정된 클립에서 사용할 수 있는 메뉴이며, 자세한 내용은 멀티
카메라 편에서 살펴보겠습니다.

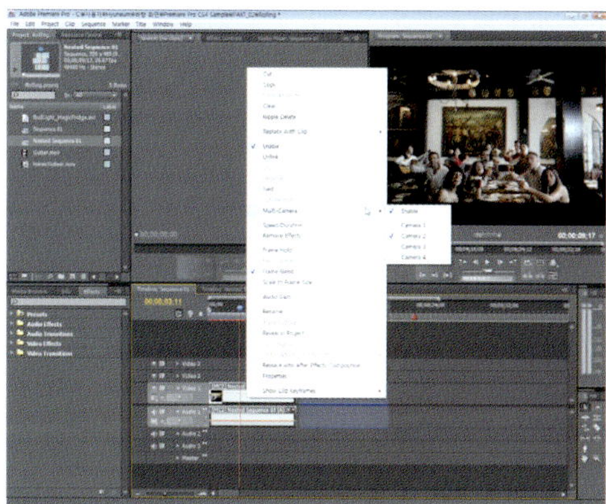

❖ Speed/Duration (속도/지속 시간)

클립의 속도와 길이를 변경할 수 있는 창을 열어줍니다. Speed는 100%를 기준으로
이상의 값은 빨라지고, 이하의 값은 느려집니다. 즉 200%로 조정하면 2배 빨라지고,
50%로 조정하면 2배 느려집니다. Speed와 Duration을 연결하고 있는 링크 표시를
클릭하여 끊어놓으며, 속도와 클립의 길이를 개별적으로 조정할 수 있습니다. Reverse
Speed는 영상을 거꾸로 재생하고, Maintain Audio Pitch는 영상의 속도가 변할 때,
사운드를 유지할 수 있게 하는 옵션입니다.

❖ Remove Effects (효과 제거)

클립에 적용되어 있는 모션, 불투명도, 이펙트 등의 설정을 제거합니다. 많은
이펙트를 한 번에 삭제하고 싶을 때나 특정 옵션만 제거하고 싶을 때 유용한
메뉴입니다.

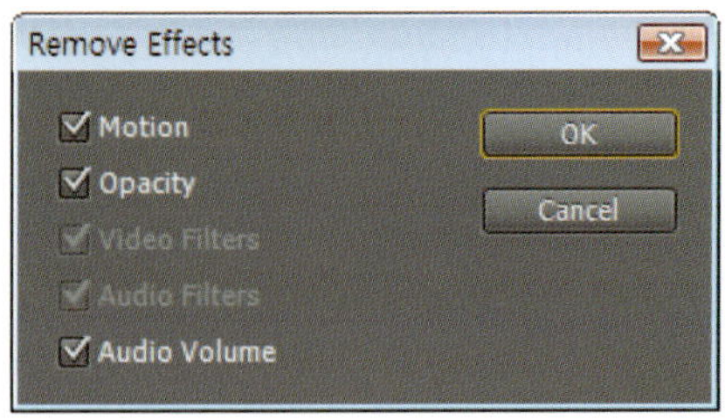

❖ Frame Hold (프레임 고정)

프레임을 고정시켜 정지 이미지를 사용한듯한 효과를 연출할 수 있습니다.
영화의 예고편이나 영상의 엔딩에 많이 사용하는 기법에 응용할 수 있습니다.
Hold On으로 프레임을 고정합니다. 오른쪽 메뉴에서 클립의 시작 또는 끝 위(In
/Out Point)와 클립에 삽입한 마커(Marker 0)중에서 고정할 프레임을 선택할 수
있습니다. Hold Filter는 클립에 사용한 필터를 포함시킬 것인지의 여부를
선택합니다. Deinterlace는 클립을 2중 주사방식으로 만들어줍니다.

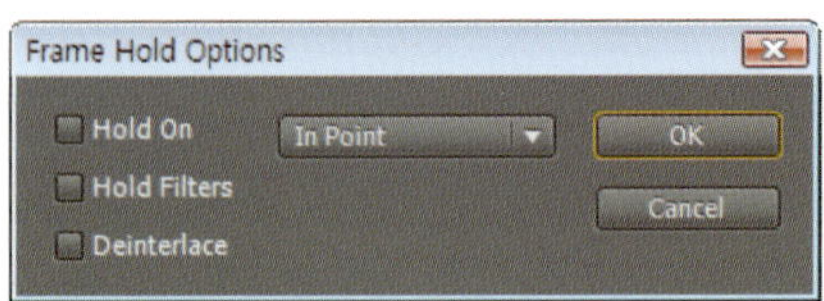

❖ Field Options (필드 옵션)

작업환경과 다른 주사선의 소스를 변경할 수 있는 옵션 창을 열어줍니다.
Reverse Field Dominance를 체크하여 주사선을 바꿀 수 있습니다. None는 주사
방식은 변경하지 않게 하고, Interlace Consecutive Frame는 인터레이스
방식으로, Always Deinterlace는 프로그레시브 방식으로 변경합니다. 그리고
Flicker Removal 는 주사선의 변경으로 발생할 수 있는 깜박거림을 제거합니다.

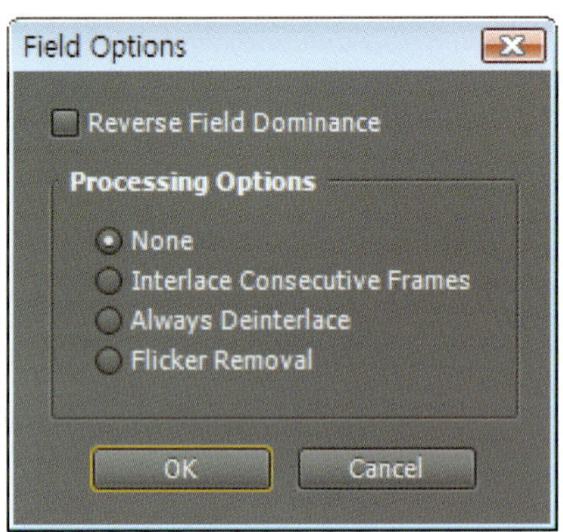

❖ Frame Blend (필드 혼합)

프로젝트 환경과 프레임 수가 다른 클립인 경우 각 프레임을 부드럽게 연결하여 화면의 끊김을 최소화 하는 옵션입니다.

❖ Scale to Frame Size (프레임 크기로 비율 조정)

프레임의 크기를 작업 중인 프로젝트 환경에 맞추는 옵션입니다.

❖ Audio Gain (오디오 게인)

사운드를 볼륨을 조정할 수 있는 Clip Gain 창이 열립니다. Peak Amplitude에서
선택한 클립의 최대 볼륨이 자동으로 계산되어 표시되기 때문에 0dB까지의
여유 볼륨을 알 수 있습니다. 0dB까시 무조건 끌어올리는 보다는 3dB에서
-6dB의 여유 공간을 갖게 하는 것이 좋습니다. 물론, 별도의 이펙트 작업을 하지
않을 것이라면, 0dB의 Normalize도 좋습니다.

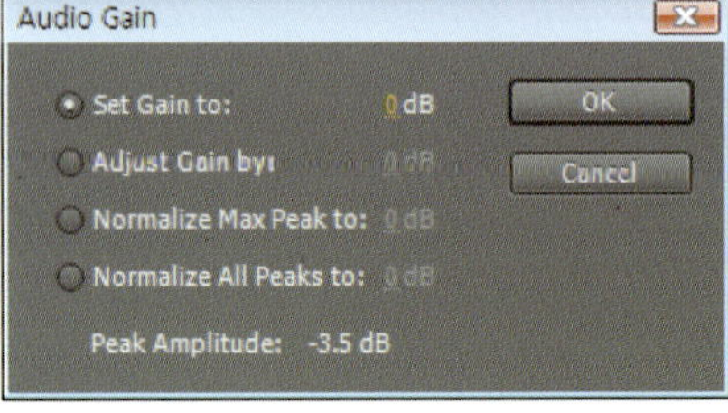

❖ Rename (이름 바꾸기)

클립의 이름을 변경할 수 있는 Rename Clip 창을 열어줍니다.

❖ Make Subclip (하위 클립 만들기)

선택한 클립을 새로운 소스로 만들어 프로젝트 패널에 등록합니다. 이것을 서브 클립이라고 하며, 특정 구간의 영상을 반복 사용하고 싶을 때, 유용한 기능입니다.

❖ Reveal in Project (프로젝트에 표시)

선택한 클립을 프로젝트 패널에서 찾아줍니다. 선택한 클립의 원본 소스를 확인할 때 유용합니다.

❖ Edit Original (원본 편집)

클립 포맷에 연결되어 있는 미디어 재생기를 실행하여 모니터할 수 있습니다. AVI, MPEG 등의 포맷은 곰 플레이어를 많이 사용하기 때문에 곰 플레이어가 실행될 것이며, MOV 포맷은 퀵타임 플레이더가 실행됩니다. 즉, 포맷과 연결되어 있는 미디어 플레이어에 따라 다릅니다.

❖ Edit in Adobe Soundbooth/Photoshop

사운드 클립을 선택한 경우에는 Edit in Adobe Sounbooth 메뉴로 표시되어 해당 클립의 사운드를 사운드부스에서 편집할 수 있고, 이미지 클립을 선택한 경우에는 Edit in Adobe Photoshop 메뉴로 표시되어 해당 클립의 이미지를 포토샵에서 편집할 수 있습니다. 물론, 사용자 컴퓨터에 사운드부스 또는 포토샵이 설치되어 있는 경우에만 사용할 수 있습니다.

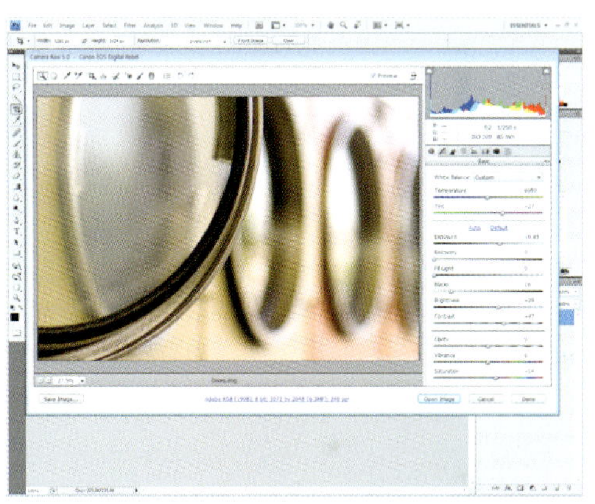

❖ Replace After Effects Compostion

선택한 클립을 에프터 이펙트의 컴포지션으로 실행하여 고급스런 효과를 연출할 수 있게 합니다. 영상에 다양한 그래픽을 연출하고 싶다면 포토샵을 다룰 수 있어야 하며, 고급스런 사운드를 믹싱하고 싶다면 사운드부스를 다룰 수 있어야 하듯이 프로급 영상 효과를 연출하고 싶다면, 에프터 이펙트의 학습이 필요할 것입니다. 그래픽, 사운드, 영상 등의 멀티미디어 분야를 장악하고 있는 Adobe사의 제품들은 인터페이스와 용어를 통일시켜 사용자가 쉽게 접근할 수 있도록 배려하고 있으므로, 한 가지 프로그램만 익숙해진다면, 나머지도 쉽게 공부할 수 있습니다.

❖ Properties (속성)

클립의 정보를 확인할 수 있는 Properties 창이 열립니다.

❖ Show Clip Keyframes (클립 키프레임 표시)

클립에 Motion 또는 Opacity를 조정할 수 있는 라인을 표시하는 것으로, 클립의 메뉴와 동일합니다.

프로그램 패널 익히기

프로그램 패널은 타임라인 패널에서 편집한 최종 결과물을 확인하는 역할을 합니다. 대부분의 구성과 사용법은 소스 패널과 차이가 없지만, 소스 패널은 타임라인 패널에 등록할 소스를 모니터 하는 것이고, 프로그램 패널은 타임라인 패널의 작업 결과를 모니터 한다는 차이가 있습니다. 타임라인 패널 이전의 소스를 모니터 하는 소스 패널과 타임라인 패널 이후의 결과를 모니터 하는 프로그램 패널의 역할만 정확히 구분할 수 있다면, 프로그램 패널의 사용법은 이미 알고 있다고 보아도 좋습니다. 프로그램 패널의 도구와 메뉴의 역할을 간단하게 정리하겠습니다.

1 프로그램 패널의 도구

프로그램 패널에서 제공하는 대부분의 도구들은 타임라인 패널의 작업 결과에 영향을 준다는 것 외에 소스 패널에서 살펴보았던 도구들과 모양이나 역할이 모두 비슷합니다. 예를 들어 소스 패널의 재생 버튼은 편집 전의 영상 소스를 재생하는 것이고, 프로그램 패널의 재생 버튼은 편집 후의 작업 결과를 재생한다는 차이가 있을 뿐, 재생 기능은 같다는 것입니다.

 타임코드

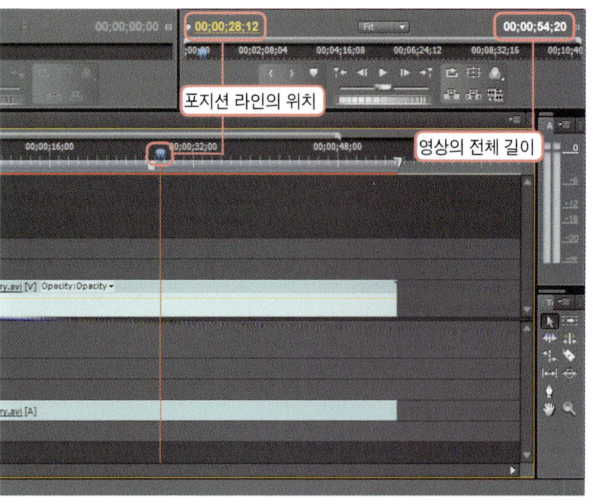

01 프로그램 패널의 타임코드는 타임라인 패널의 작업 결과가 보이지는 것이므로, 왼쪽이 타임라인 패널의 포지션 라인이 있는 위치를 나타내는 것이며, 오른쪽이 타임라인 패널에서 편집하고 있는 영상의 전체 길이 또는 인/아웃 포인트 구간의 길이를 나타내는 것입니다.

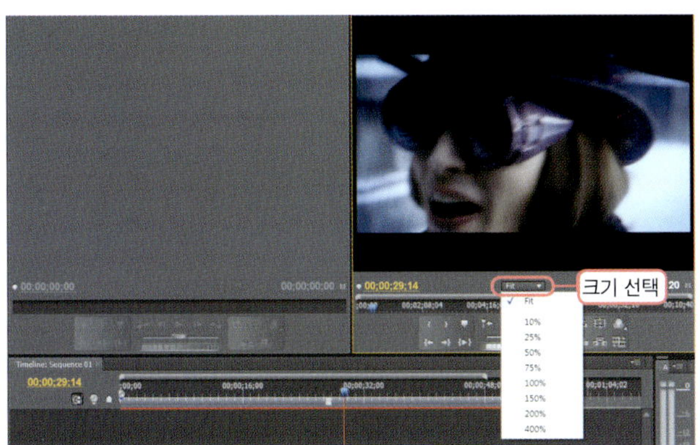

02 위치와 길이를 표시하는 타임코드 중앙에 Fit라고 표시된 부분을 클릭하면 프로그램 패널에 보여지는 영상의 크기를 퍼센트 단위로 조정할 수 있는 크기 선택 메뉴가 열립니다. 특별한 경우를 제외하고는 패널 크기에 맞추어 자동으로 조정되는 Fit을 사용합니다.

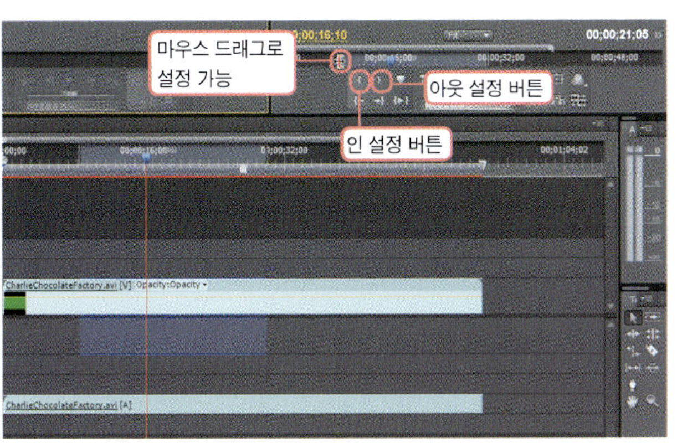

03 소스 패널의 인/아웃 포인트 설정 구간은 타임라인 패널에 등록할 소스의 구간을 설정하는 것이지만, 프로그램 패널의 인/아웃 포인트 설정 버튼은 타임라인 패널에서 들어낼 구간을 설정하는 것입니다. 이것에 관해서는 리프트(Lift) 또는 익스트랙트(Extract) 도구에서 살펴보겠습니다.

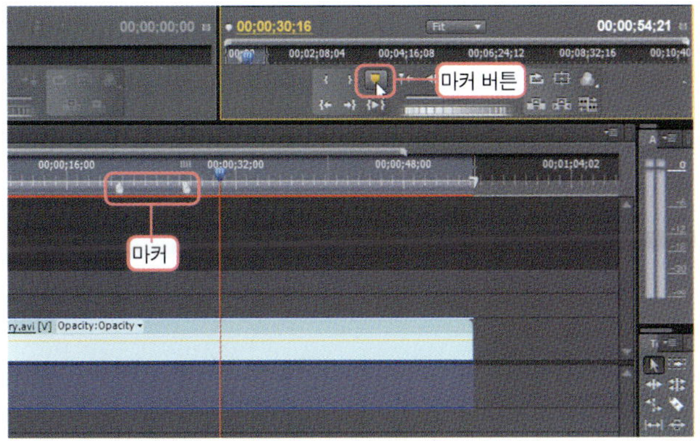

04 포지션 포인트 위치에 마커를 삽입합니다. 마커는 원하는 위치에 책갈피를 꽂아두는 것과 비슷한 역할입니다. 아직은 마커의 필요성에 대해서 잘 모를 수 있겠지만, 클립을 특정 위치에 맞추거나 여러 명이 공동 작업을 할 때 매우 유용한 정보 수단이 될 수 있는 마커는 프리미어에 익숙해질수록 많이 사용하게 될 것입니다.

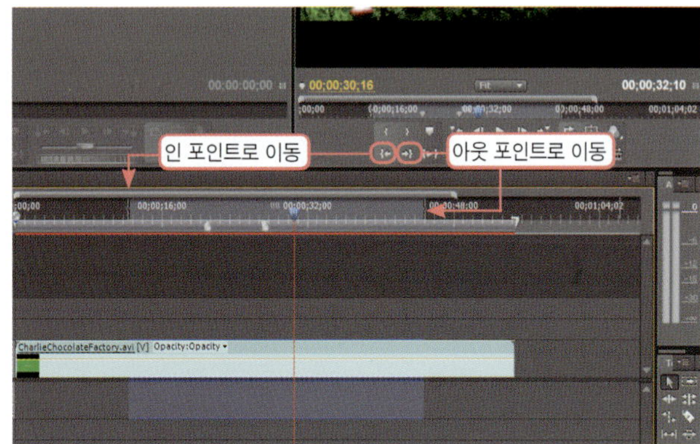

05 인 포인트 이동 버튼은 포지션 포인트가 인 포인트의 위치로 이동하고, 아웃 포인트 이동 버튼은 아웃 포인트의 위치로 이동합니다. 인/아웃 포인트가 설정되어 있지 않은 경우에는 영상의 시작 부분과 끝 부분으로 이동합니다.

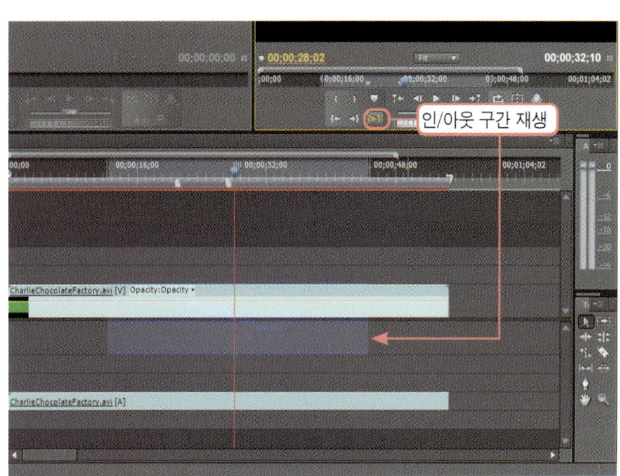

06 인/아웃 포인트 구간을 재생하는 역할의 버튼입니다. 타임라인 패널에 인/아웃 포인트 구간을 등록하기 전에 확인하는 용도로 사용할 수 있습니다. 재생 중에 Space bar 키는 정지 역할을 합니다.

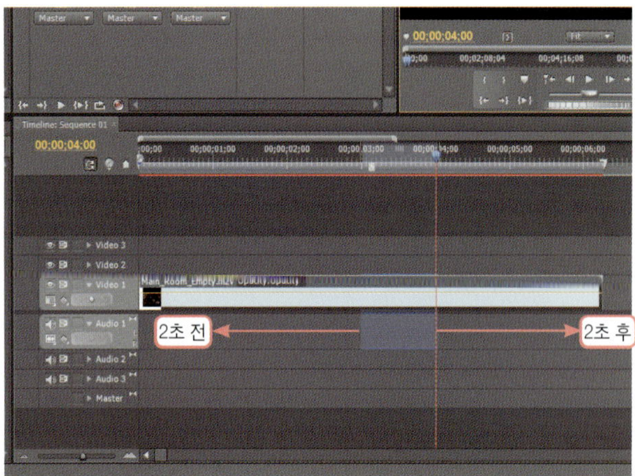

07 Ctrl 키를 누른 상태에서 인/아웃 구간 재생 버튼을 클릭하면 인 포인트로 설정된 위치의 2초 전에서부터 아웃 포인트로 설정된 위치의 2초 후까지 재생됩니다. 이것은 인/아웃 포인트 구간을 정확히 설정했는지의 여부를 확인할 때 유용한 기능입니다.

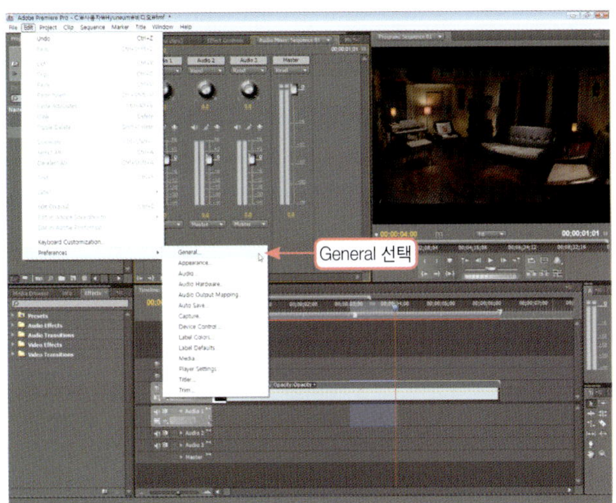

08 2초 전/후의 타임은 사용자가 원하는 시간으로 변경할 수 있습니다. Edit 메뉴의 Preferences에서 General을 선택하여 환경 설정 창을 엽니다.

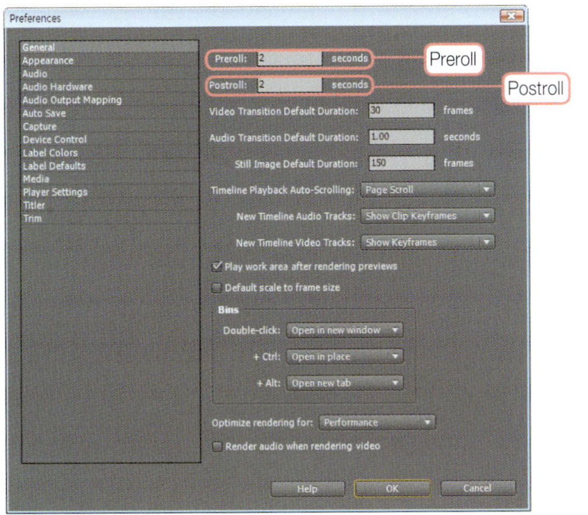

09 Preroll은 인 포인트 이전에 재생될 시간을 의미하며, Postroll은 아웃 포인트 이후에 재생될 시간을 의미합니다. 기본값이 모두 2초로 설정되어 있었기 때문에 2초 범위로 재생되었던 것이며, 이 값을 사용자가 원하는 타임을 변경할 수 있습니다.

 이전/다음 포인트로 이동 버튼

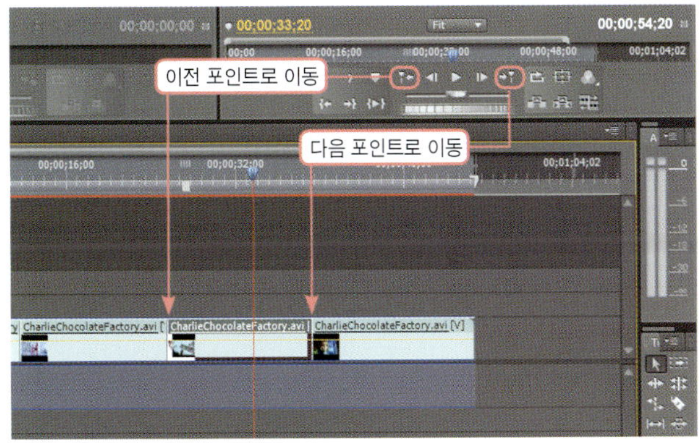

10 이전 포인트로 이동 버튼은 타임라인 패널의 포지션 라인 왼쪽에 있는 클립의 시작 위치로 이동하고, 다음 포지션 포인트로 이동 버튼은 오른쪽에 있는 클립의 끝 위치로 이동합니다. 이것은 Page up 과 Page Down 키를 많이 사용하므로 기억해두기 바랍니다.

187

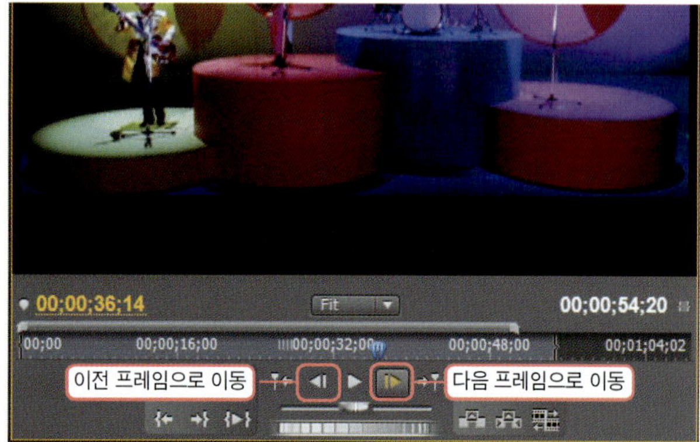

11 이전 프레임으로 이동 버튼과 다음 프레임으로 이동 버튼은 포지션 라인을 프레임 단위로 이동시킵니다. 세밀하게 위치를 찾고 싶을 때 사용하는 이 버튼들은 ← 또는 → 키를 이용하는 것이 편리할 것입니다. 참고로 Shift 키를 누른 상태에서는 5프레임 단위로 이동되는데, 단위는 Preferences창의 Trim 페이지에서 Large Trim Offset 값이 5 frames으로 되어 있기 때문이며, 사용자가 원하는 값으로 변경할 수 있습니다.

12 재생 버튼은 인/아웃 포인트에 상관없이 포지션 라인이 있는 위치에서부터 재생하며, 재생 중에는 정지 기능을 합니다. 이것의 단축키인 Space bar 키는 선택되어 있는 패널에 따라서 달라집니다. 즉, 타임라인 패널이나 프로그램 패널이 선택되어 있다면, 작업 결과를 재생하지만, 소스 패널이 선택되어 있다면, 소스를 재생하는 것입니다.

13 셔틀 바와 조그 휠은 마우스를 좌/우로 드래그하여 영상을 탐색할 때 사용합니다. 셔틀 바는 드래그하는 범위에 따라 탐색 속도가 결정되고, 조그 휠은 드래그하는 속도에 따라 결정됩니다. 마우스 보다는 셔틀 바 단축키인 J (역재생), K (정지), L (재생)이나 조그 휠 단축키인 ← 와 → 키를 이용하는 것이 편리합니다.

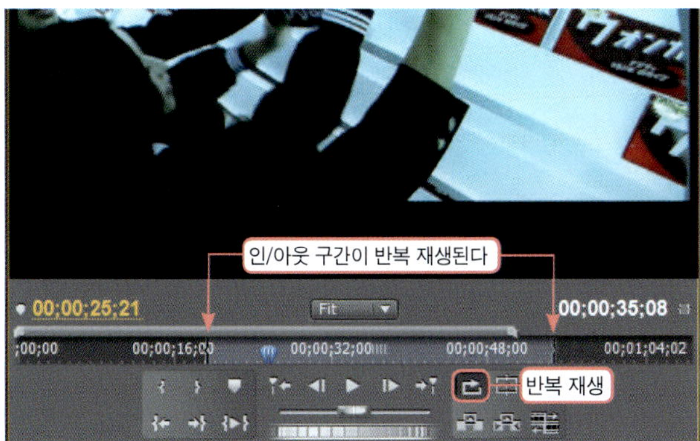

14 재생 버튼을 클릭하거나 Space bar 키를 눌러 영상을 모니터 할 때, 반복 버튼이 On으로 되어 있으면, 인/아웃 포인트 구간을 반복해서 재생합니다. 인/아웃 포인트가 설정되어 있지 않다면, 영상의 처음부터 끝까지 반복 재생 합니다.

15 아날로그 TV에서 재생하게 될 때의 자막과 영상 안전 영역을 표시합니다. 그러나 디지털 TV 시대에 살고 있는 요즘엔 안전선을 지키는 것에 대한 의미가 없기 때문에 기본값 10~20%를 5~10%로 줄인다거나 바깥쪽의 영상 안전선을 자막 안전선으로 사용합니다.

16 출력 버튼은 색상 보정에 관련된 메뉴와 프로그램 패널에 보여지는 영상의 퀄리티를 설정하는 메뉴로 구성되어 있습니다. 색상 보정에 관련한 메뉴는 레퍼런스 패널에서 살펴보기로 하고, 나머지 메뉴의 역할은 소스 패널에서 살펴본 것과 동일합니다.

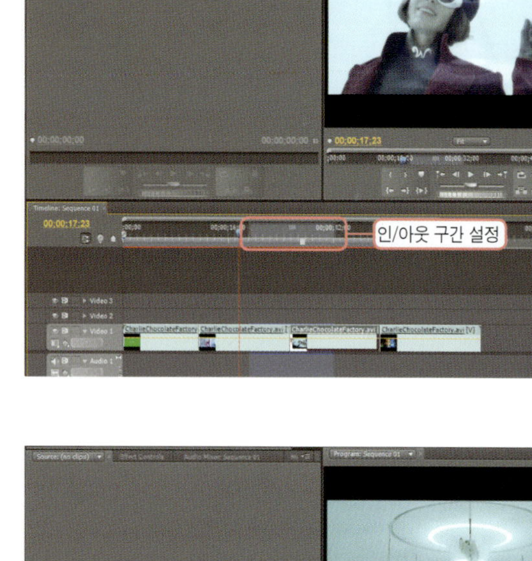

17 소스 패널의 인서트 및 오버레이 버튼과 비슷한 모습을 하고 있지만, 역할은 반대로 타임라인 패널에서 인/아웃 포인트 구간의 클립을 제거합니다. 리프트 버튼은 제거된 클립의 공간이 유지되고, 익스트랙트 버튼은 제거된 클립의 공간을 오른쪽 클립이 채웁니다. 차이점을 확인해보기 위해서 프로그램 패널의 인/아웃 포인트 설정 버튼을 이용하여 제거할 구간을 설정합니다.

18 프로그램 패널의 리프트 버튼을 클릭하면 인/아웃 포인트로 설정된 구간의 클립을 타임라인 패널에서 제거합니다. 이때 제거한 구간이 공백으로 남아 전체 길이는 변함이 없습니다. 특정 구간의 영상을 바꾸고자 할 때 이용할 수 있습니다.

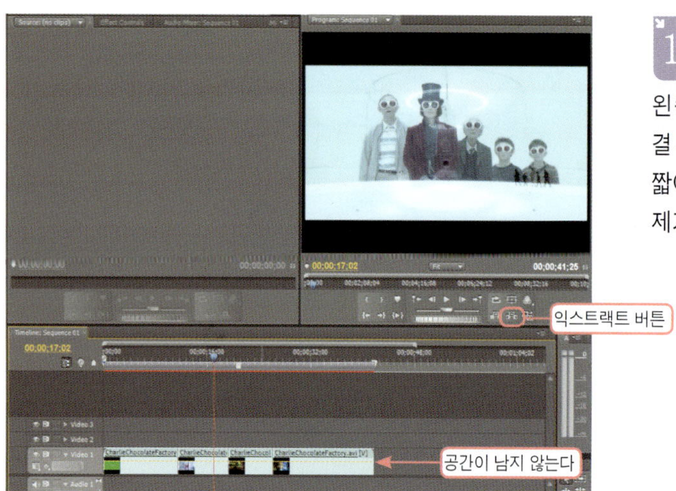

19 익스트랙트 버튼은 인/아웃 포인트로 설정된 구간을 제거하고, 오른쪽에 있던 클립이 왼쪽으로 이동하면서 제거한 공간을 채웁니다. 결과적으로 전체 길이가 제거한 구간만큼 짧아집니다. 방송 시간에 맞추거나 의미 없는 영상을 제거할 때 이용할 수 있습니다.

트림 버튼은 포지션 라인 왼쪽 클립의 아웃 포인트와 오른쪽 클립의 인 포인트를 동시에 조정할 수 있는 트림 패널을 열어줍니다. 트림 패널은 타임라인 패널에 등록되어 있는 클립과 클립을 자연스럽게 연결시킬 때 유용한 패널로 디지털 영상 편집에 있어서 중요한 역할을 하며, 클립의 인/아웃 점을 개별적으로 조정하는 리플 편집과 인/아웃 점을 동시에 조정하는 롤링 편집이 가능합니다.

20 `PageUP` 과 `PageDown` 키를 이용해서 인/아웃 포인트를 조정할 두 클립 사이에 포지션 라인을 위치시킵니다. 그리고 프로그램 패널의 트림 버튼을 클릭합니다.

21 클립의 인/아웃 포인트를 조정할 수 있는 트림 패널이 열립니다. 트림 패널의 왼쪽 화면이 포지션 라인 왼쪽에 위치한 클립의 아웃 포인트 장면이고, 오른쪽 화면이 포지션 라인 오른쪽 클립의 인 포인트 장면입니다.

22 트림 패널 왼쪽 화면에 마우스를 가져가면 마우스가 아웃 포인트를 조정할 수 있는 모양으로 변경됩니다. 마우스를 좌/우측으로 드래그해보면 왼쪽 클립의 아웃 포인트가 조정되어 클립의 길이가 변경되는 것을 확인할 수 있습니다.

23 트림 패널 오른쪽 화면에 마우스를 가져가면 마우스가 인 포인트를 조정할 수 있는 모양으로 변경됩니다. 마우스를 좌/우측으로 드래그해보면 오른쪽 클립의 인 포인트가 조정되어 클립의 길이가 변경되는 것을 확인할 수 있습니다. 이렇게 클립의 길이가 함께 조정되는 트림 편집을 리플 방식이라고 합니다.

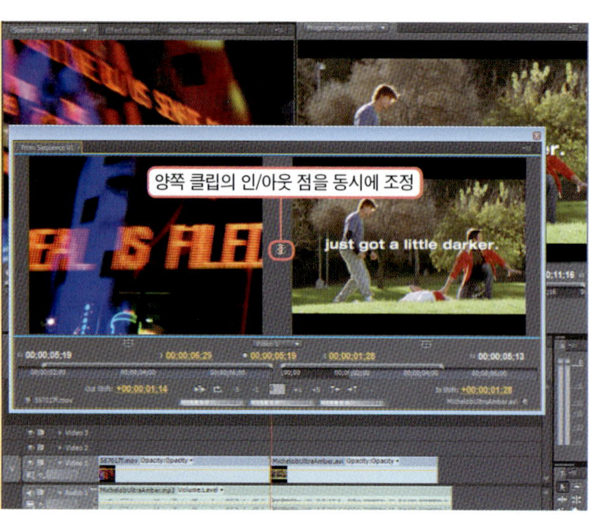

24 트림 패널 왼쪽과 오른쪽 화면의 중간에 마우스를 가져가면 인/아웃 포인트를 동시에 조정할 수 있는 모양으로 변경됩니다. 마우스를 좌/우로 드래그해보면, 인/아웃 포인트가 동시에 조정되는 것을 확인할 수 있습니다. 결과적으로 클립의 전체 길이가 유지됩니다. 이것을 롤링 방식이라고 합니다.

트림 패널에는 앞에서 살펴본 리플 방식과 롤링 방식의 편집을 세밀하게 할 수 있는 도구들이 있습니다. 하나의 도구로 통합되어 있기 때문에 소스 패널과 프로그램 패널에서의 도구와 혼동할 수 있지만, 트림 패널의 사용 목적과 편집 방식을 정확하게 이해하고 있다면, 각 도구의 기능들을 쉽게 이해할 수 있습니다.

타임코드

01 트림 패널에는 모두 5가지의 타임코드를 표시합니다. 왼쪽 두 가지는 포지션 라인 왼쪽 클립의 길이와 아웃 포인트 지점을 표시하는 것이고, 오른쪽 두 가지는 포지션 라인 오른쪽 클립의 인 포인트 지점과 클립의 길이를 표시하는 것입니다. 중간의 것은 포지션 라인의 위치입니다.

02 타임코드에서 파란색으로 표시되어 있는 3가지는 마우스 드래그 또는 클릭으로 원하는 위치를 입력하여 수정할 수 있습니다. 여기서 아웃 포인트와 인 포인트는 리플 방식과 동일한 편집이고, 포지션 라인은 롤링 방식과 동일한 효과입니다. 각 타임코드 사이에는 안전 영역 표시 버튼이 있어 트림 패널에서도 안전 영역을 확인할 수 있습니다.

03 타임코드 아래쪽의 룰러 라인은 각 클립의 전체 길이와 인/아웃 포인트 지점을 표시합니다. 인/아웃 포인트 범위는 짙은 회색으로 표시되어 쉽게 구분할 수 있고, 마우스 드래그로 편집할 수 있습니다. 룰러 라인 상단에는 단위를 확대/축소할 수 있는 바가 있습니다. 바의 좌/우측 끝을 드래그하여 확대/축소 할 수 있고, 중간을 드래그하여 위치를 변경할 수 있습니다.

04 Out Shift라고 표시된 타임코드와 In Shift라고 표시된 타임코드는 각각 인/아웃 포인트가 조정된 값을 표시합니다. 숫자가 파란색으로 표시되어 있으므로, 마우스 드래그 또는 클릭 후 값을 입력하여 수정할 수 있다는 것을 짐작할 수 있습니다.

05 재생 버튼은 트림 작업을 완료한 영상을 모니터 하는 목적으로 사용합니다. 재생 중에는 정지 버튼으로 바뀝니다. 재생이 완료되면 자동으로 정지하지만, 오른쪽의 루프 버튼을 On으로 두면, 정지 버튼을 누르기 전까지 반복해서 재생합니다.

06 -5, -1, +5, +1의 프레임 트림 버튼은 클릭할 때 마다 해당 프레임 숫자만큼 포인트를 증/감 하고, 중앙의 0에서는 원하는 프레임 수를 입력하여 조정할 수 있습니다. 이때 주의 할 것은 화면 아래쪽에 파란색 라인이 있는 클립이 조정되므로, 조정할 화면을 먼저 선택해야 합니다. 중간을 클릭하여 양쪽이 모두 선택되어 있을 때는 롤링 방식의 편집이 됩니다.

07 포지션 라인 타입 라인 패널에 등록된 클립과 클립 사이를 말합니다. 즉, 이전 포지션 포인트로 이동 버튼을 클릭하면 포지션 라인이 왼쪽 클립의 끝과 시작 위치 이동하고, 다음 포지션 포인트로 이동 버튼을 클릭하면 포지션 라인이 오른쪽의 클립의 시작과 끝 위치로 이동합니다. 이것의 단축키는 PageUP 과 PageDown 입니다.

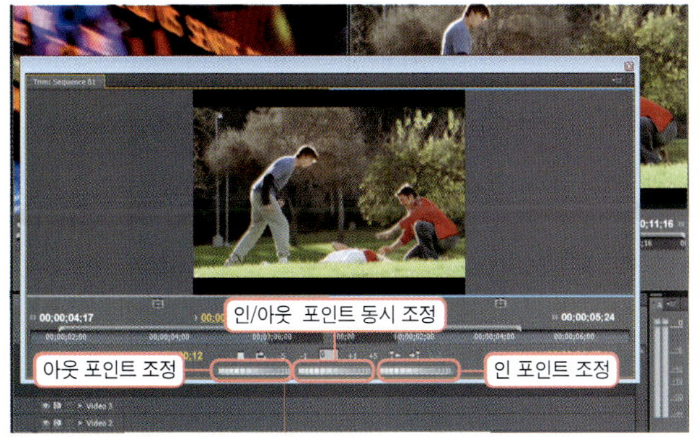

08 트림 패널에는 3개의 조그 휠이 있습니다. 왼쪽의 조그 휠은 왼쪽 클립의 아웃 포인트를 조정하는 것이고, 오른쪽의 조그 휠은 오른쪽 클립의 인 포인트를 조정하는 것입니다. 그리고 중앙의 조그 휠은 인/아웃 포인트를 동시에 조정하는 롤링 방식과 동일합니다.

프리미어는 지금까지 살펴본 프로젝트 패널, 소스 패널, 타임라인 패널, 프로그램 패널, 트림 패널 외에도 타이틀 패널, 오디오 믹서 패널, 이펙트와 컨트롤 패널 등을 포함해서 총 25가지의 패널을 제공합니다. 각각의 패널은 해당 학습 편에서 다뤄보기로 하고, 편집 작업과 밀접한 관계가 있는 멀티 카메라 패널을 마지막으로 살펴보겠습니다. 방송은 하나의 피사체를 여러 대의 카메라가 동시에 촬영하여 편집된다는 것을 알고 있을 것입니다. 이렇게 여러 대의 카메라로 촬영된 소스 중에서 필요한 부분만을 골라내는 작업을 하는 것이 멀티 카메라 패널의 역할입니다.

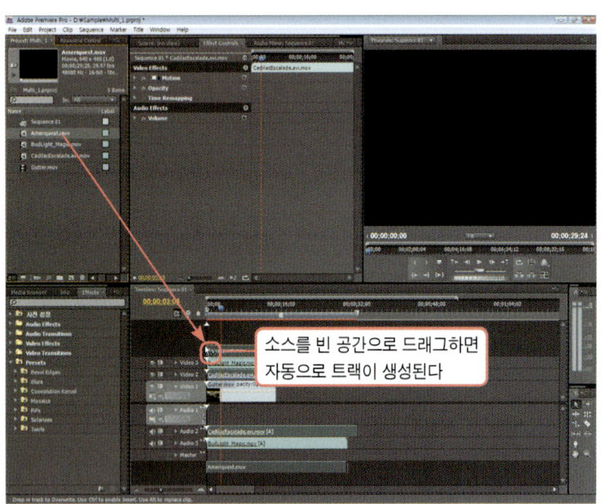

01 부록 CD의 PART_02 폴더에서 영상 파일 4개를 골라 임포트합니다. 이것을 독자가 친구들과 함께 촬영하여 캡처한 4개의 영상이라고 가정을 하고 진행을 하겠습니다. 각각의 아이템을 Video 1트랙에서 Video 4까지 차례로 등록합니다. Video 4는 Video 3 트랙 위의 빈 공간으로 소스를 가져다 놓으면 자동으로 생성됩니다.

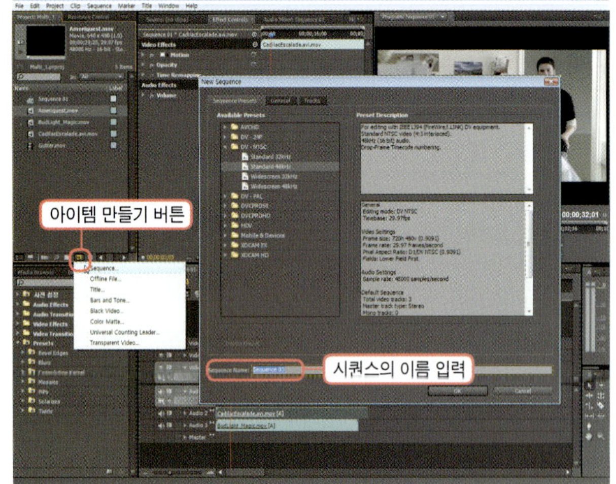

02 멀티 카메라 패널 작업을 위한 시퀀스를 만듭니다. 프로젝트 패널의 아이템 만들기 버튼을 클릭하여 메뉴를 열고, Sequence를 선택합니다. New Sequence 창에서 새로 만드는 시퀀스의 이름을 입력합니다. 실습에서는 Sequence 02 라는 이름을 그대로 사용하겠습니다.

 가·정·교·사

프리미어는 하나의 **프로젝트**에서 서로 **다른** 환경의 시퀀스 작업이 가능합니다.

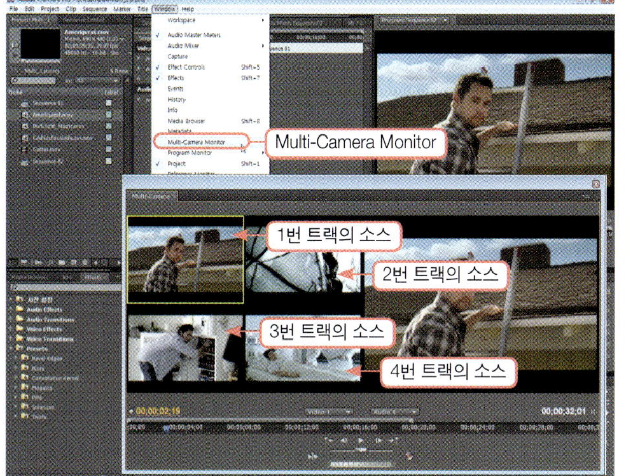

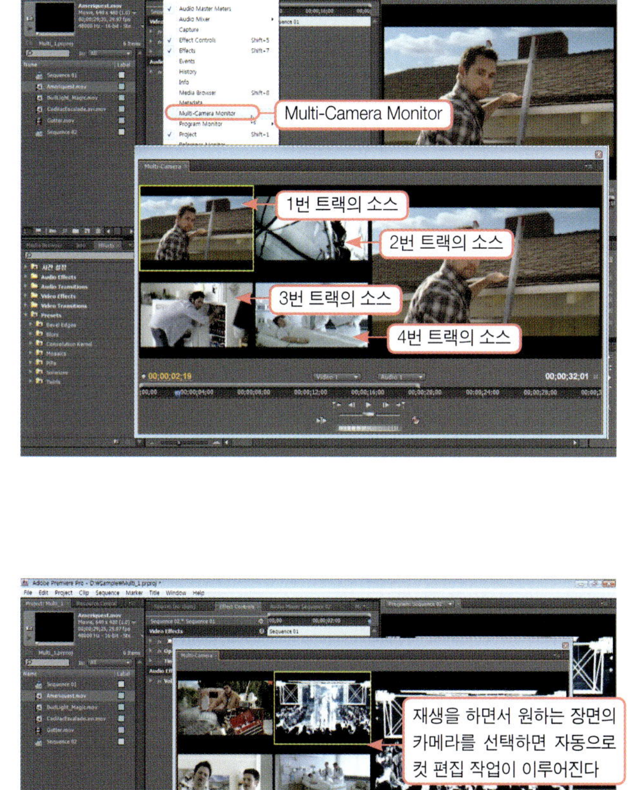

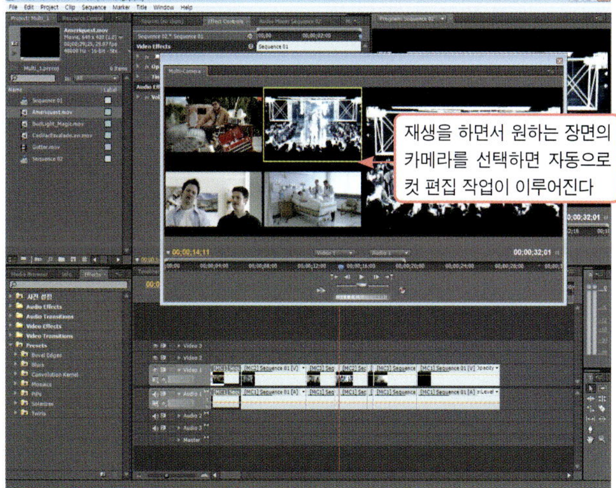

03 4 개의 트랙을 만들었던 Sequence 01 시퀀스를 새로 만든 Sequence 02라는 이름의 시퀀스 Video 1 트랙으로 드래그하여 가져다 놓습니다. 그리고 클립을 마우스 오른쪽 버튼으로 클릭하여 단축 메뉴를 열고, Multi-Camera의 Enable를 선택합니다. 멀티 카메라 작업을 위한 준비가 끝난 것입니다.

04 Window 메뉴의 Multi-Camera Monitor를 선택하여 멀티 카메라 패널을 엽니다. 왼쪽에 보이는 4 개의 모니터 창이 Sequence 01에 겹쳐놓았던 4개의 영상 클립입니다. 1번 카메라에 노란색 테두리가 표시되어 있는 것을 확인하고, 포지션 라인을 드래그하거나 재생 버튼으로 커팅할 위치를 찾습니다.

05 적당한 위치를 찾았다면, 2번 트랙의 소스를 표시하는 2번 카메라를 선택합니다. 이때 선택한 위치에서 클립이 커팅되는 것을 확인할 수 있습니다. 같은 과정을 반복하여 4대의 촬영 분에서 필요한 장면을 골라내는 것이 멀티 카메라 패널의 역할입니다.

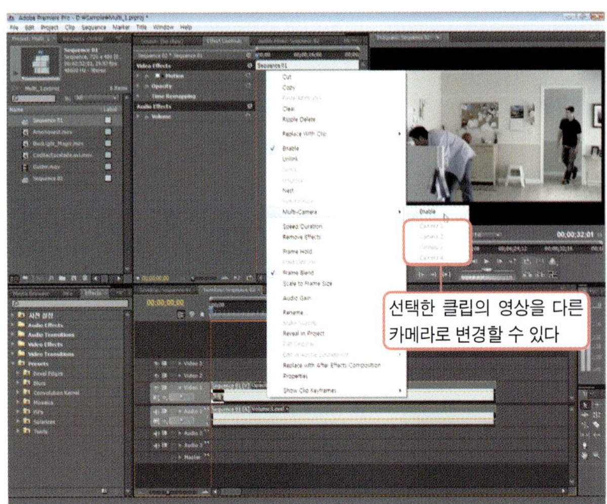

06 멀티 카메라 패널을 닫고, 재생을 해보면 완성된 컷 작업을 확인할 수 있습니다. 필요하다면 편집 작업을 다시 하거나 마우스 오른쪽 버튼을 클릭하여 단축 메뉴를 열고, Multi-Camera에서 클립의 내용을 변경할 수 있습니다. 실습에서는 4개의 영상을 무작위로 사용하고 있지만, 2대 이상의 카메라로 동일한 대상을 촬영하여 편집할 때는 매우 유용한 기능입니다.

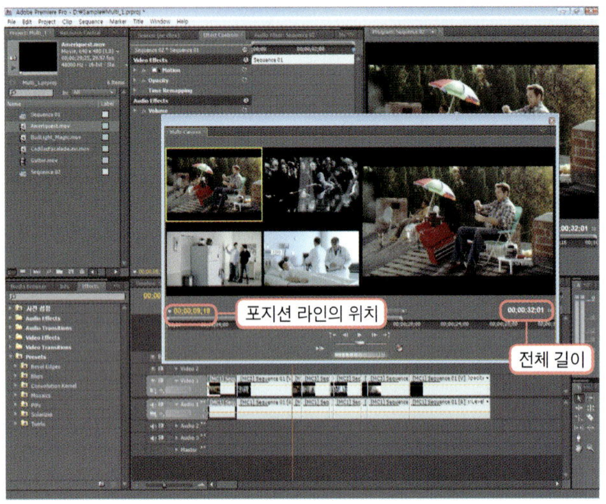

07 멀티 카메라 패널의 도구를 살펴보겠습니다. 각각의 도구는 선택된 카메라의 영상을 컨트롤하며 선택된 카메라의 화면은 노란색 테두리로 확인할 수 있습니다. 먼저 왼쪽에 있는 타임코드는 타임라인 패널의 포지션 라인 위치를 나타내며, 오른쪽의 타임코드는 전체 길이를 나타냅니다.

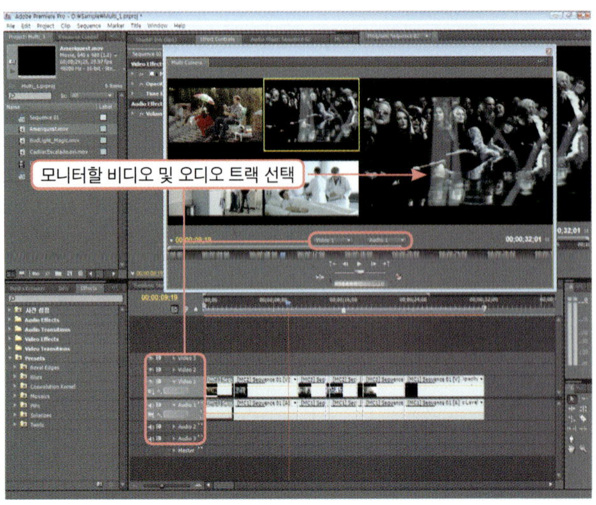

08 트랙 선택 메뉴는 오른쪽 모니터에 편집 결과가 보여지는 시퀀스의 비디오 및 오디오 트랙을 선택하며, 이전/다음 포인트로 이동 버튼, 이전/다음 프레임으로 이동 버튼, 재생/정지 등의 컨트롤 버튼은 프로그램 패널 버튼과 동일합니다.

09 셔틀 바와 조그 휠은 마우스를 좌/우로 드래그하여 영상을 탐색할 때 사용합니다. 셔틀 바는 드래그하는 범위에 따라 탐색 속도가 결정되고, 조그 휠은 드래그하는 속도에 따라 결정됩니다. 멀티 카메라 패널에서도 셔틀 바 단축키인 J , K , L 과 조그 휠 단축키인 ← 과 → 키를 이용할 수 있습니다.

10 미리보기 버튼은 포지션 라인이 있는 위치를 기준으로 2초 전/후의 영상을 재생합니다. Edit 메뉴의 Preferences에서 General을 선택하여 창을 열고, Preroll과 Postroll 항목에서 사용자가 원하는 시간을 설정할 수 있습니다. 기본값은 각각 2초로 설정되어 있습니다.

11 녹화 버튼은 앞의 실습에서와 같이 영상을 재생하면서 카메라를 선택할 때 자동으로 작동합니다. 물론, 녹화 버튼을 On으로 놓고, 포지션 라인을 이동시켜 가면서 원하는 장면의 카메라를 선택하는 방식으로 좀 더 정밀한 편집을 할 수 있습니다.

Premiere Pro CS4

PART 03

캡처, 컷 편집, 그리고 출력의 모든 것

자신이 촬영한 영상을 프로젝트 패널로 가져오는 작업을 캡처라고 하며, 프리미어에서 편집이

끝난 영상을 파일이나 DVD로 출력하는 작업을 익스포트라고 합니다. 영상을 편집하는

시간과 맞먹는 시간이 소요되는 캡처와 익스포트의 모든 것들을 살펴보고, 이펙트나

트랜지션, 자막, 사운드 등의 작업보다 우선되는 컷 편집의 다양한 기능들을 살펴봅니다.

다양한 캡처 방법

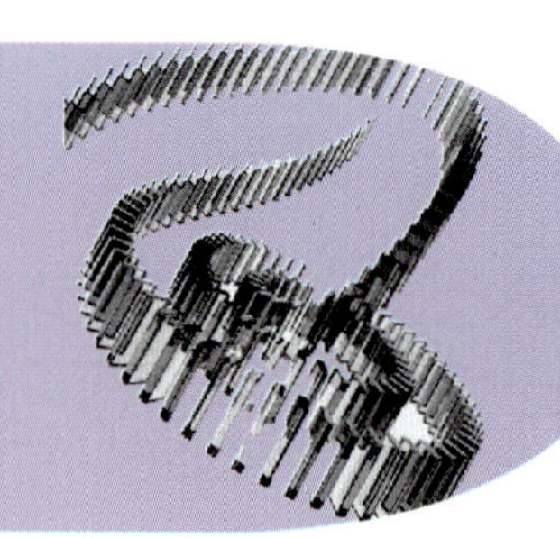

캠코더로 촬영한 영상을 컴퓨터로 옮기는 작업을 캡처라고 합니다. 캡처 작업을 위해서 필요한 장치는 캠코더와 PC를 연결할 IEEE 1394 케이블만 있으면 됩니다. 1394 포트가 없는 구형 PC를 사용하고 있다면, 몇 천 원짜리 1394 카드를 구입하여 장착하면 됩니다. 참고로 실시간 영상 편집 보드라고 해서 PC 보다 비싼 장치가 있습니다. 이것은 편집이나 익스포팅 작업을 할 때, 실시간 랜더링이 가능하다는 장점 때문에 전문가들이 필수 장치로 사용하고 있지만, 캡처를 할 때는 몇 천 원짜리 카드와 동일한 것이므로, 캡처를 목적으로 구입할 필요는 없습니다.

1 일반 캡처

캠코더의 영상을 PC로 전송하는 캡처 작업은 윈도우에서 기본으로 제공하는 Movie Maker나 CD 및 DVD를 구울 때 사용하는 Nero Burning 프로그램 등을 비롯해서 다양한 것들이 있습니다. 그러나 프리미어에서 제공하는 캡처 패널을 이용하면 별도의 임포트 작업이 필요 없다는 장점이 있습니다. 물론, 프리미어 프로 CS4에는 캡처 작업 조차 필요 없는 OnLocation CS4를 제공하고 있지만, 가장 기본이 되는 캡처 패널은 다룰 수 있어야 합니다.

01 IEEE1394 (FireWire) 케이블의 작은쪽(4Pin)을 캠코더의 IEEE 1394 포트에 연결하고, 큰쪽(6Pin)을 컴퓨터의 IEEE 1394 포트에 연결합니다.

 가·정·교·사

IEEE 1394 케이블의 핀 수는 장치마다 차이가 있을 수 있으며, 컴퓨터에 IEEE 1394 포트가 내장 되어 있지 않은 경우에는 IEEE 1394 카드를 추가로 장착해야 합니다.

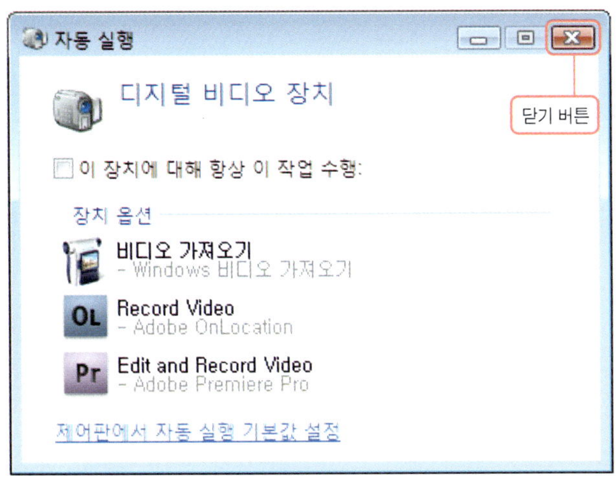

02 IEEE 1394 포트를 연결하고 나서 캠코더를 재생모드로 하면, 컴퓨터가 캠코더를 인식하면서 자동 실행 창이 열립니다. 여기서 Edit and Recode Video를 더블 클릭하여 프리미어를 실행할 수 있습니다. 이미 프리미어를 실행한 상태라면, 닫기 버튼을 클릭하여 창을 닫습니다.

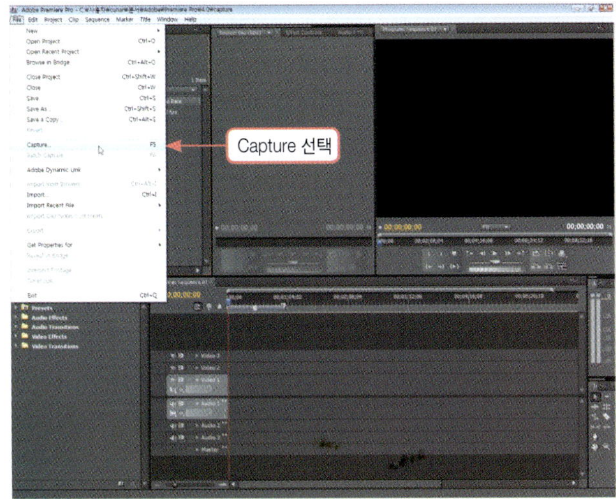

03 File 메뉴의 Capture를 선택하거나 F5 키를 누릅니다. 자주 사용하는 기능은 단축키를 이용하는 것이 프리미어를 능숙하게 다루는 방법입니다. 메뉴 오른쪽에는 해당 기능의 단축키가 표시되어 있으므로, 생각나지 않을 때는 확인을 하는 번거로움이 있더라도 가급적 단축키를 이용하기 바랍니다.

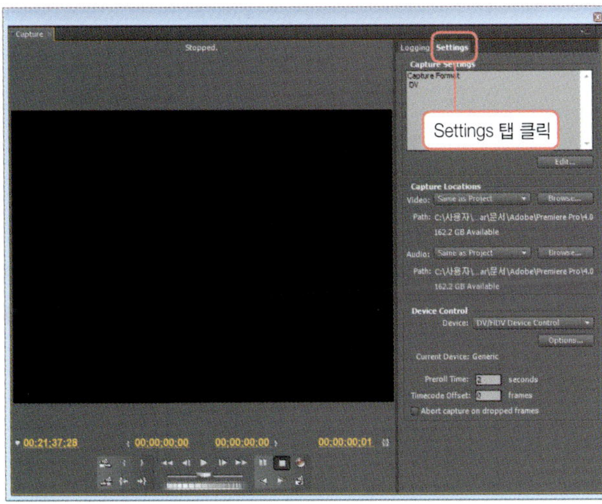

04 캠코더의 영상을 캡처할 수 있는 Capture 창이 열립니다. 기본 값으로 진행을 해도 좋지만, 원활한 작업을 위해서 캠코더에 어울리는 환경을 설정하는 것이 좋습니다. Settings 탭을 클릭합니다.

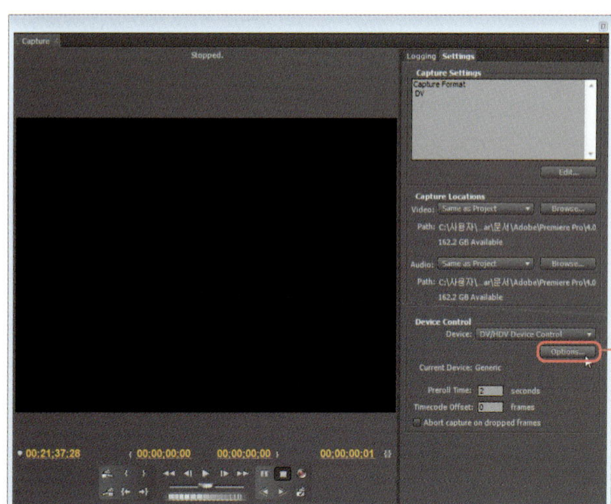

05 Settings(설정) 페이지 아래쪽에 보이는 Device Control(장치 컨트롤) 항목에서 [Options] 버튼을 클릭하여 DV/HDV Device Control Settings 창을 엽니다.

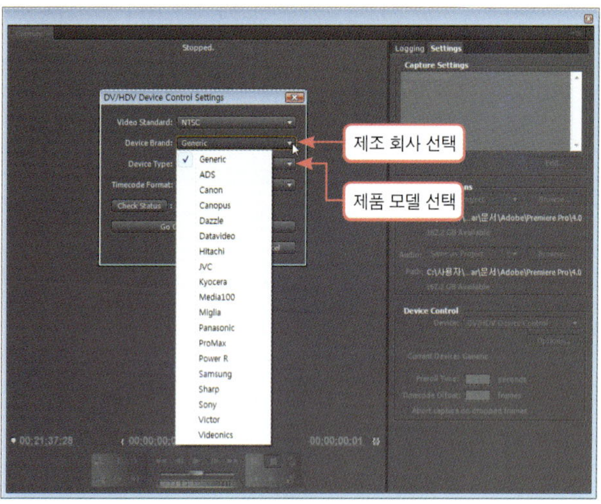

06 캠코더의 종류를 설정할 수 있는 DV/HDV Device Control Settings 창이 열립니다. Device Brand(장치 상표) 항목에서 독자가 사용하는 캠코더의 제작 회사를 선택하고, Device Type(장치 유형)에서 제품 모델을 선택합니다.

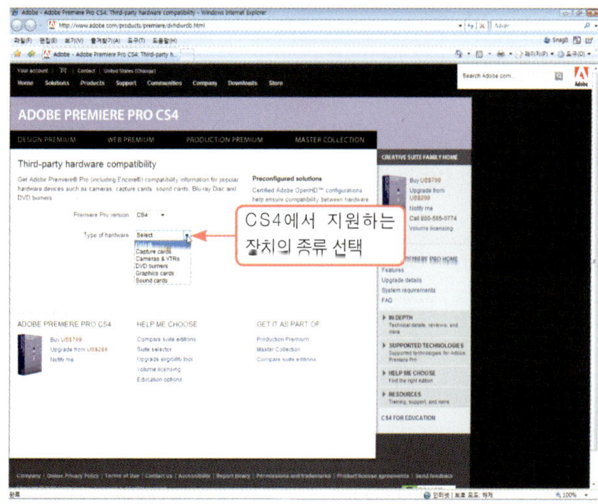

07 목록에 없다면 Device Brand는 Generic을 선택하고, Device Type은 Standard를 선택해도 좋습니다. 참고로 [Go Online for Device Info] 버튼을 클릭하면, 프리미어 프로 CS4를 지원하는 장치의 종류를 확인할 수 있으므로, 장치를 구입할 계획이 있는 독자라면, 확인해보기 바랍니다.

08 DV/HDV Device Control Settings 창은 [OK] 버튼을 클릭하여 닫습니다. 이제 Capture 창의 컨트롤 패널에서 [재생] 버튼을 클릭하여 캠코더를 재생합니다. 컴퓨터에 연결된 캠코더가 프리미어에서 컨트롤 되는 것을 확인할 수 있습니다.

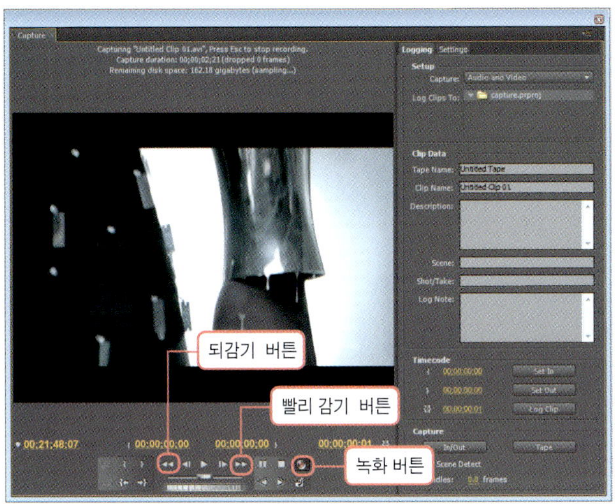

09 이상 없이 재생된다면, [되감기]와 [빨리 감기] 버튼을 이용해서 원하는 위치를 찾습니다. 각각의 버튼은 캠코더에 있는 버튼들과 비슷하므로 쉽게 사용할 수 있을 것입니다. 원하는 위치를 찾으면, [녹화] 버튼을 클릭하여 캡처를 시작합니다. 이때 영상이 정지 상태라면 [재생] 버튼을 눌러야만 녹화를 할 수 있습니다.

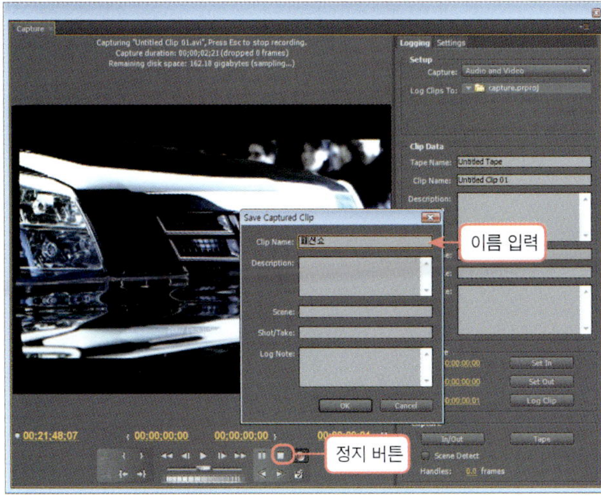

10 원하는 지점까지 녹화를 했다면 녹화 버튼 왼쪽에 보이는 [정지] 버튼을 클릭하거나 키보드의 ESC 키를 눌러 녹화를 정지합니다. 캡처 받은 영상을 저장할 수 있는 Save Captured Clip 창이 열립니다. Clip Name 항목에 알아보기 쉬운 이름을 입력하고, [OK] 버튼을 클릭합니다.

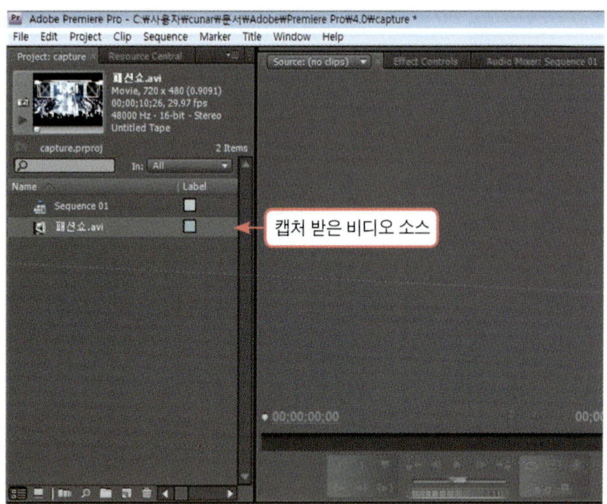

11 Capture 창을 닫고, 프로젝트 패널을 확인해보면, 캡처 받은 영상이 임포트된 것을 확인할 수 있습니다. 편집 작업을 진행하기 전에 Ctrl + S 키를 눌러 프로젝트를 저장합니다.

가·정·교·사

[Ctrl]+[S] 키를 눌러 프로젝트를 저장하는 습관은 힘들게 작업한 내용을 시스템 에러로부터 보호할 수 있는 유일한 방법입니다.

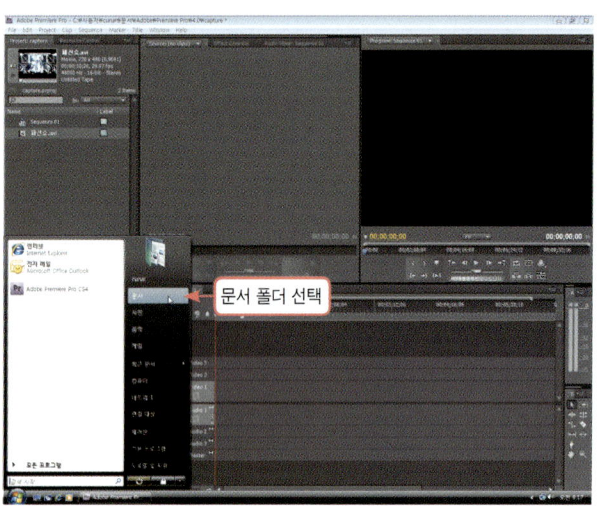

12 캡처 받은 영상 파일은 작업 프로젝트를 만든 폴더에 저장이 됩니다. 프로젝트를 만들 때, 폴더를 변경하지 않았다면, 기본적으로 사용자 문서 폴더의 Adobe₩Premiere Pro₩4.0 폴더입니다. 확인을 해보기 위해서 시작 버튼의 문서 폴더를 선택합니다.

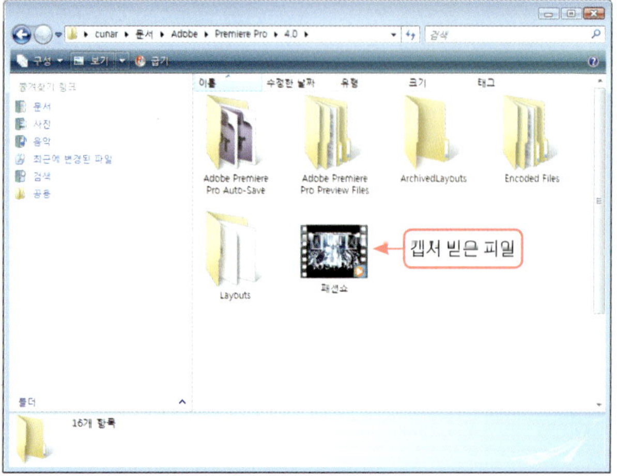

13 문서 폴더가 열리면, Adobe 폴더를 더블 클릭하여 열고, Premiere Pro 폴더의 4.0 폴더를 계속해서 더블 클릭하여 엽니다. 캡처 받은 영상 파일이 있는 것을 확인할 수 있습니다.

가·정·교·사

작업에 사용되는 미디어가 많아지면, 파일을 관리하는 것이 불편해질 수 있으므로, 새로운 작업을 할 때마다 프로젝트가 저장될 폴더를 새로 만드는 것이 좋습니다.

한 시간 길이의 영상을 촬영하고, 캡처 작업을 실행할 때, 실제 편집 작업에 필요한 영상이 부분적으로 있다면, 앞에서 살펴본 일반적인 캡처로는 불편합니다. 프리미어는 캡처 받을 구간을 미리 체크해두고, 체크한 구간만을 캡처받을 수 있는 기능이 있는데, 이것을 일괄 캡처라고 합니다. 특히, 촬영한 테이프가 두 개 이상일 때 효과적입니다. 그리고 캠코더를 On/Off하는 시점을 씬으로 인식하여 캡처 받을 수 있는 씬 캡처 기능은 캠코더와 테이프에서 지원을 하는 경우에만 사용할 수 있으므로, 사용하고 있는 캠코더와 테이프의 지원 여부를 확인하기 바랍니다.

01 F5 키를 눌러 캡처 패널을 엽니다. 영상을 탐색하면서 녹화를 시작할 부분이 보이면 Set In(시작설정) 버튼을 클릭하고, 녹화를 끝내고 싶은 부분에서 Set Out(종료설정) 버튼을 클릭합니다. 정확한 시간을 알고 있다면, Time code항목에서 직접 시간을 입력하는 것도 좋습니다.

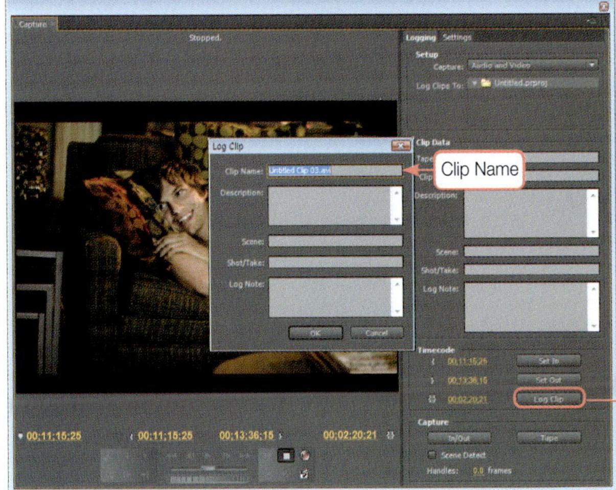

02 인/아웃 구간을 지정했다면, Log Clip(클립 로그) 버튼을 클릭하여 클립 로그 정보를 입력합니다. 계속해서 같은 방법으로 녹화할 구간을 지정합니다. 이때 캠코더의 테이프를 바꾸어 가면서 인/아웃을 지정할 수 있습니다. 단, Clip Data(클립 데이터) 항목에서 Tape Name(테이프 이름)을 입력하여 정확하게 구분해두기 바랍니다.

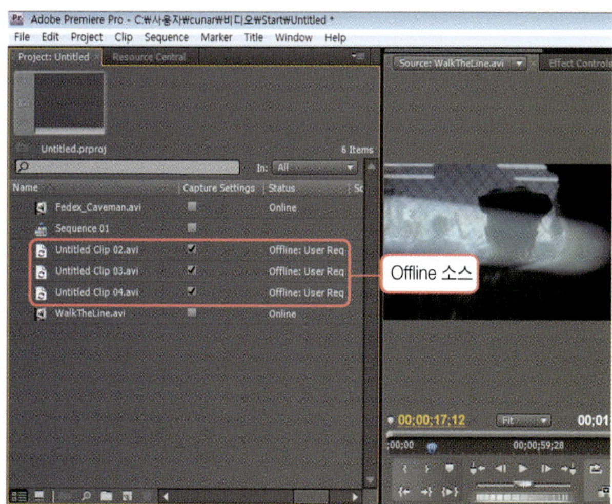

캡처 패널을 닫고, 프로젝트 패널을 확인해보면, Capture Settings(캡처 설정) 칼럼이 체크되어 있고, Status(상태) 칼럼이 Offline(오프라인)으로 표시되는 클립들이 등록되어 있는 것을 확인할 수 있습니다. 즉, 로그 정보만 있고, 미디어 파일로 만들어지지 않은 소스입니다.

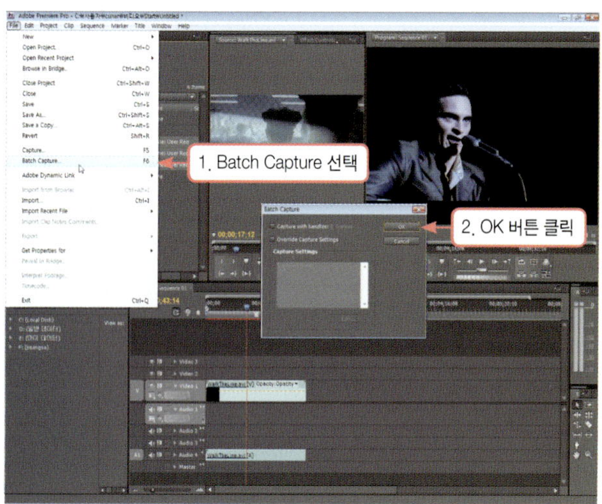

04 오프 라인 소스들을 선택합니다. File 메뉴의 Batch Capture(일괄 캡처) 또는 F6 키를 눌러 창을 열고, [OK] 버튼을 클릭합니다. Capture With handles(핸들로 캡처)는 여유 프레임을 설정할 수 있고, Override Clip Settings(캡처 설정 재정의) 은 캡처 설정을 변경할 수 있는 옵션입니다.

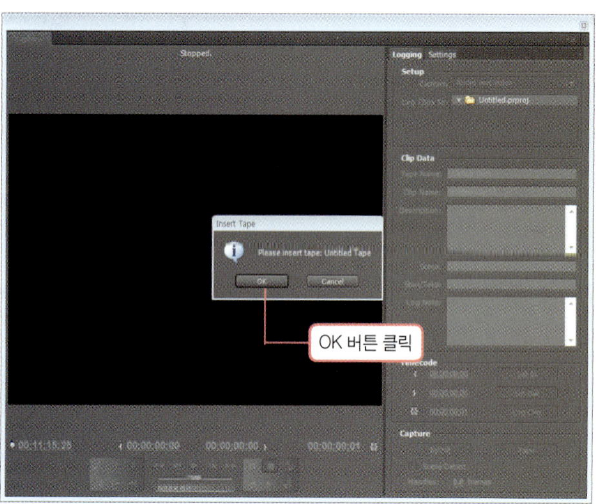

05 Clip Data의 Tape Name에 입력했던 테이프을 캠코더에 삽입하라는 메시지의 창이 열립니다. 인/아웃이 설정된 테이프이 캠코더에 있다면, [OK] 버튼을 클릭합니다.

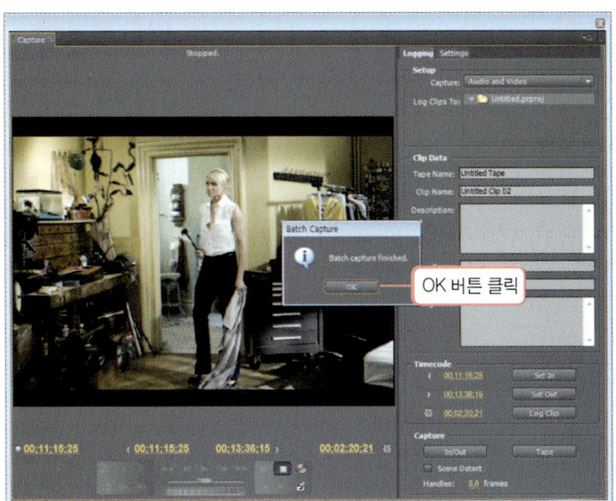

06 인/아웃으로 설정된 구간을 탐색하여 녹화가 시작됩니다. 녹화가 완료되면 Batch capture finished 메시지의 창이 열립니다. [OK] 버튼을 클릭하여 일괄 캡처를 종료합니다.

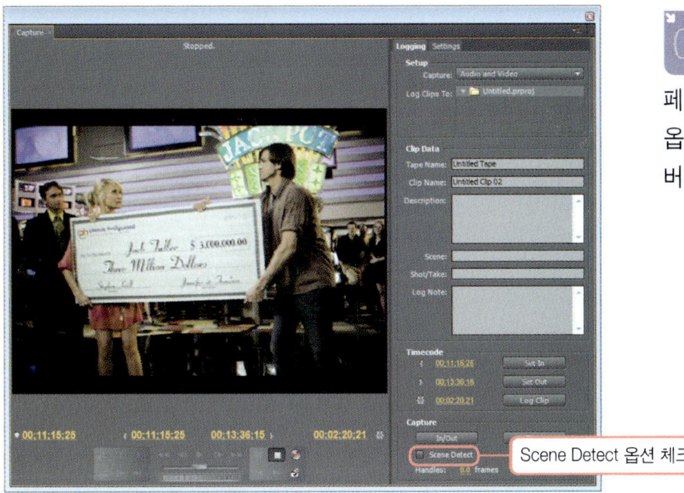

07 일괄 캡처와 비슷한 장면 검색 캡처 방법을 살펴보겠습니다. 캡처 패널 Logging 페이지의 Capture 항목을 보면 Scene Detect 옵션이 있습니다. 이것은 컨트롤 패널의 장면 검색 버튼을 클릭해도 됩니다.

08 Scene Detect 옵션이 체크된 상태에서 왼쪽의 In/Out(시작/종료) 버튼 또는 Tape(테이프) 버튼을 클릭하면 자동으로 장면 별로 클립을 만들어 녹화합니다. Scene Detect 아래 Handles(핸들)은 장면 전후의 여유 프레임을 설정하는 옵션입니다.

캡처 패널 살펴보기

캠코더의 영상을 프리미어에 전송하는 캡처 캡처 패널의 구성 요소를 자세히 살펴보겠습니다. 캡처 패널은 캠코더의 영상을 보여주는 디스플레이 창이 있고, 아래쪽에는 캠코더를 조정할 수 있는 컨트롤 패널이 있습니다. 그리고 우측에는 다양한 옵션을 설정할 수 있는 Logging(로깅)과 Settings(설정)의 두 가지 페이지가 있습니다.

컨트롤 패널

캠코더를 원격 조정할 수 있는 컨트롤 패널에는 영상을 탐색하는데 사용하는 컨트롤 버튼과 시간을 나타내는 시간 표시 영역 등으로 구성되어 있습니다.

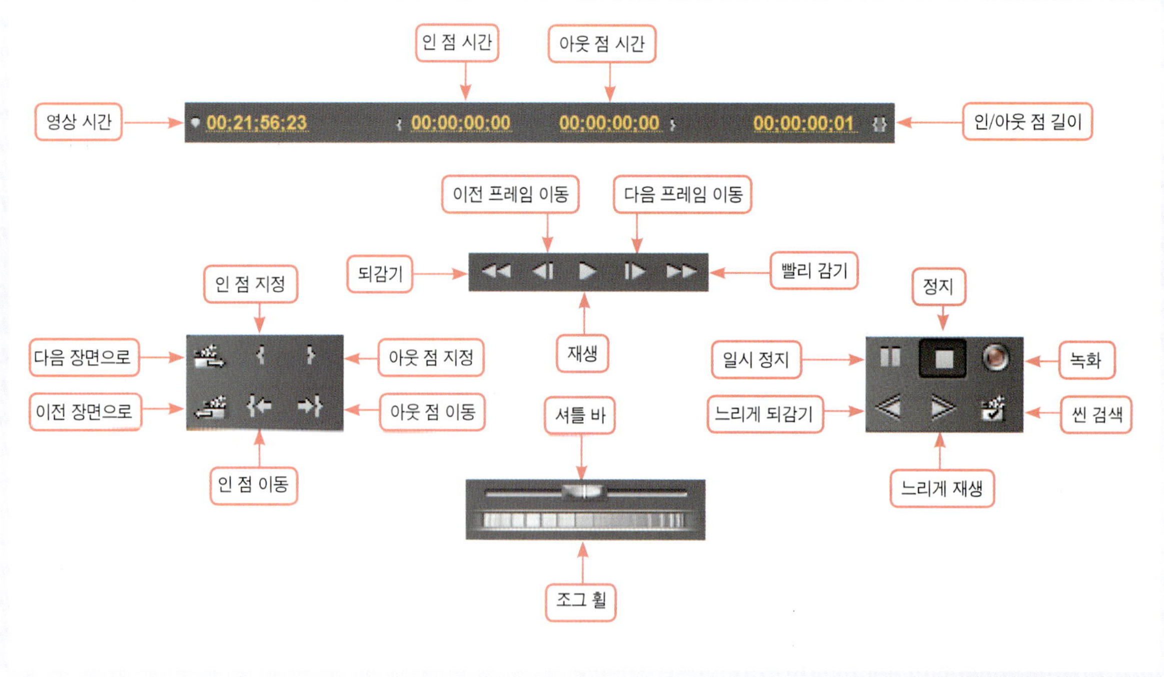

❖ 영상 시간 표시

캠코더의 재생 시간을 표시합니다. 시간 단위는
시;분;초;프레임 입니다.

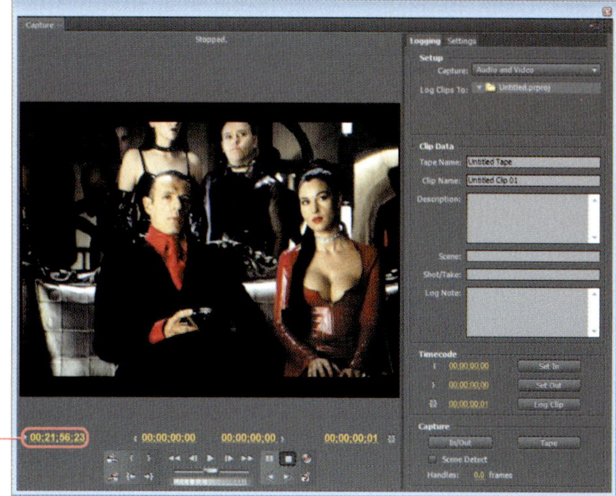

❖ 인/아웃 지점과 길이 표시

캠코더의 특정 구간을 인/아웃 지점으로 지정하여 캡처할
수 있습니다. 인 점은 캡처를 시작하는 시간, 아웃 지점은
캡처를 종료하는 시간입니다. 그리고 우측에 있는 시간은
인/아웃 지점으로 녹화하는 총 길이를 표시합니다.

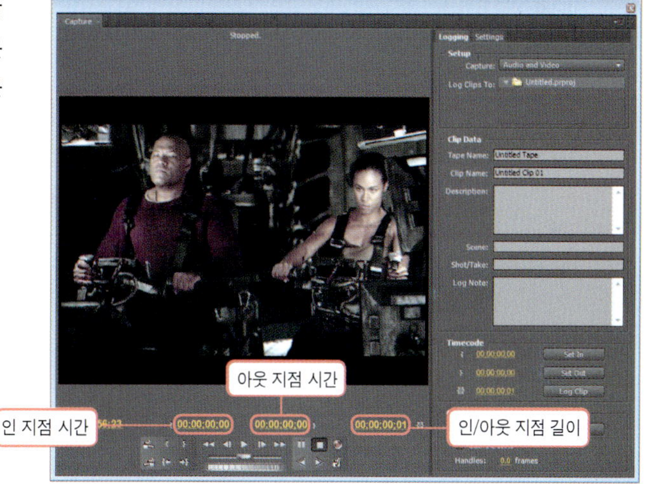

❖ 장면 검색 버튼

캠코더로 촬영을 하다가 장소를 이동할 때는 녹화 버튼을
Off 합니다. 이렇게 캠코더의 녹화 기능을 On/Off 한
시점을 장면(Scene)이라고 합니다. 컨트롤 패널 좌측에
있는 '다음 씬 이동 버튼'과 '이전 씬 이동 버튼'은
캠코더의 녹화 기능을 On/Off한 시점으로 이동하는
것입니다.

녹화를 시작할 인 지점과 녹화를 종료할 아웃 지점을
지정합니다. 컨트롤 버튼을 이용해서 영상을 탐색하다가
녹화를 시작할 부분에서 I 키를 누르거나, [인] 버튼을
누릅니다. 녹화를 시작할 위치에서 1~2초 전을 지정하는
것이 요령입니다.

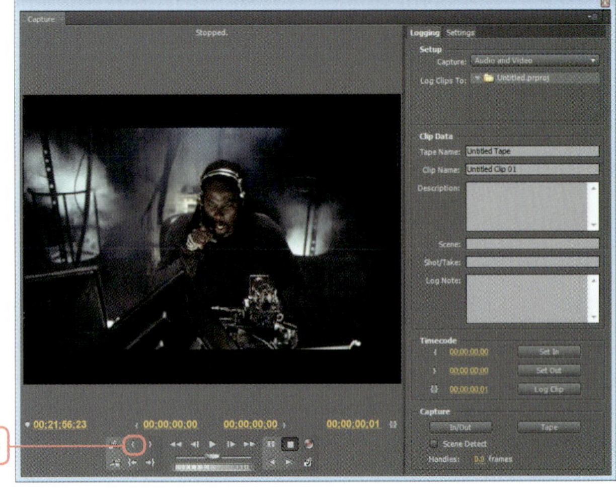

계속 영상을 탐색하면서 녹화를 중지할 위치에서 O 키를
누르거나, [아웃] 버튼을 클릭합니다. 종료할 위치 역시
1~2초의 여유를 두고 지정하는 것이 요령입니다. 인/아웃
지점의 전/후로 남는 여유는 편집할 때 제거하면 됩니다.

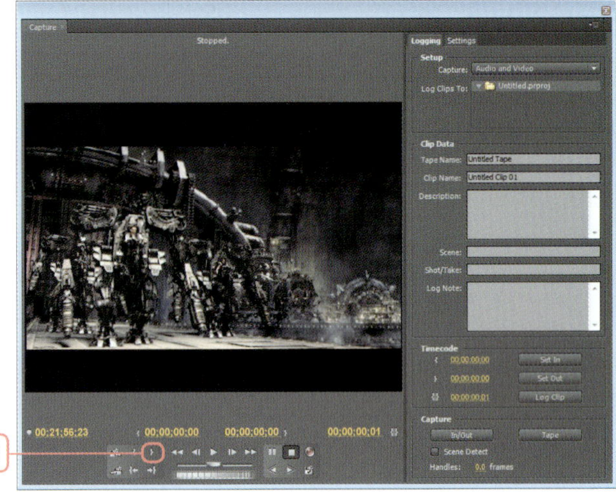

인 점과 아웃 점의 설정이 끝나면, Logging 페이지의
Capture 항목에서 In/Out(시작/종료) 버튼을 클릭합니다.
그러면 인 점에서 아웃 지점까지 녹화됩니다. 녹화가
완료되면 Save Capture Clip 창이 열립니다. 알아보기
쉬운 클립 이름을 입력하고, [OK] 버튼을 클릭합니다.

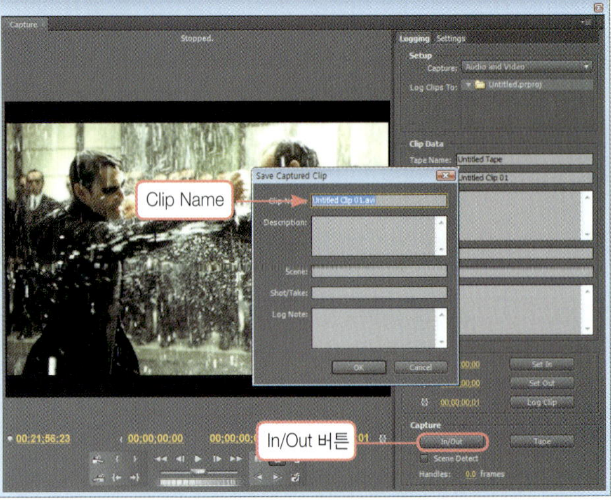

❖ 인/아웃 지점으로 이동 버튼

인/아웃 지정 버튼 아래쪽에 있는 [이동] 버튼은 왼쪽의
것이 인 점으로 이동, 오른쪽에 있는 것이 아웃 지점으로
이동 버튼입니다. 앞의 과정에서 설정한 인/아웃
지점으로 이동할 때 사용합니다.

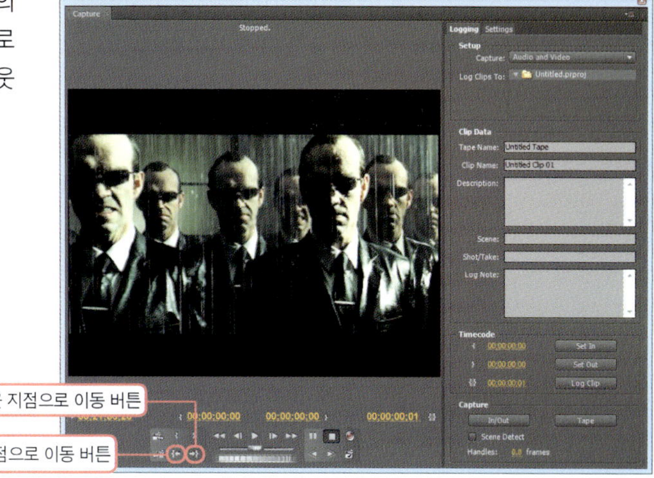

❖ 컨트롤 버튼

컴퓨터에 연결된 캠코더를 조정할 수 있는 컨트롤 버튼은
왼쪽에서부터 [되감기], [이전 프레임으로 이동], [재생],
[다음 프레임으로 이동], [빨리 감기], [셔틀 슬라이더],
[조그 휠]의 7가지로 구성되어 있습니다. 셔틀 슬라이더는
좌/우측으로 드래그하는 만큼의 속도로 영상을 탐색할 수
있고, 조그 휠은 프레임 단위로 세밀하게 영상을 탐색할
수 있습니다.

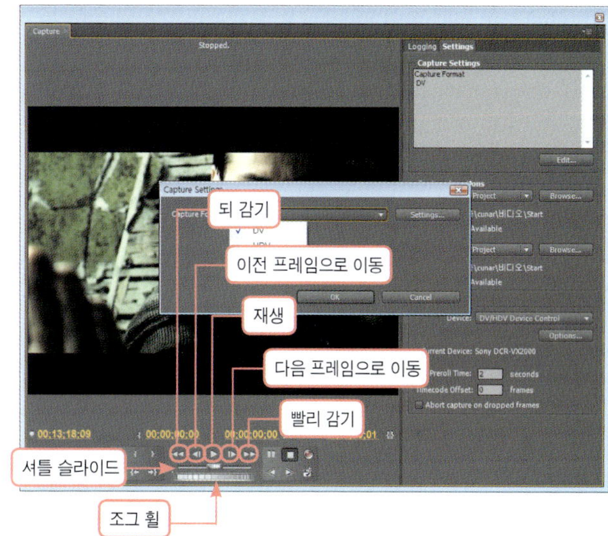

❖ 그 밖의 컨트롤 버튼

우측에 있는 6개의 컨트롤 버튼은 왼쪽 상단에서부터
[일시 정지], [정지], [녹화], [느리게 되감기], [느리게 재생],
[장면 검색] 버튼입니다. [장면 검색] 버튼을 클릭해두면,
Logging 페이지의 Capture 항목에 있는 Scene
Detect(장면 검색) 옵션이 체크되며, [장면 검색] 버튼이
클릭되어 있으면, 영상을 장면 단위로 캡처합니다.

가·정·교·사

HDV 또는 HD인 경우에는 장면 검색을 사용할 수 없습니다.

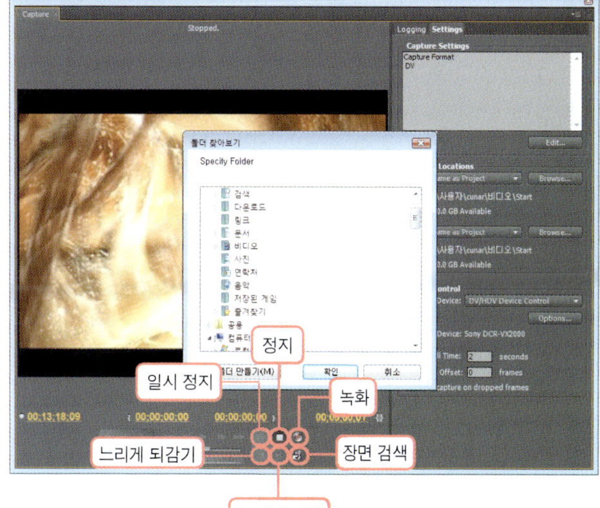

Logging(로깅) 페이지에는 캡처할 소스와 저장될 Bin을 선택할 수 있는 Setup 항목, 저장될 클립의 정보를 입력할 수 있는 Clip Data 항목, 일괄 캡처의 인/아웃 지점을 지정할 수 있는 Timecode 와 Capture의 4가지 항목이 있습니다.

❖ Setup (설치)

캡처할 소스를 선택할 수 있는 Capture 항목과 캡처된 클립이 저장될 Bin을 선택할 수 있는 Log Clips To 항목이 있습니다. Capture 항목에서는 영상(Video), 오디오(Audio), 둘 다(Audio and Video) 캡처할 것인지를 선택합니다. Log Clips To는 프로젝트 패널에서 Bin을 만들지 않았다면, 프로젝트 이름만 표시가 되며, Bin을 만들었다면, 캡처할 영상이 담길 Bin을 선택할 수 있습니다.

❖ Clip Data (클립 데이터)

캡처하는 클립의 정보를 입력합니다. 입력할 수 있는 정보에는 촬영한 영상이 담겨있는 테이프의 이름(Tape Name), 프로젝트 패널에 만들어질 클립 이름(Ciip Name), 촬영 내용 설명(Description), 장면 설명(Scene), 샷/테이크 설명(Shot/Take), 로그 메모 (Log Note)가 있습니다.

❖ Timecode 및 Capture (시간 코드 및 캡처)

Timecode 와 Capture 항목은 다수의 구간을 인/아웃으로 지정해두고, 한꺼번에 녹화를 할 수 있는 일괄 캡처 항목입니다. 일괄 캡처는 다음 섹션에서 다루겠습니다.

Settings(설정) 페이지는 캡처 환경을 설정할 수 있는 Capture Settings(캡처 설정), 캡처된 파일이 저장될 폴더를 선택할 수 있는 Capture Locations(캡처 위치), 캠코더의 정보를 설정할 수 있는 Device Control(장치 컨트롤)의 3가지 항목으로 구성되어 있습니다.

캡처할 정보를 보여주고 있습니다. 캡처 포맷은 Edit(편집)
버튼을 클릭하면 열리는 Capture Settings 창에서 선택
할 수 있으며, Capture Settings 창의 [Settings] 버튼을
클릭하면 캡처하는 동안에 영상과 사운드를 보게할
것인지의 여부를 선택할 수 있는 Capture Preview
Settings 창이 열립니다.

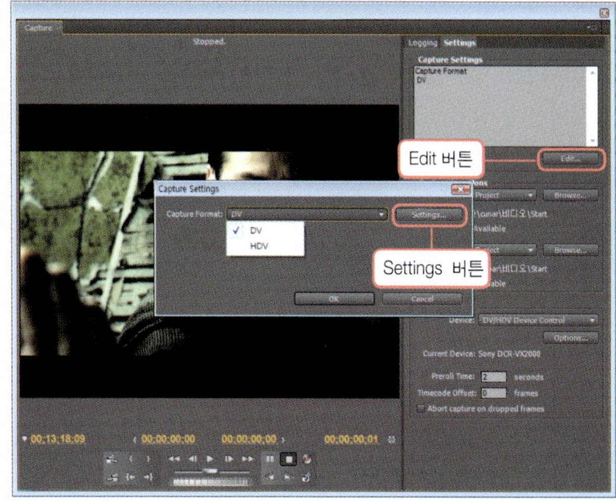

❖ Capture Locations

캡처하는 비디오(Video)와 오디오 (Audio)가 저장될
폴더가 표시됩니다. 폴더는 Browse(찾아보기) 버튼을
클릭하면 열리는 폴더 찾아보기 창에서 변경할 수
있습니다. 캡처되는 영상과 오디오는 프로그램이 설치된
C 드라이브 보다는 물리적으로 추가된 드라이브에 하는
것이 좋습니다. 가급적 하드 드라이브를 2개 이상
사용하기 바랍니다.

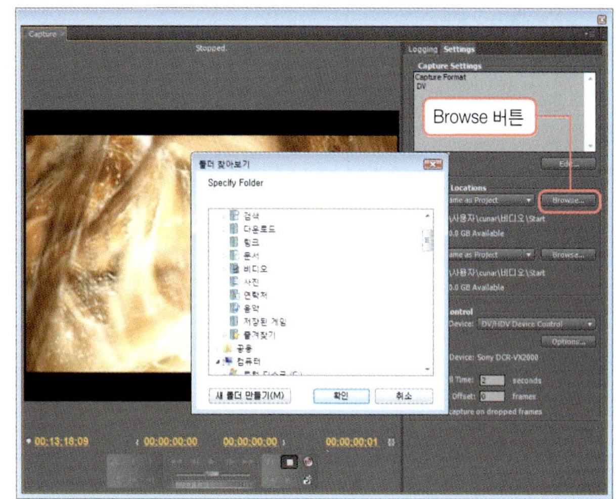

❖ Device Control

컴퓨터에 연결된 장치의 컨트로 정보를 설정할 수 있는
항목입니다. 앞에서 살펴보았으므로 자세한 설명은
생략하겠지만, 프리미어의 캡처 화면에 있는 컨트롤
버튼으로 컴퓨터에 연결된 캠코더가 작동되지 않는다면,
[Options] 버튼을 클릭하여 DV Device Control Options
창을 열고, 캠코더 정보가 정확하게 선택되었는지
확인합니다.

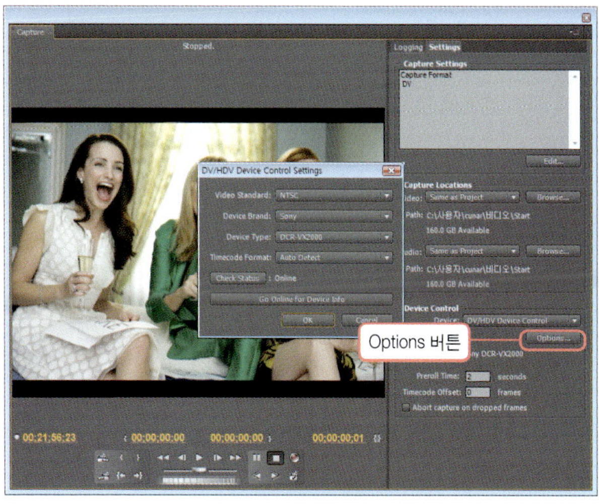

캡처 패널 우측 상단의 작은 삼각형을 클릭하면 캡처 패널에서 이용할 수 있는 메뉴가 열립니다. 메뉴에는 패널을 독립시키거나 닫는 역할의 Undock Panel, Undock Frame, Close Panel, Close Frame, Maximize Frame의 5가지 메뉴 외에도 Capture Settings, Record Video 등의 6가지가 있습니다.

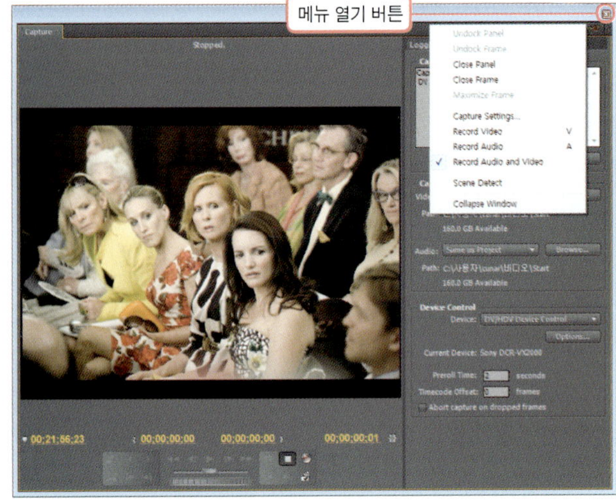

❖ Capture Settings (캡처 설정)

Settings 페이지의 Edit 버튼과 동일한 Project Settings 창을 열어줍니다.

❖ Record Video/Audio/Audio and Video (비디오/오디오/비디오 및 오디오 기록)

Record Video, Record Audio, Record Audio and Video의 3가지 메뉴는 Logging 페이지의 Setup 항목에 있는 Capture 목록과 동일한 역할을 합니다.

❖ Scene Detect (장면 검색)

컨트롤 패널의 장면 검색 버튼과 Logging 페이지의 Capture 항목에 있는 Scene Detect 옵션과 동일한 역할을 합니다.

❖ Collapse Window (창 축소)

캡처 창 오른쪽의 옵션 창을 닫고, 디스플레이 창과 컨트롤 패널만 보이도록 합니다. 이때 메뉴는 Expand Window(창 확대)로 변경되며, 원래의 캡처 화면으로 복구합니다.

OnLocation CS4 사용하기

프리미어 프로 CS4와 함께 설치되는 OnLocation CS4는 캠코더로 촬영하는 영상을 컴퓨터 하드디스크로 녹화할 수 있는 프로그램입니다. 즉, 노트북을 휴대하고 다니는 사용자라면, 언제 어디서나 촬영과 동시에 편집 소스를 저장할 수 있는 이동 스튜디오를 가지고 있는 것입니다. 프리미어 프로 CS4의 가장 큰 변화라고 할 수 있는 OnLocation은 캡처 시간을 단축시킬 수 있을 뿐만 아니라 고 품질의 샷을 얻을 수 있는 다양한 기능을 제공합니다.

 OnLocation CS4 실행하기

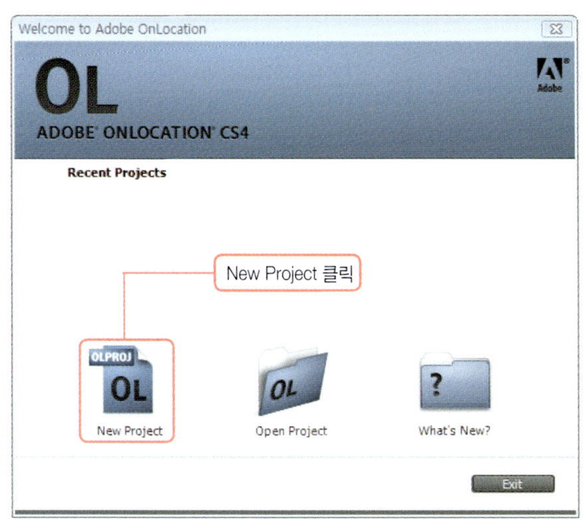

01 캠코더를 IEEE 1394포트에 연결하고, 윈도우 시작 버튼의 Adobe OnLocation CS4를 선택하여 실행합니다. 프로미어에서와 동일한 모습의 프로젝트 Welcome to Adobe OnLocation 창이 열립니다. New Project 아이콘을 클릭합니다.

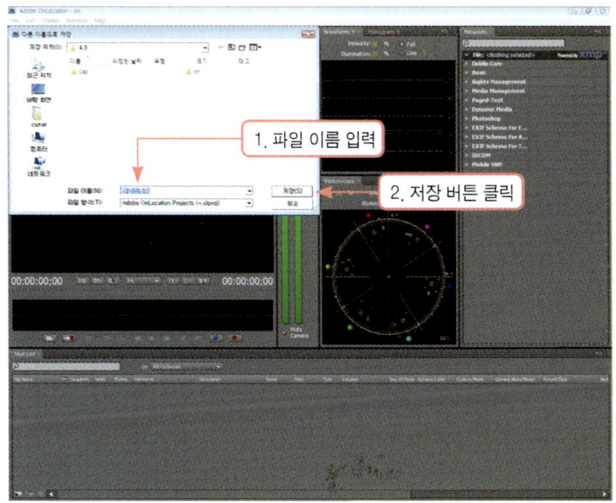

02 프로젝트의 이름을 입력할 수 있는 창이 열립니다. 프로젝트가 저장될 폴더를 선택하고, 녹화 내용을 구분하기 쉬운 파일 이름을 입력합니다. 그리고 [저장] 버튼을 클릭하여 새로운 프로젝트를 만듭니다.

가·정·교·사

프로젝트가 저장될 폴더는 프리미어에서와 같이 작업별로 구분하는 것이 좋습니다. 폴더를 미리 만들어놓지 않았다면, 다른 이름으로 저장 창에서 마우스 오른쪽 버튼을 클릭하여 단축 메뉴를 열고, 새 폴더 메뉴를 선택하여 만듭니다.

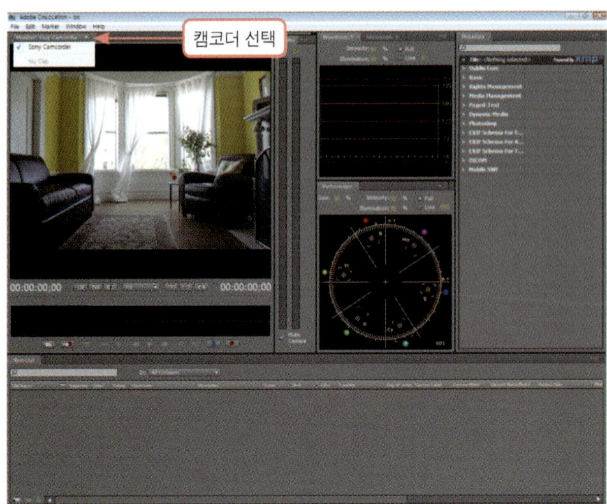

03 OnLocation은 NTSC 방식의 DV 외에도 HDV 및 DVCPro 등의 캠코더을 연결할 수 있으며, 캠코더를 녹화 모드로 조작할 때, 자동으로 인식을 합니다. 만일, 멀티 촬영을 위해서 여러 대의 캠코더를 연결한 경우에는 모니터 화면에 표시할 캠코더를 패널 목록에서 선택합니다.

 모니터 조정하기

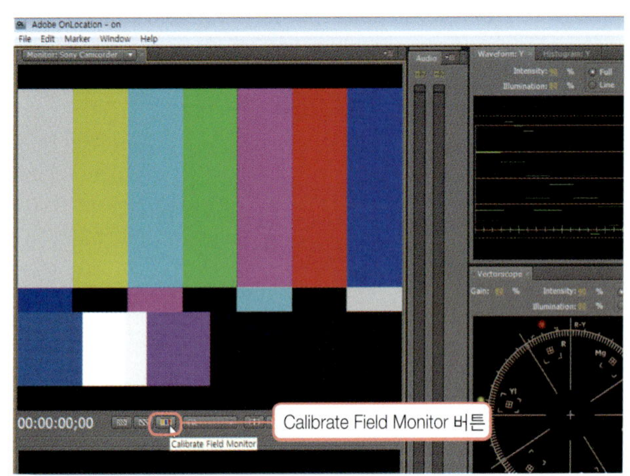

04 촬영하는 영상과 컴퓨터 모니터 화면에 보이는 색상 및 명도가 비슷하게 표현되도록 컴퓨터 모니터를 조정하겠습니다. 모니터 패널의 Calibrate Field Monitor 버튼을 클릭하여 색상 바가 표시되도록 합니다.

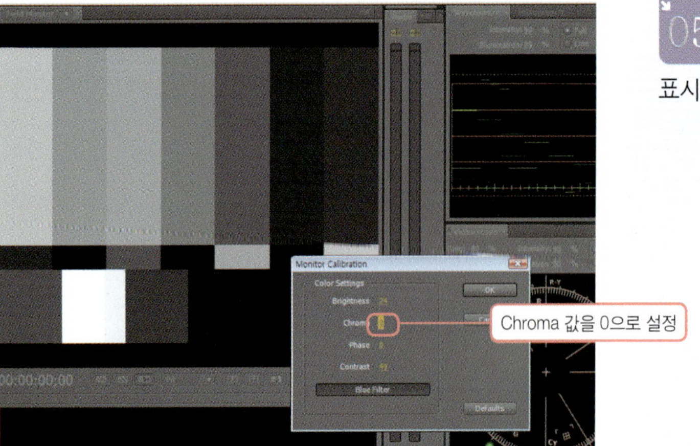

05 Monitor Calibration 창이 열립니다. Chroma 값을 0으로 설정하여 컬러 바가 흑백으로 표시되게 합니다.

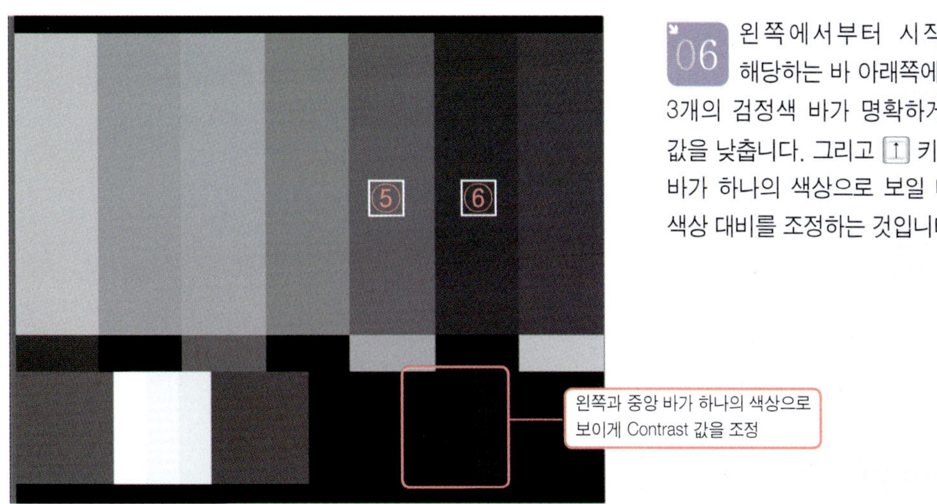

06 왼쪽에서부터 시작하여 5번과 6번에 해당하는 바 아래쪽에 좁은 간격으로 보이는 3개의 검정색 바가 명확하게 보이도록 Contrast 값을 낮춥니다. 그리고 ↑ 키를 눌러 왼쪽과 중앙의 바가 하나의 색상으로 보일 때까지 값을 올립니다. 색상 대비를 조정하는 것입니다.

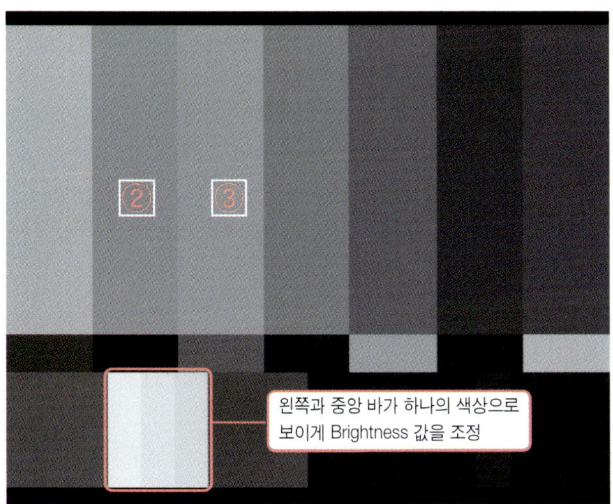

07 2번과 3번 바 아래쪽의 좁은 간격으로 보이는 3개의 흰색 바가 명확하게 보이도록 Brightness 값을 낮춥니다. 그리고 ↑ 키를 눌러 왼쪽과 중앙의 바가 하나의 색상으로 보일 때까지 값을 조정합니다. 명도를 조정하는 것입니다.

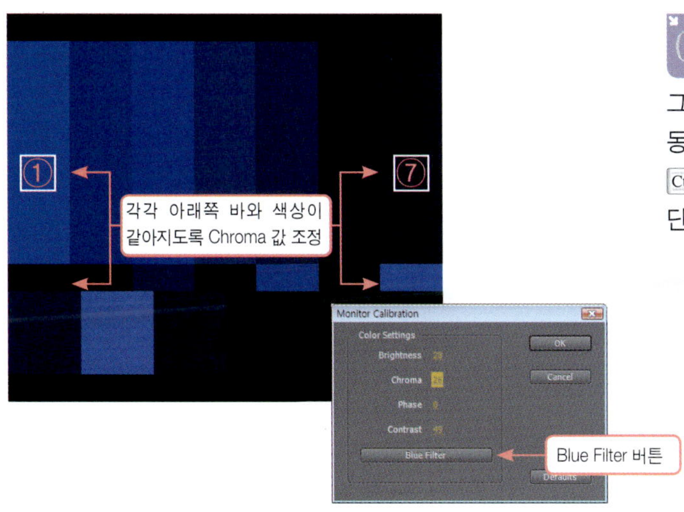

08 Monitor Calibration 창의 Blue Filter 버튼을 클릭하여 색상 바를 파란색으로 표시합니다. 그리고 1번 바와 7번 바가 아래쪽의 가로 바와 동일한 색상이 될 때까지 Chroma 값을 조정합니다. Ctrl 키를 누른 상태에서 값을 드래그하면 소수점 단위로 미세하게 조정할 수 있습니다.

09 계속해서 3번 바와 5번 바를 아래쪽의 가로 바와 구분될 수 있게 Phase 값을 줄입니다. 세로 바와 가로 바의 구분이 확실해지면 ↑ 키를 눌러 동일한 색상이 될 때까지 Phase 값을 조정합니다. 이제 [OK] 버튼을 클릭하여 모니터 조정을 마칩니다.

 캠코더 조정하기

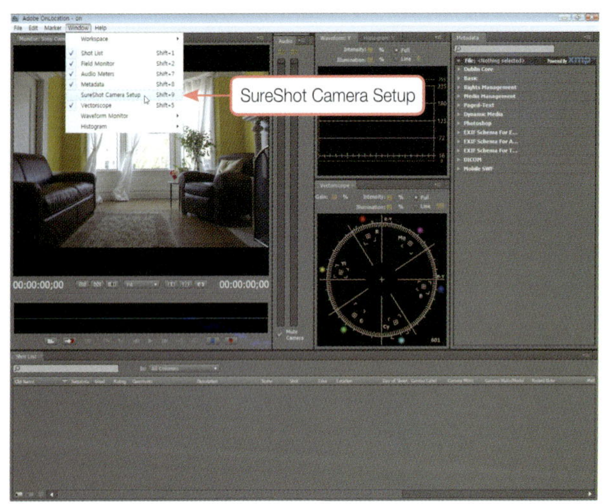

10 OnLocation은 캠코더의 초점과 노출 등을 최적의 상태로 조정할 수 있는 SureShot 기능을 제공합니다. 캠코더의 초점과 노출 조정 기능을 수동으로 하고, Window 메뉴의 SureShot Camera Setup을 선택하여 창을 엽니다.

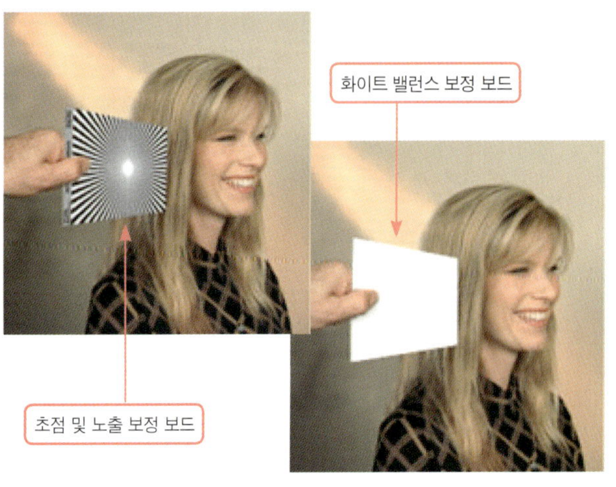

11 화이트 보드를 가지고 있다면 그것을 사용하고, 그렇지 않다면 다음 페이지 상단의 화이트 밸런스 보정 보드를 촬영하고자 하는 대상이 있는 위치에 배치합니다. 그리고 캠코더에서 화이트 밸런스 보정 보드가 모두 잡히도록 하고, 화이트 밸런스를 조정합니다. 이것은 캠코더마다 조작 방법이 다르므로, 사용하고 있는 캠코더의 설명서를 참소하기 바랍니다.

화이트 밸런스 보정 보드

초점 및 노출 보정 보드

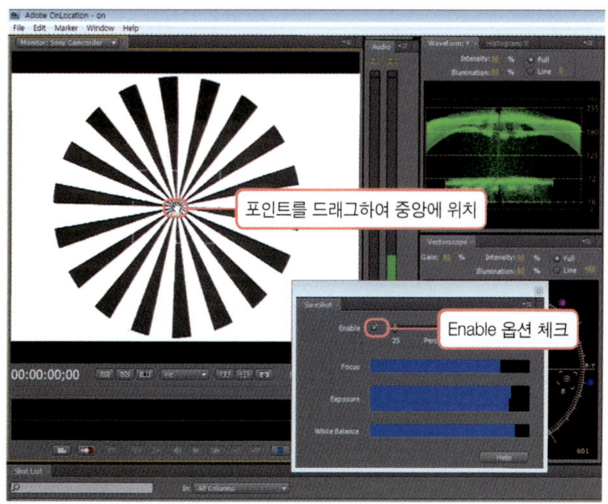

12 앞 페이지 아래쪽의 초점 및 노출 보정 보드를 촬영하고자 하는 대상이 있는 위치에 배치하고, SureShot 창의 Enable 옵션을 체크합니다. 그리고 모니터 화면의 포인트를 드래그하여 초점 보정 보드 중앙에 위치시키고, Focus 미터가 높게 표시될 때까지 캠코더의 초점을 조정합니다.

가·정·교·사

화이트 밸런스, 초점, 노출 등의 설정은 조명이나 장소가 바뀔 때마다 조정하는 것이 좋습니다.

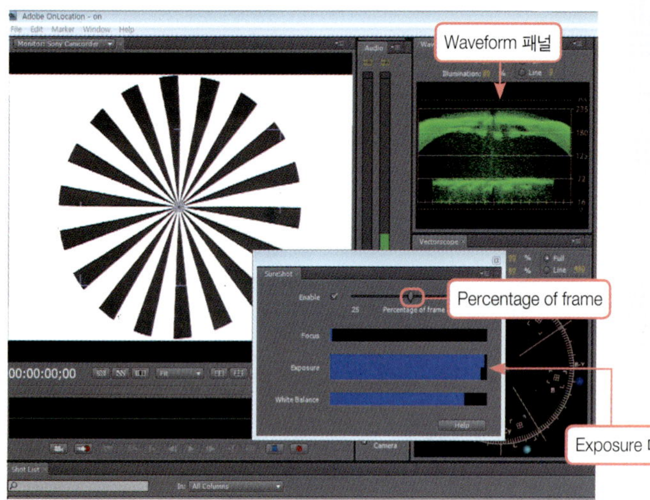

13 Percentage of frame 슬라이드를 오른쪽으로 드래그하여 초점 및 노출 보정 보드의 원이 프레임 범위에 잡히도록 합니다. 그리고 Exposure 미터의 밝은 값(상단)과 어두운 값(하단)이 비슷해지도록 캠코더의 노출을 조정합니다. 참고로 Waveform 패널의 그래프가 16~235 범위에 고르게 분포되었는지의 여부를 확인하거나 입사식 노출계를 이용하는 경우도 많습니다.

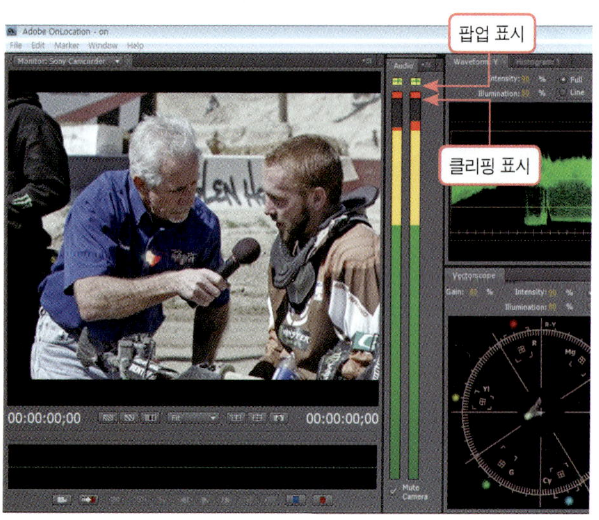

14 SureShot 창을 닫고, 촬영 대상에게 음성 테스트를 요구하면서 캠코더의 마이크 레벨을 조정합니다. OnLocation의 오디오 레벨 미터는 초록색, 노란색, 빨간색의 3단계로 표시되는데, 평균적으로 노란색 범위가 되게 조정하는 것이 좋습니다. 이때, 마이크가 튄다고 표현하는 팝업이나 마이크 레벨을 너무 높여 사운드가 찌그러지는 클리핑 경고가 표시되지 않도록 주의합니다.

15 촬영을 위한 모든 준비는 끝났습니다. 모니터 패널 아래쪽에 보이는 트랜스포트 패널에서 녹화 버튼을 클릭합니다. 즉, 촬영하는 영상이 캠코더의 테이프로 기록되는 것이 아니라 컴퓨터의 하드 디스크로 기록되는 것입니다.

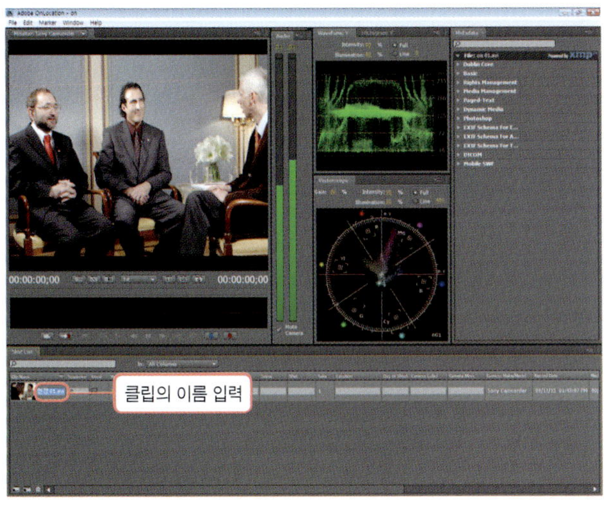

16 촬영이 끝나면 트랜스포트 패널의 정지 버튼을 클릭합니다. 녹화된 영상은 프로젝트를 만들었던 폴더에 저장됩니다. Shot List 패널에 등록된 클립은 마우스 클릭으로 이름을 변경하거나 씬, 샷, 테이크, 촬영 날짜 등의 칼럼 정보를 입력할 수 있습니다. 모든 작업이 끝났다면, OnLocation CS4를 종료합니다.

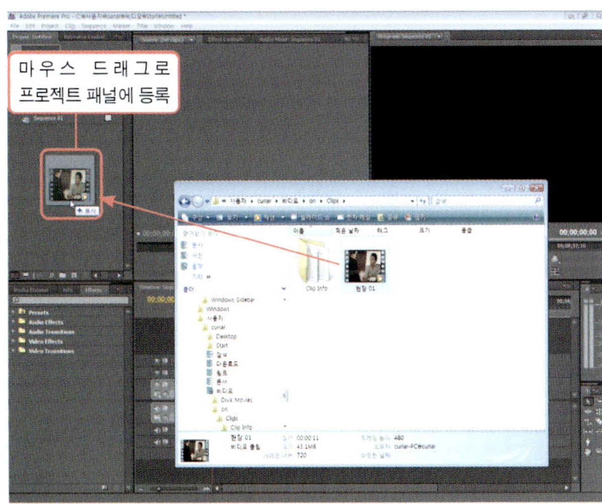

17 OnLocation CS4를 이용해서 녹화한 비디오는 프리미어의 프로젝트 패널로 드래그하여 임포트 시킬 수 있습니다. 별도의 캡처 과정이 필요 없는 OnLocation CS4의 역할을 살펴보았습니다.

컷 편집에 관한 이야기

타임라인 패널에 등록한 영상에서 필요 없는 부분을 잘라내고, 이야기의 흐름에 맞게 각각의 클립을 연결하는 모든 작업을 컷 편집이라고 합니다. 프리미어 프로 CS4에는 영상에 특별한 효과를 만드는 이펙트와 자막 입력을 위한 타이틀 디자이너 등의 다양한 기능을 제공하고 있지만, 그 무엇보다 선행되어야 할 것이 컷 편집입니다. 여기서는 컷 편집 작업에 사용되는 트림(Trim), 리플(Ripple), 롤링(Rolling), 인서트(Insert), 오버레이(Overlay), 리프트(Lift), 익스트랙트(Extract) 등을 비롯해서 이펙트 컨트롤 패널의 모션(Motion), 불투명도(Opacity), 타임리맵핑(Time Remapping), 키프레임(Key Frame) 등의 역할을 모두 살펴보겠습니다.

1 레이어 이해를 위한 포토샵 실습

레이어(Layer)의 사전적 의미가 '겹' 또는 '층' 을 의미하듯이 여러 장의 사진을 겹겹이 쌓아서 한 장의 사진으로 출력하는 기능을 말합니다. 레이어의 장점이라면, 각 사진의 순서를 바꾸거나 개별적인 편집이 가능하며, 합성이 쉽다는 것입니다. 프리미어에서 포토샵 파일의 레이어를 어떻게 다루는지 알아보기 위해서 간단한 합성 사진을 만들어보고, 프리미어로 가져와 작업하는 과정을 살펴보겠습니다. 자연스러운 합성을 위해서는 좀 더 정밀한 작업이 필요하지만, 여기서는 프리미어에서 레이어를 어떻게 다루는지를 학습하는 것이 목적이므로, 포토샵 작업은 간단하게 해보겠습니다. 포토샵 시험 버전은 Adobe.co.kr에서 무료로 다운 받을 수 있으며, 설치 과정은 프리미어와 동일합니다.

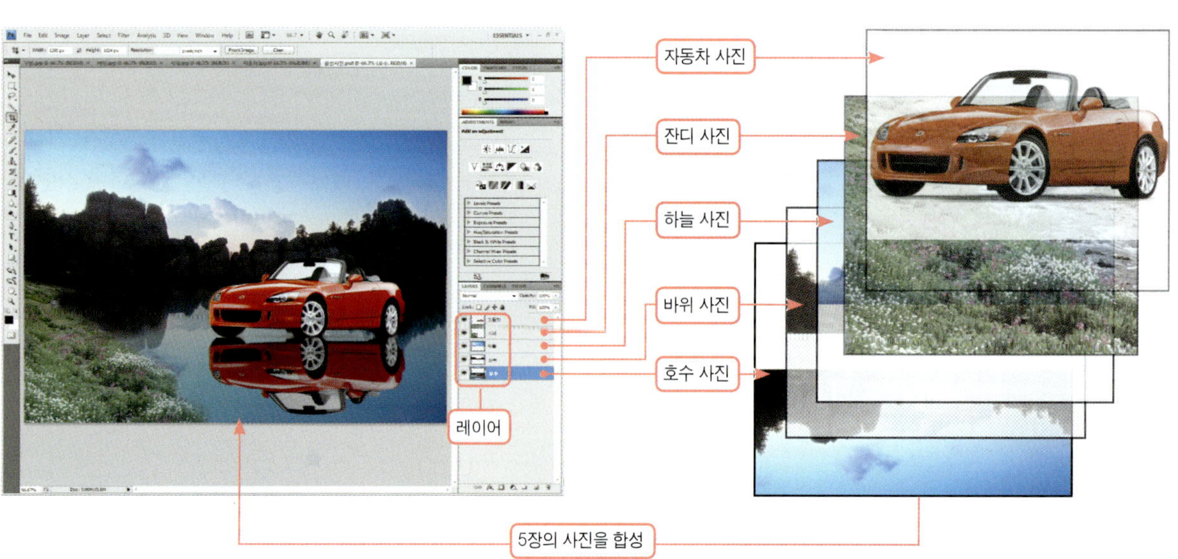

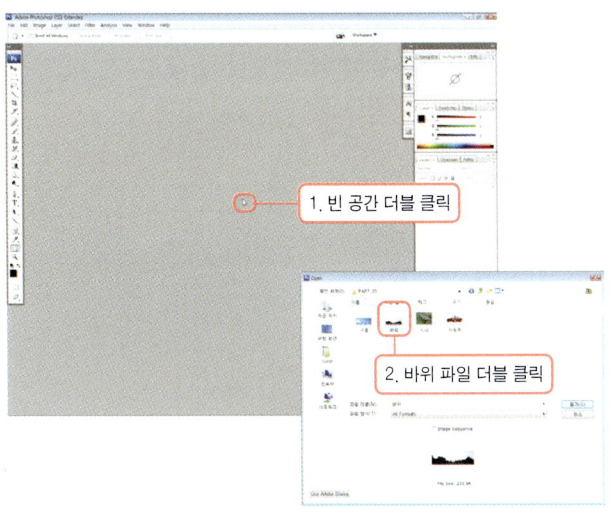

04 포토샵을 실행하고, 빈 공간을 더블 클릭하여 Open 창을 엽니다. 그리고 부록 CD의 Part_03 폴더에서 '바위' 사진을 더블 클릭하여 불러옵니다.

가·정·교·사

사진을 몇 장 불러와서 작업 중일 때는 빈 공간이 보이지 않을 수 있습니다. 이때는 File 메뉴의 Open을 선택합니다.

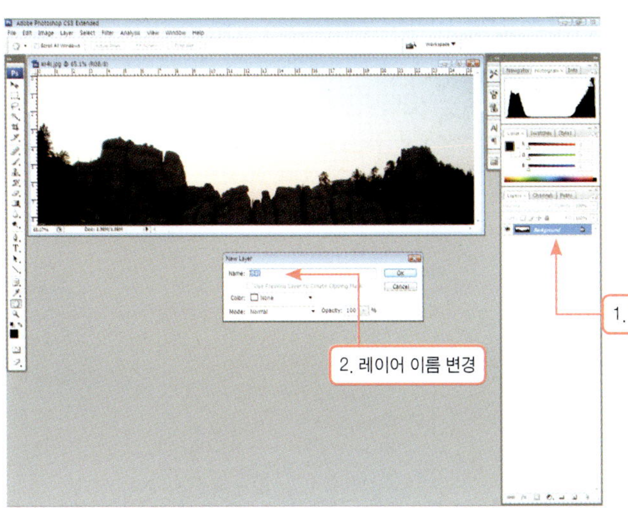

02 한 장의 그림을 불러왔습니다. 즉, 레이어가 하나입니다. Layers 패널의 Background 를 더블 클릭하여 New Layer 창을 열고, 이름을 바위로 변경합니다. 레이어의 이름을 구분하기 쉬운 것으로 변경하는 것입니다.

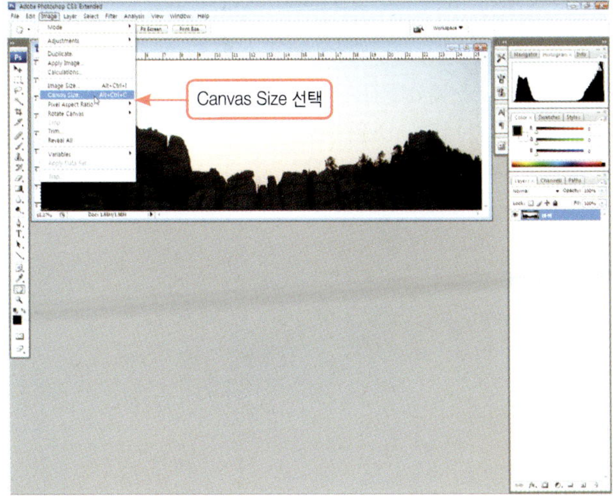

03 바위 아래쪽으로 호수가 있는 것처럼 만들어보겠습니다. 아래쪽에 호수를 만들 공간이 있어야 하므로, 종이를 확장하기 위해 Image 메뉴의 Canvas Size를 선택합니다.

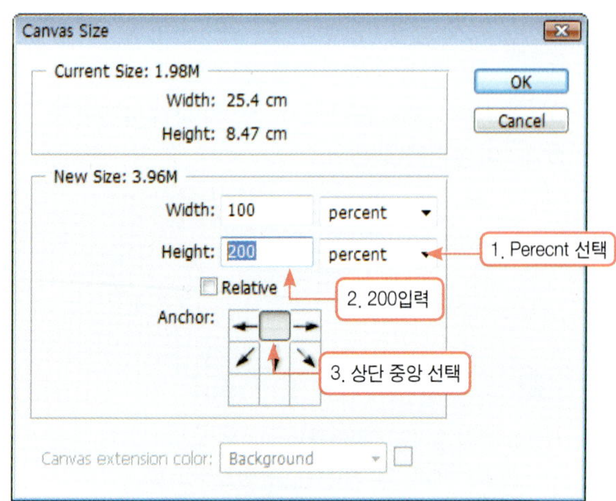

04 New Size의 단위를 Percent로 변경하고, Height를 200으로 합니다. 그리고 Anchor에서 위쪽 칸의 중앙을 선택하고, [OK] 버튼을 클릭합니다. 그림 아래쪽으로 빈 공간을 100%로 확장하는 것입니다.

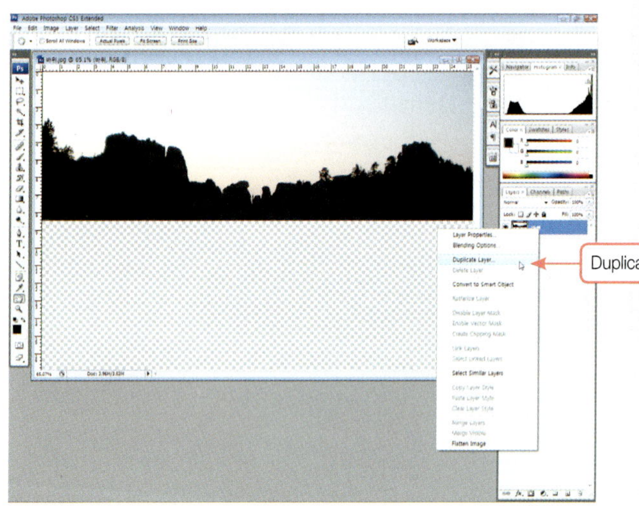

05 바위 그림 아래쪽으로 빈 공간이 생겼습니다. 바위 레이어를 마우스 오른쪽 버튼으로 클릭하여 단축 메뉴를 열고, Duplicate Layer를 선택합니다. 바위 사진을 복사하는 것입니다.

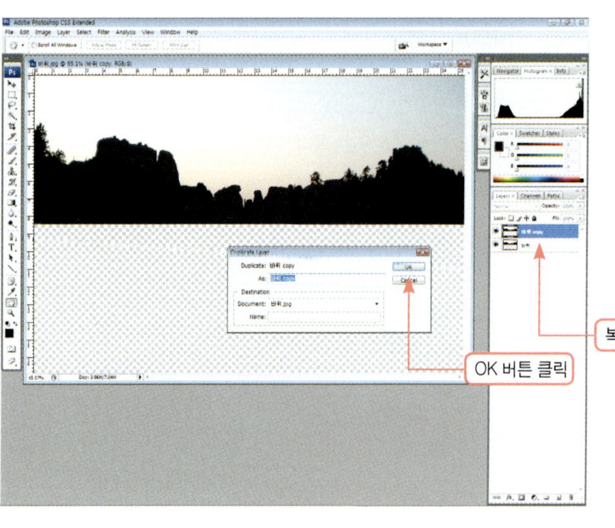

06 Duplicate Layer 창이 열립니다. 새로 생성되는 레이어의 이름은 바위 copy로 되어있는데, 그대로 사용하기로 하고, [OK] 버튼을 클릭합니다. 바위 사진이 복사된 바위 copy 레이어가 만들어집니다. 이제 2장의 레이어를 사용하고 있는 것입니다.

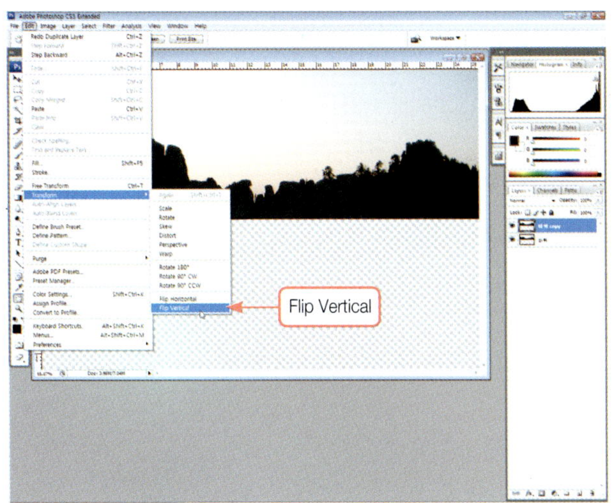

07 호수에 비치는 바위는 위/아래가 반전되어 보일 것입니다. 이것을 연출하기 위해 Edit 메뉴의 Transform에서 Flip Vertical을 선택합니다. 바위 사진의 위/아래로 반전됩니다.

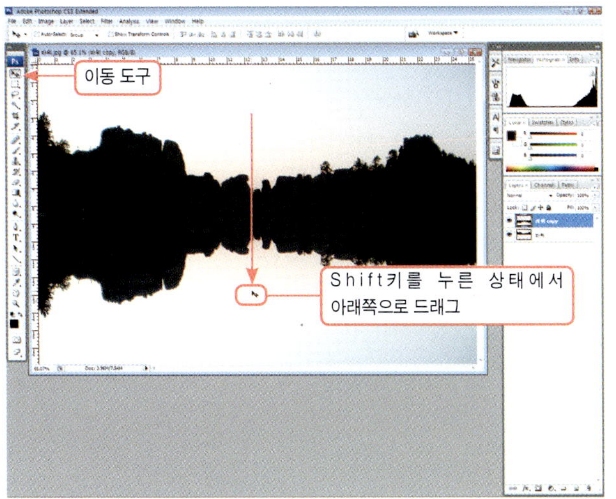

08 도구 모음 패널에서 이동 도구를 선택하고, 위/아래로 반전된 바위 Copy 사진을 아래쪽으로 드래그합니다. 사진을 이동시킬 때 Shift 키를 누른 상태로 드래그하면, 정확히 위/아래쪽으로만 이동시킬 수 있습니다.

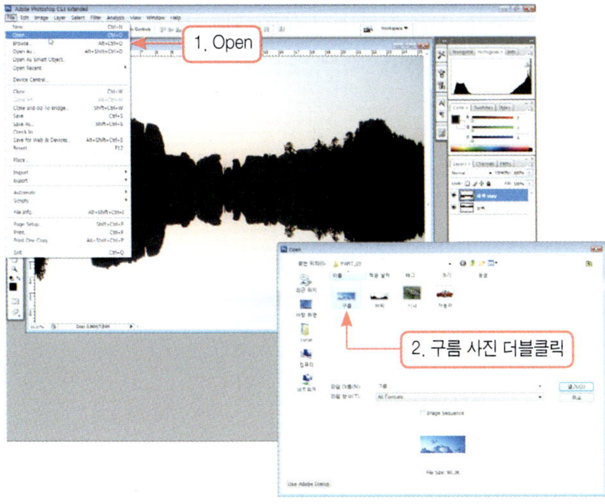

09 호수에 비치는 바위 Copy 사진은 어둡게 처리를 해야 하는데, 나머지 사진을 합성한 후에 처리하겠습니다. 계속해서 File 메뉴의 Open을 선택하여 창을 열고, 구름 사진을 불러옵니다.

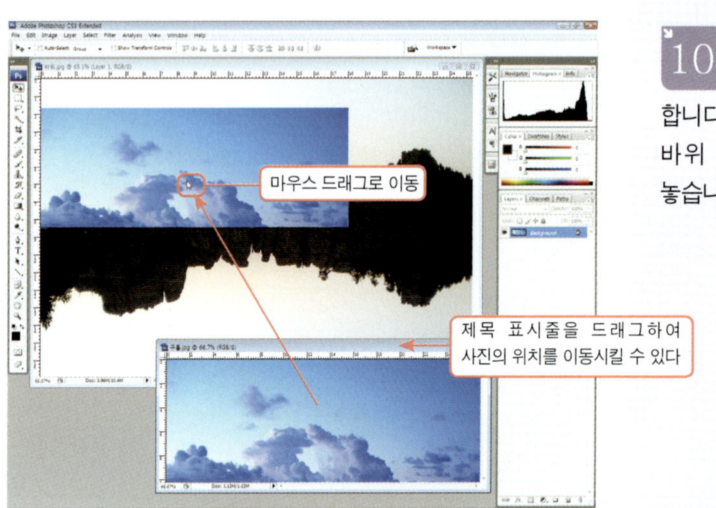

10 구름 사진의 제목 표시줄을 잡고 아래쪽으로 드래그하여 바위 사진의 상단이 보이게 합니다. 그리고 이동 도구를 이용해서 구름 사진을 바위 사진의 하늘 쪽으로 드래그하여 가져다 놓습니다.

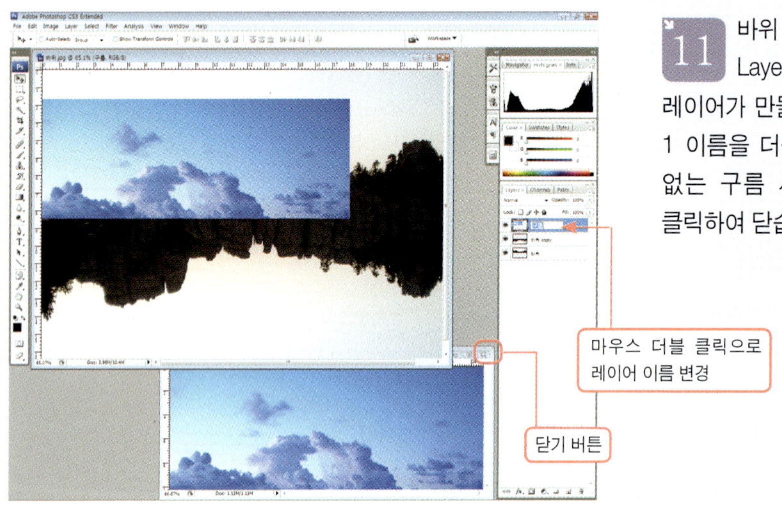

11 바위 사진의 Layer 패널을 보면, 구름 사진이 Layer 1이라는 이름으로 추가되어 총 3장의 레이어가 만들어진 것을 확인할 수 있습니다. Layer 1 이름을 더블 클릭하여 구름으로 변경하고, 필요 없는 구름 사진은 제목 표시줄의 닫기 버튼을 클릭하여 닫습니다.

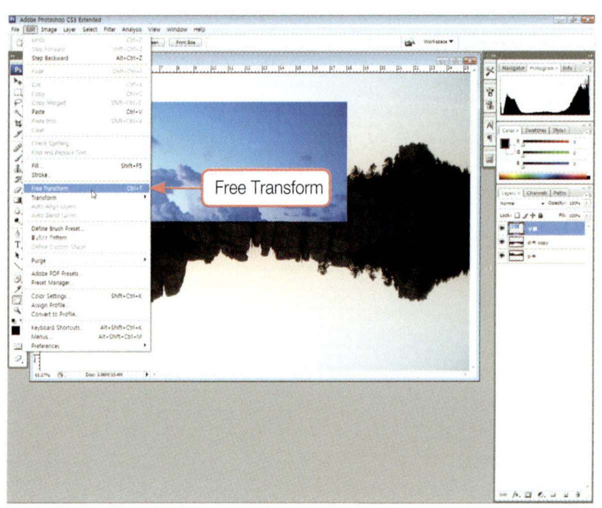

12 구름 사진의 크기를 바위 사진과 동일하게 맞추기 위해서 Edit 메뉴의 Free Transform을 선택합니다. 포토샵을 자주 사용하게 될 것이라면, 메뉴 오른쪽에 표시되어 있는 단축키 Ctrl + T 키를 외워두는 것이 좋습니다.

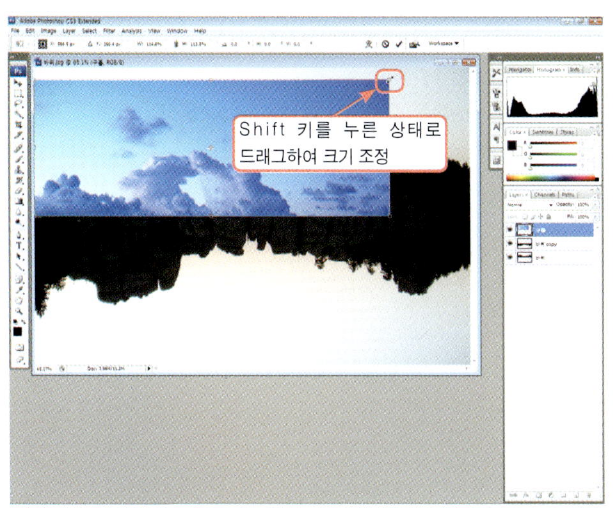

13 구름 사진의 크기를 조정할 수 있는 외각선이 보입니다. 오른쪽 상단의 꼭지점을 Shift 키를 누른 상태로 드래그하여 크기를 맞춥니다. 이렇게 특정 레이어의 그림만 편집할 수 있다는 것이 레이어의 장점입니다.

가·정·교·사

사진의 크기를 조정할 때, [Shift]키를 누르는 이유는 가로와 세로의 비율을 유지하기 위해서 입니다.

14 구름 사진이 바위 뒤로 가려져야 자연스러운 합성이 될 것입니다. Layer 패널 아래쪽의 도구에서 Add Layer Make 버튼을 클릭하여 마스크를 만듭니다.

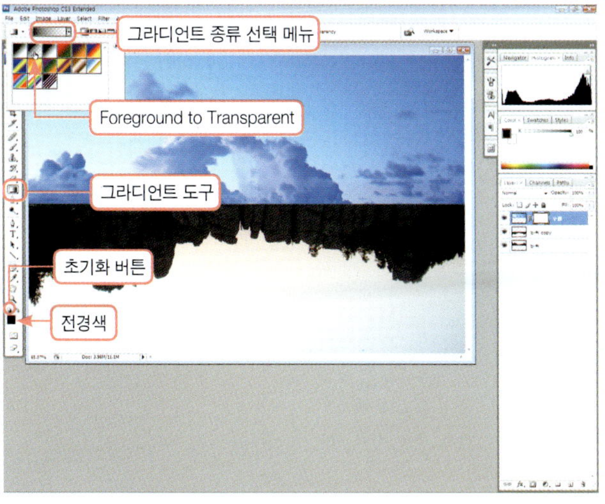

15 도구 패널에서 그라디언트 도구를 선택하고, 전경 색이 검정색인지를 확인합니다. 전경 색이 검정색이 아니라면, 초기화 버튼을 클릭하여 검정 색으로 만듭니다. 그리고 그라데이션 종류는 Foreground to Transparent를 선택합니다.

16 구름 사진이 있는 중간 위치에서부터 위쪽으로 드래그하여 그라디언트 효과를 적용합니다. 가려져 있던 바위 사진이 보이면서 자연스럽게 합성되었습니다.

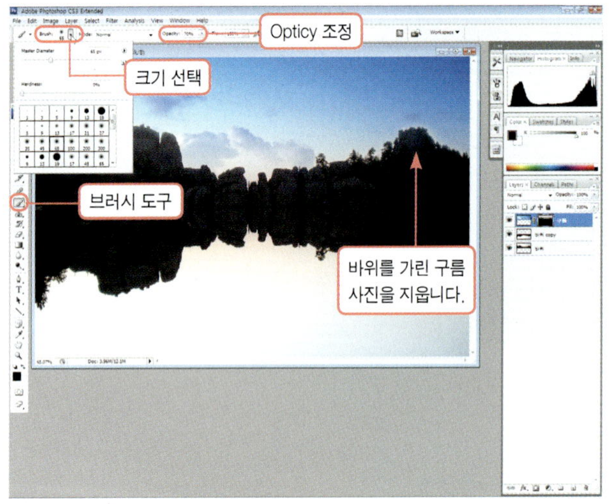

17 도구 패널의 브러시 도구를 선택하고, 크기는 45나 65 정도를 선택합니다. 그리고 Opacity를 60~70% 정도로 조정하고, 희미해진 바위 사진의 윗부분을 칠합니다. 이때 구름 사진이 지워지지 않도록 바위와 구름의 경계선에 주의합니다. 실수를 했다면 Ctrl + Z 키로 취소하고, 다시 칠하면 됩니다.

18 이제부터는 지금까지의 방법을 반복하면 됩니다. 구름 레이어를 Create New Layer 버튼으로 드래그하여 복사합니다. 바위 레이어를 복사할 때 이용했던 Duplicate Layer 단축 메뉴보다 더 많이 사용하는 방법입니다.

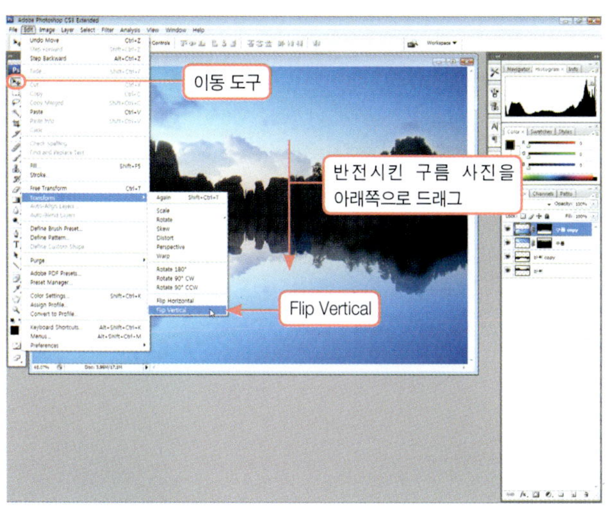

19 도구 패널에서 이동 도구를 선택하고, Edit 메뉴의 Transform에서 Flip Vertical을 선택하여 복사한 구름 Copy 레이어를 위/아래로 반전시킵니다. 그리고 Shift 키를 누른 상태로 아래쪽으로 드래그하여 호수에 비치는 구름을 연출합니다.

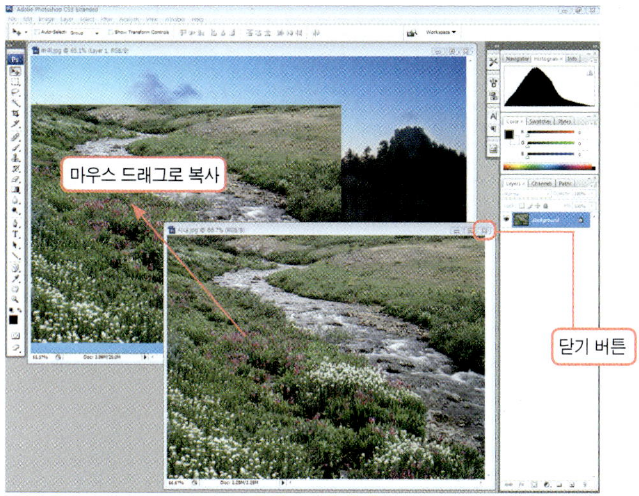

20 계속해서 두 장의 사진을 더 합성시켜 보겠습니다. File 메뉴의 Open을 선택하여 잔디 사진을 불러오고, 작업 중이던 합성 사진으로 드래그하여 복사합니다. 그리고 잔디 사진은 닫기 버튼을 클릭하여 닫습니다.

21 잔디 사진을 왼쪽 모서리에 일치시키고, Layer 1이라는 이름으로 생성된 레이어를 더블 클릭하여 구분하기 쉬운 잔디로 변경합니다. 현재까지 5장의 레이어를 만든 것입니다.

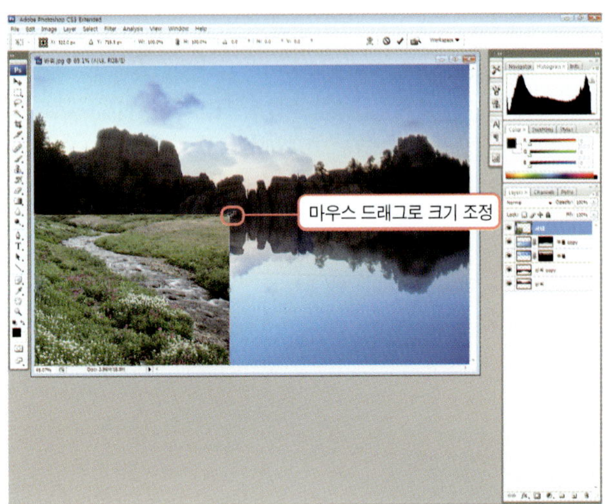

22 사진의 크기를 자유롭게 조정할 수 있는 Edit 메뉴의 Free Transform 단축키가 Ctrl + T 였습니다. Ctrl + T 키를 눌러 잔디 사진의 외각 선이 보이게 하고, Shift 키를 누른 상태로 모서리를 드래그하여 크기를 조정합니다.

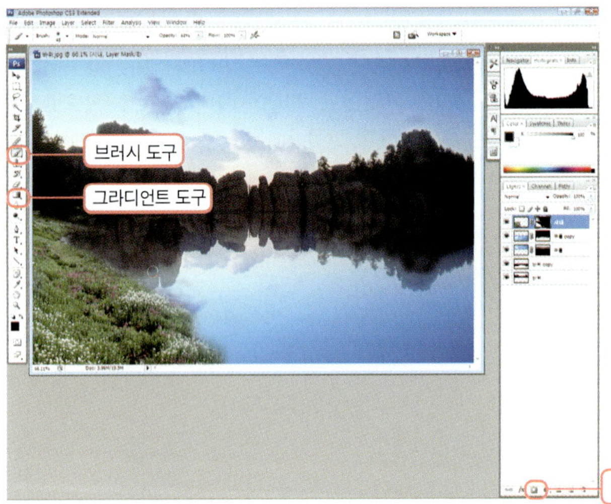

23 구름 사진을 합성했던 기법과 마찬 가지로 Add Layer Make 버튼을 클릭하여 마스크를 만들고, 그라디언트 도구로 잔디 사진의 오른쪽 상단에서 왼쪽 하단으로 드래그합니다. 그리고 브러시 도구를 이용해서 경계선이 자연스럽게 보일 수 있도록 보정합니다.

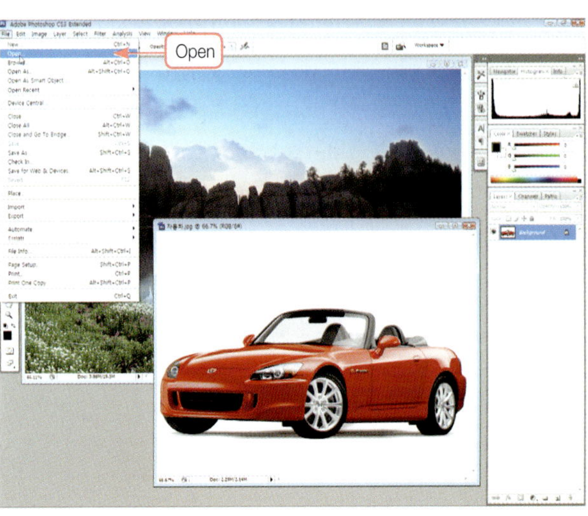

24 끝으로 합성 작업의 최종 목적이었던 호수에 떠있는 자동차를 연출하겠 습니다. 방법은 지금까지와 같습니다. File 메뉴의 Open을 이용해서 자동차 사진을 불러옵니다. 단축키 Ctrl + O 를 이용해도 좋습니다.

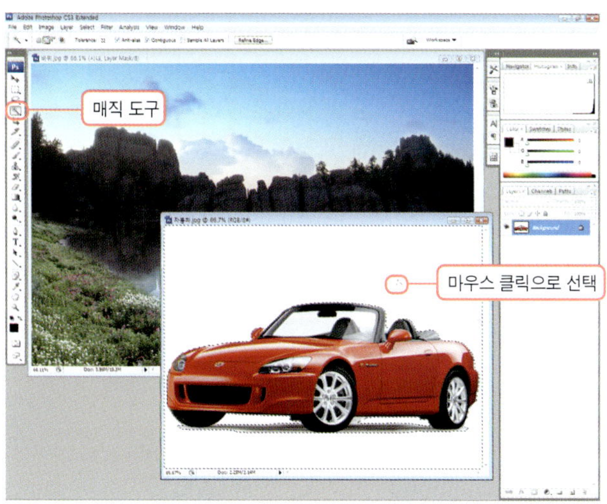

25 도구 패널에서 매직 도구를 선택합니다. 그리고 자동차 사진의 흰색 배경을 클릭하여 선택합니다. 자동차 아래쪽의 흰색은 Shift 키를 누른 상태에서 클릭하여 추가하면 됩니다.

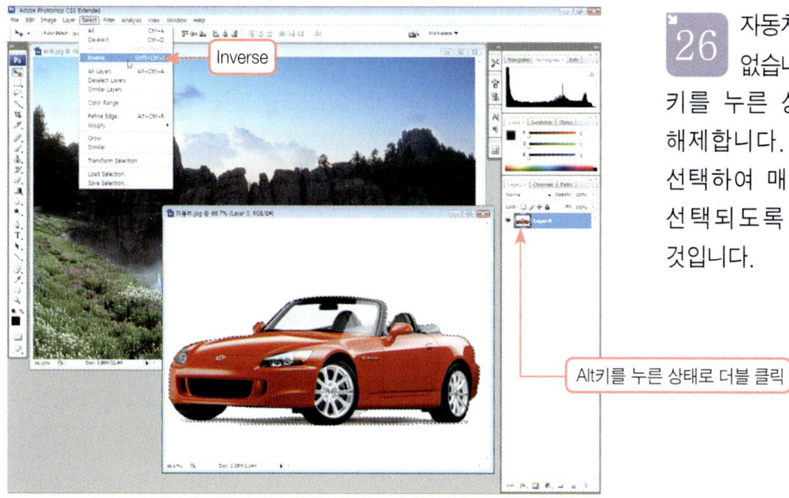

26 자동차 레이어가 잠겨있기 때문에 복사할 수 없습니다. 레이어 패널의 자동차 그림을 Alt 키를 누른 상태로 더블 클릭하여 잠금 장치를 해제합니다. 그리고 Select 메뉴의 Inverse를 선택하여 매직 도구로 선택한 흰색의 나머지가 선택되도록 합니다. 즉, 자동차를 선택하는 것입니다.

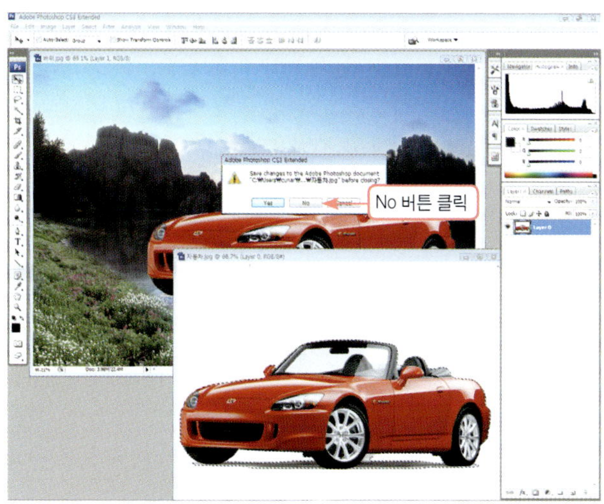

27 선택된 자동차 사진을 작업 중인 합성 사진으로 드래그하여 복사합니다. 그리고 필요 없어진 자동차 그림은 닫기 버튼을 클릭하여 닫습니다. 이때 저장 여부를 묻는 창은 [No] 버튼을 클릭하여 저장하지 않고 그냥 닫겠습니다.

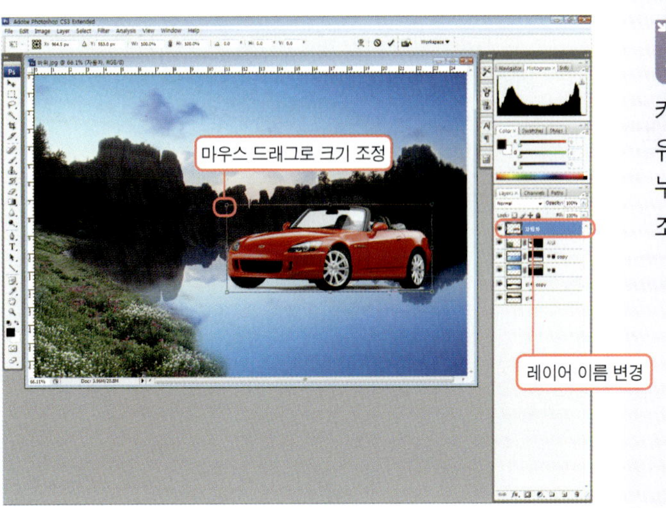

28 Layer 1이라는 이름으로 복사된 레이어를 더블 클릭하여 자동차로 변경하고, Ctrl + T 키를 눌러 크기를 적당하게 조정합니다. 비율을 유지하면서 크기를 조정하기 위해서는 Shift 키를 누른 상태로 외각선의 모서리를 드래그해야 하며, 조정이 끝나면 Enter 키를 눌러 적용합니다.

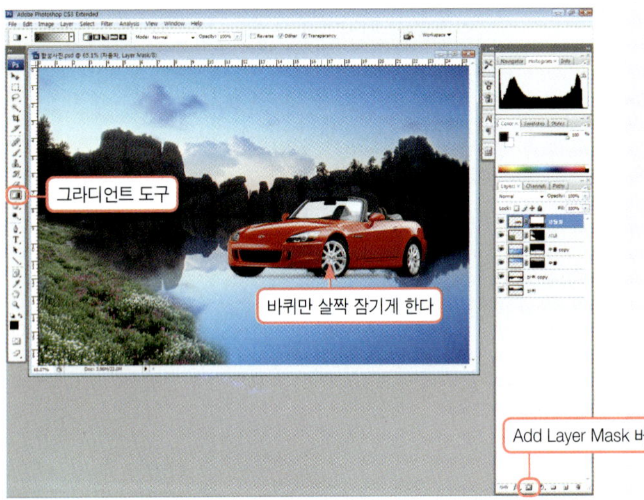

29 자동차의 바퀴가 호수에 살짝 잠기는 것이 자연스러울 것 입니다. Add Layer Mask 버튼을 클릭하여 마스크를 만들고, 그라디언트 도구를 이용해서 바퀴가 살짝 잠기게 합니다. 그라디언트 방향은 아래에서 위쪽이며, 길이를 짧게 하여 바퀴만 살짝 잠길 수 있도록 합니다.

30 자동차 역시 바위와 구름처럼 호수에 비춰야 하므로, 자동차 레이어를 Create a new Layer 버튼으로 드래그하여 복사하고, Edit 메뉴의 Transform에서 Flip Vertical을 선택하여 위/아래로 반전시킵니다. 그리고 이동 도구를 이용해서 위치를 조정합니다.

31 합성 작업은 모두 끝났습니다. 이제 호수에 비친 바위, 구름, 자동차를 조금 어둡고, 희미하게 처리하여 좀더 자연스럽게 만들겠습니다. Ctrl 키를 누른 상태로 호수에 비치는 효과를 만들었던 자동차 Copy, 구름 Copy, 바위 Copy 레이어를 선택합니다.

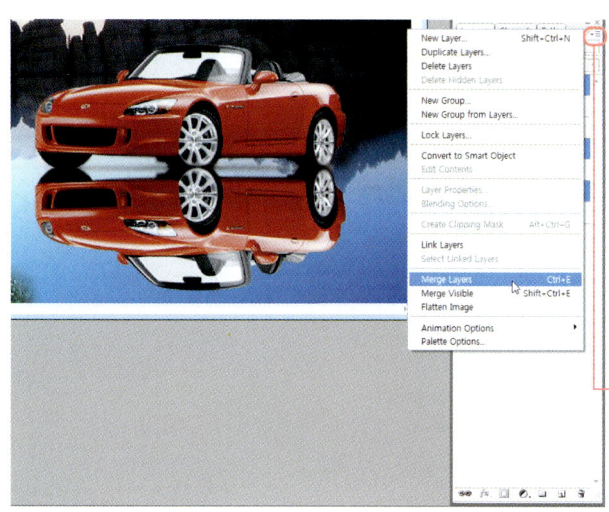

32 Layers 패널 오른쪽 상단에 보면, 작은 삼각형이 보입니다. 프리미어에서와 같이 해당 패널의 메뉴를 여는 버튼입니다. 버튼을 클릭하여 메뉴를 열고, Merge layers를 선택합니다. Ctrl 키로 선택한 3개의 레이어를 하나로 합치는 것입니다.

33 하나로 합쳐진 레이어의 이름을 더블 클릭하여 호수로 변경하고, 아래쪽으로 드래그하여 맨 아래쪽에 위치시킵니다. 합성 사진을 만들어보면서 자동차, 잔디, 구름, 바위, 호수로 총 5개의 레이어를 사용하고 있는 것입니다.

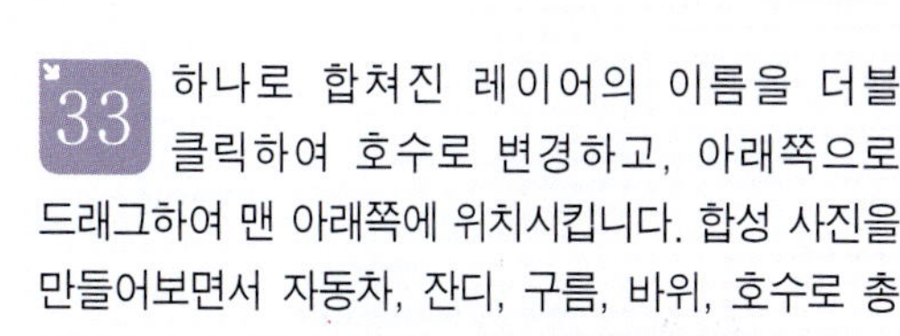

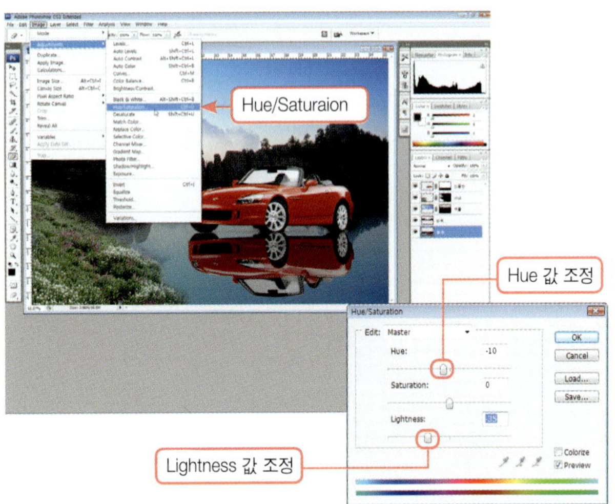

34 호수 레이어가 선택되어 있는지 확인하고, Image메뉴의 Adjustments 에서 Hue/Saturation을 선택합니다. 밝기와 색조를 변경할 수 있는 창이 열립니다. Hue값을 -10 정도로 조정하여 푸른 빛이 돌게 하고, Lightness를 -35 정도로 조정하여 어둡게 합니다.

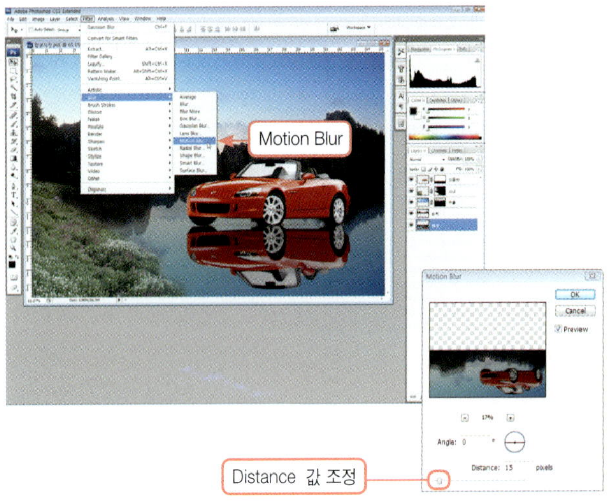

35 끝으로 호수에 비친 사물을 조금 흐리게 보이도록 표현하고, 합성 작업을 마무리 하겠습니다. Filter 메뉴의 Blur에서 Motion Blur을 선택합니다. 사진을 흐릿하게 보이게 할 수 있는 창이 열립니다. 실습에서는 Distance 값을 15 정도로 하겠습니다.

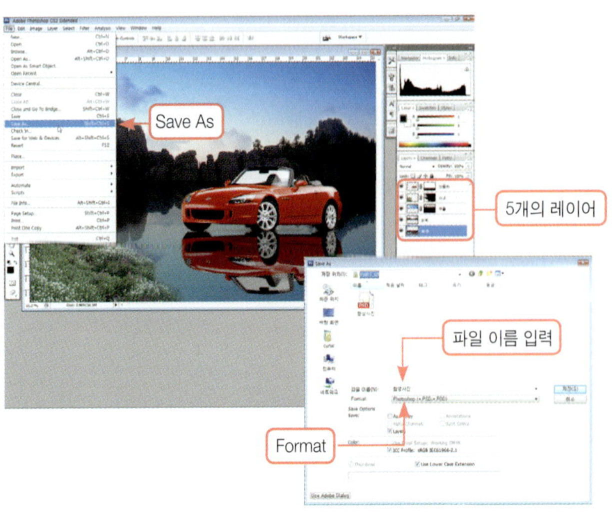

36 레이어의 개념을 이해하기 위해서 물위에 떠있는 자동차 사진을 합성으로 만들어 보았습니다. 기법은 간단하므로, 포토샵을 처음 다뤄보는 사용자도 쉽게 따라 할 수 있었을 것입니다. 여기서 중요한 것은 포토샵 기능이 아니라 자동차, 잔디, 구름, 바위, 호수라는 이름으로 5개의 레이어를 사용하고 있다는 것입니다. File 메뉴의 Save As를 선택하여 창을 열고, 합성 사진이라는 이름으로 저장합니다. 포맷(Format)은 포토샵 파일(PSD)입니다.

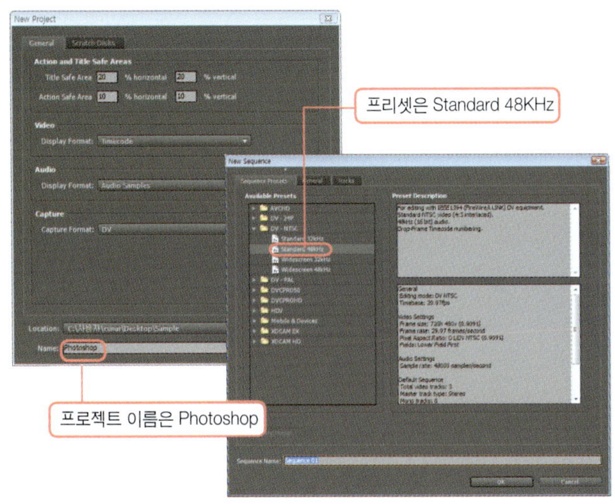

37 포토샵은 종료하고, 프리미어를 실행 하여 Photoshop이라는 이름의 새로운 프로젝트를 만듭니다. New Sequence 창에서는 가장 일반적인 DV-NTSC 폴더의 Standard 48KHz를 선택합니다.

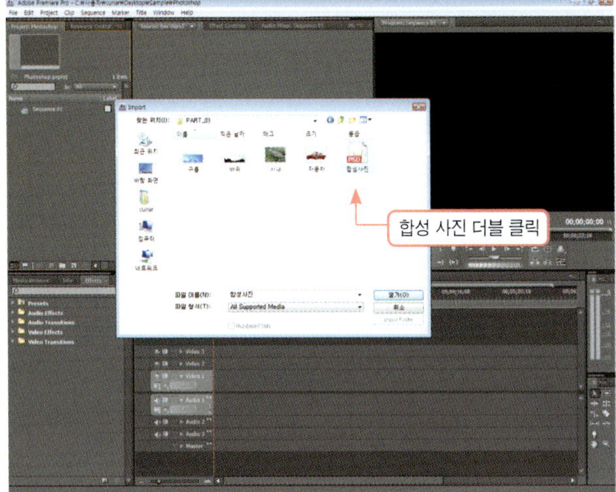

38 Photoshop 이라는 이름의 프로젝트를 만들었습니다. 프로젝트 패널의 빈 공간에서 마우스들 더블 클릭하여 Import 창을 열고, 포토샵에서 작업했던 합성 사진을 더블 클릭하여 불러옵니다.

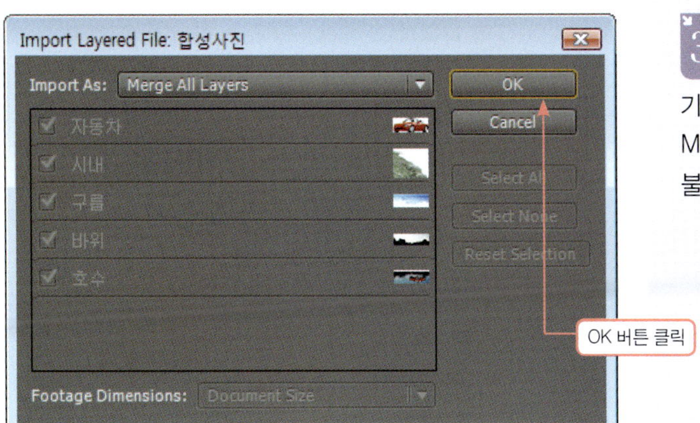

39 레이어를 어떤 방식으로 불러올 것인지를 묻는 Import Layered File 창이 열립니다. 기본 값은 모든 레이어를 한 장의 사진으로 불러오는 Merge All Layers입니다. [OK] 버튼을 클릭하여 불러옵니다.

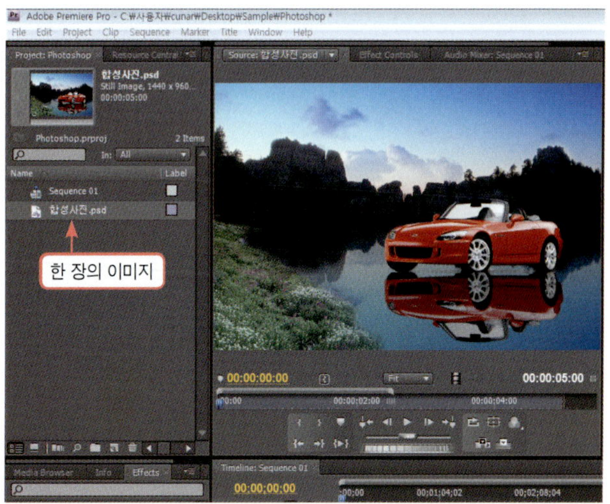

40 5개의 레이어로 만든 합성 사진이지만, 한 장의 이미지 파일로 불러오게 됩니다. 프로젝트 패널에 등록된 합성사진.psd 소스를 더블 클릭하여 확인해보고, Ctrl 키를 누른 상태에서 Z 키를 두 번 눌러 파일을 불러오기 전으로 되돌립니다.

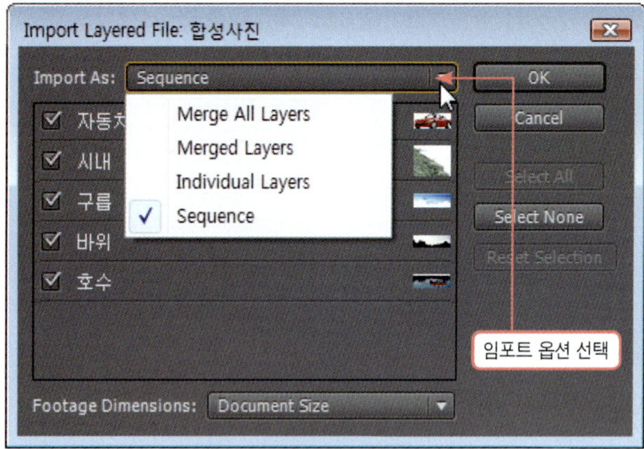

41 다시 프로젝트 패널의 빈 공간을 더블 클릭하여 Import 창을 열고, 합성사진을 더블 클릭하여 불러옵니다. 이번에는 Impart As 메뉴에서 Sequence를 선택합니다. 사용자가 불러오고 싶은 레이어를 선택할 수 있다는 것을 알 수 있습니다. [OK]버튼을 클릭합니다.

 가·정·교·사

Merged Layers는 Merge All Layers와 같이 한 장의 사진으로 불러오지만, 레이어를 선택할 수 있고, Individual Layers은 Sequence와 같지만, 시퀀스를 만들지 않습니다.

42 합성사진이라는 폴더가 만들어지고, 해당 폴더를 열어보면, 포토샵에서 작업했던 5개의 레이어가 분리되어 임포트된 것을 확인할 수 있습니다. 합성사진 시퀀스를 더블 클릭해보면, 타임라인 패널에 합성 사진이라는 이름의 시퀀스가 만들어지고, 각각의 레이어가 트랙 별로 배치된 것을 확인할 수 있습니다.

43 이펙트 패널에서 Video Effects 폴더의 Distort를 찾습니다. 계속해서 Distort 폴더의 Band를 찾아 호수 클립으로 드래그하여 적용합니다. 이처럼 레이어로 제작된 포토샵 파일은 레이어를 트랙 별로 분리해서 불러올 수 있고, 원하는 레이어만 편집하거나 효과를 적용할 수 있다는 장점이 있습니다.

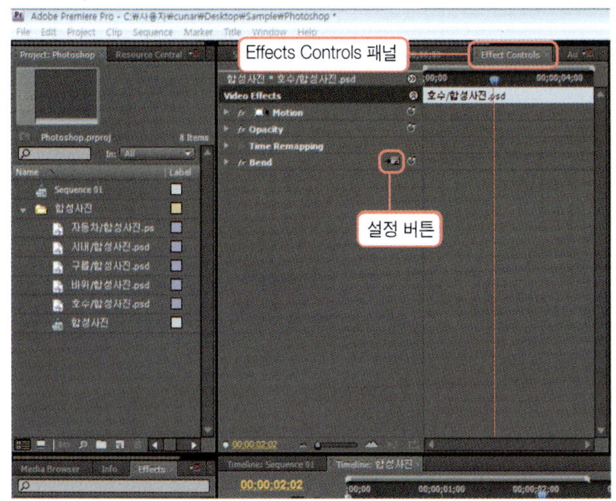

44 호수가 출렁거리게 한 것으로, 사진으로는 연출할 수 없는 효과입니다. 단, 기본 값은 너무 출렁거리므로, 값을 줄이겠습니다. 이펙트 설정은 Effect Controls 패널에서 합니다. Effect Controls 탭을 클릭하여 패널을 열고, 앞에서 등록한 Bend 이펙트의 설정 버튼을 클릭하여 Bend Settings 창을 엽니다.

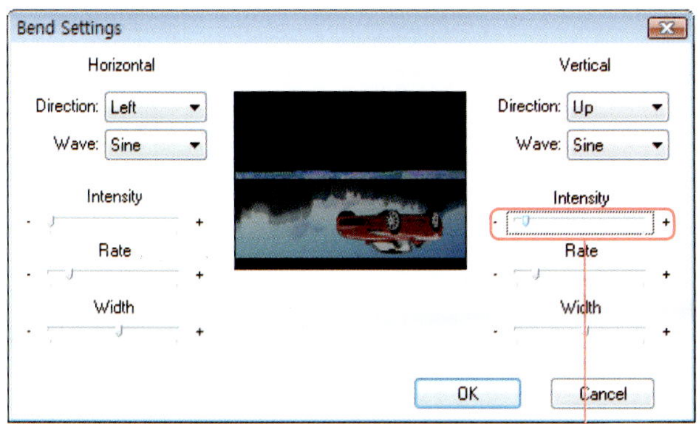

45 가로로 출렁거리게 하는 Horizontal의 Intensity 는 완전히 왼쪽으로 드래그하여 적용되지 않게 하고, 세로로 출렁거리게 하는 Vertical의 Intensity 값만 조금 줍니다. [OK] 버튼을 클릭하여 창을 닫고, Space bar 키를 눌러 영상을 모니터 해봅니다. Bend 이펙트는 언제든 Settings 창을 열어 수정할 수 있습니다.

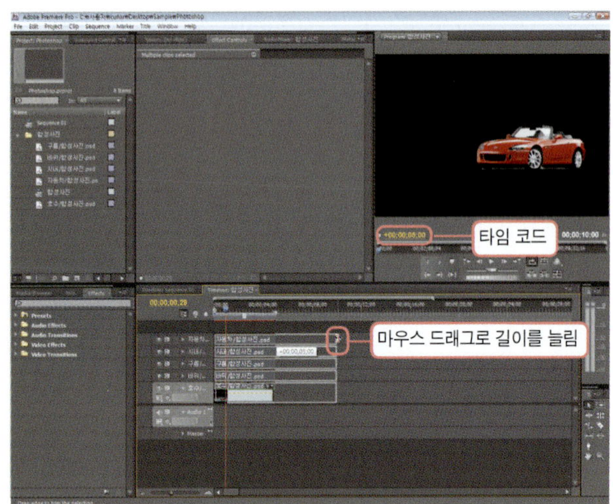

46 영상의 길이는 기본값인 5초로 되어 있습니다. Ctrl + A 키를 눌러 모든 클립을 선택하고, 10초 정도로 늘립니다. 기본 길이가 5초이므로, 프로그램 패널의 타임 코드에서 +00;00;05;00(5초)가 표시될 때까지 드래그하면 됩니다.

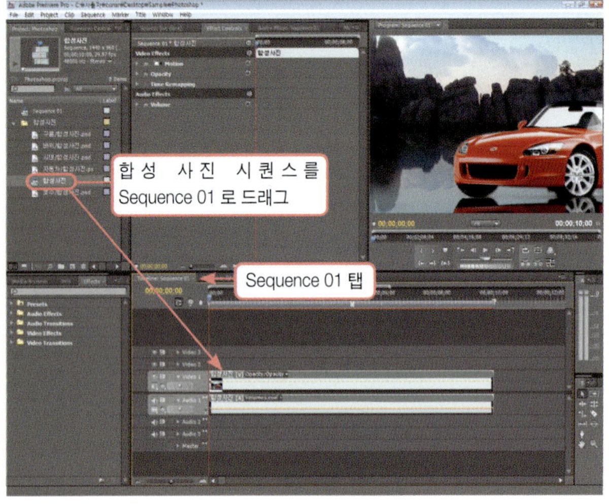

47 레이어를 이용한 포토샵의 합성 사진을 가지고 영상을 만들어보았습니다. 그러나 사운드가 빠졌기 때문인지 조금 허전합니다. 이것을 채워보겠습니다. 프로젝트를 만들 때 기본적으로 생성된 Sequence 01 탭을 클릭하여 이동합니다. 그리고 합성 사진 시퀀스를 Video 1 트랙에 가져다 놓습니다.

48 프로젝트 패널의 빈 공간을 더블 클릭하여 Import 창을 열고, Part_03 폴더의 Sound 1파일을 더블 클릭하여 가져옵니다. 그리고 Audio 1 트랙의 클립 위로 드래그하여 덮어 씌웁니다.

 가·정·교·사

[₩] 키를 누르면, 타임 라인 패널의 작업 공간이 클립의 길이가 모두 보이게 조정됩니다.

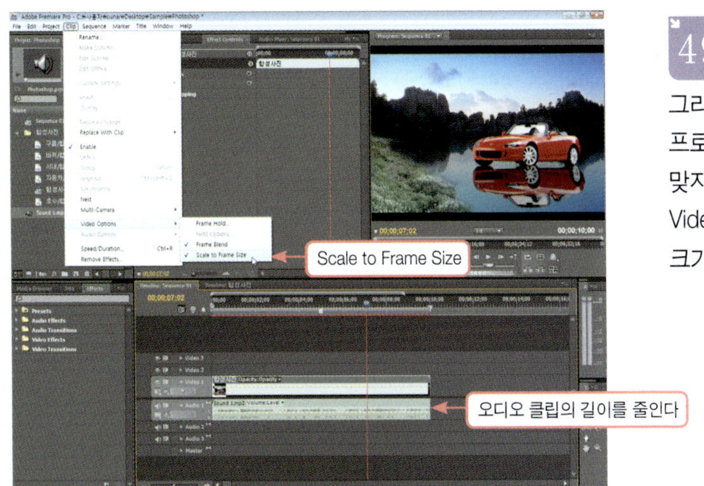

49 사운드 클립의 오른쪽 끝 부분을 왼쪽으로 드래그하여 영상 클립의 길이와 맞춥니다. 그리고 포토샵에서 작업한 사진이 현재 작업 중인 프로젝트 환경인 720x480보다 크기 때문에 화면에 맞지 않습니다. 영상 클립을 선택하고, Clip 메뉴의 Video Options에서 Scale to Frame Size를 선택하여 크기를 맞춥니다.

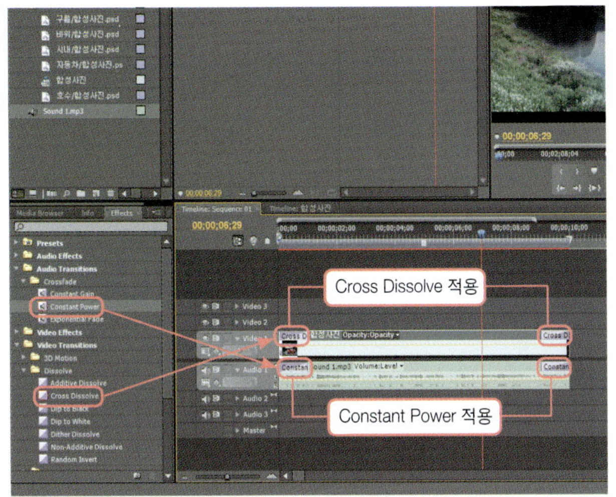

50 Effects 패널을 열고, Video Transitions 폴더의 Dissolve 에서 Cross Dissolve를 영상 클립의 시작과 끝 위치에 가져다 놓습니다. 그리고 Audio Transitions폴더의 Crossfade에서 Constant Power를 오디오 클립의 시작과 끝 위치에 가져다 놓는 것으로 레이어를 이해하기 위한 실습을 마칩니다. Ctrl + S 키를 눌러 프로젝트를 저장합니다.

→Tip

픽셀 비율 조정하기

포토샵에서 합성한 사진을 가지고 레이어를 학습한 결과물을 보면 영상의 위/아래가 조금 비어있습니다. 이것은 포토샵에서 작업한 사진의 픽셀이 1.0이고, 작업 중인 프로젝트 환경의 픽셀이 0.9이기 때문입니다. 영상을 화면에 채우고 싶은 경우에는 프로젝트 환경을 1.0픽셀로 만들어 작업하거나 사진 소스를 0.9로 조정하면 됩니다. 사진 소스는 단축 메뉴에서 Interpret Footage를 선택하여 창을 열고, Pixel Aspect Ratio의 Conform to 메뉴에서 D1/DV NTSC(0.9091)을 선택하는 방법으로 변경할 수 있습니다.

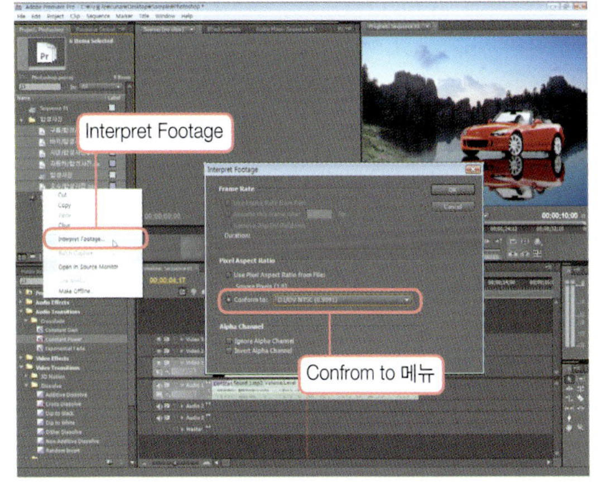

컷 편집에 사용되는 도구들

프리미어는 영상을 화려하게 만들 수 있는 이펙트와 트랜지션을 수 백 가지나 제공하고 있습니다. 그러나 드라마나 뉴스 등의 TV 방송을 보면 알 수 있듯이 그렇게 많이 사용하지는 않습니다. 실제 편집 작업에서 많이 사용하는 것은 방송 시간에 맞추어 필요 없는 부분을 잘라내고, 각각의 씬을 연결하는 것이 대부분이며, 이것을 컷 편집이라고 합니다. 참고로 컷 편집을 잘 하기 위해서는 프리미어를 능숙하게 다루는 것보다 촬영을 넉넉하게 하는 것이 중요하다는 것을 기억하기 바랍니다.

 타임라인 패널에서의 트림과 리플 편집

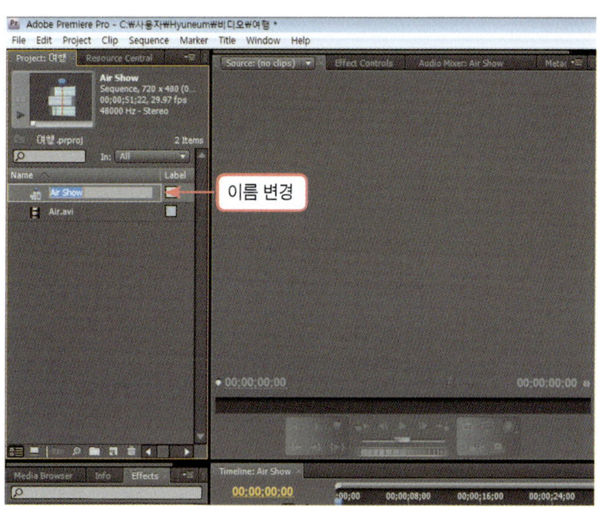

01 길지 않은 영상을 편집할 때는 타임 라인 패널에서 하는 경우가 많습니다. Show라는 이름의 새로운 프로젝트를 만들고, 부록 CD의 PART_03에서 Air 영상 파일을 임포트 합니다. 그리고 Sequence 01의 이름을 Air Show로 변경합니다.

02 시퀀스의 이름이 Air Show로 변경 되었습니다. Air.mov 영상 소스를 Air Show 시퀀스의 Video 1 트랙에 가져다 놓습니다. 그리고 편리한 편집 작업을 위해 = 키를 눌러 타임라인 패널을 확대합니다.

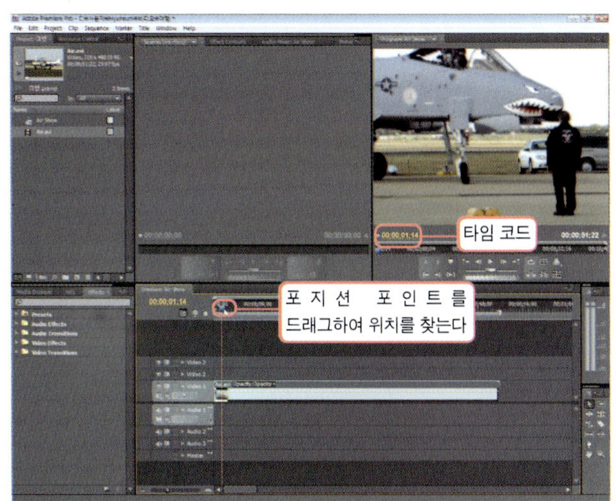

03 영상의 시작과 끝 위치에 필요 없는 부분을 제거하겠습니다. Space bar 키를 눌러 영상을 재생해보거나 포지션 포인트를 드래그하여 필요 없는 부분을 찾습니다. 실습에서는 1초 14프레임 위치로 하겠습니다. 타임코드에서 114을 입력해도 좋습니다.

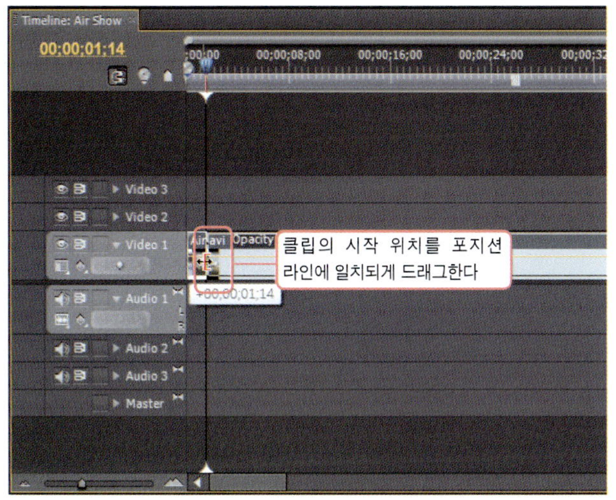

04 클립의 시작 지점을 포지션 라인이 있는 위치까지 드래그하여 필요 없는 영상을 제거합니다. 포지션 라인의 일치는 라인 색상이 검정색으로 변하고, 위/아래 흰색 삼각형이 표시되는 것으로 구분할 수 있습니다.

05 끝 부분도 마찬가지 입니다. 포지션 포인트를 드래그하여 제거할 위치를 찾고, 클립의 끝 부분을 왼쪽으로 드래그하여 제거합니다. 실습에서는 48초 14프레임(4814) 위치로 하겠습니다.

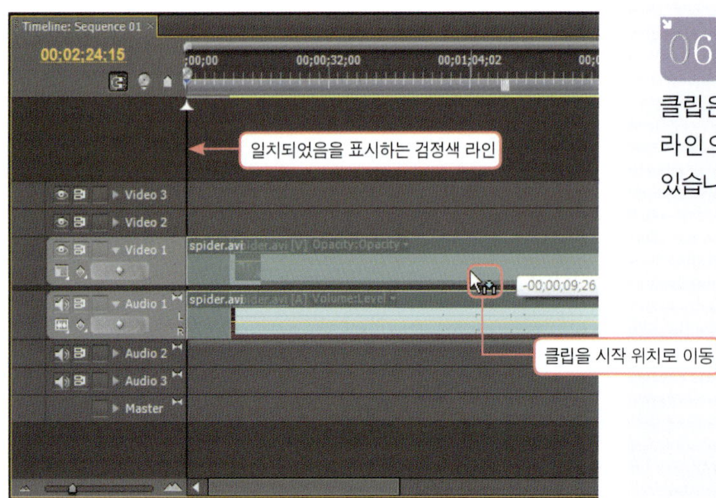

06 필요 없는 앞/뒤 영상을 제거했다면, 클립을 왼쪽으로 드래그하여 시작 위치로 옮김이다. 클립은 아무 곳이나 드래그해도 좋으며, 검정색 라인으로 시작 위치에 일치되었음을 확인할 수 있습니다.

07 클립 중간의 필요 없는 영상을 제거해 보겠습니다. 포지션 포인트를 드래그하여 제거할 구간의 시작 위치(05;15)를 찾습니다. 그리고 자르기 도구로 포지션 라인이 있는 부분을 클릭하여 자릅니다. 계속해서 제거할 구간의 끝 위치(15;20)를 찾고, 자르기 도구를 이용해서 자릅니다.

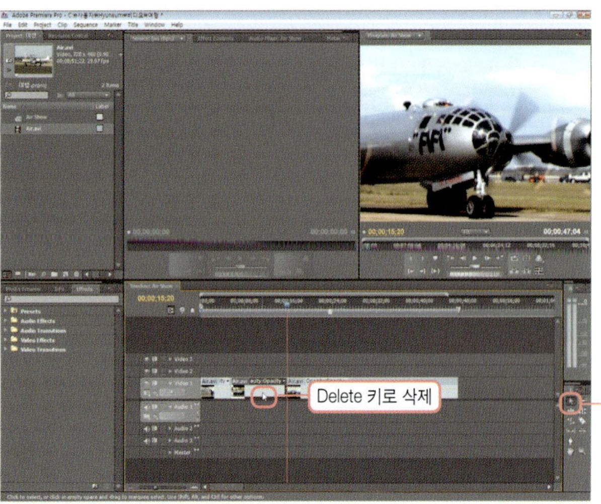

08 선택 도구를 이용해서 5초 15프레임에서 15초 20프레임까지 잘라낸 구간의 클립을 선택합니다. 그리고 Delete 키를 눌러 삭제합니다.

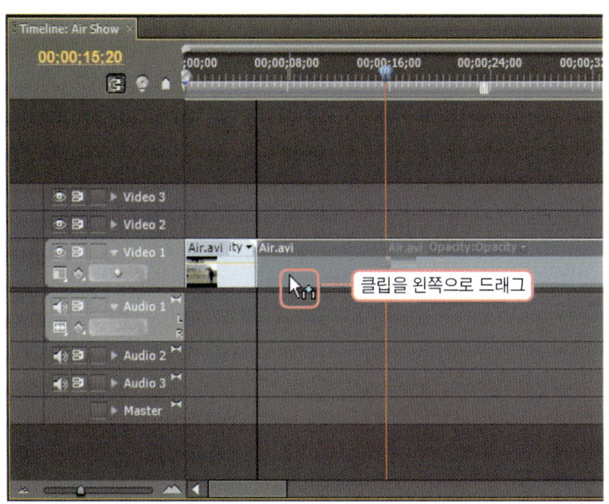

09 클립을 삭제하여 생긴 빈 공간은 오른쪽의 클립을 드래그하여 채웁니다. 왼쪽 클립의 끝 부분과 일치되는 지점은 검정색 라인으로 확인할 수 있습니다.

10 이번에는 트림 작업을 이용해서 중간의 클립을 제거해보겠습니다. 포지션 포인트를 드래그하여 제거할 영상의 시작 위치를 찾습니다. 그리고 자르기 도구를 이용해서 자릅니다. 실습에서는 11초 13프레임 위치로 하겠습니다.

11 포지션 포인트를 드래그하여 제거할 영상의 끝 위치를 찾습니다. 실습에서는 14초 14프레임 위치로 하겠습니다. 그리고 선택 도구를 이용해서 세 번째 클립의 시작 위치를 포지션 라인이 있는 위치까지 드래그하여 11초 13프레임에서부터 14초 14프레임까지의 영상을 제거합니다.

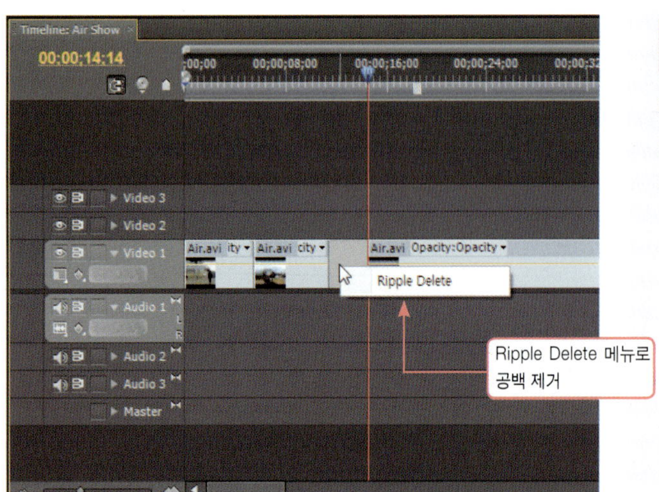

12 트림 작업후에 발생한 공백은 마우스 오른쪽 버튼을 클릭하여 단축 메뉴를 열고, Ripple Delete를 선택하여 제거할 수 있습니다. 제거된 공백만큼 오른쪽의 클립들이 왼쪽으로 이동되는 것을 확인할 수 있습니다.

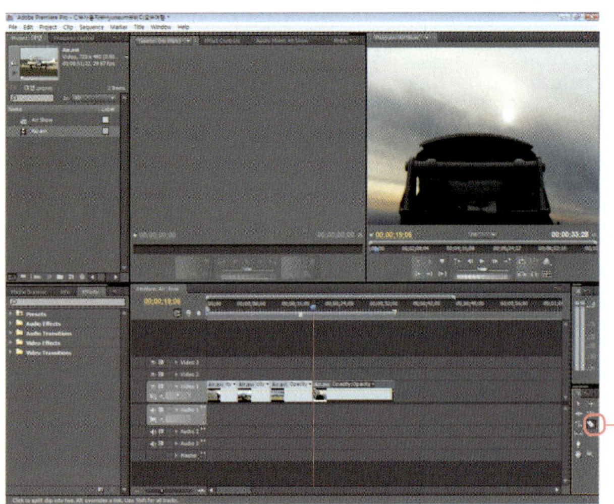

13 이번에는 트림 작업과 동시에 공백이 채워지는 리플 작업을 살펴보겠습니다. 포지션 포인트를 드래그하여 제거할 영상의 시작 위치를 찾습니다. 그리고 자르기 도구를 이용해서 자릅니다. 실습에서는 19초 6프레임 (19;06)으로 하겠습니다.

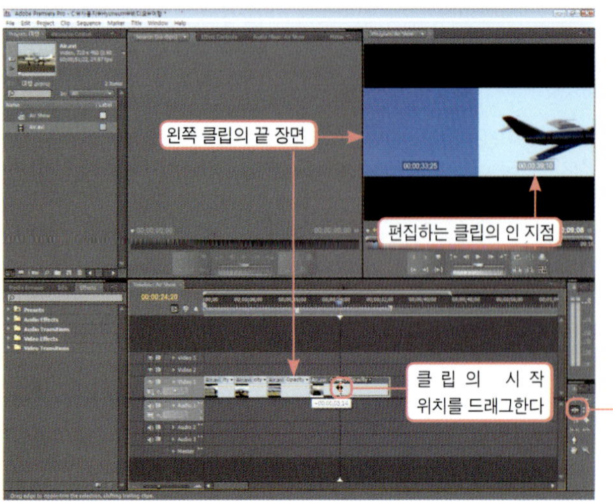

14 포지션 포인트를 드래그하여 제거할 영상의 끝 위치를 찾습니다. 그리고 도구 패널에서 리플 도구를 선택 네 번째 클립의 시작 위치를 포지션 라인 위치까지 드래그하여 제거합니다. 프로그램 패널에는 왼쪽 클립의 끝 장면과 편집 되고 있는 오른쪽 클립의 시작 장면이 표시되며, 편집이 끝나면 오른쪽 클립이 왼쪽으로 이동되어 공백이 채워지는 것을 확인할 수 있습니다.

15 이번에는 두 클립의 인/아웃을 좀 더 세밀하게 조정할 때 사용하는 트림 패널을 이용해보겠습니다. 포지션 라인을 3번째 클립과 4번째 클립 사이에 놓고, 프로그램 패널의 컨트롤 버튼 중에서 트림 모니터 버튼을 클릭하여 트림 패널을 엽니다.

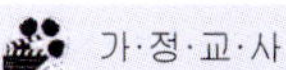

가·정·교·사

클립 사이는 [PageUP]/[Pagedown]키를 이용해서 이동할 수 있습니다.

16 왼쪽 클립의 끝 장면과 오른쪽 클립의 시작 장면이 표시되어 있는 트림 패널이 열립니다. 왼쪽 모니터 창에서 마우스를 왼쪽으로 드래그하여 비행기가 사라지기 전 장면을 찾습니다. 세 번째 클립의 끝 위치가 트림되는 것을 확인할 수 있습니다.

17 트림 패널 오른쪽 모니터 창에서 드래그하면 네 번째 클립의 시작 위치를 트림할 수 있고, 중앙에서 드래그를 하면 왼쪽 클립의 끝 장면과 오른쪽 클립의 시작 장면을 동시에 조정할 수 있는 롤링 편집 작업을 할 수 있다는 것도 기억해두면 편리합니다.

01 소스 패널에서 작업에 필요한 영상을 골라서 타임라인 패널에 등록을 하면, 별도의 트림 작업이 필요 없습니다. 뉴 아이템 만들기 버튼을 클릭하여 메뉴를 열고, Sequence를 선택합니다.

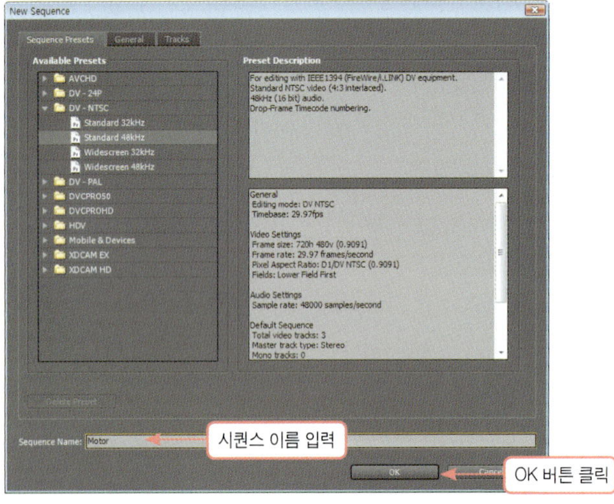

02 새로 만들어질 시퀀스의 이름을 입력할 수 있는 New Sequence 창이 열립니다. Sequence Name 항목에 Motor라는 이름을 입력하고 [OK] 버튼을 클릭합니다. 편집 기능을 살펴보면서 시퀀스를 추가하는 이유는 멀티 시퀀스 작업 기능도 실습해보기 위해서 입니다.

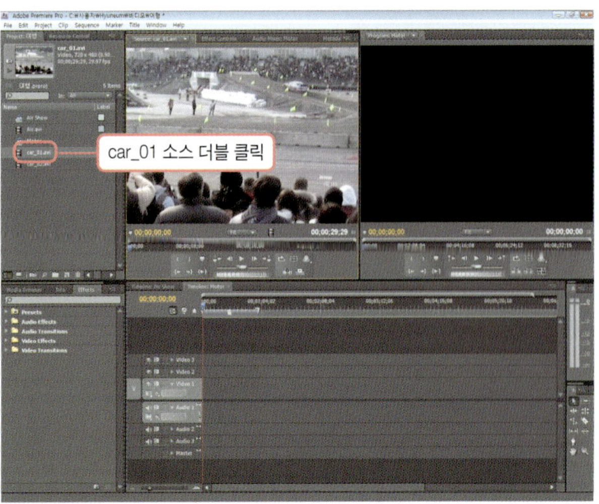

03 부록 CD의 PART_03 폴더에서 car_01과 car_02 파일을 임포트합니다. 그리고 car_01 소스를 더블 클릭하여 소스 패널에 등록합니다.

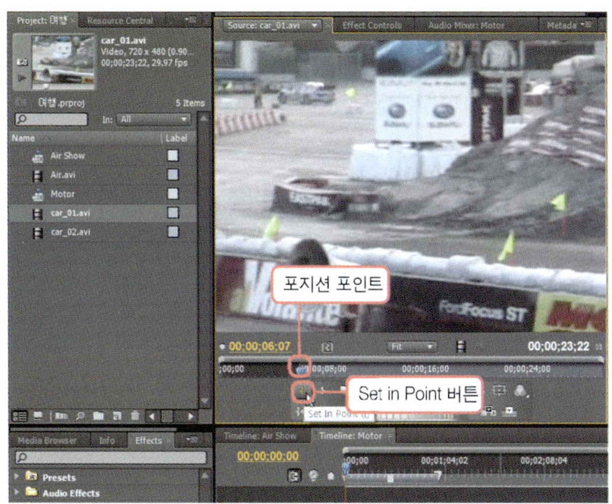

04 Space bar 키를 눌러 영상을 재생해 보거나 포지션 포인트를 드래그하여 편집에 사용할 영상의 시작하는 위치를 찾고, [Set In Point] 버튼을 클릭하여 인 점으로 설정합니다. 실습에서는 6초 7프레임으로 하겠습니다.

가·정·교·사

좌/우 방향키를 이용하면 포지션 포인트를 프레임 단위로 이동시켜 좀 더 세밀한 모니터가 가능합니다.

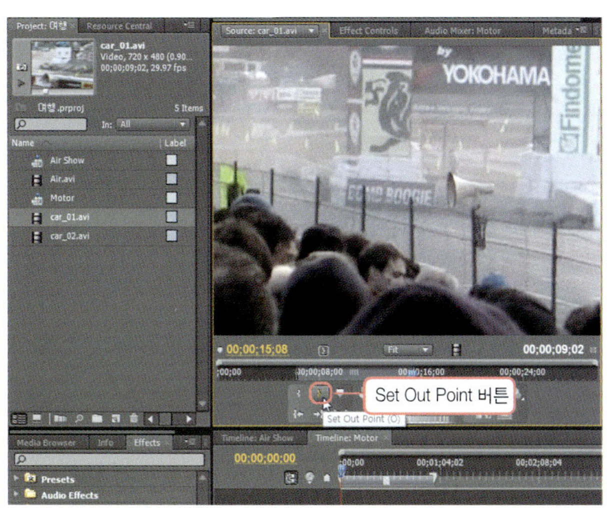

05 포지션 포인트를 드래그하여 아웃 지점으로 지정할 위치를 찾고, [Set Out Point] 버튼을 클릭하여 아웃 지점으로 설정합니다. 실습에서는 15초 8프레임(15:08)으로 하겠습니다.

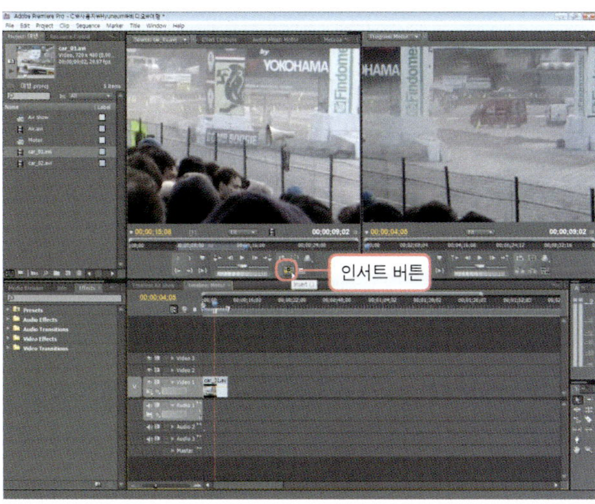

06 현재 Motor 시퀀스에 아무런 클립도 가져다 놓지 않은 상태이므로, 인서트와 오버레이의 차이점은 없습니다. 인서트 버튼을 클릭하여 인/아웃 지점으로 설정한 구간을 타임 라인 패널에 등록합니다.

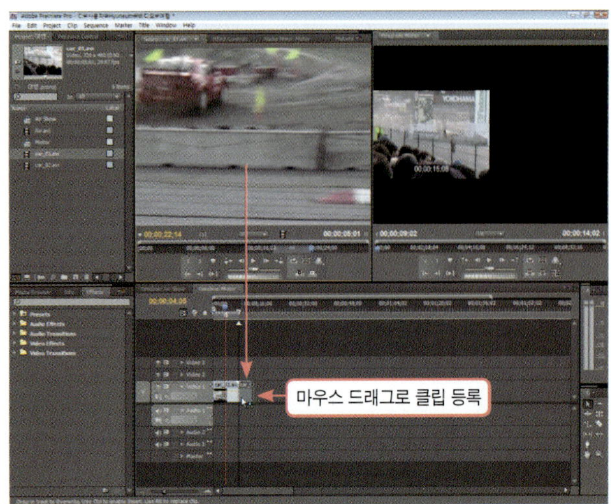

07 소스 패널을 이용한 편집은 계속 같은 방법입니다. 인서트와 오버레이의 차이점을 실습해보기 위해서 좀더 진행하겠 습니다. 17초 14프레임 위치를 인 포인트로 설정하고, 22초 14프레임을 아웃 포인트를 설정합니다. 그리고 앞에서 등록한 클립 뒤로 드래그하여 가져다 놓습니다.

08 프로젝트 패널의 Car_02 소스를 더블 클릭하여 소스 패널에 등록합니다. 그리고 1초 10프레임 위치를 인 점으로 잡고, 16초 10프레임을 아웃 지점으로 설정한 다음에 인서트 버튼을 클릭합니다. 이 구간을 앞에서 등록한 두 클립 사이에 끼워 넣어야 한다고 가정합니다.

09 포지션 라인이 앞에서 등록한 두 클립 사이에 있는지 확인합니다. 만일, 포지션 라인을 움직였다면, 인서트 버튼을 클릭하면 두 클립 사이로 영상이 삽입되는 것을 확인할 수 있습니다. 이것이 영상을 끼워 넣는 인서트 방식입니다.

 가·정·교·사

포지션 라인은 [PageUp]/[PageDown]키를 이용해서 클립 사이로 이동시킬 수 있습니다.

10 14초에서부터 5초간의 영상을 바꿔야 한다고 가정합니다. 소스 패널의 23초 15프레임을 인 점으로 설정하고, 28초 15프레임을 아웃 점으로 설정합니다. 그리고 프로그램 패널의 타임코드에서 1400을 입력하여 포지션 라인을 14초에 위치시킵니다.

11 소스 패널의 오버레이 버튼을 클릭합니다. 포지션 라인에 있던 클립이 소스 패널에서 설정한 5초 길이의 인/아웃 영상으로 바뀌는 것을 확인할 수 있습니다. 이것이 기존 클립에 새로운 영상을 덮어씌우는 오버레이 방식입니다.

Tip

인서트와 오버레이의 차이

인서트는 포지션 라인에 있는 클립을 오른쪽으로 밀고, 새로운 클립을 삽입하는 방식입니다. 사용자가 원하는 위치에 새로운 영상을 끼워 넣고 싶을 때 유용합니다.

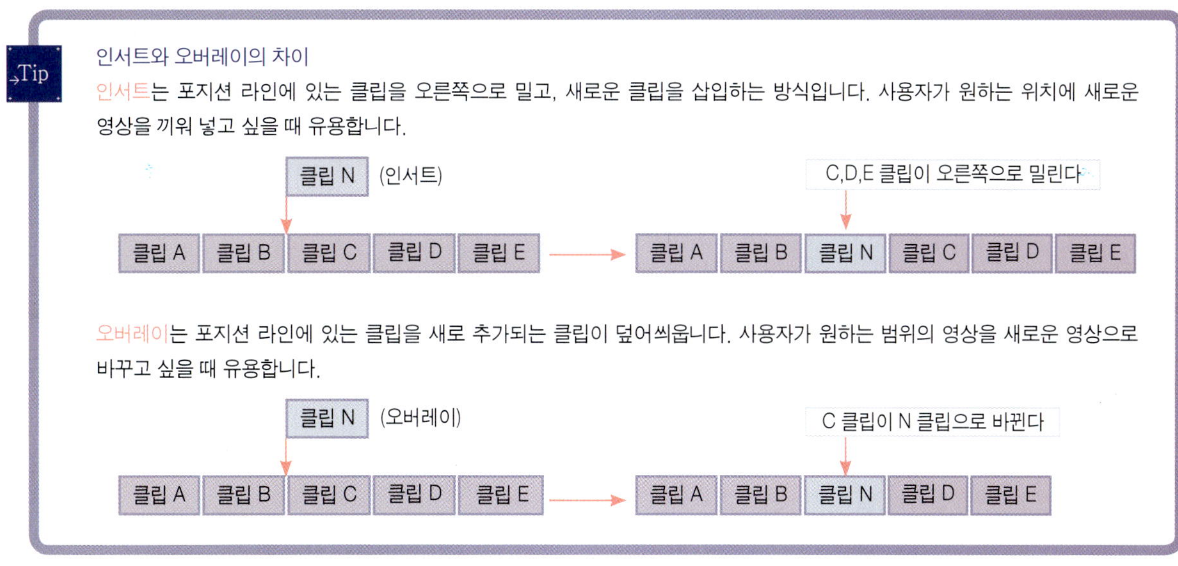

오버레이는 포지션 라인에 있는 클립을 새로 추가되는 클립이 덮어씌웁니다. 사용자가 원하는 범위의 영상을 새로운 영상으로 바꾸고 싶을 때 유용합니다.

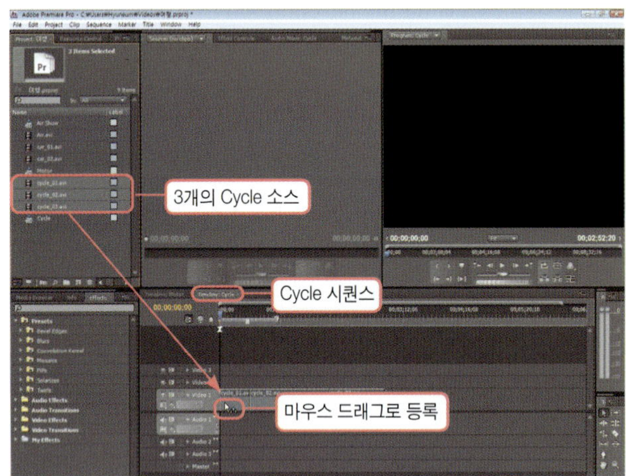

01 편집이 끝난 후에 방송 시간을 맞추기 위해서 일정 구간을 들어내거나 이야기 흐름상 위치를 바꿔야 할 경우가 있습니다. 이 경우에 사용되는 Left와 Extract 편집에 관해서 살펴보겠습니다. 아이템 만들기 버튼의 Sequence를 선택하여 Cycle이라는 이름의 시퀀스를 만듭니다. 그리고 부록 CD의 Part_03 폴더에서 Cycle_01, Cycle_02, Cycle_03 파일을 불러와 등록합니다

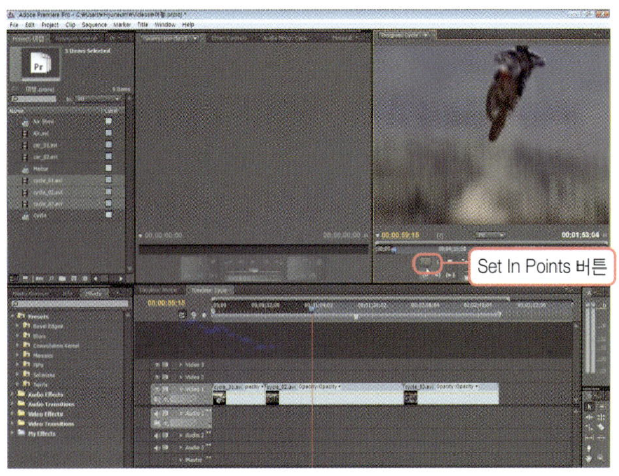

03 총 2분 52초 정도의 길이입니다. 그런데, 2분 길이에 맞춰야 한다면, 52초 정도를 제거해야 할 것입니다. 프로그램 모니터를 재생해 보면서 제거할 구간을 찾습니다. 실습에서는 45초15프레임 위치에서 Set Out Point 버튼을 클릭하여 제거할 구간의 시작 위치를 설정합니다.

03 Set In Point 버튼을 클릭한 위치에서부터 52초 21프레임을 제거할 것이므로, 프로젝트 패널의 타임 코드를 클릭하여 +5221를 입력하고, Enter 키를 누릅니다.

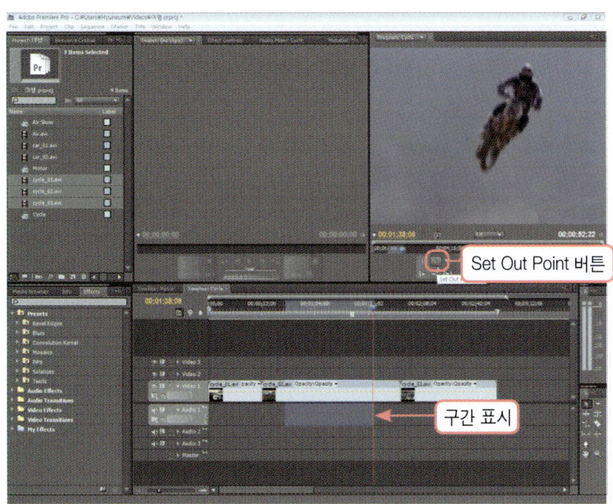

04 포지션 라인이 52초 21프레임 만큼 오른쪽으로 이동되는 것을 확인할 수 있습니다. Set Out Point을 클릭하여 제거할 구간의 끝 지점을 설정합니다. 설정된 구간은 타임라인 패널의 작업 공간에 표시된 파란색으로 구분할 수 있습니다.

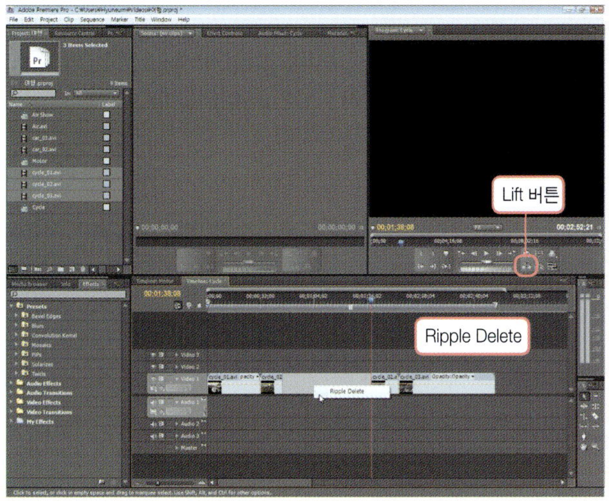

05 프로젝트 패널의 리프트(Lief)을 클립합니다. 인/아웃으로 설정된 구간에 제거되는 것을 확인할 수 있습니다. 단, 공백으로 처리되기 때문에 마우스 오른쪽 버튼을 클릭하여 단축 메뉴를 열고, Ripple Delete를 선택하여 제거하는 추가 작업이 필요합니다. 앞에서 살펴본 리플 편집과 동일한 방식입니다.

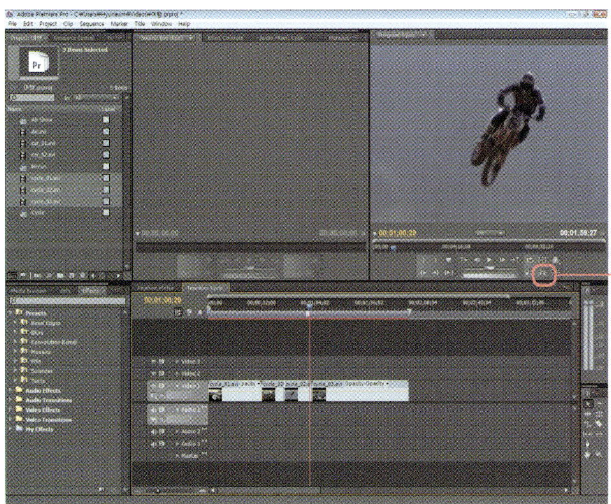

06 익스트랙트(Extract) 방식과의 차이점을 살펴보겠습니다. Ctrl + Z 키를 눌러 제거한 클립을 복구합니다. 그리고 이번에는 익스트랙트 버튼을 클릭합니다. 선택 구간이 제거되고, 오른쪽의 클립들이 이동하여 공백을 자동으로 채웁니다.

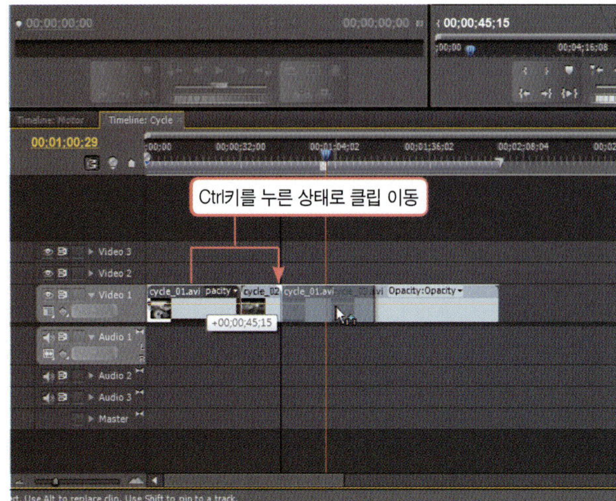

07 리프트는 일정 구간의 영상을 다른 소스와 교체할 때 유용하고, 익스트랙트는 일정 구간의 영상을 제거할 때 유용하다는 것을 알 수 있었습니다. 그 외, 두 기능은 영상의 순서를 바꿀 때, 인서트와 오버레이 편집을 겸할 수 있습니다. Ctrl 키를 누른 상태로 첫 번째 클립을 2번과 3번 클립 사이로 이동시켜봅니다.

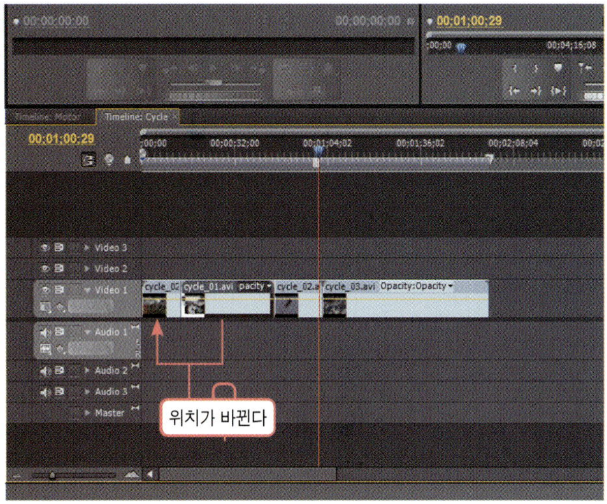

08 첫 번째 클립이 삽입되는 위치 오른쪽 클립들이 오른쪽으로 밀리고, 첫 번째 클립이 있던 공백을 채우면서 모든 클립이 왼쪽으로 이동합니다. 이것이 클립의 위치를 바꿀 때 이용할 수 있는 Extract-Insert 편집입니다. Ctrl + Z 키를 눌러 편집 작업을 취소합니다.

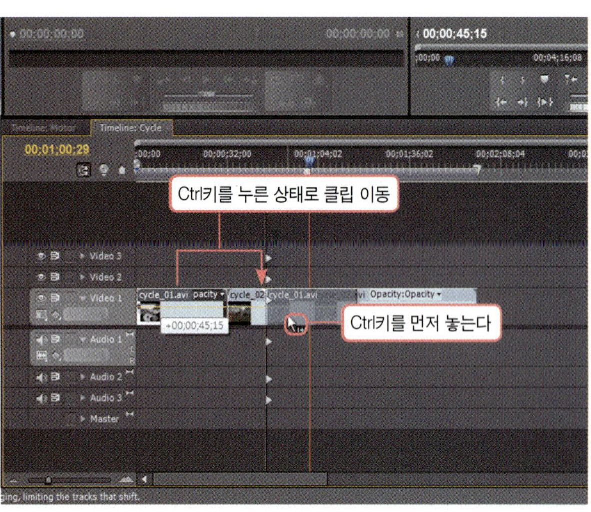

09 Extract-Insert와 같은 방식으로 Ctrl 키를 누른 상태에서 첫 번째 클립을 2번과 3번 클립 사이로 이동시킵니다. 단, 이번에는 Ctrl 키를 먼저 놓고, 마우스 버튼을 놓습니다. 첫 번재 클립에 삽입되는 위치의 클립들이 제거되고, 모든 클립이 왼쪽으로 이동하면서 공백을 채웁니다. 이것이 특정 구간의 클립을 제거하면서 위치를 바꾸는 Extract-Overlay 편집입니다. 두 기능의 차이를 기억해두면, 편집 시간을 최소화 시킬 수 있게 될 것입니다.

3 모션 및 불투명도 조절하기

이펙트 컨트롤 패널에는 화면에 보이는 위치와 크기 등을 조정할 수 있는 Motion, 불투명도를 조정할 수 있는 Opacity, 재생 속도를 조정할 수 있는 Time Remapping의 3가지 이펙트가 있습니다. 특별한 이펙트를 사용하지 않아도 영상에 다양한 효과를 줄 수 있는 이펙트 컨트롤 패널의 모션 및 불투명도가 어떤 역할을 하는지 살펴보겠습니다.

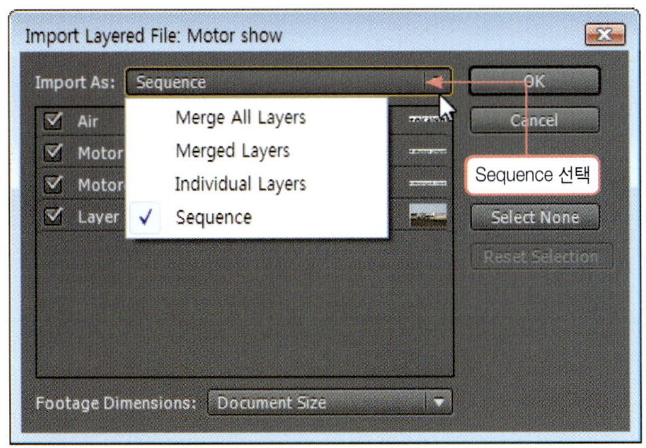

01 프로젝트 패널의 빈 공간을 더블 클릭하여 부록 CD의 Part_03 폴더에서 Motor Show 포토샵 파일을 찾아 임포트 합니다. Import As 옵션은 Sequence로 선택하여 각각의 레이어를 분리하고, 시퀀스가 만들어지게 합니다.

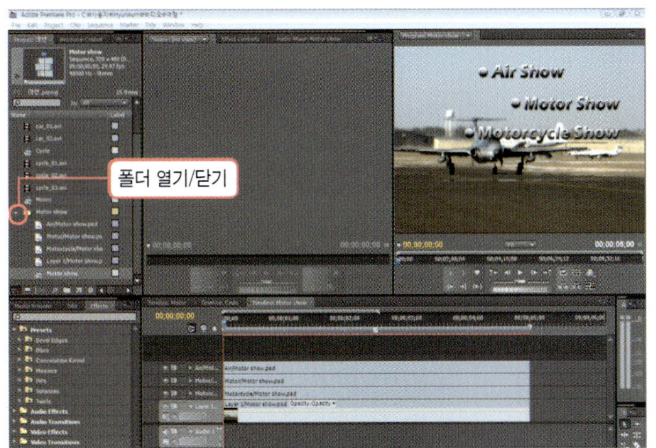

02 모든 레이어와 시퀀스가 Motor show 폴더로 임포트됩니다.Motor show 폴더 이름 왼쪽의 삼각형 모양으로 되어 있는 폴더 열기/닫기 버튼을 클릭하여 폴더를 열고, Motor show 시퀀스를 더블 클릭하여 시퀀스를 엽니다.

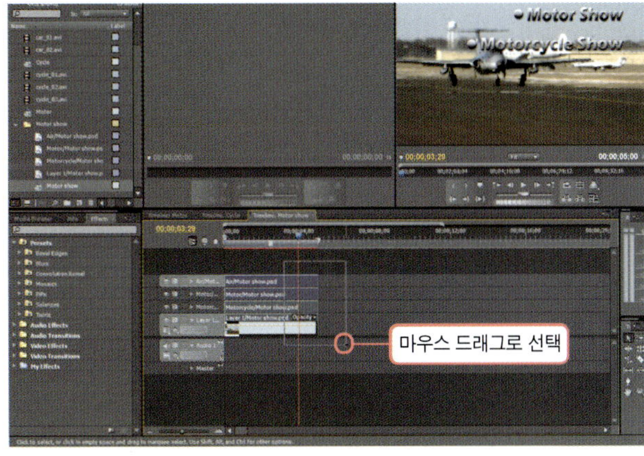

03 4개의 레이어로 만들어진 그림이므로 4개의 트랙으로 구성되어 있습니다. 마우스 드래그로 4개의 클립을 모두 선택하고, Ctrl + C 키를 눌러 복사합니다. 그리고 PageDown 키를 눌러 포지션 라인을 클립의 끝으로 이동시키고, Ctrl 키를 누른 상태에서 V 키를 두 번 눌러 선택한 클립을 두 번 반복시킵니다.

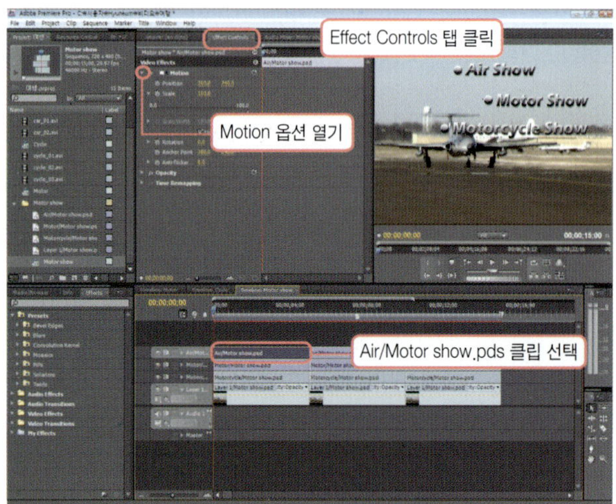

04 Home 키를 눌러 포지션 라인을 처음으로 이동시킵니다. 그리고 Air/Motor show.pds 클립을 선택하고, 이펙트 컨트롤 패널 탭을 클릭하여 엽니다. Motion, Opacity, Time Remapping의 3가지 이펙트가 보입니다. 먼저 영상의 움직임을 만드는 Motion 이펙트를 살펴보겠습니다. Motion 이름 왼쪽에 보이는 작은 삼각형을 클릭하여 모든 옵션이 보이게 합니다.

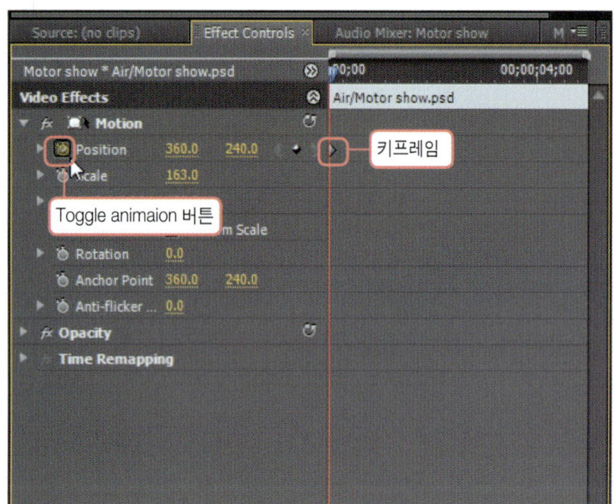

05 움직임을 만드는 Motion이펙트에는 Position, Scale, Rotation, Anchor Point, Anti-Flicker의 5가지 옵션이 있습니다. 먼저 Position은 위치를 조정하는 옵션입니다. Position 항목의 Toggle animation 버튼을 클릭하여 키프레임을 만듭니다.

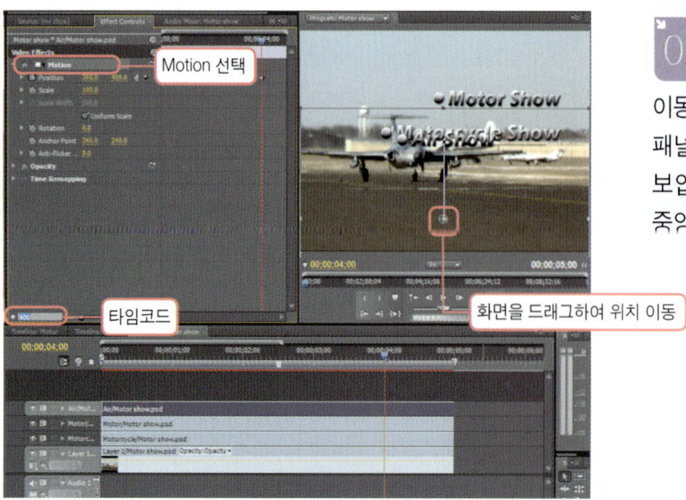

06 포지션 포인트를 드래그하거나 타임코드에 400을 입력하여 포지션 라인을 4초 위치로 이동시키고, Motion 이펙트를 선택합니다. 프로그램 패널에 위치와 크기를 조정할 수 있는 외각선이 보입니다. 화면을 드래그하여 Air Show 글자가 중앙에 위치하도록 조정합니다

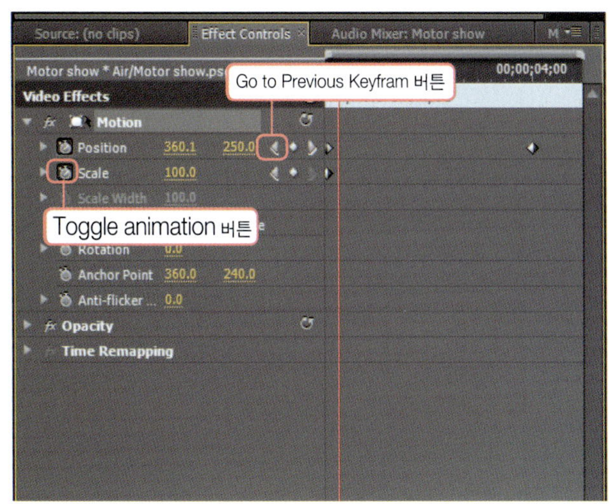

07 Scale 옵션은 화면의 크기를 조정합니다. Position 옵션의 [Go to Previous Keyfram] 버튼을 클릭하여 포지션 라인을 클립의 시작 위치에 만들었던 키프레임 위치로 이동시키고, Scale 옵션의 [Toggle animation] 버튼을 클릭하여 키프레임을 만듭니다.

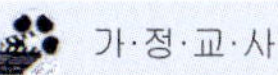

가·정·교·사

Sacle은 영상의 실제 크기를 조정하는 것이 아니라 화면에 보이는 범위를 조정하는 것입니다.

08 Position 옵션의 Go to Next Keyfram 버튼을 클릭하여 4초 위치에 만들었던 키프레임 위치로 이동합니다. 그리고 Scale의 값을 170 정도로 설정하여 글자가 커지게 합니다. 즉, Air Show 글자가 Position 값의 변화로 화면 중앙으로 이동하면서 Scale 값의 변화로 점점 커지는 효과를 만든 것입니다.

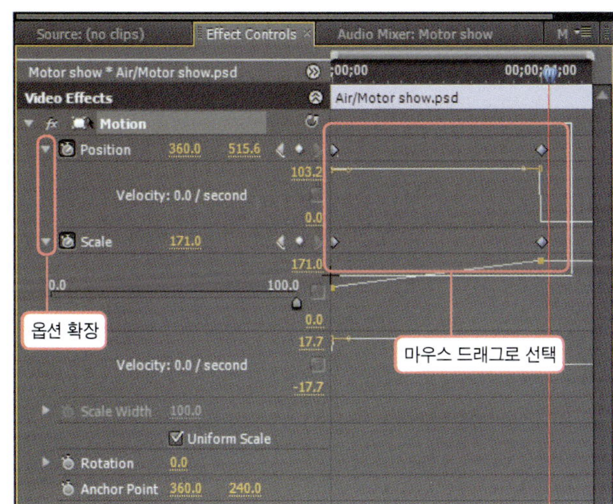

09 속도가 점점 빨라졌다가 느려지게 하여 좀더 자연스러운 움직임을 만들어 보겠습니다. Position과 Scale 이름 왼쪽의 작은 삼각형을 클릭하여 옵션을 확장합니다. 키프레임 사이의 라인이 움직임의 속도를 의미하는데, 직각으로 되어 있습니다. 마우스 드래그로 4개의 키프레임을 모두 선택합니다.

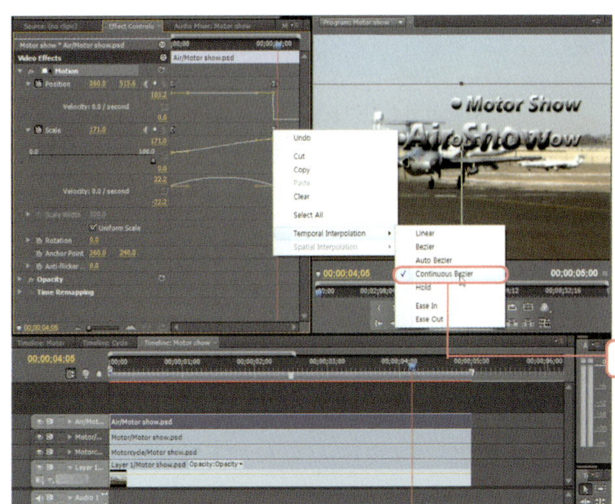

10 선택된 4개의 키프레임 중에서 아무거나 마우스 오른쪽 버튼으로 클릭하여 단축 메뉴를 엽니다. 그리고 Temporal Interpolation의 Continuous Bezier를 선택합니다. 키프레임이 모래 시계 모양으로 변하여 Bezier가 적용되었음을 표시하고, 속도를 의미하는 라인이 곡선으로 바뀌어 움직임이 부드러워 집니다.

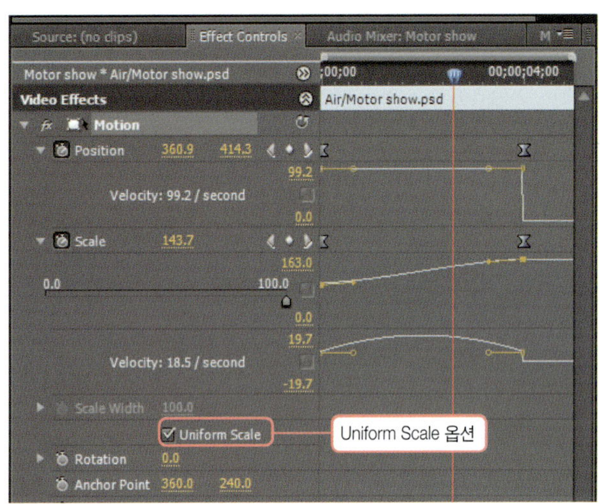

11 Scale을 이용해서 크기를 변경할 때, 세로와 가로의 비율이 유지되었습니다. 이것은 Uniform Scale 옵션이 체크되어 있기 때문이며, 옵션을 해제하면 Scale이 Height와 Width로 구분되어 세로와 가로의 크기를 별도로 조정할 수 있습니다. 실습에서는 체크된 상태로 두겠습니다.

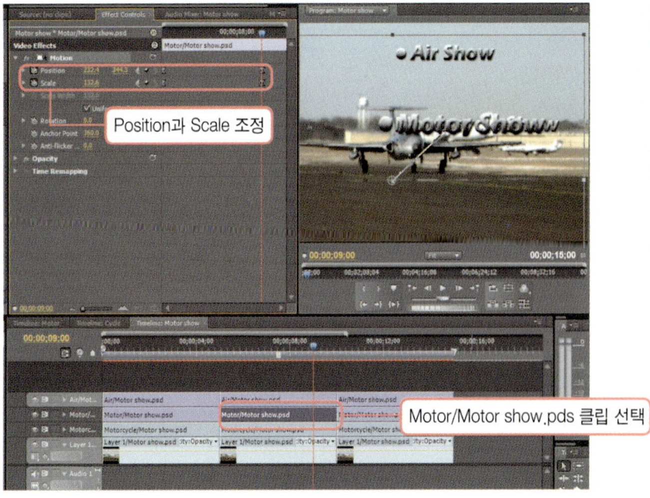

12 Rotation 옵션은 영상을 회전시키는 역할을 합니다. 이것을 실습해 보겠습니다. [PageDown] 키를 눌러 포지션 라인을 두 번째 클립 그룹의 시작 위치로 이동합니다. 그리고 Video 3 트랙의 Motor/Motor show.pds 클립을 선택하고, Motion과 Scale은 앞의 과정을 참조하여 Motor Show 글자가 거지먼시 화면 증안으로 이동되게 합니다.

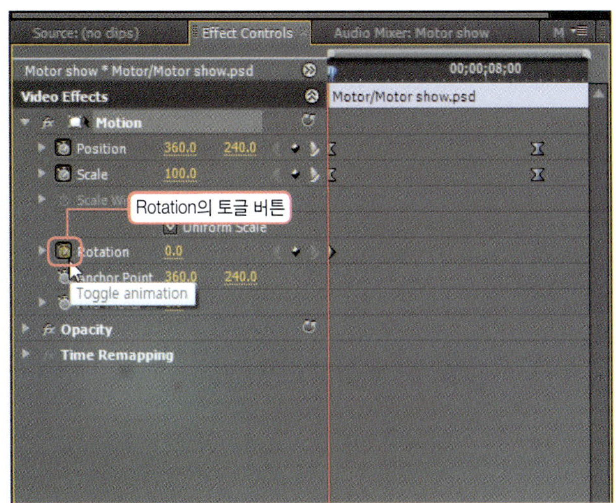

13 Position과 Scale를 조정했다면, 포지션 라인이 9초 위치에 있을 것입니다. `PageUP` 키를 눌러 클립의 시작 위치로 이동시키고, Rotaion 옵션의 [Toggle animation] 버튼을 클릭하여 키프레임을 만듭니다.

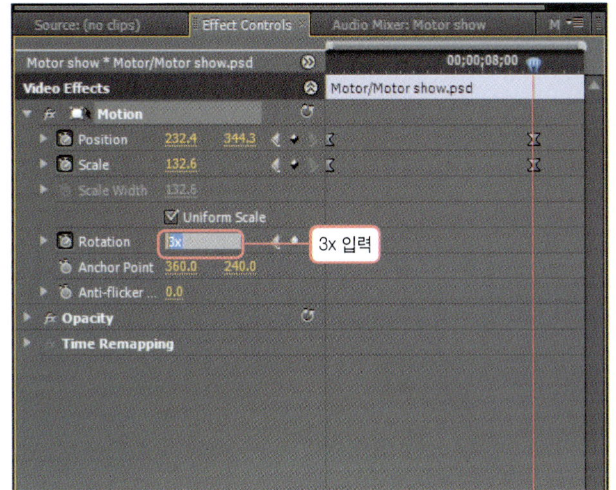

14 Scale 옵션의 [Go to Next keyframe] 버튼을 클릭하여 포지션 포인트를 이동시키고, Rotation에 3x를 입력합니다. 글자가 커지면서 화면 중앙으로 이동할 때, 3바퀴를 회전하도록 한 것입니다. `PageUP` 키를 눌러 포지션 라인을 클립의 시작 위치로 이동시키고, `Space bar` 키를 눌러 Ratation의 역할을 확인하기 바랍니다.

가·정·교·사

Rotation 키프레임에도 Continuous Bezier를 적용하여 움직임을 부드럽게 처리합니다.

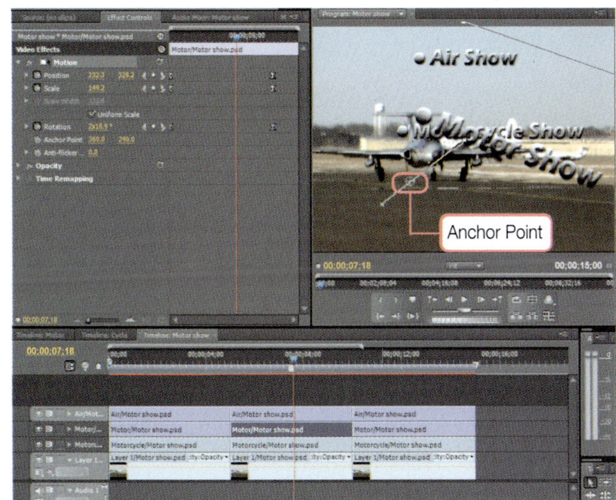

15 Anchor Point는 프로그램 패널에 보이는 영상의 중심 축을 의미하며, Motion의 Opsition, Scale, Rotation 옵션은 모두 Anchor Point를 중심으로 동작합니다. Motion 이펙트를 선택하여 화면에 외각선을 표시하면 중심 축인 Anchor Point를 볼 수 있습니다.

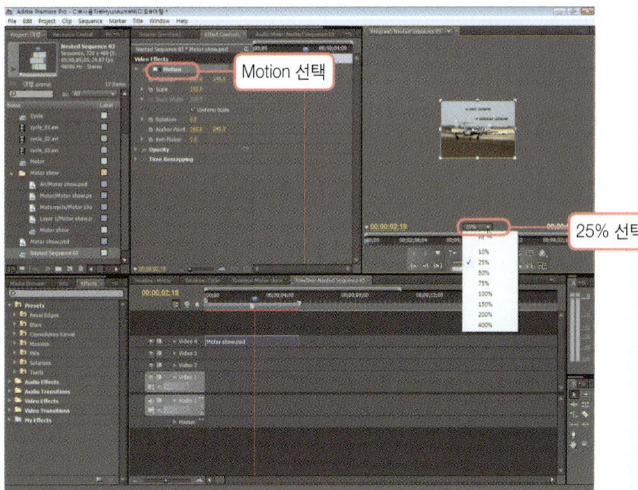

16 Anchor Point의 이해를 돕기 위해서 프로그램 패널의 Fit 목록에서 25%를 선택하여 프로그램 패널에 표시되는 프레임의 크기를 25%로 줄이고, Motion 이펙트를 선택하여 외각 선이 표시되게 합니다.

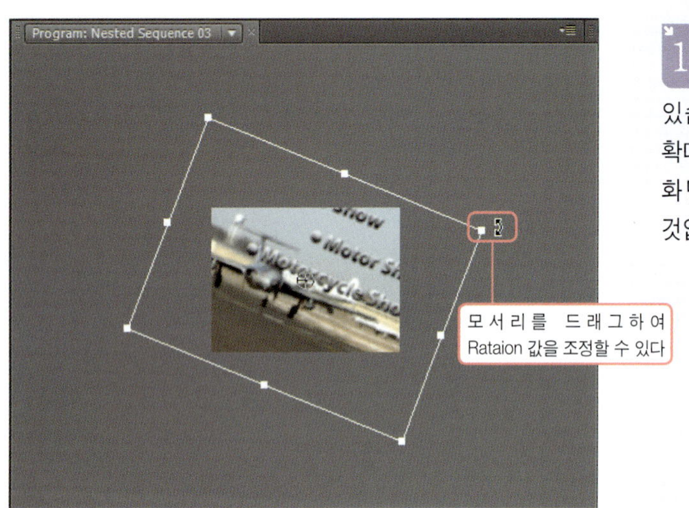

17 Anchor Point의 기본값은 720x480 프레임의 중심인 360x240으로 설정되어 있습니다. 그래서 외각선을 드래그하여 화면을 확대하거나 모서리를 드래그하여 회전을 시켜보면, 화면 중앙를 중심으로 확대되거나 회전하는 것입니다.

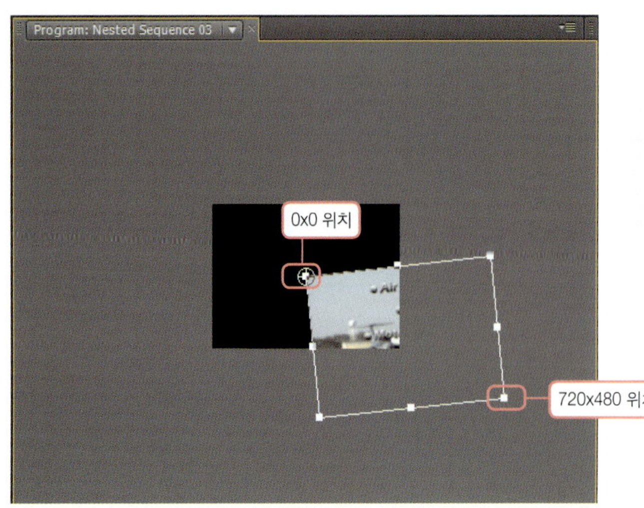

18 만일, Anchor Point 값을 0x0으로 수정하면 화면 왼쪽 상단 모서리가 중심 축이 되므로, Positon, Scale, Rataion이 왼쪽 상단 모서리를 중심으로 움직이게 됩니다. Anchor Point 값을 720x480으로 수정하면 화면 오른쪽 하단 모서리가 중심 축이 되는 것입니다. Anchor Point에 관해서 이히했을 것라 믿습니다.

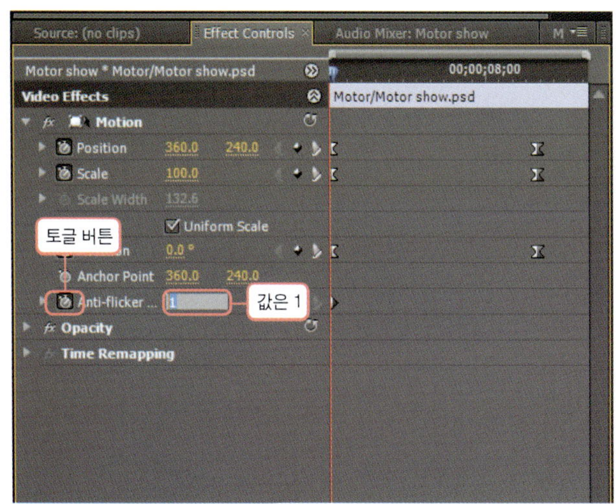

19 계속해서 실습을 진행하겠습니다. Motion 이펙트의 마지막 옵션인 anti-flicker 는 영상에 모션 이펙트를 적용했을 때 화면이 깜박거리는 피커 현상이 발생하는 것을 방지합니다. 특히, 이미지에 모션을 적용했을 때, 피커 현상이 발생하게되므로, 실습에서는 토글 버튼을 클릭하여 키프레임을 만들고, 값을 1로 설정합니다.

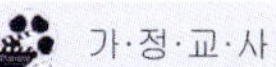 가·정·교·사

Anti-flicker 옵션은 피커 현상을 방지하는 목적으로 사용되므로, 클립의 시작 위치에서만 키프레임을 만들면 됩니다.

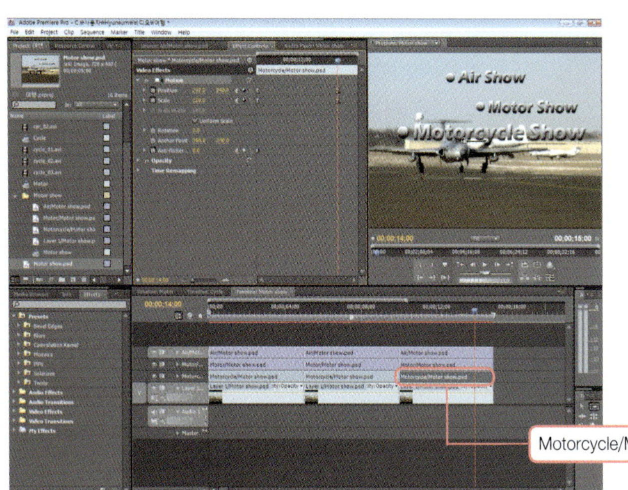

20 세 번째 그룹의 Video 2 트랙에 있는 Motorcycle/Motor show/psd 클립을 선택하고, 지금까지 살펴본 Motion 이펙트의 Position과 Scale 옵션을 조정하여 Motorcycle Show라는 글자가 점점 커지면서 화면 중앙으로 이동되게 조정해봅니다. Motion의 역할과 옵션의 기능을 모두 살펴보았습니다. 계속해서 영상의 불투명도를 조정하는 Opacity의 역할을 살펴보겠습니다.

21 각각의 글자가 커지면서 이동할 때, 나머지 글자는 희미하게 사라지는 효과를 만들면 보다 효과적인 영상이 될 것입니다. 이렇게 영상의 불토명도를 조정하는 이펙트가 Opacity입니다. Home 키를 눌러 시작 위치로 이동하고, 첫 번째 그룹의 Video 3 트랙에 있는 Motor/Motor show.psd 클립을 선택합니다.

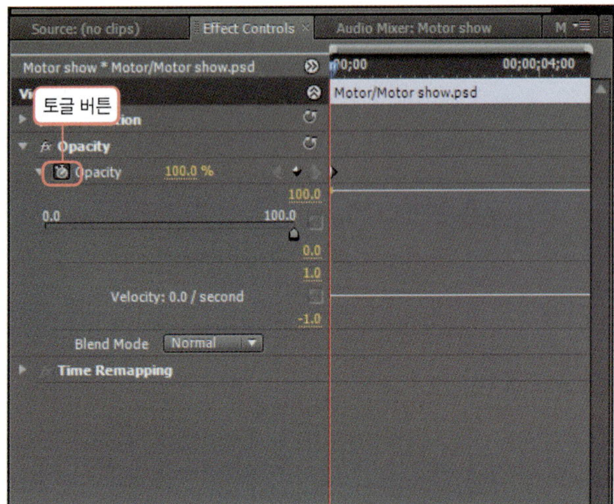

22 이펙트 컨트롤 패널에서 Opacity 옵션의 토글 버튼을 클릭하여 키프레임을 만듭니다. 기본값이 100%로 영상이 100%로 선명하게 보이는 상태입니다.

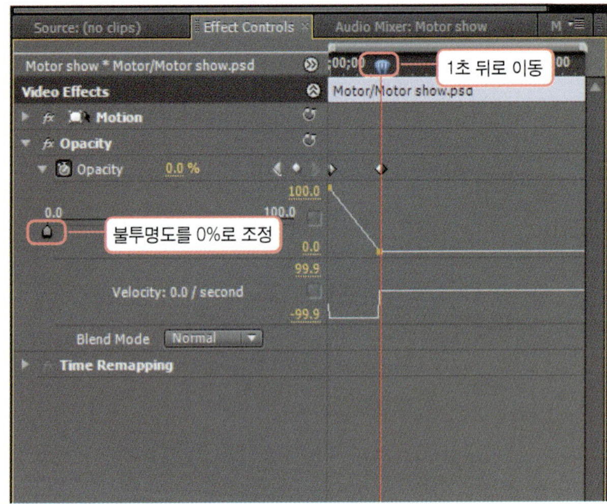

23 포지션 포인트를 약 1초 정도 드래그하여 이동시키고, 값 0%로 조정합니다. 즉, Motor show라는 글자의 영상이 처음에는 100%로 보였다가 약 1초 뒤에 0%로 보이지 않게 한 것입니다.

가·정·교·사

키프레임에 Continuous Bezier를 적용하여 부드러운 움직임을 만듭니다.

24 Motorcycle show라는 글자의 영상도 동일하게 점점 희미해지는 효과를 만들어야 합니다. 이렇게 동일한 효과를 연출할 때는 속성을 복사하는 방법을 이용합니다. Opacity 적용한 Motor/Motor show.psd 클립을 마우스 오른쪽 버튼으로 클릭하여 단축 메뉴를 열고, Copy를 선택합니다.

가·정·교·사

복사는 단축키 [Ctrl]+[C]를 이용하는 것이 편리할 것입니다.

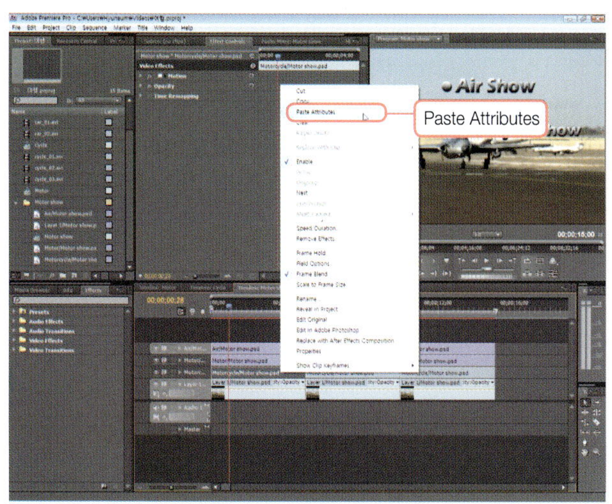

25 동일한 효과를 적용시킬 Video 2 트랙의 Motorcycle/Motor show.psd 클립을 마우스 오른쪽 버튼을 클릭하여 단축 메뉴를 열고, 속성을 붙이는 명령의 Peste Attributes를 선택합니다. Motor/Motor show/psd에 설정했던 Opacity 속성이 만들어지는 것을 확인할 수 있습니다.

가·정·교·사

Peste Attributes의 단축키는 [Ctrl]+[Alt]+[V]입니다.

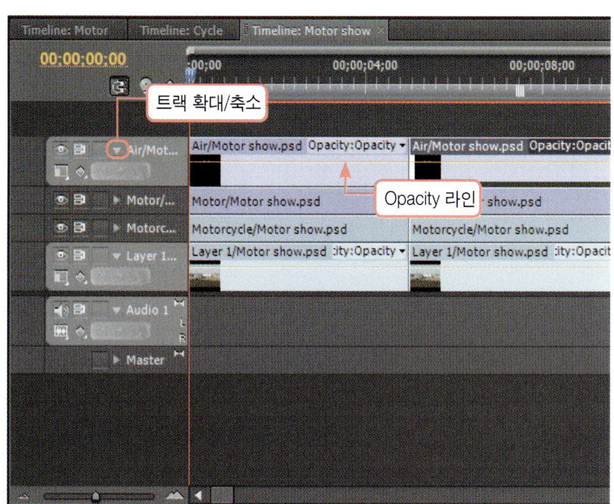

26 두 번째와 세 번째 그룹에서도 모션이 적용된 글자 이외의 것들은 Paste attributes를 이용해서 Opacity를 적용하면 끝나지만, 클립에서의 조정 방법을 잠깐 살펴보겠습니다. 트랙 확대 버튼을 클릭하여 클립을 확대해보면, 노란색 라인이 보입니다. 이것이 Opacity 라인입니다.

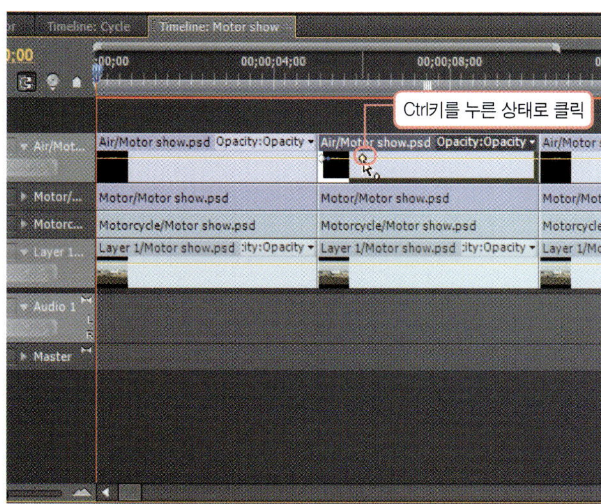

27 [Ctrl] 키를 누른 상태에서 노란색 라인을 클릭하면 키프레임이 생성됩니다. 두 번째 그룹의 Air/Motor show.psd 클립의 시작 위치와 약 1초 뒤에 키프레임을 만들어봅니다.

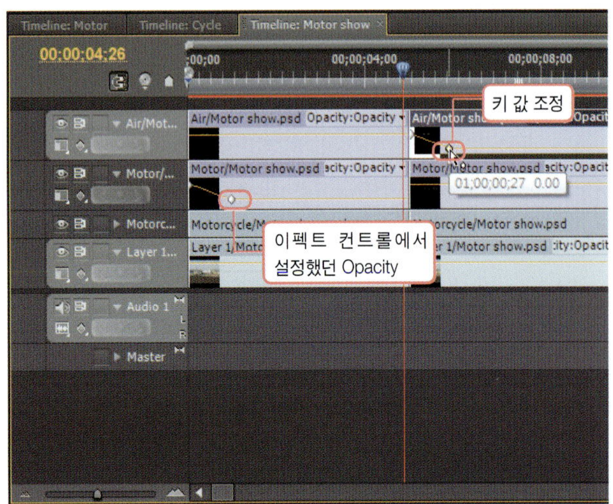

28 1초 뒤에 만든 키프레임을 아래쪽으로 드래그하여 Opacity 값을 0%로 조정합니다. 즉, 이펙트 컨트롤 패널에서 설정했던 Opacity 옵션을 클립에서 바로 연출하고 있는 것이며, 결과는 동일합니다. Video 3 트랙을 확대해보면, 앞에서 만들었던 클립들도 동일한 키프레임이 생성되어 있는 것을 확인할 수 있습니다.

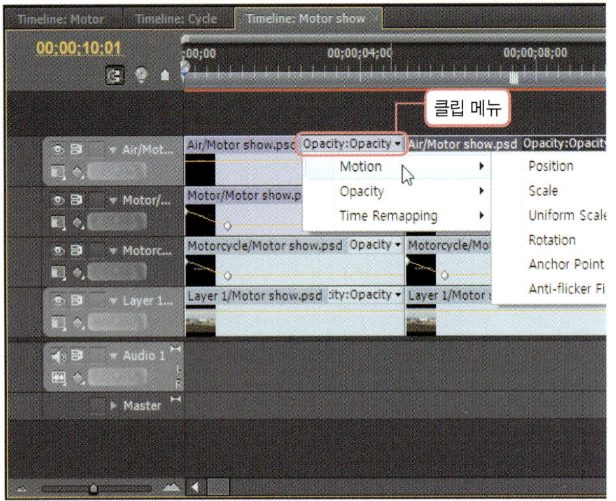

29 클립은 Opacity 외에도 클립에 적용한 모든 이펙트를 컨트롤 할 수 있습니다. 기본적으로 클립에 Opacity가 선택되어 있었기 때문에 노란색 라인이 표시되었던 것뿐이며, 클립 메뉴를 클릭하면, Motion이나 Time Remapping 도 클립에서 조정할 수 있게 되는 것입니다.

가·정·교·사

이펙트를 추가한 경우에는 클립 메뉴에 해당 이펙트의 이름이 포함됩니다.

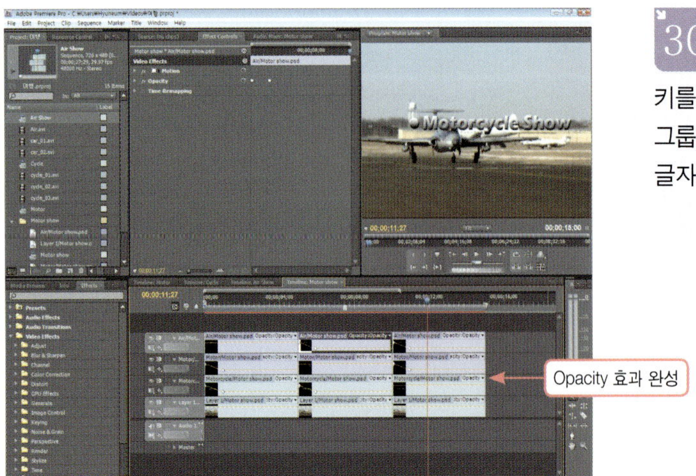

30 계속해서 Time Remapping의 역할을 살펴보기 전에 나머지 클립에 Ctrl + Alt + V 키를 이용하여 Opacity 효과를 적용합니다. 즉, 각 그룹에서 하나의 글자가 확대될 때, 나머지 두 개의 글자는 희미하게 사라지도록 완성하는 것입니다.

31 Time Remapping은 영상의 재생 속도를 컨트롤하는 이펙트입니다. 일반적으로 영상의 재생 속도를 컨트롤할 때는 클립에서 마우스 오른쪽 버튼을 클릭하여 단축 메뉴를 열고, Speed/Duration을 선택하여 창을 엽니다.

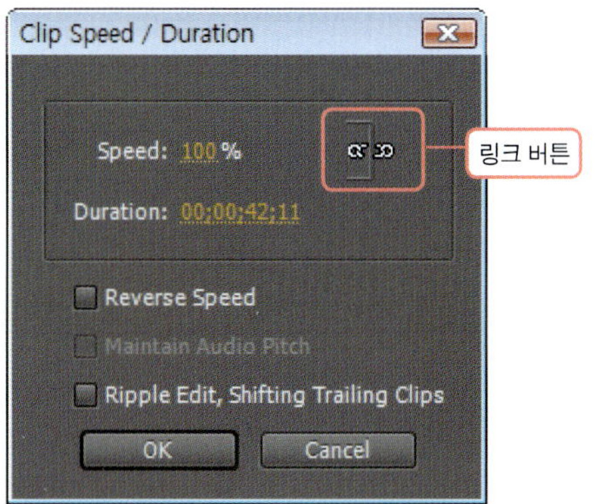

32 Clip Speed/Duration 창은 속도를 퍼센트 단위로 조정하는 Speed와 클립의 길이를 시간 단위로 조정하는 Duration 항목이 있습니다. 만일 클립의 길이를 유지한 상태로 속도만 변경하고 싶다면, 링크 버튼을 클릭하여 연결을 끊고, 조정합니다.

Tip

Clip Speed/Duration 창의 옵션

클립의 속도와 길이를 조정하는 Clip speed/Duration 창에는 3가지 옵션이 있으며, 각각의 역할은 다음과 같습니다.

✦ Reverse Speed(뒤로 재생): 영상을 거꾸로 재생합니다.
✦ Maintain Audio Pitch(오디오 피치 유지): 오디오가 포함되어 있는 비디오 클립에서 영상의 속도와 상관없이 오디오의 피치를 유지합니다.
✦ Ripple Edit, Shifting Trailing clips(잔물결 편집, 후행 클립 이동): 클립 길이의 변경으로 발생하는 공백을 자동으로 채울 수 있도록 리플 편집이 수행됩니다.

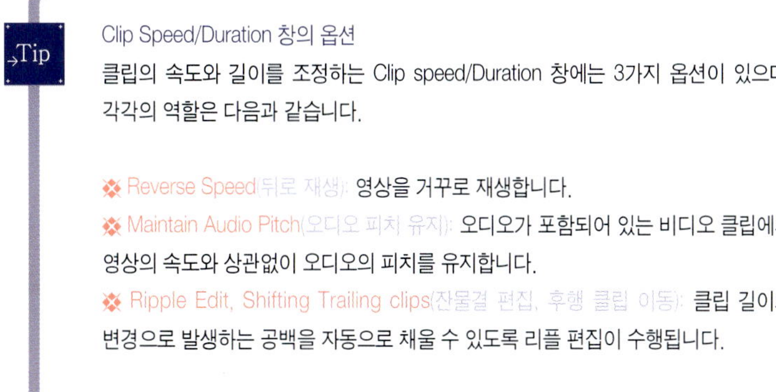

33 Clip Speed/Duration 창을 이용하면 영상의 속도나 클립의 길이를 정확하게 조정할 수 있습니다. 그러나 실제 편집 작업에서는 Rate Stretch 툴을 이용해서 클립의 길이에 맞추어 속도가 자동으로 조정되게 하는 방법을 더 많이 사용합니다. 조정된 속도는 클립에 퍼센트 단위로 표시됩니다.

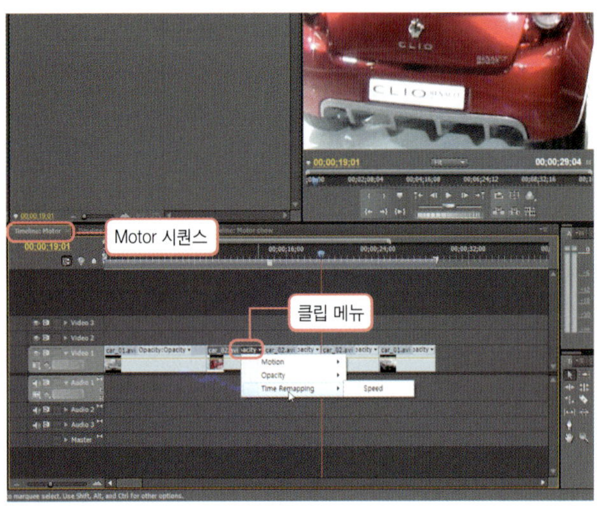

34 Clip Speed/Duration 창이나 Rate Stretch 툴 중에서 어떤 것을 이용하든 클립 전체의 속도가 변경되는 것은 동일합니다. 하지만, 이펙트 컨트롤의 Time Remapping을 이용하면 하나의 클립에서도 속도가 빨라졌다가 느려졌다가 하는 변화가 가능합니다. Motor 시퀀스를 열고, 두 번째 클립 메뉴에서 Time Remapping의 Speed를 선택합니다.

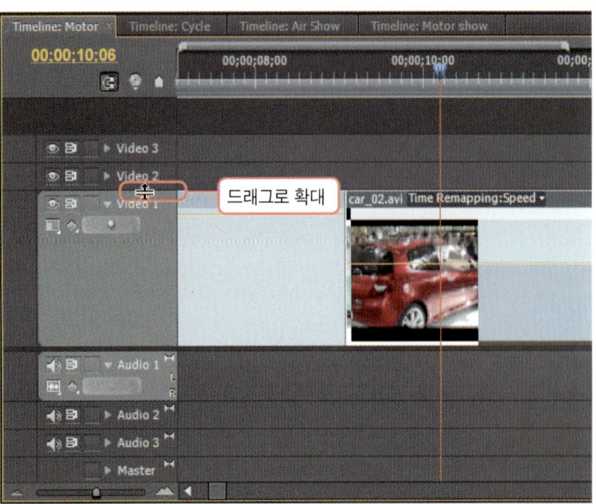

35 타임 리매핑을 클립에서 컨트롤 해볼 것입니다. 트랙의 경계선을 위쪽으로 드래그하여 높이를 확대합니다. 이제 클립에 보이는 노란색 라인은 Opacity 값을 조정하는 것이 아니라 Time Remapping 값을 조정하는 것이 된다는 것에 주의하기 바랍니다.

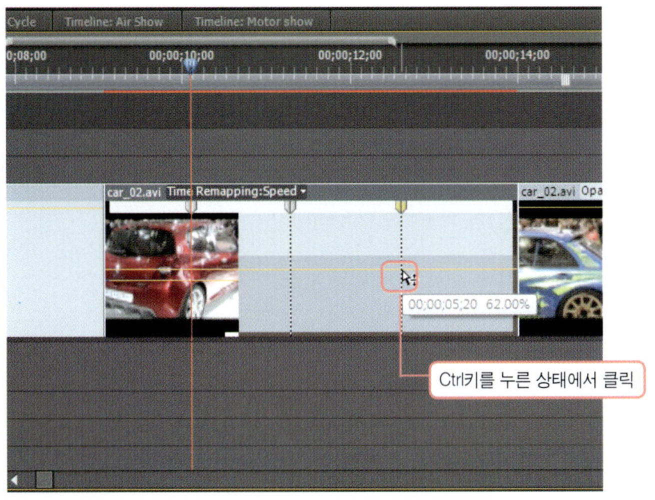

36 노란색 라인을 위/아래 드래그하면 영상의 재생 속도가 바로 조정됩니다. 그러나 이것은 Rate Stretch를 이용하는 것과 동일한 것이므로, 타임 리매핑을 사용하는 위력을 느끼지 못합니다. Ctrl 키를 누른 상태로 노란색 라인을 클릭하여 3개의 키프레임을 만듭니다. 라인에 직접 표시되는 Opacity 키프레임과 표시 방법이 다르다는 것을 확인할 수 있습니다.

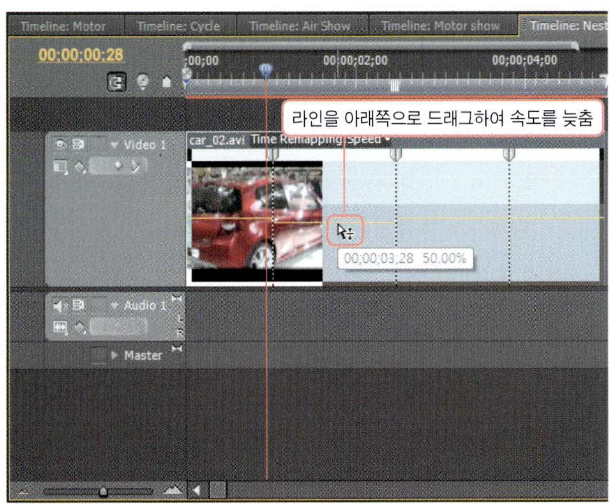

37 네 등분으로 나뉜 클립의 두 번째 라인을 아래쪽으로 드래그하여 속도로 늦춥니다. 즉, 처음에는 정상적인 속도로 재생되다가 두 번째 구간에서 느리게 재생되는 효과를 간단하게 연출하고 있는 것입니다. 라인을 위쪽으로 드래그하면 속도가 빨라집니다.

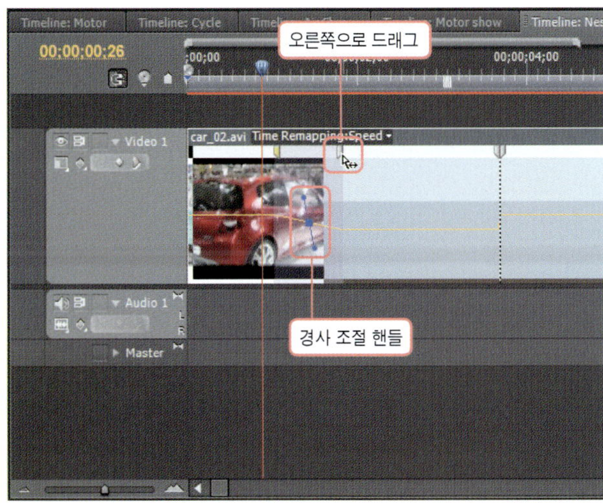

38 키프레임의 오른쪽 절반을 오른쪽으로 드래그합니다. 이렇게 하면, 속도가 바로 느려지는 것이 아니라 점차적으로 느려지는 효과가 되는 것입니다. 라인에 보이는 핸들을 드래그하여 기울기를 조정할 수 있습니다.

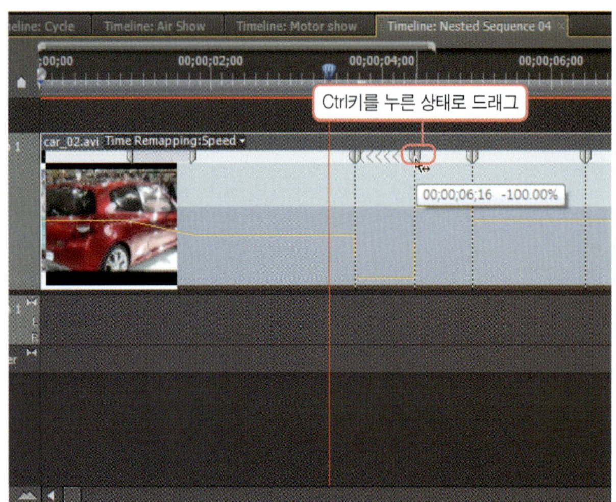

39 두 번째 키프레임의 오른쪽 반쪽을 [Ctrl] 키를 누른 상태로 오른쪽으로 드래그합니다. 키프레임 사이에 역 방향 화살표가 표시되는데, 이것은 해당 구간이 거꾸로 재생되도록 설정되었다는 의미입니다. [Space bar] 키를 눌러 속도 조정과 역 재생을 확인해보기 바랍니다.

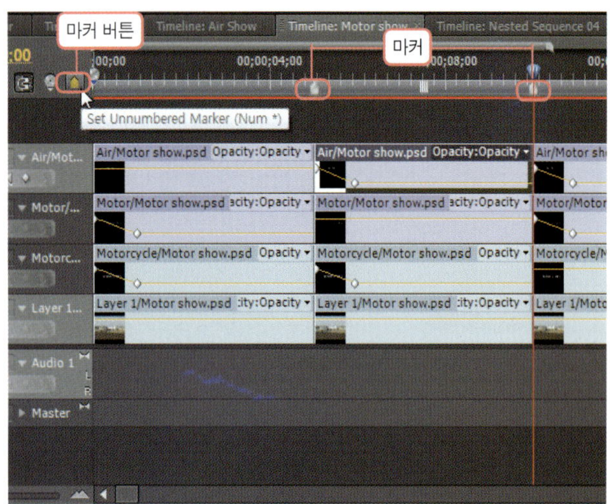

40 클립에 기본적으로 적용되어 있는 Motion, Opacity, Time Remapping의 옵션을 모두 살펴보았습니다. Motor show 시퀀스를 클릭하여 열고, [Page up] 또는 [Page Down] 키를 이용해서 각 클립 사이에 포지션 라인을 위치시킵니다. 그리고 마커 버튼을 클릭하여 각 클립 사이에 마커를 삽입합니다.

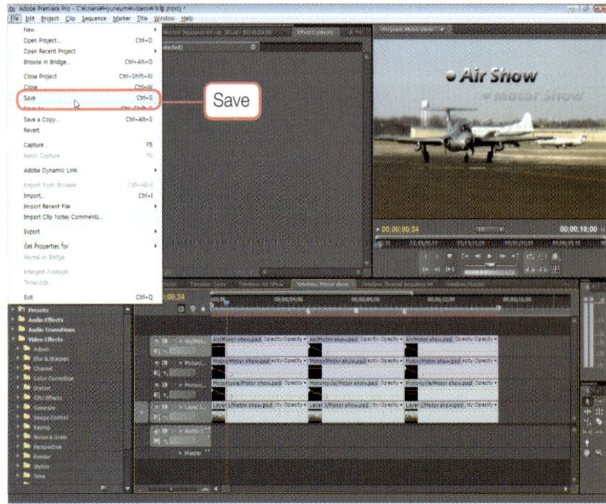

41 완성한 프로젝트는 익스포트 학습에서 계속 사용할 것입니다. File 메뉴의 Save를 선택하거나 단축키 [Ctrl]+[S]를 눌러 프로젝트를 저장합니다.

가·정·교·사

프리미어는 컴퓨터 리소스를 많이 차지하는 툴 이기 때문에 작업 도중에 다운될 수 있습니다. 이런 경우를 대비하여 작업 중간, 중간에 [Ctrl]+[S]키를 눌러 저장하는 습관을 갖는 것이 좋습니다.

익스포트의 모든 것

프리미어를 이용해서 영상을 편집하는 최종 목적은 공모전을 위한 TAPE이나 컴퓨터에서 재생될 AVI, MPEG, MOV 등의 영상 파일 및 DVD를 제작하는 것입니다. 편집이 끝난 프로젝트를 출력하는 과정을 익스포트라고 하는데, 작업에 사용된 이펙트의 수와 컴퓨터 시스템 사양에 따라서 차이는 있지만, 상당히 오랜 시간이 소요됩니다. 그래서 상업적인 목적으로 영상 편집을 하는 실무자들은 고가임에도 불구하고 실시간 영상 편집 보드라는 장치를 사용하고 있습니다.

1 DVD 타이틀 제작하기

프리미어 프로는 함께 설치되는 Encore CS4를 이용해서 상업용 DVD 타이틀을 손쉽게 제작할 수 있습니다. 물론, Export-Media 메뉴를 이용해서 비디오 CD 포맷에 적합한 MPEG1이나 DVD 포맷에 적합한 MPEG2-DVD, 그리고 블루레이 디스크 포맷에 적합한 MPEG2 Blu-Ray 또는 H.264 Blu-lay 파일로 제작하여 Nero와 같이 평소에 사용하던 버닝 프로그램을 이용해서 제작해도 됩니다. 그러나 DVD 및 Blu-Lay 디스크 또는 플래시 파일을 제작하는 것이 목적이라면 프리미어 프로에서 작업 중인 프로젝트를 익스포팅 과정 없이 제작할 수 있는 Encore CS4를 이용하는 것이 좋습니다. Adobe Encore CS4의 자세한 내용은 PART8에서 설명됩니다.

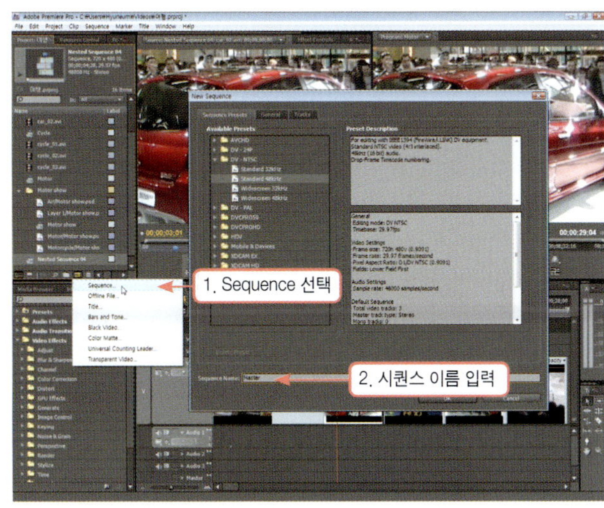

01 앞의 실습에서 Motor, Cycle, Air Show, Motor show의 4가지 시퀀스로 작업을 하였습니다. 이것을 하나의 시퀀스로 출력할 수 있게 새로운 시퀀스를 만듭니다. 프로젝트 패널의 아이템 만들기 버튼을 클릭하여 메뉴를 열고, Sequence를 선택합니다. 시퀀스의 이름은 Master로 하겠습니다.

02 Motor show 시퀀스를 소스 패널로 드래그합니다. 소스 패널의 룰러 라인을 보면, 앞의 실습을 마무리할 때 입력했던 마커가 보입니다. 다음 마커로 이동 버튼을 클릭하여 포인트를 위치시키고, 아웃 지점 설정 버튼을 클릭하여 Air Show가 확대되는 구간을 설정합니다.

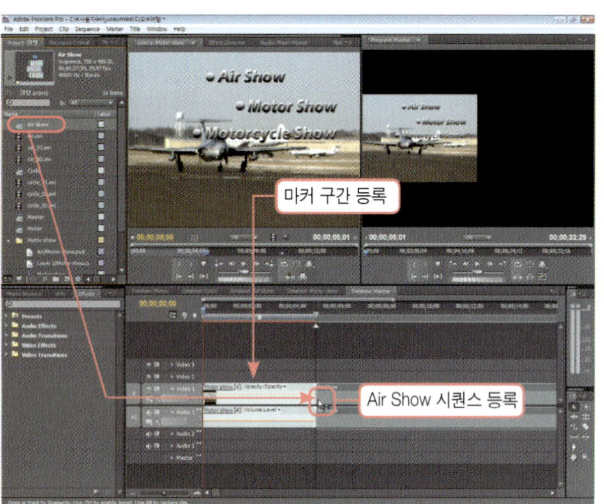

03 소스 패널의 모니터를 드래그하여 타임 라인 패널의 Video 1 트랙에 가져다 놓습니다. 그리고 프로젝트 패널에서 Air Show 시퀀스를 드래그하여 가져다 놓습니다. 즉, Motor Show 시퀀스의 1/3 구간이 재생되고, Air Show 시퀀스가 재생되는 것입니다.

04 인 지점 설정 버튼을 클릭하여 설정하고, 다음 마커로 이동 버튼을 클릭하여 포인트를 이동시킵니다. 그리고 아웃 지점 설정 버튼을 클릭하여 Motor show가 확대되는 구간을 설정합니다. 앞에서와 같은 방법으로 타임라인 패널에 등록하고, 그 뒤로 Motor 시퀀스를 가져다 놓습니다.

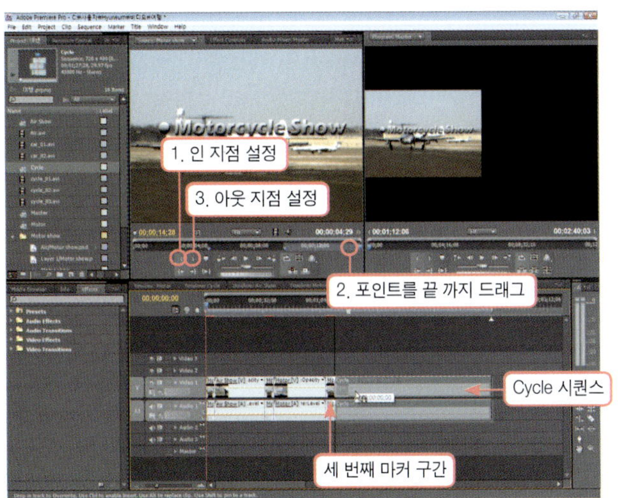

05 인 지점 설정 버튼을 클릭하여 시작 지점을 설정하고, 포인트를 끝까지 드래그한 다음에 아웃 지점 설정 버튼을 클릭하여 Motorcycle Show가 확대되는 구간을 인/아웃 으로 설정합니다. 그리고 타임라인에 등록을 하고, 계속해서 Cycle 시퀀스를 가져다 놓습니다.

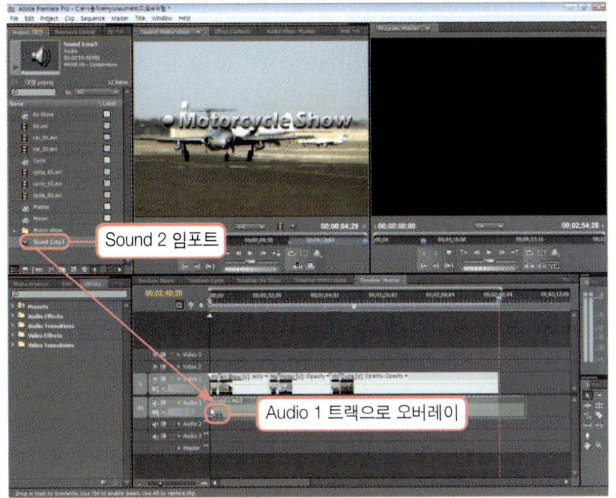

06 부록 CD의 PART_03 폴더에서 Sound 2 파일을 임포트하고, 타임라인의 Audio 1 트랙으로 드래그하여 가져다 놓습니다. 기존에 있던 Audio 1 트랙의 클립을 Sound 2 소스로 바꾸는 것입니다.

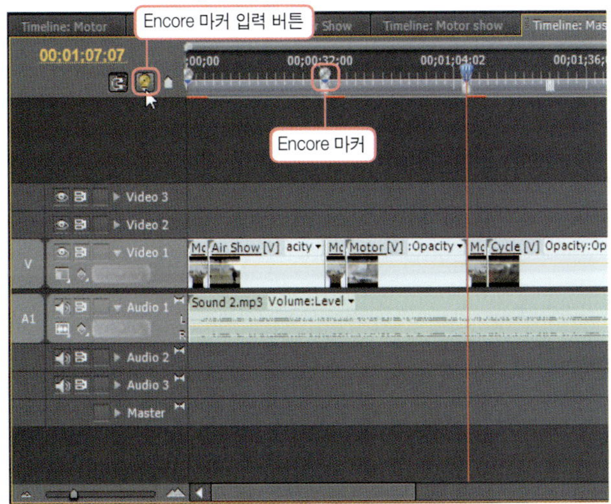

07 Motor Show 시퀀스 작업을 끝낼 때 마커를 입력했던 것으로 마스터 시퀀스 작업이 손쉬웠습니다. DVD 타이틀을 제작할 때도 씬 위치를 메모해 둘 수 있는 마커를 입력해두면 좋습니다. Page up 또는 Page Down 키를 이용해서 3번째 클립의 시작 위치에 포지션 라인을 위치시키고, Encore 창 마커 설정 버튼을 클릭하여 Encore 마커를 만듭니다. 5번째 클립의 시작 위치에도 Encore 마커를 만듭니다.

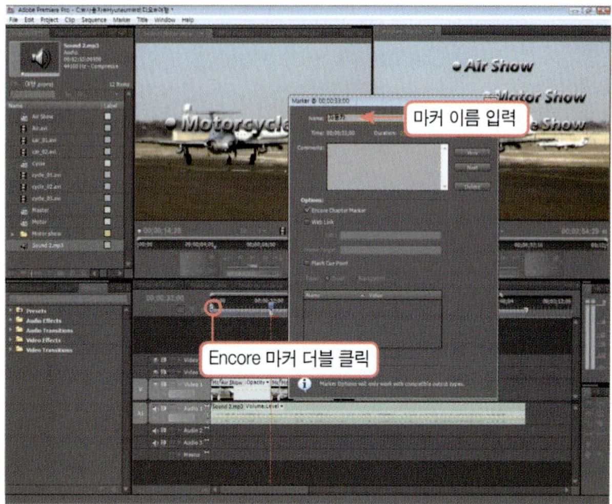

08 삽입한 Encore 마커를 더블 클릭하면 이름과 주석 등의 정보를 입력할 수 있는 창이 열립니다. 시퀀스의 시작지점에 있는 것은 비행기, 두 번째는 자동차, 세 번째는 오토바이라는 이름을 입력합니다. DVD 타이틀을 제작하기 위한 준비는 끝났습니다. Ctrl+S 키를 눌러 프로젝트를 저장합니다.

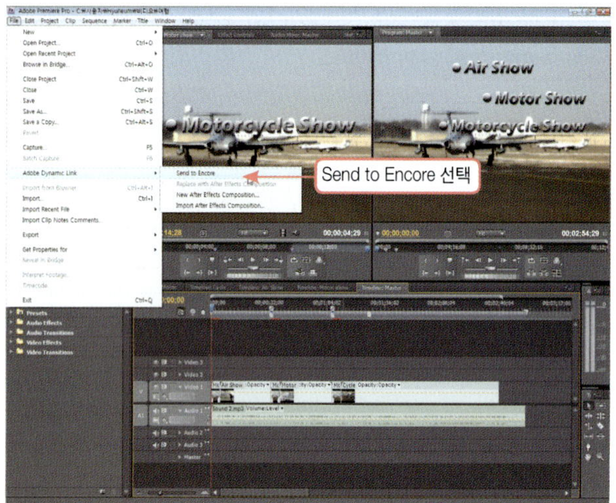

09 작업이 끝난 프로젝트는 File 메뉴의 Adobe Dynamic Link에서 Send to Encore를 선택하여 프리미어 프로와 함께 설치된 Adobe Encore CS4로 전송하여 DVD나 블루레이 디스크 등을 제작할 수 있습니다.

 가·정·교·사

Send to Encore 메뉴는 시퀀스가 선택되어 있는 경우에만 사용할 수 있습니다.

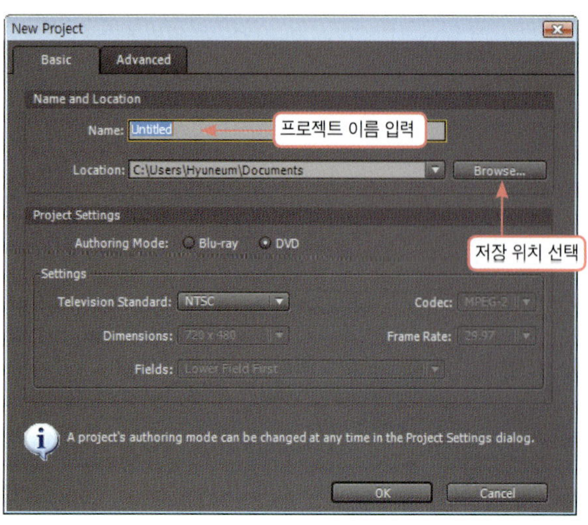

10 Adobe Encore CS4가 실행되며, 프로젝트의 이름과 저장 위치를 선택할 수 있는 New Project 창이 열립니다. 하나의 작업은 하나의 폴더에서 관리하는 것이 좋으므로, 프로젝트가 저장될 위치를 결정하는 Location은 Browse 버튼을 클릭하여 프리미어에서 작업하던 프로젝드가 저징되어 있는 폴더를 선택합니다.

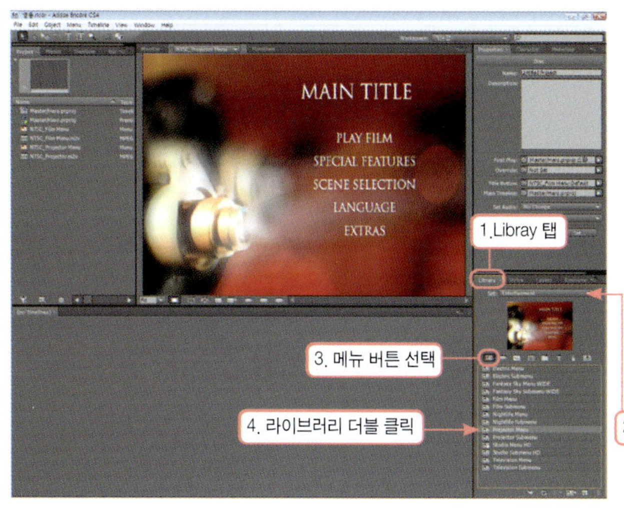

11 Encore는 전문 디자이너들이 만들어놓은 라이브러리를 제공하고 있기 때문에 누구나 고 품질의 DVD 타이틀 제작이 가능합니다. 화면 오른쪽 하단에 보이는 Library 탭을 클릭하여 패널을 엽니다. Set에서 폴더를 선택하고, 메뉴 버튼을 클릭하면 Encore CS4에서 제공하는 메뉴 목록을 볼 수 있습니다. 각각의 메뉴를 확인해보고 마음에 드는 것을 더블 클릭합니다.

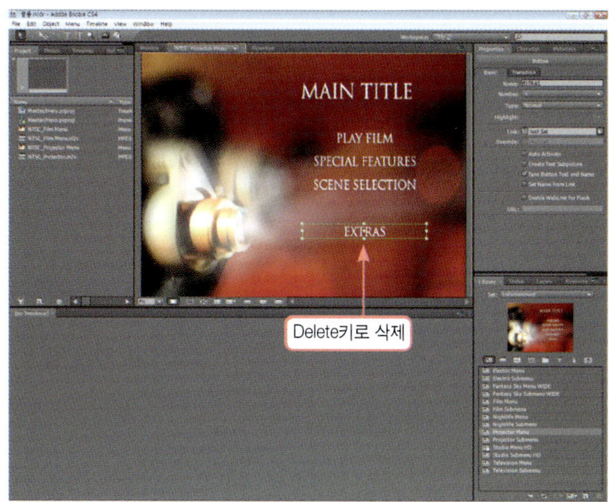

12 Entertainment 세트의 Projector Menu 라이브러리를 선택해본 것인데, 모두 5개의 서브 메뉴가 있습니다. 실습에서는 3개만 있으면 되므로, Language와 Extras 라고 입력되어 있는 메뉴를 선택하고, Delete 키로 삭제합니다.

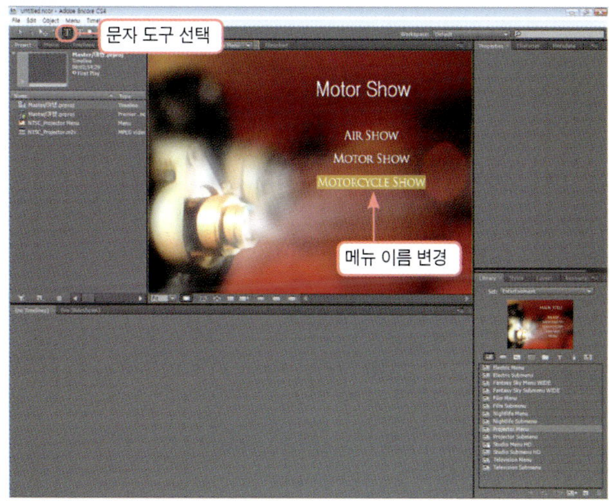

13 도구 모음 줄에서 문자 도구를 선택하고, 기본적으로 입력되어 있는 메뉴를 마우스 드래그로 선택합니다. 그리고 사용자가 원하는 이름을 입력하여 바꿉니다. 실습에서는 Air Show, Motor Show, Motorcycle Show 라는 이름으로 변경하고 있습니다.

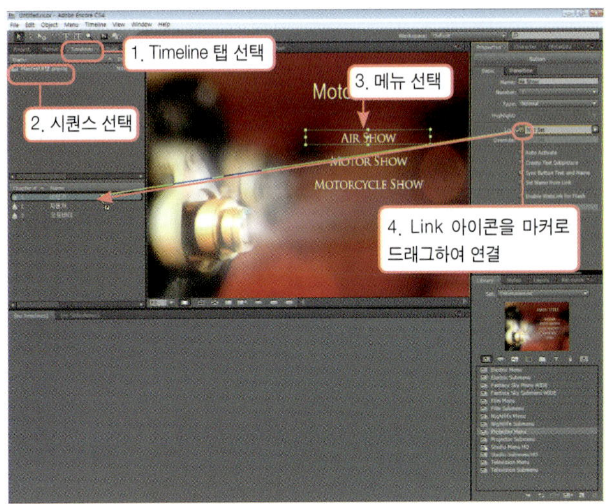

14 이제 각 메뉴를 선택했을 때 재생되는 영상의 위치를 설정하면 됩니다. 타임라인 탭을 클릭하여 열고, 시퀀스를 선택하면 프리미어에서 입력했던 Encore 마커 이름이 있는 것을 확인할 수 있습니다. Air show 메뉴를 선택하고, Link 아이콘을 비행기 마커로 드래그하여 연결합니다.

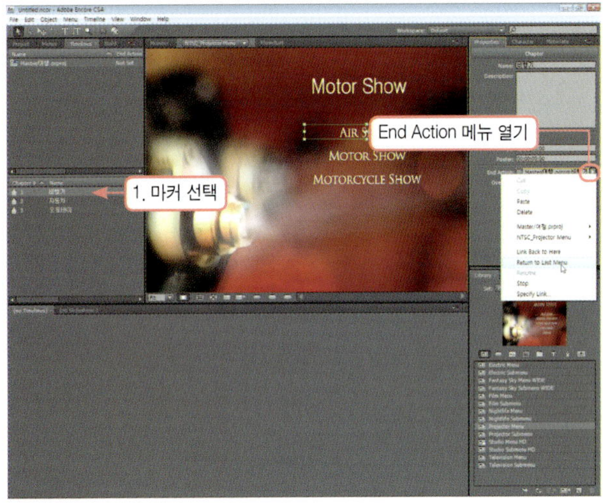

15 나머지 Motor Show와 Motorcycle Show 메뉴도 각각의 마커로 연결합니다. 즉, Air Show 메뉴를 선택하면 영상이 처음부터 재생되고, Motor Show 메뉴를 선택하면 자동차 마커를 삽입한 위치에서부터 재생이 되게 하는 것입니다. 계속해서 각각의 마커를 선택하고, End Action에서 Return to Last menu를 선택하여 재생이 끝나면 메뉴로 돌아가게 합니다.

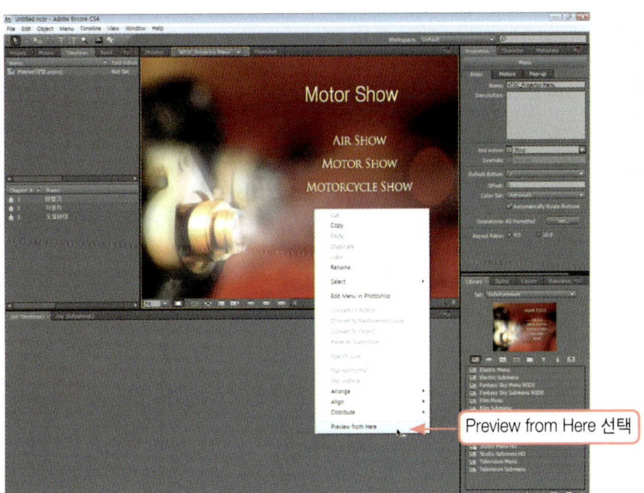

16 DVD를 타이틀 편집이 완료되었습니다. 디스크를 굽기 전에 메뉴 패널에서 마우스 오른쪽 버튼을 클릭하여 단축 메뉴를 열고, Preview from Here를 선택하여 결과물을 미리 확인해봅니다.

17 실제 DVD 플레이어와 같은 모습을 하고 있는 Project Preview 창이 열립니다. 각각의 메뉴를 클릭하여 정확히 원하는 위치에서 재생이 되는지, 재생이 끝나면, 메뉴 화면으로 되돌아오는지 등을 확인합니다. 이상이 없다면 [Exit and return] 버튼을 클릭하여 닫습니다.

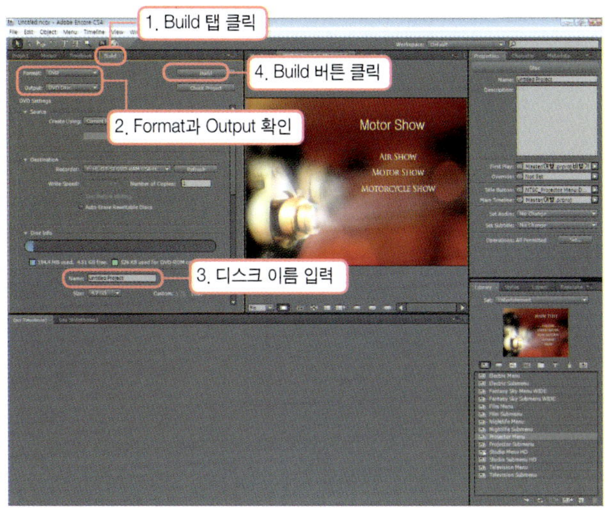

18 이제 DVD-R 드라이브에 공 DVD를 넣고, 디스크를 구우면 됩니다. Build 탭을 클릭하여 패널을 열고, Format은 DVD, Output은 DVD Disc가 선택되어 있는지 확인합니다. 그리고 Name 항목에 디스크의 이름을 입력하고, [Build] 버튼을 클릭합니다.

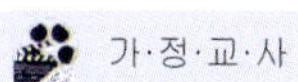 가·정·교·사

패널의 크기는 경계선을 드래그하여 조정할 수 있습니다.

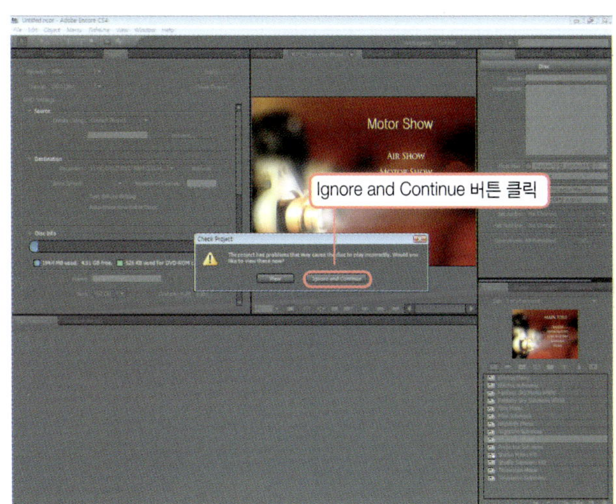

19 메뉴가 잘못 연결되었는지의 여부를 확인할 것인지를 묻는 Check Project 창이 열립니다. 많은 작업을 한 것이 아니므로, [Ignore and Continue] 버튼을 클릭하여 무시하고 진행하겠습니다. DVD를 굽는 과정을 보여주는 Build Progress 창이 보이고, 완성이 되면 [OK] 버튼을 클릭하여 닫습니다. 완성한 DVD는 컴퓨터는 물론이고, 가정용 및 차량용 DVD 플레이어에서 감상할 수 있습니다.

작업이 끝난 시퀀스는 DVD 타이틀 외에도 원본 영상 퀄리티와 동일한 AVI 포맷의 파일을 제작하거나 캠코더의 TAPE으로 전송할 수 있으며, 공동 작업을 위한 PDF 파일, 웹 콘텐트를 위한 SWF 파일, 스튜디오에서의 추가 편집을 위한 EDL 파일 등을 제작할 수 있습니다. 파일을 제작하는 방법은 모두 비슷하기 때문에 각각의 포맷 별로 살펴볼 이유는 없고, 방식의 차이가 있는 것들만 구분해서 하나씩 살펴보겠습니다. 먼저 각종 공모전을 위한 TAPE 전송 방식을 살펴보겠습니다. 즉, 프리미어의 결과물을 캠코더의 TAPE로 다시 녹화하는 것입니다.

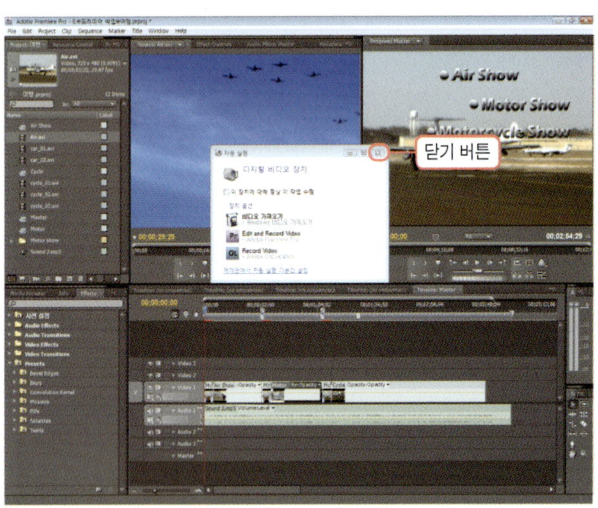

01 컴퓨터의 1394포트에 캠코더를 연결하고, 재생 모드로 설정합니다. 윈도우에서 장치를 인식하고, 어떤 작업을 할 것인지의 여부를 선택할 수 있는 자동 실행 창이 열립니다. 이미 프리미어가 실행되어 있는 상태이므로, 닫기 버튼을 클릭하여 창을 닫습니다.

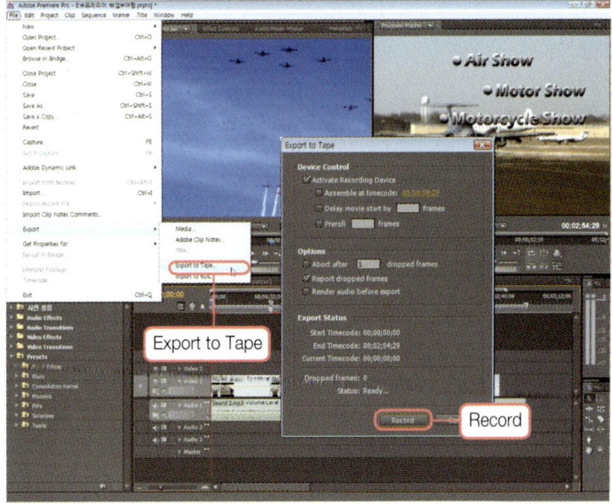

02 File 메뉴의 Export에서 Export to Tape을 선택하여 창을 열고, Record 버튼을 클릭하여 녹화를 시작합니다. 렌더링을 하지 않은 경우에는 렌더링 작업이 진행된 후 녹화가 시작됩니다.

Export Control 창

작업한 내용을 외부 기기에 녹화할 때 열리는 Export to Tape 창은 Device
Control, Options, Export Status항목으로 구성되어 있습니다.

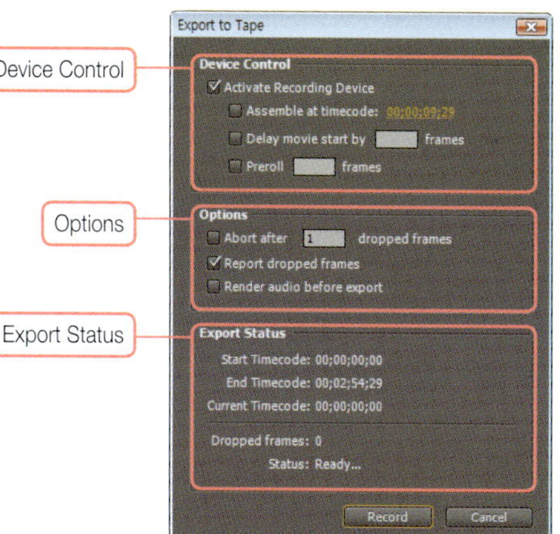

❖ Device Control

외부 장치를 프리미어에서 컨트롤 할 것인지, 시작 위치를 설정할 것인지
등을 설정합니다.

⊙ Ativate Recording Device

컴퓨터에 연결된 캠코더를 프리미어에서 컨트롤 할 것인지의 유무를
선택합니다.

⊙ Assemble at timecode

녹화 시작 위치를 설정할 수 있습니다. 옵션을 체크하지 않으면, 테이프의
현재 위치에서 녹화를 시작합니다.

⊙ Delay movie start by frames

입력한 프레임 수 만큼 녹화 시작 시간을 지연시킵니다. 동기 작업이 필요한 경우 각 장비가 동기 될 여유 시간을 주는 것입니다.

⊙ Preroll frames

녹화 시작 위치를 입력한 프레임 수 만큼 여유를 둡니다. 시작 부분이 잘리는 현상을 예방할 수 있습니다.

❖ Options

불완전한 녹화를 예방할 수 있는 옵션으로 구성되어 있습니다.

⊙ Abort after dropped frames

입력한 프레임 수 만큼의 드롭 현상이 발생했을 때 녹화를 중단하게 합니다.

⊙ Report dropped frames

녹화 과정에서 발생한 드롭 프레임 수를 Export Status 항목의 Dropped frames에 표시하게 합니다.

⊙ Render audio before export

사운드 렌더링 작업이 완료된 후에 녹음을 시작하게 합니다. 시스템이 낮은 경우에는 녹화를 시작하기 전에 렌더링을 하는 것이 좋습니다.

❖ Export Status

Options 항목에서 Report dropped frames를 체크한 경우에 드롭 프레임 수를 표시하거나 영상이 길이를 표시하는 등의 정보를 표시합니다.

⊙ Dropped frames

Report dropped frames를 체크한 경우, 녹화 과정에서의 드롭 프레임 수를 표시합니다.

⊙ Status

시작할 때 Ready, 완료 후에는 Recording Successful 등의 녹화 과정을 표시합니다.

⊙ Start /End Timecode

영상의 시작과 끝 시간을 표시하여 전체 영상의 길이를 알 수 있습니다.

⊙ Current Timecode

녹화되고 있는 위치를 표시합니다. 녹화의 잔여 시간을 알 수 있습니다.

프리미어는 원본 화질과 동일한 AVI 파일을 비롯해서 GIF 및 TIF 등의 이미지 파일, MP3, WAV 등의 오디오 파일, MOV, WMV, MPEG 등의 영상 파일은 물론이고, P2, FLV, H.264 등, 현재 PC나 MAC에서 사용되고 있는 대부분의 파일을 제작할 수 있습니다. 과정은 PART 1에서 WMV 파일을 제작해 보았던 것과 동일하며, Export Settings 창에서 사용자가 원하는 포맷과 옵션만 선택해주면 됩니다. 그러므로 여기서는 각 포맷의 옵션만 살펴보겠습니다. 참고로 프리미어 CS4는 랜더링이 진행하는 동안에도 다른 프로젝트 작업을 진행할 수 있다는 장점을 가지고 있습니다.

 Export Settings 살펴보기

01 작업이 끝난 프로젝트를 익스포팅할 때의 주의점은 시퀀스가 선택되어 있어야 한다는 것입니다. 실수로 프로젝트나 소스 패널이 선택한 경우에는 해당 소스만 익스포팅 됩니다. 시퀀스를 선택하고, File 메뉴의 Export에서 Media를 선택합니다.

02 Source와 Output, 그리고 설정 탭으로 구성되어 있는 Export Settings 창이 열립니다. 메뉴에는 소스 파일의 기본 픽셀과 컴퓨터 화면의 차이를 교정하여 표시하는 Aspect Ratio Corrected Preview(종횡비가 교정된 미리보기)와 1:1로 표시하는 1:1 Pixel Preview(1:1 픽셀 미리보기)의 두 가지 선택 옵션이 있습니다.

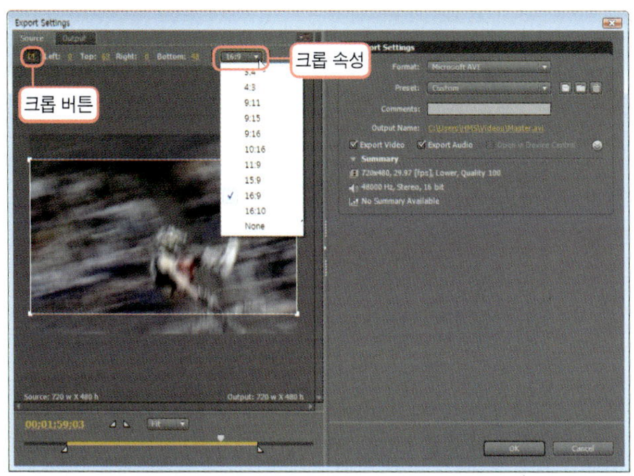

03 Source 탭의 크롭 버튼은 화면에 표시될 영역을 설정하는 것으로 Left, Top Right, Bottom 옵션으로 정확한 값을 입력하거나 화면에 표시되는 외각 선을 드래그하여 조정할 수 있습니다. 그리고 미리 설정되어 있는 비율 메뉴를 제공합니다.

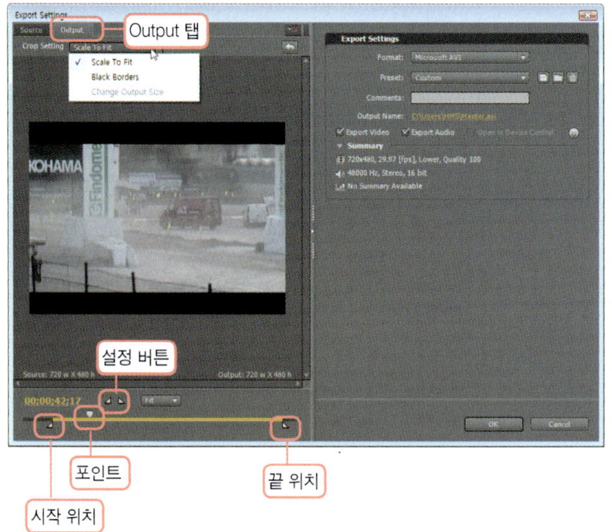

04 Output 탭에는 Source의 작게 조정한 경우에 발생하는 빈 공간을 검정색 바로 처리할 때의 옵션을 선택할 수 있는 Crop Settings 메뉴와 출력 범위를 조정하는 슬라이드로 구성되어 있습니다. 범위는 좌/우의 삼각형을 드래그하거나 포인트를 위치시키고, 설정 버튼을 클릭하여 조정할 수 있습니다.

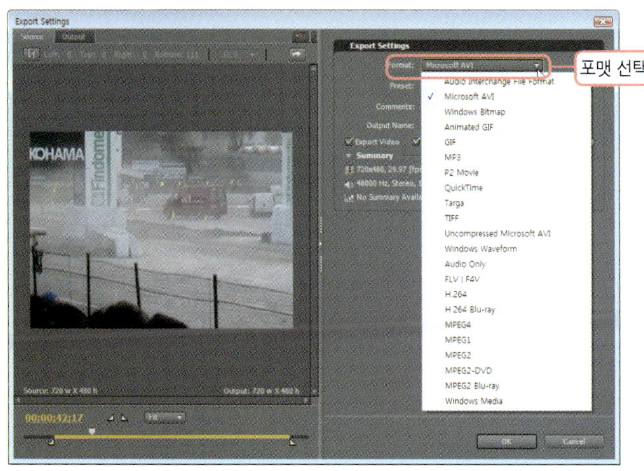

05 Export Settings 창의 가장 핵심은 제작할 파일의 형식을 선택하는 Format 메뉴입니다. 여기서 AVI 파일을 선택하면 윈도우 표준의 AVI 및 DivX 파일을 제작할 수 있는 것이고, QuickTime이나 FLV | F4V, Window Media 등을 선택하면 웹 표준의 MOV, FLV, WAV 등의 파일을 제작할 수 있는 것입니다.

Export Settings 창의 Format 메뉴는 프리미어 프로 CS4에서 제작할 수 있는 미디어 파일을 의미하며, 선택한 포맷에 따라 다양한 옵션을 제공합니다. 각 포맷의 옵션은 사용자가 수동으로 설정할 수 있으며, 파일 사용 목적에 최적화되어 있는 옵션을 Preset 메뉴에서 선택할 수 있습니다. Preset 메뉴 오른쪽에는 사용자가 수동으로 설정한 옵션을 저장하는 Save 버튼, 저장된 프리셋을 불러오는 Import 버튼, 프리셋을 삭제하는 Delete 버튼의 3가지가 있습니다.

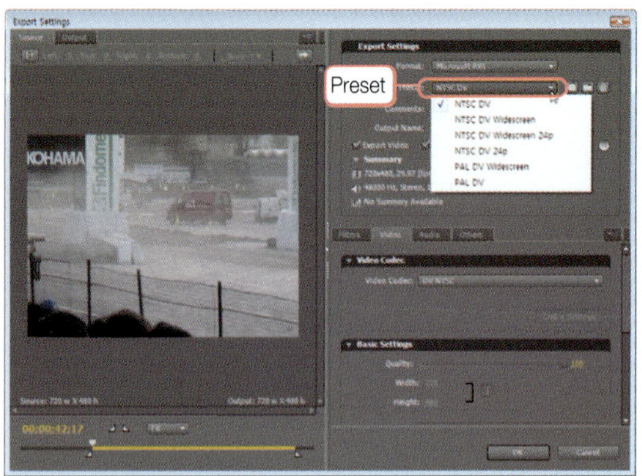

Microsoft AVI - 윈도우 표준의 비디오 파일 형식으로 확장자는 AVI 입니다. 인터넷 영화로 가장 많이 사용하는 DivX 코덱의 영상은 Format을 AVI로 선택하고, Video Codec을 DivX로 선택하여 만드는 것입니다. 단, 사용자 컴퓨터에 DivX 코덱이 설치되어 있어야 합니다. DivX 코덱이 유로로 바뀐 요즘에는 XviD 코덱을 사용하는 추세입니다.

Windows Bitmap - 윈도우 표준의 이미지 파일 형식으로 확장자는 BMP 이며, 프레임 단위의 익스포팅도 가능합니다.

Animated GIF - 웹 전송용으로 개발된 애니메이션 형식의 포맷으로 확장자는 GIF 입니다. 영상이 프레임 단위로 익스포팅되며, 파일 이름에 번호가 붙습니다.

GIF - 웹 전송용으로 개발된 이미지 파일 형식으로 확장자는 GIF 입니다.

MP3 - 웹 전송용으로 개발된 오디오 파일로 확장자는 mp3 입니다. 전용 플레이어가 판매되고 있을 만큼 디지털 음원의 표준으로 사용되고 있습니다.

P2 Movie - Panasonic DVCPRO50 및 DVCPRO HD 카메라에서 사용되는 Op-Atom 종류인 Media eXchange Format으로 확장자는 MXF 입니다.

QuiickTime - MAC 표준의 비디오 파일로 플랫폼과의 호환성을 위해서 가장 많이 사용하는 포맷입니다. 단, PC의 경우에는 사용자 컴퓨터에 QuickTime Player가 설치되어 있어야만 제작할 수 있으며, Apple.co.kr에서 무료로 다운 받을 수 있습니다. 확장자는 MOV 입니다.

Targa - 확장자 TGA의 이미지 파일 입니다.

TIFF - 확장자 TIF의 이미지 파일 입니다.

Uncompressed Microsoft AVI - 윈도우 표준의 AVI 파일입니다. 단, 압축을 하지 않기 때문에 HD 원본 화질을 유지할 수 있지만, 용량이 크다는 단점이 있습니다.

Window Waveform - 윈도우 용으로 개발된 오디오 파일로 확장자는 WAV 입니다.

Audio Only - H.264를 기본 코덱으로 하는 오디오 파일로 확장자는 AAC 입니다. Version 1은 비트 전송률이 낮은 환경에서 오디오 코덱 성능을 향상시키는 기술의 SBR을 사용하여 주파수 영역의 압축 효율을 개선시키고, Version 2는 파라메트릭 스테레오 기술을 결합하여 스테레오 신호의 압축 효율을 향상시킵니다.

FLV | F4V - 웹 표준으로 자리잡고 있는 플래시 영상 파일로 확장자는 FLV, F4V 입니다.

H.264 - HD, 3GPP 휴대폰, IPod, PSP 장치등을 포함하여 다양한 장치를 인코딩할 수 있는 MPEG-4 기반의 표준 포맷입니다. 확장자는 오디오 전용의 ACC, 윈도우 전용의 3GP, MP4, M4V 등입니다.

H.264 Blu-ray- 블루레이 디스크의 HD 인코딩을 지원하는 MPEG-4 기반의 포맷으로 확장자는 M4V 입니다.

MPEG-4 - 차세대 화상 통신 규격의 포맷으로 확장자는 3GP 입니다.

MPEG-1 - 비디오 CD의 표준으로 약 1.5Mbps 비트 전송률로 전송하도록 개발된 포맷입니다. 확장자는 MPG입니다.

MPEG-2 - DVD와 위성 디지털 비디오 포맷으로 최고 10.08Mbps 비트 전송률로 인코딩할 수 있도록 지원하며, 확장자는 MPG 입니다.

MPEG2-DVD - MPEG-2 포맷의 DVD 표준 화질을 인코딩 하도록 개발되었습니다. 이 포맷으로 제작된 파일은 별도의 메뉴없이 자동으로 재생되는 DVD를 구울 수 있으며, 확장자는 M2V 입니다.

MPEG2 Blu-ray- HD 블루레이 미디어를 인코딩하도록 개발된 포맷으로 확장자는 M2V 입니다.

Windows Media - 웹 스트리밍 코덱이 들어 있는 Microsoft 포맷으로 확장자는 비디오 파일의 WMV와 오디오 파일의 WMA 가 있습니다.

Options

Comments는 프리셋에 대한 간단한 메모를 해둘 수 있는 항목이며, Output Name은 파일이 저장될 폴더를 표시합니다. 폴더의 위치는 마우스 클릭으로 변경할 수 있으며, Export Video 또는 Export Audio를 선택하여 비디오 또는 오디오 파일로만 익스포팅 할 수 있습니다. 그리고 옵션 열기 버튼을 클릭하면, 선택한 포맷의 설정을 수동으로 조정할 수 있는 탭이 보이며, 구성은 선택한 포맷에 따라 차이가 있지만, 대부분 공통된 요소를 갖추고 있습니다.

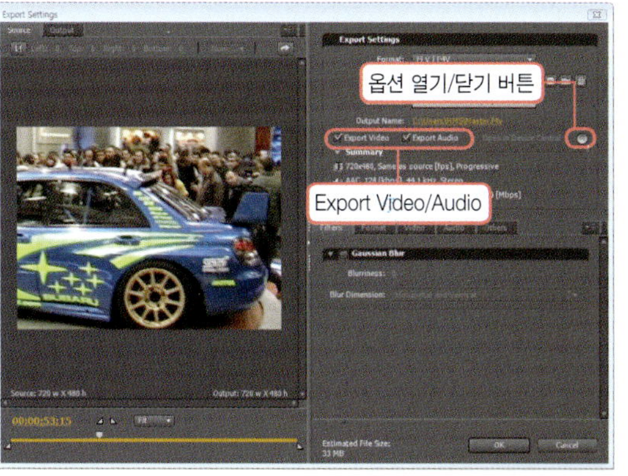

❖ Audiences(보는 사람) 탭
Windows Media 포맷을 선택한 경우에 볼 수 있는 탭이며, Compressed와 Uncompressed 중에서 선택할 수 있습니다. Compressed는 Video 탭에서 선택한 코덱이 적용되도록 하는 것이며, Uncompressed는 적용이 되지 않기 때문에 파일이 커진다는 단점이 있습니다.

❖ Filter(필터) 탭

인코딩 작업 중에 발생할 수 있는 노이즈를 제거하고, 화면을 부드럽게 처리할 수 있는 Gaussizn Blur 필터로 적용 값을 설정하는 Blurriness와 적용 방향을 선택할 수 있는 Blur Diemnsion 옵션이 있습니다. 설정 값이 크면, 인코딩 작업이 빠르게 진행되지만, 영상이 흐릿해지는 단점이 있습니다.

❖ Multiplexer(멀티플렉서) 탭

MPEG 비디오 및 오디오 데이터를 단일 스트림으로 병합하는 방식을 제어합니다. 사용 가능한 옵션은 MPEG 형식에 따라 달라집니다. MPEG-2 형식에서는 MPEG 표준에서 제공되는 모든 멀티플렉서 옵션을 수동으로 제어할 수 있습니다. 대부분 MPEG-2 DVD와 같은 출력 미디어를 대상으로 하는 MPEG 프리셋을 선택하는 것이 좋습니다.

❖ Video(비디오) 탭

선택한 포맷에 따라 차이가 있으며, 비디오 데이터를 인코딩하는데 사용되는 코덱이나 포맷, 전송률, GOP 등을 설정합니다.

▶ Video Codec(비디오 코덱): 오디오 데이터를 인코딩하는데 사용되는 코덱을 선택합니다.

▶ Quality(품질): 비디오 품질을 지정합니다. 값이 높을 수록 랜더링 시간이 길어지고 파일의 크기도 커집니다. 단, 소스보다 큰 값은 의미가 없습니다.

▶ Width 또는 Frame Width(폭 또는 프레임 폭): 프레임의 폭을 픽셀 단위로 지정합니다.

▶ Height 또는 Frame Height(높이 또는 프레임 높이): 프레임의 높이를 픽셀 단위로 지정합니다.

▶ Frame Rate(프레임 속도): 출력 파일의 프레임 속도를 지정합니다. 프레임의 속도를 높이면 동작이 부드러워질 수 있지만, 더 많은 디스크 공간이 사용됩니다.

▶ Depth(심도): 색상의 심도를 채널당 비트 수(bpc)로 지정합니다. 옵션은 8bit, 16bit, 24 bit, 32bit 입니다.

▶ Encoder Alpha Channel(알파 채널 인코딩): FLV와 같이 알파 채널을 지원하는 형식의 파일을 제작할 때, 인코딩 할 수 있습니다.

▶ TV Standard(TV 표준): NTSC 및 PAL 방식의 표준을 선택합니다. 국내의 경우에는 NTSC 입니다.

▶ Field Order 또는 Field Type(필드 순서): Progressive 또는 Interlaced 필드를 포함시킬 것인지의 여부와 어떤 필드 부터 쓰게 할 것인지를 선택합니다. Progressive는 컴퓨터에서 재생될 파일에 적합하며, Interlaced는 TV 재생용 파일에 적합합니다. Interlaced는 필드의 순서인 Upper first 또는 Lower First 중에서 선택하며 국내의 경우에는 Lower First 입니다.

▶ Aspect 또는 Pixol Aspect Ratio(종횡비 또는 픽셀 종횡비): 픽셀의 비율을 선택합니다. 1.0인 경우에는 정사각형의 픽셀을 갖게되며, 그 외의 경우에는 직 사작형의 픽셀을 갖게됩니다. 컴퓨터는 정사각형의 비율로 표시하므로, 성사각형이 아닌 경우에는 화면이 늘어나 보이지만, 일반 TV에서는 정상적으로 보입니다.

▶ Render at Maximum Depth(비트 전송률 모드 또는 비트 전송률 인코딩): 선택한 코덱에서 고정 비트 전송률(CBR)과 가변 비트 전송률(VBR) 중에서 어떤 것을 사용할 것인지를 선택합니다. CBR은 소스 비디오의 각 프레임을 사용자가 지정한 값으로 압축하여 고정된 데이터 속도의 파일을 생성하며, VBR은 사용자가 지정한 범위 내에서 변경할 수 있습니다. VBR은 1 Pass와 2 Pass로 인코딩의 처리 횟수를 선택할 수 있습니다.

▶ Bitrate(비트 전송률): 인코딩된 파일의 재생을 위한 초당 메가비트 수를 지정합니다. 이 설정은 CBR을 선택한 경우에만 사용할 수 있습니다.

▶ Encoding Passes(인코딩 처리): 인코딩 전에 클립을 분석할 횟수를 지정합니다. 분석을 여러 번 하면 인코딩 시간이 늘어나지만, 압축이 효율적으로 수행되고 품질도 향상됩니다.

▶ Set Bitrate(비트 전송률 설정): Quick Time 형식에서 아용할 수 있는 옵션으로 출력 파일의 비트 전송률을 고정 속도로 유지하려는 경우에 선택합니다.

▶ Bitrate [kbps](비트 전송률): Quick Time 형식에서 이용할 수 있는 옵션으로 비트 전송률을 직접 지정할 수 있습니다.

▶ Maximum Bitrate [kbps](최대 비트 전송률): 인코더에서 허용할 최대 비트 전송률을 지정합니다.

▶ Average Video Bitrate [kbps](평균 비디오 비트 전송률): 인코더에서 허용할 평균 비디오 비트 전송률을 지정합니다.

▶ Target Bitrate [Mbps](대상 비트 전송률): H.264 비디오 코덱을 사용하여 인코딩할 때, 인코더에서 허용할 평균 비디오 비트 전송률을 지정합니다.

▶ Peak Video Bitrate [Kbps](최고 비디오 비트 전송률): 인코더에서 허용할 최고 비트 전송률을 지정합니다.

▶ Minimumum Bitrate(최소 비트 전송률): 재생 시 인코더에서 허용할 초당 최소 메가비트 수를 지정합니다. MPEG-2 DVD의 경우, 최소 비트 전송률은 1.5Mbps 이상이 되어야 합니다.

▶ M Frames: 연속적인 인트라 프레임과 예측된 프레임 간의 양방향 프레임 수를 지정합니다.

▶ N Frames: 인트라 프레임 간의 수를 지정합니다. 이 값은 M Frames 값의 배수여야 합니다.

▶ Optimize Stills 또는 Expand Stills(스틸 최적화 또는 스틸 확장): 출력 파일에서 스틸 이미지를 효율적으로 사용하려면 이 옵션을 선택합니다. 예를 들어 30fps로 설정된 프로젝트에서 스틸 이미지의 지속 시간이 2초인 경우, 각각 30분의 1초인 프레임 60개를 만드는 대신에 2초짜리 프레임을 만들어 디스크 공간을 절약할 수 있습니다.

▶ Keyframe interval 또는 key Frame Distance(키프레임 간격 또는 키프레임 거리): 코덱이 키프레임을 생성하는 기준이 되는 프레임 수 초 단위 또는 프레임 단위로 설정합니다.

▶ Simple Profile(단순 프로파일): On2VP6 코덱을 사용하여 FLV 형식의 파일을 만들 때 사용할 수 있는 옵션으로 단순 프로파일을 선택하면 메모리와 처리 리스스가 부족한 컴퓨터에서 재생할 고해상도 비디오 컨텐트를 최적화합니다.

▶ Undershoot [%target](언더슈트): On2VP6 코덱을 사용하여 FLV 형식의 파일을 만들 때 사용할 수 있는 옵션으로 촬영할 대상 데이터 속도 비율을 지정함으로써 버퍼에서 다른 섹션을 향상 시키기 위한 추가 데이터를 사용할 수 있습니다.

▶ Quality(품질): FLV 형식의 파일을 제작할 때 사용할 수 있는 옵션으로 인코딩 품질과 인코딩하는데 소요되는 시간 사이의 균형을 지정할 수 있습니다. Good은 균형을 적당히 유지하는 것으로 기본 옵션으로 설정되어 있으며, Best는 최적으로 품질을 얻을 수 있지만, 인코딩 소요 시간이 길어입니다. 그리고 Speed는 인코딩 시간이 짧아지지만, 품질이 낮아집니다.

▶ Closed GOP Every(폐쇄 GOP 전체): Group Of Pictures(GOP) 의 빈도를 지정합니다. GOP는 I, B, P 프레임의 시퀀스로 구성되어 있으며, MPEG-1 또는 MPEG-2를 선택한 경우에 사용할 수 있습니다.

▶ Automatic GOP Placement(폐쇄 GOP 배치): GOP 배치가 자동으로 설정됩니다. MPEG-1을 선택한 경우에 사용할 수 있습니다.

❖ Audio(오디오) 탭

선택한 포맷에 따라 차이가 있으며, 오디오 데이터를 인코딩하는데 사용되는 코덱이나 포맷, 전송율 등을 설정합니다.

▶ Audio Codec 또는 Format(오디오 코덱 또는 형식): 오디오 데이터를 인코딩하는데 사용되는 코덱 및 형식을 선택합니다. 일부 포맷은 Uncompressed만 지원을 합니다. 당연히 음질은 좋지만, 파일이 커집니다.

▶ Sample Rate 또는 Frequency(샘플 속도 또는 빈도): 오디오의 샘플 레이트를 설정하며, 높은 값을 선택할수록 오디오 품질과 파일의 크기가 증가하고, 속도가 낮아지면 품직과 파일의 크기도 감소됩니다. 단, 소스 보다 높은 값은 의미없습니다.

▶ Channels 또는 Output Channels(채널 또는 출력 채널): 오디오 채널을 선택합니다.

▶ Sample Type(샘플 유형): 선택하는 비트 값이 높을 수록 오디오 다이내믹 기록 범위가 넓어지고, 디지털 잡음이 감소됩니다. 단, 소스 보다 높은 값은 의미가 없습니다.

▶ Audio Interleave(오디오 인터리브): 저장되는 파일의 비디오 프레임 사이에 오디오 정보를 삽입할 간격을 지정합니다. 값을 1 프레임으로 설정하면, 프레임이 재생될 때 해당 프레임의 지속시간 동안 오디오를 RAM으로 불러와 다음 프레임이 나타날 때까지 재생합니다. 재생 도중 중단되면 이 값을 조정합니다. 값을 높이면, 컴퓨터가 오디오를 저장하는 시간이 늘어나고 처리하는 빈도는 줄어듭니다. 그러나 값이 높을 수록 더 많은 RAM을 요구합니다. 값이 낮으며, 재생이 원할해 지며, 대부분의 HDD는 0.5초~1초의 값에서 최적의 작동 상태를 보입니다.

▶ Bitrate[kbps](비트 전송률): 오디오 출력 비트 전송률을 지정합니다. 속도가 높을 수록 품질이 향상되고 파일이 커집니다. 무조건 큰 값 보다는 사용 목적과 환경에 적합한 값을 선택하는 것이 좋습니다.

❖ Other(기타) 탭

파일 공유를 위한 FTP 서버 네임을 설정합니다. 네크 워크를 통하여 전 세계 어디서든지 공동 작업이 가능합니다.

▶ Sever Name(서버 이름): FTP가 위치한 서버이 IP 주수를 입력합니다.

▶ Port(포트): FTP 서버의 명령 포트에 할당되는 번호를 지정합니다. 기본값은 21번 입니다.

▶ Remote Directory(원격 디렉토리): FTP 서버의 파일 경로를 입력합니다.

▶ User Login(사용자 로그인): 서버 관리자가 지정한 사용자 ID를 입력합니다.

▶ Password(암호): 암호를 입력합니다.

▶ Retires(다시 시도): 연결이 실패 했을 대의 다시 시도 횟수를 지정합니다.

▶ Send local file to Recycle Bin(로컬 파일을 휴지통으로 보내기): 파일을 FTP 서버로 업로드한 후에 파일의 로컬 복사본를 삭제합니다.

▶ Test: FTP 서버와의 연결을 테스트 합니다.

❖ Clip Notes 탭
File 메뉴의 Export에서 Adobe Clip Notes를 선택하여 PDF 파일을 제작할 때 볼 수 있는 옵션입니다. 비디오 포맷은 Quick Time과 Windows Media 중에서 선택할 수 있습니다.

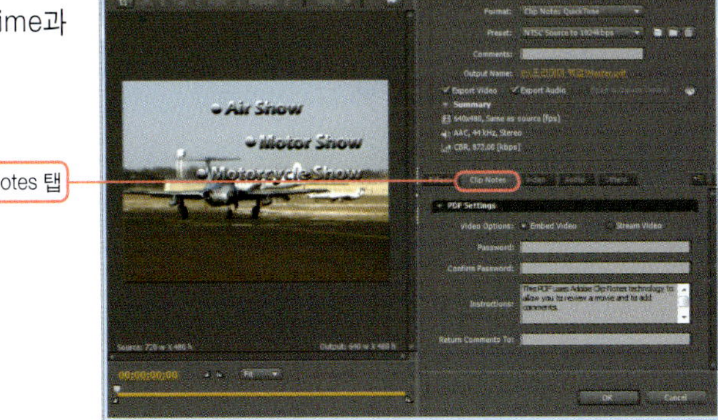

▶ Video Options(비디오 옵션): Embed Video(비디오 포함) 또는 Stream Video(비디오 스트리밍) 중에서 선택할 수 있습니다. Embed Video는 랜더링한 시퀀스를 PDF 파일에 포함하는 것이며, Stream Video는 랜더링한 시퀀스를 FTP 서버에 등록하고, PDF 파일에 동영상 링크를 포함합니다.

▶ Password 및 Confirm Password(비밀번호 및 비밀번호 확인): 비밀번호 없이 PDF 파일을 열지 못하도록 하려면 두 항목에 비밀번호를 입력합니다.

▶ Instructions(지침): PDF 파일을 열 때 보여질 메모를 입력합니다. 이 항목을 비워두면 메모가 나타나지 않습니다.

▶ Return comments To(주석 반환 대상): PDF 랜더링을 수행할 때 상대편의 주석을 전송할 메일 주소입니다.

▶ Audio Interleave(오디오 인터리브): 저장되는 파일의 비디오 프레임 사이에 오디오 정보를 삽입할 간격을 지정합니다. 값을 1 프레임으로 설정하면, 프레임이 재생될 때 해당 프레임의 지속시간 동안 오디오를 RAM으로 불러와 다음 프레임이 나타날 때까지 재생합니다. 재생 도중 중단되면 이 값을 조정합니다. 값을 높이면, 컴퓨터가 오디오를 저장하는 시간이 늘어나고 처리하는 빈도는 줄어듭니다. 그러나 값이 높을 수록 더 많은 RAM을 요구합니다. 값이 낮으며, 재생이 원활해 지며, 대부분의 HDD는 0.5초~1초의 값에서 최적의 작동 상태를 보입니다.

▶ Bitrate[kbps](비트 전송률): 오디오 출력 비트 전송률을 지정합니다. 속도가 높을 수록 품질이 향상되고 파일이 커집니다. 무조건 큰 값 보다는 사용 목적과 환경에 적합한 값을 선택하는 것이 좋습니다.

Export Settings 창에서 제작할 파일 포맷과 옵션을 설정하고, [OK] 버튼을 클릭하면 랜더링 작업이 진행될 Adobe Media Encoder 창이 열립니다. 미디어 엔코더 창은 랜더링할 프로젝트의 목록과 5개의 버튼으로 구성되어 있습니다. 목록에는 Source Name, Format, Preset, Output File Status의 칼럼이 있고, 버튼은 Add, Duplicate, Remove, Pause, Start Queue의 5개 입니다.

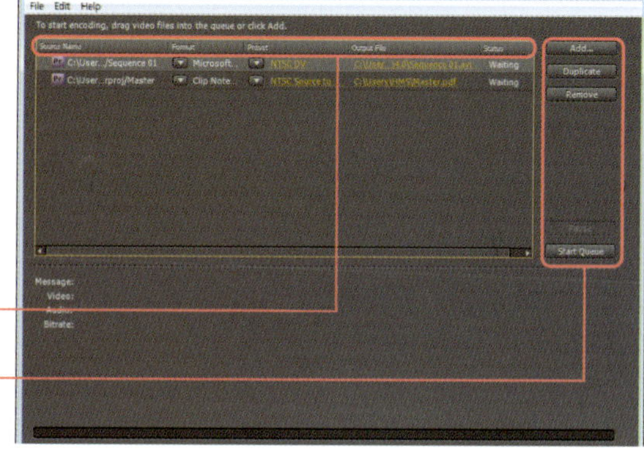

❖ Source Name

랜더링할 시퀀스의 경로와 이름입니다.

❖ Format

제작할 파일의 형식입니다. 칼럼을 클릭하여 포맷을 변경할 수 있습니다.

❖ Preset

해당 포맷에 적합한 프리셋이며, 칼럼을 클릭하여 변경할 수 있습니다.

❖ Output File

파일이 저장될 위치를 표시하며, 칼럼을 클릭하여 변경할 수 있습니다.

❖ Status

랜더링의 동작 상태를 표시합니다.

❖ Add 버튼

랜더링 작업을 할 파일을 추가할 수 있습니다.

❖ Duplicate 버튼

선택된 목록을 복사합니다. 하나의 시퀀스를 서로 다른 포맷으로 저장하고 싶을 때 유용한 버튼입니다.

❖ Remove 버튼

선택한 목록을 삭제합니다.

❖ Pause와 Start Queue 버튼

Start Queue 버튼으로 랜더링 작업을 시작하며, Pause 버튼으로 일시 정지시킬 수 있습니다. Adobe Media Encoder는 백그라운드로 작동되기 때문에 랜더링이 진행되는 동안에도 다른 프로젝트의 작업을 할 수 있습니다.

프리미어에서 작업한 프로젝트는 DVD를 제작하거나 다양한 미디어 파일을 만드는 일 외에도 프로젝트 자체를 이동 디스크나 웹 하드에 담아서 전문 스튜디오에서 마무리 작업을 하는 경우도 많습니다. 일반적으로 스튜디오 작업이 필요한 경우는 개인 사용자 보다는 상업용 영상을 제작하는 경우이기 때문에 프로젝트를 잘못 관리하여 하나의 소스라도 빠트리게 되면, 시간과 돈을 낭비하는 결과가 됩니다. 그러므로 프로젝트를 만들 때는 반드시 폴더 단위로 저장을 하고, 작업에 사용되는 소스를 동일한 폴더에 저장하는 습관을 갖는 것이 좋습니다. 그리고 프로젝트를 이동할 일이 있을 때, 한번쯤 점검을 해보는 것이 좋은데, 여기서 이러한 것들에 관해서 살펴보겠습니다.

 프로젝트 매니저

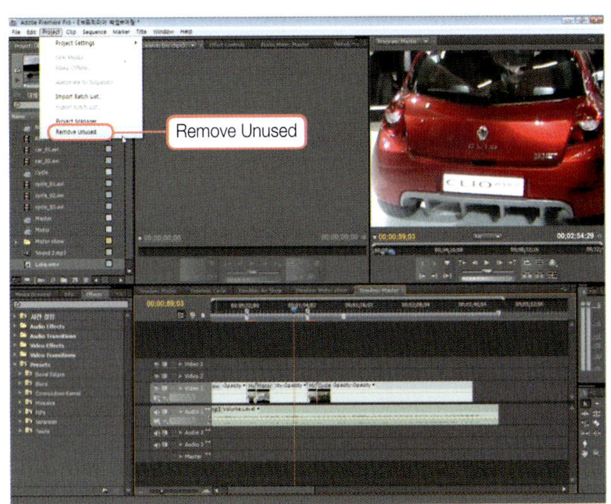

01 프로젝트 매니저는 작업 프로젝트와 소스를 하나의 폴더로 저장하는 역할을 합니다. 이때 작업에 사용하지 않는 소스는 제거를 하는 것이 좋으므로, Project 메뉴의 Remove Unused를 선택하여 제거합니다. 실제 파일이 제거되는 것이 아니므로, 안심해도 좋습니다.

가·정·교·사

모든 소스를 사용하고 있어 삭제할 것이 없다면, Project 메뉴의 Remove Unused는 비 활성화 상태로 보입니다

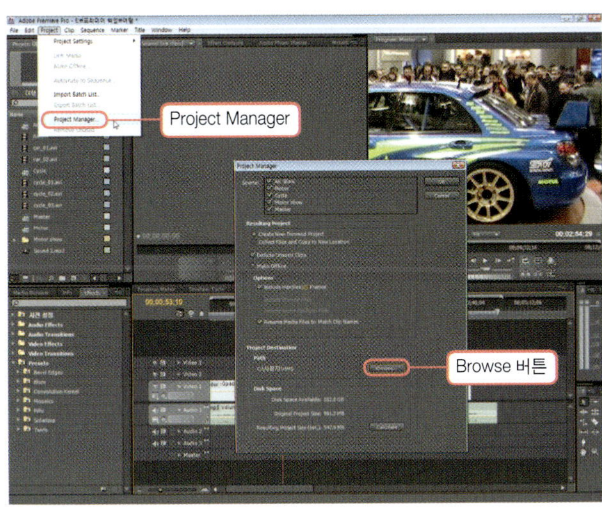

02 Unused 메뉴로 사용하지 않는 소스를 제거했다면, Project 메뉴의 Project Manager를 선택하여 프로젝트 매니저 창을 엽니다. 그리고 Project Destination 항목의 Browse 버튼을 클릭하여 프로젝트와 소스를 저장할 폴더를 선택하고, [OK] 버튼을 클릭하면, 작업에 사용된 모든 소스와 함께 프로젝트가 저장됩니다.

프로젝트 매니저 옵션

프로젝트 매니저 창에는 다양한 옵션들이 있지만, 크게 Source, Resulting Project, Project Destination의 3 항목으로 구분할 수 있으며, 각각의 역할은 다음과 같습니다.

❖ **Source**

저장될 소스 목록을 표시하며, 체크 옵션을 해제하여 제외시킬 수 있습니다.

❖ **Resulting Project**

Create New Trimmed Project를 선택하면, 편집이 끝난 결과 파일을 저장하고, Collect Files and Copy to New Location을 선택하면, 작업 프로젝트의 모든 소스를 저장합니다. Resulting Project의 선택 여부에 따라 Options의 차이가 있습니다.

▶ Exclude Unused Clips: 사용하지 않는 클립은 저장하지 않습니다.
▶ Make Offline: 클립을 오프라인으로 저장하여 캡처 작업을 다시 할 수 있게 합니다.
▶ Include Handles: 인/아웃 지점의 여유 프레임을 설정합니다.
▶ Rename Media files to Match Clip Names: 프로젝트 소스와 작업 클립의 이름을 일치시킵니다.
▶ Include Preview Filess: Preview 폴더를 포함 시킬 것인지의 유무를 선택합니다.
▶ Include Audio Conform Files: 오디오 컨포밍 파일을 포함할 것인지의 유무를 선택합니다.

❖ **Project Destiantion**

프로젝트와 소스가 저장될 위치를 표시하는 Path 항목은 Browse 버튼을 클릭하여 변경할 수 있으며, 디스크의 크기와 남은 공간 등의 정보를 표시하는 Disk Space 항목이 있습니다. Calculate 버튼을 클릭하여 공간을 다시 체크합니다.

EDL 파일 만들기

03 프리미어의 프로젝트는 CMX3600 형식의 EDL 파일로 익스포팅 할 수 있습니다. 이것은 온라인 편집 시스템에서 가장 많이 사용하는 EDL 형식입니다. File 메뉴의 Export에서 Export to EDL을 선택합니다.

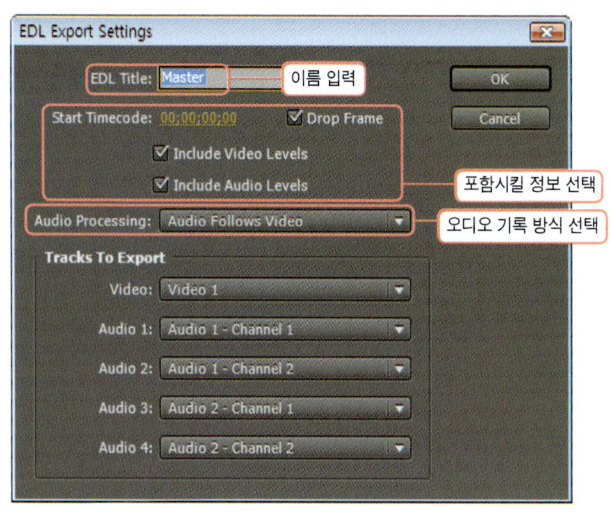

04 EDL Title에서는 프로젝트의 제목을 입력하며, Start Timecode에서는 시작 위치를 설정합니다. Drop Frame, Include Video/Audio Levels 등은 기록할 정보를 선택하는 옵션이며, Audio Processing에서 비디오와 오디오를 함께 기록할 것인지, 개별적으로 기록할 것인지의 여부를 선택할 수 있습니다. 그리고 Tracks to Export에서 기록할 트랙을 선택합니다.

05 필요한 옵션과 트랙을 선택하고 [OK] 버튼을 클릭하면 Save Sequence As EDL 창이 열립니다. 파일 이름을 입력하고, 저장 버튼을 클릭하여 EDL 파일을 만듭니다. 파일 형식을 보면 Sony사의 CMX3600 EDL 포맷인 것을 확인할 수 있습니다.

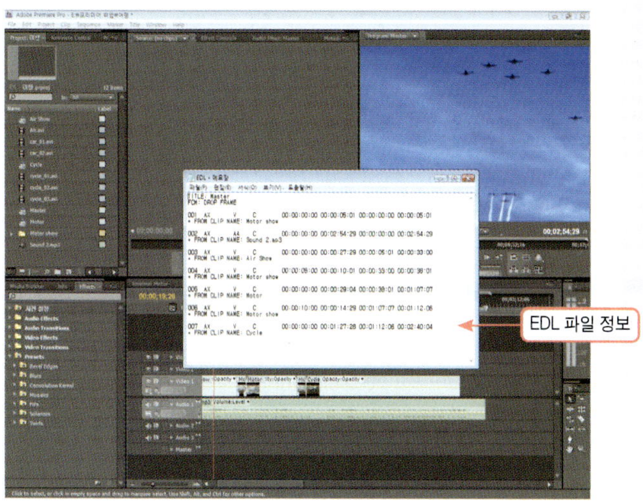

06 저장한 파일을 메모장으로 열어보면, 클립의 인/아웃 지점과 파일 이름이 기록되어 있는 것을 확인할 수 있습니다. 여기서 AA는 오디오 정보고, V는 비디오 정보를 뜻합니다. EDL 파일은 편집 정보만을 기록하고 있으므로, 스튜디오로 가져갈 때는 원본 테이프를 함께 챙겨야 합니다.

프리미어의 프로젝트는 지금까지 살펴본 DVD, TAPE, 미디어 파일, EDL 등의 미디어 콘텐트를 목적으로 하는 것 외에도 공동 작업을 위한 웹 파일이나 iPod, 3GPP 휴대폰, PSP 등을 비롯한 모바일 장치에서 사용할 수 있는 형식의 파일을 제작할 수 있습니다. 특히 멀티 플랫폼 문서의 표준으로 사용되고 있는 PDF 파일은 의뢰를 받고 작업한 영상에 클라이언트로부터의 피드백을 요구할 때, 매우 유용한 기능입니다. 공동 작업을 위한 PDF 파일 및 모바일 장치를 위한 H.246 포맷의 파일 제작 방법을 살펴보겠습니다.

PDF 파일 제작 및 활용

01 클라이언트의 의견을 요구할 때 많이 사용하는 PDF 파일의 제작과 활용 방법을 살펴보겠습니다. File 메뉴의 Export에서 Adobe Clip Notes를 선택하여 Export Settings 창을 엽니다.

가·정·교·사

모든 소스를 사용하고 있어 삭제할 것이 없다면, Project 메뉴의 Remove Unused는 비 활성화 상태로 보입니다

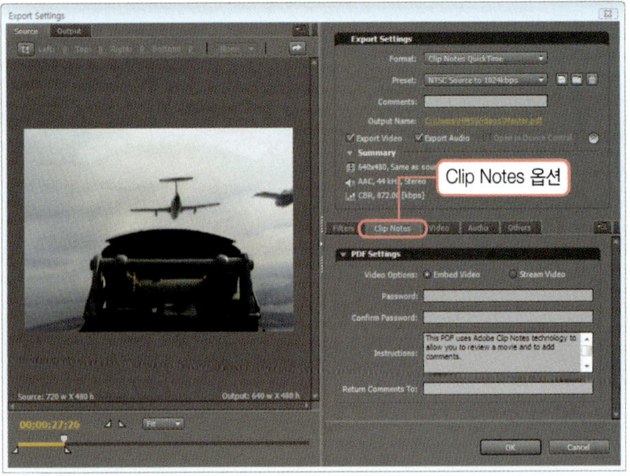

02 포맷을 QuickTime이나 Window Media 중에서 선택하고, 프리셋은 NTSC source to 1024kbps 또는 512kbps 중에서 선택합니다. 그리고 영상을 PDF 파일에 포함시키려면 Clip Notes의 Video Options을 Embed Video로 선택합니다. 문서를 볼 때 암호 입력을 요구하겠다면 Password와 Confirm Password에 암호를 입력합니다.

가·정·교·사

특별한 경우에는 Video 및 Audio 옵션을 수정해도 좋지만, 기본 프리셋 만으로도 충분할 것입니다.

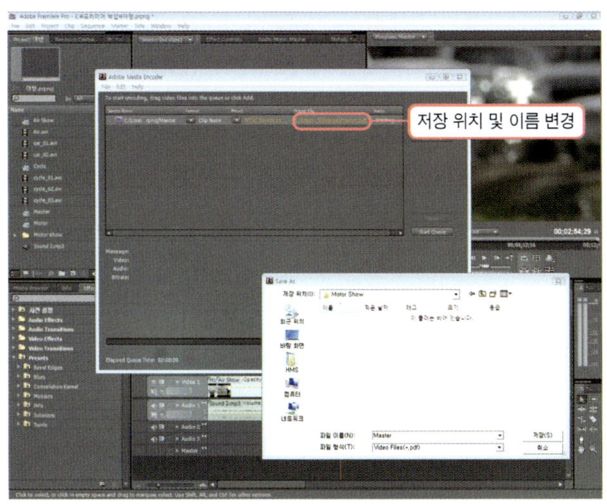

03 Export Settings 창에서 필요한 옵션을 설정하고, OK 버튼을 클릭하면, Adobe Media Encoder 창이 열립니다. 파일을 저장할 위치를 변경하고 싶다면, Output File 칼럼을 경로 표시 항목을 클릭하여 경로와 파일 이름을 변경합니다. 그리고 Start Queue 버튼을 클릭하여 랜더링 작업을 시작합니다.

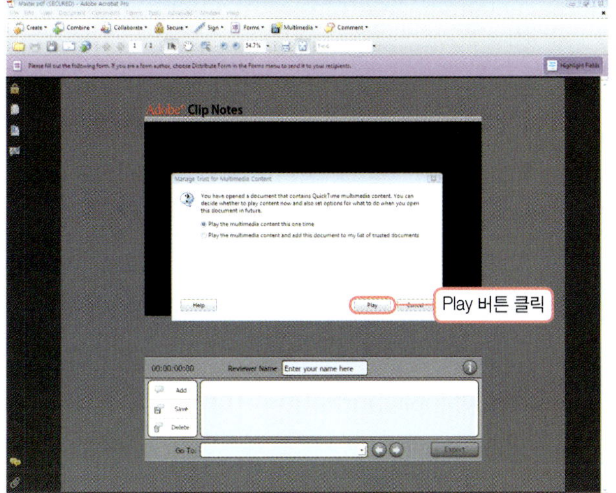

04 랜더링 작업이 끝나면 저장된 PDF 파일을 클라이언트에게 메일이나 웹 하드로 보내줍니다. 클라이언트는 사용자가 보내준 PDF 파일을 더블 클릭하여 열고, 자신의 의견을 첨가할 수 있습니다. 파일을 더블 클릭하면 열리는 안내 창은 Play 버튼을 클릭하여 닫고, 계속해서 열리는 지시 사항도 OK 버튼을 클릭하여 닫습니다.

가·정·교·사

영상을 컨텐트 목록에 추가하겠다면, play the multimedia content and add this document to my list of trusted documents 옵션을 선택하고 Play 버튼을 클릭합니다.

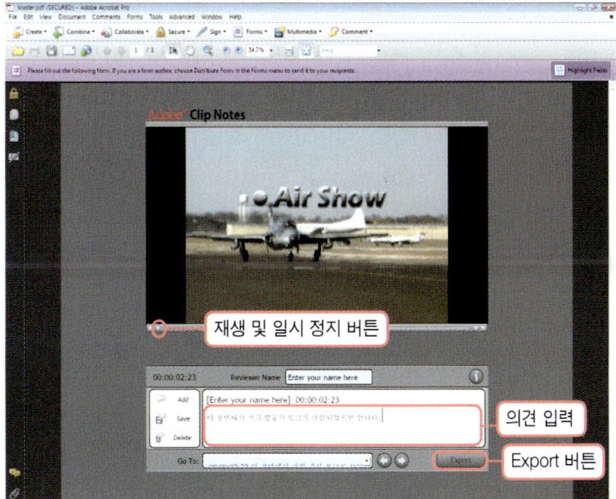

05 영상은 재생 버튼을 클릭하여 볼 수 있으며, 자신의 의견을 삽입하고 싶은 장면이 있다면, 일시 정지 버튼을 클릭하여 멈춥니다. 그리고 자신의 의견을 입력합니다. 이 과정을 반복해서 필요한 의견을 모두 입력했다면, Export 버튼을 클릭합니다.

가·정·교·사

Reviewer Name 항목은 의견을 입력하는 자신(클라이언트)의 이름을 입력하는 곳입니다.

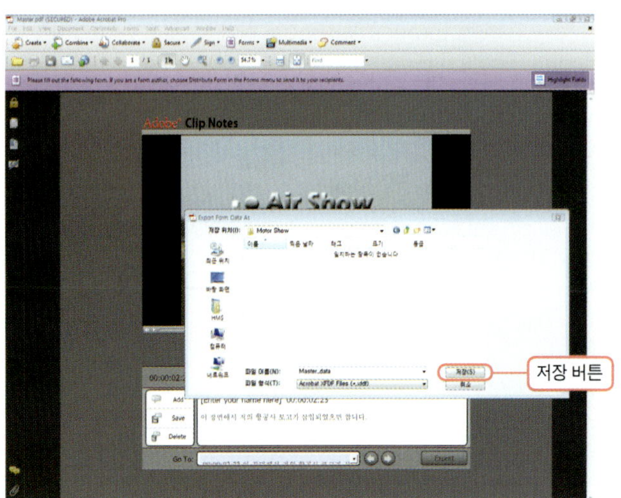

06 Export Form Data As 창이 열립니다. 파일 이름은 원본에 _data라는 글자가 추가된 것으로 입력되어 있으며, 포맷은 XFDF 입니다. 특별히 이름을 변경할 필요는 없으므로, 그냥 저장 버튼을 클릭하여 저장합니다. 그리고 XFDF 파일을 작업자에게 이메일이나 웹 하드로 보내줍니다.

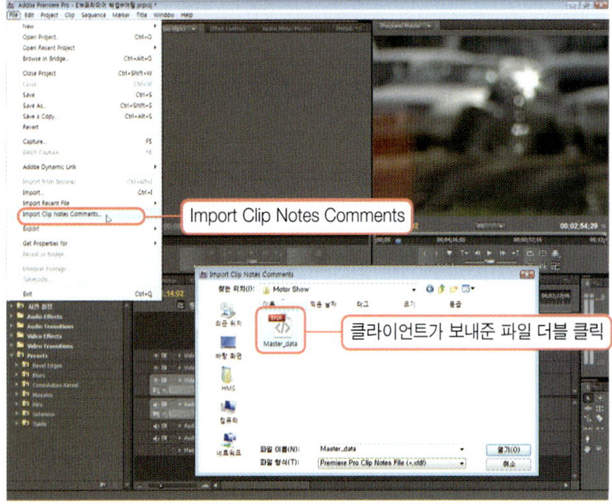

07 작업자는 클라이어트가 보내준 내용을 프리미어로 불러와 확인할 수 있습니다. 클라이언트에게 보냈던 프로젝트를 열고, File 메뉴의 Import Clip Notes Comments를 선택하여 창을 엽니다. 그리고 클라이언트가 보내준 XFDF 파일을 더블 클릭하여 불러옵니다.

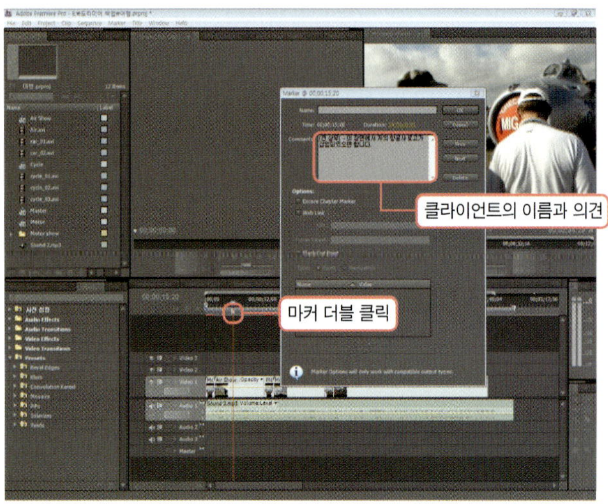
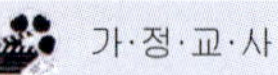

08 화면에 아무런 변화가 없어 보이지만, 타임 라인 패널의 룰러 라인을 보면, 클라이언트가 의견을 입력한 수만큼 마커가 표시되어 있습니다. 작업자는 마커를 더블 클릭하여 클라이언트가 해당 위치에서 어떤 요구를 하고 있는지 확인하고, 원하는데로 편집 작업을 진행할 수 있습니다.

가·정·교·사

Marker 창의 Next 및 Prev 버튼을 클릭하여 각각의 마커로 이동할 수 있습니다.

01 프리미어는 iPod, PSP, 3GPP 폰 등의 장치에서 재생시킬 수 있는 H.246 파일 제작이 가능합니다. 파일 제작 방법은 모두 동일하므로, 재생 상태를 미리 볼 수 있는 Device Central 중심으로 살펴보겠습니다. File 메뉴의 Export에서 Media를 선택합니다.

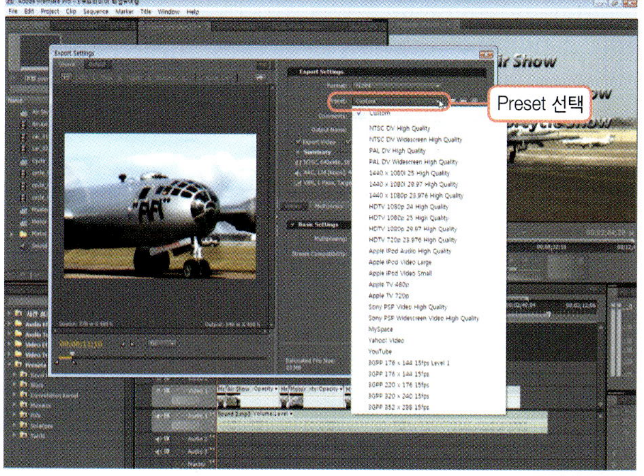

02 이젠 너무도 익숙한 Export Settings 창이 열립니다. Format에서 H.246을 선택하고 Preset에서 장치에 적합한 것을 선택합니다. 프리미어는 Apple iPod, Sony PSP, 3GPP 등의 모바일 장치 외에도 Yahoo Video나 YouTube와 같은 웹 컨텐츠의 다양한 프리셋을 제공합니다. 물론 사용자가 원하는 옵션을 설정해도 좋습니다.

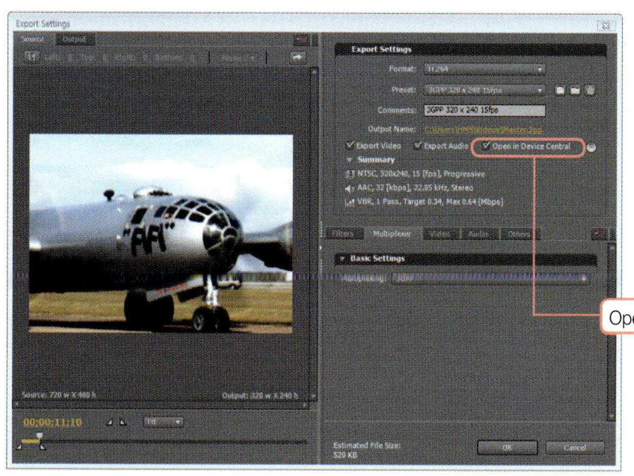

03 Output Name 항목을 클릭하여 파일이 저장될 위치와 이름을 입력하고, 장치에서 재생될 영상을 미리 확인해볼 수 있게 Open In Device Central 옵션을 체크합니다. 그리고 OK 버튼을 클릭합니다.

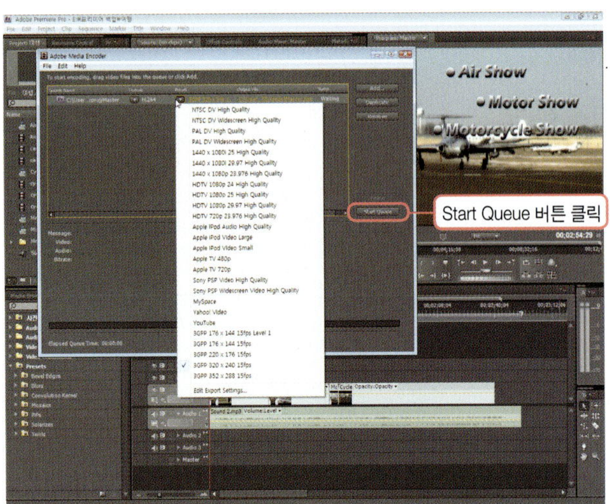

04 역시 익숙한 Adobe Media Encoder 창이 열립니다. Start Queue 버튼을 클릭하여 랜더링 작업을 진행합니다. 참고로 Format이나 Preset은 각각의 칼럼을 클릭하여 변경할 수 있습니다.

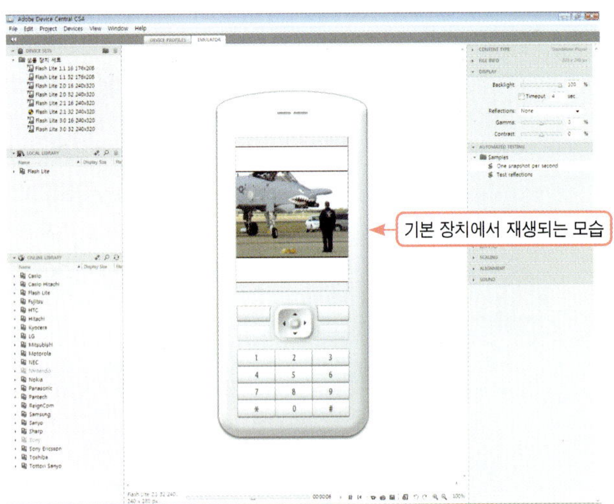

05 랜더링 작업이 끝나면 각각의 장치에서 재생되는 모습을 확인해볼 수 있는 Adobe Device Central이 실행되고, 기본 샘플 장치에서 재생되는 모습을 확인할 수 있습니다.

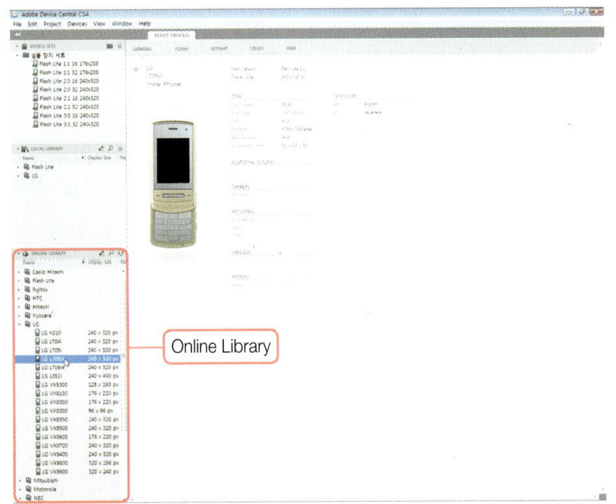

06 인터넷에 연결되어 있는 상태라면 Online Library 패널에 Adobe사에서 제공하는 장치의 라이브러리가 다운로드 됩니다. 테스트 해볼 장치를 목록에서 찾아 더블 클릭하여 Local Library 패널로 등록합니다.

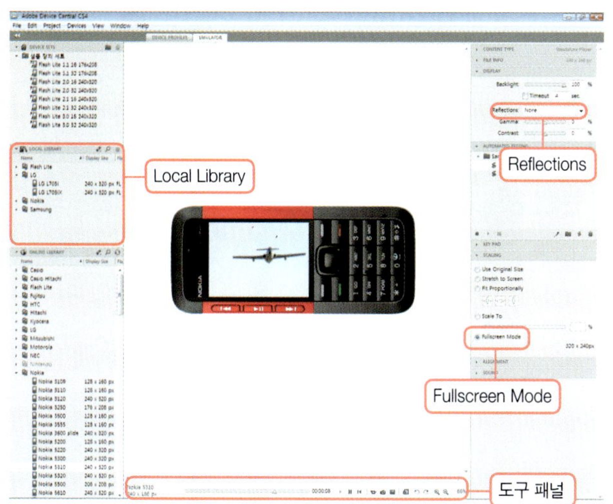

07 Local Library에 등록된 장치들은 인터넷 연결에 상관없이 언제든 테스트 해볼 수 있습니다. Scaling 패널에서 Fullscreen Mode를 선택하여 전체 영상이 보이는 상태도 체크해보고, Display 패널에서 다양한 조명을 선택했을 때 보여지는 결과도 체크를 해봅니다. 도구 패널에는 재생/정지 기능 외에도 장치의 방향을 바꿔보거나 영상을 익스포팅 하는 역할의 버튼들이 있습니다.

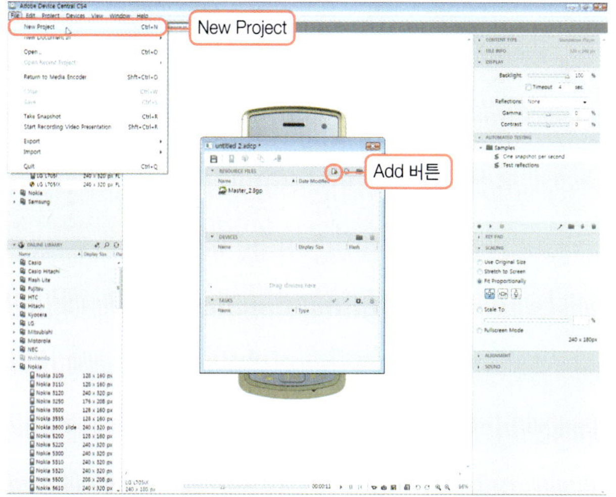

08 가지고 있는 장치가 블루투스를 지원하고, 컴퓨터에 블루투스와 데이터를 주고 받을 수 있는 동글 장치가 설치되어 있다면, 랜더링한 영상을 바로 전송할 수 있습니다. File 메뉴의 New Project를 선택하여 창을 열고, Add 버튼을 클릭합니다.

가·정·교·사

블루투스를 지원하지 않는 장치를 사용하고 있다면, 해당 장치의 제조사 홈페이지에서 제공하는 전용 프로그램을 다운 받아서 파일을 전송할 수 있습니다. 자세한 내용은 해당 홈페이지의 도움말을 참조하기 바랍니다.

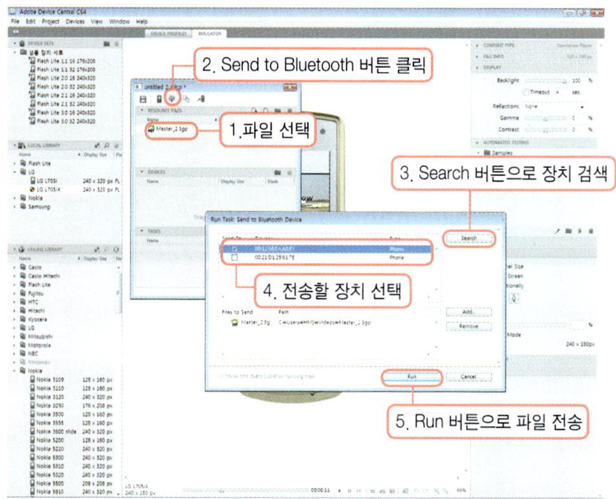

09 Resource Files에 추가된 파일을 선택하고, Send to Bluetooth 버튼을 클릭하여 Run Task 창을 엽니다. Search 버튼을 클릭하여 장치를 검색하고, 영상을 전송할 장치를 선택합니다. 그리고 Run 버튼을 클릭하면 프리미어에서 작업한 영상이 선택한 장치로 전송됩니다.

가·정·교·사

Run Task 창의 Add 버튼을 클릭하여 전송할 파일(H.264)을 추가할 수 있고, Remove 버튼으로 제거할 수 있습니다.

Premiere Pro CS4

PART 04

특별한 영상을 만드는
트랜지션의 모든 것

TV나 영화에서 영상이 점점 어두워지면서 사라지고, 다음 장면이 서서히 밝아지거나 추억의

페이지를 넘기듯이 장면이 바뀌는 기법들을 본적이 있을 것입니다. 이렇게 장면이 바뀔 때,

특별한 기법을 연출하는 기능이 트랜지션입니다. 트랜지션은 이펙트 패널에서 제공하며,

세부적인 편집은 이펙트 컨트롤 패널에서 합니다. 자주 사용하지는 않지만, 모르면 아쉬운

트랜지션에 관해서 살펴보겠습니다.

트랜지션 경험하기

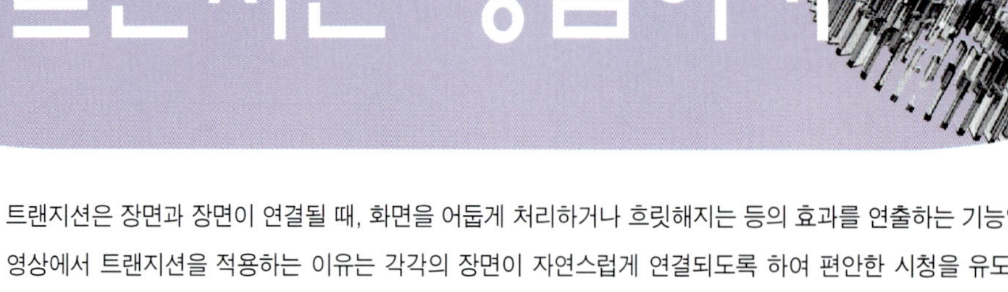

트랜지션은 장면과 장면이 연결될 때, 화면을 어둡게 처리하거나 흐릿해지는 등의 효과를 연출하는 기능입니다. 영상에서 트랜지션을 적용하는 이유는 각각의 장면이 자연스럽게 연결되도록 하여 편안한 시청을 유도하거나 반대로 시선을 집중시켜 과거 회상, 꿈속 장면 등의 시간 및 공간적 변화를 인식시키기 위해서 입니다. 프리미어는 매우 다양한 트랜지션을 제공하고 있으며, 사용 방법은 이펙트 패널에서 원하는 트랜지션을 찾아 클립과 클립 사이에 가져다 놓는 간단한 동작으로 이루어집니다. 직접 실습을 해보면서 트랜지션 효과를 경험해보겠습니다.

트랜지션 사용하기

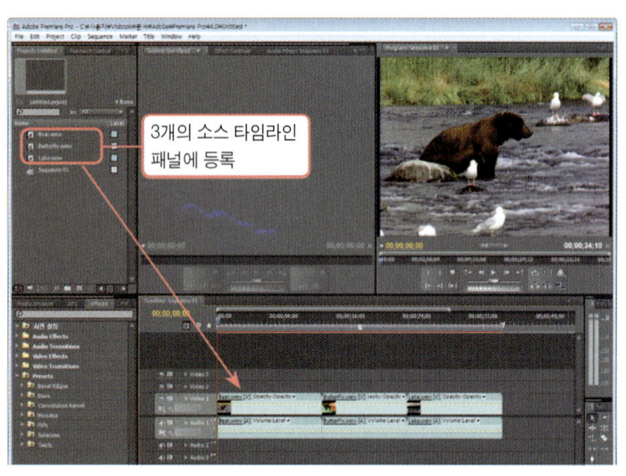

01 새로운 프로젝트를 만들고, 부록 CD의 PART_04 폴더에서 Bear, Butterfly, Lake의 비디오 파일을 임포트합니다. 그리고 3개의 비디오 파일을 타임라인 패널에 드래그하여 가져다 놓습니다. 타임라인 패널은 W 키를 눌러 확대합니다.

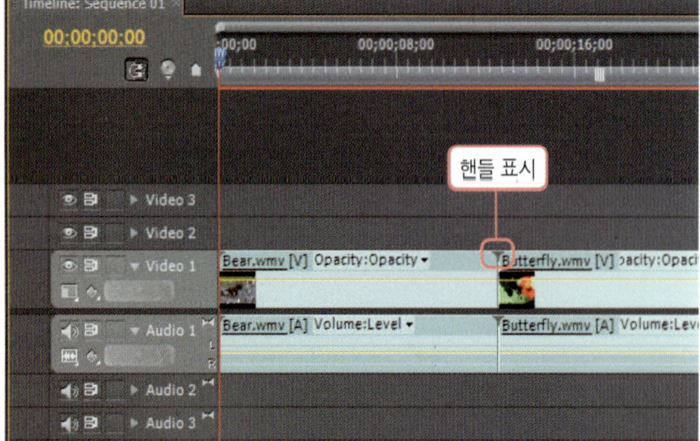

02 클립의 시작과 끝 지점을 보면 회색 빛의 역삼각형 핸들 모양이 있습니다. 이것은 클립의 앞/뒤로 여유 길이가 없다는 것을 의미합니다. 즉, 영상의 길이가 60초라면, 클립의 길이도 60초가 됩니다.

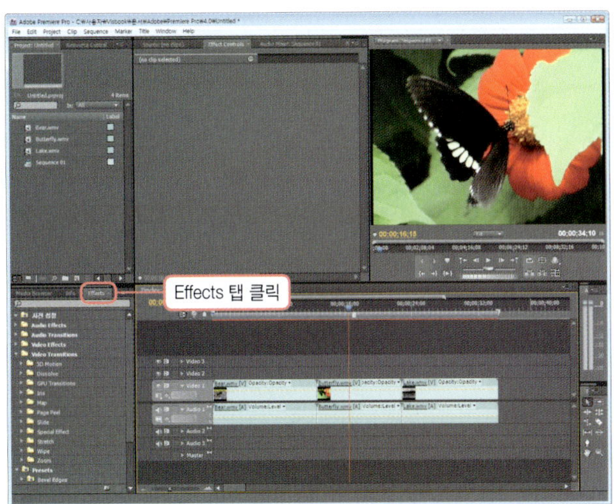

03 트랜지션은 클립과 클립을 겹쳐서 만드는 효과이기 때문에 여유 공간이 있어야 합니다. 대부분은 촬영한 영상을 타임라인 패널에 가져다 놓고, 필요 없는 앞/뒤를 제거하는 편집 작업을 하기 때문에 핸들이 보이는 경우는 없겠지만, 여유가 없는 클립에 트랜지션을 적용하면, 트랜지션이 적용된 길이만큼 영상이 자동으로 겹친다는 것을 기억해두기 바랍니다. Effects 탭을 클릭하여 이펙트 패널을 엽니다.

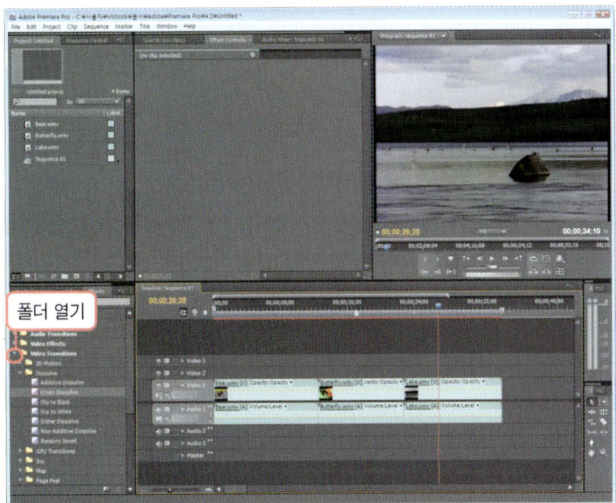

04 이펙트 패널에는 Video 및 Audio Effects와 Video 및 Audio Transitions 폴더가 있습니다. 여기서 영상에 장면 전환 효과를 만드는 Video Transitions 폴더의 작은 삼각형을 클릭하여 엽니다. 3D Motion에서부터 Zoom까지 11가지 폴더가 보입니다. 계속해서 Dissolve 폴더를 열어봅니다.

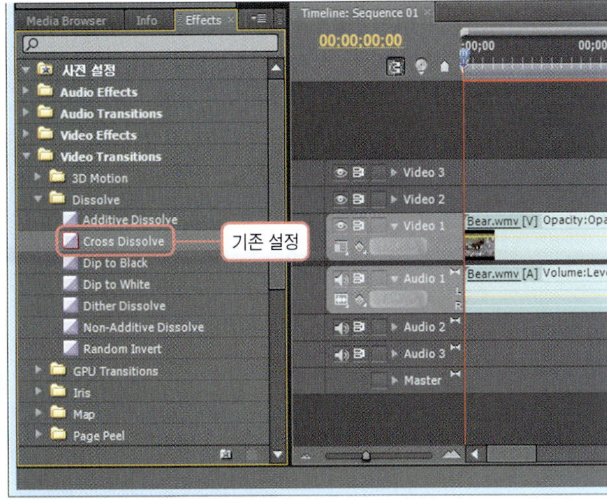

05 Dissolve 폴더에는 7가지 목록이 있습니다. 그 중에서 Cross Dissolve 아이콘을 자세히 보면, 빨간색 테두리가 보입니다. 이것은 가장 많이 사용하는 장면 전환이기 때문에 기본값으로 설정되어 있으며, Automate로 클립을 등록할 때나 Ctrl + D 키를 누를 때 적용된다는 것을 의미합니다.

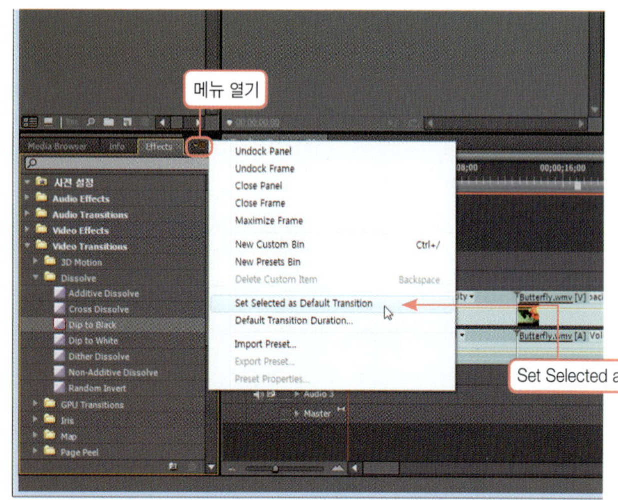

06 Cross Dissolve가 가장 많이 사용하는 장면 전환이지만, 개인마다 차이가 있을 수 있습니다. 프리미어에서 제공하는 트랜지션에 익숙해지면서 자신이 자주 사용하는 장면 전환이 생긴다면, 해당 목록을 선택하고, 이펙트 패널의 메뉴에서 Set Selected as Default Transition을 선택하여 변경할 수 있습니다.

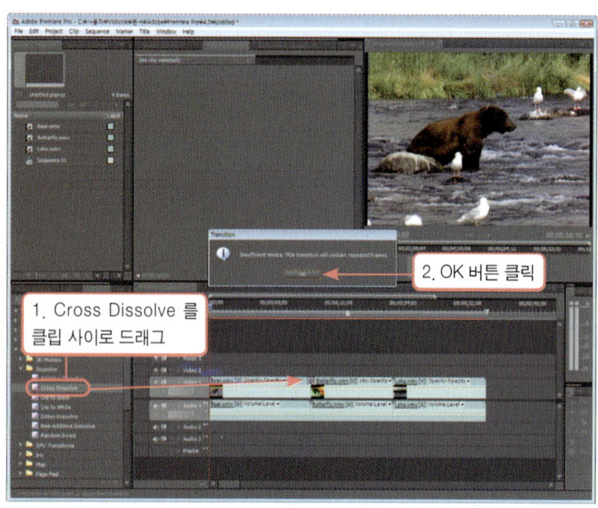

07 트랜지션은 클립 사이에 가져다 놓는 동작만으로 쉽게 이용할 수 있습니다. Cross Dissolve를 첫 번째 클립과 두 번째 클립 사이로 드래그하여 가져다 놓습니다. 실습의 경우에는 클립에 여유 공간이 없기 때문에 프레임을 반복시켜 겹치겠다는 알림 창이 열립니다. [OK] 버튼을 클릭하여 트랜지션을 적용합니다.

08 Space bar 키를 눌러 영상을 재생시켜보면, 첫 번째 클립의 영상은 점점 희미해 지고, 두 번째 영상이 겹치면서 전환되는 것을 확인할 수 있습니다. 두 번째 클립과 세 번째 클립 사이에는 Page Peel 폴더의 Page Peel을 적용해보고, 다시 한번 영상을 재생시켜보면서 장면 전환이 어떤 기법인지 확인해보기 바랍니다.

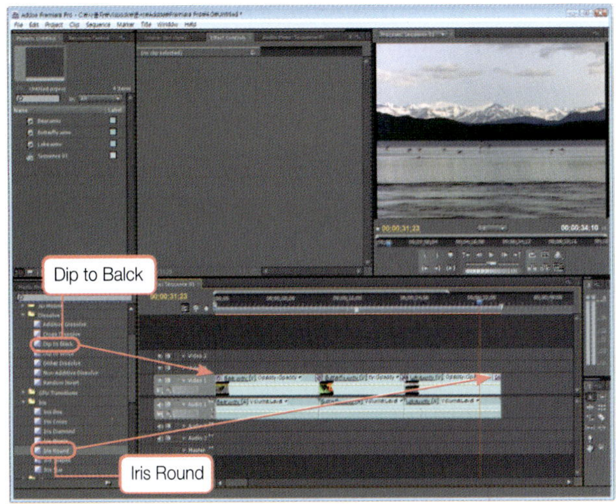

09 트랜지션은 클립의 시작과 끝 부분에도 적용할 수 있습니다. 첫 번째 클립의 시작 부분에는 Dissolve 폴더의 Dip to Black을 적용하여 까만 화면이 점점 밝아지게 하고, 마지막 클립의 끝에는 Iris 폴더의 Iris Round를 적용하여 까만 원이 점점 커지게 해보면서 프리미어에서 제공하는 트랜지션들을 경험해보기 바랍니다.

 트랜지션 속성 변경하기

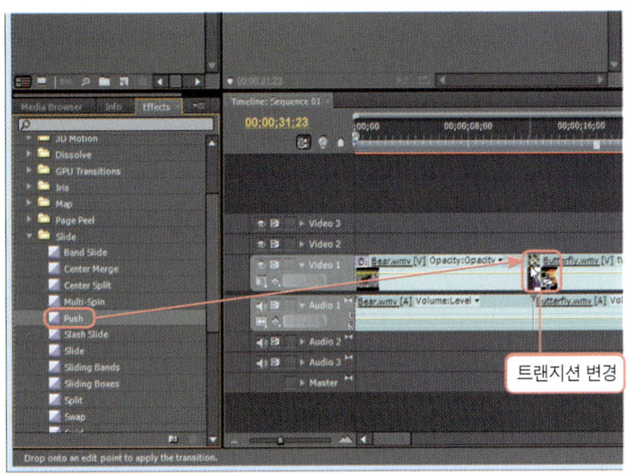

10 클립에 적용한 트랜지션을 선택하고, Delete 키를 누르면 삭제할 수 있고, 다른 트랜지션을 클립에 적용된 트랜지션 위로 드래그하여 덮어씌우는 방식으로 변경할 수 있습니다. 첫 번째 클립과 두 번째 클립 사이에 적용했던 Cross Dissolve를 Slide Transition 폴더에서 Push를 드래그하여 변경해봅니다.

11 편집 포인트를 드래그하여 Push의 결과를 확인해보면, 오른쪽 클립의 장면이 왼쪽에서 밀고 들어오며 전환되고 있습니다. 속성을 변경하기 위해서는 클립에 적용한 트랜지션을 더블 클릭합니다. 선택한 트랜지션의 속성을 변경할 수 있는 이펙트 컨트롤 패널이 열립니다.

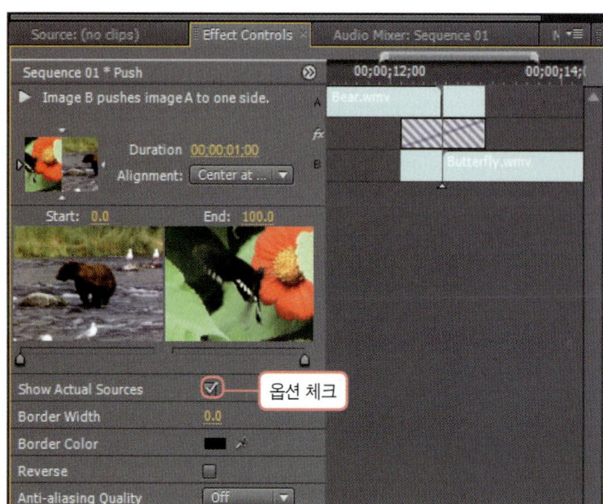

12 A 모니터가 왼쪽 클립의 끝 장면이고, B 모니터가 오른쪽 클립의 시작 장면입니다. 각각의 모니터는 Show Actual Sources 옵션을 체크하여 실제 영상으로 볼 수 있으며, 각 모니터 아래쪽의 슬라이드를 드래그하여 결과를 모니터하거나 트랜지션의 시작과 종료 지점을 설정할 수 있습니다.

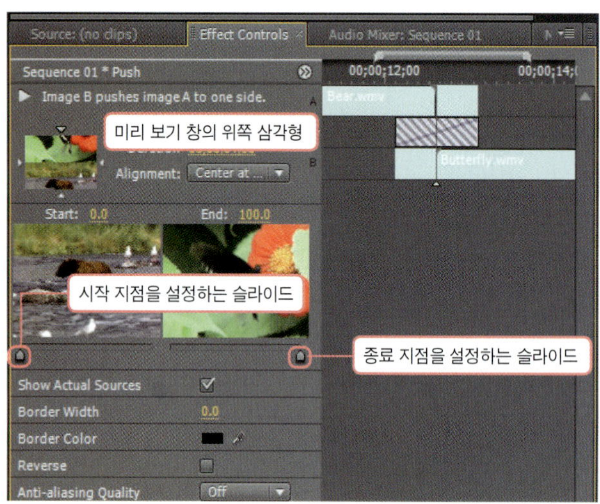

13 모니터 아래쪽의 슬라이드를 이용해서 결과를 모니터 해봤다면, A는 시작 위치, B는 끝 위치로 가져다 놓습니다. 그리고 컨트롤 패널의 미리 보기 창을 보면 위/아래와 좌/우에 작은 삼각형이 보입니다. 위쪽의 삼각형을 클릭하여 Push 방향이 위에서 아래로 밀리는 형태로 변경합니다.

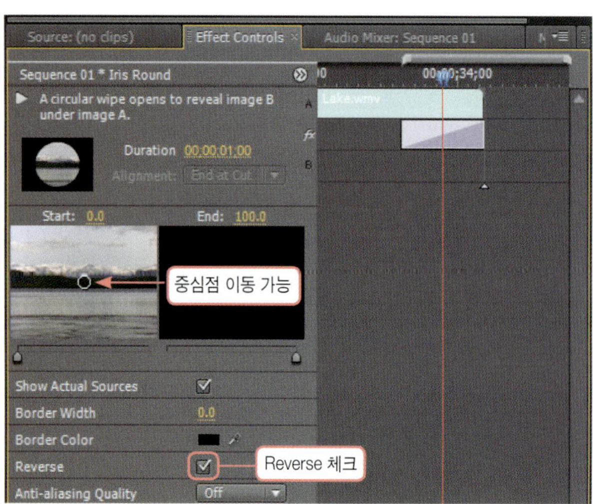

14 맨 끝에 적용했던 트랜지션을 선택하고, 방향을 바꾸는 Reverse 옵션을 체크합니다. 점점 커지던 검정색 원이 점점 작아지는 형태로 바뀌었습니다. 즉, 화면이 점점 작아지면서 끝나는 효과를 연출한 것입니다. 참고로 원이 작아지는 중심 점을 이동시키고 싶다면, Start 모니터 패널의 작은 원을 이동시키면 됩니다.

15 Border Width 값을 10 정도로 변경하고, Border Color의 스포이드 툴을 클릭합니다. 그리고 영상에 보이는 초록색 섬을 클릭합니다. 원에 초록색 라인이 생기는 것을 확인할 수 있습니다. 이처럼 속성을 이용하면 프리미어에서 제공하는 트랜지션도 다양한 형태로 바꿀 수 있으며, 속성의 옵션은 트랜지션 마다 조금씩 차이가 있습니다.

 트랜지션 A/B 편집 모드

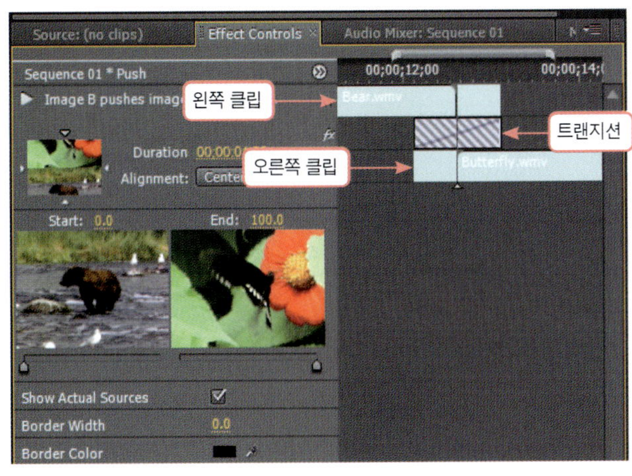

16 프리미어 CS4는 초창기 버전에서 사용하던 A/B 모드를 이용할 수 있습니다. A/B 모드는 트랜지션이 적용된 두 클립을 A와 B 트랙으로 분리하여 위치나 길이 등을 미세하게 조정할 수 있는 기능을 의미합니다. 이펙트 컨트롤 패널을 보면, 총 3개의 트랙을 볼 수 있는데, 위쪽의 트랙이 왼쪽의 A 클립이며, 아래쪽의 트랙이 오른쪽 B 클립입니다. 그리고 중간에 있는 바가 트랜지션입니다.

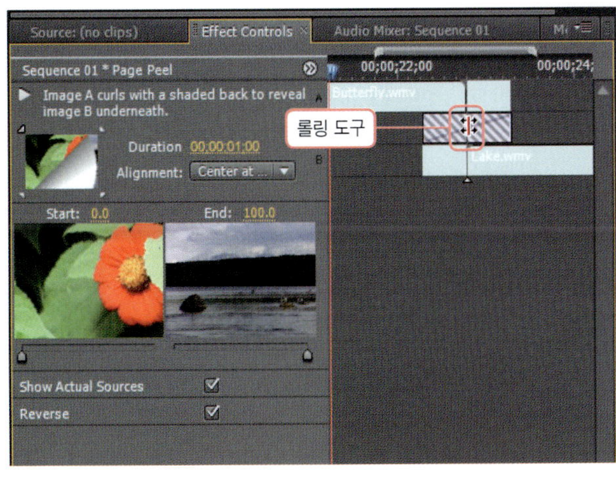

17 클립에 적용한 트랜지션을 선택하고, A/B 모드를 보면, 중간에 작은 삼각형이 있는 경계선이 보입니다. 그 곳에 마우스를 가져가면 왼쪽 클립의 아웃 지점과 오른쪽 클립의 인 지점을 조정할 수 있는 롤링 도구로 이용할 수 있습니다. 인/아웃 지점의 결과는 프로그램 패널에서 모니터 할 수 있습니다.

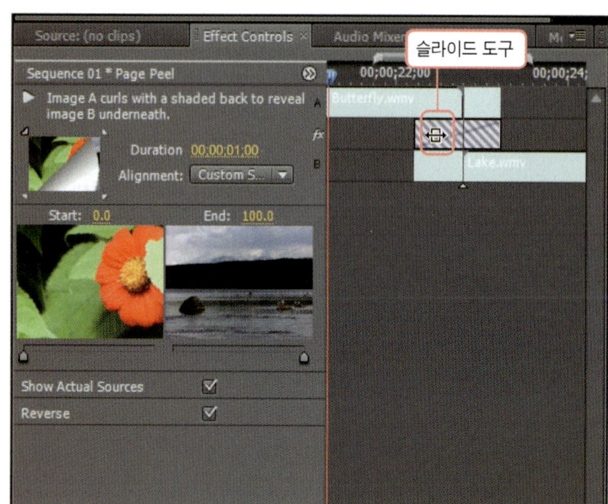

18 마우스를 중간 지점이 벗어난 왼쪽이나 오른쪽에 위치시키면, 슬라이드 도구로 변경됩니다. 슬라이드 도구는 트랜지션이 적용되는 위치를 조정할 수 있는 역할을 하면, 결과는 프로그램 패널에서 모니터 할 수 있습니다.

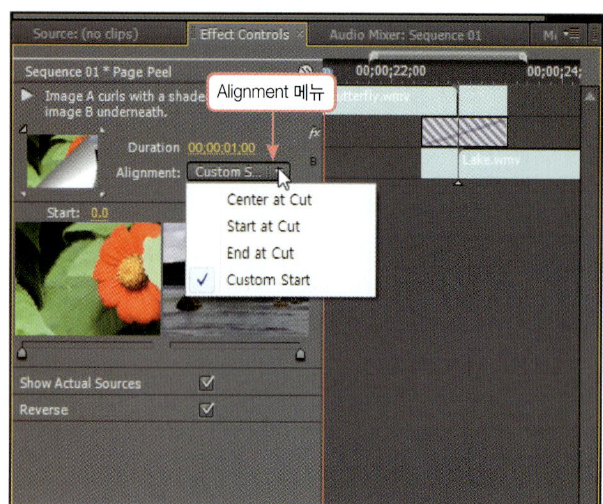

19 Alignment 메뉴의 Start at Cut은 오른쪽 클립의 시작 위치, End at Cut은 왼쪽 클립의 끝 위치, Center at Cut은 중간 위치로 조정할 수 있는 역할을 합니다. 슬라이드 도구를 이용해서 위치를 변경해보았다면, Center at Cut을 선택하여 원래 위치로 복구합니다.

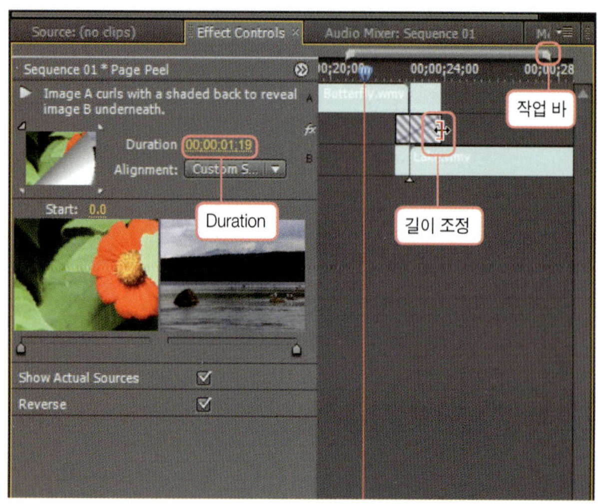

20 마우스를 트랜지션의 시작 지점 또는 끝 지점에 위치하면 길이를 조정할 수 있는 트림 도구 역할을 합니다. 트랜지션의 길이를 시간 단위로 조정하고 싶다면, 컨트롤 패널의 Duration에서 원하는 길이를 입력합니다. 컨트롤 패널은 작업 바를 드래그하여 왼쪽과 오른쪽 클립의 길이가 모두 보이게 확대할 수 있습니다.

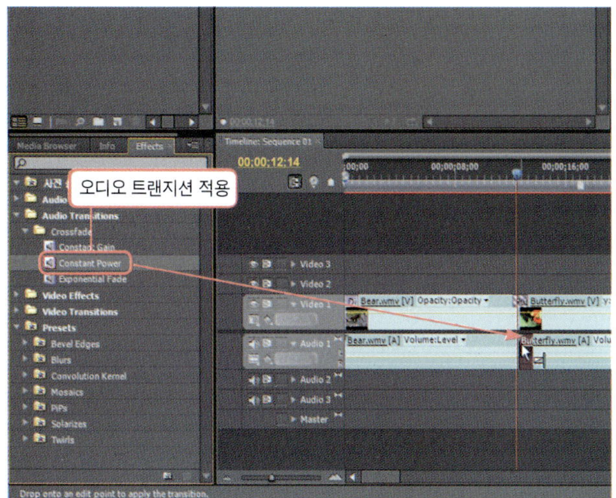

21 트랜지션은 오디오 클립에도 같은 방식으로 적용할 수 있습니다. 이펙트 패널의 Audio Transition 폴더를 열면, 3가지 오디오 트랜지션을 제공하는 Crossfade 폴더를 볼 수 있습니다. Content Power를 각 클립 사이에 드래그하여 적용합니다.

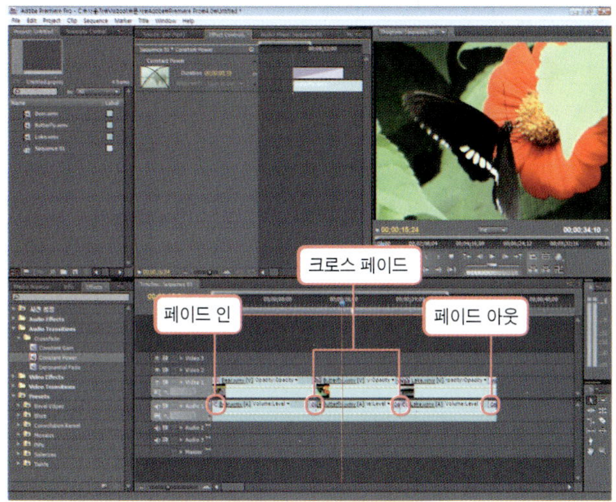

22 샘플에서 사용하고 있는 클립은 여유 길이가 없기 때문에 클립의 시작 또는 끝 위치에만 적용이 됩니다. 그러나 시작 위치에 적용하면 소리가 점점 커지는 페이드 인으로 적용되고, 끝 위치에 적용하면 소리가 점점 작아지는 페이드 아웃으로 적용되기 때문에 각 클립의 시작과 끝 위치에 모두 적용하면 장면이 전환될 때는 소리가 점점 작아졌다가 커지는 크로스 페이드 효과를 만들 수 있습니다.

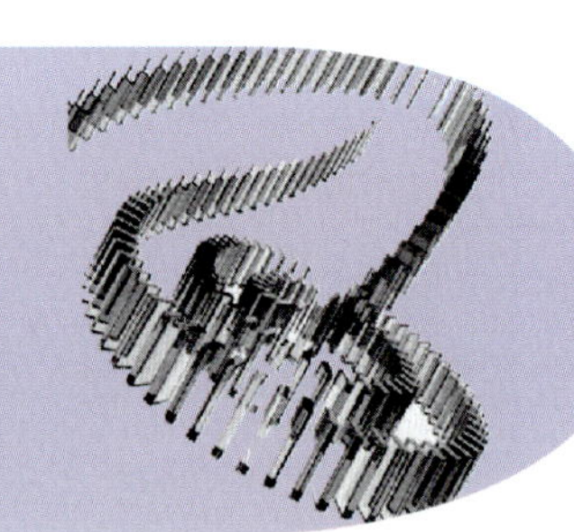

트랜지션 사전

Chapter 02

프리미어 프로 CS4는 총 76가지의 비디오 트랜지션을 3D Motion, Dissolve 등의 11가지 폴더로 구분하여 제공하고 있습니다. 여기서는 사용자 편의를 위해서 각각의 트랜지션을 사전처럼 찾아볼 수 있게 순서대로 정리합니다. 예제 그림은 모두 3장을 사용하였고 왼쪽과 오른쪽이 두 개의 장면이며, 중간의 것이 장면이 바뀌는 상태입니다.

1 | 3D Motion

3D Motions 폴더에는 Cube Spin, Curtain 등, 3D 형태의 장면 전환 효과를 연출할 수 있는 10가지 트랜지션이 있습니다.

 Cube Spin

정육면체 형태로 회전하면서 전환합니다.

  Curtain

커튼을 열 듯이 전환합니다.

문이 열리듯이 전환합니다.

Door 컨트롤 패널

Doors 컨트롤 패널에는 앞에서 살펴보지 못한 Border Width, Border Color, Anti-aliasing Quality의 3가지 옵션이 있습니다. 다른 트랜지션에서도 볼 수 있는 것이므로 잠깐 살펴보겠습니다.

❖ Border Width

테두리가 있는 장면 전환 효과에서 볼 수 있는 옵션으로 테두리의 두께를 설정합니다.

❖ Border Color

테두리의 색상을 선택합니다. 색상 아이콘을 클릭하면 색상을 선택할 수 있는 Color Picker 창이 열리며, 스포이드 툴을 이용하면, 화면에서 원하는 색상을 선택할 수 있습니다.

❖ Anti-aliasing Quality

테두리를 부드럽게 처리할 때의 퀄리티를 선택합니다.

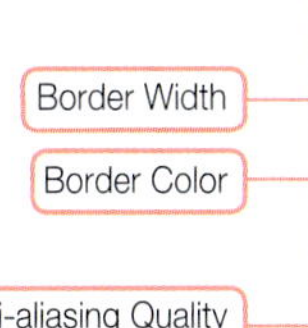
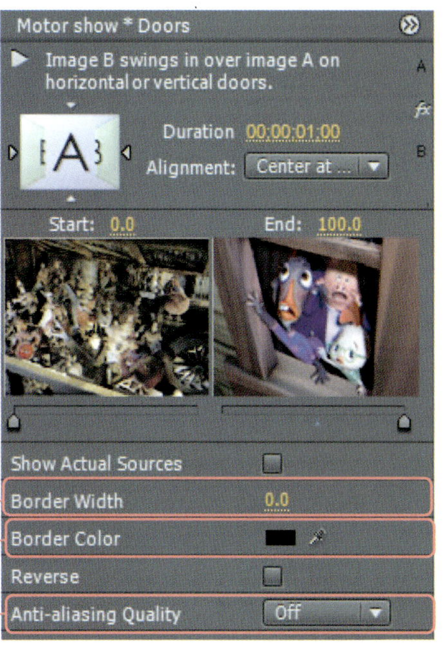

 Flip Over

버티컬 또는 블라인드를 열 듯 전환합니다.

Tip

Custom 옵션

Flip Over 컨트롤 패널에는 버티컬의 수의 색상을 선택할 수 있는 Custom 버튼이 있습니다. Custom 속성은 트랜지션 마다 다르지만, 미리 보기 창을 제공하기 때문에 결과를 볼 수 있다는 장점이 있습니다.

Bands

버티컬 또는 블라인드의 수를 설정합니다.

Fill Color

색상 아이콘를 클릭하면 색상을 선택할 수 있는 Color Picker 창이 열립니다.

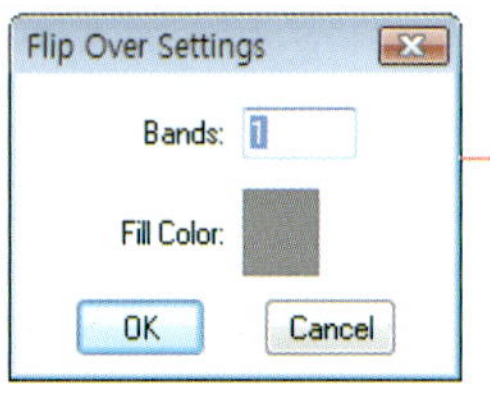

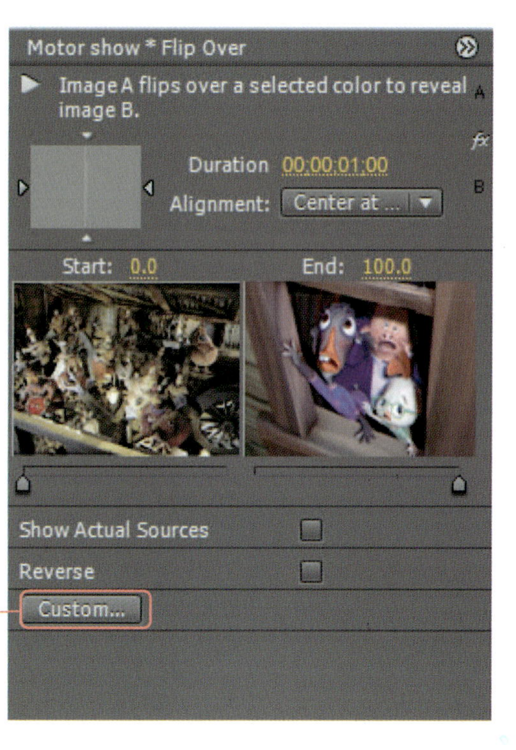

Fold Up

종이를 접듯이 전환합니다.

Spin

화면이 양쪽으로 벌어지면서 전환합니다.

화면이 선 방향으로 회전하면서 전환합니다.

여닫이 문을 닫듯 전환합니다.

화면이 회전하면서 줌 인하듯 전환합니다.

> **Tip**
>
> **방향 바꾸기**
>
> 문이 열리거나 페이지가 넘어가는 등의 트랜지션은 컨트롤 패널에 방향을 결정할 수 있는 작은 삼각형이 있으며, Revers 옵션을 선택하여 기본 방향의 반대로 전환할 수 있습니다. 그리고 Duration은 트랜지션의 길이, Alignment는 트랜지션이 적용되는 위치를 중앙(Center at Cut), 클립의 시작 위치(Start at Cut), 클립의 끝 위치(End at Cut)중에서 선택하는 메뉴입니다.

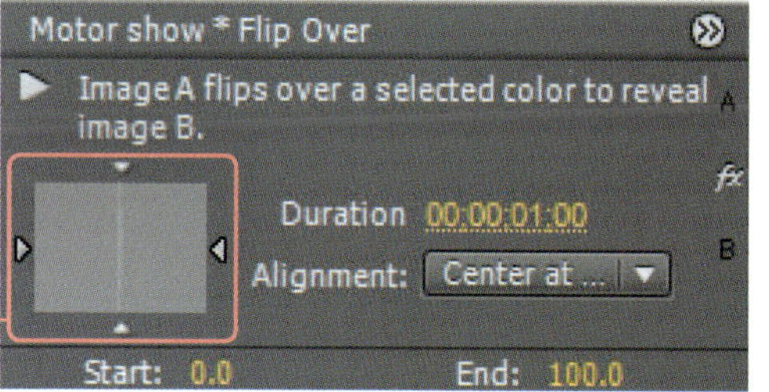

2 # Dissolve

2 Dissolve

Dissolve 폴더에는 Additive Dissolve, Cross Dissolve 등, 자연스러운 장면 전환 효과를 연출하는 6가지가 있습니다. 장면 전환 효과에 가장 많이 사용하는 것들입니다.

 Additive Dissolve

밝을 빛을 내면서 전환합니다.

 Cross Dissolve

화면이 교차하면서 전환하는 것으로 기본 값으로 설정되어 있습니다.

 Dip to Black

화면이 어두워졌다가 밝아지면서 전환합니다.

화면이 하얗게 변하면서 전환합니다.

화면이 작게 부서지듯 전환합니다.

화면의 명암이 교차하면서 전환합니다.

색상이 반전되며, 모자이크 모양으로 전환합니다. Custom 버튼을 클릭하면 크기를 선택할 수 있습니다.

3

GPU Transitions

GPU Transitions 폴더에는 Card Flip, Center Peel 등, 종이를 마는 것과 같은 효과를 연출할 수 있는 5가지 트랜지션을 제공하고 있습니다. 단, GPU를 지원하는 그래픽 카드 사용자만 이용할 수 있습니다. 대부분의 그래픽 카드가 GPU를 지원하고 있으므로, 통합보드 사용자가 아니라면 이용할 수 있을 것입니다.

 Card Flip

조각난 영상이 뒤집히면서 전환합니다.

 Center Peel

화면 중심이 말리면서 전환합니다.

 Page Curl

책장을 넘기듯이 화면의 모서리가 말리면서 전환합니다.

영상이 한쪽 방향으로 말리면서 전환합니다.

 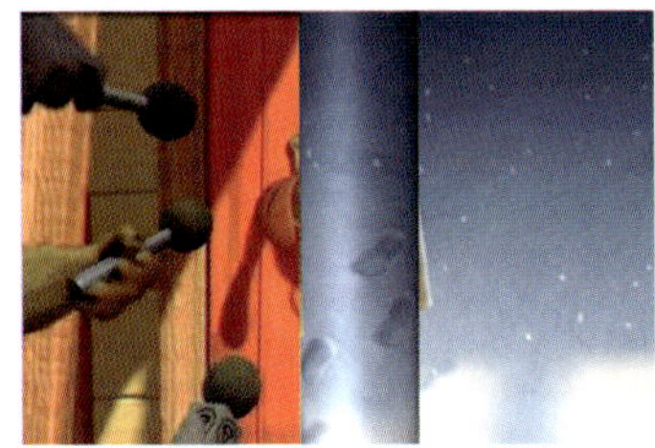 

화면이 둥글게 말리면서 전환합니다.

4   Iris

Iris 폴더에는 Iris Box, Iris Cross 등, 화면이 도형 모양으로 바뀌면서 전환하는 7가지의 트랜지션을 제공하고 있습니다.

사각형으로 교차하면서 전환합니다.

십자 모양으로 교차하면서 전환합니다.

다이아 몬드 모양으로 교차하면서 전환합니다.

엑스자 모양으로 교차하면서 전환합니다.

원 모양으로 교차하면서 전환합니다.

복수의 직각, 타원, 다이아 모양으로 교차하면서 전환합니다. Custom 버튼을 클릭하면 수와 형태를 선택할 수 있는 창이 열립니다.

 Lris Star

별 모양으로 교차하면서 전환합니다.

5 Map

Map 폴더에는 특정 채널을 반전시킬 수 있는 Channel Map과 명암을 이용한 Luminance Map의 두 가지 트랜지션을 제공합니다.

 Channel Map

특정 채널 색상을 이용하여 전환합니다.

Channel Map의 Custom

Channel Map 트랜지션은 효과를 적용할 때 Custom 창이 열립니다. 전환
효과로 사용할 채널을 Source A의 Alpha, Red, Green, Blue 또는 Source
의 Alpha, Red, Green, Blue, Black과 White 중에서 선택할 수 있고, 각
채널의 Insert 옵션은 Map에서 선택한 색상을 빼는 역할입니다. Source
A는 왼쪽 클립이며, Source B는 오른쪽 클립입니다.

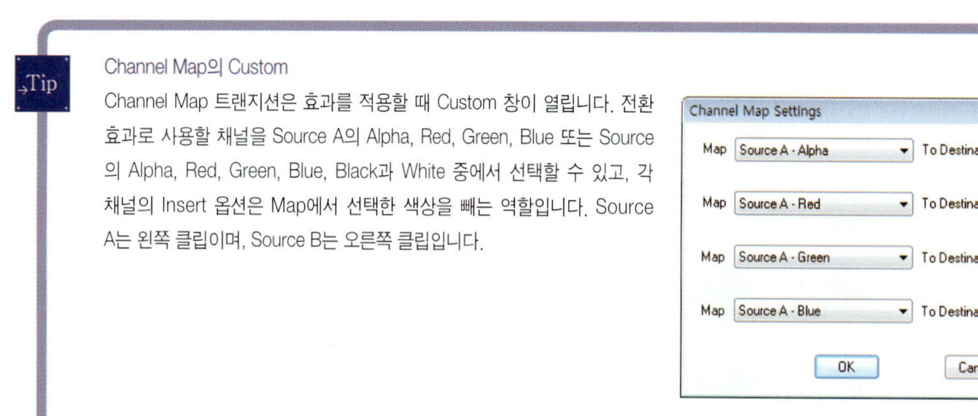

Luminance map

정육면체 형태로 회전하면서 전환합니다.

6 Page Peel

Page Peel폴더에는 Center Peel, Page Peel 등, 책장을 넘기는 듯이 장면을 전환하는 5가지 트랜지션을
제공합니다.

Center Peel

중앙에서 사방 모서리로 열듯이 전환합니다.

책장을 넘기듯이 전환합니다.

 Page Turn

책장을 말아 넘기듯이 전환합니다.

 Peel Back

중앙에서 사방 모서리 방향으로 하나씩 젖히듯이 전환합니다.

 Roll Away

좌/우로 종이를 말아 넘기듯이 전환합니다.

7 | Slide

Slide 폴더에는 Band Slide, Center Merge 등, 영상을 잘라내는 듯이 장면을 전환하는 12가지의 트랜지션을 제공합니다.

 **Band Slide**

수평/수직으로 자르듯이 전환합니다. Custom 버튼을 클릭하면 잘리는 수를 설정할 수 있는 창이 열립니다.

 **Center Merge**

4등분으로 자른 영상을 펼치듯이 전환합니다.

 **Center Split**

중앙에서부터 4등분으로 나누듯이 전환합니다.

Multi-Spin

잘라낸 영상을 회전하면서 전환합니다. Custom 버튼을 클릭하면 잘리는 수를 설정할 수 있는 창이 열립니다.

Push

좌/우로 밀 듯이 전환합니다.

Slash Slide

채를 썰 듯이 전환합니다. Custom 버튼을 클릭하여 잘리는 수를 설정할 수 있는 창이 열립니다.

Slide

화면에 겹쳐놓듯이 전환합니다.

버티컬 또는 블라인드를 닫듯이 전환합니다.

잘린 영상을 하나씩 밀듯이 전환합니다. Custom 버튼을 클릭하면 잘리는 수를 설정할 수 있는 창이 열립니다.

중앙을 잘라 밀듯이 전환합니다.

장면을 뒤 바꾸듯이 전환합니다.

조각 장면이 회전하면서 전환합니다. Custom 버튼을 클릭하면 조각 수를 설정할 수 있는 창이 열립니다.

8 Special Effects

Special Effect라는 폴더 이름에서 짐작할 수 있듯이 Displace, Texturize 등, 특수한 효과를 연출하는 3가지 트랜지션을 제공합니다.

다음 장면과 이전 장면을 바꾸듯 전환합니다. 크기와 형태를 선택할 수 있는 Custom 창이 있습니다.

화면을 겹치듯이 전환합니다.

화면의 RGB 색상을 겹치듯이 전환합니다.

9 Stretch

Stretch 폴더에는 Cross Stretch, Stretch 등, 화면을 늘리면서 전환하는 4가지의 트랜지션을 제공합니다.

Cross Stretch

다음 화면을 잡아당기듯이 전환합니다.

Stretch

이전 화면을 잡아 늘리듯이 전환합니다.

화면을 양쪽으로 잡아 늘렸다 놓듯이 전환합니다.

양쪽으로 늘어났던 화면이 줄 듯이 전환합니다.

 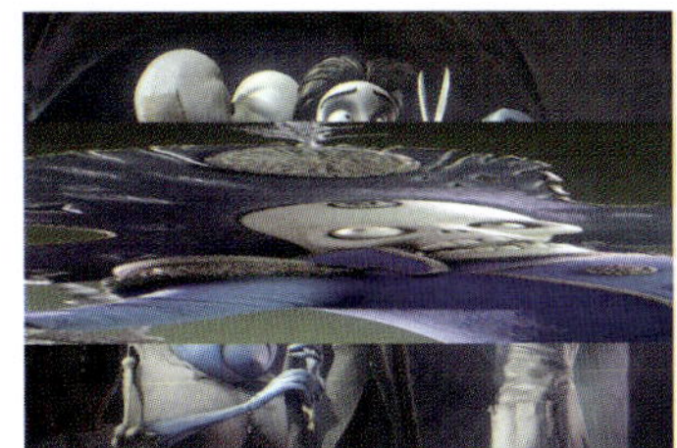 

10 Wipe

Wipe 폴더에는 Band Wipe, Barn Doors 등, 화면을 닦아내듯 전환하는 17가지의 트랜지션을 제공합니다.

줄무늬가 교차하면서 전환합니다. Custom 버튼을 클릭하면 줄무늬의 수를 설정할 수 있는 창이 열립니다.

미닫이 문이 양쪽으로 열리듯이 전환합니다.

체크 무늬가 교차하듯이 전환합니다. Custom 버튼을 클릭하면 체크 무늬의 수를 설정할 수 있는 창이 열립니다.

체크 무늬를 채우듯이 전환합니다. Custom 버튼을 클릭하면 체크 무늬의 수를 설정할 수 있는 창이 열립니다.

시계 바늘이 회전하듯이 전환합니다.

 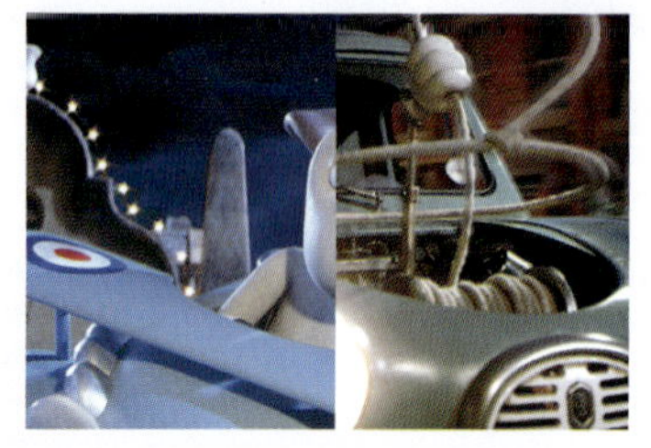 

Gradient Wipe

창을 닦아내듯이 전환합니다. 그라이언트 정도를 조절하거나 외부 이미지 파일을 불러올 수 있습니다.

Nset

모서리에서 사각으로 확대/축소하듯이 전환합니다.

Paint Splatter

페인트를 던지듯이 전환합니다.

Pinwheel

원형으로 등분된 화면이 회전하면서 전환합니다. 등분 수를 설정할 수 있는 Custom 창이 있습니다.

모서리를 기준으로 회전하듯이 전환합니다.

 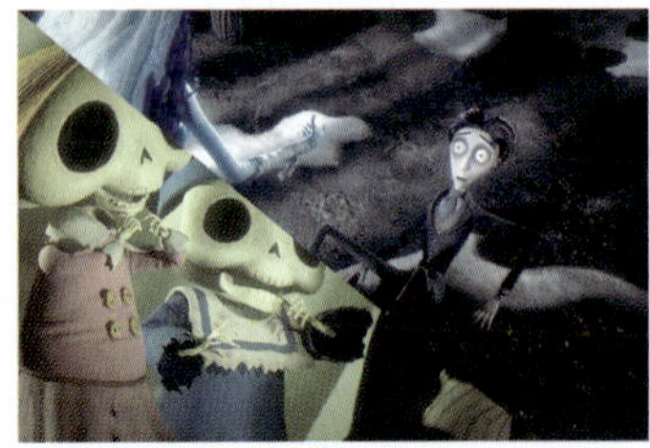 

블록을 쌓듯이 전환합니다. Custom 버튼을 클릭하면 블록 수를 설정할 수 있는 창이 열립니다.

화면을 거칠게 닦듯이 전환합니다.

외각에서 중심점으로 닦듯이 전환합니다. Custom 버튼을 클릭하면 회전 수를 설정할 수 있는 창이 열립니다.

버티컬 또는 블라인드가 닫히듯이 전환합니다. 분할 수를 설정할 수 있는 Custom 창이 있습니다.

중심점을 기준으로 부채를 펴듯이 전환합니다.

화면을 밀 듯이 전환합니다.

화면을 지그재그로 닦듯이 전환합니다. Custom 버튼을 클릭하면 횟수를 설정할 수 있는 창이 열립니다.

11 Zoom

Zoom 폴더에는 Cross Zoom, Zoom 등, 화면을 확대/축소하며 전환하는 4가지 트랜지션을 제공합니다.

 Cross Zoom

화면이 확대/축소 되면서 전환합니다.

 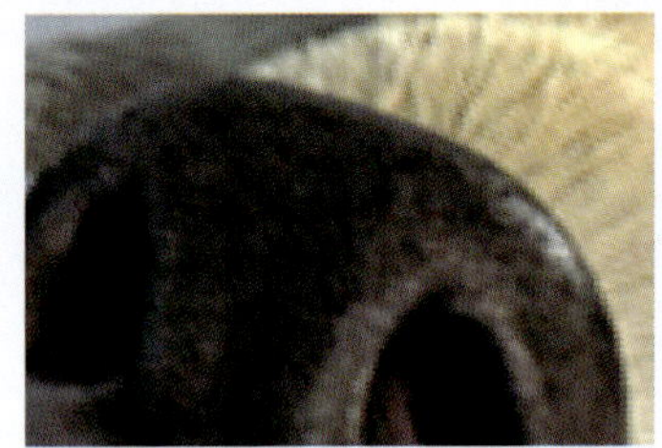 

 Zoom

Cross Zoom과 동일하지만, 다양한 설정이 가능합니다.

 Zoom boxes

모자이크 모양으로 확대/축소 하면서 전환합니다. 모자이크수를 설정할 수 있는 Custom 창을 제공합니다.

장면이 밀려가거나 밀려오듯이 전환합니다. 모션 수를 설정할 수 있는 Custom 창을 제공합니다.

Tip

오디오 트랜지션

이펙트 패널의 Audio Transitions에는 오디오 클립에 적용할 수 있는 Constant Gain, Constant Power, Exponential Fade의 3 가지 오디오 트랜지션을 제공하고 있습니다. 3 가지 모두 장면과 장면 사이의 사운드가 자연스럽게 연결되게 하는 역할을 합니다. 트랜지션의 적용 방법은 오디오 클립이라는 것일 뿐, 비디오 트랜지션과 동일하며, 길이와 위치를 변경하는 것 외에는 별다른 컨트롤 패널이 없기 때문에 간단하게 사용할 수 있습니다.

❖ 오디오 클립 사이에 오디오 트랜지션의 기본 값인 Constant Power를 드래그하여 적용하고, 컨트롤 패널을 보면 확인할 수 있듯이 이전 클립의 볼륨이 점점 작아지고, 다음 클립의 볼륨이 점점 커지면서 전환하는 효과입니다.

❖ 나머지 Constraint Gain과 Exponential Fade는 볼륨 변화의 곡선만 다를 뿐 Constant Power와 동일합니다. 그 밖에 위치와 길이 조정은 비디오 트랜지션과 같이 오디오 트랜지션 마크를 드래그하여 조정할 수 있습니다.

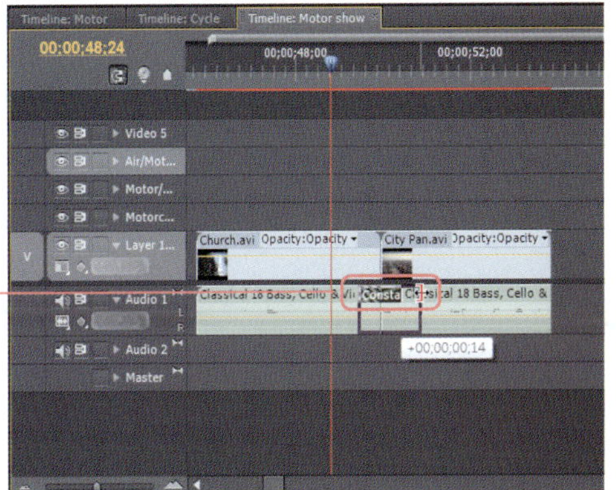

Premiere Pro CS4

PART 05

꽃 보다 아름다운 이펙트의 모든 것

영상 편집 전문가들의 공통적인 조언은 화려한 이펙트를 너무 많이 사용하여 조잡하게 만들지

말라는 것입니다. 하지만, 프리미어에서 기본적으로 제공하는 이펙트만 130가지가 넘고,

After Effects CS4와 Thitd-party plug-ins을 포함하면 그 수는 헤아릴 수도 없이 많습니다. 즉,

영상 편집의 꽃이 이펙트라는 것은 부인할 수 없는 사실입니다. 다만, 홀딱 벗는 것 보다는

미니 스커트가 섹시해 보이듯이 티 안 나게 사용하는 것이 요령입니다.

이펙트 사용하기

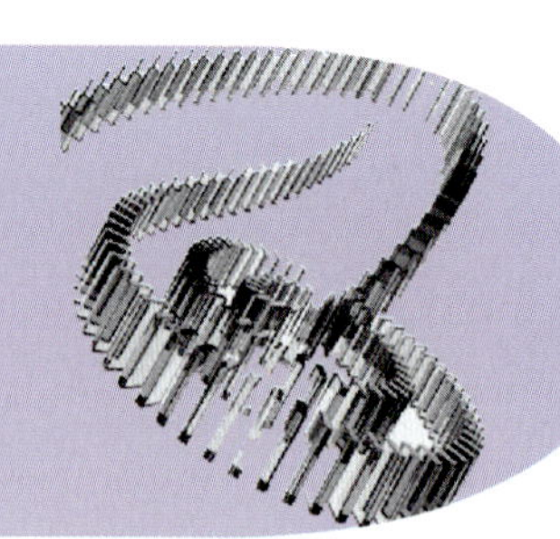

프리미어 프로 CS4는 총 132가지의 이펙트를 18가지의 폴더로 나누어 제공하고 있습니다. 이펙트는 영상을 화려하게 꾸미거나 잘못된 촬영을 보정하는 등의 역할로 사용할 수 있습니다. 프리미어에서 제공하는 이펙트는 타임라인 패널에서 편집 중인 클립이나 이펙트 컨트롤 패널로 드래그하여 가져다 놓는 간단한 동작으로 쉽게 사용할 수 있으며, 하나의 클립에 다수의 이펙트를 적용하는 것도 가능합니다. 그러나 각 이펙트의 역할을 이해하고, 적합한 효과를 제한적으로 사용할 수 있는 능력은 오랜 경험을 통해서만 습득할 수 있으므로, 꾸준한 실험이 필요한 학습이기도 합니다.

1 이펙트의 사용과 관리

프리미어 프로 CS4의 이펙트 패널은 Presets(사전 설정), Audio Effects(오디오 효과), Audio Transitions (오디오 전환), Video Effects(비디오 효과), Video Transitions(비디오 전환)의 5가지 폴더로 구성되어 있습니다. 여기서 영상에 특별한 효과를 만들거나 노출 및 광원 부족으로 인한 촬영 오류들을 수정하는 역할의 이펙트는 Video Effects 폴더에 총 18개의 하위 폴더로 제공됩니다. 프리미어 프로 CS4에서 제공하는 이펙트를 영상 클립에 적용하는 방법과 사용자 이펙트 폴더를 만들어 관리하는 방법 등의 기본적인 내용을 살펴보겠습니다.

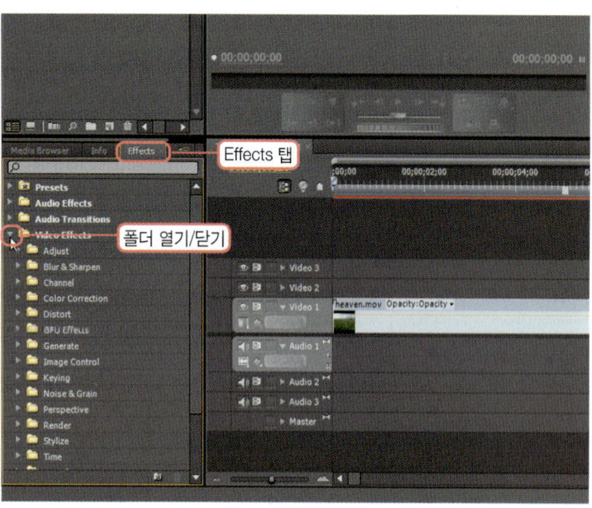

01 부록 CD의 PART_05에서 heaven 파일을 임포트하여 타임라인 패널에 가져다 놓습니다. 그리고 Effects 탭을 클릭하여 이펙트 패널을 열고, Video Effects 폴더의 작은 삼각형을 클릭하여 폴더를 엽니다.

 가·정·교·사

Windows Only라고 표시되어 있는 몇 가지 이펙트는 MAC에서 사용할 수 없는 것을 의미하며, MAC에서 여는 경우에 오프라인 효과로 나타납니다.

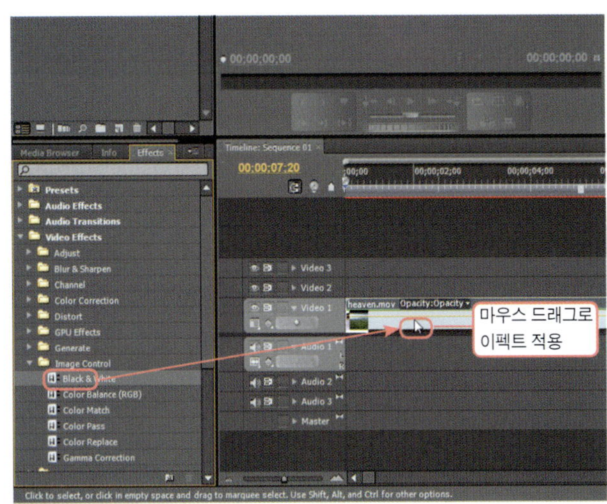

02 Adjust, Blur & Sharpen 등, 18개의 하위 폴더가 보입니다. Image Control 폴더를 열고, Black & White 이펙트를 타임라인의 heaven.mov 클립으로 드래그하여 적용합니다. 영상을 흑백으로 만드는 역할의 이펙트입니다.

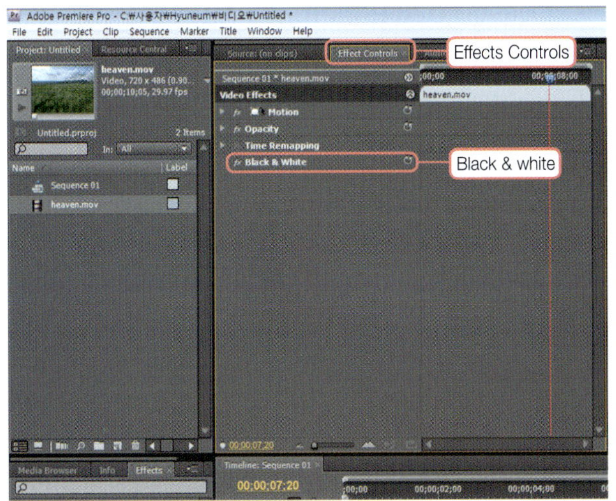

03 이펙트의 세부적인 설정은 Effects Controls 패널에서 합니다. 이펙트 컨트롤 패널을 열어보면, 앞에서 사용한 Black & White 이펙트가 있으며, On/Off 역할의 FX 버튼 외에는 별다른 옵션이 없습니다.

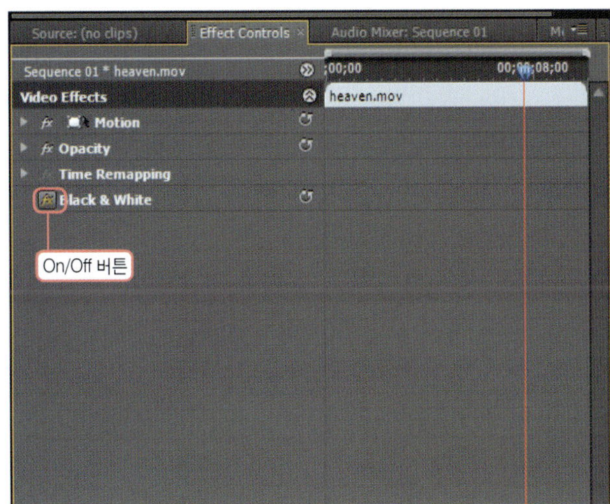

04 Fx 버튼을 클릭하여 이펙트를 Off 하면, 이펙트를 사용하기 전의 원본 영상이 보이고, 다시 클릭하여 On하면, Black & White 이펙트가 적용된 흑백 영상이 보입니다. 즉, Fx 버튼은 이펙트의 사용 유무를 On/Off하는 것으로 이펙트 적용 전/후를 비교해볼 때 이용할 수 있습니다.

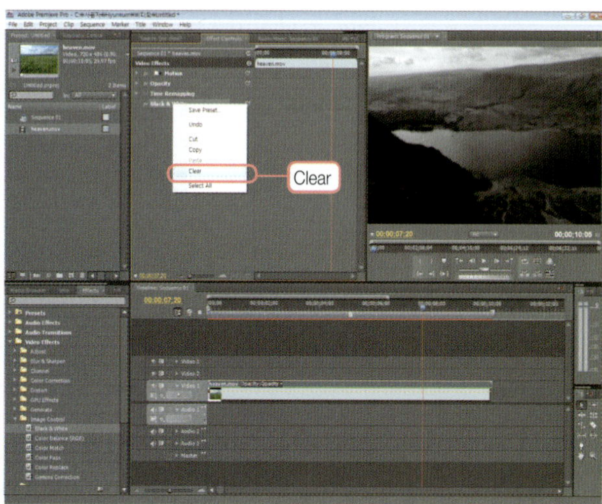

05 적용한 이펙트는 마우스 오른쪽 버튼을 클릭하여 단축 메뉴를 열고, Clear를 선택하거나 Delete 키를 눌러 제거할 수 있습니다. 앞에서 사용한 Black & White를 선택하고 Delete 키를 눌러 제거해 봅니다.

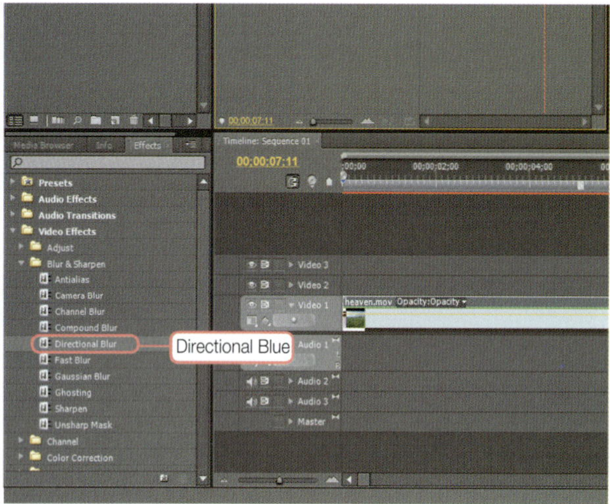

06 이번에는 Blur & Sharpen 폴더에서 Directional Blur를 찾아 클립으로 드래그하여 적용합니다. 이것은 셔터 스피드를 느리게 하여 촬영한 것처럼 잔상을 만들어주는 이펙트입니다.

가·정·교·사

이펙트는 클립을 선택하고 Effects Controls 패널로 드래그하여 적용해도 좋습니다.

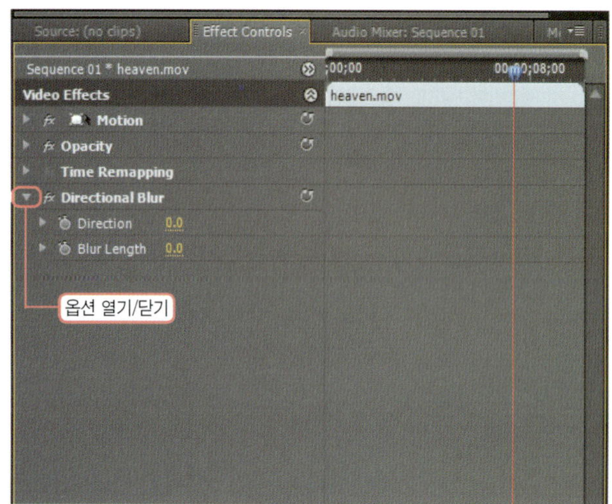

07 이펙트 컨트롤 패널을 보면, Directional Blur 이름 왼쪽에 작은 삼각형이 보입니다. 이것은 해당 이펙트의 속성을 편집할 수 있는 옵션이 있다는 표시입니다. 삼각형을 클릭하여 열어보면, 잔상이 만들어지는 방향(Direction)과 길이(Blur Length)를 조정할 수 있는 두 가지 옵션을 볼 수 있습니다.

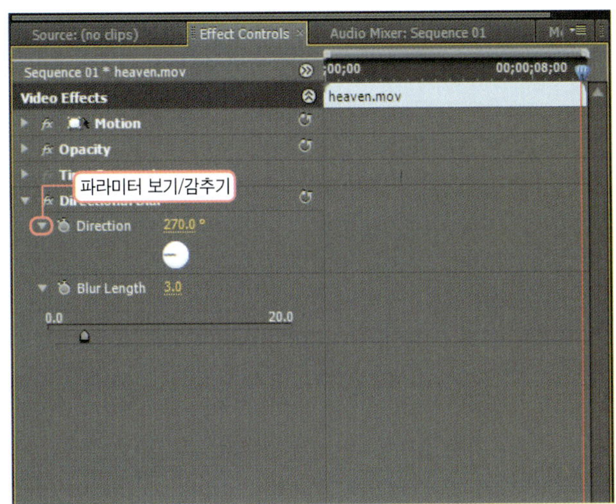

08 Direction 값과 Blur Length 값을 다양하게 조정하고, Space bar 키를 눌러 결과를 확인해 보면서 결과가 달라지는 모습을 확인합니다. 각 옵션 왼쪽의 삼각형을 클릭하면 숫자 대신에 노브와 슬라이드로 조정할 수 있는 파라미터를 볼 수 있습니다. 즉, 숫자를 클릭하여 원하는 값을 입력하거나 노브와 슬라이드를 드래그하여 조정해도 좋습니다.

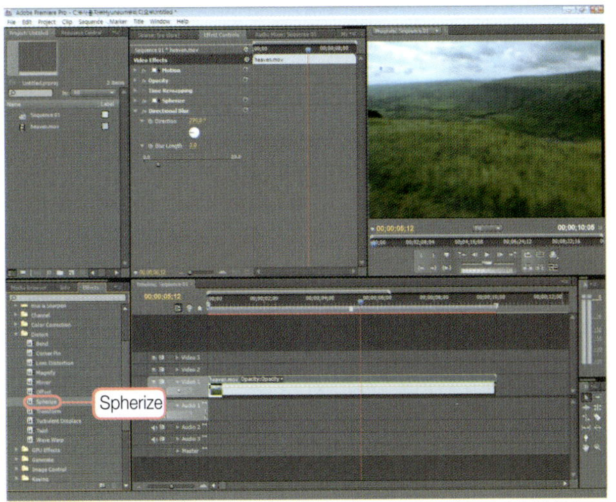

09 이번에는 Distort 폴더의 Spherize 이펙트를 찾아 클립에 적용합니다. 앞에서 적용한 Directional Blur와 함께 하나의 클립에 두 개의 이펙트를 적용하는 것입니다. 이처럼 프리미어의 이펙트는 원하는 만큼 복수로 적용하는 것이 가능합니다. 단, 사용자 컴퓨터 시스템 사양에 따라 많은 이펙트를 사용하면 프로그램 패널의 영상이 정상적으로 재생되지 않을 수 있습니다. 이때는 Enter 키를 눌러 랜더링 작업을 실행합니다.

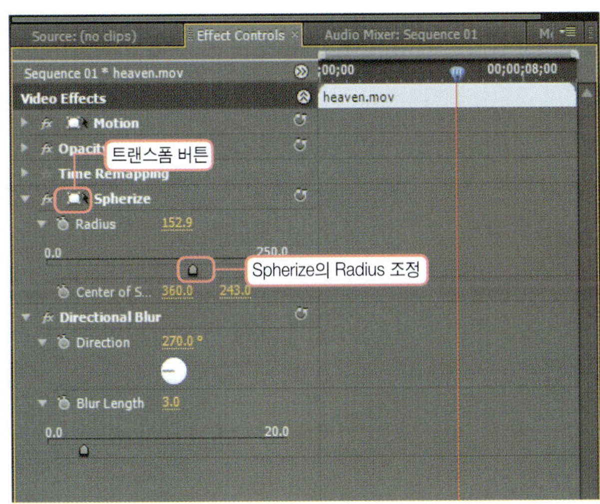

10 이펙트 컨트롤 패널의 Spherize를 보면, 이름 왼쪽에 트랜스폼 버튼이 있는 것을 볼 수 있습니다. 이것은 모션 효과와 같은 부류의 이펙트에서 볼 수 있는 버튼입니다. 역할을 알아보기 위해서 Spherize 옵션을 열고, Radius 값을 올려봅니다. 영상이 볼록해지는 효과를 만드는 이펙트라는 것을 알 수 있습니다.

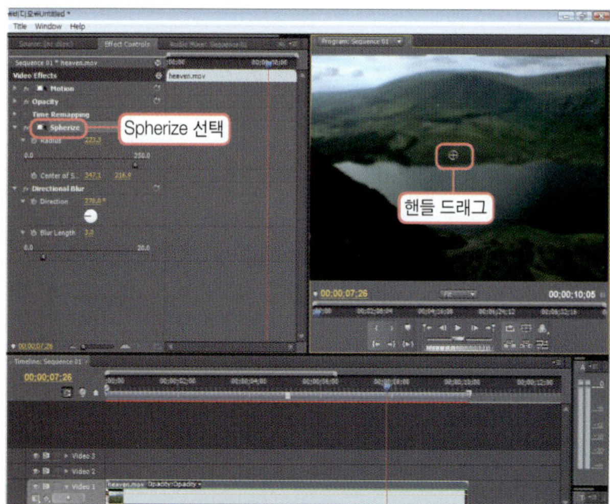

11 Spherize의 이름을 선택하면 프로그램 패널에 핸들이 보입니다. 핸들을 드래그하면 볼록해지는 원의 중심을 이동시킬 수 있습니다. 물론 정확한 위치를 원한다면, Spherize 옵션의 Center of Sphere 값을 이용해야겠지만, 트랜스폼을 제공하는 이펙트들로 있다는 것을 기억해두기 바랍니다.

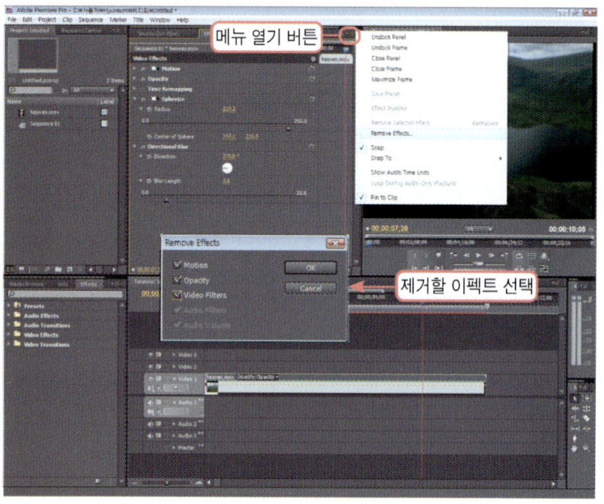

12 두 개 이상의 이펙트는 Delete 키를 이용해서 하나씩 제거하는 것 보다는 이펙트 컨트롤 패널 메뉴의 Remove Effects를 선택하여 창을 열고, Video Filters를 선택하는 것이 편리합니다. Motion과 Opacity는 키프레임만을 제거합니다.

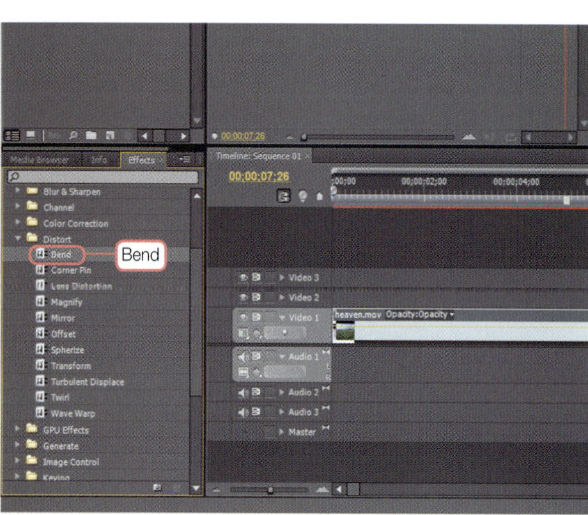

13 프리미어에서 제공하는 이펙트 대부분은 속성을 변경할 수 있는 옵션이 있지만, 아무런 옵션도 없는 것과 트랜스폼 버튼을 제공하는 것들이 있다는 것을 살펴보았습니다. 그 외 설정 창을 제공하는 것도 있습니다. Distort 폴더의 Bend를 적용해봅니다.

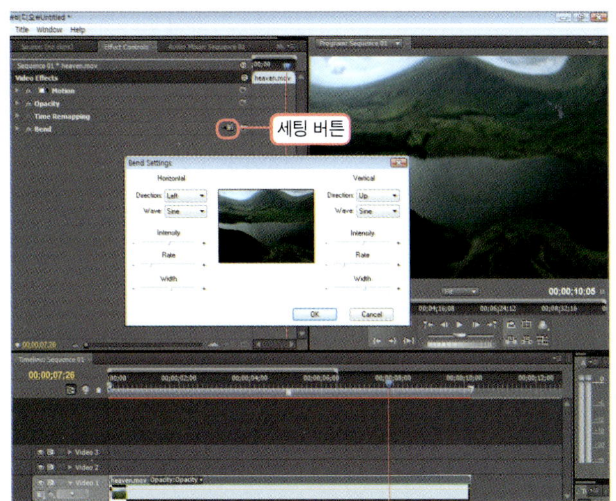

14 영상이 휘어지는 효과를 연출하는 이펙트인데, Bend 이름 오른쪽을 보면, 다른 이펙트에서 보지 못했던 세팅 버튼이 있습니다. 이것을 클릭하면 영상이 휘어지는 방향과 정도를 미리 확인하면서 조정할 수 있는 세팅 창이 열립니다.

15 세팅 버튼 오른쪽의 리셋 버튼은 프리미어에서 제공하는 모든 이펙트에서 제공하는 것으로 사용자가 조정한 옵션 값을 초기화하는 역할입니다. 이펙트를 조정하다가 마음에 들지 않아서 처음부터 다시 조정하고 싶을 때 이용할 수 있습니다.

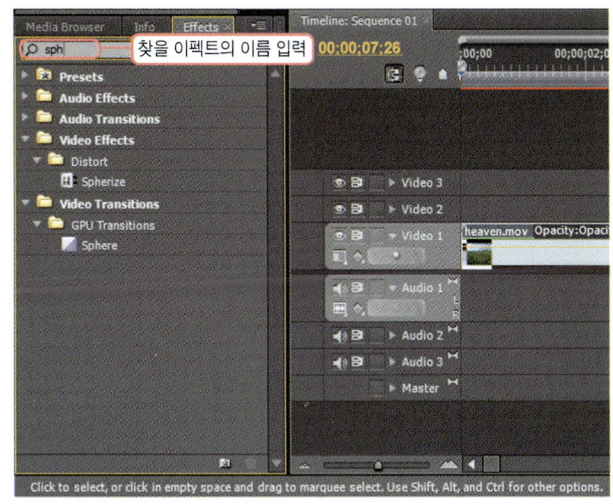

16 프리미어는 이펙트를 좀 더 쉽게 사용할 수 있도록 찾기 필드 및 사용자 폴더를 제공합니다. 이펙트 패널의 돋보기 모양 아이콘이 있는 필드에서 찾고자 하는 이펙트 이름의 일부분을 입력하면, 사용자가 입력한 글자를 포함하고 있는 이펙트만 나열됩니다. 예를 들어 Spherize 이펙트를 찾을 때는 Sph 정도만 입력해도 되는 것입니다.

가·정·교·사

이펙트를 찾은 후, 전체 목록이 표시되게 하려면, 찾기 필드 오른쪽의 X 표시를 클릭합니다.

17 이펙트 패널의 찾기 기능은 이름의 일부분이라도 기억을 하고 있어야 한다는 단점이 있습니다. 만일, 이펙트를 공부하면서 마음에 드는 것이 있다면, 이름을 기억하는 것 보다는 사용자 폴더를 만들어서 관리하는 것이 편할 수 있습니다. 도구의 New Custom Bin 버튼을 클릭합니다.

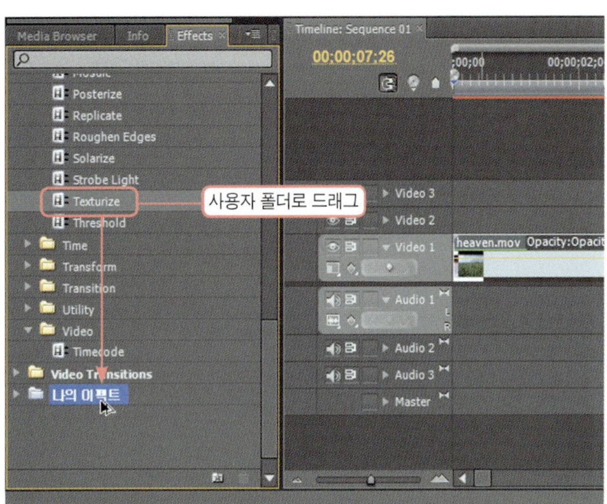

18 Custom Bin 01이라는 이름의 폴더가 만들어집니다. 폴더 이름을 클릭하여 구분하기 쉬운 이름으로 변경하고, 앞으로 이펙트를 사용하면서 마음에 드는 것이 있다면, 새로 만든 폴더로 드래그하여 복사해 놓습니다.

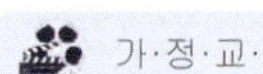 가·정·교·사

사용자 폴더는 원하는 만큼 만들 수 있습니다. 이펙트의 종류별로 구분해 놓으면, 편리할 것입니다.

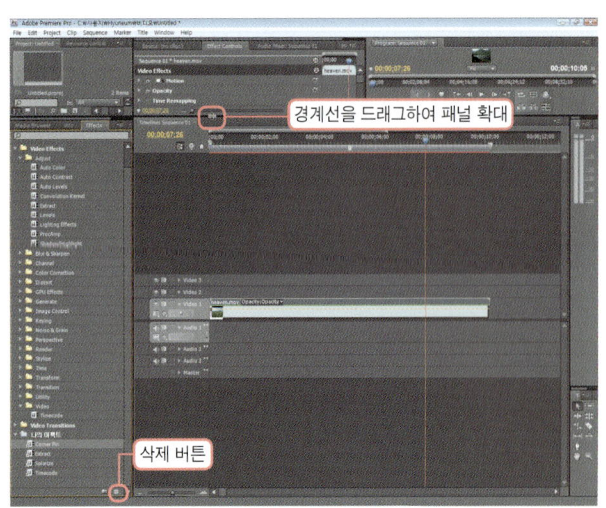

19 원하는 이펙트와 사용자 폴더와의 거리가 멀어서 한 화면에 보이지 않는다면, 패널의 경계선을 위쪽으로 드래그하여 이펙트 패널을 확대합니다. 휴지통 모양의 버튼은 사용자 폴더 또는 사용자 폴더에 가져다 놓은 이펙트를 삭제하는 역할입니다.

 가·정·교·사

사용자 폴더 및 이펙트는 [Delete]키를 눌러 삭제할 수 있습니다.

키프레임 사용하기

클립에 기본적으로 제공되는 모션과 불투명도의 이펙트를 키프레임을 사용하여 시간의 변화를 줄 수 있듯이 프리미어에서 제공하는 모든 이펙트는 키프레임 작업이 가능합니다. 예를 들어 앞에서 실습으로 사용해봤던 것들 중에서 영상을 흑백으로 만드는 Black & White에 키프레임을 이용하면, 과거를 회상하는 장면에서 화면이 서서히 흑백으로 바뀌는 효과를 만들 수 있고, 화면이 볼록해지는 Spherize에 키프레임을 이용하면, 땅이 점점 볼록해지면서 나타나는 터미네이터의 명 장면도 만들 수 있다는 것입니다.

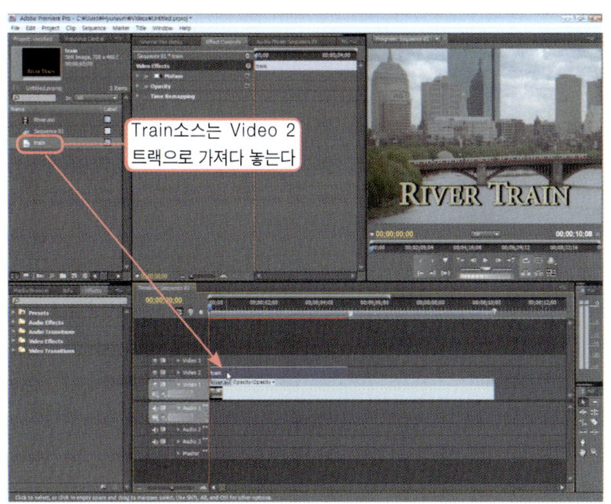

01 부록 CD의 PART_05 폴더에서 River과 Train 파일을 임포트합니다. 그리고 River.mov 소스는 타임라인의 Video 1트랙에 가져다 놓고, train 타이틀 소스는 Video 2 트랙에 가져다 놓습니다.

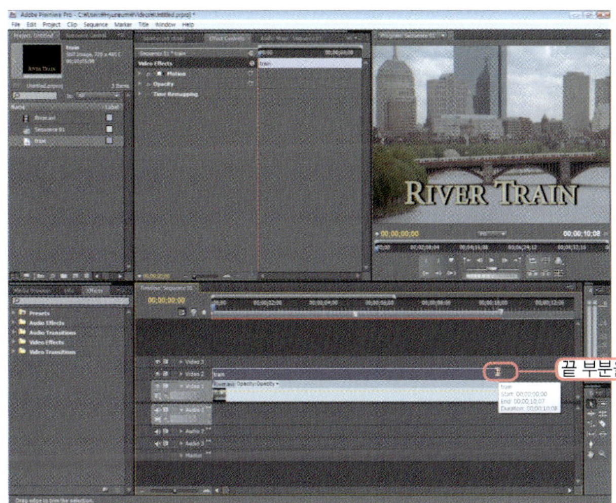

02 Video 2 트랙에 등록한 train 클립의 오른쪽 끝 부분을 오른쪽으로 드래그하여 Video 1 트랙의 River 소스와 길이가 같도록 조정합니다. 이미지 소스이기 때문에 길이 조정이 가능한 것입니다.

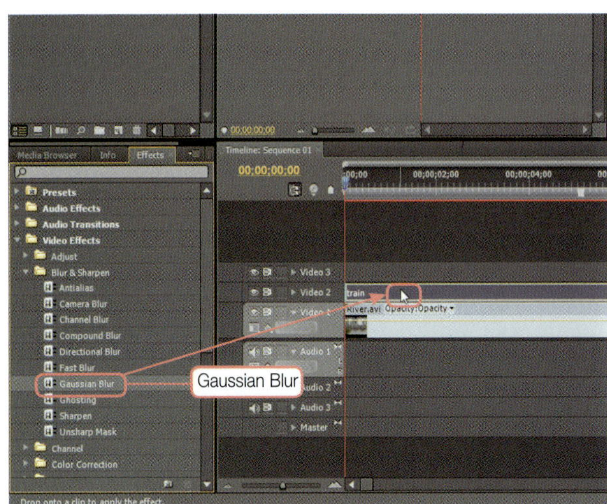

03 이펙트 패널의 Video Effects 폴더에서 Blur & Sharpen 폴더를 찾아 열고, Gaussian Blur 이펙트를 Video 2 트랙에 등록되어 있는 train 클립에 드래그하여 적용합니다.

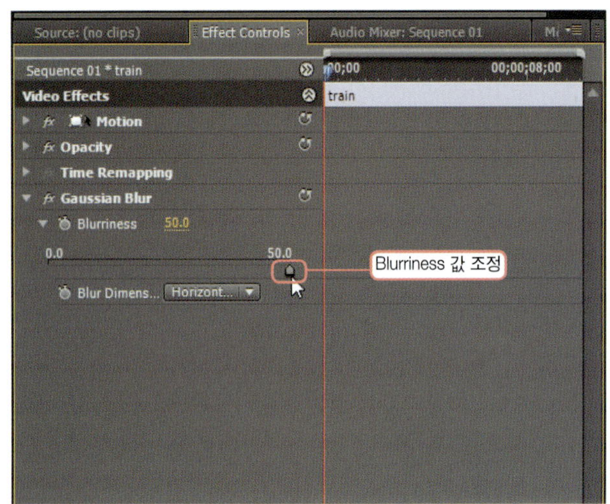

04 이펙트 컨트롤 패널에 등록된 Gaussian Blur 이펙트의 옵션을 열고, Blurriness 값을 50으로 증가시켜 화면을 흐리게 만듭니다. Video 2 트랙의 train 클립에 적용한 이펙트이므로, 글자만 흐려집니다.

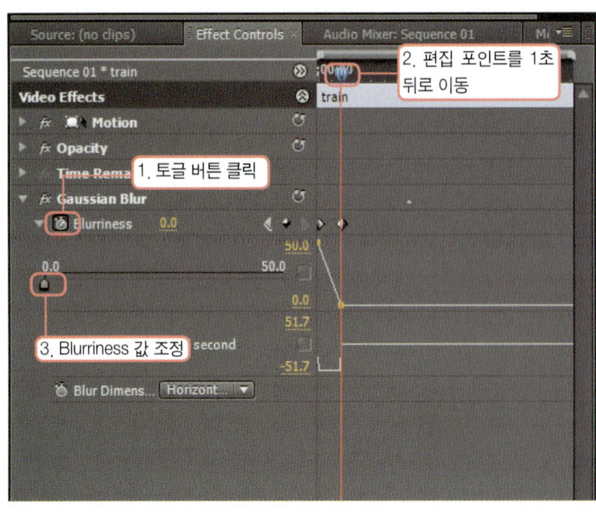

05 Blurriness 토글 버튼을 클릭하여 키프레임을 만듭니다. 그리고 편집 포인트를 오른쪽으로 드래그하여 약 1초 뒤로 이동시키고, Blurriness 값을 0으로 조정합니다. 시작 위치에서 토글 버튼을 On으로 했으므로, Blurriness 값을 조정할 때 두 번째 키프레임이 자동으로 만들어집니다.

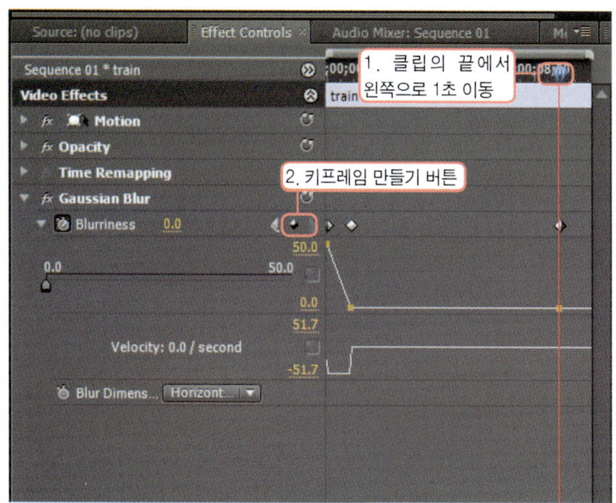

06 Page Down 키를 눌러 편집 라인을 클립의 끝으로 이동시키고, 편집 포인트를 왼쪽으로 드래그하여 약 1초 전으로 이동시킵니다. 키프레임 만들기 버튼을 클릭하여 키프레임을 만듭니다. 클립의 길이가 약 10초이므로, 9초 위치가 됩니다.

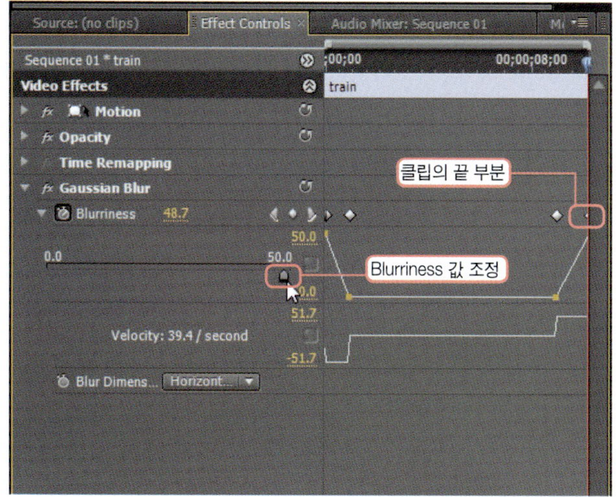

07 Page Down 키를 눌러 편집 라인을 클립의 끝으로 이동시키고, Blurriness 값을 최대로 조정합니다. 즉, Gasuusain Blur 이펙트에 키프레임을 사용하여 영상의 시작 부분에서 글자가 흐렸다가 약 1초 동안 점점 뚜렷해지고, 영상이 끝나는 1초 동안 점점 흐려지는 효과를 만든 것입니다. Space bar 키를 눌러 확인해봅니다.

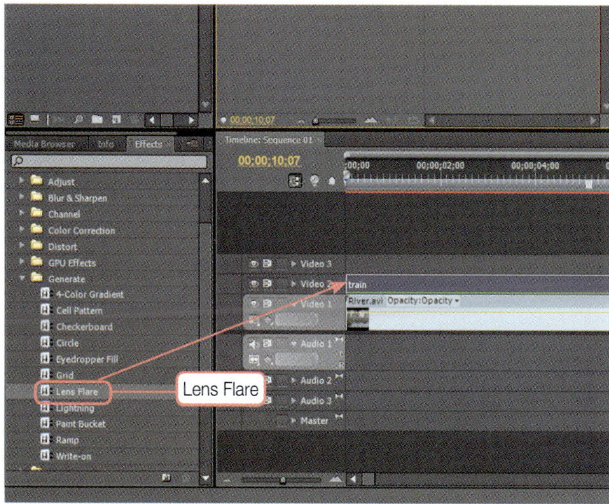

08 한 가지만 더 해보겠습니다. Generate 폴더의 Lens Flare 이펙트를 찾아 Video 2 트랙의 Train 클립에 적용합니다. Gaussina Blur과 함께 두 개의 이펙트를 사용하는 것입니다.

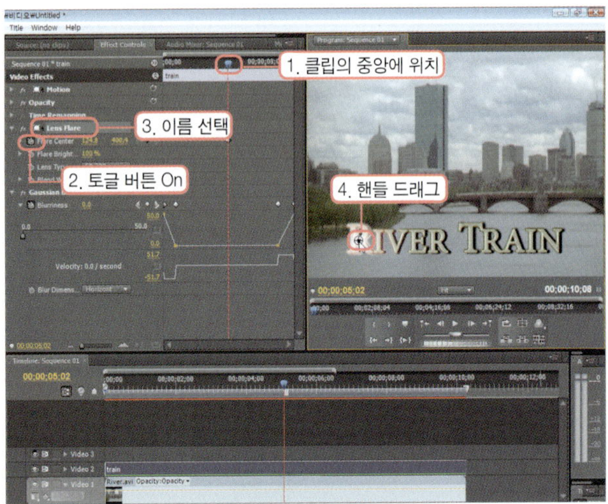

09 편집 라인을 글자가 선명하게 보이는 클립의 중간 위치에 놓고, Lens Flare 이펙트의 Flare Center 토글 버튼을 클릭하여 키프레임을 만듭니다. 그리고 Lens Flare 이름을 선택하면 프로그램 패널에 핸들이 보이는데, 이것을 첫 글자인 R 중앙으로 이동시킵니다.

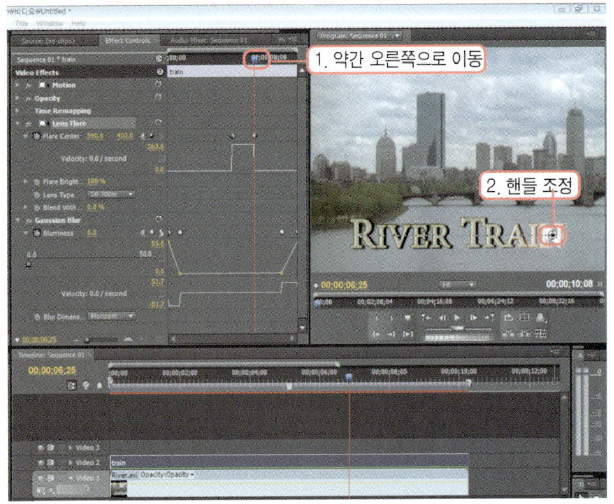

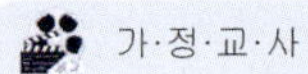

10 편집 포인트를 약간 오른쪽으로 이동시킨 후에 프로그램 패널의 핸들을 드래그하여 맨 마지막 글자인 N 중앙에 맞춥니다.

가·정·교·사

Gaussina Blur의 On/Off 버튼을 클릭하여 글자가 뚜렷하게 보이도록 해놓고, 작업을 해도 좋습니다.

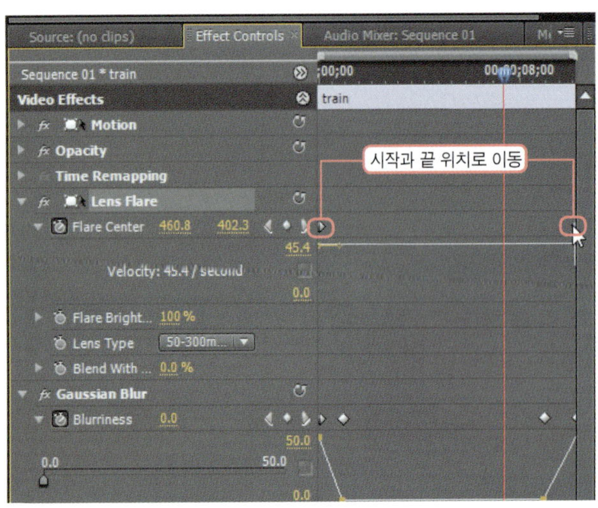

11 키프레임을 중앙에 만들었던 이유는 Gaussian Blur로 시작과 끝 위치에서 글자의 위치를 정확히 볼 수 없었기 때문입니다. Lens Flare의 왼쪽 키프레임은 클립의 시작 위치, 오른쪽 키프레임은 끝 위치로 이동시켜 글자에 빛이 흐르는 효과를 완성합니다.

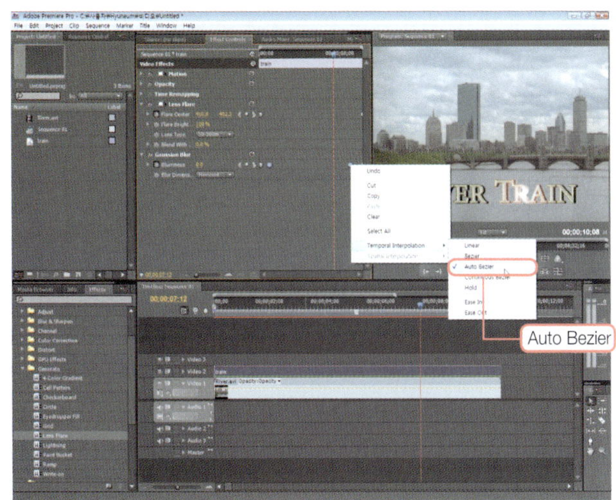

12 지금까지 만든 6개의 키프레임을 마우스 드래그로 선택하고, 그 중에서 하나의 키프레임을 마우스 오른쪽 버튼을 클릭하여 단축 메뉴를 엽니다. 그리고 Temporal Interpolation의 Auto Bezier를 선택하여 움직임이 부드러워지게 합니다.

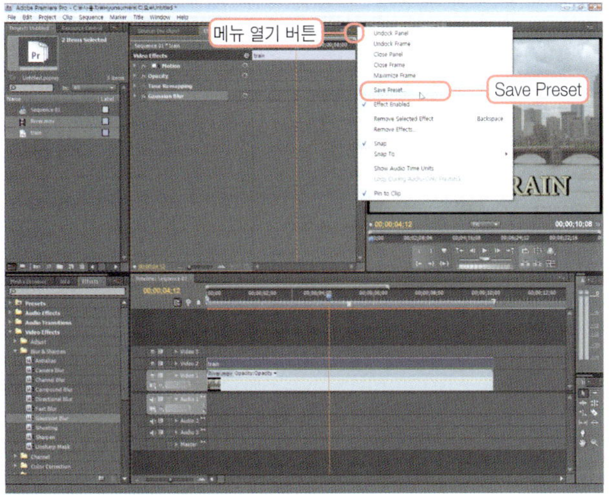

13 키프레임을 이용해서 시간대로 표현되는 이펙트 사용법을 익혀보았습니다. 사용법은 간단하지만, 이펙트를 효과적으로 사용하는 핵심 기능이므로 꼭 기억을 해두기 바랍니다. 마음에 드는 설정 값이 있다면, 프리셋으로 저장하여 언제든 같은 값을 사용할 수 있습니다. 프리셋으로 만들고 싶은 이펙트를 선택하고, 패널 메뉴의 Save Preset을 선택합니다.

가·정·교·사

두 개 이상의 이펙트는 [Ctrl]키를 누른 상태로 선택할 수 있습니다.

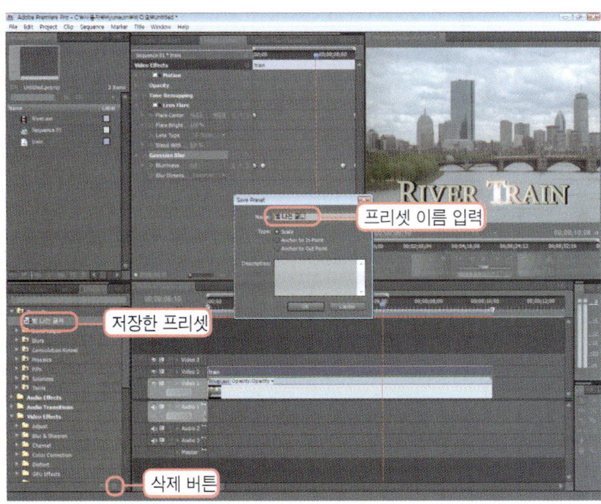

14 Save Preset창에서 구분하기 쉬운 이름을 입력하고 OK 버튼을 클릭하면, 이펙트 패널의 Presets 폴더에 등록되어 언제든 같은 키 값을 사용할 수 있습니다. bevel Edges, Blurs 등, 프리미어에서 제공하는 기본 Presets들을 적용해보면서 각각 어떤 식으로 사용하고 있는지 관찰해보는 시간을 가져보기 바랍니다.

가·정·교·사

저장한 프리셋은 휴지통 모양의 삭제 버튼을 클릭하여 삭제할 수 있습니다.

영상 합성 및 색상 보정

프리미어 프로 CS4에서 제공하는 이펙트는 반복적인 실습을 통해서 몸으로 익혀야 실제 작업에 응용할 수 있는 능력이 생깁니다. 앞에서 이펙트의 사용법을 익혔고, 다음 Chapter에서는 프리미어에서 제공하는 모든 이펙트의 역할과 속성을 설명하고 있는 사전을 제공하고 있으므로, 앞으로 프리미어의 이펙트를 사용하는 데는 문제가 없을 것입니다. 특히, 영상에 특수 효과를 만드는 기본적인 것들은 바로 결과를 모니터 할 수 있으므로, 관심이 가는 것들은 직접 적용을 해보면서 눈으로 확인을 해보기 바랍니다. 여기서는 다음 Chapter에서 제공하는 사전을 이해하는데 약간의 경험이 필요한 합성과 보정에 관련된 이펙트들을 몇 가지 살펴보겠습니다.

1 블루 스크린을 이용한 합성 기법

영상을 합성하는 가장 대표적인 기법이 블루 스크린 입니다. 이것은 피사체 뒤에 파란색 배경을 설치하고 촬영을 한 다음에, 프리미어에서 파란색을 빼고 다른 영상을 합성하는 기법입니다. 예를 들어 선풍기를 틀어놓고 파란색 천 앞에서 촬영을 한 다음에, 파란색 대신에 하늘 영상을 합성하면, 하늘을 나는 것과 같은 영상을 연출할 수 있는 것입니다. 프리미어는 파란색을 빼기 위한 Blue Screen Key 이펙트를 제공하며, 파란색이 대표적으로 사용되는 이유는 다른 색상과 겹치는 경우가 드물고, 색상이 잘 빠지기 때문입니다. 참고로 블루 스크린은 천, 종이, 페인트 등의 다양한 종류로 판매가 되고 있으므로, 인터넷 쇼핑몰에서 가격과 크기 등을 비교해보고 자신의 작업 목적이나 환경에 어울리는 것을 준비하는 것이 좋습니다.

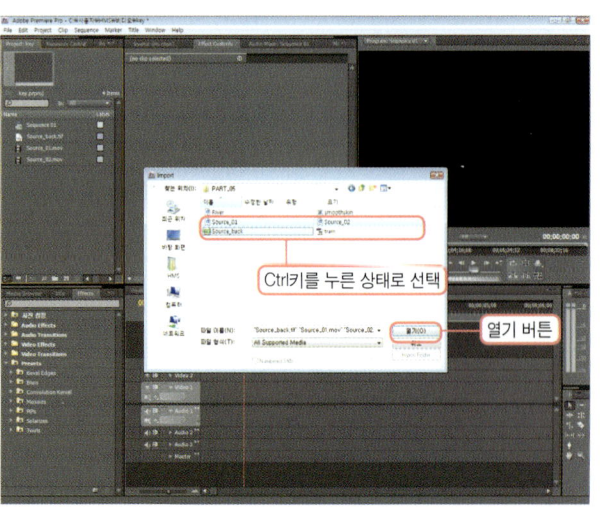

01 프로젝트 패널의 빈 공간을 더블 클릭하여 Import 창을 열고, 부록 CD의 PART_05 폴더에서 Ctrl 키를 누른 상태로 Source_01, Source_02, Source_back 파일을 선택합니다. 그리고 열기 버튼을 클릭하여 3개의 파일을 동시에 불러옵니다.

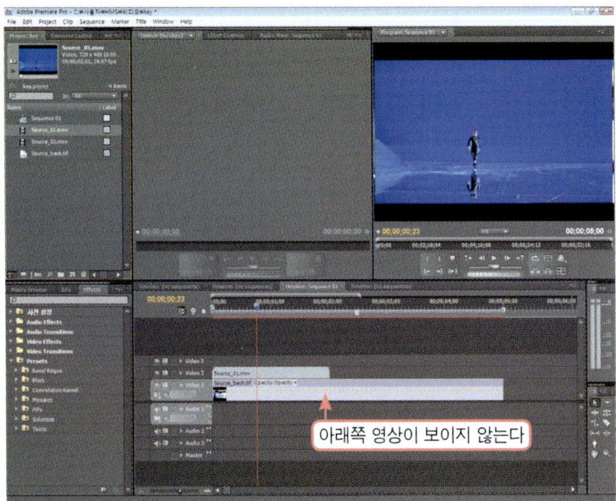

02 Source_back 소스를 Video 1번 트랙으로 가져다 놓고, Source-01를 Video 2번 트랙에 가져다 놓습니다. 트랙 1번의 영상은 트랙 2번에 가려져 보이지 않게 됩니다.

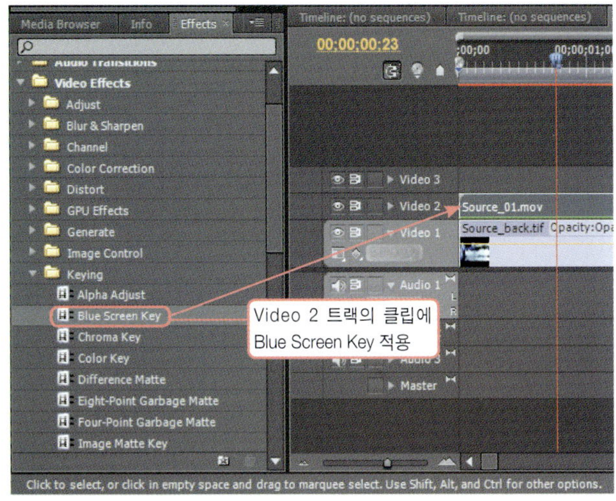

03 Source_01은 영상을 합성하기 위해서 블루 스크린 위에서 촬영된 것입니다. Video Effects의 Keying 폴더에서 Blue Screen Key를 찾아 Video 2 트랙의 클립으로 드래그합니다. 파란색의 배경 대신에 Video 1번 트랙의 영상이 보이는 것을 확인할 수 있습니다.

04 프로젝트 패널에서 Source_02 소스를 Video 3 트랙의 약 1초 지점에 가져다 놓습니다. 시작 위치는 프로그램 패널의 타임 코드로 확인할 수 있습니다. Video 3 트랙의 클립에도 Blue Screen Key를 적용합니다.

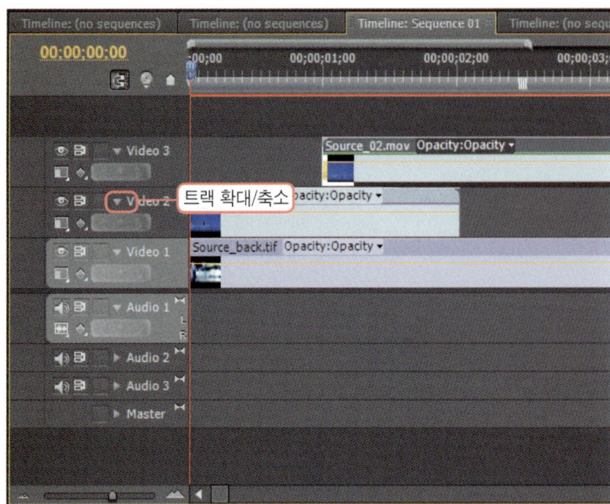

05 **Enter** 키를 눌러 영상을 재생해봅니다. 촬영을 할 때, 블루 스크린이라고 불리는 파란색 배경을 사용하는 목적을 알 수 있습니다. 사람이 서서히 보이다가 서서히 사라지게 처리하여 조금 자연스럽게 연출하겠습니다. Video 2와 3 트랙의 작은 삼각형을 클릭하여 트랙을 확대하고, ⊞ 키를 눌러 작업 공간을 확대합니다.

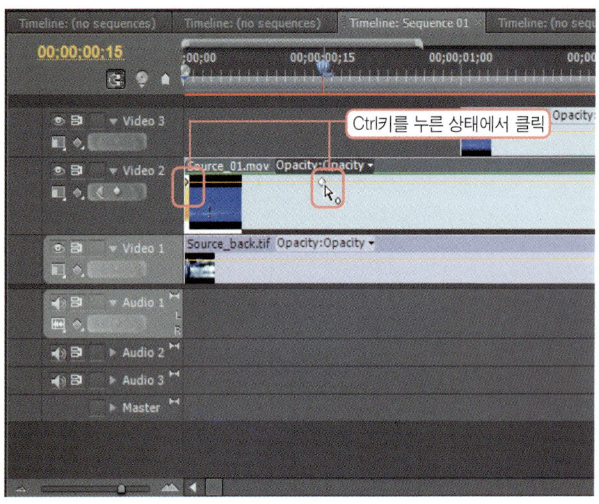

06 클립의 기본 이펙트는 불투명도를 조절하는 Opacity로 설정되어 있습니다. **Ctrl** 키를 누른 상태에서 클립에 보이는 노란 색(Opacity) 라인의 시작 위치를 클릭하여 키프레임을 만듭니다. 계속해서 약 15프레임 위치에서도 **Ctrl** 키를 누른 상태에서 클릭하여 키프레임을 만듭니다.

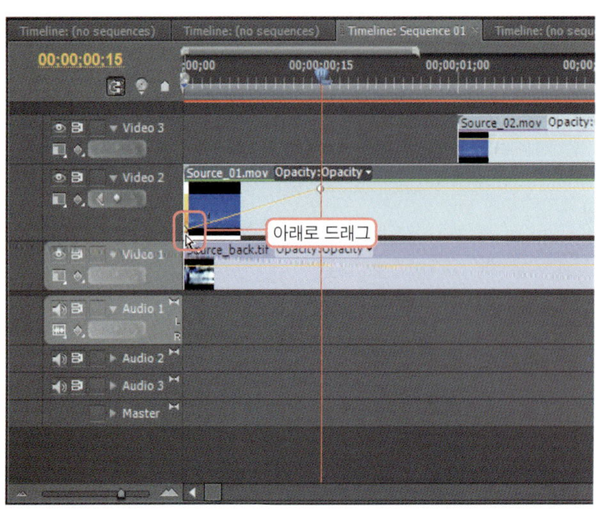

07 시작 위치에 만든 키프레임을 아래쪽으로 드래그하여 값을 0으로 합니다. 즉, 시작할 때 불투명도가 0이고, 약 15프레임에서 100의 값이 설정되어 영상이 15프레임 동안 점점 선명해지는 효과를 만든 것입니다.

가·정·교·사

클립에서 Opcity를 조정하는 것이 불편하다면, 이펙트 컨트롤 패널의 Opcity를 조정해도 좋습니다.

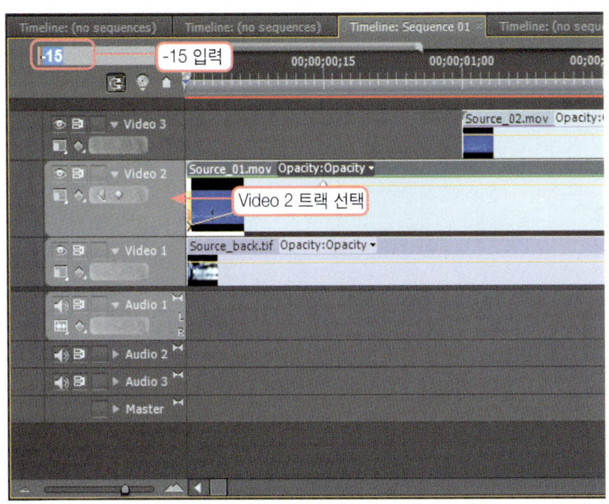

08 Video 2 트랙을 선택하고, [Page Down] 키를 눌러 포지션 라인을 클립의 끝으로 이동시킵니다. 그리고 타임 코드에서 -15를 입력합니다. 포지션 라인을 클립의 끝에서 15 프레임 전에 위치시키고 있는 것입니다.

🎬 가·정·교·사

클립의 시작과 끝 위치로 이동하는 PageUp과 PageDown 키는 선택된 트랙을 기준으로 합니다.

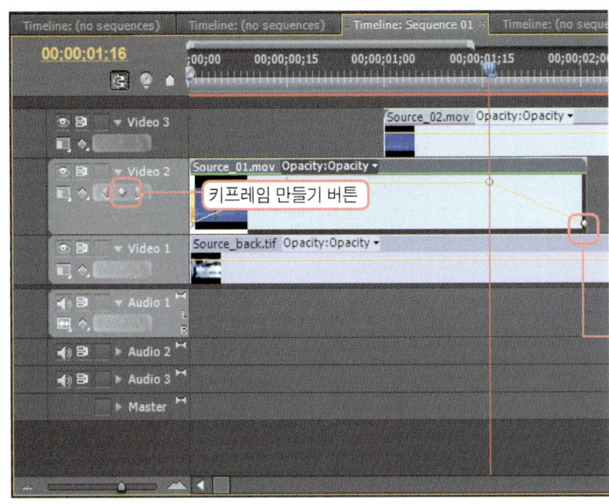

09 트랙의 키프레임 만들기 버튼을 클릭하여 포지션 라인이 있는 위치에 키프레임을 만들고, [Page Down] 키를 눌러 클립의 끝으로 이동합니다. 그리고 같은 방법으로 키프레임을 만들고, 아래로 드래그합니다. 클립의 시작 부분에서 사람이 서서히 나타났다가 클립의 끝 부분에서 서서히 사라지게 만든 것입니다.

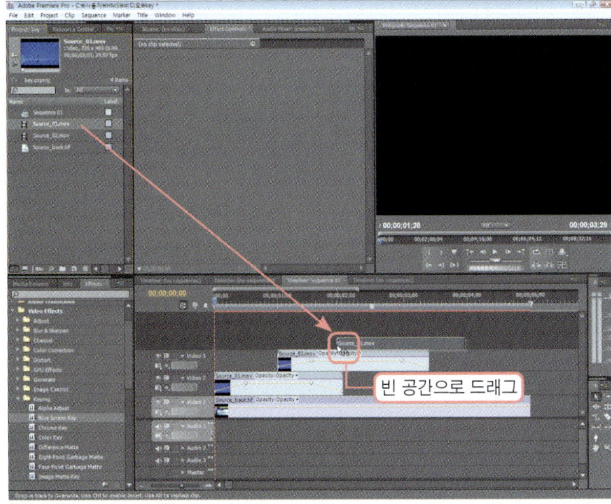

10 지금까지와 동일한 방법으로 Video 3 트랙의 클립도 Opacity 값을 조정하여 사람이 서서히 나타났다가 사라지는 효과를 만듭니다. 그리고 프로젝트 패널의 Source_01을 Video 3 트랙 위의 빈 공간으로 드래그하여 가져다 놓습니다.

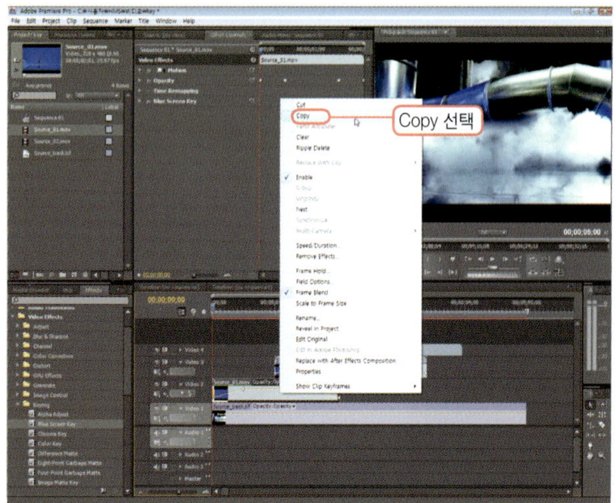

11 Video 4 트랙에 가져다 놓은 클립은 Video 2 트랙의 클립과 동일하게 Blue Screen Key와 Opacity를 적용할 것입니다. 이렇게 같은 속성을 사용할 클립이라면 복사를 하는 것이 편리합니다. Video 2번 트랙의 클립을 마우스 오른쪽 버튼으로 클릭하여 단축 메뉴를 열고, Copy를 선택합니다.

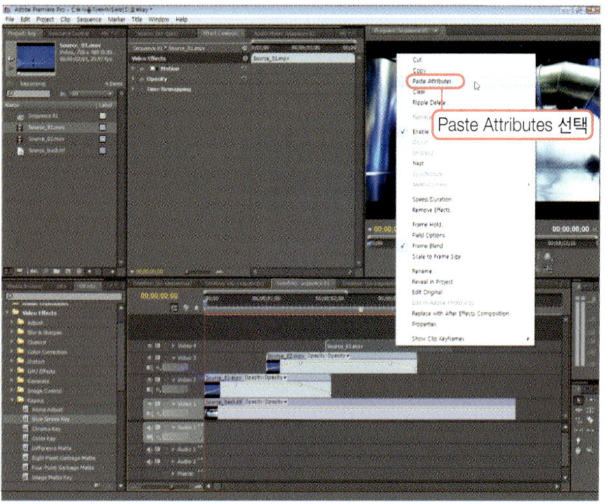

12 Video 4번 트랙에 등록한 Source_01 클립을 마우스 오른쪽 버튼으로 클릭하여 단축 메뉴를 열고, Paste Attributes를 선택합니다. 복사한 클립의 Blue Screen Key와 Opacity 속성만을 붙이는 메뉴입니다. 이렇게 클립에 적용한 이펙트 속성을 복사하는 방법은 자주 사용할 것이므로 기억해두기 바랍니다.

가·정·교·사

클립에 적용한 이펙트 속성만을 복사하는 Paste Attributes 메뉴의 단축키는 [Ctrl]+[Alt]+[V]입니다.

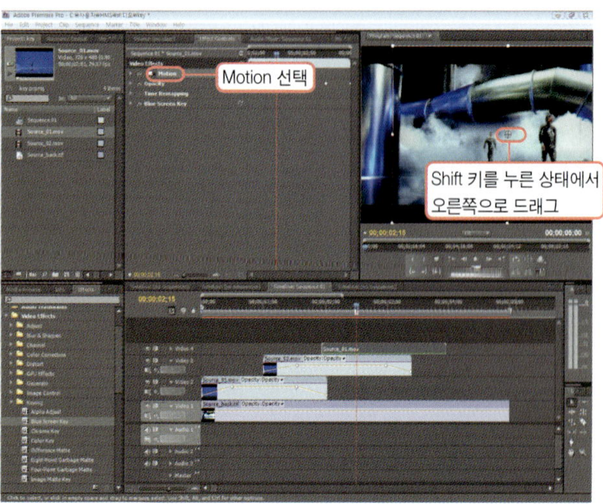

13 이펙트 컨트롤 패널의 Motion을 선택하여 프로그램 패널에 외각선의 보이게 하고, Shift 키를 누른 상태에서 포인트를 우측으로 드래그하여 사람의 위치를 변경합니다. 여러 사람이 걸어오는 장면을 연출하고 있는 것입니다. 계속 같은 방법으로 소스를 가져다 놓고, 위치와 크기 등을 조정하면 블루 스크린을 배경으로 촬영한 한 사람을 수 백 명으로 연출할 수 있는 것입니다.

크로마 및 컬러 키 합성 기법

크로마 키와 컬러 키는 영상에서 특정한 색상을 투명하게 만들어 트랙 아래쪽의 영상을 합성하는 기법으로 블루 스크린과 동일한 것입니다. 단지 파란색으로 제한되어 있는 블루 스크린 키와는 다르게 사용자가 원하는 색을 선택할 수 있다는 차이가 있으며, 실제로는 더 많이 사용되는 기법입니다. 특히 컨슈머와 프로슈머 캠코더는 녹색에 더 잘 반응하기 때문에 블루 스크린보다 그린 스크린을 사용하는 것이 더 깨끗한 합성 효과를 만들 수 있습니다. 물론, 어떤 이펙트를 사용하던지 촬영 당시에 조명이나 카메라 등의 정확한 세팅으로 고른 색상을 유지할 수 있도록 해야 합니다.

01 부록 CD의 PART_05 폴더에서 Green과 Green_back 파일을 찾아 불러와서 Green_back 소스는 Video 1번 트랙에, Green.mov 소스는 Video 2번 트랙에 가져다 놓습니다. 그리고 Green_Back 클립의 끝 부분을 왼쪽으로 드래그하여 Video 2 트랙의 클립과 길이를 맞춥니다.

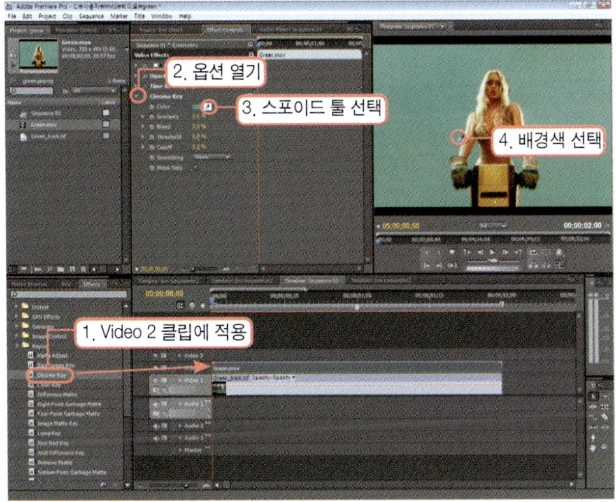

02 비디오 이펙트의 Keying 폴더에서 Chroma Key를 찾아 Video 2 트랙의 클립에 적용하고, 이펙트 컨트롤 패널에서 Chroma Key 옵션을 열어 스포이드 툴을 선택합니다. 그리고 녹색으로 되어 있는 배경을 Ctrl 키를 누른 상태로 선택합니다.

 가·정·교·사

Ctrl키를 누른 상태에서 클릭하면 5x5 픽셀 범위의 평균 색상 값을 얻을 수 있습니다.

03 Similarity 옵션의 슬라이드 값을 올려 선택한 색상의 범위를 넓힙니다. 크로마 키로 선택된 색상이 투명해지면서 Video 1 트랙의 영상이 합성됩니다. Similarity 범위는 너무 욕심을 내지 않는 것이 좋습니다.

04 Mask Only 옵션을 체크하여 남아있는 영상이 흰색으로 보이도록 설정합니다. 그리고 Similarity 값을 수정하여 너무 많이 제거되었거나 남아있는 영역을 보정합니다. 그리고 Mask Only 옵션을 해제합니다.

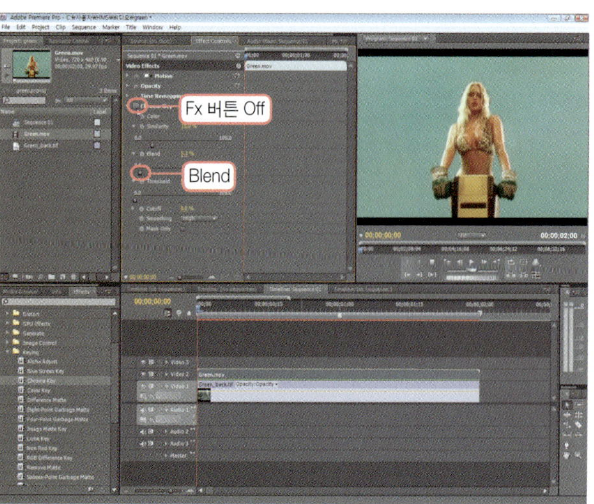

05 Smoothing 옵션을 High로 선택하고, Blend 값을 조정해서 거칠게 처리된 경계부분을 부드럽게 조정해도 만족스럽지 않습니다. 영상의 밝기를 먼저 조정했어야 좋았을 것 같습니다. 일단 Chroma Key의 FX 버튼을 Off로 합니다.

06 이펙트 패널의 Color Correction 폴더에서 Brightness & Contrast를 찾아 이펙트 컨트롤의 Chroma Key 위쪽으로 드래그하여 적용합니다. 일반적인 방법으로 클립에 적용하면 Chroma Key 아래쪽에 적용되어 크로마 키를 위한 화면 보정 효과가 무의미해집니다.

가·정·교·사

클립에 적용된 이펙트의 순서는 마우스 드래그로 변경할 수 있으며, 적용 순서에 따라 결과가 달라집니다.

07 Brightness 와 Contrast 옵션의 슬라이드를 조정하여 배경과 인물의 명도 차가 분명하도록 조정합니다. Chroma Key의 FX 버튼을 On으로 하고, Color과 Similarity 값을 다시 조정해 보면, 앞에서보다 깨끗한 합성이 가능해진다는 것을 알 수 있습니다.

08 촬영을 할 때, 순수한 그린 색상을 이용했다면, Chroma Key만으로 깨끗한 합성 영상을 얻을 수 있었겠지만, 샘플의 영상은 여전히 아쉽습니다. 이 경우 Chroma Key를 한 번 더 적용하여 경계선의 색상을 빼는 것이 일반적이지만, 실습에서는 같은 원리의 컬러 키를 이용하겠습니다. Keying 폴더에서 Color Key를 찾아 Video 2 트랙의 클립에 적용합니다.

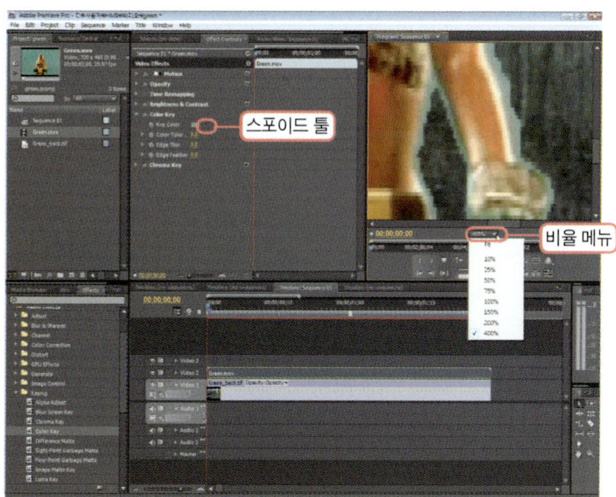

09 프로그램 패널의 Fit이라고 표시되어 있는 비율 메뉴에서 400%를 선택하여 영상을 확대하고, 경계선이 잘 보이는 위치를 찾습니다. 그리고 Color Key 의 스포이드 툴을 이용해서 경계 색상을 선택합니다.

가·정·교·사

비율은 작업을 위해 확대하는 것일 뿐, 실제 영상을 확대하는 것은 아닙니다.

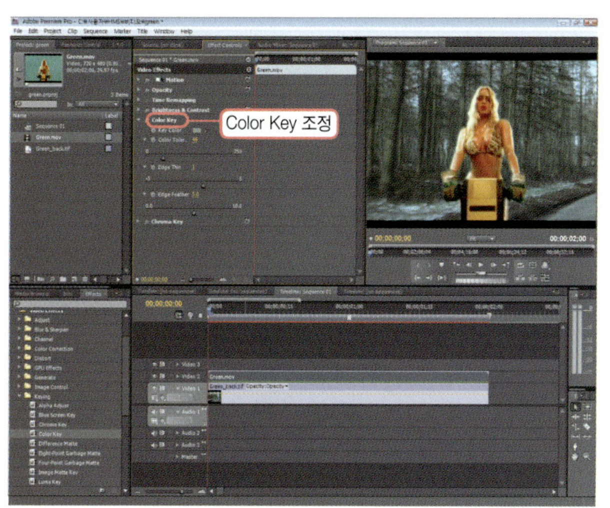

10 비율을 프로그램 패널에 맞추는 Fit으로 선택하고, Color Tolerance 슬라이드를 조정하여 경계 색을 뺍니다. 그리고 Edge thin으로 경계 범위를 조정하고, Edge Feather로 부드럽게 처리하여 보다 자연스러운 합성 영상을 얻습니다.

11 깨끗한 크로마 합성 효과를 얻기 위해서는 촬영을 할 때부터 배경 색에 명도 차가 발생하지 않게 조명을 사용하거나 인물에 배경색이 묻지 않게 캠코더의 조리개를 열어 주는 등의 테크닉이 필요하다는 것을 기억하기 바랍니다. 실습은 Generate 폴더의 Lens Flare를 Video 1 클립에 적용하는 것으로 크로마 및 컬러 키를 이용한 합성 기법을 마무리하겠습니다.

3 특정 색만 남기고 흑백으로 처리하기

프리미어 프로 CS4는 특수 효과를 연출하거나 영상을 합성하는 이펙트 외에 촬영을 할 때, 잘못 조정된 조명을 보정하거나 색상을 변경하는 등의 화면 보정에 관련된 것들도 있습니다. 프리미어 프로 CS4에서 제공하는 화면 보정 이펙트 중에서 몇 가지를 살펴보면서 그 위력을 체험해보겠습니다. 첫 번째로 한 가지 색을 남기고 전체 영상을 흑백으로 처리할 수 있는 Leave Color 이펙트입니다.

01 부록 CD의 PART_5 폴더에서 leave 파일을 찾아 임포트합니다. 그리고 Video 1번 트랙으로 가져다 놓고, 이펙트 패널의 Color Correction 폴더에서 Leave Color 이펙트를 찾아 적용합니다.

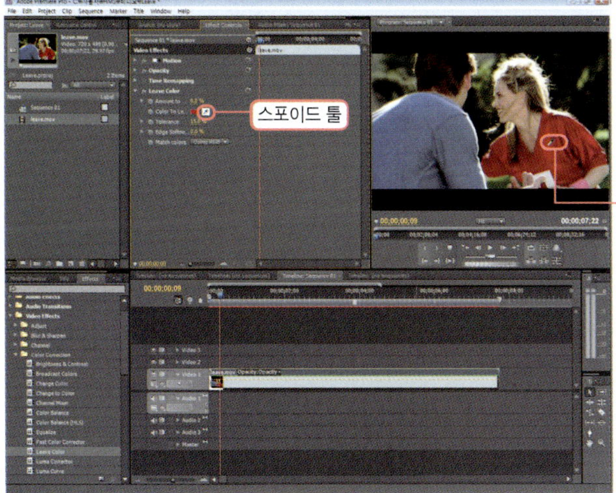

02 Leave Color 옵션을 열고, 스포이트 툴을 선택합니다. 그리고 영상에서 남기고 싶은 컬러를 Ctrl 키를 누른 상태로 선택합니다.

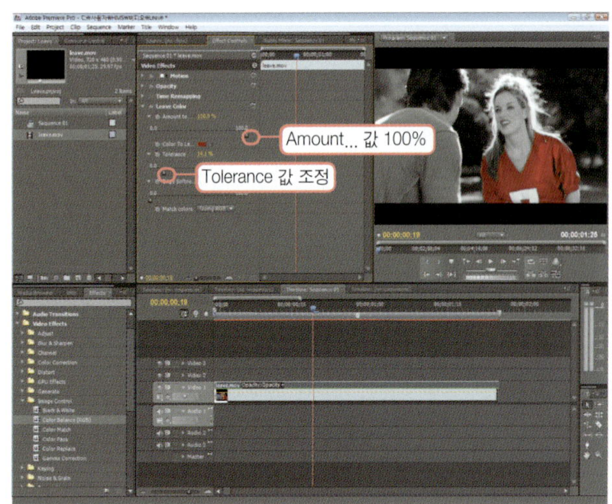

03 Amount to Discolor 옵션을 열고, 슬라이드를 오른쪽으로 드래그하여 값을 100%로 설정합니다. 그리고 Tolerance 값을 조금씩 증가시키면, 스포이드 툴로 선택한 색상을 제외한 영상이 모두 흑백으로 바뀌는 것을 확인할 수 있습니다.

4   특정 색을 바꾸기

프리미어는 영상의 특정 색을 제외하고, 흑백으로 처리하는 이펙트 외에 영상의 특정 색상을 사용자가 원하는 색상으로 바꿀 수 있는 Change to Color 이펙트를 제공합니다. 자주 사용되는 이펙트는 아니지만, 컬러가 변하는 핸드폰 광고에서와 같은 기법을 연출하고 싶을 때, 요긴하게 사용될 수 있습니다.

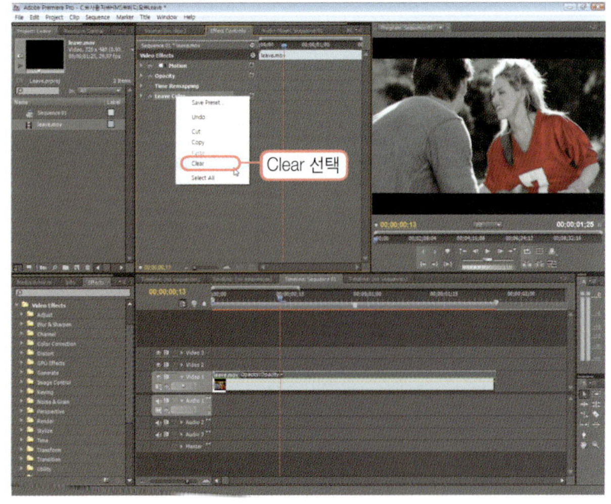

01 특정 색을 남기는 Leave Color 이펙트 실습에서 사용했던 샘플을 그대로 이용하겠습니다. 이펙트 컨트롤 패널의 Leave Color를 마우스 오른쪽 버튼으로 클릭하여 단축 메뉴를 열고, Clear를 선택하여 제거합니다. 단축키를 이용해도 좋습니다.

02 이펙트 패널의 Color Correction 폴더에서 Change to Color를 찾아 비디오 클립에 적용합니다. 그리고 Change to Color의 From 옵션에 보이는 스포이드 툴을 선택하고, 영상에서 변경하고 싶은 색상을 선택합니다.

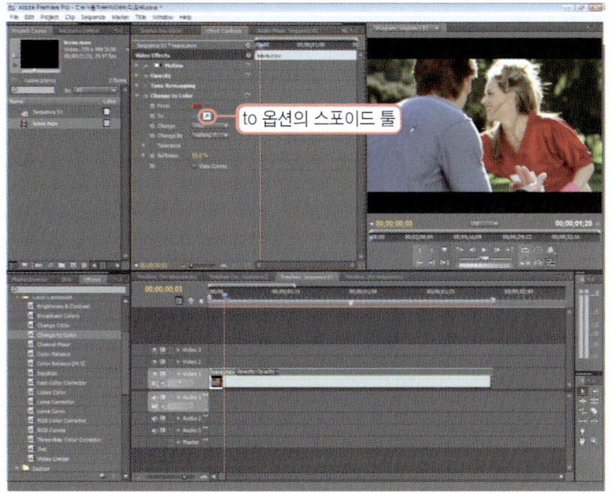

03 계속해서 To 옵션의 컬러 아이콘을 클릭하여 Color Picker 창을 열고, 변경하고자 하는 색상을 선택합니다. 그림에서는 스포이드 툴을 이용해서 남성 옷을 선택하고 있습니다.

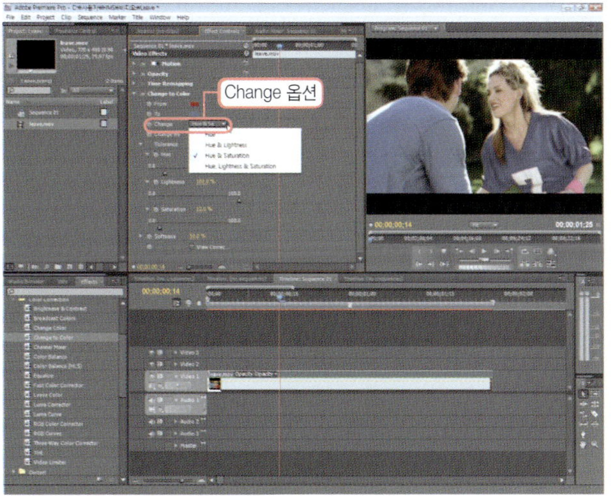

04 채도를 포함해서 색상이 변경될 수 있게 Change 옵션을 HUE & Saturation으로 선택하고, Hue, Lightness, Saturation 옵션을 조정하여 여성의 옷을 남성의 옷과 비슷하게 보정해봅니다.

촬영을 할 때, 화이트 밸런스나 조명 등을 철저하게 세팅하여 후 보정이 필요 없게 하는 것이 원칙이겠지만, 장소와 시간대를 바꿔가면서 촬영을 하다 보면, 어쩔 수 없이 명암이나 채도의 변화로 컷의 연결이 어색해지는 경우가 발생합니다. 특히, 같은 장소에서 촬영한 컷이 확 달라진다면, 영상을 보는 시청자가 당황할 수도 있습니다. 이때 이용할 수 있는 것이 프리미어에서 제공하는 색상 보정 이펙트들입니다. 물론, 오후에 촬영한 영상에 새벽 느낌을 주기 위해서나 독특한 느낌의 파스텔 톤을 연출하는데도 응용할 수 있습니다. 프로미어에서 제공하는 색상 보정 이펙트와 레퍼런스 패널을 살펴보겠습니다.

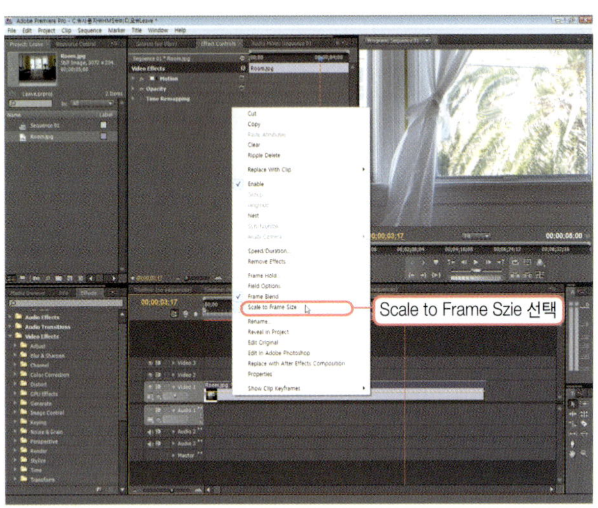

01 부록 CD의 PART_5 폴더에서 Room 파일을 임포트하여 Video 1 트랙에 가져다 놓습니다. Room은 3072x2048의 매우 큰 사이즈로 된 이미지입니다. 클립을 마우스 오른쪽 버튼으로 클릭하여 단축 메뉴를 열고, Scale to Frame Size를 선택하여 작업 중인 프로젝트 크기에 맞춥니다.

02 프리미어는 색상 보정 값을 참조할 수 있는 레퍼런스 패널을 제공합니다. 물론, 프로그램 패널의 출력 버튼을 클릭하여 사용자가 원하는 그래프를 표시할 수 있지만, 원본 영상을 함께 열어두고 작업하는 것이 편리하므로, Window 메뉴의 Reference Monitor를 선택하여 패널을 엽니다.

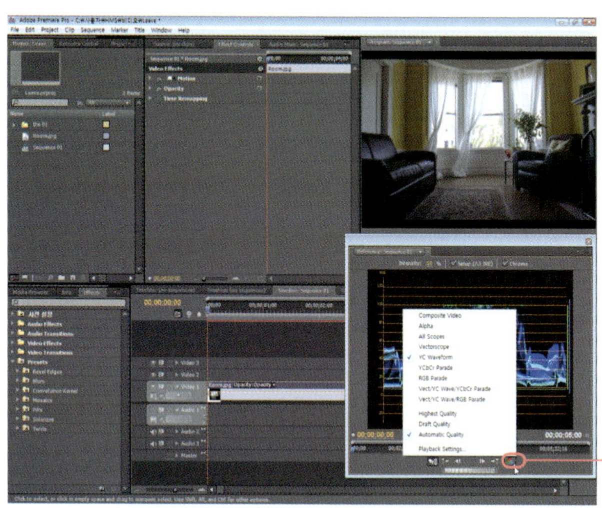

03 레퍼런스 패널을 작업하기 편리한 위치로 이동시키고, 적당한 크기로 조정합니다. 그리고 레퍼런스 패널의 출력 버튼을 클릭하여 메뉴를 열고, 작업 목적에 적합한 그래프를 선택합니다. 우선, 밝기 및 채도를 분석하여 표시하는 YC Waveform을 선택하겠습니다.

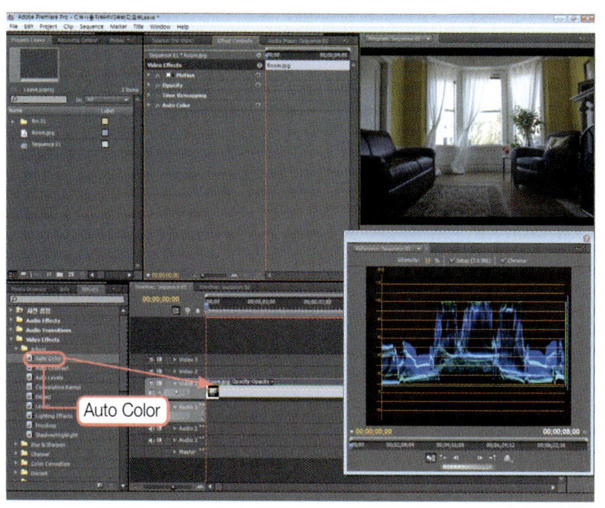

04 영상의 색상, 명암, 채도 등을 보정할 때 자주 사용하는 Fast Color Corrector를 적용하기 전에 간단하게 사용할 수 있는 몇 가지 이펙트를 살펴보겠습니다. 먼저 색상을 자동으로 보정해주는 Adjust 폴더의 Auto Color를 클립에 적용해봅니다.

05 YC Waveform은 영상의 밝기와 색차를 분석하여 표시하는 것으로 녹색이 밝기를 나타내며, 파란색이 색차를 나타냅니다. Auto Color 이펙트의 White Clip 옵션 값을 증가시켜 색상의 대비를 높여봅니다.

 가·정·교·사

Intedity는 파형의 명도를 조정하며 , Setup(7.5 IRE)는 아날로그 TV 신호에 일치시키고, Chroma는 색차를 표시할 것인지를 선택하는 옵션입니다.

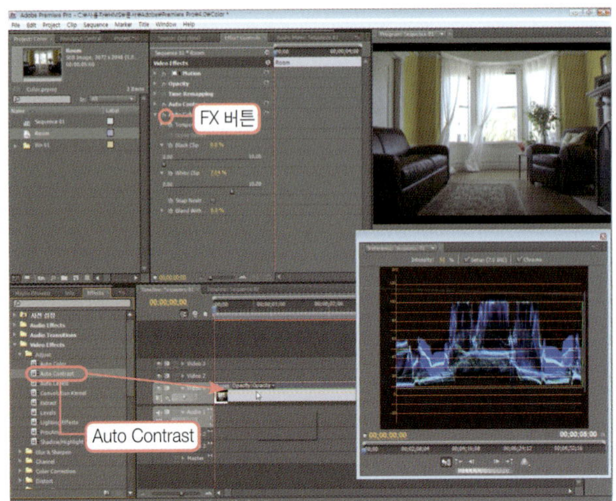

06 YC Waveform의 상단(밝은 영역) 그래프가 증가하면서 영상이 밝아지는 것을 확인할 수 있습니다. FX 버튼을 On/Off하면서 Auto Color 적용 전/후의 화면을 모니터 해보고, Auto Contrast를 추가로 적용합니다.

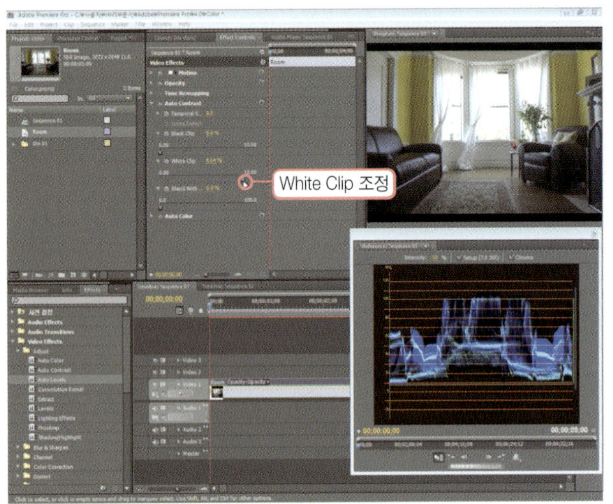

07 Auto Contrast는 전체적인 색상의 대비를 조정하여 보다 선명한 영상을 얻을 수 있는 이펙트입니다. White Clip 옵션을 증가시키면서 영상의 변화를 모니터 해보기 바랍니다.

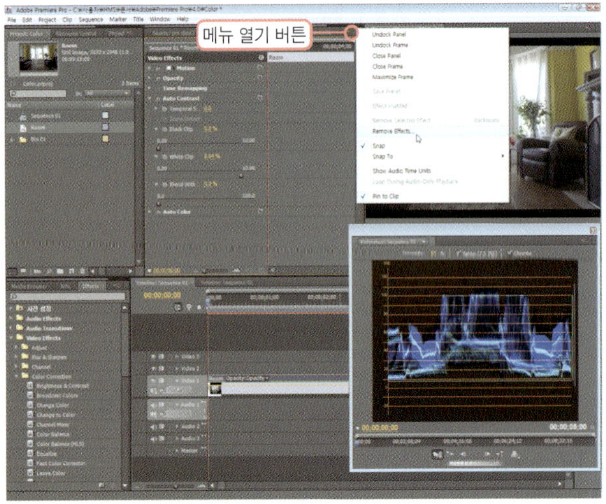

08 색상을 쉽고 빠르게 보정할 수 있는 Auto Color과 Auto contrast를 사용해보았습니다. 이제 실무자들이 많이 사용하는 Color Correction을 사용해보겠습니다. 이펙트 컨트롤 패널 메뉴의 Remove Effect를 선택하여 클립에 적용된 모든 이펙트를 제거합니다.

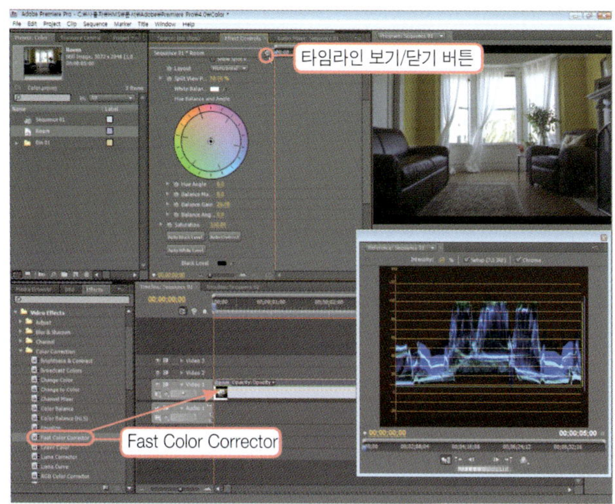

09 이펙트 패널의 Color Correction 폴더에서 Fast Color Corrector 이펙트를 찾아 클립에 적용합니다. 색상 밸런스와 앵글을 크게 보고 싶다면, 이펙트 컨트롤 패널의 타임라인 보기/닫기 버튼을 클릭하여 키프레임 작업공간을 닫습니다.

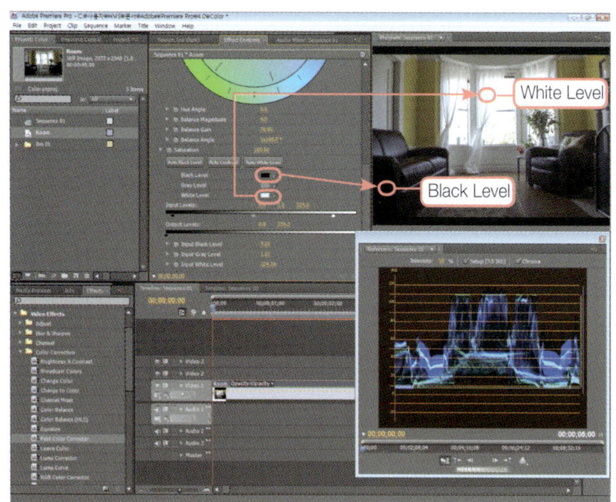

10 영상에서 검정색으로 표현하고 싶은 위치를 Black Level 옵션의 스포이드 툴로 선택합니다. 실습에서는 창문에서 가장 멀리 있어 태양 광을 받기 어려운 왼쪽 소파를 선택하고 있습니다. 그리고 흰색으로 표현하고 싶은 위치를 선택하는 White Level 옵션의 스포이드 툴로 커튼을 선택합니다.

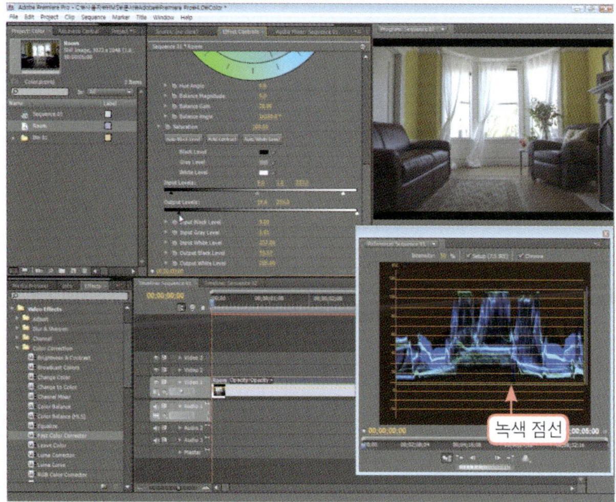

11 YC Waveform의 그래프를 보면, 어두운 영역이 많아진 것을 확인할 수 있습니다. 아날로그 TV에서 재생할 영상이라면, Output Levels의 왼쪽 슬라이드를 드래그하여 녹색 점선으로 표시되어 있는 7.5 IRE 범위 이하로 떨어지지 않게 합니다.

🎬 가·정·교·사

컴퓨터 및 디지털 TV에서 재생할 영상이라면, Setup (7.5 IRE) 옵션을 해제하여 디지털 정보에 맞게 보정합니다.

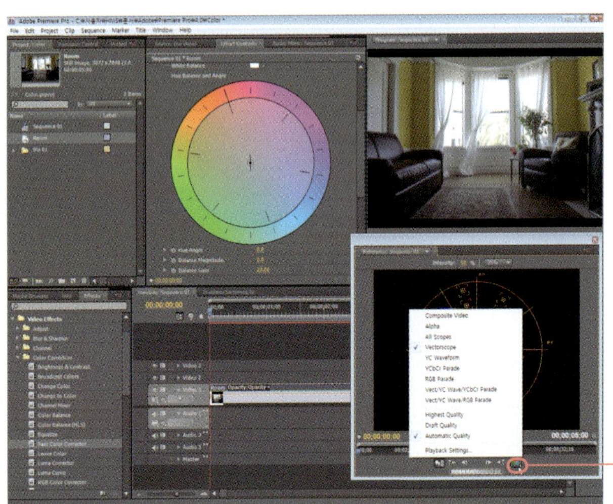

12 밝기와 채도를 보정했습니다. 계속해서 색상을 보정하여 보다 선명한 영상을 만들어 보겠습니다. 레퍼런스 패널의 출력 버튼을 클릭하여 색상의 정보를 보여주는 Vectorscope를 선택합니다.

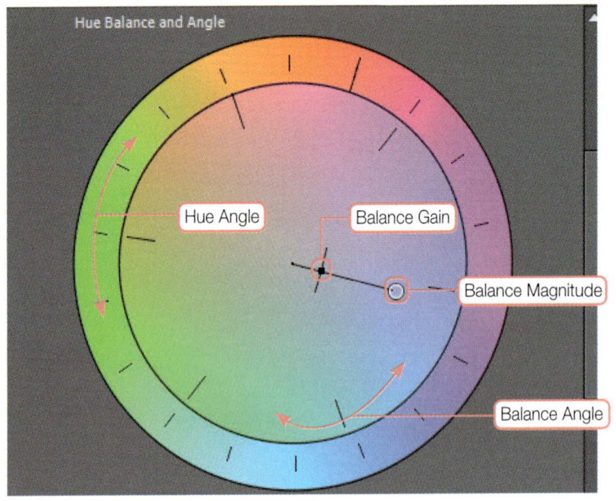

13 Hue Angle은 오른쪽으로 드래그하여 전체 색상을 붉은 쪽으로 바꾸거나 왼쪽으로 드래그하여 초록색으로 바꾸고, Balance Magnitude는 해당 색상을 증가시키고, Balance Angle은 선택된 색상으로 바꾸고, Balance gain은 색상 변화의 정밀도를 조정합니다.

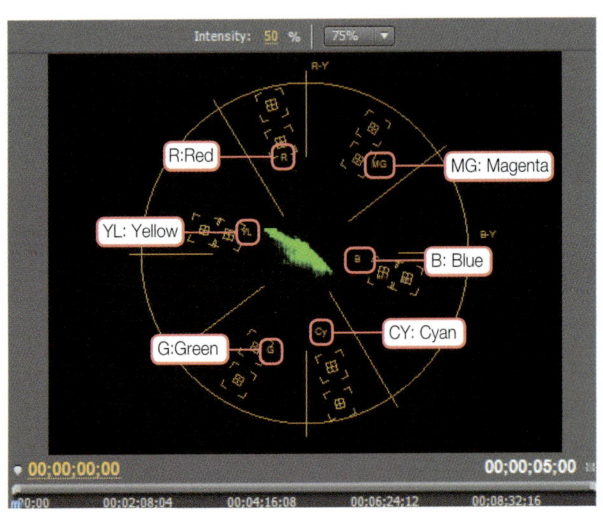

14 벡터스코프는 가운데 파형이 색상의 분포도를 의미하며, 12시 방향의 Red(빨강색)에서 시계 방향으로 Magenta(자홍색), Blue(파란색), Cyan(청록색), Green(녹색), Yellow(노란색)을 나타냅니다. 채도는 그래프 중심에서 바깥쪽으로 측정되며, 대상영역 지점()을 초과하지 않게 해야 합니다.

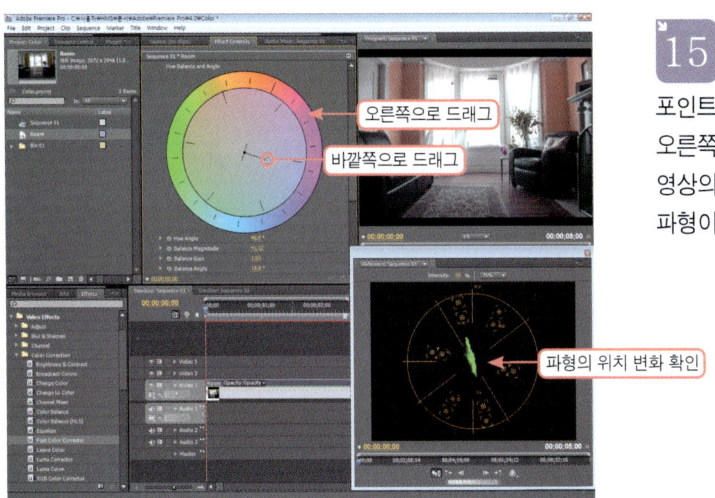

15 Hue Balance and Angle과 Bectorscope의 역할을 살펴보기 위해서 Balance Magnitude 포인트를 중심에서 멀어지게 조정하고, Hue Angle을 오른쪽으로 드래그하여 붉은색 계열로 바꿔봅니다. 영상의 도배지가 핑크색으로 바뀌고, 벡터스코프의 파형이 R쪽으로 치우친 것을 확인할 수 있습니다.

16 Ctrl 키를 누른 상태에서 Z 키를 반복적으로 눌러 Hue Balance and Angle의 조정 값을 초기화 합니다. 그리고 Balance Magnitude 포인트를 노란색 쪽으로 드래그하여 도배지의 노란색이 선명해지도록 보정합니다.

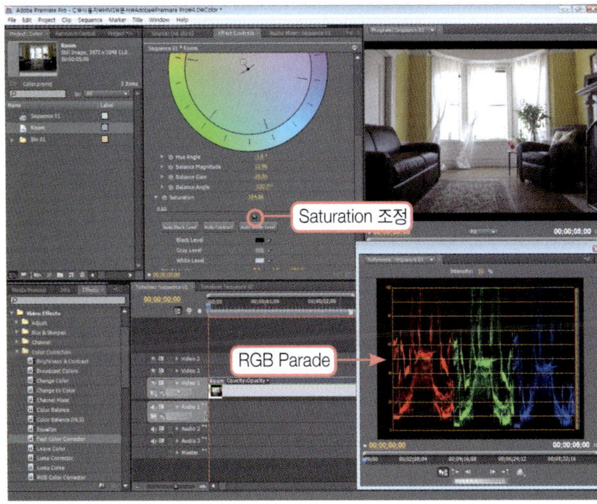

17 레퍼런스 패널의 출력 버튼을 클릭하여 RGB Parade로 변경하고, Saturation 값을 조금 증가시켜 각 채널의 색상 비율을 균등하게 조정합니다. YUV 파형에 익숙한 사용자라면 RGB Parade 대신에 YCbCr Parade 를 이용하는 것도 좋습니다. 색상을 보정할 때 참조해야 할 레퍼런스 패널을 모두 살펴보았습니다.

가·정·교·사

YCbCr 퍼레이드의 Y(왼쪽 파형)는 루마, Cb(가운데 파형)는 파랑에서 루마를 뺀 것이고, Cr(오른쪽 파형)은 빨강에서 루마를 뺀 것을 나타냅니다.

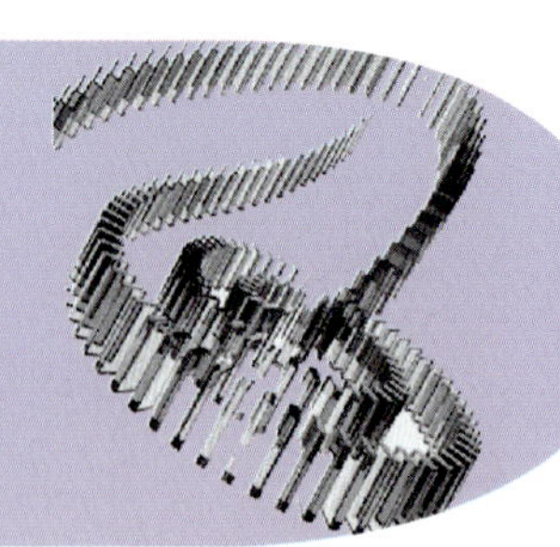

이펙트 사전

프리미어 프로 CS4는 총 132가지의 이펙트를 Adjust, Blur & Sharpen 등의 18가지 폴더로 구분하여 제공하고 있습니다. 여기서는 사용자 편의를 위해서 이펙트를 적용할 때의 결과 화면과 이펙트 컨트롤 패널을 사전처럼 찾아볼 수 있게 순서대로 정리 하였습니다. 한 번쯤 실습을 해보면서 익혀두면, 나중에 필요한 이펙트를 쉽게 찾을 수 있을 것입니다.

1 Adjust

Adjust(조정) 폴더에는 Auto Color, Convolution Kernel 등, 영상의 색상, 명도, 채도 등을 보정하는 역할의 9가지 이펙트를 제공합니다.

 Auto Color

자동 색상은 주변 프레임을 분석하여 자동으로 색상을 보정하는 이펙트입니다.

··· 소스

··· 결과

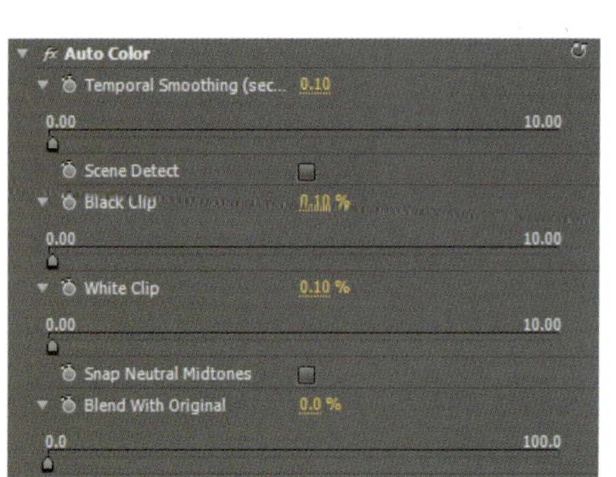

··· 컨트롤

- Temporal Smoothing(시간 기준...): 색상 보정을 위해 분석할 인접 프레임의 범위를 초 단위로 설정합니다. 값이 0이면 각 프레임은 독립적으로 분석됩니다. Scene Detect(장면 검색) 옵션을 체크하면, 장면 변경을 벗어나는 프레임은 무시합니다.
- Black/White Clip(검정색/흰색 클립): 건전색과 흰색의 보정 범위를 설정합니다.
- Snap Neutral Midtones(중간영역): 옵션을 체크하면, 중간 색에 가까운 색상을 분석하여 해당 색상의 중간 색으로 보정합니다.
- Blend With Orignal(원본과 혼합): 원본과의 조정된 결과의 혼합 비율을 퍼센트 단위로 설정합니다. 이 값이 100%이면, 효과는 적용되지 않습니다.

자동 대비는 주변 프레임을 분석하여 자동으로 색상의 대비를 보정하는 이펙트입니다.

••• 소스

••• 결과

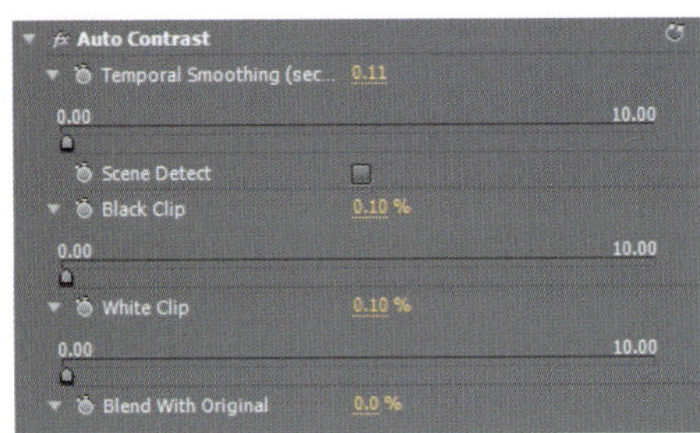

••• 컨트롤

• **Temporal Smoothing**(시간 기준...): 대비 보정을 위한 인접 프레임의 분석 범위를 초 단위로 설정합니다. 값을 높일수록 부드럽게 표시됩니다.
• **Scene Detect**(장면 검색): 옵션을 체크하면 주변 프레임을 분석할 때, 장면 변경을 벗어나는 프레임은 무시됩니다.
• **Black Clip**(검정색 클립): 어두운 영역의 범위를 설정합니다.
• **White Clip**(흰색 클립): 밝은 영역의 범위를 설정합니다.
• **Blend With Orignal**(원본과 혼합): 원본과의 조정된 결과의 혼합 비율을 퍼센트 단위로 설정합니다. 이 값이 100%이면, 효과는 적용되지 않습니다.

자동 레벨은 주변 프레임을 분석하여 자동으로 색상의 레벨을 보정하는 이펙트입니다.

••• 소스

••• 결과

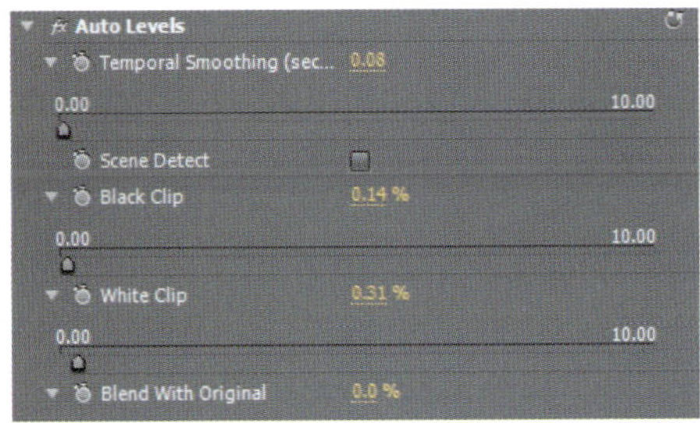

••• 컨트롤

• **Temporal Smoothing**(시간 기준...): 레벨 보정을 위한 인접 프레임의 분석 범위를 초 단위로 설정합니다. 값을 높일수록 부드럽게 표시됩니다.
• **Scene Detect**(장면 검색): 옵션을 체크하면 주변 프레임을 분석할 때, 장면 변경을 벗어나는 프레임은 무시됩니다.
• **Black Clip**(검정색 클립): 어두운 영역의 범위를 설정합니다.
• **White Clip**(흰색 클립): 밝은 영역의 범위를 설정합니다.
• **Blend With Orignal**(원본과 혼합): 원본과의 조정된 결과의 혼합 비율을 퍼센트 단위로 설정합니다. 이 값이 100%이면, 효과는 적용되지 않습니다.

컨볼루션 커널은 픽셀을 9개의 셀로 명도 값을 조절하여 영상을 부드럽게 하는 Blur, 입체감을 주는 Emboss, 날카롭게 하는 Sharpen 등의 효과를 만듭니다. 컨트롤 패널에는 픽셀의 중심(M22)에 배치될 범위를 설정하는 9개의 셀(M11~M33)이 있고, 얼만큼 변화시킬 것인지를 설정할 수 있는 Offset과 Scale 옵션으로 구성되어 있습니다.

••• 소스

••• 결과

••• 컨트롤

- M11~M33: 픽셀은 총 9개의 셀로 구성되며 각각 기준 픽셀 M22에 배치될 분석 범위를 설정합니다.
- Offset(오프셋): 단위의 기준을 설정합니다.
- Scale(비율 조정): 조정 범위를 설정합니다.
- Process Alpha(알파 처리): 조절한 범위를 알파 채널로 만들어줍니다.

M11	M12	M13
M21	M22	M23
M31	M32	M33

추출은 영상에서 검정색과 흰색을 추출하여 흑백 영상을 만드는 이펙트입니다.

••• 소스

••• 결과

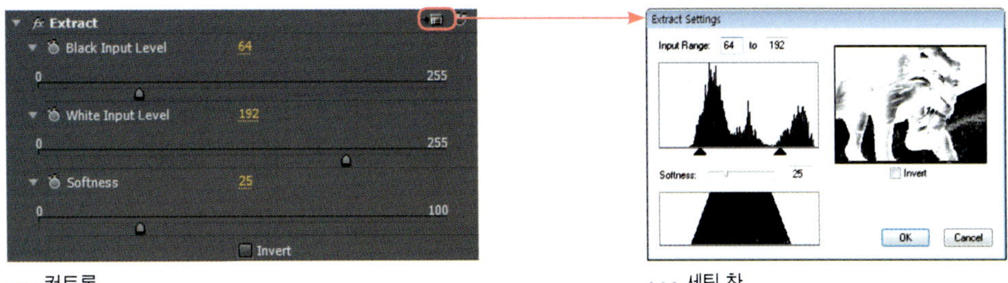

··· 컨트롤   ··· 세팅 창

- Black Input Level(검정색/흰색 입력 레벨): 검정색과 흰색 추출 값을 0에서 255까지 설정합니다. 세팅 창의 그래프 아래쪽에 있는 왼쪽 삼각형으로
  검정색 입력 레벨을 조정할 수 있고, 오른쪽 삼각형으로 흰색 입력 레벨을 조절할 수 있습니다.
- Softness(부드러움): 흰색과 검정색의 합성 비율을 0에서 100까지 조절하여 회색으로 처리합니다. 세팅 창에서 입/출력의 비율을 실시간으로
  확인할 수 있습니다.
- Invert(반전): 세팅 창의 Insert 옵션은 흰색과 검정색 값을 반대로 적용하는 역할을 합니다.

 Levels

레벨은 RGB 채널 별로 색상의 밝기와 명암을 조절하는 이펙트입니다. 세팅 창에는 RGB와 Red, Green, Blue의 채널을 선택할
수 있는 메뉴가 있으며, 그래프 아래쪽에는 선택한 채널의 Input Level과 Output Level을 조절할 수 있는 삼각형 모양의
슬라이드가 있습니다.

··· 소스   ··· 결과

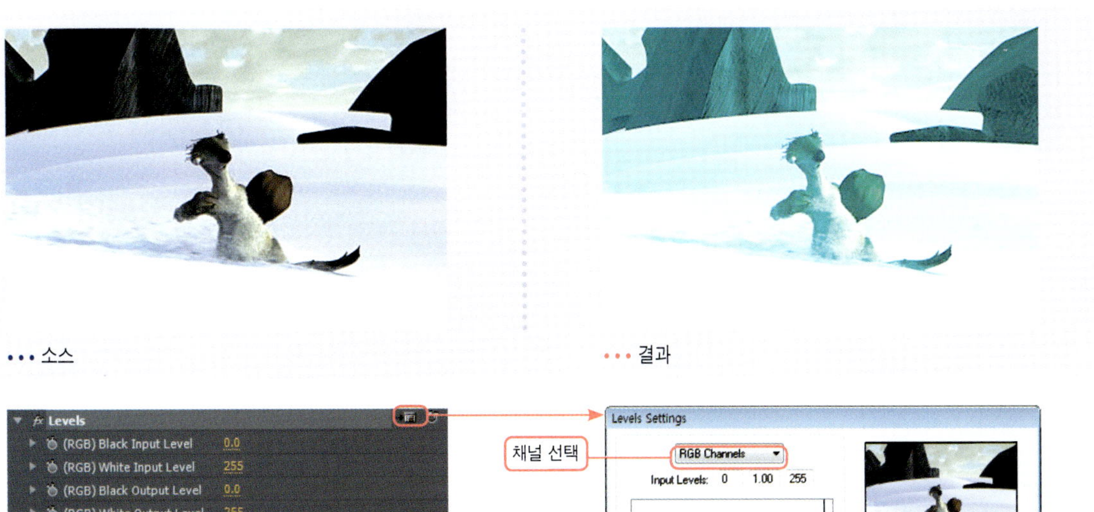

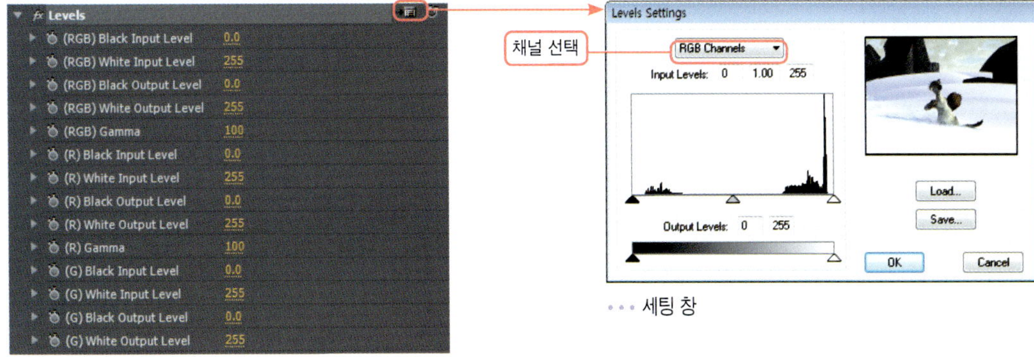

채널 선택

··· 컨트롤   ··· 세팅 창

- In/Out Level(입력/출력 레벨)과 Gamma(감마) 값을 조절할 수 있는 20개의 옵션으로 구성되어 있어 조금 복잡해 보이지만, RGB 색상의 밝기를
  한꺼번에 조절하거나 (R), (G), (B) 채널별로 조절할 수 있는 간단한 구조입니다. 프리미어 이펙트에서 세팅 창을 제공하는 것들은 세팅 창에서
  실시간으로 조절하는 것이 편리합니다. 세팅 창의 Input Levels(입력 레벨)은 3개의 삼각형으로 구성되어 있으며, 왼쪽이 어두운 범위를 조절하는
  Black Input Level, 오른쪽이 밝은 범위를 조절하는 White Input Level, 중앙이 비율을 조절하는 Gamma입니다. 그리고 Output Levels(출력
  레벨)은 어두운 범위와 밝은 범위를 조절할 수 있는 2개의 삼각형으로 구성되어 있습니다.

조명 효과는 5가지 타입의 조명 효과를 만드는 이펙트입니다. 트랜스폼 버튼을 제공하고 있어 프로그램 패널에서 밝기와 거리, 위치 등을 마우스 드래그로 자유롭게 조정할 수 있습니다.

··· 소스

··· 결과

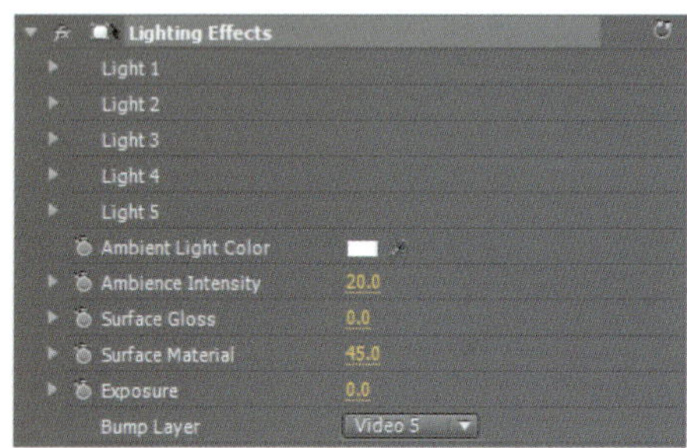

··· 컨트롤

- Light(조명)1~5: 조명 타입을 선택할 수 있는 Light type, 색을 선택할 수 있는 Light Color, 위치를 설정할 수 있는 Center, 범위를 조정할 수 있는 Major과 Manor Radius, 각도를 조정할 수 있는 Angle, 밝기를 조정할 수 있는 Intensity, 발광도를 조정할 수 있는 Focus로 구성되어 있습니다.
- Ambient Light Color(주변광 색상): 조명 주변의 색상을 선택합니다.
- Ambient Light Intensity(주변광 강도): 조명 주변의 밝기를 조정합니다.
- Surface Gloss(표면 광택): 조명과 주변 경계의 밝기를 조정합니다.
- Surface Material(표면 질감): 조명과 주변 경계의 질감을 조정합니다.
- Exposure(노출): 노출 값을 조정합니다.
- Bump Layer(범프 레이어): 합성할 트랙을 선택합니다.
- Bump Channel(범프 채널): 합성할 채널을 선택합니다.
- Bump Height(범프 높이): 합성할 트랙과 채널의 밝기를 선택합니다.
- White is High(흰색을 높게): 합성할 때 밝은 부분을 유지할 수 있게 하는 옵션입니다.

 ProcAmp

명도, 대비, 색조, 채도 등을 조절합니다. 화면을 분할하여 원본과 비교하는 역할의 Split Screen 옵션은 엔딩 샷에 많이 사용하는 효과를 연출하는데 응용할 수 있습니다.

··· 소스

··· 결과

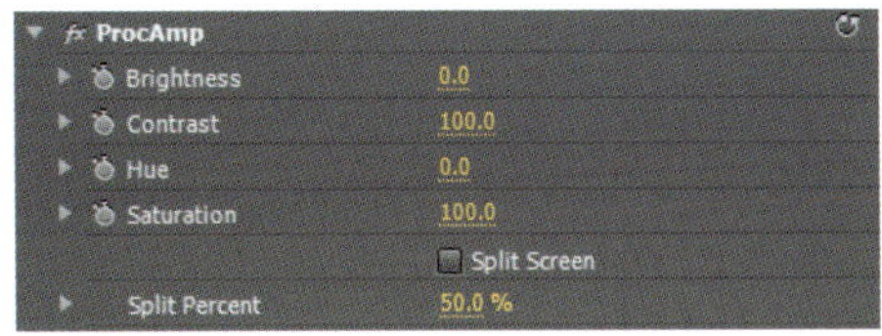

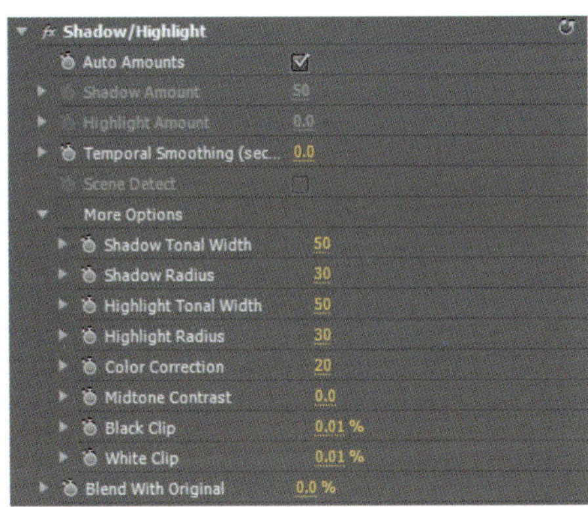

• **Brightness**(명도) : 명도를 조절합니다.

• **Contrast**(대비) : 대비를 조절합니다.

• **Hue**(색조) : 색조를 조절합니다.

• **Saturation**(채도) : 채도를 조절합니다.

• **Split Screen**(화면 분할) : 원본과 조정된 결과를 비교할 수 있게 화면을 반으로 나눕니다.

• **Split Percent**(분할 백분율) : 화면이 나뉘는 비율을 조절합니다.

Shadow/Highlight

어두운 영역/밝은 영역은 영상에서 음영이 적용된 물체를 밝게 조정하고, 밝은 영역을 줄이는 이펙트입니다. 이것은 어두운 영역과 밝은 영역을 독립적으로 조정하며, 기본 설정은 역광 촬영으로 발생하는 문제점을 보정합니다.

··· 소스

··· 결과

··· 컨트롤

• **Auto Amounts**(양 자동 조정) : 역광 촬영으로 인한 문제점을 자동으로 보정합니다. 옵션을 해제하여 어두운 영역과 밝은 영역을 수동으로 조정할 수 있습니다.

• **Shadow Amount**(어두운 정도) : Auto Amounts 옵션을 해제한 경우에 사용할 수 있는 옵션으로 어두운 범위를 밝게 조정하는 양입니다.

• **Highlight Amount**(밝은 정도) : 밝은 범위를 어둡게 조정하는 양입니다.

• **Temporal Smoothing**(시간 기준...) : Auto Amounts 옵션을 체크한 경우에 사용할 수 있는 옵션으로 주변 프레임의 검색 범위를 설정합니다. 이 값이 0이면, 각 프레임은 주변 프레임에 관계없이 독립적으로 분석되며 값이 클수록 부드럽게 표시합니다.

• **Scene Detect**(장면 검색) : 옵션을 체크하면, Temporal Smoothing 에서 설정한 범위를 분석할 때, 장면 변경을 벗어나는 프레임은 무시됩니다.

• **More Options**(기타 옵션) : 미세한 조정이 가능한 옵션으로 구성되어 있으며, 역할은 다음과 같습니다.

  Shadow/Highlight Tonal Width(어두운 영역/밝은 영역 색조 폭) : 어두운 영역과 밝은 영역의 조정 범위를 설정합니다.

  Shadow/Highlight Radius(어두운 영역/밝은 영역 반경) : 어두운 영역과 밝은 영역을 구분하기 위한 픽셀 주위의 영역 반경을 설정합니다.

  Color Correction(색상 교정) : 어두운 영역과 밝은 영역에 적용되는 색상 교정 양을 조정합니다.

  Midtone Contrast(중간 색조 대비) : 중간 영역에 적용하는 대비 양을 조정합니다.

  Black/White Clip(검정색/흰색 클립) : 영상의 어두운 영역과 밝은 영역의 조정 범위를 설정합니다. 값이 너무 크면 어두운 영역이나 밝은 영역의 세부 정보가 감소하게 되므로 주의해야 합니다. Adobe사에서는 0.01%과 1%사이의 값을 권장하고 있습니다.

• **Blend With Original**(원본과 혼합) : 원본과 효과를 적용한 결과와의 합성 비율을 설정합니다.

2 Blur & Sharpen

Blur & Sharpen(흐림/선명) 폴더에는 Antialias, Camera Blur 등, 영상의 초점을 조절하는 역할의 10가지 이펙트를 제공합니다.

 **Antialias**

앤티 엘리어스는 영상에 표현되는 색상의 경계를 부드럽게 하는 것으로. 별도의 컨트롤러가 없는 On/Off 방식의 이펙트입니다.

••• 소스

••• 결과

 **Camera Blur**

카메라 흐림 효과는 카메라 초점이 맞지 않아 영상이 흐려지는 효과를 만듭니다. 컨트롤 패널에는 값을 퍼센트 단위로 조절할 수 있는 옵션이 있고, 세팅 창을 이용하면 조정 값을 실시간으로 확인할 수 있습니다.

••• 소스

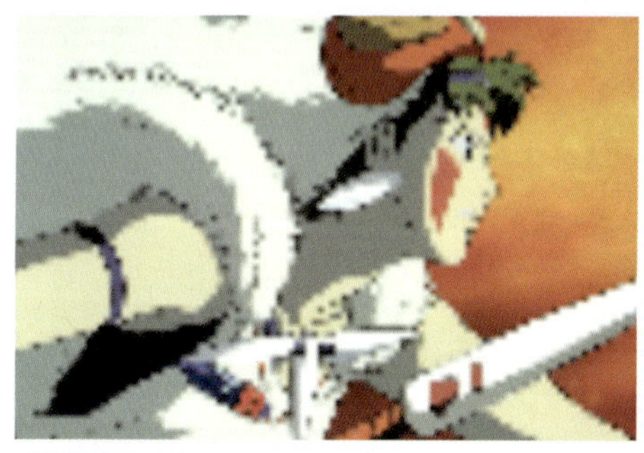

••• 결과

••• 컨트롤

• **Percet Blur**(백분율 흐림 효과) : 영상이 흐려지는 정도를 퍼센트 단위로 조정합니다. 세팅 창은 결과를 모니터하면서 조정할 수 있는 슬라이드로 구성되어 있습니다.

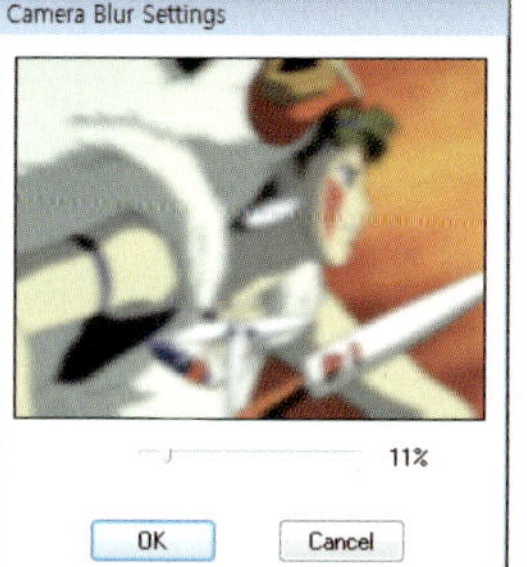

••• 세팅 창

채널 흐림 효과는 RGB와 Alpha 채널을 개별적으로 흐리게 만드는 이펙트입니다.

··· 소스

··· 결과

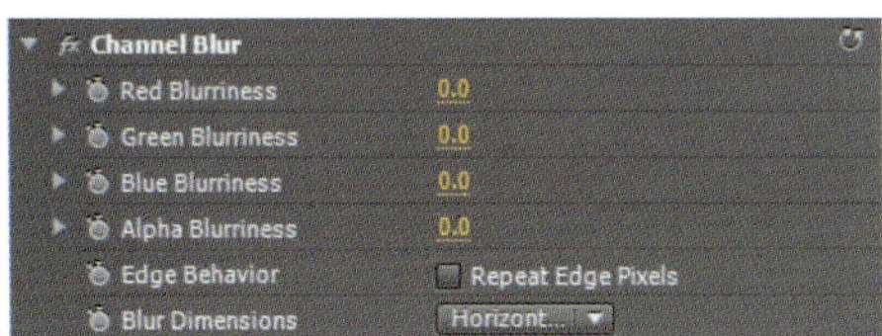

··· 컨트롤

• Red Blurriness: 레드 채널의 흐려지는 정도를 조정합니다.
• Green Blurriness: 그린 채널의 흐려지는 정도를 조정합니다.
• Blue/ Blurriness: 블루 채널의 흐려지는 정도를 조정합니다.
• Alpha Blurriness: 알파 채널의 흐려지는 정도를 조정합니다.
• Edge Behavior: 채널의 경계를 픽셀 단위로 반복할 것인지의 여부를 선택할 수 있는 R epeat Edge Pixels 옵션이 있습니다.
• Blur Dimensions: 흐려지는 방향을 Horizontal(가로)과 Vertical(세로)로 선택할 수 있는 메뉴입니다.

Compound Blur

컴파운드 흐림 효과는 다른 트랙의 밝기 값을 기초로 영상을 흐리게하는 이펙트입니다.

··· 소스

··· 결과

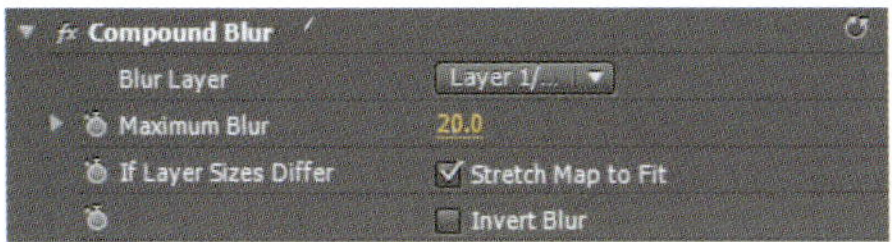

··· 컨트롤

• Blur Layer: 합성할 트랙을 선택할 수 있는 메뉴입니다.
• Maximum Blur: 합성 범위를 설정합니다.
• If Layer Sized Differ: 합성 영상의 크기를 일치하는 옵션입니다.
• Invert Blur: 합성 범위를 바꿉니다.

방향성 흐림 효과는 영상이 흐려지는 방향을 조정할 수 있는 이펙트입니다.

··· 소스

··· 결과

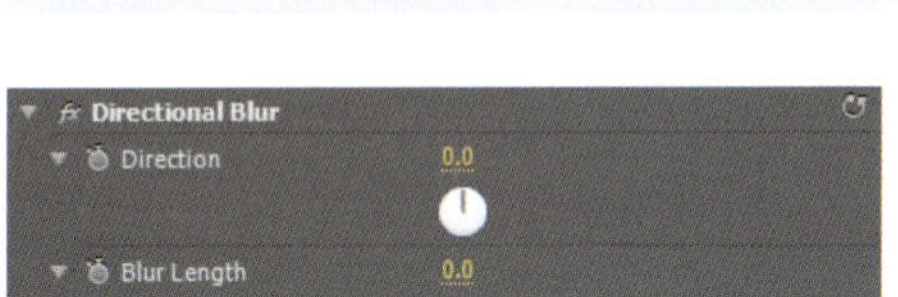

··· 컨트롤

• Direction : 흐림 효과가 적용되는 각도를 조정합니다.
• Blur Length : 흐려지는 길이를 조정합니다.

Fast Blur

빠른 흐림 효과는 캠코더가 빠르게 이동하여 초점이 흐려지는 것과 같은 화면을 만드는 이펙트입니다.

··· 소스

··· 결과

··· 컨트롤

• Blurriness: 흐려지는 값을 설정합니다.
• Blur Dimensions: 흐려지는 방향을 선택합니다.
• Repeat Edge Pixels: 영상이 흐려질 때, 주변 픽셀을 반복할 것인지의
  여부를 선택하는 옵션입니다.

가우시안 흐림 효과는 영상을 흐리게 하여 부드럽게 표현하는 이펙트입니다.

··· 소스

··· 결과

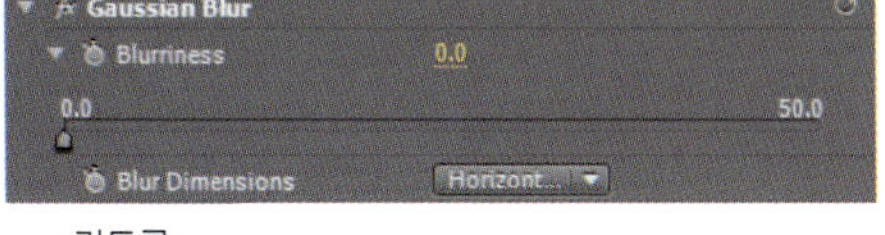

··· 컨트롤

• Blurriness(흐림): 흐려지는 정도를 설정합니다.
• Blur Dimensions(흐림 차원): 흐려지는 방향을 선택합니다.

Ghosting

투명 효과는 앞 프레임의 투명도를 겹쳐서 피사체가 움직이는 경로를 만드는 것으로, 별다른 컨트롤러가 없는 On/Off 방식의 이펙트입니다.

··· 소스

··· 결과

선명 효과는 색상이 변경되는 위치의 명암을 높여 날카롭게 만들어 대비를 높이는 이펙트입니다. 컨트롤 패널에는 명암을 최대 100의 비율로 조정할 수 있는 Sharpen Amount 슬라이드가 있습니다.

••• 소스

••• 결과

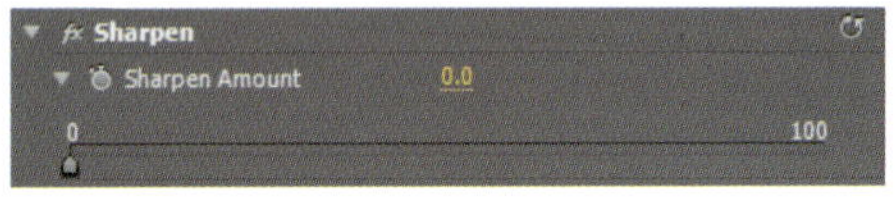

••• 컨트롤

• Sharpen Amount : 대비 조정값을 설정합니다.

 Unsharp Mask

언샵 마스크 효과는 색상의 경계 값을 높여 영상을 돋보이게 합니다.

••• 소스

••• 결과

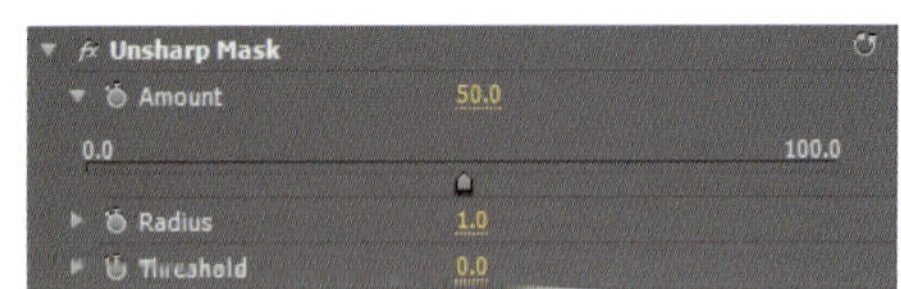

••• 컨트롤

• Amount: 증가 값을 조정합니다.
• Radius: 이펙트가 적용되는 픽셀의 범위를 설정합니다.
• Threshold: 0에서 255까지 경계 값을 설정합니다.

3 Channel

Channel 폴더에는 Arithmetic, Blaend 등, 채널 별로 영상을 합성하는 9가지 이펙트를 제공합니다.

Arithmetic

산출 효과는 RGB 다양한 수학적 연산을 수행하여 색상을 합성하는 이펙트입니다.

••• 소스

••• 결과

••• 컨트롤

• Operator(연산자) : 각 픽셀에 대해 각 채널에서 지정하는 값과 해당 채널의 기존 값 간에 수행할 연산을 선택합니다.

- And, Or, Xor : 비트 단위 논리 연산을 적용합니다.
- Add(더하기), Subtract(빼기), Difference(차이), Multiply(곱하기) : 기본적인 수학 함수를 적용합니다.
- 최소(Min) : 지정된 값과 원래 값 중에서 더 작은 값으로 설정합니다.
- 최대(Max) : 지정된 값과 원래 값 중에서 더 큰 값으로 설정합니다.
- Block Above(초과 블록) : 원래 값이 지정된 값 보다 크면 0으로 설정하고, 그렇지 않으면 원래 값을 유지합니다.
- Block Below(미만 블록) : 원래 값이 지정된 값 보다 작으면 0으로 설정하고, 그렇지 않으면 원래 값을 유지합니다.
- Slice(분할) : 원래 값이 지정된 값보다 크면 픽셀의 채널 값을 1.0으로 하고, 그렇지 않으면 채널 값을 0으로 설정합니다.
- Screen(화면) : 화면을 적용합니다.

• Red/Green/Blue Value : RGB 각 채널의 합성 값을 조정합니다.

• Clipping(클리핑) : 모든 함수가 유효한 범위를 초과하는 색상 값을 생성하지 못하도록 하는 옵션입니다.

Blend

혼합 효과는 5가지 모드 중에서 하나를 선택하여 두 트랙의 영상을 합성하는 이펙트입니다.

••• 소스

••• 결과

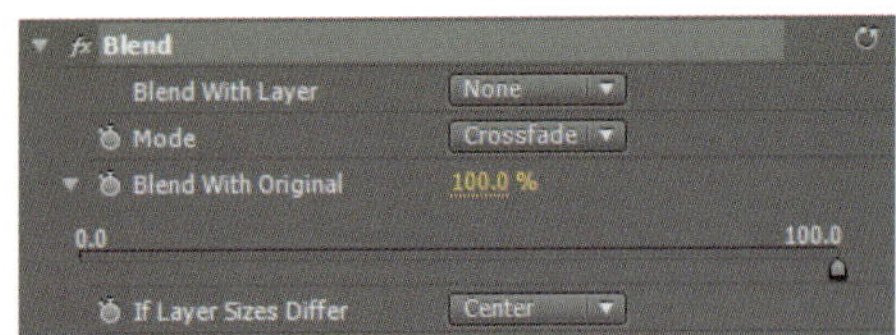

··· 컨트롤

- Blend With Layer(레이어와 혼합) : 합성할 트랙을 선택합니다.
- Mode(모드) : 5가지의 모드가 있습니다.
  - Crossfade(교차 페이드) : 원본 영상은 점점 어두워지고, 합성 영상은 점점 밝아집니다.
  - Color Only(색상만) : 색상만 합성합니다.
  - Tint Only(색조만) : 색조만 합성합니다
  - Darken Only(어둡게만 하기) : 합성 영상보다 밝은 영역을 어둡게 합니다.
  - Lighten Only(밝게만 하기) : 합성 영상보다 어두운 영역을 밝게합니다.
- Blend With Original(원본과 혼합) : 합성 비율을 퍼센트 단위로 조정합니다.
- If Layer sizes Differ(레이어 크기…) : 합성 영상의 크기가 다를 경우 Center를 선택하여 원본 크기를 유지하거나 Stretch to Fit을 선택하여 동일한 크기로 맞출 수 있습니다.

Calculations

계산 효과는 두 클립의 채널 값을 합성하는 이펙트입니다. Normal, Copy 등, 밝기, 색상, 명암의 30가지 합성 모드가 있습니다.

··· 소스

··· 결과

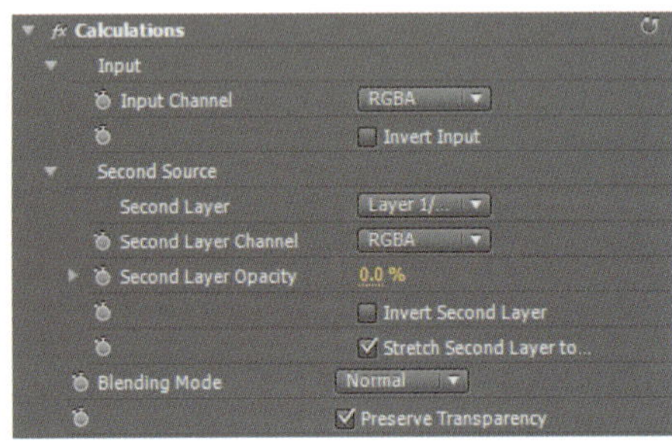

··· 컨트롤

- Input Channel(입력 채널) : 이펙트를 적용한 클립에서 합성할 채널을 선택합니다.
- Invert Input(입력 반전) : 선택한 채널 정보를 추출하기 전에 클립을 반전시키는 옵션입니다.
- Second Layer(보조 레이어) : 합성할 트랙을 선택합니다.
- Second Layer Channel : 합성할 채널을 선택합니다.
- Second Layer Opacity : 합성 트랙의 불투명도를 조정합니다.
- Invert Second Layer : 선택한 트랙을 반전시키는 옵션입니다.
- Stretch Second Layer to Fit : 크기를 일치하는 옵션입니다.
- Blending Mode(혼합 모드) : 30가지의 합성 모드를 제공합니다. 여기서 선택한 모드에 따라 합성 효과가 달라집니다.
- Preserve Transparency(투명도 유지) : 원본 레이어의 알파 채널을 유지합니다.

복합 산술 효과는 컨트롤 레이어와 함께 적용되는 항목에 수학적으로 합성하는 이펙트입니다.

••• 소스

••• 결과

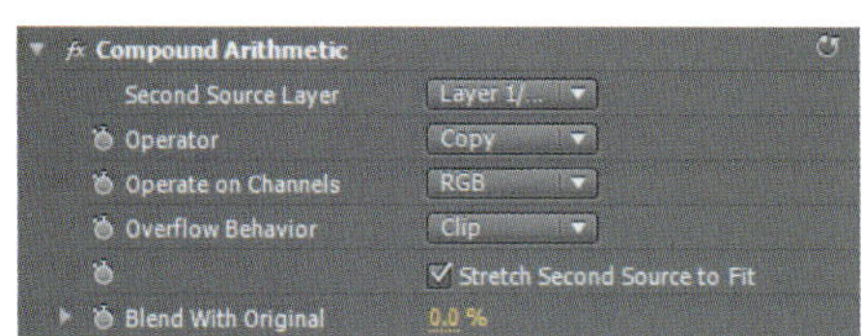

••• 컨트롤

• Second Source Layer(보조 소스 레이어) : 합성할 트랙을 선택합니다.
• Operator(연산자) : 합성 방식을 선택합니다.
• Operate on Channels(채널 연산) : 효과가 적용되는 채널을 선택합니다.
• Overflow Behavior(오버플로 동작) : 허용 범위를 초과하는 픽셀 값이
  처리되는 방식을 선택합니다.
- Clip(클립) : 허용되는 범위로 제한합니다.
- Wrap(되돌리기) : 허용 범위를 초과하는 값을 반대로 되돌립니다.
- Scale(비율 조정) : 전체 범위의 최대값과 최소값이 계산되어 허용 가능한
  범위로 축소합니다.
• Stretch Second Source to Fit(보조 소스를 …) : 효과가 적용되는 클립과
  크기를 맞춥니다.
• Blend With Original(원본과 혼합) : 합성 비율을 조정합니다.

 Invert

반전 효과는 특정 채널의 색상을 반전시킵니다. 채널은 RGB, HLS, YIQ, Alpha을 이용할 수 있습니다.

••• 소스

••• 결과

••• 컨트롤

• Channel(채널) : 반전시킬 채널을 선택합니다. 채널은 일반적으로 사용하는
  RGB, 명암으로 사용하는 HLS, 휘도로 사용하는 YIQ와 Alpha 채널이
  있습니다.
• Blend With Original(원본과 혼합) : 합성 비율을 퍼센트 단위로 조정합니다.

매트 설정 효과는 소스의 알파 채널을 다른 트랙의 채널과 바꾸어 합성하는 이펙트입니다.

••• 소스

••• 결과

••• 컨트롤

• Take Matte From Layer(레이어에서...) : 합성할 트랙을 선택합니다.
• Use for Matte(매트로 사용) : 합성할 채널을 선택합니다.
• Invert Matte(매트 반전) : 선택한 채널의 투명도를 반전시킵니다.
• If Layer Sizes Differ(레이어 크기...) : 합성 트랙의 크기가 다르다면, Stretch Matte to Fit(매트 동일 크기...)로 일치시킬 수 있으며, Composite Matte with Original(매트와 원본 합성)은 현재 클립을 바꾸는 대신 새 매트와 합성하는 옵션이고, Premultiply Matte Layer(매트 레이어...)는 새 매트를 현재 클립에 미리 곱하는 옵션입니다.

단색 합성 효과는 소스의 불투명도와 단색의 불투명도를 합성하는 이펙트입니다.

••• 소스

••• 결과

••• 컨트롤

• Source Opacity(소스 불투명도) : 소스 클립의 불투명도를 조절합니다.
• Color(색상) : 조절할 색상을 선택합니다.
• Opacity(불투명도) : 합성 트랙의 불투명도를 조절합니다.
• Blending Mode(혼합 모드) : 합성 방식을 선택합니다.

4 Color Correction

Color Correction(색상 교정) 폴더에는 Brightness & Contrast, Fast Color Corrector, Luma Corretor 등, 영상의 밝기, 색상, 휘도 등을 보정하는 역할의 17가지 이펙트를 제공합니다.

Brightness & Contrast

명도 및 대비 효과는 영상의 명도와 대비를 조절할 수 있는 Brightness와 Contrast 컨트롤 옵션이 있습니다.

••• 소스

••• 결과

••• 컨트롤

- Brightness(명도) : 0을 기준으로 밝기를 -100에서 100까지 조절합니다
- Contrast(대비) : 0을 기준으로 명암을 -100에서 100까지 조절합니다.

Broadcast Colors

브로드캐스트 색상 효과는 NTSC 또는 PAL 표준에 허용되는 범위로 색상을 보정하는 이펙트입니다.

••• 소스

••• 결과

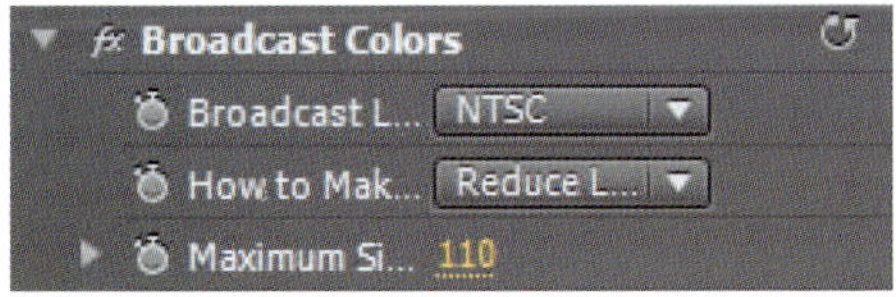

••• 컨트롤

- Broadcast Locale(브로드캐스트 ...) : 원하는 출력 방식을 선택합니다. 국내의 경우에는 NTSC 방식입니다.
- How to Make Color Safe(색상을 안전하게 ...) : 픽셀을 검정 쪽으로 이동하여 명도를 줄이는 Reduce Luminance(광도 감소)와 회색 쪽으로 이동하여 채도를 줄이는 Reduce Saturation(채도 감소) 중에서 선택합니다.
- Maximum Signal Amplitude (IRE) (최대 신호 진폭) : 신호의 최대 진폭을 결정합니다. 기본값은 110입니다.

색상 변경 효과는 특정 범위의 색상, 밝기, 채도 등을 조정하는 이펙트입니다.

••• 소스

••• 결과

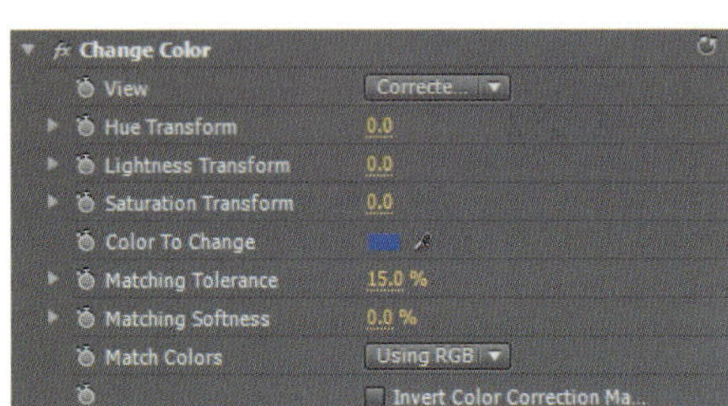
••• 컨트롤

• View(보기) : Corrected Layer(교정된 레이어)를 선택하면 효과가 적용된 결과를 표시하며, Color Correction Mask(색상 교정 마스크)를 선택하면 변경될 레이어 영역이 표시됩니다.

• Hue/Lightness/Saturation Transform(색조/밝기/채도 변형) : 각각 색조, 밝기, 채도의 조정 양을 설정합니다.

• Color To Change(변경할 색상) : 변경할 색상을 선택합니다.

• Matching Tolerance(일치 허용) : 일치하는 상태를 유지하면서 색상을 다르게 적용할 양을 조정합니다.

• Matching Softness(일치 부드러움) : 일치하지 않는 픽셀이 영향을 받는 양을 조정합니다.

• Matching Colors(색상 일치) : 비교 색상 값을 선택합니다.

• Invert Color Correction Matching(색상 교정…) : 효과가 적용될 색상을 결정하는 마스크를 반전시키는 옵션입니다.

고급 색상 변경 효과는 HLS 값을 기준으로 From에서 선택한 색상을 To의 색상으로 변경하는 이펙트입니다.

••• 소스

••• 결과

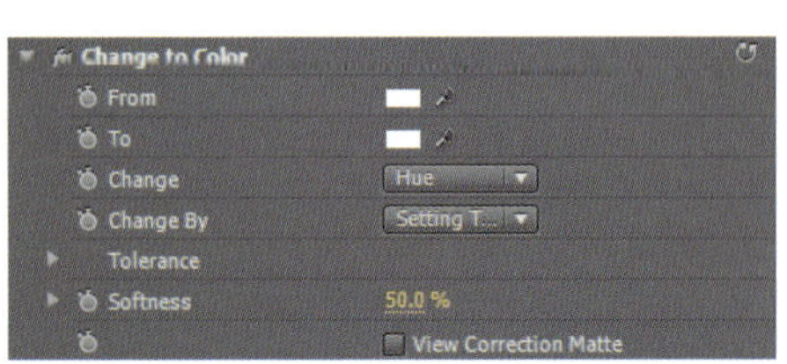
••• 컨트롤

• From/To(변경 지점/받는 사람) : From에서 선택한 색상을 To에서 선택한 색상으로 변경합니다.

• Change(변경) : 영향 받는 채널을 선택합니다.

• Change By(변경 방식) : 색상을 변경하는 방법을 선택합니다.

• Tolerance(허용치) : 변경할 색상의 범위를 색조, 밝기, 채도로 조정합니다.

• Softness(부드러움) : 변경되는 색상의 경계를 부드럽게 처리합니다. View Correction Matte(교정 매트 보기) 옵션을 체크하면, 각 픽셀에 영향을 주는 정도를 나타내는 회색 음영 매트를 표시합니다.

채널 혼합기 효과는 채널을 혼합하여 색상을 수정하는 이펙트입니다. 세피아 톤을 비롯한 다양한 색조가 적용된 영상을 만들 수 있습니다.

··· 소스

··· 결과

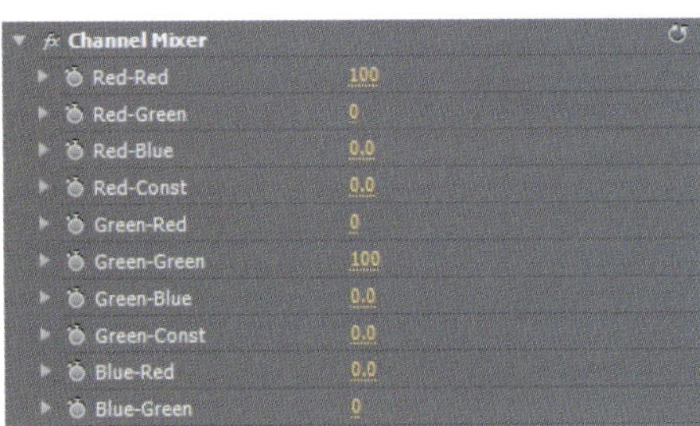
··· 컨트롤

• RGB-RGB : 왼쪽이 출력 채널이고, 오른쪽이 입력 채널입니다. 출력 채널 값에 추가할 입력 채널 값을 조정합니다.
• RGB-Const(상수) : 출력 채널 값에 추가할 상수 값을 조정합니다.
• Monochrome(모노) : 회색 음영을 만듭니다.

색상 균형 효과는 어두운 톤, 중간 톤, 밝은 톤 영역의 RGB 색상을 조정하는 이펙트입니다.

··· 소스

··· 결과

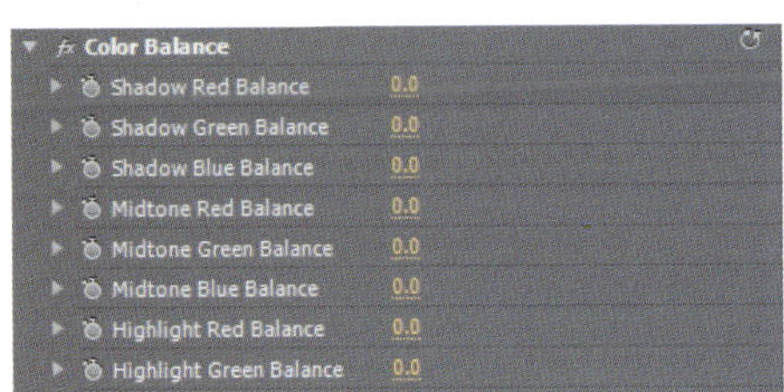
··· 컨트롤

• Shadow/Midtone/Highlight RGB Balance : 각각 어두운 영역, 중간 영역, 밝은 영역의 RGB 색상 비율을 조정합니다.
• Preserve Lyminosity(광도 유지) : 색상을 변경하는 동안 영상의 평균 명도를 유지하는 옵션입니다.

379

색상 균형(HLS) 효과는 영상의 색조, 명도, 채도의 레벨을 조정하는 이펙트입니다.

··· 소스

··· 결과

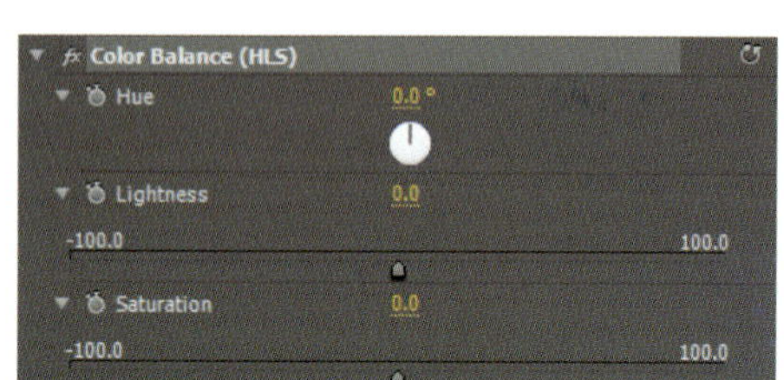

··· 컨트롤

- Hue(색조) : 영상의 색상을 조정합니다.
- Lightness(밝기) : 영상의 명도를 조정합니다.
- Saturation(채도) : 영상의 채도를 조정합니다.

균일화 효과는 픽셀 값을 변경하여 명도나 색상 구성 요소 분포도를 조정하는 이펙트입니다.

··· 소스

··· 결과

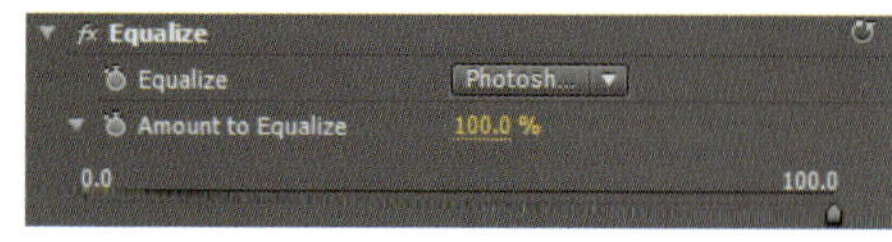

··· 컨트롤

- Equalize(균일화) : RGB는 각 색상을 기반으로 영상을 균일화 하며, Brightness(명도)는 각 픽셀의 명도를 기반으로 균일화 합니다. 그리고, Photoshop Style은 영상의 명도 값을 다시 분포시켜 명도 레벨의 전체 범위를 균일화 합니다.
- Amount to Equalize(균일화 양) : Equalize에서 선택한 모드의 값을 조정합니다.

빠른 색상 교정기 효과는 화이트 밸런스와 색상을 보정하는 목적으로 사용하는 이펙트입니다. 물론, 어두운 영역과 중간 영역, 그리고 밝은 영역의 레벨을 조정하거나 단색 톤의 영상 연출이 가능한 옵션을 포함하고 있습니다.

••• 소스

••• 결과

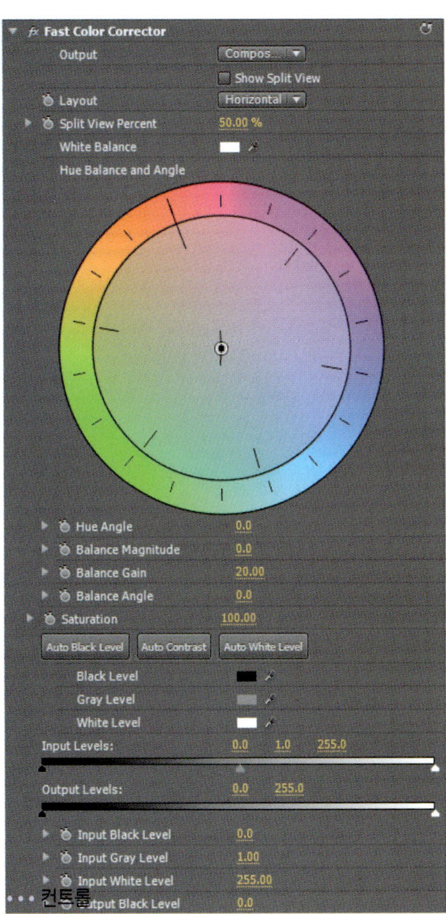

••• 컨트롤

- Output(출력) : Composite(합성), Luma(루마), Mask(마스크)의 3가지 중에서 출력 환경을 선택합니다. Show Split View(분할 뷰 표시) 옵션을 체크하여 원본과 출력 소스를 2 등분하여 표시할 수 있습니다. 변화 값을 비교할 때 편리합니다.

- Layout(레이아웃) : Show Split View 옵션으로 화면을 2 등분할 때, 세로로 표시 할 것인지, 가로로 표시 할 것인지를 선택합니다. 분할 비율은 Split View Percent(분할 뷰...)에서 퍼센트 단위로 설정합니다.

- White Balance(흰색 균형) : 화이트 밸런스를 촬영할 때 맞추지 않았다면, 스포이드 툴로 영상의 흰색 부분을 추출하여 화이트 밸런스를 맞출 수 있습니다.

- Hue Balance and Angle(색조 균형 및 각도) : Hue Angle(색조 각도)은 바깥쪽 휠을 돌려 조정할 수 있고, Balance Magnitude(균형 강조)와 Angle(균형 각도)은 포인트를 드래그하여 조정할 수 있습니다. 그리고 Balance Gain(균형 게인)은 포인트와 중심점 사이에 있는 검정색 점을 드래그하여 조정합니다.

- Saturation(채도) : 기본 값 100을 기준으로 영상의 채도를 조정합니다.

- Auto Black Level/Contrast/White Level(자동 검정 레벨/대비/흰색 레벨) : 각각의 버튼을 클릭하여 어두운 영역, 명암, 밝은 영역을 자동으로 조정합니다. Black/Gray/White Level(검정/회색/흰색 레벨)의 색상 피커 창이나 스포이드 툴을 이용하여 기준 색상을 선택할 수 있습니다.

- Input Levles(입력 레벨) : 바깥쪽의 삼각형은 소스 영상의 어두운 영역과 밝은 영역의 범위를 조정하고, 중앙의 삼각형은 감마 값을 조정합니다.

- Output Levles(출력 레벨) : 두 개의 삼각형을 이용하여 출력 영상의 어두운 영역과 밝은 영역의 범위를 조정합니다.

- Input Balck/Gray/White Levles(입력 검정/회색/흰색 레벨) : 입력 소스의 어두운 영역, 중간 영역, 밝은 영역의 레벨을 조정합니다.

- Output Balck/Gray/White Levles(출력 검정/회색/흰색레벨) : 출력 영상의 어두운 영역, 중간 영역, 밝은 영역의 레벨을 조정합니다.

색상 유지/지우기 효과는 특정 색을 제외한 모든 색상을 제거하는 이펙트입니다.

••• 소스

••• 결과

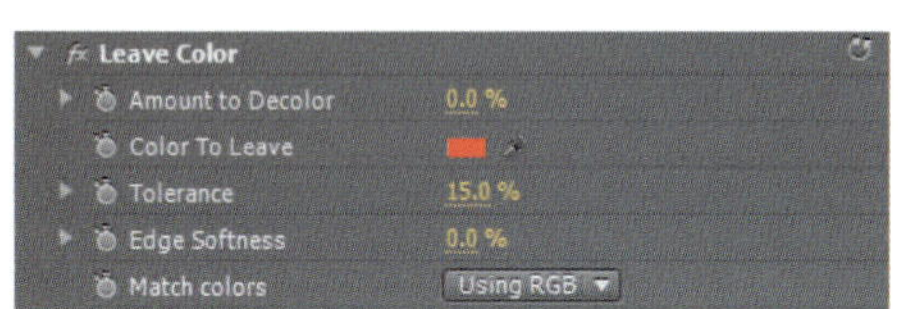

••• 컨트롤

- Amount to Decolor(탈색 양) : 흑백으로 처리될 영상의 범위를 조정합니다.
- Colot To Leave(유지할 색상) : 남겨질 색상을 선택합니다.
- Tolerance(허용치) : 남겨질 색상의 범위를 조정합니다.
- Edge Softness(가장자리...) : 색상의 경계를 부드럽게 처리합니다
- Match Colors(색상 일치) : RGB 또는 HUE의 비교 색상을 선택합니다.

루마 교정기 효과는 영상의 어두운 영역, 중간 영역, 밝은 영역의 명도와 대비를 조정하는 이펙트입니다.

••• 소스

••• 결과

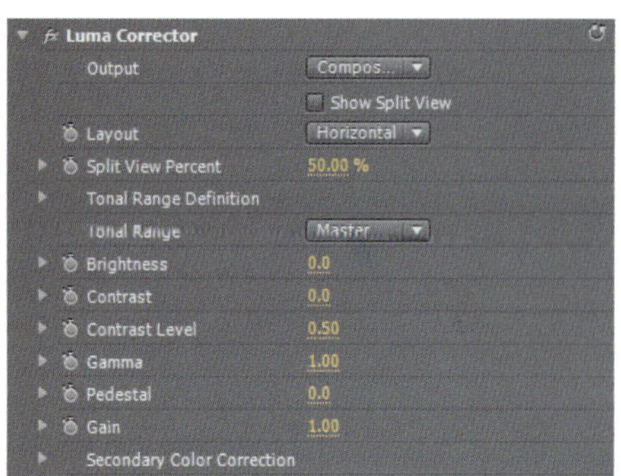

••• 컨트롤

- Output(출력) : Composite(합성), Luma(루마), Mask(마스크), Tonal Range(색조 범위) 중에서 출력 환경을 선택합니다. Show Split View(분할 뷰 표시) 옵션은 원본과 출력 소스를 2 분할로 표시합니다.
- Layout(레이아웃) : 2 분할 표시의 방향을 선택하며, Split View Percen(분할 뷰...)에서 분할 비율을 퍼센트 단위로 설정합니다.
- Tonal Range Definition(색조 범위 정의) : 어두운 영역 및 밝은 넝억의 색조 범위를 조정합니다. 삼각형 버튼은 색조 점위를 조정하며, 사각형 버튼으로 고대비를 조정하는 것입니다.
- Tonal Range(색조 범위) : 조정 내용이 마스터에 적용되게 할 것인지, 어두운 영역, 중간 영역, 밝은 영역에 적용되게 할 것인지를 선택합니다.
- Brightness(명도) : 검정 레벨을 조정합니다.
- Contrast(대비) : 영상의 대비를 조정합니다.

- Contrast Level(대비 레벨) : 영상의 원본 대비 값을 설정합니다.
- Gamma(감마) : 어두운 영역이나 밝은 톤을 유지하면서 중간 영역을 조정합니다.
- Pedestal(페데스탈) : 픽셀 값에 고정된 오프셋을 추가하여 영상의 전체적인 명도를 증가시킵니다.
- Gain(게인) : 전체적인 대비 비율을 조정합니다.
- Secondary Color Correction(보조 색상 교정) : Center(가운데)의 스포이드 툴을 이용하여 색상을 선택하고, 선택한 색상을 기준으로 Hue(색조), Saturation(채도), Luma(루마) 값을 조정합니다. + 기호가 있는 스포이드 툴은 색상의 범위를 확장하고, - 기호가 있는 스포이드 툴은 선택한 색상 범위에서 원하는 부분을 뺍니다.
- Soften(부드럽게) : 지정된 영역의 경계를 부드럽게 처리합니다.
- Edge Thinning(가장자리 감소) : 지정된 영역을 선명하게 처리합니다.
- Invert Limit color(한계 색상 반전) : 옵션을 선택하면 Secondary Color Correction 에서 지정한 색을 제외한 나머지 색상에 효과가 적용됩니다.

Luma Curver

루마 곡선 효과는 그래프를 이용해서 명도와 대비를 조정하는 이펙트입니다.

··· 소스

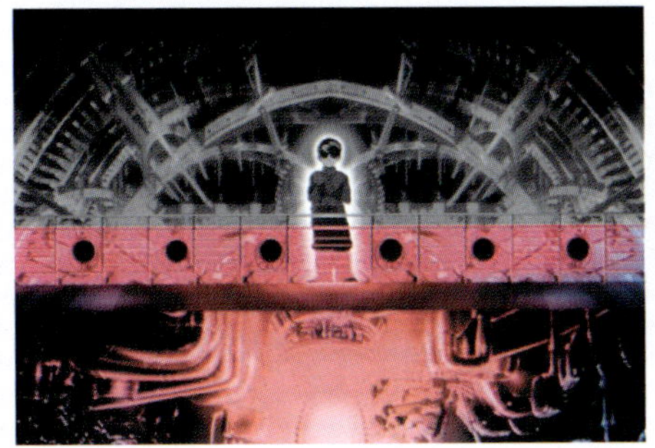

··· 결과

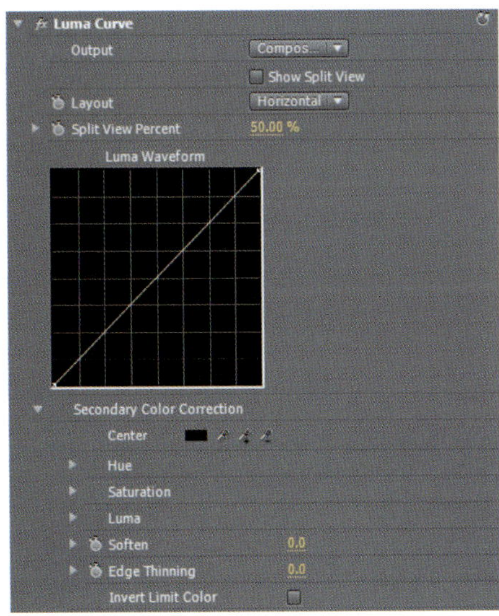

··· 컨트롤

- Output(출력) : Composite(합성), Luma(루마), Mask(마스크) 중에서 출력 환경을 선택합니다. Show Split View(분할 뷰...) 옵션을 체크하여 원본과 출력 소스를 2 등분으로 표시 할 수 있습니다.
- Layout(레이아웃) : 2 등분으로 표시할 때, 세로로 할 것인지, 가로로 할 것인지를 선택합니다.
- Split View Percent(분할 뷰...) : 2 분할 표시 비율을 퍼센트 단위로 설정합니다.
- Luma Waveform(루마 파형) : 마우스 클릭으로 포인트를 만들어 명도와 대비를 조정할 수 있는 그래프 입니다. 곡선을 위로 휘면 밝아지고, 아래로 휘면 어두워집니다.
- Secondary Color Correction(보조 색상 교정) : Center(가운데)의 스포이드 툴을 이용하여 색상을 선택하고, 선택한 색상을 기준으로 Hue(색조), Saturation(채도), Luma(루마) 값을 조정합니다. + 기호가 있는 스포이드 툴은 색상의 범위를 확장하고, - 기호가 있는 스포이드 툴은 선택한 색상 범위에서 원하는 부분을 뺍니다.
- Soften(부드럽게) : 지정된 영역의 경계를 부드럽게 처리합니다.
- Edge Thinning(가장자리 감소) : 지정된 영역을 선명하게 처리합니다.
- Invert Limit color(한계 색상 반전) : 옵션을 선택하면 Secondary Color Correction 에서 지정한 색을 제외한 나머지 색상에 효과가 적용됩니다.

RGB 색상 교정기 효과는 RGB 채널을 이용하여 영상의 색상을 보정하는 이펙트입니다.

••• 소스

••• 결과

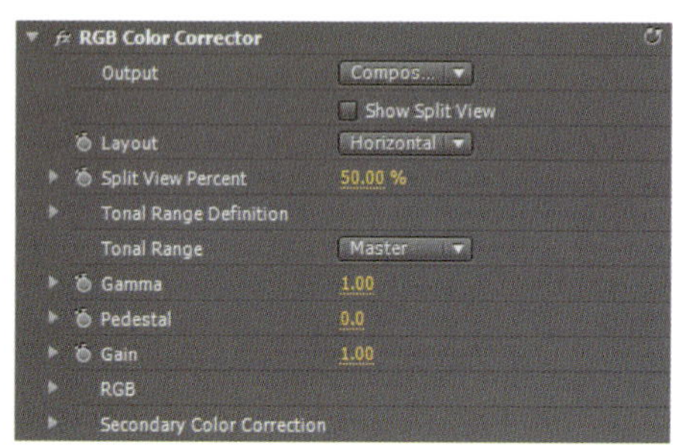

••• 컨트롤

- Output(출력) : Composite(합성), Luma(루마), Mask(마스크), Tonal Range(색조 범위) 중에서 출력 환경을 선택합니다. Show Split View (분할 뷰 표시)옵션을 체크하면, 변화 값을 비교할 수 있게 원본과 출력 소스를 2 등분으로 표시 할 수 있습니다.

- Layout(레이아웃) : 2 등분할 때 세로로 할 것인지, 가로로 할 것인지를 선택합니다. Split View Percent(분할 뷰...)에서 화면 분할 비율을 퍼센트 단위로 설정합니다.

- Tonal Range Definition(색조 범위 정의) : 정사각형 버튼은 어두운 영역 및 밝은 영역의 임계값을 조정하며, 삼각형 버튼으로 어두운 영역 및 밝은 영역의 부드러움을 조정합니다. Tonal Range(색조 범위)에서 효과가 적용되는 영역을 선택합니다.

- Gamma(감마) : 입/출력 밝기 차이를 말하는 감마 값을 조정합니다.어두운 영역이나 밝은 영역을 유지하면서 중간 톤을 조정하는 것입니다.

- Pedestal(페데스탈) : 픽셀 값에 고정된 오프셋을 추가하여 전체 명도를 증가시킵니다.

- Gain(게인) : 전체적인 대비 비율을 조정합니다.

- RGB: 각 채널의 Gamma, Pedestal, Gain 값을 개별적으로 조정합니다.

- Secondary Color Correction(보조 색상 교정) : Center(가운데) 옵션의 색상 피커 창이나 스포이드 툴을 Hue(색조), Saturation(채도), Luma(루마) 값을 조정할 기준 색상을 선택합니다. +기호의 스포이드 툴은 색상을 추가하고, -기호의 스포이드 툴은 뺍니다.

- Soften(부드럽게) : 지정된 영역의 경계를 부드럽게 처리합니다.

- Edge Thinning(가장자리 감소) : 지정된 영역을 선명하게 처리합니다. Invert Limit Color(한계 색상 반전) 옵션은 Secondary Color Correction 에서 지정한 색을 제외한 나머지 색상에 효과가 적용합니다.

RGB 곡선 효과는 그래프를 이용하여 각 채널의 색상을 조정하는 이펙트입니다.

••• 소스

••• 결과

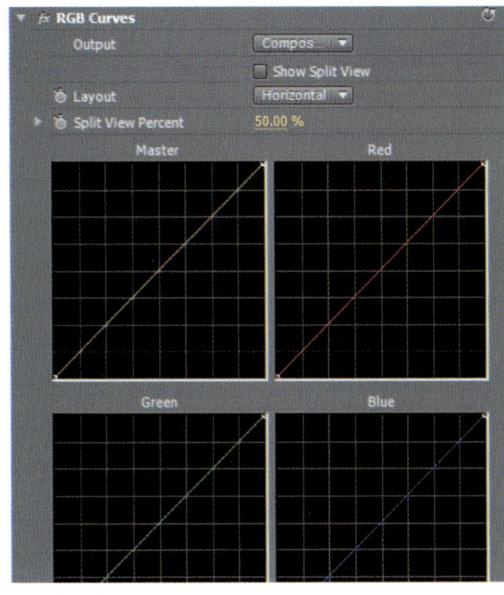

··· 컨트롤

- Output(출력) : Composite 합성, Luma 루마, Mask 마스크 중에서 출력 환경을 선택합니다. Show Split View 분할 뷰 표시 옵션은 변화 값을 비교할 수 있도록 원본과 출력 소스를 2 등분으로 표시합니다.
- Layout(레이아웃) : 세로 및 가로로 2 등분 표시 방법을 선택합니다. Split View Percent 분할 뷰... 에서 분할 비율을 퍼센트 단위로 설정합니다.
- Master, Red, Green, Blue의 그래프 : 마우스 클릭으로 포인트를 만들고, 드래그하여 각 채널의 명도를 조정할 수 있습니다.
- Secondary Color Correction(보조 색상 교정) : Center 가운데 의 스포이드 툴을 이용하여 색상을 선택하고, 선택한 색상을 기준으로 Hue 색조, Saturation 채도, Luma 루마 값을 조정할 수 있습니다.
- Soften(끝 부드러움) : 지정된 영역의 경계를 부드럽게 처리합니다.
- Edge Thinning(가장자리 감소) : 지정된 영역을 선명하게 처리합니다. Invert Limit Color 한계 색상 반전 를 옵션을 선택하면 Secondary Color Correction 에서 지정한 색을 제외한 나머지 색상에 효과가 적용됩니다.

 Three-Way Color Corrector

3방향 색상 교정기 효과는 어두운 영역, 중간 영역, 밝은 영역의 색상을 미세하게 조정할 수 있는 이펙트입니다.

··· 소스

··· 결과

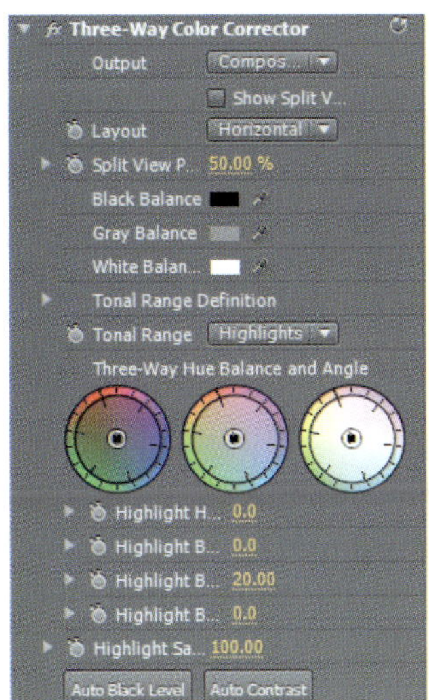

··· 컨트롤

- Output(출력) : Composite, Luma, Mask, Tonal Range 4가지 중에서 출력 환경을 선택합니다. Show Split View 옵션을 체크하여 원본과 출력 소스를 2 등분으로 표시 할 수 있습니다. 변화 값을 비교할 때 편리합니다.
- Layout(레이아웃) : 2 등분할 때 세로로 할 것인지, 가로로 할 것인지를 선택합니다. Split View Percent 분할 뷰... 에서 분할 비율을 퍼센트 단위로 설정합니다.
- Black/Gray/White(검정/회색/흰색 균형) : 블랙 톤, 미들 톤, 화이트 톤의 밸런스 색상을 선택합니다. 여기서 선택한 톤을 기준으로 색조가 조정되는 것입니다.
- Tonal Range Definition(색조 범위 정의) : 어두운 영역 및 밝은 영역의 색조 범위를 조정합니다. 삼각형 버튼은 부드러움의 양을 조정하며, 정사각형 버튼으로 임계값을 조정합니다. Tonal Range 색조 범위 에서는 조정 영역을 선택합니다.
- Three-Way Hue Balance and Angle(3방향 색조 균형 및 각도) : 밝기에 따라 3가지 색상표를 제공하고 있으며, Hue Angle 색조 각도 은 바깥쪽 휠을 돌려 조정할 수 있습니다. Balance Magnitude 균형 각도 와 Angle 각도 은 포인트를 드래그하여 조정할 수 있습니다. Balance Gain 균형 이득 은 포인트와 중심점 사이에 있는 검정색 점을 드래그하여 조정할 수 있습니다.
- Highlight Saturation(밝은 영역 채도) : 0에서부터 200범위로 채도를 조정합니다.
- Auto Black Level/Contrast/White Level(자동 검정/대비/흰색 레벨) : 어두운 영역, 명암, 밝은 영역을 자동으로 조정합니다. 각각 스포이드 툴을 이용하여 기준 영역을 선택할 수 있습니다.

- Input/Output Level(입력/출력 레벨) : Input Level 바깥쪽의 삼각형은 입력 검정과입력 흰색을 조정하며, 가운데 삼각형은 입력 회색을 조정합니다. 그리고 Output Level의 삼각형은 출력 검정과 출력 흰색을 조정합니다

- Secondary Color Correction(보조 색상 교정) : 효과에 의해서 교정될 색상 범위를 조정하는 Center(가운데), Hue(색조), Saturation(채도), Luma(루마), Soften(끝 부드러움), Edge Thinning(가장자리 감소) Invert Limit Color(한계 색상 반전) 역할은 앞에서 살펴본 RGB Curve 옵션과 동일합니다.

 Tint

농도 효과는 어두운 범위와 밝은 범위의 색상 차를 보정하는 이펙트입니다.

··· 소스

··· 결과

··· 컨트롤

- Map Black to(검정으로 매핑) : 어두운 영역을 선택합니다.
- White to(흰색으로 매핑) : 밝은 영역을 선택합니다.
- Amount to Tint(농도 조절량) : 어두운 영역과 밝은 영역을 색상 차를 조정합니다.

 Video Limiter

비디오 제한 효과는 아날로그 TV 출력을 위한 색신호의 범위를 제한하는 이펙트입니다.

··· 소스

··· 결과

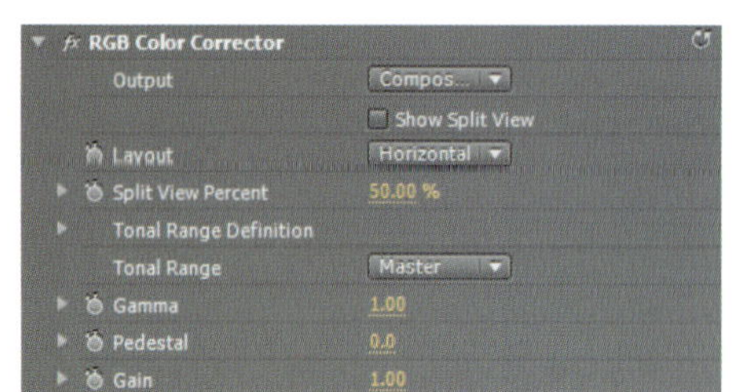

··· 컨트롤

- Show Split View(분할 뷰 표시) : 화면을 2 등분하여 보정 전후의 영상을 비교할 수 있게 합니다. Layout(레이아웃)에서 가로/세로를 선택할 수 있고, Split View Percent(분할 뷰...)에서 비율을 조정할 수 있습니다.
- Reduction Axis(감소 축) : Luma(루마), Chroma(크로마), Smart(자동 한계) 중에서 보정 대상을 선택합니다.
- Min/Max(신호 최소/최대) : Reduction Axis에서 선택한 대상의 범위를 퍼센트 단위로 설정합니다.
- Reduction Method(감소 방법) : 제한하는 색 신호를 선택합니다.
- Tonal Range Definition(색조 범위 정의) : 어두운 영역 및 밝은 영영의 임계값과 부드러움을 정의합니다.

Distort(왜곡) 폴더에는 Bend, Corner 등, 영상을 변형하는 역할의 11가지 이펙트를 제공합니다.

 Bend

구부리기 효과는 영상을 세로/가로 방향으로 이동하는 물결 모양으로 변형합니다.

••• 소스

••• 결과

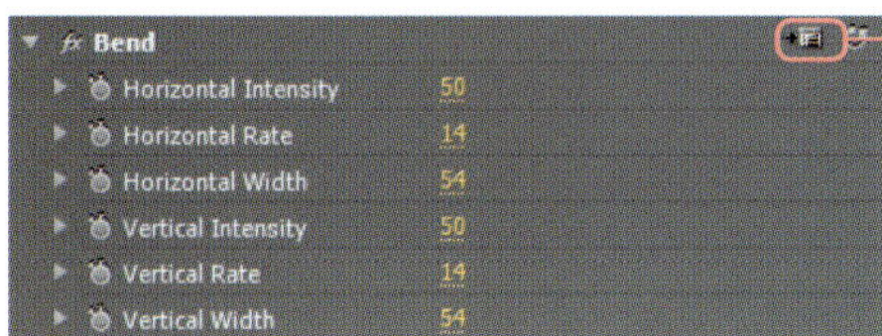

••• 컨트롤

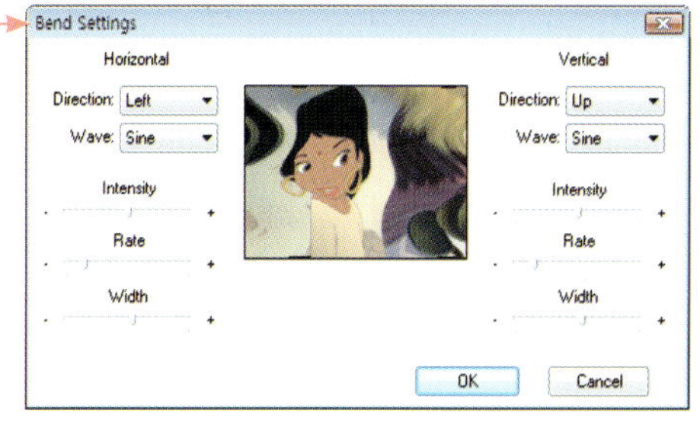

••• 세팅 창

- Horizontal: 가로 영상의 변형 방법을 조정합니다. Intensity는 강도, Rate는 속도, Width는 폭을 조정합니다.
- Vertical: 세로 영상의 변형 방법을 조정합니다. 옵션은 Horizontal과 동일합니다.

 Corner Pin

모퉁이 고정 효과는 영상의 모서리의 위치를 변형합니다. Corner Pin 이름 왼쪽의 트랜스폼 버튼을 클릭하면 프로그램 패널에서 마우스 드래그로 조정할 수 있습니다.

••• 소스

••• 결과

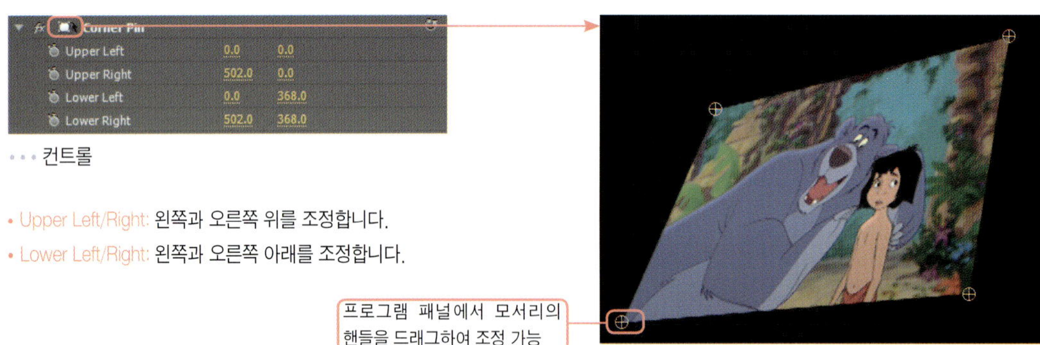

••• 컨트롤

- Upper Left/Right: 왼쪽과 오른쪽 위를 조정합니다.
- Lower Left/Right: 왼쪽과 오른쪽 아래를 조정합니다.

프로그램 패널에서 모서리의
핸들을 드래그하여 조정 가능

••• 프로그램 패널

 **Lens Distortion**

렌즈 왜곡 효과는 볼록 또는 오목 렌즈를 사용한 듯한 효과를 연출합니다. 세팅 창을 이용하면 원하는 형태의 영상을 쉽게 연출할 수 있습니다.

••• 소스

••• 결과

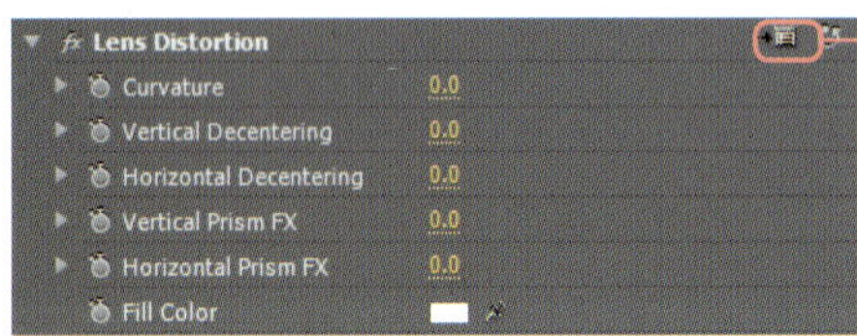

••• 컨트롤

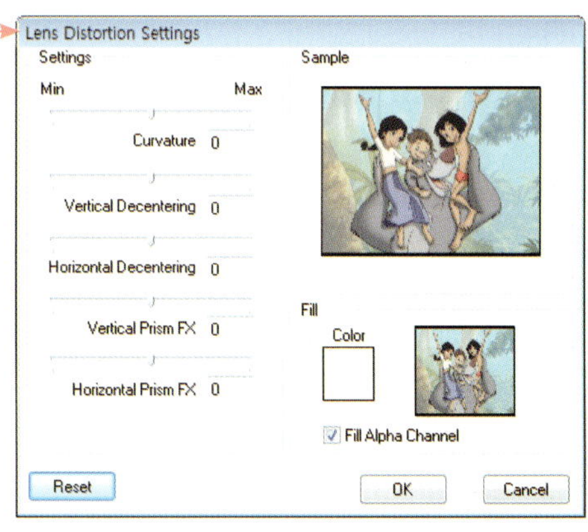

••• 세팅 창

- Curvature(곡류) : 렌즈의 형태를 조정합니다. 마너이스(-) 값은 오목 렌즈 효과가 만들어지고, 플러스(+) 값은 볼록 렌즈 효과를 만듭니다.
- Vertical/Horizontal Decentering(세로/가로 분산) : 세로 또는 가로의 굴곡을 조정합니다.
- Vertical/Horizontal Prism FX(세로 가로 프리즘) : Decenteringdms 반대 축을 중심으로 변형하며, Prism FX는 중심 축을 중심으로 변형합니다.
- Fill Color(칠 색상) : 영상의 변형으로 발생하는 공백을 필요한 색상으로 채울 수 있습니다. 색상 오른쪽의 스포이드 툴을 이용하면 영상에서 직접 원하는 색을 선택할 수 있습니다. 세팅 창에서는 Fill 모니터 화면에 마우스를 가져가면 자동으로 스포이드 툴로 변경되며, Fill Alpha Channel(칠 알파 채널) 옵션을 체크하여 아래 트랙의 영상이 보이게 할 수 있습니다.

확대 효과는 영상의 일부분 또는 전체를 확대합니다. Magnify 이름 왼쪽의 트랜스폼 버튼을 클릭하면 프로그램 패널에서 마우스 드래그로 위치를 조정할 수 있습니다.

••• 소스

••• 결과

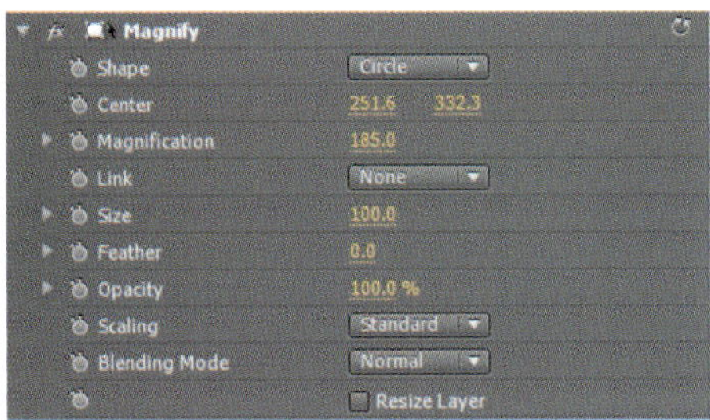

••• 컨트롤

- Shape(모양) : 원형 또는 사각형으로 확대 모양을 선택합니다.
- Center(가운데) : 확대 중심점을 설정합니다.
- Magnification(확대) : 확대 영역의 비율을 조정합니다.
- Link(연결) : 확대 영역 주변의 처리 방법을 선택합니다.
- Size(크기) : 확대 영역의 반경을 조정합니다.
- Feather(패더) : 확대 영역 경계를 부드럽게 처리합니다.
- Opacity(불투명도) : 확대 영역의 불투명도를 조절합니다.
- Scaling(비율 조정) : 확대할 때 픽셀의 일그러짐을 어떻게 처리할 것인지 선택합니다.
- Blending Mode(혼합 모드) : 합성 방법을 선택합니다.
- Resize Layer(레이어 크기 조정) : 확대 영역에 맞춰 레이어의 크기를 조정하는 옵션입니다.

거울 효과는 거울에 반사된 듯한 효과를 만듭니다. Mirror 이름 왼쪽의 트랜스폼 버튼을 클릭하여 프로그램 패널에서 직접 조정하는 것이 편리합니다.

••• 소스

••• 결과

••• 컨트롤

- Reflection Center(반사 중심) : 반사되는 기준 위치를 설정합니다.
- Reflection Angle(반사각) : 반사되는 각도를 조정합니다.

오프셋 효과는 영상의 위치를 가로/세로로 이동합니다. Offset 이름 왼쪽의 트랜스폼 버튼을 클릭하면 프로그램 패널에서 마우스 드래그로 위치를 조정할 수 있습니다.

••• 소스

••• 결과

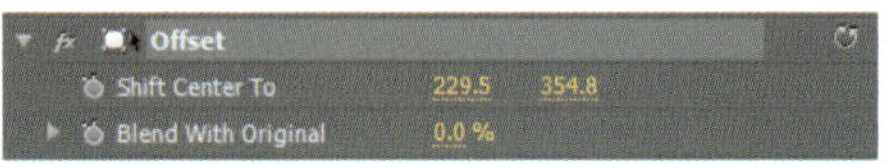

••• 컨트롤

• Shift Center To(중심 이동) : 이동 위치를 설정합니다.
• Blend With Original(원본과 혼합) : 이동한 영상과 소스 영상의 합성 비율을 설정합니다.

구형화 효과는 영상의 특정 범위를 볼록하게 합니다. Shperize 이름 왼쪽의 트랜스폼 버튼을 클릭하면 프로그램 패널에서 마우스 드래그로 중심점을 조정할 수 있습니다.

••• 소스

••• 결과

••• 컨트롤

• Radius(반경) : 크기를 조정합니다.
• Center of Sphere(구 중심) : 중심점을 조정합니다. 컨트롤 패널의 트랜스폼 버튼을 클릭하여 프로그램 패널에서 조정하는 것이 편리할 것입니다.

변형 효과는 영상의 외각을 변형시킵니다. Transform 이름 왼쪽의 트랜스폼 버튼을 클릭하면 프로그램 패널에서 마우스 드래그로 조정할 수 있습니다.

••• 소스

••• 결과

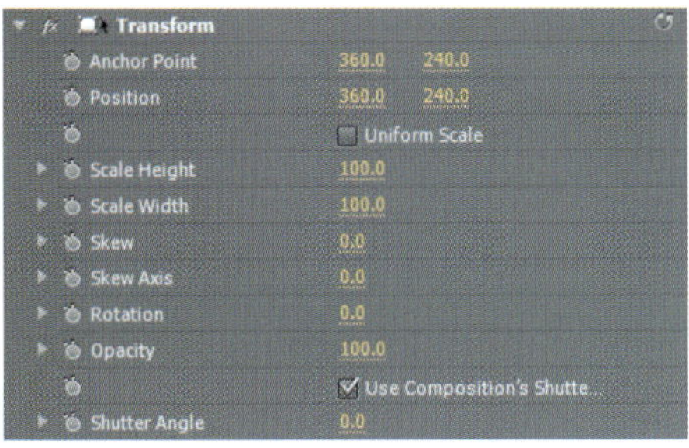

••• 컨트롤

• Anchor Point(기준점) : 변형 축을 설정합니다.
• Position(위치) : 영상의 위치를 설정합니다.
• Scale Height/Width(높이/폭 비율 조정) : 영상의 크기를 가로/세로로 조정합니다. Uniform Scale(균일 비율) 옵션을 선택하면 가로/세로를 동시에 조정할 수 있습니다.
• Skew(기울이기) : 영상의 기울기를 설정합니다.
• Skew Axis(축 기울이기) : 기우는 축을 조정합니다.
• Rotation(회전) : 회전 각도를 조정합니다.
• Opacity(불투명도) : 영상의 불투명도를 조정합니다.
• Shutter Angel(셔터 각도) : 잔상 각도를 조정합니다. Use Composition's Shutter Angle(컴포지션...) : 잔상을 자연스럽게 처리하는 옵션입니다.

 Turbulent Displace

뒤틀기 유형 효과는 영상을 물결치듯 흔드는 효과를 만듭니다. Turbulent Displace 이름 왼쪽의 트랜스폼 버튼을 클릭하면 물결치는 기준 위치를 마우스 드래그로 조정할 수 있습니다.

••• 소스

••• 결과

••• 컨트롤

• Displacement(변위) : 물결치는 모양 / • Amount(양) : 물결치는 정도
• Size(크기) : 물결의 크기 / • Offset(오프셋) : 물결치는 기준 위치 /
• Complicity(복잡도) : 물결 수를 조정합니다.
• Evolution(진행) : 물결의 각도를 설정합니다. Evolution Options(진행 옵션) 에서 속도와 방향 등을 설정할 수 있습니다.

돌리기 효과는 영상을 회전 시키는 이펙트입니다. Twirl 이름 왼쪽의 트랜스폼 버튼을 클릭하면 프로그램 패널에서 마우스 드래그로 중심 축을 조정할 수 있습니다.

••• 소스

••• 결과

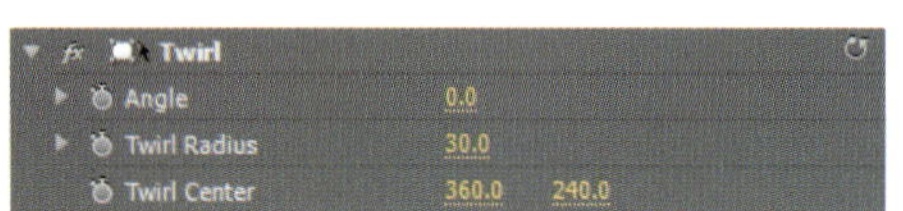

••• 컨트롤

- Angle(각도) : 회전 각도를 조정합니다.
- Twirl Radius(돌리기 반경) : 회전 범위를 조정합니다.
- Twirl Center(돌리기 중심) : 회전 중심 축을 조정합니다.

 Wave Warp

물결 변형 효과는 영상을 물결 모양으로 휘게 합니다. 모양은 정현(Sine), 사각형(Square), 삼각형(Triangle), 톱니(Sawtooth), 원(Circle), 반원(semicircle), 반대 축으로 겹치는 원(Unicycle), 잡티(Noise), 부드러운 잡티(Smooth Noise)의 9가지 타입이 있습니다.

••• 소스

••• 결과

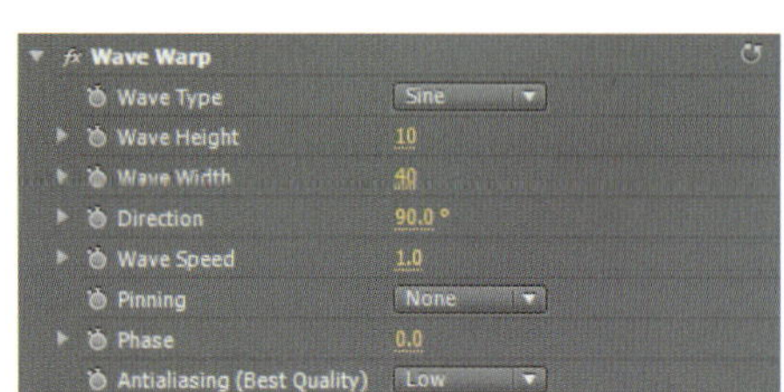

••• 컨트롤

- Wave Type(물결 유형) : 변형되는 모양을 선택합니다.
- Wave Height/Width(물결 높이/폭) : 변형되는 높이와 넓이를 조정합니다.
- Direction(방향) : 변형되는 각도를 조정합니다.
- Wave Speed(파형 속도) : 변형 속도를 조정합니다.
- Pining(고정) : 변형되는 모양이 지그재그로 바뀌게 하며, 방향을 선택할 수 있습니다.
- Phase(위상) : 지그재그로 바뀔 때의 각도를 조정합니다.
- Antialiasing(안티 앨리어스) : 가장자리를 부드럽게 처리합니다.

6 GPU Effects

GPU를 지원하는 그래픽 카드가 장착된 시스템에서 사용할 수 있는 GPU Effects 폴더에는 Page Curl, Refraction, Ripple의 3가지 이펙트를 제공합니다.

Page Curl

페이지 말아 넘기기 효과는 페이지를 넘기는 듯한 효과를 만듭니다. 영상의 각도와 위치를 조정하여 다양한 변화가 가능합니다.

••• 소스

••• 결과

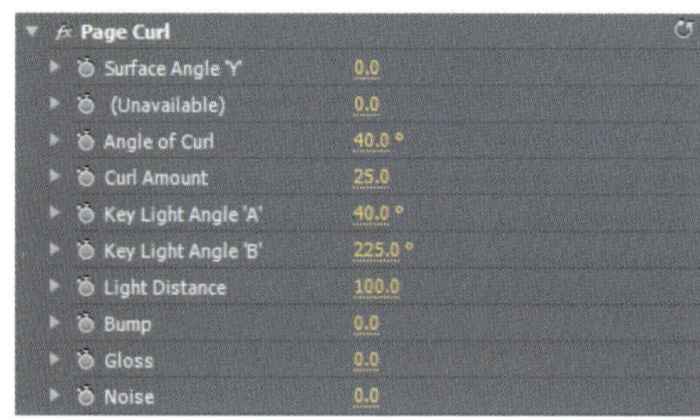

••• 컨트롤

- Surface Angle X/Y(표면 각도) : 중심 축을 기준으로 영상을 가로/세로 방향으로 기울일 각도를 설정합니다.
- Angle of Curl(말아 넘기기 각도) : 영상이 말리는 각도를 조정합니다.
- Curl Amount(말아 넘기기 양) : 영상이 말리는 정도를 조정합니다.
- Key Light Angle A/B(키 조명 각도) : 빛이 적용되는 각도를 조정합니다. A는 원본 영상, B는 말리는 영상입니다.
- Light Distance(조명 거리) : 빛이 발산하는 거리를 조정합니다.
- Bump(범프) : 픽셀이 부딪쳐 만들어지는 얼룩의 범위를 조정합니다.
- Gloss(광택) : 유리에 반사하는 정도를 조정합니다.
- Noise(노이즈) : 영상에 잡티를 만드는 정도를 조정합니다.

Refraction

굴절 효과는 수면에 비치듯이 물결치는 영상효과를 만듭니다.

••• 소스

••• 결과

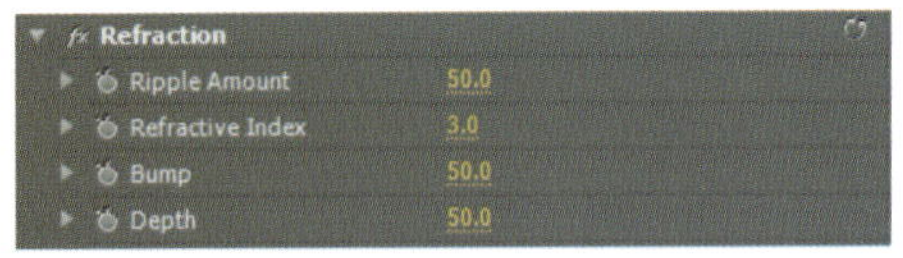

••• 컨트롤

- Ripple Amount(잔물결 양) : 물결치는 정도를 조정합니다.
- Refractive Index(굴절률) : 굴절로 인한 영상 크기의 변화를 3단계로 조정합니다.
- Bump(범프) : 픽셀이 부딪쳐 만들어지는 얼룩의 범위를 조정합니다.
- Depth(심도) : 픽셀이 뭉개지는 범위를 조정하여 심도의 깊이를 표현합니다.

 Ripple(Circular)

잔물결 효과는 호수에 돌을 던졌을 때 생기는 물결 모양을 만듭니다.

••• 소스

••• 결과

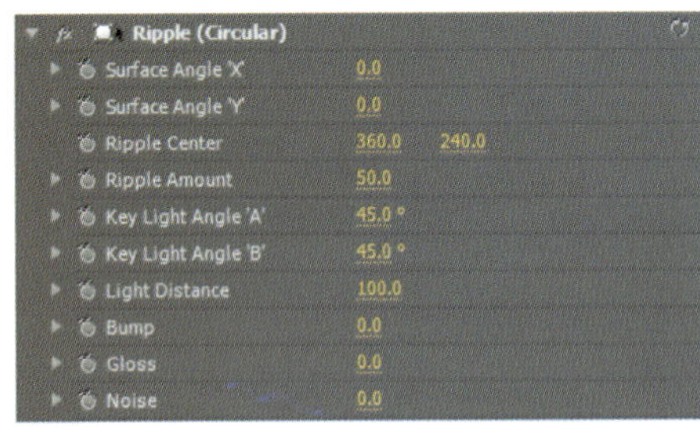

••• 컨트롤

- Surface Angle X/Y(표면 각도) : 중심 축을 기준으로 영상을 가로/세로 방향으로 기울일 각도를 설정합니다.
- Ripple Center(잔물결 중심) : 물결치는 중심점을 조정합니다.
- Ripple Amount(잔물결 양) : 물결치는 정도를 조정합니다.
- Key Light Angle A/B(키 조명 각도) : 빛이 적용되는 각도를 조정합니다. A는 원본 영상, B는 물결 영상입니다.
- Light Distance(조명 거리) : 빛이 발산하는 거리를 조정합니다.
- Bump(범프) : 픽셀이 부딪쳐 만들어지는 물결의 양을 조정합니다.
- Gloss(광택) : 표면의 광택을 조정합니다.
- Noise(노이즈) : 영상에 잡티를 만드는 정도를 조정합니다.

7 Generate

Generate(생성) 폴더에는 4-Color Gradient, Cell Pattern 등, 영상 패턴을 만들어 합성하는 역할의 11가지 이펙트를 제공합니다.

4-Color Gradient

4색 그라디언트 효과를 만듭니다. 4-Color Gradient 이름 왼쪽의 트랜스폼 버튼을 클릭하면 프로그램 패널에 4색의 위치를 조정할 수 있는 핸들이 보입니다.

••• 소스

••• 결과

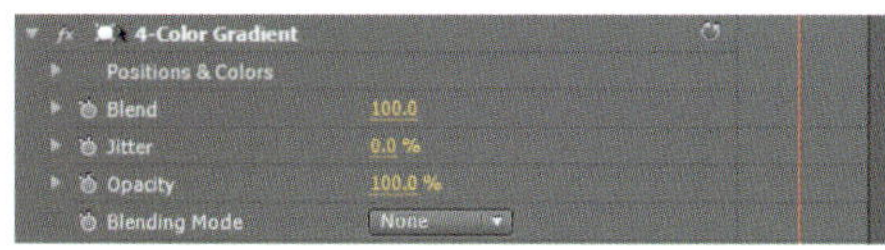

••• 컨트롤

- Positions & Colors(위치 및 색상) : 4가지 그라디언트 위치와 색상을 선택할 수 있는 4개의 Point 및 Color 옵션으로 구성되어 있습니다.
- Blend(혼합) : 그라디언트의 범위를 조정합니다.
- Jitter(지터) : 밴딩 영역에 영향을 주는 지터 잡음의 양을 조정합니다.
- Opacity(불투명도) : 그라디언트의 불투명도를 조정합니다.
- Blending Mode(혼합 모드) : 합성 방법을 선택합니다.

Cell Pattern

셀 패턴을 만들어 배경이나 매트로 사용할 수 있습니다. 영상 보다는 타이틀에 사용하여 특별한 질감을 만들거나 Color Matte 클립의 단조로움을 피하기 위해서 사용하는 경우가 많습니다.

••• 소스

••• 결과

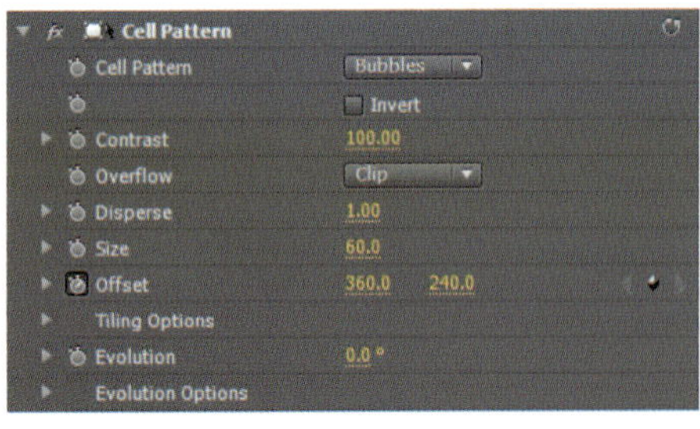

• • • 컨트롤

• Cell Pattern(셀 패턴) : 셀 패턴의 모양을 선택합니다. Invert(반전) 옵션을 체크하면 패턴의 음영을 반전 시킵니다.

• Contrast(대비) : 셀 명암의 대비를 조정합니다.

• Overflow(오버플로) : 회색 음영 범위 0~255를 벗어난 값을 다시 맵핑하는 방법을 선택합니다.

• Disperse(전파) : 회색 음영 값이 0~225 범위에 속하도록 다시 맵핑합니다.

• Size(크기) : 셀의 크기를 조정합니다

• Offset(오프셋) : 사용되는 셀 패턴 부분을 조정합니다.

• Tiling Optionst(바둑판식...) : Enable Tiling(바둑판식 배열 사용) 옵션을 체크하여 셀의 가로/세로 구성을 조정합니다.

• Evolution(진행) : 패턴의 변형 타임을 조정합니다.

• Evolution Options(진행 옵션) : 패턴이 반복되는 옵션을 선택합니다. Cycle Evolution(순환 진행) 옵션을 체크하여 반복 지점을 조정하거나 Random Seed(난수 시드)로 변형 값을 설정할 수 있습니다.

 Checkerboard

바둑판 모양의 패턴을 만들어 배경으로 사용하거나 매트로 이용할 수 있습니다. Checkerboard 이름 왼쪽에 트랜스폼 버튼을 클릭하면, 프로그램 패널에서 마우스 드래그로 위치를 변경할 수 있습니다.

• • • 소스

• • • 결과

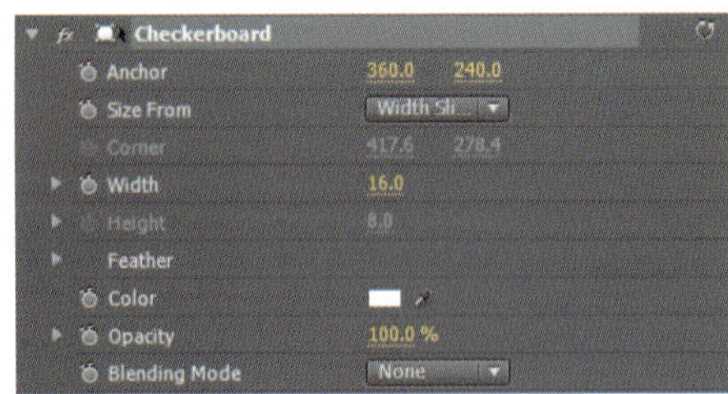

• • • 컨트롤

• Anchor(기준) : 바둑판 모양이 만들어지는 기준 점을 설정합니다.

• Size From(크기 기준) : 크기를 선택합니다. Corner Point(모퉁이 점)를 선택하면 Corner(모퉁이) 항목에서 크기를 조정할 수 있습니다. 그 밖에 Width(폭)와 Height(높이) 역시 Size From에서 선택되었을 때 사용 가능합니다.

• Feather(페더) : 바둑판 경계 선 값을 조정합니다.

• Color(색상) : 바둑판 무늬의 색상을 선택합니다.

• Opacity(불투명도) : 바둑판 무늬의 불투명도를 조정합니다.

• Blending Mode(혼합 모드) : 원본과 바둑판 무늬의 합성 방법을 선택합니다.

영상에 원을 적용합니다. 원으로 적용한 나머지 영역을 알파 채널로 사용할 수 있습니다. Circle 이름 왼쪽의 트랜스폼 버튼을 클릭하면 프로그램 패널에서 마우스 드래그로 중심점을 조정할 수 있습니다.

··· 소스

··· 결과

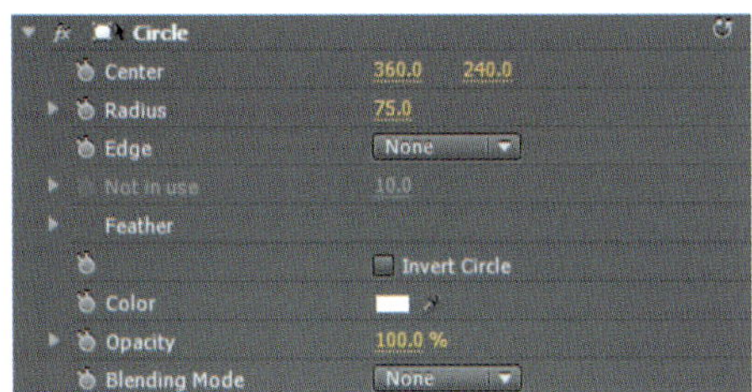

··· 컨트롤

- Center(가운데) : 원의 중심점을 조정합니다.
- Radius(반경) : 원의 크기를 조정합니다.
- Edge(가장자리) : 원의 모양을 선택할 수 있는 메뉴입니다.
- Edge Radius(가장자리 반경) : Edge 선택에 따라 옵션의 이름이 변경되며, 제외시킬 범위를 선택하는 역할을 합니다.
- Feather(페더) : 원의 경계를 부드럽게 처리합니다. Feather Outer Edge(페더 외부…)에서 바깥쪽, Feather Inner Edge(페더 내부…)에서 안쪽을 별도로 조정할 수 있습니다. Invert Circle(원 반전) 옵션을 체크하여 알파 영역을 바꿀 수 있습니다.
- Color(색상) : 원의 색상을 선택할 수 있습니다.
- Opacity(불투명도) : Circle을 적용한 영상의 불투명도를 조정합니다.
- Blending Mode(혼합모드) : 합성 방법을 선택할 수 있습니다.

 Eyedropper Fill

스포이드 칠 효과는 영상의 전체 색상을 참조하여 채우는 역할을 합니다. Eyedropper Fill 이름 왼쪽의 트랜스폼 버튼을 클릭하면 프로그램 패널에서 마우스 드래그로 참조 영역의 위치를 조정할 수 있습니다.

··· 소스

··· 결과

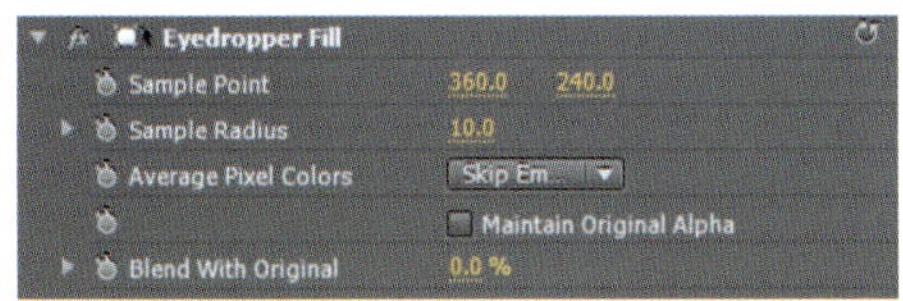

··· 컨트롤

- Sample Point(샘플 점) : 색상 참조 위치를 선택합니다.
- Sample Radius(샘플 반경) : 참조 영역의 범위를 조정합니다. Average Pixel Color(평균 픽셀 색상)에서 참조 방법을 선택할 수 있습니다. Maintain Original Alpha(원본 알파 유지) 옵션은 알파 채널을 유지합니다.
- Blend With Original(원본과 혼합) : 소스와 효과의 합성 비율을 조정합니다.

격자 효과는 영상에 격자 모양을 만듭니다. Grid 이름 왼쪽의 트랜스폼 버튼을 클릭하면, 프로그램 패널에서 마우스 드래그로 시작점과 끝 점을 조정할 수 있습니다.

··· 소스

··· 결과

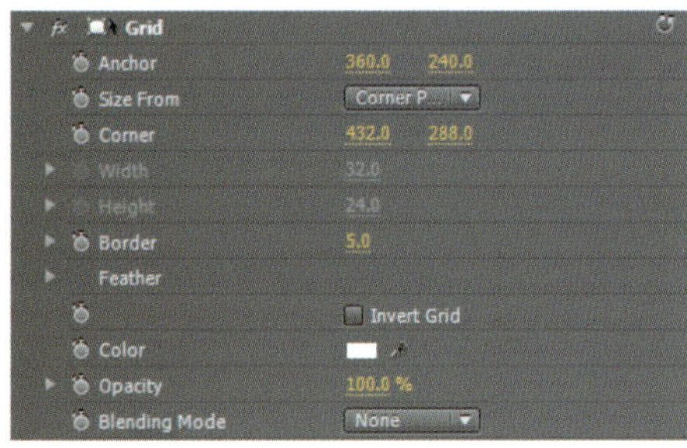

··· 컨트롤

- Anchor(기준) : 격자가 시작되는 중심점의 위치를 설정합니다.
- Size From(크기 기준) : 격자의 크기 조정 방법을 선택합니다.
- Conner(모퉁이) : Size From에서 Corner Point를 선택했을 때 격자의 크기를 결정하는 끝 점을 조정할 수 있습니다. Width(폭), Height(높이) 역시 Conner에서의 선택 여부로 조정할 수 있습니다.
- Border(테두리) : 격자의 굵기를 설정합니다.
- Feather(페더) : 격자의 경계를 부드럽게 처리합니다. Invert 옵션을 선택하여 격자와 면의 알파 값을 바꿀 수 있습니다.
- Color(색상) : 격자의 색상을 선택합니다.
- Opacity(불투명도) : 격자의 불투명도를 조정합니다.
- Blending Mode(혼합 모드) : 격자의 합성 모드를 선택합니다.

 Lens Flare

렌즈 플레어 효과는 조명을 비추는 효과를 만듭니다. 세팅 창에는 렌즈의 종류를 선택할 수 있는 Lens Type 옵션이 있습니다.

··· 소스

··· 결과

··· 컨트롤

- Flare Center(플레어 가운데) : 조명의 위치를 조정합니다.
- Flare Brightness(플레어 명도) : 조명이 비추는 범위를 조정합니다.
- Lens Type(렌즈 유형) : 렌즈의 유형을 선택합니다.
- Blend With Original(원본과 혼합) : 원본과의 혼합 비율을 조정합니다.

번개 효과를 만드는 이펙트 입니다. Lightning 이름 왼쪽의 트랜스폼 버튼을 클릭하면 광선의 시작점과 끝 지점에 핸들이
보이며, 이것을 드래그하여 위치와 길이를 조정할 수 있습니다.

... 소스

... 결과

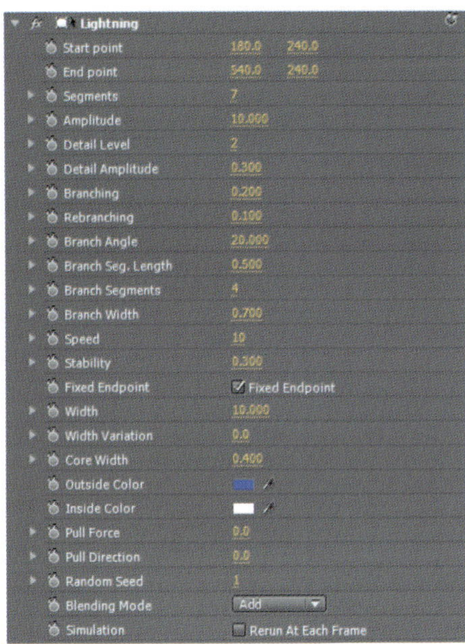

... 컨트롤

- Star/End Point(시작/끝 점) : 광선의 시작 위치와 끝 위치를 조정합니다.
- Segments(선분) : 광선의 각도를 25단계로 선택합니다.
- Amplitude(진폭) : 광선의 폭을 조정합니다.
- Detail Level(세부 레벨) : 광선을 세밀하게 표현하는 내부 선의 선명도를
  조정합니다.
- Detail Amplitude(세부 진폭) : 내부 선의 크기를 조정합니다.
- Branching(분기) : 내부 선의 양을 조정합니다.
- Retrenching(다시 분기) : Branching에서 조정한 양을 감소합니다.
- Branch Angle/Seg. Length(분기 각도/선분 길이) : 내부 선의 각도, 길이,
  각의 넓이, 내부 선의 폭을 조정합니다.
- Branch Segments/Width(분기 선분/폭) : 내부 선의 각도, 길이, 각의 넓이,
  내부 선의 폭을 조정합니다.
- Speed(속도) : 광선의 속도를 조정합니다.
- Stability(안전성) : 광선과 내부 선의 거리를 조정합니다.
- Fixed Endpoint(고정 끝점) : 광선이 끝 지점에서 마무리되게 합니다.
- Width/Width Variation(폭/변형) : 광선의 폭을 조정하고, With Variation에서
  변화를 줄 수 있습니다.
- Core Width(중심 폭) : 광선의 넓이를 조정합니다.
- Outside/Inside Color(외부/내부 색상) : 광선과 내부 선의 색상을
  선택합니다.
- Pull Force/Direction(당기기 힘/방향) : 광선의 각과 방향을 조정합니다.
- Random Seed(난수 시드) : 광선의 각이 자유롭게 변경할 값을 설정합니다.
- Blending Mode(혼합 모드) : 블랜딩 모드를 Add 또는 Screen 중에서
  선택합니다.
- Simulation(시물레이션) : 광선 효과를 프레임 단위로 적용하게 하는 Rerun
  At Each Frame 각 프레임에서 옵션이 있습니다.

페인트 통 효과는 영상에서 선택한 색상 범위를 변경할 수 있는 이펙트입니다. Paint Bucket 이름 왼쪽의 트랜스폼 버튼을 클릭하면 변경할 색상의 중심 점을 마우스 드래그로 조정할 수 있습니다.

··· 소스

··· 결과

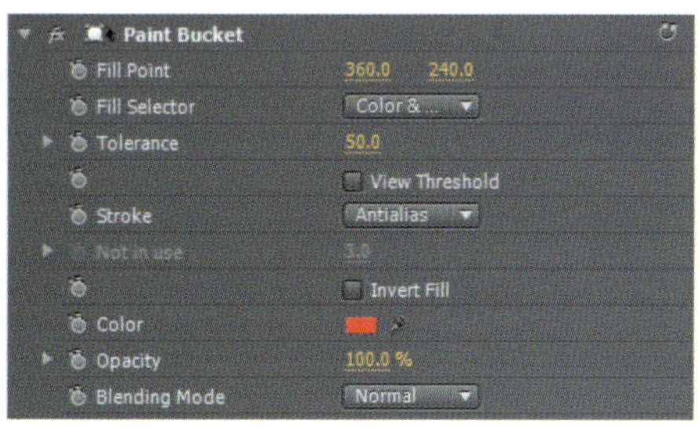

··· 컨트롤

- Fill Point(칠 포인트) : 변경할 색상의 중심점을 조정합니다.
- Fill Selector(칠 선택기) : 선택한 범위의 선택 방법을 결정합니다.
- Tolerance(허용치) : 선택한 범위의 영역을 조정합니다. View Threshold 옵션을 선택하면 흑/백으로 선택 범위를 확인할 수 있습니다.
- Stroke(선) : 선택 범위의 경계 처리 방법을 선택합니다.
- Feather Softness(페더 부드러움) : Stroke에서 선택한 메뉴에 따라 변하는 옵션이며, Feather를 선택한 경우에 경계를 부드럽게 처리합니다.
- Invert Fill(칠 반전) : 선택 범위를 제외하고, 색상을 채웁니다.
- Color(색상) : 채울 색상을 선택합니다.
- Opacity(불투명도) : 소스 영상의 불투명도를 조정합니다.
- Blending Mode(혼합 모드) : 합성 방법을 선택합니다.

경사 효과는 색상이 점차적으로 변하는 그라디언트 효과를 만듭니다. Ramp 이름 왼쪽의 트랜스폼 버튼을 클릭하면 프로그램 패널에 색상이 변하는 시작점과 끝점을 마우스 드래그로 조정할 수 있는 핸들이 보입니다.

··· 소스

··· 결과

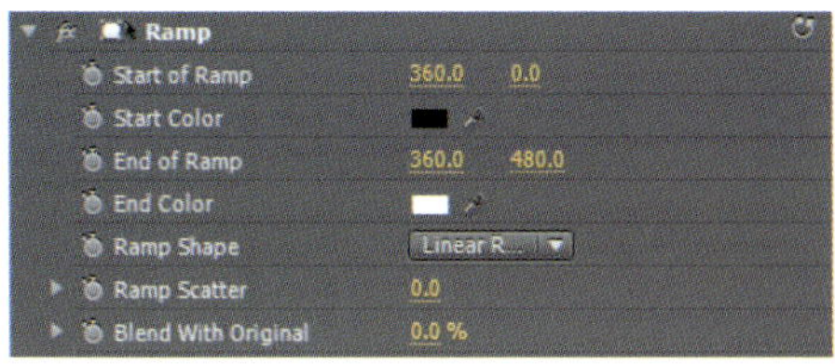

··· 컨트롤

• Start of Ramp/Color(경사 시작/색상) : 시작 지점의 위치와 색상을 선택합니다.
• End of Ramp/Color(경사 끝/색상) : 끝 지점의 위치와 색상을 선택합니다.
• Ramp Shape(경사 모양) : 그라디언트 효과를 라인 형태(Linear Ramp)로 할 것인지 원 형태(Radial Ramp)로 할 것인지 선택합니다.
• Ramp Scatter(경사 분산) : 그라디언트 효과를 줄입니다.
• Blend With Original(원본과 혼합) : 불투명도를 조정합니다.

 Write-on

쓰기 효과는 붓으로 라인이나 글씨를 쓰는 듯한 효과를 만듭니다. 정성을 들이면 손글씨나 서명 등의 동작을 만들 수 있습니다.

··· 소스

··· 결과

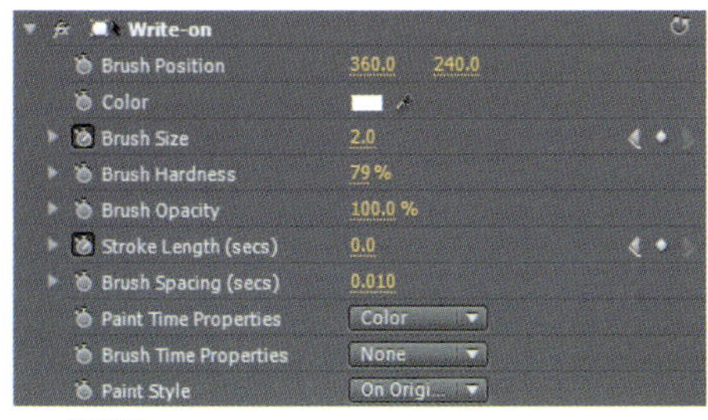

··· 컨트롤

• Brush Position(브러쉬 위치) : 브러쉬의 위치를 설정합니다. 애니메이션을 만들기 위해서는 시간대 키프레임 작업이 필요합니다.
• Color(색상) : 브러쉬의 색상을 선택합니다.
• Brush Size(브러쉬 크기) : 브러쉬의 크기를 조어합니다.
• Brush Hardness(브러쉬 경도) : 브러쉬의 강도를 조정합니다.
• Brush Opacity(브러쉬 불투명도) : 브러쉬의 불투명도를 조정합니다.
• Stroke Length(선 길이) : 브러쉬의 지속 시간을 설정합니다.
• Brush Spacing(브러쉬 간격) : 브러쉬의 표시 간격을 설정합니다.
• Paint Time Properties(페인드 시간 속성) : 페인트의 속성을 선택합니다.
• Brush Time Properties(브러쉬 시간 속성) : 브러쉬의 속성을 선택합니다.
• Paint Style(페인트 스타일) : 페인트 스타일을 선택합니다. On Original Image는 원본 위에 표시되며, On Transparent는 선이 투명 배경 위체 표시되고, 원본은 표시되지 않습니다. 그리고 Reveal Original Image는 선에 원본이 표시되는 스타일 입니다.

Image Control

Image Control 폴더에는 Black & White, Color Balance 등, 색상을 보정하는 역할의 6가지 이펙트를 제공합니다.

Balck & White

흑백 영상을 만들어줍니다. 별도의 컨트롤러가 없는 On/Off 방식의 이펙트입니다.

··· 소스

··· 결과

Color Balance (RGB)

색상 균형 효과는 빨간색(Red), Green(녹색), 청색(Blue)의 색상을 채널 별로 조정할 수 있습니다. 세팅 창을 제공하고 있어 변화 값을 실시간으로 확인할 수 있습니다.

··· 소스

··· 결과

··· 컨트롤

• Red/Green/Blue: RGB 각각의 색상 값을 슬라이드로 조정할 수 있도록 구성되어 있습니다.

색상 일치 효과는 Sample 색상과 Target 색상을 스포이드 툴로 선택하고, Match 버튼을 클릭하여 결합합니다.

••• 소스

••• 결과

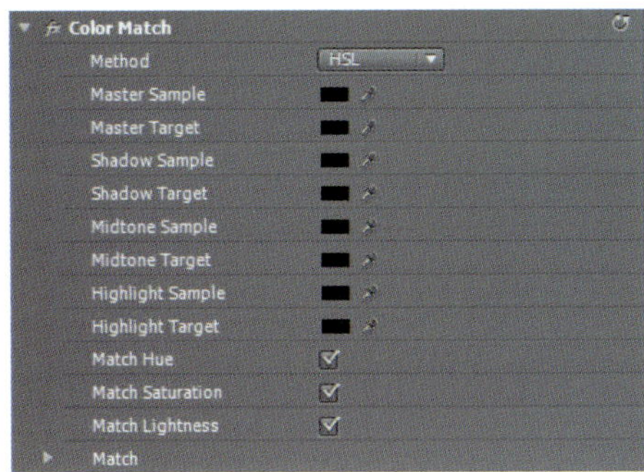
••• 컨트롤

• Method: HSL, RGB, Curve 중에서 색상을 일치시킬 모드를 선택합니다.
• Sample/Target: 기본 색상과 목표 색상을 선택합니다.
• Match: 결합시킬 채널을 선택합니다.

색상 분리 효과는 특정 색을 제외한 나머지를 흑백으로 처리합니다. 세팅 창에는 반대로 처리하는 Reverse 옵션이 있습니다.

••• 소스

••• 결과

••• 컨트롤

• Similarity: Color에서 선택한 색상의 범위를 조정합니다.
• Color: 색상을 선택합니다. 스포이드 툴을 이용하면 화면에서 필요한 색을 선택할 수 있습니다.

색상 대체 효과는 Target에서 선택한 색상을 Replace에서 선택한 색상으로 바꿉니다. 세팅 창에는 명함을 고려하지 않게 하는 Solid Colors 옵션이 있습니다.

••• 소스

••• 결과

••• 컨트롤

• Similaity(유사도) : 바뀌는 색상의 범위를 조정합니다.
• Target/Replace(대상/대체 색상) : 목표 색상과 바꿀 색상을 선택합니다. 스포이드 툴을 이용하면 화면에서 선택할 수 있습니다.

Gamma Correction

감마 교정 효과는 명암의 대비를 조절합니다.

••• 소스

••• 결과

••• 컨트롤

• Gamma: 1에서 28까지의 범위로 명암의 대비를 조정합니다.

9 keying

Keying 폴더에는 Alpha Adjust, Blue Screen Key 등, 영상 합성에 사용하는 14가지의 이펙트가 있습니다. 결국 합성할 영상이 위/아래 트랙에 있어야 하며, 이펙트가 상위 트랙에 있는 클립에 적용합니다.

 Alpha Adjust

알파 조정 효과는 알파 채널을 투명하게 하여 하위 트랙의 영상이 보이게 합니다.

··· 소스

··· 결과

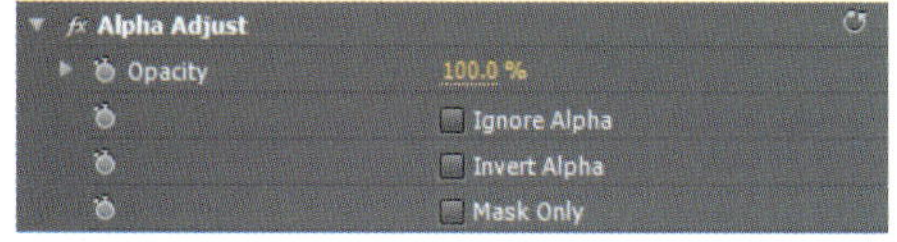

··· 컨트롤

- Opacity: 영상의 불투명도를 조정합니다.
- Options: 알파 채널을 불투명하게 만드는 Ignore Alpha, 불투명도 영역을 바꿔주는 Invert Alpha, 마스크 영역에만 효과를 적용하는 Mask Only 옵션이 있습니다.

 Blue Screen Key

블루 스크린 키 효과는 파란색을 투명하게 하여 하위 트랙의 영상이 보이게 합니다.

··· 소스

··· 결과

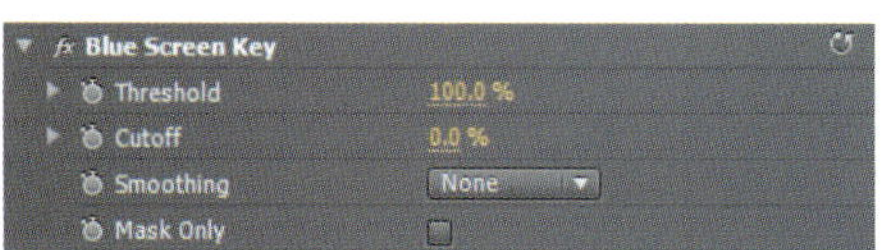

··· 컨트롤

- Threshold(고대비): 블루 스크린이 적용되는 범위를 조정합니다.
- Cutoff(차단): 불투명도를 조정합니다.
- Smoothing(매끄럽게 하기): 효과 경계를 부드럽게 처리할 때의 강도를 Low, High에서 선택합니다.
- Mask Only(마스크만): 영상의 알파 채널만 표시합니다.

크로마 키 효과는 특정 색상을 선택하여 하위 영상이 보이게 합니다. 블루 스크린이 청색 계열의 색상만을 투명하게 할 수 있는데 반해, 원하는 색상을 투명하게 할 수 있는 이펙트입니다.

··· 소스

··· 결과

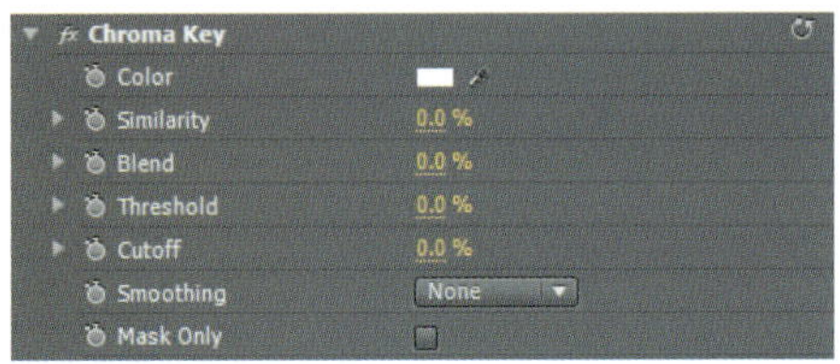

··· 컨트롤

- Color(색상) : 투명하게 만들고 싶은 색상을 선택합니다. 색상 파커나 스포이드 툴을 이용해서 선택할 수 있습니다.
- Similarity(유사도) : 선택한 색상의 범위를 퍼센트 단위로 조정합니다.
- Blend(혼합) : 합성의 비율을 조정합니다.
- Threshold(고대비) : 선택한 색상의 범위를 조정합니다.
- Cutoff(차단) : 불투명도를 조정합니다.
- Smoothing(매끄럽게 하기) : 영상의 경계를 부드럽게 처리할 때의 강도를 Low, High에서 선택합니다.
- Mask Only(마스크만) : 알파 채널만 표시합니다.

색상 키 효과는 명암을 무시하고, 색상만 처리할 수 있다는 것 외에는 Chroma Key와 동일한 역할을 합니다.

··· 소스

··· 결과

··· 컨트롤

- Key Color(키 색상) : 합성할 색을 선택합니다.
- Color Tolerance(색상 허용치) : 선택한 색의 범위를 조정합니다.
- Edge Thin(가장자리 얇게) : 색의 경계 범위를 조정합니다.
- Edge Feather(가장자리 페더) : 경계를 부드럽게 처리합니다.

차이 매트 효과는 매트이미지와 Difference Matte key를 적용한 이미지를 비교하여 일치하는 부분을 합성합니다. 일반적으로 이미지를 배경으로 합성할 때 사용됩니다.

··· 소스

··· 결과

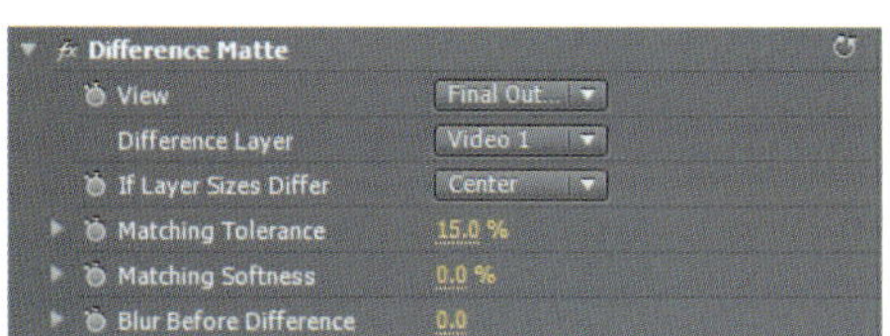

··· 컨트롤

- View(보기): 출력 타입을 선택합니다.
- Difference Layer(차이 레이어): 비교 트랙을 선택합니다.
- If Layer Size Difference(레이어 크기가…): 크기가 다른 경우에 일치시킬 것인지의 여부를 선택합니다.
- Matching Tolerance/Softness(일치 허용치 부드러움): 허용 범위와 경계 라인을 조정합니다.
- Blur Before Difference(차이 전 흐림): 비교 영상을 부드럽게 처리합니다.

 Eight-Point Garbage Matte

8점 가비지 매트는 8개의 핸들을 조정하여 하위 트랙과 합성합니다. 컨트롤 패널은 각 핸들의 위치를 조정할 수 있는 옵션으로 구성되어 있으므로, Eight-Point Garbage Matte 이른 왼쪽의 트랜스폼 버튼을 클릭하여 프로그램 패널에 표시되는 핸들을 마우스 드래그로 조정하는 것이 편리합니다.

··· 소스

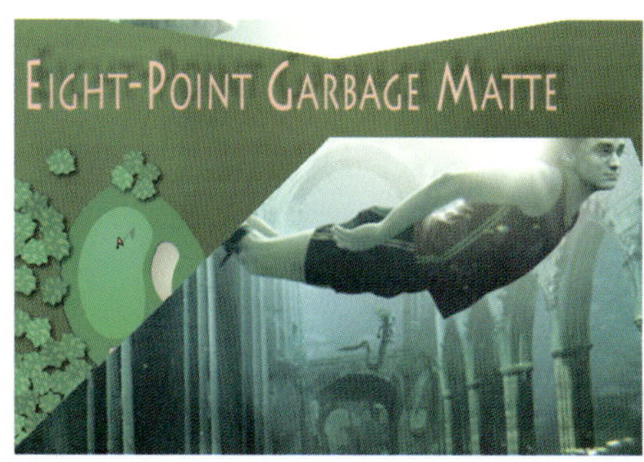

··· 결과

- Eight-Point Garbage Matte: Top Left Vertex는 왼쪽 상단, Right Top Vertex는 오른쪽 상단 등으로 총 8개의 핸들 값을 조정할 수 있습니다.

··· 컨트롤

4점 가비지 매트는 핸들이 4개라는 것일 뿐 Eight-Point Garbage Matte와 동일한 효과입니다.

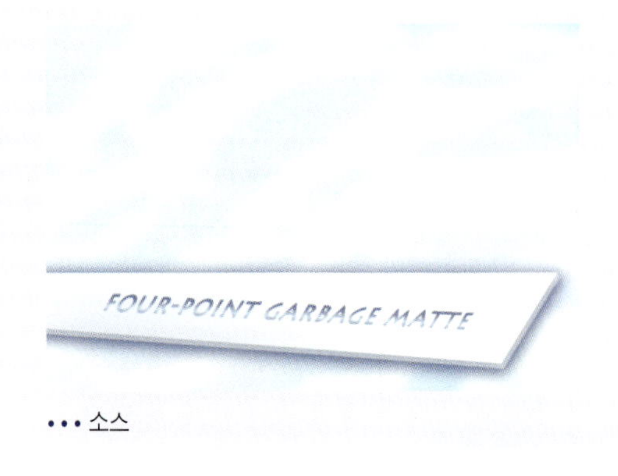

··· 소스

··· 결과

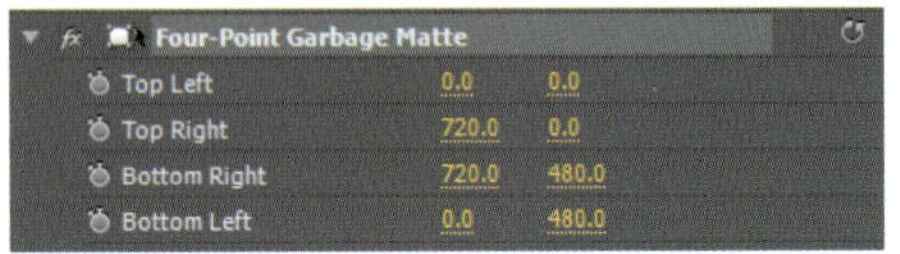

··· 컨트롤

• Four-Point Garbage Matte: 각 모서리의 핸들 위치를 조정합니다.

이미지 매트 키는 세팅 창에서 매트 이미지를 불러옵니다. 불러온 매트이미지는 Image Matte Key를 적용한 이미지의 밝기를 비교하여 합성합니다.

··· 소스

··· 결과

··· 컨트롤

매트 이미지를 불러올 수 있는 창을 열어줍니다.

루마 키는 어두운 부분을 투명하게 처리하여 하위 트랙의 영상과 합성합니다.

••• 소스

••• 결과

••• 컨트롤

• Threshold(고대비) : 합성 범위를 조정합니다.
• Cutoff(차단) : 지정된 영역의 불투명도를 조정합니다.

빨강 제외 키는 블루와 그린 색상을 선택하거나 동시에 투명하게 하여 하위 트랙과 합성합니다.

••• 소스

••• 결과

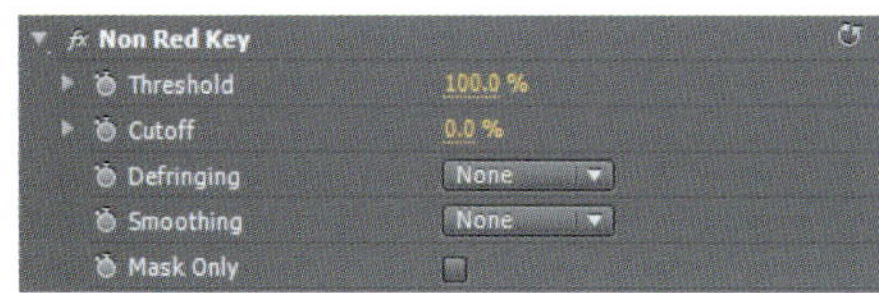

••• 컨트롤

• Threshold(고대비) : 합성 영역을 조정합니다.
• Cutoff(차단) : 지정된 영역의 불투명도를 조정합니다.
• Deranging(언처리 제거) : Blue 또는 Green에서 불 필요한 색상을 제거합니다.
• Smoothing(매끄럽게...) : 영상의 경계를 부드럽게 처리합니다.
• Mask Only(마스크만) : 영상의 알파 채널만 표시합니다.

매트 제거 효과는 Matte를 적용한 영상에서 흰색 또는 검정색을 제거하여 Matte 효과를 극대화 합니다.

••• 소스

••• 결과

••• 컨트롤

• Matte Type: Black와 White중에서 매트 타입을 선택합니다.

16점 가비지 매트는 핸들이 16개라는 것 외에는 Eight-Point Garbage Matte와 동일합니다.

••• 소스

••• 결과

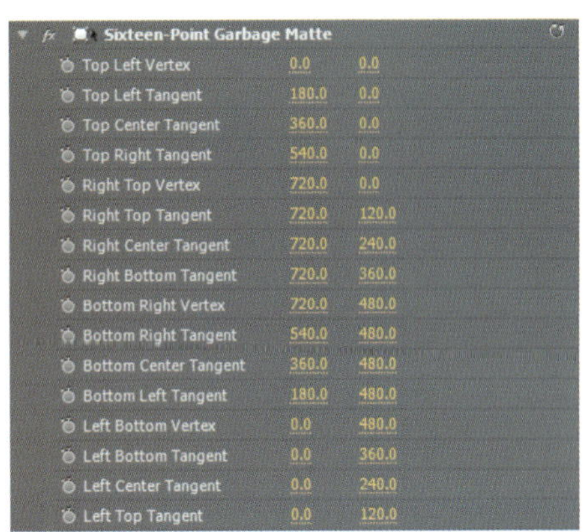
••• 컨트롤

• Threshold: 합성 비율을 조정합니다.
• Cutoff: 지정된 영역의 불투명도를 조정합니다.
• Deranging: Blue 또는 Green에서 불 필요한 가장자리를 제거합니다.
• Smoothing: 영상의 경계를 부드럽게 처리합니다.
• Mask Only: 영상의 알파 채널만 표시합니다.

트랙 매트 키 효과는 트랙에 다른 영상의 밝기 레벨에 해당하는 영역을 합성하는 이펙트입니다.

··· 소스

··· 결과

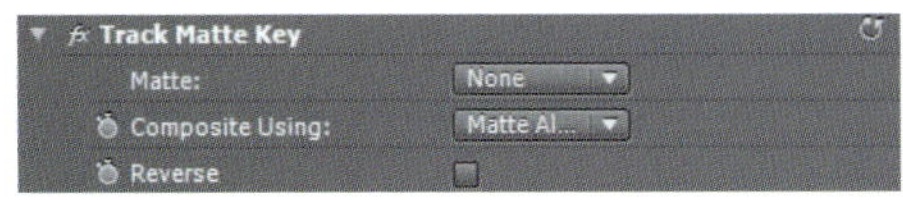

··· 컨트롤

• Matte(매트) : 매트 이미지가 있는 트랙을 선택합니다.
• Composite Using(다음을...) : 매트 이미지의 합성 모드를 선택합니다.
• Reverse(반전) : 매트 영역을 바꿔주는 옵션입니다.

10 Noise & Grain

Noise & Grain 폴더에는 Dust & Scratches, Noise Alpha 등, 영상을 뭉개거나 잡티를 만드는 역할의 6가지 이펙트를 제공합니다.

 Dust & Scratches

더스트 및 스크래치 효과는 인접 픽셀을 유사하게 변경하여 노이즈를 줄입니다. Radius에서 크기를 설정하고, Threshold에서 범위를 조정합니다. Operate on Alpha Channel 옵션을 선택하여 알파 채널에 적용할 수 있습니다.

··· 소스

··· 결과

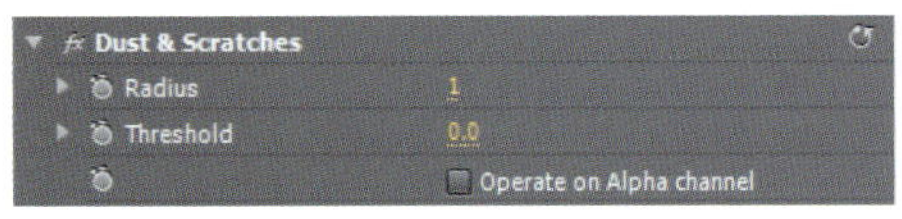

··· 컨트롤

• Dust & Scratches: Radius 값은 최대 255, Threshold 값은 최대 1로 조정할 수 있습니다.

중간값 효과는 픽셀을 지정한 반경 내에 있는 이웃 픽셀의 중간 색상 값을 갖는 픽셀로 바꾸어 붓 터치 효과를 연출합니다.

••• 소스

••• 결과

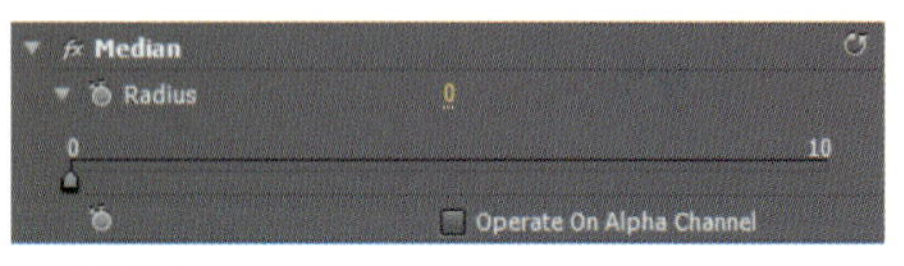

••• 컨트롤

• Radius: 효과가 적용될 픽셀의 범위를 조정합니다.
• Operate On Alpha Channel: 알파 채널의 적용 여부를 선택합니다.

노이즈 효과는 화면에 먼지가 낀듯한 노이즈를 만듭니다.

••• 소스

••• 결과

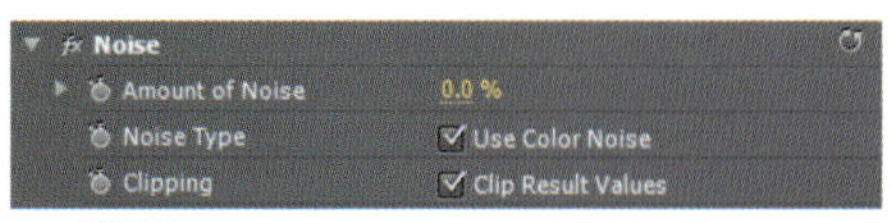

••• 컨트롤

• Amount of Noise: 노이즈의 정도를 조정합니다.
• Options: 노이즈의 색상 사용여부를 선택하는 Use color Noise와 노이즈의 간격을 유지할 것인지의 여부를 선택하는 Clip Result Values 옵션이 있습니다.

노이즈 알파 효과는 영상의 알파 패널에 노이즈를 만듭니다.

••• 소스

••• 결과

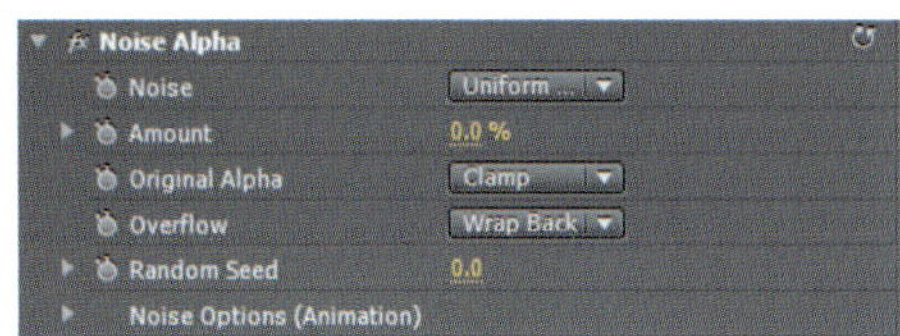

••• 컨트롤

- Noise(노이즈) : 잡티의 형태를 선택합니다.
- Amount(양) : 잡티의 정도를 조정합니다.
- Original Alpha(원본 알파) : 알파 채널에 만드는 잡티 타입을 선택합니다.
- Overflow(오버플로) : 회색 음영을 넘는 값을 다시 매핑하는 방법을 선택합니다.
- Noise Options(노이즈 옵션) : 잡티가 만들어지는 방법을 조정합니다.

 Noise HLS

노이즈 HLS는 색상, 밝기, 채도를 조정하여 잡티를 만듭니다.

••• 소스

••• 결과

••• 컨트롤

- Noise(노이즈) : 잡티의 형태를 선택합니다.
- Hue(색조) : 색상 변화 값을 설정합니다.
- Lightness(밝기) : 밝기의 변화 값을 설정합니다.
- Saturation(채도) : 채도의 변화 값을 설정합니다.
- Grain(그레인 크기) : Grain을 선택했을 때의 변화 값을 설정합니다.
- Noise Phase(노이즈 위상) : 잡티의 각도를 조정합니다.

움직이는 속도를 조정할 수 있는 Noise Animation Speed 옵션이 있다는 것 외에는 Noise HLS와 동일합니다.

··· 소스

··· 결과

··· 컨트롤

• 노이즈가 움직이는 속도를 결정하는 Moise Animation Speed는 최대 60까지이며, 0일 경우에는 Noise HLS와 동일한 효과를 냅니다.

11 Perspective

Perspective(원근 효과) 폴더에는 Basic 3D, Bevel Alpha 등, 원근감을 만드는 5가지 이펙트가 있습니다.

Basic 3D

기본 3D 효과는 영상을 3D로 조정할 수 있는 이펙트입니다.

··· 소스

··· 결과

··· 컨트롤

• Swivel(수직 축 회전) : 수직 각도를 조정할 수 있는 노브가 있습니다.
• Tilt(기울기) : 세로 각도를 조정할 수 있는 노브가 있습니다.
• Distance to Image(이미지까지의 거리) : 거리를 조정하여 원근감을 만듭니다.
• Specular Highlight(반사면) : 조명이 반사하는 듯한 효과를 만드는 옵션입니다.
• Preview(미리보기) : 와이어 프레임 윤곽선을 그리는 옵션입니다.

경사 알파 효과는 알파 채널에 입체감을 만듭니다. 알파 채널이 없는 영상은 외각으로 처리합니다.

••• 소스

••• 결과

••• 컨트롤

- Edge Thickness(가장자리 두께) : 외각의 굵기를 조정합니다.
- Light Angle(조명 각도) : 빛의 각도를 조정합니다.
- Light Color(조명 색상) : 빛의 색상을 조정합니다. 스포이드 툴을 이용해서 색을 선택할 수 있습니다.
- Light Intensity(조명 강도) : 빛의 강약을 조정합니다.

경사 가장라지 효과는 영상 외각에 명암을 조정하여 입체적인 효과를 만듭니다.

••• 소스

••• 결과

••• 컨트롤

- Edge Thickness(가장자리 두께) : 외각의 굵기를 조정합니다.
- Light Angle(조명 각도) : 빛의 각도를 조정합니다.
- Light Color(조명 색상) : 빛의 색상을 조정합니다. 스포이드 툴을 이용해서 색을 선택할 수 있습니다.
- Light Intensity(조명 강도) : 빛의 강약을 조정합니다.

그림자 효과는 프레임에 그림자를 만듭니다. 영상 보다는 텍스트에 많이 사용하는 효과입니다.

··· 소스

··· 결과

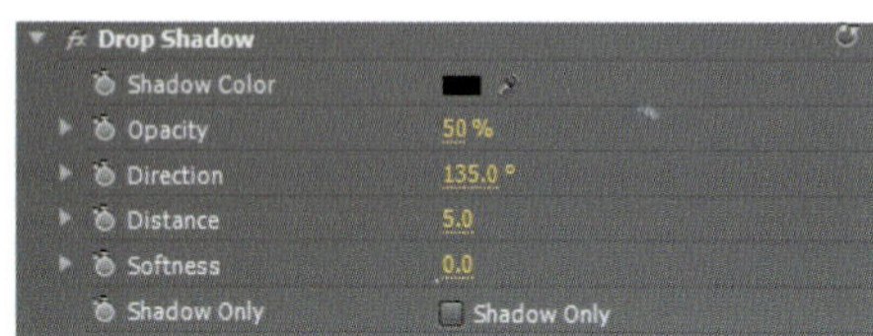

··· 컨트롤

- Shadow Color(그림자 색) : 그림자의 색상을 선택합니다. 스포이드 툴을 이용해서 색을 선택할 수 있습니다.
- Opacity(불투명도) : 그림자의 불투명도를 조정합니다.
- Direction(방향) : 그림자의 각도를 조정합니다.
- Distance(거리) : 프레임과 그림자의 거리를 조정합니다.
- Softness(부드러움) : 그림자가 퍼지는 범위를 조정합니다.
- Shadow Only(그림자만) : 옵션을 체크하면 프레임을 감추고, 그림자만 표시합니다.

Radial Shadow

방사형 그림자 효과는 그림자가 적용되는 영상 위의 광원으로부터 그림자를 만듭니다. Radial Shadow이름 왼쪽의 트랜스폼 버튼을 클릭하면, 프로그램 패널에서 Light Source 위치를 마우스로 설정할 수 있습니다.

··· 소스

··· 결과

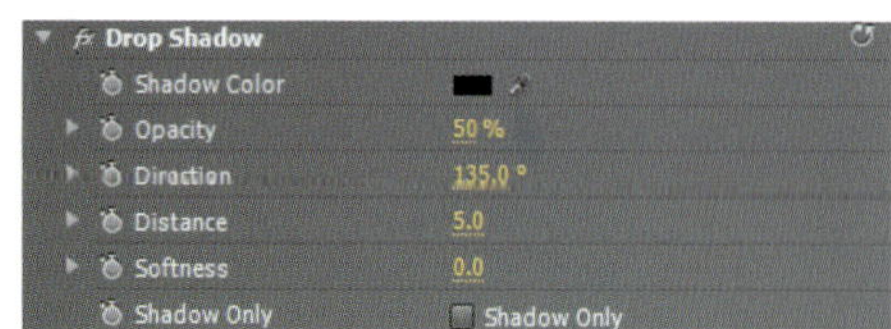

··· 컨트롤

- Shadow Color(그림자 색) : 그림자의 색상을 선택합니다. 스포이드 툴을 이용해서 색을 선택할 수 있습니다.
- Opacity(불투명도) : 그림자의 불투명도를 조정합니다.
- Direction(방향) : 그림자의 각도를 조정합니다.
- Distance(거리) : 프레임과 그림자의 거리를 조정합니다.
- Softness(부드러움) : 그림자가 퍼지는 범위를 조정합니다.
- Shadow Only(그림자만) : 옵션을 체크하면 프레임을 감추고, 그림자만 표시합니다.

Render 폴더에는 고리 모양의 원을 만드는 Ellipse 이펙트가 있습니다.

Ellipse

타원 효과는 영상에 고리 모양의 원을 만듭니다. Ellipse 이름 왼쪽의 트랜스폼 버튼을 클릭하면 프로그램 패널에서 마우스 드래그로 중심 위치를 조정할 수 있습니다.

··· 소스

··· 결과

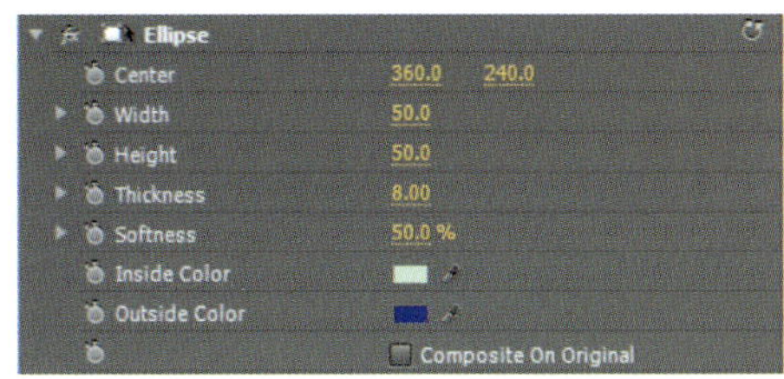
··· 컨트롤

- **Center**: 원의 중심 위치를 조정합니다. Width와 Height 항목에서 원의 크기를 조정할 수 있습니다.
- **Thickness**: 원의 확장 정도를 조정합니다.
- **Softness**: 원의 경계를 부드럽게 처리합니다. Inside Color에서 안쪽 원의 색상, Outside Color에서 바깥 쪽 원의 색상을 선택합니다.
- **Composite On Original**: 옵션을 체크하여 Ellipse를 적용한 영상을 표시합니다. 해제하면 알파 채널로 전환되어 하위 트랙과 합성할 수 있습니다.

Stylize(스타일화) 폴더에는 고리 모양의 원을 만드는 Ellipse 이펙트가 있습니다.

 Alpha Glow

알파 광선 효과는 알파 채널 외각에 번지는 효과를 만듭니다.

··· 소스

··· 결과

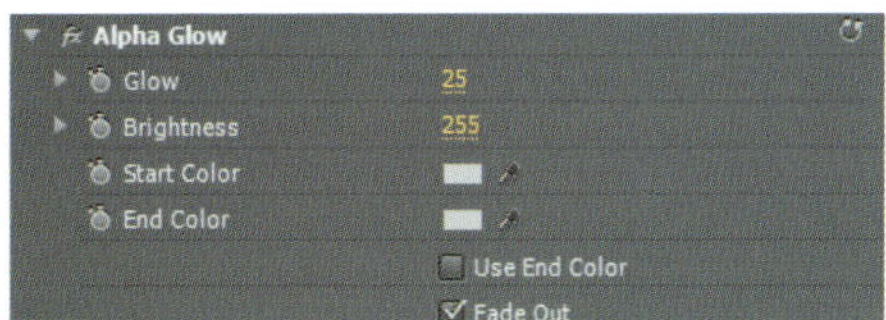

··· 컨트롤

- Glow(광선) : 번지는 효과의 범위를 조정합니다.
- Brightness(명도) : 번지는 효과의 밝기를 조정합니다.
- Start/End Color(시작/끝 색상) : 시작과 끝 지점의 색상을 선택합니다.
- Use End Color(끝 색상 사용) : 광선 바깥 쪽에 끝 색상을 사용합니다.
- Fade Out(페이드 아웃) : 색상이 페이드 아웃되도록 지정합니다.

 Brush Strokes

브러쉬 선 효과는 붓 터치를 이용한 영상 효과를 만듭니다.

··· 소스

··· 결과

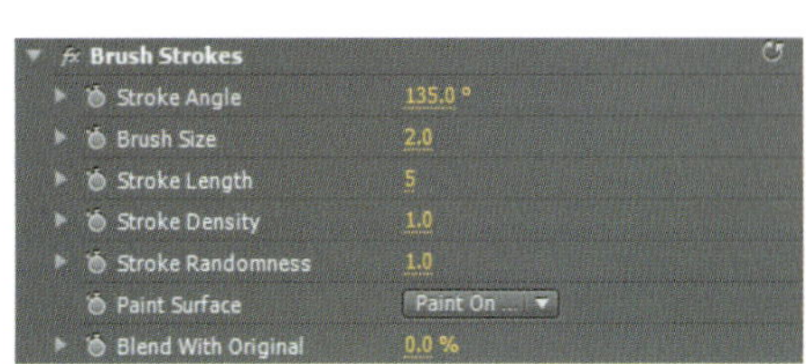

··· 컨트롤

- Stroke Angle(선 각도) : 터치 각도를 조정합니다.
- Brush Size(브러쉬 크기) : 붓의 크기를 조정합니다.
- Stroke(선) : Length에서 길이, Density에서 밀도, Randomness에서 간격, Paint Surface 에서 표면을 조정합니다.
- Blend With original(원본과 혼합) : 원본과의 혼합 비율을 조정합니다.

색상 엠보스 효과는 색상의 변화가 없는 엠보싱 효과를 만듭니다.

••• 소스

••• 결과

••• 컨트롤

- Direction(방향) : 엠보싱의 각도를 조정합니다.
- Relief(부조) : 엠보싱 효과와 원본과의 거리를 조정합니다.
- Contrast(대비) : 선명도를 조정합니다.
- Blend With Original(원본과 혼합) : 원본과의 합성 비율을 퍼센트 단위로 조정합니다.

엠보스 효과는 영상의 외각만을 표현한 엠보싱 효과를 만듭니다.

••• 소스

••• 결과

••• 컨트롤

- Direction(방향) : 엠보싱의 각도를 조정합니다.
- Relief(부조) : 엠보싱 효과와 원본과의 거리를 조정합니다.
- Contrast(대비) : 선명도를 조정합니다.
- Blend With Original(원본과 혼합) : 원본과의 합성 비율을 퍼센트 단위로 조정합니다.

가장자리 찾기 효과는 외각만 표현하는 영상을 만드는 이펙트입니다.

••• 소스

••• 결과

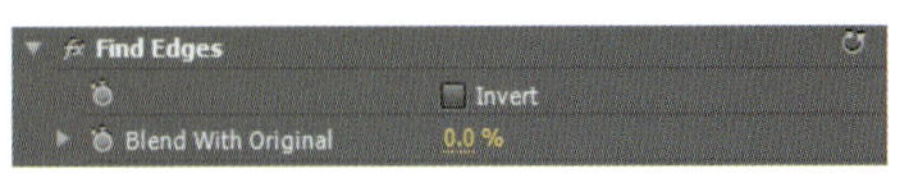

••• 컨트롤

• Invert: 흑과 백을 반전하는 옵션입니다.
• Blend With Original: 원본과의 합성 비율을 퍼센트 단위로 조정합니다.

모자이크 효과를 만듭니다.

••• 소스

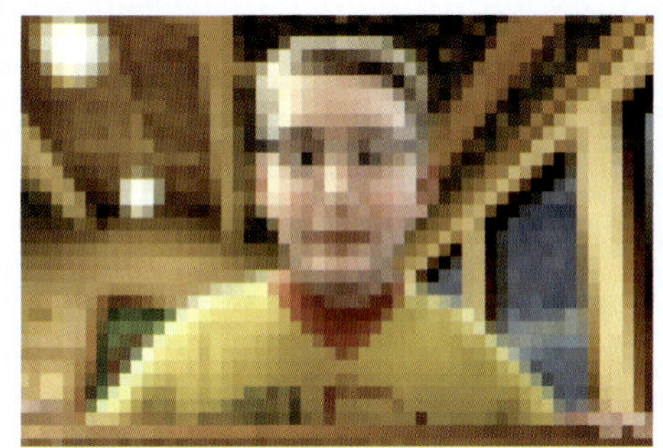

••• 결과

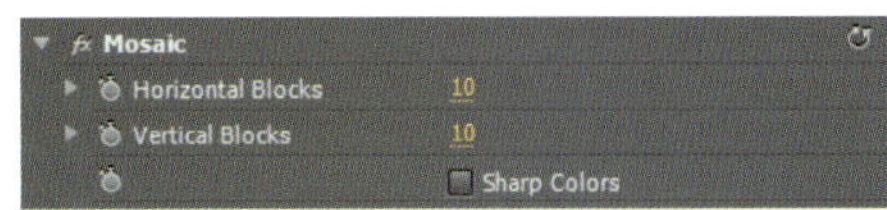

••• 컨트롤

• Horizontal/Vertical Blocks: 가로/세로의 모자이크 크기를 조정합니다.
• Sharp Colors: 모자이크를 선명하게 하는 옵션입니다.

포스터화 효과는 각 채널의 명도 값을 줄여 네거티브 효과를 만듭니다. 컨트롤 패널의 Level 슬라이드는 최저 2에서 최고 32 색상 레벨을 표현합니다. 값이 적을수록 표현 색상이 적어집니다.

••• 소스

••• 결과

••• 컨트롤

• Level : 각 채널의 색조 레벨을 조정합니다.

복제 효과는 화면을 반복하여 분할 합니다. 컨트롤 패널에는 몇 등분 할 것인지를 설정할 수 있는 Count 슬라이드가 있고, 작업 결과를 미리 확인할 수 있는 세팅 창이 있습니다.

••• 소스

••• 결과

••• 컨트롤

• Count : 분할 수를 설정합니다.

가장자리 거칠게 하기 효과는 영상의 주변을 종이가 뜯긴 것과 같이 들쑥날쑥 하게 처리합니다. Roughen Edges 이름 왼쪽의
트랜스폼 버튼을 클릭하면 프로그램 패널에서 마우스 드래그로 기준 위치를 조정할 수 있습니다.

••• 소스

••• 결과

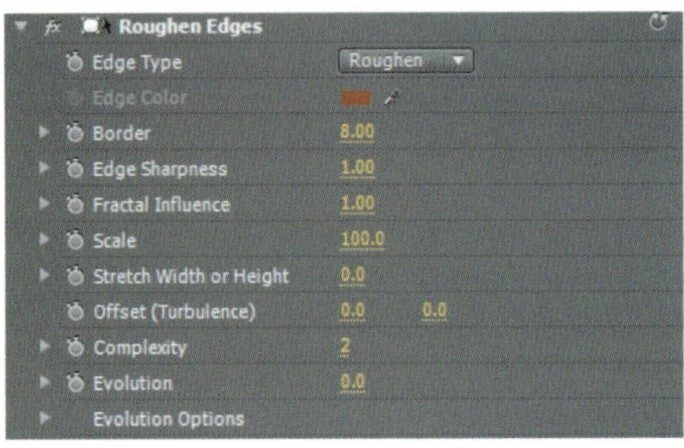

••• 컨트롤

- Edge Type(가장자리 유형) : 주변 처리 타입을 선택합니다.
- Edge Color(가장자리 색상) : Color 타입을 선택했을 때, 주변 경계에
  사용할 색상을 선택합니다.
- Border(테두리) : 경계를 굵기를 조정합니다.
- Edge Sharpness(가장자리 선명도) : 경계를 날카롭게 처리합니다.
- Fractal Influence(프렉탈 영향) : 처리 양을 조정합니다.
- Scale(비율 조정) : 프렉탈의 비율을 조정합니다.
- Stretch Width or Height(폭 또는 높이) : 가로 세로 크기를 조정합니다.
- Offset(오프셋) : 이펙트가 적용하는 기준 모양을 설정합니다.
- Complicity(복잡도) : 굴곡의 정도를 조정합니다.
- Evolution(진행) : 굴곡의 각도를 조정합니다. Evolution Options에서 굴곡을
  완만하게 처리할 수 있는 옵션을 처리할 수 있습니다.

과다 노출 효과는 영상의 노출 값을 증가시킨 듯한 효과를 만듭니다. 컨트롤 패널에는 정도를 조정하는 Threshold 슬라이드가
있고, 작업 결과를 미리 확인할 수 있는 세팅 창을 제공하고 있습니다.

••• 소스

••• 결과

••• 컨트롤

- Threshold : 노출의 범위를 조정합니다.

섬광 효과는 카메라 조명을 반복해서 터트리듯 깜빡 거리는 효과를 만듭니다.

··· 소스

··· 결과

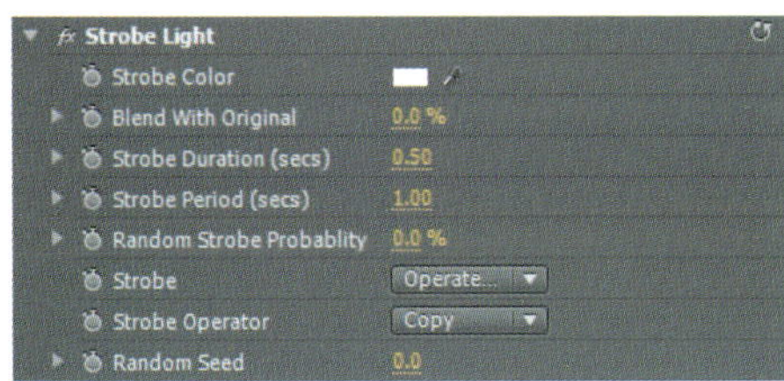

··· 컨트롤

- Strobe Color(섬광 색상) : 조명의 색상을 선택합니다.
- Blend With original(원본과 혼합) : 원본과의 합성 비율을 조정합니다.
- Strobe Duration(섬광 지속 시간) : 조명의 지속 시간을 설정합니다.
- Strobe Period(섬광 주기) : 조명이 터지는 간격을 초 단위로 설정합니다.
- Random Strobe Probability(임의 섬광 확률) : 무작위로 연출할 조명 효과를 퍼센트 단위로 설정합니다.
- Strobe(섬광) : 선택한 색상을 사용의 Operates on Color Only와 마스크 모드로 사용의 Makes layer Transparent 선택 메뉴입니다.
- Strobe Operator(섬광 연산자) : 조명에 사용할 연산 방식을 선택합니다.
- Random Seed(난수 시드) : 효과가 적용되는 확률을 조정합니다.

텍스처화 효과는 합성 트랙에 텍스처가 적용된 것처럼 표시합니다. 합성 트랙은 Texture layer에서 선택합니다.

··· 소스

··· 결과

··· 컨트롤

- Texture Layer(텍스처 레이어) : 합성할 트랙을 선택합니다.
- Light Direction(조명 방향) : 합성 트랙의 조명 각도를 조정합니다.
- Texture Contrast(텍스처 대비) : 합성 트랙의 명암을 조정합니다.
- Texture Placement(텍스처 배치) : 합성 트랙의 크기가 다를 경우 처리 방식을 선택합니다. Tile Texture는 반복해서 채우고, Cent Texture는 중앙에 위치합니다. 그리고 Stretch Texture to Fit은 자동으로 크기를 프레임에 맞춥니다.

고대비 효과는 검정과 흰색을 이용한 흑백 톤을 연출합니다.

••• 소스

••• 결과

••• 컨트롤

• Level : 흑백의 정도를 조정합니다.

14 Time

Time 폴더에는 프레임을 반복하는 Echo와 프레임 수를 조정하는 Posterize Time의 3 가지 이펙트가 있습니다.

에코 효과는 서로 다른 사간의 프레임을 반복하여 합성하는 이펙트입니다.

••• 소스

••• 결과

••• 컨트롤

• Echo Time(에코 시간) : 반복 간격을 설정합니다.
• Number of Echoes(에코 수) : 반복 프레임 수를 설정합니다.
• Starting Intensity(시작 강도) : 반복을 시작할 때의 명암을 설정합니다.
• Decay(강소) : 반복 후의 명암을 설정합니다.
• Echo Operator(에코 연산자) : 반복 모드를 선택할 수 있는 메뉴입니다.

시간 포스터화 효과는 영상의 프레임 수를 고정시켜 영상을 보정하거나 프레임 촬영 기법을 사용한 듯한 효과를 연출합니다.

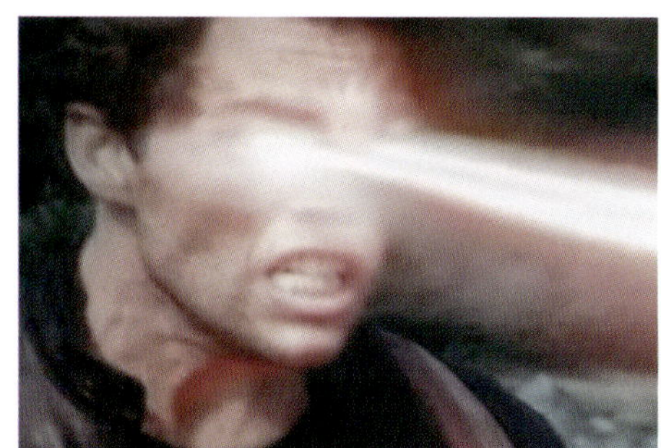

••• 소스

••• 결과

••• 컨트롤

• Frame Rate: 프레임 수를 설정합니다.

 Time Warp

프레임을 반복 시켜 속도를 변경할 때의 다양한 속성을 제어할 수 있습니다.

••• 소스

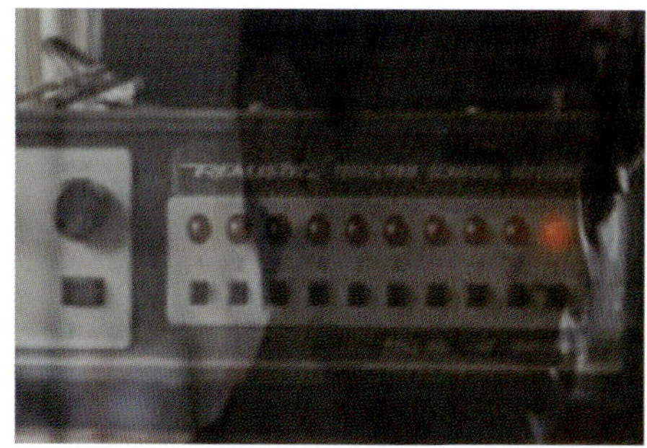

••• 결과

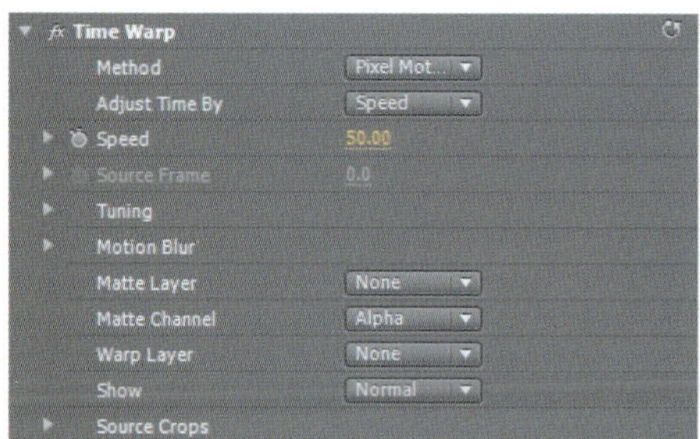

••• 컨트롤

• Method(방법) : 프레임이 생성되는 방법을 선택합니다
• Adjust Time By(시간 조정) : 시간을 지정합니다.
• Speed(속도) : 속도를 조정합니다. .
• Souce Frame(소스 프레임) : 소스 프레임을 선택합니다.
• Tuning(조정) : 픽셀 동작 보간을 조정합니다.
• Method Blur(동작 흐림 효과) : 출력 방법을 선택합니다.
• Source Crops(소스 자르기) : 가장자리를 자릅니다.

15 Transform

Transform(변형) 폴더에는 Camera View, Clip 등, 영상의 각도와 크기 등을 변형할 수 있는 역할의 8가지의 이펙트를 제공합니다.

Camera View

카메라 뷰 효과는 영상의 각도와 크기를 조정하는 이펙트입니다.. 작업 결과를 미리 확인할 수 있는 세팅 창을 제공합니다.

••• 소스

••• 결과

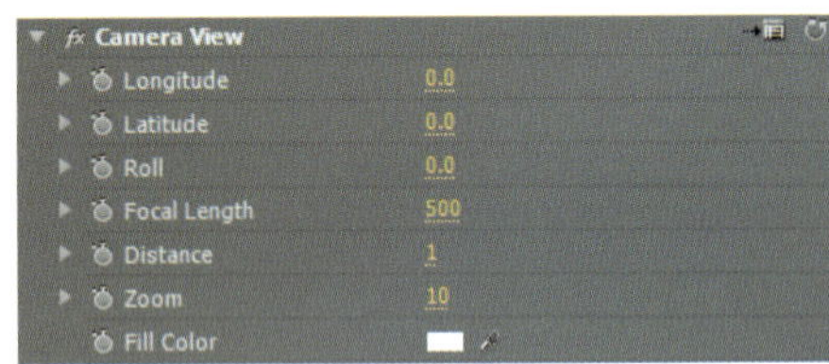

••• 컨트롤

- Longitude(위도) : 영상의 세로 회전 각도를 설정합니다.
- Latitude(경도) : 영상의 가로 회전 각도를 설정합니다.
- Roll(롤) : 카메라의 회전 각도를 설정합니다.
- Focal length(초점 거리) : 카메라 렌즈의 초점 거리를 설정합니다.
- Distance(거리) : 카메라 초점 거리를 조정합니다.
- Zoom(확대/축소) : 영상을 확대/축소합니다.
- Fill Color(칠 색상) : 영상의 회전과 크기 조정으로 인해 발생하는 배경 색을 설정합니다.

Crop

자르기 효과는 픽셀을 크기에 맞추어 재정립 한다는 것을 제외하면 영상의 가장 자리를 잘라내는 Clip과 동일합니다. Crop 이름 왼쪽의 트랜스폼 버튼을 클릭하면 프로그램 패널에서 마우스 드래그로 조정할 수 있습니다.

••• 소스

••• 결과

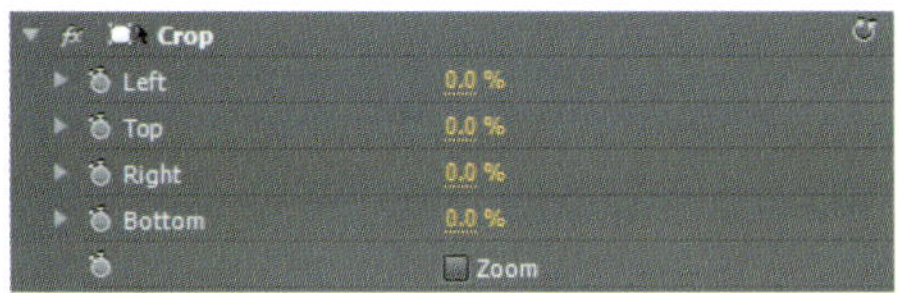

· · · 컨트롤

· Left/Top/Right/Bottom: 왼쪽/위/오른쪽/아래의 잘라낼 범위를 조정합니다.
· Zoom: 잘라낸 범위를 전체적으로 확대하는 옵션입니다.

 Edge Feather

가장자리 페더 효과는 영상의 가장 자리를 부드럽게 처리합니다. 컨트롤 패널에는 범위를 조정하는 Amount 슬라이드가 있습니다.

· · · 소스

· · · 결과

· · · 컨트롤

· Amount : 부드럽게 처리하는 정도를 조정합니다.

 Horizontal Flip

가로로 뒤집기 효과는 거울에 비치는 영상을 연출하듯 좌/우 방향을 바꿔줍니다. 별다른 컨트롤이 없는 On/Off 방식의 이펙트입니다.

· · · 소스

· · · 결과

가로로 기울이기 효과는 영상의 상단을 좌/우측으로 비틀어줍니다. 컨트롤 패널에는 작업 결과를 미리 확인할 있는 세팅 창만을 제공하며, Offset으로 비틀림의 정도를 조정합니다.

••• 소스   ••• 결과

Roll

롤 효과는 영상을 상하/좌우로 회전하는 효과를 만듭니다. 컨트롤 패널에는 세팅 창만을 제공하며, 세팅 창에는 방향을 선택할 수 있는 네 개의 옵션이 있습니다.

••• 소스   ••• 결과

Vertical Flip

세로로 뒤집기 효과는 영상의 위/아래를 뒤집습니다. 별다른 컨트롤이 없는 On/Off 방식의 이펙트입니다.

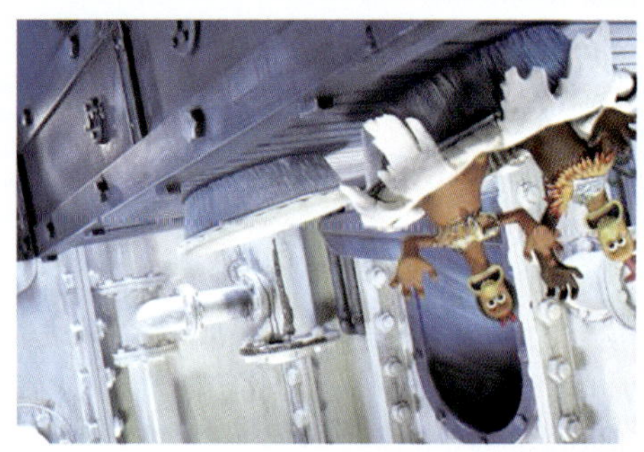

••• 소스   ••• 결과

세로로 흐름 효과는 영상을 위에서 아래로 회전하는 효과를 만듭니다. 별다른 컨트롤이 없는 On/Off 방식의 이펙트입니다.

소스

결과

16 Transition

Transition(전환) 폴더에는 Block Dissolve, Gradient Wipe 등, 영상의 일부분을 제거하여 합성하는 역할의 5가지 이펙트를 제공합니다.

 Block Dissolve

블록 디졸브 효과는 픽셀을 무작위로 제거하여 하위 트랙과 합성합니다. 다른 이펙트와 같이 원래 목적 외에도 다양한 연출이 가능합니다.

••• 소스

••• 결과

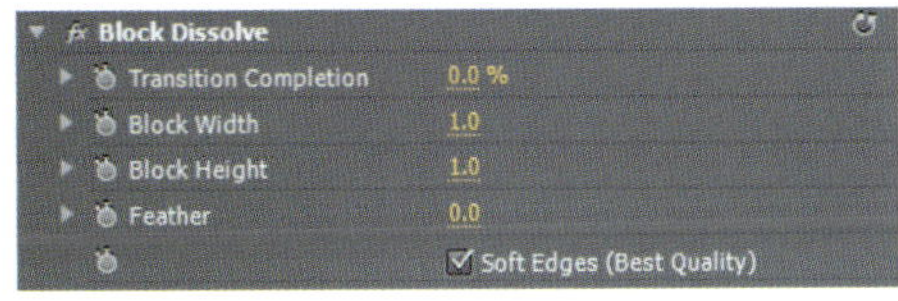

••• 컨트롤

- Transition Completion: 픽셀이 제거되는 범위를 조정합니다.
- Block Width/Height: 제거되는 범위의 가로/세로 크기를 조정합니다.
- Feather: 제거된 부분의 경계를 부드럽게 처리합니다. Soft Edges 옵션은 주변을 자연스럽게 처리합니다.

닦아내듯 지우기 효과는 영상의 밝기를 조정하여 다른 트랙의 영상과 합성하는 효과를 만듭니다.

••• 소스

••• 결과

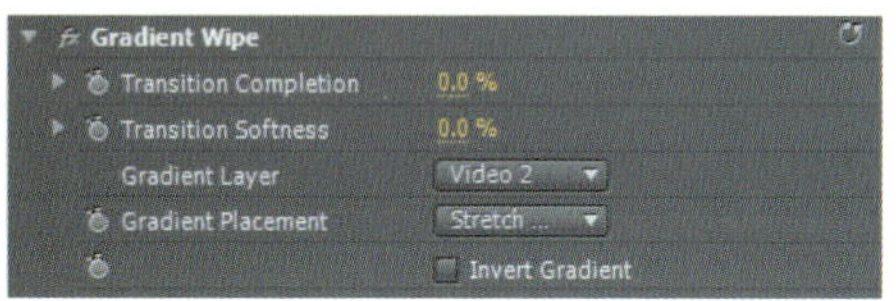

••• 컨트롤

- Transition completion: 값이 클수록 영상을 어둡게 처리하여 합성 영상을 선명하게 보입니다.
- Transition Softness: 합성의 정도를 조정하여 부드럽게 처리합니다.
- Gradient Layer: 합성할 트랙을 선택합니다.
- Gradient Placement: 합성 트랙의 클립 크기가 다를 경우의 처리 방법을 선택합니다. Invert Gradient 옵션을 체크하여 값을 반대로 적용할 수 있습니다.

일정 방향 지우기 효과는 라인 형태로 영상을 일부분을 제거하여 하위 트랙의 영상과 합성할 수 있습니다.

••• 소스

••• 결과

••• 컨트롤

- Transition Completion: 제거할 범위를 퍼센트 단위로 설정합니다.
- Wipe Angel: 제거할 라인의 각도를 조정합니다.
- Feather: 라인의 경계를 부드럽게 처리합니다.

방사형 지우기 효과는 시계 바늘이 돌 듯 영상을 제거하여 하위 트랙과 합성합니다. Radial Wipe 이름 왼쪽의 트랜스폼 버튼을 클릭하면 프로그램 패널에서 마우스 드래그로 중심 위치를 조정할 수 있습니다.

··· 소스

··· 결과

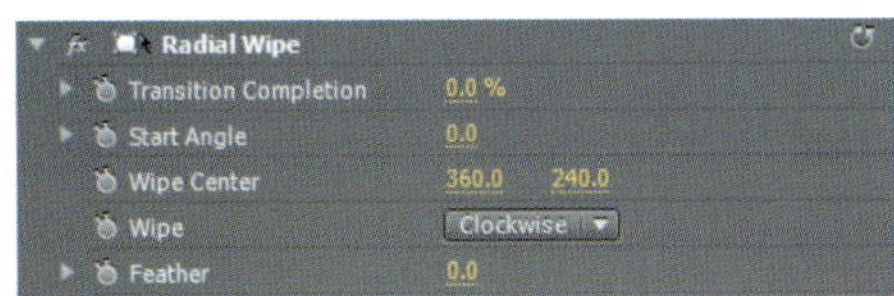

··· 컨트롤

- Transition Completion: 제거할 범위를 설정합니다.
- Start Angle: 시작 각도를 조정합니다.
- Wipe Center: 원이 그려지는 기준 위치를 설정합니다.
- Wipe: 시계 방향 도는 반대 방향 등 제거할 방향을 선택합니다.
- Feather: 라인의 경계를 부드럽게 처리합니다.

 Venetian Blinds

베니스식 차양 효과는 블라인드 모양으로 영상을 제거하여 하위 트랙과 합성합니다.

··· 소스

··· 결과

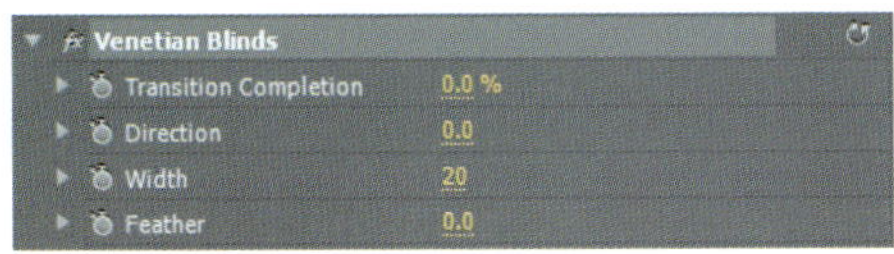

··· 컨트롤

- Transition completion: 블라인드의 두께를 조정합니다.
- Direction: 블라인드의 각도를 조정합니다.
- Width: 블라인드의 간격을 조정합니다.
- Feather: 블라인드의 경계를 부드럽게 처리합니다.

17 Utility

Utility 폴더에는 영화 필름 효과를 만드는 Cineon Converter 이펙트를 제공합니다.

Cineon Converter

Cineon 변환기 효과는 Cineon 프레임의 색상 변환을 세밀하게 제어할 수 있는 이펙트입니다.

••• 소스

••• 결과

••• 컨트롤

- Conversation Type(변환 유형) : 변환 방식을 선택합니다.
- 10 Bit Black/White Point(10비트 검은/흰 점) : 변환을 위한 최소/최대 점을 설정합니다.
- Internal Black/White Point(내부 검은/흰 점) : 클립에 사용되는 점입니다.
- Gamma(감마) : 감마 값을 조정합니다.
- Highlight Rolloff(밝은 영역...) : 밝은 영역을 조정합니다.

18 Video

Video 폴더에는 화면에 타임코드를 표시하는 Timecode 이펙트를 제공합니다.

Timecode

화면에 타임 코드를 표시합니다. 트랜스폼 버튼을 클릭하면 프로그램 패널에서 마우스 드래그로 위치를 변경할 수 있습니다.

••• 소스

••• 결과

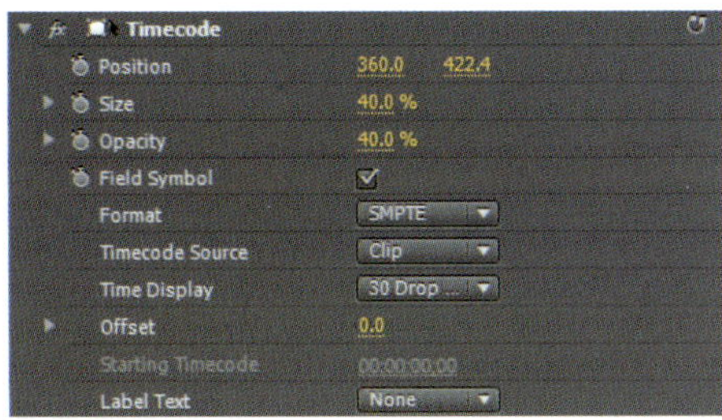

••• 컨트롤

- Position(위치) : 타임 코드의 표시 위치를 조정합니다.
- Size(크기) : 타임 코드 표시 크기를 조정합니다.
- Opacity(불투명도) : 타임 코드의 불투명도를 조정합니다.
- Field Symbol(필드 기호) : 필드 심벌을 표시여부를 결정하는 옵션입니다.
- Format(형식) : 타임 코드의 표시 형식을 선택하는 메뉴입니다.
- Time code source(시간 코드 소스) : 타임 코드의 소스를 선택합니다.
- Time Display(시간 표시) : 타임 코드의 기준을 설정합니다.
- Offset(오프셋) : 시작 타임의 증/감을 조정합니다.
- Starting Timecode(시작 시간) : 시작 타임 코드를 설정합니다.
- Label Text(레이블 텍스트) : 카메라 번호를 표시합니다.

> **Tip**
>
> **오디오 이펙트**
>
> 프리미어 프로 CS4에는 실제 녹음 스튜디오에서 사용되는 믹서와 오디오 에펙트를 제공합니다. 비디오 이펙트와 마찬가지로 오디오 클립에 사용자가 원하는 이펙트를 마우스 드래그로 적용하고, 이펙트 컨트롤 패널에서 다양한 속성을 편집할 수 있습니다. 그러나 특별한 경우가 아니라면, 오디오 클립에 개별적으로 사용하는 경우는 드물고, 전체 트랙을 컨트롤 할 수 있는 오디오 믹서 패널에서 사용하는 것이 일반적입니다. 자세한 내용은 사운드 학습 편에서 다루겠습니다.

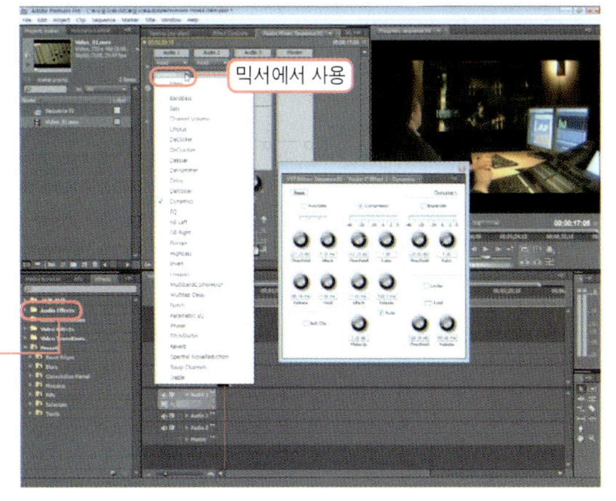

> 참고로 프리미어는 VST(Virtual Studio Technology) 기술을 지원하므로, 타사에서 제작된 오디오 이펙트를 자동으로 검색하여 사용할 수 있습니다. 하지만, 일부 프로그-인의 경우에는 프리미어와 호환되지 않거나 프리미어를 실행하는데, 문제가 되는 경우도 있습니다. 만일, 이런 문제가 발생한다면, 프리미어가 실행되면서 자동으로 검색하는 플러그-인 목록을 보면 어떤 것이 문제가 되는지 알 수 있습니다. 문제가 있는 VST는 C:\Program Files\VSTPlugins 폴더에서 제거하거나 위치를 변경하여 해결합니다.

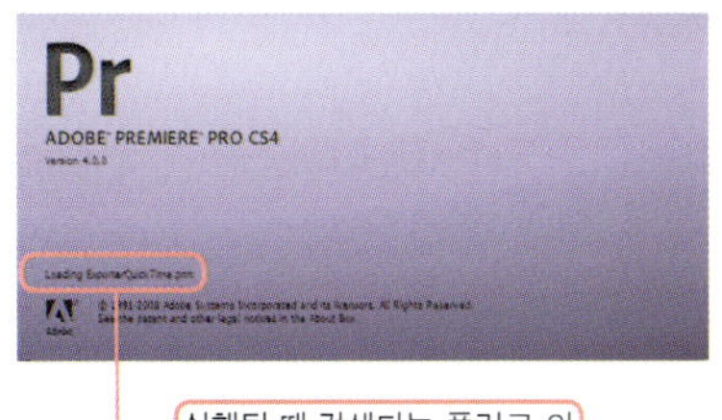

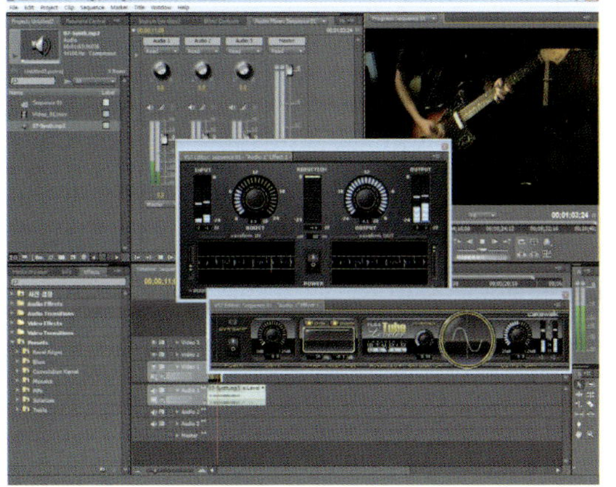

Premiere Pro CS4

PART 06

자막이 있는 영상 만들기

작업의 목적이나 스타일에 따라 다르지만, 개인 작업자의 경우에는 컷 편집, 트랜지션 및

이펙트 작업 외에도 자막과 사운드 등의 모든 작업을 혼자 처리해야 할 것입니다. 어떤

작업이든 오랜 경험과 학습이 필요하며, 사운드 작업과 같은 경우에는 최소한의 전문 지식이

필요하기도 합니다. 그러나 영상의 정확한 정보를 전달하는 목적 외에도 지루함을

감소시키거나 재미를 유발하는 등의 다양한 목적으로 사용될 수 있는 자막 작업은 조금만

시간을 할애하면 어렵지 않게 마스터 할 수 있습니다.

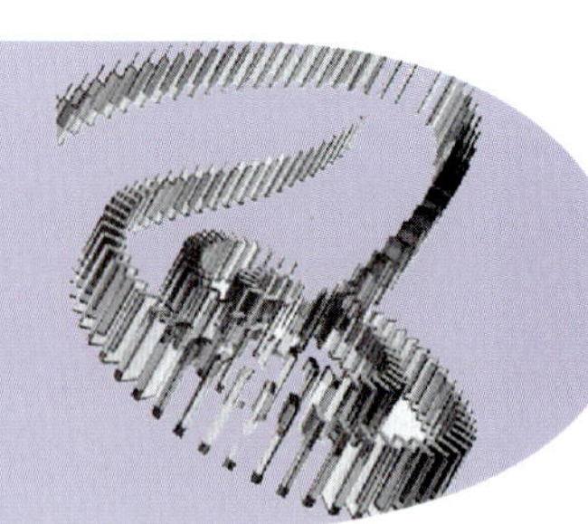

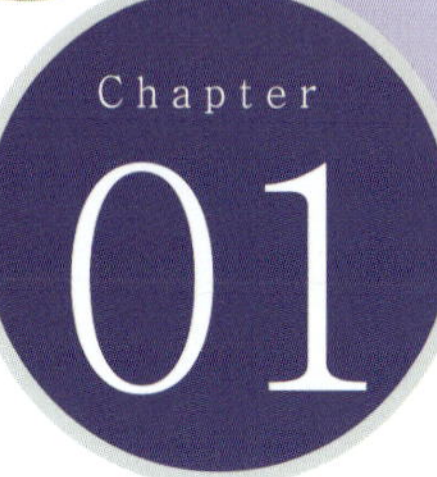

타이틀 디자이너

Chapter 01

자막은 단순히 정보를 전달하는 수단을 넘어서 재미와 감동을 전해주는 또 하나의 영상으로 사용되고 있습니다. 발음이나 녹음 상태가 좋지 않은 영상도 자막으로 커버 할 수 있고, 말 못하는 동물이나 식물에도 생명력을 넣어줄 수 있는 자막 제작은 영상 편집자가 갖춰야 할 필수 능력입니다. 프리미어에서 제공하는 타이틀 디자이너는 방송이나 영화에서 보던 모든 자막을 제작할 수 있을 만큼의 강력한 기능을 갖추고 있습니다. 간단한 템플릿을 만들어 보면서 타이틀 디자이너의 기능을 익혀보겠습니다.

1 타이틀 디자이너의 구성과 역할

영상 편집 작업에 있어서 사운드와 타이틀이 중요하다는 것은 누구도 부인하지 못할 것입니다. 사운드 작업의 경우에는 다소 오랜 경험이 필요한 부분이기 때문에 상업성을 목적으로 하는 경우에는 전문가에게 의뢰를 하게 되지만, 자막은 약간의 관심만으로도 쉽게 익힐 수 있습니다. 프리미어는 자막 제작을 위한 타이틀 디자이너를 제공하고 있으며, 작업 공간을 중심으로 위쪽에 메인 패널, 아래쪽에 스타일 패널, 왼쪽에 도구 패널과 액션 패널, 오른쪽에 속성 패널로 구성되어 있습니다. 타이틀 디자이너의 구성과 역할을 살펴보겠습니다.

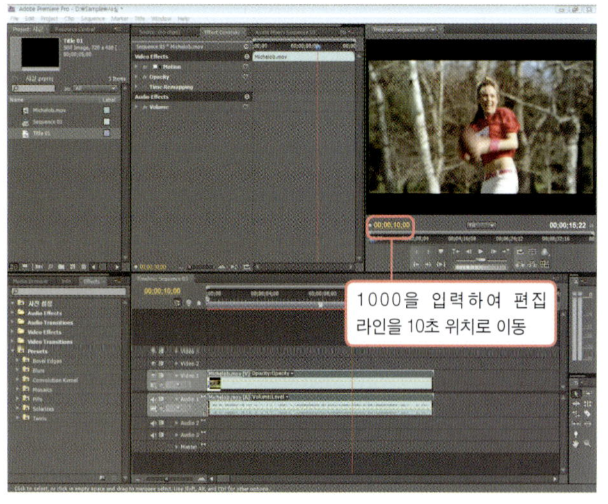

01 실습을 위한 새로운 프로젝트를 만들고, 부록 CD의 Part_06 폴더에서 Michelob 비디오 파일을 임포트하여 타임라인 패널에 등록합니다. 그리고 자막을 입력할 위치에 편집 라인을 가져다 놓습니다. 실습에서는 10초 위치로 하겠습니다. 프로그램 패널의 타임 코드를 클릭하여 1000을 입력합니다.

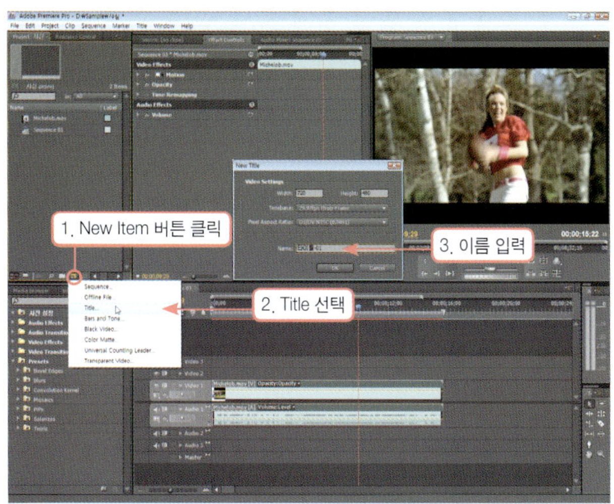

02 프로젝트 패널의 New Item 버튼을 클릭하여 메뉴를 열고, Title을 선택하거나 단축키 F9 키를 눌러 New Title 창을 엽니다. Video Settings은 현재 작업 중인 프로젝트 환경과 동일하게 설정하고, Name 항목에 소스를 구분하기 쉬운 이름으로 입력합니다.

03 [OK] 버튼을 클릭하여 New Title 창을 닫으면, Name 항목에 입력한 이름의 타이틀 소스가 프로젝트 패널 만들어지고, 편집 라인 위치의 영상이 보이는 타이틀 패널이 열립니다. 영상이 보이지 않는다면, 위쪽에 폰트나 롤/크롤 옵션 등의 도구가 있는 메인 패널에서 눈 모양의 Show Background Video 버튼이 On으로 되어 있는지 확인합니다.

04 왼쪽 상단의 도구 패널은 글자나 도형을 입력할 수 있는 도구들로 구성되어 있습니다. 문자를 입력하는 타입 도구를 선택하고, 화면을 클릭합니다. 그러면, 글자를 입력할 수 있는 상태가 됩니다. 실습으로 The world of light beer라는 글자를 입력해봅니다.

05 도구 패널 아래쪽에는 글자나 도형을 정렬하는 역할의 액션 패널이 있습니다. Center 항목의 Vertical Center와 Horizontal Cent를 클릭하여 입력한 글자가 화면 중앙에 위치하도록 정렬합니다.

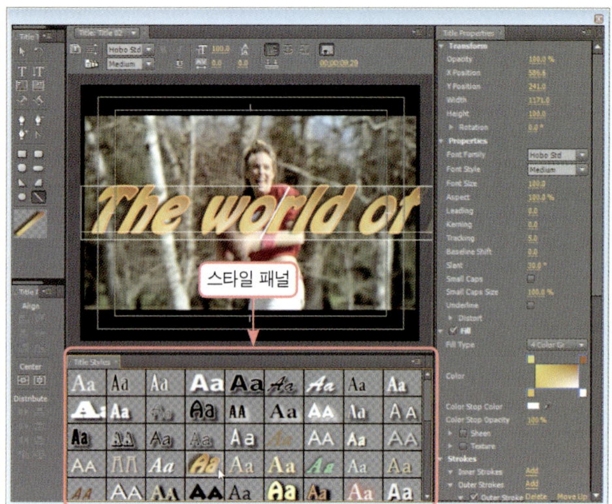

06 화면 아래쪽의 스타일 패널은 Adobe 사의 디자이너들이 만들어놓은 글자의 속성을 선택하는 역할을 합니다. 각각의 스타일을 선택해보면서 입력한 글자가 어떻게 바뀌는지 확인해봅니다.

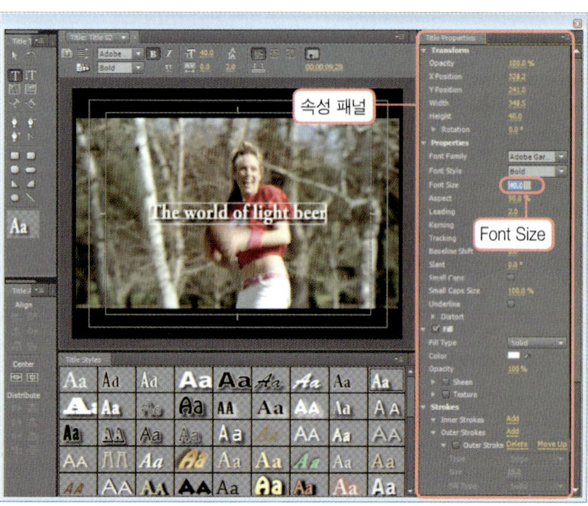

07 오른쪽에 보이는 속성 패널은 입력한 글자나 도형의 속성을 변경할 수 있는 다양한 옵션들로 구성되어 있습니다. 예를 들어 Font Size 값을 조정하여 글자의 크기를 조정하거나 Aspect 값을 조정하여 글자의 넓이를 바꾸는 등의 작업을 할 수 있는 것입니다.

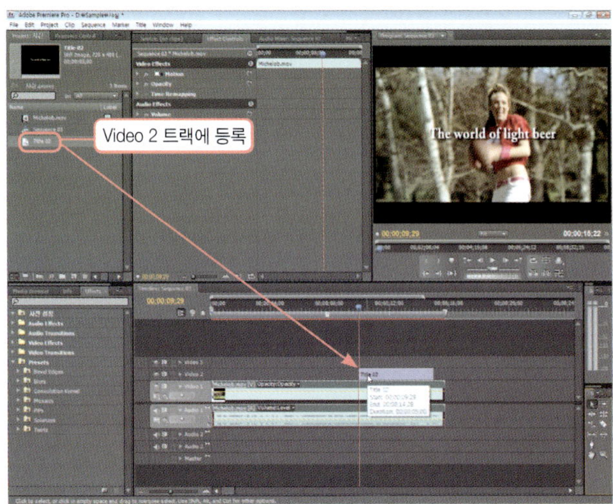

08 타이틀 패널의 구성을 살펴보면서 간단한 글자를 입력해 보았습니다. 타이틀 패널을 닫고, 프로젝트 패널에 등록된 타이틀 소스를 편집 포인트가 있는 위치의 Video 2 트랙으로 드래그하여 가져다 놓습니다.

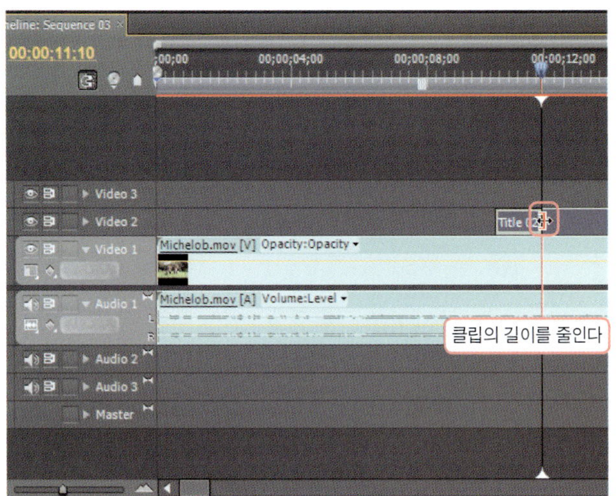

09 타이틀은 클립의 길이만큼 화면에 보이는 것입니다. Preferences 창의 Still Image Default Duration 값을 바꾸지 않았다면, 5초 길이로 등록이 되는데, 오른쪽 끝 부분을 왼쪽으로 드래그하여 약 1초 길이로 줄입니다.

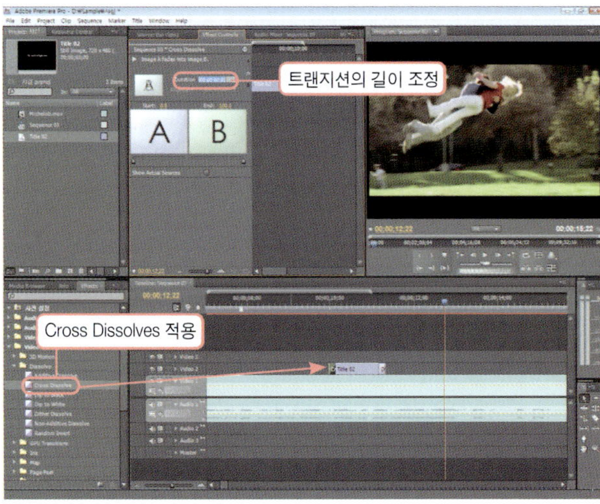

10 타이틀 클립의 시작과 끝 위치에 Cross Dissolves를 적용하여 글자가 서서히 나타났다가 서서히 사라지게 합니다. 클립의 길이가 짧으므로, 컨트롤 패널에서 Duration 값을 5프레임 정도로 줄입니다. 간단한 글자를 입력해보면서 타이틀 패널의 구성을 살펴보았습니다.

타이틀 패널 오른쪽에 위치한 속성 패널은 글자나 도형의 속성을 조정할 수 있는 옵션들로 구성되어 있습니다. 크게 불투명도나 위치 등을 조정하는 Transform, 크기와 간격 등을 조정하는 Properties, 색상을 설정하는 Fill, 테두리를 만드는 Strokes, 그림자를 만드는 Shadow의 5가지 항목이 있습니다. 포토샵이나 일러스트와 같은 외부 프로그램을 이용하지 않아도 원하는 스타일의 문자와 도형을 만들 수 있는 속성 패널의 옵션을 살펴보겠습니다.

1　Transform

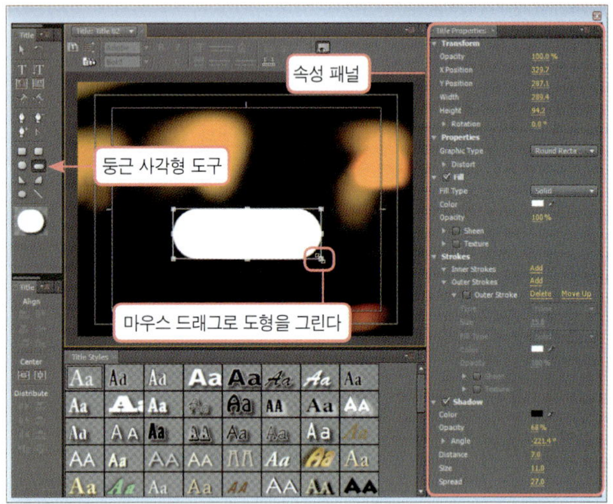

01 속성 패널에는 선택한 오브젝트의 불투명도를 조정할 수 있는 Opacity와 위치를 조정할 수 있는 Position, 크기를 조정할 수 있는 Width/Height, 각도를 조정할 수 있는 Rotation으로 구성되어 있습니다. 둥근 사각형 도구를 선택하여 적당한 크기의 도형을 그립니다.

가·정·교·사

타이틀 디자이너에서 다룰 수 있는 문자, 도형, 이미지 등을 하나로 지칭하여 오브젝트라고 표현합니다.

Opacity

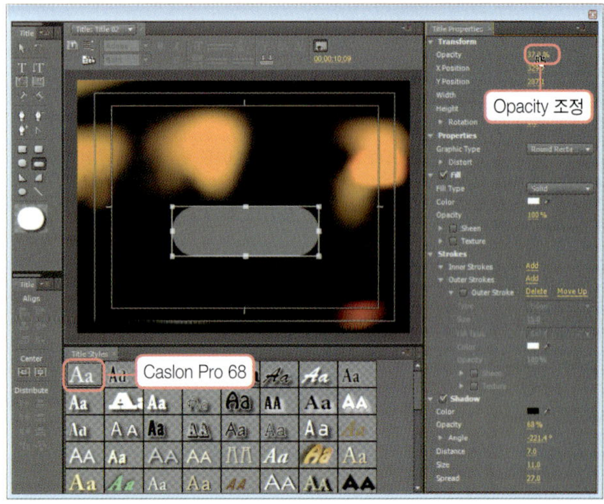

02 스타일이 적용되어 있다면, 속성의 변화가 없는 Caslon Pro 68 스타일을 선택하고, 오브젝트의 불투명도를 조정하는 Opacity(불투명도) 값을 마우스 드래그로 조정해봅니다. 값이 작아질수록 희미해지는 것을 확인할 수 있습니다. 불투명도에 관하여 이해를 했다면, 기본값 100%로 설정합니다.

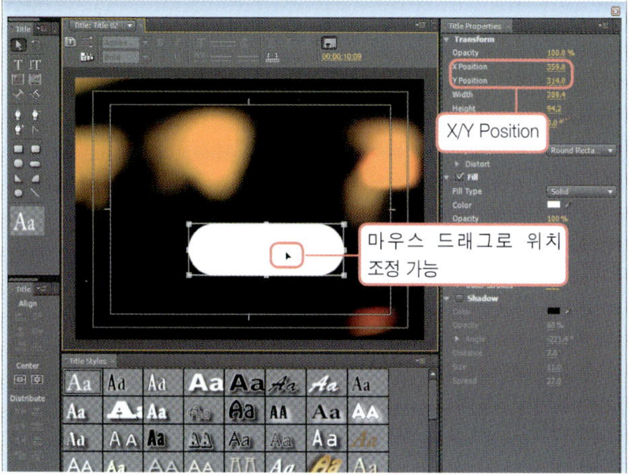

03 오브젝트의 위치를 조정합니다. X Position(위치)은 가로, Y Position은 세로입니다. 오브젝트의 위치는 선택 툴을 이용하거나 키보드의 방향키를 이용해서 조정하는 것이 일반적이지만, 정확한 위치에 오브젝트를 위치시켜야 할 때는 Position 값을 입력하기도 합니다.

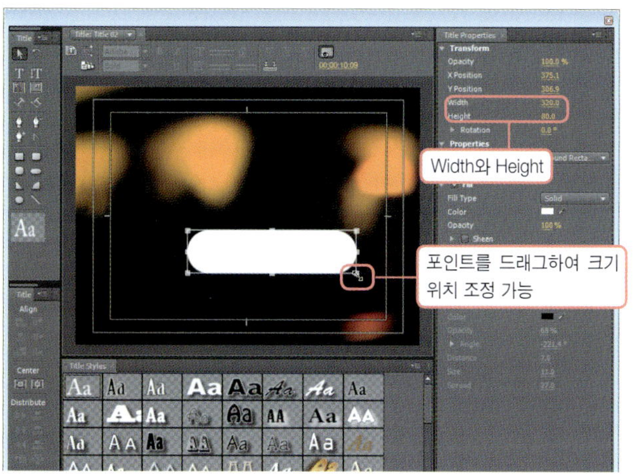

04 오브젝트의 Width(폭)와 Height(높이) 크기를 조정합니다. 대부분 오브젝트의 외각 선에 표시되는 포인트를 드래그하여 조정하지만, 정확한 크기로 조정할 필요가 있을 때는 값을 입력합니다. Width를 320, Height를 80 정도로 입력해봅니다.

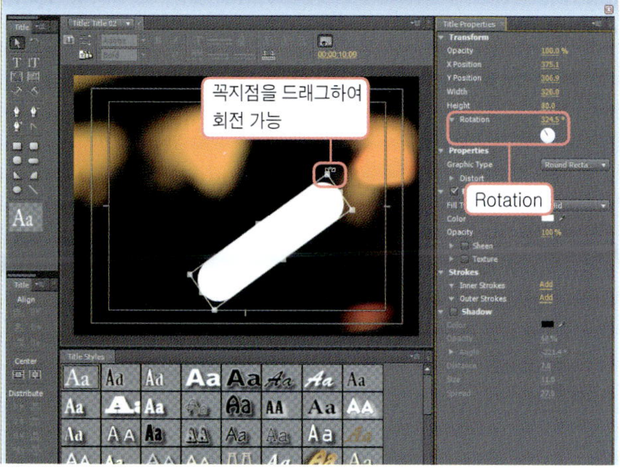

05 오브젝트를 회전시킵니다. Rotation(회전) 이름 왼쪽의 작은 삼각형을 클릭하면 마우스 드래그로 각도를 조절하면서 확인할 수 있는 디스플레이 아이콘이 보입니다. 이것 역시 오브젝트의 모서리를 드래그하여 조정할 수 있기 때문에 정확한 각도가 필요한 경우에만 사용하게 될 것입니다. 실험을 해보고, 기본값 0°로 조정합니다.

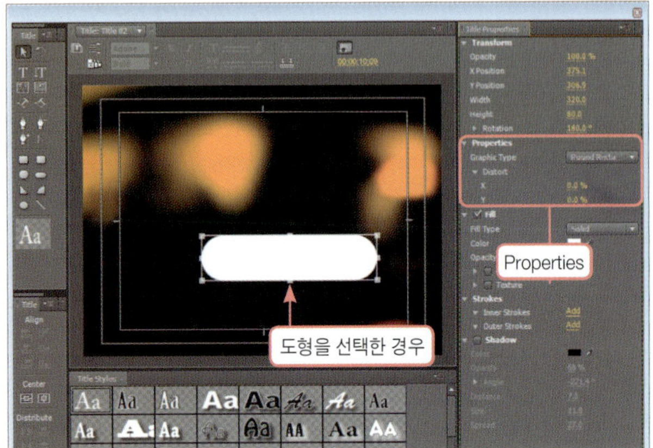

01 Properties 항목의 옵션은 선택한 오브젝트에 따라 차이가 있습니다. 문자를 선택하면 글꼴과 크기 등을 조정할 수 있고, 도형을 선택하면 도형의 타입과 라인의 굵기 등을 조정할 수 있는 역할을 합니다. 도형을 선택한 경우에는 타입을 변경할 수 있는 Graphic Type(그래픽 유형)과 형태를 변형할 수 있는 Distort(왜곡)의 두 가지가 있습니다.

Graphic Type

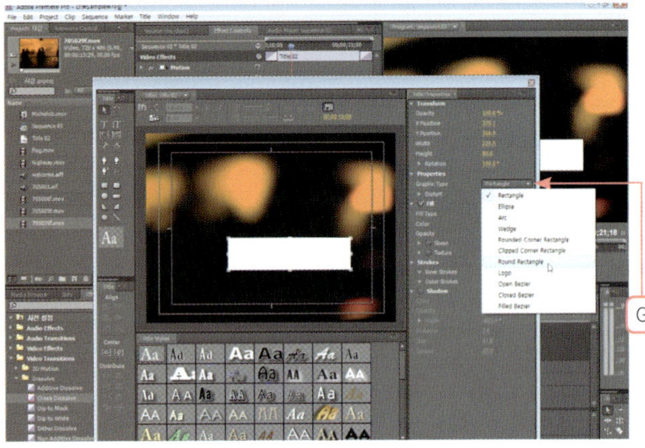

02 Graphic Type(그래픽 유형)은 도형의 형태를 결정합니다. Rectangle(사각형), Ellipse(타원), Arc(부채꼴) 등의 메뉴를 선택해보면서 도형의 타입이 어떻게 바뀌는지 확인해보고, 모퉁이가 둥근 사각형 타입의 Round Rectangle을 선택합니다.

Distort

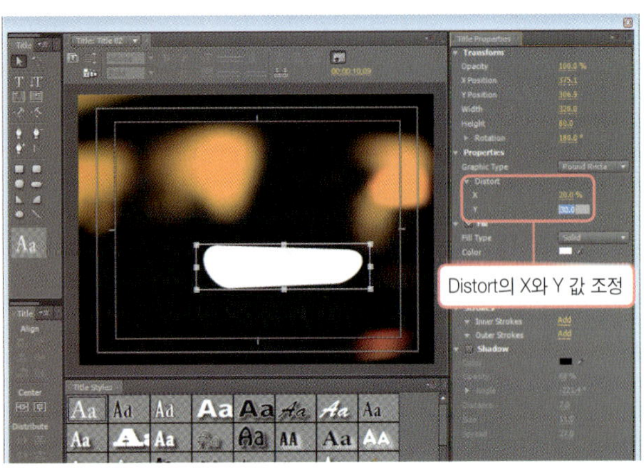

03 Distort(왜곡)는 선택한 도형의 세로축(X)과 가로축(Y)을 변형시킵니다. X 값을 20%정도로 입력하고, Y값을 30% 정도로 입력하여 도형의 변화를 관찰합니다. 문자를 선택한 경우의 Properties 옵션은 잠시 뒤에 문자를 입력해보면서 살펴보겠습니다.

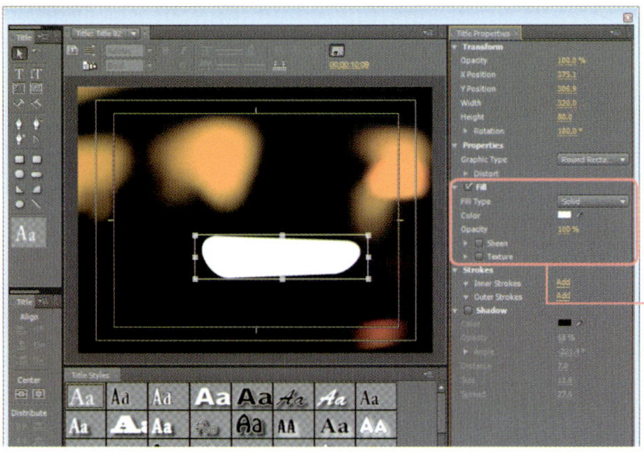

01 Fill(칠) 파라미터는 색상 타입을 선택하는 Fill Type(칠 유형)와 색상을 선택하는 Color(색상) 등으로 구성되어 있으며, 문자와 도형의 차이가 없습니다. 앞에서 만든 도형에 색상을 입혀보면서 각 옵션의 역할을 살펴보겠습니다.

Fill Type

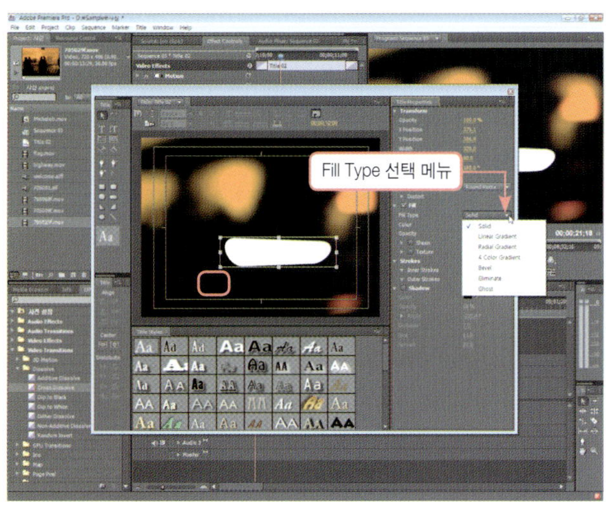

02 Solid(단색), Gradient(그라디언트) 등, 색상을 어떤 타입으로 채울 것인가를 선택할 수 있는 메뉴입니다. Linear, Radial, 4 Color의 Gradient 타입은 2개 이상의 색상이 순차적으로 변하게 만드는 것이고, 나머지는 단색으로 처리합니다. 실습을 진행하기 전에 각 타입의 차이점을 살펴보겠습니다.

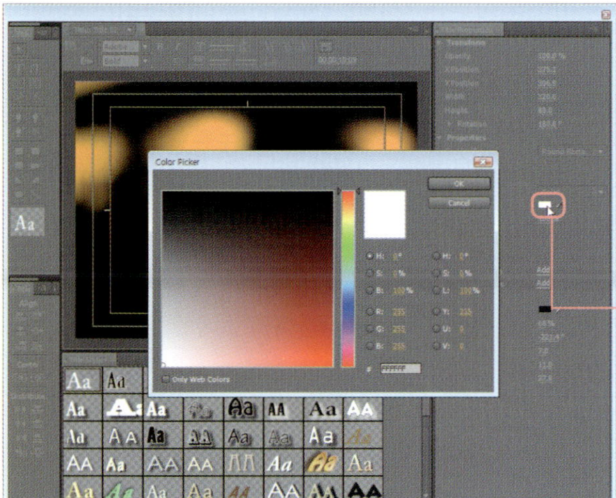

03 Solid(단색): 오브젝트를 단색으로 채웁니다. Solid를 선택하면 색상을 선택할 수 있는 Color와 불투명도를 조정하는 Opacity 옵션이 보입니다. Color 항목의 색상 아이콘을 클릭하면 색상을 선택할 수 있는 Color Picker 창이 열립니다.

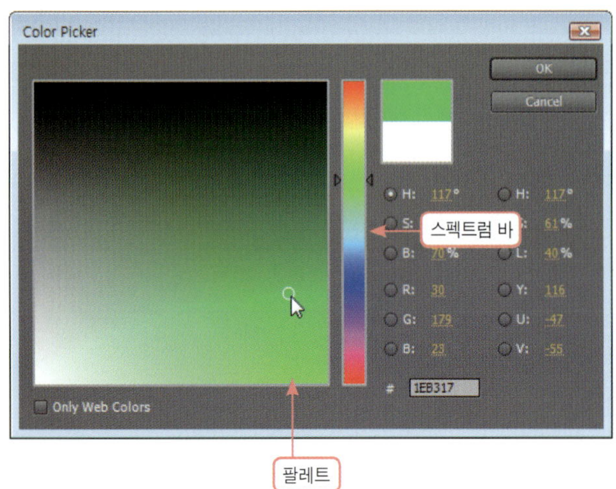

04 Color Picker 창의 스펙트럼 바에서 색상을 선택하고, 팔레트에서 필요한 색을 선택합니다. 그래픽 지식이 있다면, HSB 또는 RGB 등의 항목에 숫자를 입력하여 보다 정확한 색상을 선택할 수 있습니다.

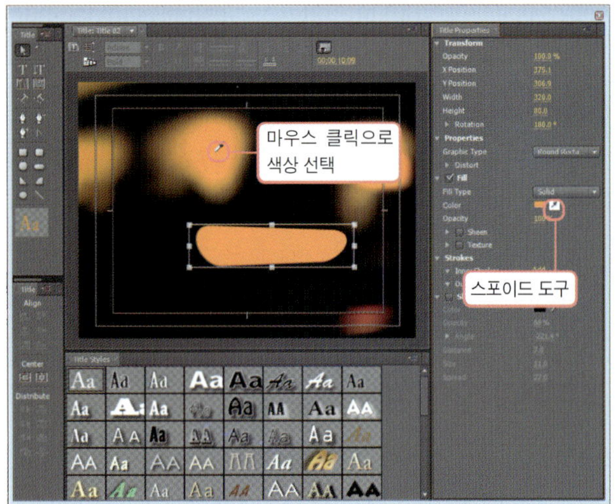

05 색상 아이콘 오른쪽의 스포이드 도구는 패널에 보이는 영상에서 색을 선택하여 오브젝트의 색상을 입히는 역할을 하며, Opacity는 불투명도를 조정합니다. 글자를 선택한 경우라면, Opacity 값을 0으로 하고, 뒤에서 살펴볼 Strokes 옵션을 이용해서 외각 선을 만든다면, 글자에 비치는 영상 효과를 연출할 수 있습니다.

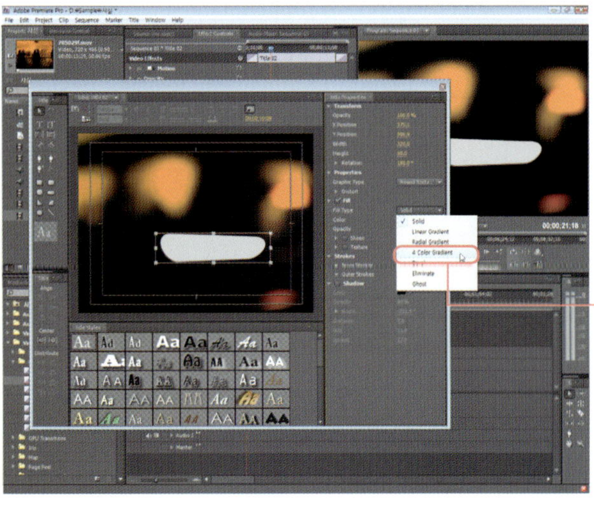

06 Gradient(그라디언트): Linear(선형), Radial(방사형), 4 Color(4색)의 3가지 Gradient가 있습니다. Linear은 라인 형태로 변하는 색, Radial은 중심에서 바깥으로 변하는 색, 4 Color은 4개의 모서리 마다 다르게 변하는 색을 만듭니다. 4 Color Gradient를 선택해 봅니다.

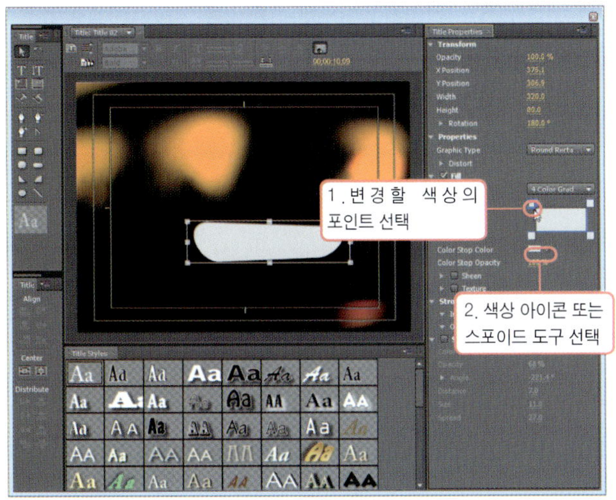

07 Color(색상) 항목에 4개의 포인트가 있는 사각형이 보입니다. 여기서 색상을 변경하고 싶은 포인트를 선택하고, Color Stop Color(색상 중지 색상) 항목의 색상 아이콘 또는 스포이트 툴을 이용해서 색상을 변경하는 것입니다. 왼쪽 상단 모서리의 포인트를 선택하고, Color Stop Color 항목의 색상 아이콘을 클릭합니다.

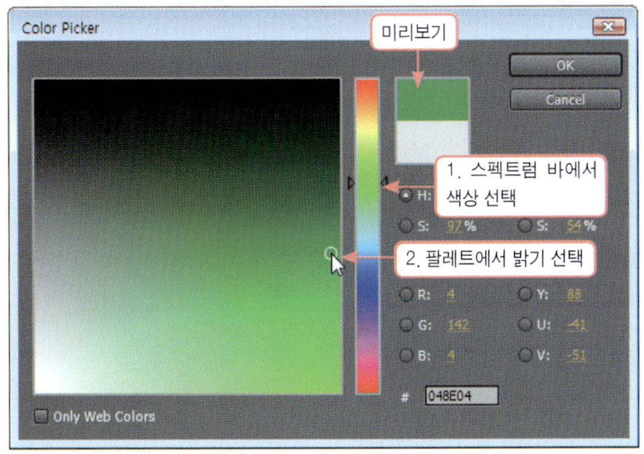

08 색상을 선택할 수 있는 Color Picker 창이 열립니다. 스펙트럼 바에서 그린 색 부근을 클릭하여 표시되게 하고, 팔레트에서 중간 톤 정도의 그린 색을 선택합니다. 선택한 색상은 미리 보기 창 위쪽에서 확인할 수 있습니다. 아래쪽은 색상을 변경하기 전의 오브젝트 색상을 표시합니다.

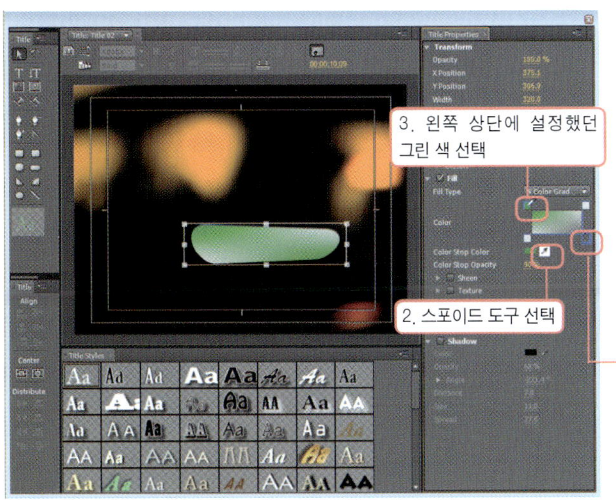

09 왼쪽 모서리가 그린 색으로 설정되며, 점점 흐려지는 그라데이션 효과가 만들어졌습니다. 오른쪽 하단의 포인트를 선택하고, 스포이드 도구를 이용해서 왼쪽 상단에 적용했던 그린 색을 선택합니다. 그리고 Color Stop Opacity 값을 90%로 조정하여 조금 흐리게 처리합니다.

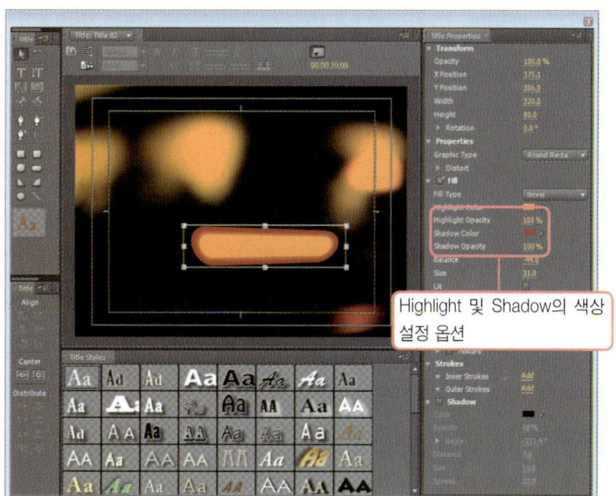

10 Bevel(경사): 오브젝트의 색상과 명암을 조정하여 입체적인 느낌이 들게 합니다. 이것은 프리미어의 이펙트를 이용하면 간단하게 구현할 수 있기 때문에 자주 사용하지는 않지만, 한 글자씩 효과를 주고 싶을 때는 효과적입니다. 색상은 밝은 영역 색상(Highlight Color)과 불투명도(Highlight Opacity), 어두운 영역 색상(Shadow Color)과 불투명도(Shadow Opacity)로 구분됩니다.

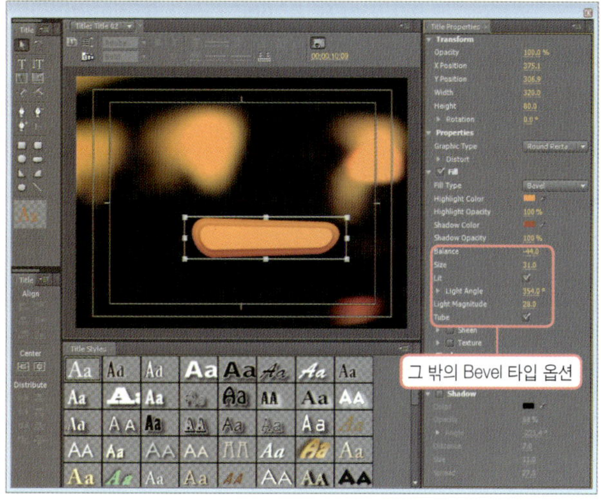

11 Balance(균형)는 Highlight와 Shadow의 비율을 조정하며, Size(크기)는 크기를 조정합니다. 그 외, 조명 효과를 주는 Lit, 조명의 각도를 조정하는 Light Angle, 조명의 양을 조정하는 Light Magnitude, 효과를 증폭하는 Tube 옵션 등도 직접 조정을 해보면 쉽게 이해할 수 있을 것입니다.

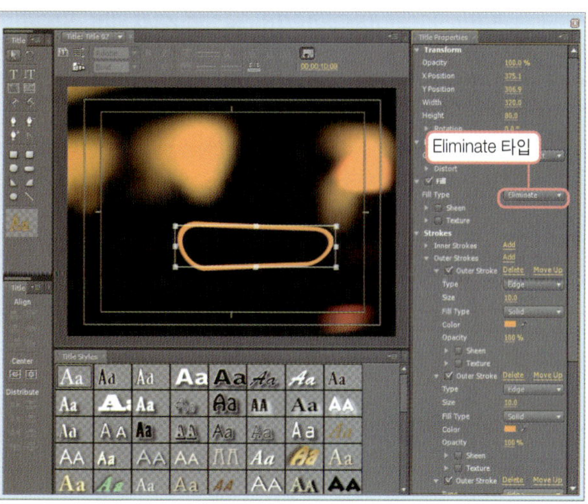

12 Eliminate(제거): 오브젝트의 색을 사용하지 않게 하여 배경이 보이는 효과를 연출합니다. 이것 역시 Strokes를 이용해서 외각 선을 만들면, 글자에 비치는 영상 효과를 쉽게 연출할 수 있습니다.

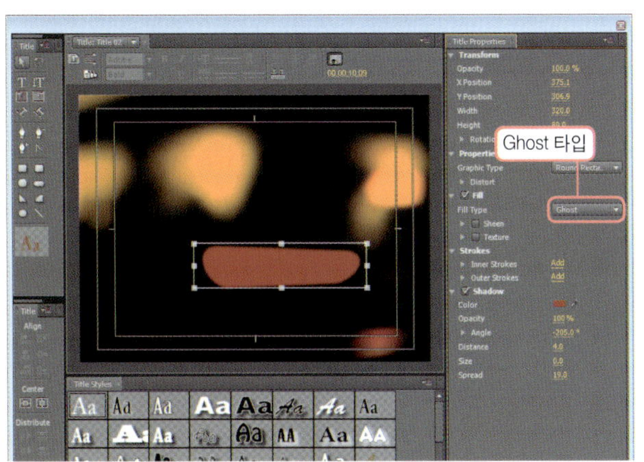

13 Ghost(투명): Shadow 항목에서 설정한 색상을 사용하는 것으로 Fill 항목의 값들을 무시합니다. Shadow를 사용하지 않으면 Eliminate와 같이 배경 영상이 보입니다. 각각의 Graphic Type을 실험해 보았다면, 앞의 4 Color Gradient 설명을 참조하여 그라데이션 색상을 만듭니다.

 Sheen

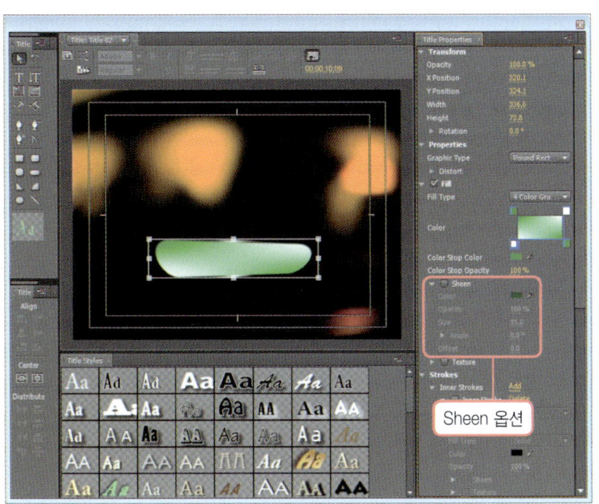

01 Sheen(광택)는 오브젝트에 빛을 만드는 역할을 합니다. 이름 왼쪽의 작은 삼각형을 클릭하면, 빛의 색상을 설정하는 Color, 불투명도를 조정하는 Opacity, 크기를 조정하는 Size, 각도를 조정하는 Angle, 기준 위치를 설정하는 Offset 옵션을 볼 수 있습니다.

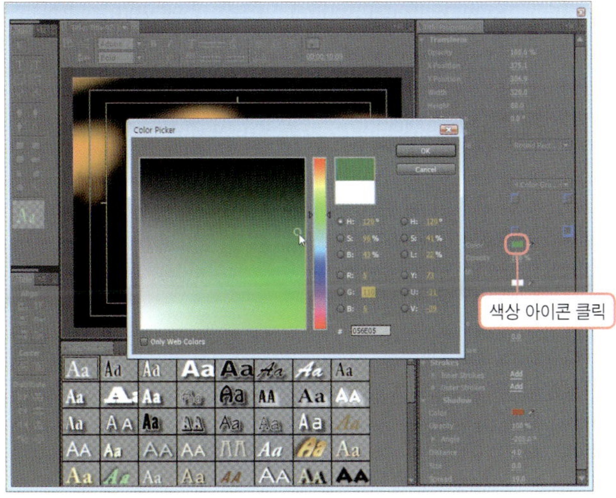

02 Sheen 옵션을 사용하기 위해서는 이름 왼쪽의 박스를 체크합니다. 간단한 실습을 위해 Color 항목의 색상 아이콘을 클릭하여 Color Picker 창을 열고, 도형에 사용된 그린 색보다 조금 진한 색상을 선택 합니다.

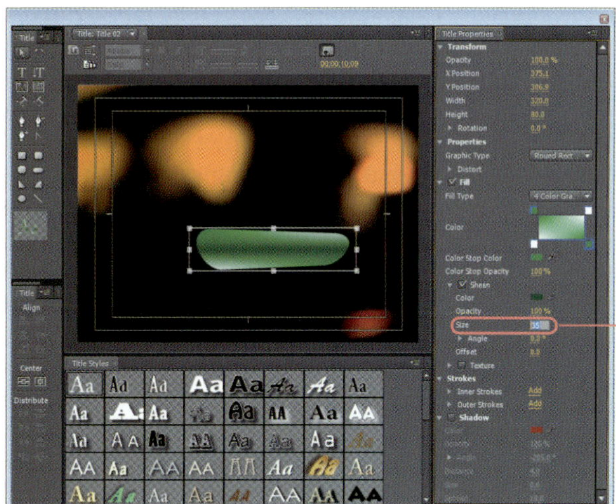

03 불투명도를 조정하는 Opacity 값은 그대로 두고, 굵기를 조정하는 Size를 35정도로 조정합니다. 도형 중앙에 Color Picker에서 선택한 색상이 표시되어 입체적인 효과를 연출하고 있는 것입니다.

 Texture

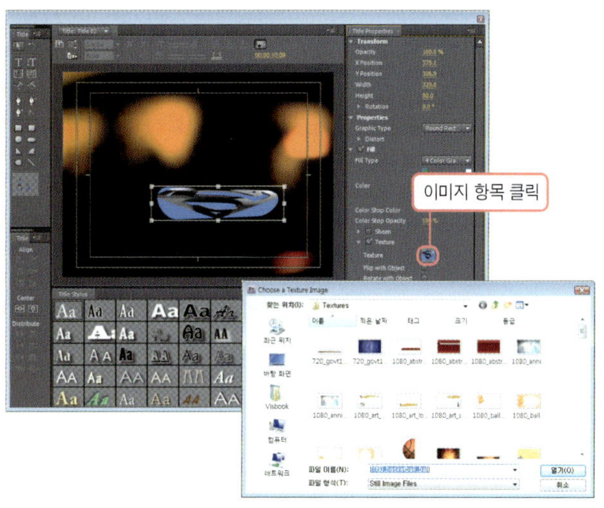

01 텍스처는 오브젝트를 이미지로 채울 수 있는 옵션입니다. 박스를 체크하고, Texture 항목을 클릭하면 이미지를 불러올 수 있는 창이 열립니다. 기본적으로 프리미이어의 템플릿 이미지가 있는 Textures 폴더가 열립니다.

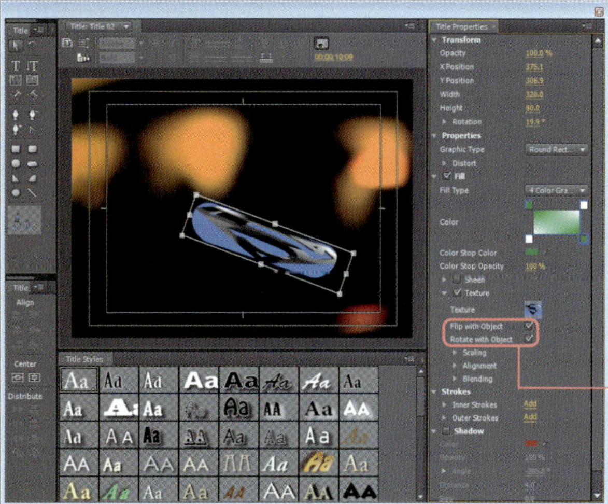

02 이미지는 BMP, JPG, GIF, Png 등은 물론이고, 일러스트(AI), 포토샵(PSD), 플래시(FLV) 등의 파일도 불러올 수 있습니다. Flip with Object는 이미지를 오브젝트를 변형 시켰을 경우에 변형된 오브젝트에 이미지를 맞추는 옵션이고, Rotate With Object는 오브젝트를 회전 시켰을 경우에 이미지를 회전각에 맞춰주는 옵션입니다.

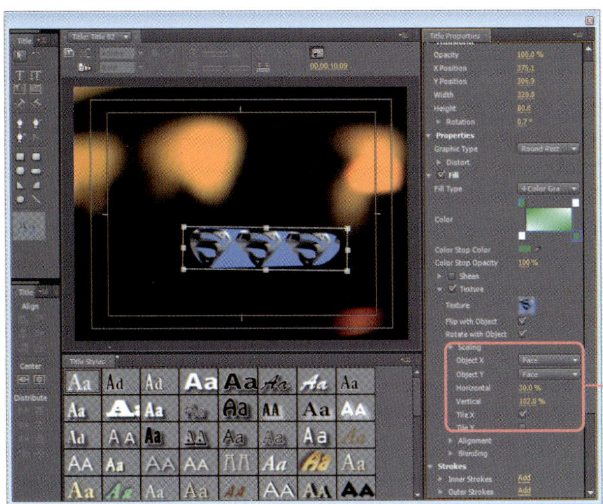

03 Scaling(비율조정): 이미지의 가로(X)와 세로(Y) 크기를 조정합니다. Object X와 Object Y는 이미지의 표시 방법을 선택하는 4가지 메뉴가 있고, Horizontal과 Vertical은 이미지 크기를 퍼센트 단위로 조정합니다. Tile X와 Tile Y는 작은 이미지를 타일 형식으로 채우는 옵션입니다.

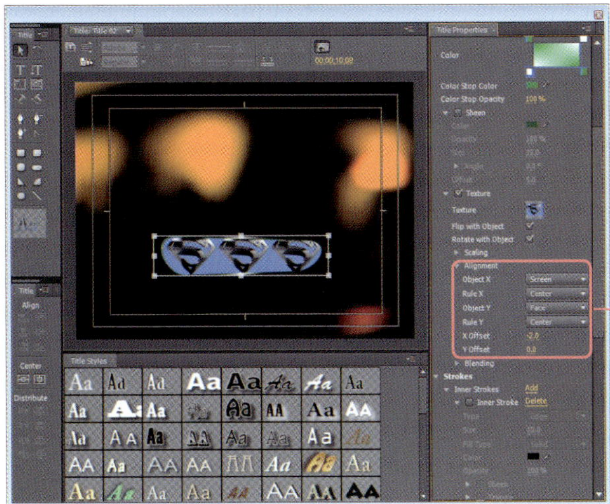

04 Alignment(정렬): 이미지의 정렬 방식을 선택하는 옵션입니다. Objects X와 Objects Y 메뉴는 Scaling과 동일하며, Rule X와 Rule Y에서 정렬 기준 위치를 선택합니다. 그리고 X Offest과 Y Offset은 이미지가 보여지는 위치를 조정합니다.

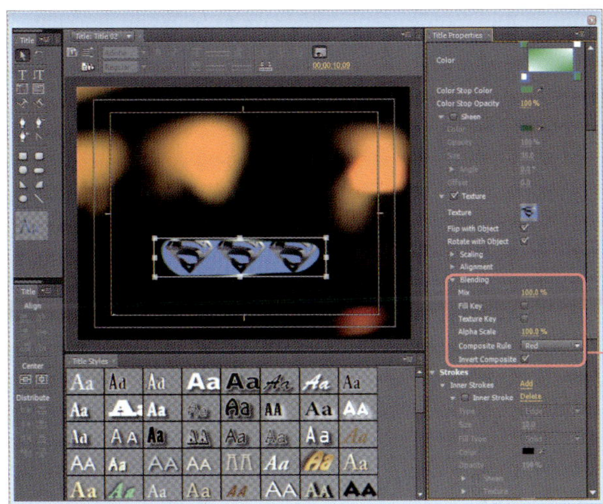

05 Blending(혼합): 이미지의 합성 비율을 조정하는 Mix, Fill과 Texture 값의 적용여부를 선택하는 Key, 알파채널 비율 값을 조정하는 Alpha Scale, 합성 채널을 선택하는 Composite Rule, 선택한 채널을 반전하는 Invert Composite 옵션이 있습니다. 각 옵션의 역할을 테스트 해보았다면, Texture 체크 박스를 해제합니다.

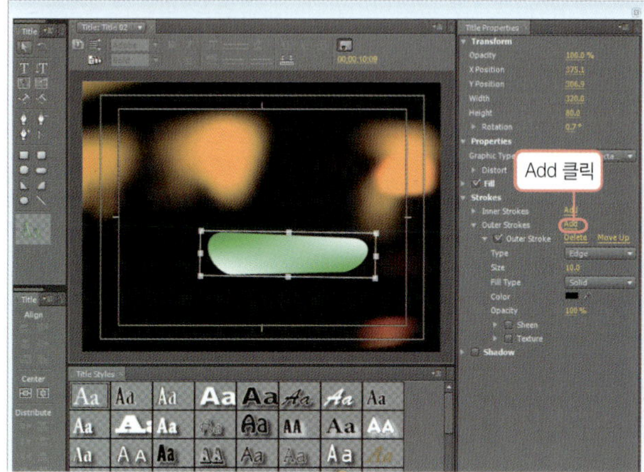

01 Strokes(선) 파라미터는 오브젝트의 외각 선을 만드는 것으로 안쪽으로 만드는 Inner Strokes와 바깥쪽으로 만드는 Outer Strokes가 있습니다. Strokes의 또 다른 특징은 Add 버튼을 클릭할 때마다 속성을 조정할 수 있는 Inner Stroke와 Outer Stroke를 복수로 생성할 수 있다는 것입니다. Inner 와 Outer는 같기 때문에 Outer 옵션만 살펴보겠습니다. Outer Strokes의 Add 문자를 클릭하여 하나의 외각 선이 만들어지게 합니다.

Type

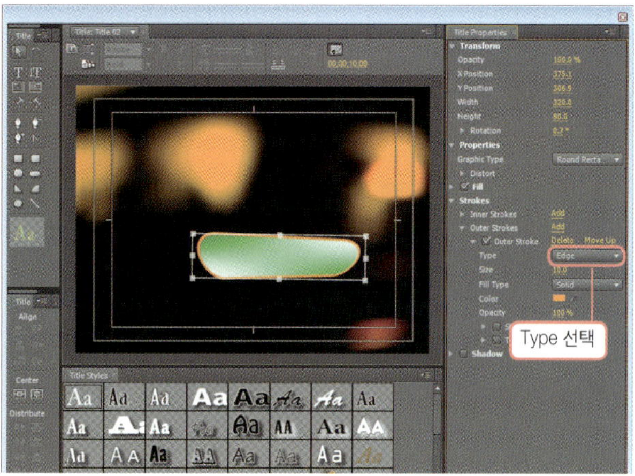

02 Type(유형) 메뉴에는 깊이를 조정하는 Dept와 가장 자리를 조정하는 Edge, 그리고 위치 조정이 가능한 Drop Face가 있습니다. 실습에서는 Edge를 선택합니다. Outer Stroke 오른쪽의 Delete는 외각 선 옵션을 제거하는 것이고, Move Up은 외각 선을 복수로 만드는 경우에 순서를 위쪽으로 이동시키는 것입니다.

Size/Angle/Magnitude

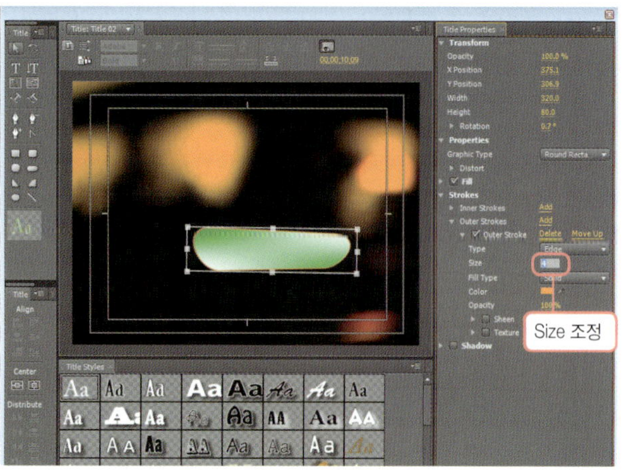

03 선택한 타입에 따라서 달라지는 옵션입니다. Depth(깊이)를 선택한 경우에는 크기와 각도를 조정할 수 있는 Size와 Angle 옵션이 있고, Drop Face(면 놓기)를 선택한 경우에는 Angle와 거리를 조정하는 Magnitude가 있습니다. 실습에서는 Edge(가장자리)를 선택했으므로, 굵기를 조정할 수 있는 Size만 보입니다. 값을 4로 설정합니다.

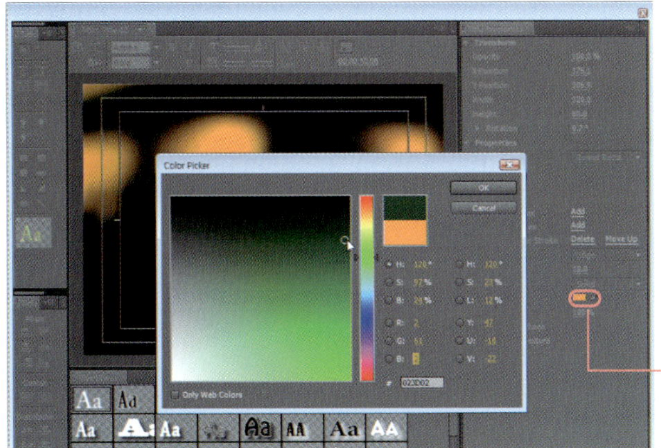

04 타입을 선택하는 Fill Type, 색상을 선택하는 Color, 불투명도를 조절하는 Opacity 옵션은 테두리에 적용한다는 차이만 있을 뿐, 앞의 Fill 항목에서 살펴본 내용과 동일합니다. 실습에서는 Color 항목의 색상 아이콘을 클릭하여 Color Picker 창을 열고, 짙은 녹색으로 설정하겠습니다.

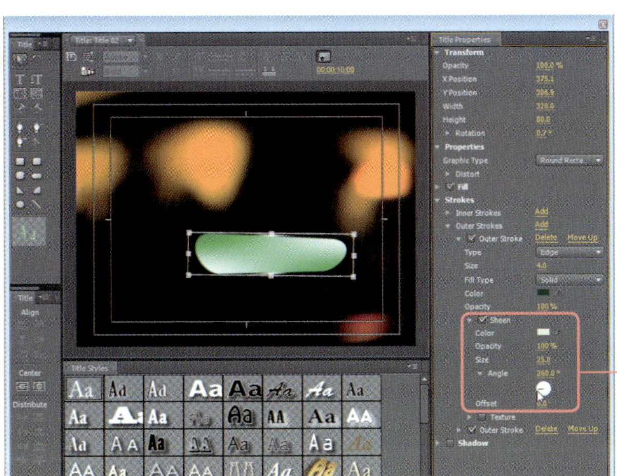

05 빛을 만드는 Sheen과 이미지를 표시하는 Texture 역시 Fill과 동일한 역할입니다. 단지 외각 선에만 적용된다는 차이가 있습니다. Sheen 박스를 체크하고, Color는 흰색 계열, Size는 25, Angle은 260° 정도로 설정합니다.

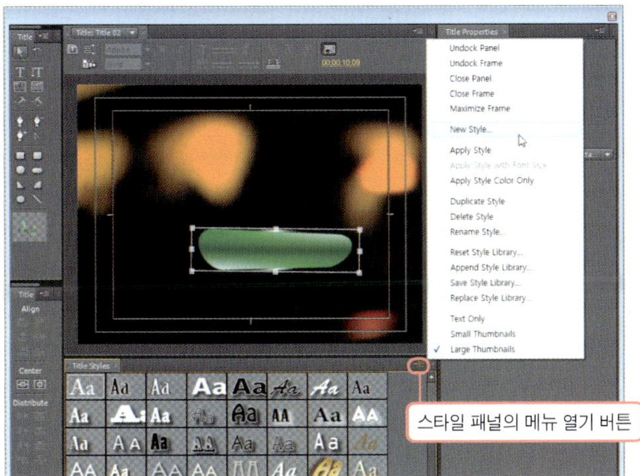

06 지금까지 Shadow 파라미터를 제외한 모든 옵션들을 살펴보면서 간단한 도형을 만들어 보았습니다. 이 도형의 속성을 자주 사용하게 될 것이라면, 스타일로 저장해 두는 것이 좋습니다. 스타일 패널의 메뉴를 열고, New Style(새 스타일)을 선택합니다.

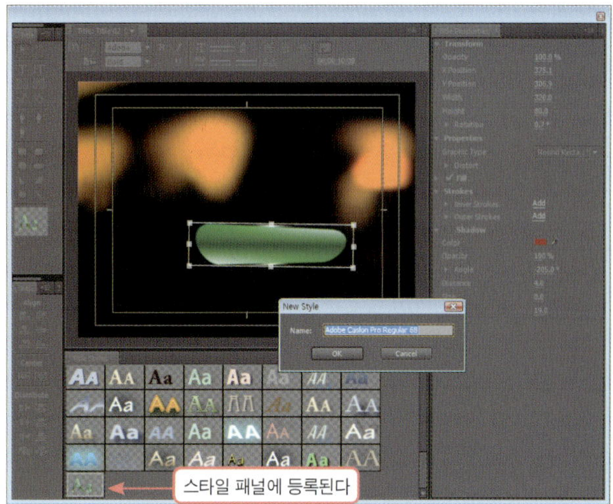

07 스타일 이름을 입력할 수 있는 New Style 창이 열립니다. 사용자가 구분하기 쉬운 이름을 입력하고, [OK] 버튼을 클릭하면, 스타일 패널에 등록되는 것을 확인할 수 있습니다.

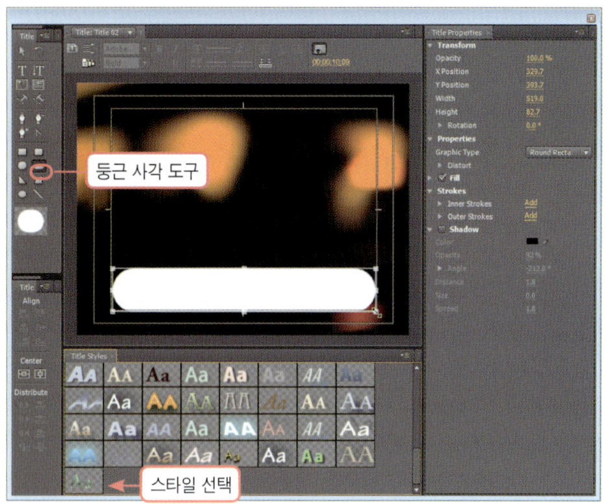

08 이렇게 스타일로 등록을 해두면, 지금까지 조정했던 속성들이 적용된 문자나 도형을 한 번의 선택으로 만들 수 있는 것입니다. 도형을 Delete 키로 삭제하고, 둥근 사각 도구로 사각형을 만들어봅니다. 그리고 스타일 패널에서 앞에서 만든 스타일을 선택해 봅니다. 지금까지 작업했던 속성들이 적용된 도형이 한 번에 완성되는 것을 확인할 수 있습니다.

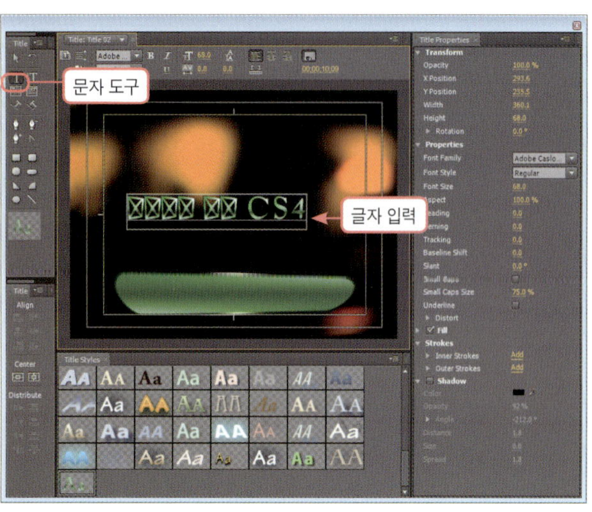

09 스타일은 도형이나 문자에 상관없이 적용할 수 있으며, 사용자가 원하는 속성을 변경할 수 있습니다. 문자 도구를 이용해서 적당한 글자를 입력해봅니다. 그림은 한글을 입력해본 것인데, 폰트가 영문으로 선택되어 있기 때문에 깨져 보이고 있습니다.

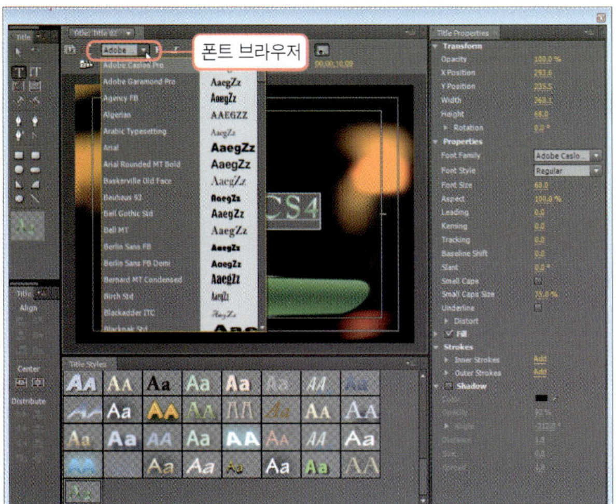

10 메인 패널의 폰트 브라우저 메뉴를 클릭하여 열어봅니다. 프리미어는 한글 폰트의 이름을 한글로 표시하지 않습니다. 그래도 예제는 한글로 표시할 수 있기 때문에 크게 불편하지 않습니다.

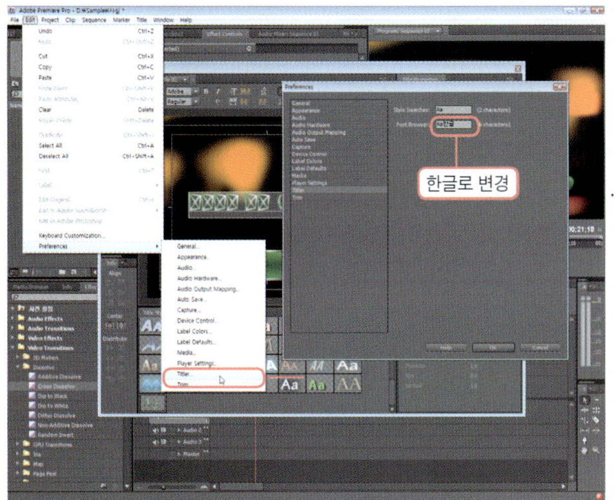

11 Edit(편집) 메뉴의 Preference(환경설정)에서 Titler(타이틀러)를 선택하여 창을 엽니다. 스타일 패널에 표시될 예제를 입력할 수 있는 Style Swatches와 폰트 브라우저에 표시될 예제를 입력할 수 있는 Font Browser가 있습니다. Font Browser의 소문자를 마우스 드래그로 선택하고, '한글'이라고 변경합니다.

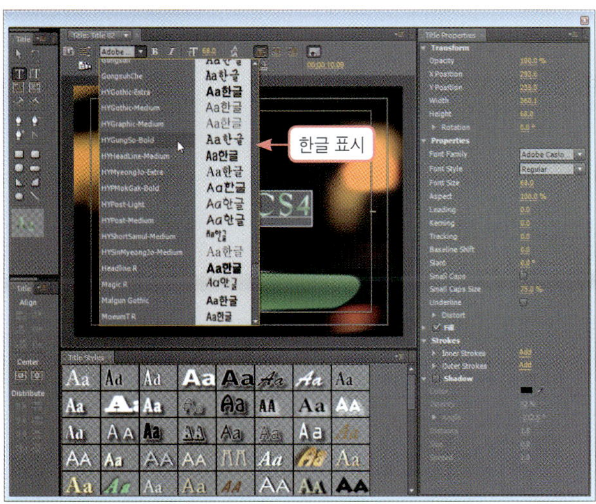

12 다시 폰트 브라우저를 열어보면 영문 폰트의 경우에는 글자가 깨져있지만, 한글 폰트의 경우에는 Preference 창에서 입력한 글자가 정확하게 표시되어 한글 폰트를 쉽게 구분할 수 있습니다. 예제 글자를 보고, 마음에 드는 폰트를 선택합니다.

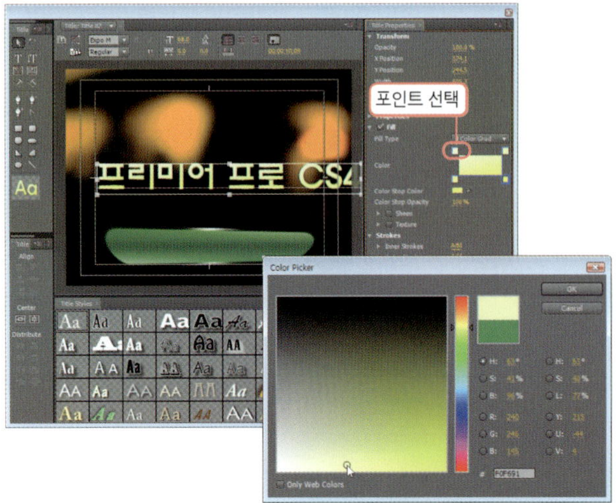

13 스타일 선택으로 적용한 속성도 언제든 수정할 수 있다고 했습니다. 도형과 동일한 속성으로 만들어진 글자에서 색상을 변경해 보겠습니다. Fill 파라미터의 Color 왼쪽 상단 모서리의 포인트를 선택하고, Color Stop Color 항목의 색상 아이콘을 클릭합니다. Color Picker 창에서는 밝은 노란색을 선택합니다. 나머지 포인트의 색상은 점점 진한 노란색으로 변경합니다.

⑤ 문자를 선택한 경우의 Properties

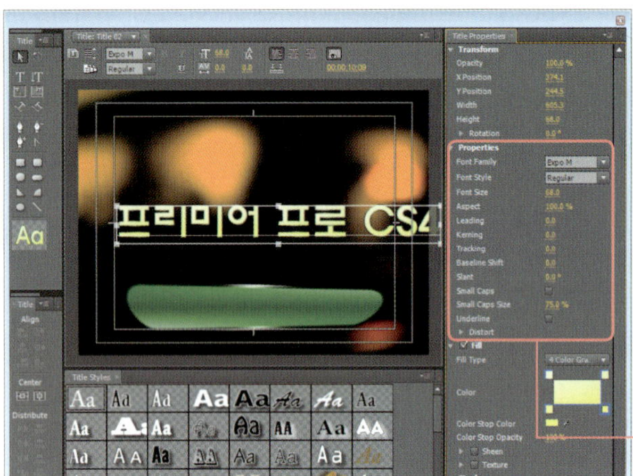

01 Properties 파라미터는 문자를 선택한 경우와 도형을 선택한 경우의 옵션이 다르다고 했습니다. 도형을 선택한 경우의 옵션은 살펴보았으므로, 이번에는 문자를 선택한 경우의 옵션을 살펴보겠습니다. 앞에서 입력한 문자가 선택된 상태에서 Properties 파라미너를 보면, Font, Font Size, Aspect 등, 문자의 속성을 변경할 수 있는 옵션들로 구성되어 있다는 것을 확인할 수 있습니다.

 Font Family/Style

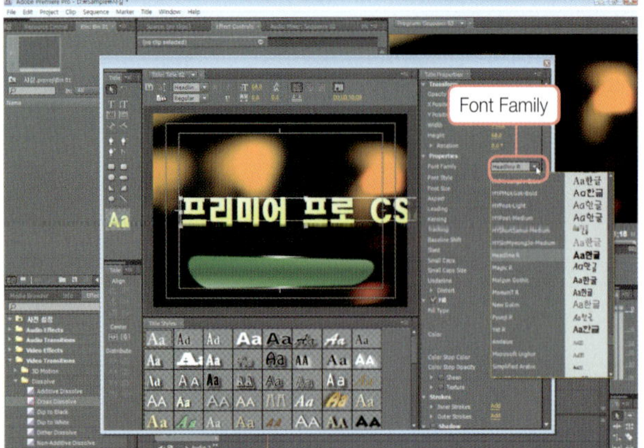

02 Font Family(글꼴 모음)는 메인 패널의 폰트 브라우저와 같은 역할을 합니다. 즉, 어떤 것을 이용해도 결과는 같습니다. Font Style는 글자를 굵게(Bold), 기울게(Italic) 등의 속성을 가지고 있는데, Font Family에서 선택한 폰트에 따라 달라집니다.

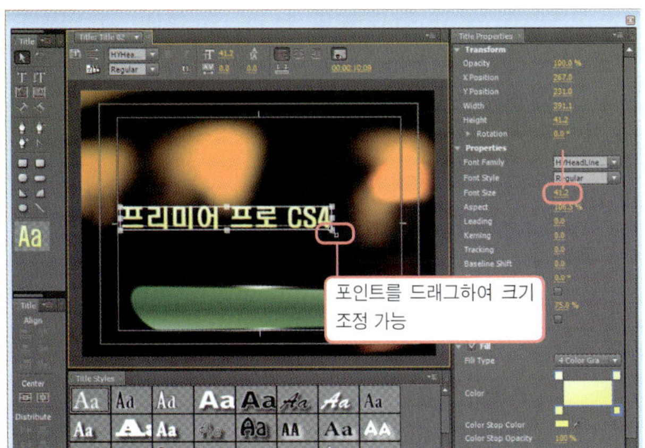

03 글자의 크기를 조정합니다. 정확한 크기 조정이 필요없다면, 글자를 선택했을 때 표시되는 테두리를 드래그하여 조정해도 좋습니다. 위/아래 표시되는 포인트는 세로 크기를 조정하고, 좌/우에 표시되는 포인트는 가로 크기를 조정합니다. 그리고 모서리의 포인트를 드래그하면 가로와 세로의 비율을 유지하면서 조정할 수 있습니다. 실습에서는 글자 크기를 40 정도로 조정합니다.

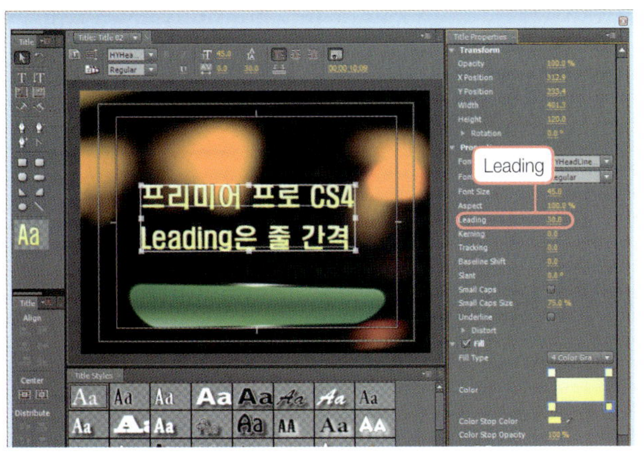

04 Aspect(종횡비)는 글자의 가로 크기를 조정하며, Leading(행간)은 줄 간격을 조정합니다. 실습에서는 글자를 한 줄로만 입력했기 때문에 Leading의 값을 조정할 필요가 없지만, 두 줄 이상을 입력했을 때는 글자 크기의 50% 정도에 해당하는 값을 입력하는 것이 좋습니다. 물론, 자막이 사용되는 목적이나 폰트마다 차이는 있습니다.

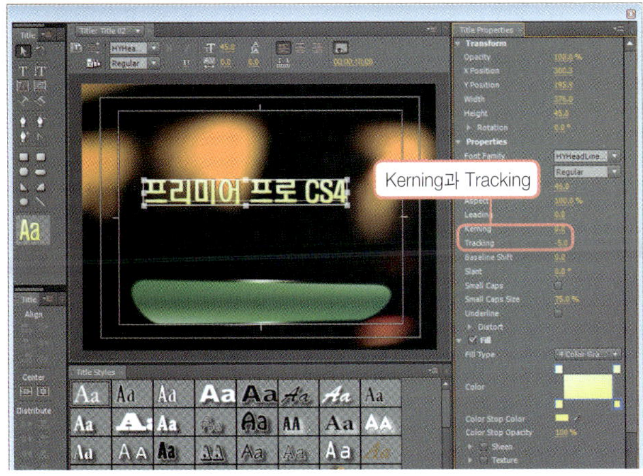

05 Kerning(커닝)은 커서를 기준으로 문자의 간격을 조정하고, Tracking(자간)은 전체 글자의 간격을 조정합니다. 즉, 특정 글자의 간격을 조정하고 싶을 때는 Kerning을 이용하며, 전체 간격을 조정하고 싶을 때는 Tracking을 이용합니다. 일반적으로 한글은 글자 간격을 약간 좁게 해야 읽기 편하므로, 긴 문장을 입력할 때는 Tracking 값을 -10 정도로 좁히는 것이 좋습니다.

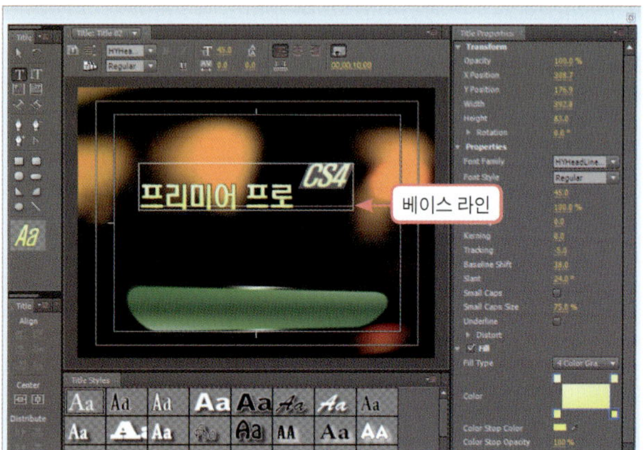

 **06** 글자 아래쪽을 보면, 흰색의 라인이 보이는데, 이것을 베이스 라인이라고 합니다. Baseline Shift(기준선 이동)는 이 라인과 문자와의 간격을 조정하는 옵션입니다. 이것은 문자를 선택하여 적용할 수 있기 때문에 서로 다른 크기의 문자나 도형을 조합하여 다양한 효과를 연출할 수 있습니다. Slant(사선)는 문자의 기울기를 조정하는 옵션입니다. Font Style에서 Italic 을 지원하지 않는 경우에도 기울어진 문자를 만들 수 있습니다.

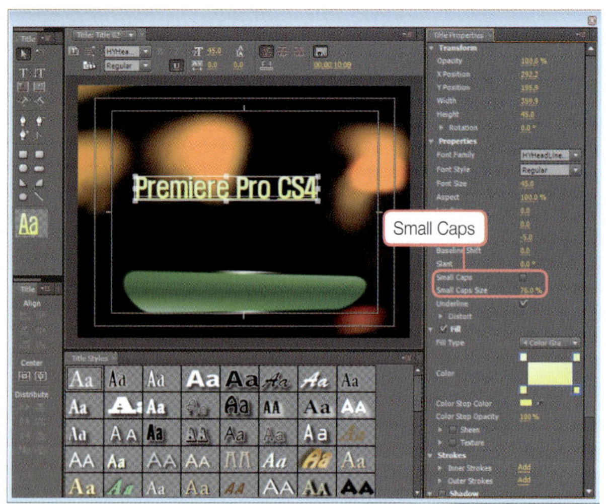

07 Small Caps(작은 대문자) 옵션을 체크하면 소문자로 입력된 것을 대문자로 표시하며, Small Caps Size(작은 대문자 크기)은 Small Caps 옵션으로 변경한 글자의 크기를 조정합니다. 영어를 대상으로 적용되는 옵션이므로 한글에서는 변화가 없습니다.

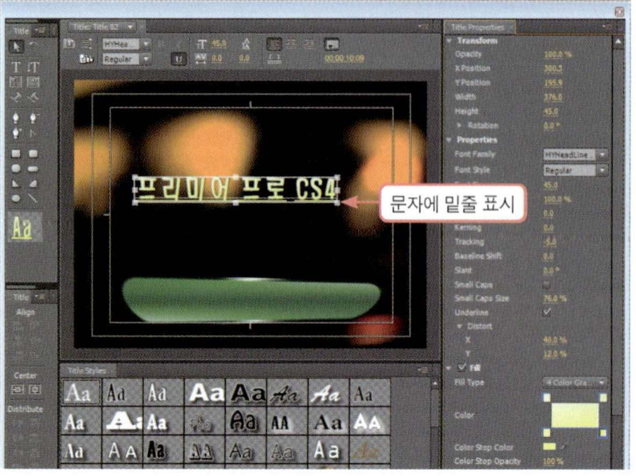

08 Underline(밑줄)은 문자에 밑줄을 표시하며, Distort(왜곡)은 글자의 가로 축과 세로 축을 기준으로 변형시키는 옵션입니다. Distort 이름 왼쪽의 작은 삼각형을 클릭하면 가로 축인 X와 세로 축인 Y항목이 보이며, 각각의 값을 조정해보면 쉽게 이해할 수 있을 것입니다.

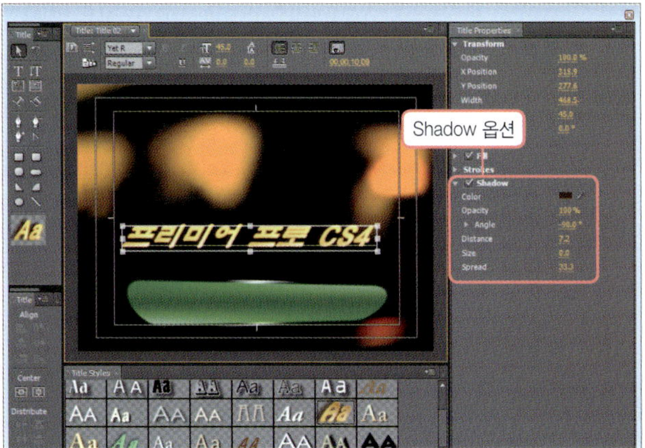

01 속성 패널의 마지막 항목인 Shadow(그림자)는 선택한 오브젝트에 그림자 효과를 만드는 역할입니다. 옵션은 적용되는 대상이 그림자라는 것 외에 지금까지 살펴본 옵션들과 차이가 없습니다. 앞에서 입력한 글자에 그림자를 만들어보면서 각 옵션의 역할을 간단하게 살펴보겠습니다.

Color/Opacity

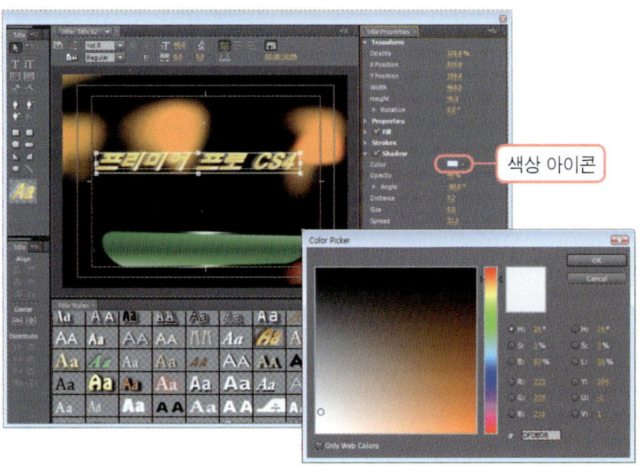

02 Color(색상)는 그림자의 색상을 선택하며, Opacity는 불투명도를 조절합니다. 색상 아이콘을 선택하여 Color Picker 창을 열고, 흰색 계열의 그림자를 만듭니다. 일반적으로 그림자는 어두운 색상을 많이 사용하지만, 실습에서는 백그라운드 영상이 어둡기 때문에 밝은 색을 선택하고 있습니다. 그리고 Opacity를 50%정도로 조정하여 그림자가 너무 선명하지 않게 합니다.

Angle/Distance

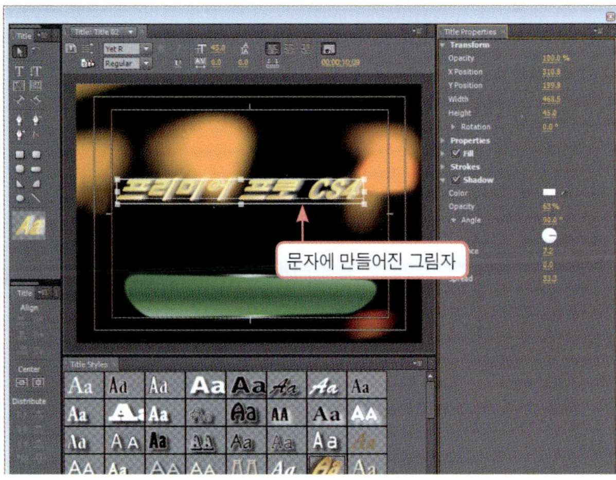

03 Angle(각도)은 그림자의 각도를 조정하며, Distance(거리)는 오브젝트와의 거리를 조정합니다. 실습에서는 그림자가 오른쪽에 위치할 수 있게 Angle을 90° 정도로 하고, Distance는 7 정도로 조정하여 그림자가 확실히 보이도록 해봅니다.

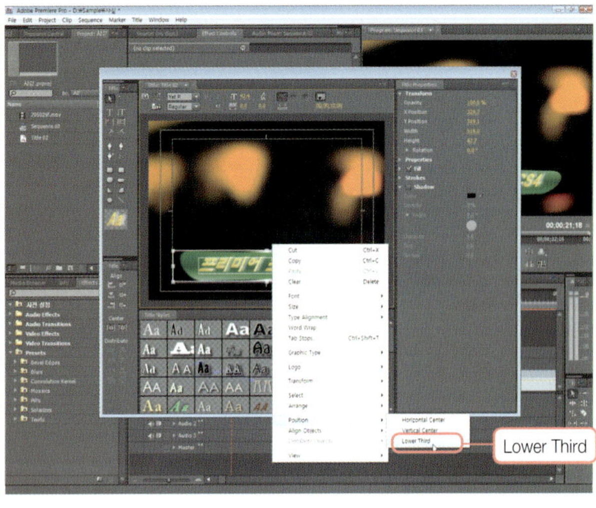

04 Size(크기)는 그림자의 크기를 조정하며, Spread(확산)는 선명도를 조정합니다. Size는 기본값 0으로 두고, Spread만 30정도로 조정해보면서 속성 패널의 옵션 설명을 마칩니다. 완성한 글자의 속성을 나중에 또 사용하겠다면, 도형에서와 같이 스타일로 저장해두면 됩니다.

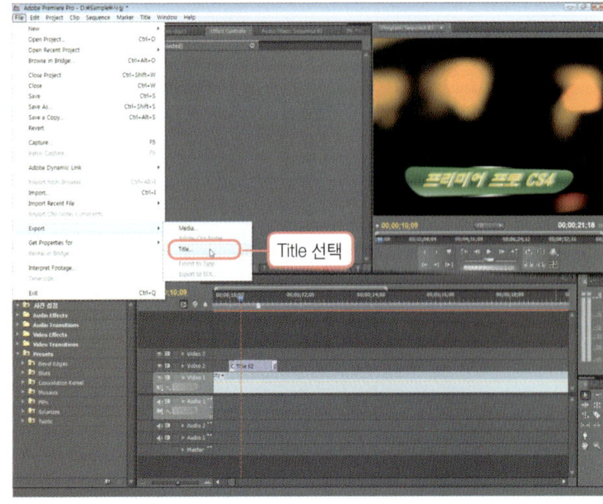

05 지금까지 속성 패널의 옵션들을 살펴보면서 만든 도형과 글자를 파일로 저장하겠습니다. 글자를 도형 위로 이동시키고, 마우스 드래그로 도형과 글자를 모두 선택합니다. 그리고 단축 메뉴의 Position에서 Lower Third를 선택하여 아래쪽에 정렬하고, 타이틀 패널을 닫습니다.

06 프로젝트 패널에 만들어진 타이틀 소스를 선택하고, File 메뉴의 Export 에서 Title를 선택합니다. Save Title 창이 열리면, 구분하기 쉬운 이름으로 저장합니다. 이렇게 저장한 파일은 언제든 임포트하여 속성은 유지하고, 글자만 변경해서 사용할 수 있습니다.

앞의 실습에서도 잠시 언급했듯이 타이틀 디자이너 아래쪽에 위치한 스타일 패널은 멋스러운 문자와 도형을 쉽고 편리하게 만들 수 있는 역할을 합니다. 일반적으로 문자나 도형을 입력한 후에 속성을 변경하는 방법을 이용하기 보다는 스타일에서 적당한 것을 선택하고, 영상에 어울리게 속성을 변경하는 방법을 많이 이용합니다. 사용법은 어렵지 않기 때문에 별다른 설명은 필요 없겠지만, 스타일 패널의 메뉴를 정리한다는 느낌으로 간단하게 살펴보겠습니다.

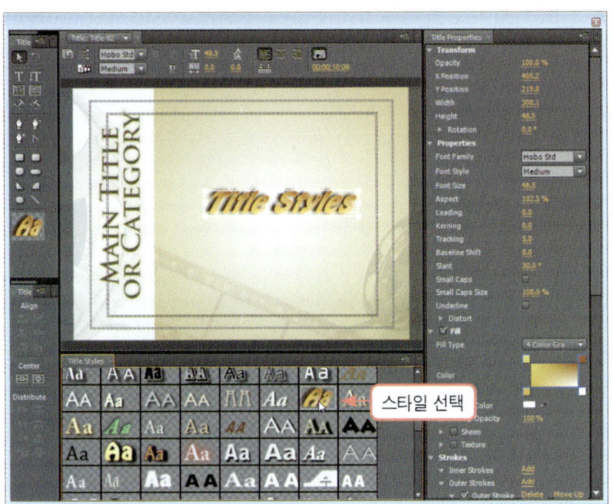

01 문자를 입력한 후에 속성 패널에서 Font, Color, Shadow 등의 속성을 변경하는 것보다는 아래쪽에 위치한 스타일 패널에서 자신이 원하는 것과 비슷한 모양을 하고 있는 스위치를 선택한 후에 속성을 조금씩 수정하는 것이 문자를 멋스럽게 만들 수 있는 요령입니다.

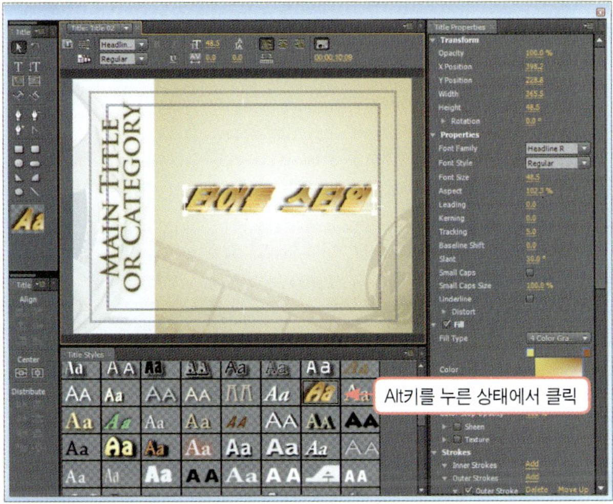

02 단, 스타일을 선택할 때는 폰트까지 변하기 때문에 한글을 입력한 경우에는 글자가 깨지는 현상이 일어납니다. 그러므로, 한글을 입력한 경우에는 Alt 키를 누른 상태에서 스타일을 선택하여 글꼴을 제외하는 방법을 기억해둘 필요가 있습니다.

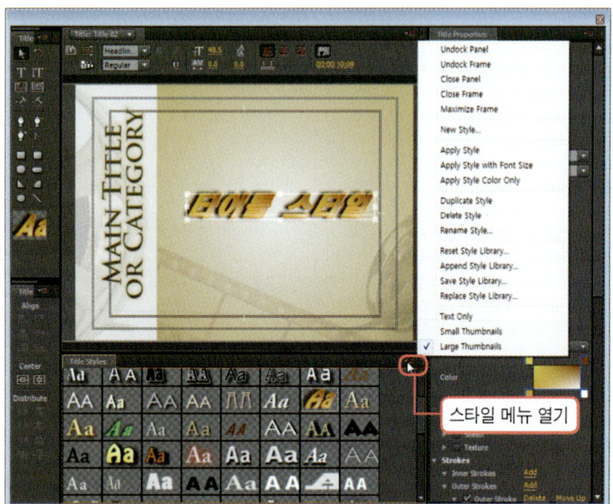

03 스타일 패널의 메뉴 버튼을 클릭하면 패널을 독립시키거나 닫는 등의 역할을 하는 Undock Panel에서 Maximize Frame까지의 5가지 메뉴 외에 새로운 스타일을 만들거나 이름을 변경하는 등의 역할을 하는 15가지 메뉴를 볼 수 있습니다. 그리고 스타일 목록에서 마우스 오른쪽 버튼을 클릭하면 스타일에 관련한 것을 제외한 9가지 메뉴를 볼 수 있으며, 각 메뉴의 역할은 다음과 같습니다.

 스타일 패널의 메뉴

❖ New Style (새 스타일)

① 새로운 스타일을 만듭니다. 문자를 입력하고, 적당한 스타일을 선택하여 적용합니다. 그리고 영상에 어울리게 Properties 환경을 조정합니다. 조정한 스타일이 마음에 든다면 메뉴의 New Style를 선택하여 대화상자를 열고, 쉽게 알아볼 수 있는 이름을 입력합니다.

② 스타일 목록 마지막에 새로 만든 스타일이 등록되는 것을 확인할 수 있습니다. 아이콘 위에서 마우스를 잠시 멈추고 있으면, 스타일의 이름을 확인할 수 있습니다.

❖ Apple Style (스타일 적용)

선택한 문자나 도형에 선택한 스타일을 적용합니다. 스타일은 선택과 동시에 적용되므로 굳이 메뉴를 이용할 경우는 없을 것입니다.

❖ Apply Style with Font Size(글꼴 크기로 스타일 적용)

스타일을 적용할 때 문자나 도형의 크기를 포함합니다.

❖ Color Only(스타일 색상만 적용)

스타일을 적용할 때 문자나 도형의 색상만 적용합니다. Shift +Alt 키를 누른 상태에서 클릭해도 결과는 같습니다.

❖ Duplicate Style (스타일 복제)

스타일을 복사합니다. 스타일을 복사한 후, 수정을 해볼 때 유용합니다.

❖ Delete Style(스타일 삭제)

선택한 스타일을 삭제합니다. 실수를 피할 수 있도록 확인 창이 열리며, 정말 필요 없다면, [확인] 버튼을 클릭합니다.

❖ Rename Style (스타일 이름 바꾸기)

선택한 스타일의 이름을 변경합니다. 창이 열리면 원하는 이름을 입력하고 [OK] 버튼을 클릭합니다.

❖ Set Style as Default

프리미어에서 제공하는 Default 스타일로 초기화 합니다. 이때 사용자가 만든 스타일이 모두 삭제되므로 주의하기 바랍니다.

❖ Reset Style Library (스타일 라이브러리 다시 설정)

사용중인 스타일을 초기화 합니다. 기본 환경을 그대로 사용하고 있다면, Default 스타일이므로 Set Style as Default와 동일한 결과입니다.

❖ Load Style Library (스타일 라이브러리 추가)

사용자가 저장한 스타일 파일이나 프리미어에서 제공하는 스타일 파일을 불러올 수 있는 창을 열어줍니다. 프리미어를 설치한 C:₩Program Files₩Adobe₩Adobe Premiere Pro CS4₩Presets₩Styles 폴더에는 Default를 비롯해서 10가지의 스타일 파일이 있습니다. 불러온 스타일은 작업 중인 스타일에 추가됩니다.

❖ Save Style Library (스타일 라이브러리 저장)

작업 중인 스타일을 저장할 수 있는 창을 열어줍니다. Set Style as Default 또는 Reset Style Library 메뉴를 이용해서 스타일을 초기화 하기 전에는 Save Style Library 메뉴를 이용해서 새로 만든 스타일을 저장해야 할 것입니다.

❖ Replace Style Library (스타일 라이브러리 바꾸기)

Load Style Library와 같이 저장한 스타일 또는 프리미어에서 제공하는 스타일 파일을 불러올 수 있는 역할을 합니다. 차이점은 작업 중인 스타일과 바꿔준다는 것입니다.

❖ Text Only (텍스트만)

스타일을 텍스트로 보여줍니다. 한글로 이름을 만든 경우에 유용합니다.

❖ Small Thumbnails (작은 축소판)

스타일을 작은 크기로 보여줍니다.

❖ Large Thumbnails (큰 축소판)

스타일을 큰 크기로 보여줍니다. 스타일 패널을 실행했을 때 보여지는 크기입니다.

4

도구 패널 살펴보기

타이틀 디자이너 왼쪽에는 글자와 도형을 입력하거나 편집할 수 있는 20가지의 도구가 있습니다. 프리미어의 타이틀 디자이너는 포토샵과 같은 전문 그래픽 프로그램과는 비교할 수 없는 간단한 기능을 가지고 있지만, 영상 제작에 필요한 자막과 간단한 도형 등을 제작하기에는 오히려 쉽고, 편하다는 장점이 있습니다. 각 도구의 역할을 살펴보겠습니다.

선택 도구

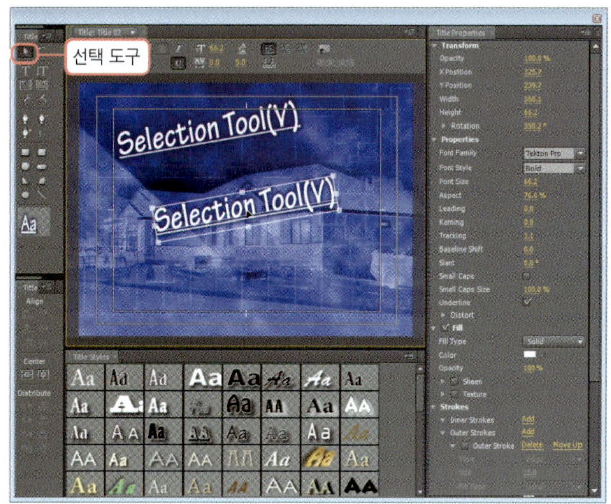

01 문자나 도형을 선택하거나 편집하는 역할을 합니다. 선택 툴을 이용해서 문자나 도형을 선택하면 8개의 포인트 점이 보이는 테두리가 생깁니다. 테두리 안쪽을 드래그하여 위치를 이동시킬 수 있고, Alt 키를 누른 상태에서 드래그하여 복사할 수 있습니다.

02 위/아래에 있는 포인트를 드래그하면 선택한 문자나 도형의 세로 크기를 조정할 수 있고, 좌/우측에 있는 포인트를 드래그하면 가로 크기를 조정할 수 있습니다. 그리고 모서리의 포인트를 드래그하면 가로/세로 크기를 동시에 조정할 수 있습니다.

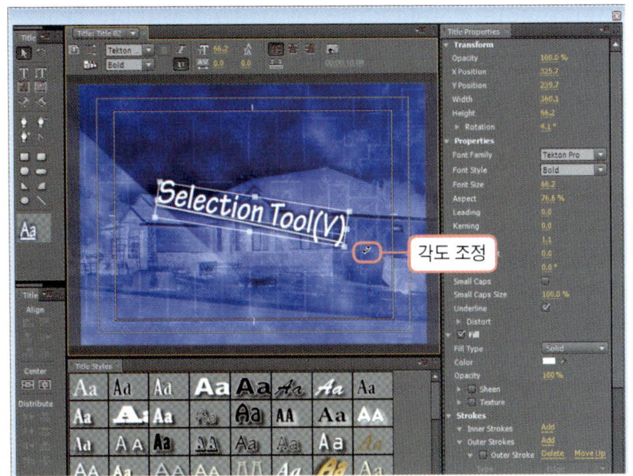

03 Shift 키를 누른 상태에서는 포인트 위치에 상관없이 가로/세로 크기를 동시에 조정할 수 있으며, Alt 키를 누른 상태에서는 중앙을 기준으로 크기를 조정할 수 있다는 것도 기억해두면 좋습니다. 그리고 모서리 포인트 바깥쪽에서는 문자나 도형을 회전시킬 수 있습니다.

 회전 도구

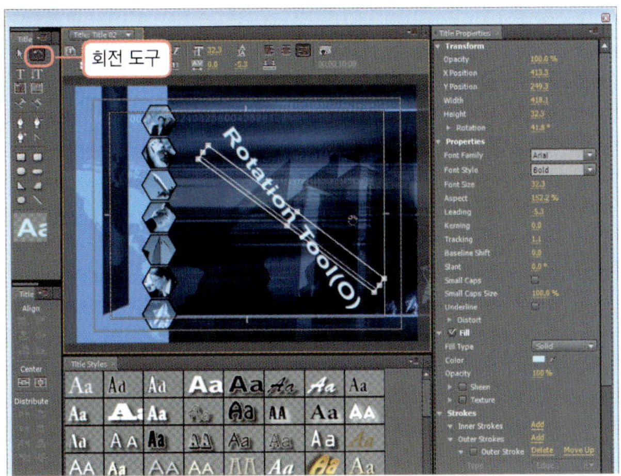

04 선택 도구를 이용해서 모서리 포인트의 바깥쪽을 찾기 어려운 입문자의 경우에 회전 도구를 이용하면 문자나 도형을 쉽게 회전시킬 수 있습니다. 회전 도구는 마우스 위치에 상관없이 선택된 도형을 회전시킬 수 있습니다.

 문자 도구

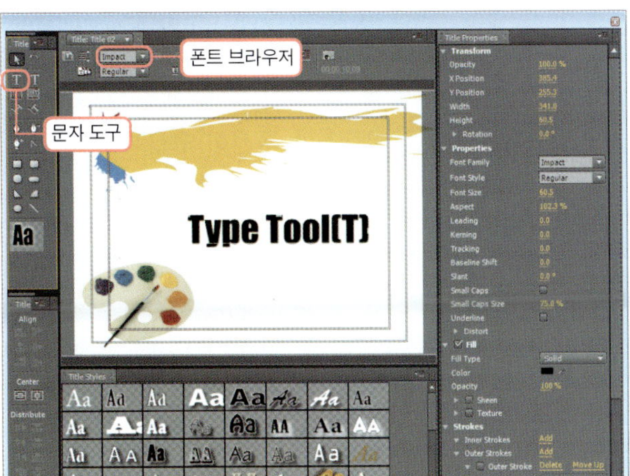

05 문자를 입력하는 도구입니다. 문자 도구를 선택하고, 작업 공간을 클릭하여 커서를 위치시킵니다. 그리고 필요한 문자를 입력합니다. 한글 입력이 필요한 경우에는 메인 패널의 폰트 브라우저에서 한글 폰트를 선택합니다.

06 세로 문자를 입력합니다. 세로로 문자를 입력할 때는 한자를 많이 사용하므로, 한자 입력 방법을 잠깐 살펴보겠습니다. 먼저 한글을 입력하고, 키보드의 한자 키를 누릅니다. 그러면, 화면 왼쪽 상단에 입력한 글에 해당하는 한자가 보이며, 원하는 한자를 선택하면 됩니다. 같은 과정을 반복해서 한 글자씩 입력합니다.

영역 문자 도구

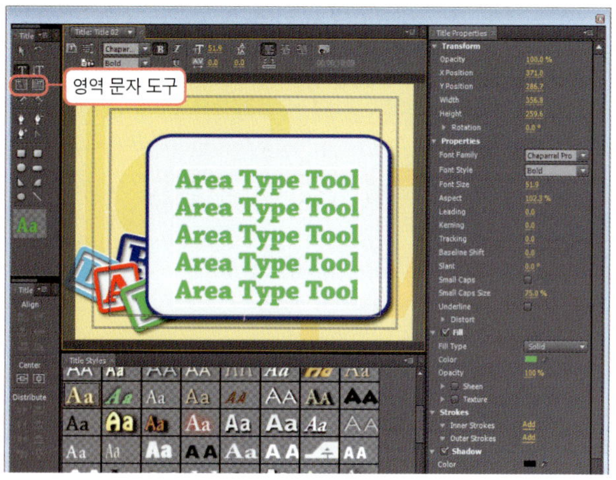

07 문자 도구와 같이 글자를 입력하는 역할을 합니다. 영역 문자 도구를 선택하고, 작업 공간을 클릭한 후, 필요한 글자를 입력합니다. 엔딩에 많이 사용하는 롤 문자나 화면 아래쪽에 흐르는 크롤 문자 등을 연출할 때 많이 사용합니다. 우측의 세로 영역 문자 도구를 이용하면 세로 문자를 입력할 수 있습니다.

패스 도구

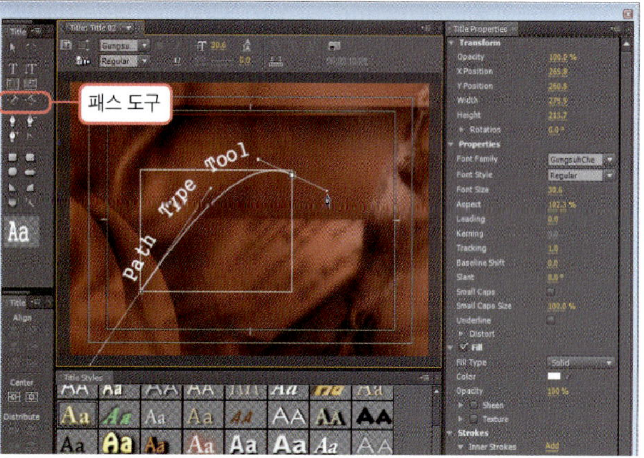

08 곡선 타입의 문자를 입력합니다. 작업 공간을 클릭하여 곡선이 만들어질 시작 위치를 클릭합니다. 계속해서 끝 위치는 마우스를 클릭한 상태에서 드래그하여 곡선의 형태를 조절합니다. 포인트는 연속으로 추가할 수 있고, 각 포인트를 드래그하여 라인의 형태를 조징힐 수 있습니다. 곡선이 완성되면 필요한 문자를 입력합니다. 오른쪽의 버티컬 패스 도구는 세로 문자를 입력할 수 있습니다.

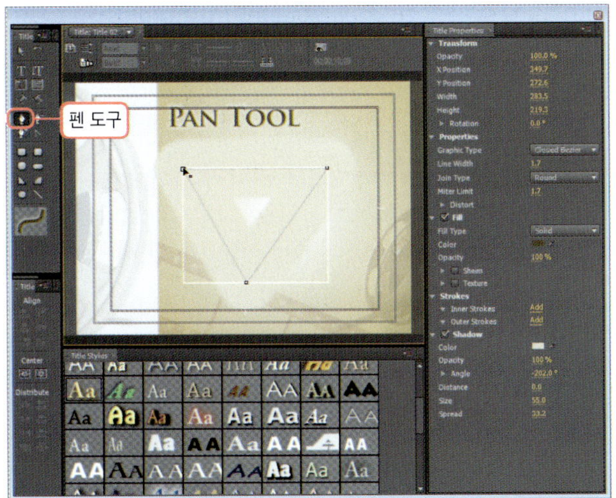

09 다양한 형태의 도형을 만들 수 있습니다. 포인트 추가, 삭제, 조정 버튼을 이용하면 패스 도구로 만든 포인트를 추가, 삭제, 조정할 수 있습니다. 펜 도구를 선택하여 역 삼각형 모양으로 3개의 포인트 점을 만들어봅니다.

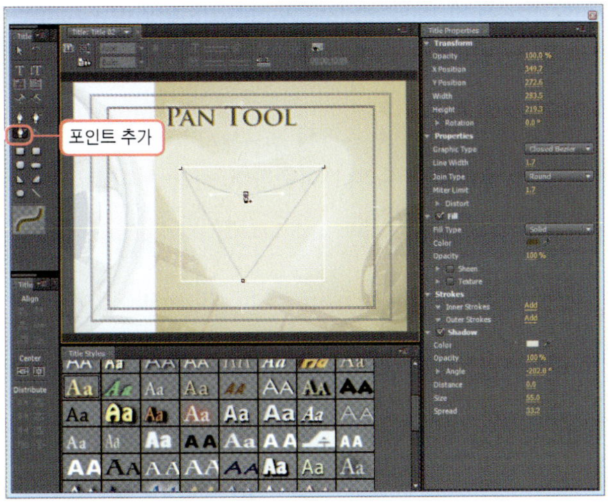

10 포인트 추가 도구를 이용해서 상단 면의 중간을 클릭하고, 아래쪽으로 드래그합니다. 플러스 기호가 있는 팬 도구가 포인트를 추가하는 역할을 하며, 마우스 드래그로 라인을 변경할 수 있다는 것을 확인했습니다. 펜 도구 오른쪽에 마이너스 기호가 있는 펜 도구는 포인트를 삭제하는 역할입니다.

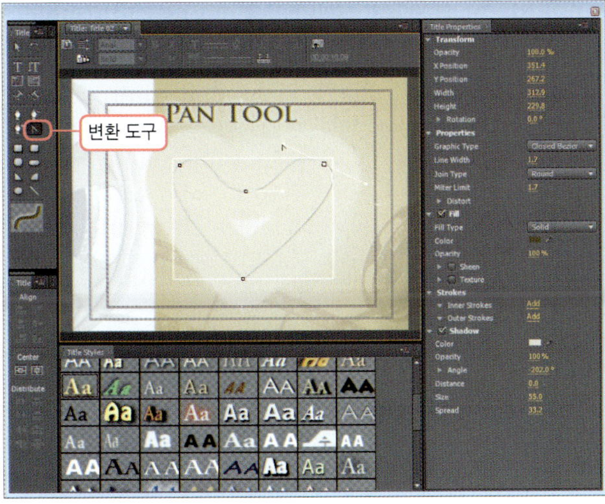

11 포인트 추가 버튼 오른쪽의 변환 도구로 포인트를 드래그하면 각도를 조정할 수 있는 포인트 라인이 보입니다. 포인트 추가, 삭제, 제거 도구는 패스 도구에도 동일하게 적용되므로, 보다 다양한 라인의 문자를 입력할 수 있습니다.

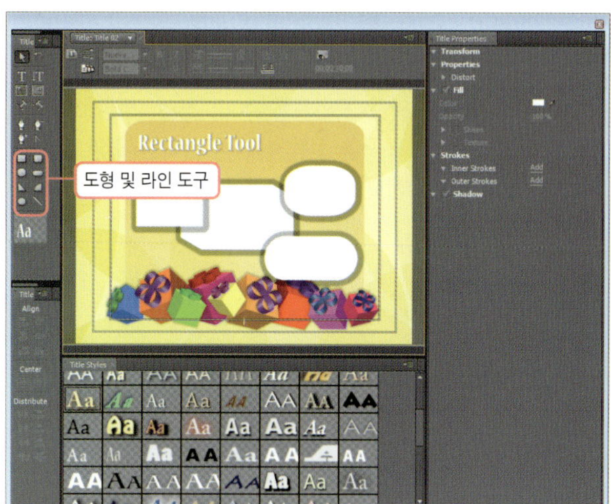

12 Rectangle, Clipped Corner, Rounded Corner, Rounded Rectangle, Wedge, Arc, Ellipse 와 Line 도구는 마우스 드래그로 각각의 도형과 라인을 그릴 수 있는 역할을 합니다. 각각의 도구를 선택하여 도형을 하나씩 그려보면 쉽게 이해할 수 있을 것입니다. 도구 아래쪽에는 Properties 패널에서 설정한 내용을 미리 확인할 수 있는 미리 보기 창이 있습니다.

13 타이틀 디자이너에서 제공하는 도구들을 이용하면 얼마든지 다양한 도구를 만들 수 있습니다. 예를 들어 영상에 지시 선이 필요한 경우에는 삼각형 도구를 이용해서 머리를 그리고, 마우스를 테두리로 이동하여 원하는 방향으로 회전시킵니다.

14 계속해서 라인 도구를 이용해서 지시 선을 완성합니다. 비록 간단한 도형들만 제공하고 있지만, 익숙해 진다면, 영상 작업에 필요한 도형을 비롯해서 세밀한 그림까지 작업할 수 있을 것입니다.

도구 패널 아래쪽에는 선택한 오브젝트를 정렬하는 역할의 Align, Center, Distribute 의 액션 도구 들이 있습니다. 이 기능은 두 개 이상의 오브젝트를 선택한 후 단축 메뉴를 이용하는 경우가 많지만, 메뉴에 익숙하지 않은 입문자에게는 버튼의 모양만으로도 작업 결과를 짐작할 수 있는 액션 도구들이 편리할 것입니다.

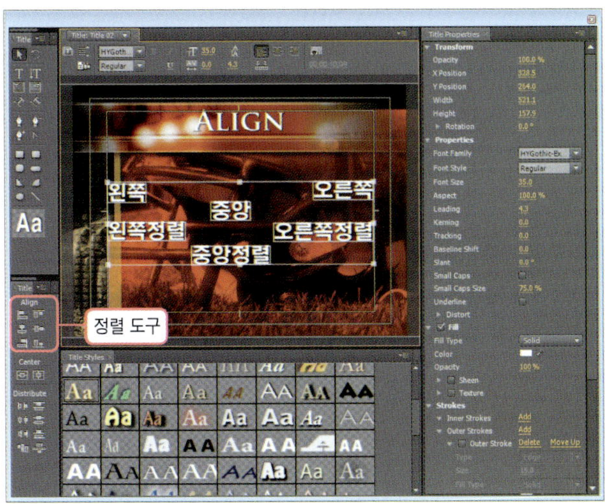

01 두 개 이상의 문자나 도형을 입력한 후 Shift 키를 누른 상태에서 입력한 두 개의 오브젝트를 선택합니다. 그리고 Align의 6가지 버튼을 클릭해보면 두 개의 오브젝트가 왼쪽, 세로 중앙, 오른쪽, 위, 가로 중앙, 세로 중앙으로 정렬하는 것을 확인할 수 있습니다.

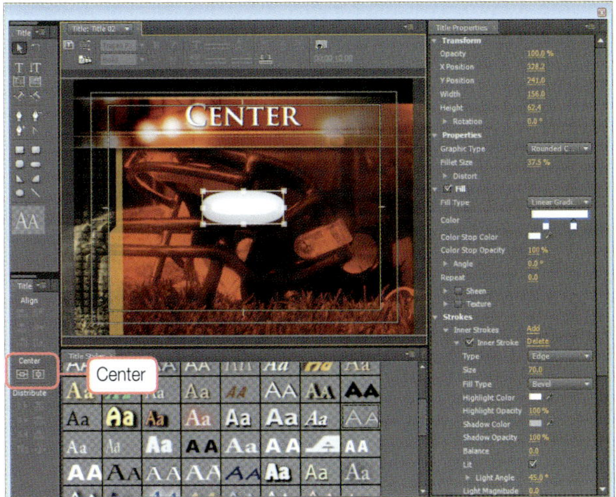

02 하나의 오브젝트를 선택하고, Center 항목의 Vertical Center와 Horizontal Center 버튼을 클릭해봅니다. 선택한 오브젝트가 화면의 가로 또는 세로 중앙에 정렬되는 것을 확인할 수 있습니다. 문자나 도형을 화면 중앙에 정렬하고 싶을 때 유용합니다.

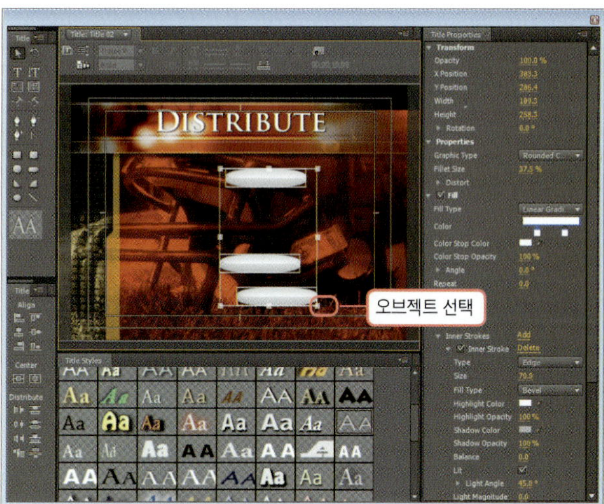

03 액션 패널의 마지막 항목인 Distribute 버튼들은 3개 이상의 오브젝트를 선택했을 때, 각 오브젝트 사이의 간격을 정렬하는 역할을 합니다. Shift 키를 누른 상태에서 3개 이상의 오브젝트를 선택해 봅니다.

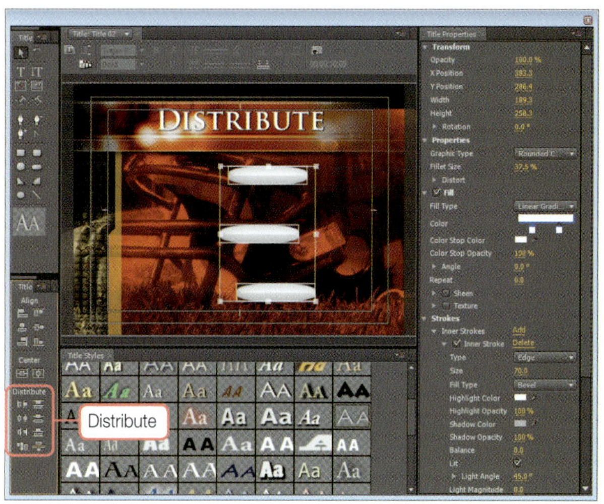

04 Distribute의 8가지 도구인 Horizontal Left, Center, Right, Even Spacing, Vertical Top, Center, Bottom, Even Spacing을 각각 클릭해봅니다. 선택한 오브젝트가 각각의 기준을 중심으로 정렬되는 것을 확인할 수 있습니다.

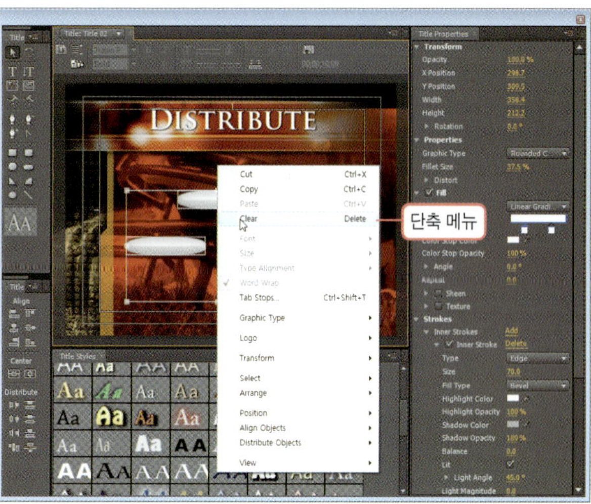

05 액션 패널을 비롯하여 타이틀 디자이너에서 제공하는 대부분의 패널 옵션은 작업 공간에서 마우스 오른쪽 버튼을 클릭했을 때 열리는 단축 메뉴로도 이용할 수 있습니다. 각 단축 메뉴의 역할을 간단하게 정리하겠습니다.

❖ Cut (잘라내기)

선택한 오브젝트를 잘라내는 역할입니다. 마지막에 잘라낸 오브젝트는 컴퓨터가 기억을 하고 있기 때문에 또 다른 타이틀 작업을 할 때도 Paste 메뉴를 이용해서 붙여 넣는 것이 가능합니다. 즉, Cut은 Paste와 함께 문자나 도형을 이동시킬 때 사용하는 메뉴입니다.

❖ Copy (복사)

선택한 오브젝트를 복사합니다. Cut과 동일하게 마지막에 복사한 오브젝트는 컴퓨터가 기억을 하고 있으므로, 또 다른 타이틀 작업을 할 때, Paste 메뉴를 이용해서 붙여넣을 수 있습니다. 즉, Copy는 Paste와 함께 문자나 도형을 복사하는 역할을 하는 메뉴입니다.

❖ Paste & Clear (붙여넣기 & 지우기)

Paste는 Cut 또는 Copy 메뉴로 컴퓨터에 기억시킨 오브젝트를 붙이는 것이며, Clear은 선택한 오브젝트는를 삭제하는 역할입니다. Cut, Copy, Paste, Clear은 자주 사용하는 메뉴이므로, Ctrl+X(Cut), Ctrl+C(Copy), Ctrl+V(Paste), Delete (Clear) 정도의 단축키는 외워두기 바랍니다.

❖ Font (글꼴)

글꼴을 선택합니다. 메인 패널의 폰트 브라우저와 속성 패널의 Font Family와 동일한 역할입니다.

❖ Size (크기)

글자의 크기를 선택합니다. Other를 선택하면 크기를 입력할 수 있는 창이 열립니다.

❖ Type Alignment (유형정렬)

선택한 오브젝트를 왼쪽(Left), 중앙(Center), 오른쪽(Right)으로 정렬하는 역할의 서브 메뉴로 구성되어 있습니다. 메인 패널의 정렬 선택 버튼과 동일한 역할입니다.

❖ Word Wrap (줄 바꿈)

프레임 크기에 맞추어 글자를 정렬하게 하는 옵션입니다. 메뉴를 선택하여 체크 표시를 하면 On이고, 다시 선택하여 해제하면 Off가 되는 스위치 방식입니다.

❖ Tab Stops (탭 정지)

키보드의 Tab 키를 이용해서 글자를 정렬할 기준을 만들 수 있는 창을 엽니다. Tab Stops 창은 왼쪽, 중앙, 오른쪽의 3가지 기준 방식을 설정할 수 있으며, 엔딩 스크롤 자막들을 만들 때 유용합니다.

❖ Graphic Type (그래픽 유형)

도형을 선택했을 때 사용할 수 있는 메뉴로 도형의 형태를 변경할 수 있는 11가지 서브 메뉴로 구성되어 있습니다. 속성 패널의 Graphic Type 옵션과 동일한 기능입니다.

❖ Logo (로고)

외부 이미지 파일을 임포트하는 역할의 메뉴입니다. 영상을 제작할 때 화면 왼쪽이나 오른쪽 상단에 제작사의 이름이나 로고 등이 표시되게 할 때 유용합니다.

❖ Transform (변형)

속성 패널의 Transform과 동일한 서브 메뉴로 구성되어 있습니다. 각각의 서브 메뉴를 선택하면 값을 입력할 수 있는 창이 열립니다.

❖ Select (선택)

선택한 오브젝트 위쪽의 오브젝트를 선택하는 First Object Above와 Next Object Above가 있고, 선택한 오브젝트 아래쪽의 오브젝트를 선택하는 Next Below와 Last Object Below 의 4가지 메뉴로 구성되어 있습니다. 문자나 도형이 겹쳐서 마우스 클릭으로 선택하기 어려울 때 효과적인 메뉴입니다.

❖ Arrange (정렬)

오브젝트가 겹쳐있을 때, 선택한 오브젝트를 앞으로 위치하게 하는 Bring to Front 와 Bring to Forward, 선택한 오브젝트를 뒤로 위치하게 하는 Send to Back와 Send to Backward의 4가지 메뉴로 구성되어 있습니다. 레이어와 같은 개념으로 오브젝트의 순서를 결정하는 역할입니다.

❖ Position (위치)

선택한 문자나 도형을 세로 중앙에 위치하는 Horizontal Center와 가로 중앙에 위치하는 Vertical Center, 그리고 아래로 위치하는 Lower Third 의 3가지 메뉴가 있습니다.

❖ Align Objects (개체 정렬)

액션 도구의 Align과 동일한 메뉴로 구성되어 있습니다.

❖ Distribute Objects (개체 분포)

액션 도구의 Distribute와 동일한 메뉴로 구성되어 있습니다.

❖ View (보기)

자막, 영상 보호 라인, 베이스 라인, 마커 등을 화면에 표시할 것인지의 여부를 선택합니다.

타이틀 디자이너의 작업 공간 상단에는 새로운 타이틀 아이템을 만들기, 세로로 흐르는 문자 만들기, 가로로 흐르는 문자 만들기, 글꼴 선택, 행 정렬 등의 역할을 하는 몇 가지 도구가 있습니다. 좌측의 도구와 액션 패널, 우측의 속성 패널, 그리고 하단의 스타일 패널에 제공하는 옵션의 대부분은 오브젝트를 만들고 꾸미는 역할을 하지만, 메인 도구들은 영상에 새로운 소스를 추가할 수 있는 기능들도 제공되고 있으므로, 반드시 기억을 해둬야 할 것입니다.

새로운 타이틀 소스 만들기

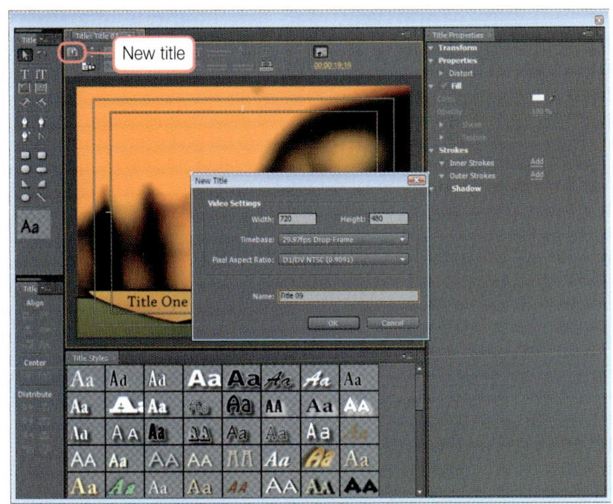

01 New Title 도구는 프로젝트 패널의 New Item 도구에서 Title 메뉴를 선택하는 것과 동일하게 새로운 타이틀 소스를 만들어줍니다. 단, 차이점이 있다면, 현재 작업 중인 타이틀을 그대로 저장하기 때문에 같은 속성의 자막을 입력할 때, 효과적이라는 것입니다. 버튼을 클릭하면 New Item 도구에서 Title 메뉴를 선택하는 것과 같이 프로젝트 환경을 선택할 수 있는 창과 소스의 이름을 입력할 수 있는 창이 연속으로 열립니다.

세로/가로로 흐르는 문자 만들기

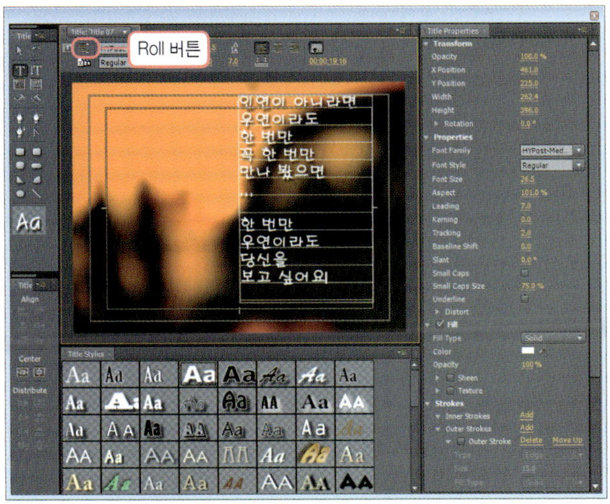

02 Roll 버튼은 가로 또는 세로로 흐르는 자막을 만들 수 있는 옵션 창을 열어줍니다. Area Type 도구를 이용해서 적당한 문장을 입력하고, Roll/Crawl 버튼을 클릭합니다. 폰트나 글자 크기는 속성 패널의 Font Famly와 Size를 이용해서 조정합니다.

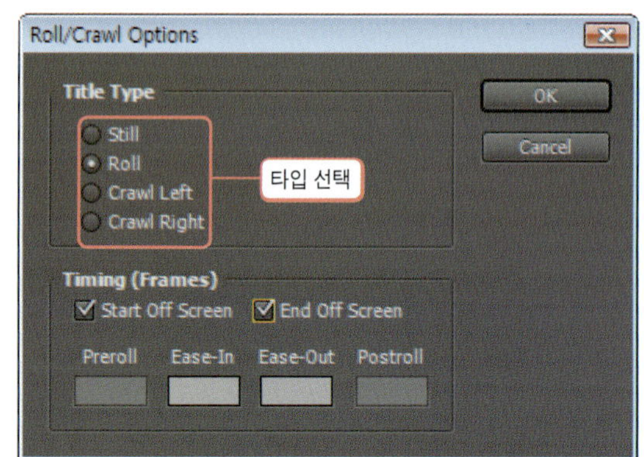

03 Title Type은 입력한 글자가 위쪽으로 흐르게 하는 Roll(롤)을 선택하고, Start Off Screen과 End Off Screen 옵션을 체크하여 시작과 끝 부분에 자막이 보이지 않게 합니다. Crawl(크롤)은 문자가 가로로 흐르게 하는 옵션이며, 방향은 Left와 Right 중에서 선택할 수 있습니다.

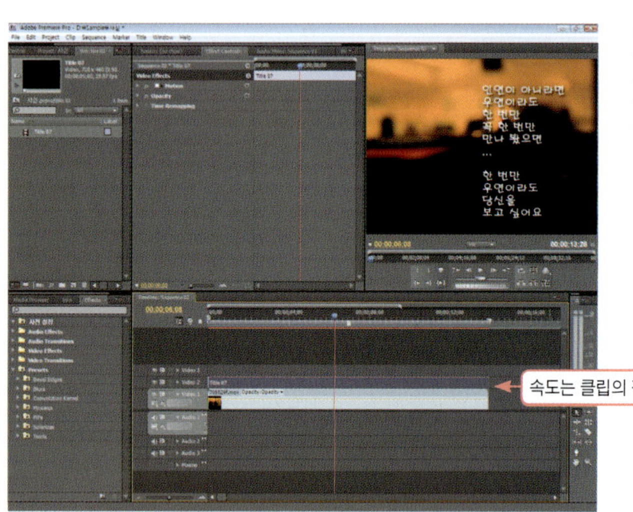

04 타이틀 패널 창을 닫고, 프로젝트 패널을 보면, 정지 타이틀과는 다르게 비디오 소스로 등록된 것을 확인할 수 있습니다. 소스를 타임 라인 패널에 가져다 놓고, 클립의 길이를 조정하여 자막이 재생되는 시간을 설정합니다. 그리고 Space bar 키를 눌러 재생시켜보면, 클립의 길이 동안 아래에서 위쪽으로 흐르는 자막이 완성된 것을 확인할 수 있습니다.

Tip Roll/Crawl Option 창의 Timing 옵션

Roll/Crawl Options 창의 Title Type은 이미지로 처리하는 Still, 세로로 흐르는 영상으로 처리하는 Roll, 가로로 흐르는 영상으로 처리하는 Crawl Left와 Crawl Right 가 있습니다. 그 외 Timing은 자막을 Roll이나 Crawl의 옵션으로 영상 처리를 할 때의 시간 타임을 설정합니다.

- **Start Off Screen:** 자막이 처음부터 흐르게 합니다. 옵션을 체크하지 않으면, 타이틀 디자이너에 보이는 형태로 재생됩니다.
- **End Off Screen:** 자막이 끝까지 흐르게 합니다. 옵션을 체크하지 않으면, 타이틀 디자이너에 보이는 만큼만 재생됩니다.
- **Preroll:** Start Off Screen 옵션을 체크하지 않은 경우에 프레임 단위로 시작 타임을 결정합니다. 여기서 입력한 프레임 수 만큼 멈추었다가 흐르는 것입니다.
- **Ease-In/Out:** 시작과 끝 위치의 멈춤 시간을 프레임 단위로 설정합니다.
- **Postroll:** Start Off Screen 옵션을 체크하지 않은 경우에 프레임 단위로 끝 타임을 결정합니다. 여기서 입력한 프레임 수 만큼 멈추었다가 사라지는 것입니다.

05 템플릿 버튼을 클릭하여 창을 열면, Adobe사의 전문 디자이너들이 만들어놓은 타이틀을 사용할 수 있는 템플릿 창이 열립니다. 템플릿은 폴더 단위로 전체 프레임 또는 로우 타이틀 등으로 구분되어 있어 쉽게 원하는 타입을 선택할 수 있습니다.

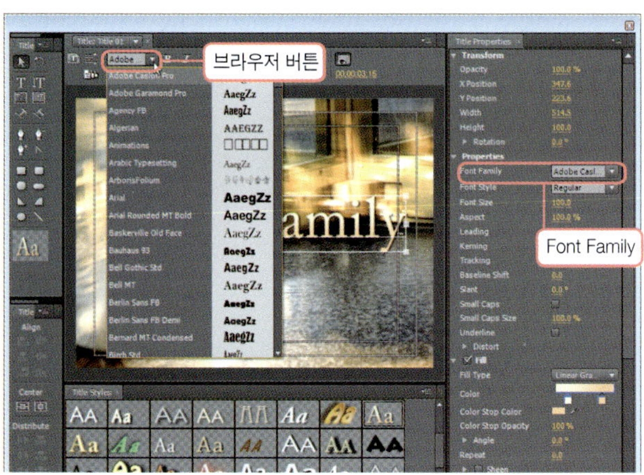

06 브라우저 버튼은 속성 패널의 Font Family와 동일한 역할을 하는 것으로 글꼴을 선택하는 메뉴입니다. 즉, 메인 도구의 브라우저 버튼을 이용하든, 속성 패널의 Font Family를 이용하든, 결과는 동일합니다.

가·정·교·사

폰트 브라우저 및 Font Family 목록에 한글을 표시하고 싶다면, Edit 메뉴의 Preferences 에서 Titler를 선택하여 창을 열고, Font Browser에 표시하고 싶은 한글을 입력해야 합니다.

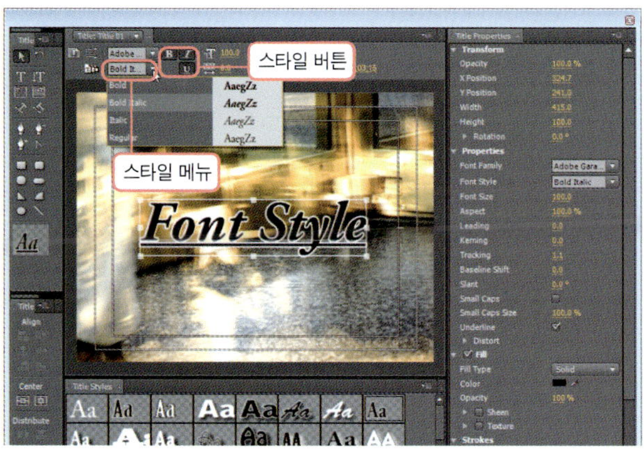

07 폰트 스타일은 글자를 굵게 표시하거나, 기울이거나, 밑줄을 표시하는 등의 메뉴가 있으며, 오른쪽의 3가지 버튼을 이용해도 됩니다. 단, 폰트 브라우저에서 선택한 글자에 따라 차이가 있으므로, 자신이 원하는 스타일을 사용할 수 없다면, 속성의 옵션을 이용하여 꾸며야 할 것입니다.

08 글자의 크기를 조정하는 Size 도구는 속성 패널의 Font Size와 동일한 역할입니다. 입력한 글자의 일부분을 조정하고 싶다면, 크기를 조정하고 싶은 글자를 마우스 드래그로 선택하고, 값을 조정하거나 입력하면 됩니다.

09 Kerning은 속성 패널에서도 살펴보았듯이 커서가 위치한 위치를 기준으로 글자의 간격을 조정합니다. 그림에서는 n 글자 위치에 커서를 놓고, 값을 조정하여 ker와 ning 사이의 간격을 조정하고 있는 모습입니다. 전체 간격을 조정하는 Tracking 보다 많이 사용되는 기능이므로, 꼭 기억을 해두기 바랍니다.

10 폰트 스타일은 글자를 굵게 표시하거나, 기울이거나, 밑줄을 표시하는 등의 메뉴가 있으며, 오른쪽의 3가지 버튼을 이용해도 됩니다. 단, 폰트 브라우저에서 선택한 글자에 따라 차이가 있으므로, 자신이 원하는 스타일을 사용할 수 없다면, 속성의 옵션을 이용하여 꾸며야 할 것입니다.

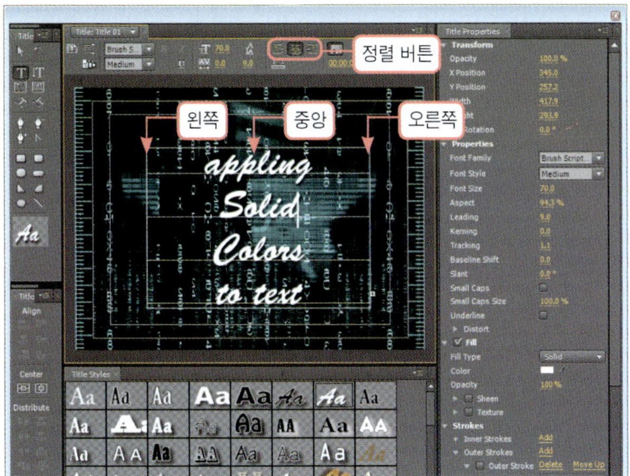

11 글자의 크기를 조정하는 Size 도구는 속성 패널의 Font Size와 동일한 역할입니다. 입력한 글자의 일부분을 조정하고 싶다면, 크기를 조정하고 싶은 글자를 마우스 드래그로 선택하고, 값을 조정하거나 입력하면 됩니다.

12 Tab Stops은 키보드의 Tab 키를 눌렀을 때 이동할 위치를 말하는 것으로 글자의 위치를 정확히 맞추고 싶을 때 사용합니다. 문자를 입력하고, 탭 버튼을 클릭하여 창을 엽니다. 문자를 입력하기 전에 설정해도 좋습니다.

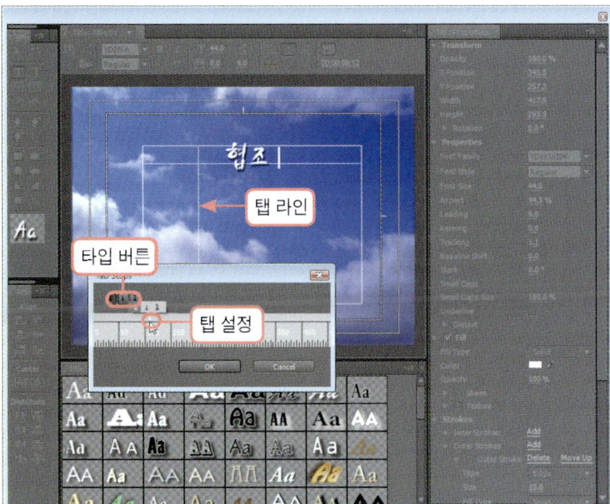

13 탭을 설정할 수 있는 창이 열립니다. 줄자 상단의 빈 공간을 클릭하여 탭의 위치를 조정합니다. 탭의 위치는 작업 공간에 노란색 라인으로 표시됩니다. 원하는 위치를 설정했다면, 입력한 탭을 클릭하여 왼쪽, 중앙, 오른쪽 정렬 중에서 원하는 타입을 선택합니다. 타입 버튼을 먼저 선택하고 설정해도 좋습니다.

14 탭 설정이 끝나면 Ok 버튼을 클릭하여 닫습니다. 탭 위치를 표시하는 노란색 라인이 보이지 않는다면, 메뉴 버튼을 클릭하여 Tab Markers가 선택되어 있는지 확인합니다. 이제 글자를 입력하면서 키보드의 Tab 키를 누르면 노란색 라인이 있는 위치로 커서가 이동되는 것을 확인할 수 있습니다.

가·정·교·사

타이틀 메뉴는 패널 및 안전 영역 등을 화면에 표시할 것인지의 유무를 선택하는 것들로 구성되어 있습니다.

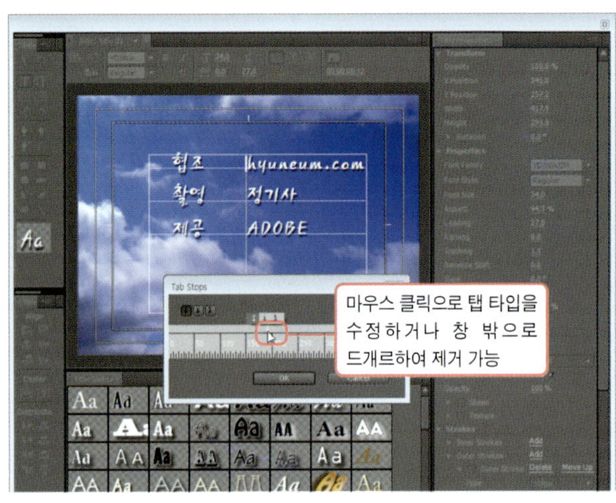

15 탭 설정은 언제든 창을 다시 열어 수정할 수 있고, 이미 설정되어 있는 탭은 창 밖으로 드래그하여 제거할 수 있습니다. 엔딩 자막과 같이 일정한 간격으로 글자를 입력할 필요가 있을 때, 유용한 기능이므로, 꼭 익혀두기 바랍니다.

 영상 보기

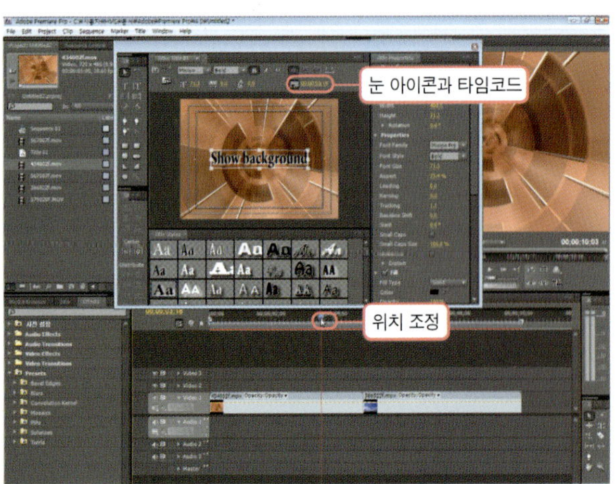

16 메인 도구의 마지막인 눈 모양의 아이콘을 포지션 라인 위치의 영상을 표시할 것인지의 유무를 선택합니다. 자막은 영상과 일치되게 처리하는 경우가 많으므로, 영상이 보이게 하는 것이 좋으며, 위치를 타임코드 값으로 조정하는 것 보다는 타임라인 패널의 포지션 라인을 직접 움직이는 것이 편리할 것입니다.

템플릿 사용하기

타이틀 디자이너는 오브젝트의 속성을 제공하는 스타일 외에도 전문 디자이너들이 만들어 놓은 화려한 템플릿을 제공합니다. 프리미어에서 제공하는 템플릿의 종류는 200가지가 넘으며, 사용자가 원하는 데로 수정이 가능하기 때문에 활용 범위는 제한이 없다고 보아도 좋습니다. 템플릿을 사용하는 방법과 사용자 템플릿을 만들어보는 과정을 살펴보겠습니다.

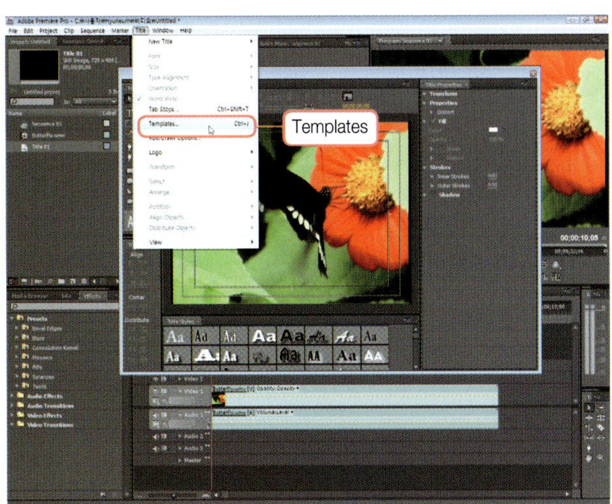

01 프로젝트 패널의 New Item 버튼을 클릭하여 메뉴를 열고, Title를 선택하여 새로운 타이틀 소스를 만듭니다. 타이틀 디자이너가 열리면, Title 메뉴의 Templates를 선택하거나 단축키 Ctrl + J 키를 눌러 템플릿 창을 엽니다.

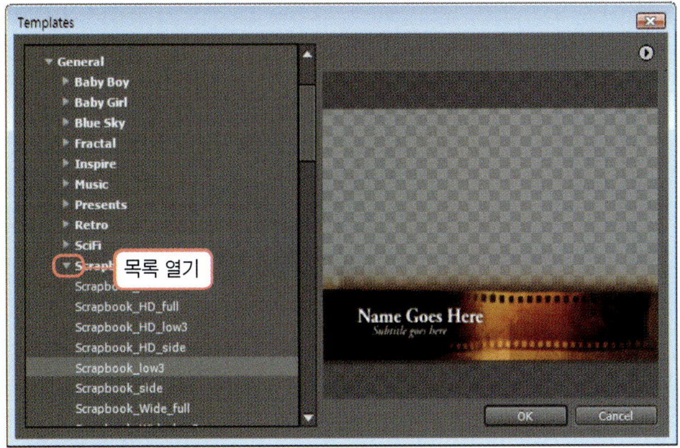

02 다양한 템플릿 목록이 보입니다. General 왼쪽의 작은 삼각형을 클릭하여 목록을 열고, Scrapbook의 Scrabook_low3을 선택해봅니다. 프로젝트 환경에 따라 HD, Wide 등의 목록도 제공되고 있으므로, 어떤 작업 환경에서든 이용할 수 있습니다.

03 [OK] 버튼을 클릭하여 선택한 템플릿을 적용하면, 간단한 동작만으로 화려한 자막 작업이 가능하다는 것을 알 수 있습니다. 적용된 템플릿은 영상에 어울리게 변경해서 사용할 수 있습니다.

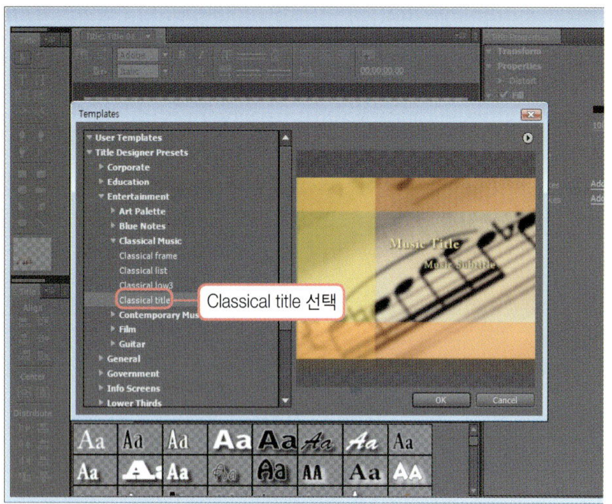

04 프리미어에서 제공하는 템플릿을 변경해서 사용자 템플릿으로 저장하는 과정을 살펴보겠습니다. 새로운 타이틀 소스를 만들고, Ctrl + J 키를 눌러 템플릿 창을 엽니다. 그리고 Entertainment 폴더의 Classical Music에서 Classical title를 선택합니다.

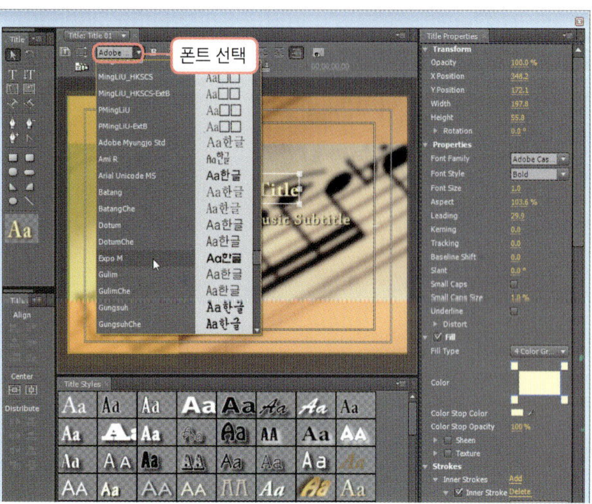

05 Music Title을 선택하고, 폰트 브라우저에서 한글 폰트를 선택합니다. 그리고 '곡 제목'으로 변경합니다. 같은 방법은 Music Subtitle은 '가수 이름'으로 변경합니다.

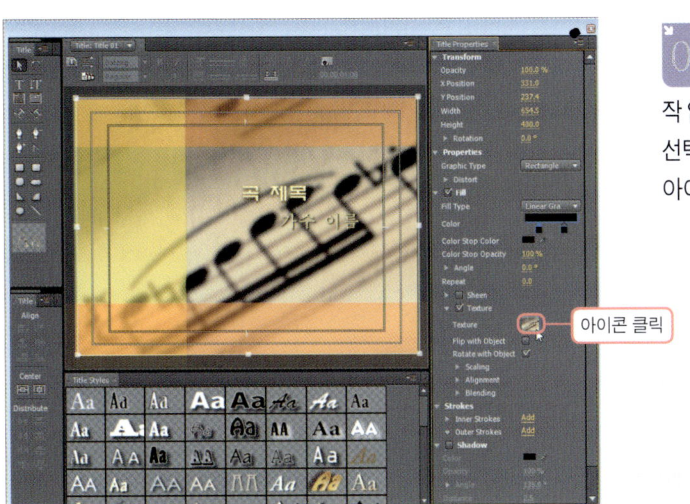

06 글자뿐만 아니라 백 그라운드 그림이나 오브젝트의 색상도 변경할 수 있습니다. 작업 공간을 클릭하여 백 그라운드 그림을 선택합니다. 그리고 Fill 항목의 Texture 를 열고, 그림 아이콘을 클릭합니다.

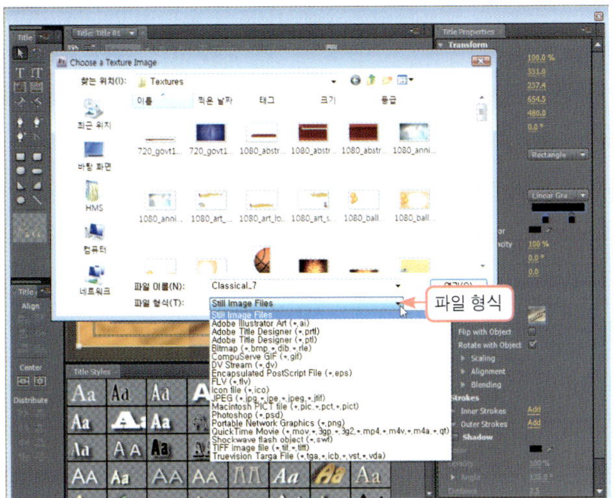

07 프리미어에서 제공하는 템플릿 그림 외에도 일러스트(*.ai), 플래시(*.flv), 포토샵(*.psd)을 비롯한 JPG, PNG 등의 그림 파일을 불러올 수 있습니다. 지원 가능한 포맷은 파일 형식에서 확인할 수 있습니다.

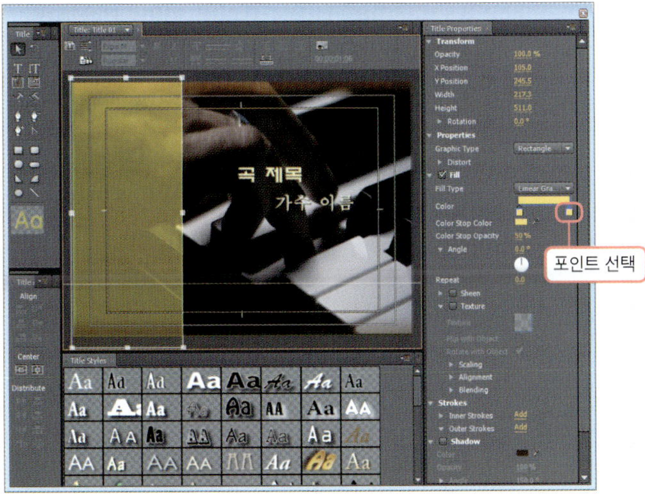

08 사용자가 직접 작업한 그림이나 인터넷 에서 모아놓은 그림 등을 불러오면, 프리미어에서 제공하는 템플릿의 백 그라운드 그림이 바뀌는 것을 확인할 수 있습니다. 도형의 색상도 변경을 해보겠습니다. 도형을 선택하고, Fill 항목의 Color에서 두 번째 포인트를 선택합니다.

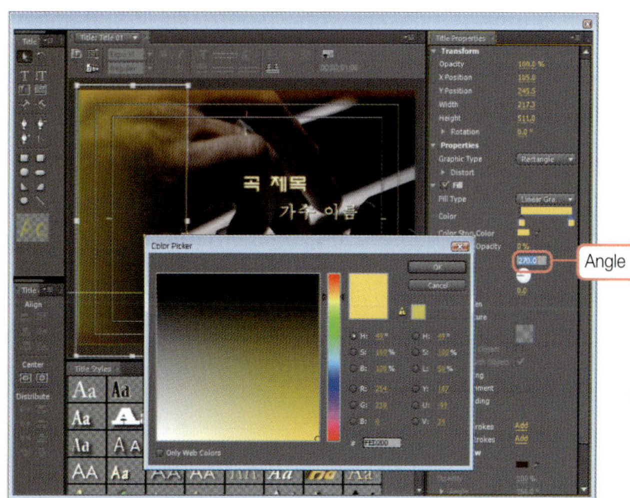

08 Color Stop Opacity 값을 0%로 조정하여 그라데이션 효과를 만들고, Angle을 270 로 변경합니다. 시험 삼아 위/아래 쪽에 있는 도형의 색상도 변경해봅니다. 그리고 Ctrl + J 키를 눌러 템플릿 창을 다시 엽니다.

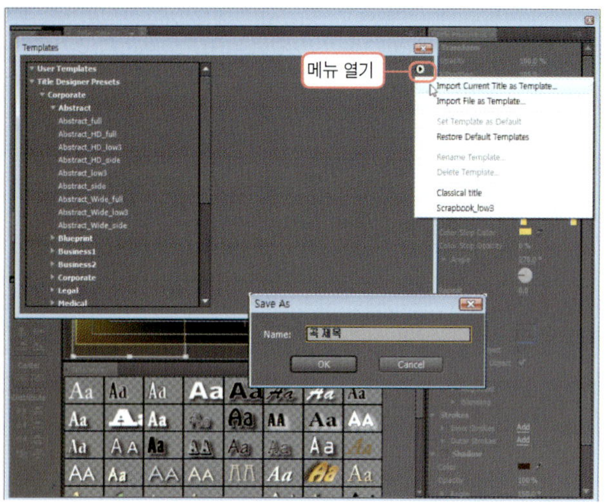

10 템플릿 창의 메뉴를 열고, Import Current Title as Template 메뉴를 선택합니다. 계속해서 열리는 Save As 창에서는 사용자가 만든 템플릿을 쉽게 구분할 수 있는 이름을 입력하고 [OK] 버튼을 클릭합니다.

11 User Templates 폴더를 보면, 사용자가 저장한 템플릿이 목록으로 등록된 것을 확인할 수 있습니다. 즉, 프리미어에서 제공하는 템플릿과 같은 방법으로 언제든 사용할 수 있게 된 것입니다. 자주 사용하는 템플릿이 있다면, 글자를 한글로 바꿔서 사용자 템플릿으로 저장해두는 것도 요령입니다.

프리미어는 HD와 Wide 프레임을 제외하고 총 233개의 템플릿을 제공하고 있습니다. 그래서 자신이 사용하고자 하는 템플릿을 찾아보는 것도 그렇게 만만한 작업이 아닙니다. 여기서 프리미어의 템플릿을 찾아보기 쉽게 폴더 별로 정리하고 있으므로, 템플릿을 사용할 때 사전처럼 이용할 수 있길 바랍니다. HD와 Wide는 프레임의 크기만 다를 뿐 동일한 프리셋을 갖추고 있으므로 제외합니다.

Corporate

Corporate 폴더에는 Abstract, Blueprint, Business 1, Business 2, corporate, Legal, Medical, Numbers의 8가지 하위 폴더가 있습니다.

❖ Abstract

full, low3, side의 3가지 프리셋이 있습니다.

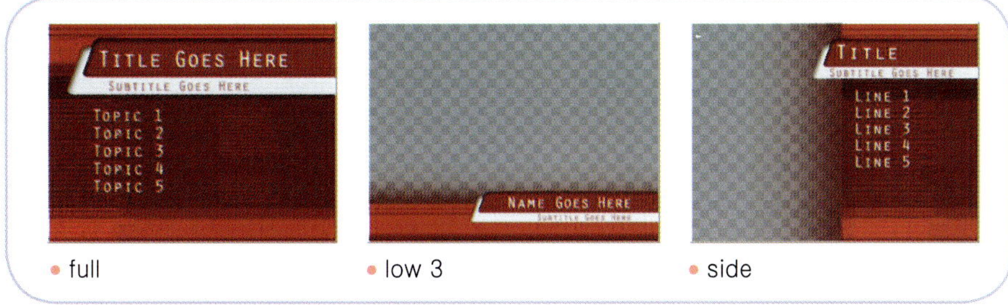

- full
- low 3
- side

❖ Blueprint

full1, full2, low3, side의 4가지 프리셋이 있습니다.

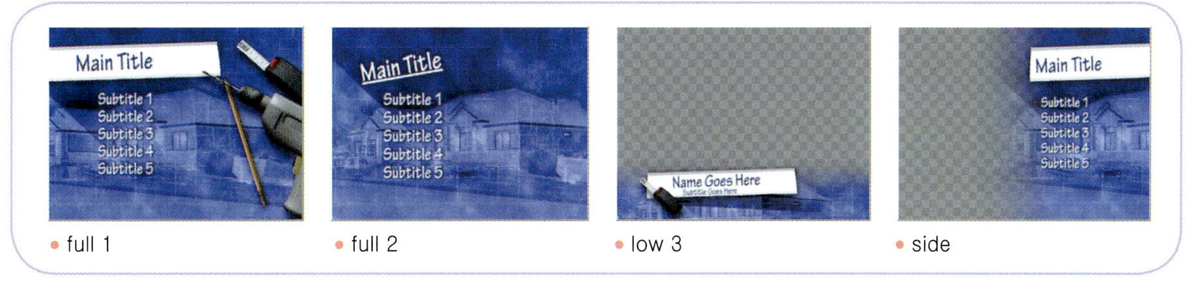

- full 1
- full 2
- low 3
- side

❖ Business 1

frame, list, low3, title의 4가지 프리셋이 있습니다.

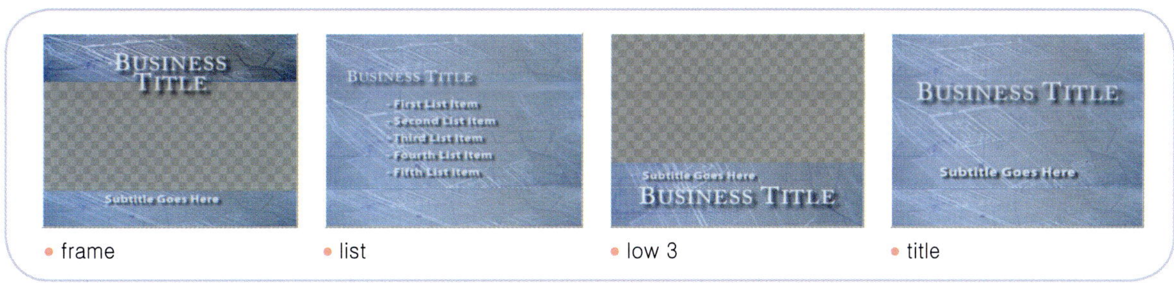

- frame
- list
- low 3
- title

frame, list, low3, title의 4가지 프리셋이 있습니다.

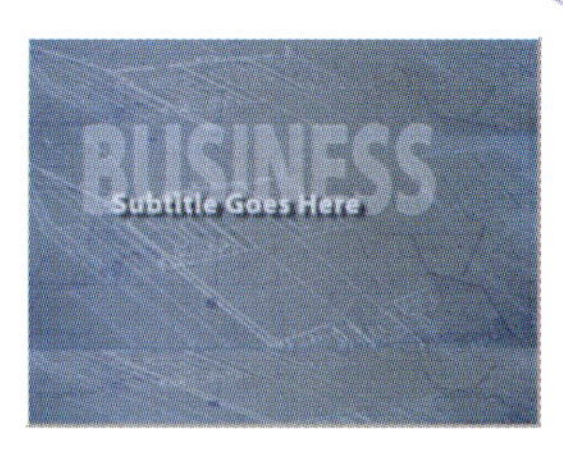

- frame
- list
- low 3
- title

❖ Corporate

frame, list, low3, title의 4가지 프리셋이 있습니다.

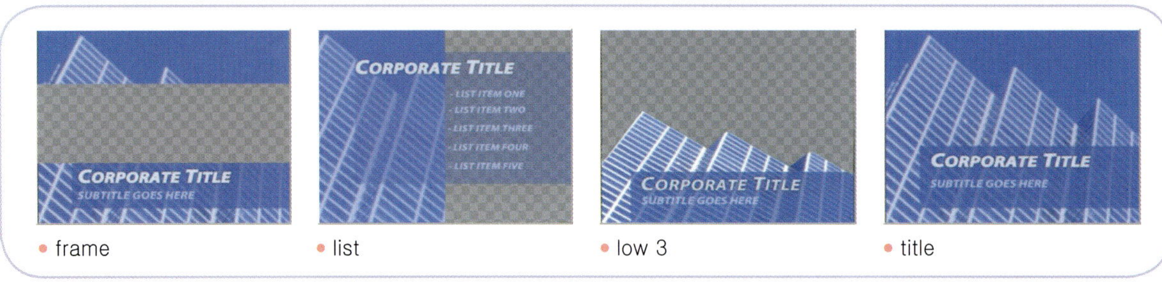

- frame
- list
- low 3
- title

❖ Legal

frame, list, title의 3가지 프리셋이 있습니다.

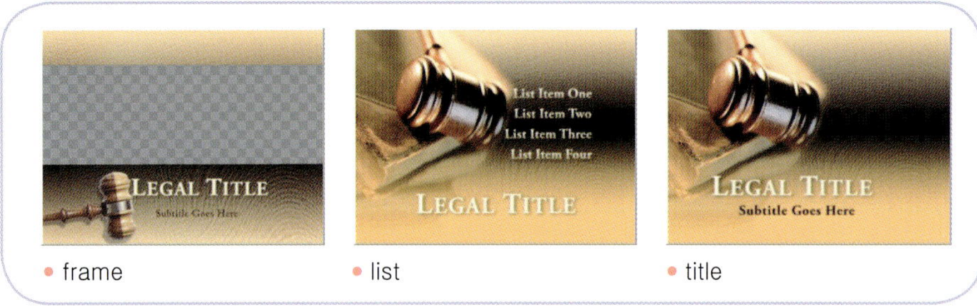

- frame
- list
- title

❖ Medical

frame, list, low3, title의 4가지 프리셋이 있습니다.

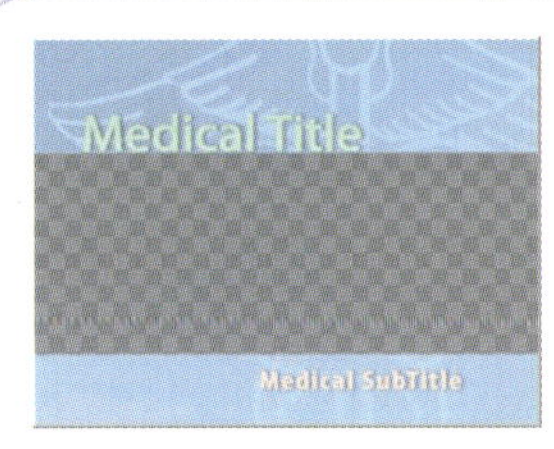
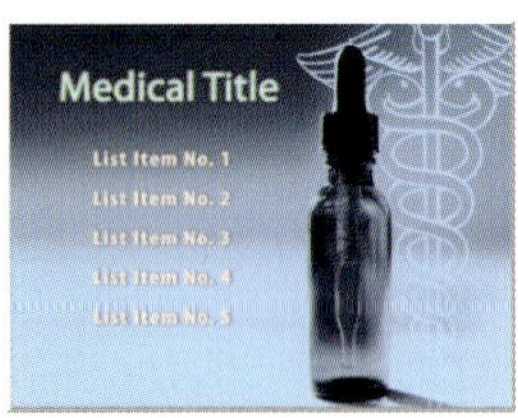

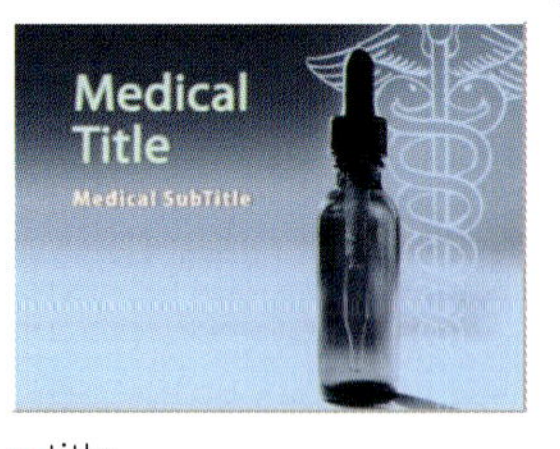

- frame
- list
- low 3
- title

full1, full2, low3, side의 4가지 프리셋이 있습니다.

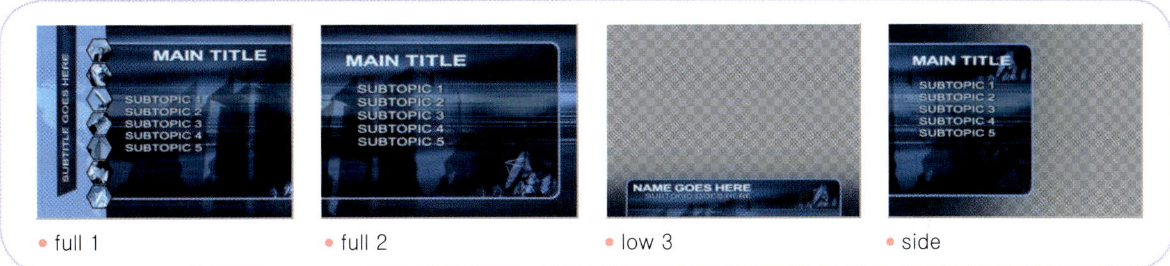

- full 1
- full 2
- low 3
- side

Education

Education 폴더에는 Balloons1, Balloons2, Blocks, Graduation, Stars의 5가지 하위 폴더가 있습니다.

❈ Balloons 1

full1, low3, side의 3가지 프리셋이 있습니다.

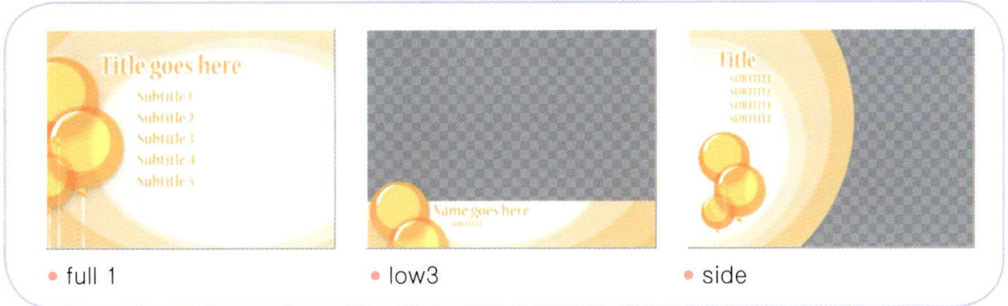

- full 1
- low3
- side

❈ Balloons 2

credites, frame, list, low3, side의 5가지 프리셋이 있습니다.

- credits
- frame
- list

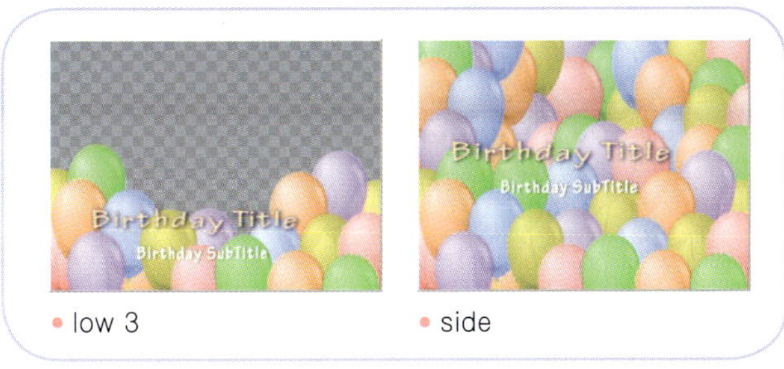

- low 3
- side

❖ Blacks

full1, low3, side의 3가지 프리셋이 있습니다.

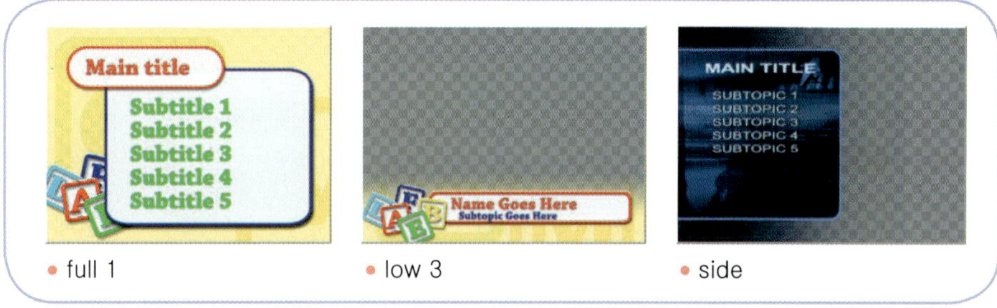

- full 1
- low 3
- side

❖ Graduation

full1, low3, side의 3가지 프리셋이 있습니다.

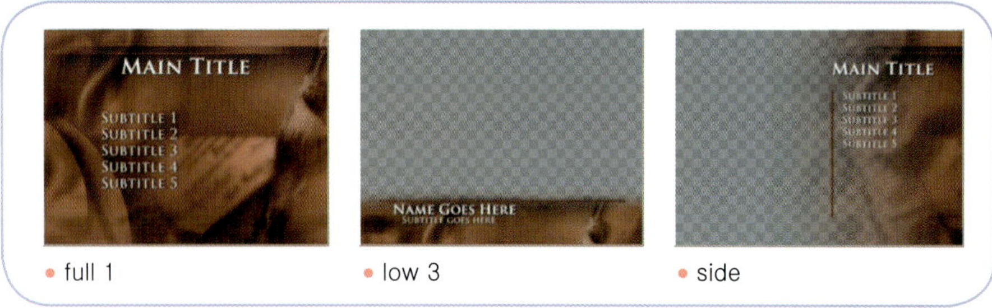

- full 1
- low 3
- side

❖ Stars

full1, low3, side의 3가지 프리셋이 있습니다.

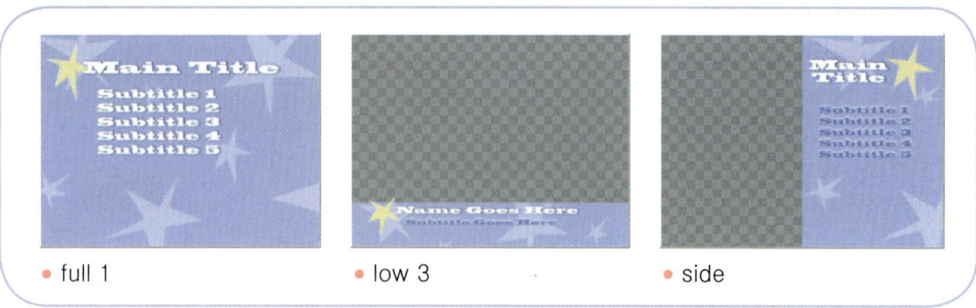

- full 1
- low 3
- side

 Entertainment

Art Palette, Blue Notes, Classical Music, Contemporary Music, Film, Guitar의 6가지 하위 폴더가 있습니다.

❖ Art Palette

full1, low3, side의 3가지 프리셋이 있습니다.

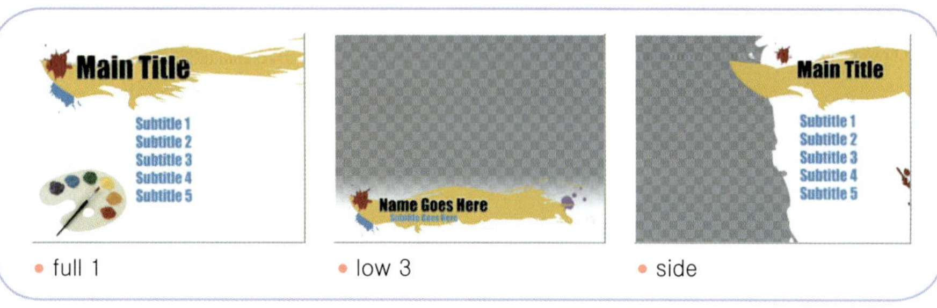

- full 1
- low 3
- side

frame, list, lower 3rd, title의 4가지 프리셋이 있습니다.

• frame   • list   • lower 3rd   • title

❖ Classical Music

frame, list, low 3, title의 4가지 프리셋이 있습니다.

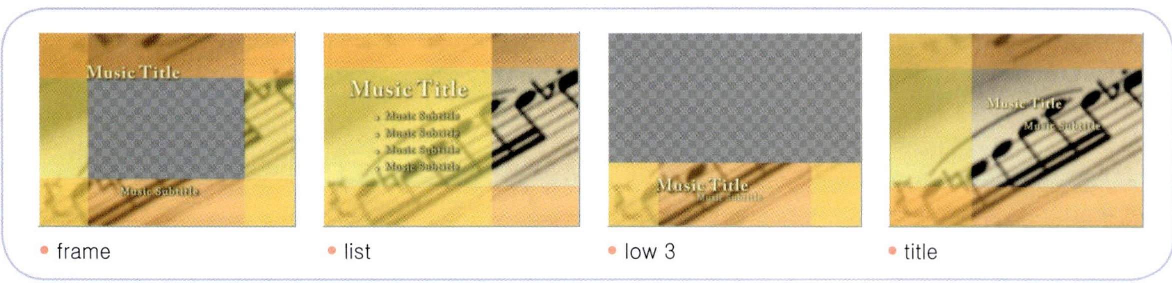

• frame   • list   • low 3   • title

❖ Film

full1, full2, low3, side의 4가지 프리셋이 있습니다.

• full 1   • full 2   • low 3   • side

❖ Guitar

full1, full2, low3, side의 4가지 프리셋이 있습니다.

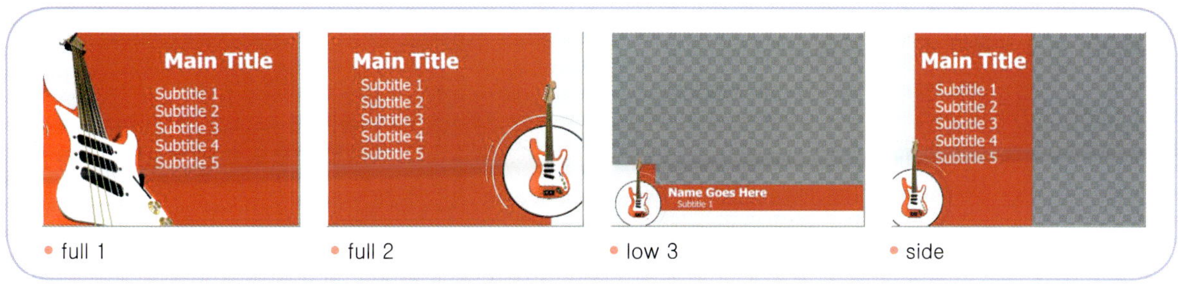

• full 1   • full 2   • low 3   • side

General 폴더에는 Baby Boy, Baby girl, Blue Sky, Fractal, Inspire, Music, Presents, Retro, SciFi, Scrapbook, Woodland의 11가지 하위 폴더가 있습니다.

❖ Baby Boy

frame, list, low3, side의 4가지 프리셋이 있습니다.

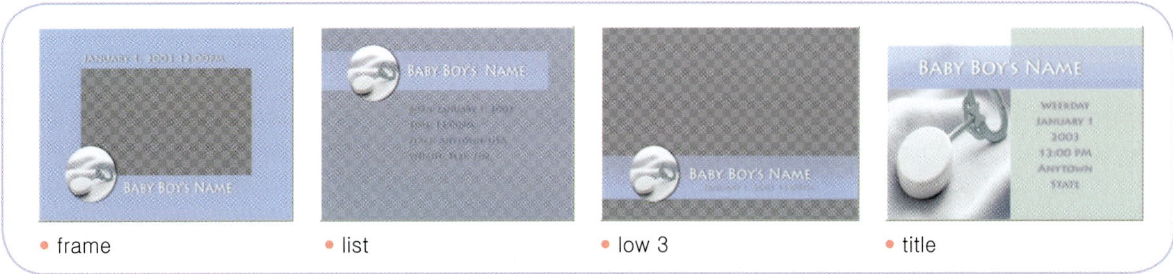

- frame
- list
- low 3
- title

❖ Baby Girl

frame, list, low3, side의 4가지 프리셋이 있습니다.

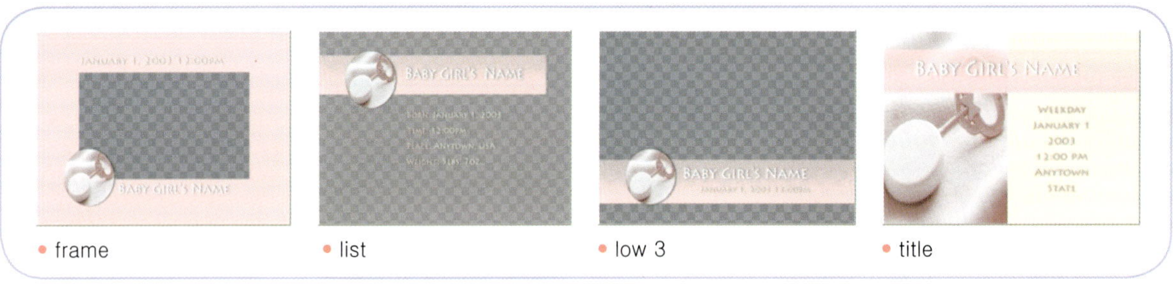

- frame
- list
- low 3
- title

❖ Blue Sky

frame list, list, title, upper third의 4가지 프리셋이 있습니다.

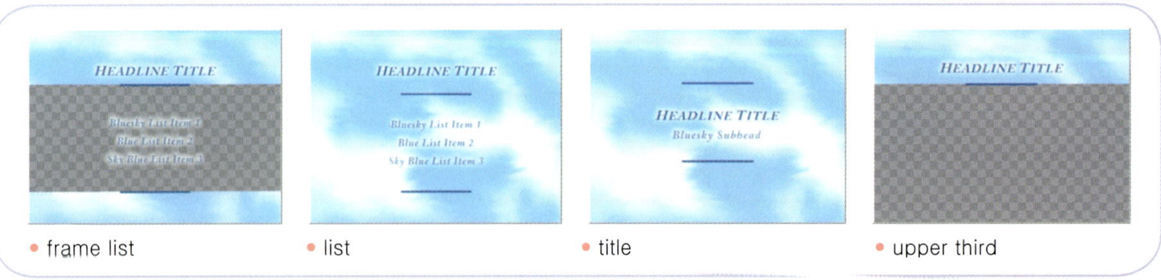

- frame list
- list
- title
- upper third

❖ Fractal

full, letrbx, low3, sidebar의 4가지 프리셋이 있습니다.

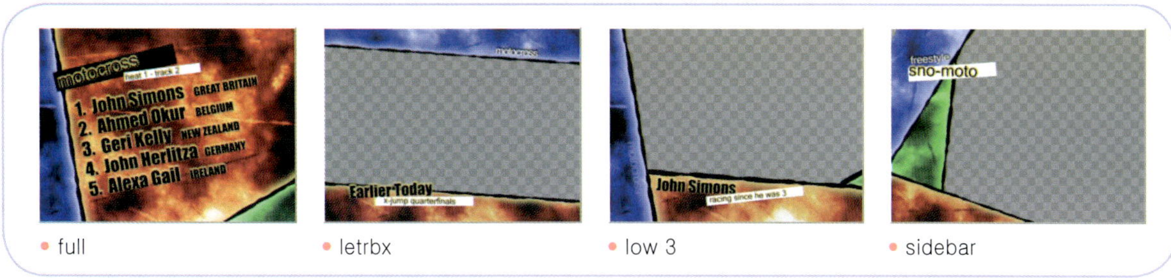

- full
- letrbx
- low 3
- sidebar

❖ Inspire

full, low3, side의 3가지 프리셋이 있습니다.

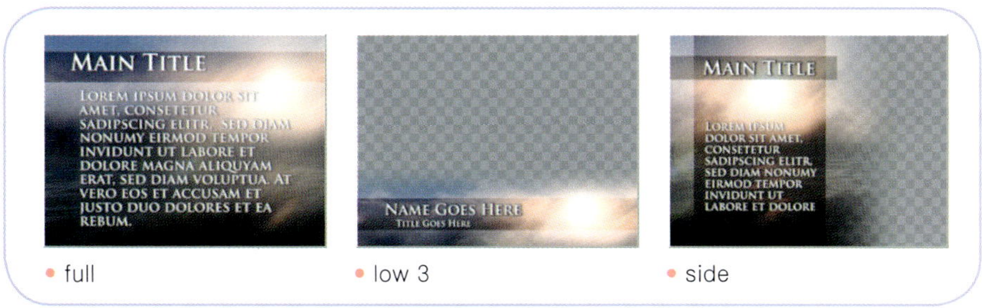

- full
- low 3
- side

❖ Music

full, low3, side의 3가지 프리셋이 있습니다.

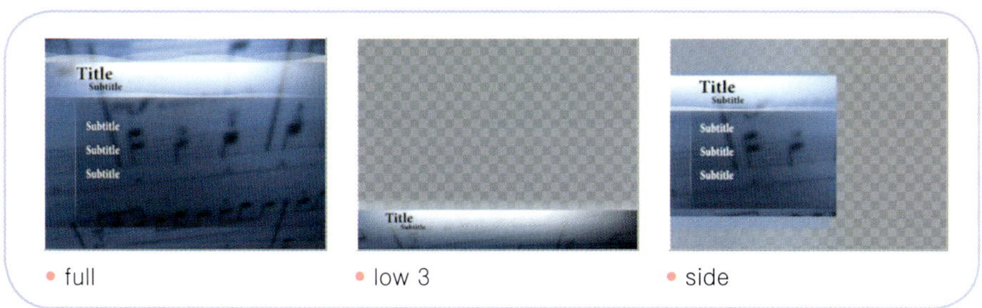

- full
- low 3
- side

❖ Presents

full 1, full 2, low3, side의 4가지 프리셋이 있습니다.

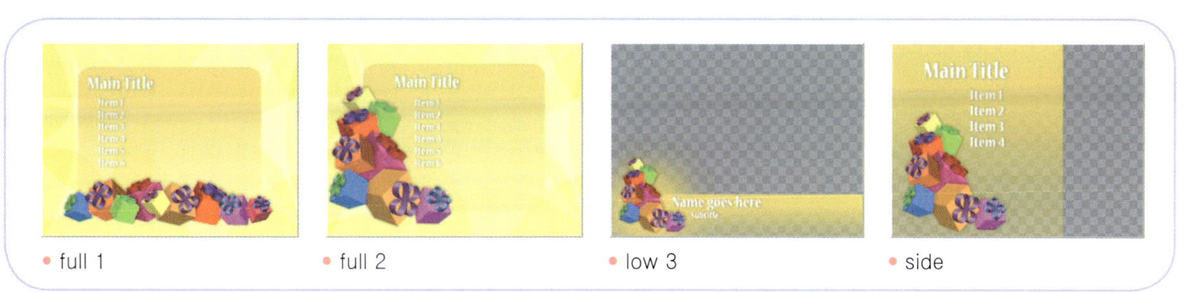

- full 1
- full 2
- low 3
- side

❖ Retro

full 1, full2, full 3, low 3, side의 5가지 프리셋이 있습니다.

- full 1
- full 2
- full 3

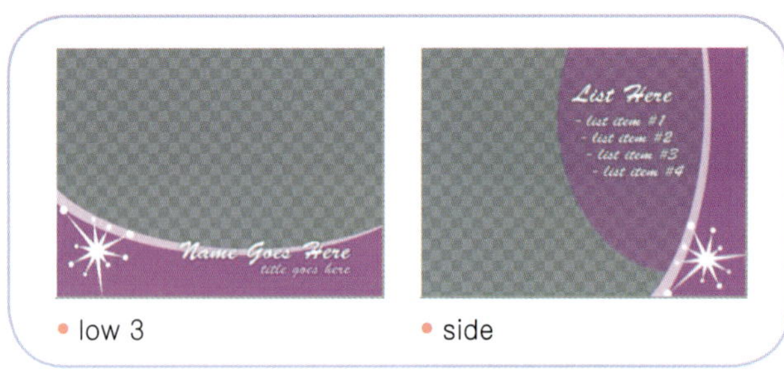

- low 3
- side

❖ SciFi

full, low3, side의 3가지 프리셋이 있습니다.

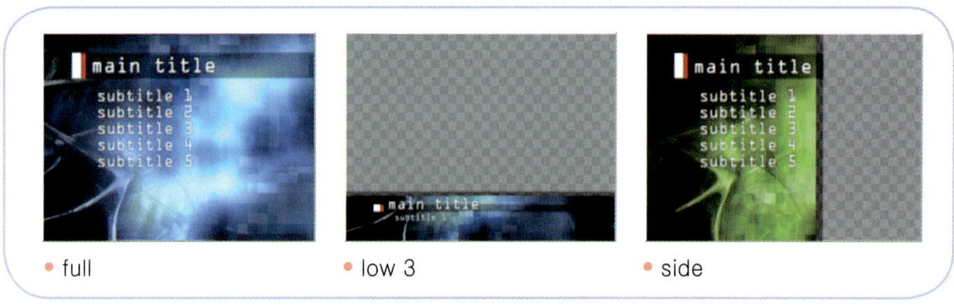

- full
- low 3
- side

❖ Scrapbook

full, low 3, side의 3가지 프리셋이 있습니다.

- full
- low 3
- side

frame, list title, upper 3rd의 4가지 프리셋이 있습니다.

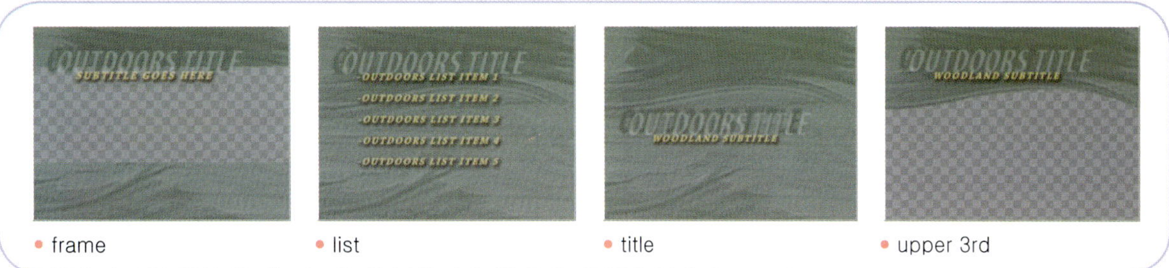

- frame
- list
- title
- upper 3rd

 Government

Government 폴더에는 Govt1과 Govt2의 2가지 하위 폴더가 있습니다.

❖ Govt 1

full, low3, side의 3가지 프리셋이 있습니다.

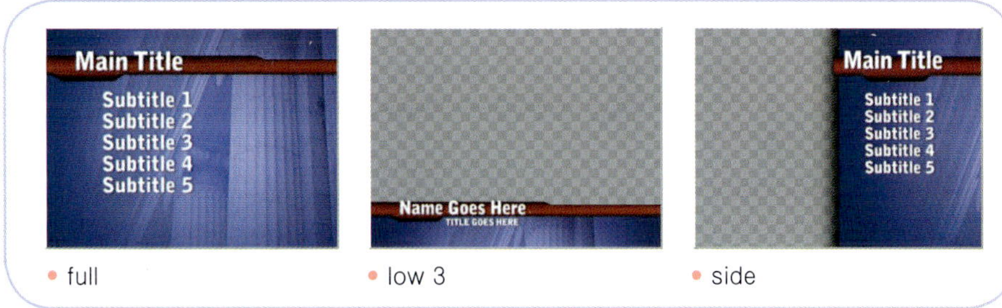

- full
- low 3
- side

❖ Govt 2

full, low 3, side의 3가지 프리셋이 있습니다.

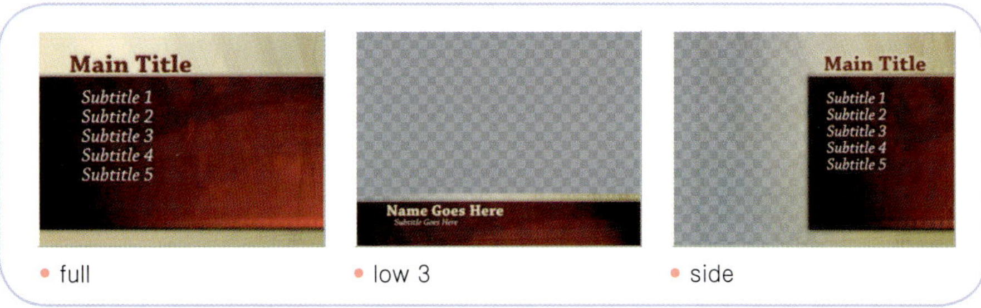

- full
- low 3
- side

 Info Screens

Info Screens 폴더에는 1001, 1002, 1003의 3가지 템플릿이 있습니다.

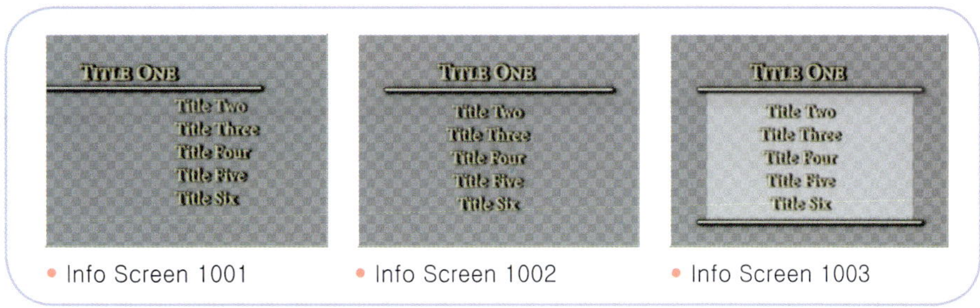

- Info Screen 1001
- Info Screen 1002
- Info Screen 1003

Lower Thirds 폴더에는 1001, 1002, 1003 등 44가지의 템플릿이 있습니다.

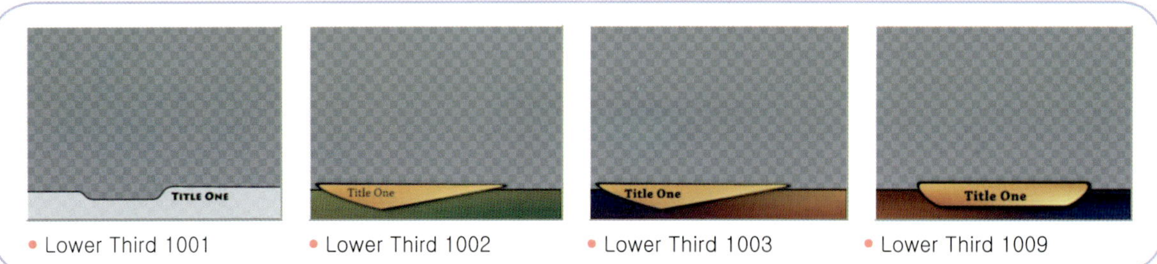

- Lower Third 1001
- Lower Third 1002
- Lower Third 1003
- Lower Third 1009

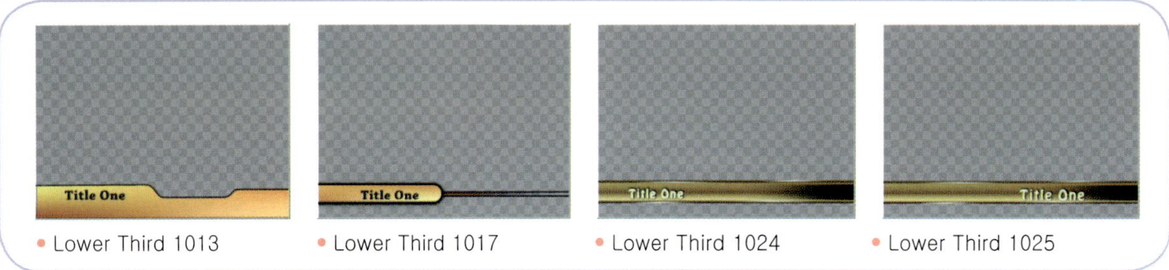

- Lower Third 1013
- Lower Third 1017
- Lower Third 1024
- Lower Third 1025

- Lower Third 1026
- Lower Third 1027
- Lower Third 1028
- Lower Third 1029

- Lower Third 1035
- Lower Third 1047
- Lower Third 1048
- Lower Third 1062

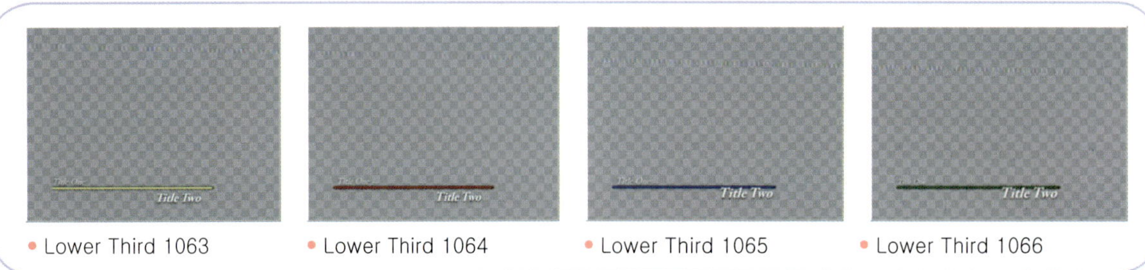

- Lower Third 1063
- Lower Third 1064
- Lower Third 1065
- Lower Third 1066

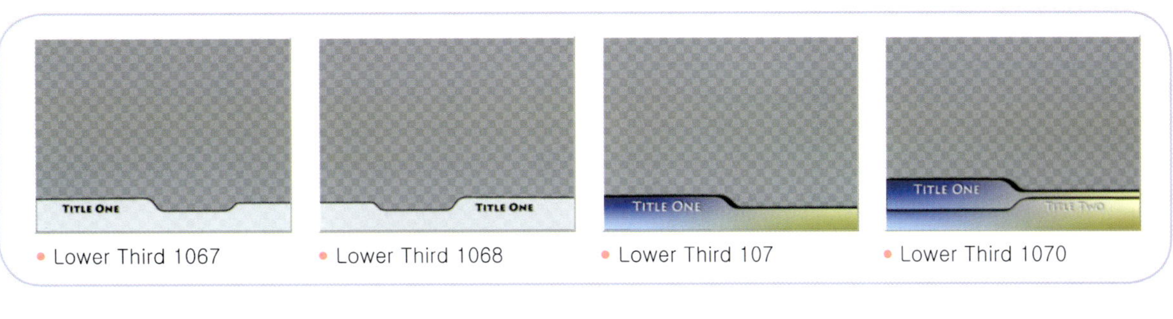

• Lower Third 1067   • Lower Third 1068   • Lower Third 107   • Lower Third 1070

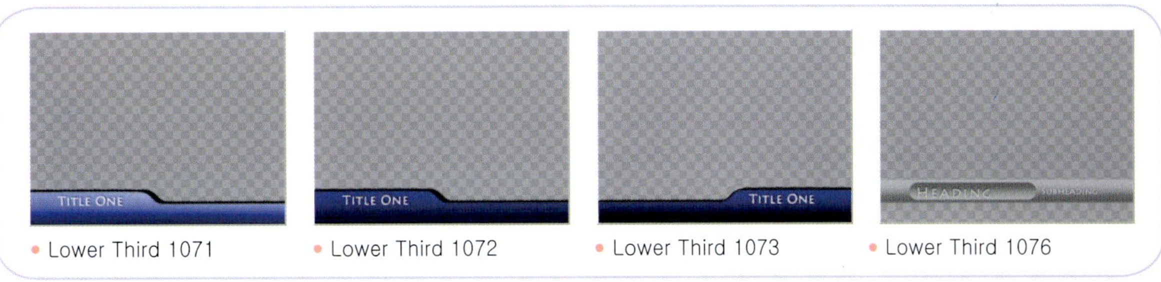

• Lower Third 1071   • Lower Third 1072   • Lower Third 1073   • Lower Third 1076

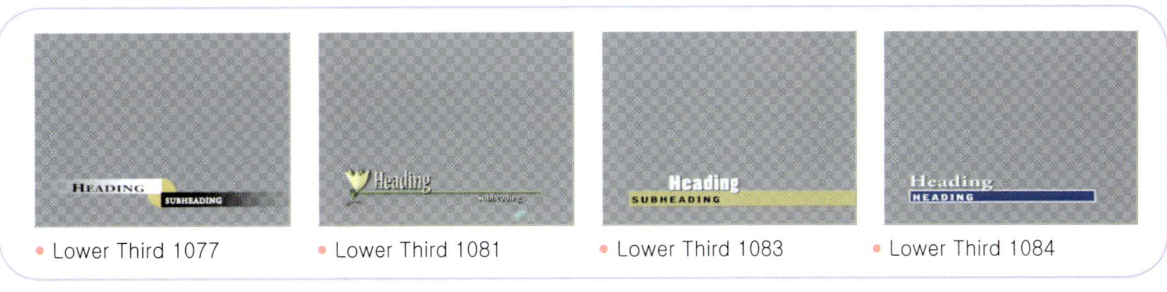

• Lower Third 1077   • Lower Third 1081   • Lower Third 1083   • Lower Third 1084

• Lower Third 1086   • Lower Third 1087   • Lower Third 1088   • Lower Third 1104

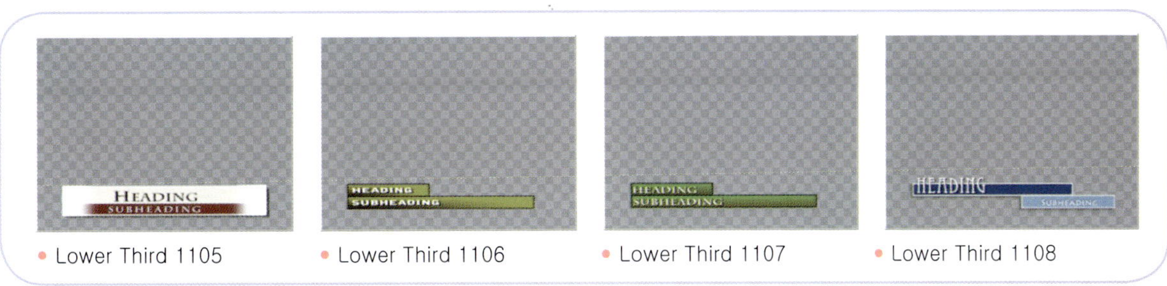

• Lower Third 1105   • Lower Third 1106   • Lower Third 1107   • Lower Third 1108

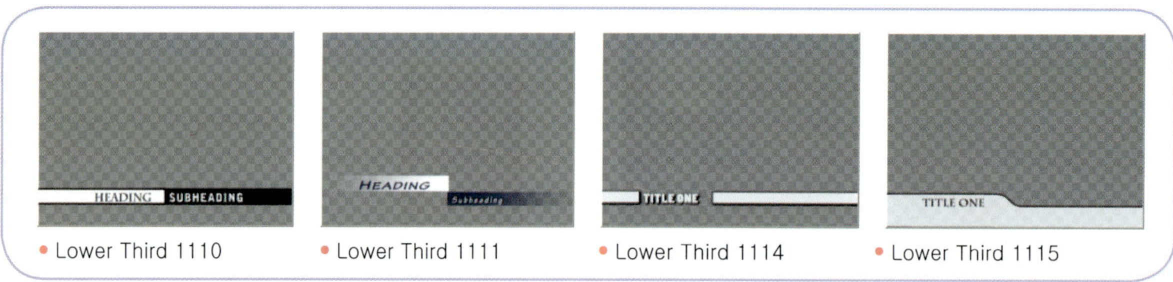

• Lower Third 1110   • Lower Third 1111   • Lower Third 1114   • Lower Third 1115

 Matte

Mattes 폴더에는 Letterbox와 Pillarbox의 2가지 템플릿이 있습니다.

• Matte Lettebox   • Matte Pillarbox

 Sports

Sports 폴더에는 Basketball, golf, Soccer, Water Sports, Winter Sports의 5가지 하위 폴더가 있습니다.

❖ Basketball

full, low 3, score, score 2, sidebar의 5가지 프리셋이 있습니다.

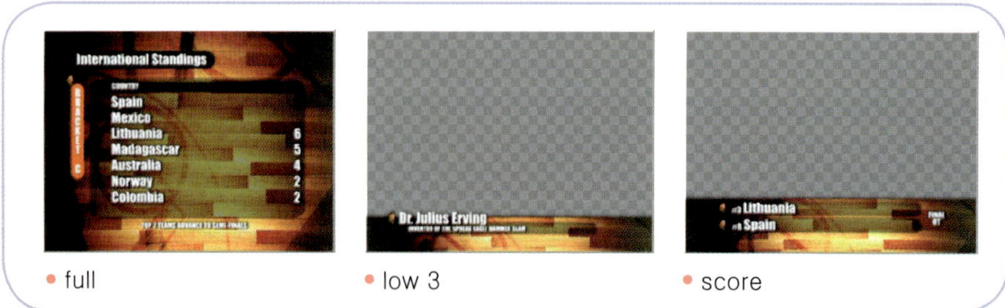

• full   • low 3   • score

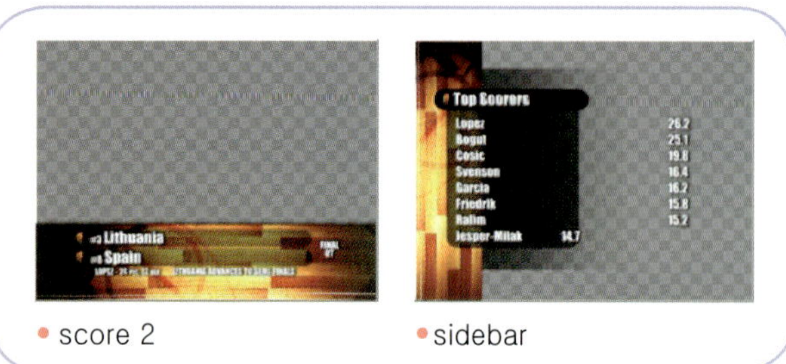

• score 2   • sidebar

list, low 3, title의 3가지 프리셋이 있습니다.

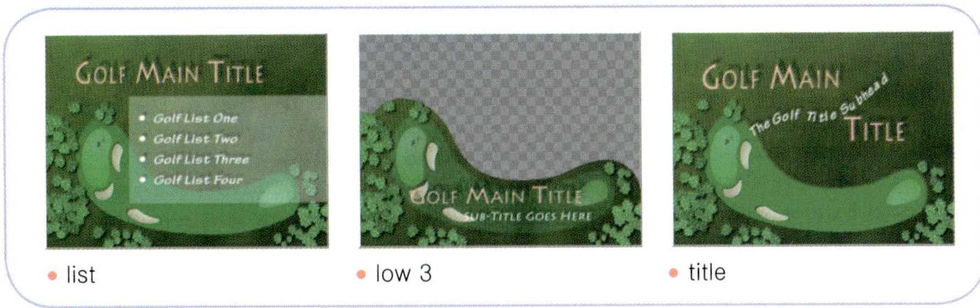

● list   ● low 3   ● title

❖ Soccer

full, letrbx, low 3, score, side의 5가지 프리셋이 있습니다.

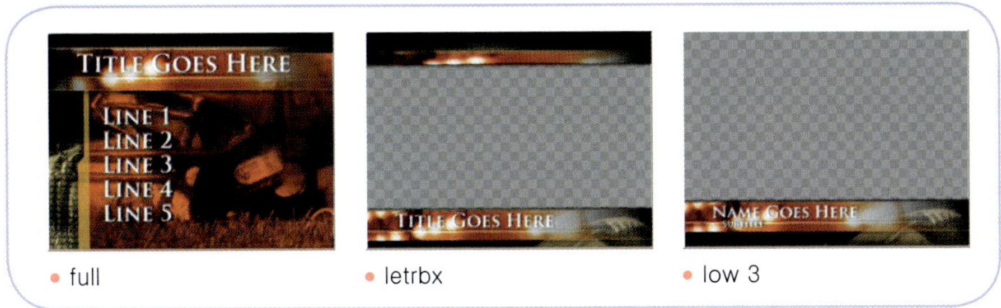

● full   ● letrbx   ● low 3

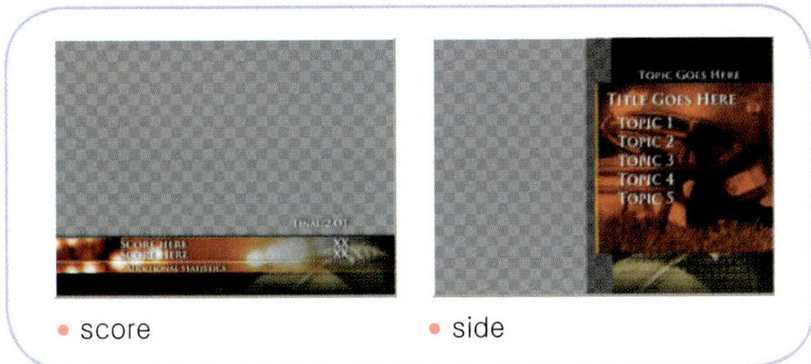

● score   ● side

❖ Water Sports

full, list, low 3, title 의 4가지 프리셋이 있습니다.

● frame   ● list   ● low 3   ● title

❖ Winter Sports

frame, list, low 3, title의 4가지 프리셋이 있습니다.

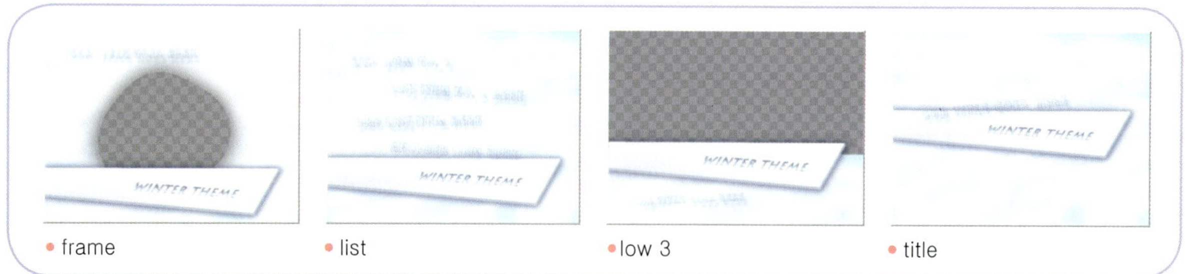

- frame
- list
- low 3
- title

 ## Title Centered

Title Centered 폴더에는 1001, 1002, 1007의 3가지 프리셋이 있습니다.

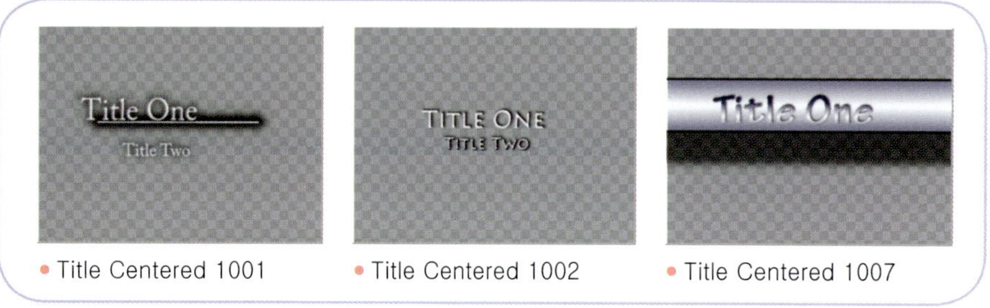

- Title Centered 1001
- Title Centered 1002
- Title Centered 1007

 ## Travel

Passport, Road Trip, Summer, Trek, Tropical, Water, Winter, World Travel 의 8가지 하위 폴더가 있습니다.

❖ Passport

frame, low 3, side의 3가지 프리셋이 있습니다.

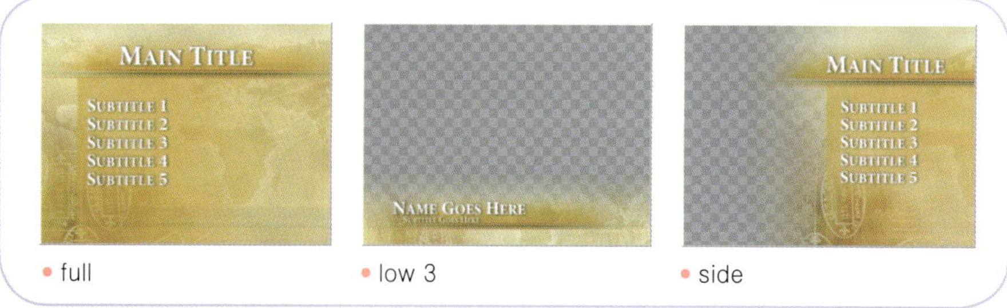

- full
- low 3
- side

❖ Road Trip

frame, list, low 3의 3가지 프리셋이 있습니다.

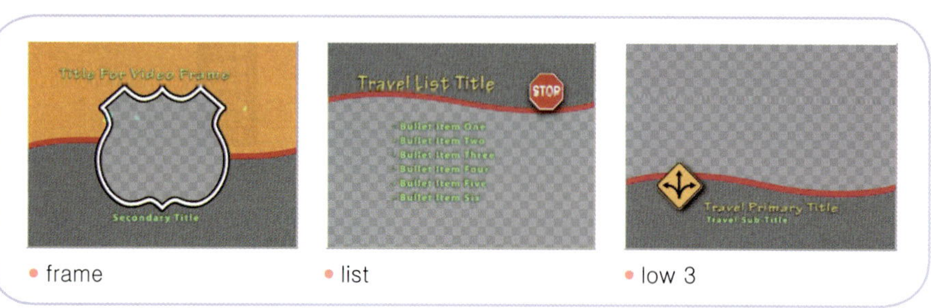

- frame
- list
- low 3

❖ Summer

full, letrbx, low3의 3가지 프리셋이 있습니다.

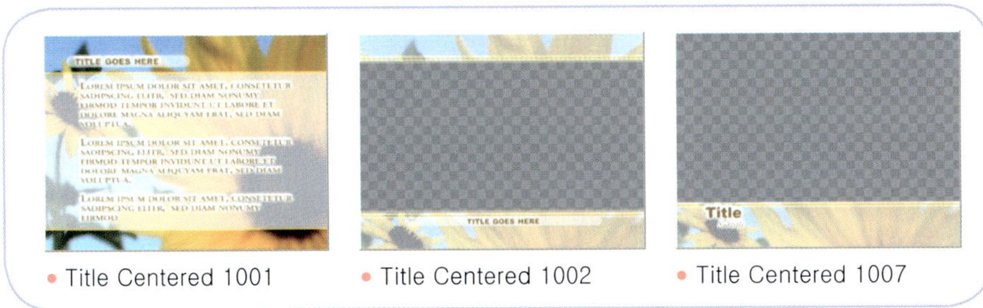

- Title Centered 1001
- Title Centered 1002
- Title Centered 1007

❖ Trek

frame, list, low3, title의 4가지 프리셋이 있습니다.

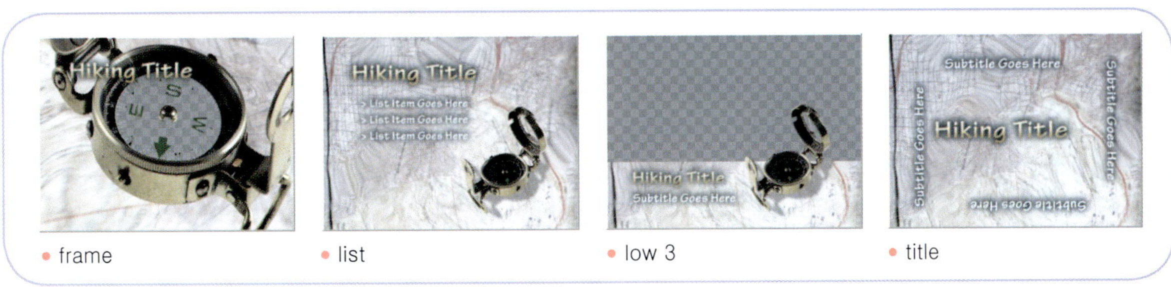

- frame
- list
- low 3
- title

❖ Tropical

frame, list, title의 3가지 프리셋이 있습니다.

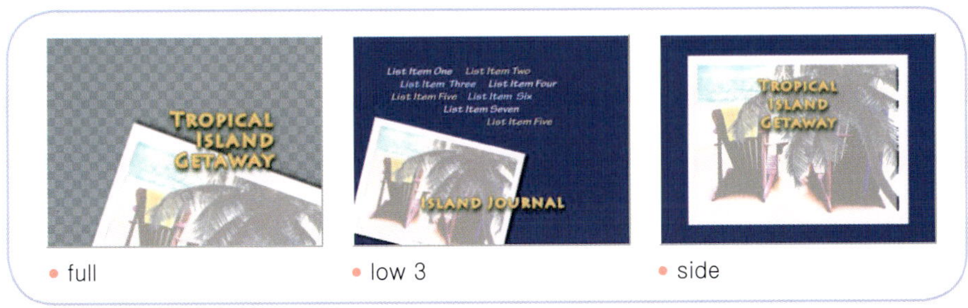

- full
- low 3
- side

❖ Water

full, low3, side의 3가지 프리셋이 있습니다.

- frame
- list
- low 3

❖ Winter

full, low3, side의 3가지 프리셋이 있습니다.

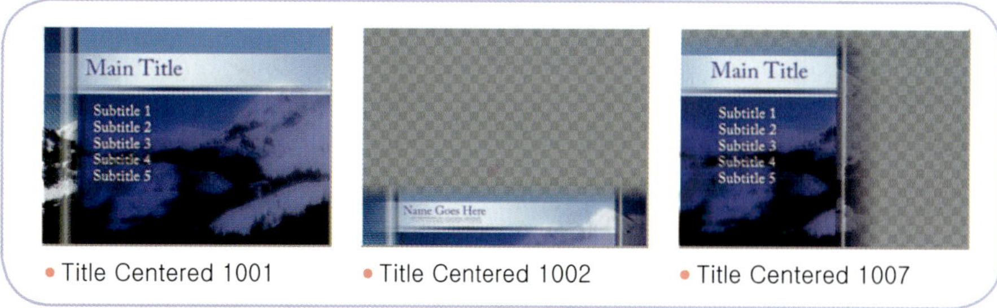

- Title Centered 1001
- Title Centered 1002
- Title Centered 1007

❖ World Travel

frame, list, low3, title의 4가지 프리셋이 있습니다.

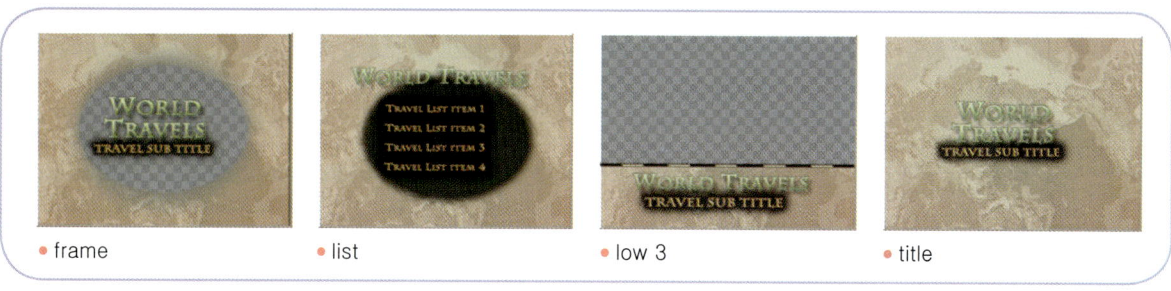

- frame
- list
- low 3
- title

Upper Thrids

Upper Thirds 폴더에는 1002, 1004, 1006, 1009의 4가지 프리셋이 있습니다.

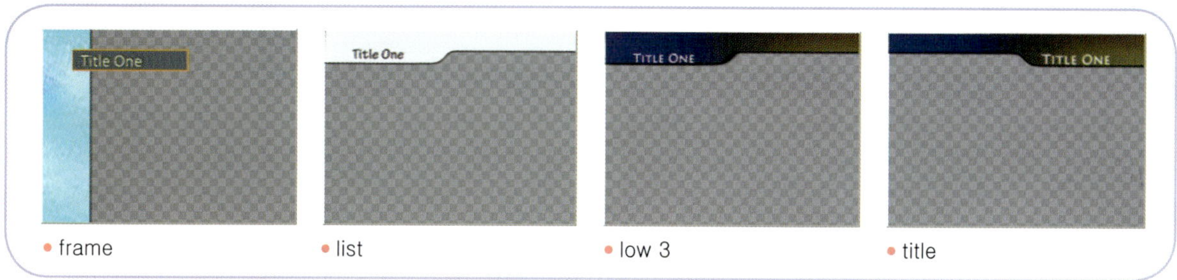

- frame
- list
- low 3
- title

Wedding

Wedding 폴더에는 Anniversary, Hands, Modern, Wedding의 4가지 하위 폴더가 있습니다.

❖ Anniversary

full, low3, side의 3가지 프리셋이 있습니다.

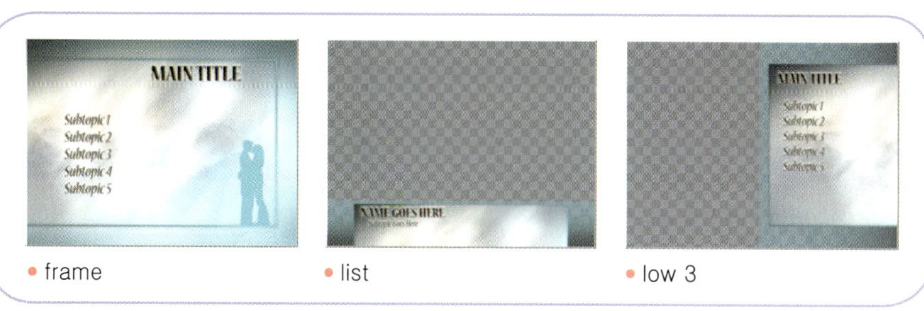

- frame
- list
- low 3

❖ Hands

full, low3, side의 3가지 프리셋이 있습니다.

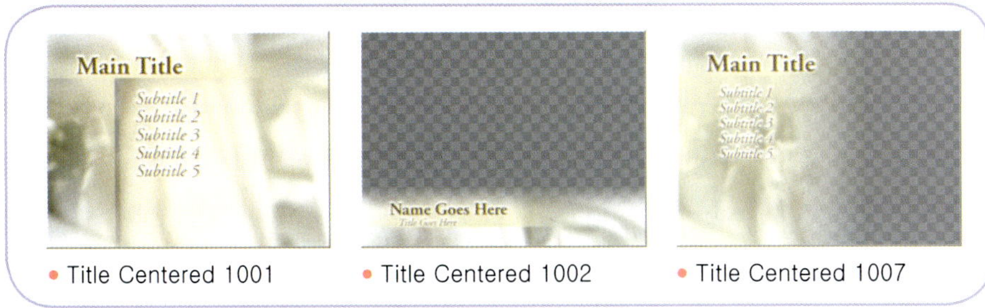

- Title Centered 1001
- Title Centered 1002
- Title Centered 1007

❖ Modern

full, low3, side의 3가지 프리셋이 있습니다.

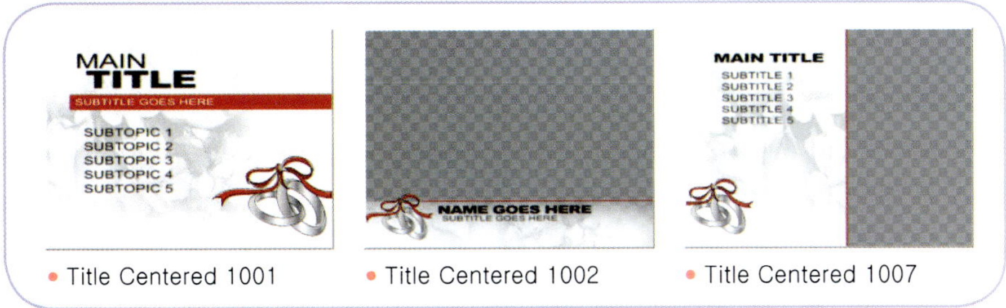

- Title Centered 1001
- Title Centered 1002
- Title Centered 1007

❖ Wedding

frame, list, low3, title의 4가지 프리셋이 있습니다.

- frame
- list
- low 3
- title

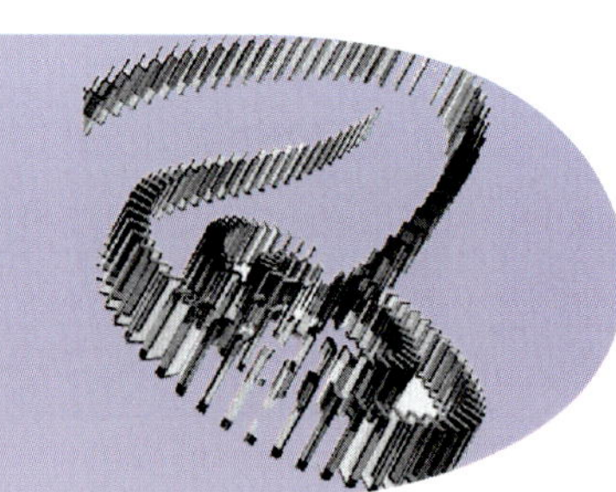

자막이 이펙트를 만났을 때

프리미어의 제공하는 타이틀 디자이너는 단순히 글자와 도형을 입력하는 역할 외에도 하나의 영상 소스로 사용할 수 있습니다. 이것은 프리미어에서 제공하는 이펙트와 결합하여 또 다른 효과를 연출할 수 있다는 의미입니다. 특히, 매트 합성 기법을 이용하면 신변 보호가 필요한 모자이크 처리라든가 영상이 자막에만 비치는 등의 특수 효과를 쉽게 만들 수 있습니다. 방법은 어떤 것이든 비슷하므로, 몇 가지만 해보면 자신만의 응용력이 생길 것입니다.

1 멀티 영상 만들기

화면 모퉁이에 또 다른 화면이 보이게 하는 PIP 영상이라든가 여러 개의 영상이 나뉘어 보이는 멀티 비전 등의 효과는 영상을 원하는 만큼 겹쳐놓고, 모션 이펙트의 Scale만 조정하면 쉽게 만들 수 있습니다. 여기에 타이틀 디자이너를 이용해서 외각 선을 처리해준다면, 보다 완성도 있는 멀리 영상을 만들 수 있습니다. 방법은 간단하므로, 한 가지 정도만 해봐도 자신만의 아이디어를 얻을 수 있을 것입니다.

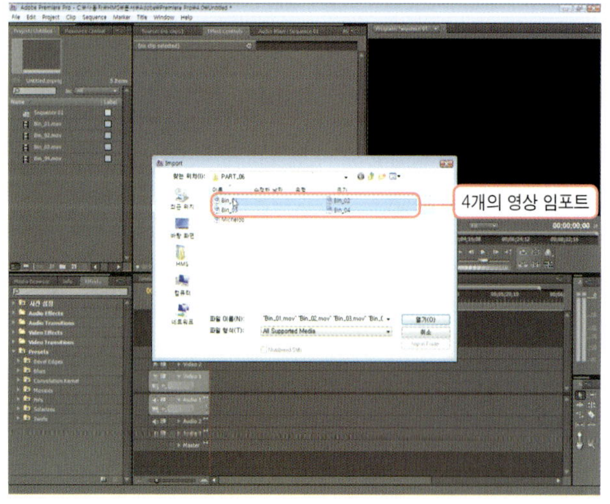

01 새로운 프로젝트를 만들고, 프로젝트 패널의 빈 공간을 더블 클릭하여 부록 CD의 PART_06 폴더에서 Bin_01에서 Bin_04까지 4개의 영상을 불러옵니다. 2개 이상의 영상을 한 번에 불러올 때는 마우스 드래그 또는 Ctrl 키를 누른 상태로 파일을 선택한 후, 열기 버튼을 클릭합니다.

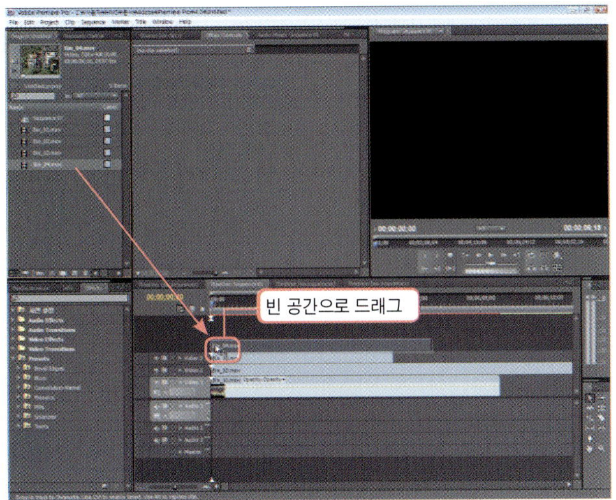

02 Bin_01.mov 소스는 Video 1 트랙에, Bin_02.mov는 Video 2트랙에, Bin_03.mov는 Video 3트랙에 가져다 놓습니다. 그리고 Bin_04.mov 소스는 Video 3 트랙의 위쪽에 보이는 빈 공간으로 드래그하여 가져다 놓습니다. 그러면 Video 4 트랙에 자동으로 생성됩니다.

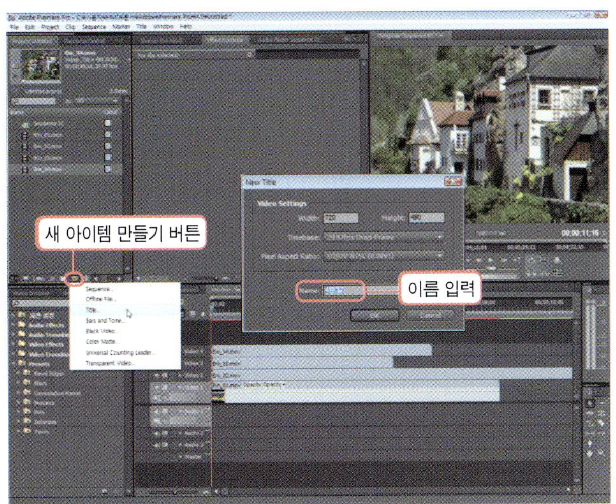

03 프로젝트 패널의 도구에서 새 아이템 만들기 버튼을 클릭하여 메뉴를 열고, Title를 선택합니다. New Title 창의 Name 항목에 4분할이라고 입력합니다. 4분할 이라는 이름의 타이틀 아이템을 만드는 것입니다.

04 타이틀 패널의 도구에서 라인 툴을 선택하고, 영상 보다 조금 길게 가로 라인을 그립니다. Shift 키를 누른 상태에서 드래그해야 일직선으로 그릴 수 있습니다.

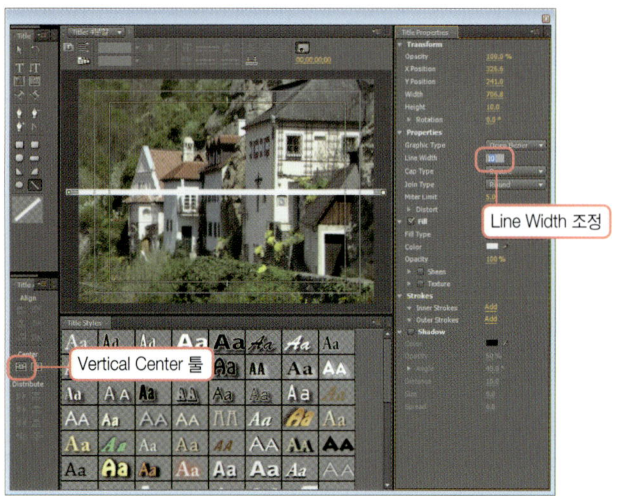

05 Align 패널의 Center에서 Vertical Center 툴을 클릭하여 가로 선을 중앙에 정렬합니다. 그리고 Properties 패널의 Line Width 값을 10으로 설정하여 라인의 굵기를 조정합니다.

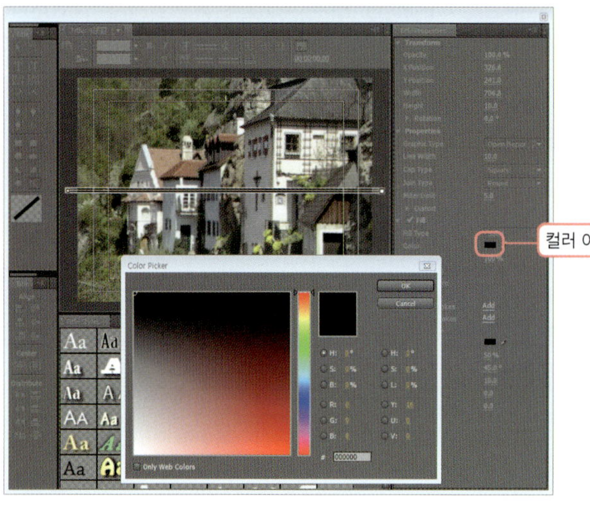

06 계속해서 Color 항목의 컬러 아이콘을 클릭하여 Color Picker 창을 열고, 검정색을 선택하여 라인의 색상을 검정색으로 변경합니다.

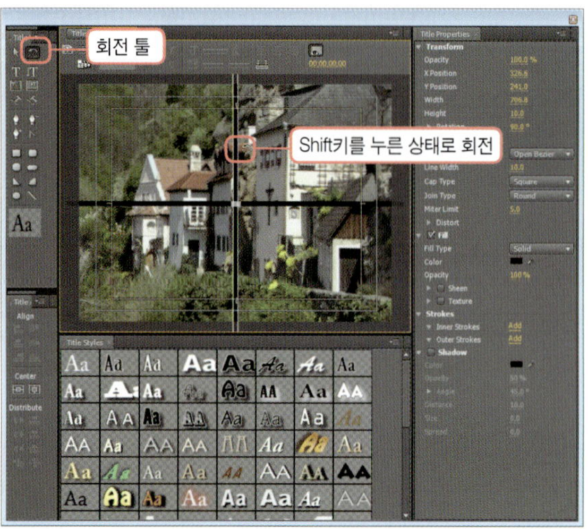

07 라인이 선택되어 있는 상태에서 Ctrl+C 키를 눌러 복사하고, Ctrl+V 키를 눌러 붙입니다. 그리고 회전 툴을 선택하여 복사한 라인을 세로로 회전시킵니다. 이때도 Shift 키를 누른 상태로 회전을 시켜야 정확히 90도 각도로 회전시킬 수 있습니다.

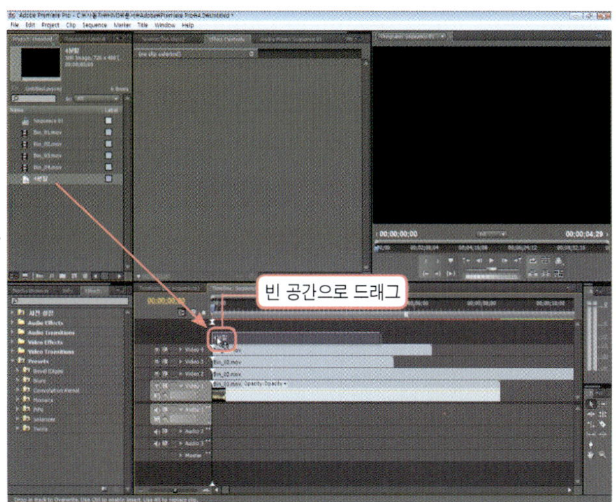

08 타이틀 패널을 닫고, 프로젝트 패널의 4분할 타이틀 아이템을 Video 4 트랙 위쪽의 빈 공간으로 드래그하여 가져다 놓습니다. Video 5 트랙이 자동으로 생성됩니다.

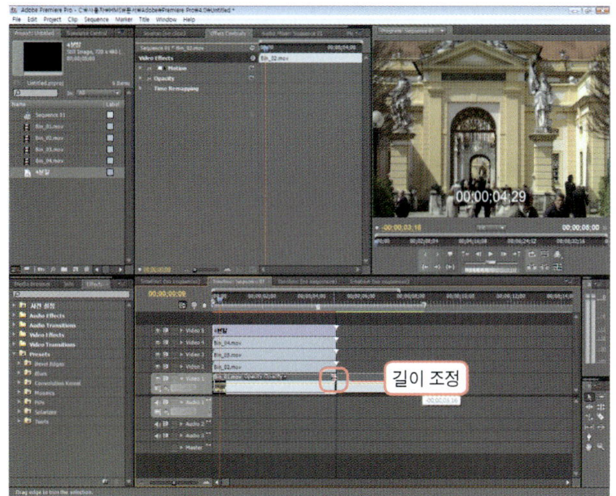

09 타이틀 패널의 라인을 이용해서 화면을 분할할 준비가 완료되었습니다. Video 1트랙에서 Video 4트랙에 등록한 클립의 끝 부분을 왼쪽으로 드래그하여 Video 5 트랙의 타이틀 클립과 동일하게 길이를 줄입니다.

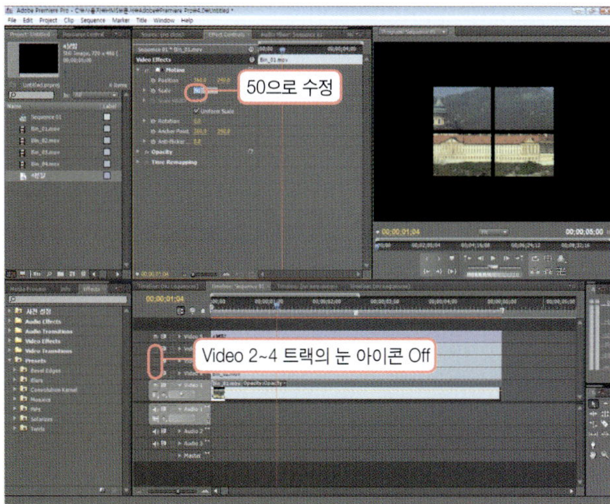

10 이제 Video 1 트랙의 클립에서부터 위치와 크기만 변경하면 되는데, Video2~4 트랙의 눈 아이콘을 Off시켜 Video 1 번 트랙 영상이 보이게 합니다. 그리고 모션의 Scale을 50으로 설정하여 화면을 축소시킵니다.

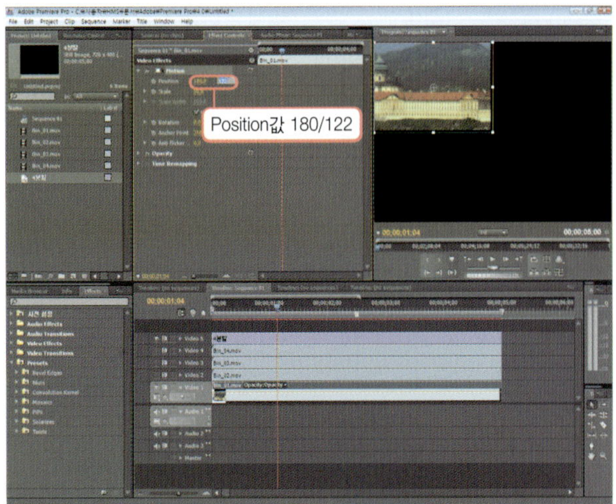

11 Motion을 선택하여 영상의 외각이 표시되게 하고, 마우스로 드래그하여 왼쪽 상단으로 이동시켜도 좋지만, 다른 영상과 일치시키기 위해서 Position 값을 180/122로 설정합니다.

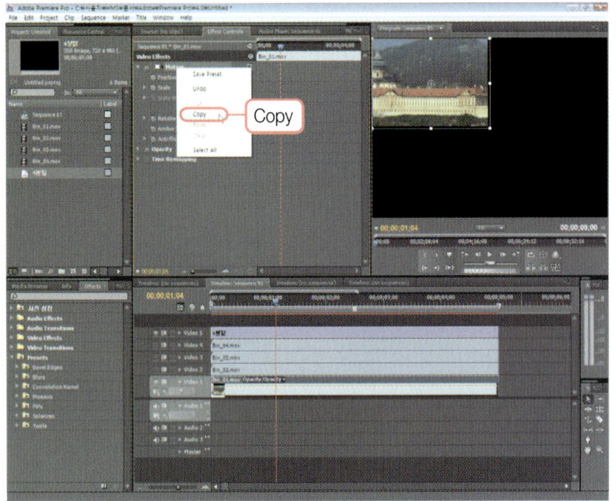

12 나머지 Video 2트랙에서부터 Video 4트랙의 영상도 같은 효과를 적용할 것이므로, Motion을 마우스 오른쪽 버튼으로 클릭하여 단축 메뉴를 열고, Copy를 선택하여 복사합니다. 단축키 Ctrl + C 를 이용해도 좋습니다.

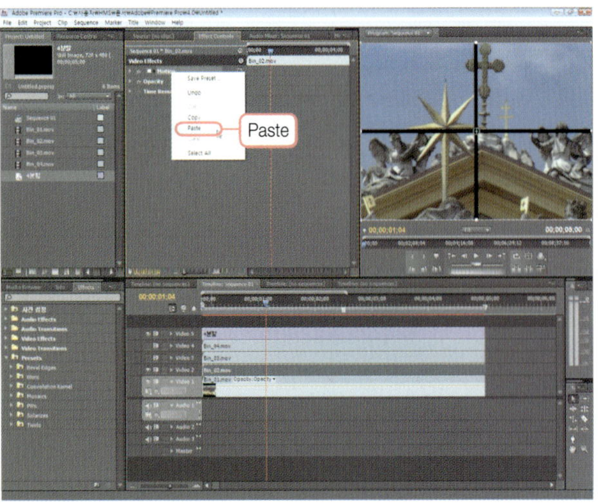

13 Video 2 트랙의 눈 아이콘을 On으로 하여 영상이 보이게 하고, 클립을 선택합니다. 그리고 Motion에서 마우스 오른쪽 버튼을 클릭하여 단축 메뉴를 열고, Paste를 선택하여 Video 1 트랙에서 복사한 모션 값을 붙입니다. 단축키 Ctrl + Alt + V 를 이용해도 좋습니다.

14 Position 값의 가로를 538로 수정하여 화면 오른쪽에 위치시킵니다. 나머지 Video3 트랙은 눈 아이콘을 On으로 하고, 클립을 선택한 다음에 모션을 붙이고, 세로 위치를 363, Video 4트랙은 가로 538, 세로 363으로 하여 4분할 멀티 화면을 완성합니다.

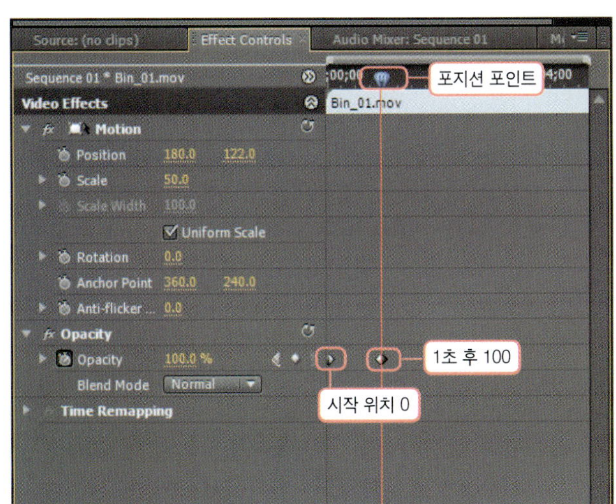

15 4개의 화면이 차례로 보여지면 좀더 자연스러울 것입니다. Video 1번 트랙의 클립을 선택하고, Home 키를 눌러 클립의 시작 위치로 이동합니다. 그리고 Opacity 값을 0으로 하고, 포지션 포인트를 드래그하여 약 1초 뒤로 이동시킨 다음에 Opacity 값을 100으로 합니다.

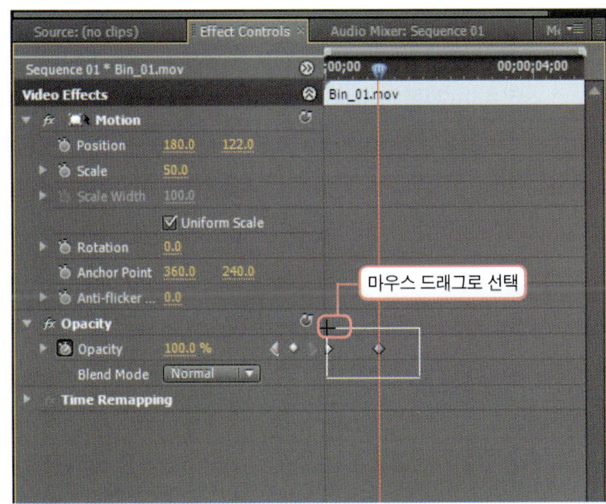

16 나머지 Video2~Video 4까지 Opacity가 적용되는 위치만 다르고 값은 동일하게 적용할 것이므로, Video 1 트랙의 클립에서 만든 키프레임을 마우스 드래그로 선택한 다음에 Ctrl+C 키를 눌러 복사합니다.

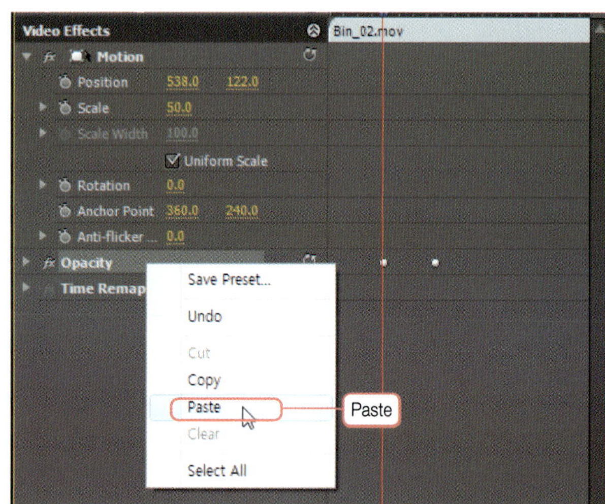

17 Video 2 트랙의 클립을 선택합니다. 그리고 Opacity에서 마우스 오른쪽 버튼을 클릭하여 단축 메뉴를 열고, Paste로 붙입니다. Video 1 트랙에서 Opacity 값을 100으로 설정했던 1초 위치에 키프레임이 생성됩니다.

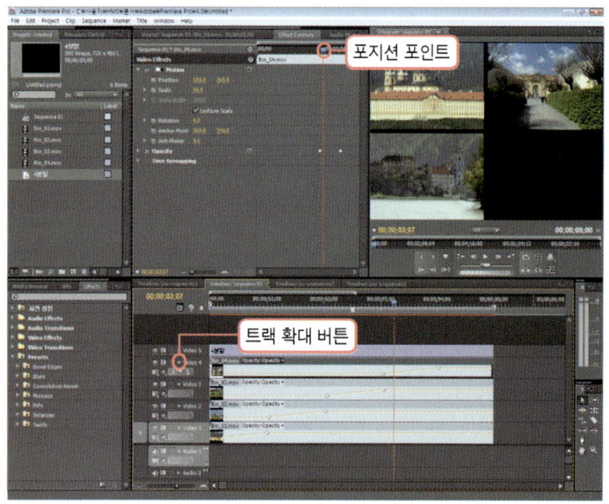

18 Video 3클립을 선택하고, 포지션 포인트를 드래그하여 1초 뒤로 이동시킵니다. 그리고 Opacity에서 마우스 오른쪽 버튼을 클릭하여 단축 메뉴를 열고, Paste를 선택하여 붙입니다. Video 4 트랙의 클립에도 1초 뒤에 키프레임을 붙입니다. 트랙 이름 왼쪽의 작은 삼각형을 클릭하여 트랙을 확장해서 보면, 1초 간격으로 동일한 키프레임이 적용된 것을 확인할 수 있습니다.

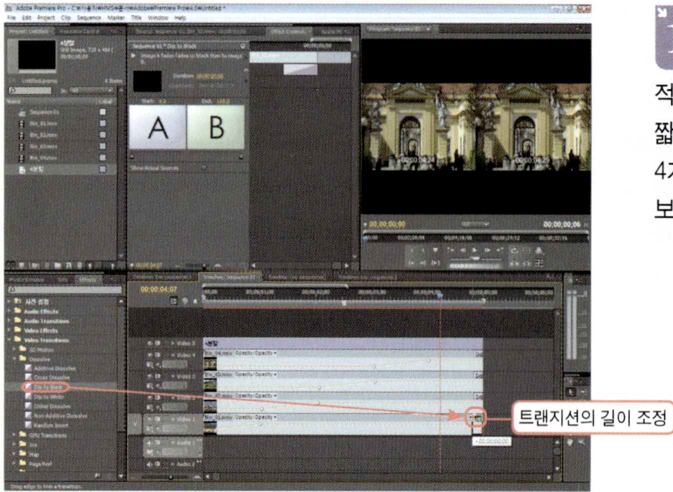

19 마지막으로 Dissolve 폴더의 Dip to Black 트랜지션을 각 클립의 끝 부분에 드래그하여 적용합니다. 트랜지션의 길이는 약 5프레임 정도로 짧게 조정합니다. 타이틀의 라인 도구를 이용해서 4개의 영상을 분할 표시하고, 각각의 영상이 차례로 보이다가 사라지는 효과를 만들어보았습니다.

모자이크 영상 만들기

신변 보호가 필요한 인물이거나 광고를 해서는 안 되는 상품 등, 영상의 특정 부분에 모자이크로 처리해야 하는 경우가 간혹 있습니다. 성인 영화의 경우에는 하얀 안개로 처리하여 호기심을 유발하는 목적으로 사용되기도 합니다. 아무튼 이러한 기법들은 사용자마다 처리하는 방법이 다릅니다. 여기서는 가장 쉽게 사용할 수 있는 타이틀 디자이너로 처리할 부분에 도형을 그리고, 매트 합성 기법을 적용하여 연출해보겠습니다. 안개로 처리하고 싶다면, 그냥 Blur만 적용해도 됩니다.

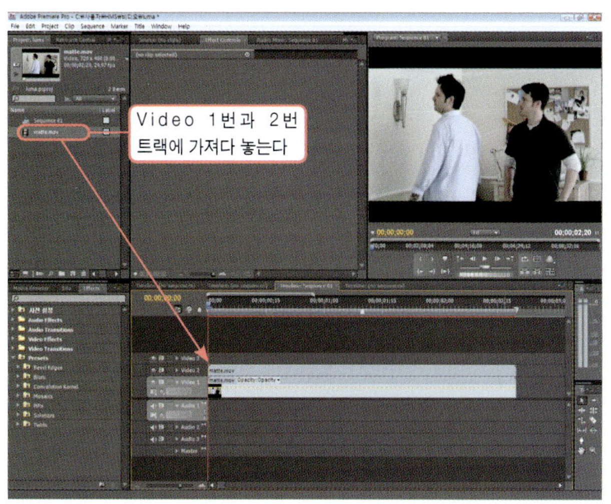

01 부록 CD의 PART_06 폴더에서 matte 파일을 찾아 불러옵니다. 그리고 Video 1 트랙과 Video 2 트랙에 가져다 놓습니다. 같은 영상을 두 트랙에 놓고, 하나를 모자이크로 처리한 후에 매트 트랙을 이용해서 보여지게 할 것입니다.

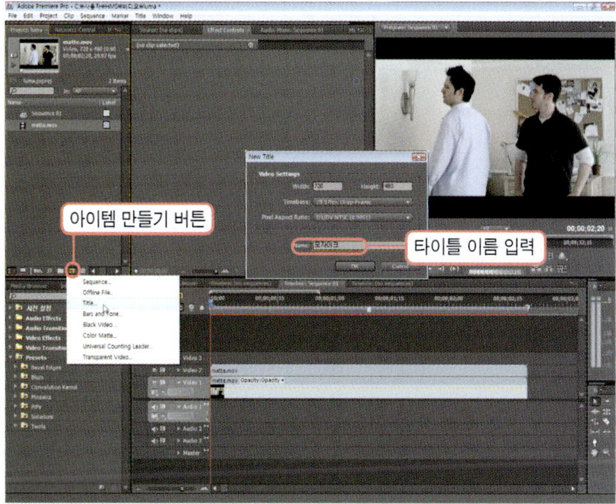

02 프로젝트 패널의 아이템 만들기 버튼을 클릭하여 메뉴를 열고, Title를 선택하여 새로운 타이틀을 만듭니다. 타이틀의 이름은 모자이크라고 하겠습니다.

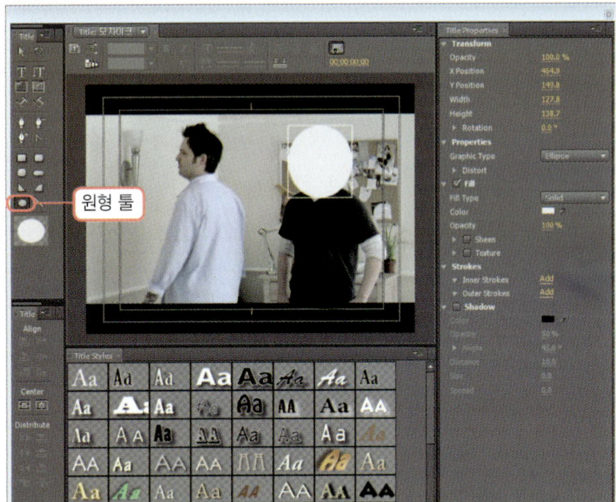

03 타이틀 디자이너의 도구에서 원형 툴을 선택하고, 모자이크로 처리하고 싶은 대상의 크기만큼 그립니다. 모자이크로 처리할 대상이 사각형이라면 사각 툴을 이용하고, 다른 작업으로 색상을 바꿨었다면, Color 아이콘을 클릭하여 흰색으로 변경합니다.

04 타이틀 디자이너를 닫고, 소스를 Video 3 트랙에 가져다 놓습니다. 그리고 클립의 오른쪽 끝을 왼쪽으로 드래그하여 영상의 길이에 맞춥니다.

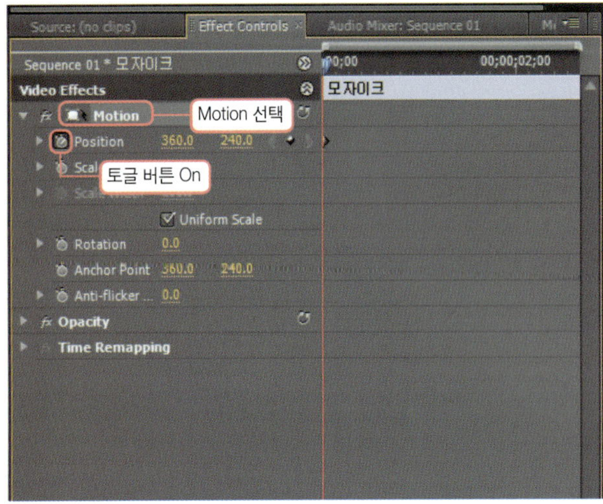

05 이펙트 컨트롤 패널의 Motion을 선택하여 영상의 위치와 크기를 조정할 수 있는 외각 선이 표시되게 하고, Position 옵션을 토글 버튼을 클릭하여 키프레임을 만듭니다.

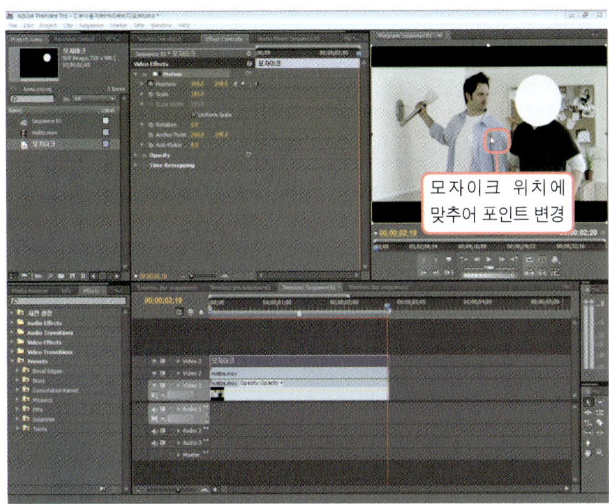

06 이제부터는 조금 지겨운 작업이 될 것입니다. Space bar 키를 눌러 영상을 재생하거나 → 키를 눌러 한 프레임씩 확인을 하면서 모자이크 위치가 달라지는 부분에 맞추어 포인트의 위치를 변경합니다.

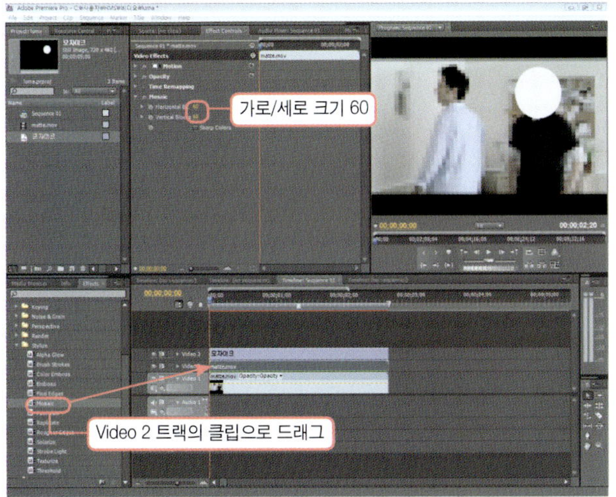

07 실습 영상의 경우에는 모자이크 처리되는 인물의 위치가 바뀌지 않으므로, 더 이상의 Position 변경은 없지만, 실제로는 많은 시간이 소요되는 작업입니다. 이펙트 패널의 Stylize 폴더에서 Mosaic를 찾아 Video 2 트랙의 클립에 적용합니다. 모자이크의 크기는 Horizontal과 Vertical 모두 60으로 하겠습니다.

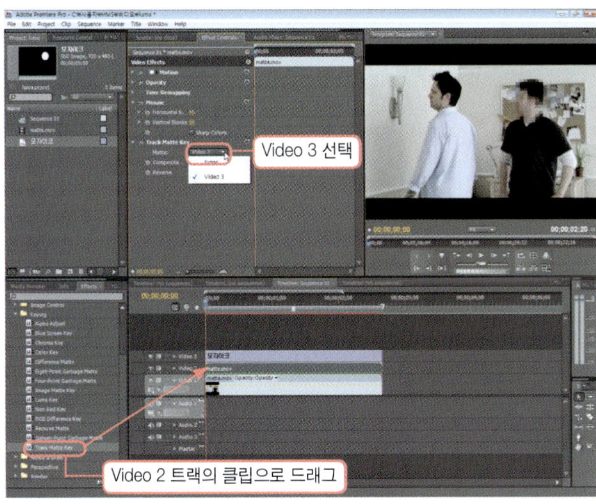

08 계속해서 Keying 폴더의 Track Matte-key를 찾아 모자이크 이펙트를 적용했던 Video 2트랙에 적용합니다. 그리고 Matte 옵션에서 Video 3 트랙을 선택하여 모자이크 처리된 영상이 타이틀로 만들었던 흰색 영역에만 표시되게 합니다. TV에서 흔히 보던 모자이크 영상이 완성되었습니다.

3 움직이는 로우 타이틀 만들기

타이틀 디자이너에는 수 많은 로우 타이틀 템플릿을 제공하고 있기 때문에 인물 및 사건 등의 영상 정보를
전달하는 자막을 만들 때, 크게 어려운 부분은 없습니다. 그러나 영상에 따라 정지된 이미지가 지루한 느낌을
줄 수 있는데, 모션 이펙트를 이용하여 자막에 움직임을 부여하면, 지루한 느낌을 감소시킬 수 있습니다.
물론, 사용자의 아이디어에 따라 블러 이펙트 모션을 적용하여 좀 더 생동감 있는 자막을 만들거나 라이트
이펙트를 적용하여 화려하게 만들 수도 있으며, 애니메이션 영상의 대화 자막 등으로도 응용 할 수 있습니다.

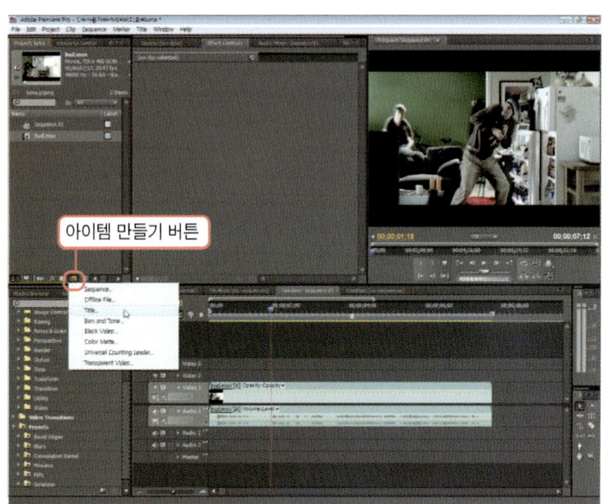

01 부록 CD의 PART_06에서 Bud 파일을 찾아
임포트하여 타임라인 패널의 Video 1 트랙에
가져다 놓습니다. 그리고 프로젝트 패널의 아이템
만들기 버튼을 클릭하여 메뉴를 열고, Title를
선택하여 새로운 타이틀 소스를 만듭니다.

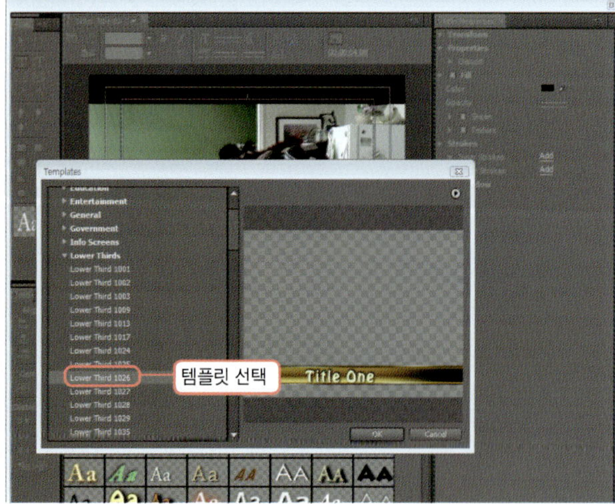

02 타이틀 패널에서 Ctrl + J 키를 눌러 템플릿
창을 엽니다. 그리고 Lower Thirds에서
실습에 사용할 템플릿을 선택합니다. 그림에서는
Lower third 1026을 선택하고 있습니다.

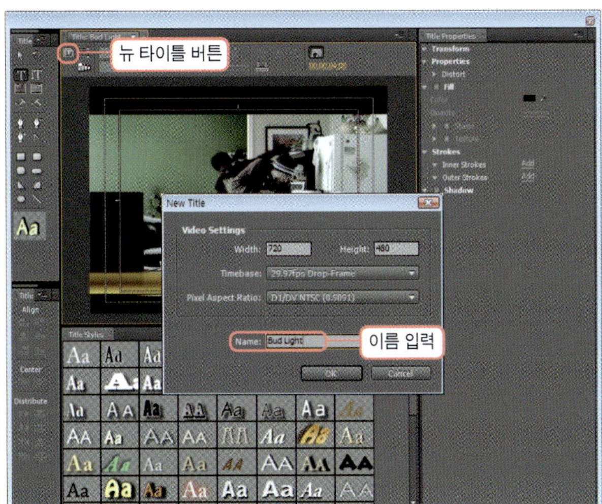

03 메인 도구의 뉴 타이틀 버튼을 클릭하여 지금 만든 타이틀을 복사합니다. 새로 만드는 타이틀의 이름은 Bud light 라고 입력하겠습니다. 동일한 타이틀 소스를 두 개 만든 것입니다.

04 화살표 툴로 타이틀 백 그라운드의 도형을 선택하고, Delete 키를 눌러 삭제합니다. 그리고 Title One이라는 글자를 더블 클릭하여 문자 툴이 선택되게 하고, 영상에 필요한 자막으로 변경합니다. 실습에서는 Font Family에서 한글 폰트를 선택하여 한글을 입력하고 있습니다.

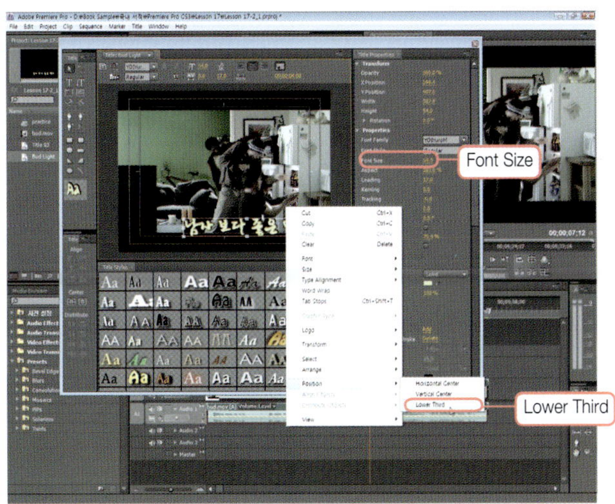

05 글자의 크기(Font Size)와 간격(Tracking) 등을 조정하고, 글자를 오른쪽으로 배치합니다. 이때 자막 안전선이 벗어나지 않을 정도로만 이동시킵니다. 그리고 글자를 마우스 오른쪽 버튼으로 클릭하여 단축 메뉴를 열고, Potion의 Lower Third를 선택하여 아래쪽에 정렬합니다.

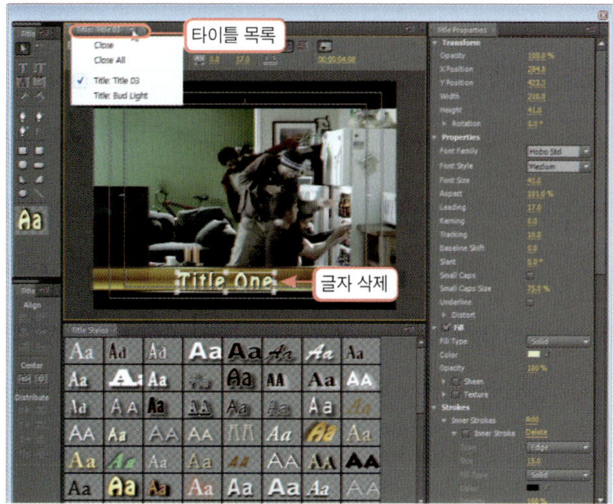

06 타이틀 목록을 열어 처음에 만들었던 타이틀 소스를 선택하여 엽니다. 그리고 화살표 툴을 이용해서 Title One이라는 예제 글자를 선택하고, Delete 키로 삭제합니다. 동일한 템플릿을 두 개 만들어 하나는 도형만 이용하고, 하나는 글자만 이용하고 있는 것입니다.

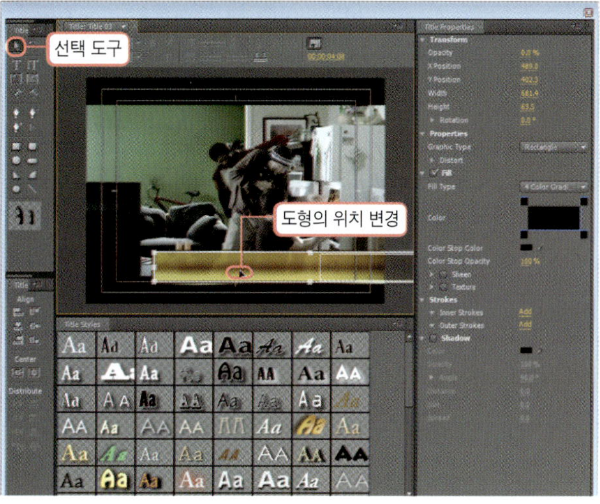

07 선택 도구를 이용해서 도형을 약간 오른쪽 으로 이동시킵니다. 앞에서 글자의 크기를 키웠다면, 도형의 경계선을 드래그하여 글자와 비례한 크기로 조정합니다. 이제 타이틀 패널을 닫습니다.

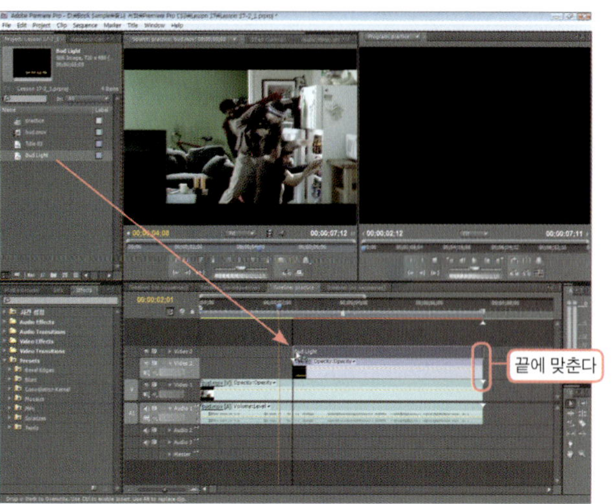

08 프로젝트 패널에는 두 개의 타이틀 소스가 만들어져 있습니다. 처음에 만들었던 타이틀 소스를 Video 2 트랙에 가져다 놓고, 새로 만든 Bud Light 타이틀 소스를 Video 3 트랙에 가져다 놓습니다. 소스를 가져다 놓을 때, 두 개의 클립 모두 Video 1 트랙에 있는 영상의 끝 부분에 맞춥니다.

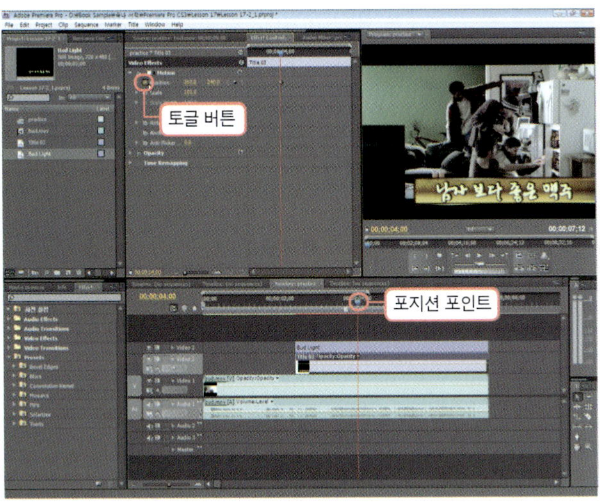

09 포지션 포인트를 드래그하여 약 5초 위치에 가져다 놓고, Video 2 트랙에 가져다 놓은 클립을 선택합니다. 그리고 이펙트 컨트롤 패널의 Motion 옵션을 열고, Position의 토글 버튼을 클릭하여 키프레임을 만듭니다.

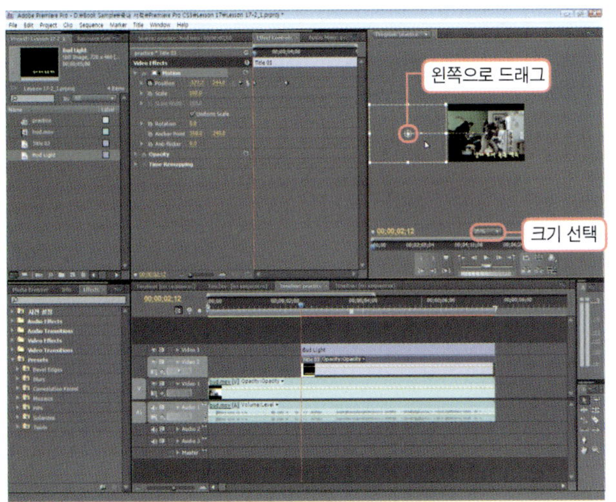

10 Page up 키를 눌러 포지션 라인을 클립의 시작 위치로 이동시키고, 프로그램 패널의 크기를 25%로 축소합니다. 그리고 Motion을 선택하여 외각 선이 표시되게 하고, Shift 키를 누른 상태에서 포인트를 드래그하여 프레임 밖으로 벗어나게 합니다. 클립의 시작 위치에서는 영상에서 보이지 않다가 서서히 화면 오른쪽으로 이동되며 나타나는 모션 작업을 한 것입니다.

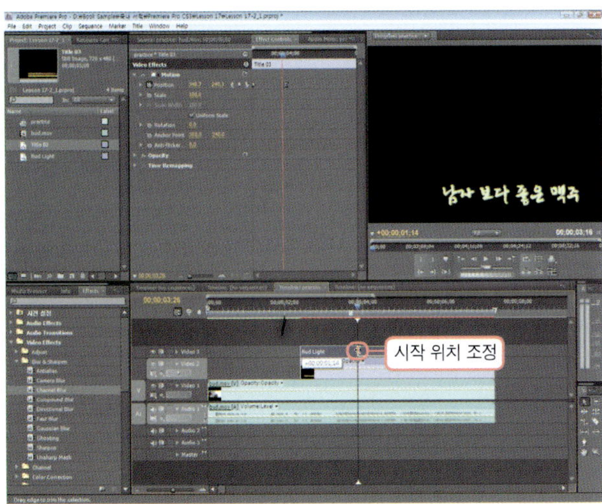

11 키프레임 이동 버튼을 클릭하여 오른쪽 키프레임 위치로 포지션 라인을 이동시킵니다. 그리고 Video 3 트랙 클립의 시작 위치를 드래그하여 포지션 라인 위치에 맞춥니다. 글자가 나타나는 시작 위치를 조정하는 것입니다.

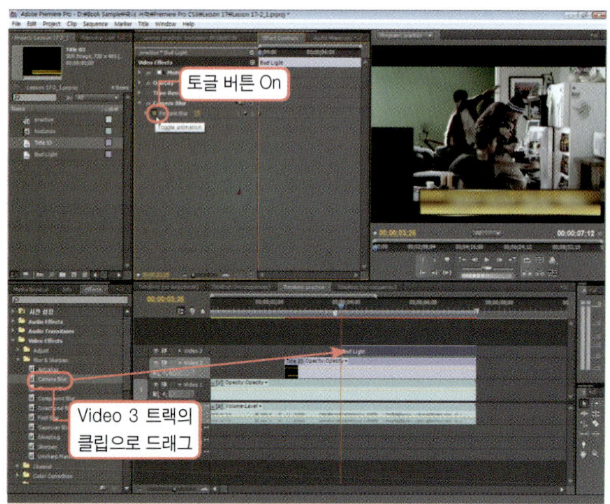

12 이펙트 패널의 Blur & Sharpen 폴더에서 Camera Blur를 찾아 Video 3 트랙의 클립에 적용합니다. 그리고 Percent Blur 옵션의 토글 버튼을 클릭하여 Video 3 트랙의 시작 위치에 키프레임을 만듭니다.

13 포지션 라인을 약 1초 뒤로 이동시키고, Percent Blur의 작은 삼각형을 클릭하여 슬라이드가 보이게 합니다. 그리고 슬라이드를 왼쪽으로 드래그하여 값을 0으로 조정합니다. 글자가 시작 위치에서 희미하게 보이다가 점점 선명하게 보이는 효과를 만드는 것입니다.

14 Space bar 키를 눌러 영상을 재생해보면, 글자의 백 그라운드 도형이 왼쪽에서 오른쪽으로 등장하고, 잠시 후 뿌연 글자가 선명해지는 애니메이션을 확인할 수 있습니다. 좀 더 자연스러운 효과를 위해서는 모션이 적용된 도형 클립의 오른쪽 키프레임을 마우스 오른쪽 버튼으로 클릭하여 단축 메뉴를 열고, Ease In을 선택하여 속도감을 부여하는 것도 좋습니다.

매끄러운 피부 만들기

지금까지 타이틀 디자이너의 기본 기능과 이펙트와 만났을 때의 응용 방법들을 몇 가지 살펴보았습니다. 하지만, 이것은 극히 일부분에 지나지 않으며, 똑 같은 기능을 가지고도 전혀 다른 결과물을 만드는 테크닉은 독자 스스로의 몫입니다. 프리미어의 활용 능력을 키우기 위해서는 많은 실습과 연구를 통해 스스로 아이디어를 얻어야 하는데, tv/adobe.com에서 다양한 예제와 활용법을 설명하고 있는 방송을 볼 수 있으므로, 꼭 한 번 방문을 해보기 바랍니다. 블러와 매트 합성 기법을 이용하여 매끄러운 피부 톤 만들기 실습을 마지막으로 타이틀 디자이너의 학습을 마치겠습니다.

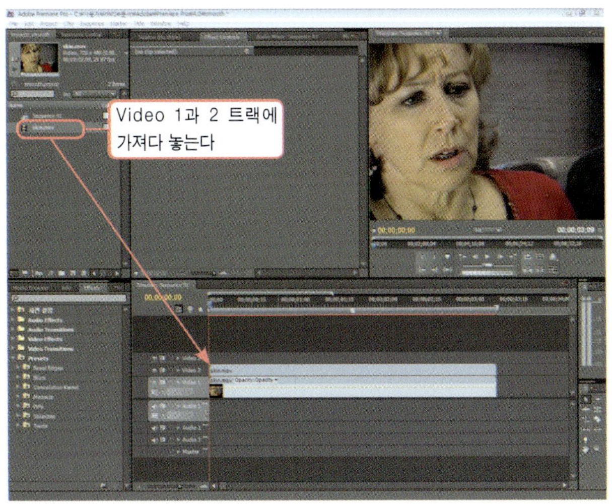

01 프로젝트 패널의 빈 공간을 더블 클릭하여 Import 창을 열고, 부록 CD의 PART_06에서 Skin 파일을 찾아 불러옵니다. 그리고 Video 1과 Video 2 트랙에 가져다 놓습니다. 하나의 소스를 두 트랙에 겹쳐놓는 것입니다.

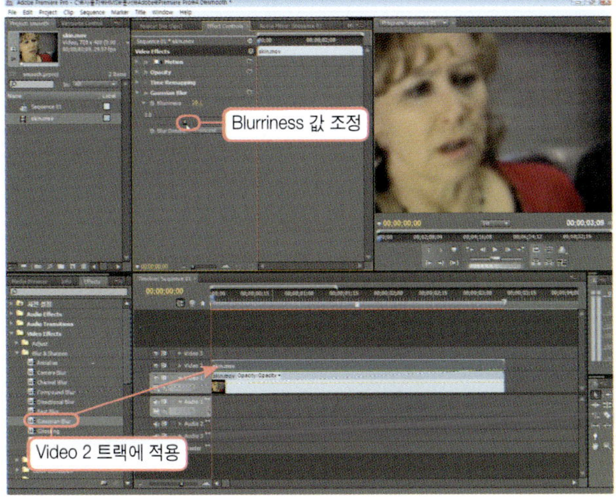

02 비디오 이펙트 패널의 Blur & Sharpen 폴더에서 Gaussian Blur를 찾아 Video 2 트랙의 클립에 적용합니다. 그리고 이펙트 컨트롤 패널에서 Gaussian Blur 이펙트의 Blurriness 값을 조정하여 화면을 흐리게 만듭니다.

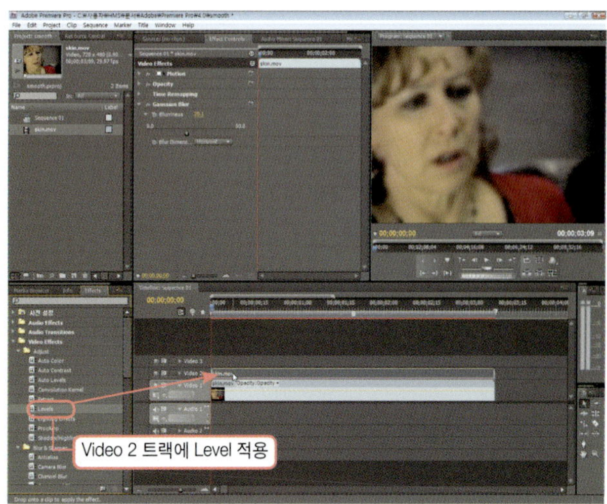

03 매트 합성을 적용하기 전에 어두운 영상을 보정하겠습니다. Adust 폴더의 Levels 이펙트를 찾아 Gaussian Blur를 적용했던 Video 2 트랙의 클립에 적용합니다.

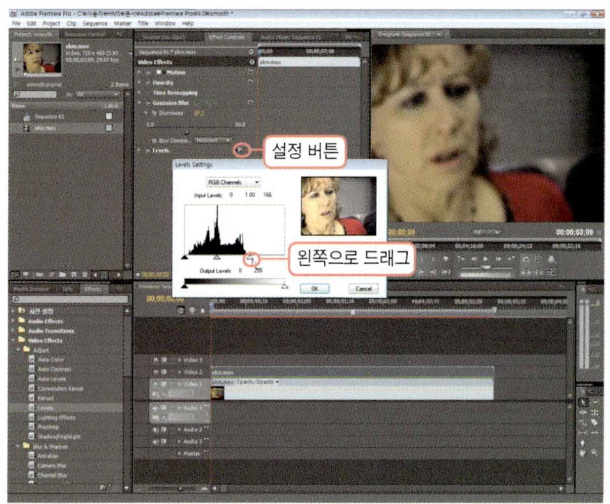

04 이펙트 컨트롤 패널에서 Levels의 설정 버튼을 클릭하여 창을 엽니다. 그래프를 보면, 어두운 영역으로 몰려있습니다. 오른쪽 슬라이드를 왼쪽으로 드래그하여 밝고 선명한 영상을 만듭니다.

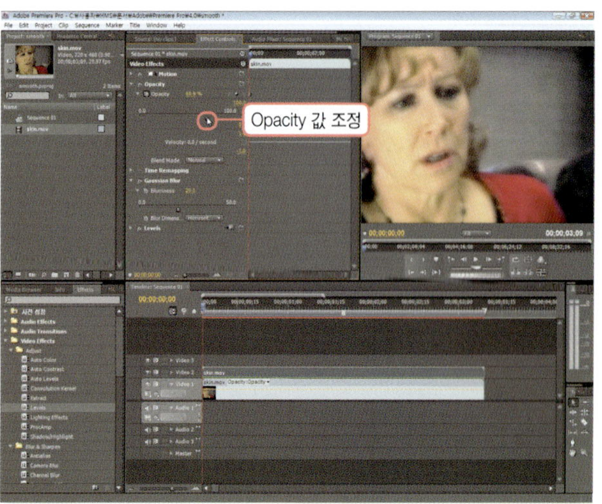

05 계속해서 Opacity 옵션을 열고, 슬라이드를 왼쪽으로 드래그하여 투명하게 만듭니다. Video 2 트랙에 있는 클립의 불투명도를 조정하여 Video1 트랙에 있는 클립과 합성하는 것입니다.

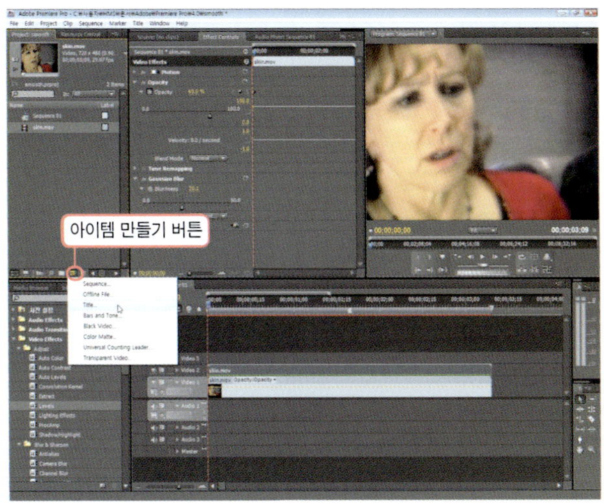

06 전체적으로 흐릿해진 영상에서 눈과 입술을 뚜렷하게 처리하여 보다 자연스러운 영상을 만듭니다. 이때 사용하는 기법이 매트 합성입니다. 매트로 합성할 도형은 타이틀 디자이너를 이용해서 작업합니다. 아이템 만들기 버튼을 클릭하여 메뉴를 열고, Title을 선택합니다.

07 타이틀 소스의 이름은 적당한 것으로 입력하고, 타이틀 디자이너의 원형 툴을 이용해서 눈 부분에 원형을 그립니다. 도형의 테두리를 드래그하여 크기를 조정할 수 있고, 모서리를 드래그하여 각도를 조정할 수 있습니다.

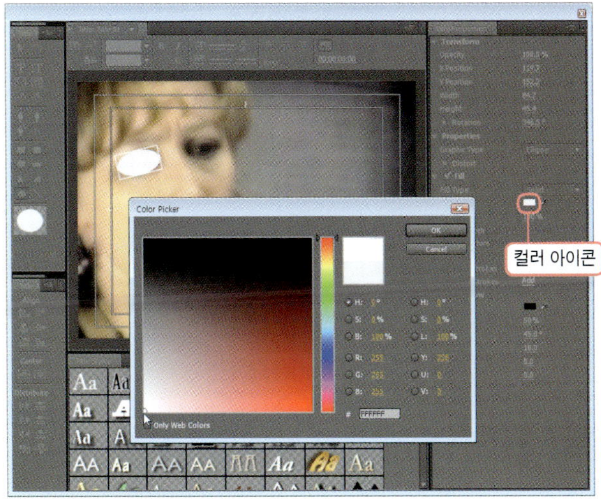

08 도형이 선택되어 있는 상태에서 Properties 패널의 Filee 항목에서 Color 옵션의 색상 아이콘을 클릭하여 Color Picker 창을 엽니다. 그리고 흰색을 선택합니다.

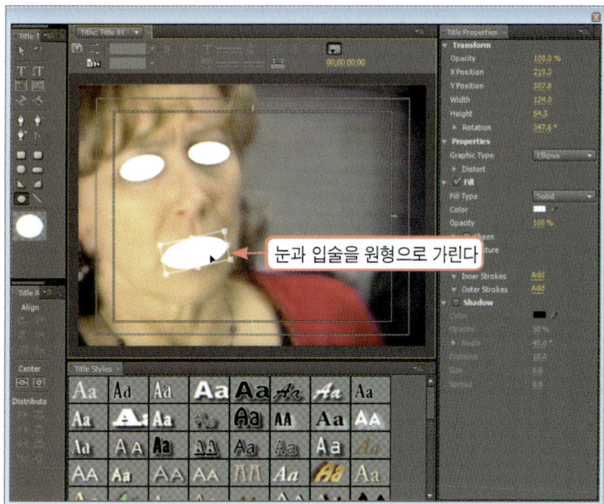

09 계속해서 다른 쪽 눈과 입술에도 원형 툴을 이용하여 그립니다. 색상은 앞에서 선택했던 흰색을 기억하고 있으므로, 각각의 도형마다 흰색을 선택할 필요는 없습니다. 작업이 끝나면, 타이틀 디자이너를 닫습니다.

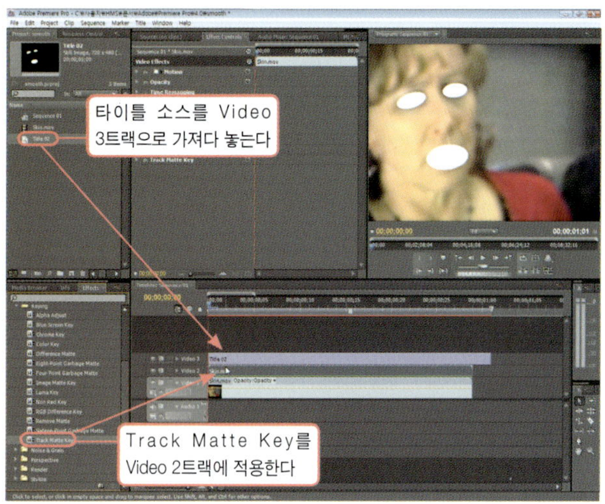

10 도형을 그려넣은 타이틀 소스를 Video 3 트랙에 가져다 놓고, 이펙트 패널의 Keying 폴더에서 Track Matte key 이펙트를 찾아 Video 2 트랙의 클립에 적용합니다.

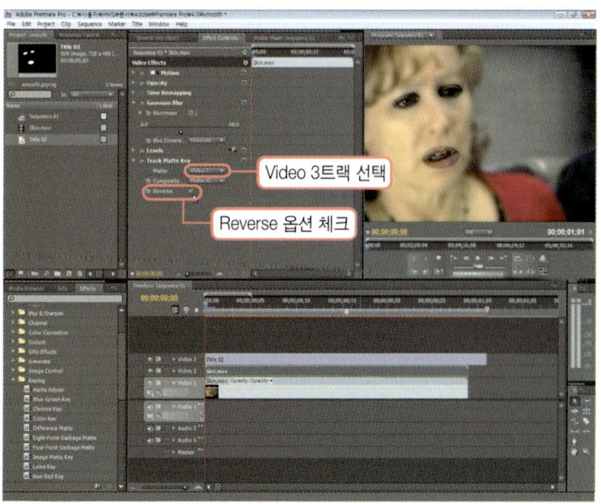

11 이펙트 컨트롤 패널에서 Track Matte Key의 옵션을 열고, Matte에서 Video 3 트랙을 선택합니다. 그리고 Reverse 옵션을 체크하여 매트 합성을 흰색 영역으로 반전시킵니다.

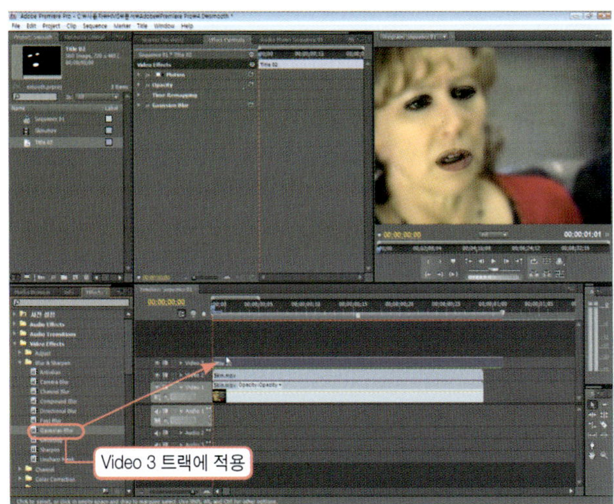

12 블러가 적용된 얼굴과 매트가 적용된 입술의 경계가 너무 뚜렷하여 부자연스럽습니다. 블러를 적용하여 자연스럽게 처리하겠습니다. 이펙트 패널의 Blur & Sharpen에서 Gaussian Blur를 찾아 Video 3 트랙의 클립에 적용합니다.

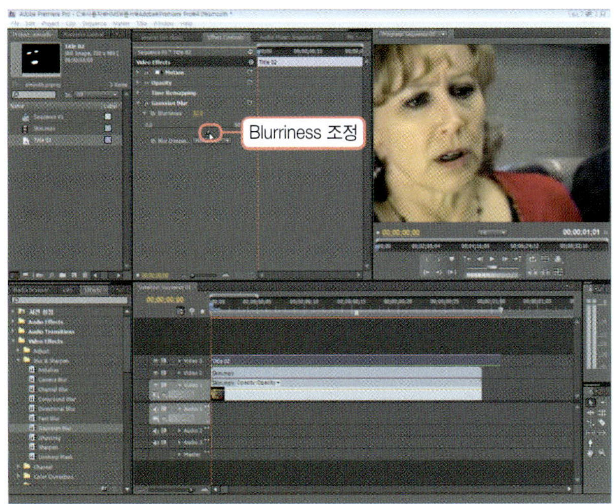

13 이펙트 컨트롤 패널에서 Gaussian Blur 옵션을 열고, Blurriness 값을 조정하여 매트가 적용된 눈 및 입술과 블러가 적용된 얼굴과의 경계를 부드럽게 처리하여 매끄러운 피부 톤 만들기를 완성합니다.

매트 합성의 응용

실습은 편의를 위해 움직임이 적은 영상으로 실습을 했지만, 움직임이 많은 영상이라면, 매트 트랙의 타이틀 소스는 피사체의 움직임에 따른 모션 작업이 추가적으로 필요할 것입니다. 그리고 이 기법을 이용하면, 인물뿐만 아니라 특정 상품을 강조하는 광고 영상에도 응용이 가능합니다.

Premiere Pro CS4

PART 07

영상을 완성하는 사운드

"소리가 생각을 지배한다"는 광고 카피가 말해주듯이 영상에서 오디오가 차지하는 비중은

매우 큽니다. 프리미어 프로 CS4는 녹음 스튜디오에서 사용하는 하드웨어 믹서와 각종

이펙트 장비를 그대로 구현하고 있으며, VST 지원으로 무한대에 가까운 확장이 가능합니다.

전문 포스트 프로덕션에서나 가능한 오디오 작업을 해낼 수 있는 프리미어 프로 CS4의

오디오 기능을 살펴보겠습니다.

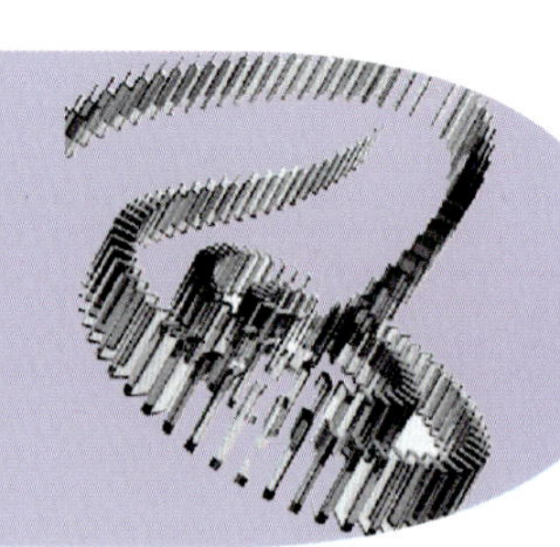

사운드 편집하기

프리미어 프로 CS4는 오디오 녹음, 믹싱, 편집 및 마스터링 등의 전문적인 사운드 작업에 사용되는 Adobe Audition과 Soundbooth의 엔진을 그대로 탑재하고 있기 때문에 실시간 편집 및 고품질의 샘플링 작업이 가능합니다. 물론, 정밀한 편집 작업을 위해서는 Adobe사의 사운드부스나 Sony 사의 사운드포지와 같은 전문 프로그램이 필요하지만, 프리미어 프로 CS4만으로도 녹음 스튜디오와 동일한 작업을 해낼 수 있습니다. 특별히 본서의 사운드 부분을 검토해주고, 별책 부록으로 Adobe Soundbooth CS4를 집필해준 최이진씨에게 지면을 통해 감사의 말을 전합니다.

1 사운드 녹음하기

고품질의 사운드 녹음을 위해서는 콘덴서 마이크, 프리 앰프 및 오디오 카드 등의 전문적인 장비가 필요합니다. 그러나 개인 작품인 경우에는 컴퓨터에 내장되어 있는 사운드 카드에 인터넷 쇼핑몰에서 쉽게 구입할 수 있는 몇 천 원짜리 헤드셋만으로도 충분합니다. 프리미어에 익숙해지면, 사운드에 대한 욕심이 커질 수 밖에 없는데, 그때쯤, 오디오 카드부터 하나씩 장만하는 것이 좋겠습니다. 오디오 카드를 구입할 때는 콘덴서 마이크를 연결할 수 있는지, 프리 앰프 기능이 있는지의 여부를 확인하기 바랍니다. 지금은 컴퓨터를 구입할 때 서비스로 받았거나 인터넷 쇼핑몰에서 구입한 헤드셋으로 오디오 학습을 시작합니다.

 녹음 환경 체크하기

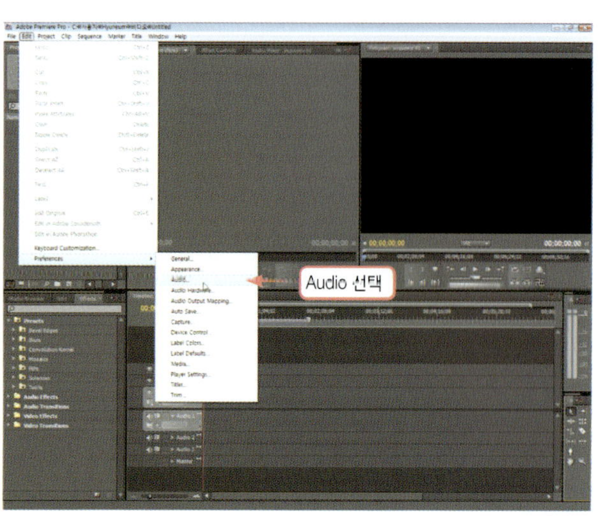

01 컴퓨터에 내장되어 있는 사운드 카드도 Mic 녹음만 가능한 것에서부터 Line In이나 Wav 녹음이 가능한 것까지 제품마다 차이가 있습니다. 프리미어 프로 CS4는 녹음 소스를 내부적으로 컨트롤 할 수 있는데, 이것부터 살펴보겠습니다. 실습을 위한 새로운 프로젝트를 만들고, Edit(편집) 메뉴의 Preferences(환경설정)에서 Audio를 선택합니다.

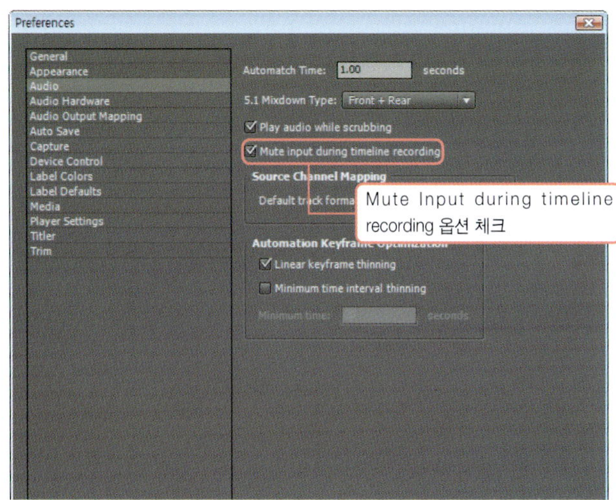

02 오디오 기본 환경을 설정할 수 있는 창 이 열립니다. 인/아웃 라인이 하나뿐인 사운드 카드를 사용하고 있다면, Mute Input during timeline recording 옵션을 체크하여 녹음하는 사운드가 모니터 되지 않게 합니다. 인/아웃이 여러 개인 오디오 카드 사용자는 옵션을 해제하여 녹음하는 사운드를 실시간으로 모니터 할 수 있지만, 사운드 카드 사용자는 하울링이 발생하므로 피해야 합니다.

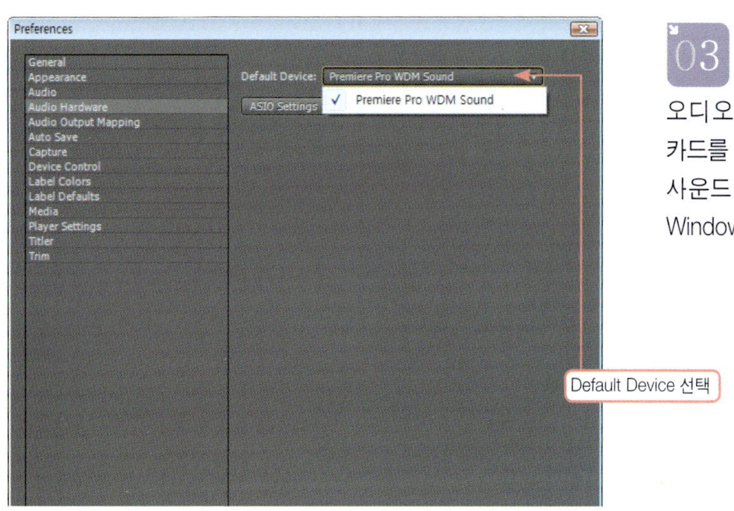

03 Preferences 목록에서 Audio Hardware 를 선택하여 하드웨어 설정 페이지를 엽니다. 오디오 카드사용자는 컴퓨터에 장착한 오디오 카드를 Default Device 목록에서 선택합니다. 내장된 사운드 카드뿐이라면 기본 값인 Premiere Pro Windows Sound를 그대로 사용합니다.

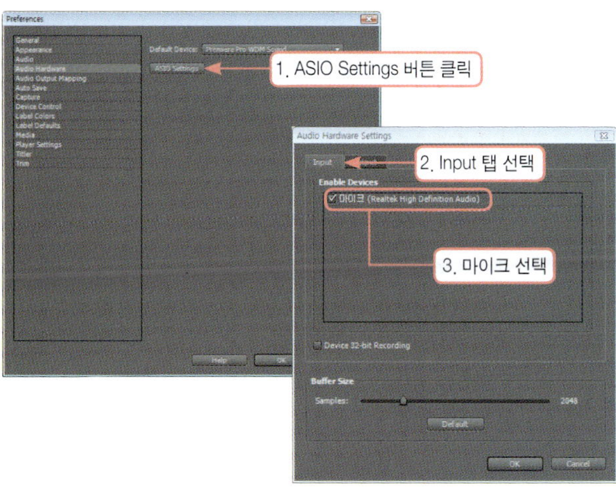

04 프리미어에서 사용할 사운드 카드를 선택했다면, ASIO Settings 버튼을 클릭하여 컨트롤 패널을 엽니다. 그리고 Input 탭을 클릭하여 페이지를 열고, 마이크가 선택되어 있는지 확인합니다. 대부분의 내장 사운드 카드는 소스가 마이크뿐이지만, 종류에 따라 Line in이나 Wav 등의 소스를 선택할 수 있는 것도 있으므로 반드시 확인을 하고, 창을 닫습니다.

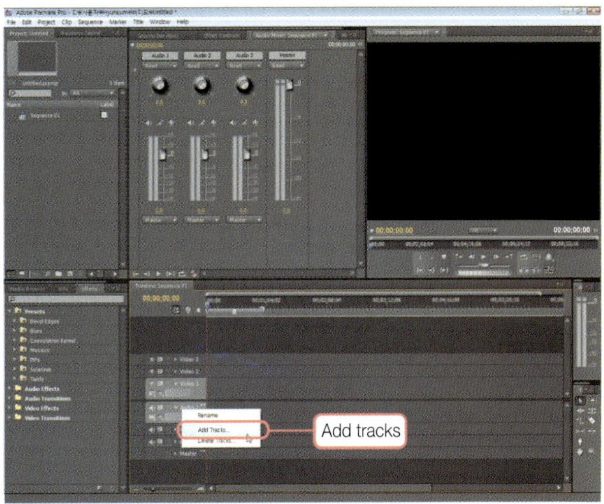

01 Audio Mixer 탭을 클릭하여 패널엽니다. 그리고 메뉴 버튼을 클릭하여 메뉴를 열고, Meter Input(s) Only 메뉴를 선택합니다. 이것은 녹음하는 트랙의 입력 레벨 미터가 튀도록 하는 것입니다.

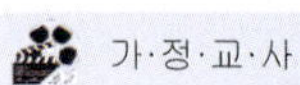

02 마이크는 모노 입력이기 때문에 굳이 스테레오 트랙으로 녹음할 필요가 없습니다. 타임 라인의 오디오 트랙에서 마우스 오른쪽 버튼을 클릭하여 단축 메뉴를 열고, Add Track을 선택합니다.

가·정·교·사

사운드 카드는 마이크도 스테레오로 인식하기 때문에 모노 트랙을 만들지 않아도 좋습니다.

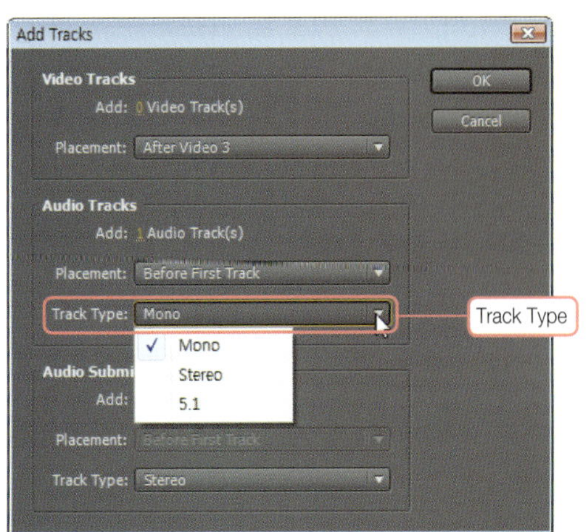

03 Add Tracks 창이 열립니다. Video Tracks의 Add 값은 0으로 하여 비디오 트랙은 만들지 않고, Audio Tacks의 Add 값만 1로 둡니다. 그리고 Placement는 Before First Track을 선택하여 가장 위쪽에 트랙이 추가되게 하고, Track Type은 Mono를 선택합니다.

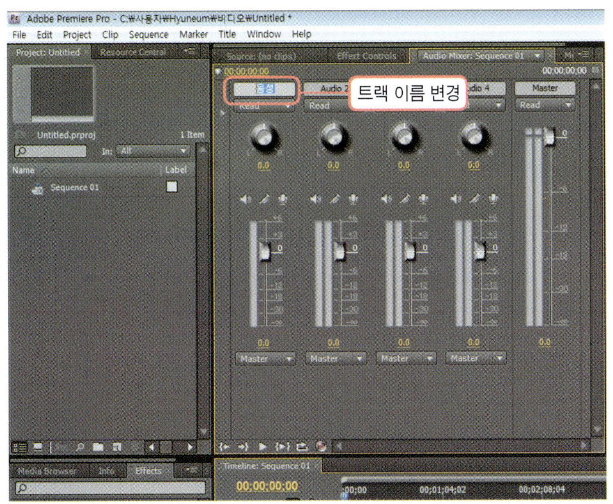

04 [OK] 버튼을 클릭하여 Add Tracks 창을 닫으면, Audio 1 트랙이라는 이름의 오디오 모노 트랙이 추가됩니다. 추가된 트랙의 이름은 구분하기 쉬운 것으로 바꾸는 것이 좋습니다. 사용자 목소리를 녹음할 것이므로, Audio 1으로 만들어진 트랙 이름을 마우스 드래그로 선택하고, '음성'이라는 이름으로 변경합니다.

05 사운드 카드의 MIC 단자에 헤드셋이나 마이크를 연결합니다. 그리고 새로 만든 '음성' 트랙의 마이크 아이콘을 클릭하여 녹음 가능한 트랙으로 만들고, 음성을 테스트 하면서 레벨 미터가 튀는지 체크합니다.

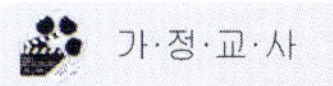
가·정·교·사

멀티 오디오 카드 사용자는 마이크 아이콘 위쪽에 표시되는 디바이스 목록에서 마이크가 연결된 포트를 선택합니다.

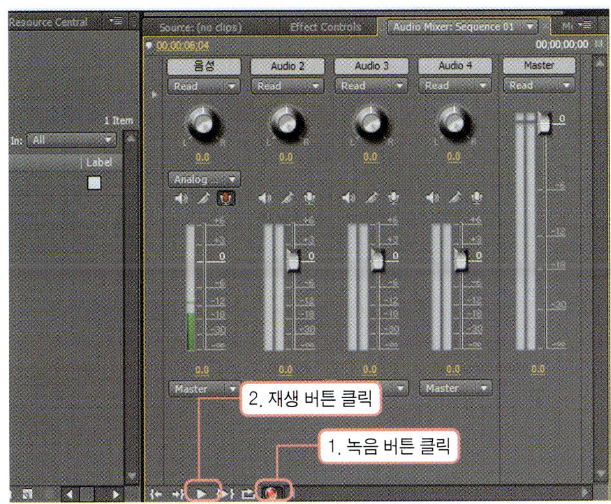

06 오디오 믹서 패널의 도구에서 녹음 버튼과 재생 버튼을 클릭하고, 녹음을 시작합니다. 녹음하는 방법을 학습하는 목적이므로, 자신이 좋아하는 노랫말이나 시 등을 녹음해도 좋고, 그냥 본문 내용을 읽어도 좋습니다.

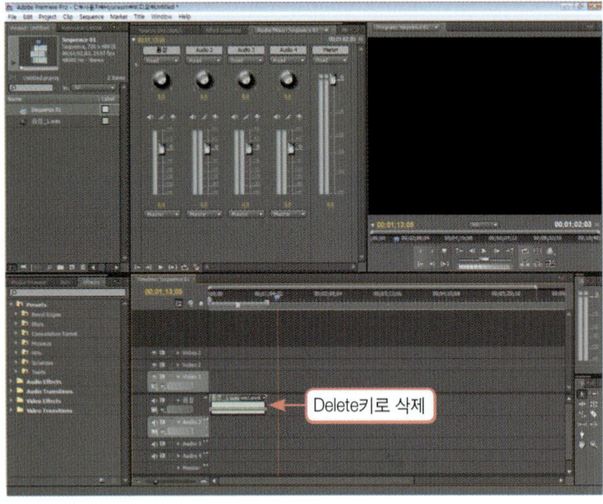

01 녹음이 끝나면, 정지 버튼을 누르고, 마이크 버튼을 Off로 합니다. 녹음된 사운드는 프로젝트 패널과 타임 라인 패널에 기록됩니다. 타임 라임 패널에 등록된 클립은 수정을 해서 다시 등록할 것이므로, Delete 키로 삭제합니다.

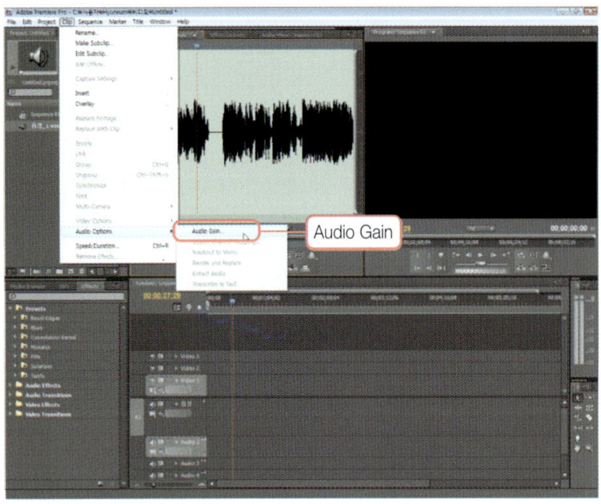

02 프로젝트 패널에 등록된 녹음 소스를 더블 클릭하여 소스 패널에 등록합니다. 그림의 경우에는 적당한 레벨로 녹음이 되었지만, 조금 작게 녹음된 사용자라면, Clip 메뉴의 Audio Options에서 Audio Gain을 선택하여 레벨을 조정할 수 있습니다.

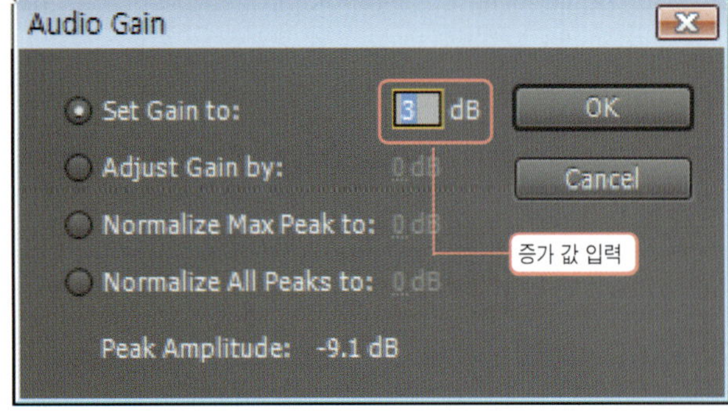

03 Peak Amplitude를 보면 -9.1dB로 계산되어 있습니다. 이것은 9dB 정도의 여유가 있다는 것입니다. 최대 레벨은 -3dB에서 -6dB 정도의 여유를 두는 것이 좋으므로, Set Gain to 값을 3으로 하여 3dB만 올리겠습니다. 독자는 자신이 녹음한 사운드의 Peak Amplitude에 표시된 값에서 6이나 3을 뺀 값을 Set Gain to에 입력하면 됩니다.

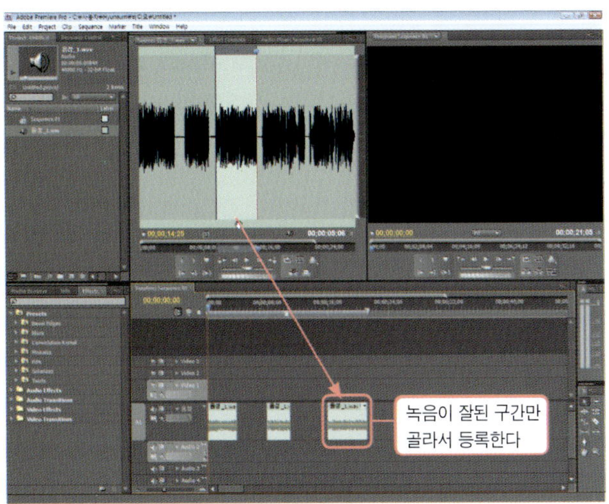

04 소스 패널의 재생 버튼을 클릭하여 녹음한 음성을 모니터 해보면서 실수한 부분을 제외한 나머지 부분을 인/아웃으로 설정하여 타임라인에 등록합니다. 실수한 부분이 많다면, 타임라인 패널에 등록되는 클립은 여러 토막이 될 것입니다. 이 작업을 하기 위해서 타임 라인에 녹음되었던 클립을 삭제했던 것입니다.

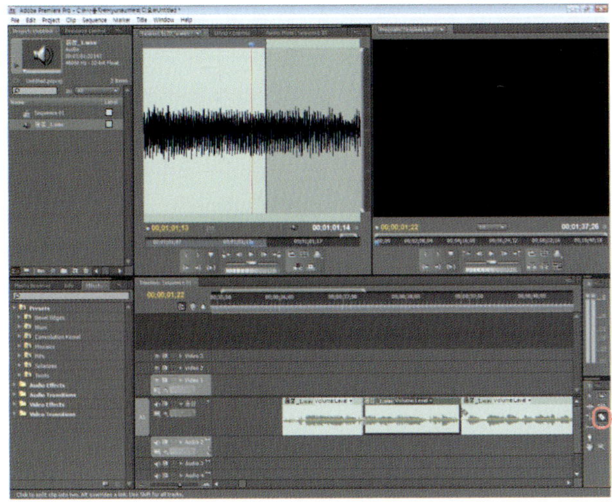

05 프로그램 패널의 재생 버튼을 클릭하여 타임라인 패널에 등록한 사운드를 모니터 해봅니다. 잘못 등록한 부분이 있다면, 클립의 시작과 끝 부분을 드래그하거나 자르기 도구로 잘라서 제거합니다.

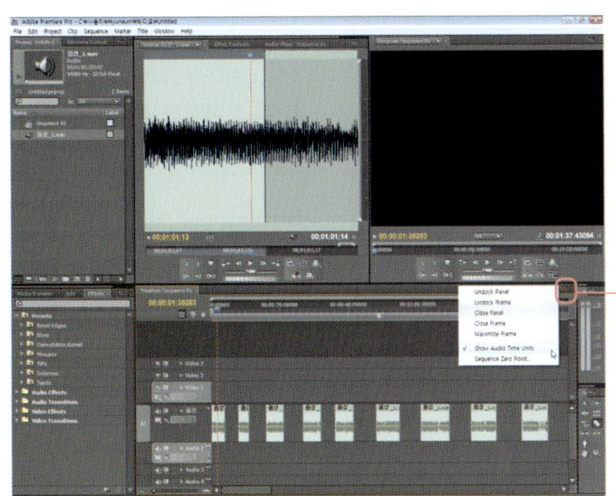

06 좀 더 정밀한 편집이 필요하다면, 타임라인 패널의 메뉴를 열고, Show Audio Time Units를 선택하여 오디오를 샘플 단위로 표시합니다. 물론, 소스 패널에서 샘플 단위로 편집하여 등록해도 됩니다.

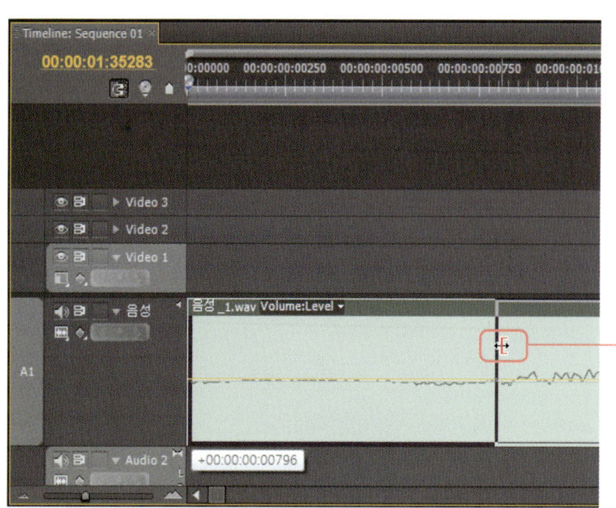

07 줌 바를 드래그하여 사운드의 웨이브 폼을 확인할 수 있을 정도로 확대합니다. 클립의 시작과 끝 부분을 보면 약간씩의 공백이 보일 것입니다. 이것을 마우스 드래그로 깔끔하게 정리합니다.

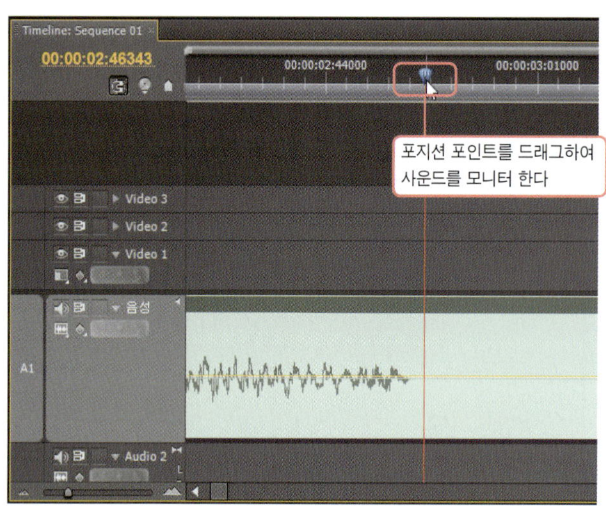

08 클립 중간에 발생한 미세한 공백은 키프레임을 이용해서 제거하겠습니다. 파형을 보면, 말이 끝 나고 시작하는 부분이나 호흡을 하는 부분에서 발생한 약간의 공백을 찾을 수 있습니다. 파형이 끝나는 부분에서 포지션 포인트를 드래그하여 말이 완벽하게 끝나는 부분을 찾습니다. 단순히 파형만 보고, 편집을 하면 어색해질 수 있기 때문에 꼭 모니터를 해보는 것이 좋습니다.

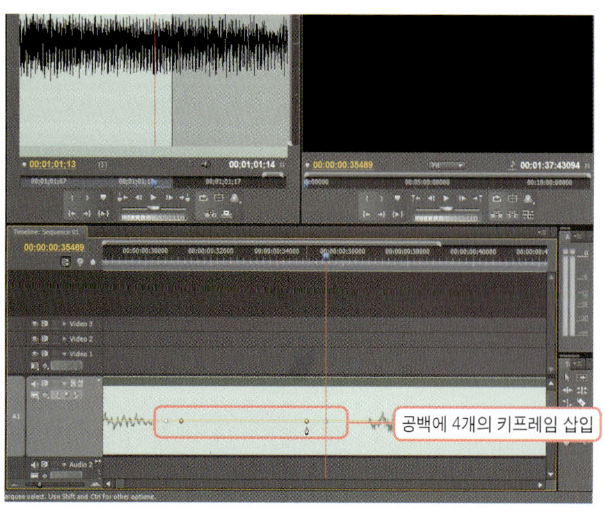

09 정확한 지점을 찾았다면, 펜 도구를 선택하고, Ctrl 키를 누른 상태로 클릭하여 키프레임을 만듭니다. 말이 시작되는 부분에서도 모니터를 해보고, 키프레임을 만듭니다. 그리고 두 개의 키프레임 사이에 또 다시 두 개의 키프레임을 추가합니다. 총 4개의 키프레임을 만든 것입니다.

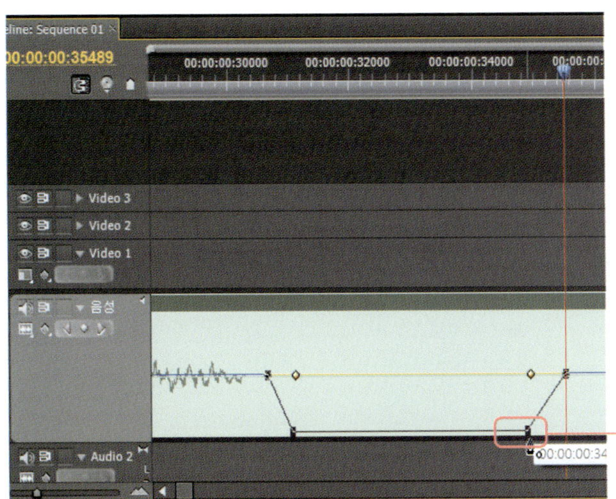

10 중간에 추가한 두 개의 키프레임을 마우스 드래그로 선택하고, 아래쪽으로 드래그하여 무음으로 만듭니다. 같은 방법은 각각의 클립에서 발생한 공백을 제거합니다. 녹음한 음성이 길어서 클립이 많다면, 오랜 시간이 걸리겠지만, 정성을 들일수록 결과는 좋아지기 마련입니다.

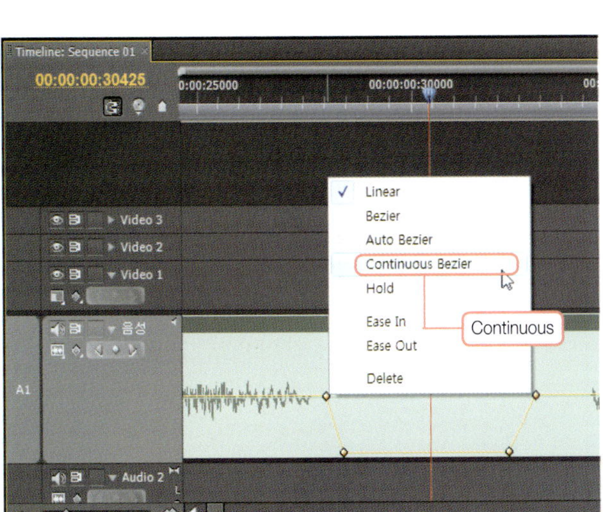

11 더욱 정성을 들인다면, 4개의 키프레임을 마우스 드래그로 선택하고, 선택한 키프레임을 마우스 오른쪽 버튼을 클릭하여 단축 메뉴를 엽니다. 그리고 Continuous를 선택하여 키프레임 라인을 곡선으로 처리한다면, 좀 더 자연스러운 사운드를 만들 수 있습니다. 지금까지 녹음한 음성의 레벨을 조정하고, 빈 공간을 무음으로 처리하여 주변 잡음을 제거해 본 것입니다.

 이펙트 사용하기

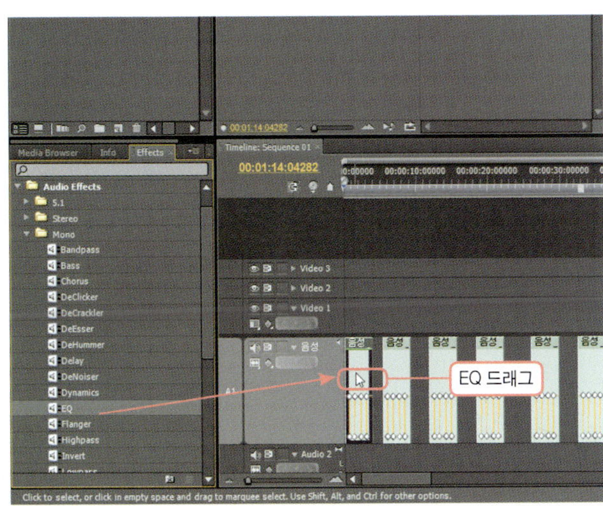

01 타임라인 패널에 등록된 사운드 클립은 개별적인 이펙트를 사용할 수 있습니다. 예를 들어 저음이 많다고 느껴지는 클립이 있다면, 이펙트 패널의 Audio Effects에서 Mono 폴더를 열고, EQ를 드래그하여 적용합니다.

02 이펙트 컨트롤 패널을 열어보면, EQ가 적용된 것을 확인할 수 있습니다. Custom Setup의 작은 삼각형을 클릭하여 EQ 패널을 열고, 저음역을 차단하면 해당 클립의 저음을 줄일 수 있는 것입니다. 하지만, 한 번에 녹음한 사운드가 클립마다 다른 경우는 드물기 때문에 이펙트를 개별적으로 사용하지는 않습니다. Ctrl + Z 키를 눌러 이펙트 적용 전으로 되돌리고, 오디오 믹서 패널을 엽니다.

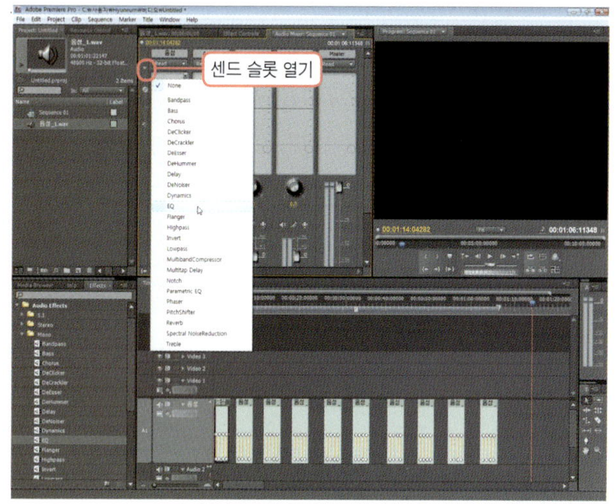

03 믹서의 센드 슬롯 열기 버튼을 클릭하여 이펙트 슬롯이 보이게 합니다. 그리고 음성 트랙의 슬롯을 클릭하여 메뉴를 열고, EQ를 선택합니다. 이것은 트랙에 EQ를 적용하는 것으로 해당 트랙의 모든 클립에 EQ가 적용되는 것입니다.

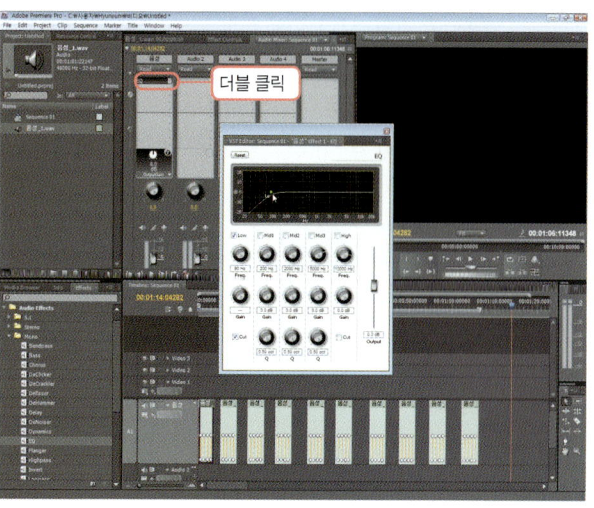

04 슬롯에 장착된 EQ를 더블 클릭하여 패널을 엽니다. Low와 Cut 옵션을 체크하여 저음이 차단되게 하고, 포인트를 드래그하여 주파수를 조정합니다. 남성인 경우에는 70~80Hz 이하, 여성인 경우에는 90~100Hz 이하를 차단하여 명료한 소리를 만드는 것이 좋습니다. 물론, 사람마다 차이가 있으므로, 사운드를 모니터 하면서 조정하기 바랍니다.

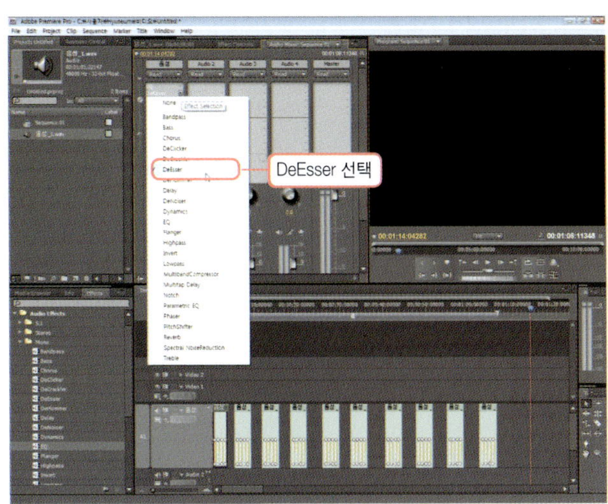

05 음성을 녹음하게 되면 'ㅍ'이나 'ㅊ' 발음에서 마이크가 튀는 듯한 잡음이 발생할 수 있습니다. 이러한 잡음을 제거할 수 있는 DeEsser를 EQ 다음 슬롯에 장착합니다. 장착 방법은 EQ와 동일하게 빈 슬롯을 클릭하여 메뉴를 열고, DeEsser를 선택하면 됩니다.

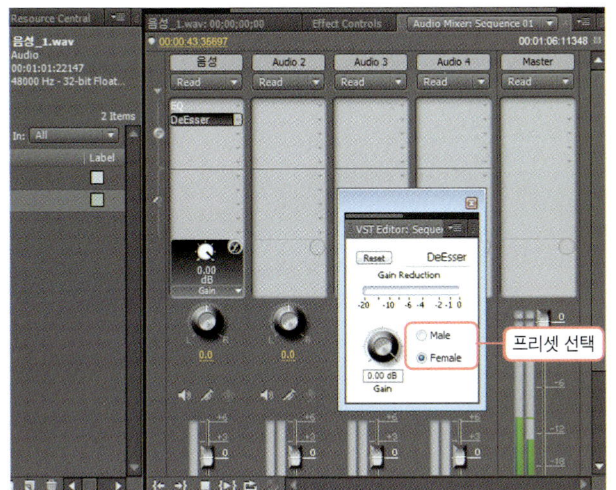

06 슬롯에 장착한 DeEsser를 더블 클릭하여 패널을 열고, 남성이면 Male, 여성이면 Female을 선택합니다. 잡음이 심한 경우에는 녹음을 다시 해야 하지만, 미세한 파열음이나 치열음은 DeEsser로 해결할 수 있다는 것을 알 수 있습니다.

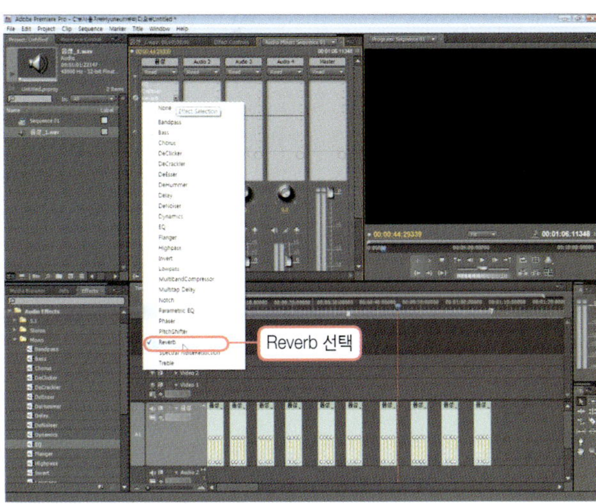

07 그 밖에 내레이션에는 특별한 이펙트를 사용하지 않지만, 스튜디오 느낌을 연출하기 위해서 리버브를 적용해 보겠습니다. DeEsser가 장착된 슬롯 다음의 빈 슬롯을 클릭하여 메뉴를 열고, Reverb를 선택합니다.

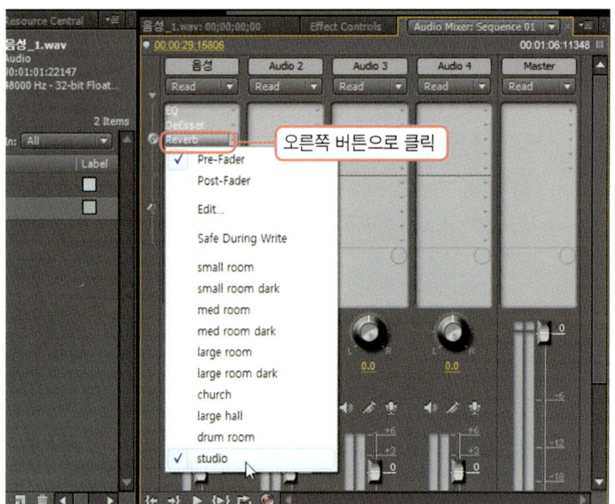

배경 음악 넣기

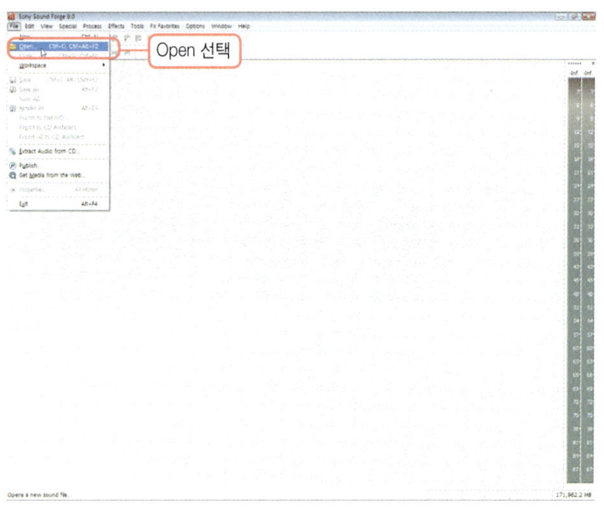

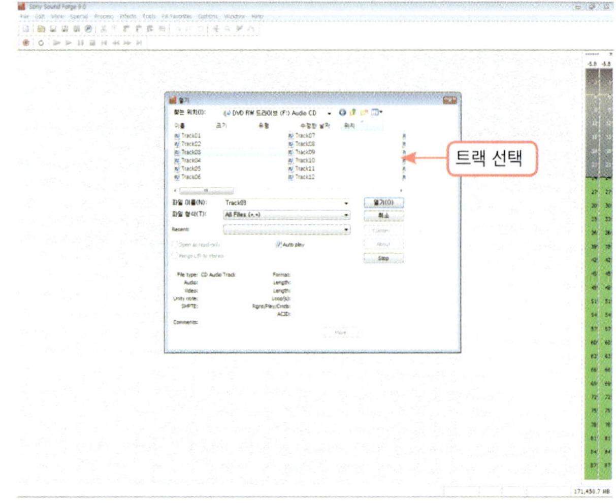

08 세 번째 슬롯에 장착한 Reverb를 마우스 오른쪽 버튼으로 클릭하여 프리셋 목록을 열고, Studio 를 선택합니다. Reverb를 더블 클릭하여 패널을 열고, 직접 값을 조정하는 것보다는 전문가들이 설정해놓은 프리셋을 이용하는 것도 요령입니다.

01 안방에서 녹음한 자신의 목소리에 몇 가지 이펙트를 적용하여 스튜디오에서 녹음한듯한 효과를 만들어 보았습니다. 그러나 음성의 잡음을 너무 완벽하게 제거했기 때문에 뭔가 부자연스러울 것입니다. 이것을 커버하기 위해서 흔히 사용하는 방법이 배경 음악입니다. 단, 프리미어에서는 오디오 CD의 음악을 불러올 수 없기 때문에 외부 프로그램을 이용해야 합니다. 가장 많이 사용하는 사운드포지의 File 메뉴에서 Open을 선택합니다.

02 미디어 파일 및 오디오 CD 음악을 불러올 수 있는 창이 열립니다. 찾는 위치에서 오디오 CD가 있는 DVD-ROM 드라이브를 선택하고, 배경 음악으로 사용할 트랙을 더블 클릭하여 불러옵니다.

가·정·교·사

사운드포지를 30일 동안 사용해볼 수 있는 시험버전은 sonycreativesoftware.com에서 다운 받을 수 있습니다.

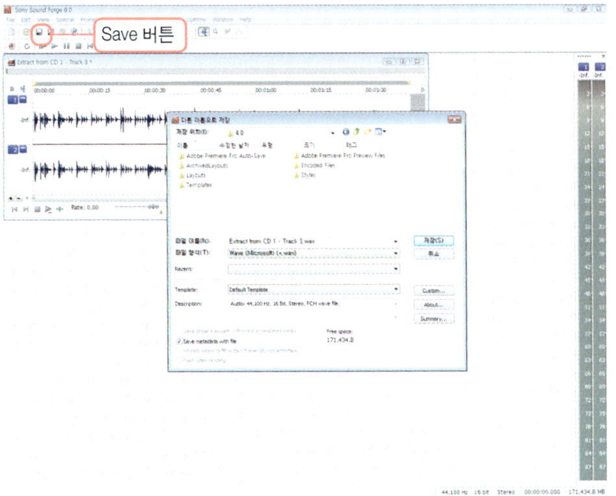

03 오디오 CD를 불러오는 것이므로 별다른 편집은 필요 없을 것입니다. 도구 모음 줄에서 Save 버튼을 클릭하여 다른 이름으로 저장 창을 열고, 파일 형식에서 Wave나 MP3 등, 프리미어에서 불러올 수 있는 포맷을 선택합니다. 그리고 파일 이름에 곡의 제목을 입력하고, 저장 버튼을 클릭하여 저장합니다. 가능하면 원음을 유지할 수 있는 Wave 포맷을 권장합니다.

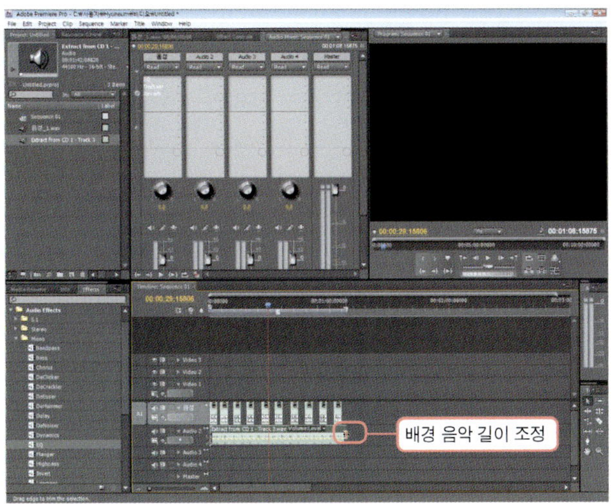

04 사운드포지를 종료하고, 사운드포지에서 저장한 웨이브 파일을 프리미어에서 임포트합니다. 그리고 타임 라인 패널의 Audio 2 트랙에 가져다 놓고, 길이를 음성이 녹음된 트랙보다 조금 길게 조정합니다.

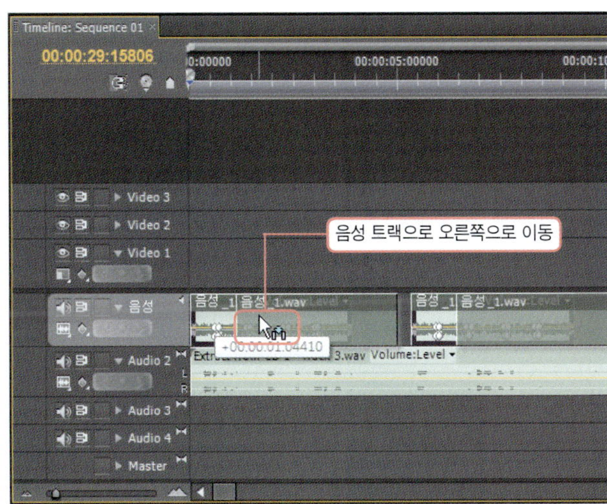

05 배경 음악이 흐르다가 음성이 나오게 하는 것이 자연스러울 것이므로, A 키를 눌러 트랙 도구를 선택하고, 음성 트랙의 첫 번째 클립을 오른쪽으로 이동시킵니다. 음성 트랙에 있는 모든 클립이 이동됩니다.

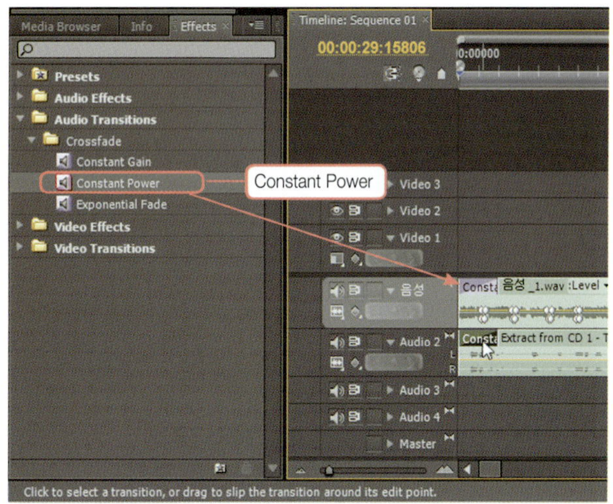

06 사운드가 시작되는 부분은 조금씩 커지게 하는 것이 자연스럽습니다. 이펙트 패널의 Audio Transitions 폴더에서 Constant Power를 클립의 시작과 끝 위치에 드래그하여 사운드가 점점 커지는 페이드 인과 점점 작아지는 페이드 아웃 효과를 만듭니다.

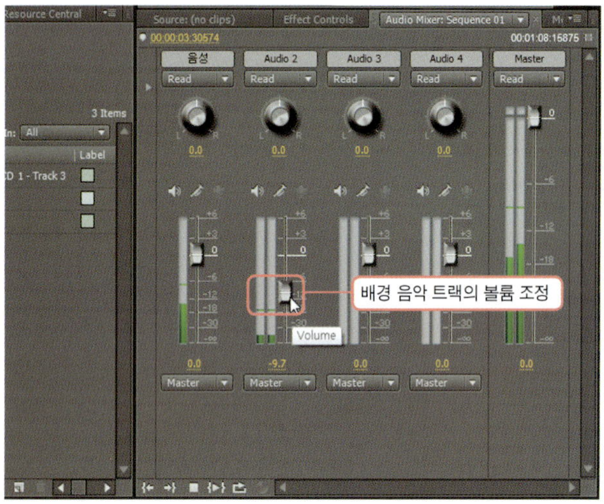

07 Space bar 키를 눌러 완성된 사운드를 모니터 하면서 음성 트랙과 배경 음악 트랙의 볼륨 밸런스를 조정합니다. 배경 음악은 음성을 방해하지 않게 볼륨을 낮추는 것이 좋습니다.

08 이제 음성을 녹음한 목적에 어울리는 영상을 임포트하여 편집을 하면, 멋진 내레이션이 있는 영상을 완성할 수 있습니다. 지금은 프리미어의 오디오 믹서 기능을 학습하는 것이 목적이므로, 영상 편집은 생략합니다. 좋은 녹음을 하기 위해서는 반복해서 실험을 해보고, 자신이 가지고 있는 마이크와 사운드 카드의 특성을 익히는 것이 중요합니다.

2 오디오 믹서 패널 살펴보기

프리미어 프로 CS4의 오디오 믹서와 이펙트는 실제 스튜디오에서 사용되고 있는 믹서와 이펙트를 소프트웨어로 구현하고 있는 것으로, 수 천 만원이 있어야만 갖출 수 있는 기능입니다. 구성 역시 인서트 슬롯, 센드 슬롯, 팬 조정 노브, 볼륨 슬라이드, 뮤트, 솔로, 녹음 버튼 등으로 스튜디오에서 사용하는 믹서와 비슷하게 되었습니다. 영상 작업자에게는 낯설 수 있지만, 조금 시간을 내어 학습하면 전문 엔지니어 못지않은 사용이 가능할 것입니다. 오디오 믹서 패널의 구성과 역할을 살펴보겠습니다.

 트랙

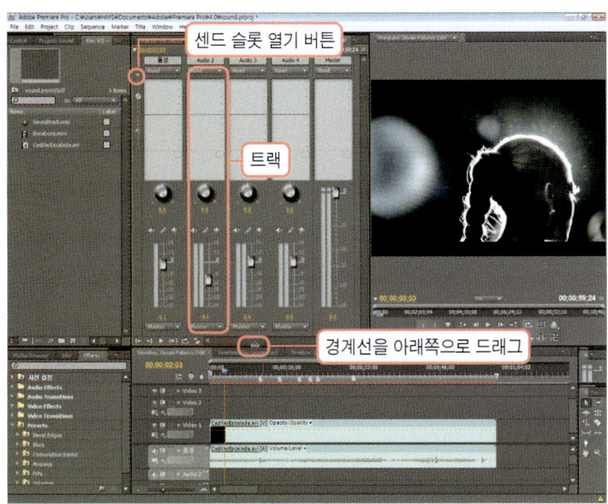

01 오디오 믹서 패널은 다소 복잡해 보이지만, 하나의 트랙만 정확히 알고 있으면 됩니다. 센드 슬롯 열기 버튼을 클릭하고, 패널의 경계선을 아래쪽으로 드래그하여 오디오 믹서 패널의 컨트롤이 모두 보이게 합니다.

 타임 코드

02 오디오 믹서 패널의 가장 위쪽에 있는 숫자는 포지션 라인이 있는 위치를 표시하는 타임 코드입니다. 타임 코드는 좌/우로 드래그하거나 마우스 클릭으로 입력하여 포지션 라인의 위치를 변경할 수 있습니다.

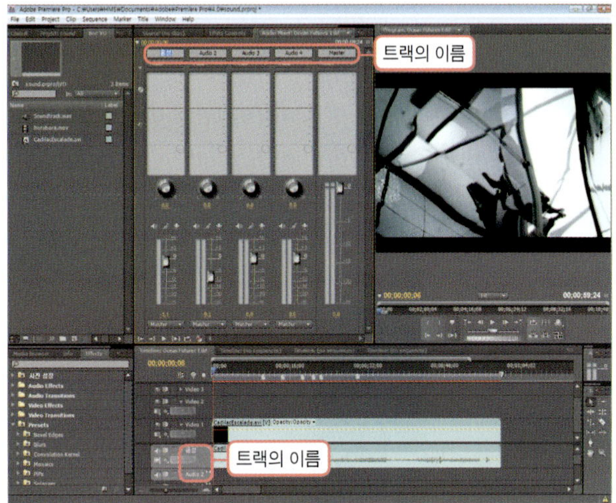

03 Audio1, Audio2.. 는 트랙의 이름을 표시하는 것이며, 마우스 클릭으로 변경할 수 있습니다. 프리미어는 기본적으로 3개의 스테레오 트랙과 마스터 트랙이 만들어지며, 사용자가 원하는 만큼, 추가/삭제가 가능합니다. ;

오토메이션 모드

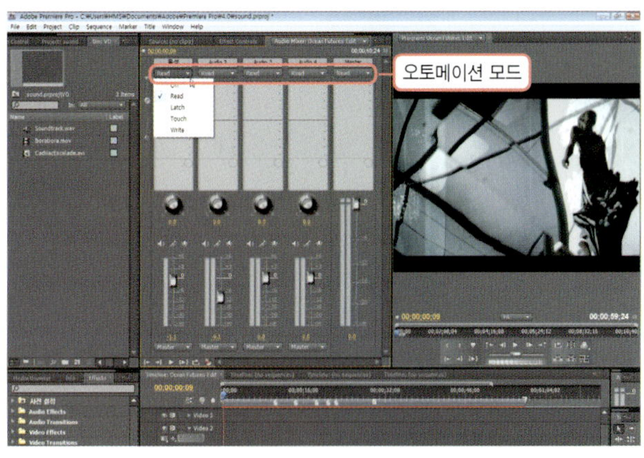

04 트랙 이름 아래쪽에는 각 컨트롤의 움직임을 기록할 때의 방법을 선택할 수 있는 오토메이션 선택 메뉴가 있습니다. 프리미어의 믹서는 볼륨 슬라이드를 움직이거나 팬 노브를 움직임 등을 기록할 수 있는데, 이때 어떤 방법으로 기록할 것인지를 선택하는 것입니다.

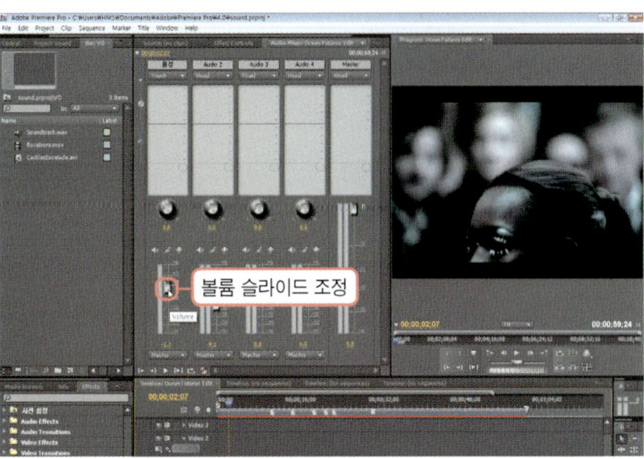

05 Write 모드를 선택하고, Space bar 키를 누르거나 재생 버튼을 클릭하여 사운드를 모니터 하면서 볼륨 슬라이드를 움직여 봅니다. 재생을 멈추면 Write모드가 Touch모드로 바뀝니다.

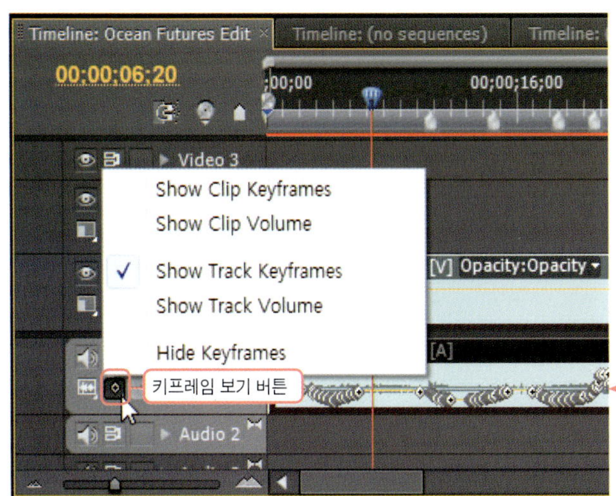

06 오디오 트랙의 키프레임 보기 버튼을 클릭하여 Show Track Keyframe 메뉴를 선택하면 볼륨 슬라이드의 움직임을 기록한 키프레임을 확인할 수 있으며, 편집도 가능합니다. `Space bar` 키를 눌러 영상을 재생하여 볼륨 슬라이드가 자동으로 움직이는 것을 확인해봅니다.

07 모드 항목의 Touch는 마우스의 드래그를 멈출 때 다음 키프레임 값으로 조정되는 것이고, Latch는 마우스 드래그를 멈출 때의 마지막 값을 정지할 때까지 유지하는 것으로 기록보다는 수정용으로 사용합니다. 그리고 Read는 키프레임을 작동하게 하고, Off는 키프레임을 작동하지 않게 합니다.

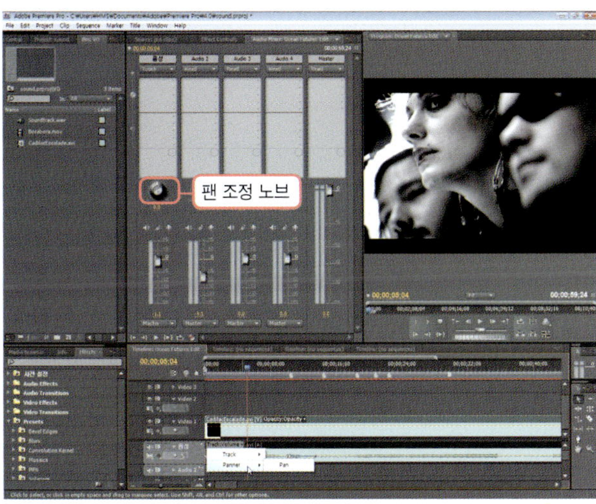

08 오토메이션은 볼륨 외에 사운드가 들리는 방향을 조정하는 팬 노브의 움직임도 기록할 수 있으며, 기록된 키프레임을 확인하고 싶다면, 클립의 메뉴를 Pan으로 변경합니다. 기록 모드나 동작 방식은 볼륨과 동일합니다.

오디오 이펙트는 인서트 방식과 센드 방식으로 사용할 수 있습니다. 인서트 방식은 각 트랙에 이펙트를 개별적으로 사용하는 것이고, 센드 방식은 서브 트랙에 적용한 이펙트를 동시에 여러 트랙에서 사용하는 것입니다. 일반적으로 센드 방식은 개별적인 세팅이 필요 없는 리버브나 딜레이 등의 공간계열 이펙트에 많이 사용하며, 그 만큼 시스템 자원을 확보할 수 있다는 장점이 있습니다.

❖ 인서트 방식
각각의 트랙마다 이펙트를 사용하는 방식으로 동일한 장치라도 서로 다른 세팅을 할 수 있다는 장점이 있습니다.

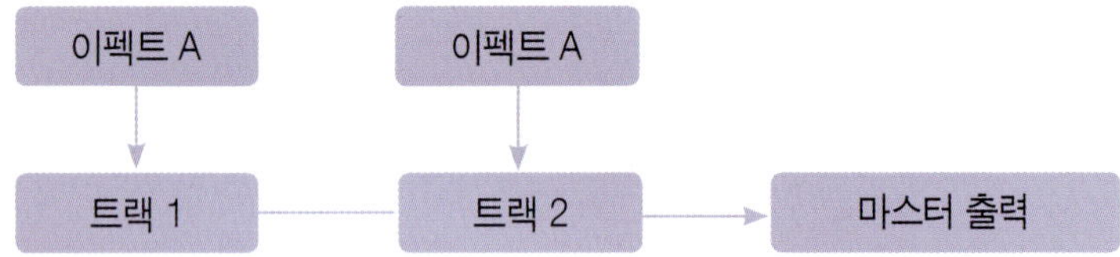

❖ 센드 방식
하나의 이펙트를 두 개 이상의 트랙에서 사용하는 방식으로 시스템을 확보할 수 있다는 장점이 있습니다.

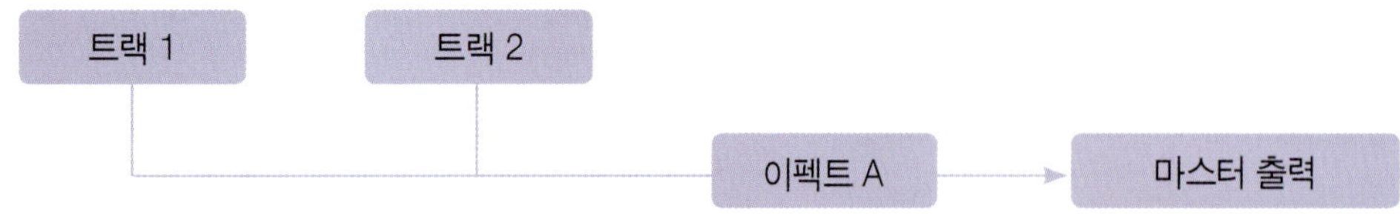

일반적으로 EQ나 컴프레서 등, 트랙 마다 다른 설정이 필요한 이펙트는 인서트 방식을 사용할 수 밖에 없지만, 리버브나 딜레이와 같이 이펙트 양만 조절해도 되는 장치들은 센드 방식으로 사용하는 것이 시스템 자원을 확보를 위한 요령입니다.

09 인서트 방식은 앞에서 살펴보았으므로, 센드 방식만 실습하겠습니다. 센드 슬롯을 클릭하여 서브 채널을 만듭니다. 그림에서는 Crete Stereo Submix를 선택하여 스테레오 채널을 만들고 있습니다.

10 Submix 1 트랙이 만들어졌습니다. 여기서 필요한 이펙트를 적용합니다. 서브 트랙 역시 센드 방식으로 사용할 수 있다는 것도 기억해두기 바랍니다. 프리미어는 하나의 트랙에서 5개의 센드 트랙을 사용할 수 있고, 다수의 서브 트랙을 만들 수 있기 때문에 사실 제한이 없다고 봐도 좋습니다.

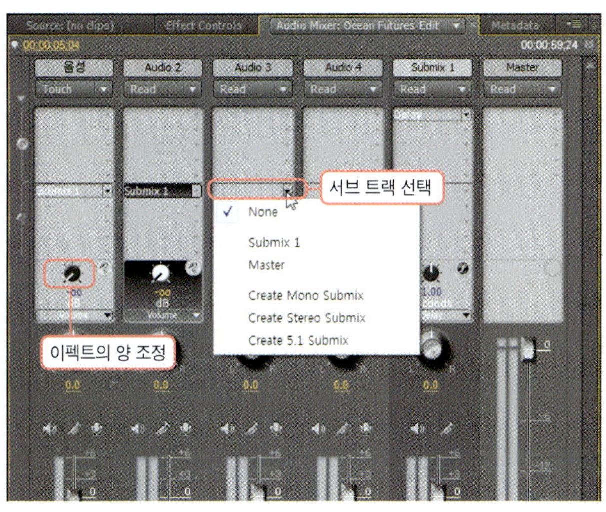

11 이제 서브 트랙에 적용한 이펙트를 사용할 트랙의 센드 슬롯에서 서브 트랙을 선택하고, 볼륨을 조정하여 이펙트 양만 조절하면 하나의 서브 트랙에 등록한 이펙트를 다수의 트랙에서 사용할 수 있는 것입니다.

 팬

12 팬은 좌/우 밸런스를 말합니다. 노브를 아래쪽으로 드래그하여 -100으로 하면 해당 트랙의 사운드는 좌측 스피커에서 들리고, 위쪽으로 드래그하여 100으로 하면 오른쪽에서 들립니다.

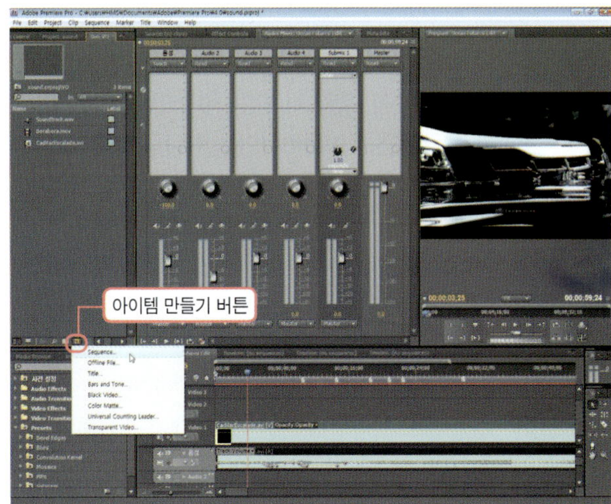

13 프로젝트 또는 시퀀스를 5.1채널로 만들었다면 팬은 5.1 채널용으로 표시합니다. 확인을 해보기 위해서 새로운 시퀀스를 만들겠습니다. 프로젝트 패널의 새 아이템 만들기 버튼을 클릭하여 메뉴를 열고, Sequence를 선택합니다.

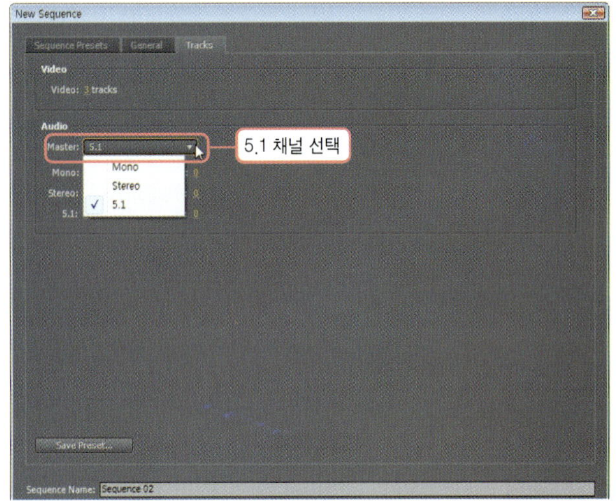

14 New Sequence 창의 Track 탭을 클릭하여 페이지를 열고, Master 메뉴에서 5.1을 선택하고, OK 버튼을 클릭합니다. 5.1 채널의 트랙만 추가 하고 싶다면, Master 아래쪽의 5.1에서 추가할 트랙 수를 입력합니다.

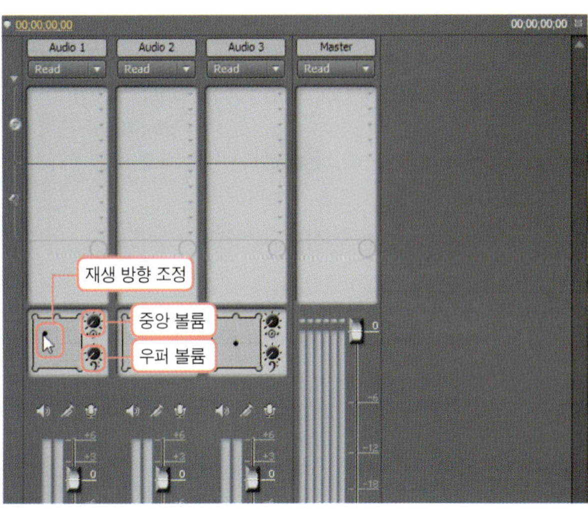

15 5.1 채널 환경의 시퀀스가 만들어졌습니다. 오디오 믹서 패널의 팬을 보면 스테레오와는 다른 모양입니다. 소리의 재생 방향은 중앙의 까만 점을 드래그하여 조정할 수 있으며, 오른쪽의 노브는 중앙과 우퍼 채널의 볼륨을 조정합니다.

16 참고로 5.1 채널은 전방에 2개, 중앙에 1개, 후방에 2개와 저음 재생을 위한 우퍼를 포함한 시스템을 말하며, DVD 표준으로 가장 많이 사용하고 있는 채널입니다. 5.1 채널 작업을 위해서는 작업자도 5.1 채널 시스템을 준비해야 할 것입니다.

 뮤트/솔로/녹음 버튼

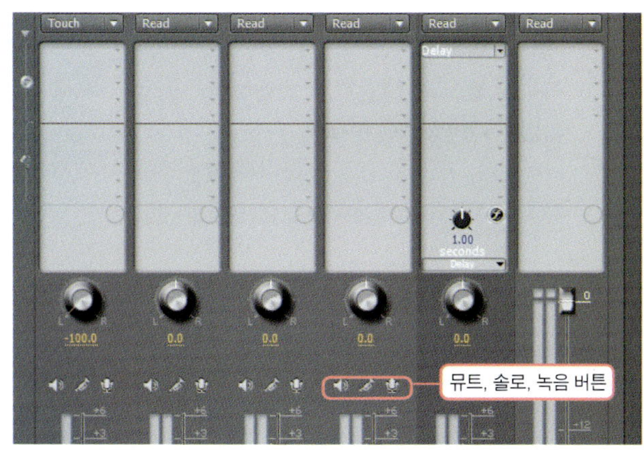

17 팬을 조정하는 노브 아래쪽에 스피커 모양의 아이콘은 해당 트랙을 뮤트하는 뮤트 버튼이고, 트럼펫 모양의 아이콘은 해당 트랙만 솔로로 재생하는 솔로 버튼입니다. 그리고 마이크 모양의 아이콘은 해당 트랙에 녹음이 가능하게 하는 녹음 버튼입니다.

 아웃 포트

18 뮤트, 솔로, 녹음 버튼 아래쪽에는 지금까지 많이 사용했던 볼륨 슬라이드가 있고, 그 아래쪽에는 아웃 포트를 선택할 수 있는 메뉴가 있습니다. 서브 트랙을 만들지 않았다면 Master 트랙만 보일 것입니다. 즉, 해당 트랙의 출력이 마스터 트랙이라는 의미입니다.

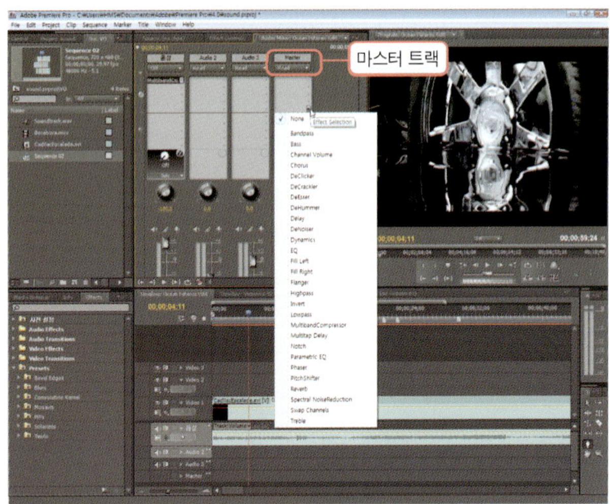

19 이처럼 각각의 트랙은 최종적으로 마스터 트랙으로 보내지며, 마스터 트랙에서 볼륨과 이펙트를 사용하여 최종 사운드를 결정하는 마스터링 작업을 할 수 있습니다. 마스터 트랙에 이펙트를 사용하는 원리는 다른 트랙과 동일하며, 최종 사운드를 결정한다는 차이만 있습니다.

20 마스터 트랙의 볼륨 슬라이드에는 출력 볼륨은 너무 크다는 것을 표시하는 피크 LED가 있으며, 마스터 트랙의 레벨은 오디오 믹서 패널을 열지 않아도 확인할 수 있게 타임라인 도구 위쪽에 별도로 제공하고 있습니다. 그 만큼 피크 레벨이 발생되지 않도록 하는 것이 중요하다는 의미이며, 빨간색 경고가 보이지 않는 한도 내에서 볼륨과 이펙트를 사용하는 것이 원칙입니다.

인 또는 아웃 포인트로 이동 버튼

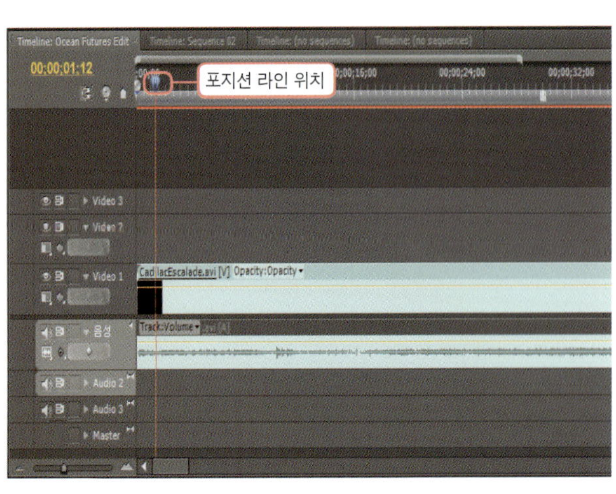

21 타임 라인 패널에서 설정한 인/아웃 포인트의 위치로 이동하는 버튼입니다. 인/아웃 포인트를 설정하지 않았다면, 시작과 끝 위치로 이동합니다. 오디오 작업을 할 때는 실제 작업 구간에 상관없이 인/아웃 포인트를 설정하여 모니터 하는 경우가 많습니다. 모니터를 시작할 위치에 포지션 라인을 위치합니다.

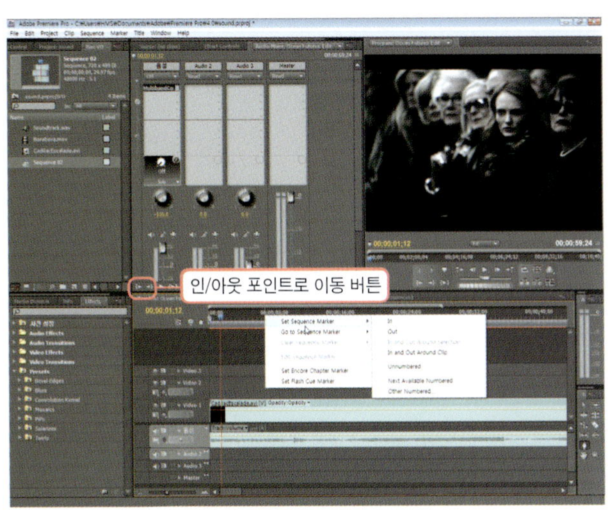

22 룰러 라인에서 마우스 오른쪽 버튼을 클릭하여 단축 메뉴를 열고, Set Sequence Marker의 In을 선택하거나 단축키 I 를 눌러 인 포인트를 설정합니다. 계속해서 모니터를 끝낼 위치로 포지션 라인을 이동시키고, 단축키 O 을 눌러 아웃 포인트를 설정합니다. 그러면 오디오 믹서 도구의 인/아웃 포인트로 이동 버튼을 이용하여 각각의 위치로 이동할 수 있습니다.

재생 및 인/아웃 포인트 구간 재생 버튼

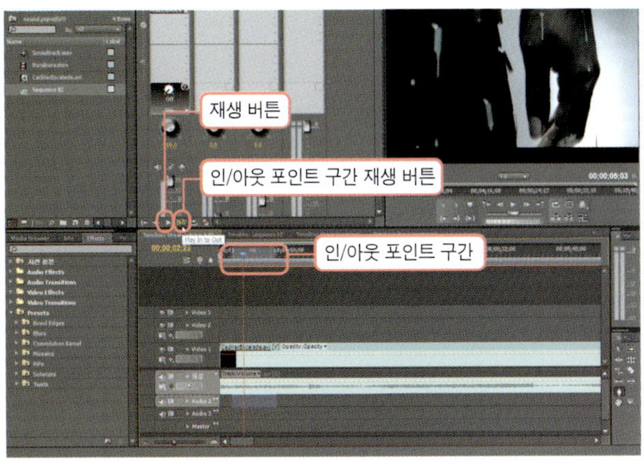

23 재생 버튼은 포지션 라인이 있는 위치에서부터 재생을 시작하고, 인/아웃 포인트 구간 재생 버튼은 포지션 라인 위치에 상관없이 인/아웃 포인트로 설정된 구간을 재생합니다. 오디오 작업을 할 때는 인/아웃을 설정하여 모니터하는 기능을 더 많이 사용하게 될 것입니다.

  반복 및 녹음 버튼

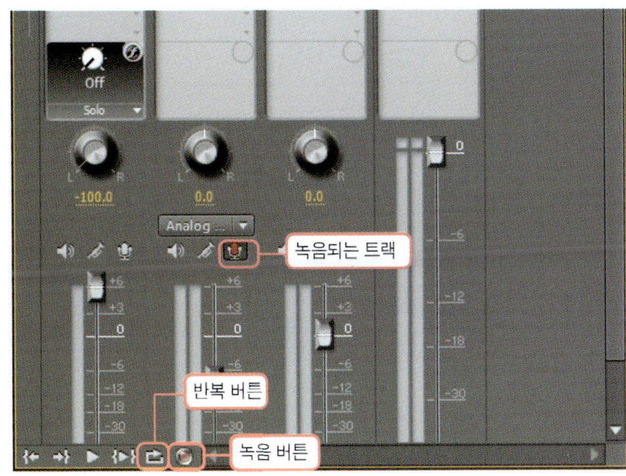

24 반복 버튼은 정지 버튼을 누를 때까지 인/아웃 포인트 구간을 반복해서 재생하는 역할을 하고, 녹음 버튼은 마이크 모양의 녹음 버튼이 On되어 있는 트랙으로 사운드를 녹음합니다. 실제 녹음은 앞의 실습에서와 같이 재생 버튼으로 시작합니다

오디오 이펙트 살펴보기

노래방에서 남들이 뭐라 하든 자신의 노래는 일류가수 못지않은 실력이라고 믿을 수 있게 해주는 장치가 있습니다. 흔히 에코 챔버라고 하는 장치로 잔향감을 만들어 노래 부르는 사람의 흥을 북돋아 주는 역할을 합니다. 이렇게 입력 사운드를 바꿔 자신이 좋아하는 출력 사운드로 만드는 장치를 일괄적으로 이펙트라고 합니다.

1 이펙트의 이해

이펙트에는 노래방 에코 챔버와 같이 원음이 발생한 후 얼마간의 시간차이를 두고 잔향 음을 만들어 내고, 그 잔향 음을 얼마 후 반복시키는 것과 같이 시간차에 의한 효과를 이용해서 만드는 방식과 현란한 일렉 기타의 디스토션 사운드와 같이 주파수 특성을 변조하여 만드는 방식 등 여러 가지가 있습니다. 각각의 방식마다 다양한 종류가 있고, 그 종류마다 여러 회사의 제품들이 있어서 장비의 선택조차도 무척 고민되는 부분이기도 합니다.

그럼 이펙트의 종류에는 어떤 것들이 있을까요? 사실 그 종류와 수를 열거하기에는 너무나도 많고, 필자 역시 아직까지 듣도 보지 못한 제품들이 있을 수 있습니다. 하지만, 큰 맥락과 원리를 이해할 수 있다면, 아무리 괴상한 이름의 신제품이라도 쉽게 사용할 수 있을 것입니다. 프리미어에서 제공하는 이펙트들도 같은 원리이기 때문에 각 이펙트의 종류를 잠깐 살펴보겠습니다.

이펙트의 종류에는 여러 가지가 있지만, 각 이펙트의 동작 방식 별로 분류를 한다면, 원음과 잔향 음과의 시간차를 조정하여 만들어 내는 효과장치, 다이내믹을 조정하여 만들어 내는 효과장치, 주파수를 조정하여 만들어 내는 효과장치의 3가지로 나눌 수 있습니다.

시간차를 변화시켜 만드는 효과장치

야호! 하는 메아리는 소리가 난 후 얼마간의 시간차를 두고 발생하는 것으로, 산의 크기와 굴곡에 따라서 다르게 들립니다. 영화에서 산이나 동굴에서 배우들이 나누는 대화를 들으면, 실제 산이나 동굴에서 녹음한 듯한 착각을 일으킬 수 있는데, 사실 대부분이 원음과 잔향음, 그리고 잔향음과 잔향음의 시간차를 변화시킬 수 있는 장치를 이용해서 만드는 것입니다. 이렇게 시간차를 변환시켜 만드는 이펙트에는 '리버브', '딜레이', '코러스' 등이 있습니다.

 ## 다이내믹을 변화시켜 만드는 효과장치

다이내믹이란 작은 소리의 레벨과 큰 소리의 레벨 차를 말하는
것으로 작은 소리는 크게, 큰 소리는 작게 보정하여 좋은 청감
상태를 만들어주는 장치가 있습니다. 이러한 장치에는 보컬
녹음에서 필수적이라고 할 만큼 큰 역할을 담당하고 있는
'컴프레서'를 비롯해서 '리미터', '노이즈 게이트' 등이 있습니다.

주파수를 변화시켜 만드는 효과장치

가정용 오디오를 비롯하여 휴대용 CD, MD, MP3 플레이어 등의
EQ 기능을 누구나 한번쯤은 사용해보았을 것입니다. 이러한
플레이어의 이퀄라이저는 초보자도 사용하기 쉽게 Pop, Classic,
Rock 등의 명칭으로 Preset되어 있습니다. EQ를 조절하면,
음악의 색깔이 확연하게 달라지는 것을 느껴보았을 것입니다.
이것은 각 주파수대를 조절하여 소리의 색깔을 변조시키는
역할을 하는 것으로 일렉트릭 기타에 많이 사용되는 '디스토션',
'플랜저', '와와' 역시 주파수를 변화시켜 만드는 효과장치입니다.

멀티 이펙트

멀티 이펙트란, 명칭 그대로 지금까지 살펴본 여러 가지
이펙트의 기능을 하나의 기기에서 연출할 수 있는 장치로, 단일
기능의 제품보다 저렴한 가격하며, 많은 효과를 볼 수 있다는
장점이 있습니다. 프리미어의 이펙트 기능이 바로 이 멀티
이펙트와 비슷하며, Adobe사에서 제작한 소프트 멀티
이펙트라고 이해를 하면 보다 쉽게 접근할 수 있을 것입니다.
소프트 이펙트의 장점이라면, 약간의 추가비용만 지불하면
얼마든지 기능을 첨가할 수 있는 플러그-인 방식이라는 것이며,
프리미어는 기본적으로 28가지의 이펙트를 제공합니다.

프리미어느 실제 스튜디오에서 사용되는 하드웨어 이펙트를 소프트웨어로 구현하고 있는 28가지의 오디오 이펙트를 제공합니다. 이것을 가상 스튜디오 구현이라는 의미의 Virtual Studio Technology라고 해서 흔히 VST라고 표현합니다. VST는 플러그-인 방식이기 때문에 타사의 제품도 설치하여 프리미어에서 사용할 수 있지만, 프리미어에서 기본적으로 제공하는 이펙트 만으로도 영상 사운드 작업에 필요한 프로세스는 모두 처리할 수 있습니다. 그럼 각 이펙트의 역할을 살펴보겠습니다.

 Bandpass

01 밴드 패스 효과는 편집 창을 제공하지 않기 때문에 믹서에서 직접 조정합니다. Band Pass는 중간 주파수 대역만을 재생하게 하는 역할을 하는 것으로 마이크 녹음을 할 때 발생할 수 있는 험 잡음이나 히스 잡음을 제거할 수 있습니다. 파라미터에서 Center를 선택하여 Bandpass가 적용될 중심 주파수를 설정합니다.

가·정·교·사

프리미어에서 제공하는 오디오 이펙트는 별도의 컨트롤 패널을 제공하지 않는 것들도 많습니다.

02 계속해서 Q 파라미터를 선택하여 범위를 조정합니다. 그러면 Center 값으로 조정한 중심 주파수를 기준으로 Q에서 설정한 범위 만큼의 사운드만 재생되고, 나머지 저음역과 고음역은 차단되는 것입니다. 파라미터 선택과 값을 조정하는 방법은 모두 동일합니다.

Bass

03 저음 효과는 저음역을 증가시키거나 감소시키는 역할의 이펙트입니다. 저음을 증가시켜 웅장한 사운드를 연출하거나 반대로 저음이 너무 많아서 우는 소리가 날 때, 값을 낮춰서 보정할 수 있습니다.

Channel Volume

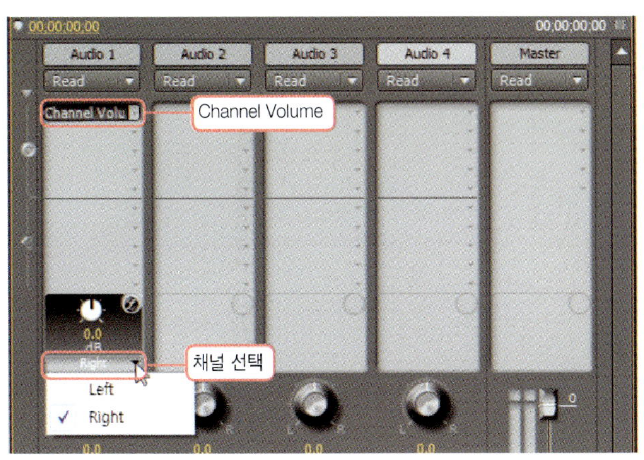

04 채널 볼륨 효과는 Stereo 및 5.1 채널의 볼륨을 개별적으로 조정하는 역할의 이펙트입니다. 각 채널의 밸런스가 맞지 않는 사운드를 보정하는데 사용할 수 있습니다. 파라미터에서 조정할 채널을 선택하고, 노브를 드래그하여 볼륨을 조정합니다.

Chours

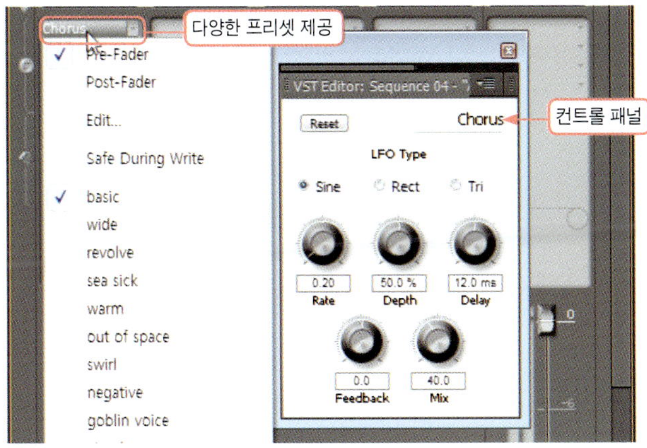

05 코러스는 별도의 컨트롤 패널을 제공하는 이펙트 입니다. 프리미어에서 별도의 패널을 제공하는 이펙트는 슬롯에 장착한 이펙트의 이름을 더블 클릭하면 볼 수 있으며, 이펙트의 이름을 마우스 오른쪽 버튼으로 클릭하면 전문가들이 미리 설정해 놓은 프리셋을 선택할 수 있습니다. 다른 장치도 동일하므로, 기억해두기 바랍니다.

Chours 패널

코러스는 말 그대로 여러 명이 동시에 노래하는 합창을 의미합니다. 한 사람이 노래할 때와 여려 명이 노래할 때, 음량을 제외한 차이점은 소리가 발생하는 시간에 차이가 있다는 것입니다. 합창에서는 하나의 노래를 부른다고 해도 인간인 이상 정확한 시간에 함께 노래하지는 못하고, 조금씩 소리를 내는 시간에 차이가 나지만, 오히려 풍부하고 아름답게 들리게 되는데, 이러한 효과를 인위적으로 만들어내는 이펙트를 코러스라고 하며, 각 파라미터의 역할은 다음과 같습니다.

❄ **LFO Type** (유형)

코러스가 발생되는 형태를 Sine(원형), Rect(사각), Tri(삼각) 중에서 선택합니다.

❄ **Rate** (속도)

코러스의 발생 속도를 조정합니다.. 값이 커질 수록 속도가 빨라집니다.

❄ **Depth** (심도)

코러스의 변화 폭을 조정합니다.

❄ **Delay** (지연)

반복되는 사운드의 시간 간격을 설정합니다. 단위는 1000분의 1초를 의미하는 ms입니다.

❄ **Feddback** (피드백)

반복되는 사운드의 양을 조정합니다.

❄ **Mix** (혼합)

원본과 코러스가 적용된 사운드의 비율을 조정합니다.

DeClicker

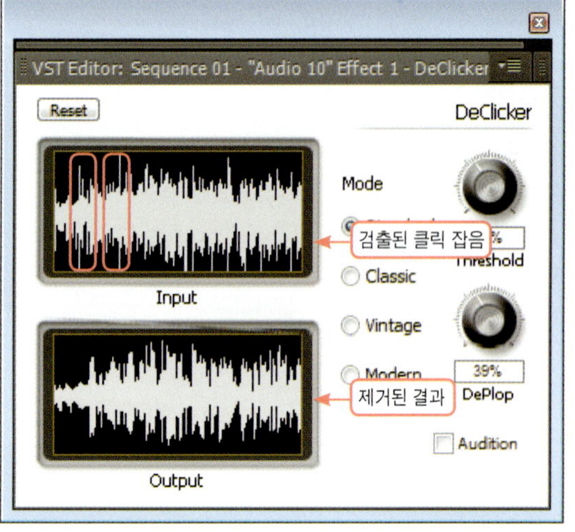

06 클릭 제거 효과는 사운드가 탁탁 튀는듯한 잡음을 제거하는 역할의 이펙트입니다. 컨트롤 패널은 클립 사운드에서 검출된 클릭 잡음을 표시하는 Input 모니터와 잡음이 제거된 결과를 표시하는 Output 모니터를 제공하고 있어, 매우 직관적인 사용이 가능합니다.

▶ Mode: 잡음의 유형을 선택합니다.
▶ Threshold: 잡음을 검출하는 범위를 조정합니다.
▶ DePlop: 잡음 제거 비율을 조정합니나.
▶ Audition: 검출된 잡음을 모니터합니다.

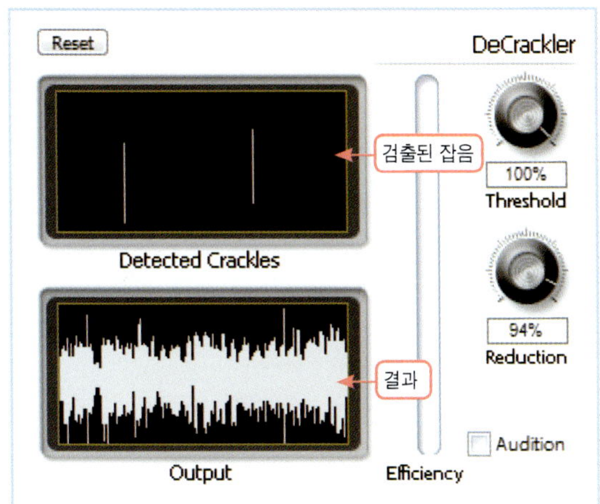

07 크래클 제거 효과는 테이프 및 케이블 불량으로 발생할 수 있는 지글거리는 잡음을 제거하는 역할의 이펙트입니다. 컨트롤 패널에서는 검출된 잡음을 표시하는 Detected Crakles 모니터 창과 잡음이 제거된 사운드를 표시하는 Output 모니터 창이 있습니다.

▶ Efficiency: 잡음 제거 레벨 미터
▶ Threshold: 잡음을 검출하는 범위를 조정합니다.
▶ Reduction: 잡음 제거 비율을 조정합니다.
▶ Audition: 검출된 잡음을 모니터합니다.

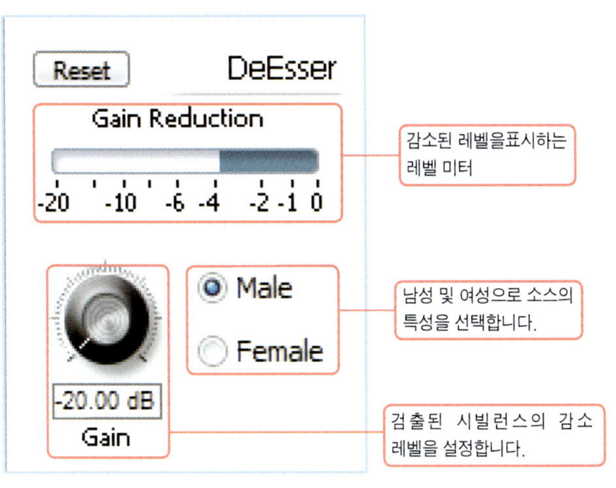

감소된 레벨을표시하는 레벨 미터

남성 및 여성으로 소스의 특성을 선택합니다.

검출된 시빌런스의 감소 레벨을 설정합니다.

08 'ㅅ'이나 'ㅊ' 발음에서 마이크에 호흡이 부딪쳐서 발생하는 고음역 잡음을 시빌러스라고 하는데, DeEsser는 이러한 시빌런스 잡음을 감소시키는 역할의 이펙트입니다.

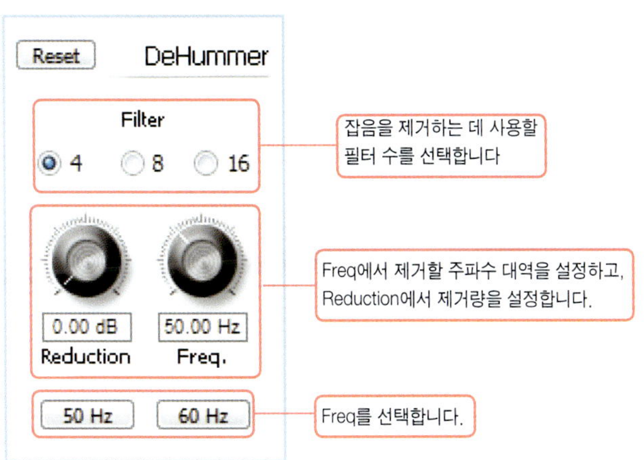

잡음을 제거하는 데 사용할 필터 수를 선택합니다

Freq에서 제거할 주파수 대역을 설정하고, Reduction에서 제거량을 설정합니다.

Freq를 선택합니다.

09 전기 접속 불량으로 발생할 수 있는 저음역대의 '웅~'하는 험 잡음을 제거합니다. 잡음을 제거하는데 사용되는 필터는 4, 8, 16의 3가지 중에서 선택할 수 있습니다. 불순물을 제거하는 정수기의 필터 수를 생각해도 좋습니다.

10 지연 효과는 노래방의 에코와 같이 사운드를 반복하는 역할을 합니다. 촬영할 때 녹음되지 않은 공간감을 인위적으로 연출할 때 사용할 수 있으며, 파라미터에는 딜레이 타임을 설정하는 Delay, 반복 양을 설정하는 Feddback, 소스와 딜레이 사운드의 비율을 설정하는 Mix 항목이 있습니다. 조정할 파라미터를 선택하고, 노브를 돌려 값을 조정합니다.

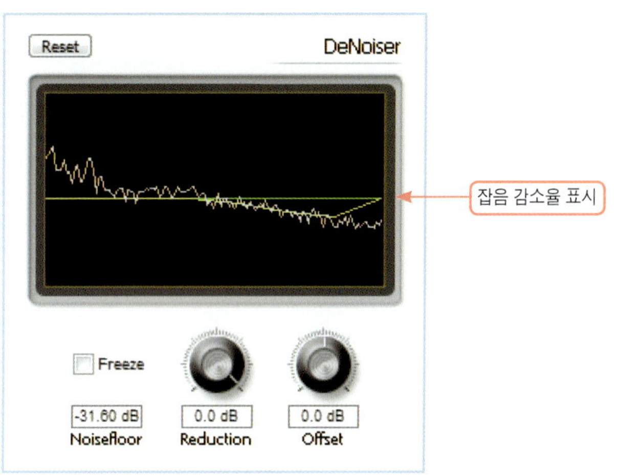

11 노이즈 제거 효과는 말 그대로 사운드의 잡음을 제거하는 역할을 합니다. 특히, 아날로그 테이프를 녹음할 때 발생하는 히스 잡음을 제거하는데 유용합니다. Offset에서 기준 레벨을 설정하고, Reduction에서 감소량을 조정합니다. Noisefloor에 제거되는 레벨이 실시간으로 표시되며, Freeze 옵션을 체크하여 고정할 수 있습니다.

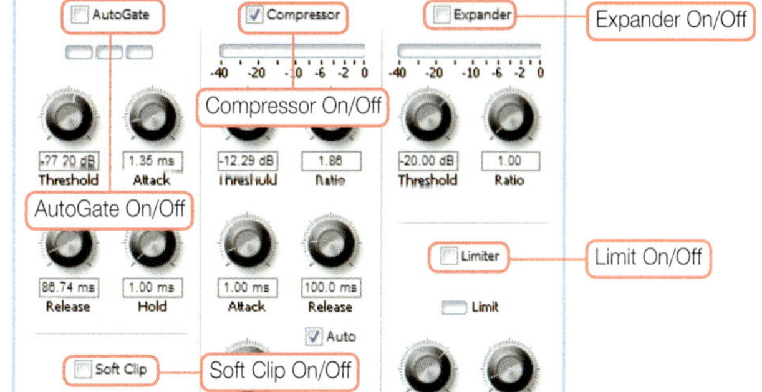

12 움직임 효과는 잡음 제거의 AutoGate, 클리핑을 방지하는 Soft Clip, 볼륨 밸런스 보정의 Compressor, 볼륨의 폭을 확장하는 Expander, 한계 레벨을 조정하는 Limiter의 다이내믹 보정에 관련된 5가지 이펙트를 제공하는 멀티 장치입니다. 각각의 사용여부는 옵션 체크 유무로 결정합니다.

Dynamics의 역할

Dynamics 컨트롤 패널에는 다이내믹 보정에 관련된 AutoGate, Soft Clip, Compressor, Expander, Limiter의 5가지 장치를 동시에 제공하고 있으며, 각각의 역할은 다음과 같습니다.

❖ **AutoGate** (자동게이트)
DeNoiser와 같이 잡음을 제거하는 역할을 하지만, 다이내믹을 보정할 때 발생할 수 있는 저음역대의 잡음을 제거하는 목적으로 사용합니다. Threshold(임계값)에서 제거 레벨을 설정하고, Attack(어택)과 Release(해제)에서 AutoGate가 작동을 시작하는 타임과 동작이 멈추는 타임을 설정합니다. 그리고 Hold(홀드)는 오토게이트가 작동되었을 때의 유지되는 시간을 조정합니다.

❖ **Soft Clip**
Soft Clip은 말 그대로 볼륨이 너무 커서 일그러지는 클리핑 현상으로 완화합니다. 다만, 경계 부분을 완화시키는 정도이므로, 아무리 긴 영상을 작업하더라도 모든 길이를 모니터 한 후에 랜더링을 하는 것이 좋습니다.

❖ **Compressor** (압축기)
컴프레서는 Threshold(임계값)에서 조정한 레벨 이상의 사운드를 Radio(비율)에서 조정한 비율로 제한하여 볼륨 밸런스를 보정하는 역할입니다. 결국 사운드가 작아지는 현상이 발생하기 때문에 MakeUp(조정)으로 손실되는 볼륨을 보충합니다. Attack과 Release는 컴프레서의 작동 시작과 끝 타임을 조정합니다.

❖ **Expander** (확장기)
익스펜더는 작은 소리는 더욱 작게, 큰 소리는 더욱 크게 보정하여 다이내믹 범위를 넓히는 역할을 합니다. Threshold에서 기준 레벨을 설정하고, Ratio에서 확대 비율을 설정합니다.

❖ **Limiter** (제한)
리미터는 Threshold에서 설정한 레벨 이상의 사운드를 제한하여 클리핑이 발생하는 것을 방지하는 역할입니다. Release에서 리미터 작동이 멈추는 시간을 설정합니다.

 DeClicker

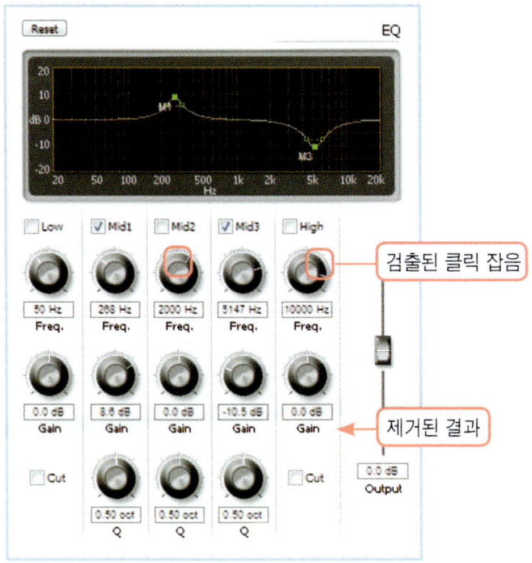

13 EQ는 전체 사운드의 주파수를 5단계로 나누어 보정하는 역할을 하면 각각의 주파수를 마우스 드래그로 조정할 수 있는 디스플레이 창을 제공합니다. EQ는 사운드의 저음을 높여 영화관의 느낌을 연출하거나 중음을 높여 음성 정확하게 전달하고 싶을 때, 또는 특정 음역대의 잡음을 제거하는 용도 등, 다양한 목적으로 사용될 수 있습니다.

EQ의 옵션

사운드의 각 주파수대역을 증가시키거나 감소시켜 전체 사운드의 색깔을 조정하는 EQ은 가정용 오디오에서도 볼 수 있는 흔한 것이지만,
자신이 조정하고자 하는 주파수 대역을 분별할 수 있는 능력이 있어야 하는 어려움도 있으므로, 많은 실습을 요구하는 장치이기도 합니다.

✿ Freq (주파수)

조정할 주파수 대역을 설정합니다. 그래프에서 포인트를 좌/우로 드래그하여 조정할 수 있습니다.

✿ Gain (게인)

Freq에서 설정한 주파수 대역을 조정합니다. 그래프에서 포인트를 상/하로 드래그하여 조정할 수 있습니다.

✿ Cut (컷)

Low 와 High 항목에 있는 것으로 freq 에서 설정한 주파수 대역 이하 또는 이상의 사운드를 차단합니다.

✿ Q

Freq 에서 설정한 주파수를 중심으로 주변 주파수의 범위를 설정합니다. 그래프의 포인트를 자세히 보면 실선으로 연결된 포인트가 있는데,
이것을 좌/우로 드래그하여 조정할 수 있습니다.

✿ Output (출력)

EQ에서 조정한 전체 레벨을 조정합니다. EQ는 음향을 공부하는 학생이 가장 먼저 접하지만, 마지막까지 공부해야 할 만큼 오랜 시간과 경험이
요구되는 이펙트입니다. 간단한 구조로 되어 있다고 해서 만만하게 보지 말고, 값을 조정할 때 마다 사운드가 어떻게 변하는지 실습을 해보기
바랍니다.

 Fill Left 및 Right

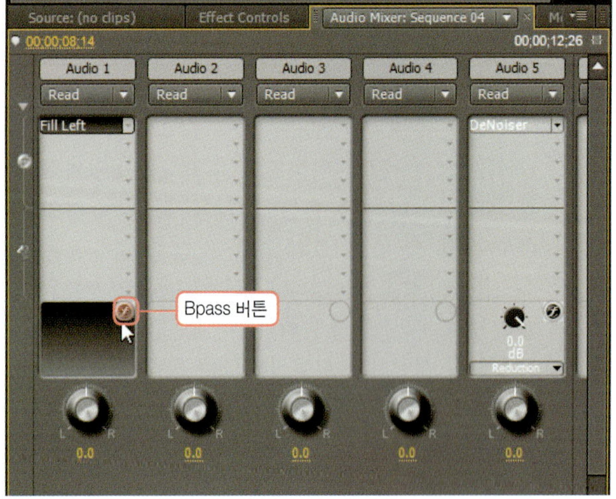

14 별도의 파라미터가 없는 On/Off 역할의 이펙트 입니다. Fill Left(왼쪽 패널만 재생)는 왼쪽 채널의 사운드를 오른쪽 채널로 복사하고, Fill Right(오른쪽 채널만 재생)는 그 반대입니다. 좌/우 밸런스가 맞지 않게 녹음되었거나 모노로 녹음한 사운드를 스테레오로 보정할 때 사용할 수 있습니다. 참고로 Bypass 버튼은 이펙트 적용 전/후의 사운드를 비교해볼 수 있는 기능입니다.

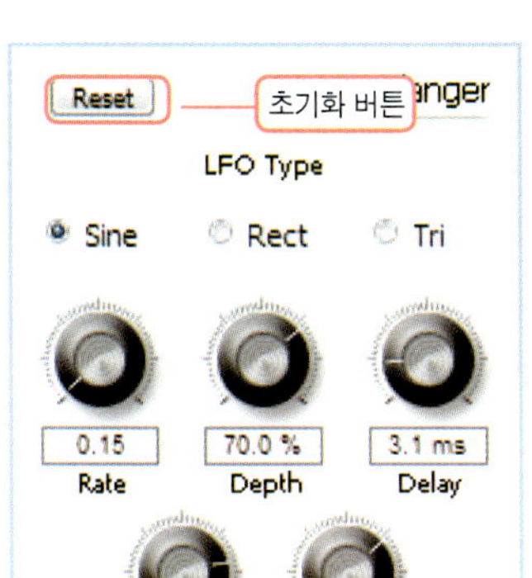

15 플랜저 효과는 짧은 딜레이 타임으로 발생하는 반복 사운드와 원본 사운드와의 위상 차로 발생하는 독특한 사운드를 얻을 수 있는 장치입니다. 가장 흔하게 사용되는 것이 펑키한 연주의 Guitar 사운드인데, 애니메이션 목소리에 응용해도 의외의 결과를 얻을 수 있습니다. 참고로 각 패널의 Reset 버튼은 모든 조정 값을 초기화하는 역할을 합니다.

Tip

Flanger의 옵션

위상 변조로 독특한 사운드을 연출하는 플랜저 패널의 옵션은 다음과 같습니다.

❖ LFO Type (유형) - 플랜저의 발생 유형을 Sine(원형), Rect(사각), Tri(삼각) 중에서 선택합니다.

❖ Rate (속도) - 플랜저의 발생 속도를 조정합니다.

❖ Depth (심도) - 플랜저의 변조 폭을 조정합니다.

❖ Dealy (지연) - 플랜저 사운드의 지연 타임을 설정합니다.

❖ Feedback (피드백) - 플랜저 사운드의 양을 조정합니다.

❖ Mix (혼합) - 원본과 플랜저 사운드의 비율을 조정합니다.

Highpass 및 Lowpass

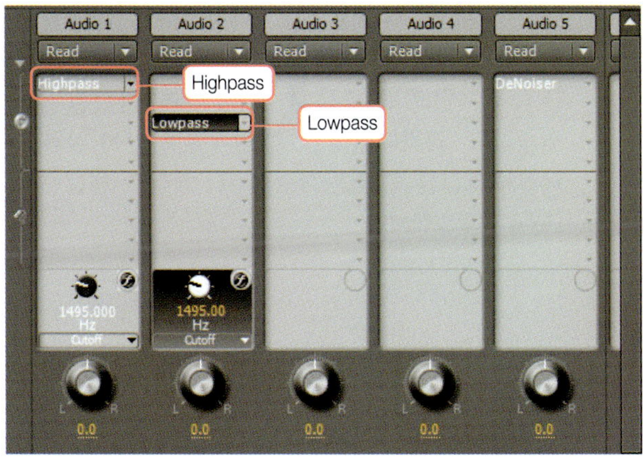

16 하이 패스는 Cutoff에서 설정한 주파수 이상의 사운드만을 재생하는 역할로 저음역에 있는 잡음을 제거하거나 고음역을 강조하고 싶을 때 사용할 수 있으며, 로우 패스는 반대로 Cutoff에서 설정한 주파수 이하의 사운드만 재생하는 역할로 고음역대에 포함된 잡음을 제거하거나 저음을 강조하고 싶을 때 사용할 수 있습니다.

17 반전 효과는 별도의 파라미터를 제공하지 않는 On/Off 역할의 이펙트 입니다. 흔한 경우는 아니지만, 다른 트랙의 사운드와 반대되는 파형으로 재생되는 트랙의 사운드는 레벨이 작아지는 현상이 발생합니다. 이때 Invert를 적용하면 위상을 뒤집어 이러한 현상을 피할 수 있습니다.

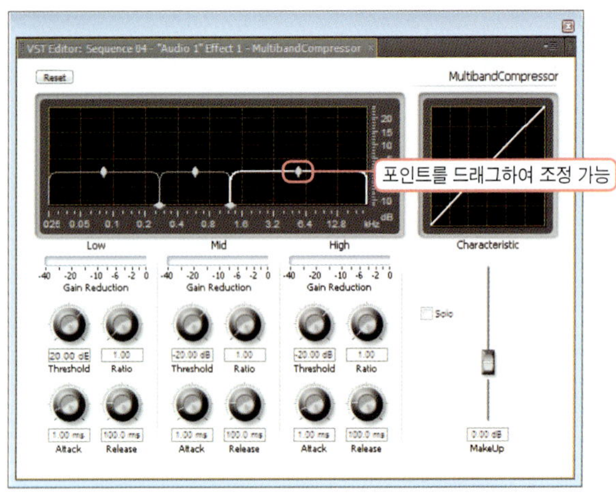

18 Dynamics 이펙트의 Compressor와 동일한 역할을 합니다. 다만, 주파수를 Low, Mid, High로 3등분하여 개별적으로 조정할 수 있다는 차이점이 있으며, Solo 옵션을 체크하여 하나의 컴프레서로 사용할 수 있습니다. 각 주파수 대역의 제한 값과 범위는 그래프에서 포인트를 드래그하여 조정할 수 있으며, 레벨을 설정하는 Threshold, 압축 비율의 Ratio, 작동 시간의 Attack과 Release는 Dynamics의 이펙트의 Compressor와 동일합니다.

19 멀티탭 지연 효과는 앞에서 살펴본 Delay와 동일한 역할을 합니다. 다만, 반복되는 간격을 4단계로 조정할 수 있다는 차이점이 있습니다. 파라미터에는 각 단계별로 반복 양과 레벨을 조정할 수 있는 메뉴를 제공하며, 사용법은 Delay와 **동일합니다.**

20 노치 효과는 특정 주파수 대역의 레벨을 줄이는 역할을 하는 것으로, 다른 사운드에 맞물려 있는 잡음을 제거하는데 효과적인 장치입니다. Center 파라미터로 중심 주파수를 선택하고, Q 파라미터로 주파수의 범위를 설정합니다.

21 파라메트릭 EQ 효과는 사용자가 원하는 위치의 주파수 범위를 조정하는 역할을 합니다. 파라미터는 중심 주파수를 선택하는 Center와 범위를 선택하는 Q가 있고, 해당 트랙의 레벨을 증가시키는 역할의 Boost를 선택할 수 있습니다.

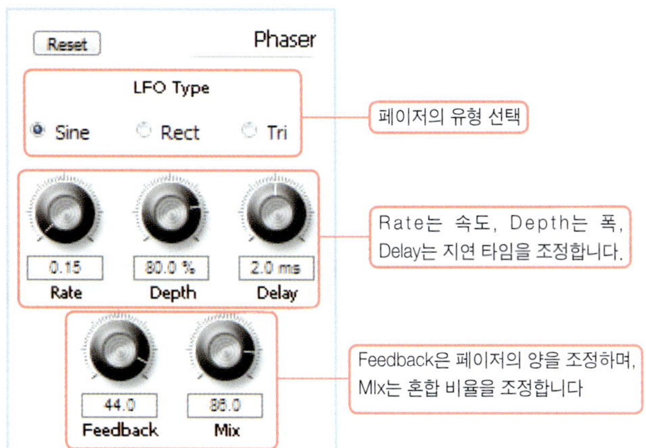

22 페이저 효과는 앞에서 살펴본 플랜저와 같이 반복되는 사운드의 위상 변조로 독특한 사운드를 만들어내는 이펙트입니다. 차이점은 플랜저 보다 짧은 딜레이 타임을 사용하고 있기 때문에 코러스에 가까운 효과를 연출합니다. Phaser의 유형을 선택하는 LFO Type,속도를 조정하는 Rate 등, 패널을 구성하고 있는 옵션의 역할은 플랜저와 동일합니다.

23 피치 변화 효과는 사운드의 음정을 조정하는 역할을 합니다. 신분 보호를 위해 목소리를 변조하거나 중후한 느낌을 위한 톤을 낮추는 용도로 응용할 수 있습니다. Pitch항목은 반음 단위로 조정하는 노브이며, Fine Tune은 반음을 100등분한 단위로 조정합니다. Formant Preserve 옵션은 음정을 조정할 때, 사운드의 길이가 변경되는 것을 방지합니다.

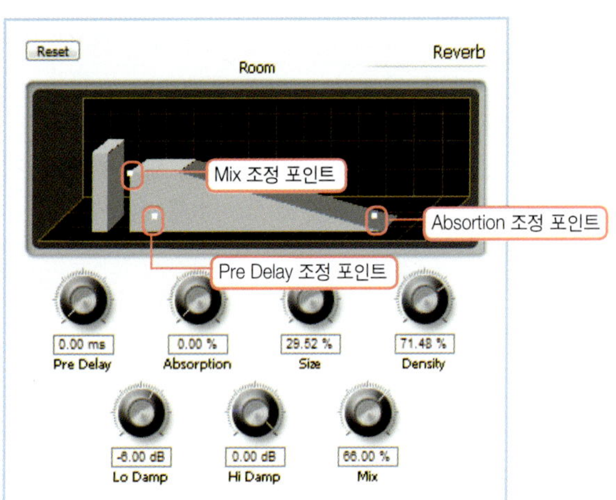

24 반향 효과는 사운드의 잔향을 만들어 공간감을 연출합니다. 사운드는 공간의 크기와 주변 환경에 따라서 사운드가 달라지게 되는데, 이유는 원음과 주변 물체에 반사되어 되돌아오는 잔향 때문입니다. 이러한 잔향을 인위적으로 만들 수 있는 Reverb를 이용하면, 집안에서 촬영한 사운드를 동굴에서 촬영한 사운드로 바꿀 수 있습니다.

Tip

Reverb의 옵션

프리미어의 리버브는 원음과 잔향을 그래프로 표시하고, 조정할 수 있기 때문에 초보자도 쉽게 사용할 수 있다는 장점이 있습니다.

❖ **Pre Delay** (초기 지연) - 초기 잔향 시간을 설정합니다. 그래프에서 가운데 포인트를 좌/우로 드래그하여 조정할 수 있습니다.

❖ **Absorption** (흡음률) - 잔향이 소멸되는 길이를 설정합니다. 그래프에서 오른쪽에 있는 포인트를 좌/우로 드래그하여 조정할 수 있습니다.

❖ **Size** (크기) - 공간의 크기를 시뮬레이션 할 수 있습니다.

❖ **Density** (조밀도) - 잔향의 밀도를 설정하여, 공간의 형태를 시뮬레이션 할 수 있습니다.

❖ **Hi 및 Lo Damp** (감쇄 고 및 저) - 저역대 및 고역대의 잔향을 강조하여 벽면의 재질을 시뮬레이션 할 수 있습니다.

❖ **Mix** (혼합) - 리버브의 전체 레벨을 조정합니다. 그래프에서 왼쪽 포인트를 위/아래로 드래그하여 조정할 수 있습니다.

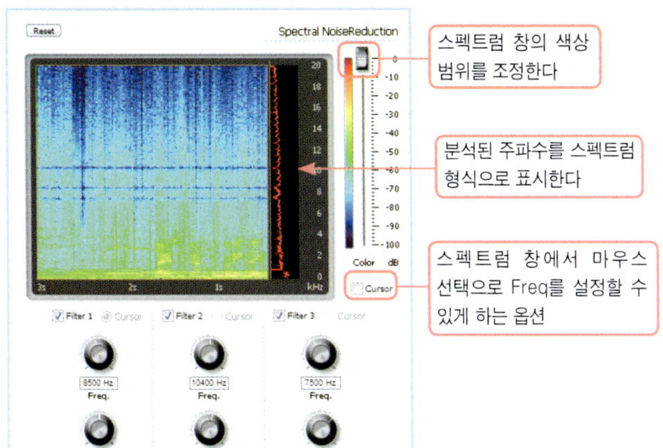

25 스펙트럼 노이즈 감소 효과는 3개의 필터를 제공하는 강력한 잡음 제거 장치입니다. 스펙트럼 창은 사운드의 주파수 영역을 실시간으로 표시하며, Cursor 옵션을 체크하여 잡음이 있는 주파수 대역(Freq)을 정확히 설정할 수 있습니다. 그리고 Redcution을 이용해서 해당 주파수 대역의 잡음을 감소시킵니다.

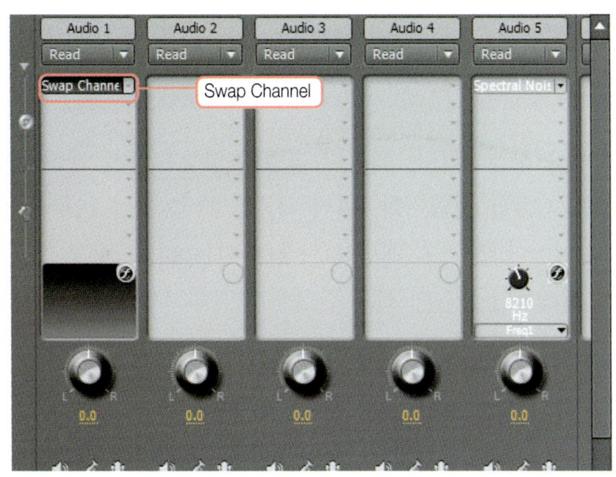

26 채널 교체 효과는 스테레오 트랙에서만 사용할 수 있는 이펙트 이며, 왼쪽과 오른쪽 채널의 사운드를 바꿔줍니다. 사용자의 실수로 라인을 잘못 연결하여 좌/우가 바뀐 사운드를 녹음했다면, Swap Channel로 해결할 수 있습니다.

27 프리미어에서 제공하는 마지막 이펙트의 고음 효과는 고음역대의 레벨을 조정하는 역할을 합니다. 파라미터에는 레벨을 조정할 수 있는 Boost 로 설정되어 있으며, 고음역대를 강조하여 사운드를 밝게 만들거나 고음역대의 잡음을 제거하는 목적으로 사용할 수 있습니다.

믹싱과 마스터링 실습

프리미어에서 제공하는 이펙트의 역할을 모두 살펴보았습니다. 사운드에 관심이 있어 관련 서적을 공부했던 사용자는 별다른 설명이 없어도 각각의 이펙트를 효과적으로 사용할 수 있을 것입니다. 그러나 사운드 학습이 처음인 사용자는 다소 생소한 용어에 당황스러울 수 있습니다. 여기서는 영상 음악 제작 과정을 살펴보면서 각 이펙트의 사용 방법과 요령을 익힐 수 있도록 하겠습니다. 실습을 마친 후에 다시 한번 이펙트의 종류를 살펴보면 쉽게 이해할 수 있을 것입니다.

1 파노라마 영상 만들기

믹싱과 마스터링 작업을 시작하기 전에 간단한 영상 작업을 하겠습니다. 여기서 작업할 영상은 엔딩 샷으로 많이 이용하는 파노라마 영상이며, 멀티 시퀀스로 작업을 진행할 것입니다. 멀티 시퀀스 작업은 실습에서와 같이 특별한 목적으로도 사용되지만, 친구들과의 공동 작업이나 몇 가지 패턴을 만들어 비교해보는 용도로도 이용할 수 있습니다. 멀티 시퀀스 작업 외에는 지금까지 계속했던 실습이므로, 간단하게 진행하겠습니다.

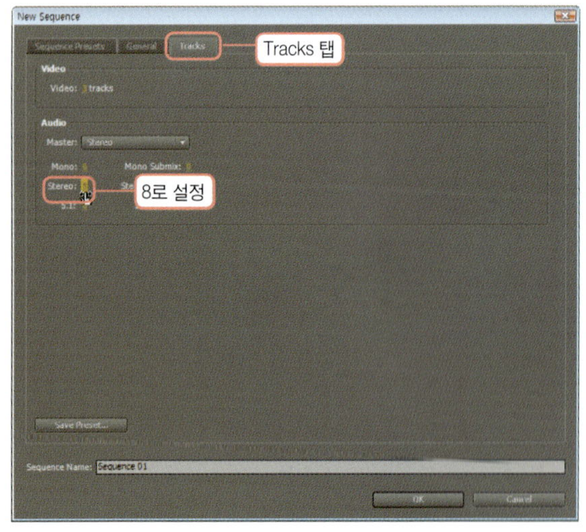

01 프리미어를 시작할 때, New Project 버튼을 선택하고, Sequence Presets에서 DV-NTSC Standard 48KHz를 선택합니다. 그리고 Tracks 탭을 클릭하여 페이지를 열고, 3으로 설정되어 있는 Stereo 트랙을 8로 변경하여 8개의 스테레오 트랙이 있는 시퀀스를 만듭니다.

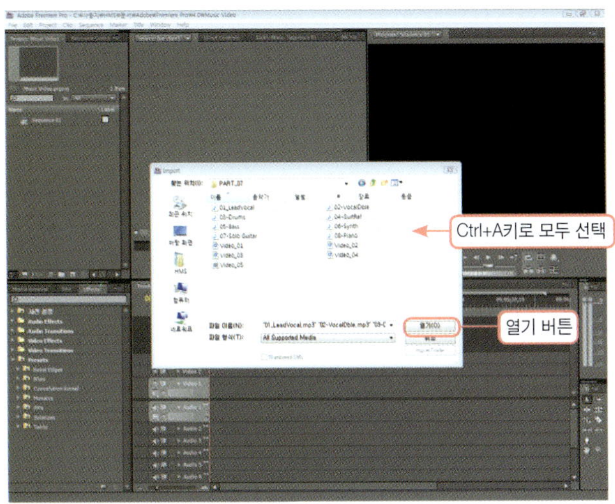

02 8개의 오디오 트랙이 있는 시퀀스가 만들어졌습니다. 프로젝트 패널의 빈 공간을 더블 클릭하여 Import 창을 열고, 부록 CD의 PART_07 폴더를 엽니다. 그리고 Ctrl + A 키를 눌러 모든 파일을 선택하고, 열기 버튼으로 불러옵니다.

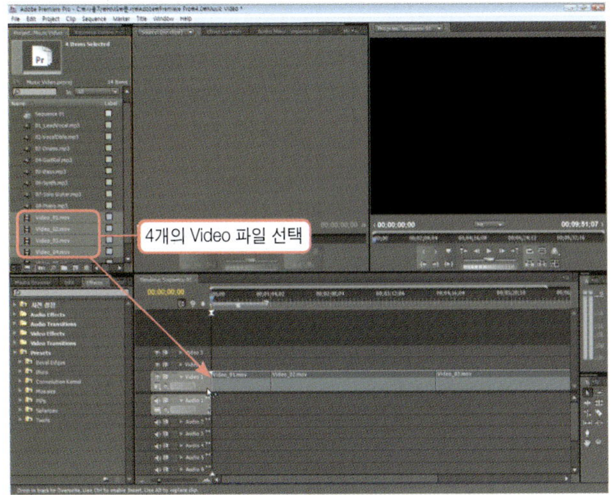

03 프로젝트 패널에 임포트한 소스 중에서 Video_01.mov를 선택하고, Shift 키를 누른 상태로 Video_04 파일을 선택하여 4개의 Video 소스를 모두 선택합니다. 그리고 타임라인 패널의 Video 1트랙으로 드래그하여 가져다 놓습니다.

가·정·교·사

₩ 키를 누르면 타임라인 패널의 작업 공간을 전체 소스의 길이에 자동으로 맞출 수 있습니다.

04 01_LeadVocal.mp3 소스부터 8개의 오디오 소스를 Audio 1에서부터 차례로 가져다 놓습니다. 이렇게 많은 트랙을 사용할 때는 반드시 트랙의 이름을 구분하기 쉬운 것으로 바꿔주는 것이 좋습니다. Audio 트랙에서 마우스 오른쪽 버튼을 클릭하여 단축 메뉴를 열고, Rename을 선택하여 소스와 같은 이름으로 변경합니다.

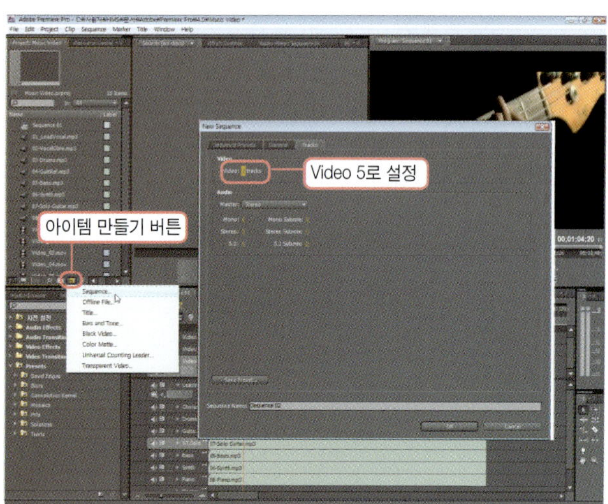

05 엔딩으로 사용할 파노라마 영상은 멀티 시퀀스로 작업을 하겠습니다. 프로젝트 패널의 아이템 만들기 버튼을 클릭하여 메뉴를 열고, Sequence를 선택하여 새로운 시퀀스를 만듭니다. New Sequence 창의 Tracks 탭에서 Video 트랙을 5로 설정하여 만듭니다.

06 새로 만드는 시퀀스의 이름을 입력하지 않았다면, Sequence 02라는 이름으로 새로운 새퀀스가 만들어집니다. 프로젝트 패널의 아이템 만들기 버튼을 클릭하여 Title을 선택합니다. 파노라마 영상의 백 그라운드로 사용할 도형을 타이틀로 만들기 위한 것입니다.

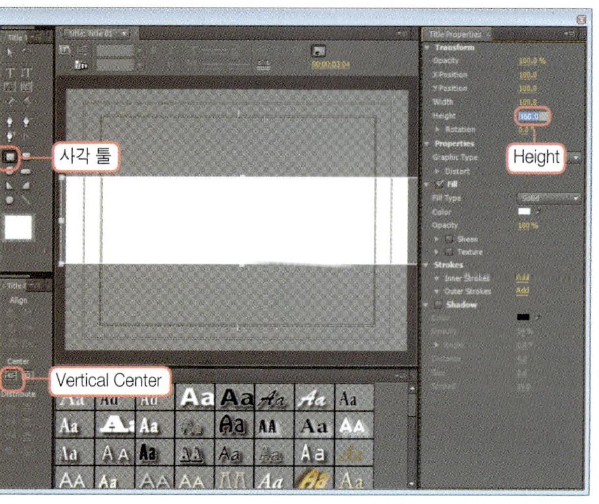

07 타이틀 패널에서 사각 툴을 이용해서 가로로 직사각형을 만듭니다. Properties 패널의 Height값을 160으로 입력하여 세로 폭이 영상의 1/3을 차지하게 합니다. 그리고 Vertical Center 버튼을 클릭하여 가운데로 정렬합니다.

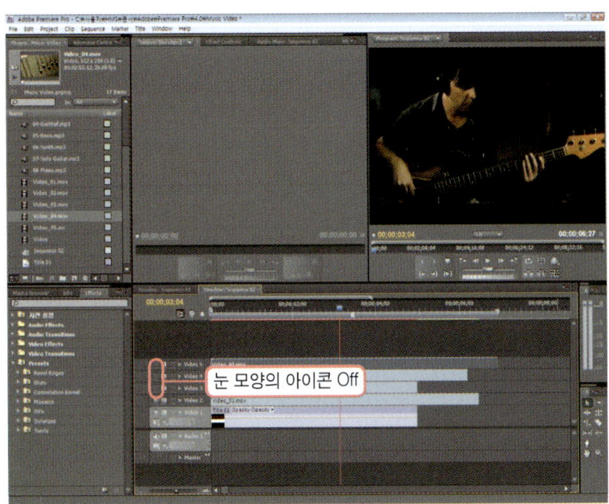

08 타이틀 패널을 닫고, Video 1 트랙에 가져다 놓습니다. 그리고 프로젝트 패널의 Video_01.mov 소스를 Video 2 트랙에, Video_02.mov는 Video 3 트랙에, Video_03.mov는 Video 4 트랙에, Video_04.mov는 Video 5 트랙에 차례로 가져다 놓습니다. Video 3, 4, 5 트랙의 눈 모양의 아이콘을 Off하여 Video 2 트랙의 영상이 보이게 합니다.

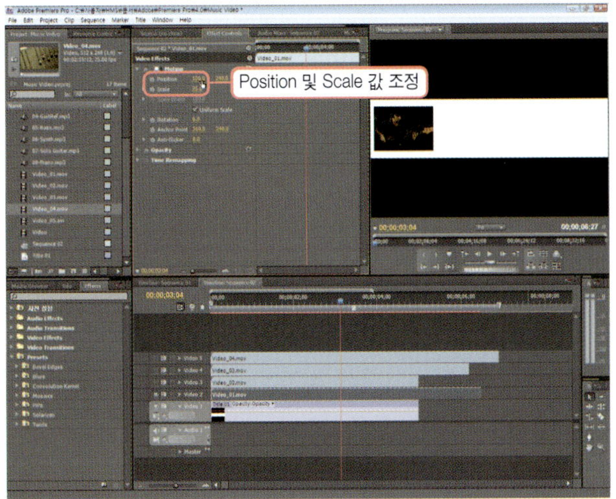

09 Video 2 트랙의 클립을 선택하고, 이펙트 컨트롤 패널을 엽니다. Motion의 Scale 값을 25%로 설정하여 영상의 크기를 줄이고, Position을 왼쪽 값을 왼쪽으로 드래그하여 영상의 위치를 조정합니다.

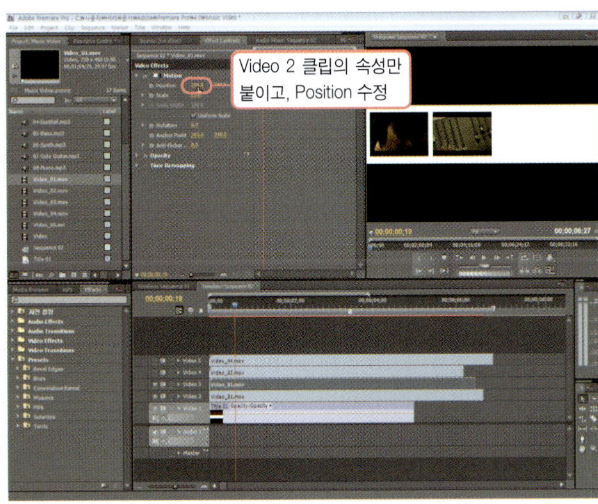

10 Video 3 의 트랙의 눈 아이콘을 On으로 하여 영상이 보이게 하고, 모션 작업을 한 Video 2 트랙의 클립을 Ctrl+C 키로 복사합니다. 그리고 Video 3 트랙의 클립을 선택하고, Ctrl+Alt+V 키로 속성만 붙인 다음에 Position의 값을 수정합니다.

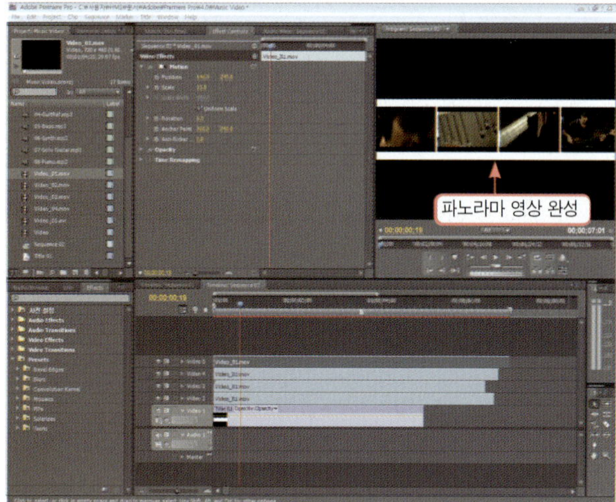

11 Video 4 트랙의 눈 아이콘을 On으로 하여 영상이 보이게 하고, `Ctrl`+`Alt`+`V` 키로 앞에서 복사했던 속성을 붙입니다. 그리고 Position을 수정합니다. Video 5 트랙의 영상도 동일한 작업으로 4개의 영상이 파노라마 형식으로 보이도록 완성합니다.

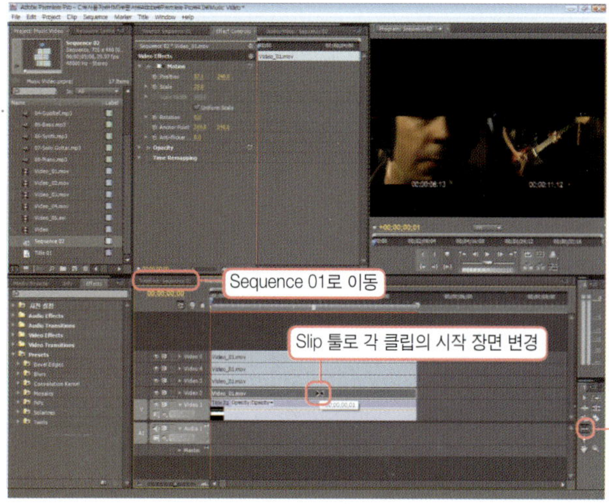

12 Video 2에서 Video 5 트랙에 있는 클립의 길이를 Video 1 트랙의 타이틀 클립과 동일하게 조정하고, 필요하다면, Slip 툴을 이용해서 각 클립의 시작 영상 위치를 변경합니다. 모든 작업이 끝나면, Sequence 01를 선택하여 이동합니다.

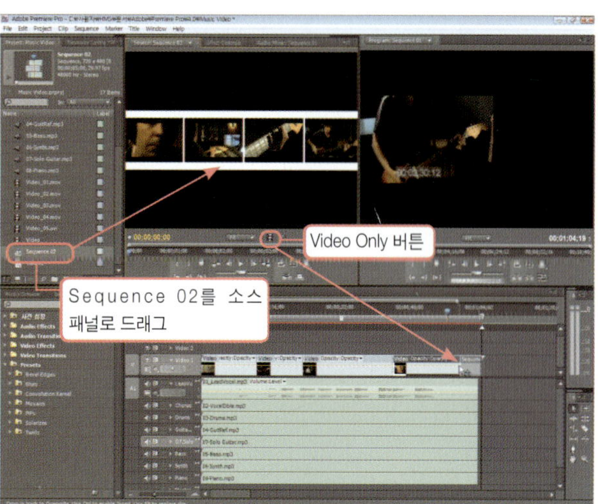

13 프로젝트 패널의 Sequence 02를 소스 패널로 드래그하여 가져다 놓고 Video Only 툴을 드래그하여 작업 중인 Video 1 트랙의 끝 부분으로 가져다 놓습니다. 즉, Sequence 02에서 작업한 파노라마 영상을 엔딩으로 사용하는 것입니다.

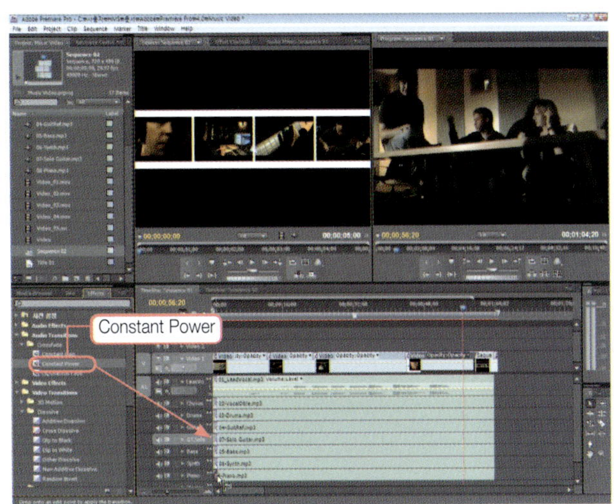

14 영상의 시작과 끝에는 Video Transition의 Dip to Black를 적용하고, 클립 사이는 Cross Dissolve를 적용하여 마무리 합니다. 사운드도 갑자기 시작하는 것은 좋지 않으므로, 각 클립의 시작 위치에 Audio Transitions의 Constant Power를 적용합니다. 끝 부분은 소스가 페이드 아웃 되고 있으므로 트랜지션을 적용할 필요가 없습니다.

2 믹싱 작업

실습에 사용되는 오디오 소스는 리드 보컬, 코러스, 드럼, 베이스, 리프 기타, 솔로 기타, 올겐, 피아노의 총 8 트랙입니다. 8명이 동시에 자기 주장만 내세우며 소리를 지르면, 무척 듣기 싫은 소음일 뿐입니다. 음악도 마찬가지인데, 각각의 악기가 다른 악기의 주파수 영역을 방해하지 않으면서 서로가 조화롭게 들리도록 하는 것이 믹싱 작업입니다. 작업 방법은 매우 단순하지만, 오랜 경험이 필요한 부분이므로, 평소에 음악을 감상할 때, 어떤 악기가 어느 정도의 레벨로 어느 방향에서 들리는지 주의 깊게 듣는 훈련을 병행하기 바랍니다.

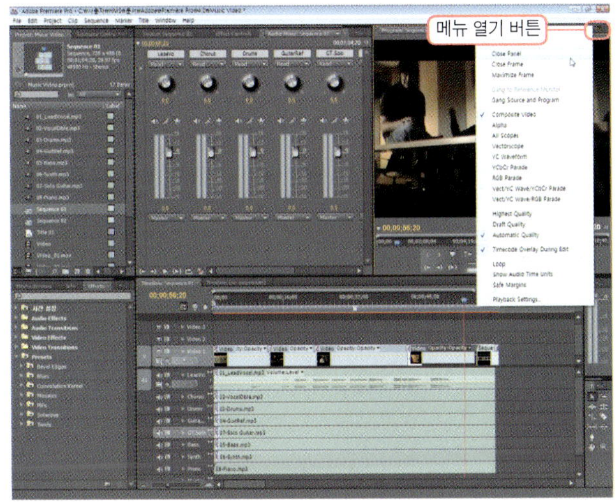

01 영상을 보면서 믹싱 작업을 진행할 것이 아니므로, 프로그램 패널의 메뉴를 열고, Close Panel를 선택하여 닫습니다. 필요할 때는 Window 메뉴의 Program Monitor를 선택하여 다시 열 수 있습니다.

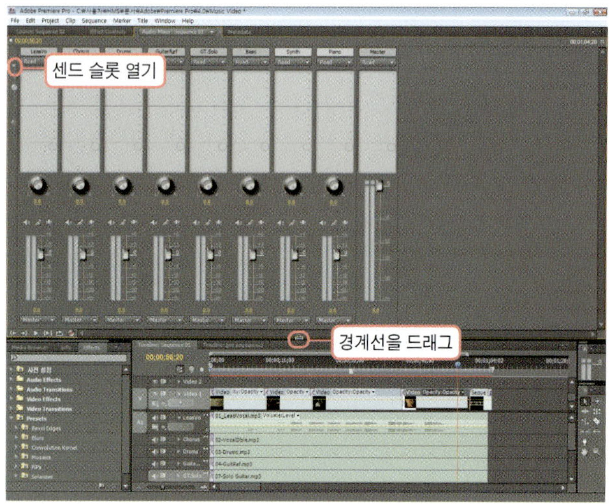

02 프로젝트 패널도 Close Frame 메뉴를 선택하여 닫아도 좋습니다. 오디오 믹서 패널을 열고, 센드 슬롯 보기 버튼을 클릭합니다. 그리고 경계선을 드래그하여 믹싱 작업에 편리한 화면으로 구성합니다.

03 리버브와 딜레이 등의 공간 계열 이펙트는 센드 방식으로 사용하겠습니다. 센드 슬롯을 클릭하여 메뉴를 열고, Create Stereo Submix를 3번 선택하여 3개의 서브 트랙을 만듭니다. 그리고 각각 리버브, 딜레이1, 딜레이 2라는 이름으로 변경합니다.

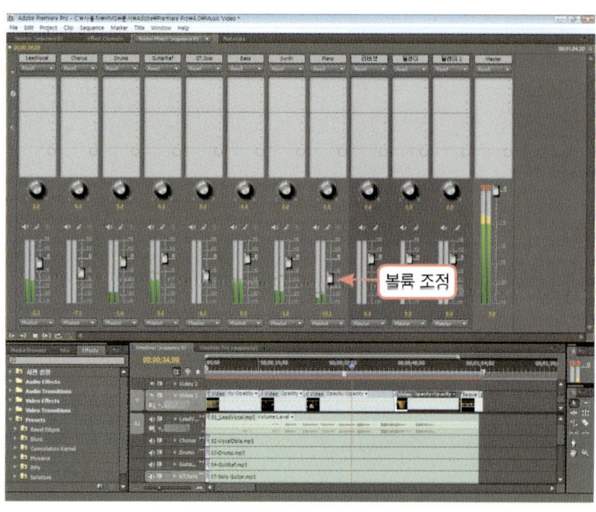

04 Space bar 키를 눌러 사운드를 모니터 하면서 각 트랙의 사운드를 듣기 좋은 볼륨으로 조정합니다. 다음은 실습에서 조정하고 있는 볼륨 값이며, 나머지는 트랙은 0dB로 둡니다.

▶ LeadVcoal: -2.3dB

▶ Chorus: -7.1dB

▶ Drums: -1.6dB

▶ CTSolo: -8.6dB

▶ Synth: -1.8dB

▶ Piano: -10.1dB

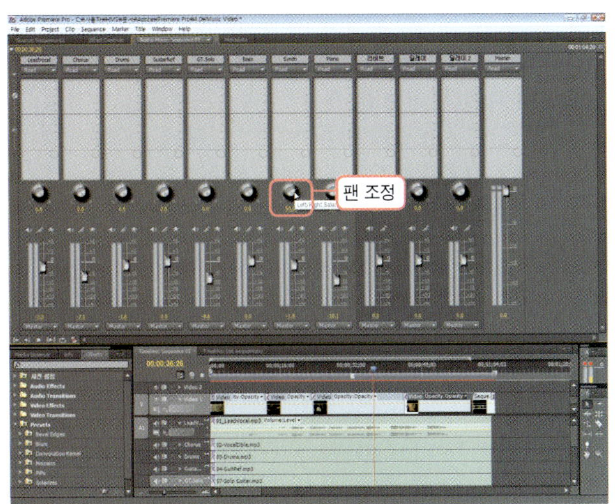

05 볼륨 외에 중요한 것이 팬 조정입니다. 실습에서는 Synth 트랙의 팬 노브만 오른쪽으로 약간 돌리고 사운드가 약간 오른쪽 스피커에서 들리도록 하고 있습니다. 볼륨과 팬은 간단하게 조정할 수 있지만, 그렇게 쉬운 작업은 아닙니다. 평소에 영화를 보거나 음악을 들을 때, 각각의 사운드가 어느 방향에서 어느 정도의 볼륨으로 들리는지 꼼꼼히 모니터 해보며 귀를 훈련시키기 바랍니다.

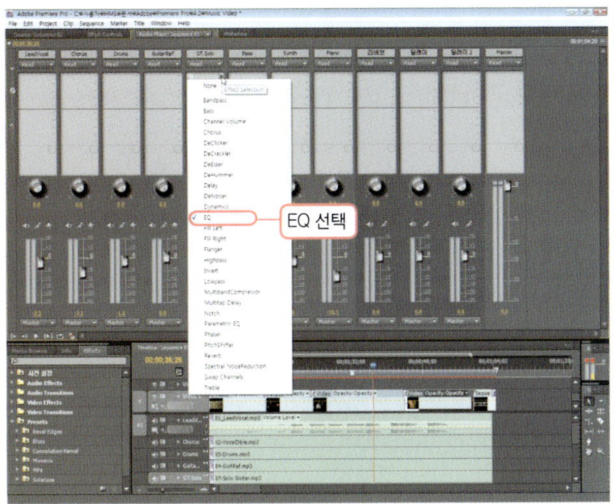

06 원칙은 없지만, 일반적으로 이펙트 작업은 EQ와 같은 주파수 계열, 컴프레서와 같은 다이내믹 계열, 리버브와 같은 타임 계열의 장치 순서로 합니다. GTSolo 트랙의 센트 슬롯을 클릭하여 이펙트 목록을 열고, EQ를 선택하여 장착합니다.

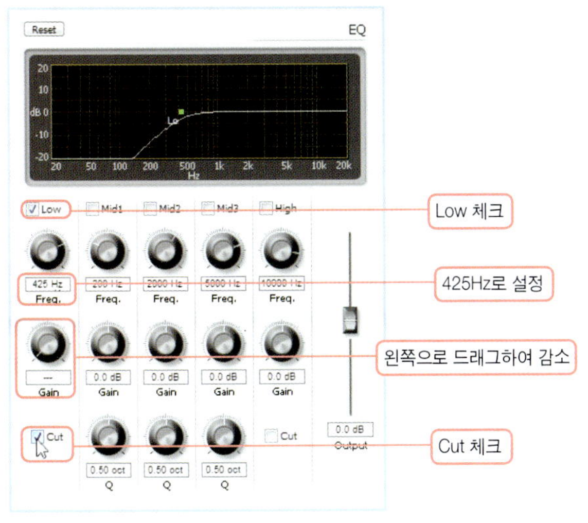

07 슬롯에 장착한 EQ를 더블 클릭하여 패널을 열고, 사운드를 모니터 하면서 저음역을 제거합니다. 실습에서는 Low 옵션을 체크하고, Freq 값을 425Hz로 설정한 다음에 Gain을 완전히 줄이고, Cut 옵션을 체크하여 425Hz 이하의 사운드를 차단하고 있습니다.

가·정·교·사

실습에서 제공하는 모든 설정 값들은 참조일 뿐이므로, 반드시 사운드를 모니터 하면서 자신의 취향에 맞게 조정합니다.

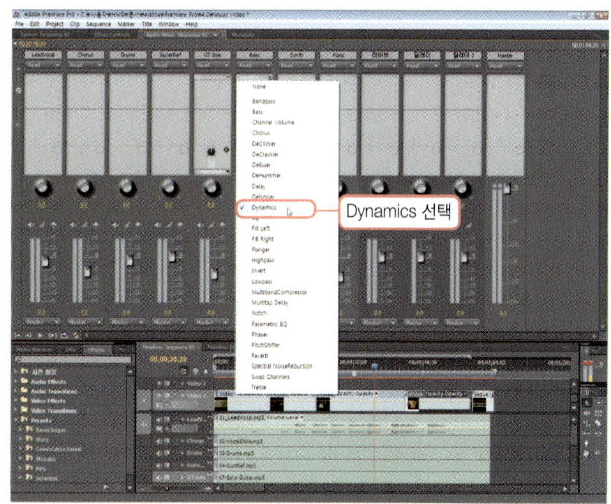

 나머지 트랙에서도 EQ를 적용하여 사운드를 정리해보기 바랍니다. 계속해서 Bass 트랙에 다이내믹 계열의 컴프레서를 장착하여 단단한 사운드를 만들어보겠습니다. Bass 트랙의 센드 슬롯을 클릭하여 장치 목록을 열고, Dynamic를 선택합니다.

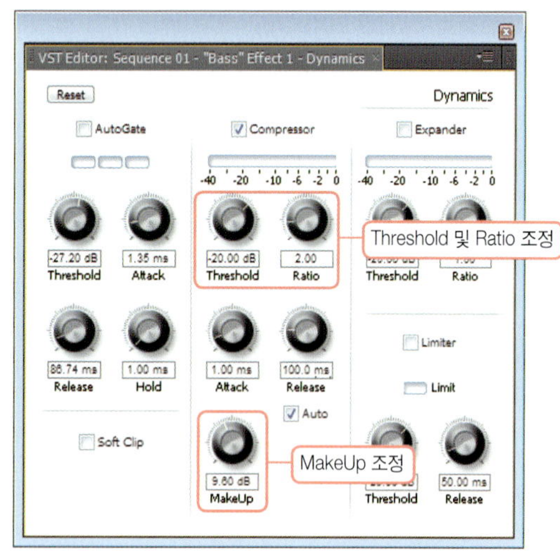

 슬롯에 장착한 Dynamics를 더블 클릭하여 패널을 엽니다. 기본적으로 Compressor가 체크되어 있습니다. Threshold를 -20dB, Ratio를 2로 설정하여 -20dB이 넘는 사운드를 1/2로 압축되게 합니다. 그리고 MakeUp 값을 9.6dB로 증가시킵니다. 반드시 사운드를 모니터 하여 조정 결과를 확인하기 바랍니다.

 컴프레서는 보컬이나 드럼 트랙에서도 필수적으로 사용하므로, 각 사운드의 다이내믹을 조정해보기 바랍니다. 이제 서브 트랙에 리버브와 딜레이를 적용하겠습니다. 리버브라는 이름으로 만든 서브 트랙의 슬롯을 클릭하여 목록을 열고, Reverb를 선택합니다.

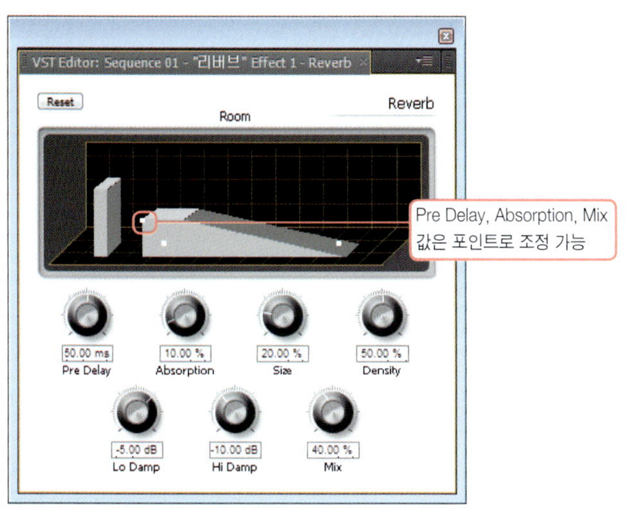

11 슬롯에 장착한 Reverb를 더블 클릭하여 패널을 열고, Pre Delay는 50ms, Absorption은 10%, Size는 20%, Density는 50%, Lo Damp는 -5dB, Hi Damp는 -10dB, Mix는 40% 정도로 조정합니다. 아직은 각 트랙의 센드 값을 조절하지 않았기 때문에 결과를 모니터 할 수는 없습니다.

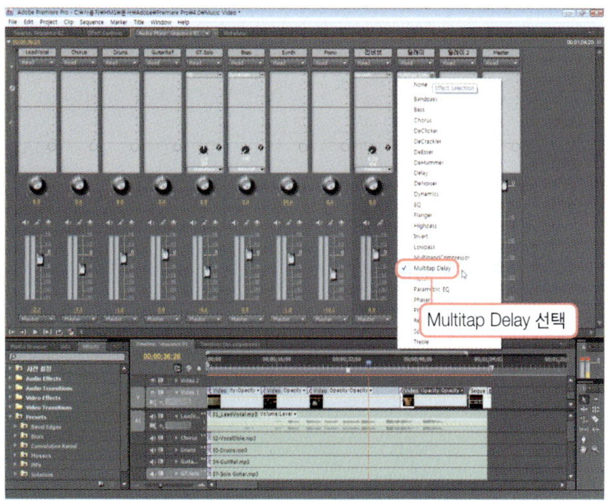

12 센드 값은 나중에 조정하기로 하고, 계속해서 딜레이 1과 2 서브 트랙에 딜레이를 장착하겠습니다. 딜레이 1 트랙의 센드 슬롯을 클릭하여 목록을 열고, Multitap Delay를 선택합니다.

13 멀티 딜레이는 별도의 패널을 제공하지 않기 때문에 각각의 탭을 컨트롤 목록에서 선택하여 일일이 설정해야 합니다. Delay 1의 타임은 0.5초로 설정되어 있습니다. 값을 그대로 두고, Feedback 1을 선택합니다.

14 값을 27% 정도로 조정합니다. 계속해서 Delay 2를 선택하여 타임을 1초로 설정하고, Feedback 2를 27% 정도로 조정합니다. Level 3와 4는 모두 무음으로 설정하여 총 2개의 딜레이 탭을 사용하게 합니다. 끝으로 믹스는 40%로 설정합니다.

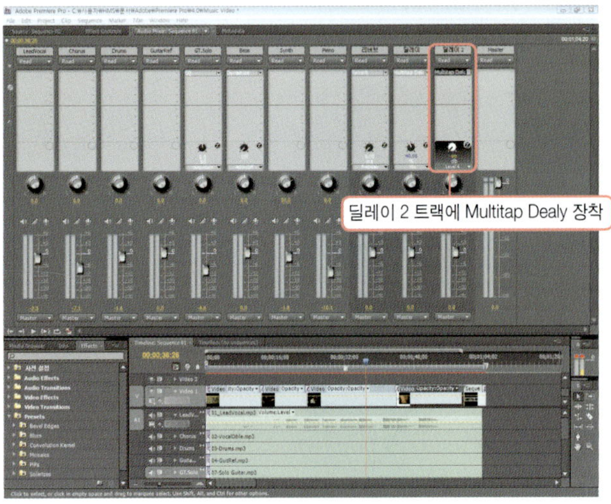

15 앞에서와 동일한 방법으로 딜레이 2 트랙에 Multitap Delay를 장착하고, Delay 1 타임은 250ms, Feedback 1 값은 27%, Delay 2 타임은 1초, Feedbak 2 값은 27%, Level3과 4는 무음으로 설정합니다. 즉, 딜레이 1 트랙의 Delay 1 타임과 Mix 값만 다르고, 나머지는 동일한 설정입니다.

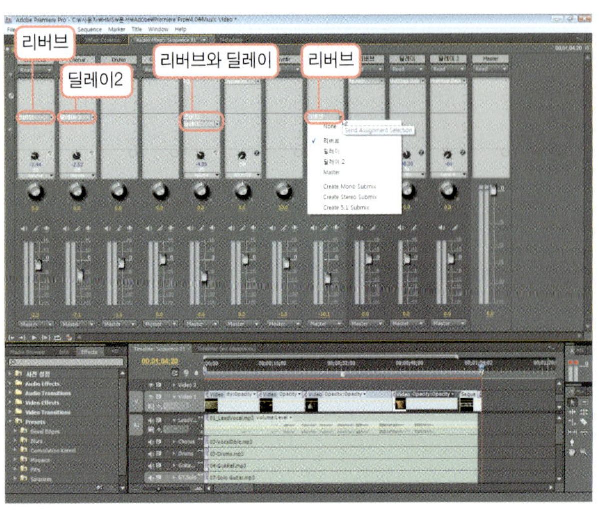

16 이제 각 트랙에서 서브 트랙을 선택하고 값을 설명하면 믹싱 작업이 끝납니다. 실습에서의 서브 트랙과 값은 다음과 같으며, 나머지 트랙에서는 리버브와 딜레이를 사용하지 않고 있습니다.

▶ LeadVcoal: 리버브(-7.44dB)
▶ Chorus: 딜레이 2(-2.52dB)
▶ GTSolo: 리버브(-2.71dB)/딜레이1(-4.08dB)
▶ Piano: 리버브(0dB)

믹싱 작업이 끝난 사운드는 최종적으로 마스터링 작업을 합니다. 마스터링 작업이라고 해서 별다른 과정이 필요한 것은 아니며, 마스터 트랙에서 다이내믹과 EQ 등을 적용하여 전체 사운드를 조정하는 것입니다. 일반적으로 마스터링 작업을 하는 이유는 한 편의 영화에 삽입되는 전체 사운드의 색깔과 다이내믹 범위를 일치시키기 위한 것이므로, 전체 사운드 작업이 끝난 다음에 하게 됩니다. 실습에서는 전체 사운드가 너무 커서 발생하는 피크 잡음을 잡고, 다이내믹 보정으로 줄어든 고음역을 조금 증가시키는 정도로 해보겠습니다. 지금까지의 작업을 마스터할 수 있도록 충분히 반복 학습을 해두면, 어떤 장르의 OST라도 전문가 못지않게 믹싱과 마스터링 작업을 할 수 있는 능력을 갖게 될 것입니다.

01 먼저 피크 잡음을 제거하기 위한 다이내믹 보정부터 해보겠습니다. 일반적은 마스터 작업에서는 리미터를 이용하지만, 실습에서는 컴프레서를 적용하여 좀 더 단단한 사운드가 되게 하겠습니다. 마스터 트랙의 센드 슬롯을 클릭하여 목록을 열고, Dynamics를 선택합니다.

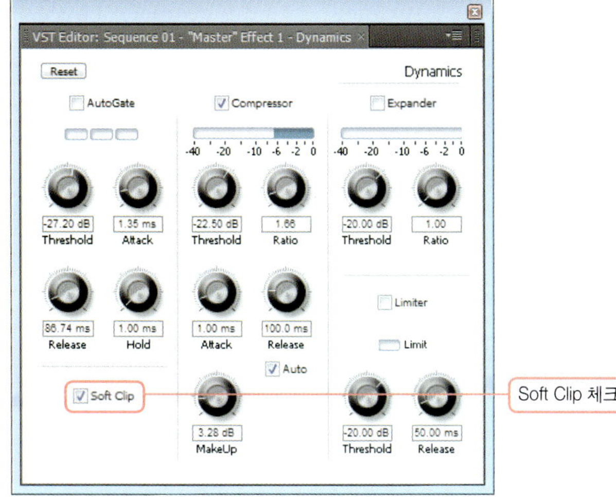

02 슬롯에 장착한 Dynamics를 더블 클릭하여 패널을 엽니다. Compressor의 Threshold는 -22.5dB, Ratio는 1.66 비율로 조정하고, 나머지는 기본 값으로 둡니다. 그리고 Soft Clip 옵션을 체크합니다. 너무 과다한 컴프레서는 지금까지의 믹싱 작업을 망칠 수 있으므로, 피크 잡음 정도만 제거한다는 느낌으로 조정하고 있습니다.

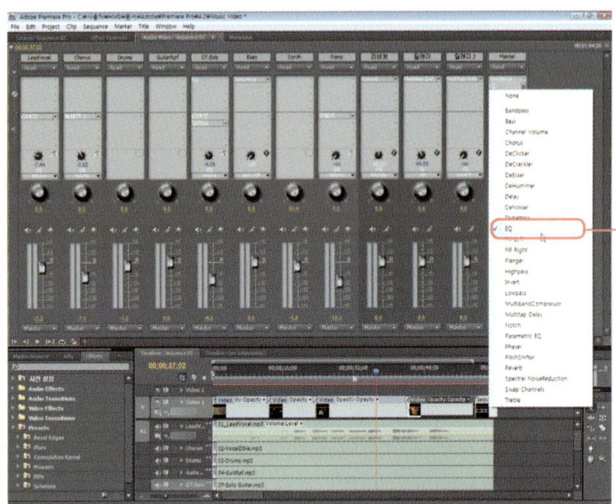

03 컴프레서 적용으로 조금 답답해진 느낌을 EQ로 해결하겠습니다. 마스터 트랙의 두 번째 센드 슬롯을 클릭하여 목록을 열고, EQ를 선택합니다.

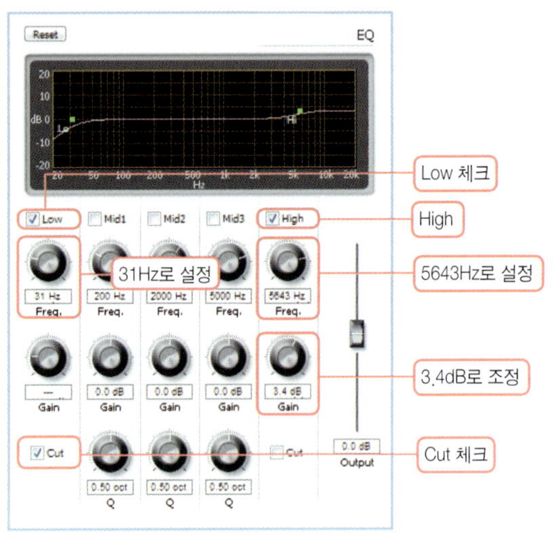

04 마스터 트랙에 장착한 EQ를 더블 클릭하여 패널을 열고, Low와 High 옵션을 체크합니다. 그리고 Low는 Freq를 31Hz 설정하고, Cut 옵션을 체크합니다. 계속해서 High는 Freq를 5643Hz로 설정하고, Gain을 3.4dB로 설정하여 전체적으로 밝은 사운드가 되게 합니다.

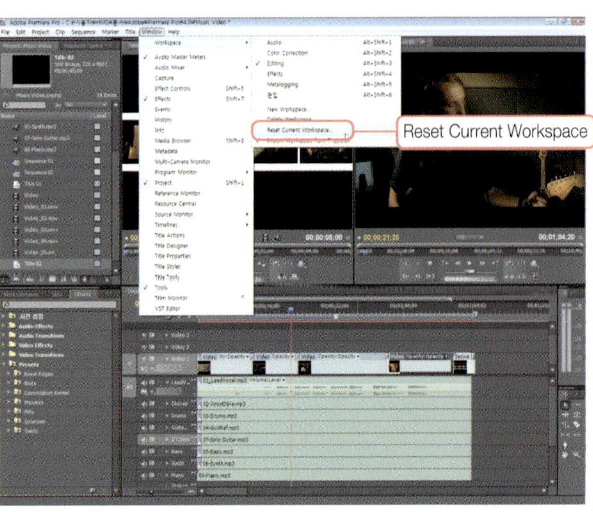

05 믹싱과 마스터링 작업이 끝났습니다. 영상 편집자에게 다소 무리가 있는 작업이었 겠지만, 반복해서 실습을 진행하다 보면, 자연스럽게 익힐 수 있을 것입니다. Windows 메뉴의 Work-sapce에서 Reset Current Workspace를 선택하여 작업 공간을 초기 상태로 복구합니다.

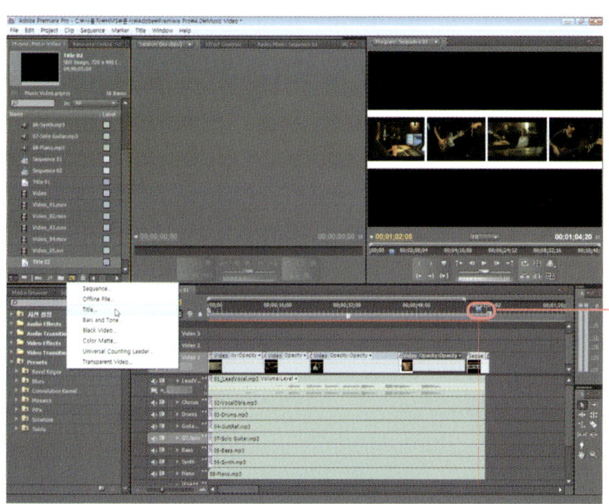

06 룰러 라인을 클릭하여 포지션 라인을 엔딩 영상이 있는 위치로 가져다 놓습니다. 그리고 프로젝트 패널의 아이템 만들기 버튼을 클릭하여 Tilte을 선택합니다.

07 타이틀 패널의 문자 툴을 이용해서 파노라마 영상의 빈 곳에 곡의 제목이나 작업자의 이름 등을 입력하여 엔딩 크레딧을 완성합니다. 지금까지 수 차례 반복했던 내용이므로, 자세한 설명은 생략합니다.

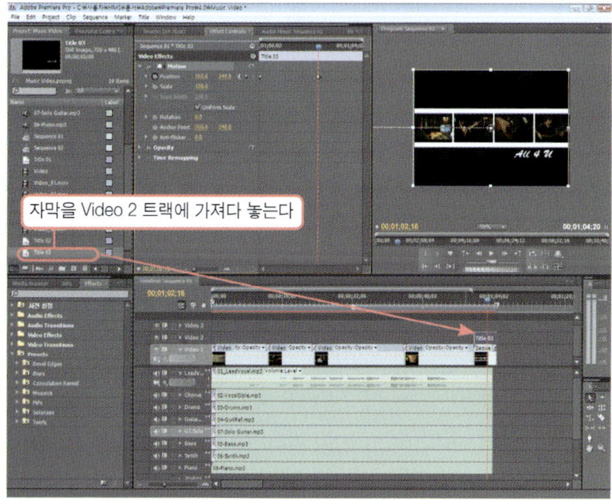

08 자막 타이틀을 엔딩 영상이 있는 트랙 위에 가져다 놓습니다. 자막이 왼쪽에서 등장하도록 모션 작업을 추가하거나 트랜지션 및 이펙트 등을 적용하면 한층 완성도 있는 영상 제작이 가능할 것입니다. 이것으로 프리미어 프로 CS4의 모든 학습을 마칩니다.

 가·정·교·사

이해가 되지 않았던 부분을 중심으로 다시 한번 학습을 반복하면 프리미어가 만만해 보이기 시작할 것입니다.

Premiere Pro CS4

DVD 타이틀 제작 툴
Encore CS4

Adobe Premiere Pro CS4와 함께 설치되는 Adobe Encore CS4는 상업용 DVD

타이틀을 가정에서 제작할 수 있는 전문 툴입니다. 프리미어 프로 CS4의 마지막

학습으로 5.1 채널의 DVD는 물론이고, 블루레이 디스크와 플래시 영상을 만들 수

있는 Adobe Encore CS4에 관한 모든 것을 살펴보겠습니다.

프로젝트 만들기

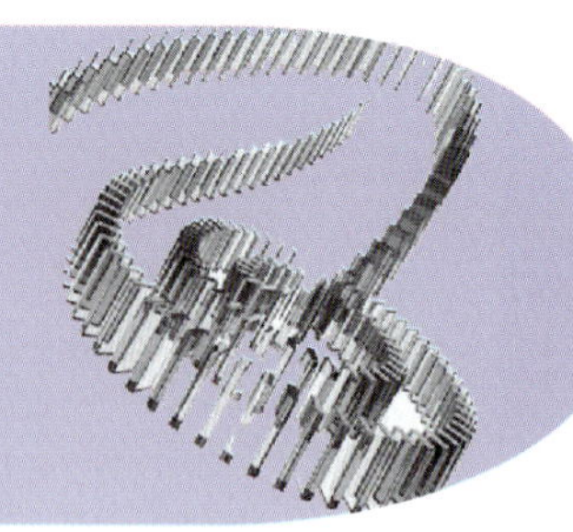

DVD를 굽는 작업은 윈도우에서도 기본적으로 제공하고 있으며, DVD-RW를 구입하면 번들로 제공하는 Nero라는 툴을 이용해도 가능합니다. 그런대도 상업용 DVD를 제작할 때는 Adboe사의 Encore를 많이 이용합니다. 그 이유는 Adobe사의 포토샵이나 일러스트와 같은 그래픽 툴과 완벽한 연동이 가능하며, 특히, 프로미어에서 제작한 영상을 별도의 랜더링 작업 없이 바로 불러와 화려한 메뉴를 디자인할 수 있기 때문입니다. DVD 타이틀 제작의 시작인 프로젝트 만들기부터 Encore의 기능들을 살펴보겠습니다.

1 콘텐트 계획하기

앙코르를 이용해서 DVD 및 블루레이 디스크를 제작할 때는 메인 화면의 구성이나 탐색 경로 등을 어떻게 만들고, 연결할 것인지를 간단한 스케치를 통해서도 계획을 하는 것이 좋습니다. 여행이나 친구 결혼식 등의 개인적인 DVD와 영화 및 교육용과 같은 상업용 DVD의 콘텐트는 다르겠지만, 프로젝트의 구성 원리는 같습니다. 특히, 의뢰를 받고 제작하는 입장이라면 클라이언트와 사전에 충분히 의논을 하고, 가정용 TV 용인지, 컴퓨터 용인지 등의 재생 목적과 환경까지 고려할 수 있는 지식을 갖추어야 할 것입니다. DVD 영화 콘텐트의 구성을 살펴보면서 앞으로 자신이 만들게 될 프로젝트를 스케치해보기 바랍니다.

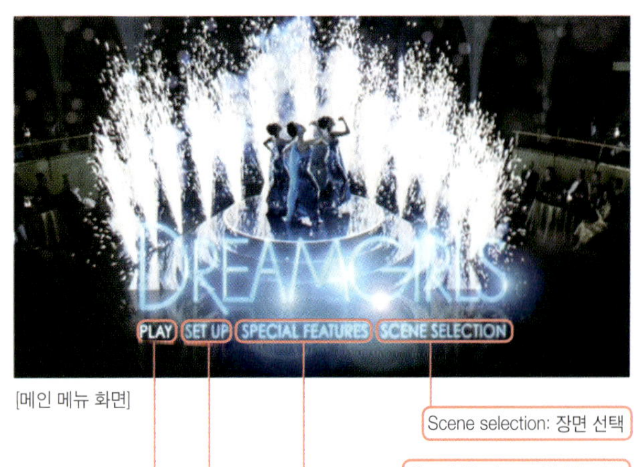

[메인 메뉴 화면]

Scene selection: 장면 선택

Special features: 보너스 영상

Setup: 자막 선택

Play: 영화 재생

01 DVD를 플레이어에 삽입하면, 바로 영화가 재생되는 경우도 있지만, 대부분 광고나 자막 선택 화면이 보이고, 메인 메뉴 화면이 열립니다. 메인 메뉴 역시 영화마다 다르지만, 대부분 영화를 처음부터 재생하는 Play, 언어나 자막을 선택할 수 있는 Setup, 촬영 에피소드나 NG 장면 등의 보너스 영상을 볼 수 있는 Special Features, 장면을 선택해서 볼 수 있는 Scene Selection 버튼 등으로 구성되어 있습니다.

Play: 영화가 처음부터 재생된다

02 리모콘을 이용하여 메인 화면의 Play를 선택했을 때 영화가 재생됩니다. 메인 화면의 버튼들이나 배경 그림 및 영상은 Encore CS4를 이용해서 손쉽게 제작할 수 있지만, 실제로 재생될 영화는 프리미어 프로 CS4에서 사전 작업이 완료된 상태여야 한다는 것입니다.

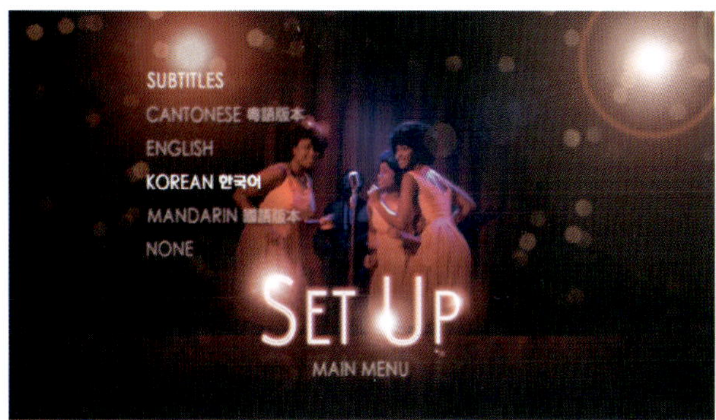

Setup: 언어 및 자막 선택

03 메인 화면에서 Setup 버튼을 선택하면 언어나 자막을 선택할 수 있는 메뉴가 보입니다. 개인 영상이나 국내 판매를 목적으로 제작되는 DVD의 경우에는 언어나 자막을 선택을 위한 Setup 메뉴를 만들 필요가 없겠지만, 이것을 만든다고 가정을 한다면, 시청자가 원하는 언어로 영화를 볼 수 있게 각각의 언어로 녹음된 오디오 소스가 사전에 제작되어 있어야 한다는 것입니다. 자막은 Encore CS4에서 작업할 수 있습니다.

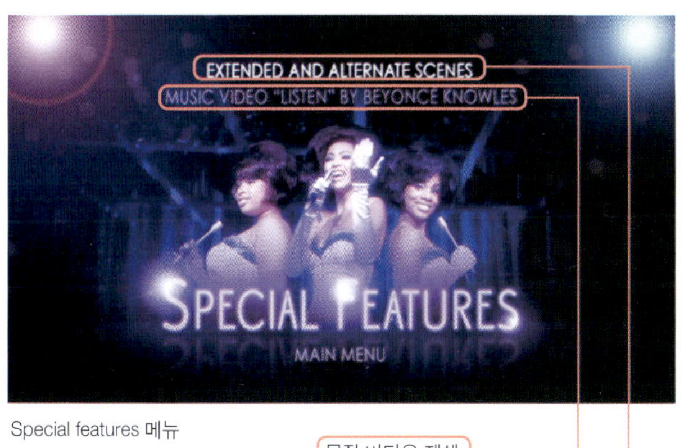

Special features 메뉴

04 메인 화면에서 Special features를 선택하면, 보너스 영상을 볼 수 있는 메뉴가 보이며, 다양한 콘텐트로 구성되어 있습니다. 친구 결혼식 DVD라면 하객들의 축하 메시지나 웨딩 앨범 등의 영상을 볼 수 있게 하는 것입니다. 그림은 음악 영화로 유명한 드림 걸스의 Special features 메뉴인데, 두 개의 버튼으로 구성되어 있고, 음악 영화답게 하나는 뮤직 비디오를 재생하며, 또 다른 하나는 곡 리스트 화면을 보여줍니다. 곡 제목을 선택하면 각각의 뮤직 비디오가 재생됩니다.

뮤직 비디오 재생

뮤직 비디오 재생(소스가 필요하다)

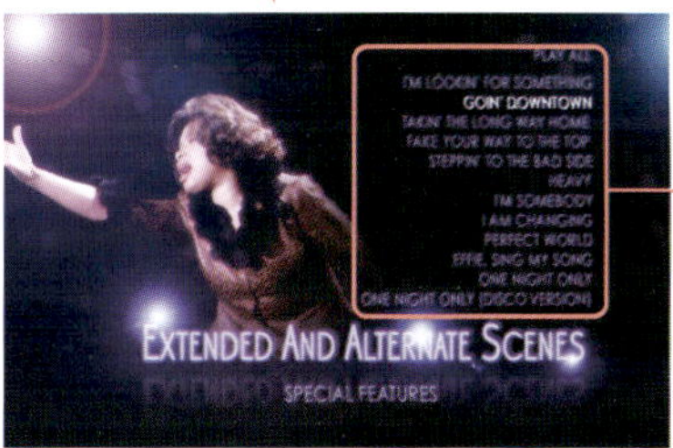

리스트 화면(Encore에서 메뉴 작업)

리스트에서 선택한 곡의 영상(Chapter 작업 필요)

[Scene Selection 화면 중 하나]

4개의 재생 버튼

메인 메뉴로 이동 버튼

7개의 Scene Selection 화면으로 이동 버튼

05 메인 화면에서 Scene selection 버튼을 선택하면 영화에서 원하는 장면을 골라볼 수 있는 씬 선택 메뉴가 열립니다. 그림의 경우에는 총 7개의 씬 메뉴를 선택할 수 있는 숫자 버튼과 각각의 씬 메뉴마다 4개의 재생 버튼으로 구성되어 있습니다. 이것은 앞의 Special features 메뉴에서 곡 리스트 화면과 동일하게 Chapter를 씬 별로 넣어놓고, 재생 버튼을 선택할 때, 해당 Chapter에서 재생되도록 하는 마커 작업이므로, 별도의 소스는 필요 없습니다. 다만, 7개의 씬 메뉴 화면과 Chapter 작업은 Encore CS4에서 해야 합니다.

지금까지 살펴본 영화 드림걸스의 DVD 구성을 스케치 해보면, Play, Setup, Special features, Scene selection 4개의 버튼으로 구성되어 있는 [메인 메뉴] 화면을 시작으로 자막을 선택하는 [Setup 메뉴], 뮤직 비디오를 재생하는 [Special Features 메뉴], [곡 리스트의 메뉴], [7개의 Scene Selection 메뉴]로 총 11개의 메뉴 화면을 사용하고 있으며, 영상 소스는 [본 영화]와 [뮤직 비디오]의 2개가 사용되고 있다는 것을 알 수 있습니다. 즉, 본 영화와 뮤직 비디오는 프리미어 프로 CS4를 이용해서 미리 제작을 해두고, Encore CS4에서는 11개의 메뉴와 Chapter 및 자막을 만들고, 각각의 버튼마다 메뉴나 영상의 재생 위치를 연결하는 작업을 하는 것입니다. 이렇게 Encore CS 4의 역할을 이해했다면, DVD를 제작하기 전에 필요한 소스는 무엇인지, 어떤 메뉴에 어떤 영상을 연결할 것인지 등을 미리 스케치 해두는 습관을 갖는 것이 좋습니다.

HD(고화질) 블루레이 디스크, SD(표준 화질) DVD, 웹 대화형의 Flash 파일을 제작할 수 있는 Encore CS4는 프리미어 프로 CS4와 함께 자동으로 설치가 되기 때문에 별도의 설치 과정은 필요 없습니다. Encore CS4는 윈도우 시작 버튼의 모든 프로그램에서 Adobe Encore CS4 아이콘을 찾아 선택하는 방법을 이용해서 실행해도 좋지만, 바탕화면에 바로 가기 아이콘을 만들어 놓고 사용하는 것이 편리할 것입니다. Adobe Encore CS4를 실행하고, 새로운 프로젝트를 만드는 과정을 살펴보겠습니다.

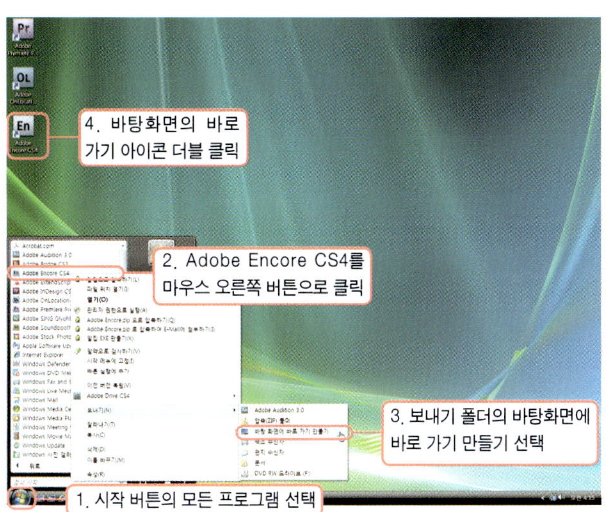

01 Encore CS4는 윈도우 시작 버튼의 모든 프로그램 폴더에서 Adobe Encore CS4를 찾아 실행하는 것도 좋지만, Adobe Encore CS4를 마우스 오른쪽 버튼으로 클릭하여 단축 메뉴를 열고, 보내기 메뉴의 바탕화면에 바로 가기 아이콘을 선택하여 실행 아이콘을 바탕화면에 만들어 놓는 것이 편리합니다.

02 바탕화면에 만들어 놓은 Adobe Encore CS4 아이콘을 더블 클릭하여 Encore CS4를 실행하면 새로운 프로젝트를 만들 것인지, 기존에 작업하던 프로젝트를 불러올 것인지 등을 선택할 수 있는 창이 열립니다. Encore CS4를 처음 실행한다고 가정하고 있으므로, New Project 버튼을 클릭합니다.

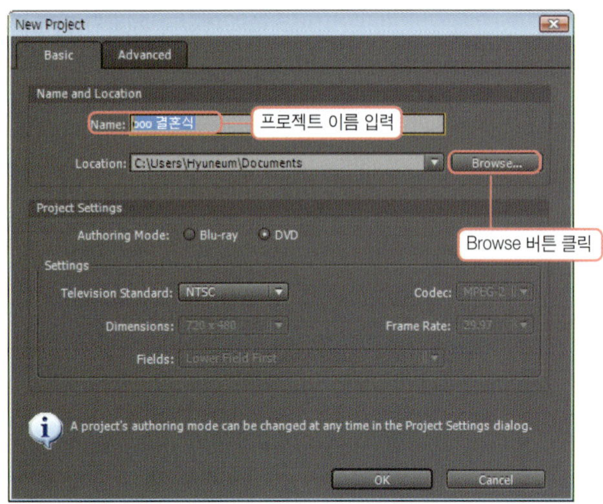

03 프로젝트의 이름과 저장 경로 등을 선택할 수 있는 New Project 창이 열립니다. 프로젝트의 이름은 나중에라도 쉽게 구분할 수 있는 이름을 입력하고, 저장 경로는 DVD를 제작할 소스가 저장되어 있는 경로를 선택합니다. 즉, 프리미어에서 작업하던 경로와 같은 위치를 선택하는 것이 관리를 편하게 할 수 있습니다. Browse 버튼을 클릭합니다.

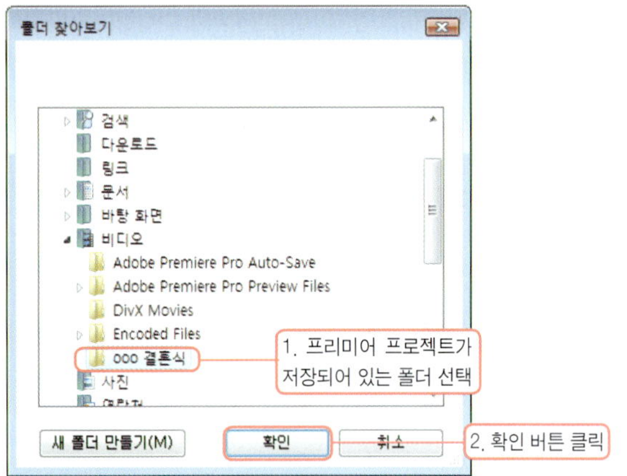

04 폴더를 새로 만들거나 위치를 선택할 수 있는 폴더 찾아보기 창이 열립니다. 프리미어에서 작업하던 폴더를 찾아 선택하고, OK 버튼을 클릭합니다. ooo 결혼식이라는 영상 작업을 한다고 가정하면, 프리미어에서 프로젝트를 만들 때, ooo 결혼식이라는 이름의 폴더를 만들었을 것이므로, 해당 폴더를 찾아 선택하면 됩니다. 즉, ooo 결혼식에 관련된 모든 소스와 프리미어, 앙코르의 프로젝트가 하나의 폴더에서 관리되게 하는 것입니다.

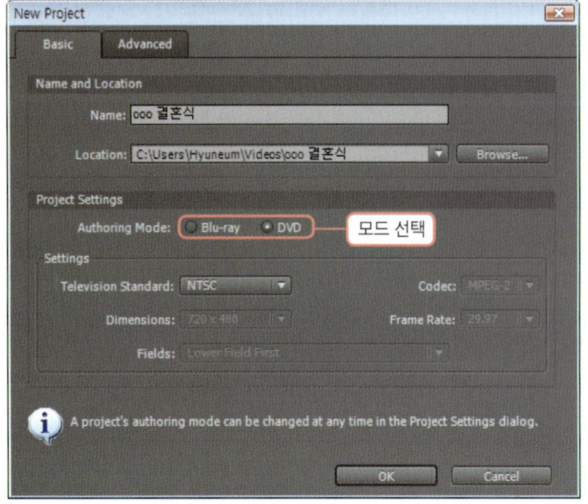

05 Authoring Mode 항목의 Blu-ray 또는 DVD 중에서 제작할 미디어를 선택합니다. 단, 일반 SD 화질의 영상 소스를 가지고 Blu-ray Disk를 만든다고 해서 HD 화질이 되는 것이 아니므로, 모드는 영상 소스에 맞추어서 선택합니다. DVD를 선택한 경우에는 TV 표준을 선택할 수 있는 Television Standard 항목만 선택할 수 있지만, 국내에서는 NTSC 방식을 사용하므로, 그냥 OK 버튼을 클릭하여 진행하면 됩니다.

블루레이 디스크

요즘 출시되는 컴퓨터에는 DVD를 구울 수 있는 DVD 레코더가 기본적으로 장착되어 있는 추세이기 때문에 공 DVD만 준비를 하면, 별다른 추가 비용 없이 DVD를 제작할 수 있습니다. 그러나 27GB의 싱글레이어 기준으로 약 2시간 30분 분량의 Full-HD급 영상을 기록할 수 있는 블루레이 디스크를 제작하기 위해서는 전용 드라이브와 디스크를 갖추어야 합니다. 물론 소스가 HD급이어야 하므로, 캠코더 역시 HD급(1440x1080) 또는 Full-HD(1920x1080)급 촬영이 가능한 제품이어야 하겠습니다.

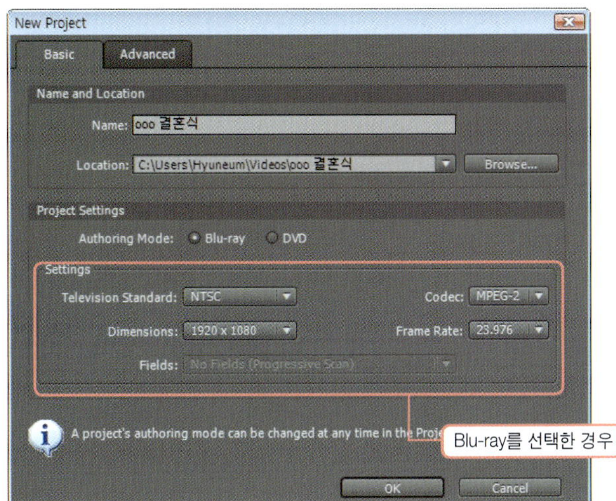

06 아직은 캠코더의 가격이 높기 때문에 영상 편집 작업을 취미로 즐기는 사용자에게는 먼 얘기겠지만, Blu-ray 모드를 선택하면, Television Standard 외 Codec과 Dimensions, Frame Rate를 선택할 수 있는 옵션이 활성화 됩니다. 일반적으로 코덱은 MPEG-2를 사용하며, 프레임의 크기와 레이트는 촬영 소스에 맞춰서 선택하면 됩니다.

 가·정·교·사

H.264은 양방향 방송 및 화상 통신이 가능한 차세대 통신 응용 분야를 위한 비디오 압축 표준을 제공합니다.

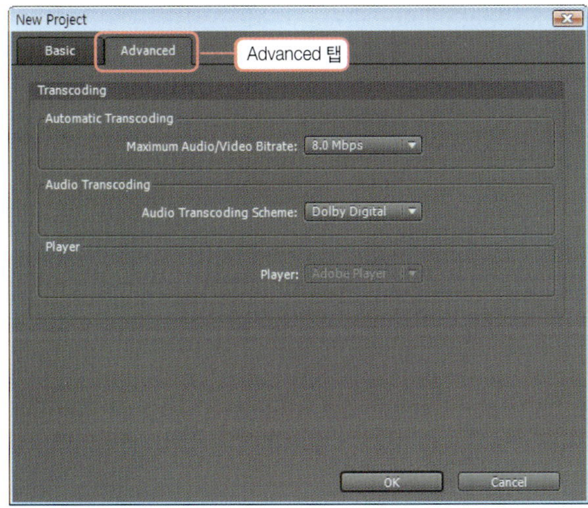

07 Advanced 탭은 비디오 전송 속도와 오디오 코덱을 선택할 수 있는 옵션으로 구성되어 있습니다. 특별한 경우가 아니라면, Blu-ray 및 DVD를 선택했을 때의 기본 값을 그대로 사용하는 것이 좋으므로, New Project 창의 설정을 바꿀 이유는 없고, 프로젝트 이름과 저장 위치가 선택하고, OK 버튼을 클릭하면 됩니다.

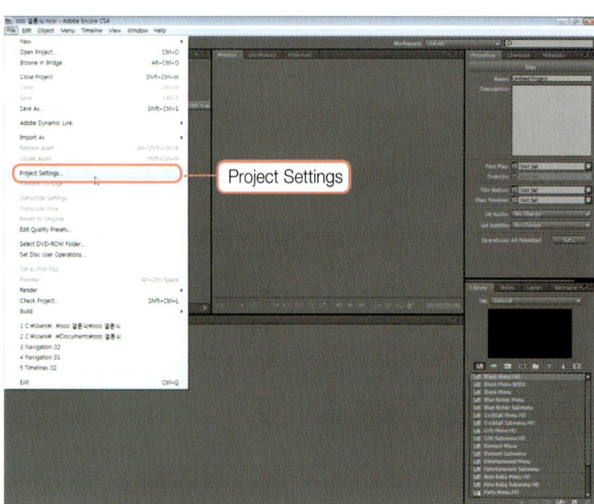

08 New Project 창에서 프로젝트 이름을 입력하고, 저장 위치를 선택한 다음에 Blu-ray 및 DVD 모드를 선택하고, OK 버튼을 클릭하면, DVD 타이틀 제작을 위한 프로젝트를 만든 것입니다. 만일 프로젝트 환경을 변경할 필요가 있다면, File 메뉴의 Project Settings을 선택하여 창을 열면 됩니다. 단, 일부 옵션은 사용할 수 없습니다.

3 사용자 작업 영역 만들기

Adobe Encore CS4는 총 20가지의 작업 패널을 제공하고 있으며, 기본적으로 16가지 패널이 열려있습니다. 그리고 작업 형태에 적합하도록 각 패널의 크기와 위치를 자유롭게 조정할 수 있고, Default, Menu, Navigation, Slideshow, Timeline 작업에 적합한 구성을 한 번에 꾸밀 수 있는 5가지의 Workspace 메뉴를 제공합니다. 하지만, 모든 사용자를 만족시킬 수는 없을 것이므로, 자신에게 어울리는 작업 공간을 만들고, 언제든 선택할 수 있는 메뉴로 등록해둘 수 있는 기능을 제공합니다. 여러 명이 사용하는 컴퓨터를 이용하는 경우에 유용한 Workspace에 관해서 살펴보겠습니다.

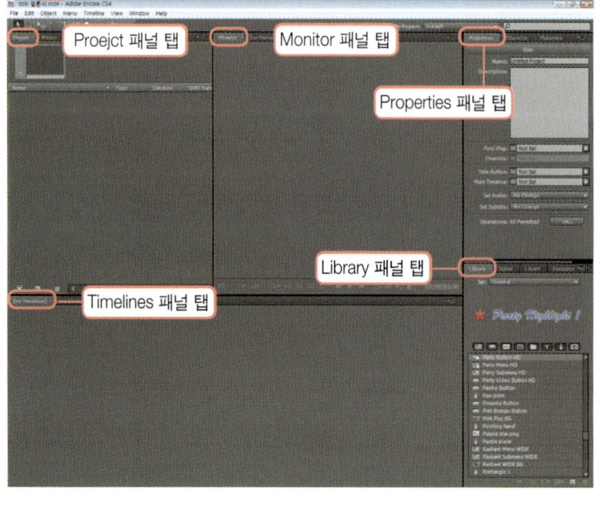

01 Encore CS4를 처음 실행하면, 프로젝트, 모니터, 프라퍼티, 타임라인, 라이브러리의 5가지 패널에 전면에 보이는 화면이 열립니다. 그 외 패널은 탭의 이름을 클릭하거나 Window 메뉴에서 선택하여 열 수 있습니다.

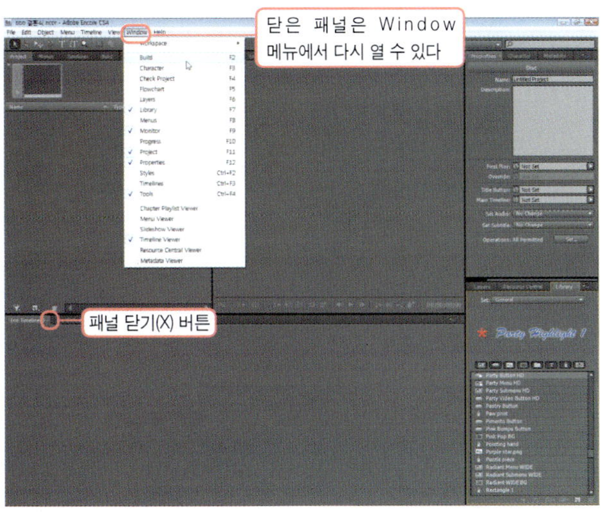

02 패널 이름 오른쪽의 닫기(X) 버튼을 클릭하면 필요 없는 패널을 닫을 수 있고, Window 메뉴를 이용해서 다시 열 수 있습니다. Window 메뉴에서 체크 표시가 되어 있는 것들이 전면에 보이는 패널을 의미하며, 메뉴의 체크 표시 유무로 패널의 열거나 닫는 On/Off 스위치 방식의 메뉴입니다.

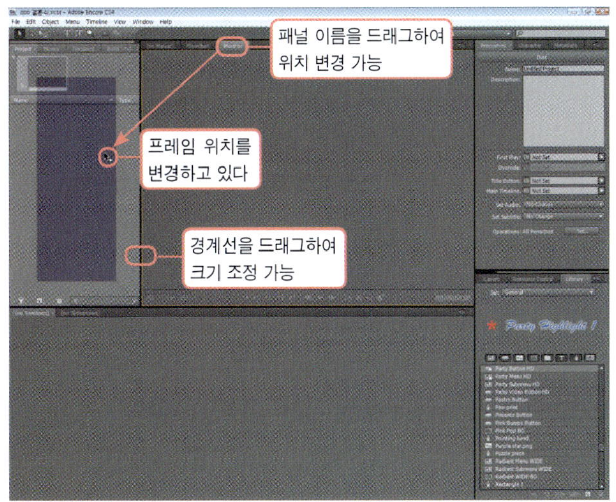

03 패널의 크기를 각 프레임의 경계선을 드래그하여 조정할 수 있으며, 패널의 위치는 패널 이름을 드래그하여 변경할 수 있습니다. 그리고 이름을 다른 프레임 위치로 드래그하여 그룹으로 형성되어 있는 프레임의 위치도 변경할 수 있습니다. 프레임의 위치를 변경할 때는 변경될 위치가 보라색으로 표시되어 이동될 위치를 쉽게 짐작할 수 있습니다.

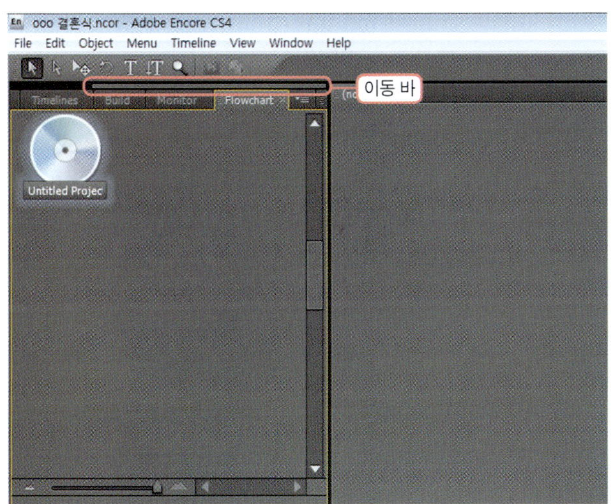

04 하나의 프레임에 너무 많은 패널을 그룹화 시켜 놓은 경우에는 한 화면에 표시될 수 없기 때문에 프레임 상단에 이동 바가 표시됩니다. 이동 바를 좌/우로 드래그하여 프레임에 그룹화 되어 있는 패널들을 확인할 수 있습니다.

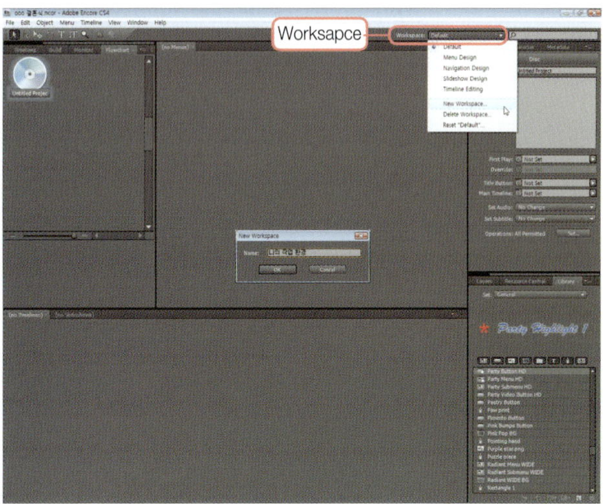

05 패널의 위치나 크기 등을 자신의 작업 환경에 어울리게 변경했다면, 언제든 동일한 구성을 사용할 수 있게 저장해둘 수 있습니다. 도구 모음 줄의 Workspace에서 New Workspace를 선택하여 창을 열고, 적당한 이름으로 저장합니다.

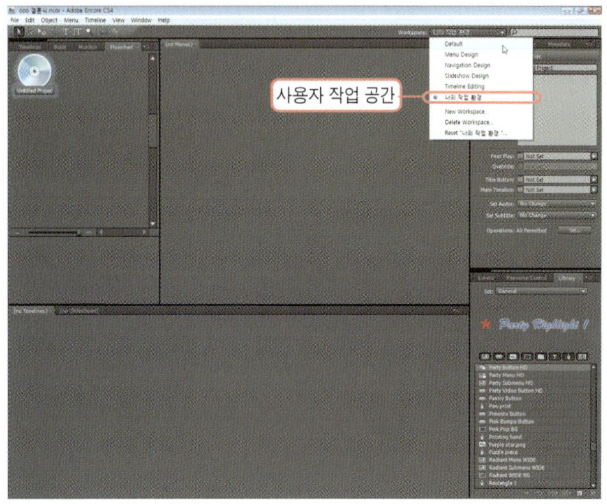

06 Workspace 목록에 사용자가 저장한 이름이 등록되며, 언제든 동일한 구성을 이용할 수 있습니다. 앙코르에서 기본적으로 제공하는 Default, Menu Design 등의 작업 공간을 선택해보고, 사용자가 만든 것을 선택해보면서 Workspace에 대한 이해를 하기 바랍니다.

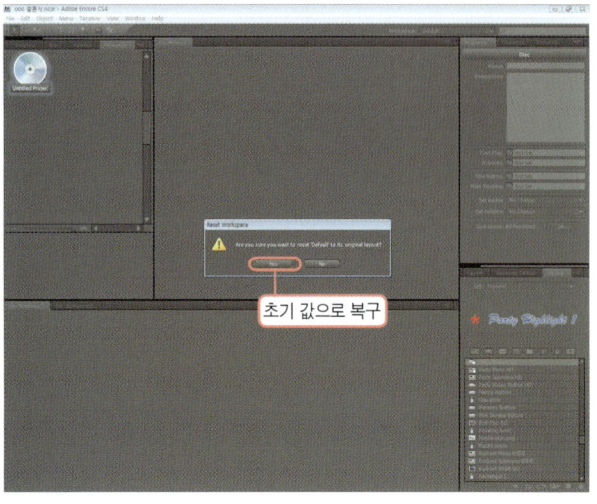

07 Delete Workspace는 사용자가 저장한 작업 공간을 삭제할 수 있는 창을 열어주고, Reset "Default"는 선택한 작업 공간의 초기 값으로 복구하는 역할을 합니다. 기본값이 Default 상태에서 이것 저것 실험을 해보고, 처음 화면 상태로 보국하고 싶을 때, Reset "Default"를 선택하고, 이때 열리는 경고 창에서 Yes 버튼을 클릭하면 됩니다.

4 에셋 임포트 및 관리

Encore CS4는 DVD 타이틀의 메뉴를 만들고, 각각의 버튼에 서브 메뉴나 영상을 연결하여 DVD를 제작할 수 있는 프로그램입니다. 즉, 실제로 재생될 영상, 그림, 사운드 등의 미디어 소스는 프리미어, 에프터 이펙트, 사운드부스, 포토샵 등에서 미리 제작되어 있어야 한다는 것입니다. 각각의 프로그램에서 완성한 미디어 소스를 Encore CS4에서 불러오는 방법을 살펴보겠습니다. 참고로 영상, 사운드, 그림 등의 미디어 소스를 에셋(Asset)이라고 부르고 있으므로, 착오 없길 바랍니다.

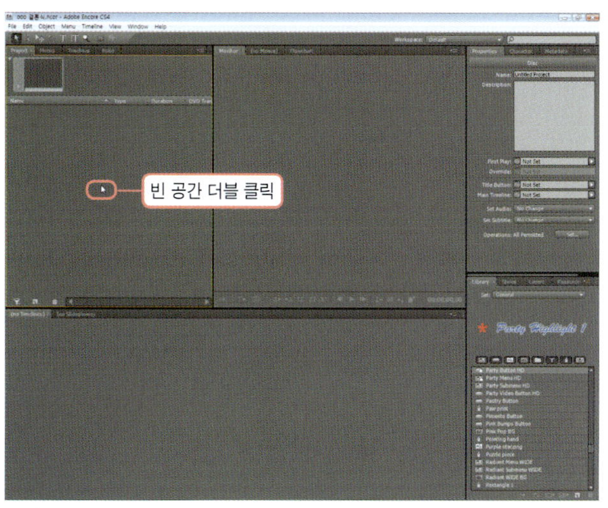

01 앙코르는 File 메뉴의 Import As를 선택하거나 프로젝트 패널의 빈 공간에서 마우스 오른쪽 버튼을 클릭하여 단축 메뉴를 열고, Import As를 선택하는 방법으로 다양한 에셋 또는 아이템 파일을 불러올 수 있지만, 가장 흔하게 사용하는 방법은 프로젝트 패널의 빈 공간을 더블 클릭하는 것입니다.

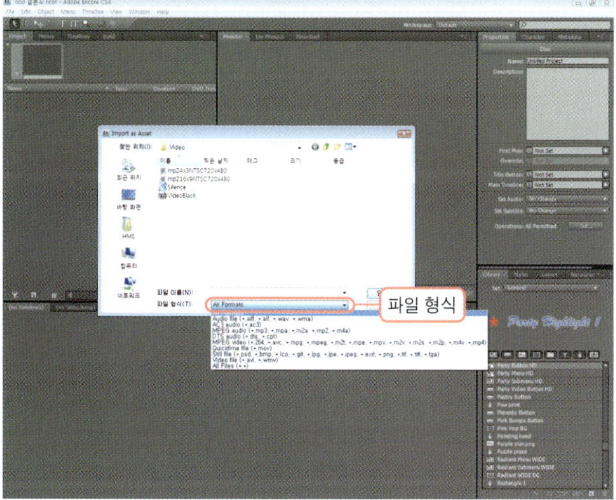

02 앙코르에서 불러올 수 있는 미디어 소스는 파일 형식을 열어보면 알 수 있듯이 AIF, WAV, AC3, MP3, DTS 등의 오디오 파일과 MPEG, MOV, AVI 등의 영상 파일, 그리고 PSD, GIF, JPG 등의 그림 파일입니다.

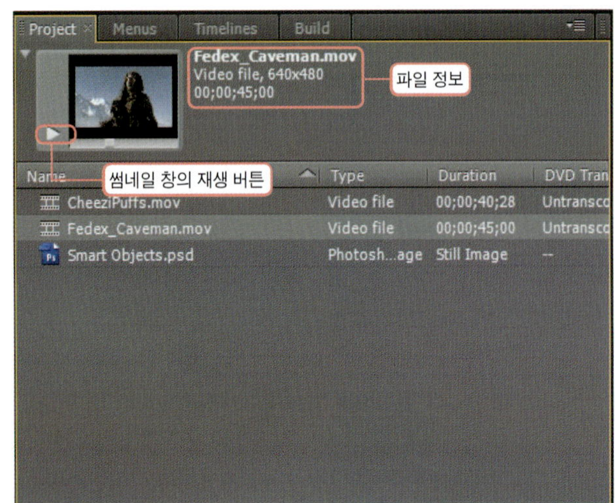

03 불러온 소스들은 모두 프로젝트 패널에 등록되며, 정보 창에서 불러온 파일의 이름과 프레임 크기, 길이 등을 확인할 수 있습니다. 프로젝트 패널에 불러온 소스의 영상이나 사운드는 썸네일 창의 재생 버튼을 클릭하여 모니터 해볼 수 있습니다.

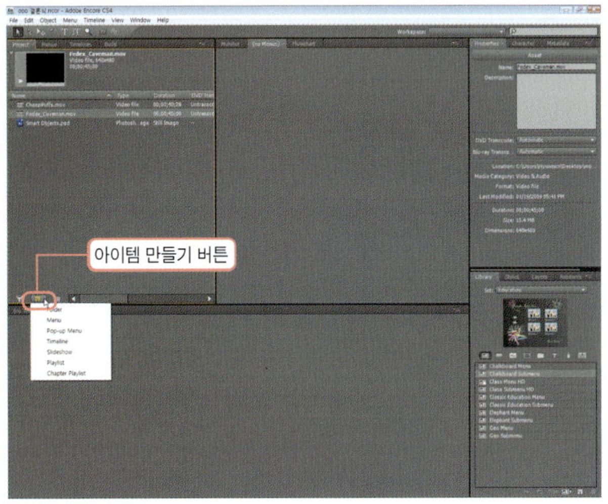

04 앙코르는 프리미어나 사운드부스 등의 외부 프로그램에서 작업된 소스 외에도 폴더, 메뉴, 타임라인 등의 자체적인 아이템을 만들 수 있습니다. 프로젝트 패널 아래쪽에 보이는 3개의 도구 중에서 가운데 위치한 버튼이 아이템을 만드는 역할을 하며, 버튼을 클릭해보면, 어떤 아이템들을 만들 수 있는지 확인할 수 있습니다.

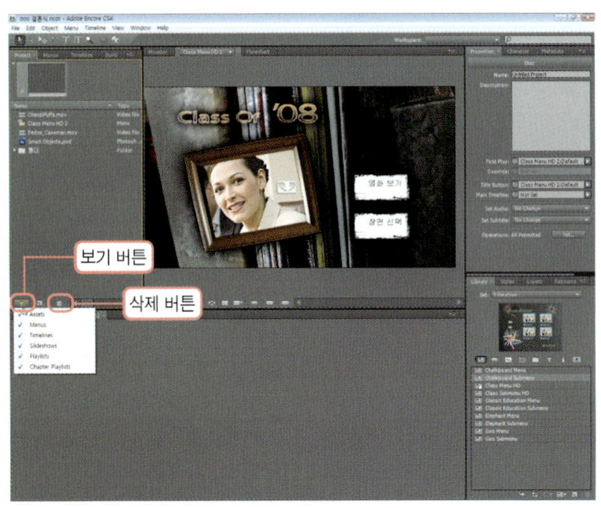

05 앙코르에서 제공하는 아이템들을 하나씩 만들어보고, 보기 버튼을 클릭합니다. 이것은 많은 아이템을 불러온 경우에 사용자가 원하는 소스만 보이도록 하는 역할을 하며, 체크 표시가 되어 있는 것들이 보이는 것입니다. 그리고 휴지통 모양의 삭제 버튼은 선택한 소스 및 아이템을 삭제하는 역할을 합니다.

앙코르를 이용해서 메뉴를 만들 때는 라이브러리를 이용하는 것이 가장 쉽습니다. 앙코르는 기본적으로 9가지 카테고리로 구분된 200가지가 넘는 메뉴와 버튼, 텍스트, 백그라운드 등, 1,000개가 넘는 이미지를 제공하고 있기 때문에 사실상 앙코르를 이용해서 제작할 수 있는 메뉴의 레이아웃은 무한대에 가깝다고 보아도 좋습니다. 여기에 포토샵을 조금 다룰 수 있다면, 영상에 꼭 어울리는 메뉴를 만들 수 있으므로, 포토샵 학습을 병행하는 것이 좋습니다.

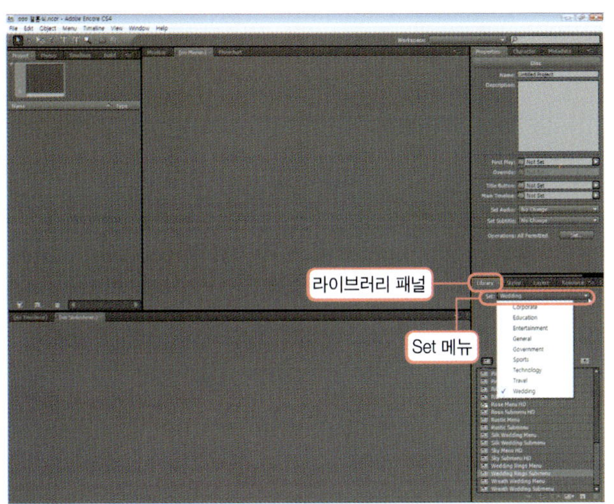

01 라이브러리를 이용해서 메뉴를 만드는 방법은 매우 간단합니다. 라이브러리 패널의 Set 항목을 클릭하면 Corporate, Education 등, 앙코르에서 제공하는 9가지의 카테고리를 볼 수 있습니다. 각 카테고리는 시간을 내어 꼭 확인을 해보길 바라며, 여기서는 Wedding을 선택해 보겠습니다.

02 Wedding 카테고리에서 표시할 라이브러리 목록은 아이콘 클릭으로 선택합니다. 왼쪽에서부터 메뉴, 버튼, 이미지,배경, 레이어, 텍스트, 모양, 대체 레이어 순서로 배열되어 있으며, 각 버튼 위에서 마우스를 잠시 멈추고 있으면, 각각 어떤 것들을 표시하는 역할인지 확인할 수 있습니다. 실습에서는 첫 번째 메뉴 버튼을 클릭하여 메뉴 목록이 표시되게 합니다.

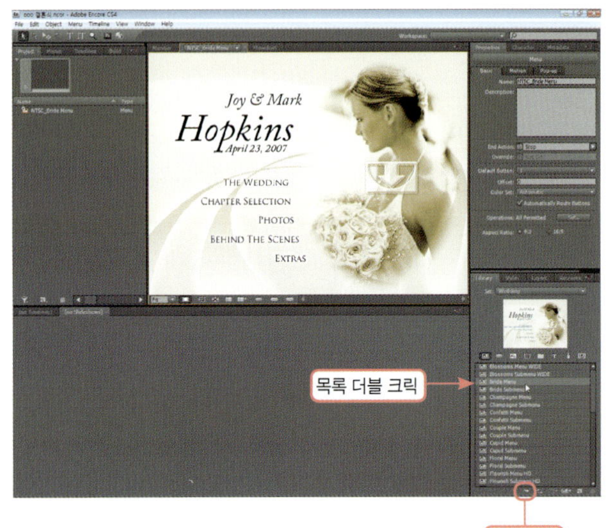

03 Wedding 카테고리의 메뉴 목록을 하나씩 선택해보면, 어떤 레이아웃으로 만들어졌는지 미리 보기 창으로 확인할 수 있으며, 마음에 드는 것이 있다면, 더블 클릭하거나 배치 버튼을 클릭하여 메뉴 뷰 패널에 배치할 수 있습니다.

> 가·정·교·사
>
> 배치 버튼 오른쪽의 것들은 메뉴 및 배경을 바꾸는 역할, 새 메뉴를 만들거나 불러오는 역할, 그리고 삭제하는 역할입니다.

04 배치된 메뉴를 작업하는 영상에 맞게 타이틀과 버튼들을 수정해서 사용하면, 포토샵과 같은 프로그램을 이용하지 않아도 전문가의 손길이 느껴지는 DVD를 제작할 수 있는 것입니다.

05 그 외, 라이브러리 패널에서 제공하는 버튼이나 이미지, 백그라운드 등의 목록에서 마음에 드는 것들을 더블 클릭하여 메뉴의 레이아웃을 수정할 수 있습니다. 200가지가 넘는 기본 메뉴 라이브러리와 1,000가지가 넘은 버튼, 백그라운드 등의 이미지를 조합해보는 일 조차 오랜 시간이 걸리겠지만, 틈틈이 시도를 해보기 바랍니다.

메뉴 편집하기

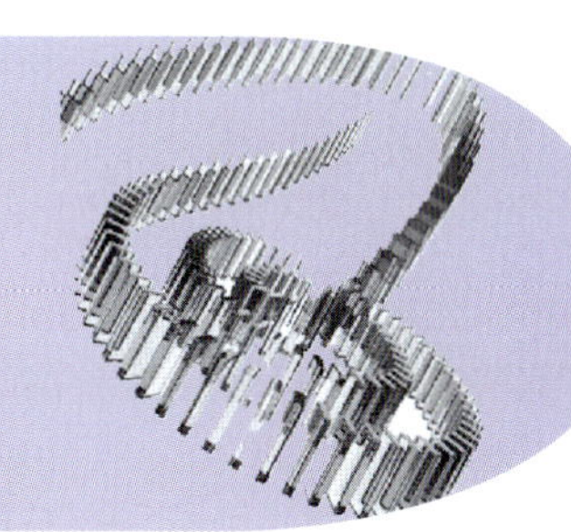

Adobe Encore CS4의 최대 장점은 포토샵이나 일러스트와 같은 그래픽 툴을 다루지 못하더라도 전문가들이 만들어놓은 라이브러리를 이용해서 화려한 메뉴를 쉽게 만들 수 있다는 것입니다. Encore CS4를 사용하는 목적이 DVD 타이틀의 메뉴를 꾸미는 것이라면, 라이브러리를 다루는 방법만 익혀도 Encore CS4를 절반 이상 알고 있다고 자부해도 좋습니다. Encore CS4에서 제공하는 라이브러리 이용해서 메뉴를 꾸미는 전반적인 과정을 살펴보겠습니다.

1 레이어 패널 살펴보기

앙코르에서 제공하는 200가지 이상의 메뉴와 1,000가지 이상의 이미지는 모두 포토샵 파일이며, 메뉴는 레이어 기능을 사용하고 있기 때문에 개별적인 편집이 가능합니다. 레이어에 관한 이해는 PART 03의 레이어 이해를 위한 포토샵 작업 실습하기 편집 학습을 참조하기 바라며, 여기서는 메뉴를 구성하고 있는 각각의 오브젝트를 관리하는 레이어 패널에 관해서 살펴보겠습니다.

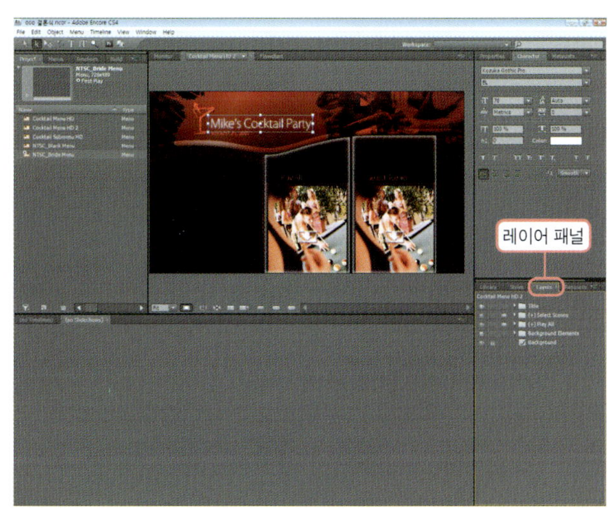

01 라이브러리 패널의 메뉴 목록에서 적당한 것을 더블 클릭하여 임포트합니다. 그리고 레이어 패널을 열어보면, 타이틀, 버튼, 텍스트, 백그라운드 등의 레이어로 구성되어 있다는 것을 확인할 수 있습니다. 그림은 크게 5개의 그룹으로 구성되어 있는 General 카테고리의 Cocktail Menu HD 메뉴입니다.

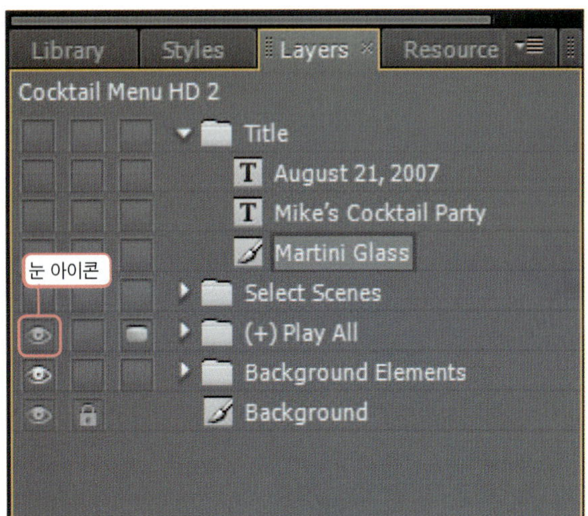

02 레이어 패널 목록에서 눈 모양의 아이콘이 있는 칼럼은 화면에 해당 레이어를 표시 할 것인지의 여부를 선택하는 역할을 합니다. 마우스 클릭으로 눈 아이콘을 감추면, 해당 레이어의 이미지가 메뉴에서 보이지 않습니다.

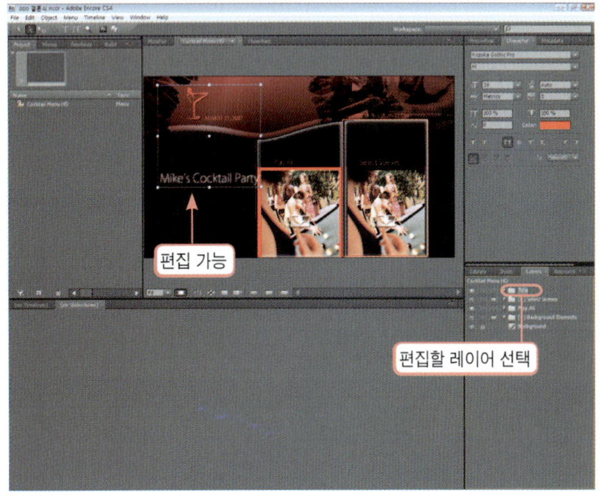

03 Background 레이어를 보면 두 번째 칼럼에 자물쇠 모양의 아이콘이 보이는데, 이것은 해당 레이어를 편집할 수 없게 보호하고 있다는 표시입니다. Title 레이어를 선택하고, 글자를 이동시켜 보면, 사용자가 원하는 위치로 옮길 수 있지만, 두 번째 칼럼을 클릭하여 자물쇠 아이콘을 표시하고, 이동시켜 보면, 선택조차 되지 않는다는 것을 알 수 있습니다. 즉, 사용자 실수로 편집되는 것을 방지하고자 할 때 유용한 칼럼입니다.

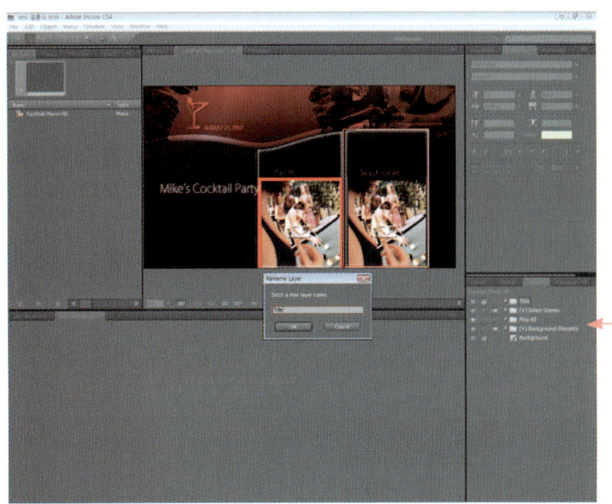

04 버튼 모양의 아이콘이 있는 세 번 째 칼럼은 해당 레이어가 버튼 역할을 하는 오브젝트 임을 표시하며, 마우스 클릭으로 버튼 기능을 해제하거나 설정할 수 있습니다. 그리고 레이어를 더블 클릭하면 레이어의 이름을 변경할 수 있는 Rename 창이 열립니다.

앙코르에서 메뉴를 만드는 가장 손쉬운 방법은 라이브러리를 이용하는 것입니다. 그러나 조금 정형화된 것을 피하고 싶은 사용자는 각각의 라이브러리에서 배경, 버튼 등의 오브젝트를 서로 조합해서 사용할 수 있어야 합니다. 빈 배경을 만들고, 레이어를 하나씩 추가해보면서 라이브러리의 조합 방법을 익혀보겠습니다.

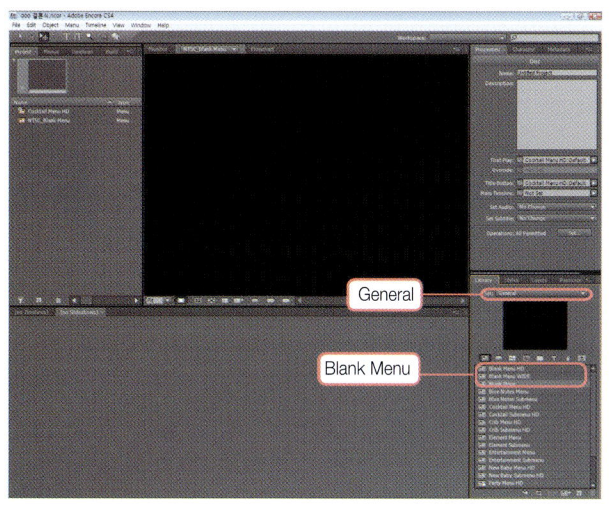

01 라이브러리 목록에서 General 카테고리를 선택합니다. 그리고 메뉴 보기 버튼을 클릭하여 메뉴 목록이 표시되도록 하고, 상단의 Blank Menu를 더블 클릭합니다. 즉, 아무것도 없는 검정색 바탕화면을 준비하는 것입니다.

가·정·교·사

Blank Menu는 일반, HD, WIDE의 3가지를 제공하고 있지만, 프레임 크기에 차이가 있는 뿐 스타일은 동일합니다.

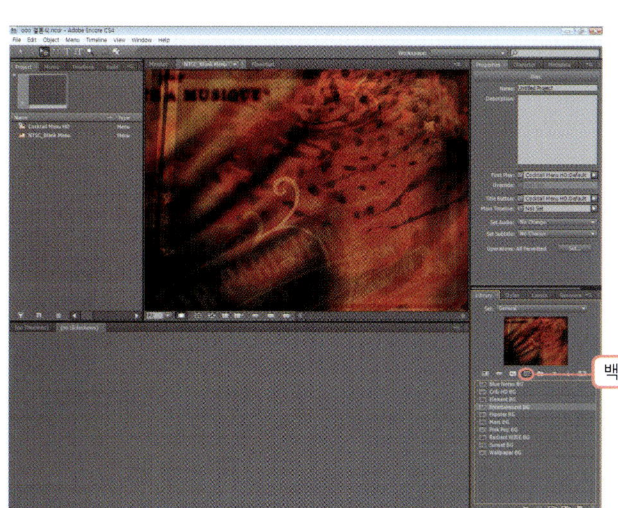

02 백그라운드 버튼을 클릭하여 배경 그림으로 사용할 목록이 표시되도록 합니다. Set 목록에서 카테고리를 바꿔가면서 마음에 드는 백그라운드 그림을 찾아 더블 클릭합니다. 메뉴의 배경 그림이 완성됩니다.

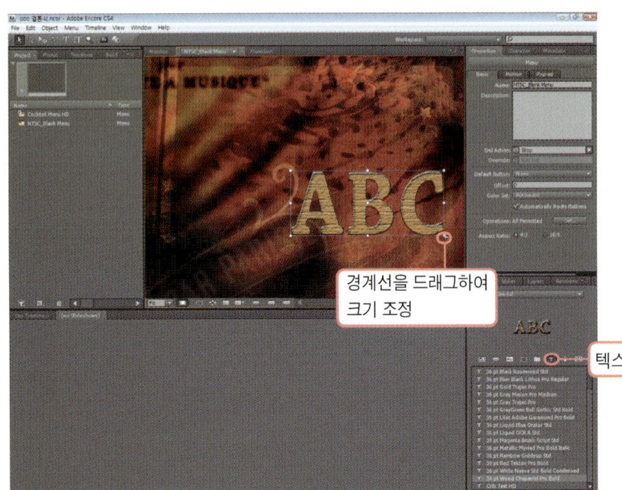

03 텍스트 버튼을 클릭하여 목록을 열고, 원하는 스타일의 글자 디자인을 찾아 더블 클릭합니다. 메뉴에 적용된 글자가 배경과 어울리지 않는다고 생각되면 Ctrl + Z 키를 눌러 취소하고, 다시 찾습니다. 마음에 드는 글자 스타일을 등록했다면, 경계선을 드래그하여 크기를 조정 합니다.

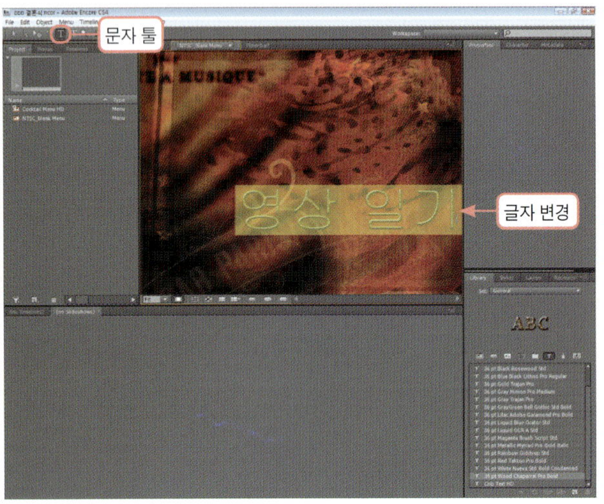

04 도구 모음 줄에서 문자 툴을 선택하고 메뉴에 등록된 글자를 마우스 드래그로 선택합니다. 그리고 사용자가 원하는 글자를 입력하여 변경합니다. 글자에 적용된 스타일은 그대로 유지한 상태로 글자의 내용만 바꿀 수 있는 것입니다.

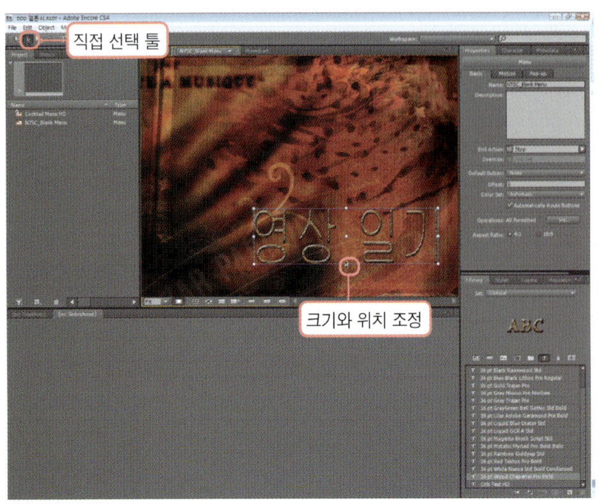

05 영어와 한글은 비율이 틀리기 때문에 글자의 크기가 의도한 것과 다르게 표시될 수 있습니다. 이때는 도구 모음 줄에서 직접 선택 툴을 선택하여 글자의 크기와 위치를 조정할 수 있습니다. 위/아래 경계선은 세로 크기, 좌/우 경계선은 가로 크기를 조정하며, 경계선 내부를 드래그하여 위치를 조정할 수 있습니다.

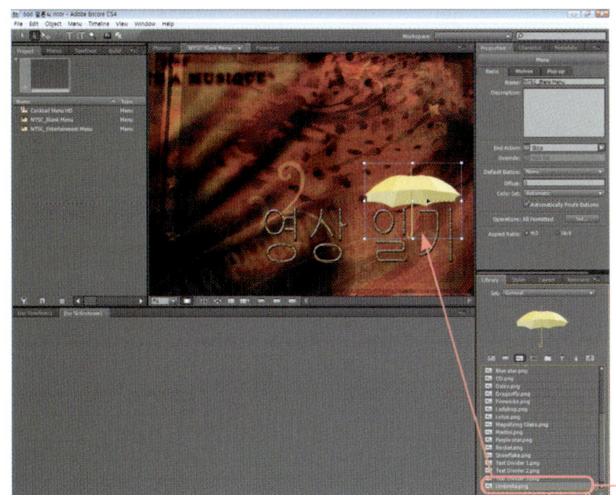

06 간단한 그림을 추가하고 싶다면, 이미지 버튼을 클릭하여 목록을 표시하고, 적당한 그림을 찾아서 더블 클릭하거나 메뉴로 드래그하여 등록합니다. 더블 클릭 하면 화면 중앙에 배치되므로, 사용자가 원하는 위치로 수정을 해야 하지만, 드래그로 등록하면 처음부터 사용자가 원하는 위치에 등록할 수 있으므로, 크기만 조정하면 됩니다.

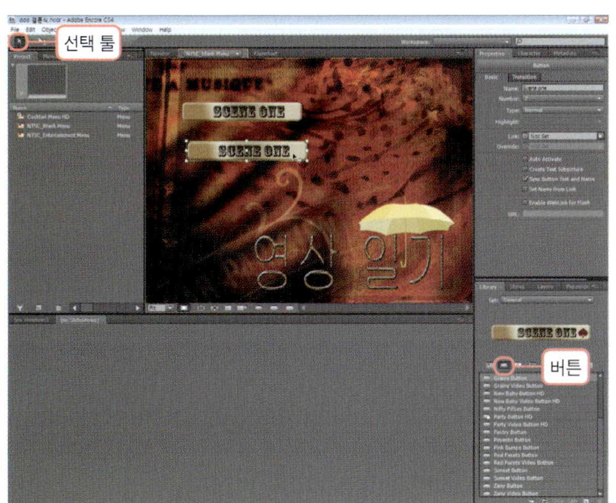

07 DVD 메뉴의 핵심인 버튼 역시 앞에서와 같은 방법으로 목록을 표시하고, 마음에 드는 것을 골라 메뉴로 드래그하여 가져다 놓으면 됩니다. 버튼은 글자와 이미지가 결합되어 제작된 것들이 대부분이므로, 위치를 조정할 때는 선택 툴을 이용합니다.

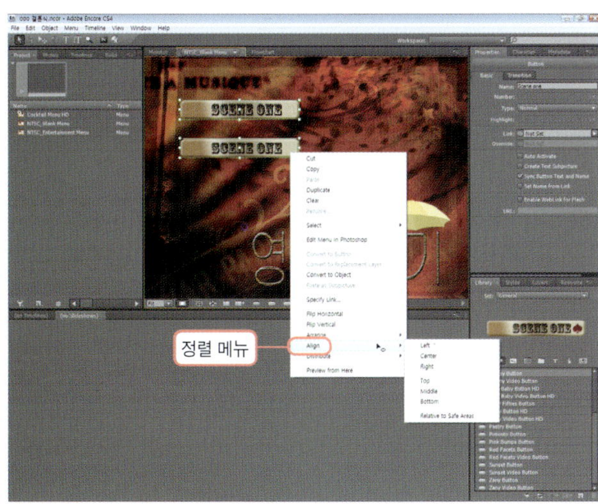

08 그림에서와 같이 두 개 이상의 버튼을 등록한 경우에는 Shift 키를 누른 상태로 두 개의 버튼을 모두 선택하고, 마우스 오른쪽 버튼을 클릭하여 단축 메뉴를 엽니다. 그리고 Align 메뉴에서 Left, Right 또는 Top, Bottom 등의 서브 메뉴를 이용하여 버튼을 정렬하는 작업이 필요할 것입니다.

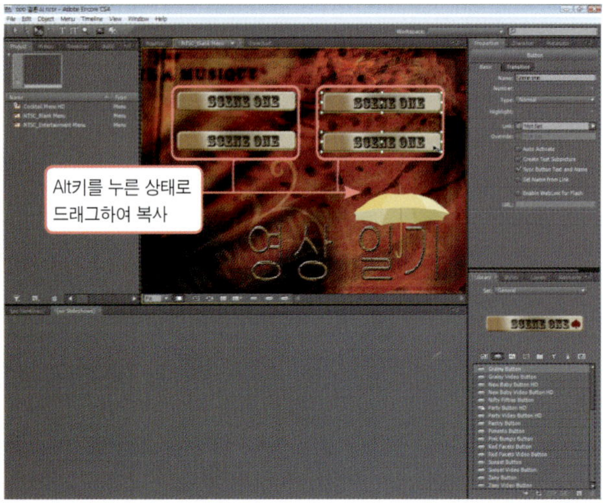

09 두 개 이상의 버튼을 추가할 때는 일단 가로 또는 세로로 버튼을 정렬시켜놓고, Alt 키를 누른 상태로 드래그하여 복사하는 것이 편리할 것입니다. 그리고 문자 툴을 이용해서 각각의 버튼 이름을 변경하여 메뉴 화면을 완성합니다.

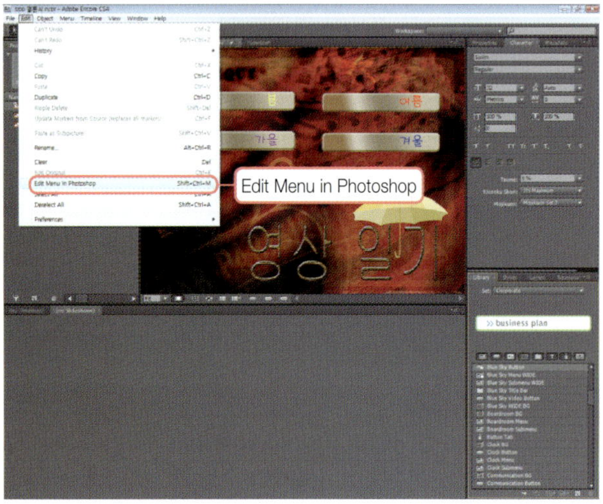

10 앙코르에서 작업 중인 메뉴의 레이아웃은 Edit 메뉴의 Edit Menu in Photoshop을 선택하여 포토샵으로 편집할 수 있습니다. 물론, 사용자 컴퓨터에 포토샵이 설치되어 있어야 사용할 수 있는 기능입니다.

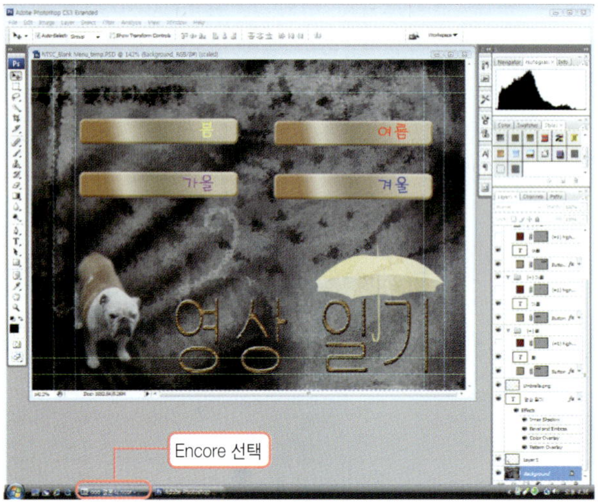

11 사용자 컴퓨터에 포토샵이 설치되어 있다면, 작업 중인 메뉴가 포토샵에서 열리며, 레이어가 유지되고 있으므로, 원하는 레이어만 수정을 한다거나 다른 그림을 합성하는 등의 작업이 가능합니다. 그림에서는 백그라운드의 색상을 흑백으로 바꿔보고 있습니다. 포토샵 편집이 끝나면 윈도우 작업 표시줄의 Encore 아이콘을 클릭하여 이동합니다.

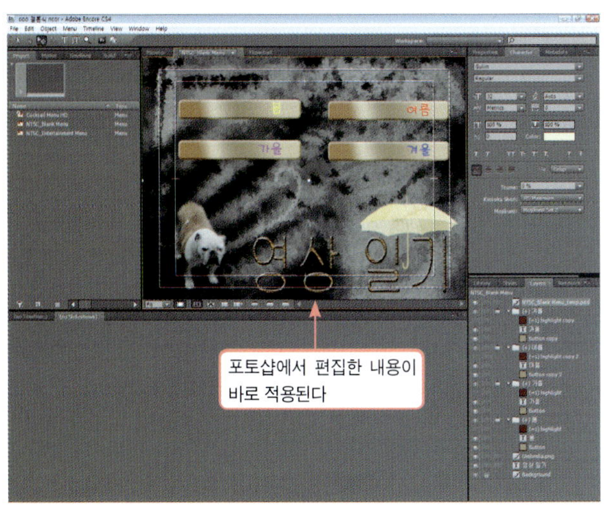

12 앙코르에서 편집 중인 메뉴가 변경된 것을 확인할 수 있습니다. 그리고 포토샵과 연결되어 있는 상태이므로, 마치 하나의 프로그램을 사용하듯이 포토샵에서 메뉴를 편집할 수 있습니다. 포토샵을 익혀둔다면, 앙코르뿐만 아니라 프리미어, 에프터 이펙트 등, Adobe사 제품을 이용할 때, 유용하므로, 병행 학습을 권장합니다.

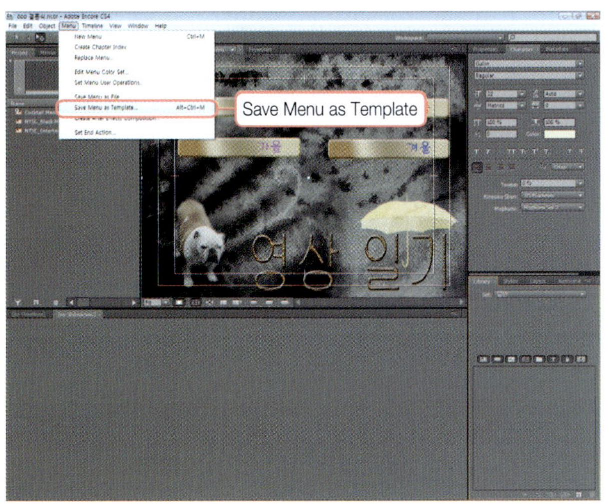

13 앙코르에서 제공하는 라이브러리를 이용해서 사용자가 원하는 스타일의 메뉴를 만들었다면, 이것을 라이브러리로 저장해서 사용할 수 있습니다. Menu의 Save Menu as Template를 선택합니다.

 가·정·교·사

Menu의 Save Menu as File을 선택하면 포토샵(PSD) 파일로 저장할 수 있습니다.

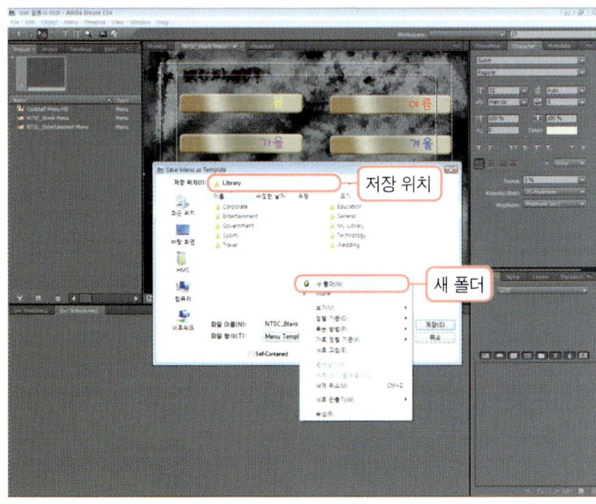

14 저장 위치가 Encore CS4가 설치되어 있는 C:\Program Files\Adobe\Adobe Encore CS4의 Library 폴더인지를 확인하고, 마우스 오른쪽 버튼을 클릭하여 단축 메뉴를 열고, 새 폴더를 선택하여 새 폴더를 만듭니다. 그리고 새로 만든 폴더를 더블 클릭하여 열고, 적당한 이름으로 저장합니다.

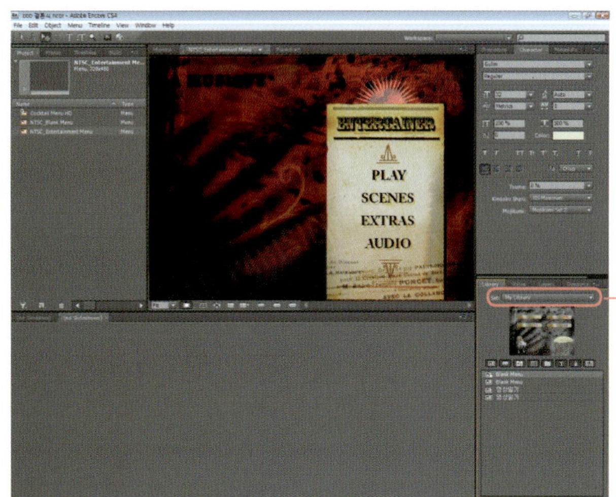

15 라이브러리 패널의 카테고리 목록에서 사용자가 만든 폴더 이름을 선택하면, 목록에 사용자가 저장한 메뉴가 보이며, 앙코르에서 제공하는 라이브러리와 동일하게 사용할 수 있습니다.

16 지금까지 이미지를 이용한 메뉴를 만들어보았는데, 실제 DVD는 영상이 재생되는 메뉴를 더 많이 사용합니다. 앙코르에서 제공하는 라이브러리를 보면 아이콘 오른쪽 상단이 접혀있는 것들이 있는데, 이것이 영상을 사용한 메뉴입니다.

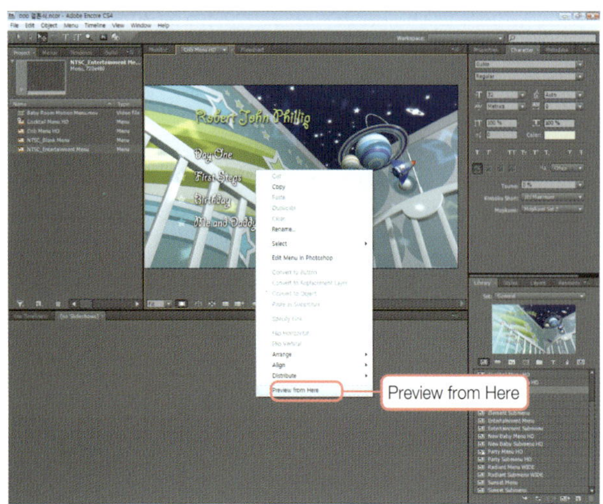

17 General 폴더에는 Crib menu HD 메뉴의 아이콘이 접혀 있는데, 이것을 더블 클릭하여 적용합니다. 그리고 메뉴에서 마우스 오른쪽 버튼을 클릭하여 단축 메뉴를 열고, Preview from Here를 선택하여 DVD를 제작한 결과를 미리 모니터 해볼 수 있는 Preview 패널을 엽니다.

18 영상이 사용된 메뉴는 랜더링 작업 후에 결과를 모니터 할 수 있습니다. Preview 패널의 랜더링 버튼을 클릭하여 랜더링 작업을 시행하면, 배경 그림이 움직이는 모습을 확인할 수 있습니다. 확인을 했다면, Exit here 버튼을 클릭하여 패널을 닫습니다.

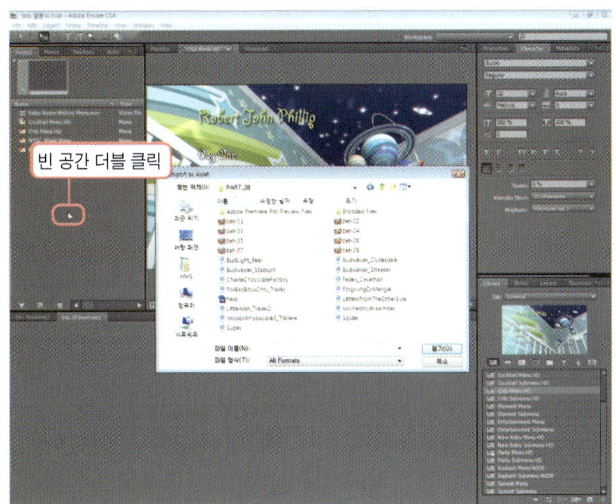

19 앙코르에서 제공하는 메뉴를 자유롭게 편집할 수 있듯이 영상도 작업 중인 DVD 타이틀에 어울리는 것으로 바꿀 수 있습니다. 프로젝트 패널의 빈 공간을 더블 클릭하여 임포트 창을 열고, 영상 파일을 불러옵니다.

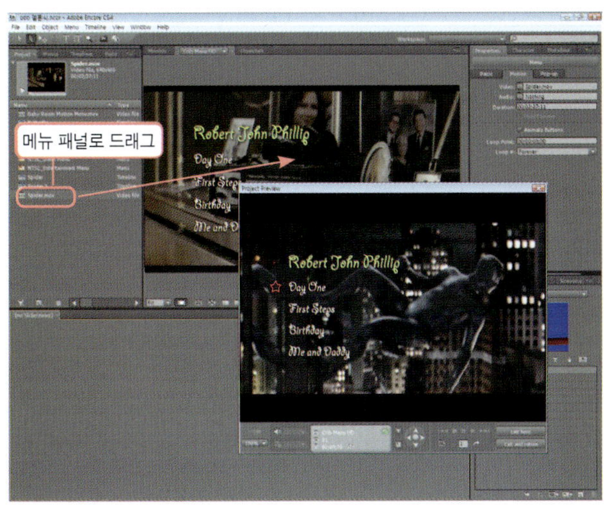

20 불러온 영상을 메뉴 패널로 드래그하여 가져다 놓습니다. 다시 미리 보기 패널을 열어 랜더링을 하고, 확인을 해보면 영상이 재생되는 메뉴가 완성되었다는 것을 확인할 수 있습니다.

지금까지 메뉴를 만들어 보면서 다루어 왔던 메뉴 뷰 패널에는 TV 보기, 안전선 표시 등의 도구들을 제공합니다. 그리고 하나의 DVD 타이틀에는 메인 메뉴 외에도 수 많은 메뉴를 만들게 되는데, 앙코르는 프로젝트에 사용되고 있는 모든 메뉴를 관리할 수 있는 메뉴 패널을 별도로 제공하고 있습니다. 메뉴 뷰 패널의 도구와 메뉴 패널의 역할을 살펴보겠습니다.

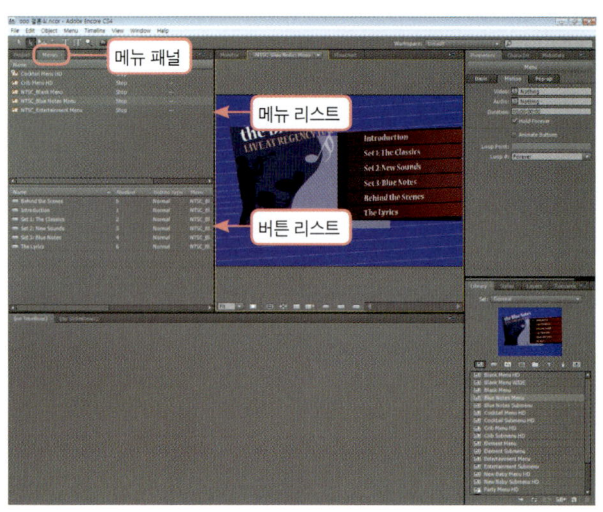

01 프로젝트 패널이 있는 프레임의 메뉴 탭을 클릭하여 메뉴 패널을 엽니다. 메뉴 패널은 작업 중인 메뉴의 목록을 표시하는 메뉴 리스트와 리스트에서 선택한 메뉴의 버튼을 표시하는 버튼 리스트로 구성되어 있습니다. 상단의 메뉴를 더블 클릭하면 메뉴 뷰 패널에서 해당 메뉴를 편집할 수 있습니다.

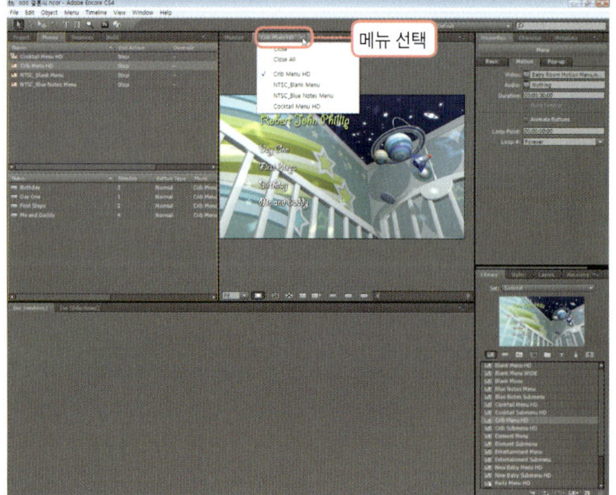

02 메뉴 뷰 패널에 등록된 메뉴는 상단의 선택 메뉴를 이용하여 편집할 메뉴를 선택할 수 있습니다. 그리고 메뉴의 오브젝트는 도구 모음 줄의 툴을 이용해서 편집합니다. 각 도구의 역할은 다음과 같습니다.

가·정·교·사

Close는 메뉴 뷰에서 보고 있는 메뉴를 닫는 것이며, Close All은 모든 메뉴를 닫습니다 물론, 실제로 제거하는 것이 아니라 메뉴 뷰에서만 닫는 것입니다.

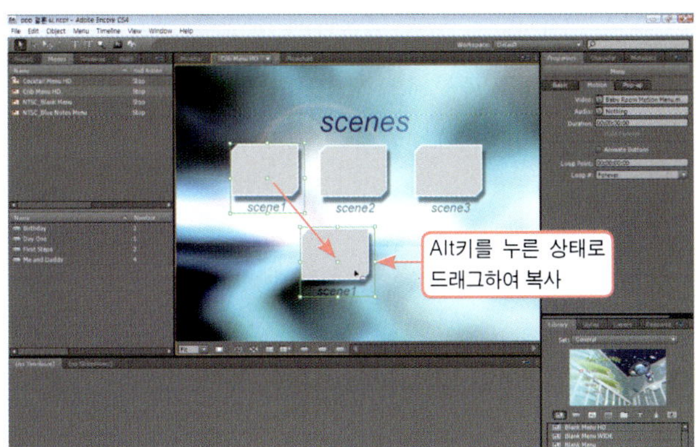

03 편집할 문자나 버튼을 선택하는 역할을 합니다. 선택한 오브젝트는 마우스 드래그로 이동할 수 있고, Alt 키를 누른 상태에서 드래그하여 복사할 수 있습니다. 두 개 이상의 오브젝트를 동시에 선택할 때는 Shift 키를 이용합니다.

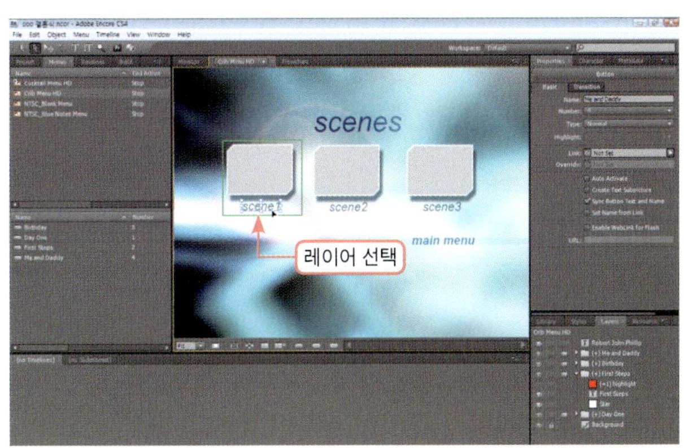

04 레이어 패널에서 살펴보았듯이 앙코르에서 제공하는 라이브러리는 2개 이상의 레이어로 제작된 오브젝트입니다. 버튼과 같은 그룹 레이어를 한 번에 선택할 때는 앞에서 살펴본 선택 툴을 이용하지만, 레이어를 개별적으로 편집하고 싶을 때는 직접 선택 툴을 이용합니다.

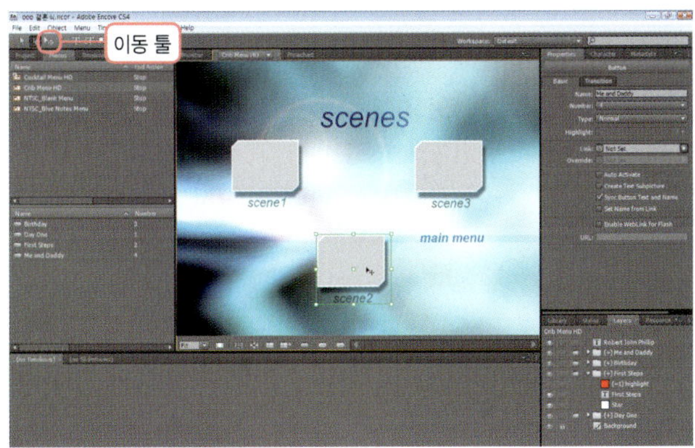

05 선택 툴과 비슷한 역할 이지만, 선택한 오브젝트만을 이동하거나 복사할 때 사용합니다. 복사는 선택 툴과 동일하게 Alt 키를 이용합니다. 그룹 오브젝트에서 필요한 레이어 만을 이동시킬 때 유용합니다.

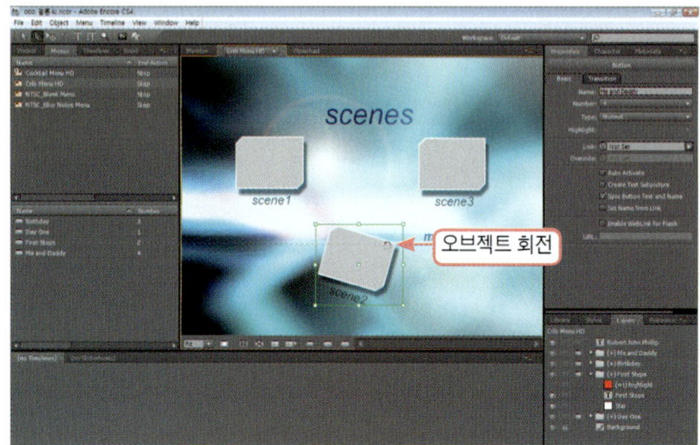

06 선택 툴을 이용해서 오브젝트의 외각을 드래그하여 회전 시킬 수 있지만, 위치가 정확하지 않으면, 크기가 변경됩니다. 이렇게 위치 선정에 서툰 사용자는 회전 툴을 이용해서 오브젝트를 회전시킬 수 있습니다.

07 입력되어 있는 문자를 수정하거나 가로 문자를 입력할 때 사용하는 툴입니다. 글꼴이나 크기, 색상 등은 Character 패널에서 설정할 수 있습니다.

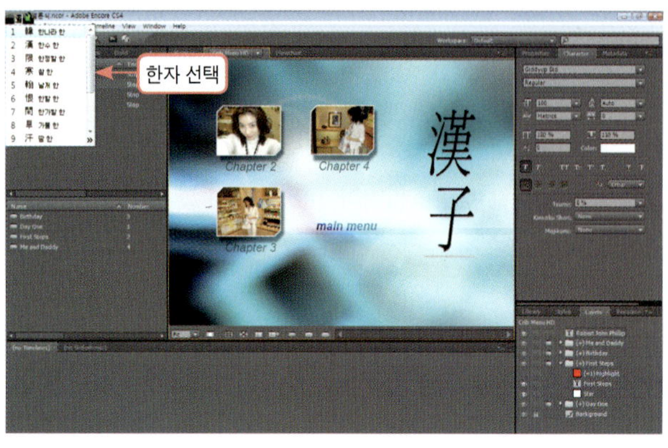

08 문자를 세로로 입력할 수 있다는 것 외에는 앞에서 살펴본 문자 툴과 동일한 역할입니다. 세로 문자에 어울리는 한자를 입력하고 싶다면 한글을 입력하고, 키보드의 한자 버튼을 누릅니다. 그리고 화면 상단에서 입력할 한자를 선택하면 됩니다.

09 돋보기 툴은 세심한 편집이 필요한 부분을 드래그하여 확대하는 역할을 합니다. Alt 키를 작업 공간을 클릭하면 확대한 비율의 반대로 축소합니다.

 포토샵 툴

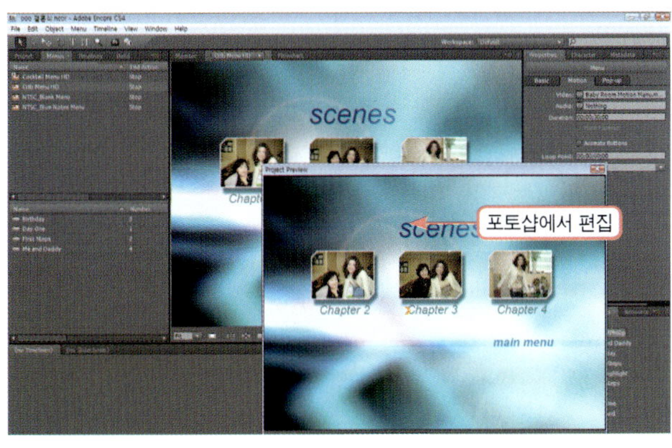

10 작업 중인 메뉴를 포토샵에서 편집할 수 있도록 포토샵을 실행합니다. 앙코르에서 제공하는 라이브러리는 레이어 형태로 제공하고 있기 때문에 포토샵을 다룰 수 있는 사용자라면 다양한 형태로 수정할 수 있습니다.

 미리 보기 툴

11 DVD 작업 결과를 미리 확인해 볼 수 있는 미리 보기 패널을 실행합니다. 이때 재생되는 메뉴는 DVD를 플레이어에 넣었을 때, 처음으로 보이는 영상 및 메뉴를 의미하는 First Play 소스입니다. First Play는 프로젝트에 등록한 소스를 마우스 오른쪽 버튼을 클릭하여 단축 메뉴를 열고, Set as First Play를 선택하여 설정할 수 있습니다.

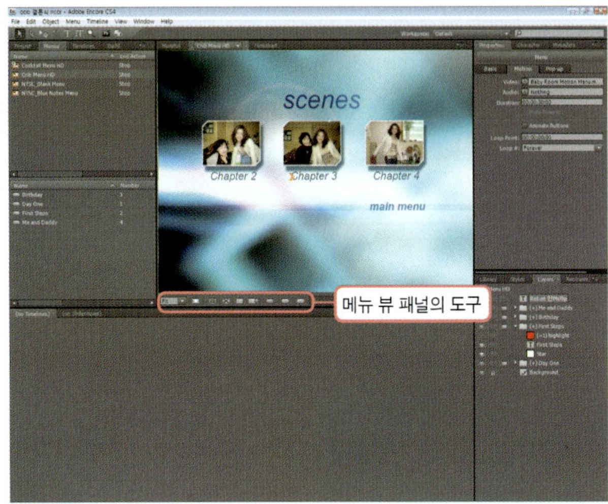

12 메뉴 보기 패널 하단에는 작업 공간의 크기를 조정하거나 안전 영역을 표시하는 등의 역할을 하는 9가지의 도구가 있으며, 각각의 역할은 다음과 같습니다.

❖ 확대/축소 레벨

확대/축소 레벨은 메뉴 뷰 패널에 보여지는 메뉴의 크기를 최소 25%에서 최대 1600%까지 확대하거나 축소합니다. 기본적으로 제공되는 확대/축소 비율 이외의 값은 확대/축소 레벨에 직접 입력하면 됩니다. 일반적으로 메뉴 뷰 패널 크기에 자동으로 맞추는 Fit(맞추기)을 선택합니다.

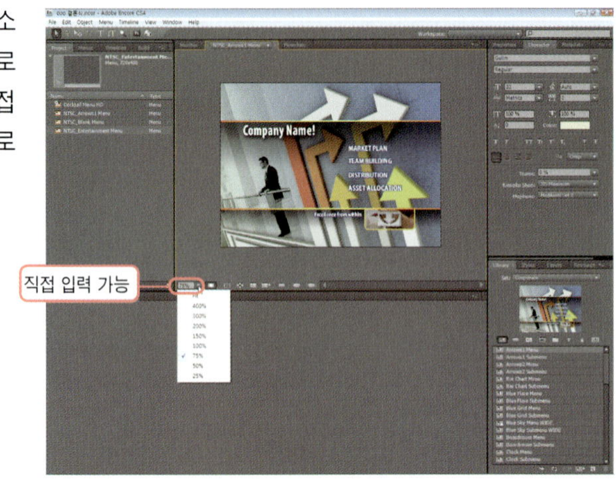

❖ 비율 버튼

실제 TV에서 볼 수 있는 화면의 비율을 그대로 적용합니다. 이 버튼이 Off로 되어 있으면, 작업 창 비율에 맞추어 조정됩니다. 비율은 속성 패널의 Aspect Ratio에서도 확인할 수 있으므로, 작업을 할 때는 Off하고, 실제 TV에서 어떻게 표시될 것인지를 모니터 하는 목적으로 사용할 수 있습니다.

❖ 안전 영역 표시 버튼

아날로그 TV에서 DVD를 재생할 때 화면에 표시되지 않는 부분을 짐작할 수 있는 안전 영역을 표시합니다. 안쪽이 자막 안전 영역이고, 바깥쪽이 영상 안전 영역입니다.

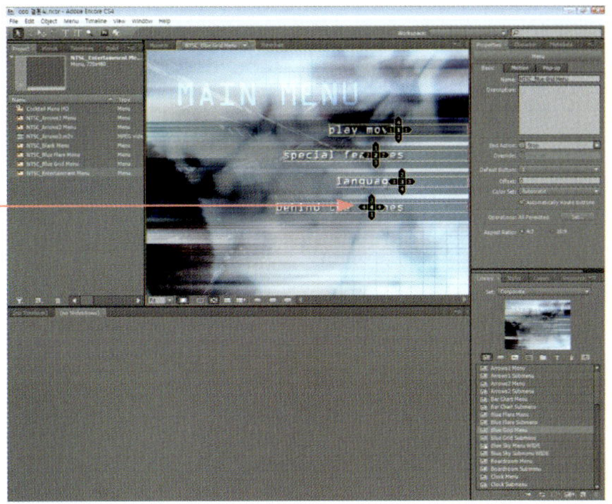

❖ 버튼 경로 보기 버튼

리모콘에서 방향키를 눌렀을 때, 이동할 경로를 확인할 수 있는 번호를 표시합니다. 각 버튼의 연결 위치를 메뉴 보기 패널에서 확인하고 싶을 때 유용합니다.

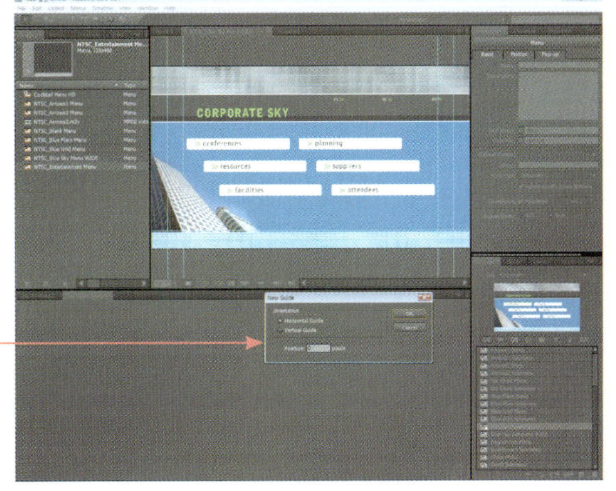

❖ 가이드 라인 보기 버튼

포토샵 작업을 해보았다면 오브젝트의 위치를 정렬할 때 기준이 되는 가이드 라인이 얼마나 중요한지를 알 것입니다. 가이드 라인 보기 버튼은 외각에 기본 가이드 라인을 표시하고, 뉴 가이드 라인 버튼을 클릭하면 픽셀 단위로 가이드 라인을 추가할 수 있으며, 가이드 라인을 메뉴 밖으로 드래그하면 제거됩니다.

※ 강조 표시 버튼

리모콘의 작동 위치를 화면에 표시할 것인지의 여부를 선택하는
버튼은 Normal, Selected, Activated의 3가지가 있습니다.
Normal은 선택하지 않은 버튼, Selected는 선택한 버튼,
Activated는 활성화한 버튼을 표시합니다.

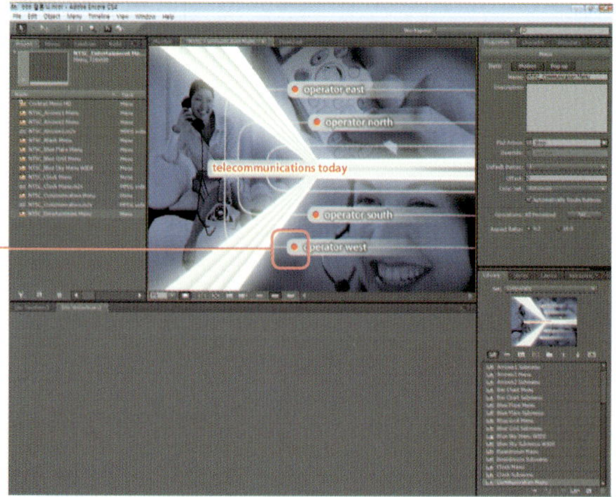

 메뉴 및 버튼의 속성

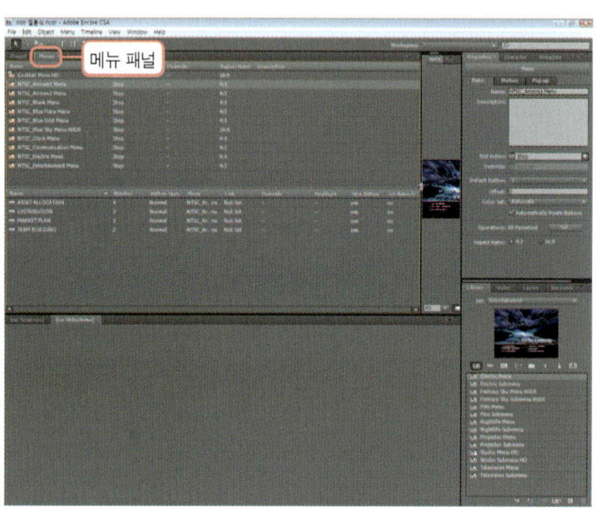

13 메뉴와 버튼의 연결 및 동작 상태를 설정할
수 있는 속성 패널과 각 에셋의 정보를 한
눈에 확인할 수 있는 메뉴 패널의 역할을
살펴봅니다. DVD 타이틀을 만드는데 있어서 가장
핵심이 되는 부분이기도 합니다.

※ Name (이름)

Basic(기본) 탭의 Name항목은 메뉴나 버튼의 이름을 표시하는
것으로 Properties 패널의 Name 항목에서 변경 가능합니다.

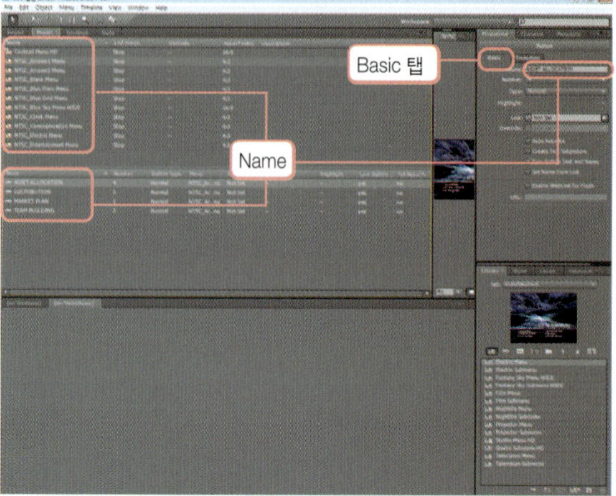

Description은 메뉴에 간단한 메모를 해둘 수 있는 것으로 메뉴 패널의 Description 칼럼에서 확인할 수 있습니다. 칼럼의 경계선을 좌/우로 드래그하여 크기를 변경할 수 있고, 칼럼을 좌/우로 드래그하여 위치를 조정할 수 있다는 것도 기억해두면 좋습니다.

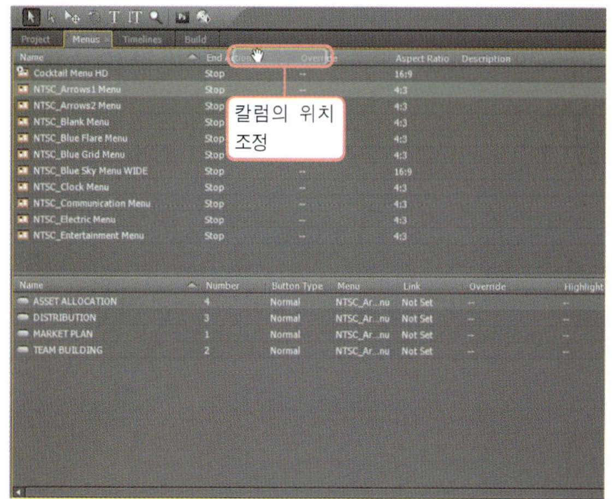

❖ End Action/Link (종료 동작 및 링크)

메뉴의 End Action은 사용자가 일정 시간 동안 아무런 동작도 하지 않을 때, 연결할 아이템을 선택하며, 버튼의 Link 는 버튼을 클릭했을 때 동작할 아이템을 연결합니다. Properties 패널의 End Action이나 Link을 클릭하면, 사용하고 있는 아이템의 목록을 볼 수 있습니다.

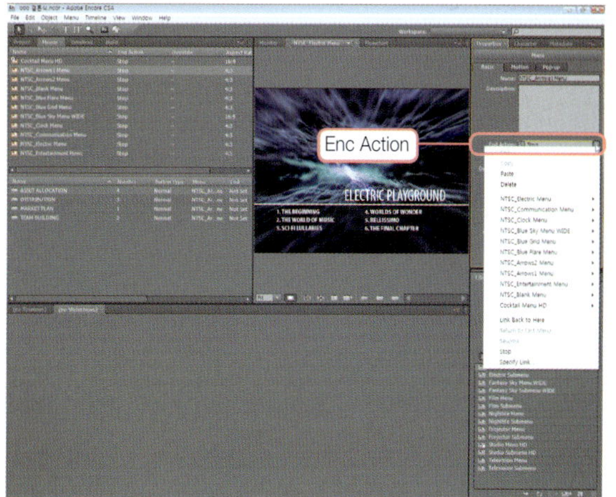

❖ Override (재정의)

메뉴와 버튼에 모두 적용할 수 있는 속성으로 End Action 또는 Link로 연결되어 있는 아이템의 동작이 끝 날 때, 연결할 아이템을 선택합니다. 일반적으로 Chapter1이 끝나면 Chapter2로 연결되지만, Override을 이용하여 진행 방향을 바꿀 수 있습니다. 연결 방법은 Link와 동일하게 목록을 이용해도 좋고, 연결 버튼을 드래그하여 연결해도 좋습니다.

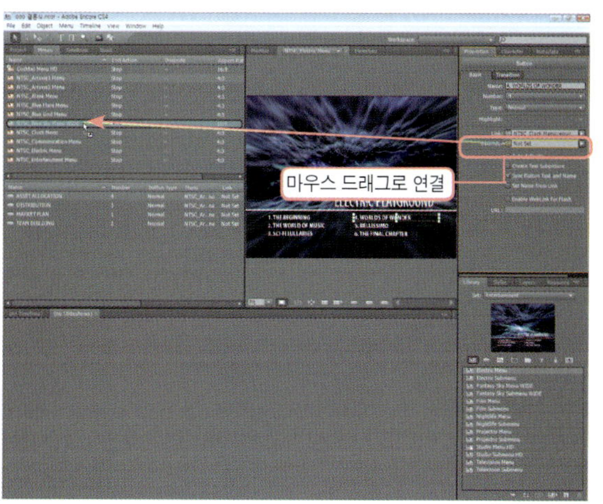

Default Button은 메뉴가 보여질 때 강조 표시될 버튼의 번호를
선택합니다. 버튼의 번호는 Button Properties(버튼의 기본
속성)의 Number(번호) 항목에서 변경할 수 있습니다.

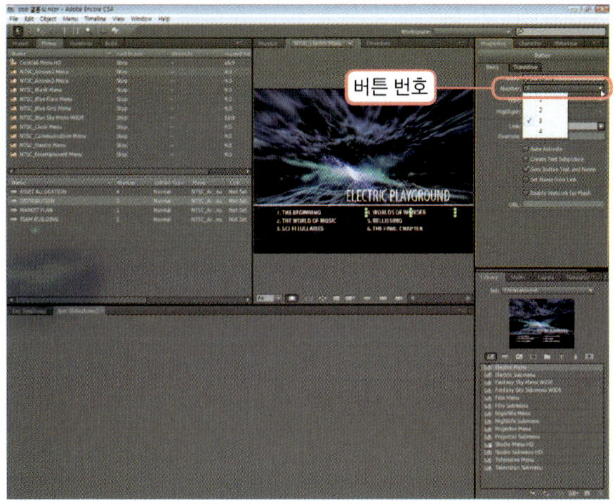

❖ Offset (오프셋)

메뉴 Properties 패널에 있는 것으로 버튼의 이동 단위를 설정합니다. 예를 들어 1, 2, 3… 과 같이 순차적으로 진행하는 0의
값을 2로 변경하면 1, 4, 7… 로 진행하게 됩니다.

❖ Color Set (색상 세트)

버튼 강조 표시의 색상을 선택합니다. 자동으로 설정하는 Automatic과 메뉴의 기본 값으로 설정하는 Menu Default가
있습니다.

❖ Automatically route Buttons (자동으로 단추 경로 지정)

버튼이 만들어지는 순서와 위치에 따라 이동 경로를 자동으로 설정하게 합니다. 사용자가 임의로 이동 경로를 설정하고 싶다면,
옵션을 해제합니다. 이동 경로는 도구 모음 줄의 버튼 경로 보기 버튼을 클릭하여 확인할 수 있습니다.

❖ Operation (조작)

리모콘 동작을 제한할 기능을 선택할 수 있습니다. Set(설정)
버튼을 클릭하면, 모두 사용 가능의 All, 모두 사용 불 가능의
None 외에도 제한할 동작을 임의로 선택할 수 있는 Custom
옵션이 있습니다.

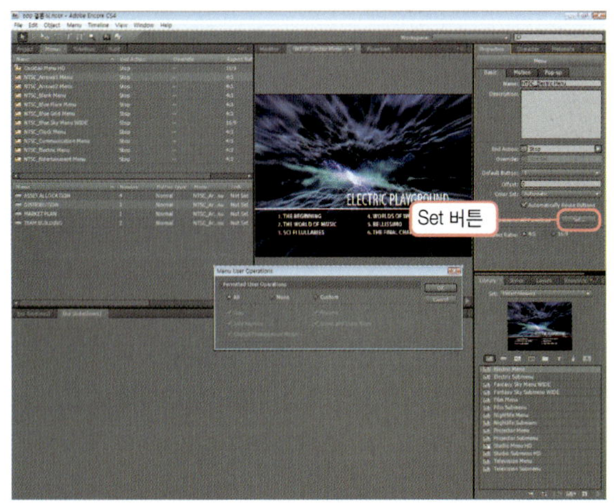

❖ Aspect Ration (종횡비)

4:3 또는 16:9 중에서 화면에 표시하 종회비를 선택합니다.

❖ Motion/Transition (동작/전환)

메뉴를 선택하면 보이는 Motion(동작) 탭과 버튼을 선택하면 보이는 Transition(전환)은 모두 영상이 재생되는 메뉴나 버튼을
만드는 역할을 합니다. 버튼인 경우에는 미디어를 연결할 수 있는 Asset 항목만 있지만, 메뉴는 비디오, 오디오를 개별적으로
연결할 수 있고, 재생 시간을 설정할 수 있는 Duration이 있습니다. 그리고 Loop 항목에서 반복 횟 수를 설정할 수 있으며,
Animate Button(단추 애니메이션) 옵션을 체크할 경우, 반복 위치를 설정할 수 있는 Loop Point(반복 지점)가 활성화 됩니다.

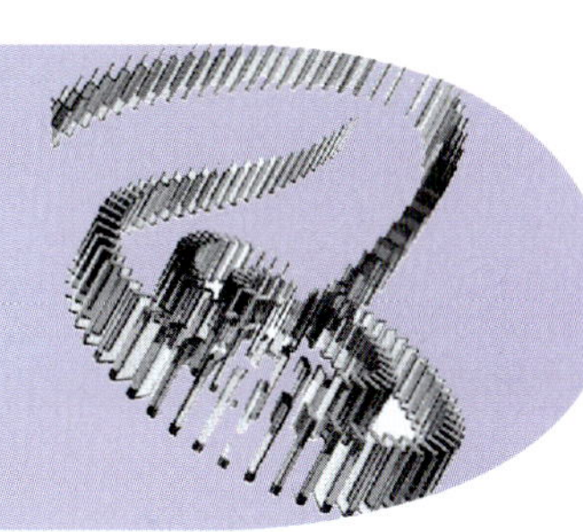

버튼 만들기

앙코르를 이용해서 DVD를 제작한다는 것은 단순히 DVD를 굽는 작업이 아니고, 메뉴 화면을 디자인하고, 메뉴의 버튼을 선택했을 때 이동될 서브 메뉴나 재생될 영상을 연결하는 작업을 의미합니다. 즉, 가장 핵심적인 작업이 버튼입니다. 버튼의 속성은 이미 살펴보았으므로, 여기서는 버튼의 의미와 연결 방법에 관해서 살펴보겠습니다.

버튼의 구성과 연결

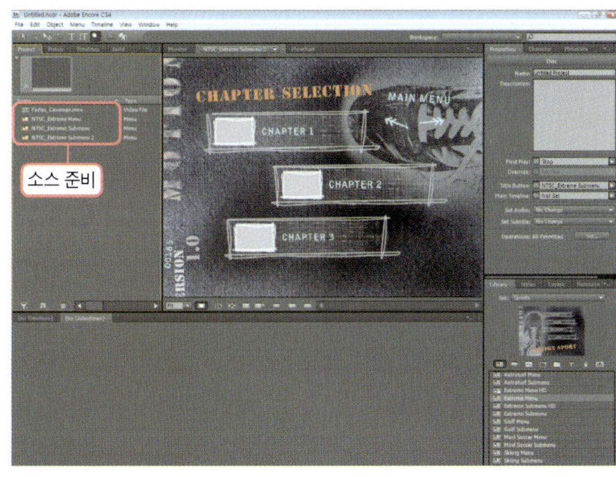

01 라이브러리 패널에서 마음에 드는 메뉴를 몇 가지 만들고, 프로젝트 패널의 빈 공간을 더블 클릭하여 영상 파일도 불러옵니다 그림에서는 Sports 카테고리의 Extreme Menu 한 개와 Extreme Submenu 두 개를 만들고, 부록 CD의 PART 08 폴더에서 영상을 불러온 모습입니다.

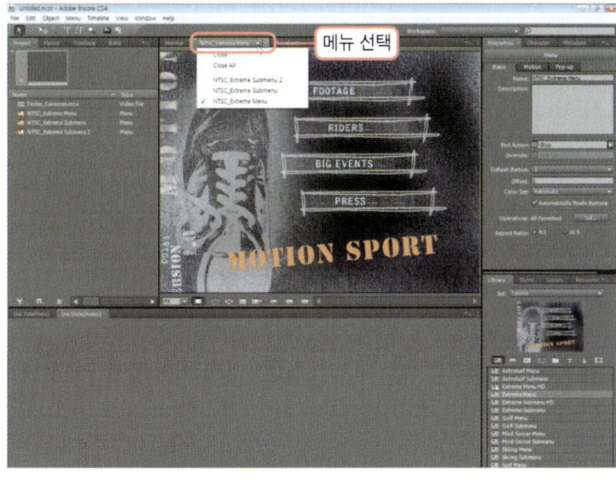

02 메뉴 뷰 패널의 메뉴에서 메인 메뉴로 사용할 NTSC_Extreme MUenu를 선택합니다. 다른 라이브러리로 실습을 하고 있다면, 해당 메뉴를 선택합니다.

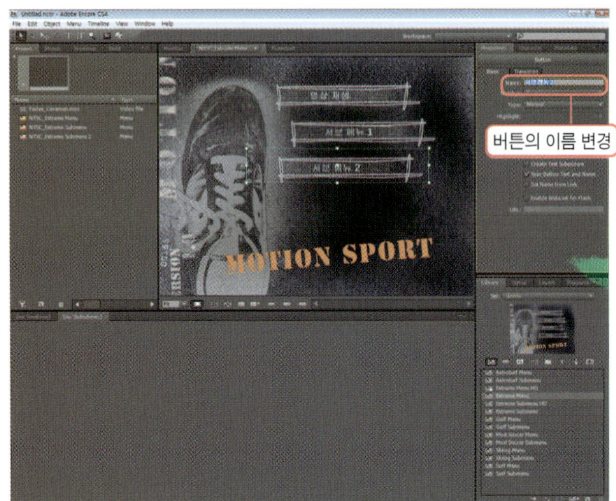

03 총 4개의 버튼으로 구성되어 있는데, 각각의 버튼을 선택하고, 속성 패널의 Basic 탭에서 Name 항목의 이름을 변경합니다. 필요 없는 버튼은 Delete 키를 눌러 삭제하여 메인 메뉴를 완성합니다.

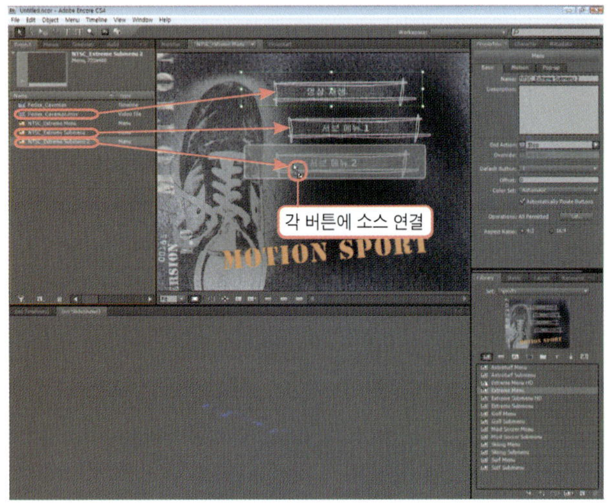

04 이제 각각의 버튼을 선택했을 때 재생될 영상이나 서브 메뉴만 연결하면 DVD 제작은 끝입니다. 프로젝트 패널에 준비해놓고, 영상과 서브 메뉴를 각각의 버튼으로 드래그하여 연결합니다.

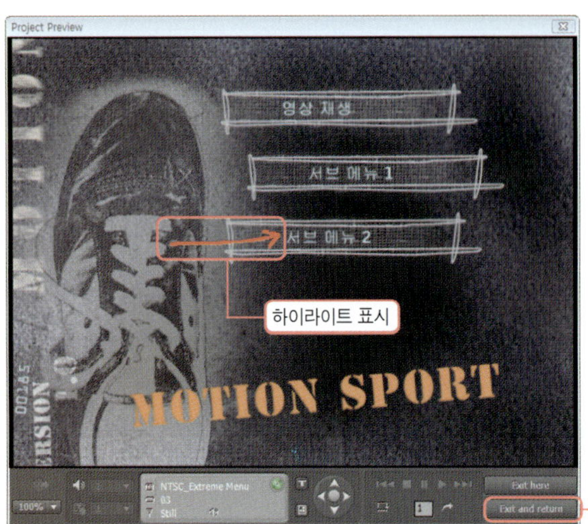

05 메뉴 뷰 패널에서 마우스 오른쪽 버튼을 클릭하여 단축 메뉴를 열고, Preview form here를 선택합니다. 미리 보기 패널에서 각 버튼을 클릭하여 영상이 재생되는지, 서브 메뉴로 이동하는지 등의 여부를 확인해봅니다. 각각의 메뉴로 마우스를 위치시킬 때, 표시되는 하이라이트도 확인을 하고, Exit and return 버튼을 클릭하여 닫습니다.

06 리모콘의 방향키를 눌렀을 때 이동되는 경로와 하이라이트의 색상을 변경할 수 있습니다. 도구 모음 줄의 연결 버튼을 클릭하여 버튼의 경로를 표시합니다. 그림은 버튼이 조금 많은 라이브러리를 불러온 모습입니다.

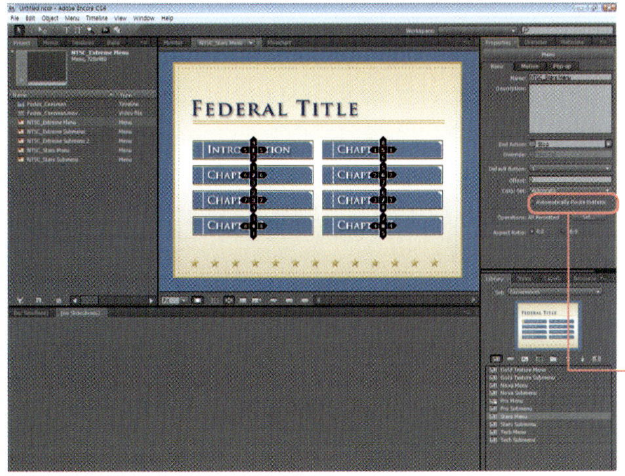

07 각 버튼의 번호(중앙)와 상/하, 좌/우 버튼에 연결된 이동 버튼의 숫자가 표시됩니다. 즉, 리모콘의 방향키 및 번호 키를 이용해서 각각의 버튼을 선택할 수 있다는 의미입니다. 이것을 변경하기 위해서는 Properties 패널의 Basic 탭에서 Automatically Route Buttons 옵션을 해제합니다.

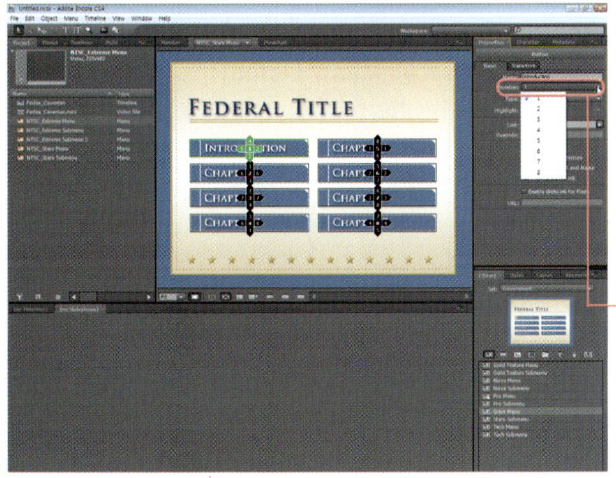

08 번호를 변경하고 싶은 버튼을 선택하고, Properties 패널의 Basic 탭에서 Number를 변경하면 됩니다. 그림은 총 8개의 버튼이 있으므로, 번호가 8번까지 있지만, 사용자가 만든 것에 따라 달라집니다. 그리고 번호를 변경하면, 변경된 번호를 가지고 있던 버튼의 번호가 자동으로 변경됩니다.

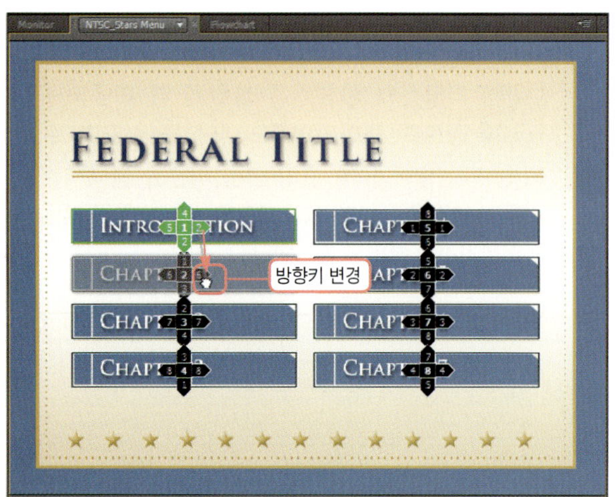

09 방향키를 눌렀을 때, 이동되는 경로를 변경하고 싶다면, 원하는 버튼의 방향 번호를 드래그합니다. 그림에서는 1번 버튼의 오른쪽 방향키를 눌렀을 때, 오른쪽의 2번 버튼으로 이동되도록 설정되어 있는 것을 아래쪽의 3번 버튼으로 변경하는 모습입니다. 즉, 리모콘에서 오른쪽 방향키를 누르면 아래쪽 버튼이 선택되게 하는 것입니다.

 하이라이트 설정

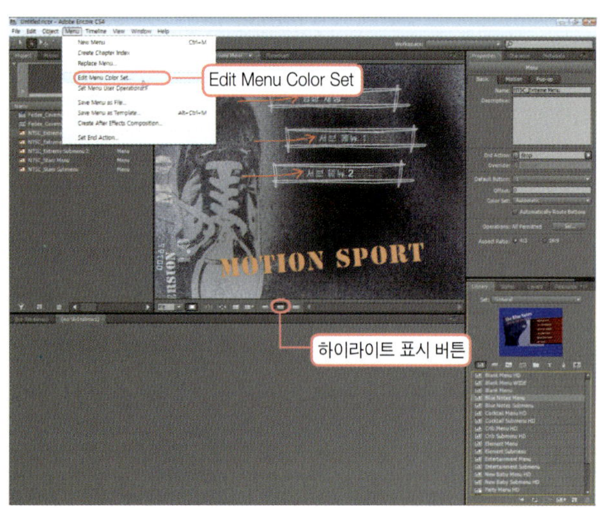

10 리모콘으로 선택한 버튼이 어떤 것인지를 표시하는 하이라이트의 색상도 변경할 수 있습니다. 하이라이트 표시 버튼을 On으로 합니다. 앞에서 실습해본 NTSC_Extreme Menu의 하이라이트는 빨간색 화살표로 되어있습니다. Menu의 Edit Menu Color Set(메뉴 색상 세트)을 선택합니다.

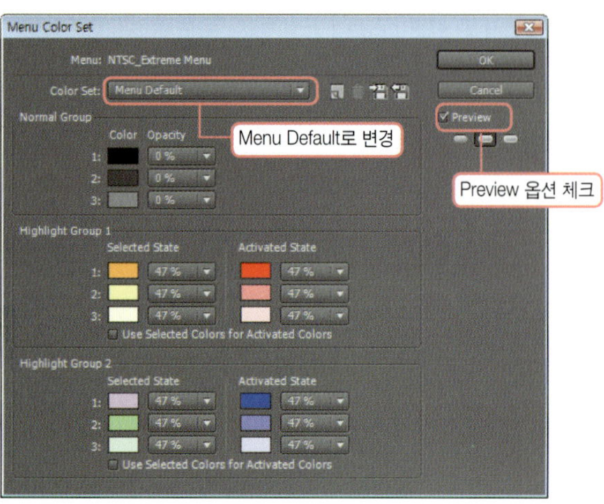

11 Automatic(자동)으로 선택되어 있는 Color Set을 Menu Default(메뉴 기본값)로 변경합니다. 그리고 변경되는 색상을 모니터 할 수 있도록 Preview(미리 보기) 옵션을 체크합니다.

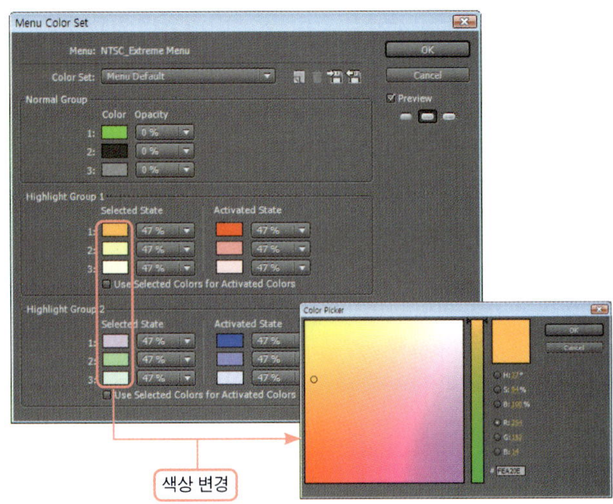

12 Highlight Group(밝은 영역 그룹) 1 또는 2에서 선택된 버튼의 색상인 Selected State와 버튼을 눌렀을 때의 색상인 Activated State를 설정합니다. 색상은 컬러 아이콘을 클릭하여 Color Picker 창을 열고, 선택하면 되며, Activated 색상은 활성 버튼을 On으로 하여 미리 볼 수 있습니다.

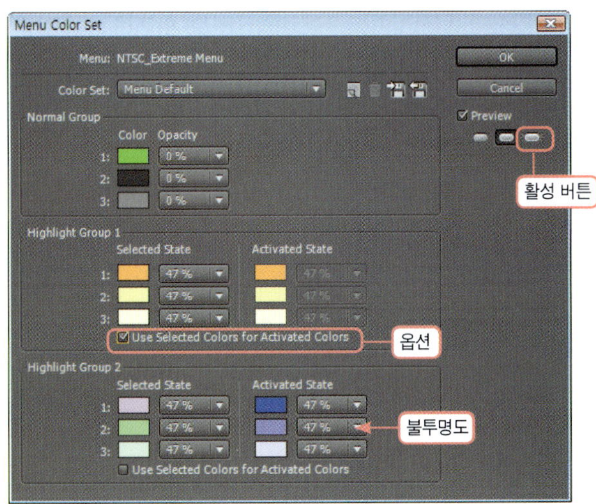

13 변경한 색상의 불투명도는 색상 선택 아이콘 오른쪽의 메뉴를 이용해서 조정할 수 있으며, Activated 색상은 Preview 아래쪽의 활성 버튼을 선택하여 미리 볼 수 있습니다. 그리고 Use Selected Colors for Activated colors 옵션은 Activated 색상을 Selected와 동일하게 사용하는 것입니다.

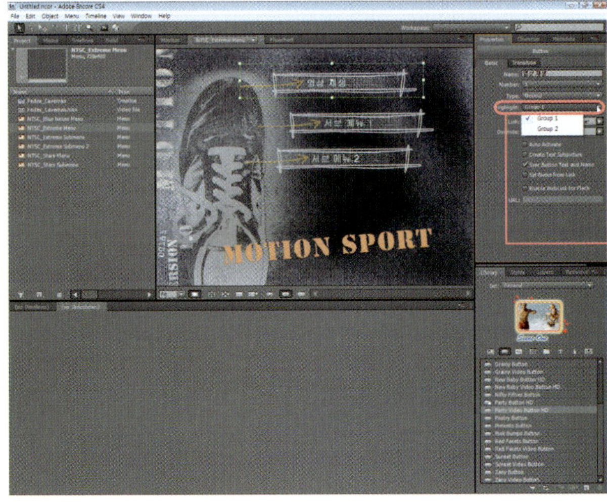

14 Menu Color Set 창에는 두 개의 Highlight Group 이 있었습니다. 즉, 하이라이트와 활성 색상을 두 가지로 설정해 둘 수 있다는 것이며, 적용할 그룹은 Properties 패널의 Basic 탭에 있는 Highlight 메뉴에서 선택합니다.

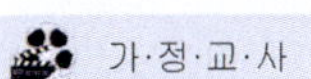 가·정·교·사

버튼의 그룹은 레이어 이름 앞에 (=번호)로 구분합니다. 즉, (=1)은 1번 그룹, (=2)는 2번 그룹이 됩니다.

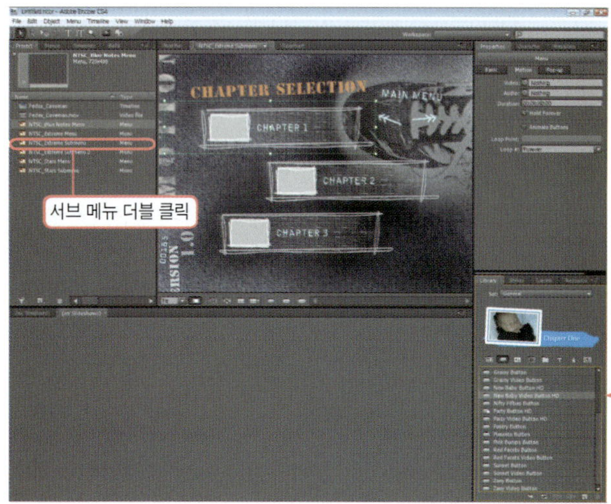

15 자주 사용하지는 않지만, 영상이 재생되는 버튼도 간단하게 제작할 수 있습니다. 라이브러리의 버튼 목록에서 Video Button을 추가해서 만들어도 좋지만, 앞에서 서브 메뉴로 연결했던 NTSC_Extreme Submenu를 더블 클릭하여 열어봅니다.

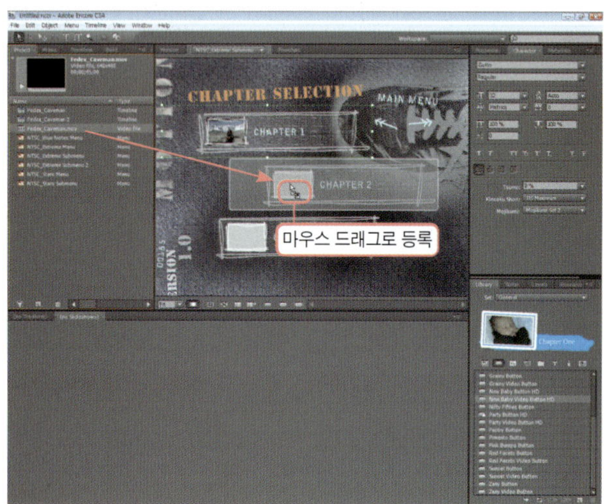

16 NTSC_Extreme Submenu의 버튼이 비디오 버튼으로 되어있습니다. 이제 각각의 버튼에 보여질 영상을 프로젝트 패널에서 마우스 드래그로 가져다 놓기만 하면 됩니다.

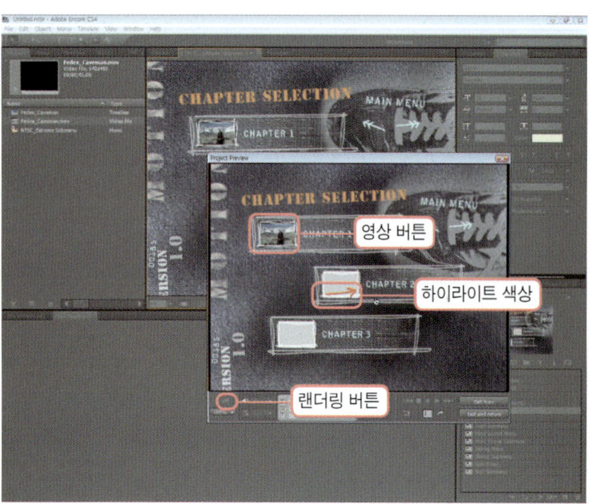

17 완성한 서브 메뉴에서 마우스 오른쪽 버튼을 클릭하여 단축 메뉴를 열고, Preview from Here를 선택하여 지금까지의 작업 결과를 모니터 해보기 바랍니다. 영상 버튼이 재생되는 모습을 확인하려면 랜더링 버튼을 클릭하여 랜더링 작업을 수행해야 합니다.

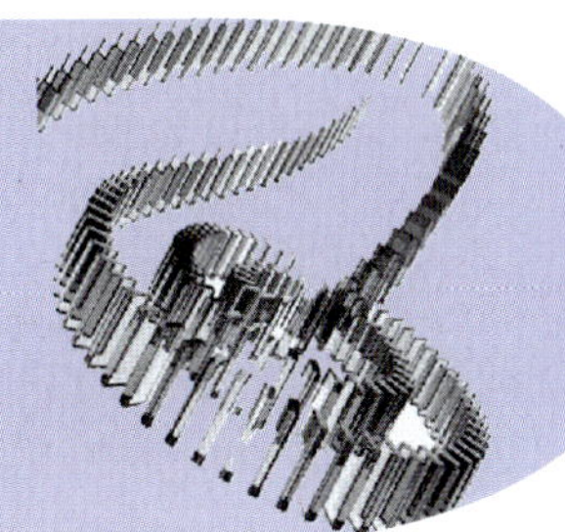

Chapter 04

마커와 타임라인

대부분의 DVD 타이틀에는 원하는 위치의 장면을 선택해서 볼 수 있는 씬 메뉴가 있습니다. 이렇게 하나의 영상에서 버튼을 선택했을 때 이동되는 위치를 만들어 놓는 것이 마커이고, 마커를 편집하는 패널이 타임라인입니다. 프리미어 학습을 마치고, Encore CS4를 학습하고 있다면, 마커와 타임라인의 역할, 프리미어에서 마커를 삽입하는 방법, 그리고 프리미어의 프로젝트를 앙코르로 불러오는 방법 등은 이미 알고 있을 것이므로 생략하고, 여기서는 앙코르의 타임라인 패널을 이용해서 마커를 만들고, 각각의 마커에 버튼을 연결하는 과정을 살펴보겠습니다.

타임라인 및 모니터 패널 살펴보기

01 프로젝트 패널의 빈 공간을 더블 클릭하여 부록 CD의 PART_08 폴더에서 영상을 불러옵니다. 그리고 불러온 영상이 선택되어 있는 상태에서 아이템 만들기 버튼을 클릭하여 메뉴를 열고, Timeline을 선택하여 영상이 임포트된 타임라인을 만듭니다.

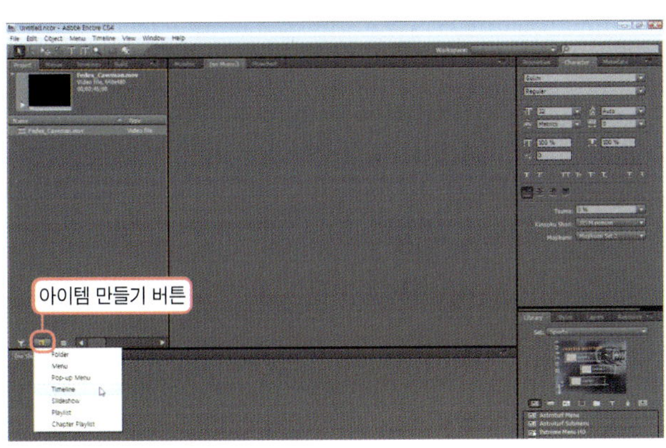

02 타임라인에 등록된 영상을 볼 수 있는 모니터 패널이 자동으로 열립니다. 모니터 패널에는 기본적으로 앞/뒤로 이동, 재생, 마커 이동, 마커 만들기 버튼, 그리고 재생 위치를 표시하는 타임코드로 구성되어 있습니다.

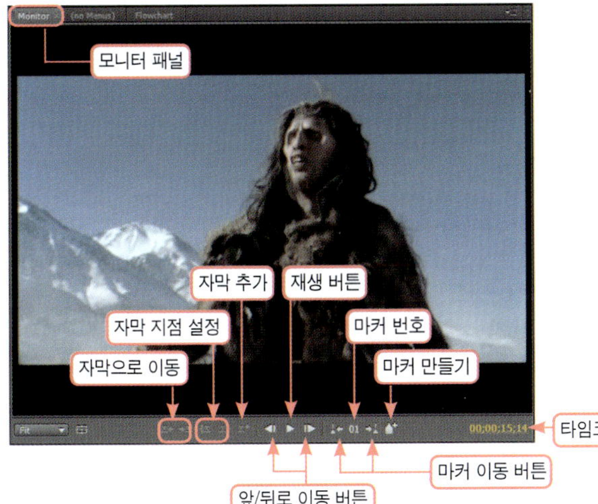

가·정·교·사

자막 관련 버튼들은 자막이 입력되어 있는 경우에 사용할 수 있으며, 자막 트랙은 물론이고, 슬라이드 쇼의 이름과 설명도 포함합니다.

03 타임 라인의 포지션 포인트를 드래그하거나 Space bar 키를 눌러 영상을 재생합니다. 그리고 모니터 패널 또는 타임 라인 패널의 마커 만들기 버튼을 클릭하여 사용자가 원하는 장면에 마커를 만듭니다. 1번 마커는 영상의 시작부분에 만들어져 있고, 2번부터 자동으로 번호가 생성됩니다.

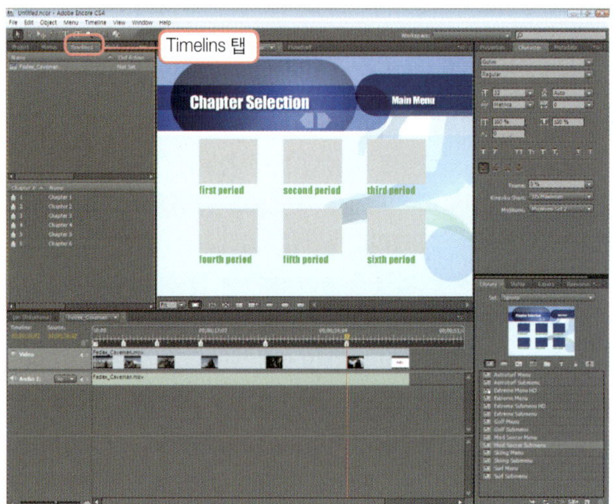

04 씬 메뉴로 사용할 라이브러리는 찾아 등록합니다. 그림에서는 6개의 마커를 만들어 보았으므로, 6개의 버튼이 있는 서브 메뉴를 골라보았습니다. Timelines 탭을 클릭하여 열고, 영상을 선택하면, 아래쪽에 앞에서 만든 타임라인 목록이 나열됩니다.

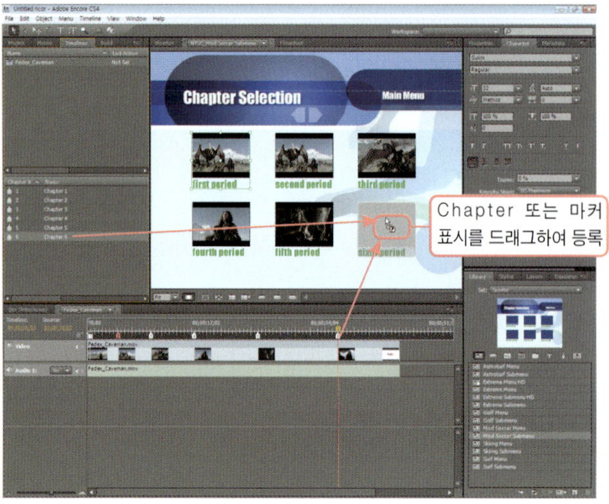

05 이제 각각의 버튼에 마커를 드래그하여 가져다 놓으면 됩니다. 타임라인 패널에 표시되어 있는 마커 표시를 드래그하여 가져다 놓아도 좋습니다.

가·정·교·사

영상을 편집할 때는 마커라는 용어를 많이 사용하고, 재생 미디어인 DVD에서는 Chpater라는 용어를 많이 사용합니다.

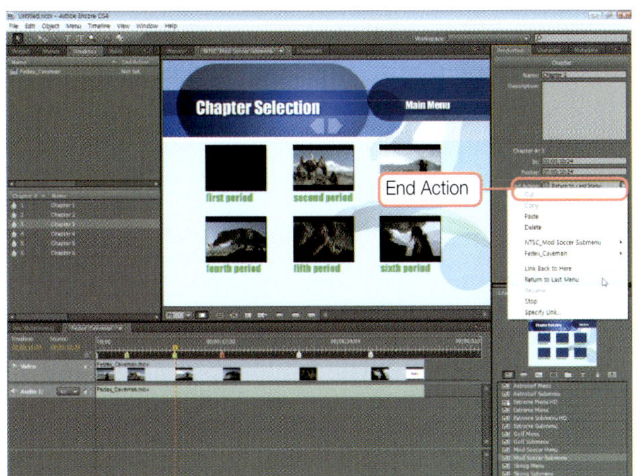

06 마커의 이름은 Properties 패널의 Name 항목에서 변경할 수 있으며, 마커 위치는 마커 표시를 드래그하여 조정할 수 있습니다. 그리고 마커 구간이 재생된 후의 동작은 End Action에서 선택합니다. 일반적으로 Return to Last menu를 선택하여 씬 선택 메뉴로 돌아가게 합니다.

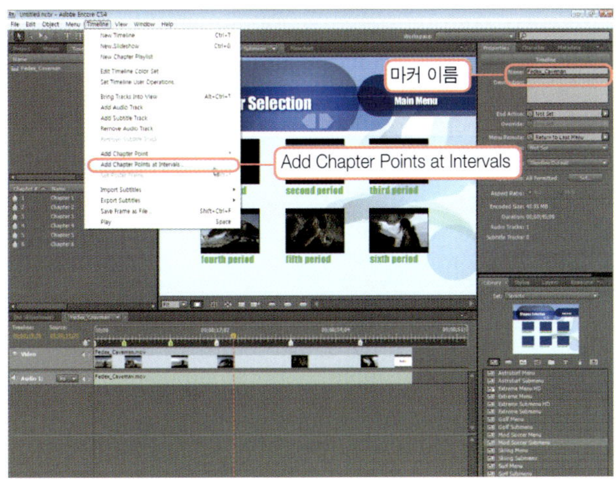

07 흔하게 사용하는 방법은 아니지만, 일정한 시간 간격으로 마커를 만들 수 있는 기능을 살펴보겠습니다. 타임라인 뷰 패널을 선택하고, Timeline(타임라인) 메뉴의 Add Chapter Points at Intervals(일정한 간격으로 장 지점 추가)을 선택합니다.

08 시;분;초;프레임 단위로 마커가 삽입될 간격을 입력할 수 있는 창이 열립니다. Interval between Chapter Points(장 지점 간격) 항목에 500(5초)을 입력하고, 앞에서 입력했던 마커는 제거될 수 있게 Remove Existing Chapter Points(기존 장 지점 제거) 옵션을 체크합니다.

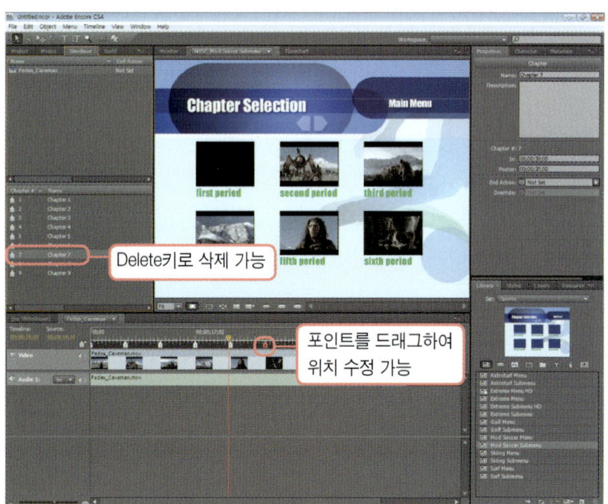

09 앞에서 입력했던 마커가 모두 제거되고, 5초 간격으로 새로운 마커가 입력됩니다. 필요 없는 마커가 있다면, 선택 후 Delete 키를 눌러 삭제할 수 있으며, 마커 포인트를 드래그하여 위치를 수정할 수 있습니다.

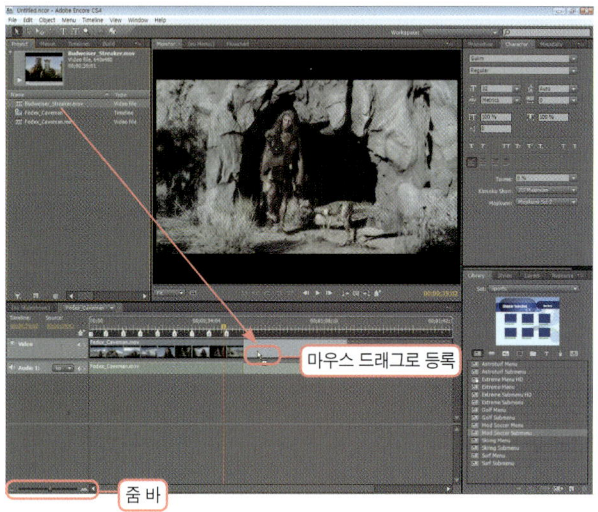

10 프로젝트 패널의 빈 공간을 더블 클릭하여 추가할 영상 파일을 불러옵니다. 그리고 불러온 영상파일을 작업 중인 클립의 뒤로 드래그하여 등록합니다. 타임라인 작업 패널에는 작업 공간을 확대/축소할 수 있는 줌 바가 있습니다.

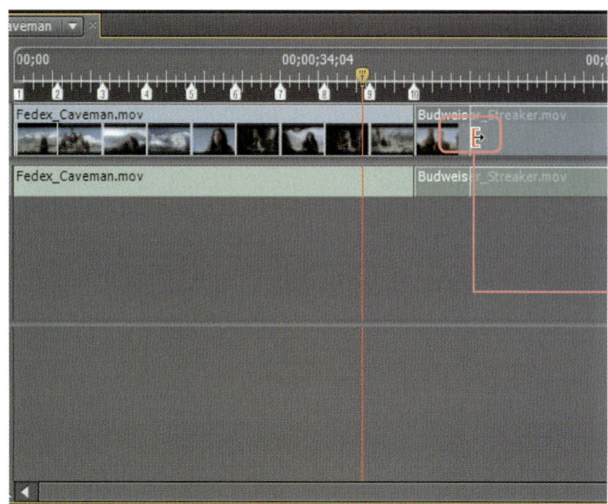

11 당연한 얘기지만, 앙코르에서는 특별히 영상을 편집할 수 있는 기능이 없습니다. 다만, 클립의 길이 정도는 트림할 수 있습니다. 트림 작업은 프리미어에서와 같이 클립의 시작이나 끝 위치를 드래그합니다.

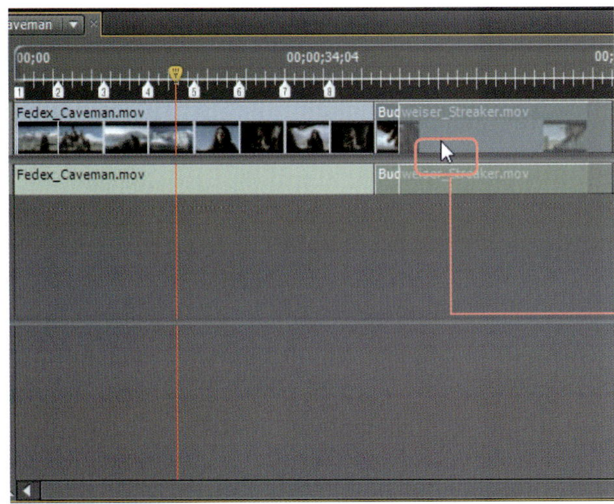

12 트림 작업으로 발생한 공백은 클립을 드래그하여 채울 수 있으며, 이전 클립의 앞이나 다음 클립의 뒤로 이동하여 클립의 위치를 변경할 수도 있습니다.

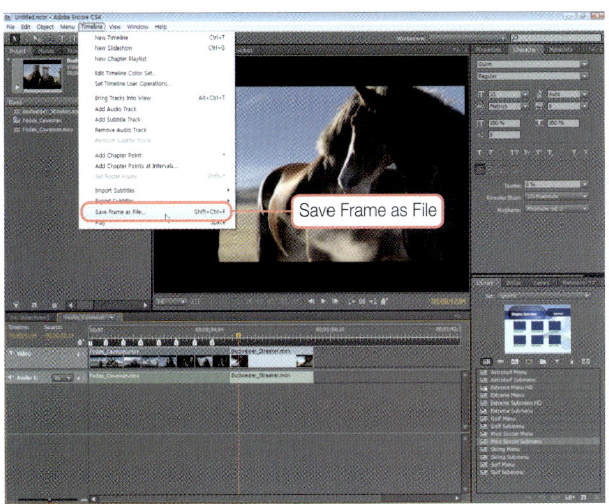

13 앙코르의 타임라인에서 제공하는 편집 기능은 트림 작업을 하거나 위치를 이동시키는 것이 전부입니다. 그 외, 모니터 패널에 보이는 장면을 그림 파일로 저장할 수 있습니다. 포지션 포인트를 드래그하여 이미지로 만들고 싶은 장면을 찾습니다. 그리고 Timeline 메뉴의 Save Frame as File(파일로 프레임 저장)을 선택합니다.

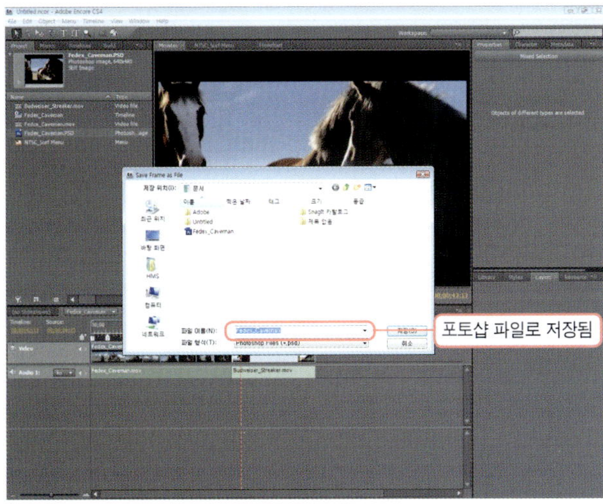

14 포토샵 파일로 저장할 수 있는 Save Frame as File 창이 열립니다. 이렇게 저장한 이미지는 포토샵에서 메뉴를 꾸미거나 이미지 버튼을 만드는데 응용할 수 있으며, DVD 케이스를 꾸미는 것에도 응용할 수 있습니다.

플로우차트

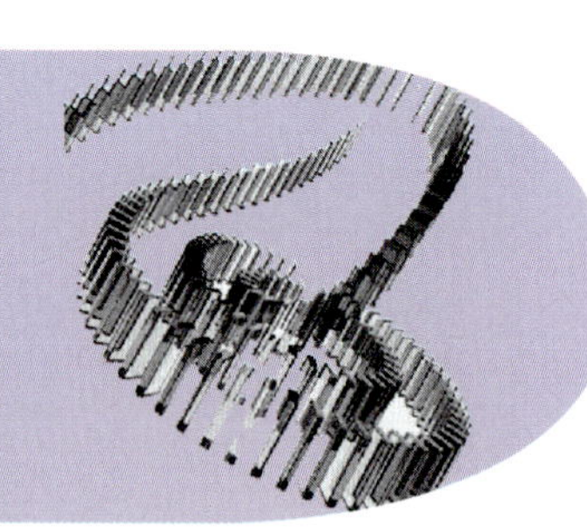

한 장의 DVD을 만들기 위해서는 수 많은 메뉴와 영상 소스를 사용하게 되며, 각각 정확한 정보로 연결되어 있어야 합니다. 하지만, 소스가 많다 보면, 사용자 실수로 연결을 잘못 해놓거나 빼먹는 경우도 발생할 수 있습니다. 이러한 실수를 피하기 위해서 DVD를 굽기 전에 미리 보기를 철저하게 하는 방법도 있지만, 이것 역시 실수를 할 수 있습니다. 앙코르에서는 각각의 메뉴와 소스의 연결 상태를 체크하거나 변경할 수 있는 플로우차트 패널을 제공합니다. 이것에 관해서 살펴보겠습니다.

 첫 번째 재생으로 설정하기

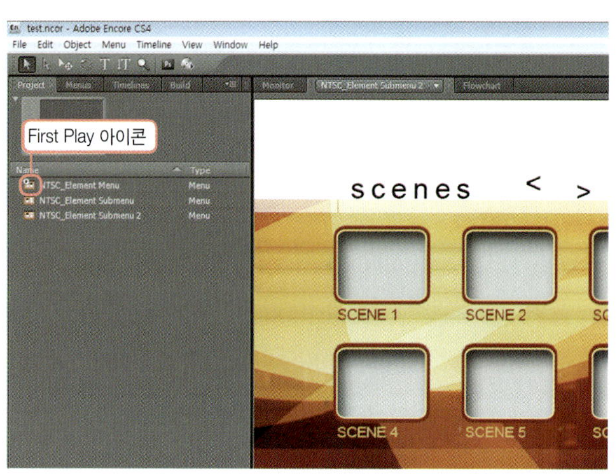

01 앙코르에서는 처음 만드는 메뉴나 타임라인이 DVD를 플레이어에 넣었을 때 재생되는 First Play로 설정됩니다. 라이브러리 패널에서 메인 메뉴로 사용할 것과 서브 메뉴로 사용할 것들을 몇 개 만들어봅니다. 이때 처음 만들었던 메뉴에 First play 아이콘이 표시됩니다.

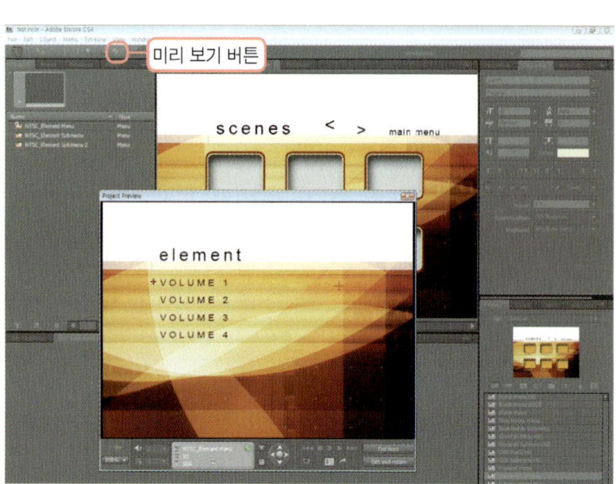

02 즉, DVD를 플레이어에 넣었을 때, 처음으로 재생되는 메뉴가 되는 것입니다. 도구 모음 줄의 미리 보기 버튼을 클릭해봅니다. First Play로 설정된 메뉴가 가장 먼저 보이는 것을 확인할 수 있습니다.

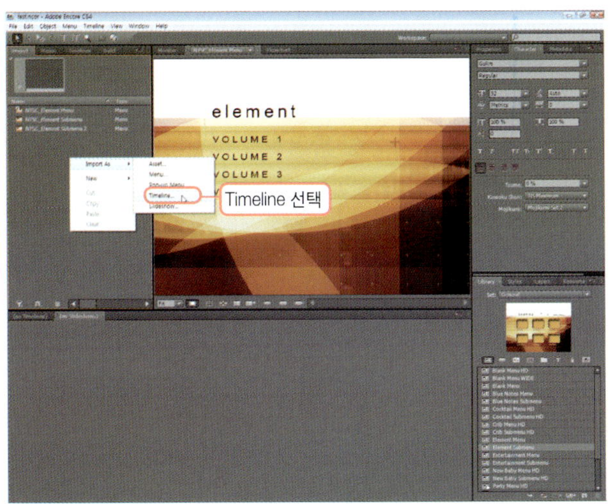

03 일반적으로 상업용 DVD는 처음에 광고가 먼저 보이고, 메인 메뉴로 이동합니다. 이것을 실습해보기 위해서 영상을 타임라인으로 불러오겠습니다. 프로젝트 패널의 빈 공간에서 마우스 오른쪽 버튼을 클릭하여 단축 메뉴를 열고, Import As의 Timeline을 선택합니다.

04 실습으로 사용할 영상을 불러옵니다. 그러면 자동으로 불러온 영상의 타임라인을 만들어줍니다. 앞의 실습에서 영상을 불러온 다음에 아이템 만들기 버튼을 이용해서 타임라인을 만드는 것보다 편리한 기능이므로, 기억을 해두기 바랍니다.

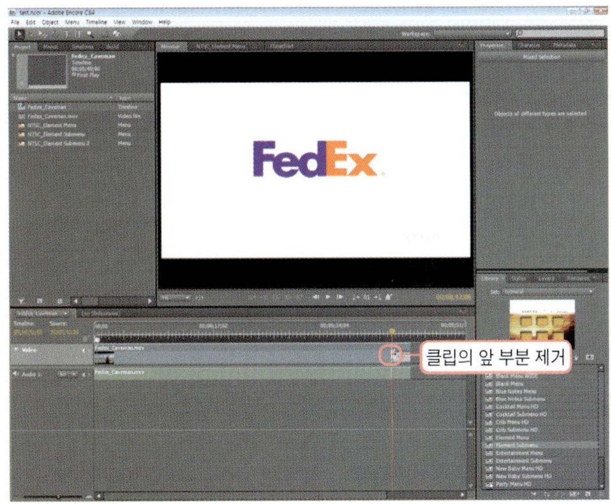

05 일반적으로 광고에 사용할 영상 소스는 별도로 편집을 해두지만, 실습에서는 영상의 끝 부분에 있는 광고를 사용하겠습니다. 포지션 포인트를 드래그하여 광고가 보이는 위치를 찾습니다. 그리고 클립의 시작 부분을 드래그하여 앞 부분을 제거합니다.

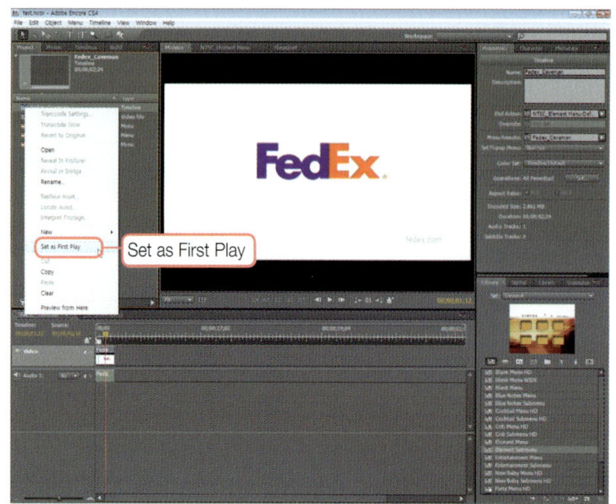

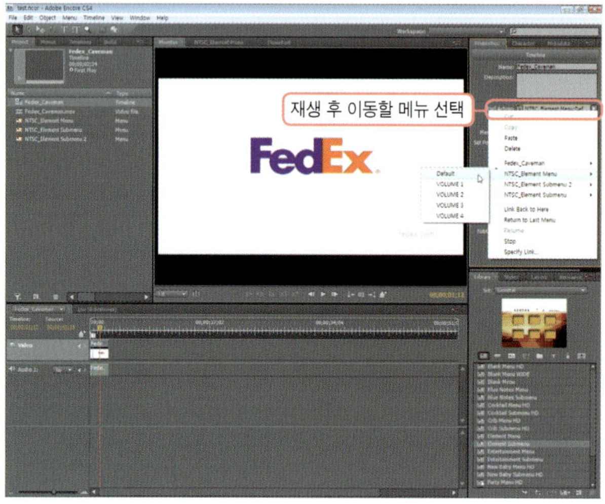

플로우 차트의 역할

06 클립을 왼쪽으로 드래그하여 시작 위치로 이동시키고, 프로젝트 패널의 타임라인을 마우스 오른쪽 버튼으로 클릭합니다. 그리고 Set as First Play 메뉴를 클릭하여 타임라인을 처음에 재생되는 소스로 설정합니다.

07 광고가 재생된 다음에 메인 메뉴로 이동을 해야 할 것이므로, Properties 패널의 End Action에서 이동할 메뉴를 선택합니다. 이제 도구 모음 줄의 미리 보기 버튼을 클릭해보면, 광고가 재생된 후에 메뉴가 보이는 것을 확인할 수 있습니다.

08 앞에서 DVD를 플레이어에 넣으면, 광고가 재생되고, 메인 메뉴가 보이는 데까지 연결했습니다. 그 밖에 빠진 것이 있는지, 잘못 연결한 것이 있는지 등을 한 번에 확인하고 싶다면, Flowchart(순서도) 패널을 열어봅니다.

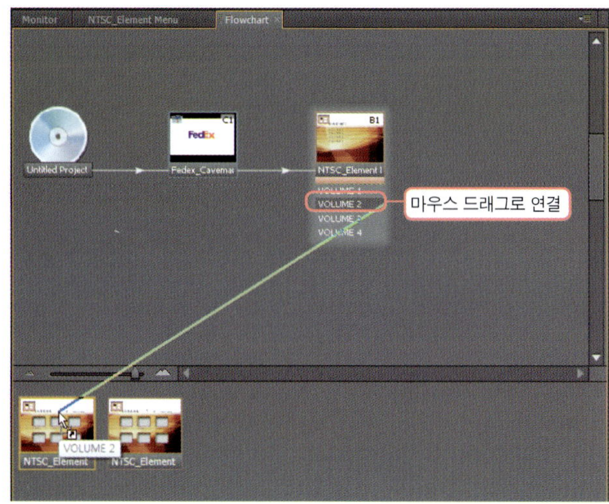

09 디스크 아이콘을 기준으로 광고 영상과 메인 메뉴가 연결되어 있는 것을 확인할 수 있고, 아래쪽에 연결되지 않은 메뉴 목록을 볼 수 있습니다. 메인 메뉴의 Volume 2 버튼을 아래쪽의 서브 메뉴로 드래그하여 연결합니다. 즉, 메인 메뉴에서 Volume 2라는 이름의 버튼을 선택했을 때, 서브 메뉴로 이동되는 것입니다.

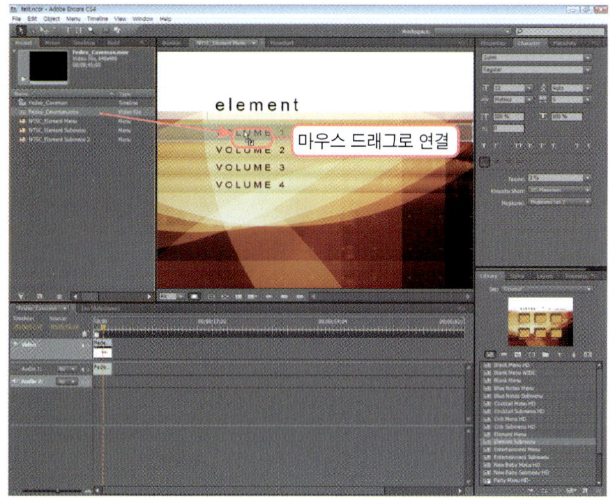

10 플로우 차트에서는 버튼에 영상을 직접 연결할 수 없기 때문에 Volume 1 버튼을 선택했을 때, 영상이 처음부터 재생되도록 하려면, 타임라인을 하나 더 만들거나 메인 메뉴에서 영상을 연결해야 합니다. 메뉴 뷰 패널에서 메인 메뉴를 선택하고, 프로젝트 패널의 영상을 Volume 1이라는 이름의 버튼으로 드래그하여 연결합니다.

11 플로우 차트를 다시 열어보면, 메인 메뉴의 Volume 1에 영상이 연결되어 있고, Volume 2에 서브 메뉴가 연결되어 있는 것을 한 눈에 확인할 수 있습니다. 이처럼 플로우 차트는 DVD를 제작하기 전에 사용자 실수를 체크하는 용도로 유용합니다.

캐릭터 패널 다루기

앙코르는 이미 수 많은 텍스트와 도형을 제공하고 있기 때문에 사용자가 별도로 입력하거나 수정할 일이 없을 수도 있지만, 최소한 폰트와 색상 등의 속성을 변경할 수 있는 캐릭터 패널의 역할은 알고 있어야 합니다. 사용자가 직접 입력한 문자의 속성을 변경하는 캐릭터 패널에 관해서 살펴보겠습니다. DVD 복제에 관한 경고 글이나 친구나 연인에게 선물할 때의 메시지 등을 담을 때, 응용할 수 있기를 바랍니다.

 문자 입력 및 속성 변경하기

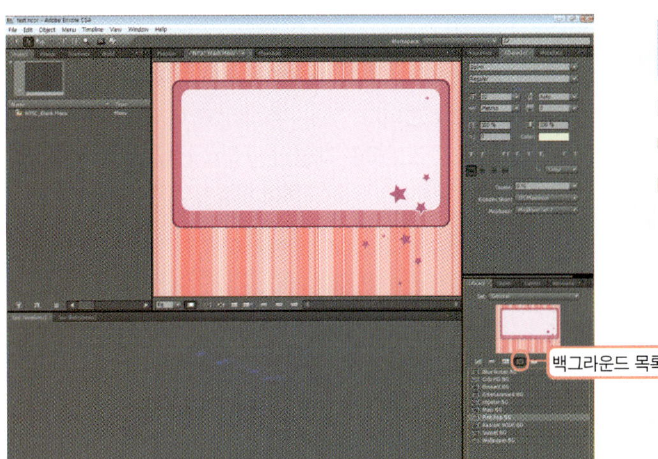

01 새로운 프로젝트를 만들고, General 카테고리의 메뉴 목록에서 Blank Menu를 더블 클릭하여 빈 메뉴를 만듭니다. 그리고 백그라운드 목록에서 적당한 것을 더블 클릭하여 배경 그림을 삽입합니다.

02 도구 모음 줄의 문자 툴로 메뉴를 선택하여 문자를 입력합니다. 상업용 DVD를 제작할 것이라면, 복제 경고 메시지를 입력하고, 친구가 연인에게 선물할 DVD를 제작한다면, 자신의 마음을 담은 메시지를 입력합니다.

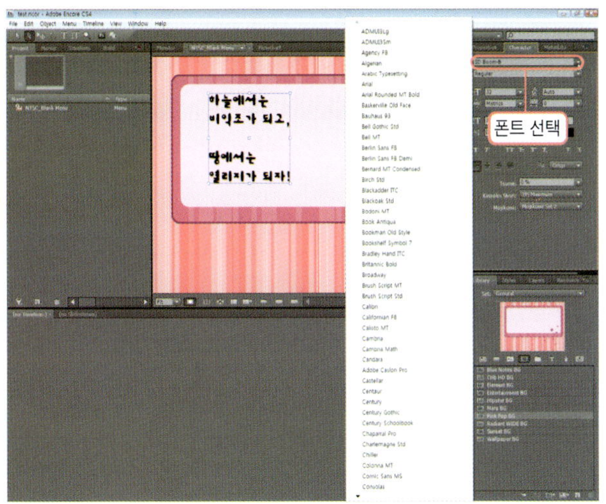

03 직접 선택 툴을 이용해서 입력한 문자를 선택하고, Character(문자) 탭을 클릭하여 문자의 속성을 변경할 수 있는 패널을 엽니다. 첫 번째 항목이 폰트를 선택하는 메뉴입니다. 앙코르는 폰트를 찾고 선택하는 것이 다소 불편하게 되어있지만, 폰트 이름의 첫 글자를 눌러 이동할 수 있다는 것을 기억하면 조금 편리하게 사용할 수 있습니다. 즉, 바탕체를 선택하고 싶다면 B 키를 눌러 바로 찾을 수 있다는 것입니다.

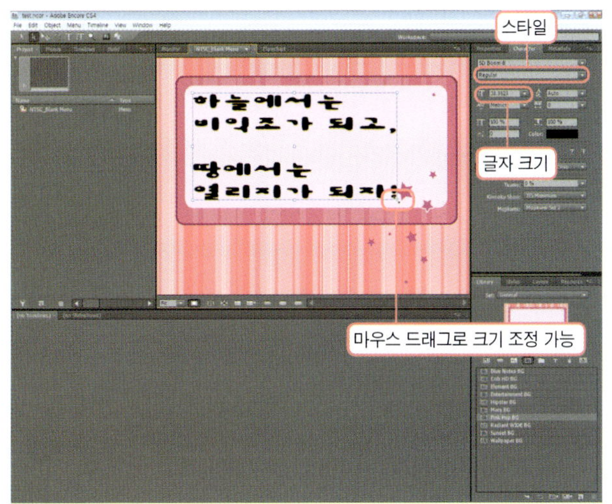

04 두 번째 메뉴는 글자의 굵기나 기울기 등을 선택할 수 있는 스타일 메뉴인데, 선택한 폰트에 따라 달라집니다. 그리고 글자의 크기를 선택할 수 있는 메뉴는 직접 문자의 경계선을 드래그하여 조정하는 것이 편리하기 때문에 정확한 크기가 필요한 경우 외에는 잘 사용하지 않습니다.

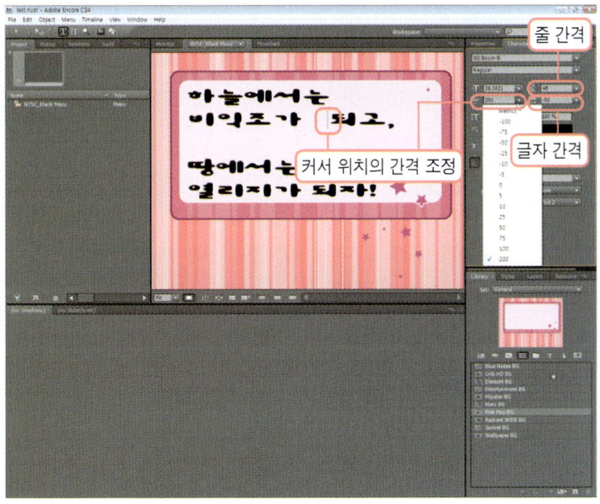

05 글자 크기 선택 오른쪽의 메뉴는 줄 간격(leading)을 조정하는 것이며, 계속해서 커서 위치의 간격(kerning)과 글자 간격(tracking)을 조정하는 메뉴가 있습니다. Tracking은 전체 글자의 간격을 조정하지만, Kerning은 커서가 있는 부분의 간격을 조정한다는 차이가 있으므로, 확실히 기억을 해두기 바랍니다.

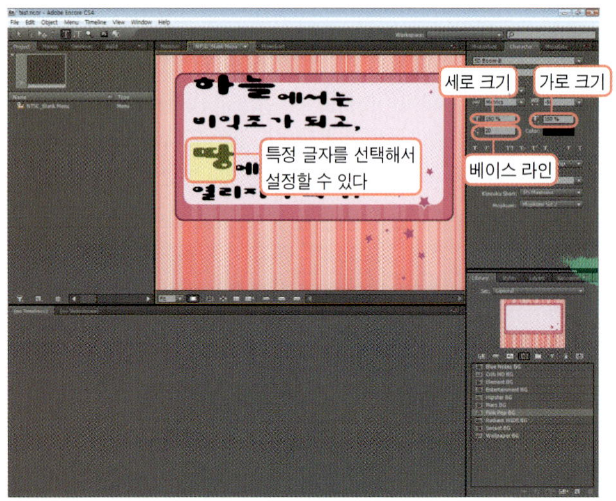

06 텍스트가로와 세로 비율은 글자의 가로와 세로 크기를 조정하며, 베이스 라인은 글자의 기준 위치를 조정합니다. 그림은 하늘과 땅이라는 글자의 가로/세로 크기를 150%로 키우고, 베이스 라인을 20으로 해서 약간 위로 올라간 글자를 연출하고 있는 모습입니다.

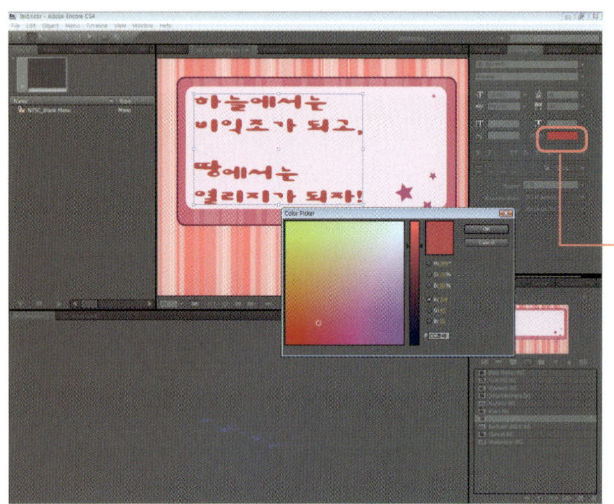

07 Color 항목은 글자의 색상을 선택할 수 있는 Color Picker 창을 엽니다. 특정 문자를 선택한 경우에는 선택한 문자의 색상만 변경할 수 있으므로, 좀 더 화려한 문자를 꾸밀 수도 있습니다.

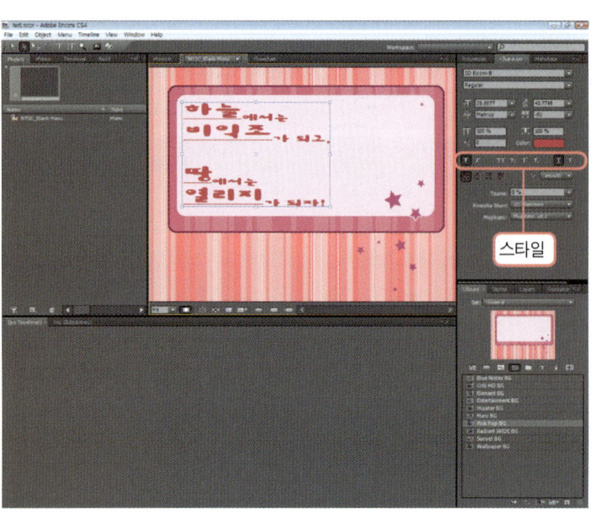

08 폰트에 따라 제공되지 않는 스타일도 굵게, 기울기, All Caps, Small Caps, 위첨자, 아래첨자, 밑줄, 가운데 줄의 버튼으로 스타일을 만들 수 있습니다. Caps 버튼은 영어에만 적용되는 것으로 모두 대문자를 만드는 All Caps와 첫 글자를 제외한 나머지를 작게 만드는 Small Caps가 있습니다. 각각의 버튼을 클릭하여 글자의 변화를 확인해보기 바랍니다.

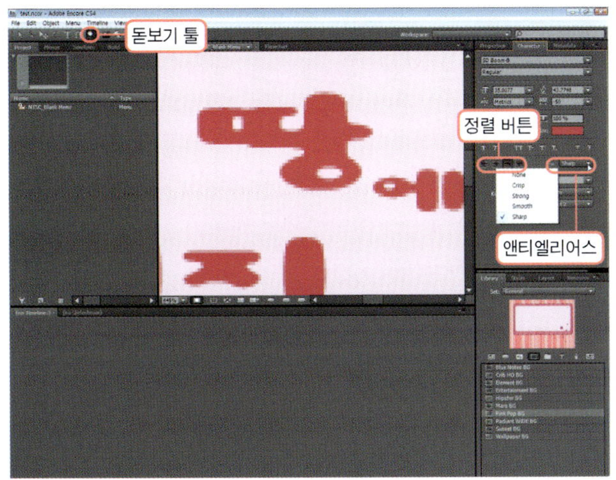

09 4개의 정렬 버튼은 글자를 왼쪽, 중앙, 오른쪽, 양쪽으로 정렬하는 역할이며, 앤티엘리어스 메뉴는 글자의 테두리를 처리 방법을 선택합니다. 돋보기 툴을 이용해서 글자를 확대한 다음에 앤티엘리어스에서 각각의 모드를 선택해보면, 차이점을 확인할 수 있습니다.

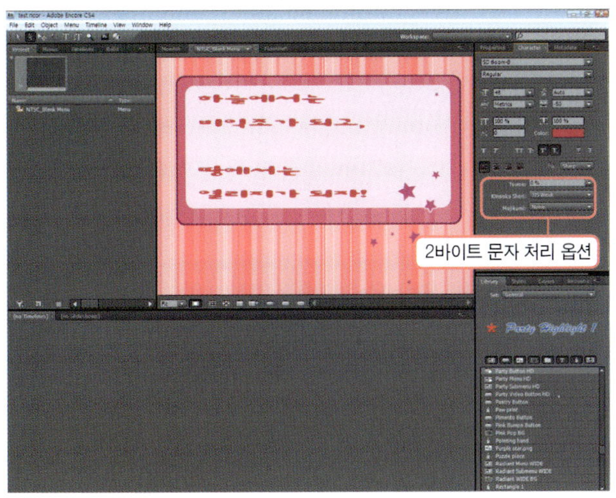

10 그 밖에 Tsume, Kinsoku Shori, Mojikumi 옵션은 2바이트 문자에 해당하는 코드 처리 방법은 선택하는 것으로 Tsume는 문자 간격, Konsoku Shori는 JIS 코드를 사용하는 일본어의 금칙 문자, Mojikumi는 그 밖의 2바이트 금칙 문자를 선택합니다. 한글도 2바이트 문자입니다.

 그림자 만들기

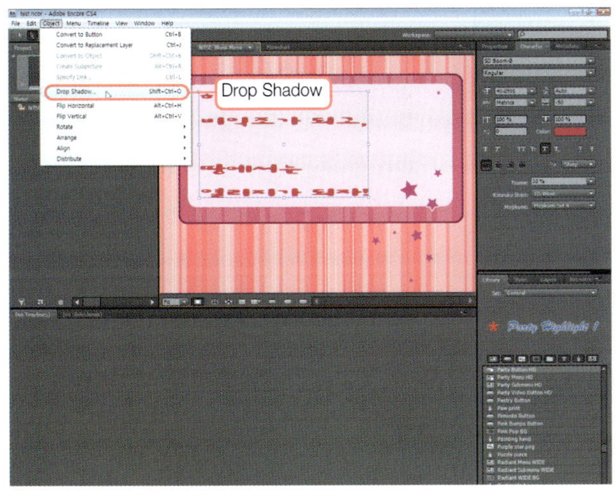

11 글자나 도형의 속성을 결정할 수 있는 Character 패널 옵션을 살펴보았습니다. 그 외에도 글자나 도형에 그림자를 만들 수 있는 기능을 살펴보겠습니다. Object 메뉴의 Drop Shadow를 선택하여 창을 엽니다.

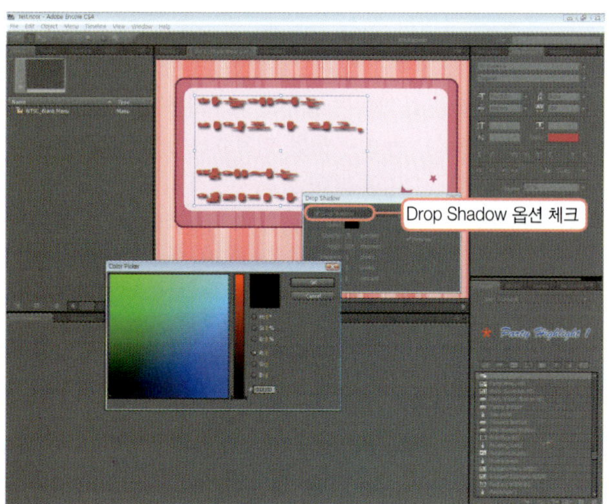

12 Drop Shadow 옵션을 클릭하면 글자에 그림자가 만들어지며, Preview 옵션을 체크하면 각 옵션을 조정 값을 확인할 수 있습니다. 먼저 Color 옵션을 쉽게 짐작할 수 있듯이 그림자의 색상을 변경할 수 있는 Color Picker 창을 열어줍니다.

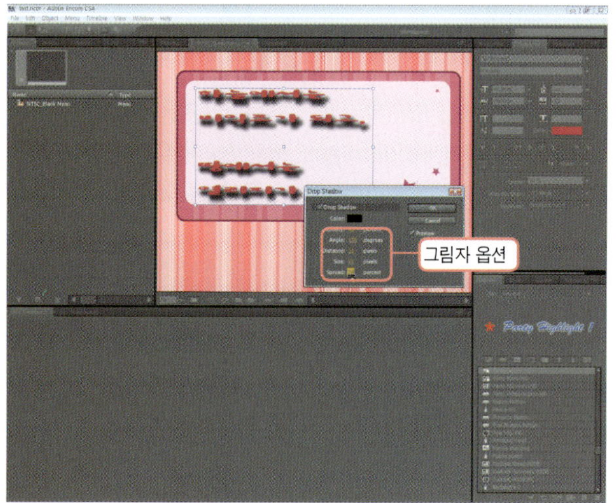

13 그 외, Opacity는 그림자의 불투명도, Angle은 각도, Distance는 원본 글자와의 거리, Size는 그림자의 크기, Spread는 범위를 조정합니다. 각각의 옵션 값을 조정해보면 쉽게 이해할 수 있을 것입니다.

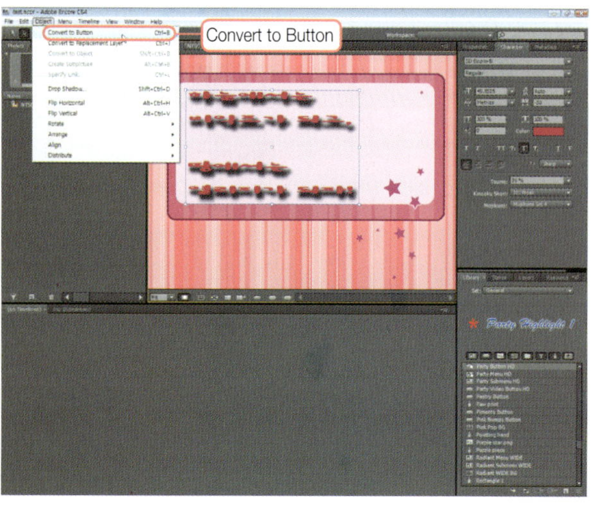

14 Character 패널을 이용해서 글자의 속성도 변경해보고, Drop Shadow 창을 이용해서 그림자도 만들어보았습니다. 끝으로 사용자가 입력한 글자를 버튼으로 변경할 수 있는 Object 메뉴의 Convert to Button까지 기억을 해둔다면, 메뉴를 만들 때, 다양한 문자를 만들 수 있게 될 것입니다.

Chapter 07

언어 및 자막 선택 메뉴 만들기

대부분의 외화는 영화를 한글 자막으로 볼 것인지, 영어 자막으로 볼 것인지를 선택할 수 있는 언어 선택 버튼이 있고, 아동 영화의 경우에는 음성을 원어로 들을 것인지, 더빙된 한국어로 들을 것인지 등을 선택할 수 있는 버튼이 있습니다. 이러한 언어 선택 메뉴는 어떻게 제작되며, 어떻게 동작 하는지 등의 내용을 살펴보겠습니다. 교육용 타이틀을 만들 때, 정답, 힌트, 참고 사항 등의 음성 및 자막 트랙을 만드는데 응용할 수 있습니다. 단, 자막은 Encore에서 제작할 수 있지만, 음성은 미리 녹음된 파일을 준비해야 합니다.

 오디오 트랙 만들기

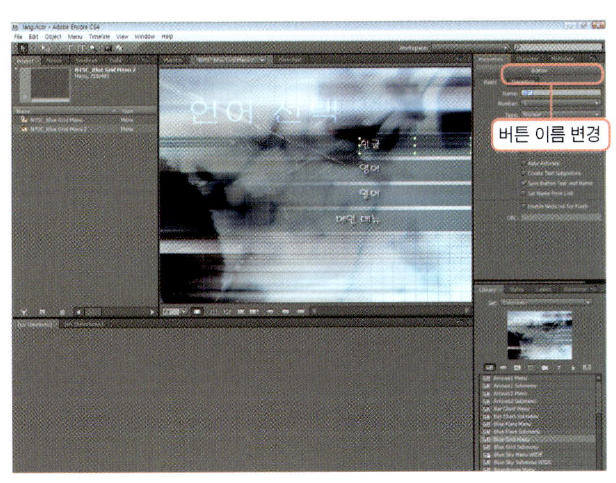

01 새로운 프로젝트를 만들고, 라이브러리의 메뉴 목록에서 두 개의 메뉴를 더블 클릭하여 만듭니다. 그리고 하나는 언어 선택 메뉴로 각각의 버튼 이름을 변경합니다. 실습에서는 한글, 영어, 일어, 그리고 메인 메뉴로 돌아가는 버튼을 만들고 있습니다.

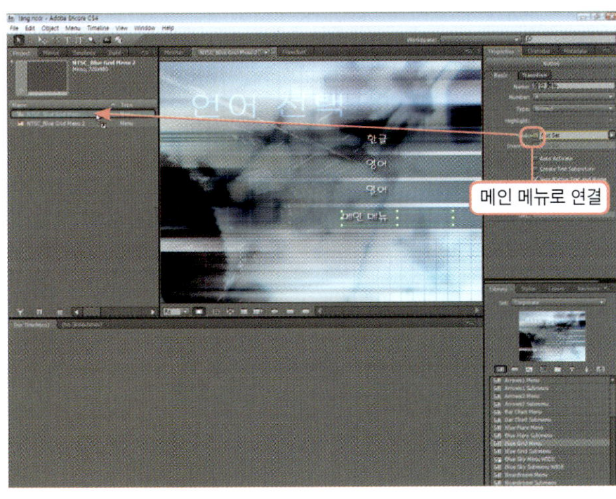

02 메인 메뉴로 이름을 변경한 버튼을 선택하고, Properties의 Link 아이콘을 프로젝트 패널의 메인 메뉴로 연결합니다. 메인 메뉴 버튼을 선택했을 때, 메인 메뉴로 이동하게 연결하는 것입니다.

03 프로젝트 패널에서 메인 메뉴를 더블 클릭하여 열고, 언어 선택 버튼을 선택합니다. 그리고 Properties 패널의 Link 아이콘을 드래그하여 앞에서 만들었던 언어 선택 메뉴로 연결합니다.

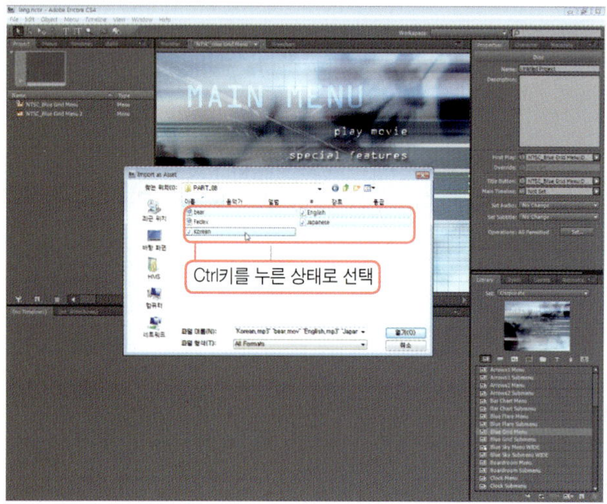

04 프로젝트 패널의 빈 공간을 더블 클릭하여 임포트 창을 열고, Ctrl 키를 누른 상태에서 bear 영상 파일과 English, Japanese, Korean 음성 파일을 선택합니다. 그리고 열기 버튼을 클릭하여 선택한 4개의 파일을 한 번에 불러옵니다.

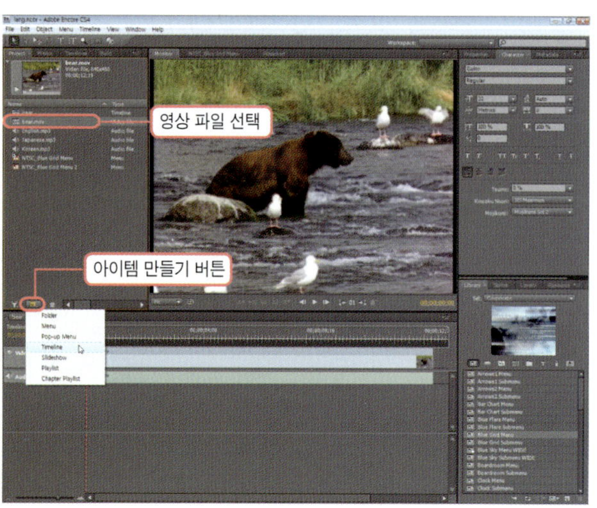

05 Bear.mov 영상 파일을 선택하고, 아이템 만들기 버튼을 클릭하여 메뉴를 엽니다. 그리고 Timeline을 선택하여 타임라인을 만듭니다.

 가·정·교·사

타임라인을 만들고, 영상을 가져다 놓는 것 보다는 영상을 선택하여 자동으로 임포트되게 하는 것이 편리합니다.

06 타임 라인 뷰 패널의 트랙 리스트에서 마우스 오른쪽 버튼을 클릭하여 단축 메뉴를 열고, Add Audio Track를 선택하여 오디오 트랙을 추가합니다. 언어별로 3개의 오디오를 추가할 것이므로, 같은 동작을 반복하여 3개의 오디오 트랙을 추가합니다.

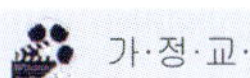

07 오디오 트랙의 언어 선택 메뉴를 클릭하여 목록을 열고, 각 트랙 별로 언어를 선택합니다. 실습에서는 Audio 2 트랙을 Korean, Audio 3 트랙을 English, Audio 4 트랙을 Japanese 로 선택하고 있습니다.

가·정·교·사

Audio 1 트랙의 영상 사운드에 한국어가 녹음되어 있는 경우라면, 한글 트랙은 생략합니다.

08 프로젝트 패널에 임포트한 Korean.mp3 파일은 Audio 2 트랙에, English.mp3 파일은 Audio 3 트랙에, Japanese.mp3 파일은 Audio 4 트랙에 각각 가져다 놓습니다. 즉, 각각의 언어는 앙코르에서 작업하는 것이 아니라 음성이 녹음되어 있는 사운드를 미리 준비해야 하는 것입니다.

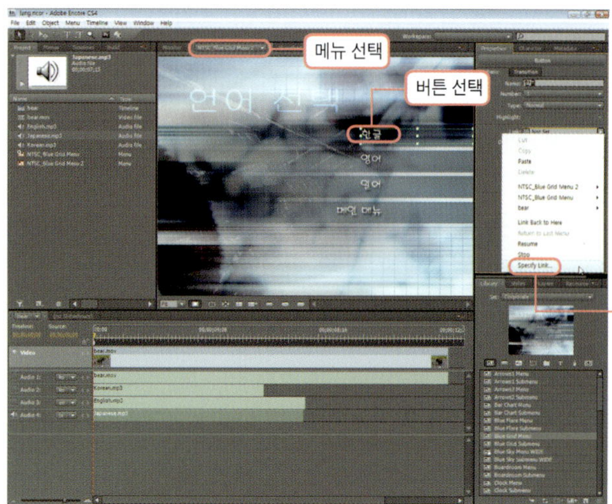

09 메뉴 뷰의 목록에서 언어 선택 메뉴로 만들었던 것을 선택하고, 한글 버튼을 선택합니다. 그리고 Properties 패널의 Basic 탭에서 Link 목록을 열어 Specify Link(링크 지정) 메뉴를 선택합니다.

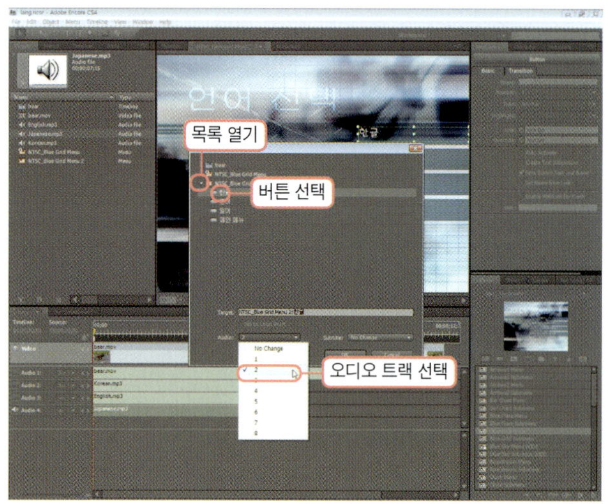

10 Specify Link 창이 열립니다. 상단에서 언어 선택 메뉴로 사용하고 있는 메뉴 이름의 작은 삼각형을 클릭하여 버튼 목록을 열고, 한글 버튼을 선택합니다. 그리고 Audio 트랙을 2번으로 선택합니다.

11 OK 버튼을 클릭하여 창을 닫고, 영어와 일어 버튼도 Link 메뉴의 Specify Link를 선택하여 창을 다시 열고, 각각의 언어 오디오 트랙을 선택합니다. 모두 같은 과정을 3번 반복하는 것이며, 한 번에 연결되지 않는다는 것에 주의하기 바랍니다.

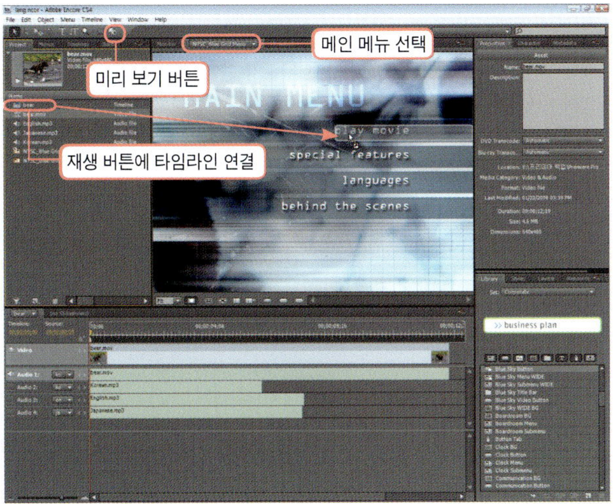

12 메인 메뉴의 Play Movie 버튼에 Bear 타임라인 소스를 드래그하여 연결하고, 도구 모음 줄의 미리 보기 버튼을 클릭하여 완성된 결과를 모니터 합니다.

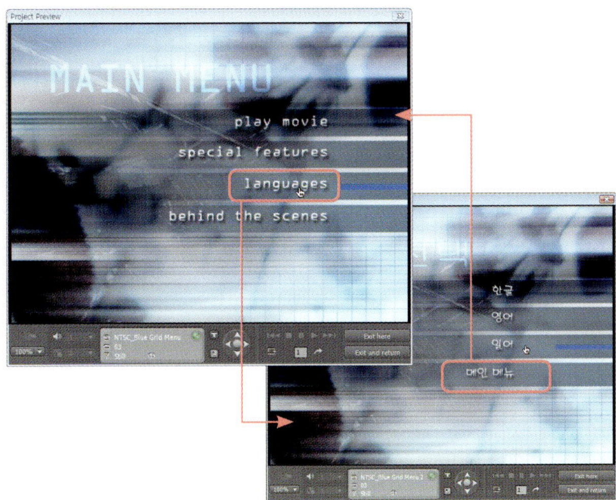

13 메인 메뉴가 열리면 Languages 버튼을 선택하여 언어 선택 메뉴로 이동하고, 언어 선택 메뉴에서 재생할 언어를 선택하고, 메인 메뉴로 돌아갑니다. 그리고 Play Movie 버튼을 선택하여 영상을 재생할 때, 선택한 언어로 재생되는지 확인합니다.

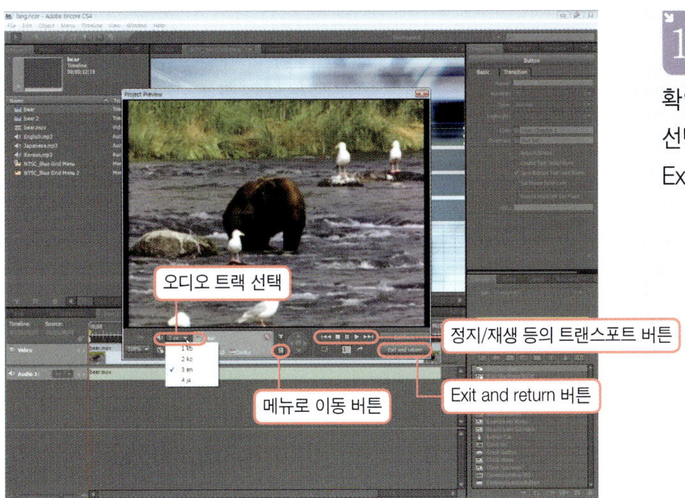

14 정지 버튼을 클릭하고, 메인 메뉴로 이동한 다음에 각각의 언어 선택 버튼을 이용해서 확인해도 좋고, 오디오 트랙 선택 메뉴에서 언어를 선택하여 확인해도 좋습니다. 모든 확인이 끝났다면, Exit and return 버튼을 클릭하여 창을 닫습니다.

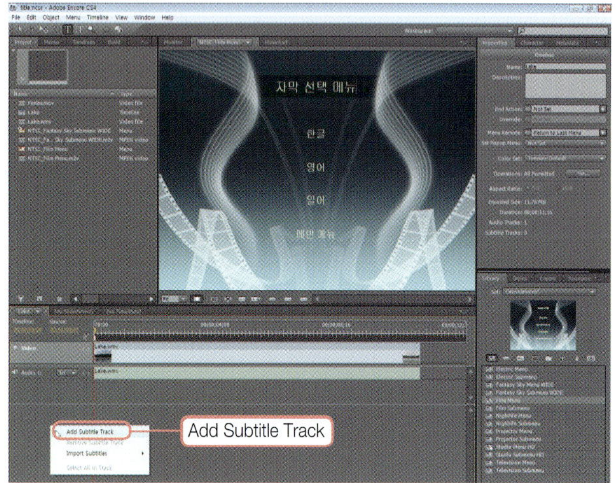

15 자막은 서브 트랙을 사용하다 는 것 외에 앞에서 살펴본 내용과 동일합니다. 메인 화면과 자막 선택 메뉴를 만들고, 타임 라인 뷰의 서브 트랙에서 마우스 오른쪽 버튼을 클릭하여 단축 메뉴를 엽니다. 그리고 Add Subtitle Track을 선택하여 서브 트랙을 필요한 만큼 추가합니다.

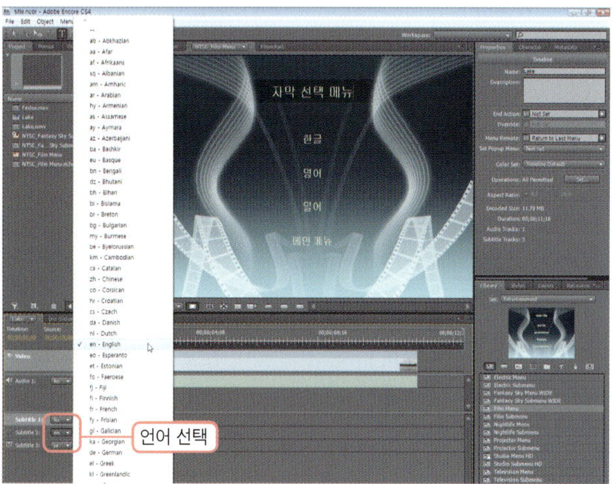

16 각 트랙의 메뉴를 열어 언어를 선택합니다. 참고로 서브 트랙은 오디오 트랙 아래쪽에 위치한 공간을 말하며, 회색 선으로 구분되어 있습니다. Add Subtitle Track 메뉴가 보이지 않는다면, 오디오 트랙에서 단축 메뉴를 열고있지 않은지 확인하기 바랍니다.

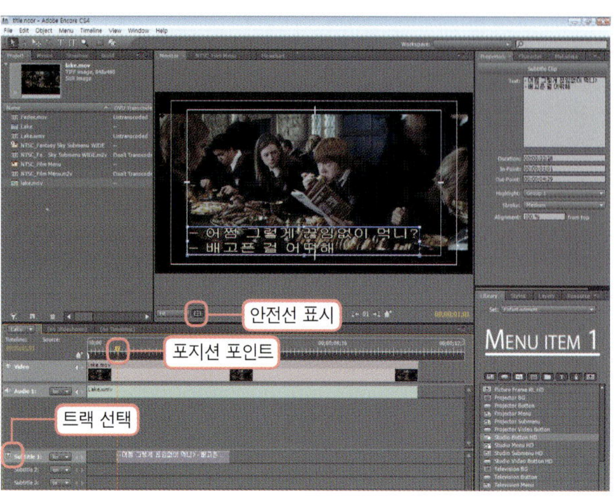

17 자막을 입력할 언어에 해당하는 서브 트랙을 선택하고, 모니터 패널을 보면서 자막이 들어갈 위치를 찾습니다. 그리고 문자 툴을 이용하여 자막을 입력합니다. 이때 안전선 표시 버튼을 On으로 하여 자막 안전선이 벗어나지 않게 하는 것이 좋습니다.

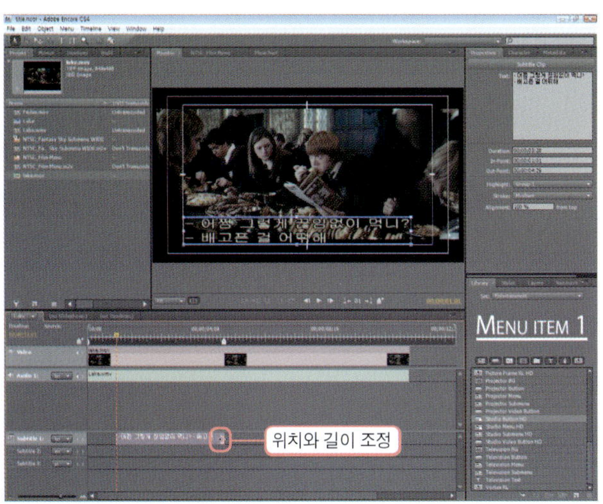

18 선택한 서브 트랙의 자막 클립은 마우스 드래그로 위치를 조정할 수 있고, 시작과 끝 위치를 드래그하여 길이를 조정할 수 있습니다. 배우가 대사를 하는 부분이라면, 타임과 길이를 정확히 맞추어야 할 것이며, 한 편의 영화라면 상당한 시간이 걸리는 작업입니다.

19 각각의 서브 트랙에 해당하는 언어의 자막을 입력합니다. 한글이나 영어도 마찬가지지만, 앙코르에서 입력하기 어려운 일어나 중국어 등의 언어는 독자가 사용하는 워드 프로그램에서 입력을 하고, Ctrl + C 키로 복사하여 앙코르 Text 항목에 Ctrl + V 키로 붙이는 것이 편리합니다.

워드에서 복사한 글자를 붙여 넣는다

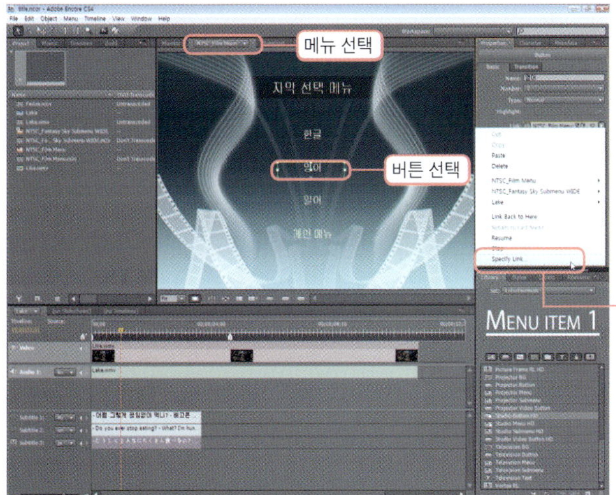

20 자막이 모두 완성되었다면, 자막 선택 메뉴에서 버튼을 선택하고, Properties 패널의 Link 항목에서 Specify Link을 선택하여 창을 엽니다. 앞의 언어 선택 실습과 동일한 과정입니다.

Link 목록의 Specify Link 선택

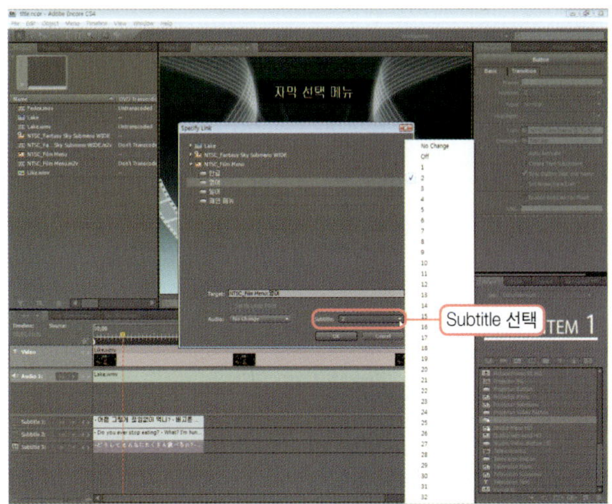

21 Specify Link 창에서 자막 선택 메뉴의 작은 삼각형을 클릭하여 목록을 열고, 버튼을 선택합니다. 그리고 Subtitle에서 해당 자막이 입력되어 있는 트랙을 선택합니다. 언어 선택 실습과의 차이점은 이것뿐이며, 같은 과정을 버튼마다 반복하면 됩니다.

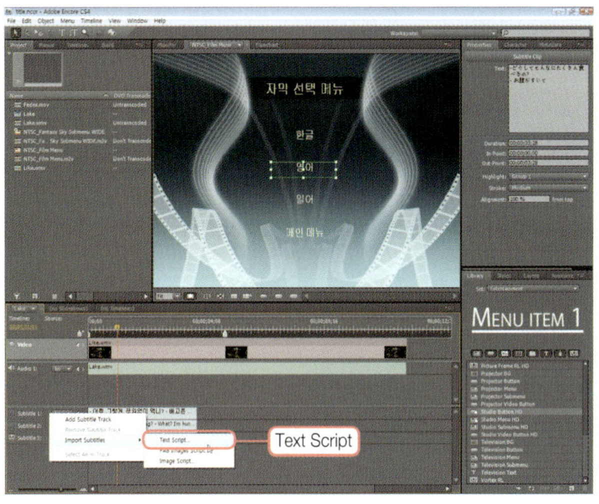

22 DVD 타이틀을 클라이언트에게 의뢰 받아 제작하는 경우라면, *.txt 포맷의 스크립트 파일을 제공받기 때문에 사용자가 일일이 자막을 입력할 필요는 없습니다. 서브 트랙에서 마우스 오른쪽 버튼을 클릭하여 단축 메뉴를 열고, import subtitles의 Text Script를 선택하여 창을 엽니다.

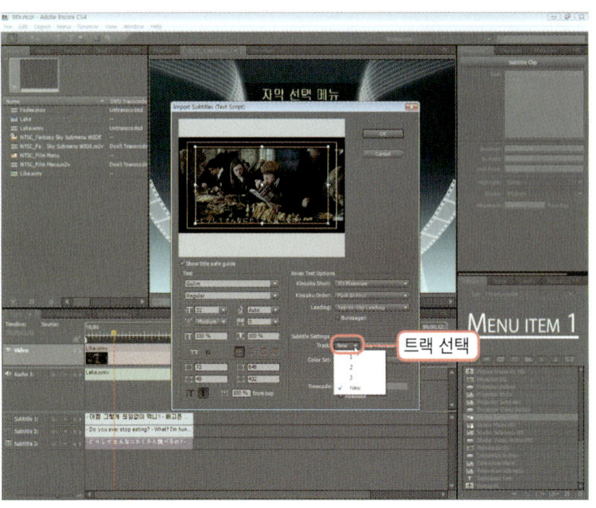

23 부록 CD의 PART_08 폴더에서 subtitles 텍스트 파일을 더블 클릭으로 불러오면, 폰트와 크기 등의 글자 속성을 설정하거나 기존 트랙에 임포트할 것인지, 새로운 트랙을 만들어 임포트 할 것인지 등을 설정할 수 있는 창이 열립니다. 창의 옵션은 문자 속성과 동일하기 때문에 추가 설명은 생략합니다.

슬라이드 쇼 만들기

앙코르는 스틸 사진과 영상, 오디오 등의 미디어를 차례로 감상할 수 있는 슬라이드 쇼 패널을 제공합니다.
슬라이드 쇼 각각의 장면은 자동으로 재생되게 하거나 리모콘으로 작동되게 할 수 있기 때문에 DVD 메뉴의
하나로 구성해도 좋고, 표 및 그래프, 자막 등의 기능을 추가하여 프레젠테이션 작업에 응용해도 좋습니다.
클라이언트를 설득해야 하는 PT 작업에는 전문 프로그램 보다 한 수 위의 결과를 얻을 수 있을 것입니다.

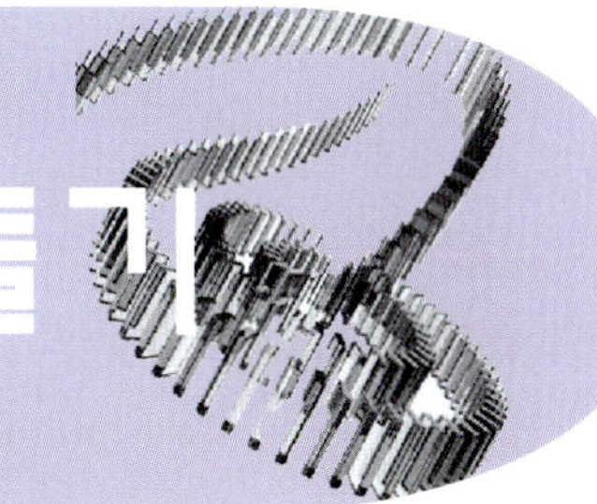

1 사진과 배경 음악 넣기

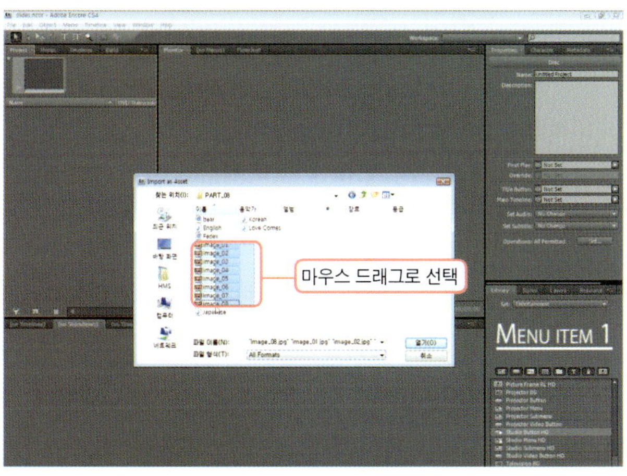

01 새로운 프로젝트를 만들고, 프로젝트 패널의 빈 공간을 더블 클릭하여 Import as Asset 창을 엽니다. 그리고 부록 CD의 PART_08 폴더에서 image 파일 8개를 마우스 드래그로 선택하고, 열기 버튼을 클릭하여 불러옵니다.

02 프로젝트 패널이 임포트한 8개의 사진을 마우스 드래그로 모두 선택한 다음에 아이템 만들기 버튼을 클릭하여 메뉴를 열고, Slideshow를 선택하여 슬라이드 쇼를 만듭니다. 슬라이드 쇼를 만든 다음에 사진을 가져다 놓아도 좋습니다.

03 사진의 순서는 마우스 드래그로 옮길 수 있습니다. 프로젝트 패널의 빈 공간을 더블 클릭하여 부록 CD의 Part_08 폴더에서 Love 음악 파일을 불러옵니다. 그리고 슬라이드 쇼 패널의 링크 버튼을 드래그하여 연결합니다. 재생 버튼을 클릭하여 확인해보면, 음악이 흐르면서 사진이 차례로 보이는 것을 확인할 수 있습니다.

2 슬라이드 속성 변경하기

01 사진을 선택하고, Properties(속성) 패널을 열어보면, 슬라이드의 속성을 변경할 수 있는 Basic(기본), Transition(전환), Effects(효과) 탭이 보입니다. 먼저 Basic 탭의 Name 항목은 슬라이드의 이름을 입력하는 항목이며, Description은 메모를 해두는 항목입니다. Create Subtitle(자막 만들기) 옵션을 체크하면, Name 또는 Description 내용을 화면에 표시할 것인지의 여부를 선택할 수 있는 Contains(포함) 옵션을 사용할 수 있습니다.

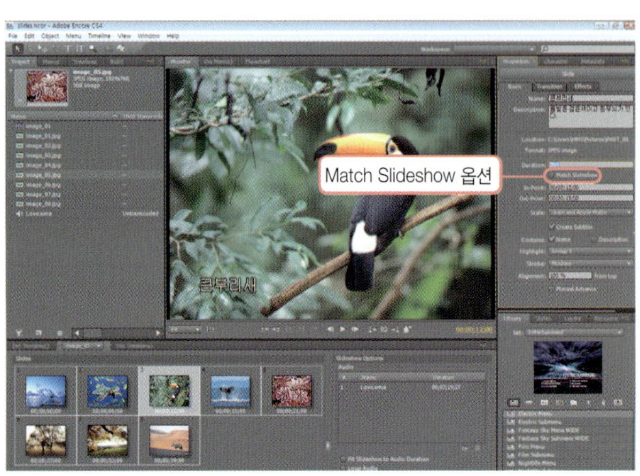

02 Location과 Format은 선택한 사진이 있는 위치와 포맷 정보를 표시하며, Duration (지속시간)은 사진이 보여지는 시간을 의미합니다. 단위는 시;분;초;프레임이며, Match Slideshow (슬라이드 쇼 일치) 옵션을 해제하면 사용자가 원하는 길이로 수정할 수 있습니다. 3초로 줄이고 싶다면, 300을 입력하면 됩니다.

03 In-Point(시작지점)와 Out-Point(종료지점)은 재생 시작 시간과 끝 시간을 표시하며, Scale 은 프로젝트 환경과 비율이 다른 그림인 경우에 비율을 맞출 것인지(Scale and Apply Matte), 그림이 잘리더라도 채울 것인지(Scale and Crop Edges), 그냥 둘 것인지(Do Nothing)을 선택합니다.

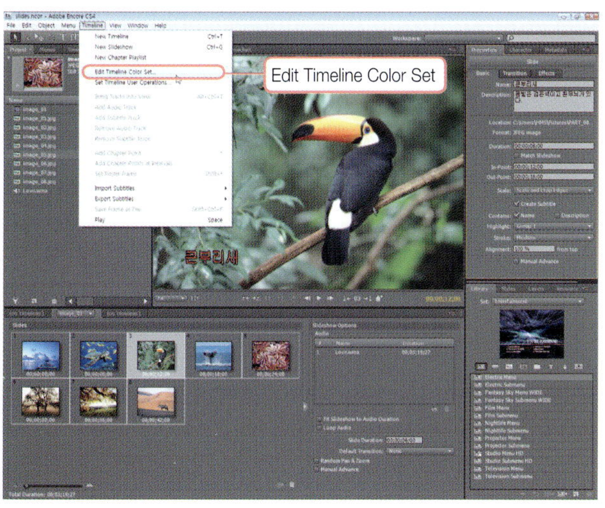

04 Highlight(밝은영역) 옵션은 서브 타이틀로 설정되어 있는 3가지 그룹의 색상 중에서 선택합니다. 기본적으로 선택되어 있는 서브 타이틀 그룹을 변경하고 싶다면, Timeline 메뉴의 Edit Timeline Color Set(타임라인 색상 세트)을 선택 합니다. 이것은 앞에서 살펴본 자막에서도 그대로 적용됩니다.

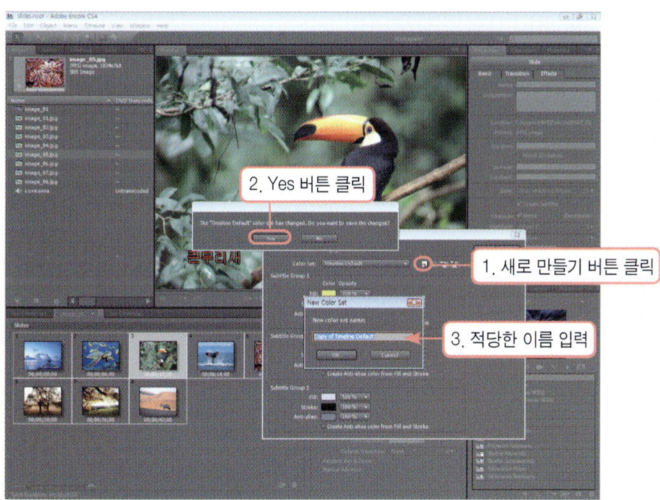

05 서브 타이틀 트랙에 만들어지는 글자의 색상을 설정할 수 있는 Timeline Color Set 창이 열립니다. 새로 만들기 버튼을 클릭하여 사용자 컬러 세트를 만듭니다.

06 Preview(미리보기) 옵션을 선택하여 변화 시키는 색상을 모니터 할 수 있게 하고, Subtitle Group 1에서 Group 3까지 사용자가 원하는 색상과 불투명도를 설정합니다. 슬라이드 속성의 Highlight가 여기서 설정된 Group 1~3까지를 선택하는 옵션입니다.

07 Stroke(획) 옵션은 글자의 외각을 어떻게 처리할 것인지를 선택하는 옵션이며, Alignment(맞춤)는 화면의 세로 폭인 100%로 기준으로 글자를 어떤 위치에 표시할 것인지를 설정합니다. 그리고 Manual Advance(수동진행)는 해당 사진이 보여질 때, 슬라이드를 수동으로 진행시킬 것인지의 여부를 선택합니다.

3 트랜지션 및 모션 적용하기

01 사진이 바뀔 때 트랜지션 효과를 적용할 수 있습니다. 개별적으로 트랜지션을 적용 하겠다면, 사진을 선택하고, Properties 패널의 Transition(전환) 탭에서 설정을 하고, 전체 사진에 공통으로 적용하겠다면 슬라이드 쇼 옵션에서 설정합니다.

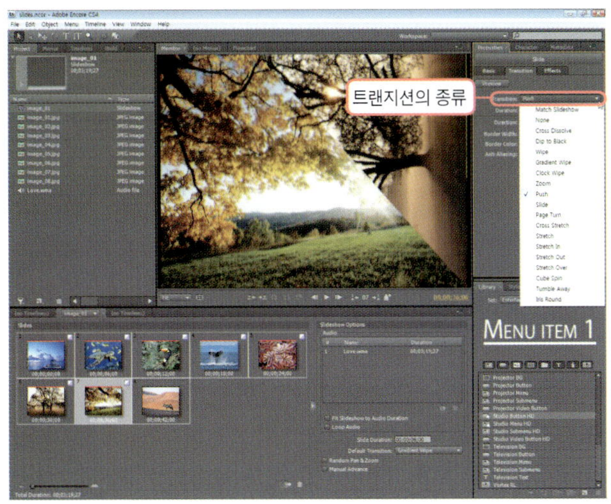

02 Transition 탭에는 트랜지션을 선택할 수 있는 메뉴와 길이를 조정할 수 있는 Duration 항목으로 구성되어 있으며, 트랜지션의 종류에 따라 방향이나 외각선의 굵기 등을 조정할 수 있는 옵션을 가지고 있는 것도 있습니다. 각각의 트랜지션은 프리미어와 동일하므로, 프리미어의 트랜지션 학습을 참조하기 바랍니다.

03 사진이 위에서 아래로 이동하면서 점점 커지거나 왼쪽에서 중앙으로 이동하면서 점점 작아지는 등의 팬과 줌 효과를 적용할 수 있습니다. Effects 탭의 Pan & Zoom 옵션을 체크하고, Pan에서는 이동 방향, Zoom에서는 확대/축소 효과를 선택하면 됩니다.

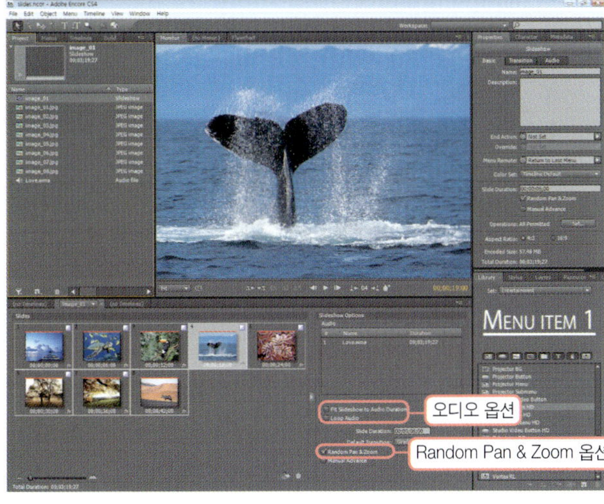

04 팬과 줌을 앙코르에게 자유롭게 맡기고 싶다면, 슬라이드 쇼 옵션의 Random Pan & Zoom(임의 팬 및 확대/축소) 옵션을 체크하면 됩니다. 그 밖에 슬라이드 쇼 옵션에는 사진을 사운드의 길이에 맞추는 Fit Slideshow to Audio Duration(오디오 지속 시간에 슬라이드 쇼 맞추기)과 사운드가 짧을 경우에 계속 반복시킬 것인지의 유무를 선택하는 Loop Audio(오디오반복) 옵션이 있습니다.

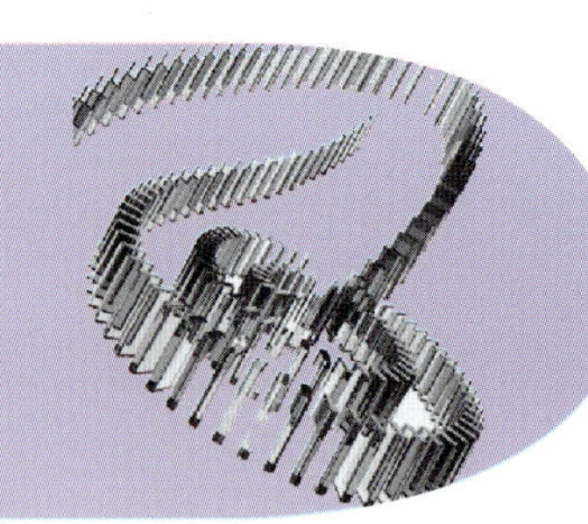

Chapter 09

애니메이션 메뉴 만들기

Adobe사의 프리미어 프로 CS4를 이용해서 영상을 편집하고, Adobe사의 Encore CS4를 이용해서 DVD를 제작하면, 별도의 랜더링 과정이 필요 없다는 장점을 얻을 수 있듯이 Adobe사의 모든 제품들은 상호 연동이 자유롭다는 장점을 가지고 있습니다. 물론, 각각의 프로그램을 공부해야 한다는 부담감은 있지만, 최소한의 지식만이라도 갖춰두면, 작업의 영역이 그 만큼 넓어진다는 장점이 있습니다. 그 몇 가지 예를 살펴보겠습니다.

1 에프터 이펙트를 이용한 작업

Adobe사의 After Effects CS4가 설치되어 있다면, Encore CS4와 연동하여 다양한 이펙트가 적용된 DVD 메뉴를 만들 수 있습니다. 에프터 이펙트에 관해서는 관련 서적을 참조하기 바라며, 여기서는 Encore에서 제공하는 기본 라이브러리 메뉴에 간단한 이펙트를 적용해보면서 에프터 이펙트와 Encore CS4와 연동 방법을 살펴보겠습니다.

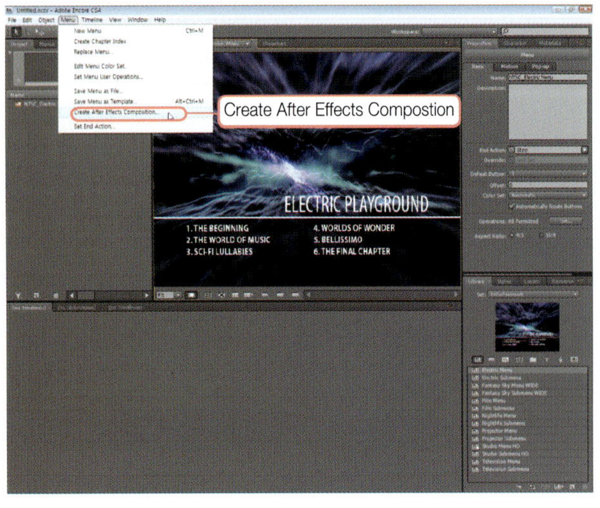

01 라이브러리 패널에서 적당한 메뉴를 더블 클릭으로 만듭니다. Encore CS4만으로는 해당 메뉴에 다양한 효과를 적용할 수 없습니다. Menu의 Create After Effects Composition을 선택하여 에프터 이펙트를 실행합니다. Save 창에서 적당한 이름으로 입력하여 메뉴를 저장합니다.

02 에프터 이펙트가 실행되고, 앞에서 저장한 Encore 메뉴가 프로젝트 패널에 임포트됩니다. 해당 메뉴를 더블 클릭하여 컴포지션 패널을 엽니다.

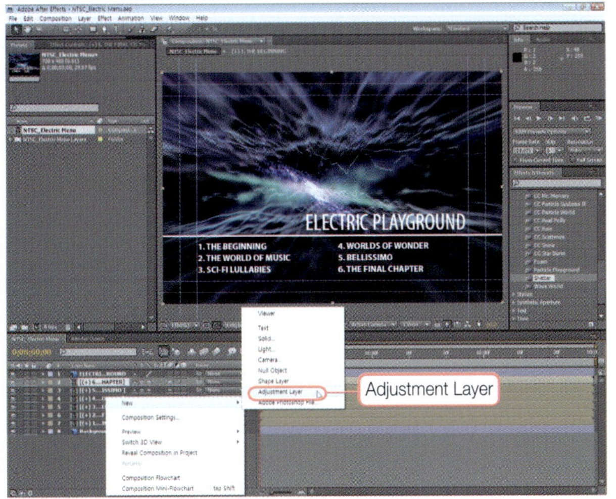

03 컴포지션 패널의 트랙 리스트에서 마우스 오른쪽 버튼을 클릭하여 단축 메뉴를 열고, New 메뉴의 Adjustment layer를 선택하여 레이어를 추가합니다.

 가·정·교·사

에프터 이펙트의 컴포지션 패널은 프리미어의 타임라인 패널과 같은 역할입니다.

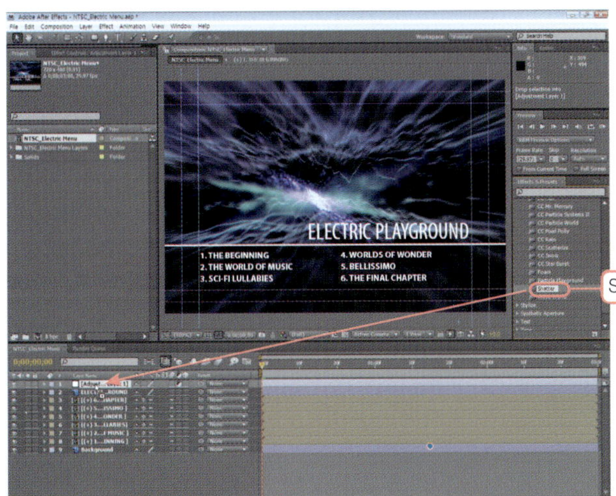

04 이펙트 패널에서 레이어에 적용할 이펙트를 찾습니다. 자세한 내용은 관련 서적을 참조하기 바라며, 실습에서는 Simulation 폴더의 Shatter를 이용하겠습니다. 이펙트를 찾아 추가한 레이어에 드래그하여 적용합니다.

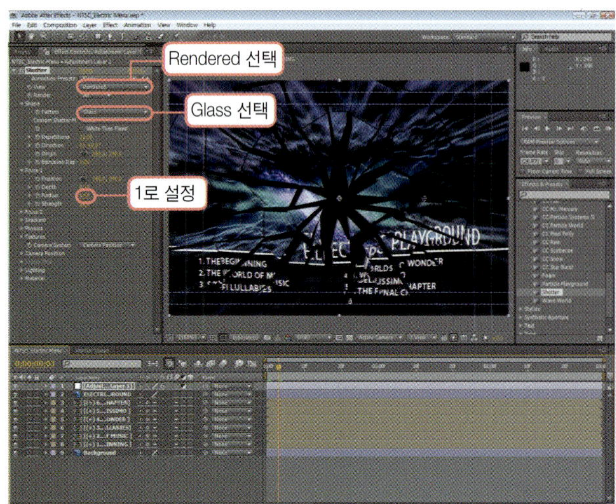

05 이펙트 컨트롤 패널에서 Animation Presets의 View 옵션을 Rendered로 선택하고, Shape의 Pattern 옵션은 Glass, Force 1의 Radius는 1 정도로 해서 유리가 깨지는 듯한 효과를 만들어 봅니다.

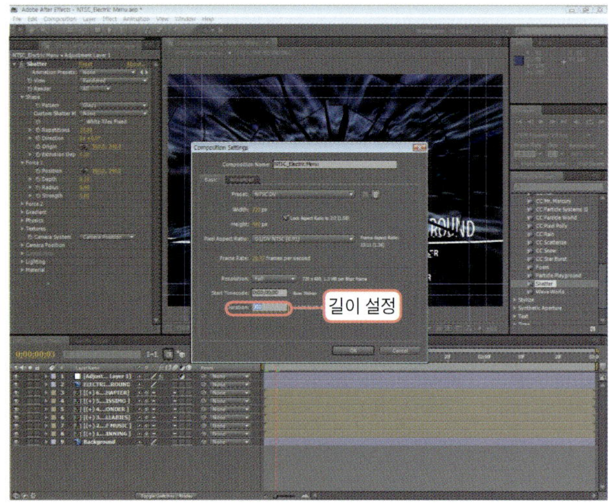

06 Composition 메뉴의 Composition Setting을 선택하거나 단축키 Ctrl + K 를 눌러 설정 창을 엽니다. 그리고 Duration 항목에 300을 입력하여 애니메이션 영상의 길이를 3초로 설정합니다.

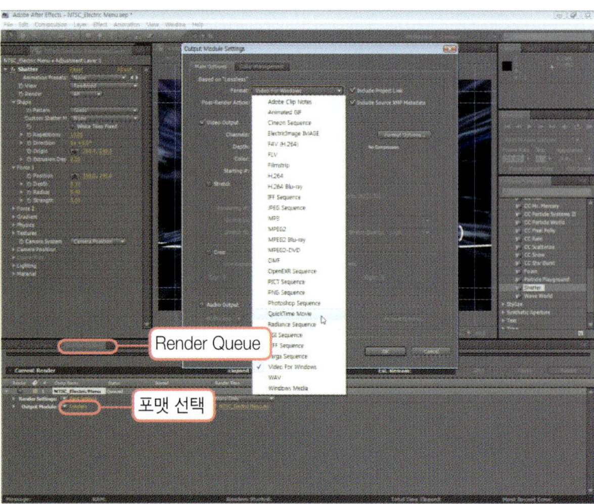

07 컴포지션 패널의 Render Queue 탭을 클릭하여 열고, Output Module의 Lossless 문자를 클릭하여 창을 엽니다. 그리고 저장할 파일의 포맷을 선택합니다.

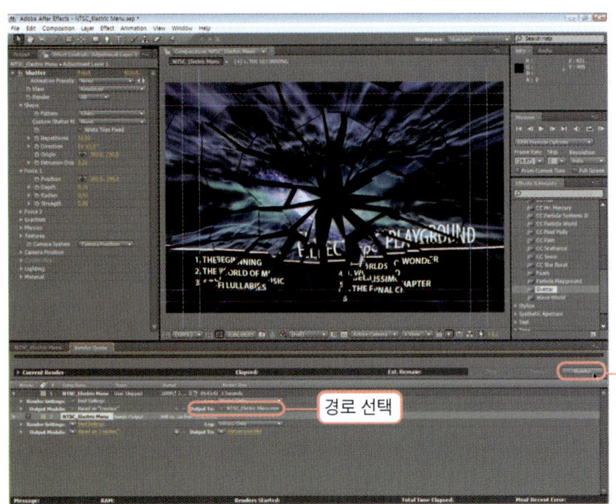

08 계속해서 Output to의 문자를 클릭하여 파일이 저장될 위치와 이름을 결정합니다. 그리고 Render 버튼을 클릭하여 애니메이션이 적용된 영상을 랜더링합니다.

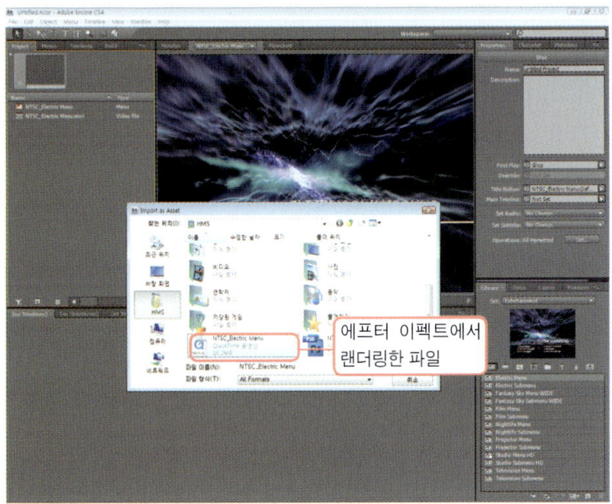

09 랜더링이 끝나면 Ctrl + Tab 키를 눌러 Encore 로 이동합니다. 그리고 프로젝트 패널의 빈 공간을 더블 클릭하여 에프터 이펙트에서 만들었던 영상 파일을 불러옵니다.

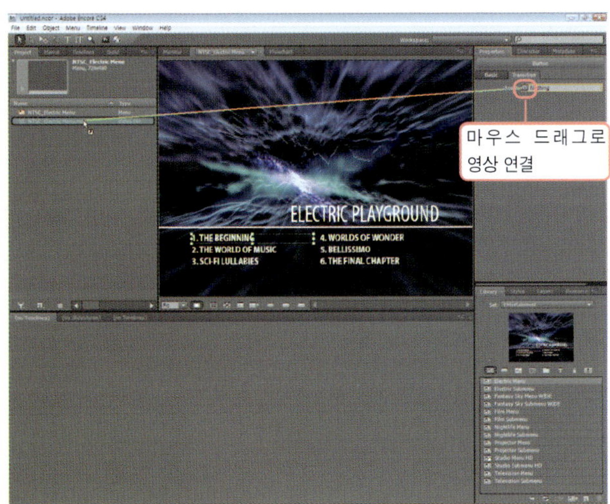

10 에프터 이펙트에서 만든 영상을 연결할 메뉴의 버튼을 선택하고, Properties 패널의 Transition 탭을 엽니다. 그리고 Assset 목록의 링크 버튼을 프로젝트 패널의 영상으로 드래그하여 연결합니다.

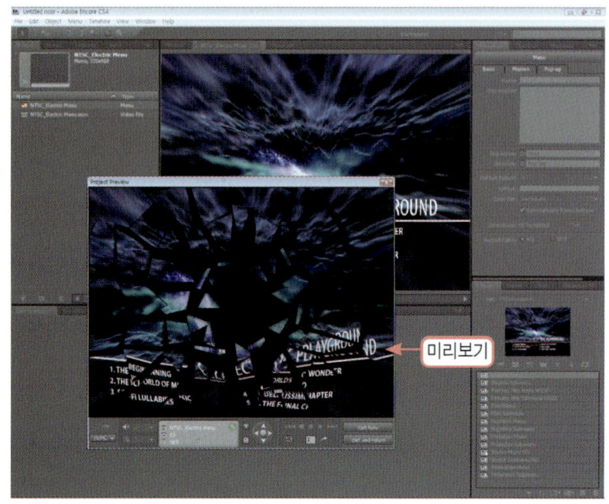

11 메뉴에서 마우스 오른쪽 버튼을 클릭하여 단축 메뉴를 열고, Preview here를 선택하여 미리 보기 창을 엽니다. 그리고 영상을 연결한 버튼을 클릭하여 에프터 이펙트에서 만든 애니메이션을 확인해봅니다. 같은 과정을 반복하여 각각의 버튼마다 화려한 애니메이션 효과를 만들 수 있습니다.

2 플래시 홈 메뉴 만들기

Encore CS4에서 작업한 메뉴를 플래시 파일로 제작하여 웹에 사용할 수 있습니다. 플래시 파일은 웹 애니메이션의 표준으로 자리를 잡고 있기 때문에 웹 브라우저와 플랫폼에 상관없이 완벽한 재생이 가능합니다. 플래시 및 HTML 파일 제작 방법을 살펴보겠습니다. 보다 화려한 플래시 파일이나 HTML 홈페이지를 제작하기 위해서는 Adobe Flash CS4와 Dreamweaver CS4 등의 학습이 필요합니다.

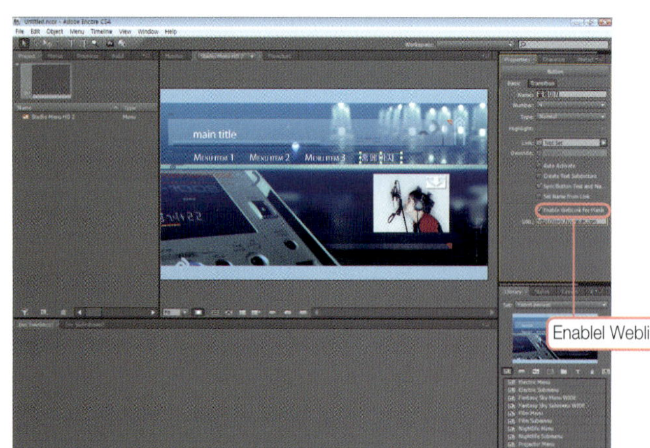

01 라이브러리에서 적당한 메뉴를 더블 클릭하여 열고, 웹 페이지 및 영상을 연결할 버튼을 선택합니다. 그리고 Properties 패널의 Enable Weblink for flash 옵션을 체크하고, 버튼을 클릭했을 때 연결될 홈페이지나 영상이 있는 웹 주소를 입력합니다.

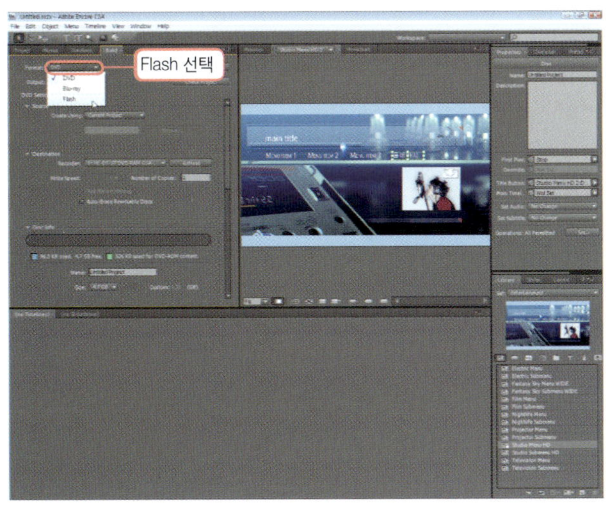

02 실습에서는 하나의 버튼에만 웹 주소를 입력하고 있지만, 필요하다면 사용자가 원하는 버튼마다 웹 주소나 영상을 연결합니다. 그리고 Build 탭을 클릭하여 패널을 열고, Format에서 Flash를 선택합니다.

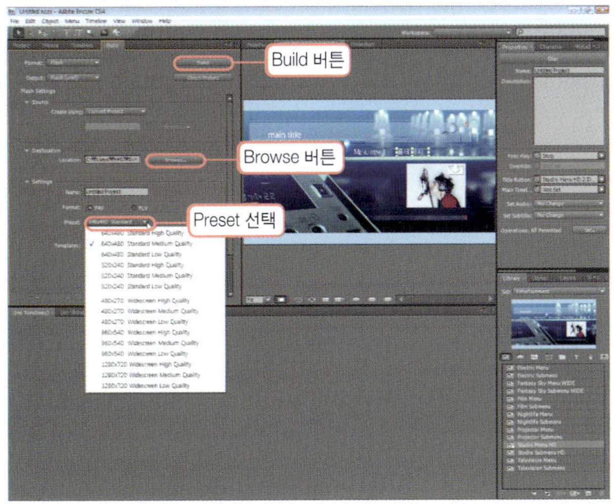

03 Location 항목의 Browse 버튼을 클릭하여 파일이 저장될 위치를 선택하고, Preset에서 필요한 크기를 선택합니다. 그리고 Build 버튼을 클릭하면 HTML, SWF, XML 등의 웹 작업에 필요한 소스 파일이 만들어집니다.

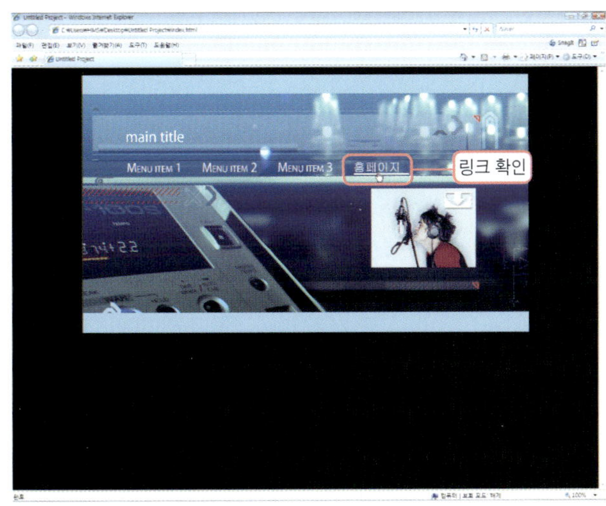

04 SWF을 작업 중인 웹 문서의 소스로 사용하거나 HTML 문서를 Adobe사의 드림위버로 불러와 좀더 화려하게 편집을 해도 좋습니다. 그림은 기본적으로 만들어진 Index.html 파일을 서버에 올려 웹 브라우저로 보고 있는 모습인데, 별다른 편집 없이 그럴싸한 홈페이지가 완성된 것을 확인할 수 있습니다. 각각의 버튼을 클릭하여 웹 페이지의 연결 상태로 확인을 합니다.

10

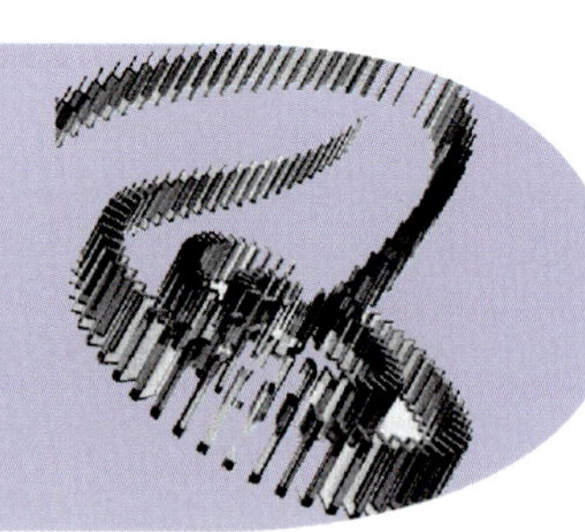

DVD 굽기

Adobe Encore CS4의 최종 목적은 DVD 및 Blu-ray 디스크를 굽는 일입니다. 방법은 Build 패널에서 Format을 DVD 또는 Blu-ray를 선택하고, Build 버튼을 클릭하기만 하면 되는 간단한 동작이지만, 사용자마다 차이가 있을 수 있으므로, 패널의 옵션을 중심으로 정리하겠습니다. 참고로 Bly-ray 디스크는 사용자 컴퓨터에 Blu-ray 디스크를 구울 수 있는 레코더가 장착되어 있어야 합니다.

1 사전 테스트

DVD 및 Blu-ray 디스크를 제작한 후에 문제점이 발견되면 DVD를 다시 굽는 방법 밖에 없으므로, 반드시 사전에 테스트를 충분히 하는 것이 좋습니다. 물론, DVD를 제작하기 전에 연결이 잘못되었거나 비트 전송률 문제가 있는 경우를 체크해볼 수 있는 기능과 전체 경로를 한 눈에 확인할 수 있는 플로우차트를 제공하지만, 사용자의 의도를 컴퓨터가 알 수는 없는 것이므로, 조목, 조목 확인을 하는 것이 좋습니다.

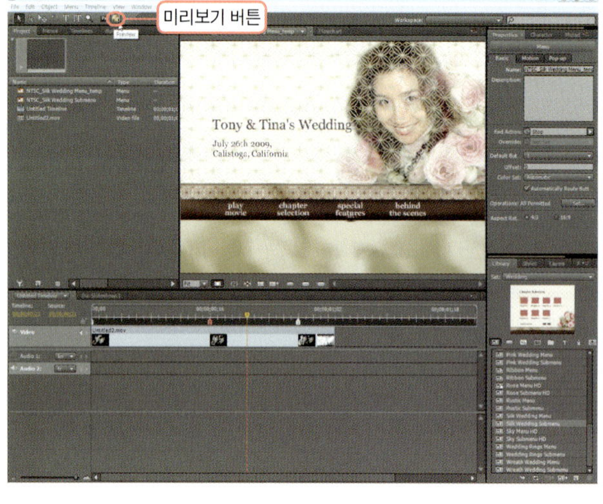

01 완성된 DVD를 미리 볼 때는 단축 메뉴의 Preview form here를 이용하지 말고, 반드시 도구 모음 줄의 미리 보기 버튼을 이용합니다. 이것은 DVD를 플레이어에 삽입했을 때, 처음 보이도록 설정된 메뉴 및 영상부터 확인할 수 있는 것입니다.

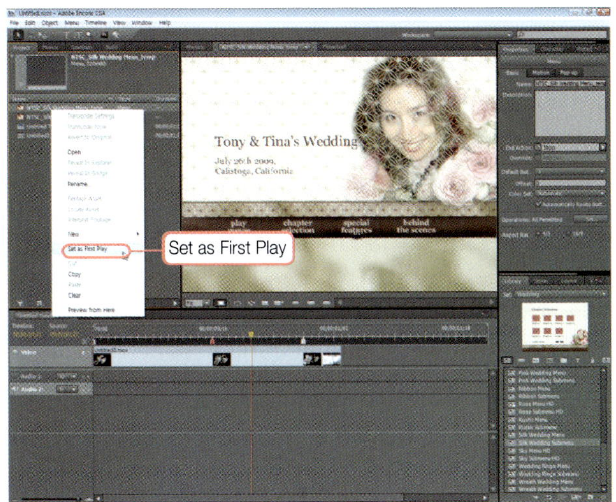

02 DVD를 플레이어에 삽입했을 때, 재생될 메뉴가 설정되어 있지 않다면, No first Play destination is set for this project 경고 창이 열립니다. DVD를 플레이어에 삽입할 때 보이는 첫 번째 메뉴는 마우스 오른쪽 버튼을 클릭하여 단축 메뉴를 열고, Set as first Play을 선택하여 설정하거나 변경할 수 있습니다.

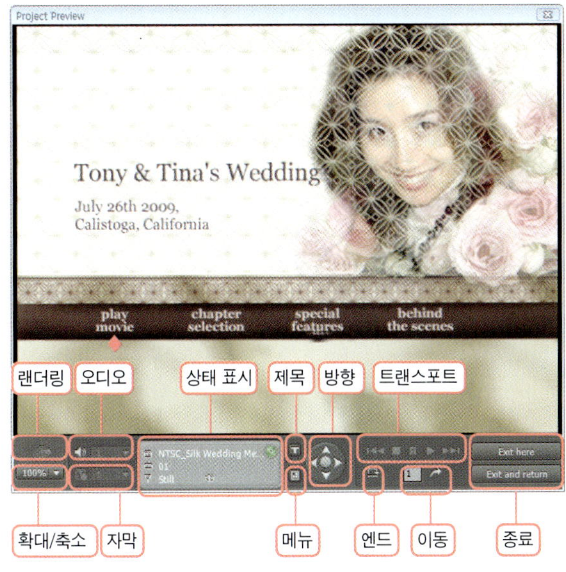

03 미리 보기 창의 컨트롤 항목은 트랙 선택, 상태 표시, 리모콘 버튼, 액션 및 실행 버튼, 쳅터 이동, 재생 컨트롤, 종료 버튼 등으로 구성되어 있습니다. 각 버튼의 역할은 다음과 같습니다.

❖ **랜더링 버튼:** 애니메이션이 적용된 메뉴를 미리 볼 수 있도록 랜더링합니다.

❖ **확대/축소 버튼:** 미리 보기 창의 크기를 선택합니다.

❖ **오디오 트랙:** 두 개 이상의 오디오 트랙을 사용하는 경우에 원하는 트랙을 선택합니다.

❖ **자막 트랙:** 두 개 이상의 자막 트랙을 사용하는 경우에 원하는 자막을 선택합니다.

❖ **상태 표시 창:** 메뉴의 이름 쳅터 번호, 동작 상태 등을 표시합니다.

❖ **제목 버튼:** 리모콘의 제목 버튼 동작을 테스트 합니다.

❖ **메뉴 버튼:** 리모콘의 메뉴 버튼 동작을 테스트 합니다.

❖ **방향 버튼:** 리모콘의 방향 및 선택 버튼 동작을 테스트 합니다.

❖ **트랜스포트:** 왼쪽에서부터 이전 쳅터, 정지, 일시 정지, 재생, 다음 쳅터로의 이동입니다.

❖ **엔드 버튼:** End Action에 설정된 동작을 실행합니다.

❖ **이동 버튼:** 사용자가 입력한 쳅터의 번호로 이동합니다.

❖ **종료 버튼:** 미리 보기 창을 닫고, 타임라인으로 되돌아가는 Exit here와 프로젝트로 돌아가는 Exit and return이 있습니다.

05 미리 보기는 IEEE 1394 포트에 연결되어 있는 디지털 캠코더 및 모니터 화면으로도 재생시킬 수 있습니다. Edit 메뉴의 Audio/Video Out을 선택하여 환경 설정 창을 엽니다.

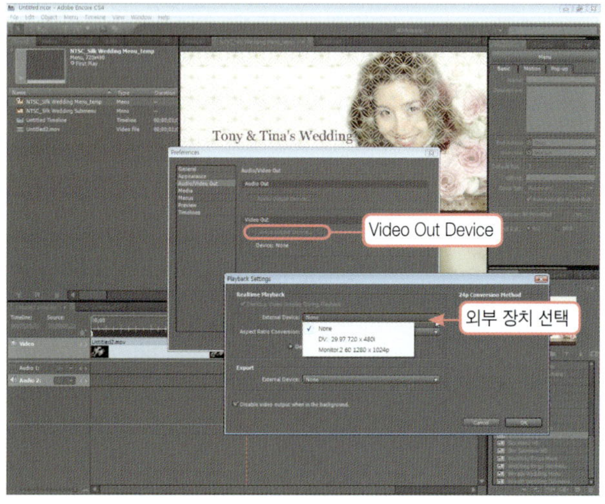

06 오디오와 비디오의 출력 장치를 선택할 수 있는 Output Device 버튼이 있습니다. Video Output Device 버튼을 클릭하면, 외부 모니터를 선택할 수 있는 Playback Settings 창이 열리며, External Device에서 DV를 비롯한 외부 장치를 선택합니다. 목록은 사용자 컴퓨터에 장착된 장치에 따라 그림과 다를 수 있습니다.

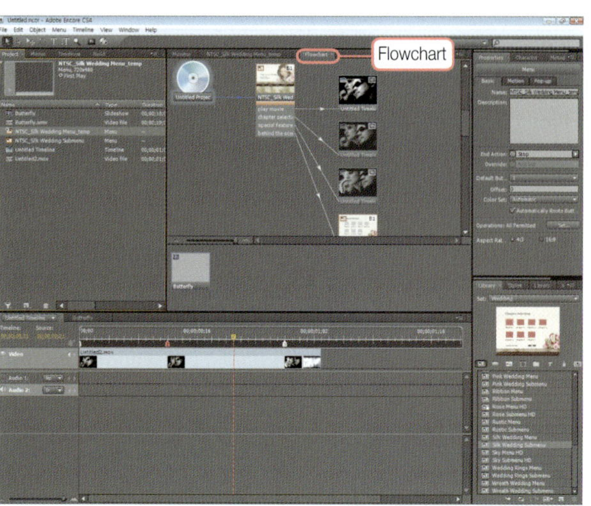

07 작업이 끝난 메뉴를 미리 보기로 확인하고, 실제적인 제작에 들어가기 전에 플로워챠트 패널에서 연결이 잘못 된 곳은 없는지, 빼먹은 소스는 없는지 등의 여부를 확인합니다. 플로어차트의 자세한 내용은 이미 살펴보았습니다.

메뉴와 버튼의 연결 상태 등을 체크하고, 실제적인 DVD 굽기는 Build 패널에서 합니다. 프리미어를 이용해서 영상을 편집하는 사용자라면, 프리미어에서 작업이 끝난 프로젝트를 Adobe Encore CS4로 전송하여 메뉴를 꾸미고, DVD 및 Blu-ray 디스크로 제작하는 Build 패널에서 마무리 되는 것입니다. 즉, 별도의 DVD 제작 툴이 필요 없으며, 오히려 다른 프로그램을 이용하려면, 프리미어에서 작업한 프로젝트를 미디어 포맷으로 랜더링 해야 하는 과정이 필요합니다. 결과적으로 프리미어 사용자가 DVD를 제작하기 위해서는 Encore CS4 외에 선택의 여지가 없습니다.

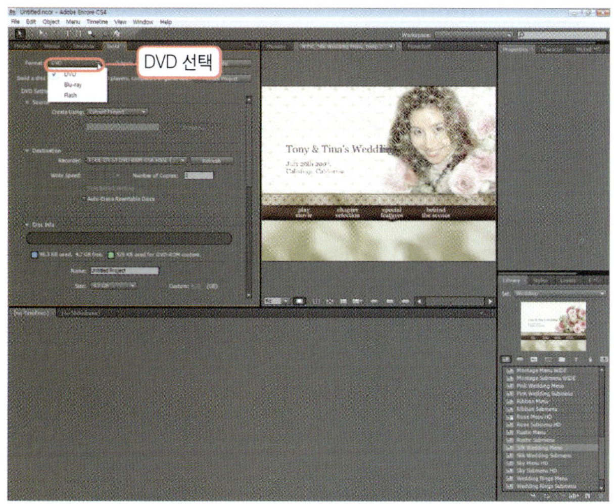

01 모든 작업이 끝나고 DVD를 굽기 위해서는 사용자 컴퓨터에 장착되어 있는 DVD 드라이브에 공 DVD를 넣고, Build 패널의 Format에서 DVD를 선택합니다. Blu-ray은 아직 대중적으로 사용되는 미디어가 아니므로, 자세한 내용은 생략하지만, DVD를 굽는 것과 비슷합니다.

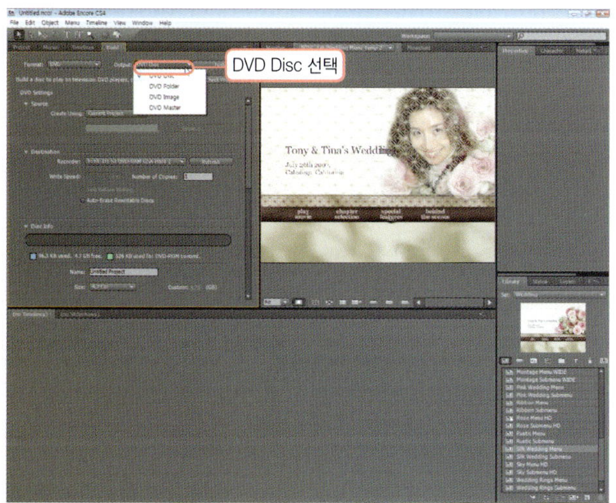

02 Output 옵션은 DVD를 디스크로 구울 것인지, 사용자 컴퓨터에 파일(DVD Folder)로 저장할 것인지 이미지(DVD Image)로 저장할 것인지의 여부를 선택합니다. DVD로 구울 경우에는 당연히 DVD Disc를 선택하며, 사용자 컴퓨터에 저장할 경우에는 DVD Image를 많이 사용합니다.

DVD Master

대량 생산을 위한 DVD Master는 사용자 컴퓨터에 장착되어 있는
드라이브가 지원을 해야만 사용할 수 있습니다. 단, 대량 생산이
필요한 경우에는 어차피 제작업체에 의뢰를 해야 하므로, 사용자가
신경 쓸 필요는 없는 부분입니다. 그냥 DVD Disc로 제작을 해서
업체에 가져다 주면, 마스터 DVD에서 동판, 디자인, 케이스까지의
모든 과정은 알아서 해줍니다. 요즘에는 저렴한 비용으로 소량
주문이 가능하기 때문에 영업사원이나 클럽 DJ들이 PR용으로도
많이 사용합니다.

DVD Image

DVD Image는 DVD를 실제 디스크가 아닌 사용자 컴퓨터에 가상의
디스크를 만들어 저장하는 방식입니다. 이렇게 저장된 파일은
가상의 디스크이므로, 사용자 컴퓨터에 가상의 드라이브 역할을
하는 프로그램에 설치되어 있어야 읽을 수 있습니다. 가장 많이
사용하는 툴로는 DEAMON이 있으며, 최대 4대의 드라이브 역할을
합니다. 프로그램은 disc-tools.com에서 무료로 다운받을 수
있습니다.

Deamon Tools을 다운 받아 설치하면, 시스템이 재 부팅되고, 작업
표시줄에 Deamon 아이콘이 생성됩니다. 아이콘을 클릭하면 장치
0: 번 이라는 메뉴가 열리며, 이것을 선택하여 이미지 파일을
불러오는 것입니다. Deamon 아이콘을 마우스 오른쪽 버튼으로
클릭하여 메뉴를 열고, 가상CD/DVD-Rom의 장치 수 설정 메뉴를
이용하여 최대 4대까지 장착할 수 있습니다.

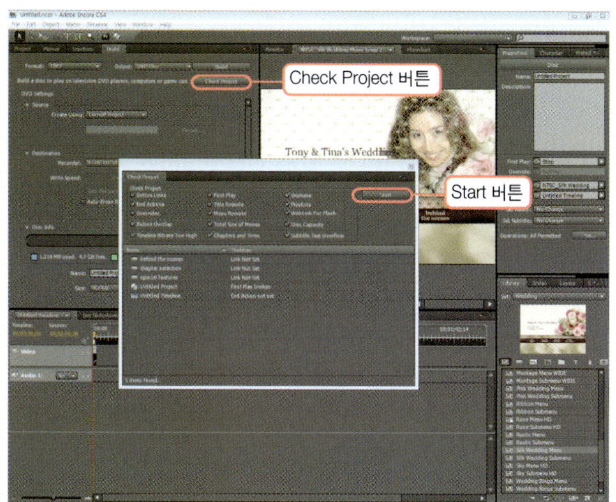

03 Check Project 버튼은 메뉴와 버튼이 연결되지 않았거나 First Play가 지정되지 않는 등의 문제점을 체크할 수 있는 창을 열어주며, 창에서 체크하고 싶은 옵션을 선택한 후에 Start 버튼을 클릭하여 문제점을 확인할 수 있습니다. DVD를 제작하기 전에 반드시 체크해보는 것이 좋습니다.

Check Project의 옵션

메뉴의 연결 상태나 누락된 소스를 체크하는 Check Project 옵션은 총 15가지를 제공하고 있으며, 사용자 편의에 따라 선택 가능합니다. 특별한 경우가 아니라면 모든 옵션이 체크되어 있는 상태로 점검을 하는 것이 좋습니다.

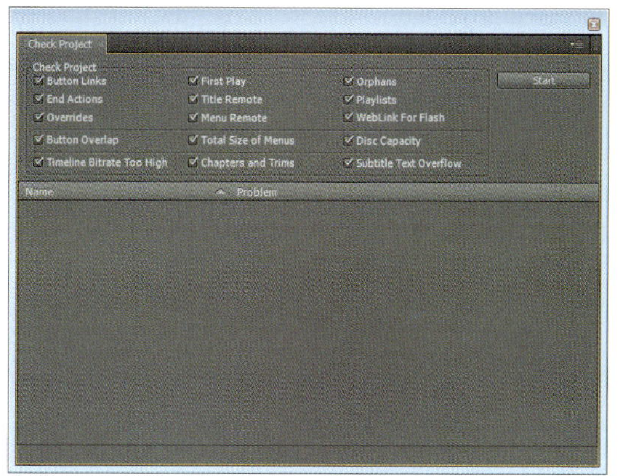

❖ Button Links(단추 링크) : 연결되지 않은 버튼을 검색합니다.

❖ First Play(첫 번째 재생) : DVD를 플레이어에 삽입했을 때 실행되는 첫 번째 메뉴가 있는지의 유무를 검색합니다.

❖ Orphans(끊어진 연결) : 프로젝트에서 사용되지 않는 메뉴나 타임라인을 검색합니다

❖ End Actions(종료 동작) : 잘못된 종료 동작이 있는지 검색합니다.

❖ Title Remote(리모콘 제목 단추) : 리모콘의 제목 버튼 속성이 올바르게 설정되어 있는지 검색합니다.

❖ Playlists(재생 목록) : 플레이 리스트의 목록을 검색합니다.

❖ Overrides(재설정) : 잘못된 재정의 링크가 있는지 검색합니다.

❖ Menu Remote(리모콘 메뉴 단축) : 리모콘의 메뉴 버튼 속성이 올바르게 설정되어 있는지 검색합니다.

❖ WebLink For Flash(플래시용 웹 링크) : 웹 링크가 포함된 버튼의 URL이 입력되어 있는지 검색합니다.

❖ Button Overlap(단추 겹침) : 겹쳐있는 버튼이 있는지의 유무를 검색합니다.

❖ Total Size of Menu(전체 메뉴 크기) : 연결되니 않은 버튼을 검색합니다.

❖ Disc Capacity(디스크 용량) : DVD 용량이 초과되지 않는지의 여부를 검색합니다.

❖ Timeline Bitrate Too High(타임라인 비트 전송률 너무 높음) : DVD의 제한 속도를 초과하는지의 여부를 검색합니다.

❖ Chapters and Trims(장 및 다듬어 자르기) : 타임라인의 마커 지점이 조정되었는지의 여부를 검색합니다.

❖ Subtitle Text Overflow(자막 텍스트 오버플로우) : 입력한 자막이 텍스트 상자에 걸려 잘리는지의 여부를 검색합니다.

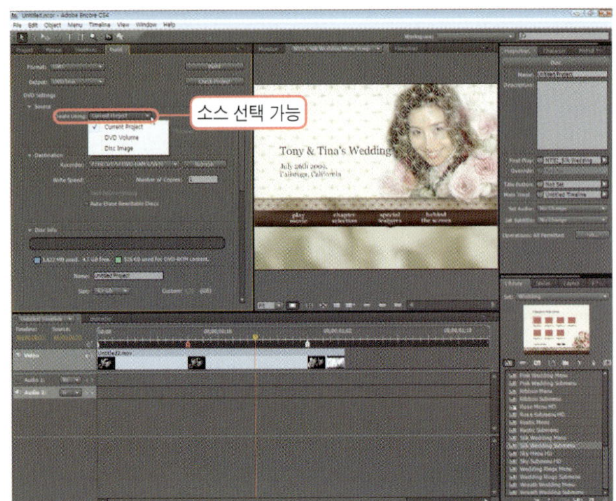

04 Source 항목은 DVD를 제작할 소스를 선택합니다. 기본적으로 작업 중인 프로젝트를 DVD로 제작하는 Current Project로 선택되어 있고, 폴더나 이미지로 제작했던 파일을 DVD로 제작할 필요가 있다면, 해당 메뉴를 선택하고, Browse 버튼을 클릭하여 파일을 불러옵니다. 즉, 일반적인 버닝 툴과 같이 외부 파일을 불러와서 DVD를 제작할 수 있다는 것입니다.

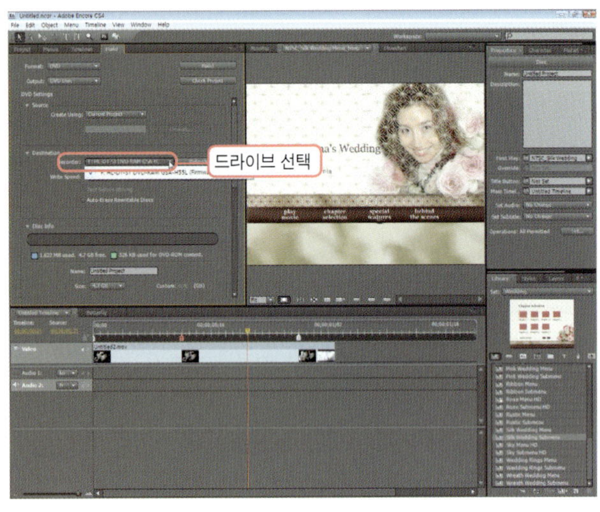

05 Destination 항목에는 드라이브를 선택하는 Recorder, 속도를 설정하는 Write Speed, 제작할 디스크의 수를 설정하는 Number of Copies 등의 옵션이 있습니다. 폴더나 이미지로 제작하는 경우에는 저장될 위치를 선택할 수 있는 Location 항목이 보입니다.

❖ Recorder(레코더): 공 DVD가 삽입되어 있는 드라이브를 선택합니다. 컴퓨터에 2 대 이상의 드라이브를 장착한 사용자의 경우에 해당합니다.

❖ Write Speed(쓰기 속도): DVD 굽는 속도를 설정합니다. Encore는 자동으로 사용자 컴퓨터에 장착되어 있는 드라이브의 최대 속도를 선택하지만, 플레이어에 상관없이 재생되도록 하려면, 낮은 속도를 선택하는 것이 안전합니다.

❖ Number of Copies(매수): 제작할 수를 입력합니다. 2 이상을 입력한 경우에는 하나가 완성 된 후에 새로운 공 DVD를 넣으라는 메시지 창이 열립니다.

❖ Test Befor Writing(쓰기 전 테스트): 드라이브 및 디스크에 이상이 없는지의 유무를 체크하도록 하는 것입니다. 옵션을 선택하면 보다 안전한 DVD 제작이 가능하지만, 그 만큼 시간이 걸린다는 단점이 있습니다. 늘 사용하던 디스크라면, 옵션을 체크하지 않아도 좋습니다.

❖ Auto-Erase Rewritable Discs(RW 디스크 자동 지우기): 데이터를 읽고 쓸수 있는 RW 디스크를 이용하는 경우에 자동으로 데이터를 지우도록 합니다. 단, RW는 지원되지 않는 플레이어가 많으므로, 사용하지 않는 것이 좋습니다.

❖ Location(위치): 폴더 및 이미지를 선택한 경우에는 Browse 버튼을 클릭하여 저장될 위치를 선택합니다.

06 Disc Info는 디스크의 이름과 크기 등, 디스크의 정보를 선택할 수 있는 옵션들로 구성되어 있습니다. 일반적으로 한 편의 영화를 DVD에 담기 위해서는 8.54G의 용량의 듀얼 레이어를 지원하는 디스크가 필요합니다.

❖ Name(이름): 디스크의 이름을 입력합니다.

❖ Size(크기): 디스크이 크기를 선택합니다. 일반적으로 싱글 레이어는 4.7GB이며, 듀얼레이어는 8.5GB의 용량을 담을 수 있지만, 특별한 경우에는 Custom을 선택하여 사용자가 원하는 용량을 입력할 수 있습니다.

❖ Side(면): 싱글 레이어(One) 또는 듀얼 레이어(Two) 중에서 드라이브에 삽입된 디스크의 타입을 선택합니다.

❖ Layer Break(레이어 나누기): 듀얼 레이어를 선택한 경우에 레이어가 나누기를 Automatic(자동)으로 설정 할 것인지 Manual(수동)으로 설정할 것인지의 여부를 선택합니다.

❖ DVD-ROM Contents(콘텐트): DVD에 관련 PEF 파일이나 응용 프로그램 등의 부가 콘텐트를 추가할 수 있으며, Browse 버튼을 클릭하여 불러옵니다. 단, 콘텐트가 포함된 콘텐트는 PC에서만 사용할 수 있습니다.

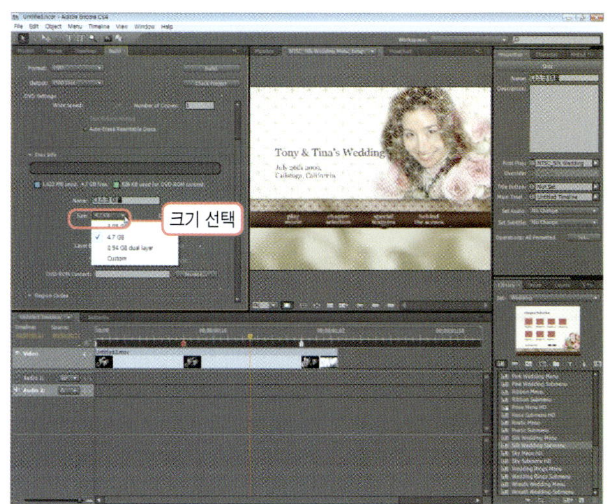

07 Region Codes은 DVD에 기록될 국가 코드를 선택합니다. 국가 코드를 All Regions이 아닌 Custom으로 선택하여 제한을 두면, 해당 국가에서 제작된 플레이어에서만 재생이 됩니다. 예를 들어 국가 코드 2번으로 제작된 일본 DVD는 국내에서 생산된 DVD 플레이어로 재생할 수 없다는 의미입니다.

코드	지역 및 국가
1	캐나다, 미국 및 미국령
2	일본, 유럽, 남아프리카 및 중동
3	동남 아시아, 동아시아 및 홍콩
4	오스트레일리아, 멕시코 및 중남미
5	러시아, 인도, 파키스탄, 아프리카 및 북한
6	중국
7	예약
8	국제 운송 수단(항공기, 유람선 등)

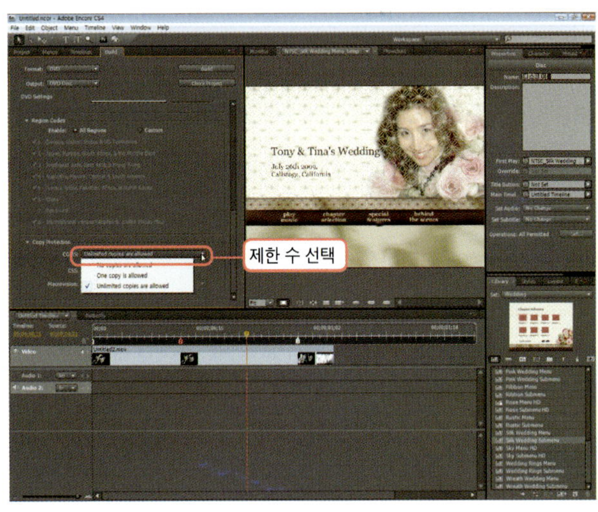

08 Build 패널의 마지막 옵션인 Copy Protection은 사용자가 만든 DVD를 복사할 수 없게 할 것인지의 유무를 선택할 수 있는 옵션입니다. 기본적으로 복사가 가능한 unlimited copies are allowed로 선택되어 있습니다.

❖ CGMS: 디스크의 복사 수를 제한합니다. 기본적으로 선택되어 있는 Unlimited copies are allowed는 복사가 가능한 디스크를 제작하는 옵션이며, No copies are allowed를 선택하여 복사할 수 없도록 하거나 On copy is allowed를 선택하여 한 번은 복사할 수 있도록 할 수 있습니다.

❖ CSS: 복사 방지 옵션을 선택한 경우에 비디오 데이터를 암호화한 다음 원본 디스크에서만 읽을 수 있는 키를 포함시킬 것인지의 유무를 선택합니다. On 옵션을 선택하면 디스크를 복사해도 데이터를 볼 수 없도록 하는 것입니다.

❖ Macrovision: 아날로그 비디오 장치를 이용해서 재생하지 못하도록 아날로그 복사 방지 기능을 사용합니다.

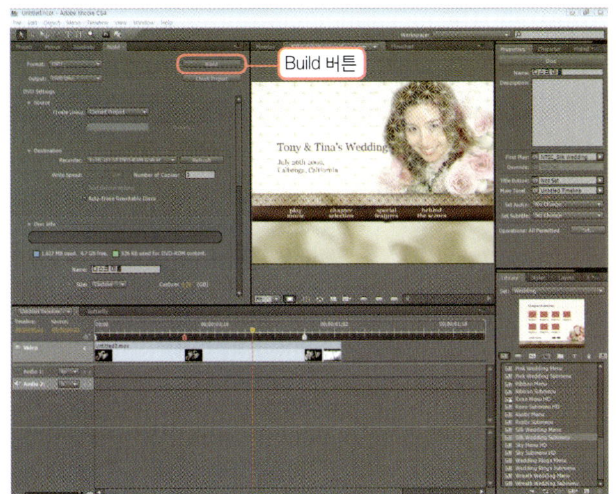

09 Build 패널의 모든 옵션을 살펴보았지만, 복사 방지 선택 여부 외에 변경할 내용은 없습니다. 그냥 드라이브에 공 디스크를 넣고, Format과 Output을 선택한 다음에 Build 버튼을 클릭하여 DVD를 굽기만 하면 됩니다. 물론, Check Project 버튼을 클릭하여 잘못 연결된 버튼이 없는지의 여부는 확인을 하는 것이 좋습니다.

> **Tip**
>
> ### CD 및 DVD Label Kit
>
> 완성한 DVD에 라벨까지 장식을 하고 싶다면, CD 및 DVD Label Kit을 이용합니다. 요즘에는 CD 및 DVD를 구울 때, 표면에 글자나 그림을 인쇄할 수 있는 라이트 스크라이브(LightScribe) 기능을 지원하는 드라이브가 일반화 되어 있고, CD 및 DVD에 직접 인쇄를 할 수 있는 프린터도 저가로 판매되고 있기 때문에 점점 사라지고 있는 추세이지만, 가장 저렴하고 실속 있게 라벨 작업을 할 수 있는 도구 입니다.

지금까지 프리미어 CS4에 추가된 Encore CS4의 모든 기능을 실습 위주로 살펴보았습니다. 많은 부분이 프리미어 학습 내용과 겹치기 때문에 더 이상의 설명은 무의미 합니다. 이처럼 Adobe사의 툴은 한가지만 완벽하게 익혀두면, 나머지를 쉽게 익힐 수 있으므로, 반복 학습을 당부합니다. 그리고 별책 부록으로 제공하는 「최이진의 Soundbooth CS4」 까지 마스터하게 되면 비디오 입력에서 출력까지의 모든 제작 과정을 혼자서 처리할 수 있는 능력을 갖추게 되는 것입니다.

모든이의 꿈이 이루어지길 바라며...

고맙습니다.

최원 | hyuneum.com

찾아보기

A

B

C

D

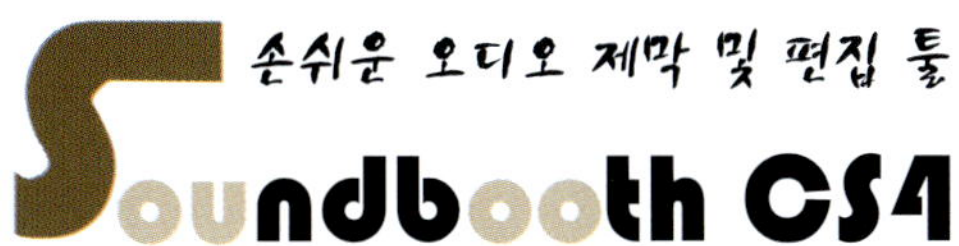

최이진 지음

노하우
도서출판

ADOBE CS4 MASTER COLLECTION

ADOBE SOUNDBOOTH CS4

초판 발행 2009년 3월 5일
재판 발행 2009년 7월 30일

지은이 최이진

펴낸곳 도서출판 노하우
기획 노하우
진행 노하우
표지디자인 황이순
본문편집 버츄디자인

주소 서울시 관악구 행운동 100-339
전화 02)888-0991
팩스 02)871-0995

등록번호 제320-2008-6호
홈페이지 hyuneum.com

ISBN 978-89-960714-6-4

값 29,000원

뛰어난 잡음 제거 기술, 전문 음악 프로그램에서나 구현 가능한 멀티 트랙 지원, 몇 번의 마우스 클릭으로 음악을 만들 수 있는 스코어 기능 등을 제공하고 있는 Adobe Soundbooth CS4를 2~3시간이면 마스터 할 수 있다!

Adobe Soundbooth CS4는 Adobe Creative Suite 4 Premium 및 Master Collection 사용자를 위한 디지털 사운드 편집 프로그램으로 출시되었습니다. 프리미어 프로 CS4를 이용하여 비디오를 편집하면서 오디오를 정밀하게 편집할 일이 있다면, 편집할 오디오 구간을 웨이브 파일로 익스포팅 한 다음에, 자신이 즐겨 사용하는 디지털 편집 프로그램으로 불러와서 편집을 합니다. 편집이 끝난 웨이브 파일은 저장을 하고, 또 다시 프리미어 프로 CS4에서 임포팅 한 다음에, 작업 중이던 오디오 구간에 오버레이 합니다. 단 1 초의 구간을 편집할 일이 있어도 이렇게 복잡한 과정을 거쳐야 하기 때문에 프리미어 프로 CS4와 타사의 디지털 사운드 편집 프로그램을 오가며 작업을 한다는 것은 사실 불가능하며, 대부분 비디오 작업과 오디오 작업을 따로 작업한 후에 믹스하는 방법을 이용합니다. 하지만, Adobe Soundbooth CS4를 이용한다면, 복잡한 과정을 모두 생략하고, 마치 프리미어 프로 CS4 내부 기능처럼 오디오를 편집할 수 있게 됩니다. 결국, 프리미어 프로 CS4를 이용해서 비디오를 제작하든, 플래시 CS4를 이용해서 애니메이션을 제작하든, Adobe사의 제품을 사용하면서 오디오를 편집할 일이 있다면, 무조건 Adobe Soundbooth CS4를 선택할 수 밖에 없습니다. 하지만, 그 기능이 형편없다면, 단지 편하다는 이유 하나만으로 Adobe Soundbooth CS4를 선택할 사람은 아무도 없을 것입니다.

Adobe Soundbooth CS4는 정말 사용하기 쉽게 구성되어 있지만, 사운드 편집 기능은 그 어떤 제품과 견주어도 손색이 없습니다. 오히려 월등히 앞서는 부분이 많기 때문에 Adobe사 제품을 사용하지 않는 경우에도 디지털 사운드 편집 작업은 Adobe Soundbooth CS4를 이용하게 될 것입니다. 특히, Adobe Soundbooth CS4는 사운드의 잡음 제거 능력이 뛰어납니다. 흔하게 접할 수 있는 험 잡음, 히스 잡음, 클릭 잡음 등은 스스로 검출하여 제거하는 기술을 갖추고 있으며, 제거되어서는 안 되는 원본 사운드와 섞여있는 잡음까지도 깨끗하게 제거할 수 있습니다. 흔히, 가정에서 헤드폰을 쓰고, 마이크 녹음을 하다 보면, 자신의 핸드폰 벨 소리. 초인종 소리. 창 밖의 자동차 경적 소리 등, 녹음할 때는 몰랐던 잡음이 섞여있는 경우가 있습니다. 이렇게 음성과 함께 녹음된 잡음을 제거하기 위해서는 엄청난 정성이 필요하며, 이제 막 공부를 시작하는 초보자는 제거할 엄두조차 나지 않습니다. 하지만, Adobe Soundbooth CS4를 이용하면, 마우스 드래그로 간단하게 제거할 수 있습니다.

디지털 사운드 편집 프로그램이라면 기본적으로 제공하고 있는 편집, 프로세스, 이펙트 등의 기본적인 기능과 탁월한 잡음 제거 기능 외에도 Adobe Soundbooth CS4는 전문 음악 프로그램에서나 구현 가능한 멀티 트랙 작업이 가능하며, 몇 번의 마우스 클릭으로 사용자가 원하는 장르의 음악을 만들 수 있는 스코어 등의 수 많은 기능들을 제공하고 있지만, 사용법이 쉽고, 간편하기 때문에 누구나 2~3시간이면 마스터 할 수 있을 것입니다.

끝으로 도서출판 노하우의 Adobe CS4 Master Collection 프로젝트에 참여하게 된 것에 진심으로 감사의 마음을 전하며, 독자 한 분, 한 분의 꿈이 이루어지길 기원합니다.

멈추지 마세요! 꿈은 이루어집니다.

최이진 l hyuneum.com

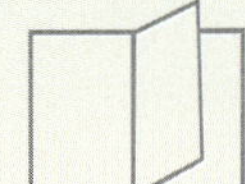

이 책의 구성

사운드부스는 사용법이 쉽고, 기능도 단순하여 2~3시간만 투자하면 누구나 쉽게 마스터 할 수 있는 프로그램입니다. 그러나 전문 프로그램보다 월등한 기능을 갖추고 있기 때문에 다른 프로그램을 사용하지 않게 될지도 모릅니다. 단순함에 놀라고, 결과에 또 놀라는 사운드부스를 실습위주로 익혀보겠습니다.

PART 1 기본 기능 익히기

디지털 사운드에 관한 기초 이론과 사운드부스를 실행하고, 파일을 불러와 편집을 하고, 저장하기까지의 작업 과정을 둘러봅니다. Adobe사 제품 설치방법은 모두 동일하기 때문에 설치에 관한 사항은 생략합니다.

PART 2 환경설정 기능 익히기

사운드부스의 작업 공간과 환경 설정 및 단축키를 사용자에게 익숙한 것으로 변경하는 방법을 살펴봅니다. 입문자는 기본환경을 그대로 사용해도 좋지만, 고급 사용자가 되기 위해서는 반드시 알아야할 내용입니다.

PART 3 편집 기능 익히기

사운드를 자르고, 붙이는 등의 기본적인 편집 방법을 살펴봅니다. 사운드를 편집하는 기법들은 매우 간단하지만, 실수를 줄이기 위해서는 각각의 편집 기능에 익숙해질 정도의 반복 실습이 필요합니다.

PART 4 프로세스 기능 익히기

영상 촬영을 할 때 녹음된 여러 배우의 목소리를 한 번에 일치시키거나 마스터 CD 담길 곡의 볼륨을 한 번에 일치시키는 등, 다른 툴에 비해서 사용법은 쉽고, 결과는 월등이 뛰어난 사운드부스의 프로세스 기능을 살펴봅니다.

PART 5 잡음 제거 기능 익히기

앞에서 잡음 제거 기능에 관한 몇 가지를 살펴보았지만, 이것은 타사의 프로그램에서도 충분히 가능한 기능입니다. 사운드부스에는 타사의 제품에서 구현하기 어려운 스펙트럼을 이용한 잡음 제거가 가능합니다. 프리미어와의 연동 방법 및 스펙트럼을 이용한 잡음 제거 기능을 살펴보겠습니다.

PART 6 이펙트 사용법 익히기

사운드부스는 기본적으로 11가지 이펙트와 고급 사용자를 위한 10가지 이펙트를 제공합니다. 두 가지 모두 사용 목적은 동일하지만, 기본 이펙트는 입문자도 간편하게 사용할 수 있다는 장점과 세밀한 조정이 어렵다는 단점이 있습니다. 각 이펙트의 사용법과 고급 이펙트의 옵션을 살펴보겠습니다.

PART 7 멀티 트랙 사용법 익히기

사운드부스는 음악 전문 프로그램에서나 가능한 멀티 트랙 작업이 가능하며, 다양한 샘플 소스를 배열하여 손쉽게 음악을 완성할 수 있는 스코어 기능을 제공합니다. 두 가지 모두 전문 프로그램에서나 제공되는 것이기 때문에 입문자에게는 다소 부담스러운 학습이 될 수 있지만, 익혀만 둔다면, 무한한 상상력이 첨가된 사운드 편집이 가능할 것입니다.

PART 8 마이크 녹음 및 파일 제작

프리미어를 이용하여 영상을 작업하더라도 자신의 목소리를 녹음할 때는 전문 프로그램을 이용하는 것이 좋으며, 프리미어와 연동이 가능이 사운드부스가 최선의 선택이 될 것입니다.

Chapter
실습할 내용을 소개합니다

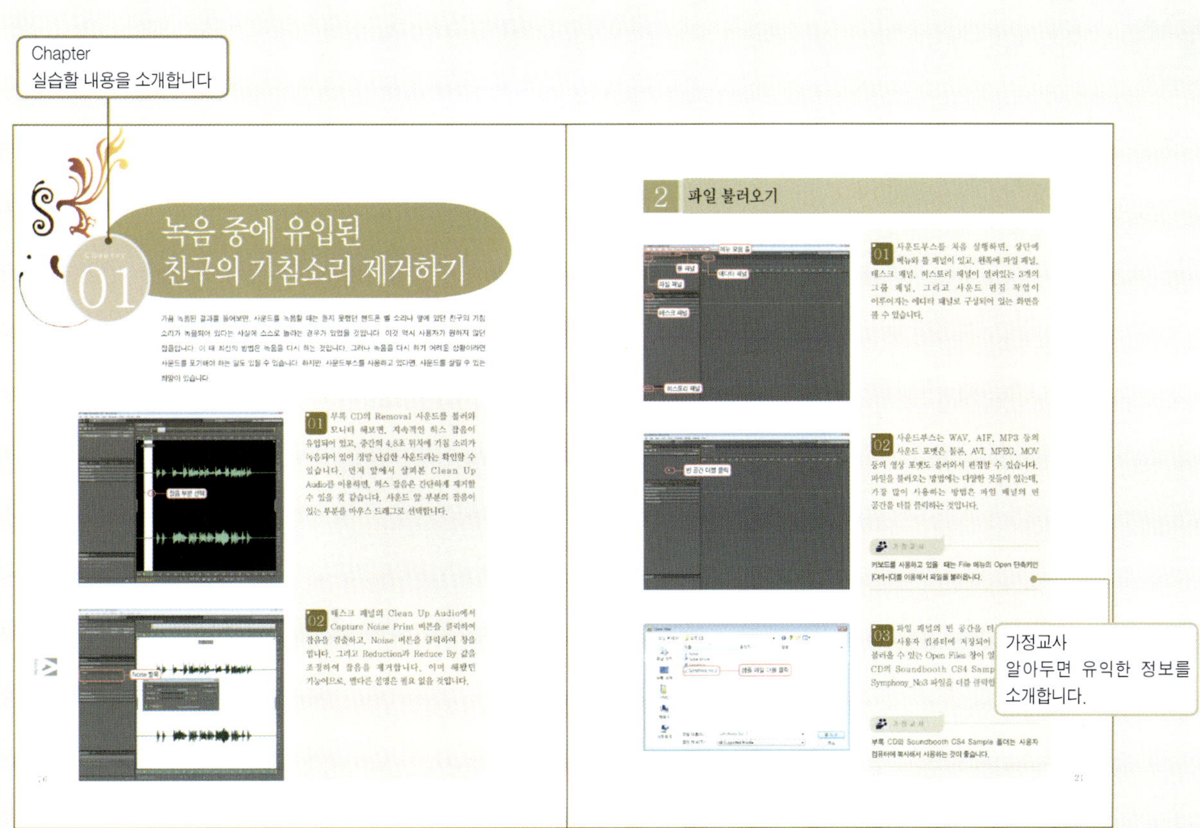

가정교사
알아두면 유익한 정보를
소개합니다.

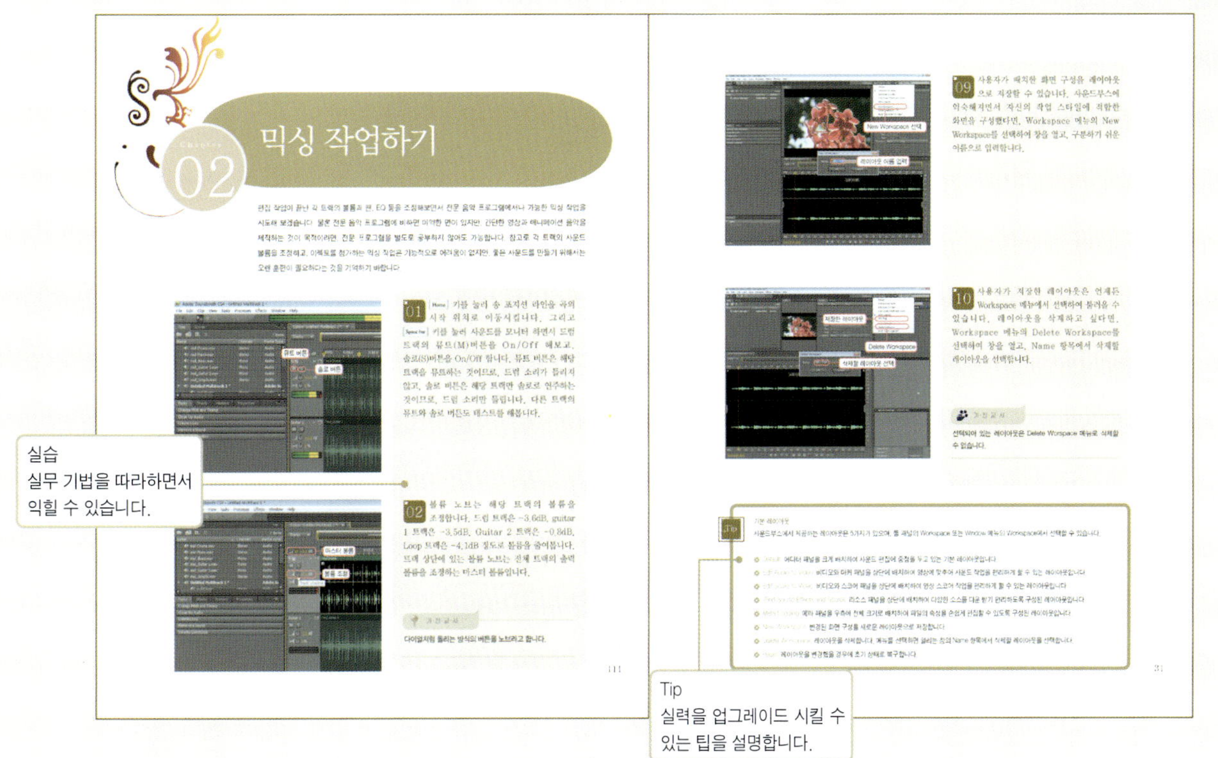

실습
실무 기법을 따라하면서
익힐 수 있습니다.

Tip
실력을 업그레이드 시킬 수
있는 팁을 설명합니다.

부록 CD 구성

1. 샘플 소스

사운드부스 학습을 위한 실습 파일을 제공합니다. 부록으로 제공하는 샘플은 사용자 컴퓨터에 복사해서 사용하는 것이 좋으므로, 부록 CD의 Soundbooth CS4 Sample 폴더를 바탕화면으로 드래그하여 복사합니다. 물론 사용자가 원하는 폴더로 복사해도 좋습니다.

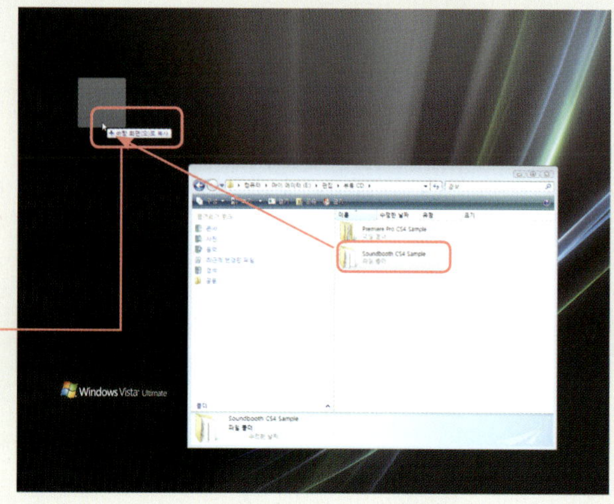

2. 시험 버전

부록 CD에는 사운드부스 시험 버전이 담겨 있지 않습니다. Adobe사는 30일 동안 사용해볼 수 있는 시험 버전을 자사 홈페이지에서 제공하고 있으므로, 필요한 사용자는 adobe.com/kr/downloads 페이지에서 Soundbooth CS4를 선택하여 다운 받기 바랍니다. Adobe사의 모든 제품은 설치 방법이 동일하므로, 다운 및 설치에 관한 내용은 프리미어 학습서를 참조하기 바랍니다.

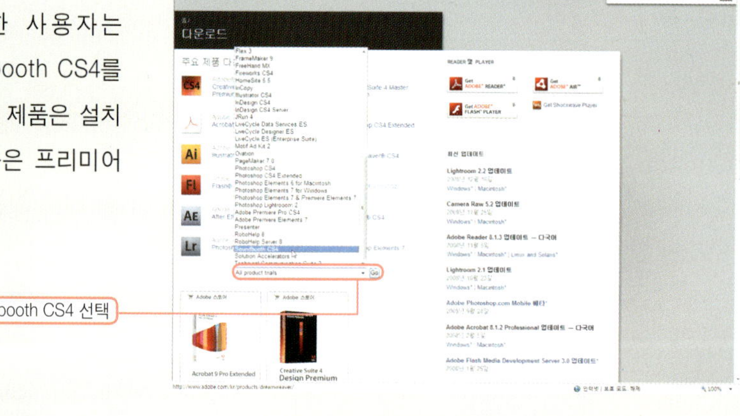

3. QuickTime Player

MAC의 기본 영상 파일인 MOV 파일을 윈도우에서 제작하거나 재생하기 위해서는 QuickTime Player가 설치되어 있어야 합니다. 이것은 MAC, iPOD, iPhone 하드웨어로 유명한 apple.com/kr에서 무료로 다운 받을 수 있습니다.

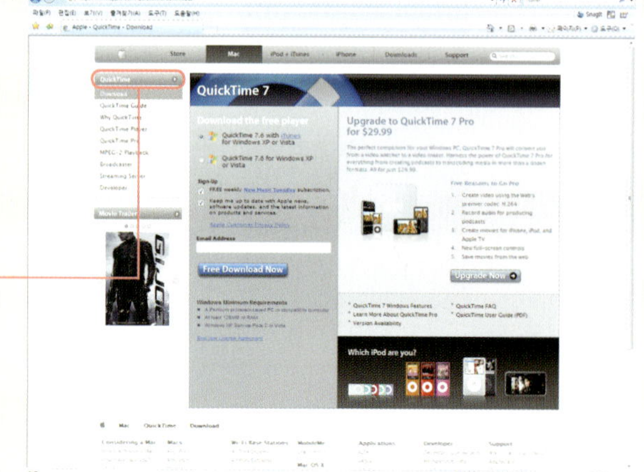

멈추지 마라! 꿈은 이루어진다!

Hyuneum.com에서는 항상 초보자 입장에서 집필을 하고 있는 국내 최고의 컴퓨터 뮤지션인 최이진의 동영상 강좌와 디지털 영상 편집의 새로운 노하우를 알려주는 작가 최원의 동영상 강좌를 시청할 수 있습니다.

▶ 최이진의 컴퓨터 음악 강좌

▶ 최원의 디지털 영상 강좌

▶ 최이진의 사운드 편집 강좌

Contents

PART 1   기본 기능 익히기

PART 2   환경 설정 기능 익히기

PART 3   편집 기능 익히기

PART 4   프로세스 기능 익히기

PART 7　멀티 트랙 사용하기

PART 8　마이크 녹음 및 파일 제작

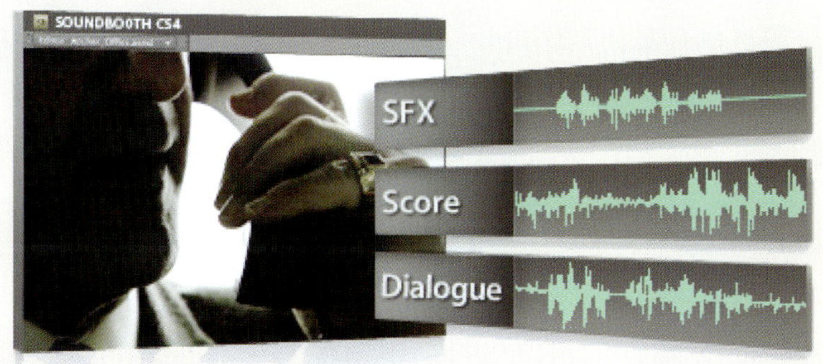

▶ 사운드부스 CS4 학습을 위한 샘플 파일은 프리미어 프로 CS4 샘플이 담겨있는 부록 CD의 Soundbooth CS4 Sample 폴더에 있습니다.

Soundbooth CS4

PART 01

기본 기능 익히기

디지털 사운드에 관한 기초 이론과 사운드부스를 실행하고, 파일을 불러와 편집을 하고

저장하기까지의 작업 과정을 둘러봅니다. Adobe사 제품 설치방법은 모두 동일하기

때문에 설치에 관한 사항은 생략합니다.

디지털 사운드 이해하기

사운드부스를 능숙하게 다루기 위해서 거창한 이론은 필요 없습니다. 그러나 최소한 디지털 사운드에서 자주 등장하는 샘플 레이트(Sample rate), 샘플 비트(Sample bit), 채널(Channels) 등과 같은 용어의 의미 정도는 알고 있어야 학습을 진행하는데 문제가 없습니다. 디지털 사운드 편집에 관심이 있는 사용자라면 이미 알고 있는 내용이겠지만, 용어 자체가 낯설게 느껴지는 입문자라면, 사운드부스를 학습하기 전에 기본적인 개념 정도는 알아둘 필요가 있습니다.

1 디지털 사운드 파형

디지털 사운드는 소리의 진동을 0과 1이라는 디지털 신호로 바꿔서 기록하거나 재생합니다. 디지털 사운드를 기록하거나 편집할 수 있는 사운드부스는 소리의 진동을 시뮬레이션 하듯이 파형의 형태로 모니터 화면에 표시하기 때문에, 사용자가 소리를 눈으로 보고, 자유롭게 편집할 수 있다는 장점을 가지고 있습니다. 파형은 베이스 라인을 기준으로 시간의 변화에 따라 진폭, 주파수, 위상 등을 판별할 수 있습니다.

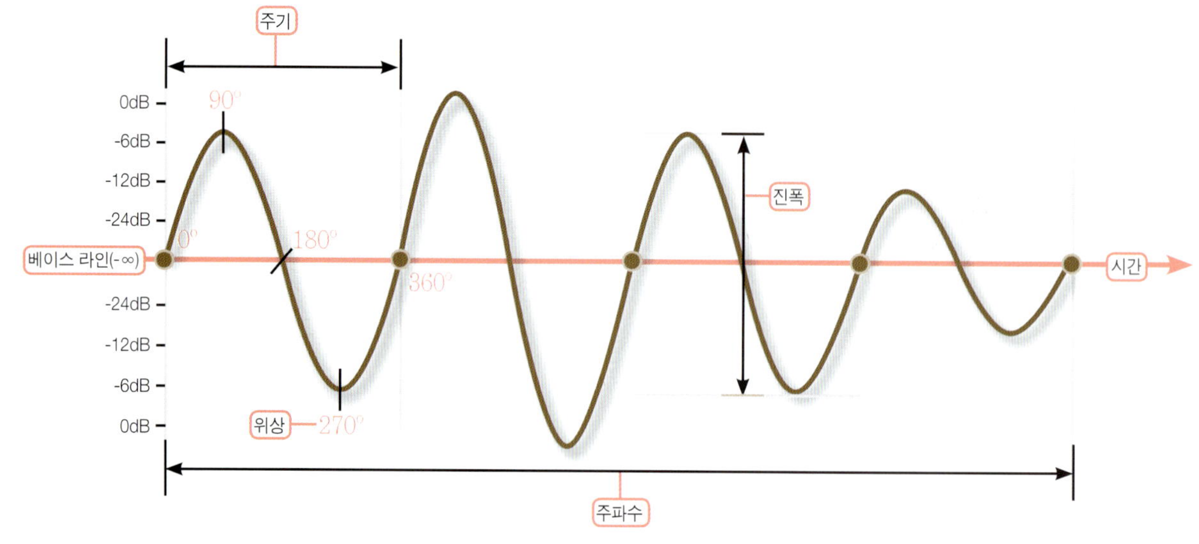

● 진폭

베이스 라인을 기준으로 파형의 위/아래 폭을 말하며, 사운드의 레벨을 의미합니다. 즉, 파형의 폭이 크면 레벨이 크다는 의미이며, 폭이 작으면 레벨이 작다는 것입니다. 참고로 디지털 사운드의 최대 레벨은 0dB이며, 그 이하의 레벨은 마이너스(−) 기호를 사용하고, 무음은 −∞로 표시합니다. 아날로그 장비에 익숙한 사용자들이 가장 많이 혼동하는 부분이므로, 착오 없길 바랍니다.

● 주기 및 주파수

베이스 라인을 0º로 보고, 최대 진폭인 90º로 올랐다가 한 바퀴인 360º를 돌아서 베이스 라인에 도착하는 사이클을 주기라고 하며, 1초 동안에 발생하는 주기의 수를 주파수라고 합니다. 주파수는 음정을 의미하며, 단위는 Hz(헤르츠)를 사용합니다. Piano 또는 Guitar의 음정을 조율할 때 사용하는 장치를 보면 A=440Hz라고 표시되어 있는데, 이것은 1초 동안에 440번 진동하는 소리가 A음에 해당된다는 의미입니다. 일반적으로 남성 보컬의 경우에는 80Hz~5,000Hz (5KHz) 범위이며, 여성 보컬은 150Hz~7,000(7KHz) 범위입니다.

● 스펙트럼

파형으로 표시되는 주기의 수로 주파수를 분별해 내는 일은 사실 불가능합니다. 물론, 귀로 듣고, 주파수를 분석해내는 특별한 사람들도 있지만, 일반적으로 전문적인 장비를 이용합니다. 주파수를 분석해서 눈으로 확인할 수 있게 해주는 장비를 스펙트럼 분석기라고 하는데, 사운드부스에서는 이러한 스펙트럼 패널을 제공하고 있습니다. 스펙트럼 패널은 세로 축이 주파수 범위를 표시하며, 어두운 파랑 색은 낮은 레벨, 밝은 노랑색은 높은 레벨을 의미합니다. 전문적인 편집 작업을 위해서는 스펙트럼에 익숙해져야 할 것입니다. 자세한 내용은 스펙트럼 학습 편에서 다루겠습니다.

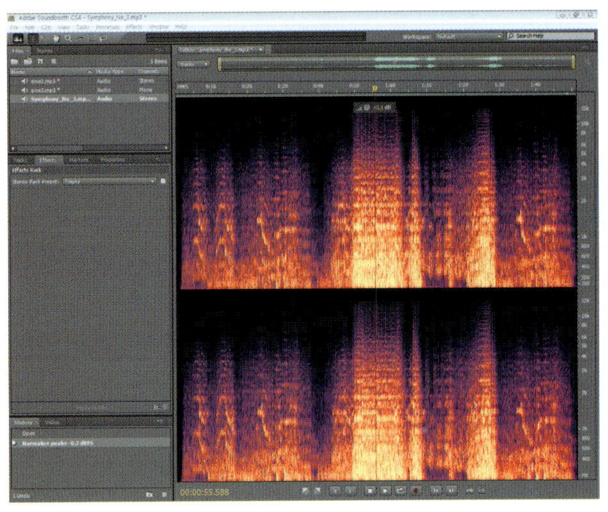

● 위상

위상은 파형의 각도를 의미하는 것으로 베이스 라인의 0º에서 시작하여 양의 최대 레벨(90º)로 증가하고, 180º로 감소했다가 음의 최대 레벨(270º)로 증가하고, 최종적으로 360º로 돌아오는 과정을 반복합니다. 음악을 만들고, 믹싱 작업을 해보았다면, 분명히 두 개의 사운드를 겹쳤는데도 오히려 소리가 작고, 답답해지는 경험이 있었을 것입니다. 이것은 주파수와 위상의 관계를 이해하지 못해서 생기는 것입니다. 사운드는 동일한 위상의 파형이 연주되면 레벨이 증폭되고, 반대 파형이 연주되면, 감소된다는 특징이 있습니다. 사운드를 명확하고, 조화롭게 만들기 위해서는 주파수와 위상의 관계를 분석할 수 있는 능력을 갖춰야 할 것입니다.

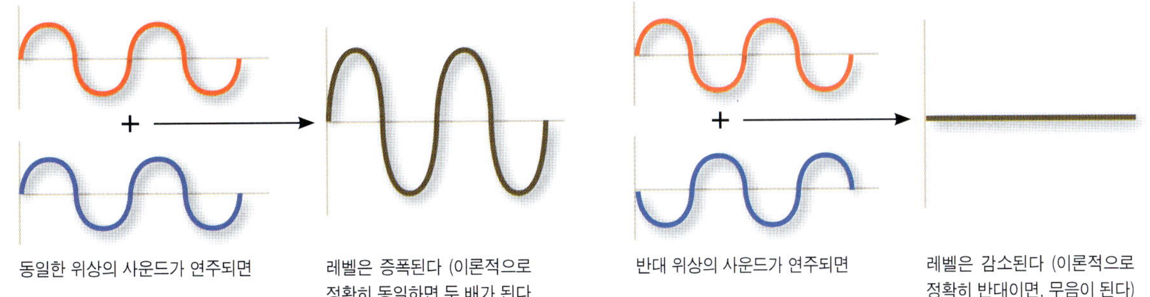

음향 엔지니어는 소리의 음정을 도, 레, 미… 의 음계보다 세분화시켜 표현할 수 있는 주파수를 사용하며, 단위는 Hz로 표시합니다. 인간이 들을 수 있는 주파수 범위는 사람마다 다르지만, 20Hz~20KHz 정도입니다. 이러한 주파수를 디지털 사운드로 기록할 때, 얼마만큼의 비율로 기록할 것인지를 나타내는 것이 샘플 레이트(Sample rate)입니다.

아날로그 사운드는 마이크를 통해서 컴퓨터의 사운드 카드로 입력되며, 사운드 카드는 아날로그 사운드를 컴퓨터가 인식할 수 있는 0과1이라는 디지털 신호로 바꾸는 작업을 합니다. 그리고 컴퓨터는 사운드 카드가 바꿔준 디지털 신호를 하드 디스크에 저장하는데, 이것이 아날로그 사운드가 디지털 사운드로 기록되는 과정입니다.

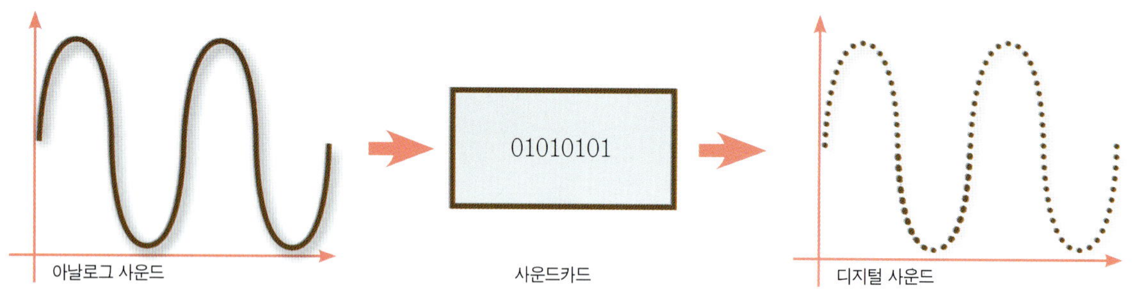

디지털 신호를 단순히 0과 1이라는 숫자의 On/Off로 해석하여 0이라는 숫자에서는 기록을 하지 않고, 1이라는 숫자에서만 기록한다고 보아도 좋습니다. 결국 앞의 그림에서와 같이 디지털 사운드는 주기적이지 못하고, 일정한 간격이 발생합니다. 하지만, 인간이 들을 수 있는 최대 주파수가 20KHz이므로, 그 두 배가 넘는 44.1KHz로 기록을 하면, 아날로그 사운드만큼이나 자연스럽다는 이론이 성립합니다. 그래서 CD의 표준 샘플 레이트가 44.1KHz로 규격화된 것입니다.

요즘에는 기술이 더 발전하여 48KHz나 96KHz를 기록할 수 있는 오디오 장비들이 일반화되고 있는 추세이며, 사운드 부스 CS4는 최대 96KHz의 샘플 레이트로 기록할 수 있습니다. 단, 아날로그 사운드를 디지털 신호로 바꿔주는 역할을 하는 것이 사운드 카드이므로, 사운드 카드가 그만한 성능을 갖추고 있어야 합니다.

그림은 국내에서 많이 사용하는 사운드 카드의 제작 회사를 방문해본 것인데, 최대 192KHz 로 재생(Output)할 수 있고, 96KHz로 기록(Input)할 수 있다는 광고 문구를 볼 수 있습니다.

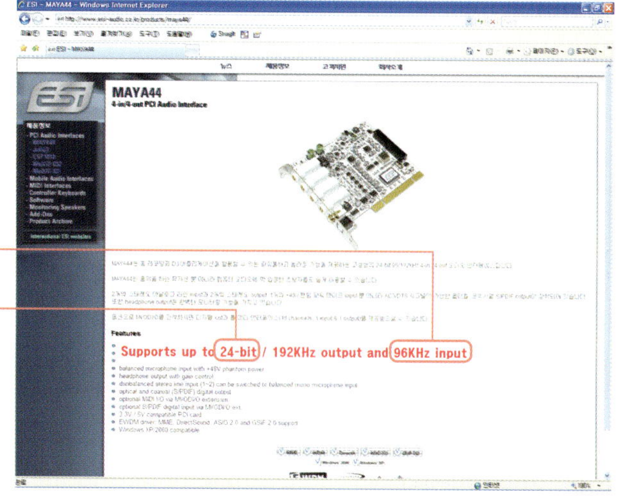

사운드카드는 아날로그 사운드를 디지털 사운드로 바꾸어 컴퓨터에 기록하는 DAC 작업과 반대로 컴퓨터에 기록되어 있는 디지털 사운드를 사람이 들을 수 있는 아날로그 사운드로 바꾸어 재생하는 ADC 작업을 합니다.

앞의 사운드 카드 광고를 보면, 샘플 레이트 외에 비트(bit)라는 용어가 있습니다. 사운드의 레벨은 데시벨(dB)이라는 용어를 사용하며, 이 데시벨을 디지털 사운드로 기록할 때, 얼마만큼의 폭으로 기록할 것인지의 나타내는 단위가 Bit depth입니다. 그림을 보면 알 수 있듯이 비트 수가 클수록 기록 오차의 폭이 작다는 것을 알 수 있습니다. 디지털 사운드는 오차를 인식하지 못하거나 에러가 발생하는 경우가 있기 때문에 Bit depth 값은 사운드 음질에 큰 영향을 줍니다. CD는 최대 98dB을 레벨 폭을 기록할 수 있으며, 이것을 처리하는데 필요한 비트 수는 16bit입니다. 그래서 CD의 표준 Bit depth가 16bit 로 규격화 된 것입니다. 요즘엔 24bit나 32bit을 기록할 수 있는 오디오 장치들이 일반화되고 있는 추세이며, 사운드 부스 CS4는 최대 32Bit 로 기록할 수 있습니다. 물론, Sample rate와 마찬가지로 사운드 카드가 그만한 성능을 갖추고 있어야 합니다.

〈 Bit depth가 작으면, 오차가 크기 때문에 아날로그 사운드를 그대로 기록하기 어렵다〉

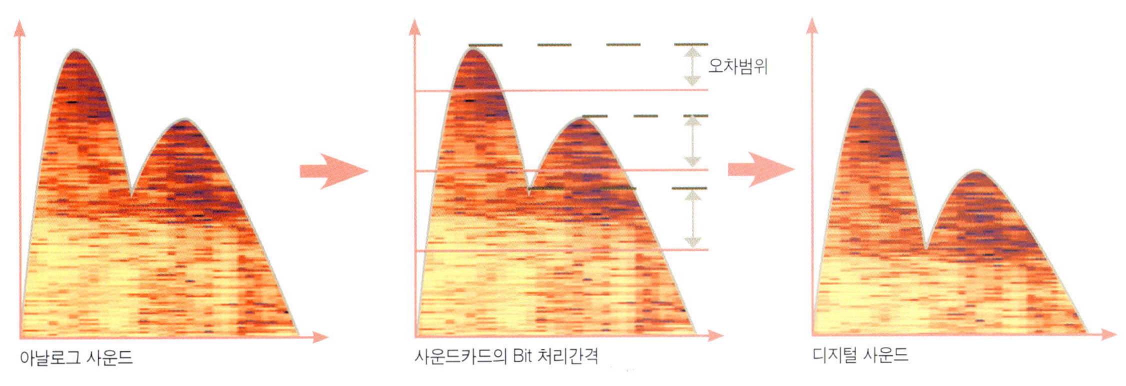

〈 Bit depth가 크면, 오차가 작기 때문에 아날로그 사운드를 그대로 기록할 수 있다〉

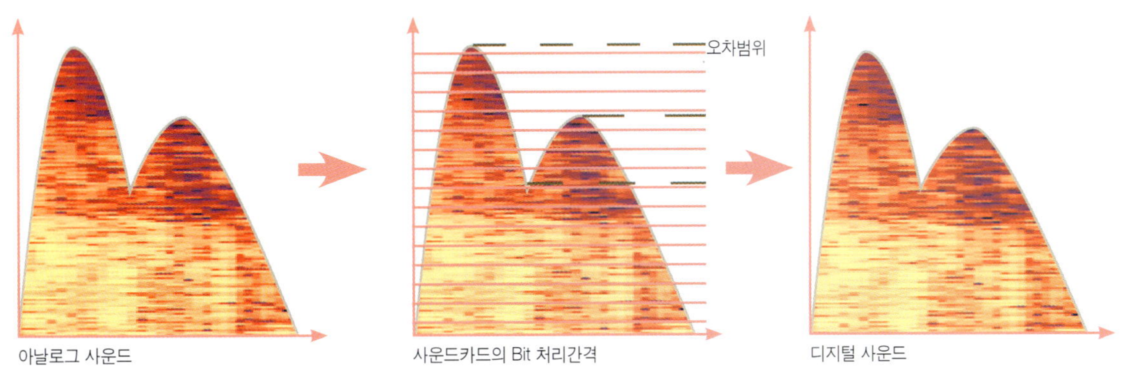

가·정·교·사

16bit는 2의 16제곱을 말하는 것으로 65,536의 폭으로 처리를 하며, 24bit는 2의 24제곱을 말하는 것으로 16,777,216의 폭으로 처리합니다. 일반적으로 오디오 CD가 44.1KHz/16bit 로 규격화 되어있지만, 자신이 작업한 사운드가 어떤 미디어에 담기게 될지 모르므로, 48KHz/24bit 또는 96KHz/24bit 등의 높은 포맷으로 녹음을 하는 추세입니다. 왜냐하면, 24bit로 녹음한 사운드를 16bit 로 낮추어 출력하는 것은 문제가 없지만, 16bit로 녹음한 사운드로 24bit의 음질로 출력할 수는 없기 때문입니다. 물론 무조건 높은 포맷보다는 자신의 작업 환경이나 목적에 적합한 포맷을 선택하는 것이 현명합니다.

오디오 CD의 표준인 스테레오 채널은 왼쪽과 오른쪽의 두 채널로 제작한 사운드를 말하며, 스피커는 왼쪽 채널의 사운드를 출력할 스피커와 오른쪽 채널의 사운드를 출력할 스피커의 2개로 구성됩니다. 이렇게 채널은 사운드를 제작할 때, 결정되는 것이며, 아무리 많은 스피커를 연결한다고 해도 실질적인 채널 수가 늘어나는 것은 아니므로, 각 채널에 녹음된 사운드를 분리할 수는 없습니다. 요즘에 스테레오 채널을 5.1채널로 분리하여 재생하는 기술이 적용된 미디어가 많지만, 실제로 사운드를 분리하는 것이 아니라 각 채널의 사운드를 복사해서 재생하는 것일 뿐입니다. 스테레오 채널은 양쪽에 같은 사운드를 녹음하여 중앙에서 들리게 하거나 각 채널의 볼륨을 조정하여 거리감을 만들 수 있기 때문에 음악을 재생하는데 필요한 공간감은 충분히 연출할 수 있습니다. 그래서 아직까지도 많은 음악이 스테레오 사운드로 제작되는 것입니다.

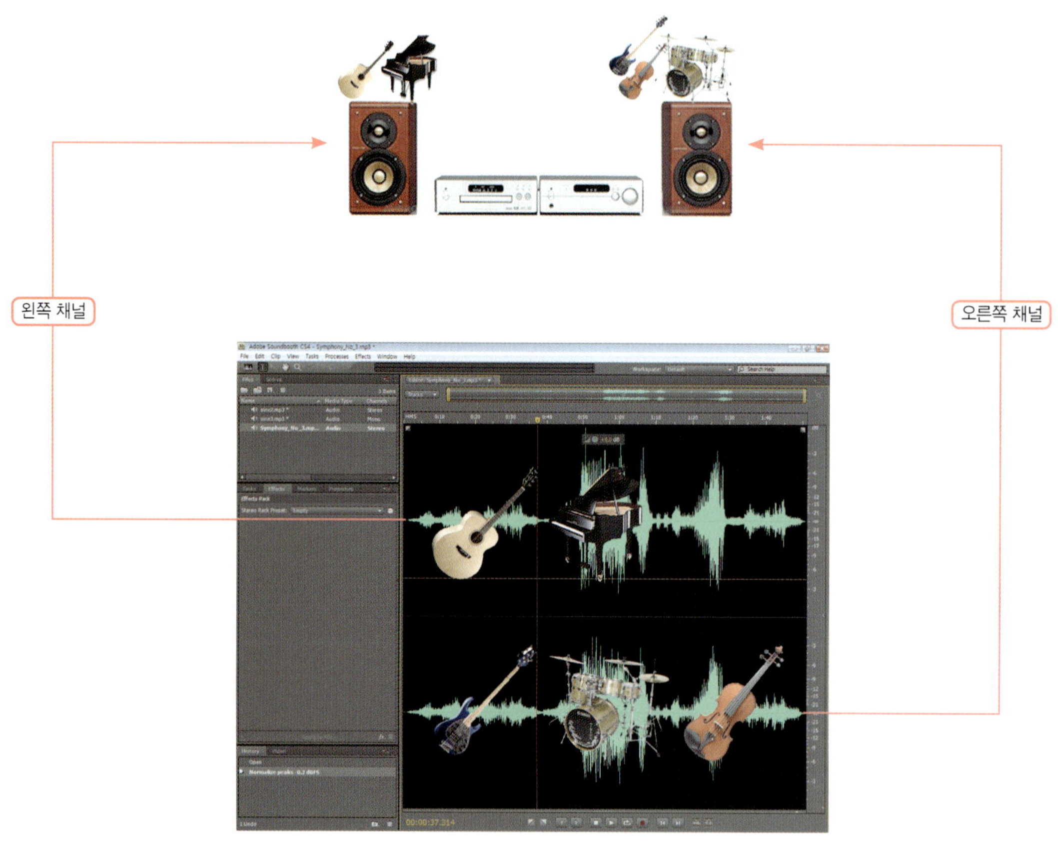

영상 사운드의 표준으로 자리잡고 있는 5.1채널은 전방의 중앙과 좌/우, 후방의 좌/우의 5개 채널로 제작한 사운드를 말합니다. 즉, 5개의 채널을 재생할 스피커가 전방의 중앙과 좌/우, 후방의 좌/우로 5개가 필요합니다. 그리고 각 스피커에서 재생할 수 없는 저음역을 재생하는 역할의 우퍼가 포함되어 습니다. 이처럼 우퍼는 별도의 라인을 가지고 있는 것이 아니라, 5개의 스피커에서 재생하지 못하는 저음역을 담당하고 있기 때문에 6채널이라고 하지 않고, 5.1채널이라고 부르는 것입니다. 5.1 채널은 뒤에서 괴물이 다가오는 듯한 사운드를 연출하거나 비행기가 전방의 왼쪽에서부터 후방의 오른쪽으로 날아가는 입체적인 효과를 연출할 수 있기 때문에, 대부분의 영화 사운드가 5.1채널의 서라운드로 제작되는 것입니다.

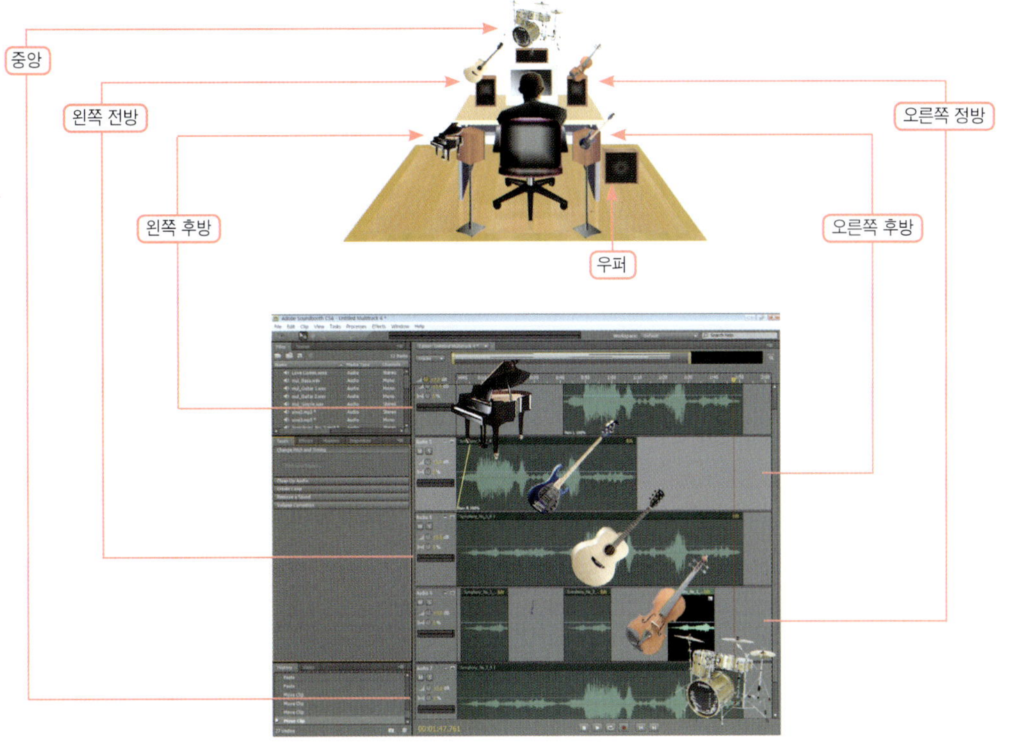

<table>
<tr><td>

5   드라이버

</td></tr>
</table>

컴퓨터는 하드웨어와 소프트웨어로 구성되어 있으며, 이 둘을 연결하는 역할을 하는 것이 드라이버입니다. 드라이버가 없다면, 소프트웨어는 하드웨어를 인식할 수 없기 때문에 컴퓨터에 장착되어 있는 그래픽 카드, 모니터, 프린터 등의 모든 하드웨어는 전용 드라이버를 설치해야만 사용할 수 있습니다. 물론, 윈도우에는 기본적인 드라이버가 설치되어 있기 때문에 대부분의 하드웨어를 무리 없이 이용할 수 있습니다. 그러나 하드웨어의 성능을 최대한 발휘하기 위해서는 제조사에서 제공하는 최신 드라이버를 설치할 필요가 있습니다.

사운드 카드 역시, 컴퓨터에 사운드 카드가 있다는 것을 사운드부스 CS4에 알려주기 위해서 사운드 카드 전용 드라이버를 설치할 필요가 있는데, 사운드부스 CS4는 DirectX, WDM, ASIO, WaveRT 드라이버를 모두 지원합니다. 즉, 이러한 드라이버를 지원하는 사운드 카드를 사용할 수 있다는 의미입니다. DirectX와 WDM 드라이버는 Microsoft사에서 제작을 한 것이기 때문에 윈도우용 소프트웨어나 하드웨어에서 기본적으로 제공하고 있는 드라이버입니다. 최근에는 DirectX의 단점인 레이턴시를 개선한 윈도우 비스타의 WaveRT로 바뀌고 있는 추세입니다. ASIO 드라이버는 큐베이스와 누엔도 등으로 세계 컴퓨터 음악 시장을 장악하고 있는 Steinberg사에서 제작한 드라이버로 고급 사양의 사운드 카드에서만 지원하고 있습니다.

DirectX 드라이버 지원 로고

WaveRT 드라이버 지원 로고

ASIO 드라이버 지원 로고

사운드부스 둘러보기

사운드부스는 마치 그래픽 프로그램을 다루듯 사운드를 편집할 수 있는 직관적인 인터페이스를 갖추고 있으며, 사용법이 너무나 쉽게 간편하다는 장점을 가지고 있습니다. 만일, 사운드부스를 학습하기 전에 다른 툴을 이용해본 경험이 있다면, 너무 쉽다는 것이 오히려 성능에 대한 의심이 생길 정도이며, 2~3시간을 투자하여 마스터하게 되면, 두 번 다시 다른 툴을 사용하고 싶지 않을 정도의 뛰어난 성능에 감탄하게 될 것입니다. 사운드부스를 실행하고, 사용자가 원하는 포맷으로 제작하기 까지의 전반적인 작업 과정을 둘러보겠습니다.

1 설치와 실행

01 사운드부스 CS4를 30일 동안 무료로 사용해 볼 수 있는 시험버전은 adobe. co.kr에서 다운 받을 수 있습니다. 사운드부스 CS4의 설치 과정은 Adobe Premiere Pro CS4와 동일하게 다운 받은 파일을 더블 클릭하여 실행하고, 화면의 지시대로 진행하면 됩니다.

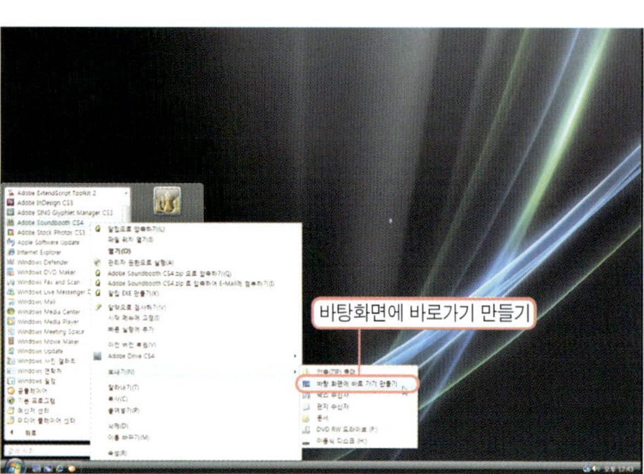

02 사운드부스 CS4는 바탕화면에 바로 가기 아이콘을 만들어 놓고, 사용하는 것이 편리합니다. 바로 가기 아이콘은 프로그램을 설치한 후에는 윈도우 시작 버튼의 모든 프로그램에서 Adobe Soundbooth CS4를 마우스 오른쪽 버튼으로 선택하여 단축 메뉴를 열고, 보내기 폴더의 바탕화면에 바로 가기 만들기를 선택하여 만들 수 있습니다.

파일 불러오기

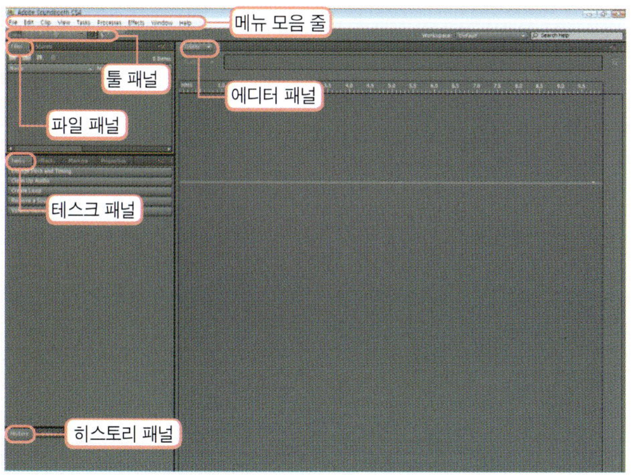

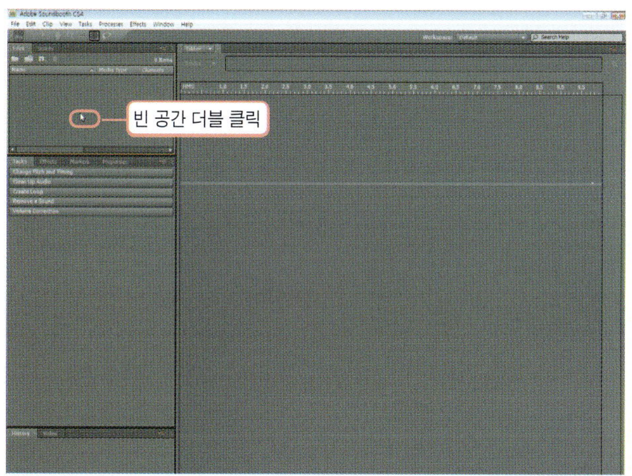

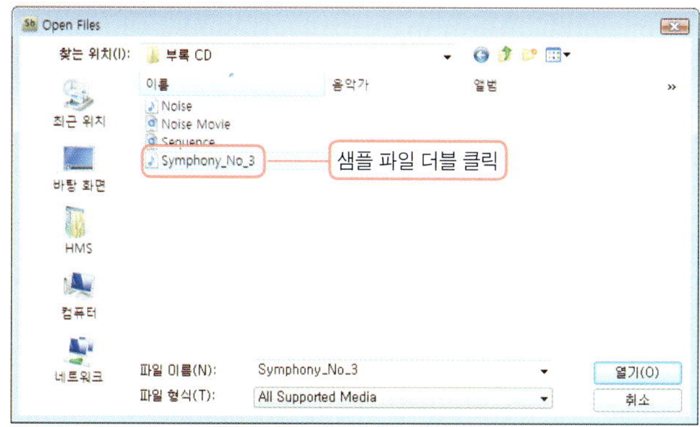

01 사운드부스를 처음 실행하면, 상단에 메뉴와 툴 패널이 있고, 왼쪽에 파일 패널, 태스크 패널, 히스토리 패널이 열려있는 3개의 그룹 패널, 그리고 사운드 편집 작업이 이루어지는 에디터 패널로 구성되어 있는 화면을 볼 수 있습니다.

02 사운드부스는 WAV, AIF, MP3 등의 사운드 포맷은 물론, AVI, MPEG, MOV 등의 영상 포맷도 불러와서 편집할 수 있습니다. 파일을 불러오는 방법에는 다양한 것들이 있는데, 가장 많이 사용하는 방법은 파일 패널의 빈 공간을 더블 클릭하는 것입니다.

가·정·교·사

키보드를 사용하고 있을 때는 Fiile 메뉴의 Open 단축키인 [Ctrl]+[O]를 이용해서 파일을 불러옵니다.

03 파일 패널의 빈 공간을 더블 클릭하면 사용자 컴퓨터에 저장되어 있는 파일을 불러올 수 있는 Open Files 창이 열립니다. 부록 CD의 Soundbooth CS4 Sample 폴더에서 Symphony_No3 파일을 더블 클릭합니다.

가·정·교·사

부록 CD의 Soundbooth CS4 Sample 폴더는 사용자 컴퓨터에 복사해서 사용하는 것이 좋습니다.

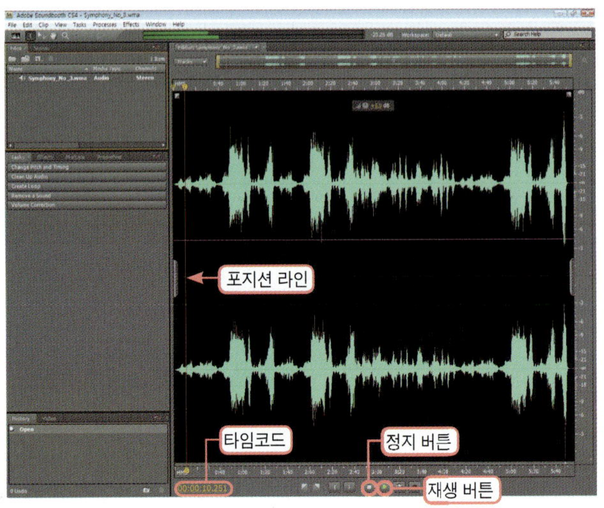

04 불러온 사운드는 에디터 패널에 웨이브 파형으로 표시됩니다. 컨트롤 패널의 재생 버튼이나 Space bar 키를 누릅니다. 에디터 패널의 빨간색 세로줄로 표시되는 포지션 라인이 오른쪽으로 이동하면서 사운드가 재생됩니다. 포지션 라인의 정확한 위치는 타임코드로 확인할 수 있습니다. 컨트롤 패널의 정지 버튼 또는 Space bar 키를 눌러 정지합니다.

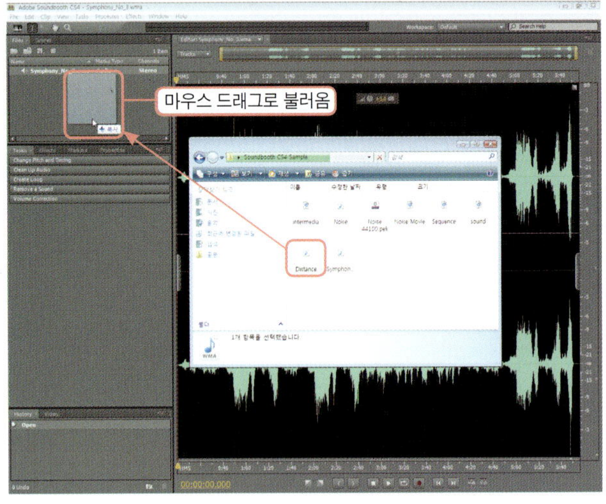

05 미디어 소스를 많이 가지고 있는 사용자는 사운드부스의 Open Files 창이 불편하기 때문에 윈도우 탐색기에서 사운드부스의 파일 패널이나 에디터 패널로 드래그하여 불러오는 방법을 이용하는 경우도 있습니다. 🎹+E 키를 눌러 탐색기를 열고, 부록 CD의 샘플 폴더에서 Distance 파일을 드래그하여 불러옵니다.

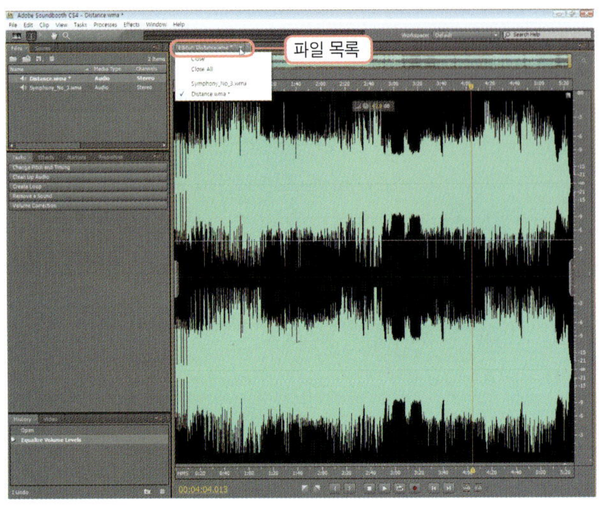

06 사운드부스로 불러온 파일이 두 개 이상일 경우에는 에디터 패널의 파일 목록에서 편집할 사운드를 선택하거나 파일 패널에 등록된 파일 목록의 이름을 더블 클릭하여 전환할 수 있습니다. 즉, 사운드부스는 편집할 사운드를 사용자가 원하는 만큼 불러올 수 있는 것입니다.

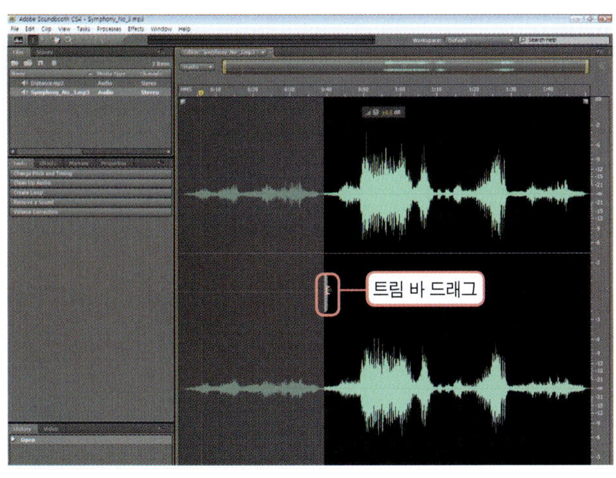

01 사운드부스는 매우 직관적인 인터페이스를 갖추고 있기 때문에 누구나 쉽게 사용할 수 있다는 장점을 가지고 있습니다. 예를 들어 사운드의 앞이나 뒤에서 필요 없는 부분을 제거할 때, 복잡한 메뉴를 이용할 필요 없이 작업 공간 좌/우에 있는 트림 버튼을 드래그하여 조정하면 끝입니다.

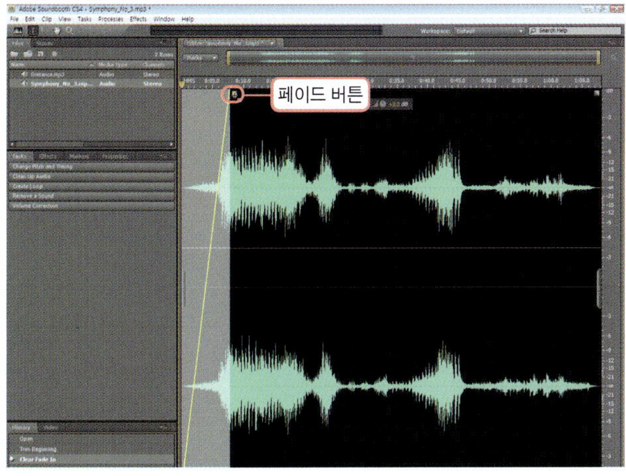

02 사운드를 점점 크게 재생하는 페이드 인(Fade-In)이나 점점 작게 재생하는 페이드 아웃(Fade_Out) 기법 역시, 작업 공간의 페이드 버튼을 드래그하여 간단하게 조정할 수 있습니다.

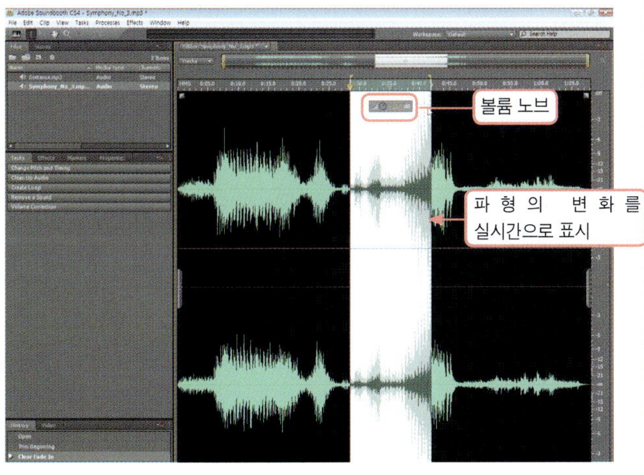

03 볼륨 역시, 사용자가 원하는 구간을 마우스 드래그로 선택하고, 작업 공간에 표시되는 볼륨 노브를 드래그하는 간단한 동작으로 조정할 수 있으며, 조정되는 볼륨 값을 미리 확인할 수 있도록 파형의 변화를 실시간으로 표시해주는 편리함을 갖추고 있습니다.

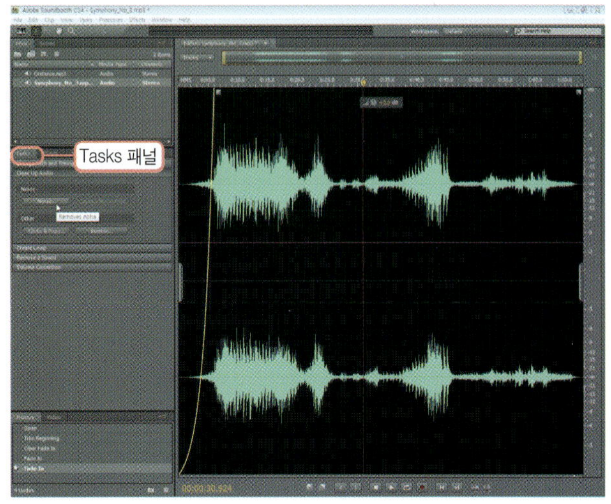

04 볼륨, 페이드 인/아웃, 트림 작업과 같은 기본적인 편집 외에 사운드 편집 툴의 평가 기준이 되는 프로세스와 이펙트도 정말 간편하게 이용할 수 있도록 되어 있습니다. 예를 들어 사운드의 잡음을 제거할 필요가 있다면, 프로세스 기능을 모아놓은 Tasks 패널에서 제거할 잡음 타입의 버튼을 누릅니다.

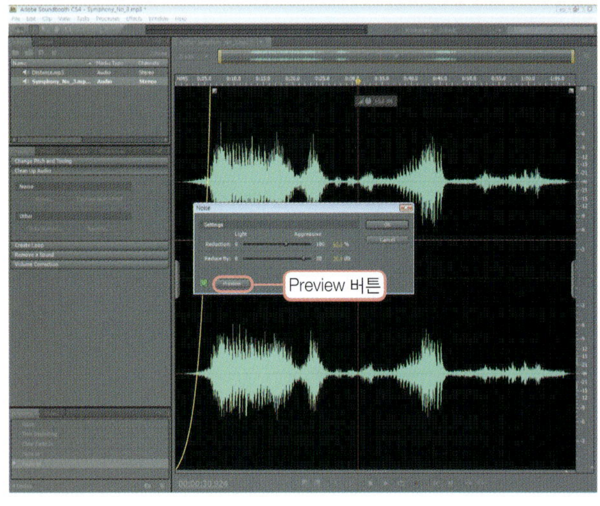

05 그리고 해당 프로세스 패널의 Preview 버튼을 클릭하여 프로세스가 적용된 결과를 모니터 하면서 조정을 할 수 있기 때문에 사용자 실수를 최소한으로 줄일 수 있습니다.

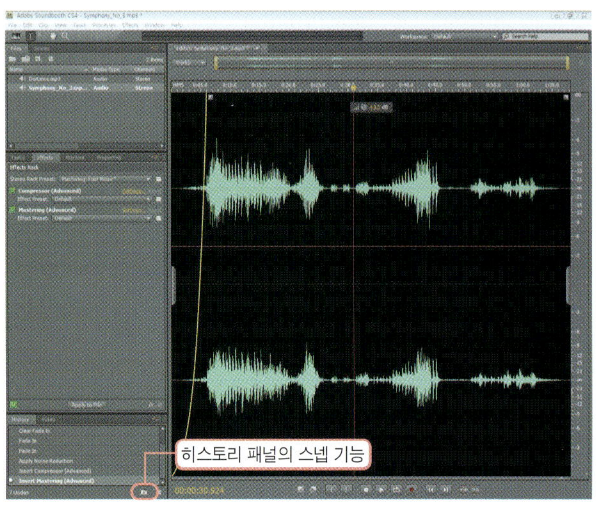

06 혹시 실수를 하더라도 사운드부스는 자체적으로 이미지 파일을 제공하기 때문에 원본을 그대로 유지할 수 있고, 그래픽 프로그램에서나 제공하는 히스토리 스냅 기능이 있어서 언제든 사용자가 실행한 편집 작업 중에서 원하는 것만 골라서 취소할 수 있습니다.

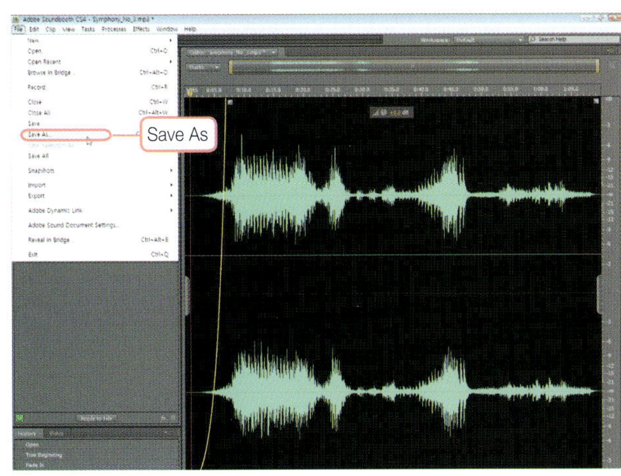

01 편집이 끝난 사운드는 MP3, Wav, Wma 등 윈도우에서 사용되는 대부분의 디지털 사운드 포맷으로 저장할 수 있습니다. File 메뉴의 Save As를 선택합니다.

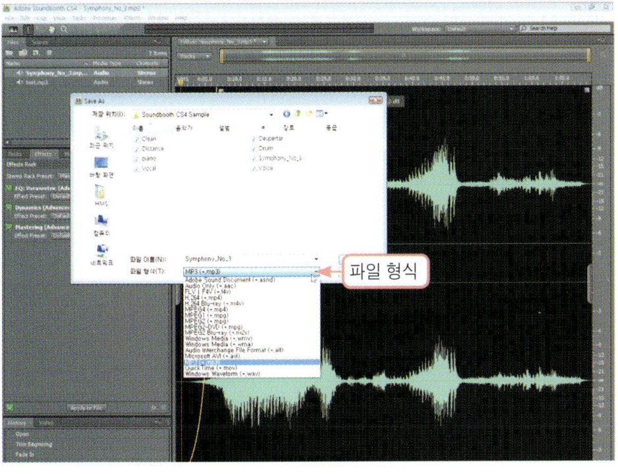

02 어떤 형식의 포맷을 저장할 것인지를 선택할 수 있는 Save As 창이 열립니다. 파일 형식을 열어보면, MP3, Aif, Wav 등 다양한 포맷을 제공하고 있는데, 나중에라도 편집 내용을 수정할 수도 있으므로, Adobe Sound Document (*.asnd) 형식으로 저장을 하는 것이 좋습니다.

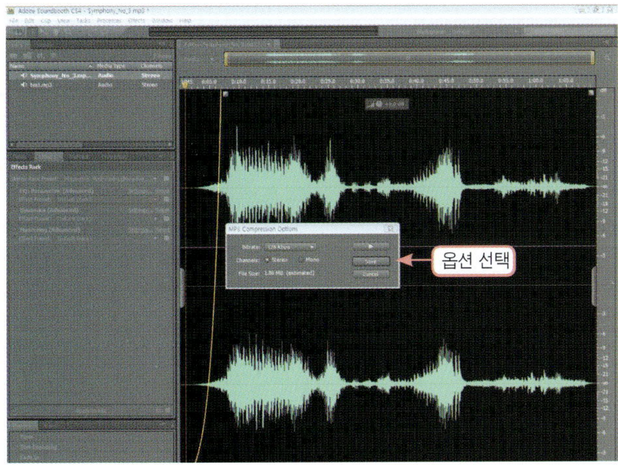

03 언제든 편집 내용을 수정할 수 있는 사운드부스 파일(*.asnd)로 저장을 해놓고, 다시 한번 File 메뉴의 Save As를 선택하여 원하는 포맷을 사운드를 제작하기를 권장합니다. 그림은 Mp3 형식을 선택해본 것으로 Bitrate 및 Channels 등의 옵션을 선택할 수 있는 창이 열린 모습입니다.

Soundbooth CS4

PART 02

환경 설정 기능 익히기

사운드부스의 작업 공간과 환경 설정 및 단축키를 사용자에게 익숙한 것으로 변경하는

방법을 살펴봅니다. 입문자는 기본환경을 그대로 사용해도 좋지만, 사운드부스에서

발생하는 문제점들을 스스로 해결하기 위해서는 시간을 내어 학습하는 것이 좋습니다.

나만의 레이아웃 만들기

사운드부스는 에디터(Editor) 패널, 파일(Files) 패널, 태스크(Tasks) 패널, 툴(Tools) 패널 등을 비롯해서 총 12가지의 패널을 제공하고 있으며, 각 패널의 위치와 크기를 사용자가 원하는 데로 조정할 수 있습니다. 그리고 사용자 작업 스타일에 적합한 구성으로 변경한 화면을 레이아웃으로 저장하여 언제든 같은 화면 구성을 이용할 수 있습니다. 사운드부스에서 제공하는 각각의 패널을 다루는 방법과 사용자가 원하는 스타일로 화면을 구성하여 레이아웃으로 저장하는 방법을 살펴보겠습니다.

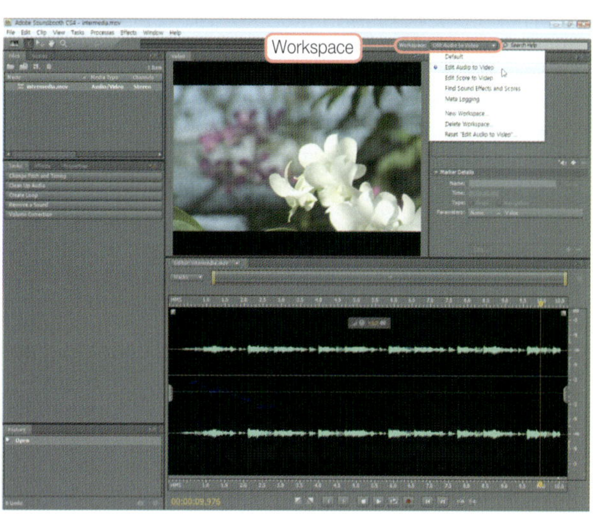

01 사운드부스는 작업 스타일에 적합한 5가지의 레이아웃을 제공하고 있으며, 툴 패널의 Workspace 또는 Window 메뉴의 Workspace에서 선택할 수 있습니다. 예를 들어 툴 패널의 Workspace에서 Edit Audio to Video를 선택하면, 영상과 사운드의 동기 작업이 용이하도록 비디오 패널을 위쪽에 크게 배치하고, 에디터 패널을 아래쪽에 배치하는 것입니다.

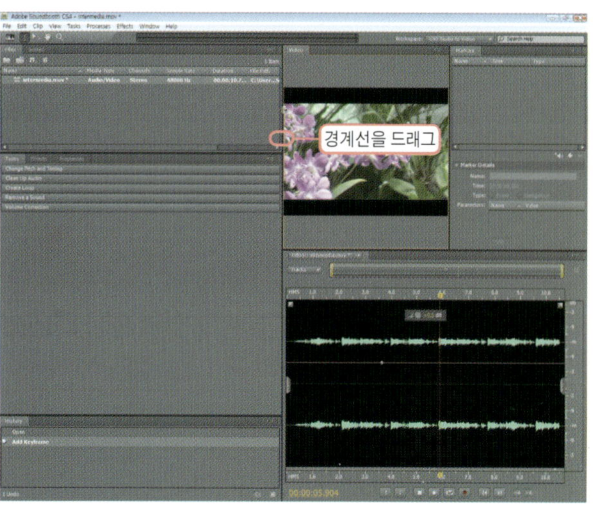

02 그룹 패널의 크기는 패널 사이의 경계선을 드래그하여 조정할 수 있습니다. 이때 이웃해있는 그룹 패널은 상대적으로 조정됩니다. 예를 들어 파일 패널과 비디오 패널 사이의 경계선을 오른쪽으로 드래그하면 왼쪽에 위치한 패널들은 모두 커지고, 오른쪽에 위치한 모든 패널들은 작아지는 것입니다.

03 그룹 패널의 위/아래 또는 좌/우 경계선을 드래그하면 패널의 가로와 세로 크기가 조정되며, 가로/세로를 동시에 조정하고 싶을 때에는 그룹 패널 모서리에 마우스를 위치시켜 포인트가 열 십자 모양으로 변하는 위치에서 드래그합니다.

가·정·교·사

키보드 [ESC]키 아래쪽에 있는[`]따옴표 키를 누르면, 선택된 패널을 화면 가득히 확대하거나 원래대로 축소합니다.

04 작업에 필요 없는 패널은 각각의 패널 이름 오른쪽에 X로 표시되어 있는 닫기 버튼을 클릭하거나 패널 메뉴의 Close Panel을 선택하여 닫을 수 있습니다. 패널 메뉴의 Close Frame은 패널이 속해있는 그룹 패널을 닫는 것입니다.

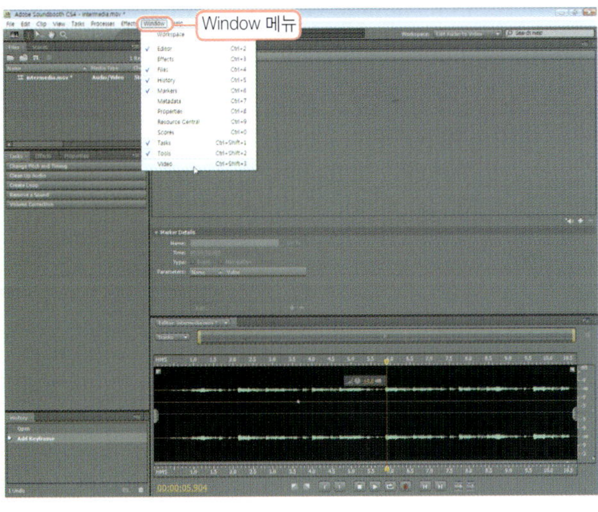

05 닫은 패널은 Window 메뉴를 이용하여 다시 열 수 있습니다. Window 메뉴에는 사운드부스에서 제공하는 12개의 패널 목록이 있으며, 체크 표시가 되어 있는 것이 열려있다는 표시입니다. 즉, 각각의 목록을 선택하여 체크 표시의 On/Off로 패널을 열거나 닫는 스위치 방식의 메뉴입니다.

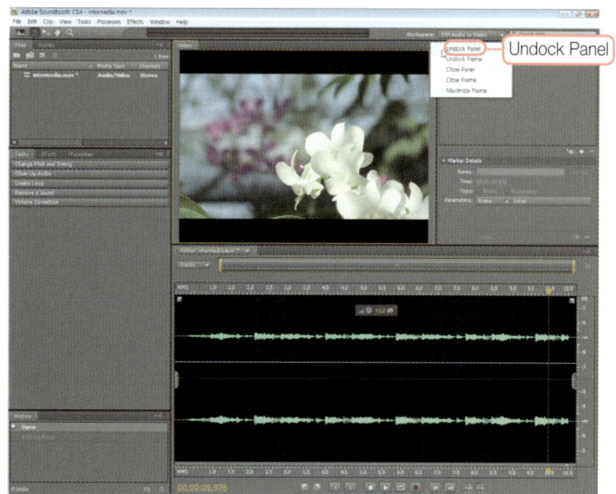
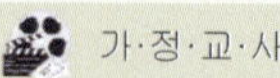

06 각 패널 메뉴에서 Undock Panel을 선택하여 해당 패널을 독립 창으로 띄울 수 있습니다. 두 대 이상의 모니터를 사용하고 있다면, 독립시킨 패널을 다른 모니터 화면으로 분리시킬 수 있습니다. Undock Frame 메뉴는 그룹 패널 전체를 독립 창으로 띄웁니다.

가·정·교·사

[Ctrl]키를 누른 상태에서 패널 이름을 드래그하여 독립 창으로 띄울 수 있습니다.

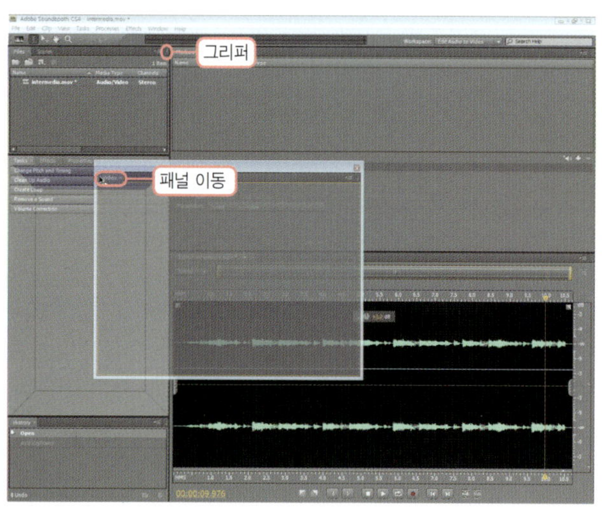

07 패널 이름을 드래그하면 사용자가 원하는 그룹으로 이동시킬 수 있습니다. 이동되는 위치는 보라색으로 구분할 수 있으며, 중앙에 배치되었을 때, 그룹에 포함됩니다. 그룹 패널을 이동시킬 때는 메뉴 열기 버튼 오른쪽에 8개의 점이 있는 그리퍼를 드래그합니다.

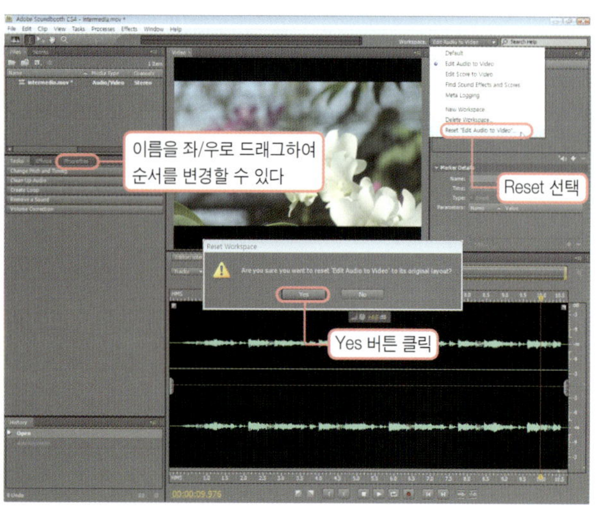

08 그룹에 포함되어 있는 패널의 순서는 패널 이름을 좌/우로 드래그하여 바꿀 수 있습니다. 다양한 실습으로 어지럽혀진 레이아웃을 원래대로 복구하고 싶다면, Workspace 메뉴 아래쪽에 있는 Reset...을 선택하고, 계속해서 열리는 창에서 Yes 버튼을 클릭합니다.

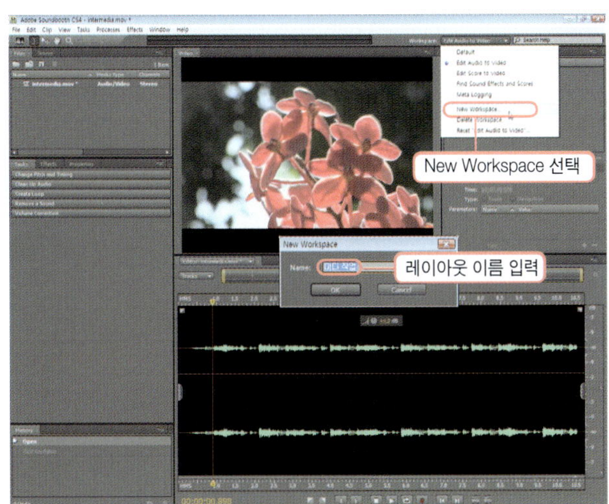

09 사용자가 배치한 화면 구성을 레이아웃으로 저장할 수 있습니다. 사운드부스에 익숙해지면서 자신의 작업 스타일에 적합한 화면을 구성했다면, Workspace 메뉴의 New Workspace를 선택하여 창을 열고, 구분하기 쉬운 이름으로 입력합니다.

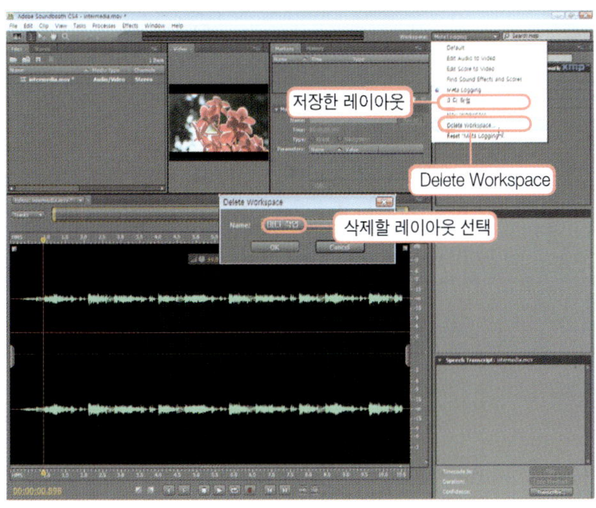

10 사용자가 저장한 레이아웃은 언제든 Workspace 메뉴에서 선택하여 불러올 수 있습니다. 레이아웃을 삭제는 Workspace 메뉴의 Delete Workspace를 선택하여 창을 열고, Name 항목에서 삭제할 레이아웃을 선택합니다.

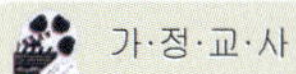 가·정·교·사

선택되어 있는 레이아웃은 Delete Worspace 메뉴로 삭제할 수 없습니다.

Tip

기본 레이아웃

사운드부스에서 제공하는 레이아웃은 5가지가 있으며, 툴 패널의 Workspace 또는 Window 메뉴의 Workspace에서 선택할 수 있습니다.

❖ Default: 에디터 패널을 크게 배치하여 사운드 편집에 중점을 두고 있는 기본 레이아웃입니다.

❖ Edit Audio to Video: 비디오와 마커 패널을 상단에 배치하여 영상에 맞추어 사운드 작업을 편리하게 할 수 있는 레이아웃입니다.

❖ Edit Score to Video: 비디오와 스코어 패널을 상단에 배치하여 영상 스코어 작업을 편리하게 할 수 있는 레이아웃입니다.

❖ Find Sound Effects and Scores: 리소스 패널을 상단에 배치하여 다양한 소스를 다운 받기 편리하도록 구성된 레이아웃입니다.

❖ Meta Logging: 메타 패널을 우측에 전체 크기로 배치하여 파일의 속성을 손쉽게 편집할 수 있도록 구성된 레이아웃입니다.

❖ New Workspace: 변경된 화면 구성을 새로운 레이아웃으로 저장합니다.

❖ Delete Workspace: 레이아웃을 삭제합니다. 메뉴를 선택하면 열리는 창의 Name 항목에서 삭제할 레이아웃을 선택합니다.

❖ Reset: 레이아웃을 변경했을 경우에 초기 상태로 복구합니다.

나에게 어울리는
작업 환경 만들기

사운드부스의 기본 환경은 굳이 변경할 이유가 없습니다. 그러나 사운드부스의 기본 환경이 모든 작업자의 스타일이나 목적을 충족시킬 수는 없기 때문에, 어떤 환경을 어떻게 변경할 수 있는지 정도는 알고 있어야 합니다. 아직은 이해할 수 없는 내용도 있겠지만, 가벼운 마음으로 읽어보기 바랍니다. 그리고 학습을 진행하면서 참조하고, 학습을 마친 후에 다시 한 번 읽어보면, 사운드부스를 사용 도중에 발생하는 작은 문제들을 스스로 해결할 수 있게 될 것입니다.

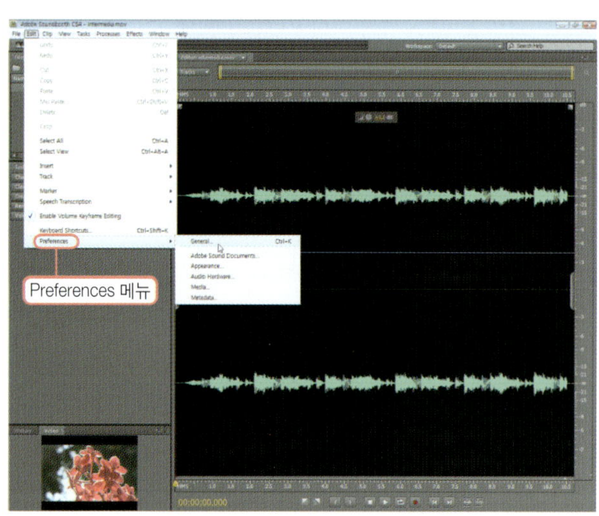

01 사운드부스의 작업 환경은 Edit 메뉴의 Preferences를 선택하면 열리는 서브 메뉴를 이용해서 설정합니다. General를 포함해서 총 6가지의 서브메뉴가 있는데, General을 선택하여 Preferences 창을 열어봅니다. 단축키 Ctrl + K 를 눌러도 좋습니다.

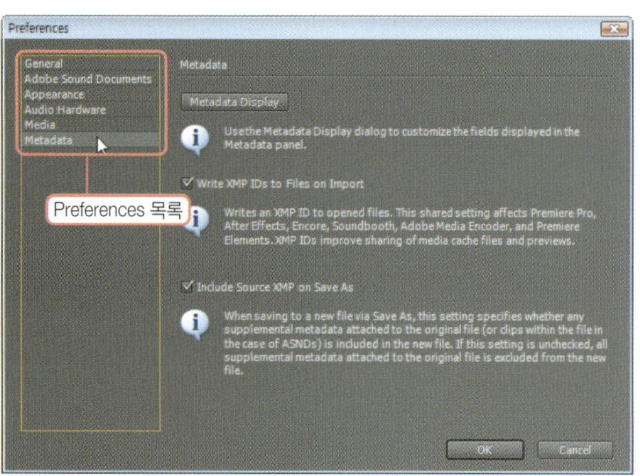

02 Preferences 창의 General 페이지가 열립니다. 창 왼쪽에는 Edit 메뉴의 Preferences에서 보았던 서브 메뉴와 동일한 목록이 있는 것을 볼 수 있습니다. 즉, 사운드부스의 환경을 설정하기 위해서는 Edit 메뉴의 Preferences에서 서브 메뉴를 선택해도 되고, Ctrl + K 키를 눌러 Preferences 창을 열고, 목록에서 선택해도 된다는 것입니다.

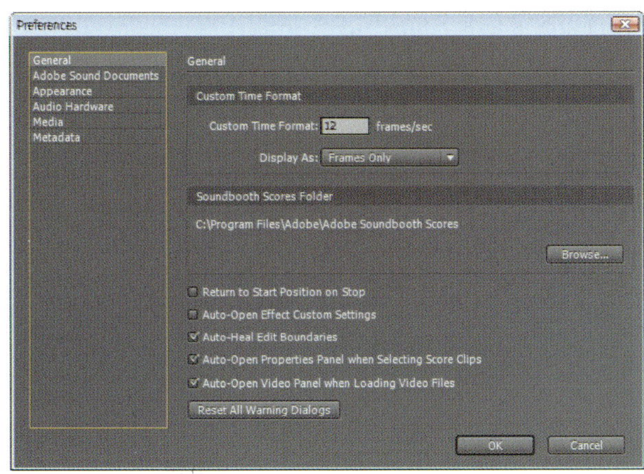

01 사운드부스의 기본 환경을 설정할 수 있는 페이지입니다. Custom Time format과 Soundbooth Scores Folder의 두 가지 항목이 있으며, 5가지의 옵션과 Reset All Warning Dialogs 버튼으로 구성되어 있습니다. 각 옵션의 역할을 살펴보겠습니다.

❖ Custom Time Format과 Display As

에디터 패널의 룰러 라인에 표시되는 타임 표시 단위는 기본적으로 시:분:초(HMS) 입니다. 타임 표시 단위는 룰러 라인에서 마우스 오른쪽 버튼을 클릭하면 열리는 단축 메뉴로 변경할 수 있는데, General 페이지의 Custom Time Format 옵션은 룰러 라인 단축 메뉴의 Custom 값을 의미합니다. 즉, Custom Time Format에서 15로 설정하면, 룰러 라인의 단축 메뉴에서 Custom을 선택했을 때, 타임 표시 단위가 1초에 15프레임으로 표시되는 것입니다. 이때 Custom Time Format 옵션 아래쪽에 있는 Display As 옵션에서 Frames Only를 선택하면 프레임 단위로만 표시되고, HH;MM:SS:Frames을 선택하면 시:분:초:프레임 단위로 표시됩니다.

❖ Soundbooth Scores Folder

Adobe Soundbooth Scores 폴더 위치를 선택합니다. Adobe Soundbooth Scores 폴더에는 사운드부스에서 사용할 수 있는 소스들이 담겨 있으며, 설치 경로가 자동 설정되어 있으므로, 기본값을 바꿀 이유는 없습니다. 단, 사운드 소스를 별도의 폴더로 관리하고 있는 사용자라면, Browse 버튼을 클릭하여 경로를 변경할 수 있습니다.

❖ Return to Start Position on Stop

타임 라인의 정지 버튼 또는 Space bar 키를 눌러 재생 중인 사운드를 정지할 때, 송 포지션 라인을 시작 위치로 이동시킬 것인지의 여부를 선택합니다.

❖ Auto-Open Effect Custom Settings

이펙트를 적용할 때, 세부 설정을 할 수 있는 Settings 창이 자동으로 열리게 할 것인지의 여부를 선택합니다.

❖ Auto-Heal Edit Boundaries

에디터 패널의 각 채널을 보면 가운데에 파형의 0점을 의미하는 빨간색의 베이스 라인이 있습니다. 편집을 하다 보면, 정확히 베이스 라인에 일치되게 선택하지 못하는 경우가 있는데, 이렇게 되면, 파형이 베이스 라인에서 벗어나게 되며, 사운드가 튀는 디지털 잡음이 발생합니다. 하지만, 이 옵션을 체크하면, 벗어난 파형 부근을 베이스 라인에 일치되게 자동으로 보정합니다.

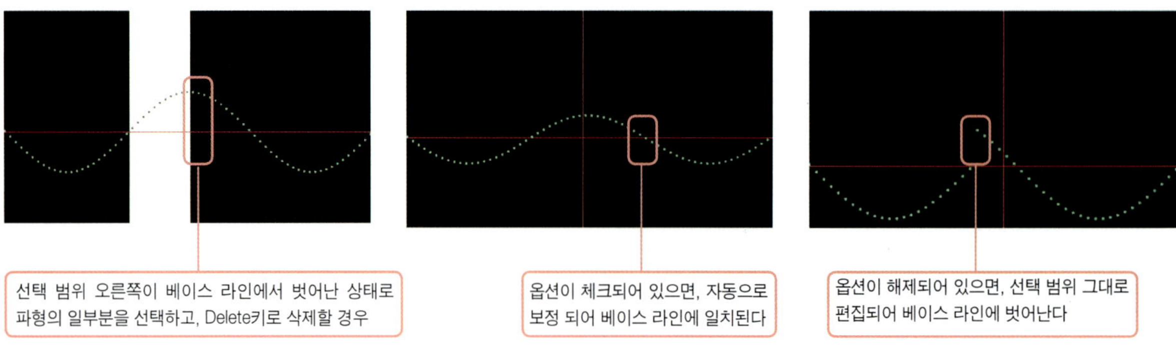

❖ Auto-Open Proeperties Panel when Selecting Score Clips

스코어 클립을 선택하면 속성 패널이 자동 열리게 합니다.

❖ Auto-Open Wideo Panel when Loading Video Fiels

사운드부스에서 비디오 파일을 불러올 때, 자동으로 비디오 패널이 열리게 할 것인지의 여부를 선택합니다.

❖ Reset All Warning dialogs

사운드부스의 경고 창이 열리지 않게 해놓았다면, 이 버튼을 클릭하여 다시 열 수 있게 초기화 합니다.

2 Adobe Sound Documents

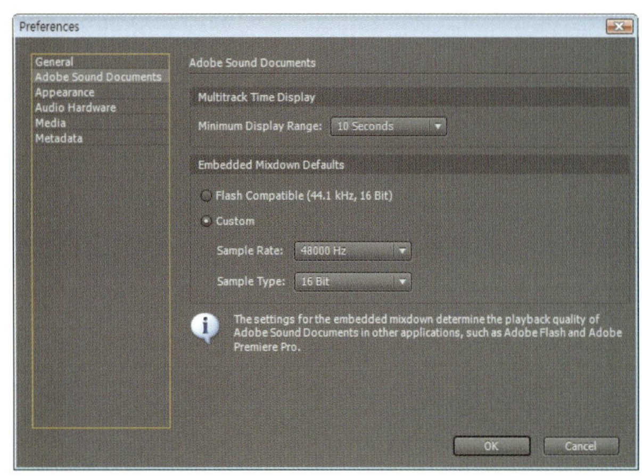

02 사운드부스 전용 파일 포맷의 Adobe Sound Documents(*.ASDN)을 만들 때 적용될 샘플 레이트 및 비트 값을 설정할 수 있는 옵션으로 구성되어 있습니다.

새로운 멀티트랙을 만들 때 표시될 최소 시간 단위를 선택합니다.

프리미어 및 플래시 등의 Adobe 응용 프로그램과 연동될 ASND 파일의 저장 포맷을 선택합니다. 44.1KHz/16Bit로
설정되어 있는 Flash Compatible와 사용자가 원하는 포맷을 선택할 수 있는 Custom 항목이 있습니다.

3 Appearance

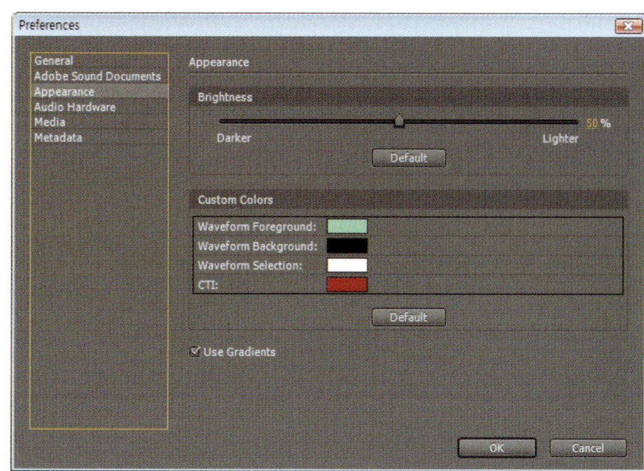

03 Appearance 페이지는 작업 공간의 밝기를 조정할 수 있는 Brightness와 파형 및 송 포지션 라인의 색상을 조정할 수 있는 Custom Colors 옵션으로 구성되어 있습니다. 기본적으로 설정되어 있는 검정색 바탕에 파란색 파형이 마음에 들지 않는다면, 사용자가 원하는 색상으로 바꾸어 사용할 수 있습니다.

사운드부스 CS4의 전체적인 밝기를 조정합니다. 슬라이드를 왼쪽(Darker)쪽으로 이동하면, 전체적으로 어두워지고,
오른(Lighter)으로 이동하면 밝아집니다. Default 버튼을 초기 값으로 복구하는 것입니다.

작업 공간의 색상을 조정합니다. Waveform Foreground는 파형의 색상을 의미하며, Waveform Background는 배경색을 의미합니다. 그리고 Waveform Selection은 편집을 위해 파형을 선택했을 때의 색상을 의미하며, CTI는 송 포지션 라인의 색상입니다. 각각 오른쪽에 보이는 색상 아이콘을 클릭하면 색상을 선택할 수 있는 Color Picker 창이 열립니다. Default 버튼은 기본 색상으로 복구하며, Use Gradients 옵션은 색상이 점차적으로 적용되는 그라데이션 효과를 사용할 것인지의 유무를 선택하는 것입니다.

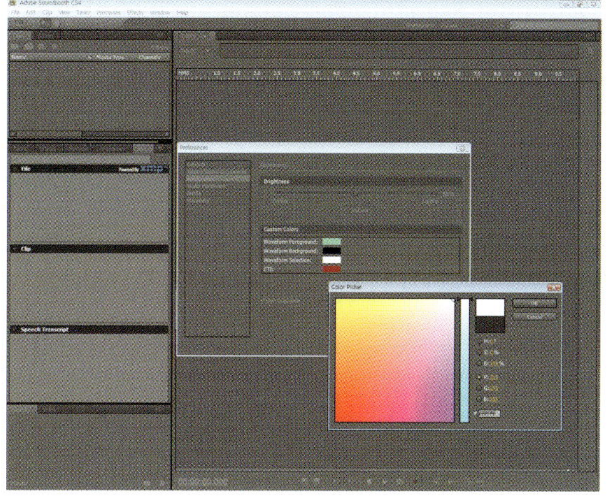

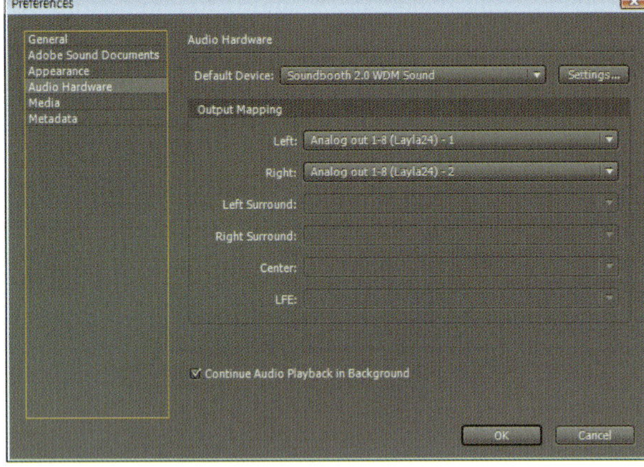

04 사운드부스에서 사용할 사운드카드를 선택하고, 출력 라인을 결정하는 등의 하드웨어 관련 옵션들로 구성되어 있습니다. 컴퓨터에 내장되어 있는 사운드카드의 경우에는 Soundbooth 2.0 WDM Sound 드라이버나 Soundbooth 2.0 DirectSound를 선택하면 무난합니다.

❖ Default Device

사운드부스에서 사용할 사운드 카드를 선택합니다. 가급적 ASIO 드라이버를 권장하고 있지만, 기본값인 Soundbooth 2.0 WDM Sound 드라이버를 그대로 사용해도 무난합니다.

❖ Settings

Default Device 항목 오른쪽의 Settings 버튼을 클릭하면, 선택한 드라이버의 입/출력 라인을 선택할 수 있는 Audio Hardware Settings 창이 열립니다.

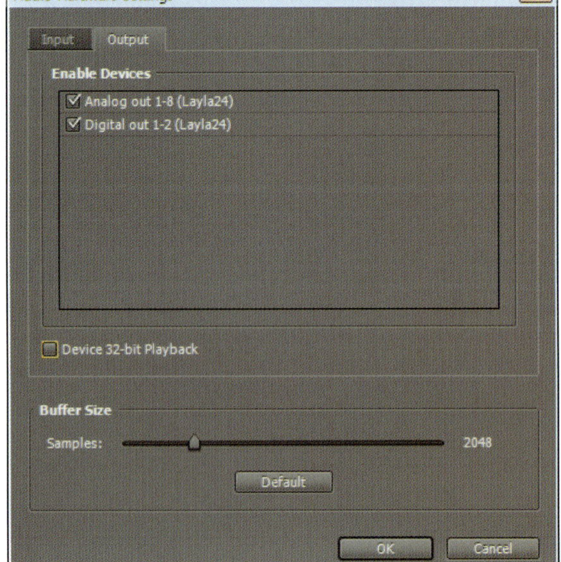

▶ Enable Devices

멀티 포트를 지원하는 오디오 카드를 사용하고 있다면, 사운드부스에서 사용할 Input와 Output 포트를 각각의 페이지에서 체크해줍니다. 일반적인 사운드카드를 사용하고 있다면, 인/아웃 목록이 하나뿐일 것입니다.

▶ Device 32-bit

Input 페이지의 Device 32-bit Recording과 Output 페이지의 Device 32-bit Playback 체크 옵션은 사운드부스에서 녹음과 재생을 할 때, 오디오 CD의 두 배 음질을 구현하는 32-Bit 샘플링을 사용할 것인지의 여부를 결정하는 것입니다. 이것은 사운드카드에서 지원을 해야만 사용할 수 있으므로, 해당 장치의 지원 여부를 확인하기 바랍니다. 참고로 32-bit를 지원하는 사운드카드를 사용하고 있더라도 시스템 자원이나 용량을 많이 차지한다는 단점이 있으므로, 특별한 목적이 없다면 권장하지 않습니다.

사운드 입/출력의 버퍼링 크기를 조정합니다. 당연히 값이 작을수록 좋은데, 사운드카드에 따라 다르므로, 값을 줄여보면서 테스트를 해봐야 할 것입니다. 값이 너무 크면, 입력과 출력 사운드의 시간차를 의미하는 레이턴시가 길어지고, 값이 너무 짧으면, 사운드가 끊어지는 에러가 발생합니다. Default 버튼을 클릭하면 버퍼링을 기본 값으로 복구합니다.

사운드 출력 라인을 선택합니다. 멀티 포트를 지원하는 사운드카드를 사용하고 있다면, 전방 스피커의 왼쪽(Left)과 오른쪽(Right) 외에 후방 스피커의 왼쪽(Left Surround)과 오른쪽(Right Surround), 그리고 전방의 가운데 스피커를 의미하는 Center와 우퍼 스피커를 의미하는 LFE 라인을 선택하여 5.1 채널 환경을 구축할 수 있습니다.

사운드부스와 다른 프로그램을 함께 실행하고 있을 때, 사운드부스에서 재생/녹음하는 기능이 다른 프로그램을 이용할 때도 작동되게 할 것인지의 여부를 체크하는 옵션입니다. 요즘에 컴퓨터로 TV를 보거나 인터넷 음악을 감상하는 사용자가 많은데, 이때 컴퓨터에서 재생되는 사운드를 녹음하고 싶다면, 이 옵션이 체크되어 있어야 합니다.

5   Media

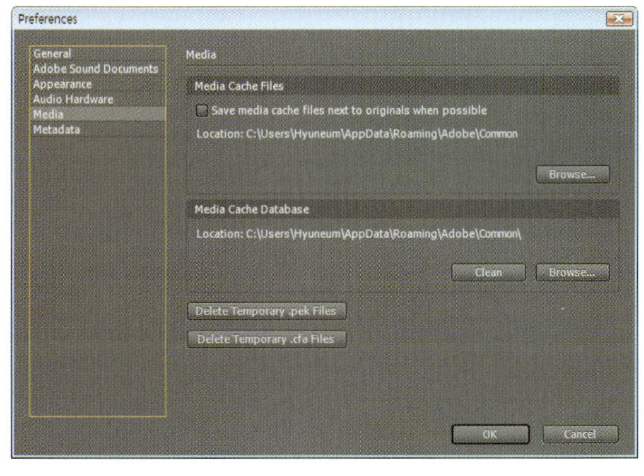

05 사운드부스는 파일을 불러올 때, 편집 속도와 성능을 향상시키기 위한 임시파일을 만들며, Adobe 제품이 공동으로 사용하는 C:₩User₩사용자₩AppData₩Roaming₩Adobe₩Common 폴더에 저장이 됩니다. Media 페이지에서는 임시파일 저장 위치를 변경할 수 있는 옵션으로 구성되어 있습니다.

임시 파일을 공동 폴더에 저장하지 않고, 소스 파일이 있는 위치에 함께 저장하고 싶다면, Save Media cache files next to originals when possible 옵션을 체크합니다. Browse 버튼을 클릭하면 임시 파일이 저장될 위치를 변경할 수 있는 폴더 찾아보기 창이 열립니다.

편집하는 사운드의 위치 정보를 기록하는 MSDB 파일이 저장될 위치를 표시하며, Browse 버튼을 클릭하여 폴더의 위치를 변경할 수 있으며, Clean 버튼을 클릭하여 사용하지 않는 임시 파일을 제거할 수 있습니다.

에디터 패널에 파형을 표시하기 위해 사용하는 *.pek 파일을 제거하는 버튼입니다.

사운드부스에서 지원하지 않는 샘플 레이드를 가진 사운드를 편집할 때, 만들어지는 *.cfa 파일을 제거하는 버튼입니다.

6 Metadata

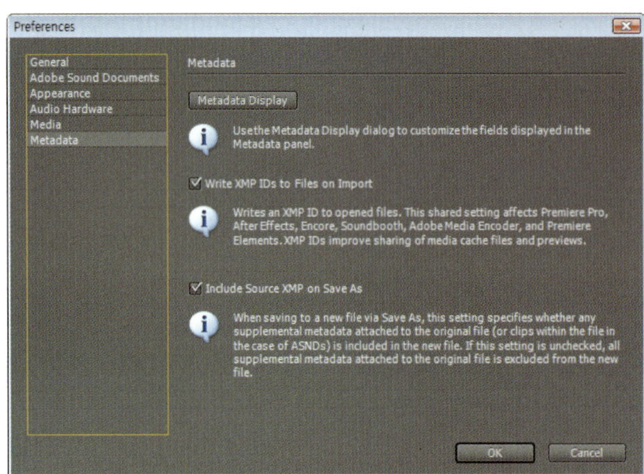

06 Adobe 제품들은 eXtensible Metadata Plarform(XMP)를 사용하여 메타데이터를 기록합니다. 메타데이터는 파일의 제작 날짜, 길이, 제작자 등과 같은 속성 정보를 말하는 것으로, Adobe사 제품간에 공유가 가능하기 때문에 손쉽게 정보를 교환해가며 공동 작업을 할 수 있습니다.

❖ Metadata Display

메타 패널에 표시될 정보를 선택할 수 있는 Metadata Display 창을 열어줍니다. 각 항목의 체크 옵션으로 표시 유무를 결정할 수 있으며, New Schema 버튼을 클릭하여 새로운 정보를 기록할 수 있는 항목을 추가할 수 있습니다.

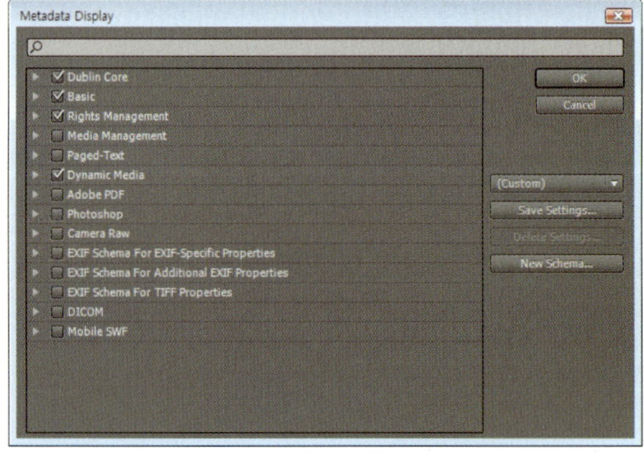

❖ Write XMP IDs to Files on Import

파일을 불러올 때, XMP ID 정보를 기록할 것인지의 유무를 선택합니다. 이 정보는 Premiere Pro, After Effects, Encore, Soundbooth, Adobe Media Encoder, Premiere Elements의 프로그램에서 미디어 캐시 파일을 쉽게 공유할 수 있도록 하여 미리 보기도 향상시킵니다.

❖ Include Soutce XMP on Save As

Adobe Sound Document(*.ASND) 파일 포맷으로 저장할 때, 원본 파일에 추가한 메타 데이터를 파일내에 포함시킬 것인지의 여부를 선택합니다. 옵션을 해제하면 사용자가 추가한 메타데이터 정보는 기록되지 않습니다.

메타데이터 패널

메타데이터는 파일에 제작자의 이름, 날짜, 길이 등의 다양한 정보를 기록하여 파일을 체계적으로 관리하는 것은 물론이고, Adobe Premiere Pro 및 After Effects와 같은 응용 프로그램과의 정보 교류를 위해서 사용됩니다. 이것은 영상 편집자와 사운드 편집자간의 의견을 및 정보를 교환하며 작업을 진행할 수 있다는 의미입니다. 사운드부스에서 메타데이터 패널은 Window메뉴의 Metadata를 선택하여 열 수 있습니다.

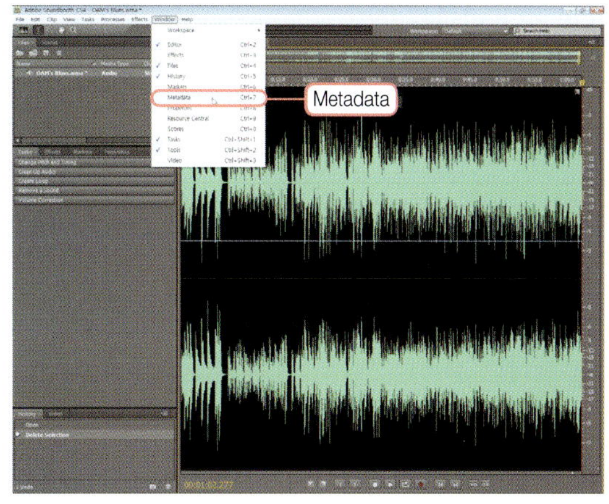

메타데이터 패널은 File, Clip, Speech Transcript의 3가지 항목으로 구성되어 있으며, File과 Clip은 동일한 속성으로 이루어져 있습니다.

File: 파일 항목은 작업중인 사운드의 정보를 표시하거나 입력할 수 있는 항목으로 다른 응용 프로그램과의 정보 교류가 가능합니다.
Clip: 멀티 트랙으로 작업을 할 때는 각 트랙에 속에있는 데이터를 클립으로 취급하며, 선택한 클립의 정보를 표기하거나 입력하는 항목입니다. 이것은 사운드부스에서만 사용되는 정보입니다.
Speech Transcript: 음성이 녹음된 사운드에서 시간과 목소리를 분석하여 글자로 변환시켜 주는 기능입니다. Transcribe 버튼을 클릭하여 창을 열고, 언어와 품질을 선택합니다. 그리고 OK 버튼을 클릭하면 사운드의 음성이 글자로 변환되는 놀라운 기능을 경험할 수 있습니다.

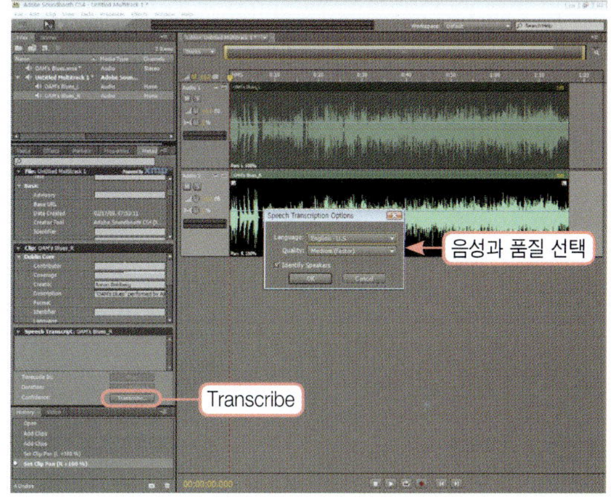

아직 영어밖에 지원을 하고 있지 않지만, 녹음 품질 및 발음 상태에 따라서 완벽하게 글자로 변환됩니다. 이렇게 기록된 글자는 Premiere Pro 및 Encore에서 그대로 사용할 수 있기 때문에 편집이나 검색은 물론이고, 자막으로 사용할 수 있습니다. 그리고 생각을 조금만 발전시키면 영화에서 배우의 목소리를 글자로 변환시켜 영어 학습을 하는 용도로도 응용이 가능합니다. 변환된 글자는 Play 버튼을 클릭하여 재생하거나 Loop playback 버튼을 클릭하여 타임 단위로 반복 재생시킬 수 있습니다.

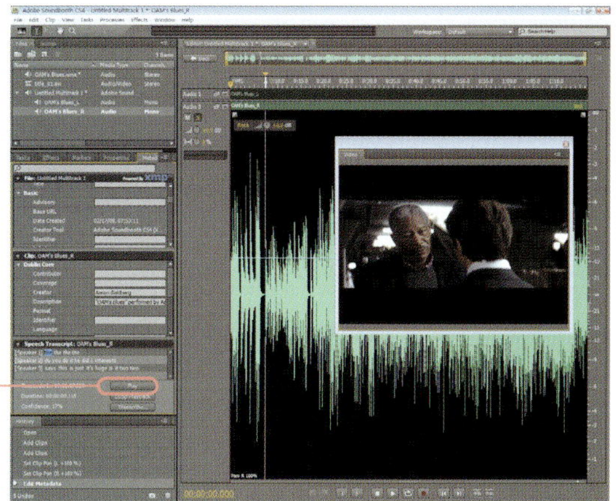

나에게 익숙한
단축키로 변경하기

사운드 편집에 관련된 프로그램을 학습하는 것이 처음이거나 친구나 동료와 함께 사용하는 컴퓨터를 이용하는
경우에는 사운드부스의 기본 단축키를 외워두는 것이 좋습니다. 그러나 집에서 혼자 작업하는 사용자라면,
사운드부스를 사용하기 전에 자신에게 익숙해져 있던 프로그램의 단축키로 변경해서 사용하는 것도 좋은
방법입니다. 단축키가 설정되어 있지 않은 메뉴에 단축키를 설정하거나 이미 설정되어 있는 단축키를 자신에게
익숙한 것으로 바꾸는 방법을 살펴보겠습니다.

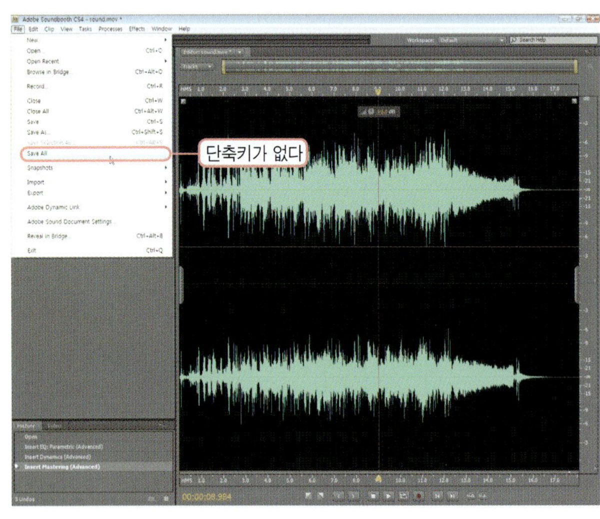

01 작업중인 파일을 모두 저장하는 File
메뉴의 Save All 보면 단축키가 설정되어
있지 않습니다. 그러나 이 기능을 자주 사용하기
때문에 단축키를 만들어 놓고 싶다고 가정하고,
진행하겠습니다. 사운드부스에서 제공하는
기능에 단축키를 부여하거나 변경하는 방법은
모두 동일합니다.

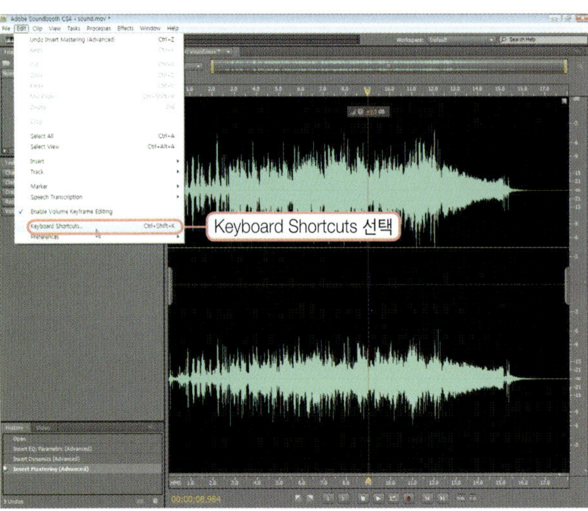

02 단축키를 설정하거나 변경하는 역할의
Edit Keyboard Shortcuts 창은 Edit
메뉴의 Keyboard Shortcuts을 선택하거나
단축키 Ctrl + Shift + K 키를 눌러 열 수 있습니다.

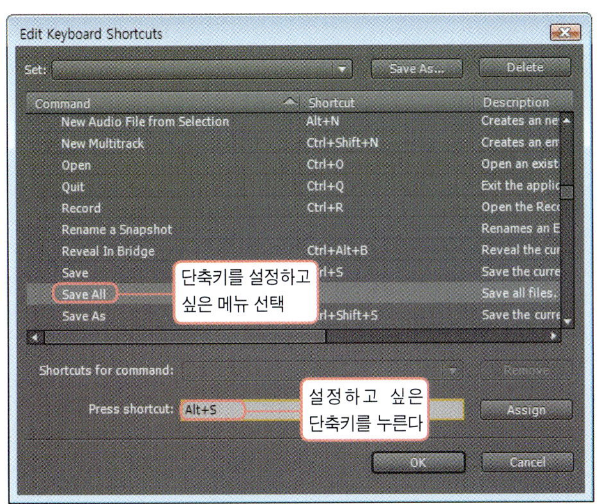

03 Edit Keyboard shortcuts 창에서 File 목록의 Save All을 찾아 선택합니다. Press shortcuts 항목이 선택되어 있는 것을 확인하고, 사용자가 설정하고 싶은 키를 누릅니다. 실습에서는 Alt + S 키를 눌러보겠습니다.

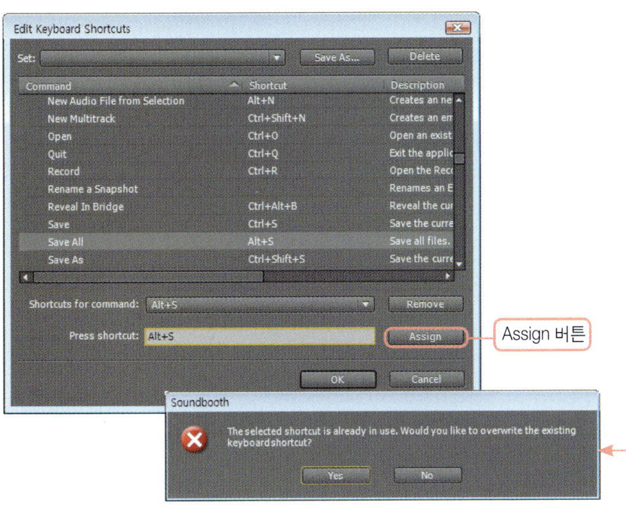

04 Assign 버튼을 클릭합니다. 만일, 다른 메뉴에 설정되어 있는 단축키일 경우에는 경고 창이 열리며, Yes 버튼을 클릭하여 이미 설정되어있던 메뉴의 단축키를 제거하거나 No 버튼을 클릭하여 유지할 수 있습니다.

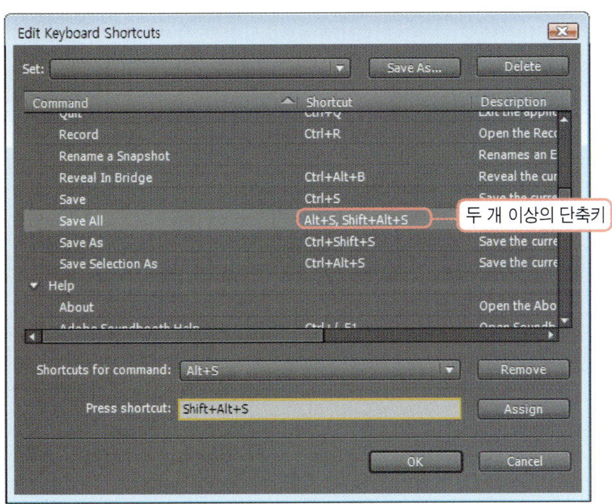

05 Save All에 Alt+S 단축키가 설정 되었습니다. 하나의 메뉴에 두 개 이상의 단축키 설정도 가능합니다. 실습으로 Press shortcuts 항목을 선택하고, Alt + Shift + S 키를 누른 다음에 Assign 버튼을 클릭해 봅니다. Save All 메뉴에 콤마로 구분된 Alt+S와 Alt+Shift+S 키가 등록되는 것을 확인할 수 있습니다.

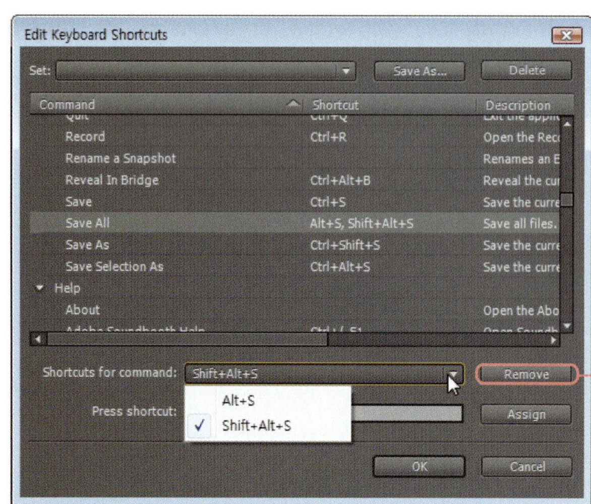

 Remove 버튼은 설정된 단축키를 제거하는 역할입니다. Shortcuts for command 목록을 열어보면, 실습으로 등록했던 Alt+S와 Shift+Alt+S 목록이 있습니다. Shift+Alt+S를 선택하고, Remove 버튼을 클릭하면, Save All 메뉴에서 제거되는 것을 확인할 수 있습니다.

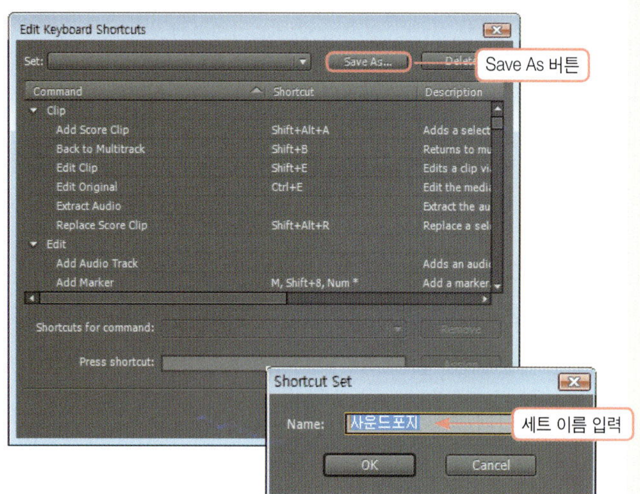

 같은 과정을 반복해서 단축키가 설정되어 있지 않는 메뉴에 단축키를 설정했거나 사운드부스의 단축키를 자신에게 익숙한 것으로 변경을 했다면, Save As 버튼을 클릭하여 하나의 세트로 저장할 수 있습니다.

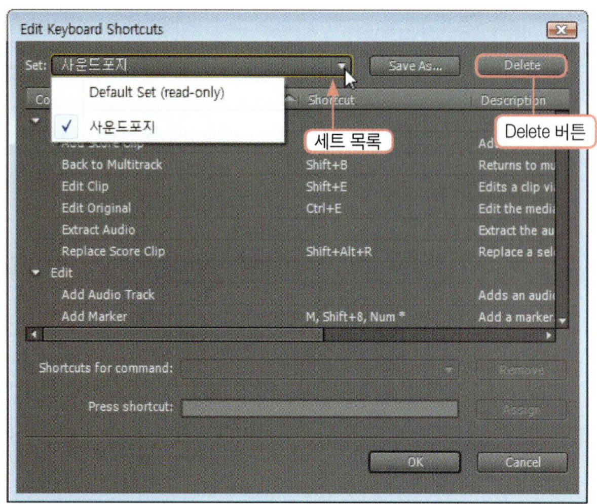

 저장한 세트(Set)는 목록에 등록이 되며, 언제든 Default Set(read-only)를 선택하여 사운드부스의 기본 단축키로 복구할 수 있습니다. Delete 버튼은 사용자가 저장한 세트를 삭제하는 역할입니다.

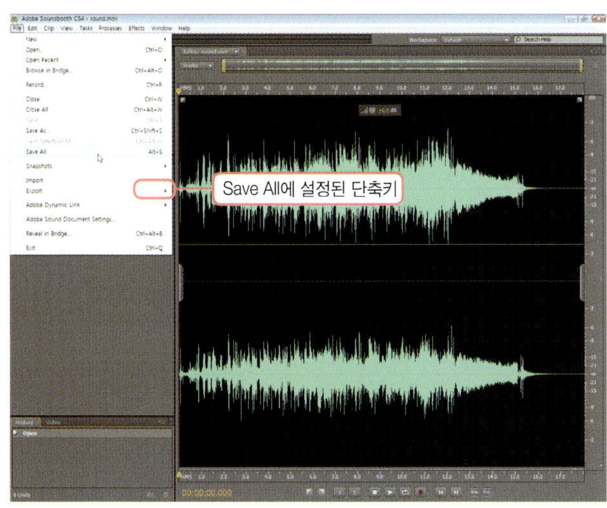

09 OK 버튼을 클릭하여 Edit Keyboard Shortcuts 창을 닫고, File 메뉴의 Save All을 보면, 단축키가 Alt+S로 설정되어 있다는 것을 알 수 있습니다. 즉, 메뉴를 열지 않고, Alt +S 키를 눌러 Save All 기능을 수행할 수 있는 것입니다.

Tip 사운드부스의 기본 단축키

사운드부스에서 가장 많이 사용하는 단축키 목록입니다. 사운드부스에서 제공하는 모든 메뉴의 단축키를 외울 수는 없겠지만, 최소한 다음에 정리한 단축키 정도는 외워두는 것이 좋습니다.

단축키	역할
스페이스바	재생 및 정지
Ctrl+L	반복 재생 On/Off
J 또는 L	왼쪽 또는 오른쪽으로 재생 셔틀 (한 번 더 누르면 속도 증가)
K	임의 재생 정지
H	손 도구 선택
Z	확대/축소 도구 선택
Home	송 포지션 라인을 처음으로 이동
End	송 포지션 라인을 끝으로 이동
=	확대
-	축소
₩	전체 보기로 축소
Shift+S	선택 영역으로 확대
Shift+Q	한 지점을 중심으로 선택 영역 확대
Shift+W	한 지점을 중심으로 선택 영역 축소
따옴표 (`) 키	선택 패널을 화면 가득히 채우거나 복구
T	시간 선택 도구 선택
F	주파수 선택 도구 선택
R	사각형 선택 윤곽 도구 선택
G	올가미 도구 선택
Ctrl+U	오디오 글리치 자동 정리
Ctrl+T	묵음 삽입
M 또는 별표(*) 키	마커 삽입
Ctrl+Shift+E	랙에 최근 효과 추가
왼쪽 또는 오른쪽 화살표	이전 또는 다음 키프레임 선택
Shift+왼쪽 또는 오른쪽 화살표	여러 키프레임 선택
위쪽 또는 아래쪽 화살표	매개 변수 값 조정
Alt+왼쪽 또는 오른쪽 화살표	시간 위치 조정

Soundbooth CS4

PART 03

편집 기능 익히기

사운드를 자르고, 붙이는 등의 기본적인 편집 방법을 살펴봅니다. 사운드를 편집하는

기법들은 매우 간단하지만, 실수를 줄이기 위해서는 각각의 편집 기능에 익숙해질 정도의

반복 실습이 필요합니다.

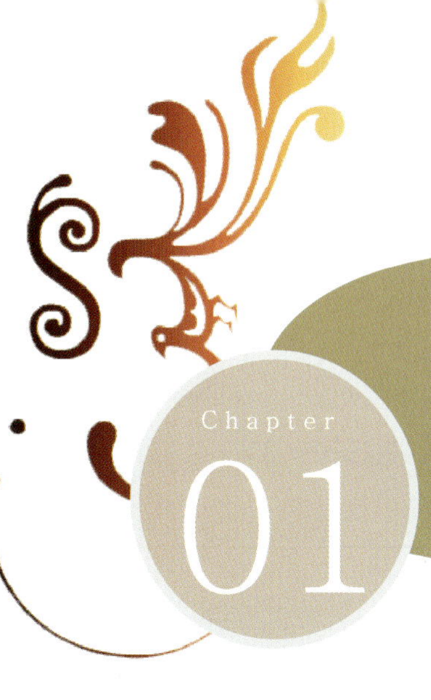

Chapter 01

트림과 크롭 작업

사운드 편집의 기본은 필요 없는 부분을 잘라내는 것입니다. 그 중에서 가장 많이 사용하는 것이 트림과 크롭 작업입니다. 트림은 사운드의 앞부분이나 뒷부분에서 필요 없는 구간을 잘라내는 작업이며, 크롭은 사용자가 원하는 구간을 제외한 나머지 구간을 잘라내는 작업입니다. 결과는 비슷하지만, 작업 상황이나 목적에 따라서 적절히 사용할 수 있도록 두 가지 기능을 모두 알아둘 필요가 있습니다. 그 외 영상 사운드 작업에서 많이 사용하는 Silence 기능도 함께 알아보겠습니다.

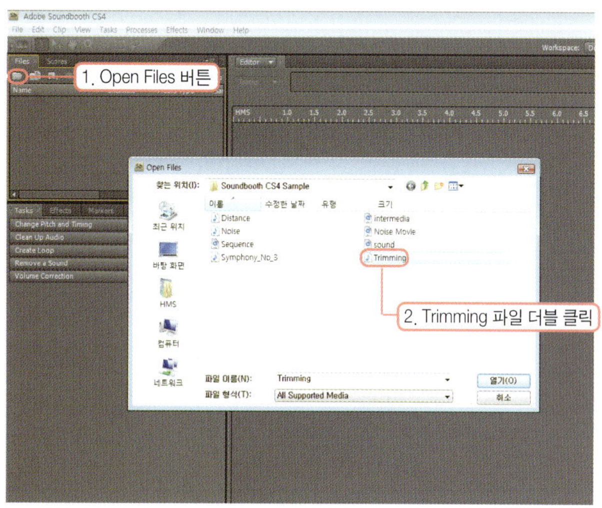

01 파일 패널의 Open Files 버튼을 클릭하여 창을 열고, 부록 CD의 Soundbooth CS4 Sample 폴더에서 Trimming 파일을 더블 클릭하여 불러옵니다.

가·정·교·사

파일은 파일 패널의 빈 공간을 더블 클릭하거나 [Ctrl]+[O]키를 눌러 불러와도 좋습니다.

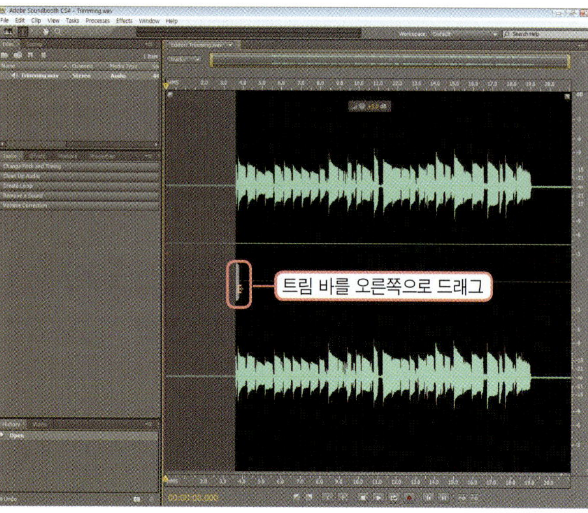

02 Space bar 키 또는 트랜스포트의 재생 버튼을 클릭하여 사운드를 모니터 해보면, 앞/뒤로 약간의 잡음이 유입된 공백이 있습니다. 시작 위치의 트림 바를 오른쪽으로 드래그하여 사운드 앞 부분의 공백을 제거해봅니다.

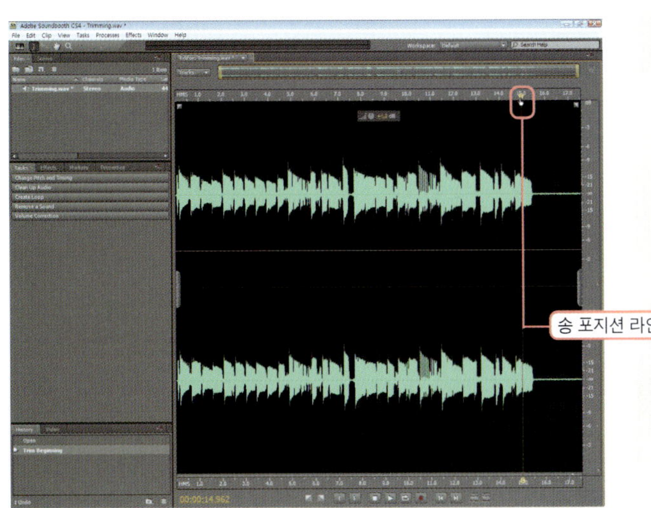

03 매우 간단한 동작으로 사운드 앞부분의 공백을 제거할 수 있었습니다. 이번에는 송 포지션 라인을 드래그하여 사운드가 끝나는 부분의 조금 앞에 위치합니다. 그리고 Space bar 키를 눌러 사운드를 재생하고, 사운드가 끝나면, Space bar 키를 눌러 정지합니다.

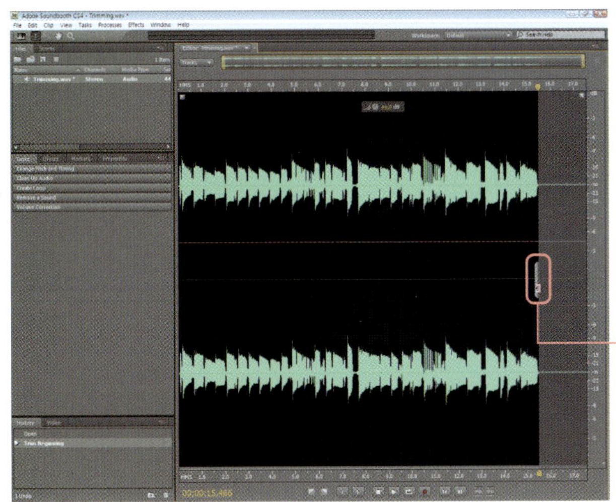

04 사운드를 재생하면서 편집할 위치를 찾는 연습은 매우 중요합니다. 오른쪽 끝 부분의 트림 바를 송 포지션 라인이 있는 위치까지 왼쪽으로 드래그합니다. 송 포지션 라인에 다가갔을 때, 달라붙는 느낌이 있을 텐데, 이것이 정확한 편집을 위한 스냅 기능입니다.

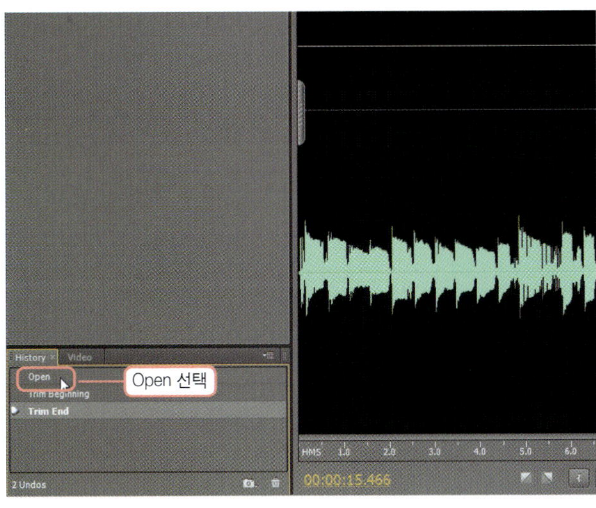

05 가장 흔하게 사용하는 트림 작업이었습니다. 이번에는 선택한 구간만 남기는 크롭 작업으로 같은 결과를 만들어 보겠습니다. 히스토리 패널을 보면, 지금까지의 작업이 기록되어 있습니다. Open을 선택하여 모든 작업을 취소하고 파일을 불러왔던 상태로 복구합니다.

가·정·교·사

[Ctrl]키를 누른 상태에서 [Z]키를 두 번 눌러 앞/뒤 트림 작업을 취소해도 좋습니다.

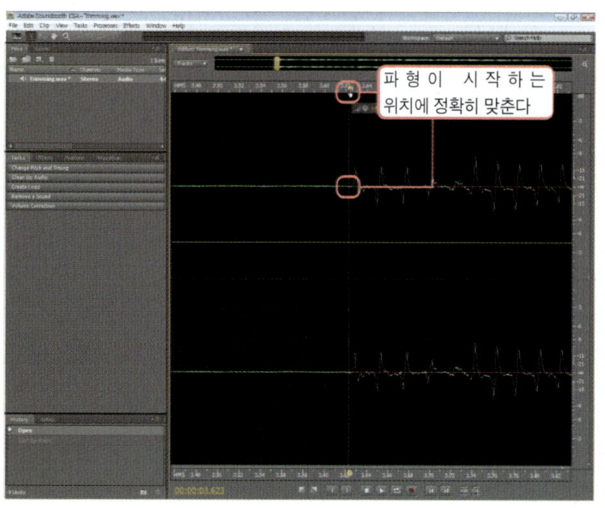

06 송 포지션 라인을 사운드가 시작하는 부분에 가져다 놓고, + 키를 눌러 작업 공간을 확대합니다. 그리고 송 포지션 라인을 파형이 시작하는 위치에 정확하게 맞춥니다. 좀 더 정확한 편집을 위해서는 작업 공간을 확대/축소하는 경우가 많습니다.

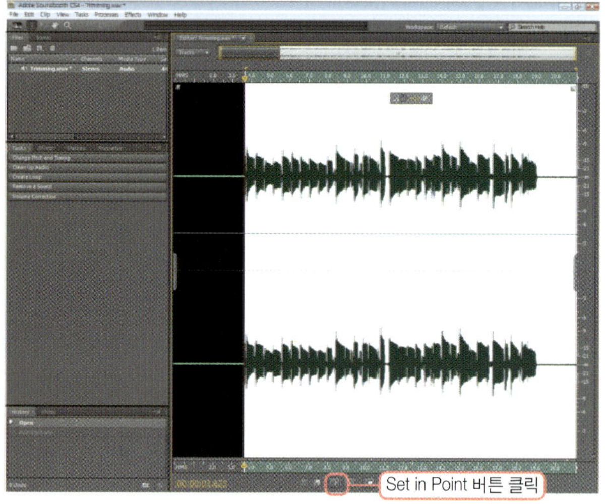

07 ₩ 키를 눌러 전체 파형이 보이도록 작업 공간을 조정합니다. 그리고 Set in Point 버튼을 클릭하거나 I 키를 눌러 송 포지션 라인 위치에서부터 끝 부분까지 선택되도록 합니다.

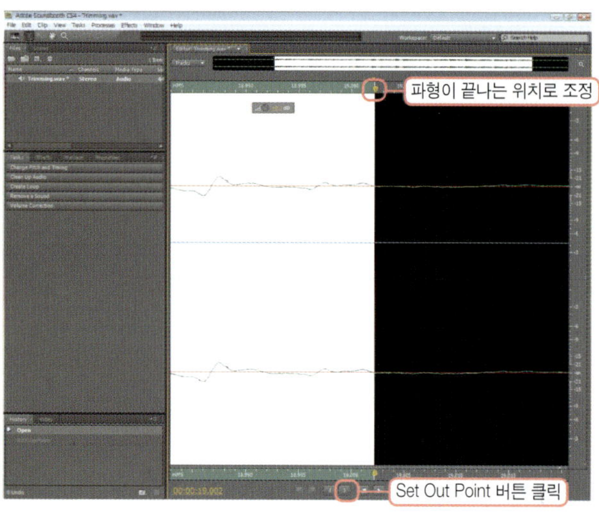

08 송 포지션 라인을 파형이 끝나는 부분으로 드래그한 후에 + 키를 눌러 확대하고, 송 포지션 라인을 좀 더 정확한 위치로 조정합니다. 그리고 Set Out Point 버튼을 클릭하여 Set in Point 위치에서부터 송 포지션라인 위치까지의 파형이 선택되도록 합니다.

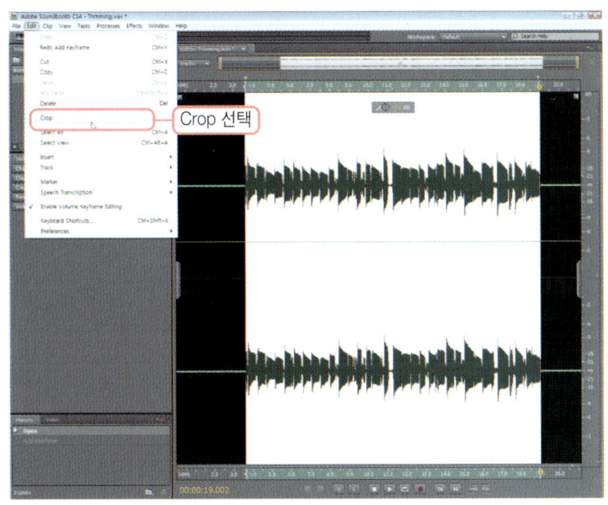

09 W 키를 눌러 전체 파형이 보이도록 조정하고, Edit 메뉴의 Crop를 선택합니다. 선택한 구간을 제외한 나머지 구간이 제거되는 크롭 작업입니다. 트림과 크롭 작업은 대부분 같은 결과를 만들기 위한 기능이므로, 상황에 따라 적절한 것을 이용합니다.

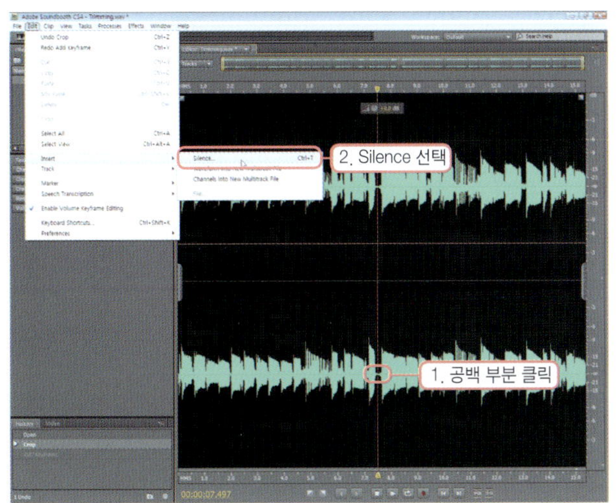

10 공백을 제거하는 작업과 반대로 공백을 삽입하는 작업도 가능합니다. 트림 및 크롭 작업이 끝난 실습 파일에서 사운드 중간 위치에 약간의 틈이 있는 약 7.5초 부근을 클릭하여 송 포지션 라인을 가져다 놓습니다. 그리고 Edit 메뉴의 Insert에서 Silence를 선택하거나 단축키 Ctrl + T 를 누릅니다.

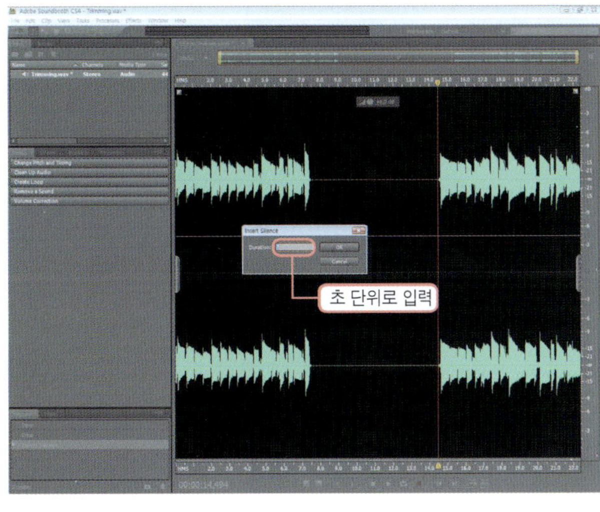

11 어느 정도 길이의 공백을 삽입할 것인지를 묻는 Inset Silence 창이 열립니다. Duration 항목에 원하는 길이를 초 단위로 입력하고, OK 버튼을 클릭하면, 송 포지션 라인이 있는 위치에서부터 Duration에 입력한 길이만큼 공백이 삽입되는 것을 확인할 수 있습니다. 실습에서는 7초 길이의 공백을 삽입하고 있습니다.

이동과 복사 작업

사운드부스는 그래픽 프로그램을 다루듯이 사운드의 일부분을 다른 시간 위치로 이동시키거나 복사하는 작업이 가능합니다. 뮤지션의 경우에는 샘플 소스에서 특정 범위를 잘라내고, 복사하여 자신이 만드는 음악에 어울리는 소스로 만드는 경우가 많으며, 영상 편집자 역시 효과 사운드를 골라낼 때, 이동과 복사 기능은 자주 사용하는 기능입니다. 두 가지 모두 사용법은 간단하지만, 자연스러운 연결을 만들기 위해서는 오랜 경험이 필요한 기법이기도 합니다.

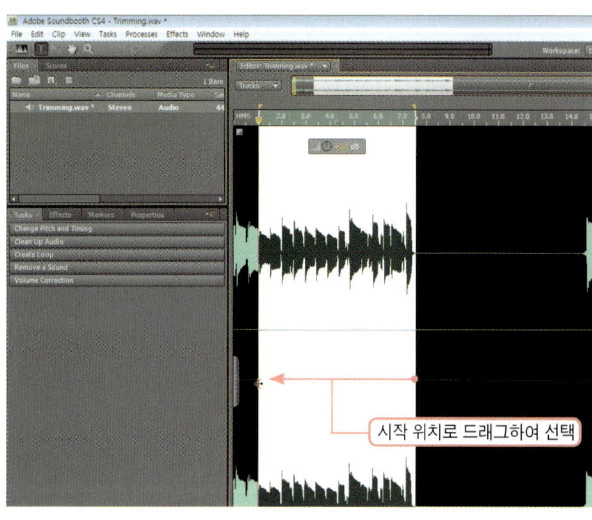

01 특정 부분을 잘라내서 다른 위치에 붙이는 이동 작업을 해보겠습니다. 트림과 크롭 작업이 끝난 실습 파일에서 사운드의 앞 부분을 마우스 드래그로 선택합니다. 시작 부분을 클릭하기 어렵다면, 끝 부분에서 왼쪽으로 드래그하는 방법을 이용합니다.

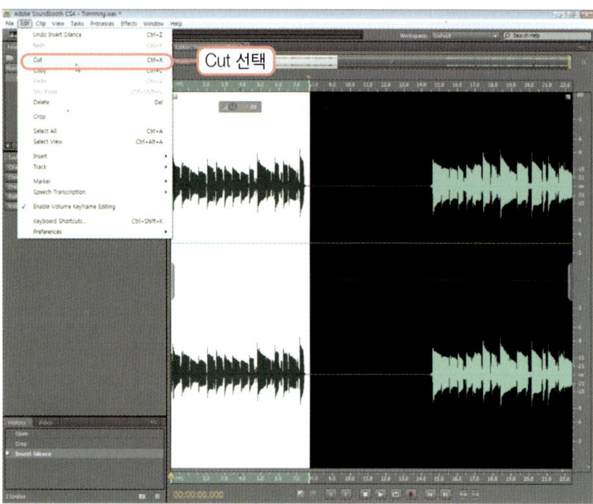

02 Edit 메뉴의 Cut이나 Ctrl+X 키를 눌러 선택한 구간을 잘라냅니다. 이동과 복사 명령에 사용하는 단축키는 자주 사용하는 것들이므로, 꼭 외워두기 바랍니다.

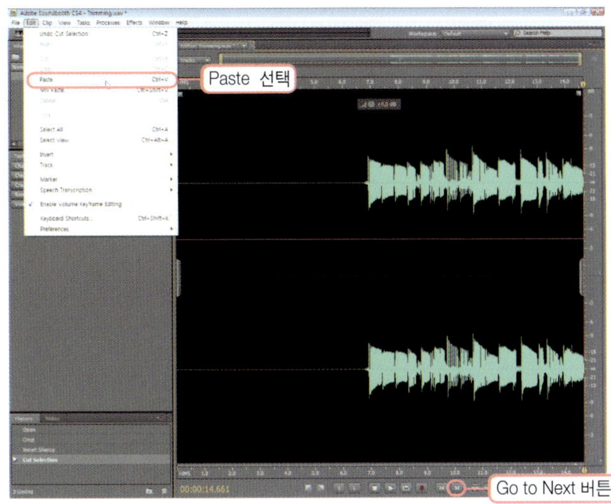

03 Go to Next 버튼을 클릭하거나 End 키를 눌러 송 포지션 라인을 맨 끝 부분에 위치시킵니다. 그리고 Edit 메뉴의 Paste를 선택하거나 Ctrl+V 키를 누릅니다. 앞에서 잘라낸 사운드가 송 포지션 라인이 있는 위치에 붙여지는 것을 확인할 수 있습니다.

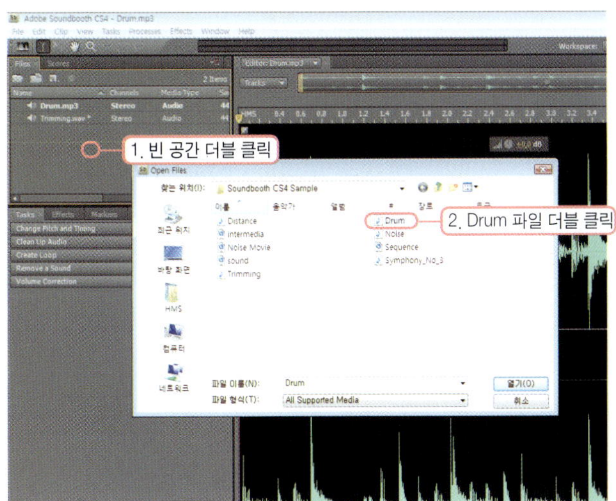

04 파일 패널의 빈 공간을 더블 클릭하여 Open Files 창을 열고, 부록 CD의 Soundbooth CS4 Sample 폴더에서 Drum 파일을 찾아 더블 클릭하여 불러옵니다.

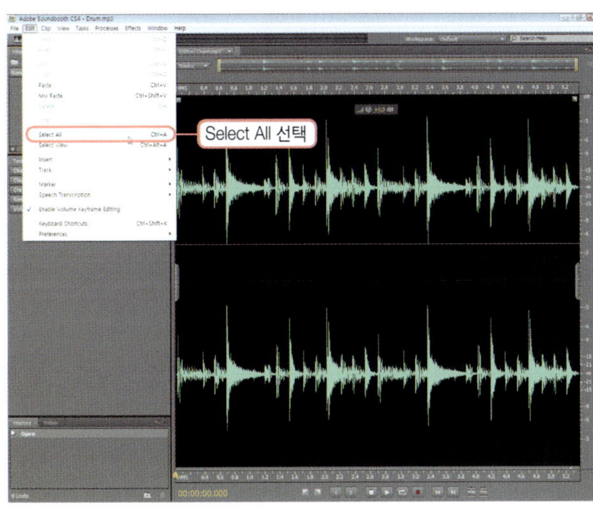

05 에디터 패널에 드럼 사운드가 자동으로 열립니다. Edit 메뉴의 Select All을 선택하거나 Ctrl+A 키를 눌러 전체 사운드를 선택합니다.

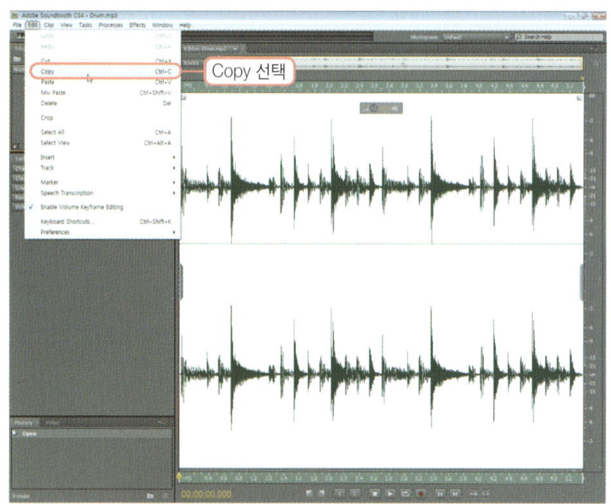

06 전체 사운드가 선택되면, Edit 메뉴의 Copy를 선택하거나 Ctrl+C 키를 눌러 선택된 구간을 복사합니다. 선택한 구간을 잘라내는 Cut에서와 같이 화면의 변화는 없지만, 컴퓨터가 기억을 하고 있게 됩니다.

가·정·교·사

Cut이나 Copy 메뉴를 실행하면 선택한 구간을 컴퓨터가 기억하고 있게되며, 기억되는 공간을 클립 보드라고 합니다.

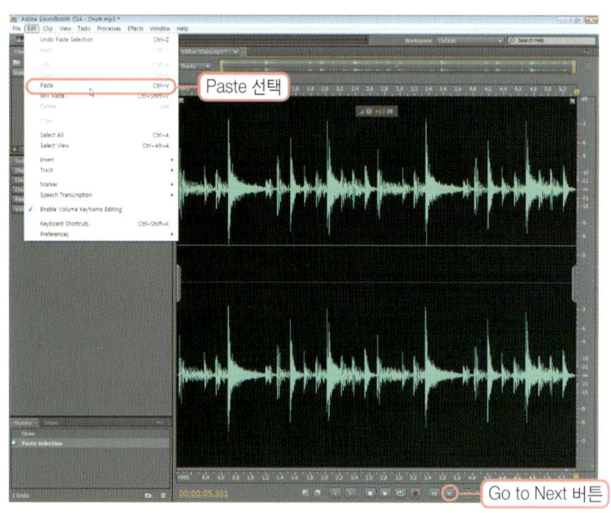

07 Go to Next 버튼을 클릭하거나 End 키를 눌러 송 포지션 라인을 사운드의 끝 부분으로 이동시킵니다. 그리고 이동 명령에서와 동일하게 Edit 메뉴의 Paste를 선택하거나 Ctrl +V 키를 누릅니다.

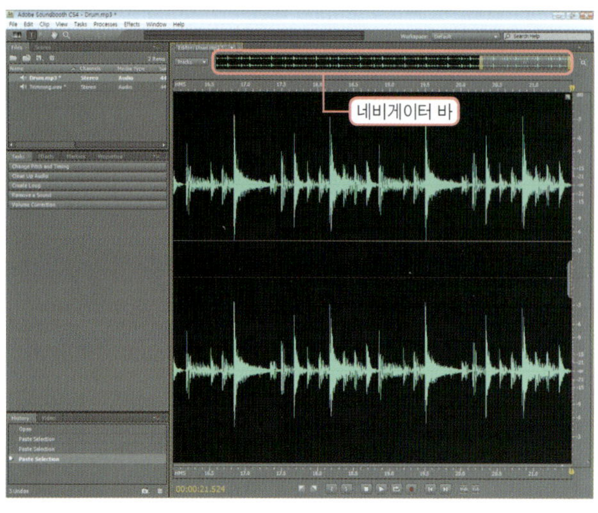

08 컴퓨터 클립보드에 기억된 내용은 다른 Cut이나 Copy 작업을 하기 전까지 계속 남아있습니다. Ctrl 키를 누른 상태에서 V 키를 3번 누릅니다. 즉, 3번을 더 반복해서 붙이는 것입니다. 네비게이터 바를 보면, V 키를 누를 때마다 길이가 늘어나는 것을 확인할 수 있습니다.

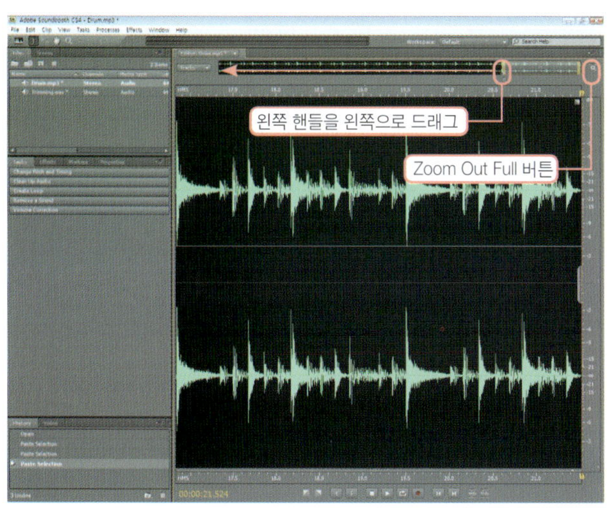

09 네비게이터 바의 왼쪽 핸들을 시작 위치까지 드래그하거나 Zoom Out Full 버튼을 클릭하여 전체 파형이 보이도록 조정합니다. 사운드를 총 4번 복사했으므로, 길이가 4배로 늘어난 것을 확인할 수 있습니다. 계속해서 믹스 작업을 살펴보겠습니다. V+A 키를 눌러 전체 사운드를 선택하고, V+C 키를 눌러 복사합니다.

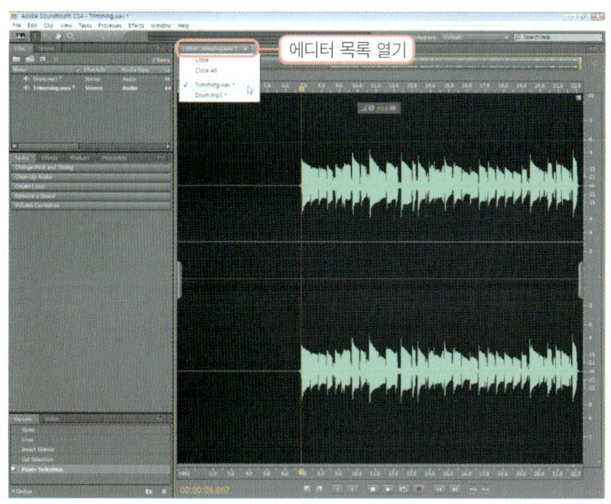

10 에디터 패널의 목록을 클릭하여 열고, Trimming.MP3 파일을 선택합니다. 그리고 송 포지션 라인을 드래그하여 사운드의 시작 위치 부근에 가져다 놓고, 파형이 정밀하게 보이도록 + 키를 눌러 확대합니다.

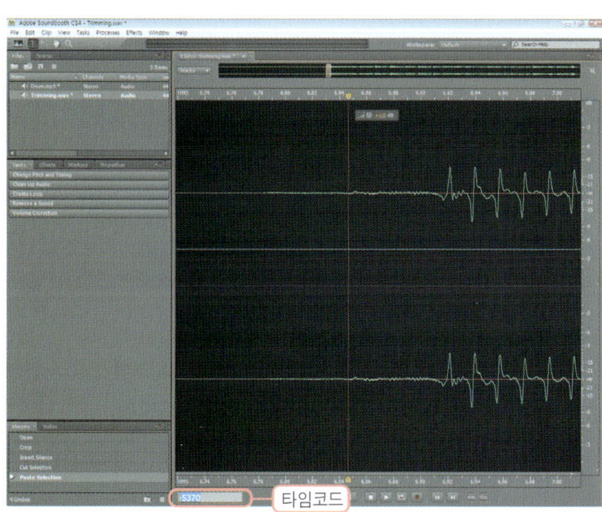

11 파형의 시작 위치를 정밀하게 찾을 수 있을 정도로 + 키로 확대한 다음에 송 포지션 라인을 정확한 위치에 가져다 놓습니다. 그리고 타임코드를 클릭하여 −5370을 입력합니다. 송 포지션 라인을 현재 위치에서 사운드의 앞 부분으로 5.37초 만큼 이동시키는 것입니다.

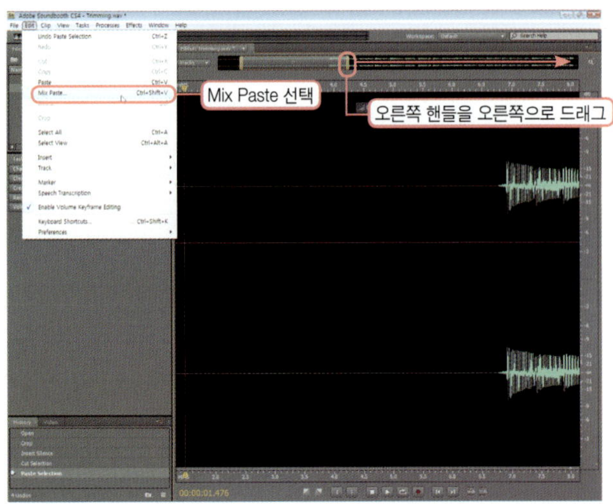

12 네비게이터 바의 오른쪽 핸들을 오른쪽으로 드래그하거나 ₩ 키를 눌러 전체 사운드가 보이도록 확대합니다. 그리고 Mix Paste를 선택하거나 Ctrl + Shift + V 키를 누릅니다.

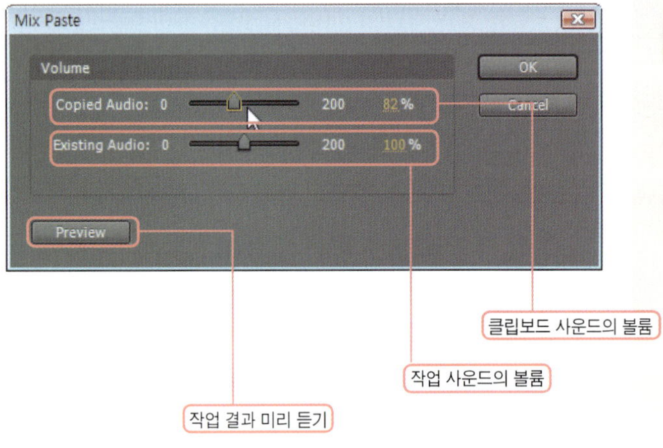

13 앞에서 복사한 사운드(Copied Audio)를 작업 중인 사운드(Existing Audio)와 얼마만큼의 비율로 섞을 것인지를 설정할 수 있는 Mix Paste 창이 열립니다. Copied Audio 슬라이드를 왼쪽으로 드래그하여 80% 정도로 줄입니다. Preview 버튼을 클릭하면 작업 결과의 사운드를 미리 들어볼 수 있습니다.

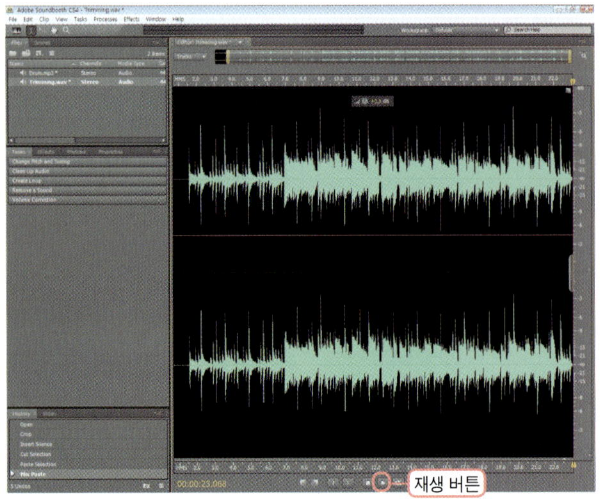

14 재생 버튼을 클릭하거나 Space bar 키를 눌러 사운드를 모니터 해보면, 드럼 사운드와 베이스 사운드가 믹스된 것을 들을 수 있습니다. 물론, 사운드부스는 멀티 트랙 기능을 제공하기 때문에 두 개 이상의 사운드를 믹스할 때, Mix Paste 기능을 이용할 경우는 드물겠지만, 사용자 목소리를 녹음하고, 배경 음악을 넣는 간단한 목적으로 응용할 수 있길 바랍니다.

페이드 인/아웃 작업

사운드가 점점 커지게 하는 효과를 페이드 인(Fade-In)이라고 하며, 점점 작아지게 하는 효과를 페이드 아웃(FadeOut)이라고 합니다. 그리고 페이드 인과 페이드 아웃이 겹쳐서 앞의 사운드가 점점 작아지고, 뒤에 사운드가 점점 커지게 하는 효과를 크로스 페이드(Cross Fade)라고 합니다. 사운드부스는 많은 부분들이 다른 디지털 편집 프로그램보다 편하고 쉽게 사용할 수 있도록 하고 있는데, 페이드 인/아웃 효과를 만드는 것이 대표적입니다.

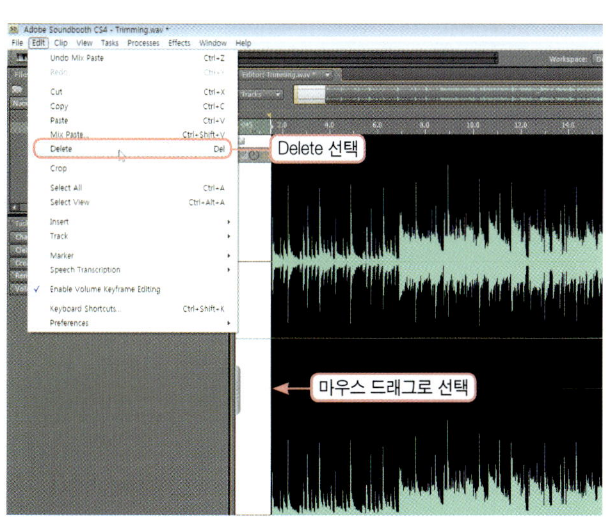

01 앞의 믹스 작업이 끝난 실습 파일에서 W 키를 눌러 전체 사운드가 보이게 확대하면, 앞 부분에 약간의 공백이 있습니다. 이 부분을 마우스로 드래그하여 선택합니다. 그리고 Edit 메뉴의 Delete를 선택하거나 단축키 Delete 키를 눌러 삭제합니다.

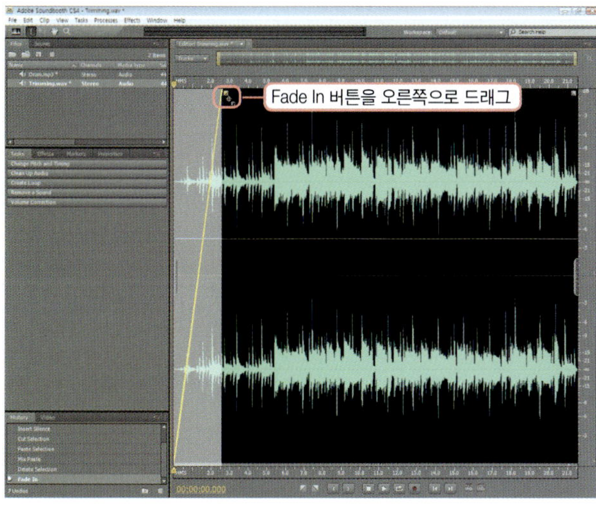

02 에디터 패널 작업 공간의 왼쪽 상단에 보면, Fade In 버튼이 있습니다. 이것을 오른쪽으로 드래그하여 사운드가 작아졌다가 점점 커지는 페이드 인 효과를 만듭니다. 길이는 한 마디 정도가 적당한데, '마디'라는 음악 용어를 모른다면, 약 2.7초 지점까지 드래그하면 됩니다.

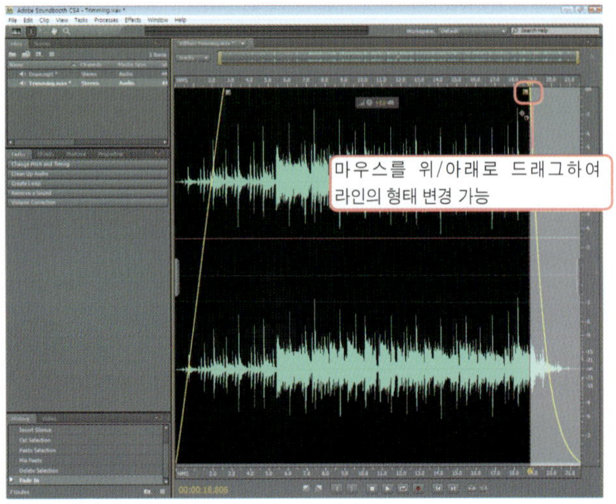

03 소리가 점점 작아지는 효과인 페이드 아웃도 같은 방법으로 연출합니다. 에디터 패널 오른쪽 상단에 보이는 Fade Out 버튼을 왼쪽으로 한 마디 정도(18초 위치)드래그합니다. 마우스를 놓기 전에 아래쪽이나 위쪽으로 드래그하면 페이드 아웃 곡선을 변화시킬 수 있습니다.

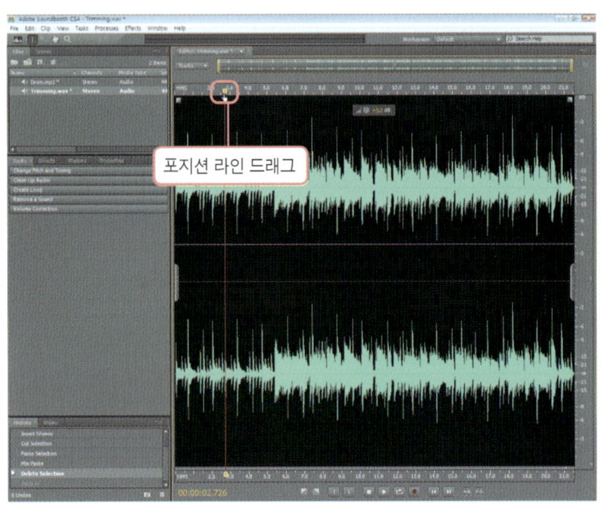

04 이번에는 위치를 먼저 정해놓고, 페이드 인/아웃 효과를 만들어보겠습니다. Ctrl 키를 누른 상태에서 Z 키를 두 번 눌러 마우스 드래그로 만든 페이드 인/아웃 효과를 취소합니다. 그리고 송 포지션 라인을 드래그하여 한 마디가 연주된 위치의 2.7초 부근에 가져다 놓습니다.

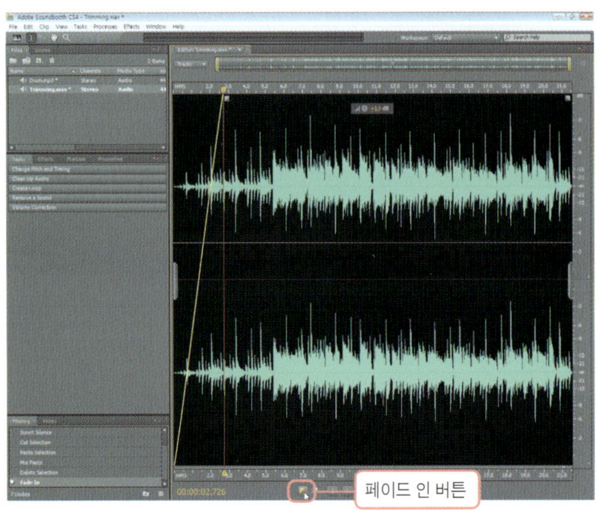

05 트랜스포트에서 페이드 인 버튼을 클릭하거나 Ctrl + D 키를 누릅니다. 사운드의 시작 위치에서부터 송 포지션 라인이 있는 위치까지 사운드가 점점 커지는 페이드 인 효과가 만들어집니다.

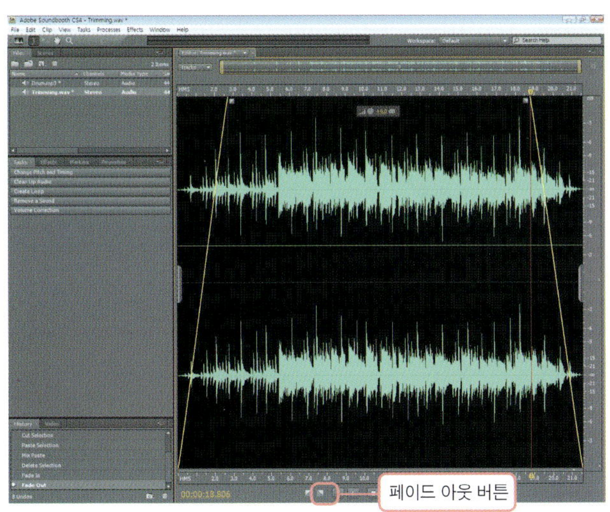

06 페이드 아웃도 마찬가지 입니다. 송 포지션 라인을 18초 부근으로 이동시키고, 트랜스포트 패널의 페이드 아웃 버튼을 클릭하거나 Ctrl + Shift + D 키를 눌러 송 포지션 라인이 있는 위치에서부터 사운드의 끝까지 사운드가 점점 작아지는 페이드 아웃 효과를 만듭니다.

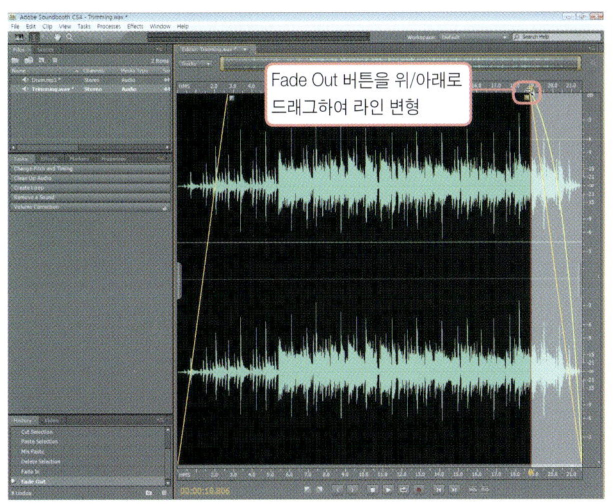

07 트랜스포트의 페이드 인/아웃 버튼으로 만든 라인을 변화시키고 싶을 때는 에디터 패널의 페이드 인과 아웃 버튼을 위/아래로 드래그하면 됩니다. 페이드 인/아웃 버튼을 드래그하여 만들 때는 라인의 형태를 동시에 조정할 수 있다는 장점이 있고, 트랜스포트 패널의 페이드 인/아웃 버튼은 정확한 위치에 만들 수 있다는 장점이 있는 것입니다.

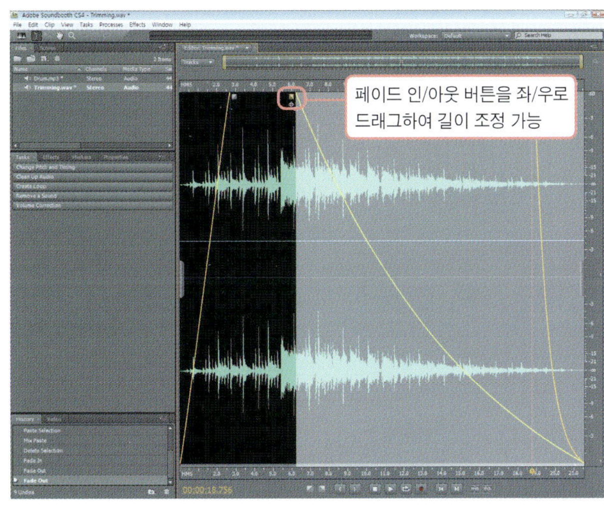

08 만들어놓은 페이드 인/아웃 길이는 에디터 패널의 페이드 인/아웃 버튼을 좌/우로 드래그하여 조정할 수 있습니다. 사운드를 점점 크게 하거나 작게 하는 페이드 인/아웃 기능은 많이 사용하는 기법이므로 꼭 기억을 해두기 바랍니다.

Soundbooth CS4

PART 04

프로세스 기능 익히기

영상 촬영을 할 때 녹음된 여러 배우의 목소리를 한 번에 일치시키거나 마스터 CD 담길

곡의 볼륨을 한 번에 일치시키는 등, 다른 툴에 비해서 사용법은 쉽고, 결과는 월등이

뛰어난 사운드부스의 프로세스 기능을 살파봅니다.

볼륨 최적화 작업

사운드부스는 다양한 볼륨 프로세스 기능을 제공합니다. 사운드의 특정 범위 및 전체 볼륨을 조정하는 단순한 기능에서부터 여러 트랙의 볼륨을 한 번에 일치시키거나 여러 곡의 볼륨을 한 번에 일치시키는 등의 작업이 가능합니다. 프리미어를 이용해서 영상을 제작하는 경우라면, 서로 다른 볼륨으로 녹음된 배우의 목소리 한번에 일치시킬 수 있고, 마스터 CD 제작을 위한 뮤지션이라면, 한 장의 CD에 담길 여러 곡을 자신이 원하는 가이드 음악에 맞추어 일치 시킬 수 있는 것입니다.

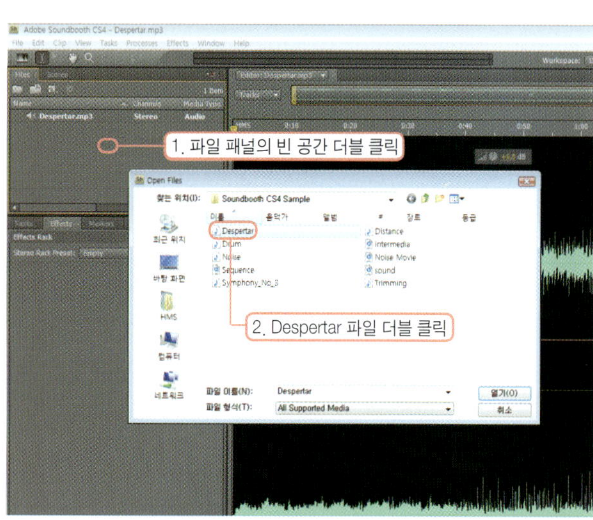

01 파일 패널의 빈 공간을 더블 클릭하여 Open Files 창을 열고, 부록 CD의 Soundbooth CS4 Sample 폴더에서 Despertar 파일을 더블 클릭하여 불러옵니다.

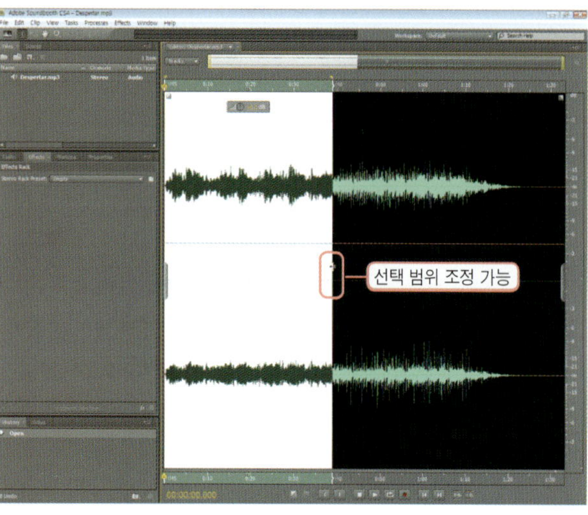

02 사운드의 볼륨을 일부분만 조정할 때는 에디터 패널의 볼륨 아이콘을 이용하는 것이 편리합니다. 샘플에서 파형이 조금 작은 앞부분을 마우스 드래그로 선택합니다. 선택한 부분의 시작과 끝 위치를 드래그하여 범위를 조정할 수 있습니다.

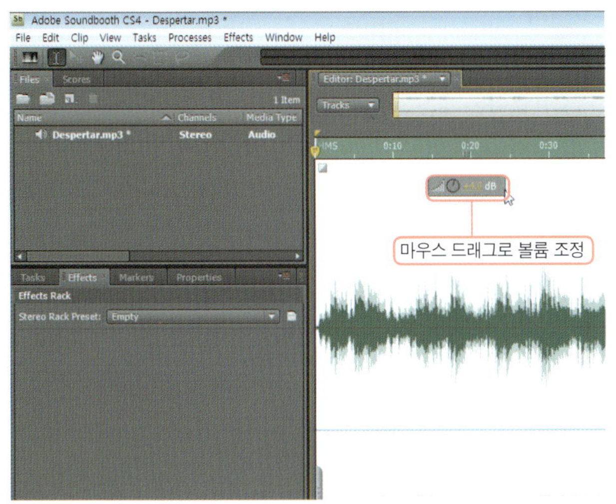

03 에디터 패널에 떠있는 볼륨 아이콘에서 +0.0dB이라고 표시된 부분을 오른쪽으로 드래그하여 볼륨을 올리거나 왼쪽으로 드래그하여 내릴 수 있습니다. 오른쪽의 파형과 비슷한 높이가 되도록 선택한 범위를 약 +2.5dB 정도 높입니다. 볼륨을 조정할 때는 파형의 크기가 변하는 것을 확인할 수 있습니다.

가·정·교·사

볼륨 아이콘에서 숫자(0.0dB)가 없는 부분을 드래그하면, 아이콘의 위치가 조정됩니다.

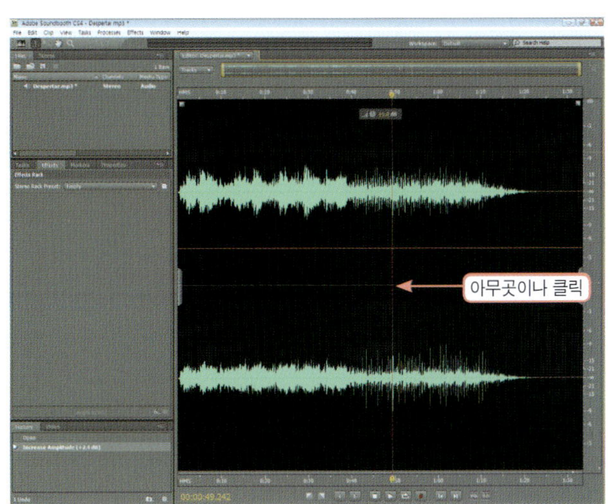

04 사운드 전체 볼륨을 조정할 때는 Louder나 Normalize와 같은 프로세스 기능을 이용합니다. 각각의 차이점을 이해하기 위한 실습을 해보겠습니다. 작업 공간의 아무 곳이나 클릭을 하여 선택을 해제합니다.

가·정·교·사

선택된 범위가 있을 경우에는 선택한 범위에만 프로세스가 적용됩니다.

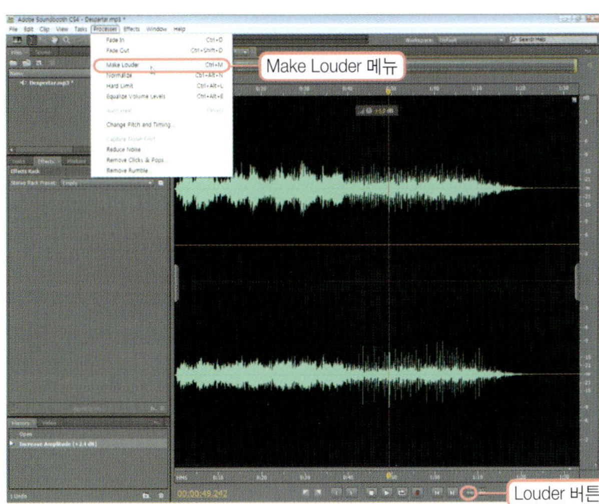

05 먼저 Processes 메뉴의 Make Louder를 선택하거나 트랜스포트의 Louder 버튼을 클릭합니다. 전체 사운드의 평균 레벨을 자동으로 검색하고, 최대 레벨을 −0.3dB까지 올려줍니다.

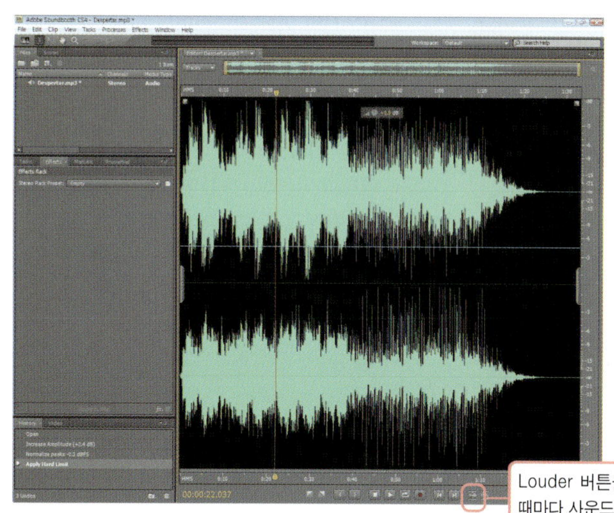

06 다시 한 번 Processes 메뉴의 Make Louder를 선택하거나 Louder 버튼을 클릭하여 프로세스를 반복해봅니다. 이미 최대 볼륨이 −0.3dB이지만, 나머지 사운드의 평균 값을 검색하여 레벨을 올려줍니다. Make Louder을 반복할수록 −0.3dB 이하의 사운드가 커지는 것입니다.

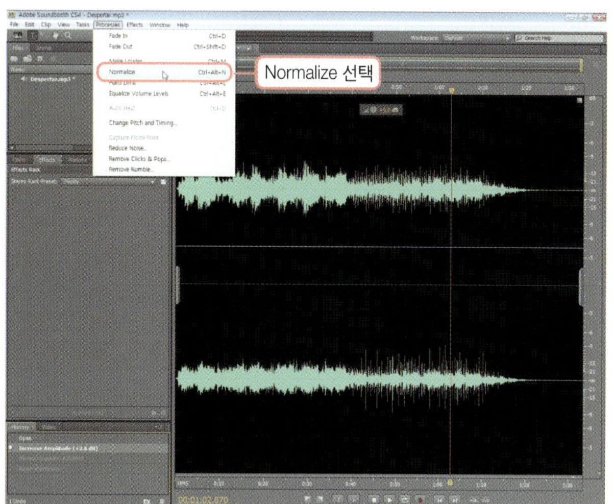

07 Louder 프로세스를 적용한 수만큼 `Ctrl` 키를 누른 상태에서 `Z` 키를 눌러 취소합니다. 그리고 이번에는 Processes 메뉴의 Normalize를 선택합니다. 첫 번째 결과는 Make Louder와 동일하게 최대 레벨이 −0.3dB 되도록 전체 사운드가 커집니다.

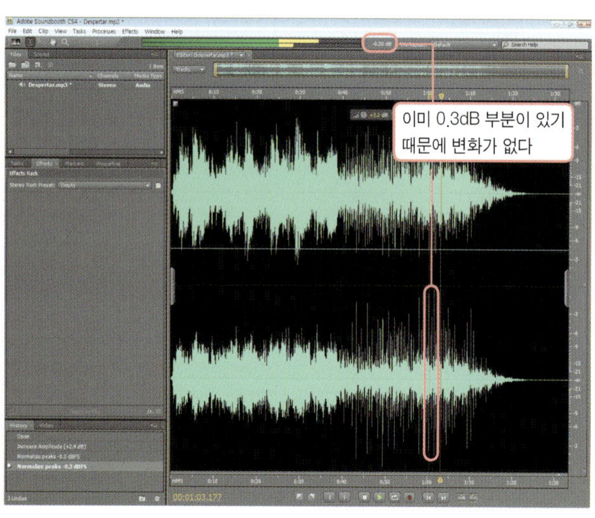

08 이번에도 다시 한번 Processes 메뉴의 Normalize를 선택하거나 `Ctrl`+`Alt`+`N` 키를 눌러 프로세스를 적용해봅니다. 노멀라이즈는 최대 레벨을 기준으로 작동하기 때문에 프로세스를 반복해도 변화가 없습니다. 이것이 Make Louder 와의 차이점입니다.

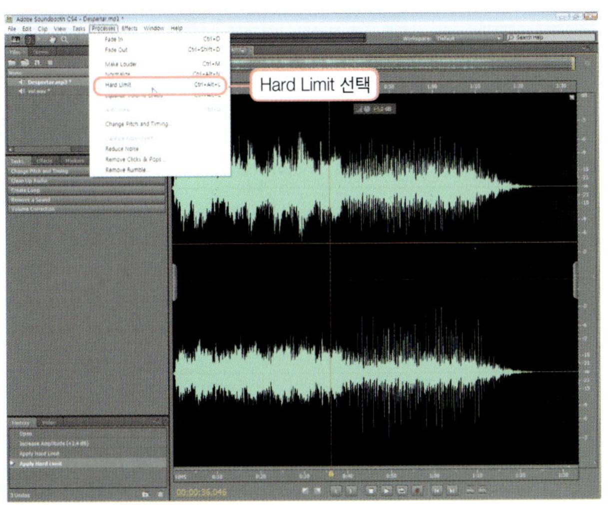

09 사운드부스는 볼륨을 컨트롤 할 수 있는 기능이 몇 가지 더 있습니다. Ctrl + Z 를 눌러 노멀라이즈의 적용을 취소합니다. 그리고 Processes 메뉴의 Hard Limit를 선택합니다. 전체 사운드가 두 배로 커지게 됩니다. Hard Limit 역시 반복 적용이 가능합니다.

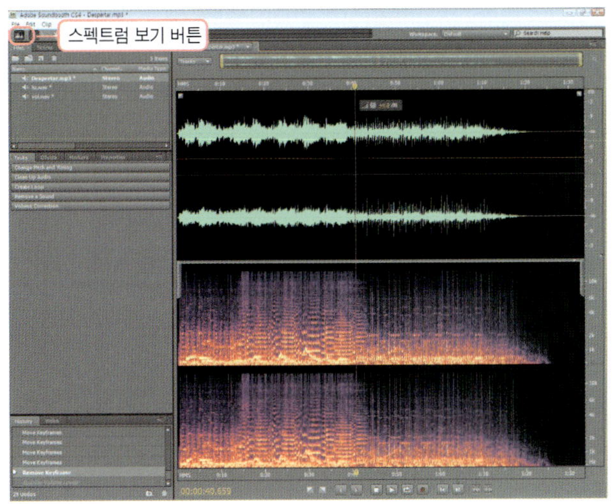

10 사운드부스에서 제공하는 볼륨 컨트롤 기능 중에서 가장 눈에 띄는 것은 Equalize Volume Levels입니다. 이것은 사운드 전체 주파수를 검색하여 주파수의 레벨을 평균화 시키는 기능입니다. 변화를 눈으로 확인하기 위해서 도구 모음 줄의 스펙트럼 보기 버튼을 클릭합니다.

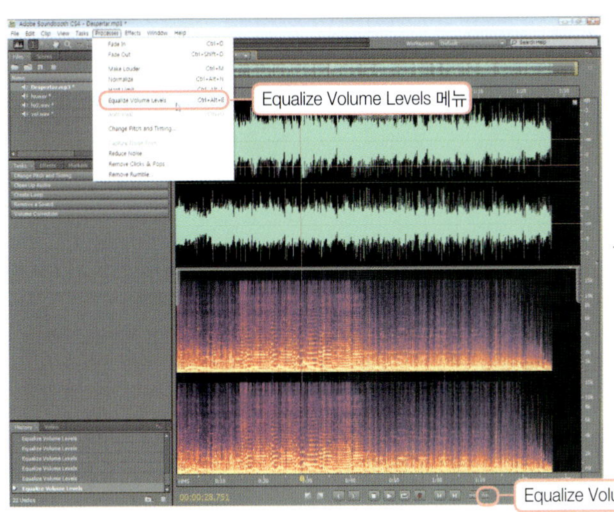

11 전체적으로 고 음역이 부족한 사운드라는 것을 알 수 있습니다. Processes 메뉴의 Equalize Volume Levels를 선택하거나 트랜스포트의 Equalize Volume Levels 버튼을 클릭해 봅니다. 부족한 고 음역이 증가되는 것을 확인할 수 있습니다. 지금까지의 볼륨 프로세스 능을 과도하게 사용하면, 사운드가 왜곡되거나 답답해질 수 있으므로, 반복적인 사용은 권장하지 않습니다.

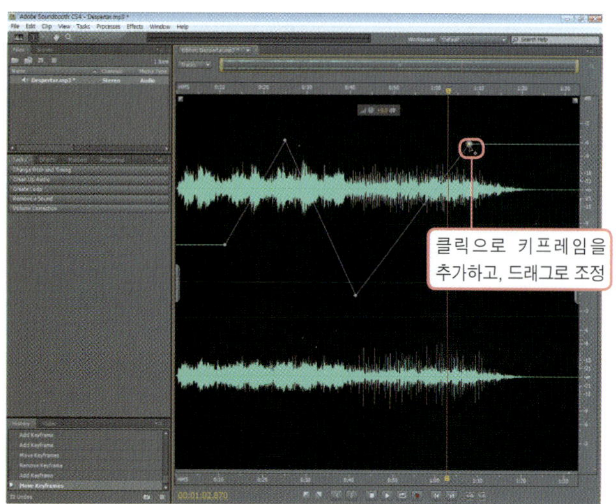

12 에디터 패널에 파란색 라인은 볼륨을 주기적으로 변화시킬 수 있는 엔벨로프 라인입니다. 라인을 클릭을 하면, 키프레임이 만들어지고, 키프레임을 드래그하여 볼륨을 주기적으로 조정할 수 있습니다.

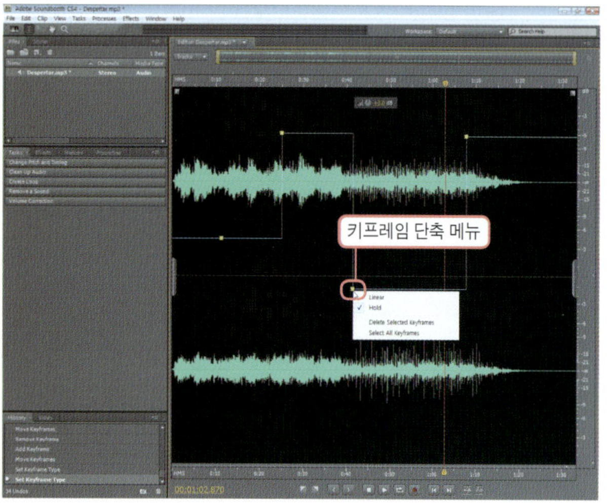

13 키프레임을 마우스 오른쪽 버튼으로 클릭하여 단축 메뉴를 열면, 라인을 직선으로 바꾸는 Hold, 선택한 키프레임을 삭제하는 Delete Selected Keyframes, 모든 키프레임을 선택하는 Select All Keyframe를 이용할 수 있습니다.

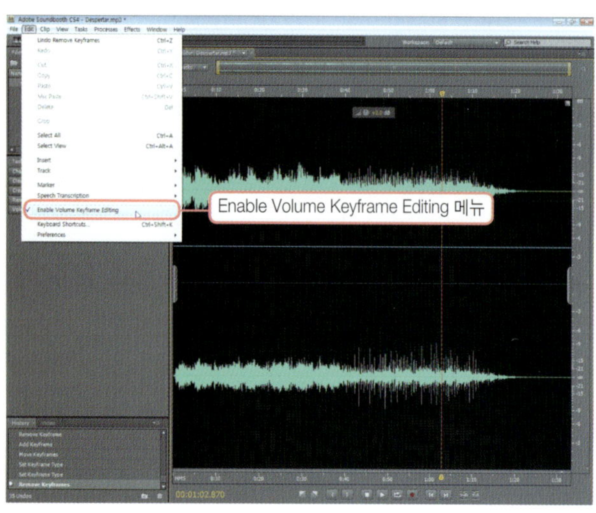

14 샘플 소스 작업을 할 때, 엔벨로프 라인은 유용하게 사용되지만, 화면 중앙에 있기 때문에 편집 작업을 할 때는 조금 불편할 수 있습니다. 이때는 Edit 메뉴의 Enable Volume Keyframe Editing의 체크 옵션을 해제하여 엔벨로프 라인을 조정할 수 없게 합니다. 물론, 조정이 필요할 때는 메뉴를 다시 선택하여 체크 표시를 하면 됩니다.

Chapter 02

목소리 변조하기

태스크 패널의 첫 번째 항목은 사운드의 음정과 길이를 조정할 수 있는 Change Pitch and Timing 입니다. 프리미어를 이용해서 영상을 편집하는 사용자라면, 출연자의 얼굴을 모자이크 처리하고, 음성을 변조하는 기법을 자주 사용하게 될 텐데, 프리미어와 연동하여 간단하게 처리할 수 있습니다. 영상 편집에 관련된 내용은 메인 서적인 프리미어 프로 CS4를 참조하기 바라며, 여기서는 Change Pitch and Timing 사용법만을 살펴보겠습니다.

01 부록 CD에서 음성이 녹음되어 있는 Voice 샘플 파일을 불러옵니다. 프리미어에서 사용자가 편집 중인 영상으로 실습을 해보겠다면, 편집 중인 영상의 오디오 클립을 마우스 오른쪽 버튼으로 클릭하여 단축 메뉴를 열고, Edit in Adobe Soundbooth의 Render and Replace를 선택하여 사운드부스로 불러옵니다.

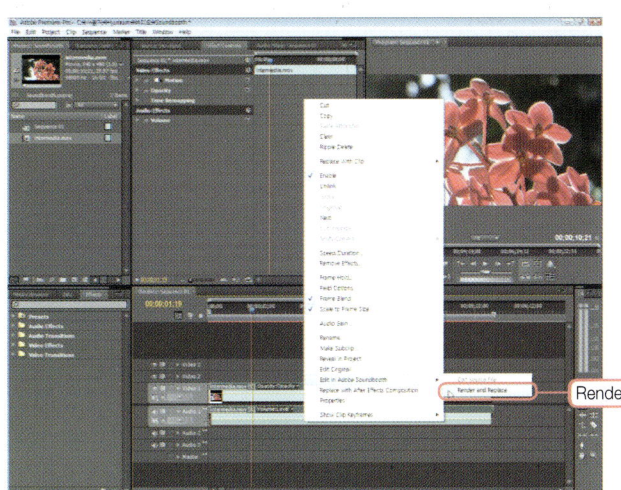

02 태스크 패널의 Change Pitch and Timing을 클릭하여 열어보면, Pitch and Timing 버튼이 있으며, 버튼을 클릭하면, 사운드의 음정과 길이를 조정할 수 있는 Settings 창이 열립니다.

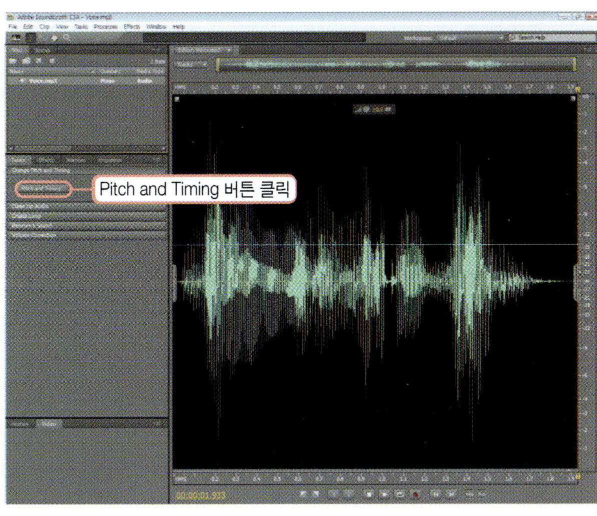

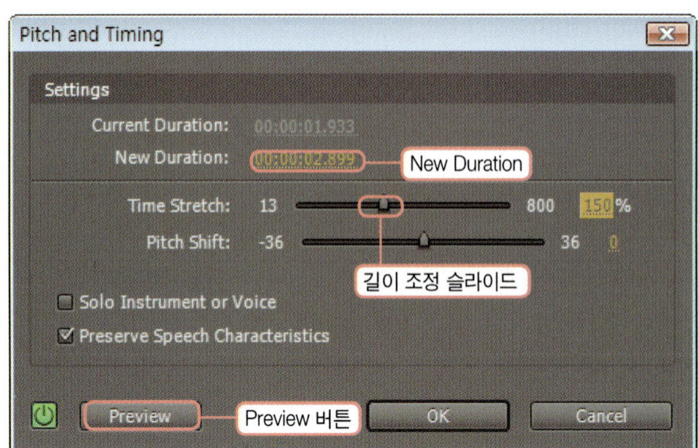

03 Current Duration은 편집 중인 사운드의 길이를 표시하며, New Duration은 길이를 조정했을 때의 결과를 표시합니다. 영상 사운드를 편집하는 경우라면 정확한 길이가 요구되므로, New Duration 항목에서 조정할 길이를 입력하는 것이 좋고, 사운드만 편집할 때는 Time Stretch 슬라이드를 이용해서 퍼센트 단위로 조정합니다. 실습에서는 약 150% 정도도 조금 느리게 만들어 보겠습니다. Preview 버튼을 클릭하여 결과를 모니터 합니다.

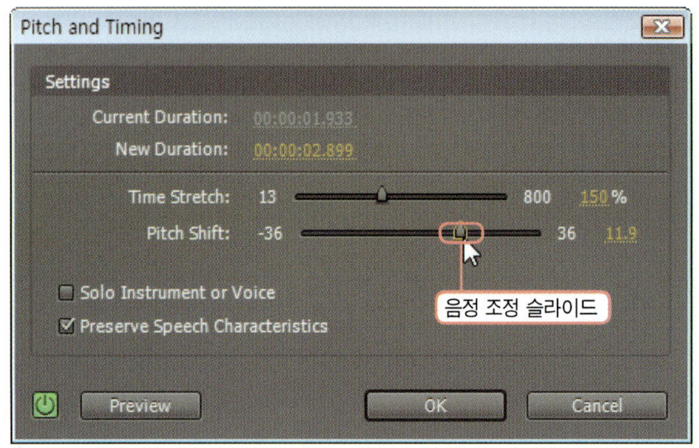

04 Pitch Shift 슬라이드는 음정을 조정합니다. 1의 값이 반음에 해당하며, 모자이크 처리된 영상에서는 일반적으로 한 옥타브 올리거나 내려서 사용합니다. 한 옥타브는 12입니다. 음성을 올려서 변조하고 싶다면, 12 값으로 조정하고, 내려서 음침하게 조정하고 싶다면 −12로 조정합니다. 각각의 값으로 조정해보고, Preview 버튼을 클릭하여 사운드의 변화를 모니터 해봅니다.

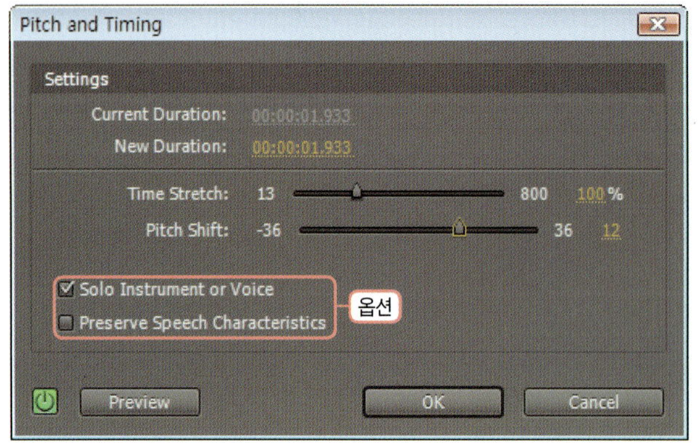

05 솔로 악기나 보컬 등의 단일 음색을 조정할 때는 음질을 유지할 수 있게 해주는 Solo Instrument or Voice 옵션을 체크를 합니다. 그리고 사운드의 원래 색상을 유지할 수 있게 해주는 Preserve Speech Characteristics 옵션은 음악 작업에 필요한 샘플 소스를 만들 때는 체크하는 것이 좋지만, 음성 변조 효과를 만드는 것이므로 해제합니다. Preview 버튼을 클릭하여 사운드의 변화를 모니터 해보고, 적용을 하겠다면 OK 버튼을 클릭합니다.

각종 잡음 제거하기

태스크 패널의 두 번째 항목인 Clean Up Audio는 히스나 험과 같이 일정하게 지속되는 백그라운드 잡음이나 디지털 녹음 과정 중에 발생할 수 있는 클릭 잡음, 마이크에 호흡이 부딪쳐 발생하는 팝 잡음, 갑자기 부는 바람이나 지나가는 트럭에 의한 진동으로 유입된 저음역대의 럼블 잡음 등을 제거하여 깨끗한 사운드를 만들 수 있는 기능들로 구성되어 있습니다. 물론, 잡음을 제거하는 데는 한계가 있기 때문에 사운드를 녹음하거나 영상을 촬영할 때부터 잡음이 유입되지 않게 주의하는 것이 중요합니다.

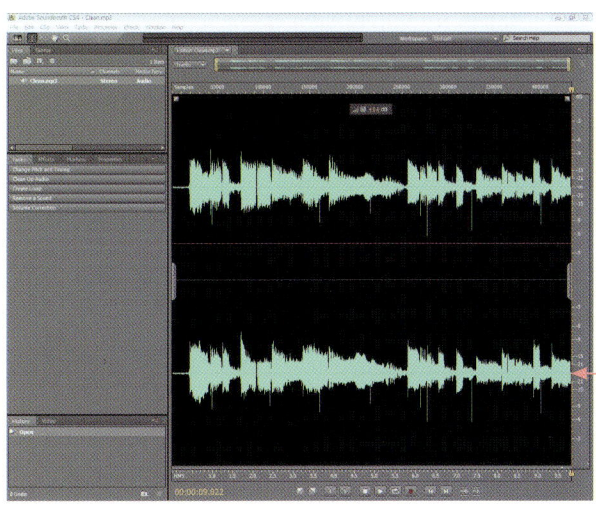

01 부록 CD의 Clean 샘플 파일을 불러와 보면, Space bar 키를 눌러 사운드를 모니터 해보지 않아도 백그라운드 잡음과 클릭 잡음 등이 유입되어 있는 것을 확인할 수 있습니다. 사운드를 재생하여 모니터 해보기 바랍니다.

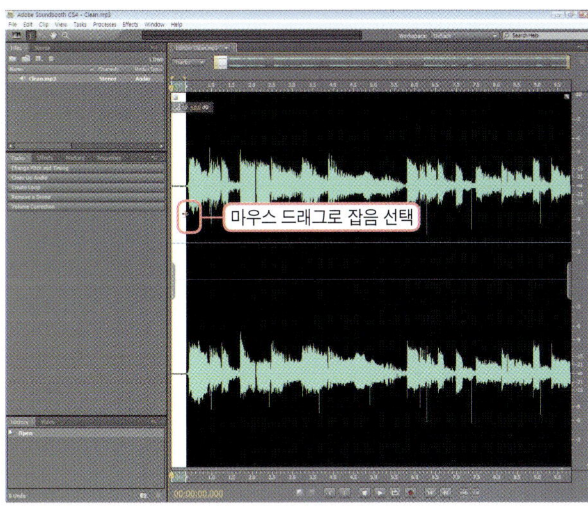

02 백그라운드 잡음을 제거해 보겠습니다. 히스나 험 잡음과 같은 지속적인 잡음을 제거할 때의 주의점은 녹음된 사운드가 손실되어서는 안 된다는 것입니다. 샘플을 보면 실제 연주 녹음이 시작되기 전에 약간의 여유가 있으며, 그 부분에 유입되어 있는 잡음을 확인할 수 있습니다. 그 부분을 드래그하여 잡음만 선택을 합니다.

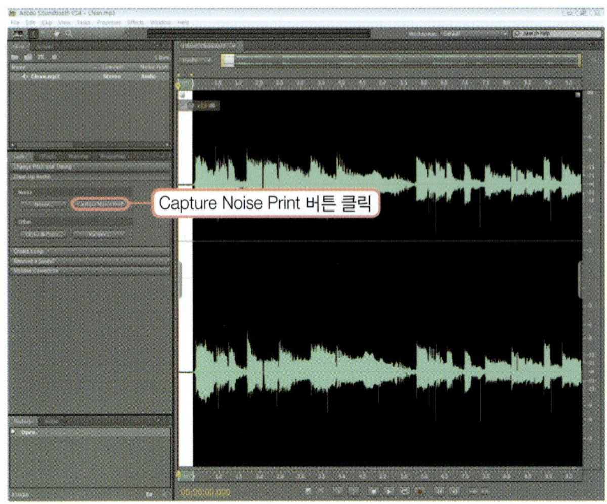

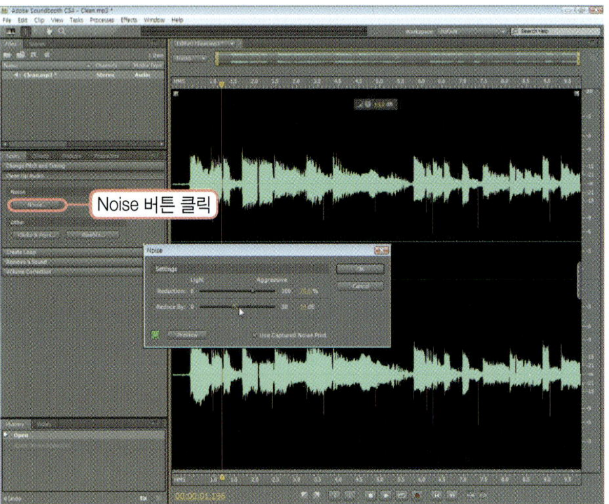

04 작업 공간을 클릭하여 선택을 해제하고, Noise 버튼을 클릭하여 창을 엽니다. 제거할 범위를 퍼센트 단위로 조정하는 Reduction을 약 70%로 조정합니다. 그리고 감쇄 레벨을 dB 단위로 조정하는 Reduce By는 약 14dB 정도로 조정합니다. 이때 Use Captured Noise Print 옵션이 체크되어 있어야 앞에서 검출한 잡음을 구별합니다.

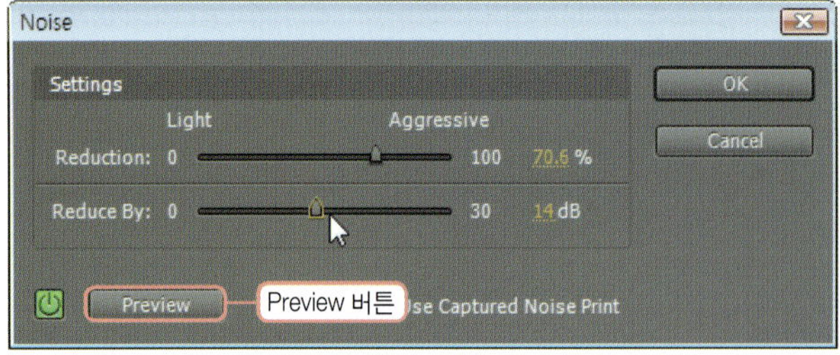

05 Preview 버튼을 클릭하여 결과를 미리 모니터 합니다. 결과가 마음에 들지 않는다면, Reduction과 Reduce By 값을 재조정해가면서 최대한 마음에 드는 결과를 찾습니다. 그리고 OK 버튼을 클릭하여 적용합니다.

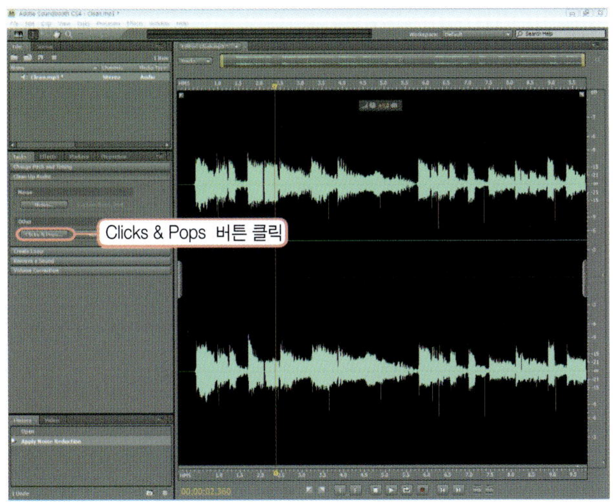

06 `Space bar` 키를 눌러 모니터 해보지 않아도 Capture Noise Print로 사용했던 앞부분이 깔끔해진 것을 확인할 수 있습니다. 계속해서 클릭 잡음을 제거하겠습니다. Clean Up Audi의 Other 항목의 Clicks & Pops 버튼을 클릭합니다.

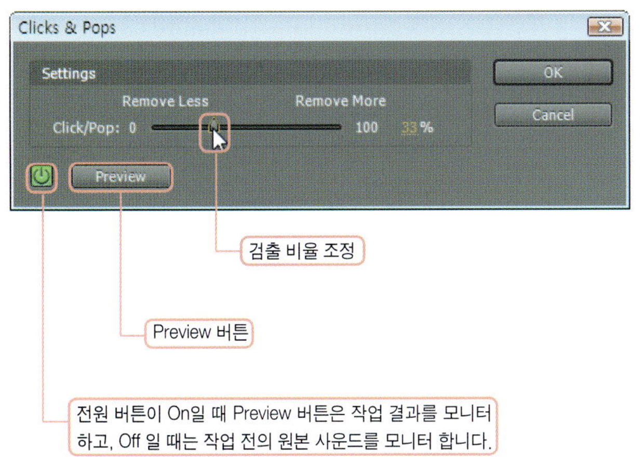

07 클릭 및 팝 잡음의 검출 비율을 조정할 수 있는 Settings 창이 열립니다. Click/Pop 값은 가능하면 작게 설정하여 실제 사운드가 손실되는 것을 최소화하는 것이 중요합니다. 실습에서는 33% 정도로 하겠습니다. Preview 버튼을 클릭하여 결과를 모니터 해보고 마음에 들면, OK 버튼을 클릭합니다.

🎬 가·정·교·사

Preview 버튼 왼쪽의 전원 버튼은 잡음 제거 전/후의 사운드를 비교해볼 수 있는 역할을 합니다.

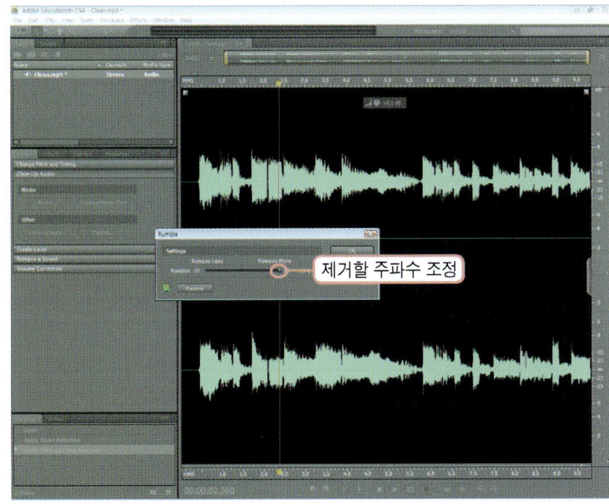

08 결과를 보면 클릭 잡음으로 짐작되던 파형들이 제거된 것을 확인할 수 있습니다. `Space bar` 키를 눌러 사운드를 모니터 해봅니다. 10Hz~80Hz 범위의 저음역대의 잡음을 제거하는 Rumble은 주파수를 조정할 수 있는 슬라이드로 구성되어 있습니다. 즉, 슬라이드를 조정하여 제거할 주파수 범위를 설정하면, 설정된 주파수 이하의 사운드가 모두 제거되는 것입니다.

루프 사운드 만들기

음악 작업에 필요한 샘플 제작이 필요한 컴퓨터 뮤지션들 외에도 프리미어 영상이나 플래시 에니메이션 제작자도 백그라운드 뮤직에 필요한 루프 사운드는 거의 필수적인 소스입니다. 영상의 길이가 10분인데, 배경 음악으로 사용할 사운드 소스가 10초도 안 되는 길이라면, 영상이 끝날 때까지 반복해서 사용해야 합니다. 이때 중요한 것은 시청자가 반복되는 것을 느끼지 못할 만큼 자연스럽게 연결이 되어야 하는데, 이렇게 반복 사용을 목적으로 만드는 것이 루프 사운드입니다.

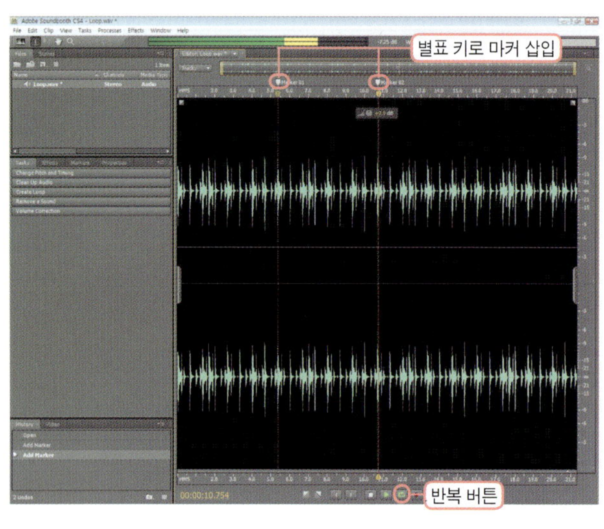

01 부록 CD의 Loop 샘플 파일을 불러와서 트랜스포트의 반복 버튼을 On으로 합니다. Space bar 키를 눌러 사운드를 재생하면서 두 마디 길이의 시작과 끝 위치에서 * 키를 눌러 마커를 삽입합니다. 리듬에 맞추어 "하나, 둘, 셋, 넷"을 외치면, 한 마디가 됩니다. 즉, 재생을 하면서 "하나, 둘, 셋, 넷" 반복하면서 "하나"에 * 키를 누르고, "넷"을 두 번 반복한 다음에 "하나"를 외치면서 * 키를 누르면 됩니다.

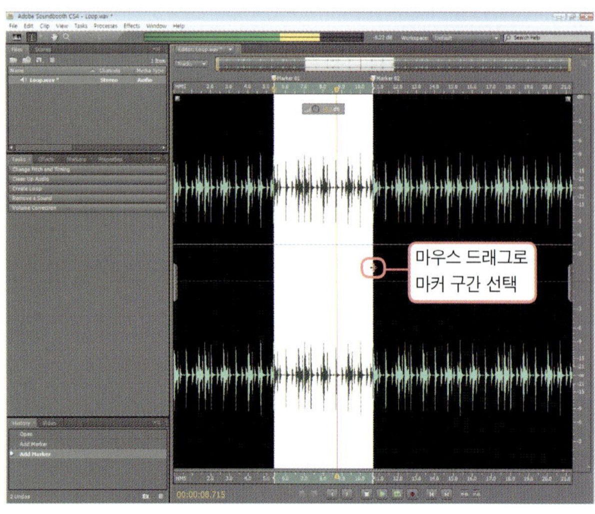

02 입력한 마커의 범위를 드래그하여 선택합니다. 앞의 음악 용어가 무슨 뜻인지 전혀 모르겠다면, 그냥 마우스를 5초 정도에서 10초 정도의 위치까지 마우스 드래그로 선택해도 좋습니다. 정확한 조정은 Create Loop 항목을 살펴보면서 해볼 것이므로, 아직은 반복 시킬 구간을 대충 잡아도 상관없습니다.

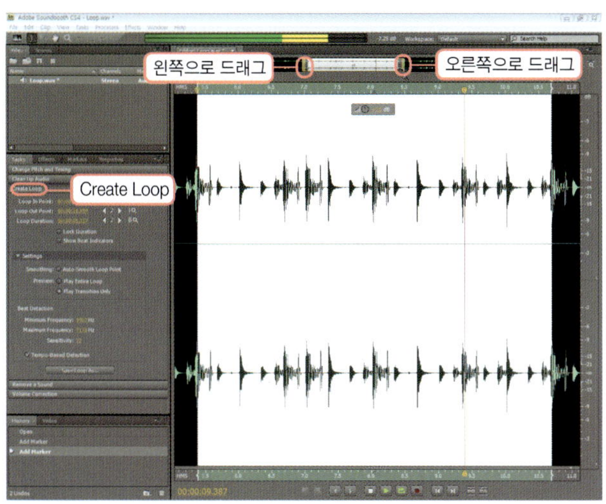

03 선택한 범위가 한 화면에 보일 수 있도록 작업 공간 상단의 네비게이터에서 왼쪽 또는 오른쪽 바를 드래그하여 조정합니다. 그리고 Tasks 패널의 Create Loop 파라미터를 클릭하여 옵션을 엽니다.

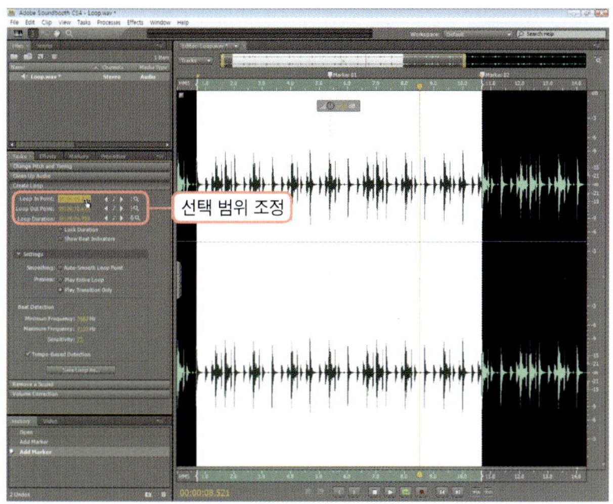

04 Create Loop 항목의 첫 번째 옵션인 Loop In Point는 선택한 범위의 시작 위치를 나타내며, Loop Out Point는 끝 위치, Loop Duration는 선택 범위의 길이를 나타냅니다. 각각의 숫자를 드래그하여 범위를 미세하게 조정하거나 좌/우 삼각형 버튼을 클릭하여 비트 단위로 조정할 수 있습니다. 돋보기 버튼은 해당 위치로 이동하는 역할입니다.

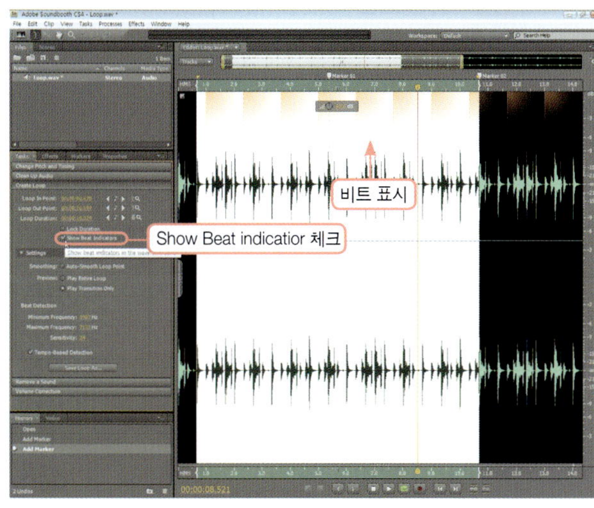

05 Lock Duration 옵션은 선택 범위를 잠그는 역할로 앞의 범위 선택 옵션에서 삼각형 버튼을 클릭할 때, 선택 범위 자체가 비트 단위로 이동되게 합니다. 아직 정확한 범위를 선택하지 않았으므로, 옵션은 해제된 상태로 두고, 작업 창 상단에 비트 단위를 표시하는 Show Beat Indicators 옵션을 체크합니다.

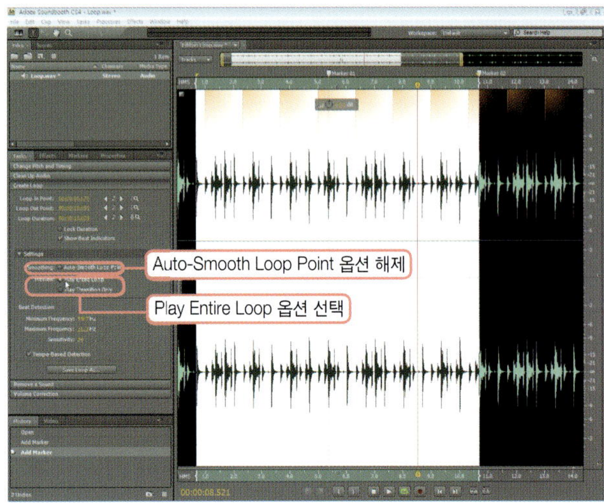

06 사운드가 반복될 때 크로스 페이드가 적용되어 좀 더 자연스럽게 연결되도록 하는 Auto-Smooth Loop Point 옵션은 해제를 하고, Preview는 Play Entire Loop를 선택하여 반복 구간을 모니터 할 수 있게 합니다. 참고로 실습에서와 같이 정확한 비트까지는 필요없고, 자연스럽게 연결되는 영상이나 에니메이션의 배경에 사용될 사운드를 제작한다면, Auto-Smooth Loop Point를 체크하고, 반복될 때의 사운드를 모니터 할 수 있는 Play Transition Only를 선택하는 것이 좋습니다.

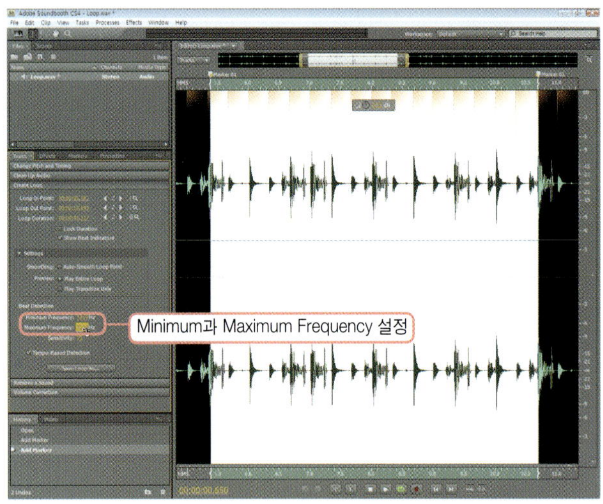

07 이제 비트 단위가 좀 더 정확하게 검출될 수 있도록 Beat Detection의 Minimum Frequency를 약 3800Hz로 조정하고, Maximum Frequency를 7200Hz 정도로 설정합니다. 즉, 사운드의 3.8KHz에서 7.2KHz 범위에서 연주되고 있는 드럼의 하이해트(H.H) 사운드를 검색하여 비트를 표시하라는 의미입니다.

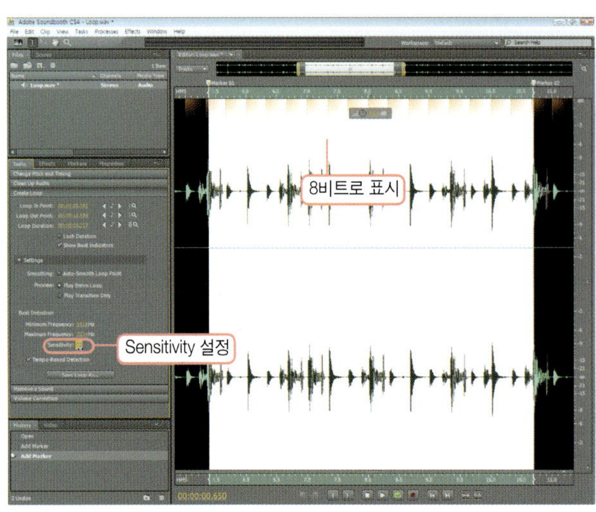

08 Sensitivity는 Minimum Frequency에서 Maximum Frequency 범위의 주파수에서 얼마만큼의 비트를 검출할 것인지를 설정하는 옵션입니다. 실습에서는 8비트 단위로 표시되게 약 72 정도로 설정합니다. 8비트는 한 마디에 8개의 비트가 있는 것을 의미하며, 선택한 범위가 2 마디이므로, 총 16개의 비트가 표시됩니다.

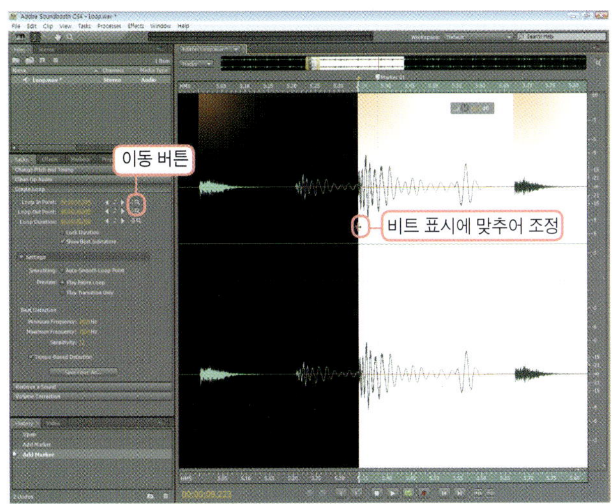

09 Loop In Point의 돋보기 버튼을 클릭하여 선택 범위의 시작 위치로 이동하고, + 키를 눌러 작업 공간을 확대합니다. 그리고 선택 범위를 비트 표시에 정확하게 맞춥니다. Loop Out Point의 돋보기 버튼을 클릭하여 선택 범위의 끝 위치로 이동한 다음에 같은 방법으로 선택 범위를 조정합니다.

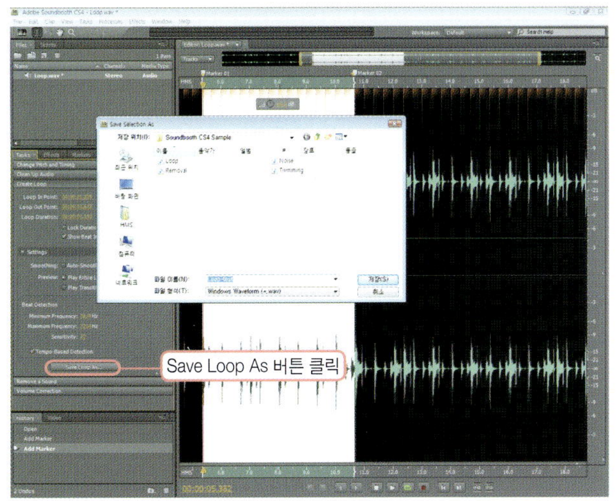

10 드럼 연주의 글루브에 맞추어 비트를 표시하고 싶다면, Tempo-Based Detection 옵션을 해제한 후에 선택 범위를 조정해도 좋습니다. 지금까지의 과정으로 만든 루프 사운드는 Save Loop As 버튼을 클릭하여 창을 열고, 저장 위치나 파일 이름을 변경하여 저장합니다. 파일 형식은 원본 파일과 같은 것을 선택합니다.

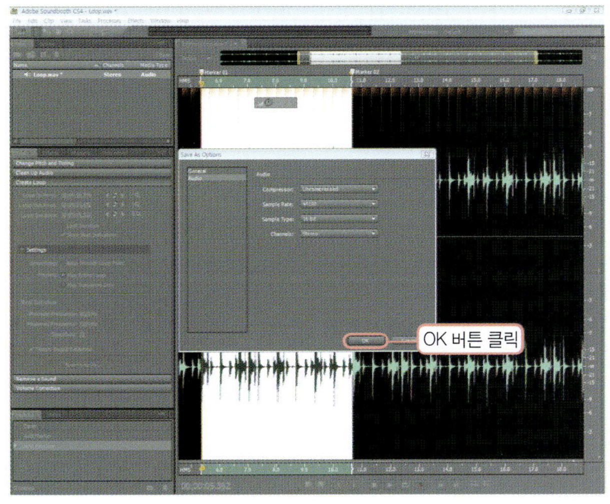

11 실습 샘플은 Wav 파일이었으므로, 파일 형식을 Wav로 선택하고, 저장 버튼을 클릭하면, 웨이브 파일 속성을 결정할 수 있는 창이 열립니다. 이것 역시 원본과 동일한 44.1KHz/16-bit를 그대로 두고, OK 버튼을 클릭하여 루프 사운드 제작을 완성합니다.

 가·정·교·사

루프 사운드를 mp3나 wma 등의 포맷으로 사용하기 위해 Save As를 반복하더라도 원본은 보관해 놓는 것이 좋습니다.

Soundbooth CS4

PART 05

잡음 제거 기능 익히기

앞에서 잡음 제거 기능에 관한 몇 가지를 살펴보았지만, 이것은 타사의 프로그램에서도

충분히 가능한 기능입니다. 사운드부스에는 타사의 제품에서 구현하기 어려운 스펙트럼을

이용한 잡음 제거가 가능합니다. 프리미어와의 연동 방법 및 스펙트럼을 이용한 잡음 제거

기능을 살펴보겠습니다.

녹음 중에 유입된 친구의 기침소리 제거하기

가끔 녹음된 결과를 들어보면, 사운드를 녹음할 때는 듣지 못했던 핸드폰 벨 소리나 옆에 있던 친구의 기침 소리가 녹음되어 있다는 사실에 스스로 놀라는 경우가 있었을 것입니다. 이것은 사용자가 원하지 않던 잡음입니다. 이 때 최선의 방법은 녹음을 다시 하는 것입니다. 그러나 녹음을 다시 하기 어려운 상황이라면 사운드를 포기해야 하는 일도 있을 수 있습니다. 하지만, 사운드부스를 사용하고 있다면, 사운드를 살릴 수 있는 희망이 있습니다.

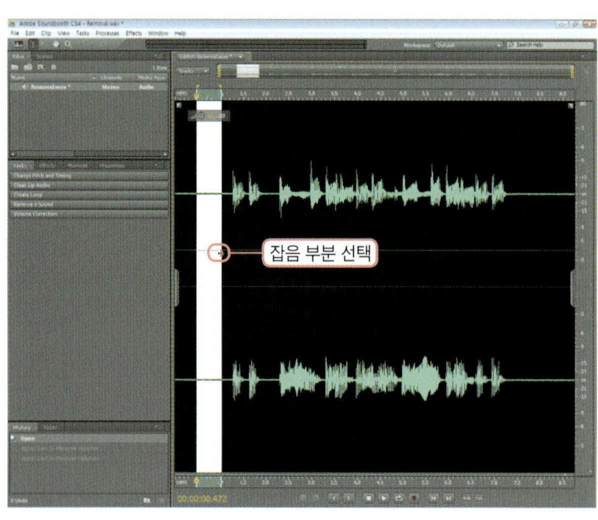

01 부록 CD의 Removal 사운드를 불러와 모니터 해보면, 지속적인 히스 잡음이 유입되어 있고, 중간의 4.8초 위치에 기침 소리가 녹음되어 있어 정말 난감한 사운드라는 확인할 수 있습니다. 먼저 앞에서 살펴본 Clean Up Audio를 이용하면, 히스 잡음은 간단하게 제거할 수 있을 것 같습니다. 사운드 앞 부분의 잡음이 있는 부분을 마우스 드래그로 선택합니다.

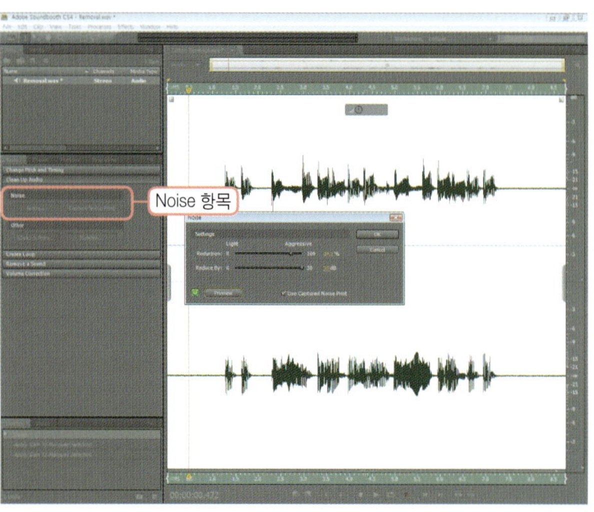

02 태스크 패널의 Clean Up Audio에서 Capture Noise Print 버튼을 클릭하여 잡음을 검출하고, Noise 버튼을 클릭하여 창을 엽니다. 그리고 Reduction과 Reduce By 값을 조정하여 잡음을 제거합니다. 이미 해봤던 기능이므로, 별다른 설명은 필요 없을 것입니다.

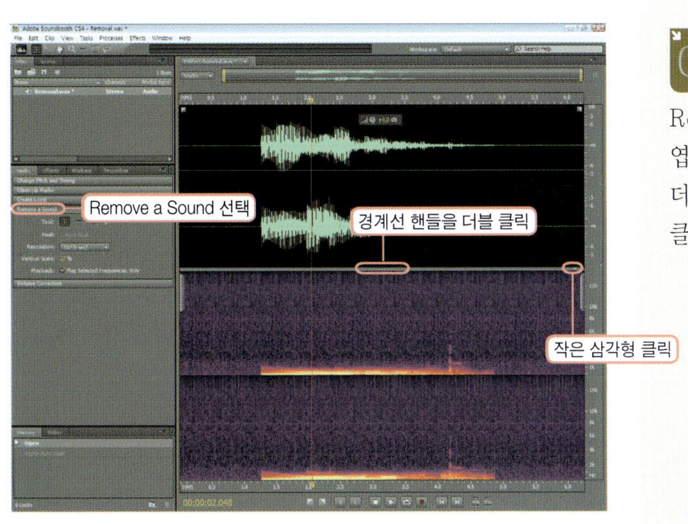

03 본격적으로 사운드 중간에 있는 기침 소리를 제거하겠습니다. 태스크 패널의 Remove a Sound를 선택하여 스펙트럼 창을 엽니다. 스펙트럼 창은 경계선에 있는 핸들을 더블 클릭하거나 오른쪽 끝의 작은 삼각형을 클릭하여 닫거나 열 수 있습니다.

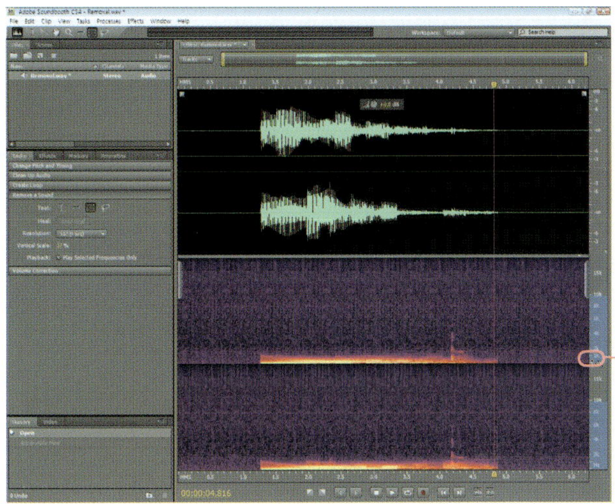

04 스펙트럼은 주파수의 분포도를 한 눈에 확인할 수 있는 창입니다. 세로 축이 주파수 범위를 표시하며, 어두운 파랑 색은 낮은 레벨, 밝은 노랑은 높은 레벨을 의미합니다. 주파수의 폭은 오른쪽의 주파수 표시 바를 마우스 오른쪽으로 드래그하여 조정할 수 있습니다.

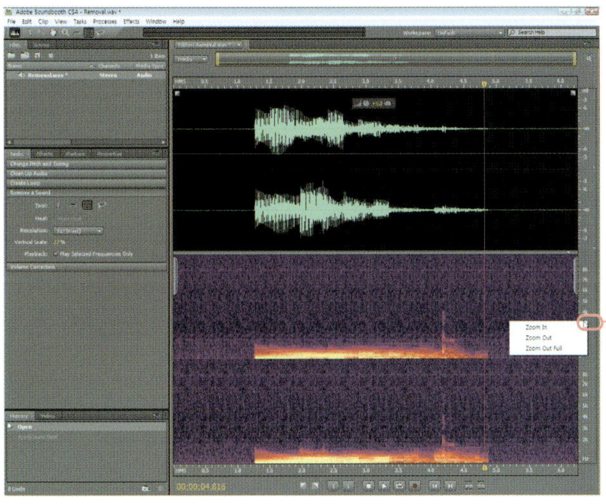

05 주파수 표시 바에서 마우스 오른쪽 버튼을 클릭하여 단축 메뉴를 열면, 범위를 점차적으로 조정할 수 있는 Zoom In과 Zoom Out, 그리고 초기값으로 설정되어 있는 Zoom Out Full을 선택하여 전체 범위가 표시되게 할 수 있습니다.

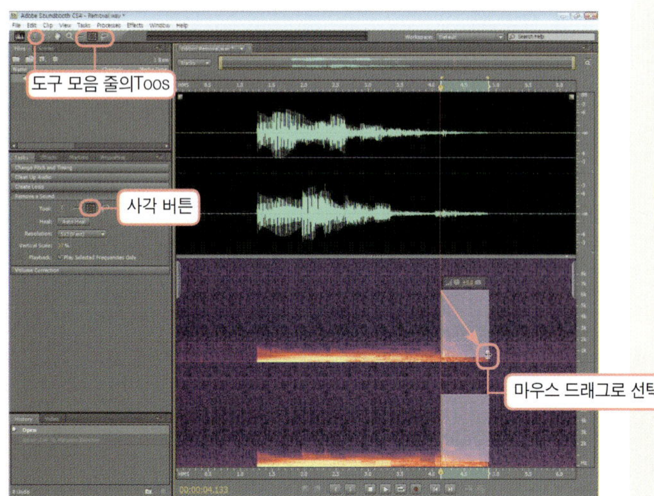

06 주파수의 특정 범위를 선택할 때는 도구 모음 줄이나 Remove a Sound 항목의 4가지 툴을 이용합니다. 4가지 툴은 왼쪽에서부터 시간 단위로 선택하는 세로 버튼과 주파수 단위로 선택하는 가로 버튼, 그리고 사각 버튼과 올가미 버튼으로 입니다. 사각 버튼을 이용해서 기침 소리에 해당하는 주파수를 선택합니다.

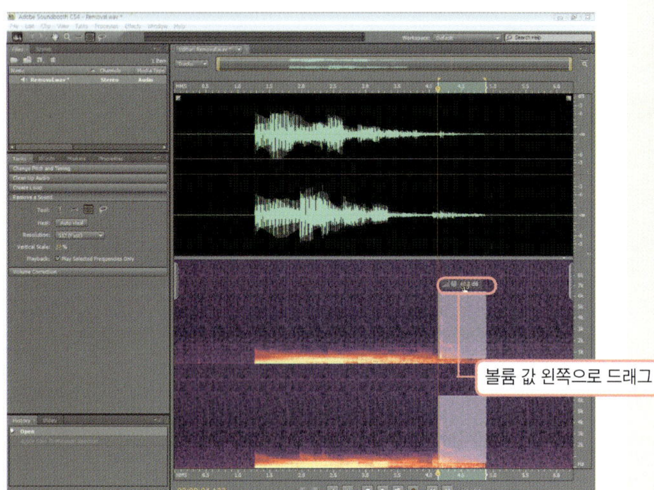

07 선택 범위 위쪽에 표시되어 있는 볼륨 값을 왼쪽으로 드래그하여 줄입니다. 이때 욕심을 내면, 녹음된 사운드까지 제거되므로, 조금 줄이고 모니터를 해보고, 너무 많이 줄였다 싶으면, Ctrl + Z 키로 취소하는 동작을 반복하면서 잡음을 제거합니다. 정말 신기할 정도로 잡음이 제거되는 것을 경험할 수 있습니다.

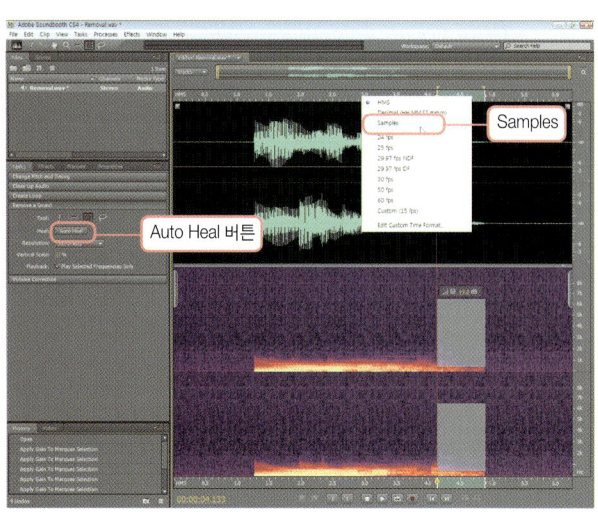

08 Auto Heal 버튼은 선택한 범위의 주변 주파수를 검색하여 가장 적당한 레벨로 줄여주는 역할을 하기 때문에 좀더 자연스럽게 잡음을 제거할 수 있습니다. 단, 25000 Sample(0.57초) 길이의 제한이 있습니다. 샘플 범위를 확인하면서 선택하고 싶다면, 룰러 라인에서 마우스 오른쪽 버튼을 클릭하여 단축 메뉴를 열고, 단위를 Samples로 변경합니다.

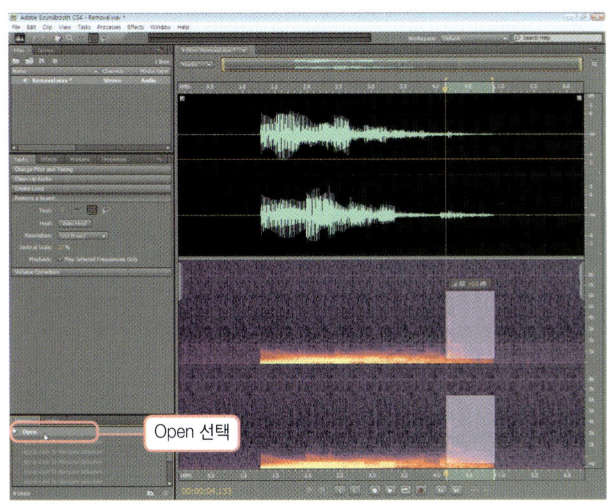

09 볼륨을 줄여서 잡음을 제거하는 것과 Auto Heal 버튼을 이용해서 제거하는 것과의 차이점을 실습해보겠습니다. 히스토리 패널에서 가장 위에 있는 Open을 선택하여 Remova 실습 파일을 불러왔던 상태로 복구합니다.

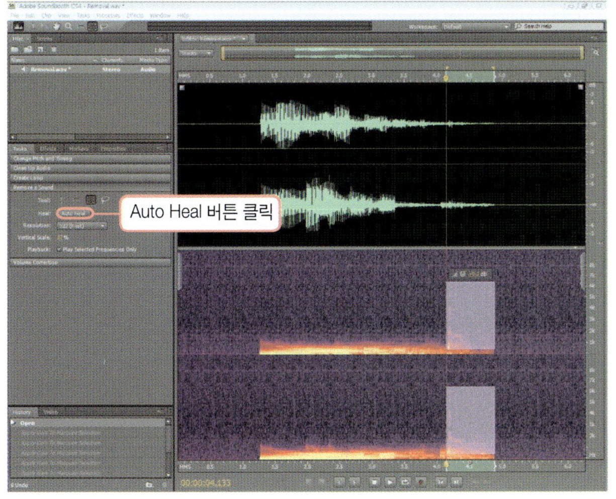

10 스펙트럼 창의 선택 범위는 그대로 남아있습니다. 만일 선택을 해제했다면, 기침 소리가 있는 부분을 다시 선택합니다. 그리고 Auto Heal 버튼을 클릭합니다.

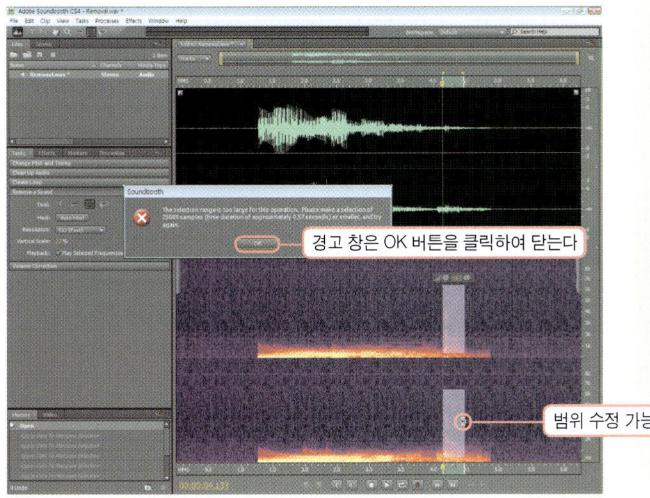

11 선택 범위가 0.57초를 넘어가면, 그림에서와 같이 경고 창이 열립니다. OK 버튼을 클릭하여 경고 창고, 사각 툴을 이용해서 다시 선택해도 좋고, 이미 선택되어 있는 범위의 시작 위치 또는 끝 위치를 드래그하여 0.57초가 넘지 않는 범위로 수정해도 좋습니다. 그리고 Auto Heal 버튼을 클릭해 보면, 볼륨을 줄이는 것 보다 자연스럽게 기침 소리가 제거되는 것을 확인할 수 있습니다.

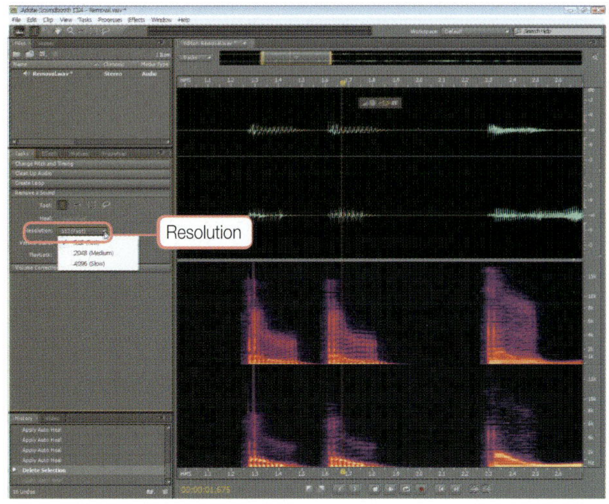

12 Resoultuion은 스펙트럼 창의 표시 해상도를 결정하는 옵션입니다. Adobe 사는 값이 작을수록 선명한 스펙트럼을 표시할 수 있지만, 사용자 컴퓨터 사양에 적합한 값을 선택하도록 권유하고 있습니다. 하지만, 가장 작은 값인 512(Fast)를 설정할 수 없는 컴퓨터라면, 높은 값을 선택하여 해결하기 보다는 업그레이드를 고려해봐야 할 것입니다.

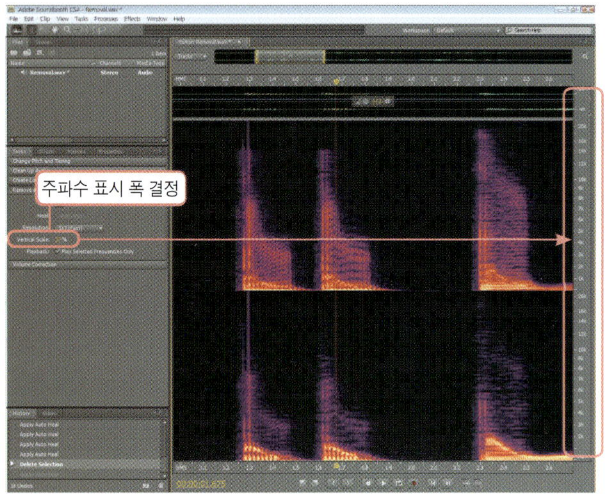

13 Vertical Scale은 스펙트럼 창의 주파수 표시 폭을 결정하는 옵션입니다. 즉, 주파수 표시 바의 단축 메뉴에서 Zoom Out Full을 선택했을 때의 범위는 Vertical Scale에서 설정한 값을 기준으로 하는 것입니다. 미세한 편집이 필요할 때는 이 값을 줄이고, 전체 사운드를 모니터 할 때는 값을 높이는 등의 유동적인 조작이 필요한 옵션입니다.

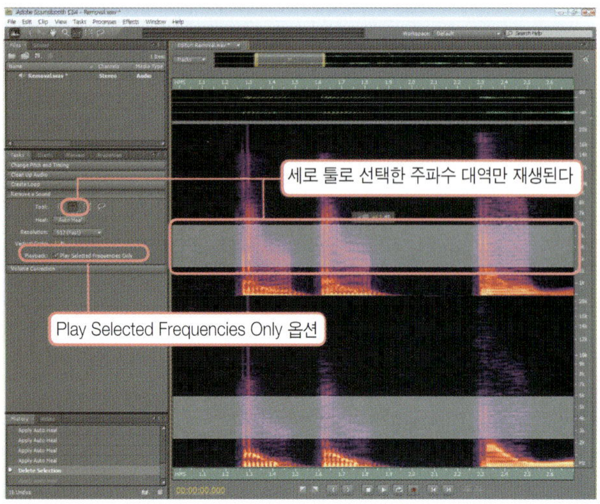

14 Play Selected Frequencies Only는 선택한 범위의 주파수 대역만을 모니터 하는 옵션입니다. 그림에서는 세로 선택 툴을 이용해서 미들 음역을 모두 선택해본 것인데, Space bar 키를 눌러 재생하면, 선택한 미들 음역의 사운드만 재생되는 것을 확인할 수 있습니다. 특정 음역이나 제거할 잡음을 모니터 할 때 유용합니다.

마스터 제작을 위한 볼륨 일치시키기

TV 채널을 돌릴 때 각 방송국 마다 볼륨이 달라서 짜증이 났던 경험이 있다면, 한 장의 오디오 CD에 담길 곡들의 볼륨이 비슷해야 하는 이유를 짐작할 수 있을 것입니다. 물론, 전문 사운드 디자이너들은 마스터링 작업에서 이 부분을 해결하지만, 사운드부스 사용자는 전문 지식이 없더라도 간단한 동작으로 해결할 수 있습니다. 특히, 비디오 촬영을 했을 때, 출연자들의 음성이 서로 다른 경우에도 이 기능을 적용할 수 있어 안정된 오디오 음성을 만들 수 있습니다.

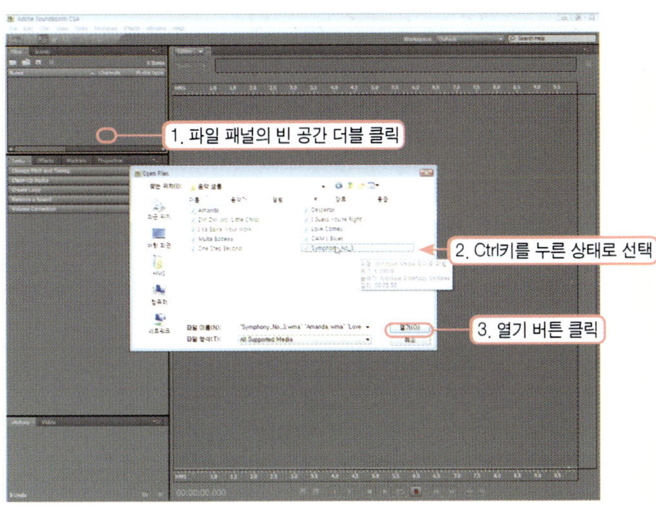

01 파일 패널의 빈 공간을 더블 클릭하여 Open Files 창을 열고, 볼륨을 일치시키고자 하는 파일 들을 Ctrl 키를 누른 상태에서 클릭하여 선택합니다. 그리고 열기 버튼을 클릭하여 한 번에 불러옵니다.

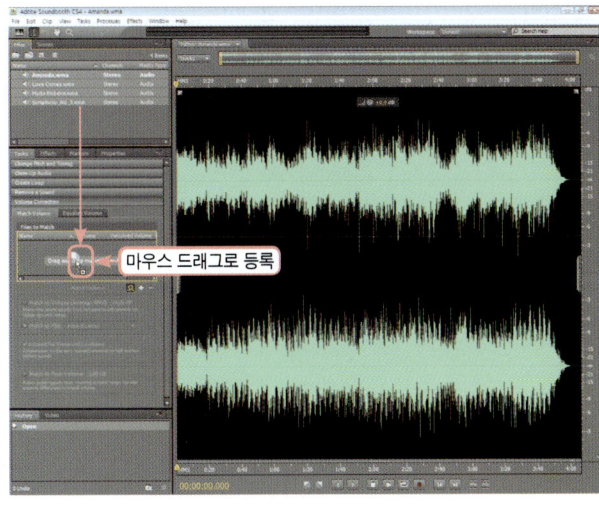

02 태스크 패널의 Volume Correction을 클릭하여 열고, 파일 패널을 다시 선택합니다. 그리고 Ctrl+A 키를 눌러 불러온 파일들을 모두 선택합니다. 계속해서 선택한 파일들을 Files to Match 항목으로 드래그하여 가져다 놓습니다.

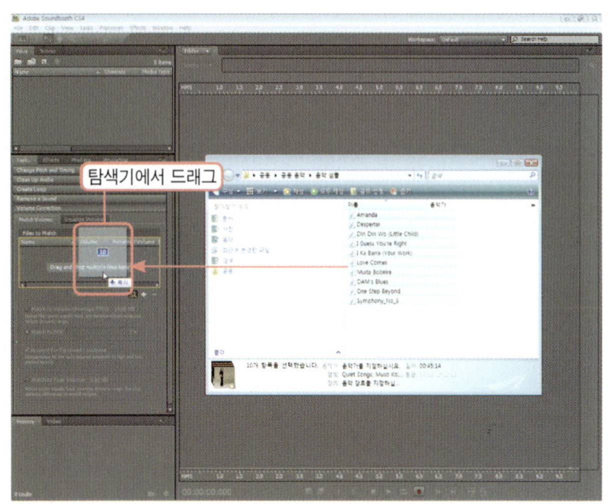

03 앞의 과정이 귀찮다면, 볼륨을 일치시키고자 하는 음악 및 사운드 소스를 윈도우 탐색기에서 직접 File to Match 항목으로 드래그하는 방법도 있습니다. 사실 이 방법이 편할 것이므로 기억해두기 바랍니다. 물론, 파일을 하나씩 드래그하여 가져다 놓아도 좋습니다.

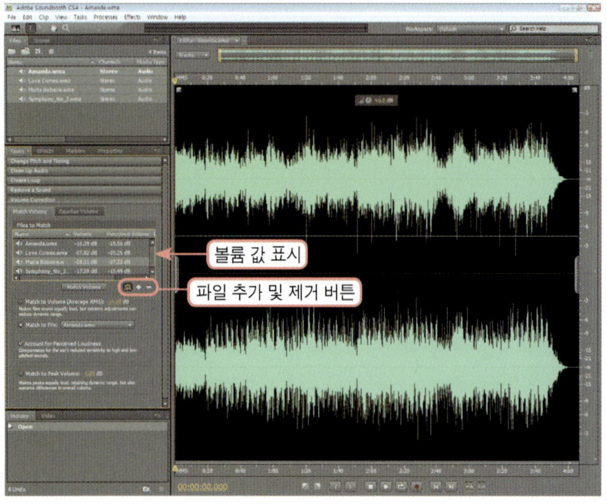

04 잠시 사운드를 분석하는 과정이 보여지고, 각 파일의 평균 볼륨(Volume)과 인지 볼륨(Perceived Volume), 그리고 해당 파일의 피크 볼륨(Peak) 값을 표시합니다. 작업에서 제외시킬 파일이 있다면, 마이너스(-) 기호의 제거 버튼을 이용하고, 추가할 파일 있다면 플러스(+) 기호의 추가 버튼을 이용합니다.

가·정·교·사

파일 추가 버튼 왼쪽의 돋보기 버튼은 파일을 등록할 때, 볼륨을 분석할 것인지의 여부를 On/Off합니다.

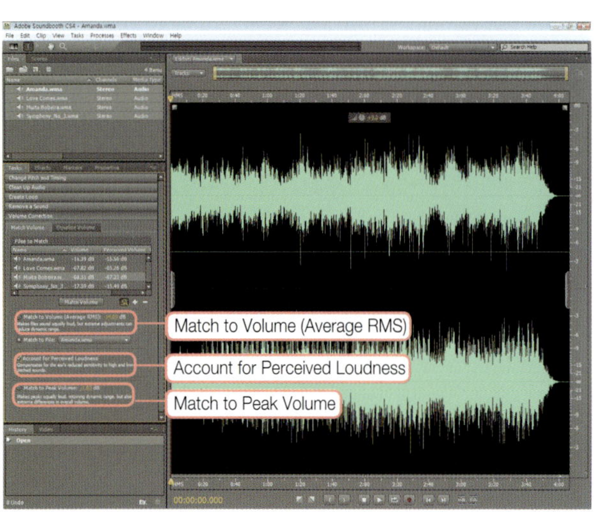

05 볼륨은 Match to Volume (Average RMS) 옵션을 선택하여 평균 레벨을 일치시키거나 Match to Peak Volume 옵션을 선택하여 피크 레벨을 일치시킬 수 있습니다. 이때 Account for Perceived Loudness 옵션의 체크 여부로 인지 볼륨을 고려할 것인지를 선택합니다. 인지 볼륨은 사람이 사운드를 들을 때 느끼는 볼륨을 의미합니다.

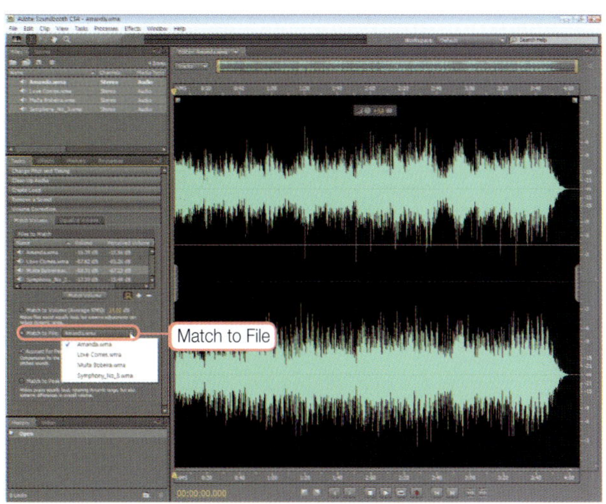

06 하지만, 가장 효과적인 것은 특정 파일에 일치시키는 Match to File 옵션입니다. Match to File 옵션을 선택하고, 목록에서 기준이 될 파일을 선택합니다. 평소에 듣던 음악 중에서 자신이 생각할 때 가장 흡족한 레벨의 음악을 기준으로 삼으면 좋을 것입니다.

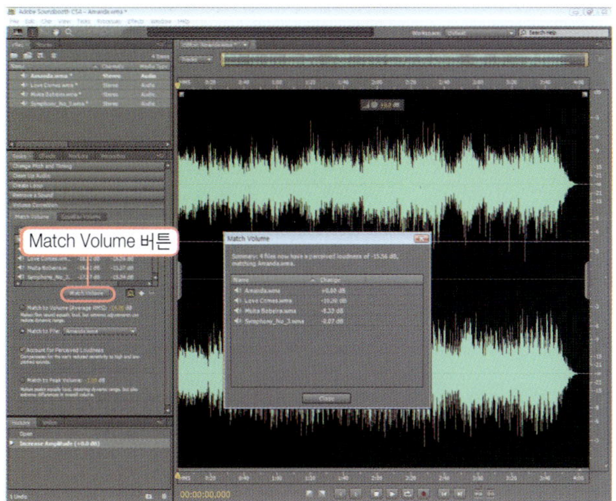

07 Match Volume 버튼을 클릭하면 목록에 등록한 나머지 파일을 Match to File에서 선택한 파일의 볼륨과 동일하게 일치시키고, 각각 얼만큼 조정되었는지를 표시합니다.

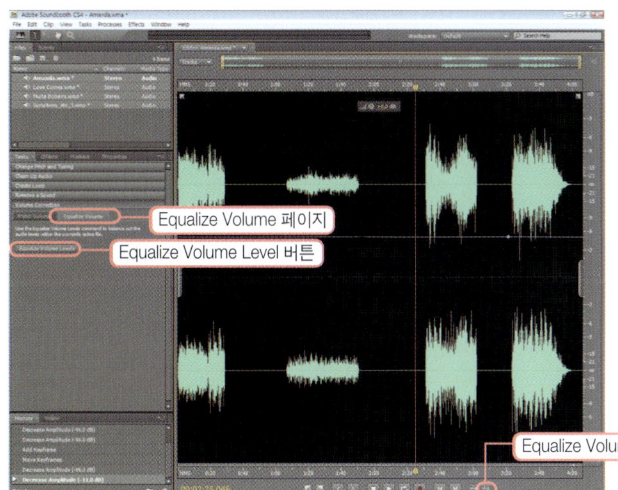

08 Equalize Volume 페이지의 Equalize Volume Levels 버튼은 트랜스포트 패널의 Equalize Volume Levels 버튼과 동일한 역할입니다. 캠코더로 촬영한 영상을 프리미어로 캡처 받았는데, 출연자들의 목소리가 일정하지 않다면, Equalize Volume Levels 버튼을 클릭하여 평균화 시킬 수 있습니다.

촬영 중 유입된 핸드폰 벨 소리 제거하기

Adobe사의 사운드부스 CS4는 전문적인 사운드 디자이너는 물론이고, 영상이나 애니메이션, 또는 웹 디자이너 등, 컴퓨터에서 사운드를 다루는 모든 사용자들에게 유용합니다. 그러나 그 중에서 사운드부스를 사용하는 대부분의 사용자는 디지털 영상 편집 프로그램의 대명사인 프리미어 사용자일 것입니다. 앞에서 살펴본 프로세스 기능들을 이용해서 캠코더 촬영 당시에는 몰랐던 스태프의 핸드폰 벨 소리, 지나가는 자동차 경적소리 등에 해당하는 돌발 잡음 제거 방법을 살펴보겠습니다.

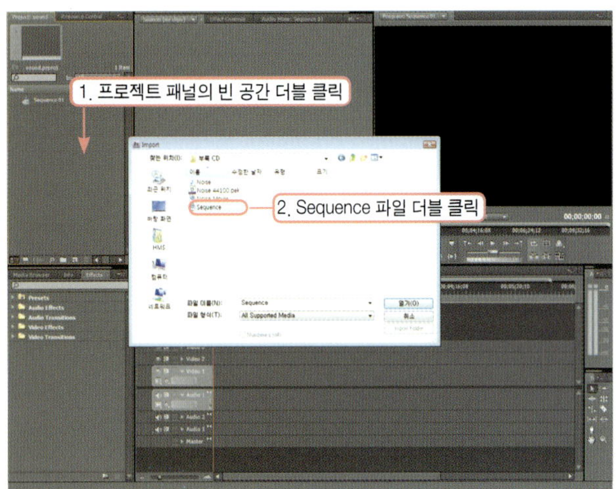

01 프리미어의 프로젝트 패널에서 마우스를 더블 클릭하여 Import 창을 열고, 부록 CD의 Soundbooth-Sample 폴더에서 Sequence 영상 파일을 더블 클릭하여 불러옵니다.

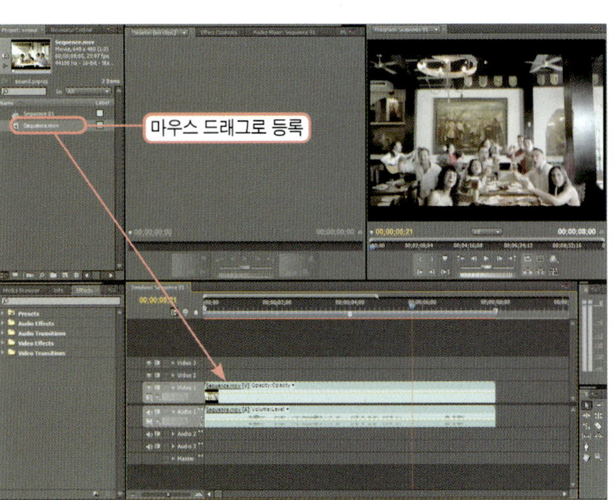

02 프로젝트 패널의 Sequence.mov 영상 소스를 타임 라인 패널의 Video 1 트랙으로 드래그하여 가져다 놓습니다. 그리고 Space bar 키를 눌러 재생해보면, 사운드 전체적으로 잡음이 깔려있고, 중간에 전화 벨 소리가 녹음된 것을 들을 수 있습니다.

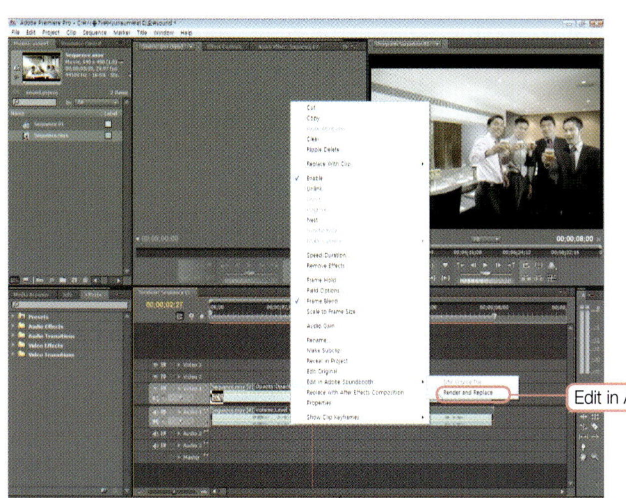

03 Audio 1 트랙의 사운드 클립을 마우스 오른쪽 버튼으로 클릭하여 단축 메뉴를 열고, Edit in Adobe Soundbooth의 Render and Replace를 선택합니다. 이것이 프리미어에서 작업중인 영상 사운드를 사운드부스로 편집하는 방법입니다.

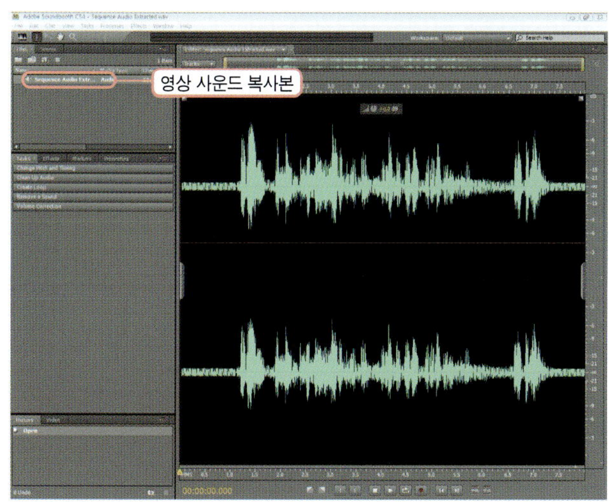

04 영상의 사운드는 Sequence Audio 1 Extracted 라는 이름의 복사본을 만들고, 해당 사운드가 열린 사운드부스가 실행됩니다. 즉, 복사본을 편집하는 것이기 때문에 언제든 원본 사운드로 복구할 수 있다는 것입니다.

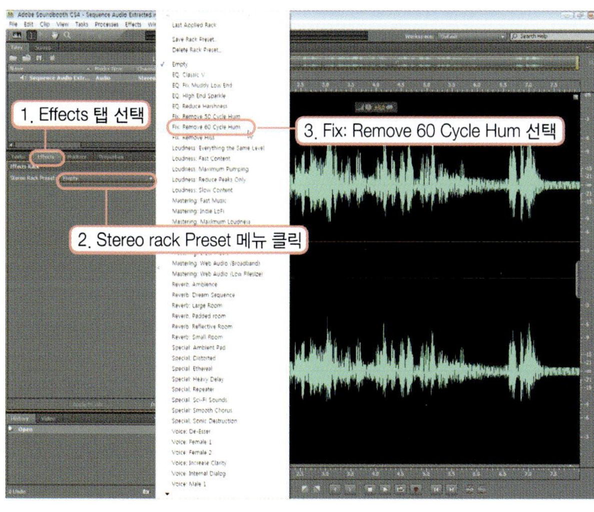

05 먼저 전체적으로 깔려있는 험 잡음을 제거하겠습니다. Effects 탭을 클릭하여 패널을 열고, Stereo Rack Preset 메뉴에서 Fix: Remove 60 Cycle Hum을 선택합니다.

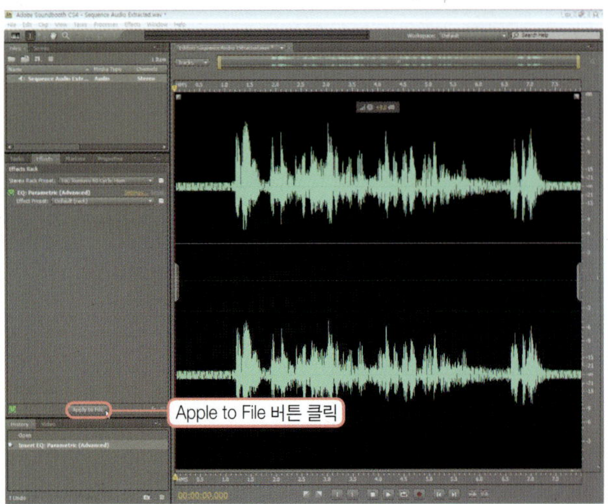

06 Space bar 키를 눌러 사운드를 들어보면, 전체적으로 깔려있던 잡음이 깨끗하게 제거된 것을 확인할 수 있습니다. 단, 사운드 파일에 실제로 적용된 것은 아니므로, Effects 패널의 Apply to File 버튼을 클릭하여 실제로 적용합니다.

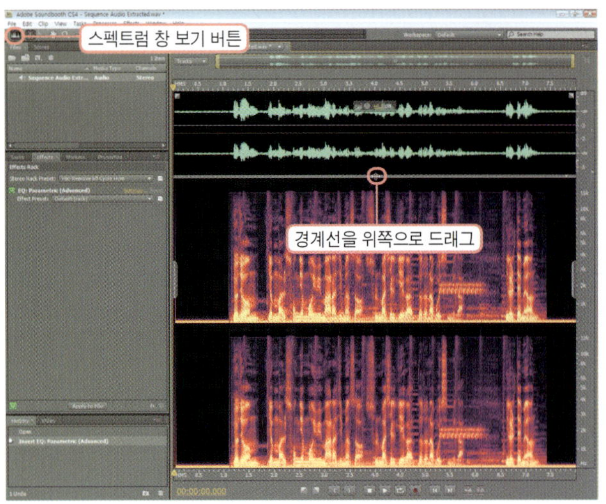

07 전화벨 소리는 웨이브 폼 창에서 확인할 수 없으므로, 주파수 대역을 볼 수 있는 스펙트럼 창에서 제거할 것입니다. 도구 모음 줄의 스펙트럼 보기 버튼을 클릭하거나 웨이브 폼 창 아래쪽의 경계선을 위쪽으로 드래그하여 스펙트럼 창이 보이게 합니다.

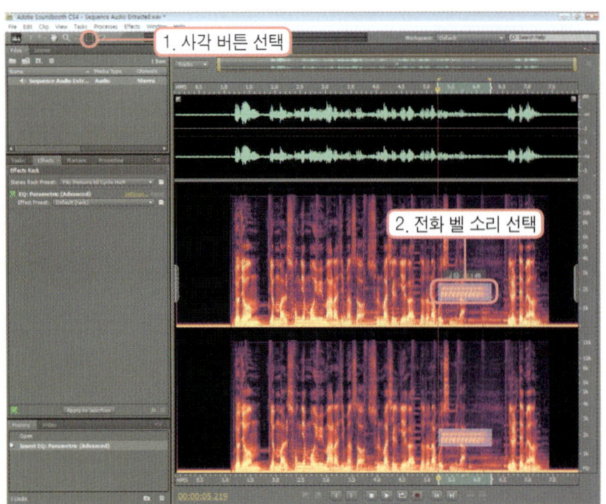

08 Space bar 키를 눌러 사운드를 재생해보면, 2K 부근에서 전화벨 소리로 짐작할 수 있는 스펙트럼을 볼 수 있습니다. 사각 버튼을 전화벨 소리에 해당하는 스펙트럼을 선택합니다.

 가·정·교·사

편집 창은 [+]키로 확대, [-]키로 축소할 수 있습니다. 편집 작업을 할 때 많이 사용하는 단축키 입니다.

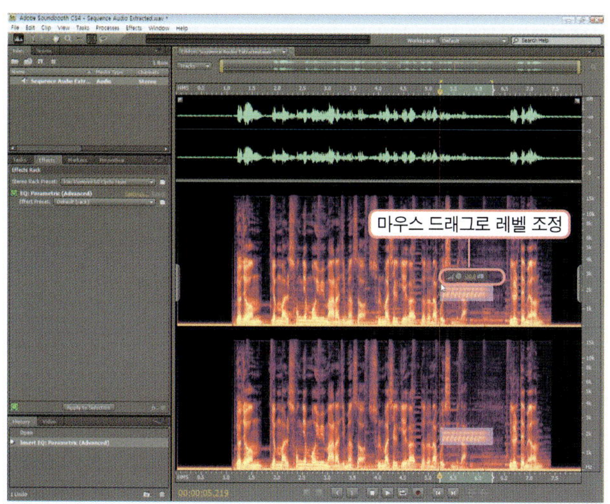

09 사각 툴로 선택한 부분 위쪽에는 레벨이 표시됩니다. 0dB로 표시되어 있는 레벨 값을 아래쪽으로 드래그하여 −30dB 정도 줄입니다. Space bar 키를 눌러 재생을 해보면, 전화벨 소리가 제거된 것을 확인할 수 있습니다.

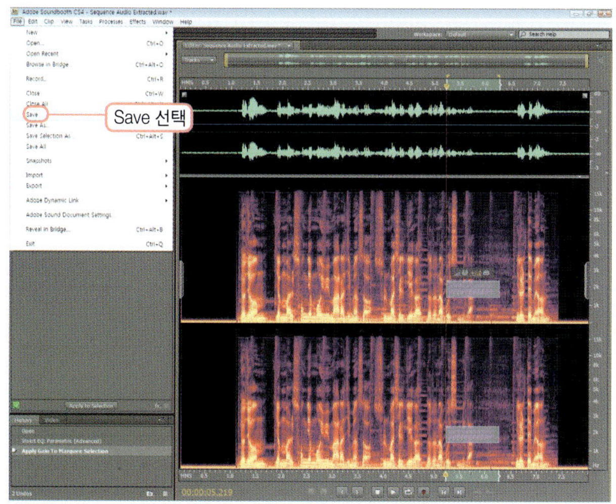

10 전체적으로 깔려있던 험 잡음과 전화벨 소리를 제거한 사운드는 File 메뉴의 Save를 선택하거나 Ctrl + S 키를 눌러 저장 합니다.

11 사운드부스를 종료하고, 프리미어로 돌아와보면, 영상의 사운드가 사운드 부스에서 편집한 사운드로 바뀌어 있는 것을 확인할 수 있습니다. 지금까지 프리미어와 사운드 부스의 연동 방법을 살펴보았습니다.

Soundbooth CS4

PART 06

이펙트 사용법 익히기

사운드부스는 기본적으로 11가지 이펙트와 고급 사용자를 위한 10가지 이펙트를

제공합니다. 두 가지 모두 사용 목적은 동일하지만, 기본 이펙트는 입문자도 간편하게

사용할 수 있다는 장점과 세밀한 조정이 어렵다는 단점이 있습니다. 각 이펙트의 사용법과

고급 이펙트의 옵션을 살펴보겠습니다.

표준 이펙트 사용하기

노래방에서 남들이 뭐라 하든 자신의 노래가 일류가수 못지않은 실력이라고 믿을 수 있게 해주는 장치가 있습니다. 흔히 에코 챔버라고 하는 딜레이 장치로 사운드를 반복시켜 노래 부르는 사람의 흥을 북돋아 주는 역할을 합니다. 이렇게 특별한 효과를 적용하여 자신이 좋아하는 사운드를 만드는 것이 이펙트의 역할이며, 사운드부스에서 제공하는 이펙트는 실제 하드웨어 이펙트를 소프트 웨어로 구현하고 있는 것입니다. 기본적으로 제공하는 표준 이펙트의 사용법과 이펙트의 관리 방법을 살펴보겠습니다.

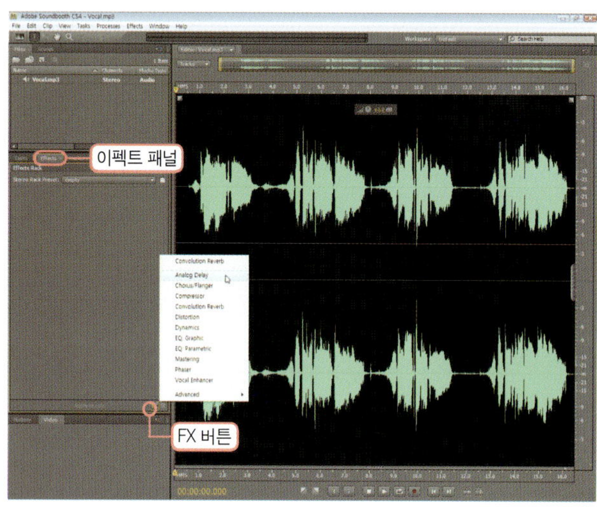

01 부록 CD의 Vocal 샘플을 불러옵니다. Space bar 키를 눌러 사운드를 재생해보면 아무런 이펙트도 사용되지 않은 드라이(Dry)한 소리입니다. 여기에 노래방에서 사용하는 딜레이를 적용하겠다면, Effects 메뉴 또는 이펙트 패널의 Fx 버튼을 클릭하여 목록을 열고, Analog Delay를 선택합니다.

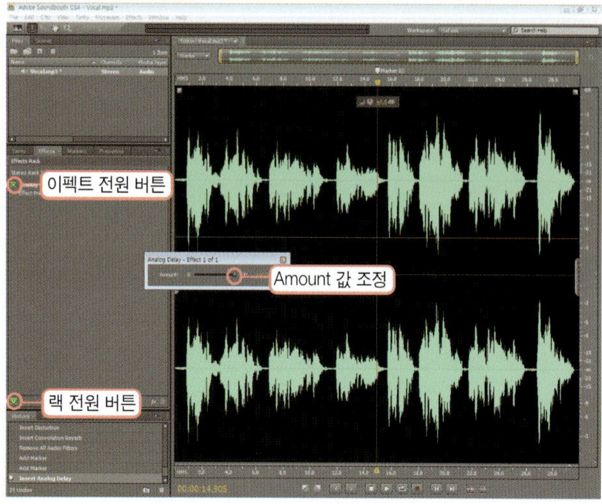

02 이펙트의 양을 조정할 수 있는 Settings 창이 열립니다. Space bar 키를 눌러 사운드를 재생해보면서 Amount 값을 조정해 봅니다. 이펙트 적용 전/후의 사운드를 비교해 보고 싶다면, Analog Delay 이름 왼쪽의 전원 버튼을 On/Off하면 됩니다.

가·정·교·사

여러 개의 이펙트를 사용할 때는 패널 아래쪽의 랙 전원 버튼을 이용하여 한 번에 On/Off 할 수 있습니다.

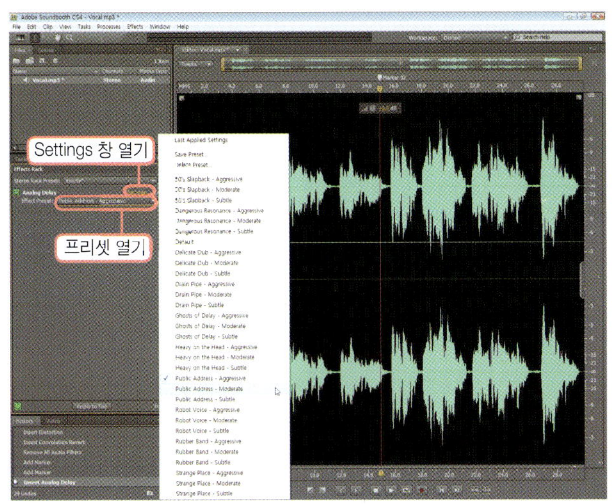

03 사운드부스의 이펙트는 전문가들이 만들어 놓은 프리셋을 제공합니다. 프리셋을 각 이펙트 항목의 프리셋 메뉴를 클릭하여 선택할 수 있으며, 값을 변경하겠다면, Settings 문자를 클릭하여 창을 열 수 있습니다.

가·정·교·사

Settings 문자 오른쪽의 Reset은 사용자가 변경한 값을 초기화시키는 역할을 합니다.

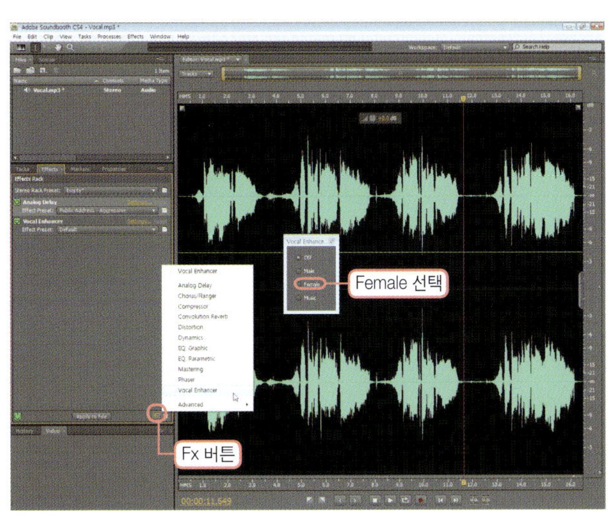

04 사운드부스는 최대 5개까지의 이펙트를 동시에 사용할 수 있습니다. Fx 버튼을 클릭하여 목록을 열고, Vocal Enhancer를 추가해봅니다. 샘플은 여성 목소리이므로, Settings 창에서 Female를 선택합니다. Analog Delay와 Vocal Enhancer을 동시에 사용하고 있는 것입니다.

가·정·교·사

이펙트는 사용 순서에 따라 결과물이 달라집니다. 일반적으로 주파수, 타임, 다이내믹 관련 장치 순서로 사용하지만, 원칙은 없으므로, 다양한 실험을 해보기 바랍니다.

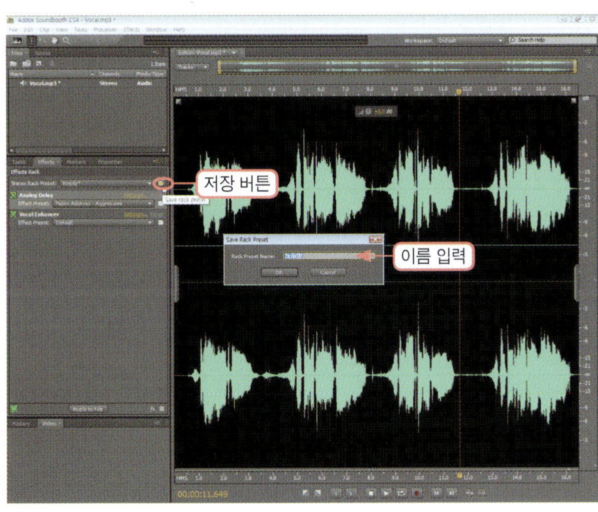

05 동시에 사용하고 있는 Analog Delay와 Vocal Enhancer의 설정값을 하나의 프리셋으로 저장할 수 있습니다. Stereo Rack Preset 목록 오른쪽에 있는 저장 버튼을 클릭하여 창을 열고, 구분하기 쉬운 이름을 입력합니다.

가·정·교·사

각 이펙트에 있는 저장 버튼은 해당 이펙트의 Settings 값을 프리셋으로 저장하는 역할입니다.

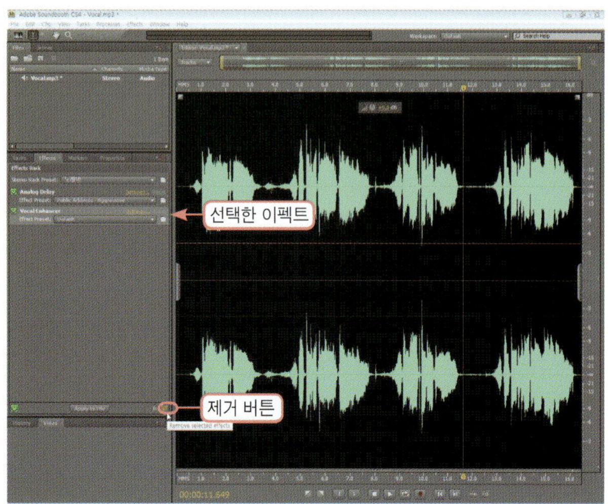

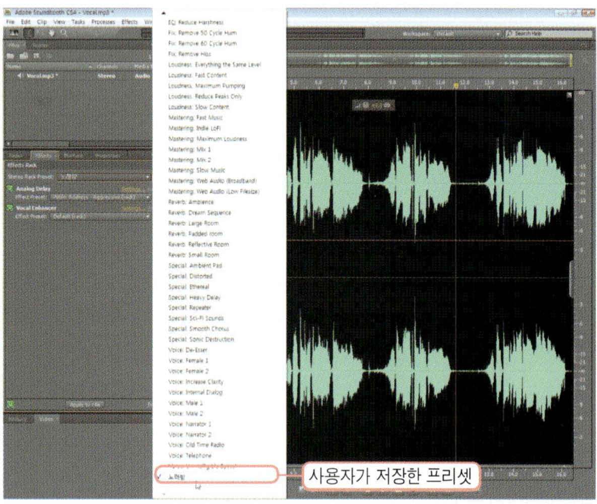

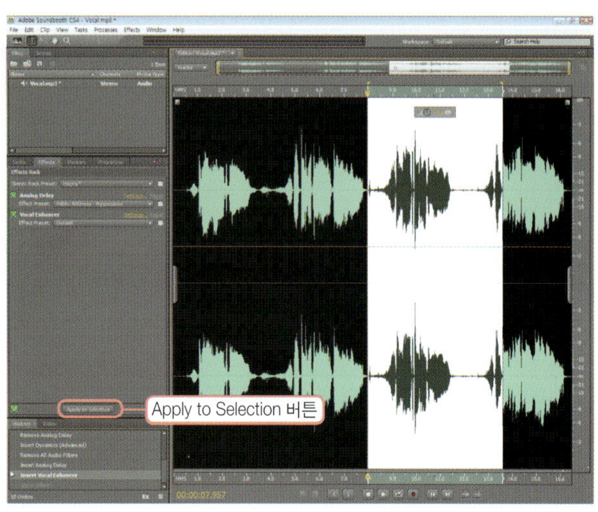

06 휴지통 모양의 버튼은 선택한 이펙트를 제거하는 역할입니다. **Ctrl** 키를 누른 상태에서 Analog Delay와 Vocal Enhancer를 선택하고, 휴지통 모양의 버튼을 클릭하여 제거해봅니다. 선택된 이펙트는 조금 밝은 색으로 구분할 수 있습니다.

이펙트 패널에서 마우스 오른쪽 버튼을 클릭하면 열리는 단축 메뉴의 Remove All Effects를 선택해도 모든 이펙트를 한 번에 제거할 수 있습니다.

07 Stereo Rack Preset 목록에서 아무거나 선택해본 다음에, 앞에서 저장한 프리셋을 다시 선택해 봅니다. 동일한 환경의 이펙트가 배치되는 것을 확인할 수 있습니다. 전문가들이 만들어 놓은 Stereo Rack Preset 은 사운드 부스의 이펙트를 공부하는데 많은 도움이 될 것입니다.

프리셋은 목록 위쪽에 있는 Delete Rack Preset을 선택하여 삭제할 수 있습니다.

08 간혹 사운드의 일부분에만 이펙트를 적용할 필요가 있습니다. 이때는 적용할 범위를 마우스 드래그로 선택하고, Apply to Selection 버튼을 클릭합니다.

Chapter 02

고급 이펙트 사용하기

사운드부스에서 제공하는 표준 이펙트의 Settings 창은 해당 이펙트의 양(Amount)를 조정할 수 있는 간단한 구조로 되어 있기 때문에 사용하기 쉽다는 장점이 있지만, 이펙트가 걸리는 타임이나 길이 등의 세부적인 설정을 할 수 없다는 단점이 있습니다. 사운드부스는 세부적인 설정을 할 수 있는 고급 이펙트를 제공하고 있으며, Effects 메뉴나 이펙트 패널의 FX 버튼을 클릭하면 보이는 Advanced 목록에서 선택할 수 있습니다. 사용법은 표준 이펙트와 다르지 않으므로, Settings 창의 옵션을 중심으로 살펴보겠습니다.

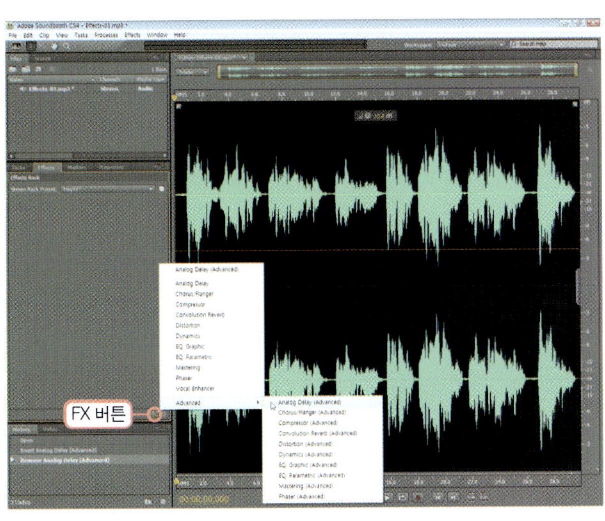

01 고급 이펙트는 FX 버튼이나 Effects 메뉴 아래쪽에 보이는 Advanced에서 선택합니다. 표준 이펙트는 이펙트의 양만 조정할 수 있는 Amount 슬라이드로 구성되어 있어 간단하게 사용하기 좋으며, Advanced는 세부적인 설정이 가능한 고급 장치입니다.

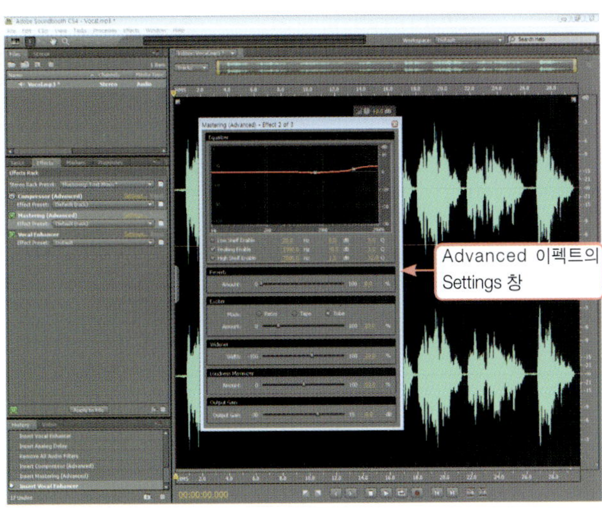

02 표준 이펙트와는 다르게 사운드를 사용하는 목적에 따라 이펙트의 속성을 세부적으로 설정할 수 있는 Settings 창이 열립니다. 이펙트를 처음 다뤄보는 입문자에게는 다소 부담스러운 화면이지만, 조금만 익숙해지면, 표준 이펙트는 사용하지 않게 될 것입니다.

Analog Delay

딜레이는 산의 메아리와 같이 원본 사운드를 일정한 시간 간격으로 반복시켜 에코 효과를 연출하는 타임 계열의 대표 장치입니다. 노래방 마이크의 대부분이 딜레이라는 장치를 사용하고 있기 때문에 일반인들에게도 익숙할 것입니다. 일반적으로 딜레이를 음악 작업에 사용하는 경우에는 타임을 템포에 맞추어 사용하는 것이 정석이지만, 타임을 15~35ms 정도로 짧게 조정하여 코러스와는 조금 다른 더블링 효과를 만들기도 하고, 10~15ms 정도로 더 짧게하여 음량을 증가시키면서 앞쪽으로 돌출시키는 효과를 연출하기도 합니다.

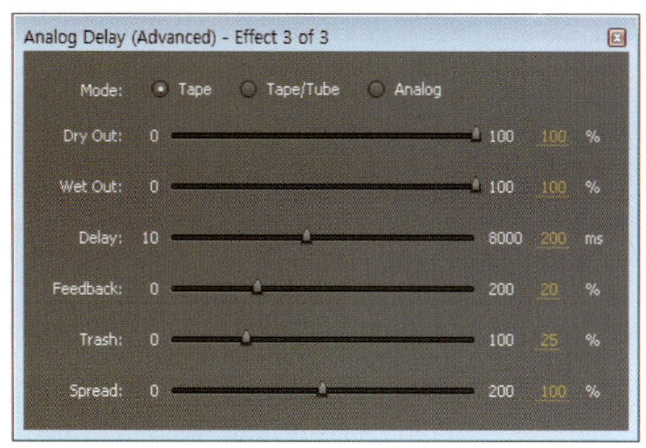

01 사운드부스의 Analog Delay(Advanced)는 장치의 유형을 결정하는 Mode에서부터 원본 사운드와 반복되는 사운드의 레벨을 조정하는 등의 7가지 옵션으로 구성되어 있습니다.

❖ Mode

딜레이가 만들어지는 유형을 선택하는 것으로 과거에 딜레이 효과를 인위적으로 만들던 테이프(Tape)와 튜브(Tape/Tube)를 추가한 것, 그리고 좀 더 빈티지한 사운드를 만드는 아날로그(Analog)의 3가지 타입을 제공하고 있습니다.

❖ Dry Out

원본 사운드의 레벨을 조정합니다.

❖ Wet Out

딜레이 사운드의 레벨을 조정합니다.

❖ Delay

딜레이 타임을 ms 단위로 설정합니다. ms는 1000분의 1초를 의미하는 것으로 200ms는 0.2초가 됩니다. 참고로 딜레이를 음악에 사용할 때는 타임을 템포에 맞추는 것이 일반적인데, 그 공식은 〈60000÷템포〉입니다. 즉, 템포가 120이라면, 60000÷120=500이므로, 한 박자 길이의 딜레이 타임은 500ms가 되며, 반 박자는 500ms의 반인 250ms가 되는 것입니다.

❖ Feedback :

반복되는 딜레이 사운드의 레벨을 조정합니다.

❖ Trash :

딜레이 사운드의 저음 역을 조정합니다.

❖ Spread :

딜레이 사운드의 스테레오 폭을 조정합니다.

코러스란 말 그대로 여러 명이 동시에 노래하는 합창을 의미합니다. 한 사람이 노래할 때와 여러 명이 노래할 때, 음량을 제외한 차이점은 소리가 발생하는 시간에 차이가 있다는 것입니다. 합창에서는 하나의 노래를 부른다고 해도 인간인 이상 정확한 시간에 함께 부르지 못하고, 소리를 내는 시간에 조금씩 차이가 납니다. 그러나 오히려 풍부하고 아름답게 들립니다. 이러한 효과를 인위적으로 만들어내는 이펙트를 코러스라고 하며, 딜레이 사운드와 원본 사운드를 혼합하여 발생하는 위상의 변조로 독특한 사운드를 만들어내는 이펙트가 플랜저입니다. 일반적으로 플랜저는 코러스 보다 짧은 딜레이 타임을 사용하고 있지만, 동작 원리가 같기 때문인지 사운드부스는 두 가지 장치를 하나의 패널에서 연출할 수 있도록 하고 있습니다.

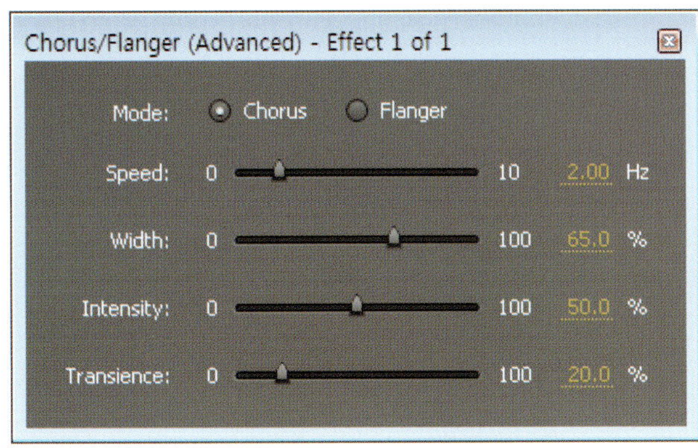

02 Chorus/Flanger(Advanced)를 어떤 장치로 사용할 것인지를 선택할 수 있는 Mode와 속도 및 폭 등을 조정할 수 있는 5가지 옵션으로 구성되어 있습니다.

❖ **Mode**: 해당 장치를 코러스(Chors)로 사용할 것인지 플랜저(Flanger)로 사용할 것인지를 선택합니다.

❖ **Speed**: 딜레이 사운드가 만들어지는 간격을 주파수 단위로 조정합니다.

❖ **Width**: 코러스 및 플랜저 사운드의 가로 폭을 조정합니다.

❖ **Intensity**: 원본 사운드와 코러스 및 플랜저의 비율을 조정합니다.

❖ **Transience**: 코러스 및 플랜저 사운드의 증가율을 조정합니다.

Tip — **Vocal Enhance**

사운드부스의 모든 이펙트는 간단하게 사용할 수 있는 표준 이펙트와 고급 사용자를 위한 Advanced를 제공하고 있습니다. 단, 보컬을 녹음할 때 마이크가 튀는 현상을 의미하는 치열음과 파열음을 제거하는 역할의 인핸서(Vocal Enhance)는 표준 이펙트로만 제공됩니다. 고음역의 치열음은 'ㅊ' 발음에서 발생하기 쉽고, 저음역의 파열음은 'ㅍ' 발음에서 발생하기 쉽다고 해서 붙여진 이름입니다. Settings 창은 가수의 성별에 따라 Male(남)과 Female(여)로 선택할 수 있는 간단한 옵션으로 구성되어 있습니다. Music은 미들 음역을 감소시켜 보컬를 강조시킬 수 있는 옵션으로 MR 마스터링 작업에 유용합니다.

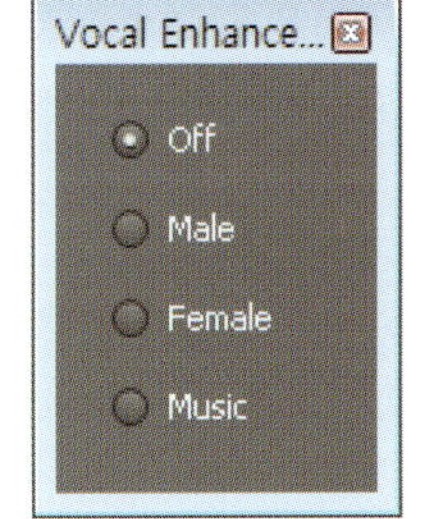

컴프레서는 전체 사운드를 증가시키고, 그로 인해서 발생할 수 있는 사운드의 일그러짐을 방지하는 다이내믹 계열의 대표적인 장치입니다. 보컬을 녹음한 사운드에서 소리가 작은 앞부분을 기준으로 레벨을 증가시키면, 소리가 큰 후렴 부에서 사운드가 일그러지게 됩니다. 이때 컴프레서를 적용하여 기준 레벨이 넘어가는 사운드를 압축시켜 일그러짐을 방지하는 것입니다. 컴프레서를 적용하면, 다이내믹 범위가 좁아지는 대신에 소리가 단단해지는 효과를 얻을 수 있습니다.

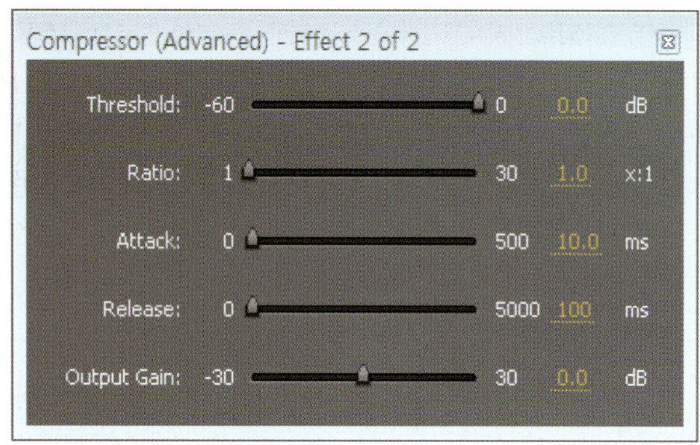

03 사운드부스의 Compressor(Advanced)는 사운드의 압축 기준 레벨을 결정하는 Threshold와 압축 비율을 조정하는 등의 5가지의 옵션으로 구성되어 있습니다.

❖ Threshold

컴프레서가 작동되는 기준 레벨을 결정합니다. 예를 들어 Threshold를 −10dB로 설정했다면, −10dB 이하의 사운드가 재생될 때는 컴프레서가 작동을 하지 않고 있다가 −10dB 이상의 사운드가 재생될 때 압축을 시작하는 것입니다.

❖ Raio

사운드의 압축 비율을 조정합니다. 예를 들어 Threshold 값을 −10dB로 설정하고, Ratio 값을 2로 설정했다면, −10dB 사운드가 감지되었을 때, Ratio 값에 의하여 2:1인 −20dB로 압축을 하는 것입니다.

❖ Attack

컴프레서의 작동 시작 타임을 설정합니다. Threshold에서 설정한 사운드가 감지되었을 때, 갑자기 압축을 시작하면, 사운드가 어색해집니다. 그래서 약간의 여유 타임이 필요한데, 그것을 결정하는 것이 Attack이며, 시간은 ms 단위입니다.

❖ Release

컴프레서의 작동이 멈추는 타임을 설정합니다. 컴프레서가 작동을 하고 있다가 Threshold에서 설정한 레벨 이하의 사운드가 되면 작동을 멈추게 되는데, 이때의 타임을 설정하는 것입니다. Attack과 Release를 잘못 조정하면, 사운드가 묻히거나 과도하게 튀는 등의 부작용이 발생할 수 있으므로, 많은 실험이 요구되는 부분입니다.

❖ Output Gain

컴프레서가 적용된 사운드의 최종 레벨을 조정합니다. 컴프레서를 조정하는 요령은 증가시키고 싶은 사운드를 기준으로 Output Gain을 조정한 다음에 사운드가 큰 부분을 기준을 Threshold와 Ratio를 조정하는 것입니다.

Convolution Reverb

목욕탕이나 실내 복도에서 노래를 해 본적이 있는 독자라면, 목소리에 울림이 더해져 무척 듣기 좋은 소리가 되는 것을 경험해 본적이 있을 것입니다. 이유는 소리가 벽에 부딪혀 반사되는 소리를 만들고, 이것이 반복되어 풍부한 울림을 만들기 때문입니다. 여기서 반사되는 소리를 잔향이라고 하는데, 이러한 잔향을 인위적으로 만드는 이펙트가 리버브입니다. 사운드부스의 Convolution Reverb(Advanced)는 다양한 현장을 시뮬레이션하는 임펄스(Impulse) 기능을 제공하고 있기 때문에 초보자도 쉽게 현장감 있는 사운드를 만들 수 있습니다.

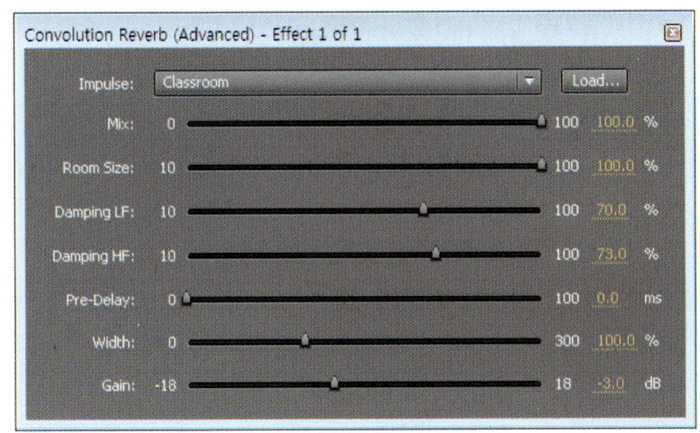

04 Convolution Reverb(Advanced)는 잔향이 만들어지는 공간을 시뮬레이션하는 Impulse를 비롯하여 잔향의 비율과 공간의 크기를 조정하는 등의 8가지 옵션으로 구성되어 있습니다.

❖ Impulse

Hall이나 Room 등의 다양한 현장을 시뮬레이션하는 목록을 제공합니다. 그리고 사운드부스에서 기본적으로 제공하는 임펄스 외에 잔향이 마음에 드는 외부 사운드를 불러와서 리버브를 적용할 수 있는 Load 버튼을 제공합니다.

❖ Mix

Impulse에서 선택한 잔향과 원본 사운드와의 비율을 조정합니다.

❖ Riim Size

Impulse에서 선택한 공간의 크기로 조정합니다.

❖ Damping LF/HF

리버브는 주변의 벽이나 사물에서 반사되는 잔향을 시뮬레이션하여 공감감을 연출하는 장치입니다. 이때 벽면의 재질에 따라 음역대의 반사율이 다를 수 밖에 없는데, 각 음역대의 반사율을 조정하여 공간의 특성을 연출하는 것입니다. Damping LF는 저음역의 반사율, Damping HF는 고음역의 반사율을 조정합니다.

❖ Pre-Delay

초기 잔향 사운드의 타임을 조정하여 공간의 크기나 형태를 시뮬레이션 합니다.

❖ Width

잔향 사운드의 스테레오 폭을 조정합니다.

❖ Gain

Convolution Reverb의 최종 레벨을 조정합니다.

전자 기타의 사운드를 좋아하는 이유의 대부분이 화려한 프레이즈와 강렬한 메탈 사운드 때문일 것입니다. 그 강렬한 메탈 사운드를 만들어내는 원리는 앰프가 수용할 수 있는 한계 출력 이상의 사운드를 입력했을 때 나타나는 찌그러짐입니다. 이것을 작은 소리에서도 손쉽게 만들 수 있는 이펙트가 디스토션 입니다. 그러나 메탈이라는 특정 사운드에 고정관념을 가질 필요는 없으며, 목소리에 적용하여 로봇 사운드를 연출하는 등의 다양한 실험을 해보는 것이 사운드부스의 이펙트를 효과적으로 익힐 수 있는 지름길 입니다.

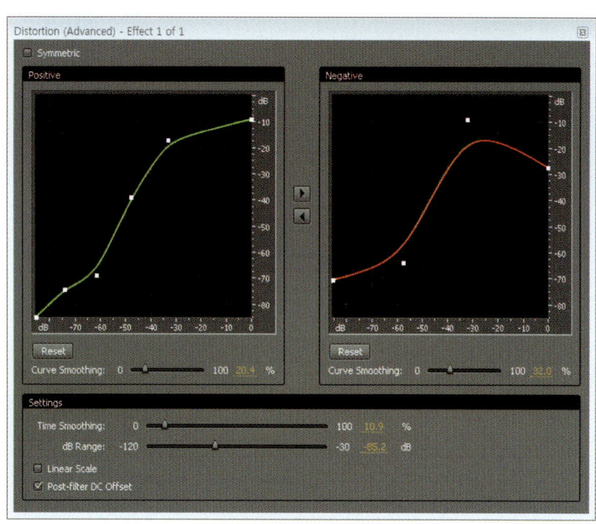

05 Distortion(Advanced)은 왜곡되는 사운드를 그래프로 시뮬레이션 할 수 있는 Positive 및 Negative를 비롯해서 범위와 비율을 조정할 수 있는 옵션들로 구성되어 있습니다.

❖ Symmetric
Positive와 Negative를 동기화시켜 한 쪽에서 조정하는 라인을 다른 쪽에도 적용되도록 합니다.

❖ Positive/Negative
사운드 파형은 베이스 라인을 기준으로 양의 수와 음의 수로 구분되는데, Positvie는 양의 수를 왜곡시키고, Negative는 음의 수를 왜곡시키는 역할입니다. 그래프의 가로축은 입력 레벨, 세로축은 출력 레벨이며, 라인은 마우스 클릭으로 포인트를 만들고, 마우스 드래그로 조정합니다. Positive와 Negative 그래프 사이의 좌/우 삼각형 버튼은 한 쪽에서 조정한 그래프를 다른 쪽으로 복사하는 역할이며.그래프 아래쪽의 Reset 버튼은 조정한 라인을 초기화시킵니다. 그리고 Curve Smoothing은 라인을 곡선으로 처리하여 보다 부드러운 왜곡을 만들어냅니다.

❖ Time Smoothing/dB Range
Time Smoothing은 사운드에 디스토션이 걸리는 타임을 조정하며, dB Range는 레벨 범위를 조정합니다.

❖ Linear Scale
그래프의 dB 단위를 숫자로 표시합니다. 디스토션 사운드를 비율로 계산하여 조정하고 싶을 때 선택합니다.

❖ Post-filter DC Offset
디스토션이 걸리면, 사운드이 파형이 베이스 라인에서 벗어나는 오류가 발생할 수 있습니다. 이것을 전기 잡음이라고 하는데, Post-Filter DV Offset 옵션을 체크하여 제거할 수 있습니다. 즉, 베이스 라인에서 벗어난 사운드를 보정하는 것입니다.

사운드의 다이내믹을 조정하는 장치는 앞에서 살펴본 컴프레서(Compressor) 외에 게이트와 익스팬더(Gate/Expander), 리미터(Limiter) 등의 것들이 있습니다. 사운드부스의 Dynamics(Advanced)은 다양한 다아내믹 계열의 장치들을 하나의 패널에서 제공하고 있는 것입니다. 컴프레서는 앞에서 설명했듯이 다이내믹 범위를 좁혀 단단한 사운드 연출하는 목적으로 이용할 수 있고, 게이트와 익스팬더는 컴프레서와 반대로 다이내믹 범위를 넓혀 잡음을 제거하는 목적으로 이용할 수 있습니다. 그리고 리미터는 컴프레서와 동작 원리는 같지만, 높은 압축률을 제공하고 있기 때문에 클립핑이 발생하지 않도록 하는데 자주 사용합니다.

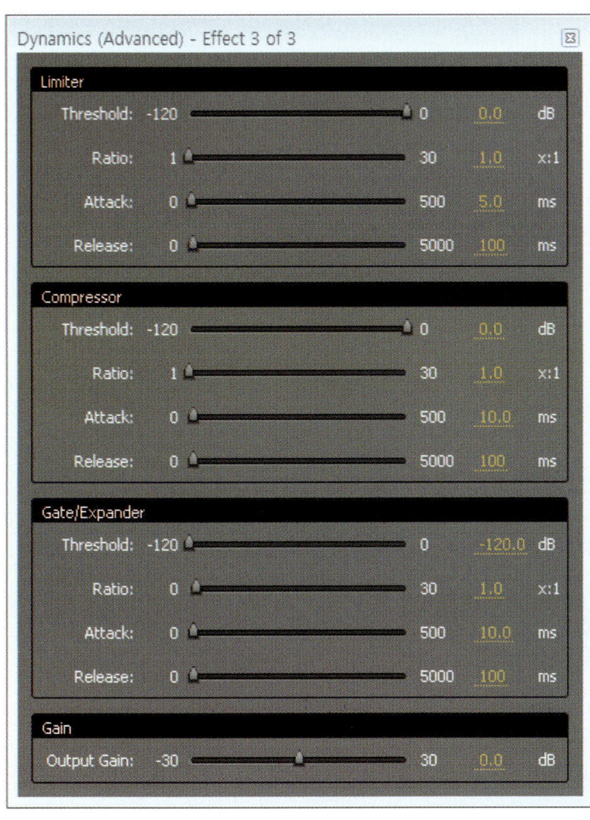

06 Dynamics(Advanced)는 다이내믹 계열의 리미터와 컴프레서, 그리고 게이트, 익스팬더 등의 장치를 제공하고 있습니다. 각각의 장치 중에서 사용하고 싶지 않은 것들은 입력 사운드를 그대로 출력할 수 있게 Ratio를 1이나 0으로 설정하면 됩니다.

❖ Limiter

Threshold에서 설정한 레벨 이상의 사운드를 Ratio에서 설정한 비율로 압축하여 클립핑이 발생하지 않게 하는 장치입니다. Ratio가 10:1 이하일 경우에는 컴프레서와 동일하게 취급되지만, 전체적인 사운드를 증폭하는 컴프레서와는 사용 목적에서 차이가 있습니다. Atack은 리미터의 작동 시작 타임을 설정하는 것이며, Release는 정지 타임을 설정합니다. 두 가지 모두 ms 단위 입니다.

❖ Compressor

이미 살펴보았던 내용입니다. 사운드부스는 별도의 컴프레서를 제공하고 있기 때문에 Dynamics의 Ratio는 1로 설정하여 사용하지 않는 경우가 많습니다.

❖ Gate/Expander

Threshold에서 설정한 레벨 이상의 사운드를 압축하는 컴프레서나 리미터와는 반대로 Threshold에서 설정한 레벨 이하의 사운드를 확장하여 다이내믹 범위를 넓히는 역할을 합니다. 즉, 작은 소리를 더욱 작게 만들어 주변 잡음이나 지속적으로 들리는 험 잡음 등을 제거하는 유용한 장치입니다. Threshold에서 기준 레벨을 결정하고, Raio에서 압축 비율을 조정합니다. Gate/Expander 역시 작동 시작 타임과 정지 타임을 조정하는 Attack과 Release가 있습니다.

❖ Gain

Dynamics가 적용된 최종 출력 레벨을 조정합니다.

사운드의 주파수 특성을 보정하는 역할의 이퀄라이저(EQ)는 가정용 오디오나 MP3, MD, CD Player 등에서 쉽게 볼 수 있는 장치입니다. 일반적으로 POP, Rock, Dance 등의 프리셋으로 선택할 수 있게끔 되어 있어 누구나 쉽게 사운드를 보정할 수 있습니다. 그러나 음향 엔지니어들이 가장 어렵다고 하는 것이 EQ이기도 합니다. 이것은 EQ의 사용법이 어렵다는 것이 아니고, 사운드를 분석할 수 있는 청감을 의미합니다. 최소한 사운드의 베이스가 많다 적다 정도는 구분할 수 있게끔 음악을 많이 듣는 훈련이 필요할 것입니다.

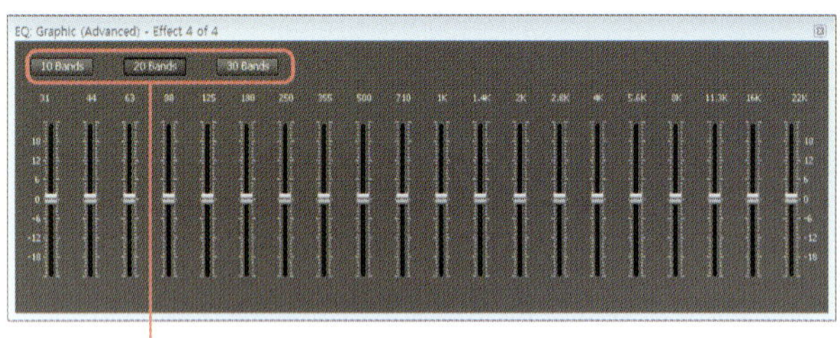

Band 선택 버튼: 각각의 버튼을 클릭하여 EQ:Graphic을 몇 개의 밴드 타입으로 사용할 것인지를 결정합니다.

07 EQ:Graphic(Advanced)은 주파수를 10~30 등분으로 분할 하여 조정할 수 있는 그래픽 타입의 이퀄라이저로 입문자가 접근하기 가장 용의한 장치합니다. 총 3가지 밴드를 제공하고 있으므로, 10 Band에서부터 도전을 해보면 좋을 것입니다.

❖ 10 Band

31Hz에서부터 16KHz의 범위를 총 10분으로 나누어 조정할 수 있습니다. EQ 공부를 시작하는 입문자들에게 적합합니다.

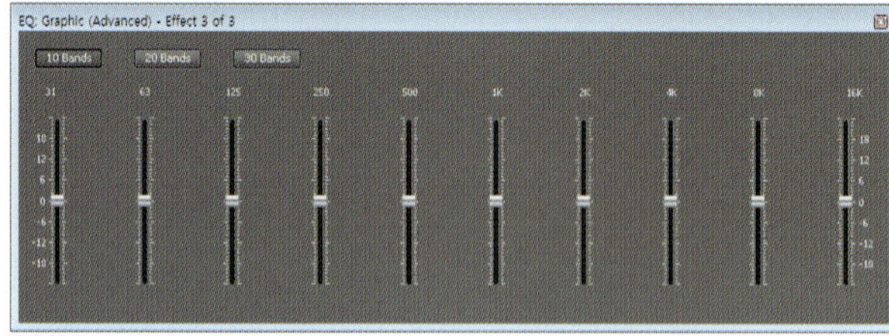

❖ 20 Band

31Hz에서부터 22KHz의 범위를 총 20분으로 나누어 조정할 수 있는 밴드 타입으로 EQ:Graphic 의 기본 타입입니다. 즉, 가장 많이 사용하는 타입이기도 합니다.

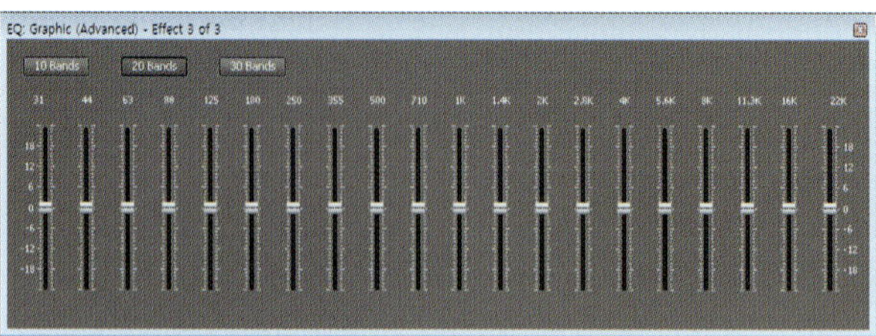

❖ Riim Size

31Hz에서부터 25KHz의 범위를 총 30분으로 나누어 조정할 수 있습니다. 인간의 가청 주파수가 최대 20KHz라는 점을 감안하면 조금 무의미한 범위이지만, 저음역과 미들 음역을 좀 더 세밀하게 조정할 수 있다는 장점이 있습니다.

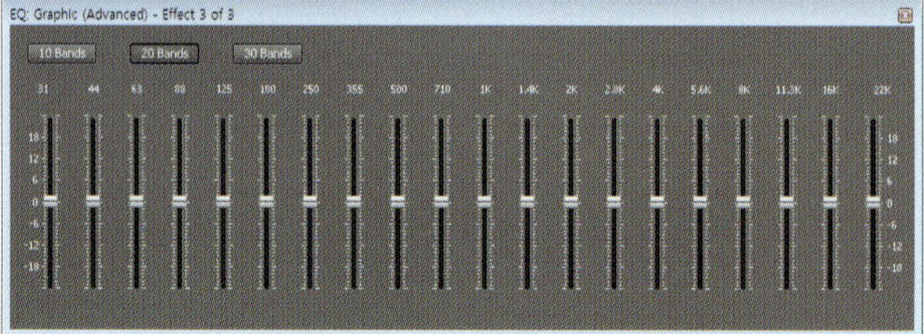

사용자가 원하는 주파수 대역을 설정하여 조정할 수 있는 파라메트릭 타입의 이퀄라이저는 사운드 입문자들에게 가장 부담스러운 장치입니다. 하지만, 스튜디오의 믹싱 콘솔에서부터 각종 VST까지 보편화되어 있는 장치이기 때문에 사운드 디자이너 및 뮤지션으로 활동할 계획을 가지고 있는 사용자라면, 반드시 익숙해져야 할 장치이기도 합니다. 일반적으로 부족한 음역을 보충하거나 과다한 음역을 감소시키는 역할을 하는 것이 EQ이지만, 파라메트릭 타입에 익숙해지면, 가수의 발음 때문에 발생하는 마이크 잡음이나, 녹음 과정에서 인식하지 못한 외부 잡음을 제거하는 등의 목적으로 사용할 수 있습니다.

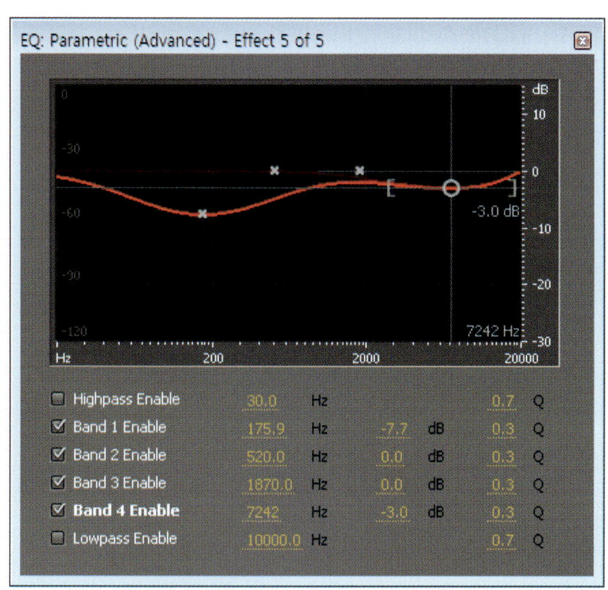

08 EQ:Parametric(Advanced)은 Highpass와 Lowpass를 포함하여 총 6개의 밴드를 이용할 수 있습니다. 각각의 밴드마다 조정할 주파수 및 대역 폭을 설정할 수 있는 파라미터를 갖추고 있으며, 그래프의 포인트를 드래그해서 사용할 수 있는 그래픽을 갖추고 있습니다.

❖ Hipass/Lowpass Enable

Highpass는 말 그대로 고음역만을 통과시키는 역할의 밴드이며, Lowpass는 저음역만을 통과시키는 역할의 밴드입니다. 예를 들어서 30Hz이하의 사운드를 모두 차단하고 싶다면, Highpass Enable 옵션을 체크하여 On으로 하고, 주파수를 30Hz로 설정하면 되는 것입니다. 반대로 16KHz 이상의 사운드를 모두 차단하고 싶다면, Lowpass Enable 옵션을 체크하여 On으로 하고, 주파수를 16000Hz로 설정하면 되는 것입니다.

❖ Band 1~4 Enable

모두 4개의 밴드를 제공하고 있으며, 각 밴드의 Enable 옵션 체크로 사용 여부를 결정합니다. Hz는 조정하게 될 중심 주파수를 설정하는 것으로 그래프의 포인트를 좌/우로 드래그하여 조정할 수 있고, dB은 해당 주파수의 증/감 레벨을 조정하는 것은 그래프의 포인트를 상/하로 드래그하여 조정할 수 있습니다. 그리고 Q는 영향을 받는 주파수 대역 폭을 설정합니다. 예를 들어 Band 1 Enable 옵션을 체크하고, 주파수를 200Hz로 설정한 다음에 레벨을 4dB로 설정하면, 원본 사운드의 200Hz 대역이 4dB가 증가된 사운드로 출력되는 것입니다. 이때 중심 주파수를 기준으로 좌/우 얼마만큼의 주파수가 영향을 받을 것인지를 Q 값으로 결정합니다. Q값은 〈중심주파수÷Q÷2〉의 값을 좌측으로 빼고, 우측으로 더하면 됩니다. 즉, 중심 주파수를 200Hz로 설정하고 Q값을 1로 설정했다면, 200÷1÷2=100이므로, 좌측은 200−100=100Hz 우측은 200+100=300Hz로 영향을 받는 주파수 대역은 100Hz~300Hz가 되며, Q값을 2로 설정했다면, 200÷2÷2=50이 므로, 좌측은 200−50=150Hz, 우측은 200+50=250Hz로 영향을 받는 주파수 대역은 150Hz~250Hz가 됩니다. 결국 Q 값이 클수록 대역폭은 좁아지므로, Q값을 최대로 하여 특수 잡음을 제거하는 노치 필터로 사용할 수 있습니다.

국내의 경우 하나의 음악이 만들어지는 녹음과 믹싱, 그리고 마스터링 작업을 한 사람의 사운드 엔지니어가 처리를 하고 있는 것이 일반적이지만, 해외의 경우에는 각각의 작업마다 엔지니어가 구분되어 있고, 특히, 마스터링 엔지니어는 음악이 재생되는 목적과 음악이 담길 미디어의 특성까지 이해하고 있어야만 하는 전문 분야입니다. 그래서 세계적으로도 마스터링 전문 엔지니어는 많지 않기 때문에 현재 꿈을 가지고 사운드 및 음악을 공부하는 학생들에게 권장할 수 있을 만큼의 메리트를 가지고 있는 직업입니다. 아무튼 마스터링 작업은 최종적으로 제공될 미디어에 맞추어 사운드의 색채이나 다이내믹을 조정하는 작업으로 평소에 음악을 많이 듣는 노력이 필요합니다.

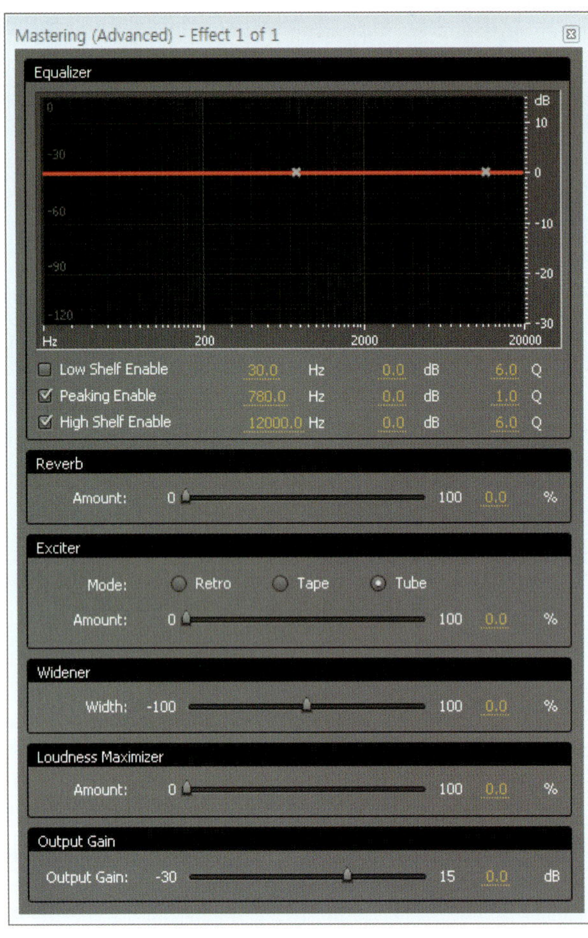

09 Masteirng(Advanced)는 마스터링 작업에 필요한 EQ, 리버브, 라우드니스 등의 6가지 기능을 갖추고 있습니다. 마스터링은 인터넷에서 재생될 MP3 파일을 만든다면, 감소될 것을 예상하여 저음역과 고음역을 증가시키거나 배우의 목소리가 중요한 영상 사운드 트랙으로 사용될 것이라면, 목소리가 차지하는 음역을 줄이는 것, 그리고 CD에 담길 곡이라면 함께 담길 곡과의 다이내믹을 일치시키는 등의 세심함이 필요한 작업이므로, 사운드의 사용 목적과 미디어 특징을 이해할 수 있게 다양한 학습과 경험이 필요한 작업입니다.

❖ Equalizer

Low Shelf Enable, Peaking Enable, High Shelf Enable의 3가지 밴드를 제공하는 EQ입니다.

❖ Reverb

사운드의 공간감을 만드는 리버브로 양을 조정하는 Amount 슬라이드가 있습니다.

❖ Exciter

고음역대을 증가시키는 역할로, 강도에 따라 Retro, Tape, Tube 단계로 선택할 수 있습니다.

❖ Widener

사운드의 스테레오 폭을 조정합니다.

❖ Loudness Mazimizer

최고 −0.3dB를 기준으로 레벨을 최적화합니다.

❖ Output Gain

마스터링 장치의 최종 출력 레벨을 조정합니다.

페이저는 딜레이 사운드를 원본 사운드와 합성할 때 발생하는 위상 변조로 독특한 사운드를 만들어내는 플랜저와 같은 계열의 장치입니다. 단, 가변적인 위상 변조를 만들어내는 페이저와는 달리 전 주파수 대역을 일정한 주기로 변조하는 컴필터 효과를 이용한다는 차이가 있습니다. 컴필터(Combfilter)는 파라메트릭 EQ에서 전 주파수 대역을 일정한 간격으로 배열했을 때의 모습이 마치 빗 모양 처럼 생겼다고 해서 붙여진 이름이며, 위상은 파형의 각도를 의미합니다.

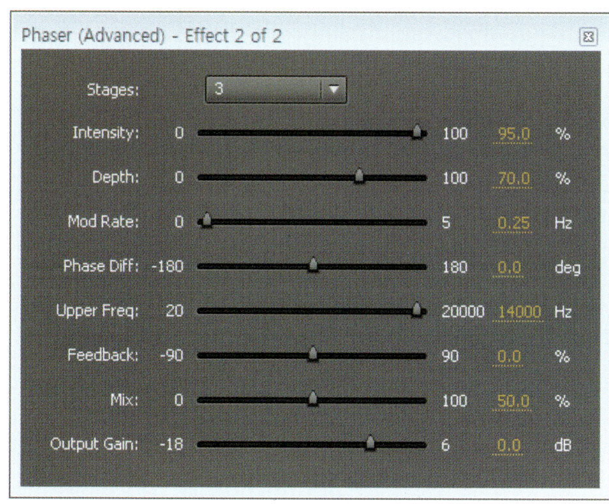

10 Phaser(Advanced)는 위상 변조를 일으키는 주파수 대역을 몇 개로 지정할 것인지를 결정하는 Stages를 비롯해서 변조되는 양과 깊이를 조정하는 등의 9가지 옵션으로 구성되어 있습니다.

❖ Stages : 위상을 변조시킬 필터의 수를 선택합니다.

❖ Intensity : 위상이 변조되는 강도를 조정합니다.

❖ Dapth : 패이저가 적용되는 주파수의 대역 폭을 조정합니다.

❖ Mod Rate : Satages 선택한 각 필터 단위로 이동되는 속도를 조정합니다.

❖ Phase Diff : 위상의 각도를 조정합니다. 마이너스(-) 값은 왼쪽 채널, 플러스(+) 값은 오른쪽 채널입니다.

❖ Upper Freq : 컴필터가 적용되는 최대 주파수 값을 설정합니다. 이 값을 5000Hz로 설정하고, Stasges를 6으로 설정하면, 20Hz에서 5KHz 범위에 6개의 컴필터가 일정한 간격으로 적용되는 것입니다.

❖ Feedback : 페이저 사운드가 반복되는 양을 퍼센트 단위로 조정합니다. Feedback 값을 마이너스(-)로 설정하면, 반복되는 페이저 사운드의 위상이 반전된다는 특징이 있습니다.

❖ Mix : 원본 사운드와 페이저 사운드와 비율을 조정합니다.

❖ Output Gain : 페이저 사운드의 최종 출력 레벨을 조정합니다.

Soundbooth CS4

PART 07

멀티트랙 사용법 익히기

사운드부스는 음악 전문 프로그램에서나 가능한 멀티 트랙 작업이 가능하며, 다양한 샘플

소스를 배열하여 손쉽게 음악을 완성할 수 있는 스코어 기능을 제공합니다. 두 가지 모두

전문 프로그램에서나 제공되는 것이기 때문에 입문자에게는 다소 부담스러운 학습이 될

수 있지만, 익혀만 둔다면, 무한한 상상력이 첨가된 사운드 편집이 가능할 것입니다.

클립 편집하기

사운드부스는 멀티트랙을 지원하는 편집 프로그램입니다. 사운드부스 이전에 디지털 사운드 편집 프로그램을 사용해본 경험이 있다면, 멀티트랙을 지원한다는 것이 얼마나 막강한 기능인지를 짐작할 수 있을 것입니다. 멀티트랙 기능을 이용하면 배경 음악이 깔리는 내레이션 작업이나 전문 음악 프로그램에서나 가능한 음악 믹싱 작업이 가능합니다. Guitar, Piano, Bass, Drums 등의 음악 소스를 가지고 간단한 음악을 만들어보면서 멀티트랙의 기능을 살펴보겠습니다.

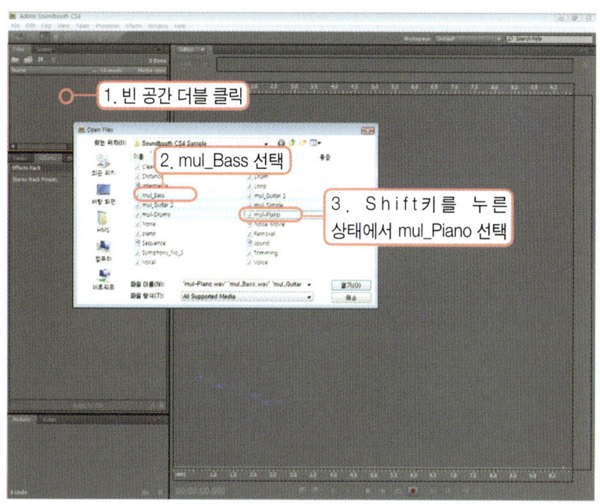

01 파일 패널의 빈 공간을 더블 클릭하여 Open Files 창을 열고, 부록 CS의 Soundbooth CS4 Sample 폴더에서 mul_Bass 파일을 찾아 선택합니다. 그리고 Shift 키를 누른 상태로 mul-Piano 파일을 선택하고, 열기 버튼을 클릭하여 한 번에 6개의 샘플 파일을 불러옵니다.

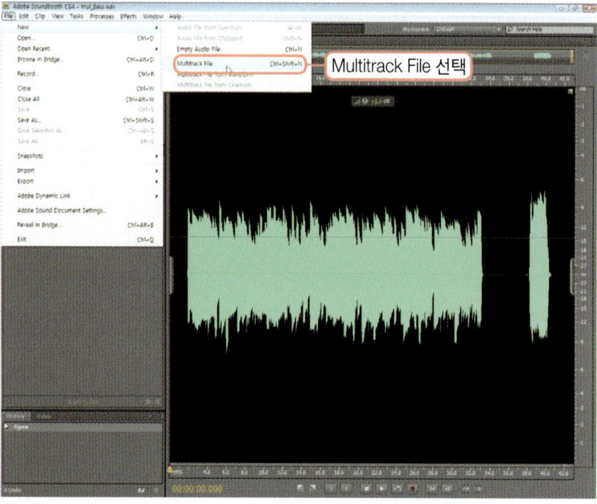

02 New 메뉴의 Multitrack File을 선택하여 멀티트랙 작업 패널을 만듭니다.

가·정·교·사

Multitrack File from Waveform 메뉴는 파일 패널에서 선택한 사운드 파일을 멀티트랙 1번에 삽입하는 것이고, Multitrack file from Channels 메뉴는 스테레오 채널의 파일을 선택한 경우에 두 개의 모노 트랙으로 나누어 삽입합니다. 그리고 비디오 파일을 선택한 경우에는 Multitrack File from Waveform 메뉴가 Multitrack File from Video 메뉴로 표시되며, 비디오 트랙으로 삽입됩니다.

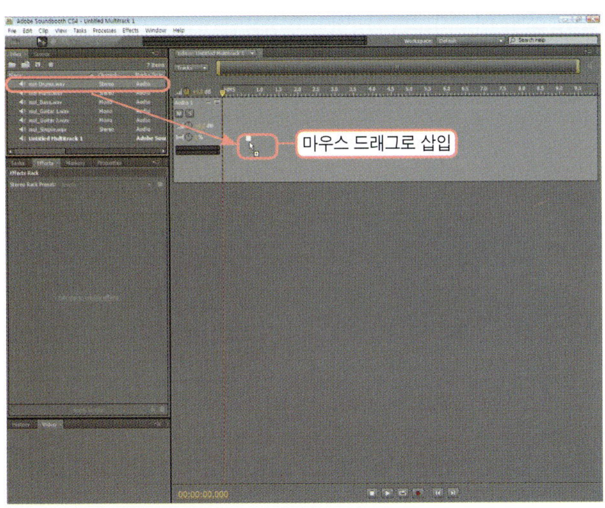

03 Untitled Multitrack 1 이라는 이름의 사운드부스 파일이 만들어집니다. 파일 패널에서 mul_Drums.wav 파일을 Audio 1번 트랙으로 드래그하여 삽입니다.

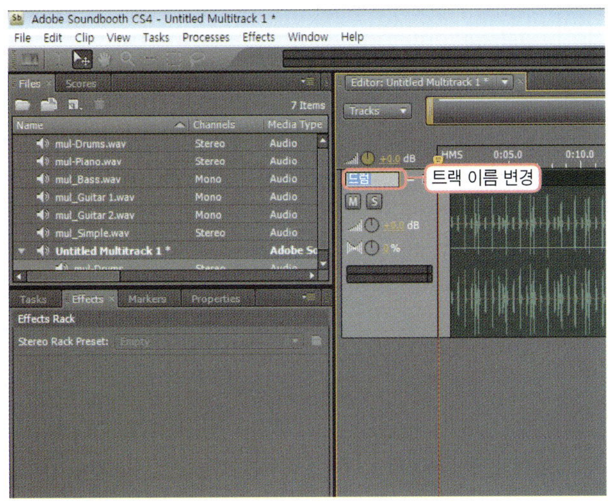

04 멀티트랙 작업을 할 때는 각 트랙의 이름을 구분하기 쉬운 것으로 변경하는 것이 좋습니다. Audio 1이라는 이름 항목을 클릭하여 '드럼'으로 변경합니다. 트랙 이름만으로도 드럼 사운드라는 것을 알 수 있게 됩니다.

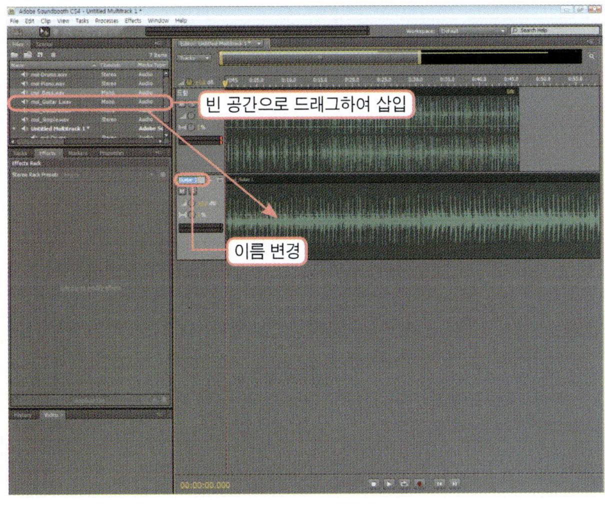

05 Mul_Guitar 1.wav 파일을 멀티트랙의 빈 공간으로 드래그합니다. Audio 2 트랙이 생성되면서 사운드가 삽입됩니다. Audio 2 트랙의 이름은 'Guitar 1'로 변경합니다.

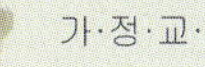
가·정·교·사

드럼 트랙으로 드래그하면 드럼 클립의 뒤로 삽입되므로, 주의하기 바랍니다.

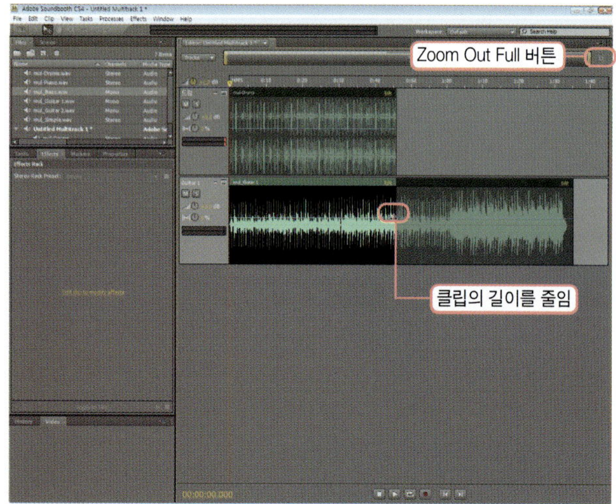

06 드럼과 Guitar 1 사운드가 시작 위치에 삽입되지 않았다면 클립을 왼쪽으로 드래그하여 이동시킵니다. 그리고 Zoom Out Full 버튼을 클릭하여 전체 길이가 보이게 하고, Guitar 1 클립의 끝 부분을 왼쪽으로 드래그하여 드럼 클립의 길이와 맞춥니다.

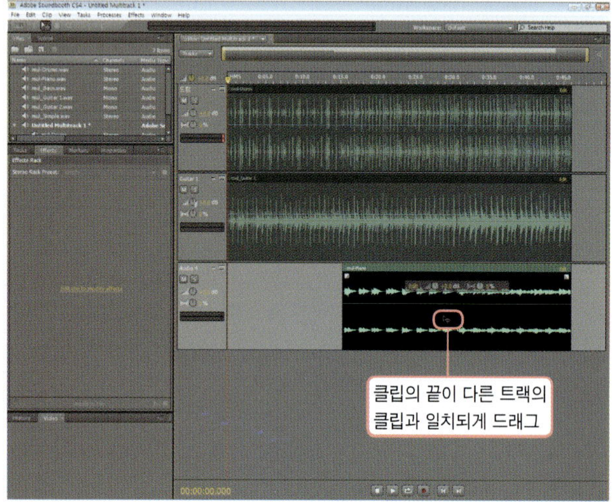

07 파일 패널에서 mul_Piano.wav 파일을 멀티트랙의 빈 공간으로 드래그하여 삽입합니다. 트랙의 이름은 '피아노'로 변경하고, 클립의 끝 부분이 나머지 클립과 일치하도록 오른쪽으로 드래그하여 맞춥니다.

가·정·교·사

클립을 편집할 때는 작업 공간을 [+]키와 [−]키로 확대할 일이 많습니다. 전체 표시는 [₩]키 입니다.

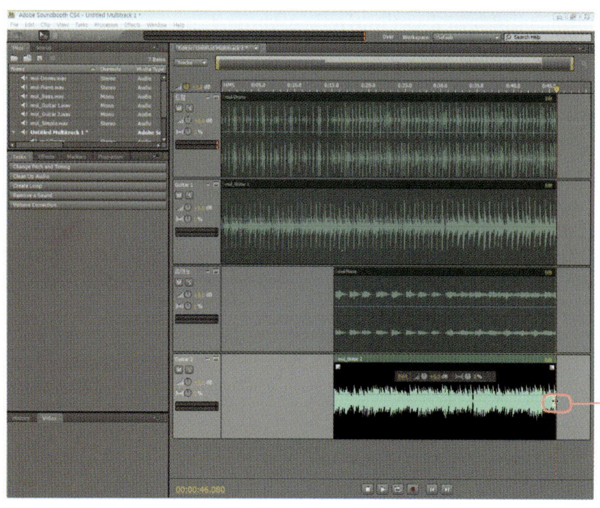

08 파일 패널에서 mul_Guitar 2 파일을 멀티트랙의 빈 공간으로 드래그하여 삽입하고, 새로 만들어진 트랙의 이름은 Guitar 2로 변경합니다. 그리고 Guitar 2 클립의 시작 위치를 피아노 클립과 맞추고, 오른쪽 끝 부분을 왼쪽으로 드래그하여 나머지 클립과 길이를 맞춥니다.

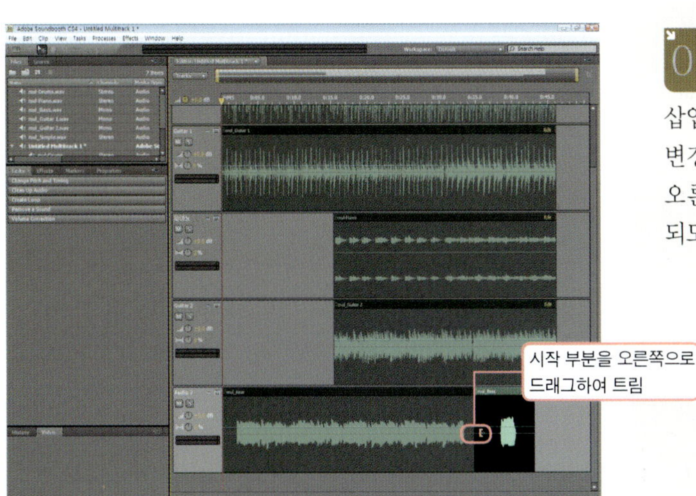

09 파일 패널에서 mul_Bass.wav 파일을 멀티트랙의 빈 공간으로 드래그하여 삽입하고, 새로 만들어진 트랙의 이름은 베이스로 변경합니다. 그리고 베이스 클립의 시작 부분을 오른쪽으로 드래그하여 두 번째 파형만 연주되도록 트림 작업을 합니다.

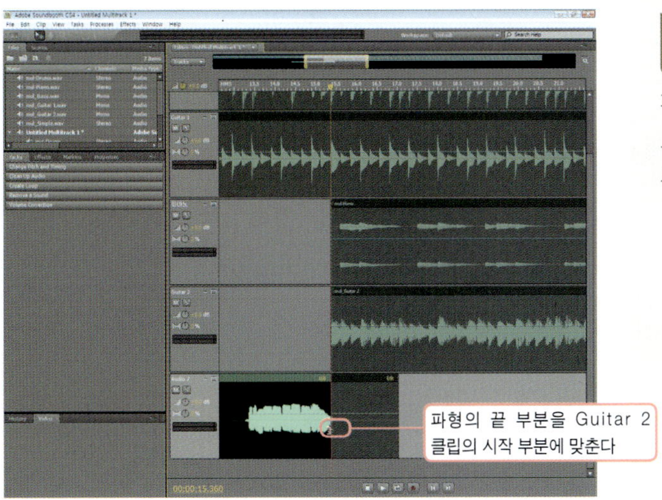

10 ＋ 키를 눌러 작업 공간을 확대하고, 클립의 끝 부분을 왼쪽으로 드래그하여 파형이 끝나는 부분까지 트림 작업을 합니다. 그리고 클립의 끝 부분이 Guitar 2 클립의 시작 부분에 일치되도록 이동시킵니다.

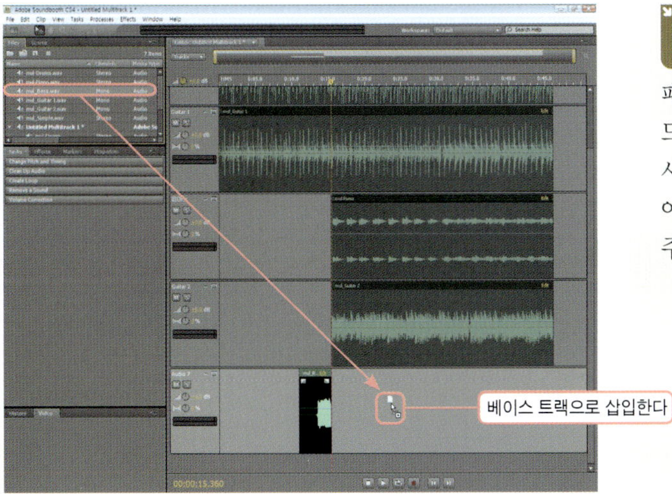

11 편집을 위해 확대했던 작업 공간을 Ｗ 키를 눌러 전체 화면이 보이게 하고, 파일 패널에서 mul_Bass.wav 파일을 베이스 트랙으로 드래그합니다. 같은 사운드 파일을 두 번 사용하는 것입니다. 빈 공간으로 드래그하는 것이 아니라 베이스 트랙으로 드래그한다는 것에 주의하기 바랍니다.

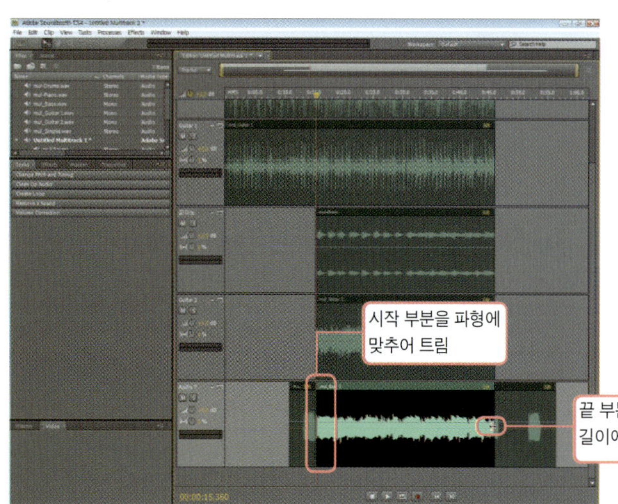

12 ＋ 키를 눌러 작업 공간을 확대하고, 새로 삽입한 베이스 클립의 시작 부분을 파형이 시작되는 부분까지 드래그하여 트림 작업을 합니다. 그리고 클립을 왼쪽으로 드래그하여 앞에서 배치한 클립 오른쪽으로 붙입니다. 계속해서 Ｗ 키를 눌러 전체가 보이게 하고, 클립의 끝 부분을 왼쪽으로 드래그하여 나머지 클립과 길이를 맞춥니다.

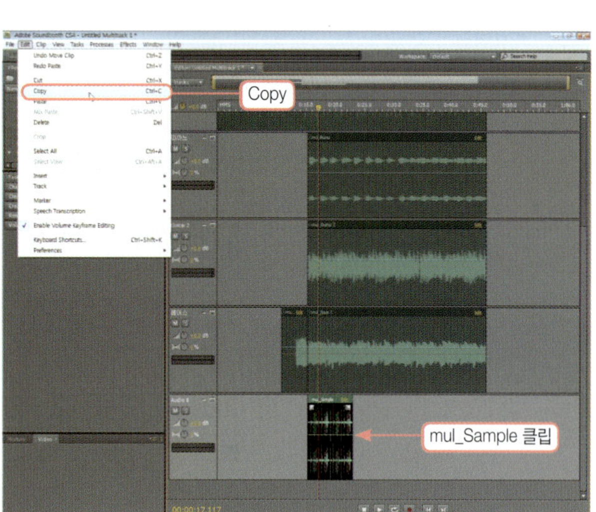

13 파일 패널에서 mul_Sample.wav 파일을 멀티트랙의 빈 공간으로 드래그하여 새로운 트랙을 만들고, 트랙의 이름은 Loop로 변경합니다. 그리고 클립의 시작 위치를 베이스 트랙의 두 번째 클립이 시작하는 위치에 맞춥니다. 클립이 선택되어 있는 상태에서 Edit 메뉴의 Copy 또는 단축키 Ctrl＋C 키를 눌러 복사합니다.

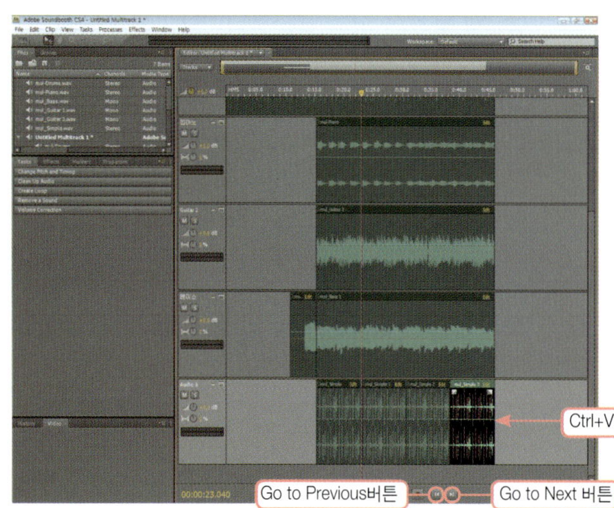

14 [Go to Previous] 또는 [Go to Next] 버튼을 클릭하여 송 포지션 라인을 새로 등록한 클립의 끝 부분에 위치하도록 이동시킵니다. 그리고 Ctrl 키를 누른 상태에서 Ｖ 키를 3번 눌러 앞에서 복사한 클립을 3번 붙입니다. 즉, 하나의 클립을 3번 반복시키는 것입니다.

믹싱 작업하기

편집 작업이 끝난 각 트랙의 볼륨과 팬, EQ 등을 조정해보면서 전문 음악 프로그램에서나 가능한 믹싱 작업을
시도해 보겠습니다. 물론 전문 음악 프로그램에 비하면 미약한 면이 있지만, 간단한 영상과 애니메이션 음악을
제작하는 것이 목적이라면, 전문 프로그램을 별도로 공부하지 않아도 가능합니다. 참고로 각 트랙의 사운드
볼륨을 조정하고, 이펙트를 첨가하는 믹싱 작업은 기능적으로 어려움이 없지만, 좋은 사운드를 만들기 위해서는
오랜 훈련이 필요하다는 것을 기억하기 바랍니다.

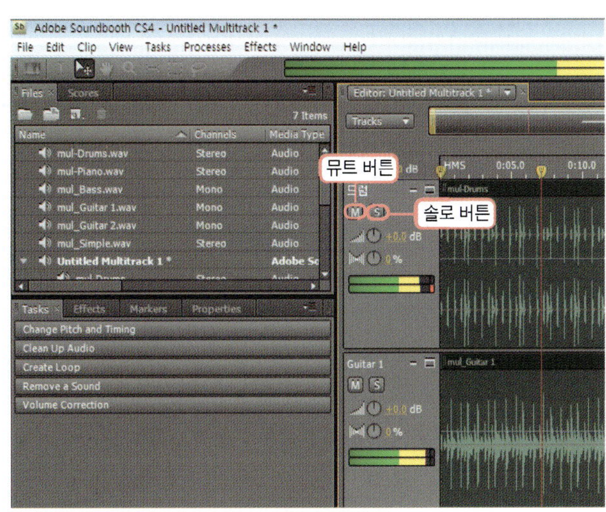

01 [Home] 키를 눌러 송 포지션 라인을 곡의
시작 위치로 이동시킵니다. 그리고
[Space bar] 키를 눌러 사운드를 모니터 하면서 드럼
트랙의 뮤트(M)버튼을 On/Off 해보고,
솔로(S)버튼을 On/Off 합니다. 뮤트 버튼은 해당
트랙을 뮤트하는 것이므로, 드럼 소리가 들리지
않고, 솔로 버튼은 해당 트랙만 솔로로 연주하는
것이므로, 드럼 소리만 들립니다. 다른 트랙의
뮤트와 솔로 버튼도 테스트를 해봅니다.

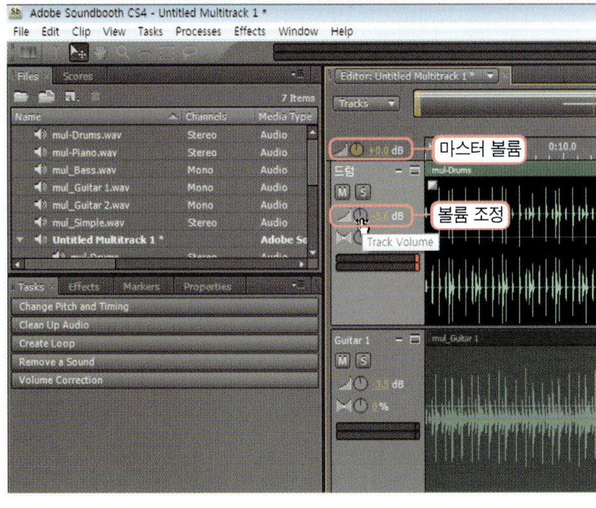

02 볼륨 노브는 해당 트랙의 볼륨을
조정합니다. 드럼 트랙은 −3.6dB, guitar
1 트랙은 −3.5dB, Guitar 2 트랙은 −0.8dB,
Loop 트랙은 −4.1dB 정도로 볼륨을 줄여봅니다.
트랙 상단에 있는 볼륨 노브는 전체 트랙의 출력
볼륨을 조정하는 마스터 볼륨입니다.

가·정·교·사

다이얼처럼 돌리는 방식의 버튼을 노브라고 합니다.

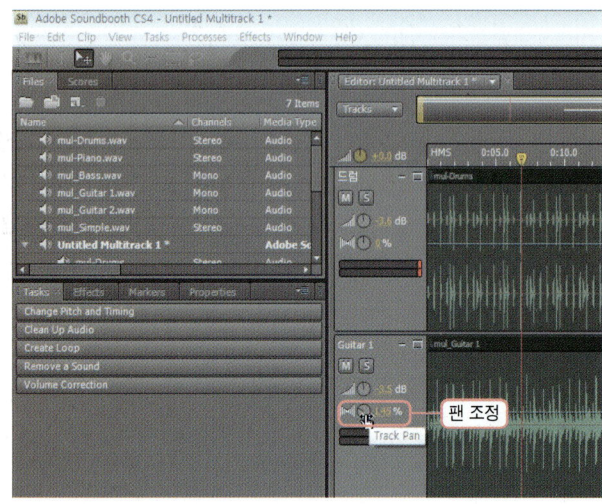

03 팬은 소리가 들리는 방향을 조정하는 것입니다. 팬 노브를 왼쪽으로 드래그하여 L 값으로 표시하면 해당 트랙의 사운드는 왼쪽 스피커에서 들리고, 오른쪽으로 드래그하여 R 값으로 표시하면 오른쪽 스피커에서 들리는 것입니다. 직접 실습을 해보고, Guitar 1 트랙의 팬 값을 L45%로 설정하여 Guitar 1 사운드가 스피커 왼쪽에서 들리게 합니다.

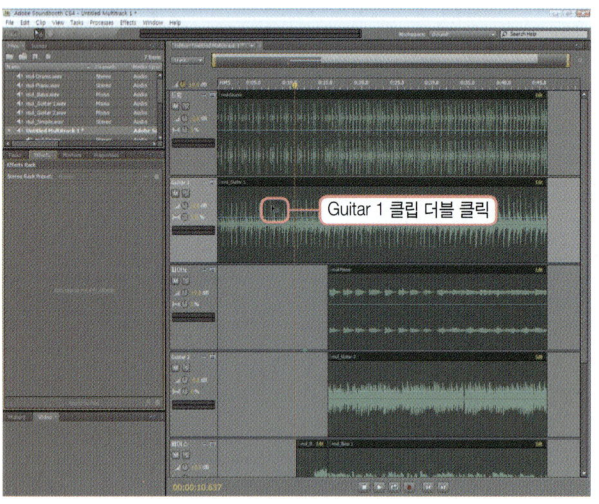

04 볼륨과 팬은 전체 사운드를 조화롭게 하는 믹싱 작업에 있어서 아주 중요한 조정입니다. 평소에 음악을 들을 때 어떤 악기가 어느 쪽 스피커에서 들리는지, 또 다른 악기에 비해서 볼륨은 어느 정도 차이가 나는지 등을 주의 깊게 듣는 훈련을 병행하기 바랍니다. Guitar 1 트랙의 클립을 더블 클릭합니다.

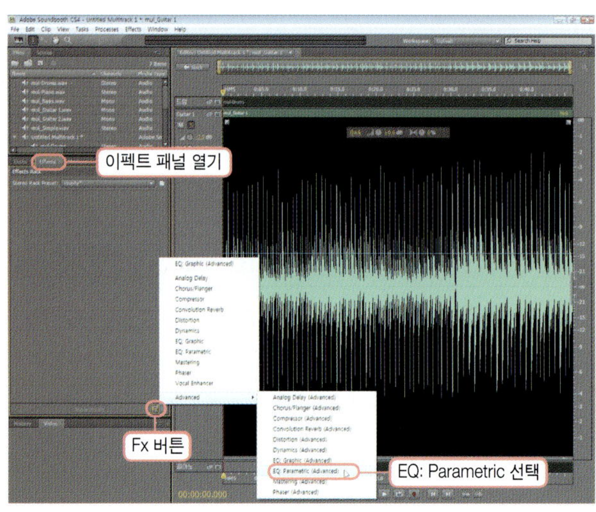

05 Guitar 1 사운드를 편집할 수 있는 상태로 확대됩니다. Effects 탭을 클릭하여 패널을 열고, Fx 버튼을 클릭하여 Advanced 메뉴의 EQ: Parametric를 선택합니다. Guitar 사운드에 EQ 작업을 하기 위해서입니다.

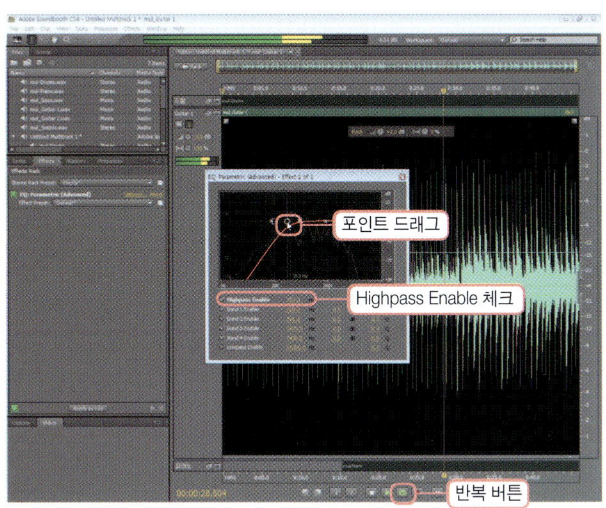

06 EQ를 조정할 수 있는 Settings 창이 열립니다. Highpass Enable 옵션을 체크하고, 포인트를 오른쪽으로 드래그하여 약 353Hz로 설정하여 353Hz 이하의 사운드를 차단합니다. Hz 항목을 클릭하여 값을 입력해도 좋지만, 반드시 사운드를 모니터 하면서 자신의 취향에 맞게 조정해보기 바랍니다. 트랜스포트의 반복 버튼을 On으로 해놓으면 사운드를 반복해서 모니터 할 수 있습니다.

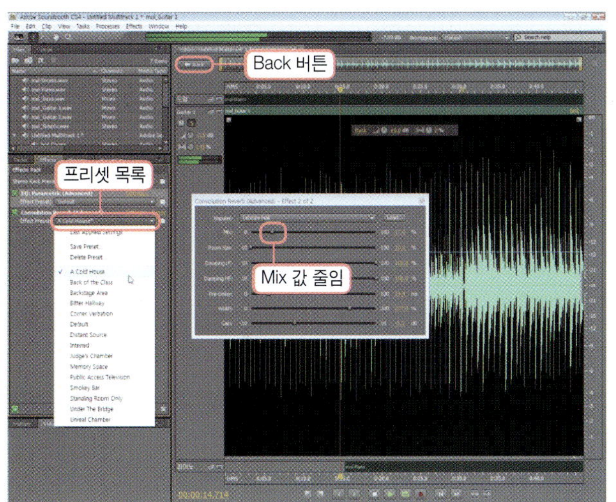

07 FX 버튼을 클릭하여 목록을 열고, Advanced 메뉴에서 Convolution Reverb를 선택합니다. 그리고 프리셋 목록에서 A Cold House를 선택하여 적용하고, Settings 창에서 Mix 값만 17% 정도로 줄입니다. Guitar 1 사운드에 EQ를 이용해서 저음을 제거하고, 리버브를 추가하는 것입니다. 작업이 끝나면 에디터 패널의 Back 버튼을 클릭하여 멀티트랙 패널로 돌아갑니다.

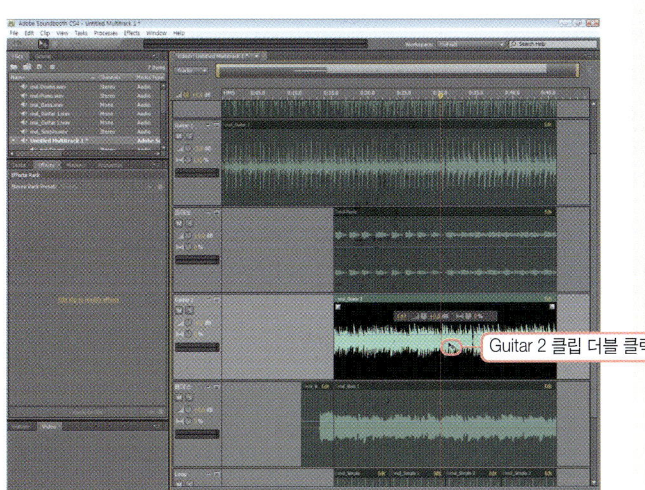

08 멀티트랙 패널에서 Guitar 2 클립을 더블 클릭합니다. 클립을 선택할 때 보이는 Edit 문자나 클립 오른쪽 상단의 Edit 문자를 클릭해도 좋습니다. 참고로 클립을 선택할 때 보이는 볼륨과 팬 노브는 해당 클립의 볼륨과 팬을 조정하는 것입니다.

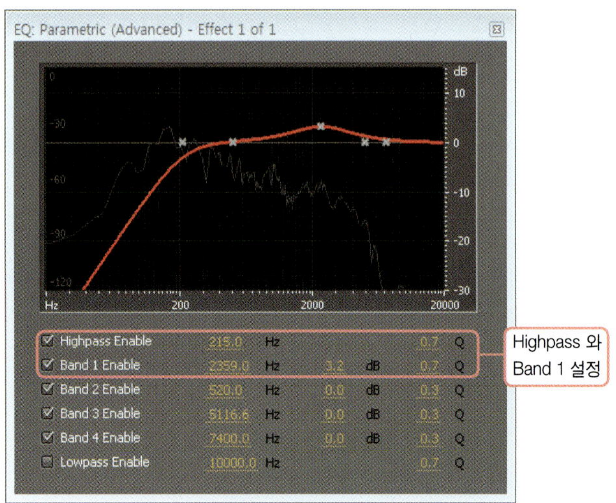

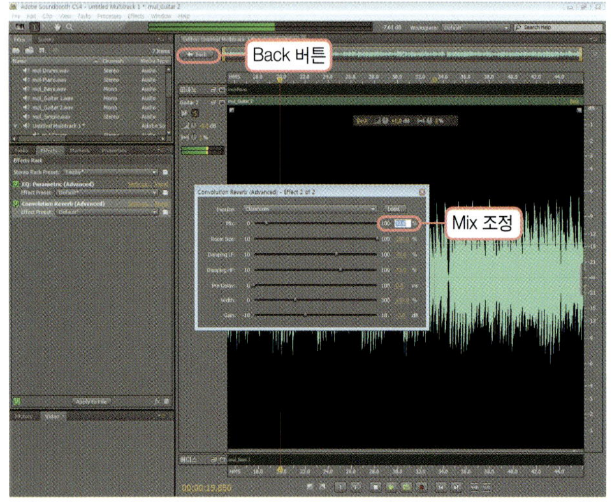

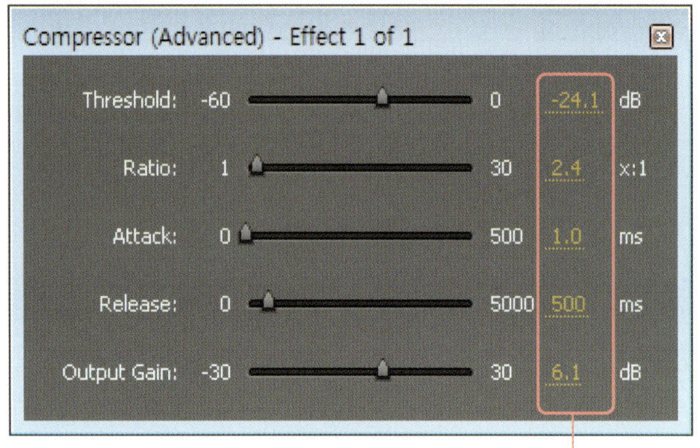

09 Guitar 2 역시 EQ를 조정하고, 약간의 리버브를 첨가하겠습니다. 이펙트 패널의 FX 버튼을 클릭하여 Advanced 메뉴의 EQ: Parametric을 선택합니다. Settings 창은 Highpass Enable 옵션을 체크하고, 주파수는 215Hz로 설정합니다. 그리고 Band 1 Enable는 2359Hz, 3.2dB, 0.7Q로 설정하여 미들 음역을 보충합니다.

10 계속해서 Fx 버튼을 클릭하여 Advanced 메뉴의 Convolution Reverb를 선택합니다. Settings 창은 Mix 값만 10% 정도로 줄여 너무 출렁이지 않게 하겠습니다. 가급적 실습에서 제시하는 값들은 무시하고, 직접 다양한 실험을 해보면서 자신이 좋아하는 사운드를 찾아보기 바랍니다. Back 버튼을 클릭하여 멀티트랙으로 이동합니다.

11 베이스 트랙의 첫 번째 클립을 더블 클릭하여 에디터 패널을 열고, 이펙트 패널의 Fx 버튼에서 Advanced 메뉴의 Compressor를 선택합니다. Settings 창은 Threshold를 −24dB, Ratio를 2.4, Attack을 1.0ms, Release 를 500ms, Outgain을 6.1dB 정도로 설정하여 베이스 연주의 어택을 살립니다.

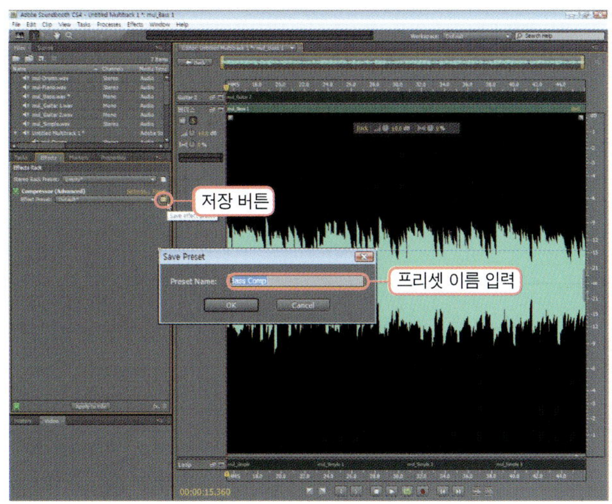

12 이펙트 패널에 장착한 Compresor (Advanced) 오른쪽에 저장 버튼을 클릭하여 Save Preset 창을 열고, 구분하기 쉬운 이름으로 저장합니다. 실습에서는 Bass Comp라는 이름으로 저장 하겠습니다.

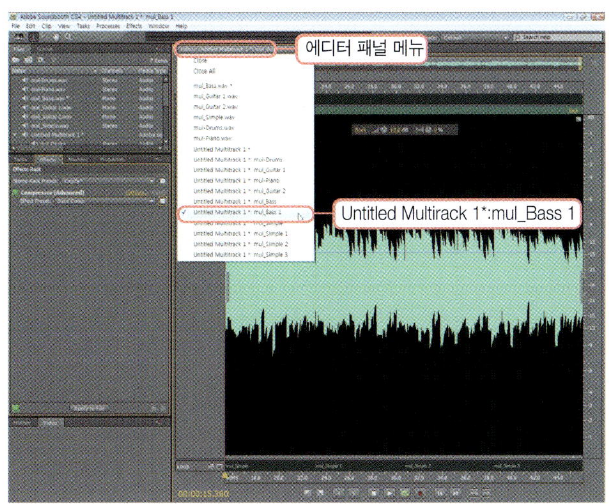

13 Back 버튼을 클릭하여 멀티트랙으로 이동한 다음에 베이스 트랙의 두 번째 클립을 더블 클릭하여 열어도 좋지만, 이번에는 에디터 패널 메뉴를 클릭하여 목록을 열고, Untitled Multitrac 1*: mul_Bass 1을 선택하여 두 번째 클립으로 이동해보겠습니다.

> **가·정·교·사**
>
> 이름 오른쪽은 별표(*)는 편집한 파일을 아직 저장하지 않았다는 표시입니다.

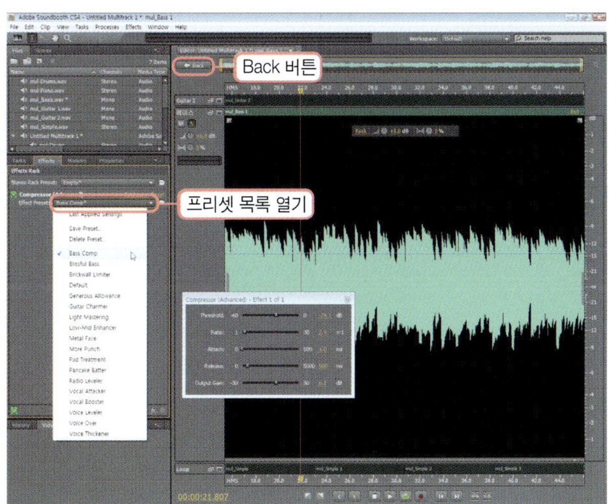

14 이펙트 패널의 FX 버튼을 클릭하여 목록을 열고, Advanced 메뉴의 Compressor를 선택합니다. 그리고 프리셋 목록을 클릭하여 앞에서 저장했던 Bass Comp를 선택하여 첫 번째 베이스 클립과 동일한 컴프레서를 적용합니다. Back 버튼을 클릭하여 멀티트랙으로 이동합니다.

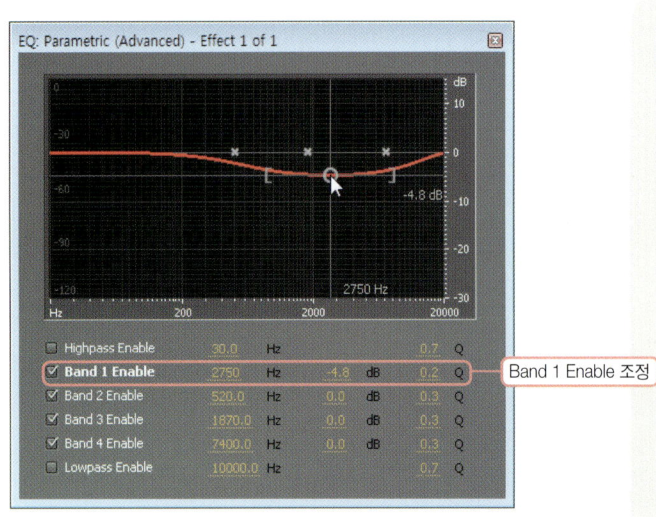

15 Loop 트랙의 첫 번째 클립을 더블 클릭하여 에디터 패널을 엽니다. 이펙트 패널의 FX 버튼을 클릭하여 목록을 열고, EQ: Parametric을 선택하여 Settings 창을 엽니다. 그리고 Band 1 Enable 포인트를 드래그하여 2750Hz를 −4.8dB 정도로 감소시킵니다.

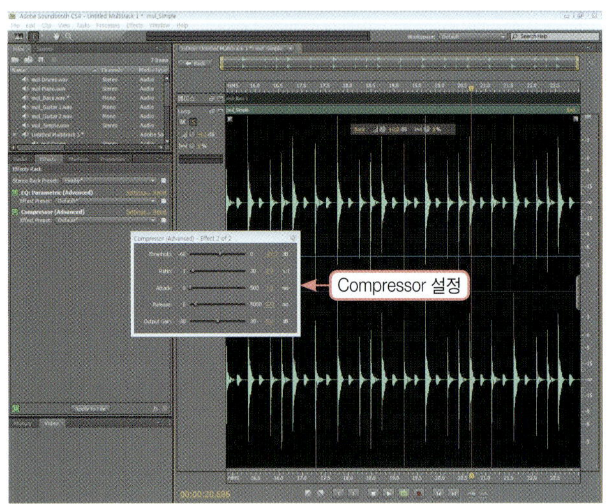

16 계속해서 FX 버튼을 클릭하여 목록을 열고, Advanced 메뉴의 Compressor를 선택하여 컴프레서를 추가합니다. Settings 창은 Threshold를 −27.7dB, Ratio를 2.9, Attack을 7.0ms, Release를 573ms 정도로 조정합니다. Output Gain은 0.0 dB로 조정하지 않았습니다.

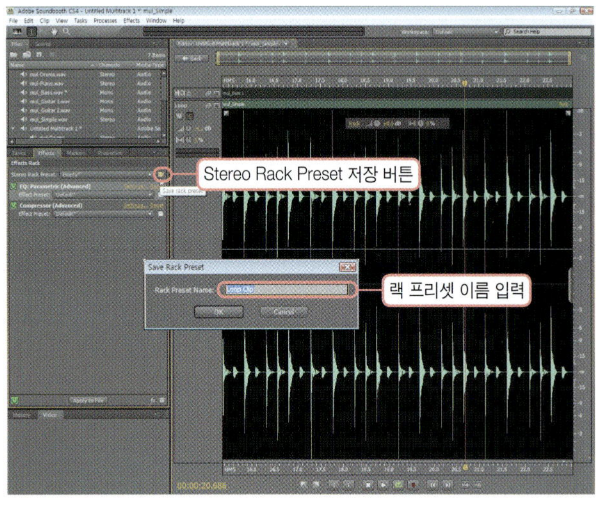

17 Loop 트랙의 첫 번째 클립에는 두 가지의 이펙트를 적용하였습니다. 이것을 나머지 Loop 클립에 동일하게 적용하기 위해서 Stereo Rack Preset의 저장 버튼을 클릭하여 창을 열고, 구분하기 쉬운 이름을 입력합니다. 여기서는 Loop Clip 이라는 이름으로 저장을 하겠습니다.

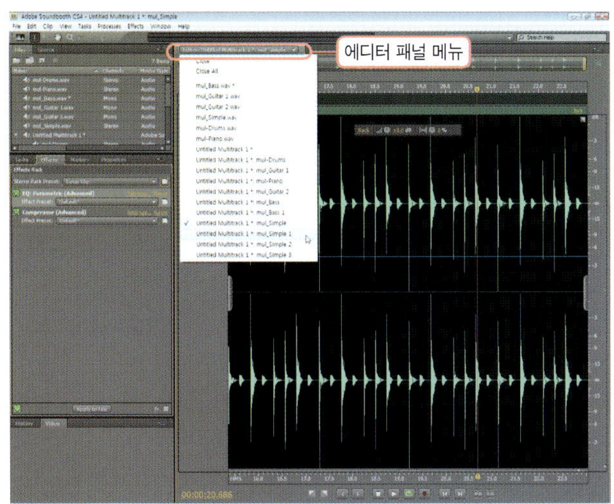

18 에디터 패널 메뉴를 클릭하여 목록을 열고, Untitled Multitrack 1*: mul_Simple 1을 선택하여 Loop 트랙의 두 번째 클립을 엽니다.

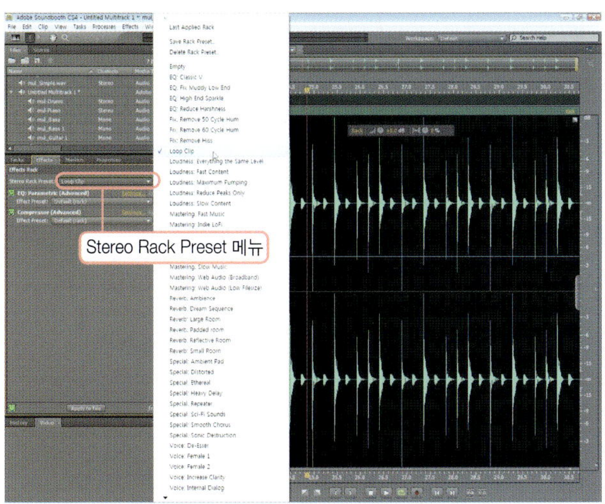

19 이펙트 패널의 Stereo Rack Preset 목록을 열고, 앞에서 저장했던 Loop Clip 선택합니다. 같은 방법으로 Untitled Multitrack 1의 mul_Simple 2와 mul_Simple 3 클립에서 Loop Clip 프리셋을 선택하여 4개의 클립에 동일한 이펙트를 적용합니다.

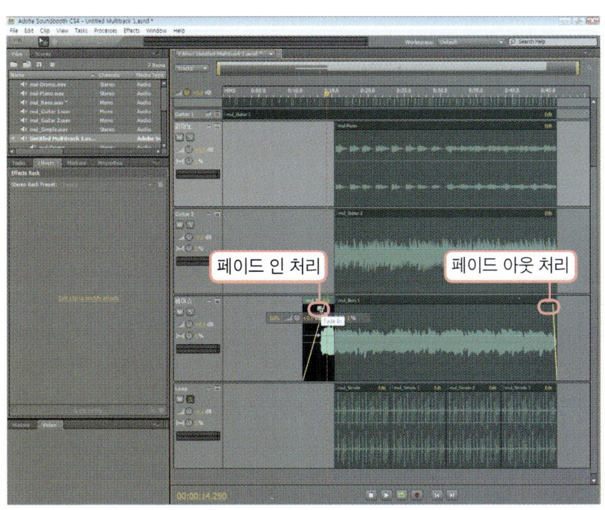

20 4개의 Loop 클립에 동일한 이펙트를 적용하고, Back 버튼을 클릭하여 멀티트랙으로 돌아옵니다. 그리고 베이스 트랙의 첫 번째 클립에서 시작 부분의 페이드 인 버튼을 오른쪽으로 드래그하여 사운드가 점점 커지는 페이드 인 효과를 만듭니다. 두 번째 클립은 끝 부분의 페이드 아웃 버튼을 왼쪽으로 드래그하여 소리가 점점 작아지는 페이드 아웃으로 처리합니다.

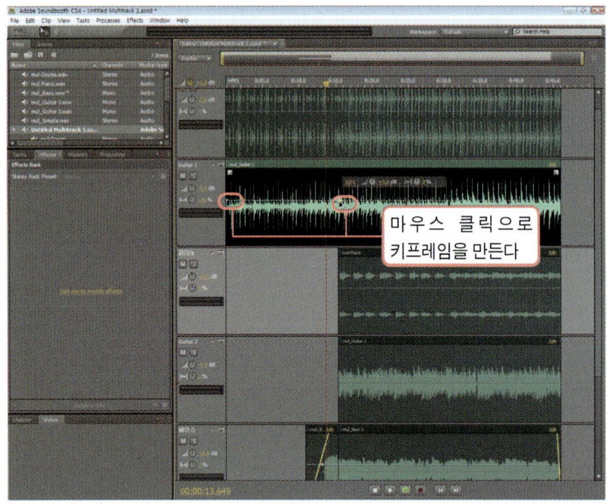

21 Guitar 1 트랙은 엔벨로프 라인을 조정하여 페이드 인 효과를 만들어 보겠습니다. Guitar 1 클립의 시작 지점과 피아노와 Guitar 2 연주가 시작되는 위치의 엔벨로프 라인을 클릭하여 키프레임을 만듭니다.

가·정·교·사

엔벨로프 라인은 Edit 메뉴의 Enable Volume keyframe Editing 이 체크되어 있어야 편집할 수 있습니다.

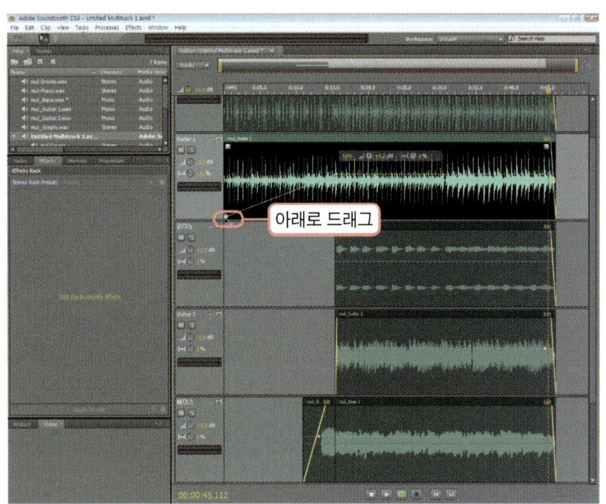

22 시작 위치에 만든 키프레임을 아래쪽으로 드래그하여 볼륨을 낮춥니다. 약 15초 길이 동안 소리가 점점 커지는 페이드 효과가 만들어졌습니다. 모든 클립의 끝 부분은 페이드 아웃으로 처리하여 믹싱 작업을 완료합니다.

가·정·교·사

키프레임은 좌/우로 드래그하여 위치를 조정할 수 있으며, 마우스 오른쪽 버튼을 클릭하면 라인의 형태를 변경하거나 삭제할 수 있는 단축 메뉴를 이용할 수 있습니다.

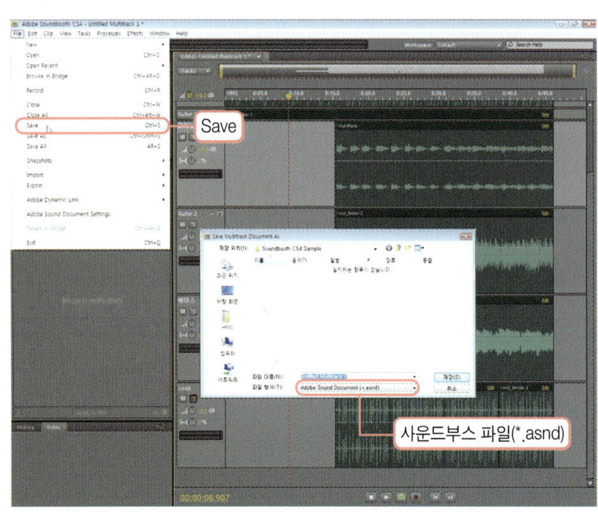

23 완성한 멀티트랙은 File 메뉴의 Save를 선택하거나 단축키 Ctrl + S 키를 눌러 창을 열고, 사운드부스 파일(*.asnd)로 저장합니다. 사운드부스에서 편집한 파일들은 wav, aif, mp3 등의 사운드 포맷으로 저장하기 전에 언제든 편집 내용을 수정할 수 있는 ASND 파일로 저장해두는 것이 좋습니다.

스코어 사용하기

앞의 실습을 해보면서 음악을 믹싱하기 위해서는 다양한 소스를 가지고 있어야 한다는 것과 약간의 음악 지식이 필요하다는 것을 느꼈을 것입니다. 하지만 사운드부스는 음악 지식이나 감각이 없는 사용자도 영상이나 애니메이션에 어울리는 음악을 간단하게 제작할 수 있는 스코어 기능을 제공합니다. 특히, 인터넷이 연결되어 있는 컴퓨터는 Adobe사에서 제공하는 스코어 라이브러리을 다운 받아 작업 중인 영상이나 애니메이션 길이에 맞는 음악을 제작할 수 있습니다.

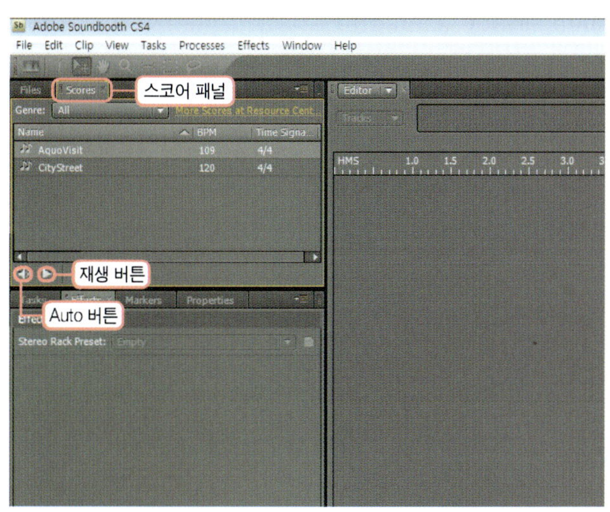

01 사운드부스는 기본적으로 AquVisit와 CityStreet라는 두 가지 스코어 라이브러리를 제공하며, 스코어 패널을 열어보면 확인할 수 있습니다. 작업을 진행하기 전에 각 스코어 라이브러리를 모니터 해보고 싶다면, 라이브러리를 선택하고, 재생 버튼을 클릭합니다. 재생 버튼 왼쪽의 Auto 버튼을 On으로 해두면, 라이브러리를 선택할 때 자동으로 재생됩니다.

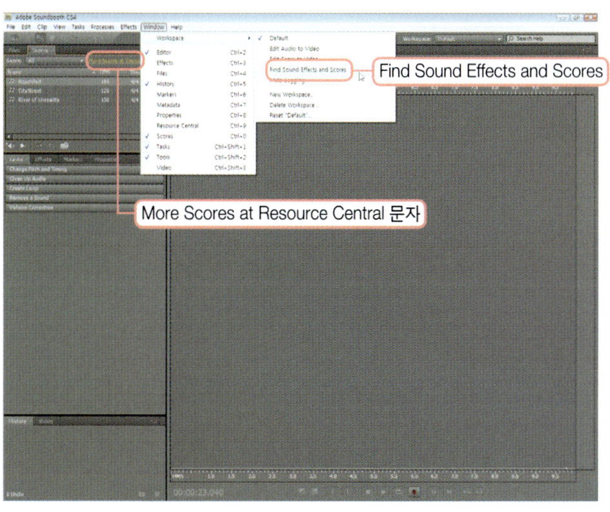

02 Adobe사에서 제공하는 스코어 라이브러리를 다운 받고 싶다면, 스코어 패널의 More Scores at Resource Central 문자를 클릭하여 Resource Central 패널을 엽니다. 실습에서는 작업하기 편하게 Window 메뉴의 Find Sound Effects and Scores를 선택하여 Resource Central 패널이 화면 중앙에 배치되게 하겠습니다.

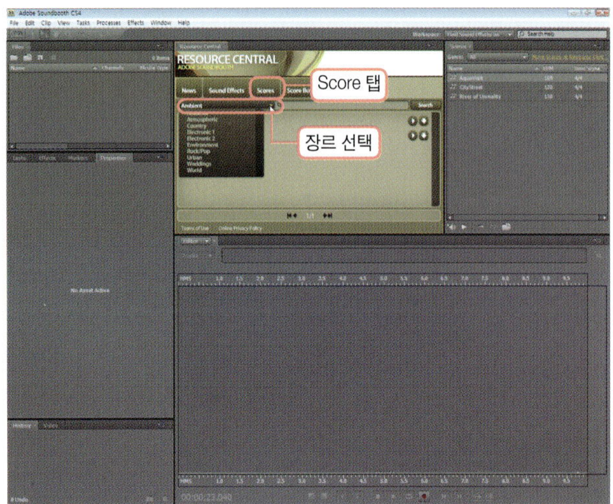

03 Adobe 사의 소식이나 이펙트, 스코어 라이브러리를 다운 받을 수 있는 Resource Central 패널이 보입니다. 각각의 탭은 시간이 날 때 둘러보기 바라며, Scores 탭을 클릭하여 페이지를 엽니다. 그리고 목록 메뉴에서 다운 받고 싶은 음악 장르를 선택합니다.

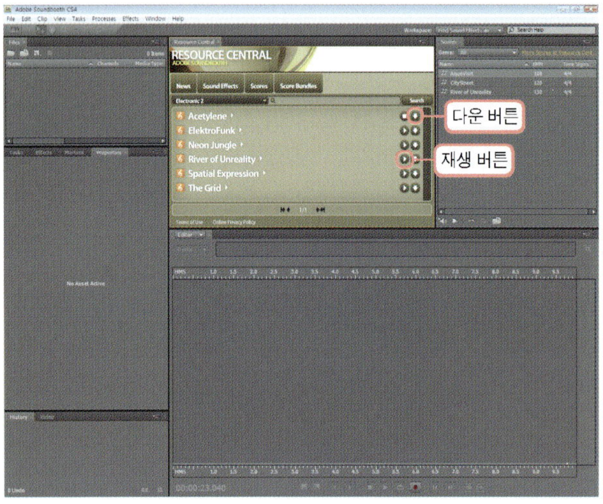

04 화면은 목록에서 Electronic 2를 선택해 본 것입니다. 각각의 라이브러리는 재생 버튼을 클릭하여 모니터 해볼 수 있으며, 자신이 작업하는 영상이나 애니메이션의 사운드 트랙에 어울릴 만한 음악을 찾았다면, 아래쪽 방향의 화살표 버튼을 클릭하여 다운 받을 수 있습니다.

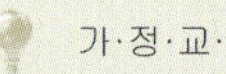

가·정·교·사

독자가 서적을 보고 있을 때쯤엔 Score 목록이 업데이트되어 있을 것이므로, 좀 더 다양한 사운드를 다운 받을 수 있습니다.

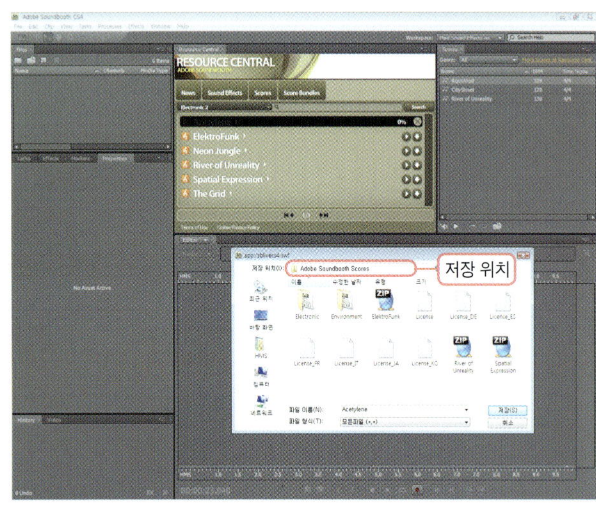

05 다운 버튼을 클릭하면 저장 위치를 선택할 수 있는 창이 열립니다. 다운 받는 파일들은 사용자 컴퓨터 아무 곳이나 저장을 해도 좋지만, 사운드부스가 설치되어 있는 C:\Program Files\Adobe 폴더에서 Adobe Soundbooth Scores 폴더를 찾아 저장하는 것이 편리할 것입니다.

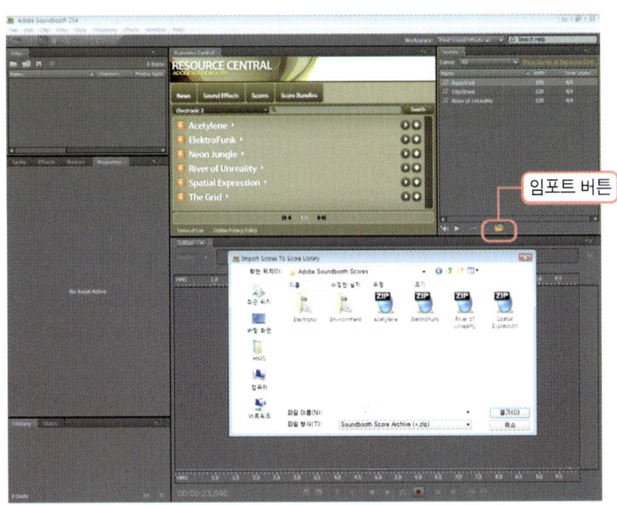

06 다운 받은 파일은 스코어 패널의 임포트 버튼을 클릭하여 불러올 수 있습니다. 참고로 다운 받은 스코어 라이브러리는 Zip 파일로 압축이 되어 있지만, 스코어 패널에서 압축 파일을 임포트 할 수 있으므로, 별도로 압축을 해제할 필요는 없습니다. 물론 압축을 해제하여 각각의 음악 장르별로 폴더를 만들어 관리하면 더욱 좋습니다.

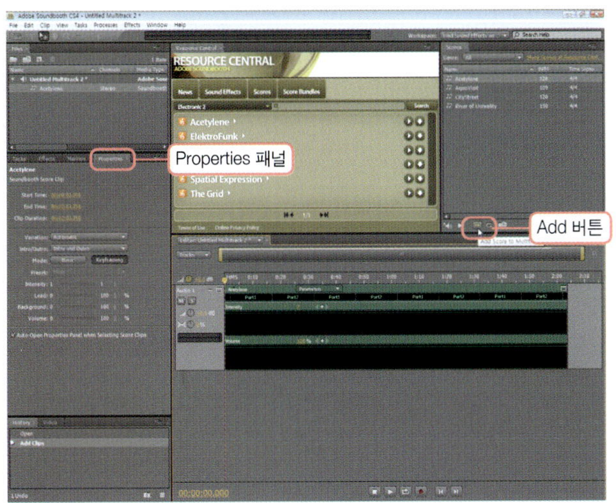

07 스코어 패널에 불러온 라이브러리를 선택하고, Add 버튼을 클릭하면 해당 라이브러리가 멀티트랙으로 삽입되며, 스코어를 편집할 수 있는 Properties 패널이 자동으로 열립니다. 다른 라이브러리를 편집하고 싶다면, Add 버튼 오른쪽의 Replace 버튼을클릭하여 멀티트랙에 삽입한 라이브러리를 스코어 패널에서 선택한 라이브러리로 바꿀 수 있습니다.

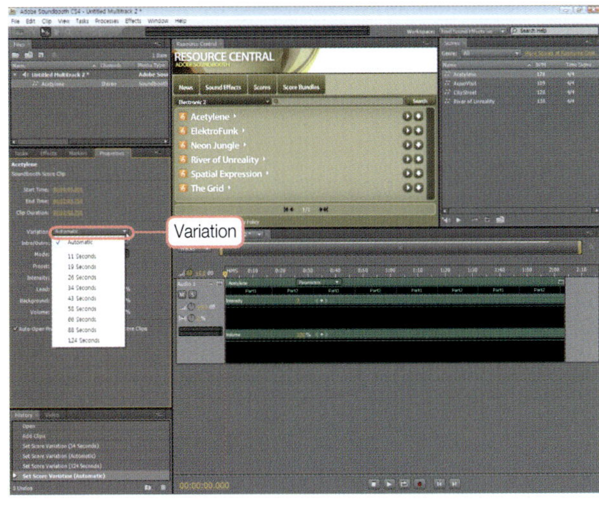

08 음악의 길이는 클립의 시작 부분이나 끝 부분을 드래그하거나 Properties 창의 Start Time, End Time, Clip Duration을 이용해서 조정할 수 있습니다. 그리고 Variation 을 이용하면 작업 중인 영상이나 애니메이션 길이에 적합한 길이를 초 단위로 선택하여 자동 조정할 수 있습니다.

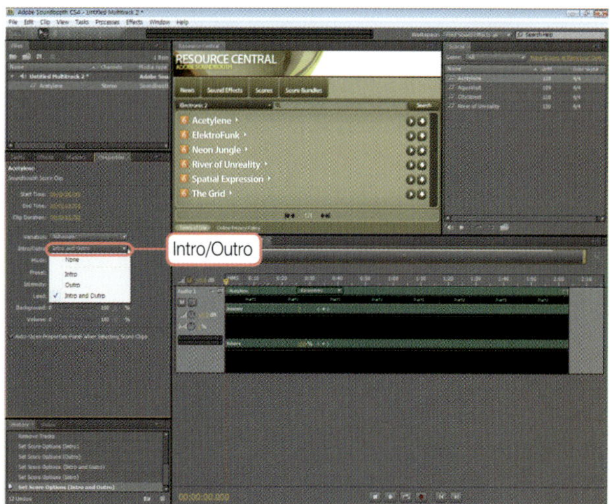

09 Intor/Outro 목록에는 음악을 Variation에서 선택한 음악 길이에 맞추어 시작 부분과 끝 부분을 중심으로 재 구성할 수 있습니다. 음악을 영상이나 애니메이션이 시작할 때 사용할 것이라면, Intro를 선택하고, 끝날 때 사용할 것이라면 Outro를 선택하면 됩니다. 그리고 반복 사용할 것이라면 Intro and Outro를 선택하면 그에 적합한 구성으로 자동 편곡됩니다.

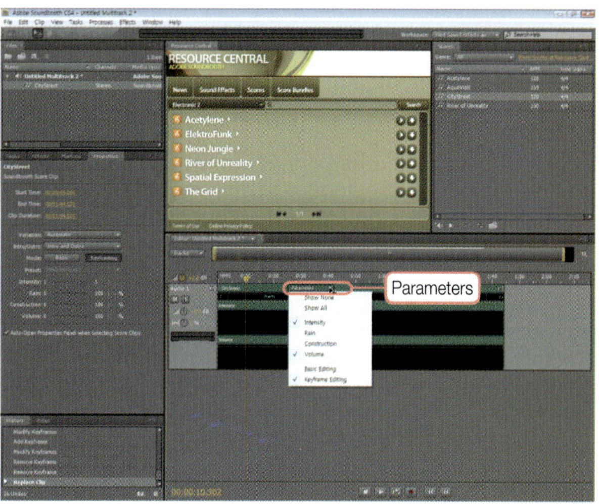

10 사용자가 원하는 구성으로 편곡을 하고 싶다면, Mode를 Keyframing 또는 Basic 중에서 선택합니다. 먼저 keygraming은 라이브러리에서 사용하고 있는 구성을 키프레임으로 조정하는 방식입니다. 음악에 사용되고 있는 트랙은 Parameters 메뉴를 클릭하여 화면에 표시하거나 감출 수 있습니다.

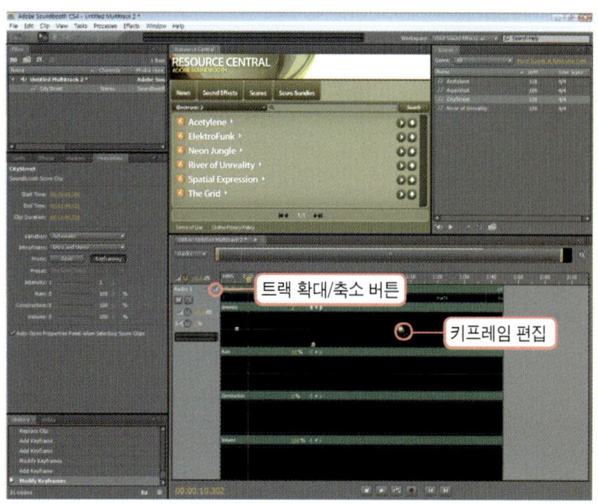

11 편집할 트랙을 파라미터(Parameters)에서 선택하여 멀트 트랙에 표시하고, 트랙 확대 버튼을 클릭하여 키프레임 작업이 편하게 합니다. 마우스 클릭으로 키프레임을 만들고 위/아래로 드래그하여 각각의 Part에서 연주되게 할 사운드를 조정합니다. 키프레임이 아래쪽으로 위치하면 볼륨이 0이므로, 연주를 하지 않는 것입니다.

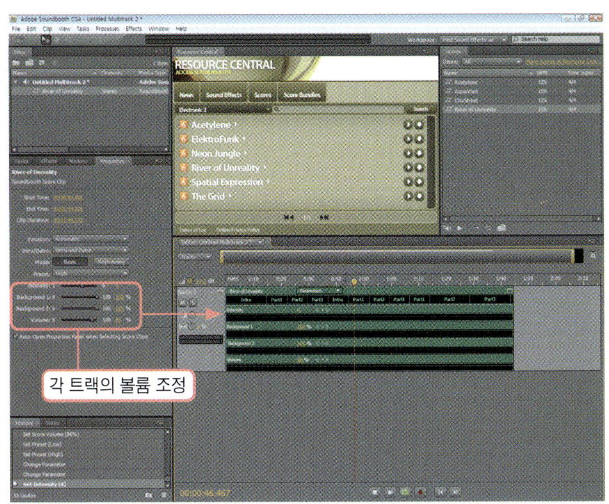

12 Basic 모드를 선택하면, 해당 라이브러리에 사용되고 있는 트랙 목록이 아래쪽에 나열되며, 각각의 슬라이드를 드래그하여 볼륨을 조정할 수 있습니다. Basic은 트랙 전체 볼륨이 조정되기 때문에 Keyframing 에서와 같이 세밀한 조정은 할 수 없지만, 간단하게 음악을 구성할 수 있다는 장점이 있으며, Preset을 선택하여 믹싱을 한 번에 해결할 수 있습니다.

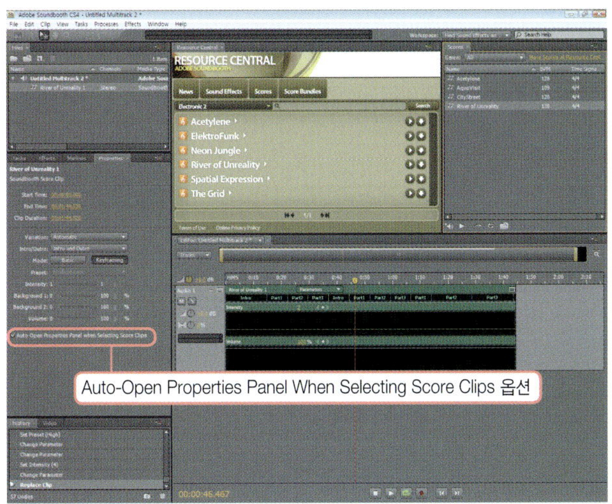

13 Properties 패널의 Auto-Open Properties Panel When Selecting Score Clips 옵션은 스코어 라이브러리는 멀티트랙에 삽입할 때 Properties 패널이 자동으로 열리게 할 것인지의 여부를 결정합니다. Ctrl + K 키를 눌러 환경 설정 창을 열어도 동일한 옵션이 있습니다.

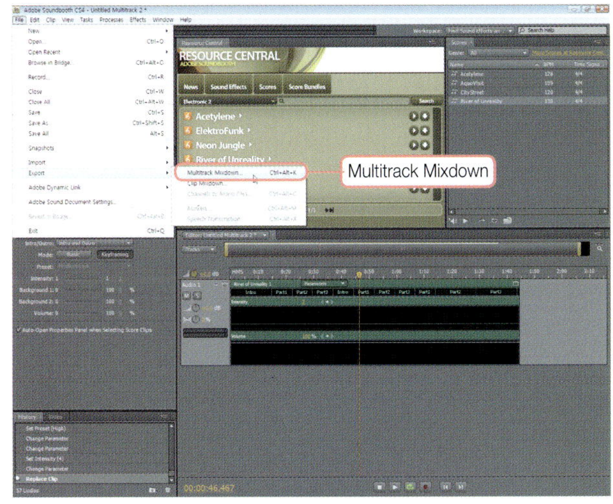

14 작업이 끝난 멀티트랙 음악을 다른 프로그램에서 그대로 사용하고 싶다면, File 메뉴의 Export에서 Multitrack Mixdown을 선택하여 저장합니다. 물론 Save 메뉴를 선택하여 wav, aif, mp3 등의 사운드 파일로 믹스 다운 할 수 있습니다.

🔎 가·정·교·사

프리미어, 에프터 이펙트, 플래시 등의 프로그램과 연동 작업을 하고 싶다면, ASND 파일로 저장 하는 것이 좋습니다.

Soundbooth CS4

PART 08

마이크 녹음 및 파일 제작

프리미어를 이용하여 영상을 작업하더라도 자신의 목소리를 녹음할 때는 전문 프로그램을

이용하는 것이 좋으며, 프리미어와 연동이 가능이 사운드부스가 최선의 선택이 될

것입니다. 사운드부스에서의 마이크 녹음 방법과 사운드부스에서 제작 가능한 파일의

종류를 끝으로 모든 학습을 마치겠습니다.

마이크 녹음하기

사운드 카드는 Mic 또는 Line In 단자에 연결한 외부 사운드 소스와 컴퓨터 내부에서 재생되는 Wav 및 Midi 사운드를 녹음할 수 있습니다. 사운드의 녹음은 사운드 카드의 컨트롤 패널에서 녹음할 소스를 선택하는 것에서부터 시작합니다. 문제는 사운드 카드의 종류가 수 없이 많고, 종류마다 컨트롤 패널의 구성이 다르기 때문에 혼동하는 분들이 많다는 것입니다. 하지만, 원리를 이해하면, 어떤 제품을 사용하든 문제가 없을 것입니다. 여기서는 마이크 녹음 과정을 살펴보겠습니다.

01 사운드 카드에 마이크를 연결합니다. 사운드 카드는 마이크를 연결하는 Mic 단자만 있는 것과 MP3 또는 CD 플레이어와 같은 장치를 연결하는 Line in단자가 있는 것이 있습니다. 간혹 이 둘을 혼동하는 분들이 있는데, 마이크는 Mic 단자에 연결하고, 나머지 헤드폰이나 스피커 등의 라인을 연결하여 사운드를 감상할 수 있는 장치들은 Line In 단자에 연결하면 됩니다.

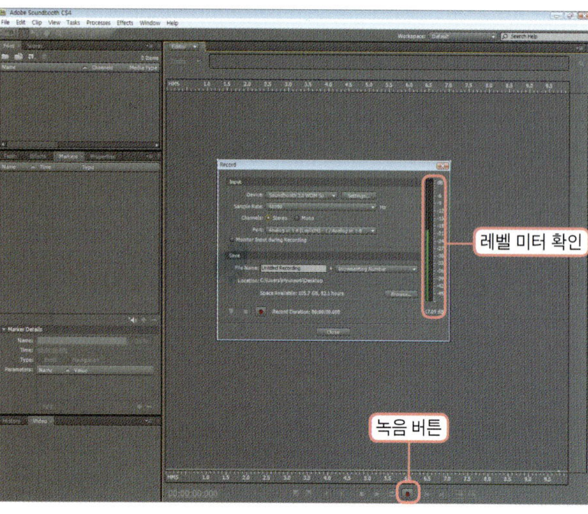

02 작업 공간 아래쪽에 있는 트랜스포트 패널에서 녹음 버튼을 클릭하여 Record 창을 엽니다. 그리고 마이크를 테스트 해보면서 레벨 미터를 확인합니다.

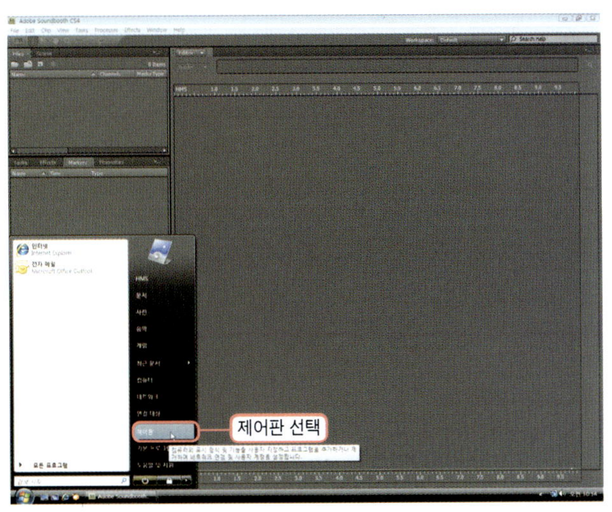

03 레벨 미터가 튀지 않는다면, 사운드 카드 컨트롤의 녹음 소스가 MIC로 선택되어 있지 않은 경우이고, 레벨이 작거나 크다면, MIC 볼륨 조정이 필요합니다. 이 모든 것은 사운드 카드 컨트롤 패널에서 이루어집니다. 사운드 카드 컨트롤 패널을 여는 방법에는 제품마다 여러 가지가 있습니다. 여기서는 제품에 상관없이 이용할 수 있는 제어판을 이용하겠습니다. 윈도우 시작 버튼에서 제어판을 선택합니다.

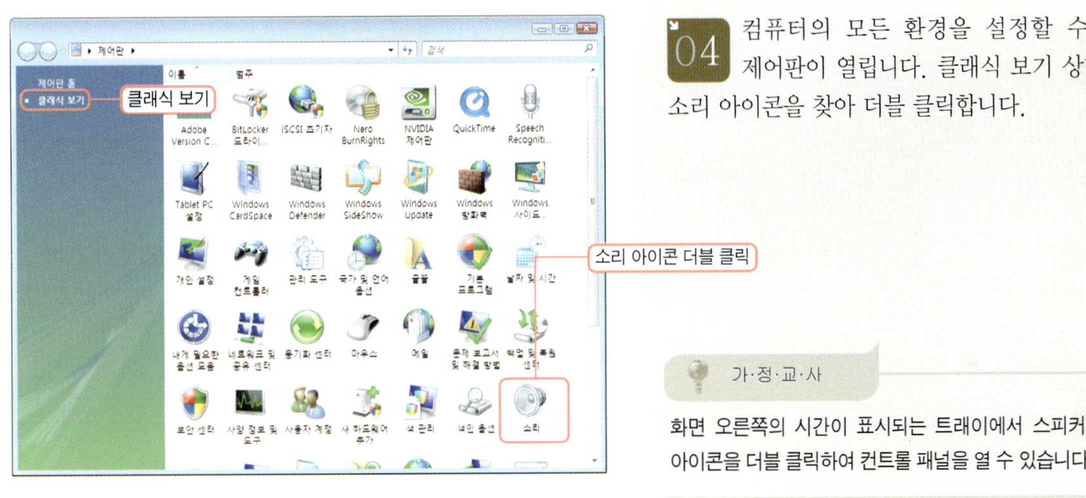

04 컴퓨터의 모든 환경을 설정할 수 있는 제어판이 열립니다. 클래식 보기 상태에서 소리 아이콘을 찾아 더블 클릭합니다.

가·정·교·사

화면 오른쪽의 시간이 표시되는 트래이에서 스피커 모양의 아이콘을 더블 클릭하여 컨트롤 패널을 열 수 있습니다.

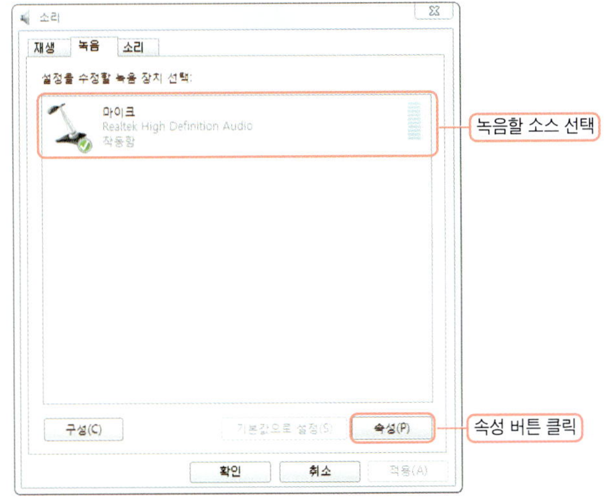

05 소리 항목의 녹음 탭을 클릭하여 페이지를 열고, 녹음 소스인 마이크를 선택합니다. 그리고 속성 버튼을 클릭합니다. 녹음 페이지의 소스 목록은 시스템에 장착된 사운드 카드 및 오디오 카드를 나타내므로 그림과 다를 수 있습니다.

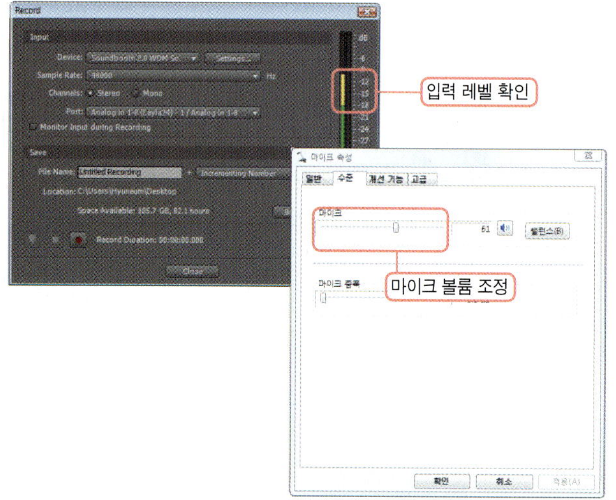

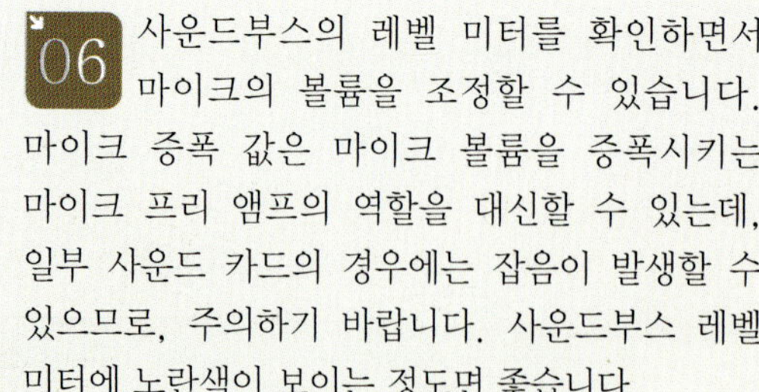

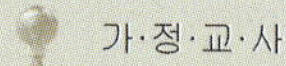

06 사운드부스의 레벨 미터를 확인하면서 마이크의 볼륨을 조정할 수 있습니다. 마이크 증폭 값은 마이크 볼륨을 증폭시키는 마이크 프리 앰프의 역할을 대신할 수 있는데, 일부 사운드 카드의 경우에는 잡음이 발생할 수 있으므로, 주의하기 바랍니다. 사운드부스 레벨 미터에 노란색이 보이는 정도면 좋습니다.

가·정·교·사

별도의 컨트롤 패널을 제공하는 사운드 카드 및 오디오 카드 사용자는 해당 패널에서 입력 레벨을 조정합니다.

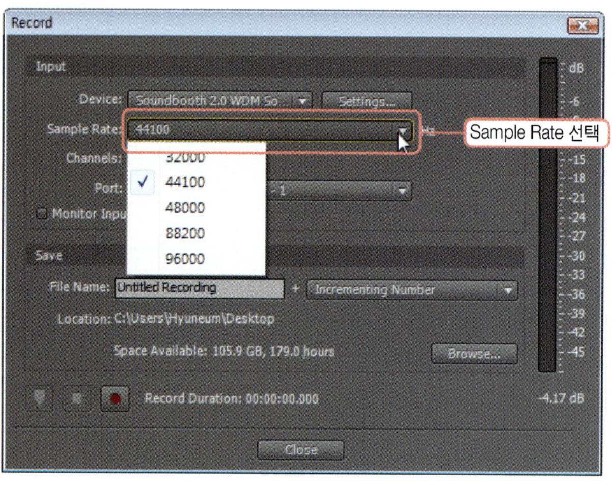

07 설정이 끝나면 컨트롤 패널을 닫고, 사운드부스의 Record 창에서 Sample Rate를 선택합니다. Sample Rate는 값이 높을수록 좋은 음질의 마이크 녹음이 가능하지만, 사운드카드에서 지원 가능한 경우에만 이용할 수 있으므로, 사용하고 있는 사운드카드의 설명서를 참조하기 바랍니다. 일반적으로 오디오 CD 규격의 44100Hz나 DVD 규격의 48000Hz면 무난합니다.

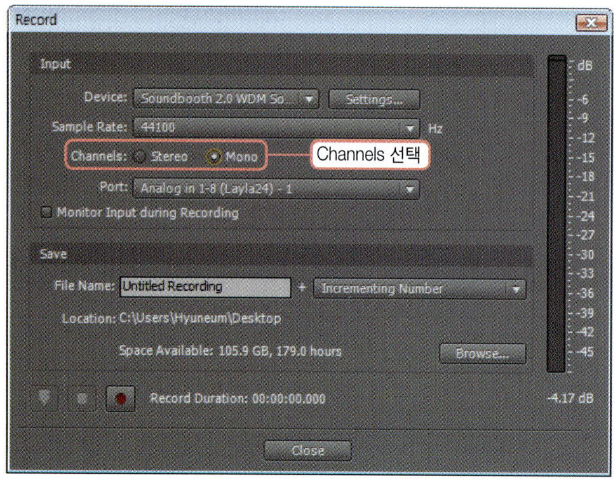

08 채널을 선택합니다. MIC는 당연히 모노 녹음이므로, Mono를 선택하고, 멀티 오디오 카드 사용자는 Port에서 마이크가 연결되어 있는 포트를 선택합니다. 입력 포트가 하나뿐인 사운드카드 사용자는 Port 항목에 사운드카드 컨트롤 패널에서 선택한 마이크 선택되어있는 기본값을 그대로 사용합니다.

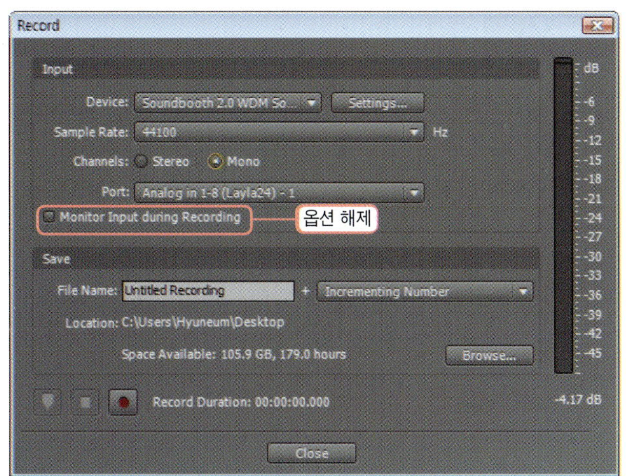

09 녹음되는 마이크 사운드를 모니터하고 싶다면, Monitor Input during Recording 옵션을 체크합니다. 그러나 ASIO 드라이버를 지원하지 않는 사운드 카드 사용자는 소리가 늦게 들리는 레이턴시 현상이 발생하므로, 권장하지 않습니다.

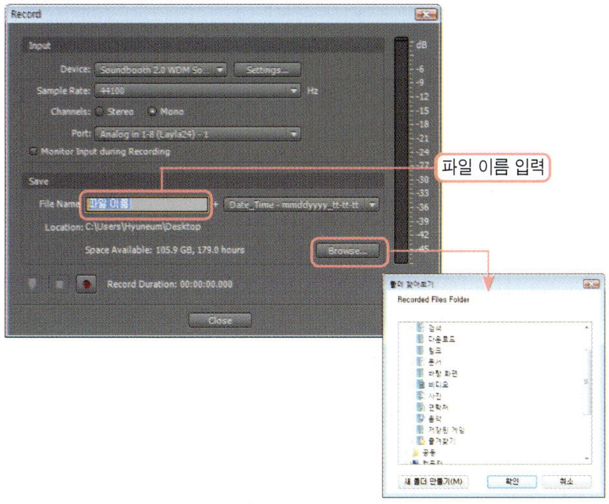

10 File Name 항목에 저장될 파일의 이름을 입력하고, 파일이 저장될 위치는 Browse 버튼을 클릭하여 선택합니다. File Name 오른쪽의 메뉴는 같은 이름으로 녹음을 반복할 때, 파일 이름에 번호(Incrementing Number)를 붙일 것인지 시간(Date_Time)을 붙일 것인지를 선택하는 것입니다.

Tip 하울링 방지

Record 창에서 Monitor Input During Recording 옵션을 체크하여 입력 사운드를 모니터할 때, 출력 사운드가 다시 마이크로 입력되어 발생하는 하울링 현상이 나타난다면, 헤드폰을 이용하거나 사운드카드 재생 컨트롤의 마이크 출력을 뮤트로 설정합니다. 재생 컨트롤은 녹음 컨트롤 패널과 마찬가지로 제어판의 소리 아이콘을 더블 클릭하여 창을 열고, 재생 탭을 클릭하여 페이지를 엽니다. 그리고 사운드 카드를 선택하고, 속성 버튼을 클릭하여 창을 열고, 마이크 출력을 뮤트로 설정합니다. 재생 목록은 사운드 카드마다 차이가 있으므로, 그림과 다를 수 있습니다.

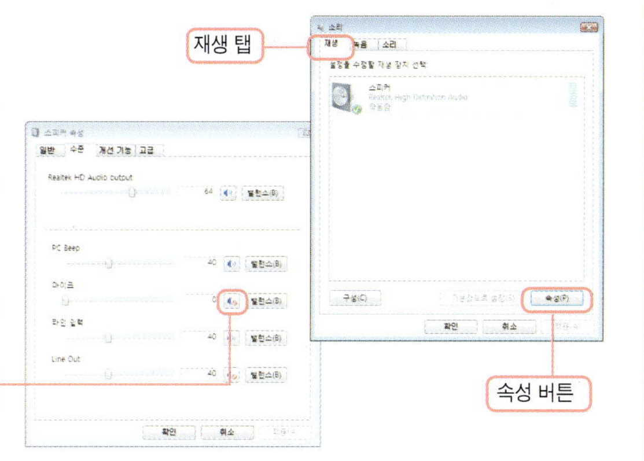

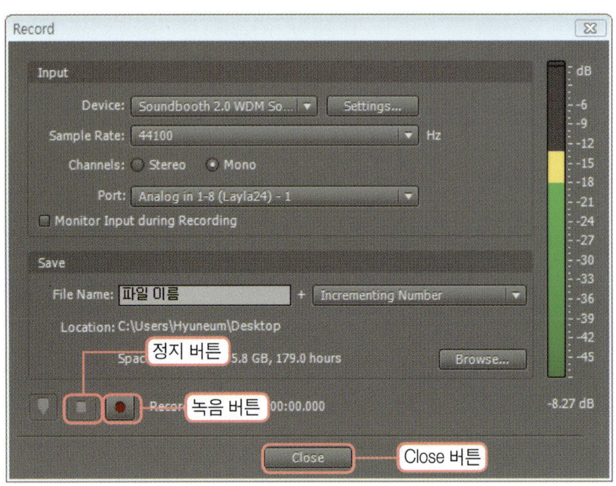

11 이제 녹음 버튼을 클릭하여 사용자 음성을 녹음을 하고 녹음이 끝나면 정지 버튼을 클릭합니다. 계속해서 녹음을 하겠다면, 다시 녹음 버튼을 클릭하고, 더 이상 녹음할 것이 없다면, Close 버튼을 클릭하여 Record 창을 닫습니다.

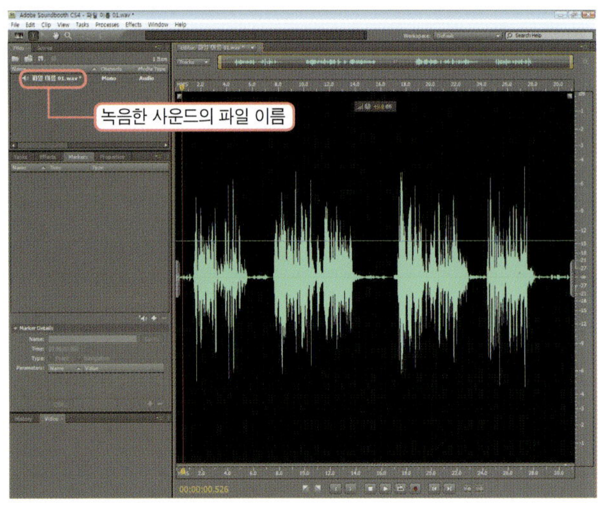

12 참고로 정지 버튼 왼쪽의 마커 버튼은 녹음을 하면서 마커를 입력할 수 있는 역할을 합니다. 마커에 관해서는 마커 만들기 편에서 살펴보겠습니다. 그리고 녹음 레벨이 너무 크거나 하울링이 발생하여 레벨 미터에 빨간색 피크 경고가 뜨면, 녹음하는 사운드가 찌그러지고 있다는 표시이므로, 사운드 컨트롤 패널의 입력 레벨을 확인하여 다시 녹음을 합니다.

13 Recored 창의 File Name 오른쪽 메뉴에서 Incrementing Number를 선택한 경우에는 녹음한 사운드 파일에 01이라는 번호가 붙으며, Date Time을 선택한 경우에는 날짜와 시간이 붙습니다. Space bar 키를 눌러 녹음한 사운드를 모니터 합니다.

녹음한 사운드 다듬기

사운드 카드에 마이크만 연결해서 녹음한 음성은 잡음도 있고, 사운드도 건조하게 들립니다. 일반적으로 스튜디오에서는 다양한 이펙트 장치들을 이용해서 건조한 사운드를 보정합니다. 사운드부스는 스튜디오에서 사용하는 이펙트와 프로세스 장치들을 소프트웨어로 제공하고 있기 때문에 추가 비용 없이 스튜디오 급 사운드를 구현할 수 있습니다. 먼저 음성을 녹음하면서 실수한 부분과 마이크 잡음을 제거하고, 스튜디오 음질 구현을 위한 이펙트 작업을 진행하겠습니다.

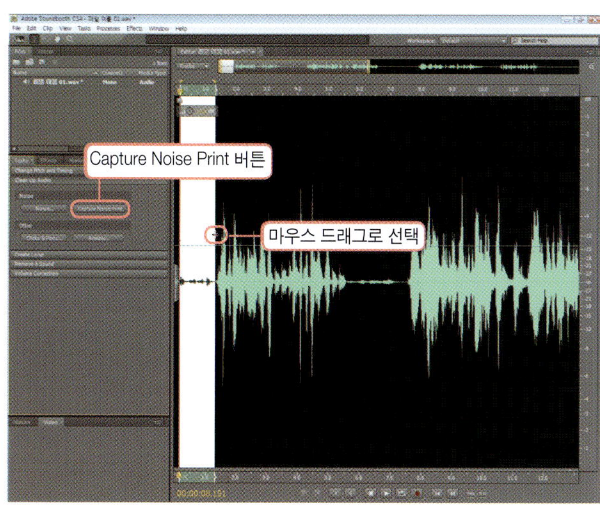

01 녹음을 시작하는 부분이나 말을 하는 중간에 지글거리는 잡음이 있는 부분을 마우스 드래그로 선택합니다. 그리고 태스크 패널의 Clean Up Audio를 열어 Capture Noise Print 버튼을 클릭하여 선택한 부분의 잡음을 측정합니다.

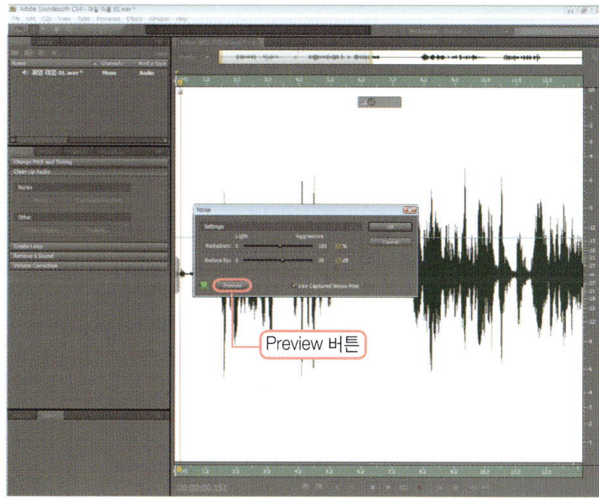

02 계속해서 Noise 버튼을 클릭하여 창을 열고, Purview 버튼을 사운드를 모니터하면서 Reduction과 Reduce By 값을 조정합니다. 각 슬라이드의 역할은 이미 살펴보았던 내용입니다. 음성이 제거될 정도로 욕심을 내지 말고, 적당히 조정한 다음에 OK 버튼을 클릭하여 잡음을 제거합니다.

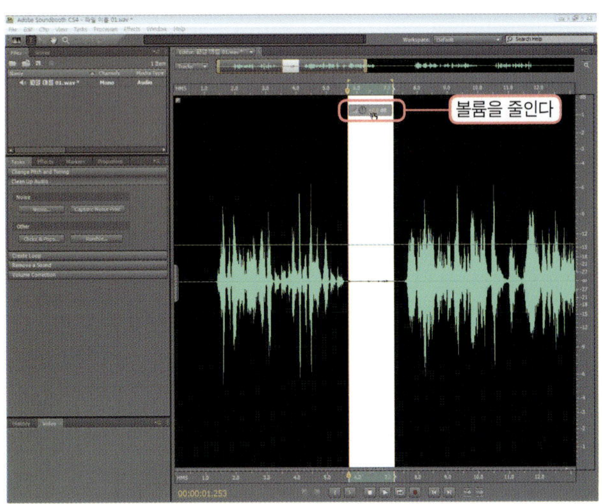

03 Capture Noise Print로 분석한 잡음보다 커서 제거되지 않은 것들이 있다면, 마우스 드래그로 선택하고, 볼륨을 줄여 제거합니다. 그리고 녹음을 하면서 실수한 부분이 있다면 마우스 드래그로 선택하고, Delete 키를 눌러 삭제합니다.

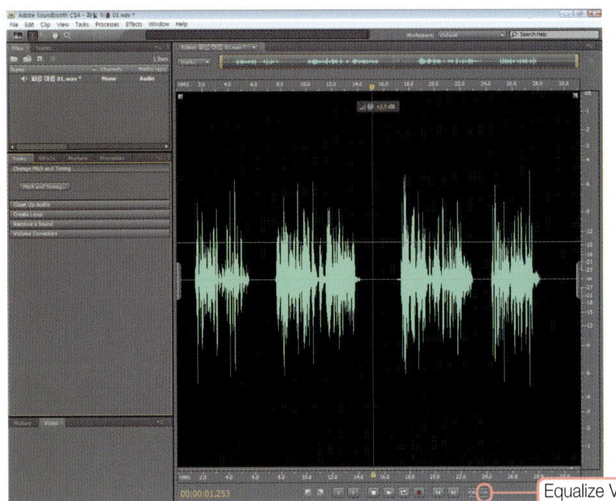

04 좀 더 세부적인 잡음 제거 작업이 필요 하다면 앞의 프로세서 편을 참조하여 진행합니다. 그리고 본격적인 이펙트 작업을 진행하기 전에 트랜스포트 패널의 Equalize Volume Levels 버튼을 클릭하여 전체 사운드의 레벨을 균등하게 보정합니다.

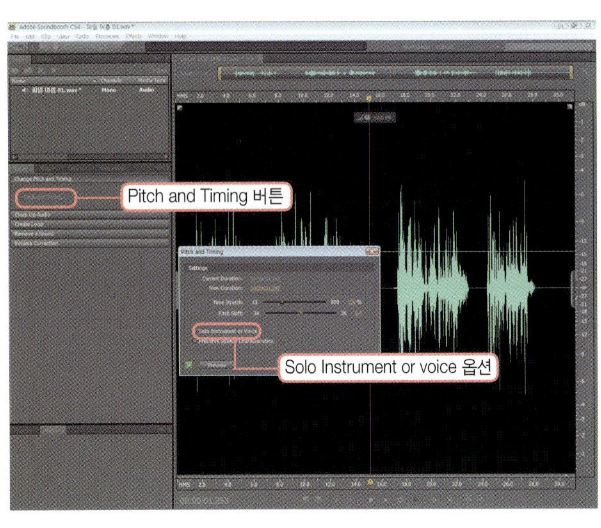

05 남성은 조금 낮은 목소리, 여성은 조금 높은 목소리가 매력적으로 들립니다. 자신의 목소리가 매력적이라면 굳이 조정할 이유가 없지만, 그렇지 않다면, 태이크 패널의 Change Pitch and Timing에서 Pitch and Timing 버튼을 클릭하여 창을 열고, Pitch Shift를 조그만 조정합니다. 이때 Solo Instrument or voice 옵션을 체크하면 음질의 변화를 최소화 할 수 있습니다.

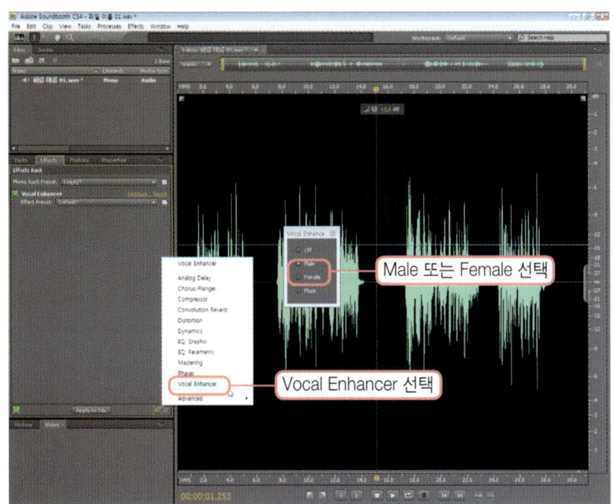

06 이제부터 본격적인 이펙트 작업을 진행하겠습니다. 이펙트 패널의 FX 버튼을 클릭하여 목록을 열고, Vocal Enhancer를 선택합니다. Settings 창에서는 녹음한 음성이 남성이라면 Male을 선택하고, 여성이라면 Female을 선택하여 마이크 녹음 시 발생할 수 있는 팝핑을 제거합니다.

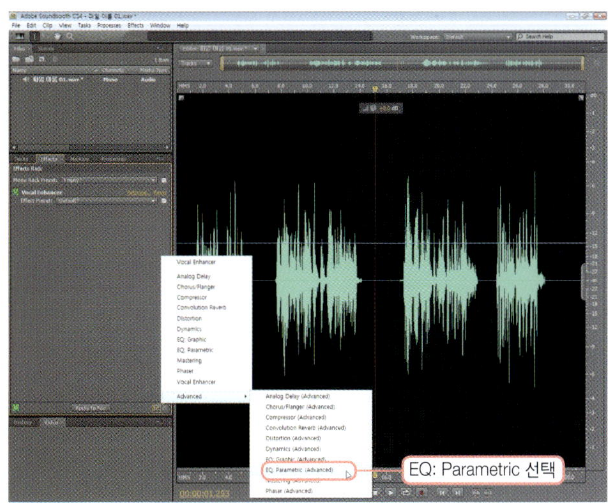

07 사람의 음성은 저음을 제거해야 좀 더 명료하게 들립니다. 특히 배경 음악이 있는 내레이션의 경우에는 더욱 중요합니다. FX 버튼을 클릭하여 목록을 열고, Advanced의 EQ: Parametric을 선택하여 Setting 창을 엽니다.

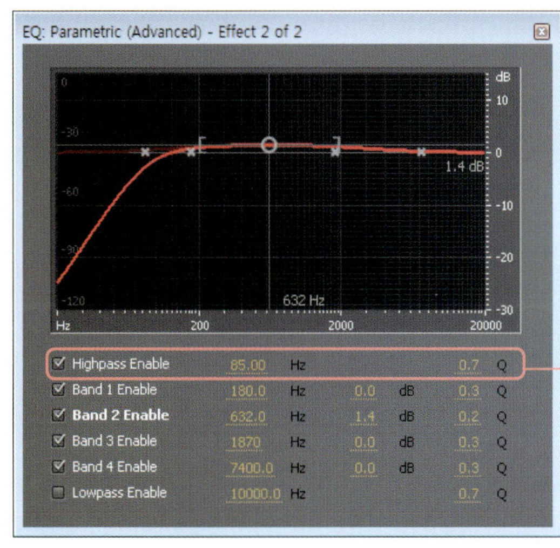

08 Highpass Enable 옵션을 체크하고, 녹음한 음성이 남성이라면 70~90Hz 이하의 사운드를 제거하고, 여성이라면 90~110Hz 이하의 사운드를 제거합니다. 물론 사람마다 차이가 있으므로, 반드시 사운드를 모니터 해가면서 설정해야 할 것입니다. 그리고 1~4KHz 범위를 살짝 증가시켜 좀 더 명료한 사운드를 만듭니다.

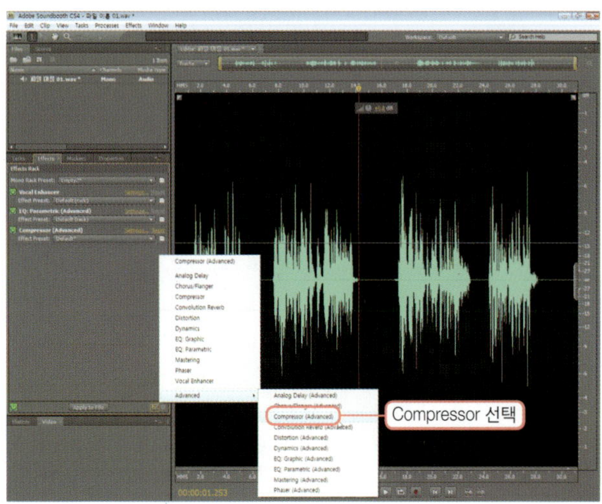

09 Equalize Volume Levels로 균등한 사운드를 만들었지만, 필요하다면, 컴프레서를 적용하여 좀 더 안정된 다이내믹 사운드를 만듭니다. 이펙트 패널의 FX 버튼을 클릭하여 목록을 열고, Advanced 에서 Compressor를 선택합니다.

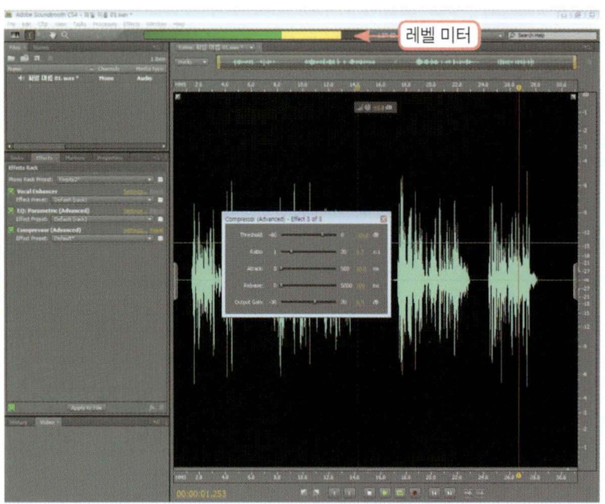

10 이펙트 값을 조정할 때는 사운드를 모니터 하면서 하는 것이 가장 좋습니다. 즉, 트랜스포트 패널의 반복 버튼을 On으로 해놓고, Space bar 키를 눌러 사운드를 모니터 하면서 컴프레서를 조정합니다. 아직 사운드를 모니터 하면서 판단하는 것이 어렵다면, 레벨 미터를 보면서 작은 소리와 큰 소리와의 차이가 적게 하는 것도 컴프레서의 조정 요령입니다.

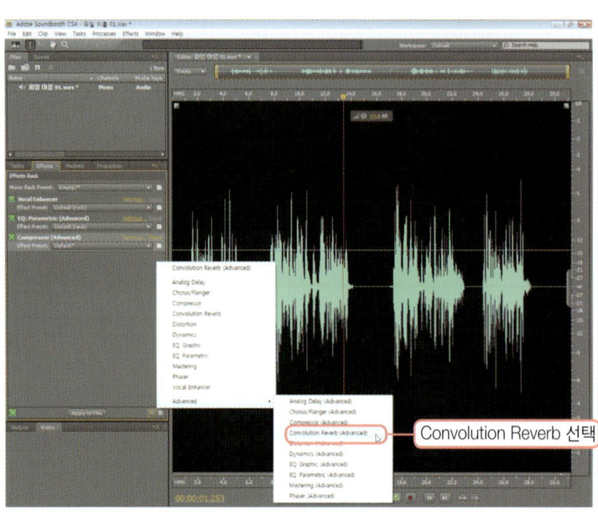

11 마지막으로 사운드의 공간감을 만드는 리버브를 적용하여 스튜디오에서 녹음한 느낌을 완성합니다. 이펙트 패널의 Fx 버튼을 클릭하여 목록을 열고, Advanced 메뉴의 Convolution Reverb를 선택합니다.

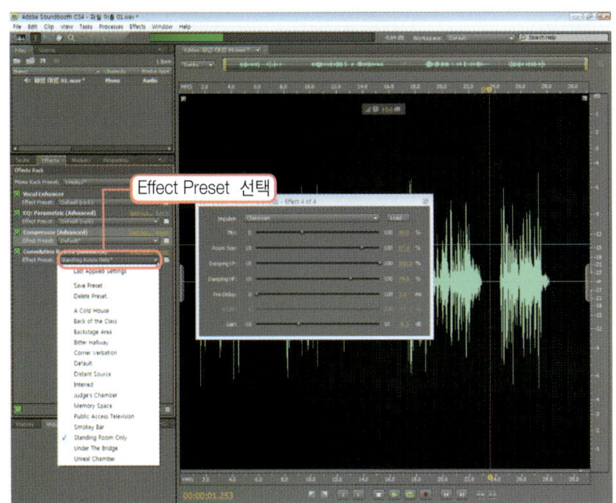

12 Effect Preset 목록을 클릭하여 메뉴를 열고, 연출하고자 하는 공간에 어울리는 것을 선택합니다. 대부분 리버브 양이 많게 설정되어 있으므로, Public Access Television 이나 Standing Room Only를 선택한 후에 Mix값과 Pre-Delay 값을 조금 낮추면 만족할 만한 리버브 효과를 얻을 수 있을 것입니다.

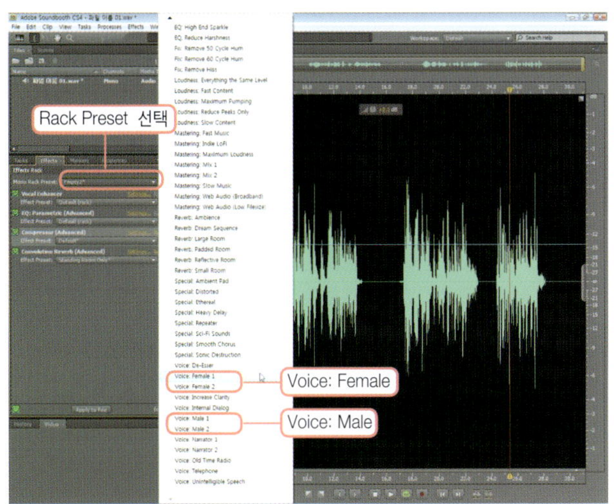

13 지금까지의 이펙트 작업이 조금 어렵게 느껴진다면 Rack Preset에서 여성 음성에 적합한 Voice: Female 또는 남성 음성에 적합한 Voice Male을 선택하여 적용합니다. 기본값 그대로 사용해도 무난할 것입니다. 가급적 각각의 프리셋에 어떤 이펙트들이 어떤 값으로 사용되고 있는지 연구해보는 시간을 가져본다면, 사운드부스의 이펙트를 효과적으로 사용할 수 있는 노하우가 생길 것입니다.

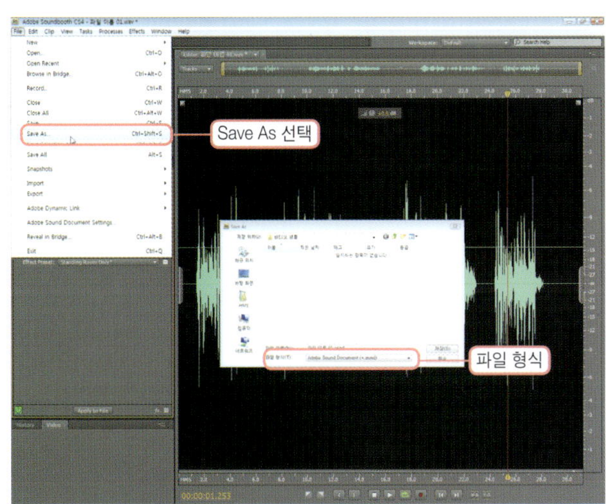

14 작업이 끝난 사운드는 File 메뉴의 Save As를 선택하여 창을 열고, 파일 형식에서 Adobe Sound Document (*.asnd)를 선택하여 언제든 수정할 수 있는 사운드부스 파일로 저장합니다. 필요하다면 다시 Save As를 선택하여 WAV나 MP3 등의 파일 포맷으로 저장하면 됩니다.

마커 삽입하기

마커는 파형의 어떤 부분에 무엇이 녹음되어 있는지를 시간대 별로 메모해둘 수 있는 포스트 잇 정도의
역할입니다. 두꺼운 책을 볼 때도 나중에 찾아볼 부분에 포스트 잇을 붙여 메모를 남겨두면 편리하듯이 긴
시간의 사운드를 녹음하거나 편집할 때도 필요한 부분에 마커를 삽입해두면, 좀 더 효과적인 편집이
가능합니다. 더군다나 사운드부스에서 삽입한 마커는 플래시 큐 포인트(Cue Points)로 이용할 수 있기 때문에
플래시 영상 및 애니메이션 제작자에게 유용한 기능이 될 것입니다.

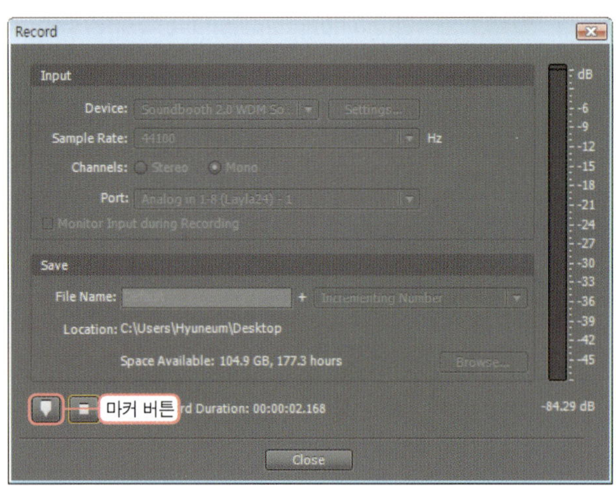

01 Record 창에는 마커 버튼을 제공하고 있기 때문에 사운드를 녹음하면서도 마커를 삽입할 수 있습니다. 대본이 준비되어 있는 상태에서 녹음을 한다면, 단락별로 체크를 해두고, 녹음을 하면서 마커를 입력하면 좋습니다. 이때 삽입되는 마커는 Marker 00, Maker 01, Marker 02... 순서로 만들어집니다.

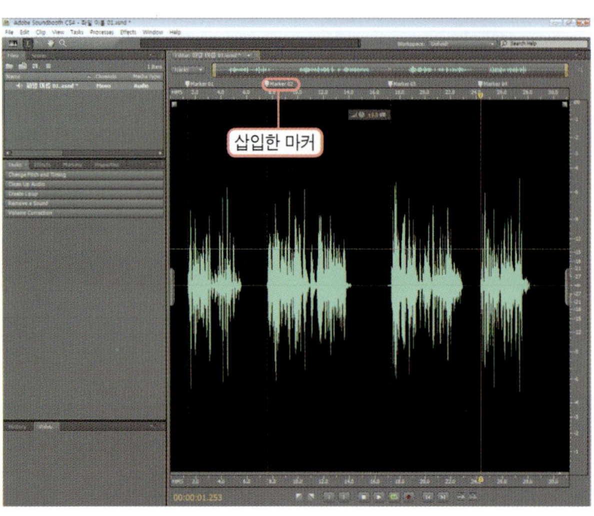

02 녹음을 한 후에는 마커를 삽입할 위치에 송 포지션 라인을 위치시키고, 키보드 숫자열의 * 키를 눌러 삽입할 수 있습니다. 역시 Marker 01, Marker 02... 순서로 만들어집니다. 결국 녹음을 하면서 삽입하거나 녹음 후에 삽입하거나 구분하기 쉬운 이름으로 변경하는 작업은 동일합니다.

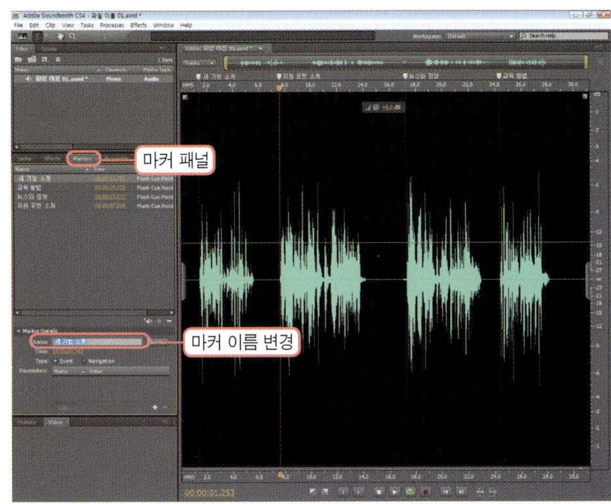

03 마커의 이름을 구분하기 쉬운 것으로 변경하는 작업은 마커 패널을 이용합니다. 마커 패널을 열어보면, 키보드 숫자열의 ✱ 키로 입력한 마커 목록을 볼 수 있습니다. 목록에서 입력한 마커를 선택하고, Name 항목에서 이름을 변경합니다. 마커를 모두 입력한 다음에 이름을 변경하는 것 보다는 마커를 하나씩 입력하면서 이름을 변경하는 것이 효율적일 것입니다.

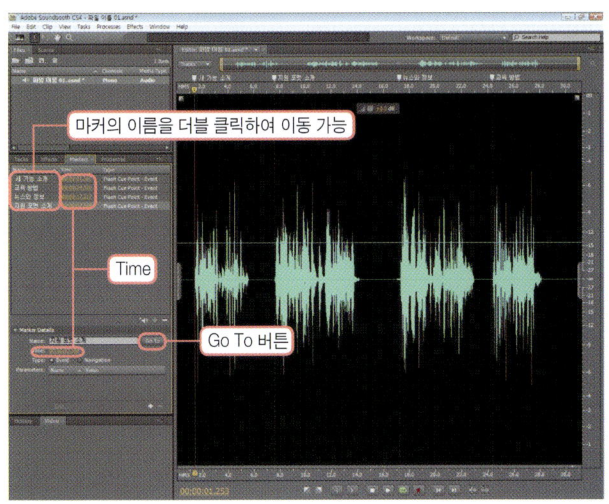

04 마커 이름을 더블 클릭하거나 Go To 버튼을 클릭하면 송 포지션 라인을 해당 마커가 있는 위치로 이동시킬 수 있어 효과적인 편집 작업이 가능합니다. 마커 패널의 Time은 마커의 위치를 표시하며 사용자가 원하는 위치로 변경 가능합니다.

마커가 입력되어 있으면, 트랜스포트의 Go to Previous/Next 버튼은 송 포지션 라인을 마커 단위로 이동시킵니다.

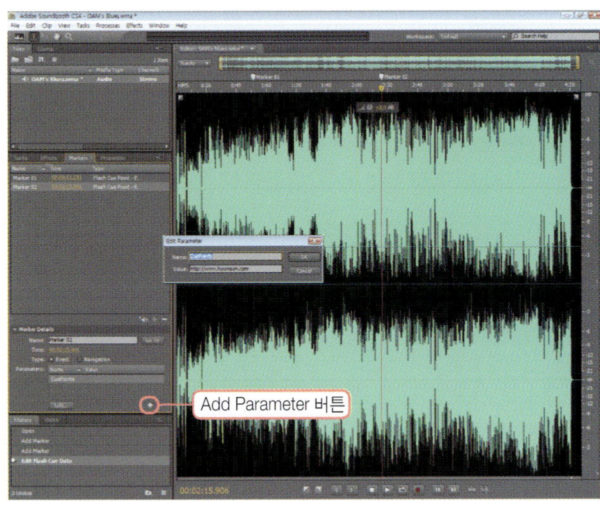

05 마커를 Flash 파일(FLV)로 저장하면, 플래시 영상의 특정 위치에서 액션 스크립트를 실행하거나 그래픽 및 텍스트와 동기시킬 수 있는 큐 포인트로 사용할 수 있습니다. Type은 Event와 Navigation을 제공하고 있으며, Add Parameter 버튼을 클릭하여 매개 변수의 이름과 값을 입력할 수 있습니다. 입력한 마커는 Delete 키로 삭제합니다.

Flash 및 Media Encoder에서 큐 포인트를 편집하려면 File 메뉴의 Export에서 Marker를 선택하여 XML로 저장합니다.

파일 저장하기

사운드부스는 프리미어 및 플래시 사용자가 해당 툴에서 사용되고 있는 사운드를 정밀하게 편집할 때 이용하는 것이 주된 목적이지만, 독립적인 사운드 편집 툴로써도 완벽한 기능을 갖추고 있으며, 사운드 편집 툴의 최종 목적인 MP3, Wav, Aif 등의 다양한 미디어 포맷을 제작할 수 있습니다. 방법은 모두 동일하며 파일을 저장할 때, 원하는 포맷만 선택해주면 됩니다. 그러나 편집 내용을 언제든 수정할 수 있게 사운드부스 전용 파일의 ASND 포맷을 먼저 만들어두는 것이 좋습니다.

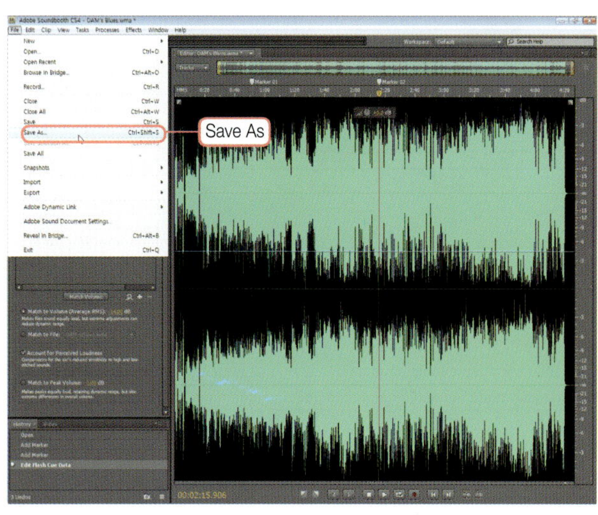

01 사운드를 편집하면서 처음에 저장을 할 때는 사운드부스 파일로 저장을 하는 것이 좋습니다. 즉, File 메뉴의 Save 또는 Ctrl + S 키를 눌러 불러온 포맷 그대로 저장을 하지 말고, 다른 이름으로 저장할 수 있는 File 메뉴의 Save As를 선택합니다.

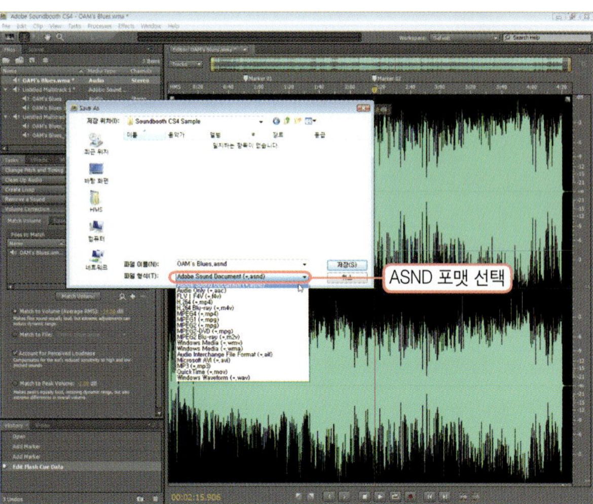

02 파일 이름과 저장 포맷을 선택할 수 있는 Save As 창이 열립니다. 파일 형식에서 Adobe Sound Document(*.asnd)를 선택하고, 파일 이름은 원본과 동일하게 그냥 둡니다. 그리고 저장 버튼을 클릭합니다.

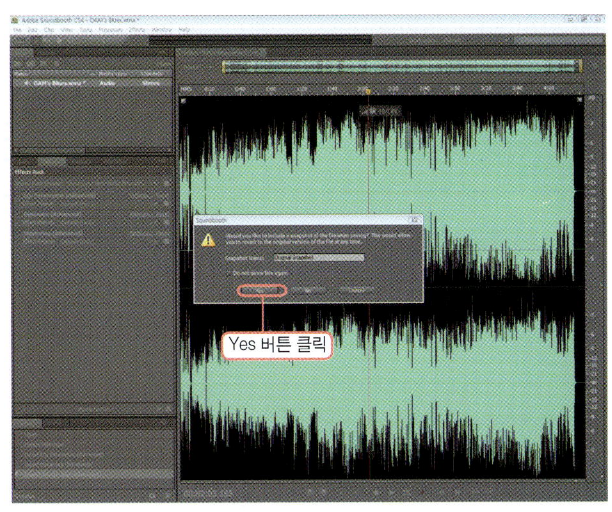

03 작업 과정을 기록하고 있는 History 패널의 스냅 샷을 함께 기록할 것인지의 여부를 묻습니다. 언제든 편집 내용을 수정할 수 있게 Yes 버튼을 클릭하여 저장합니다. 창이 매번 열리는 것이 귀찮다면, Do not show this again 옵션을 체크하여 다음부터는 열리지 않게 합니다.

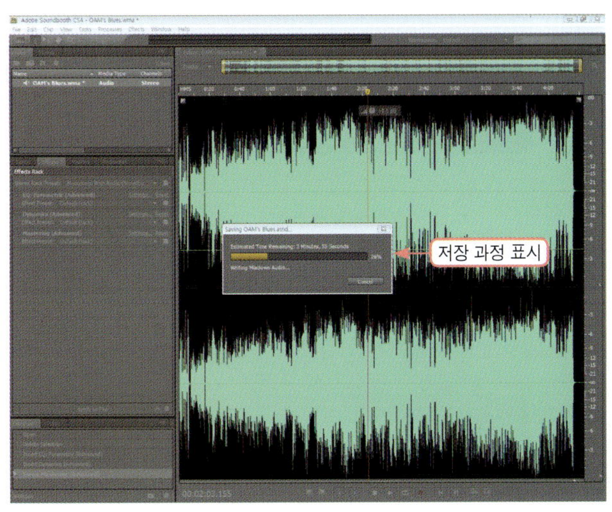

04 작업 내용을 모두 기록하는 것이므로, WAV, AIF 등의 미디어 포맷으로 저장하는 것 보다는 시간이 걸립니다. 그러나 언제든 작업 내용을 취소하거나 바꿀 수 있기 때문에 Ctrl+S 키를 눌러가며 원하는 편집 작업을 계속 진행할 수 있습니다.

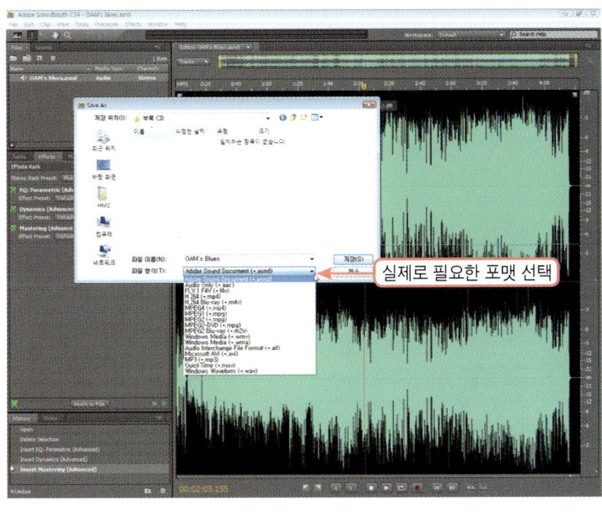

05 이렇게 ASND 파일로 저장을 해놓고, 필요한 작업을 진행합니다. 그리고 모든 작업이 끝나면 Ctrl+S 키를 눌러 다시 한 번 저장을 하고, File 메뉴의 Save As를 선택하여 실제로 필요한 포맷의 파일을 만들면 됩니다.

가·정·교·사

가능하면 편집할 파일을 불러오면, 바로 ASND 파일로 저장하고, 작업을 진행하는 것이 좋습니다.

파일 형식

사운드부스는 WAV AIF, MP3 등의 오디오 포맷과 AVI, MOV, FLV 등의 영상 포맷까지 윈도우에서 사용되는 대부분의 미디어 형식으로 저장할 수 있습니다. 어떤 포맷을 제작하든지 편집 내용을 기록하고, Adobe 응용 프로그램과 연동 작업을 할 수 있는 Adobe Sound Document (*.asnd) 파일을 먼저 만들어 두는 것이 좋습니다.

❖ Audio Only (*.acc): MPEG에 기반을 두고 있는 형식으로 동일한 비트 전송률을 가진 MP3 보다 높은 품질을 구현하며, 5.1 서라운드 채널을 제공합니다. 이 형식을 선택하면, FLV, AVI 등의 비디오 포맷을 선택했을 때와 동일하게 코덱, 채널, 비트, 전송률 등을 설정할 수 있는 Export Settings 창이 열립니다.

❖ Audio Interchange File Format (*.aif): MAC 표준의 오디오 포맷으로 원본 품질을 그대로 유지하며, PC에서도 사용 가능합니다. 전문 샘플 소스의 경우에는 플랫폼에 관계없이 사용할 수 있는 AIF 포맷으로 제작된 것이 많습니다. 이 형식을 선택하면 PC 표준의 WAV 포맷을 선택했을 때와 동일한 옵션 창이 열립니다.

❖ MP3: 웹 디지털 콘텐트 및 휴대용 플레이어 용으로 가장 많이 사용하는 포맷입니다. 이 형식을 선택하면, 비트 전송률(Bitrate)과 채널(Channels)을 선택할 수 있는 옵션 창이 열립니다. 재생 버튼을 클릭하여 모니터 해보면 알겠지만, Bitrate를 높인 만큼의 큰 효과를 볼 수 없으므로, 일반적으로 많이 사용하는 128Kbps를 권장합니다.

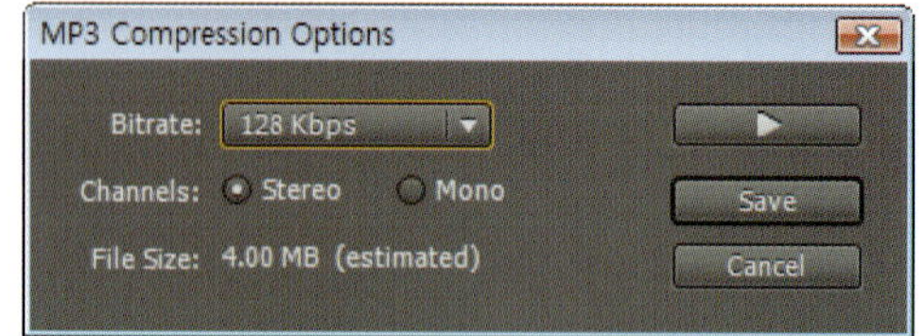

❖ Windows Waveform (*.wav): 윈도우 표준의 오디오 포맷으로 원본 사운드를 그대로 유지합니다. 이 형식을 선택하면 샘플 레이트와 비트를 선택할 수 있는 옵션 창이 열립니다. 일반적으로 오디오 CD 규격인 44.1HZ/16Bit/Stereo를 많이 사용합니다. General 페이지에서는 전체 파일(Entire file)을 제작할 것인지, 선택한 범위(Selection)만 제작할 것인지를 선택할 수 있는 Range 옵션이 있습니다.

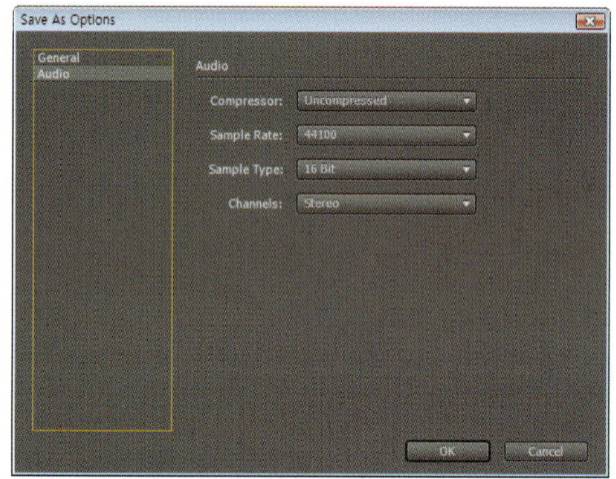

❖ Microsoft AVI (*.avi): 윈도우 표준 영상 포맷 파일로 원본 영상의 품질을 유지합니다. AVI를 포함하여 사운드부스에서 제작 가능한 FLV, H.264, MPEG, MOV, WMV 등의 영상 파일 형식을 선택하면, 코덱, 샘플 레이트, 비트 등을 설정할 수 있는 Export Settings 창이 열립니다. 각 옵션의 자세한 내용은 프리미어 학습을 참조하기 바랍니다.

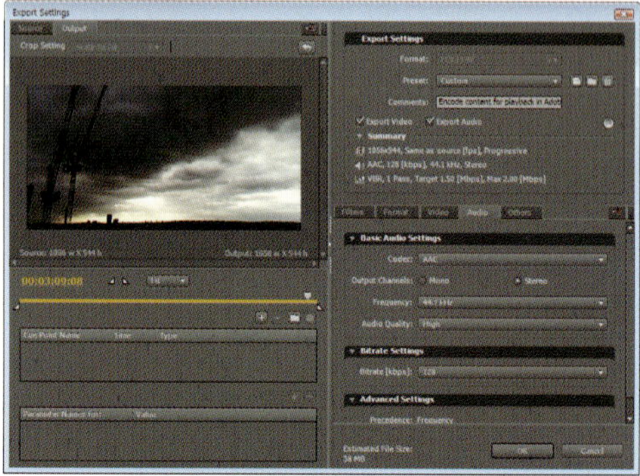

❖ FLV I F4V (*.f4v): Adobe Flash Player를 사용하여 독립 실행할 수 있는 FLV 및 인터넷 스트리밍을 위한SWF 형식의 플래시 애니메이션 제작이 가능합니다. 특히, 사운드부스에서 삽입한 마커를 큐 포인트로 포함하여 대화형 웹 페이지를 쉽게 제작할 수 있습니다. 자세한 내용은 플래시 관련 서적을 참조하기 바랍니다.

❖ H.264 (*.mp4, *.m4v): MPEG2와 동일한 품질을 유지하면서도 우수한 압축률 때문에 파일 용량이 훨씬 작다는 특징이 있습니다. mp4 코덱은 채널을 통한 전송에 있어서 매우 뛰어난 장점을 가지고 있기 때문에 양방향 방송 및 화상 통신 기술에 채택되고 있으며, m4v 코덱은 블루레이 및 HD-DVD의 표준으로 지원됩니다.

❖ MPEG1: 비디오 CD의 표준으로 사용되던 형식으로 VHS 비디오 테이프와 비슷한 품질입니다. 상업적으로는 큰 성공을 이루지 못했기 때문에 많이 사용하지 않는 포맷입니다.

❖ MPEG2 (*.mpg, *.m2v): MPEG-1에 기반들 두고 있지만, 비월주사의 효과적인 압축과 SVHS 화질 구현으로 영상 미디어 대체의 주역이 된 포맷입니다. mpg 코덱은 DVD 표준으로 지원되며, m2v는 Blu-ray Disc 및 HD-DVD 표준으로 지원됩니다.

❖ MPEG4 (*.mp4): 영상 정보를 코딩하고 표현하는 것과 관련된 화상회의, 2D 및 3D 애니메이션을 이용하는 컴퓨터 그래픽, 인터넷 스트리밍 비디오 등의 분야에서 광범위하게 사용되고 있는 코덱입니다.

❖ Windows Media (*.wmv, *.wma): Microsoft사에서 인터넷 스트리밍을 목적으로 개발한 영상(*.wmv) 및 오디오(*.wma) 형식입니다. 당연히 윈도우에서 기본적으로 제공되는 형식이기 때문에 아직까지도 가장 많이 사용됩니다.

❖ Quick Time (*.mov): MAC의 표준 영상 포맷으로 출발했지만, 플랫폼을 가리지 않는다는 특징 때문에 인터넷 스트리밍 영상 포맷으로 많이 사용되는 포맷 중의 하나입니다. 다만, PC에서 MOV 파일을 재생하기 위해서는 별도의 QuickTime을 설치해야 하며, apple.com/kr에서 무료로 다운 받을 수 있습니다.

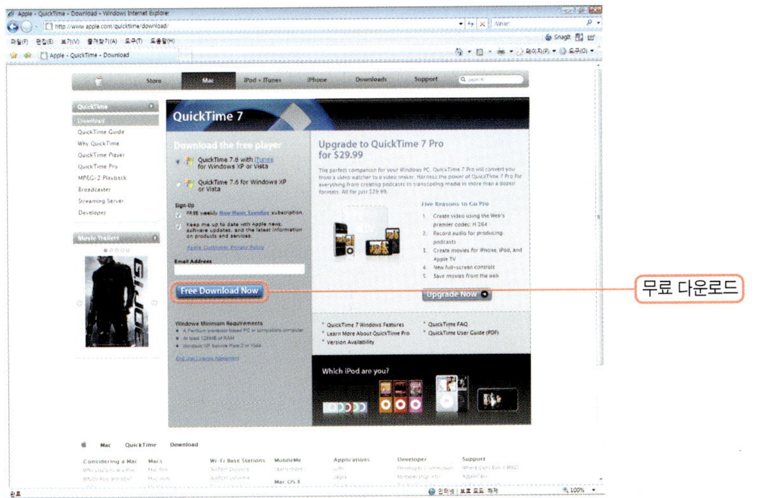

▶ apple.com/kr (Quicktime 다운로드 사이트)

찾아보기

찾아보기